临汾年鉴

2016

临汾年鉴编纂委员会 编

图书在版编目（CIP）数据

临汾年鉴．2016/山西省临汾市地方志办公室编
．——北京：方志出版社，2017.1
ISBN 978-7-5144-2340-2

Ⅰ.①临… Ⅱ.①山… Ⅲ.①临汾市-2016-年鉴
Ⅳ.①Z522.53

中国版本图书馆CIP数据核字（2017）第025660号

临汾年鉴（2016）

编　　者：山西省临汾市地方志办公室
责任编辑：徐　宏

出 版 人：冀祥德
出 版 者：方志出版社
　　地址　北京市朝阳区潘家园东里9号（国家方志馆4层）
　　邮编　100021
　　网址　http://www.fzph.org
发　　行：方志出版社发行中心
　　电话（010）67110500
经　　销：各地新华书店
印　　刷：临汾尧信印业有限公司

开　　本：890×1240　1/16
印　　张：36.5
字　　数：780千字
版　　次：2017年1月第1版　2017年1月第1次印刷
印　　数：0001～1000册

ISBN 978-7-5144-2340-2　定价：280.00元

临汾年鉴编纂委员会

顾　　问：岳普煜　乔建军　陈小洪

主　　任：刘予强

副 主 任：王振宇

委　　员：马德荣　毛克明　扈新起　苏文龙　李建国　陈振华

宿青平　吴茂林　尉　俊　任建英　樊奋强　武卫东

郭景旭　郭天龙　段　彩　吉守斌　郃惠俊　程世杰

郝德彪　王晓民　韦　阳　傅遵师　董凤妮　陈焕成

杜　敏　张亚勤　秦希强　牛少白　白建成　任耀文

丁向阳　张　剑　王　山　廉　鹏　李俊平　徐新荣

范春雷　李艾珍　杨　兵　柳红兵　李建华　郑晓明

毕研华　曹洪安　胡一锋

编纂人员

主　　编：吴茂林

副 主 编：靳水旺

编　　辑：鞠豫霞　李艳洁

录入排版：茹芳芳　董春英

数字临汾

（2015）

综 合

第一产业	90.98 亿元
第二产业	563.44 亿元
第三产业	506.68 亿元
全市生产总值	1161.1 亿元

固定资产投资

全社会固定资产投资	1401.2 亿元
第一产业	173.4 亿元
第二产业	494.5 亿元
第三产业	733.3 亿元
本年投产项目个数	2719 个
新增固定资产	1340.0 亿元
全年房地产开发投资	112.7 亿元
全社会房屋施工面积	23353062 平方米
商品房销售面积	11211751 平方米

能 源

煤炭生产量	11428.7 万吨
煤炭销售量	9570.7 万吨
煤炭消费量	11147.2 万吨
社会用电量	163.4 亿千瓦时
焦炭生产量	1754.1 万吨
焦炭销售量	1634.9 万吨

物 价

居民消费价格总指数	102.5
工业生产出厂价格指数	87.3
工业生产者购进价格指数	90.3
城镇居民家庭恩格尔系数	24.9%
农村居民家庭恩格尔系数	27.3%

社会从业人员和劳动报酬

社会从业人员	2207221 人
第一产业	883770 人
第二产业	498214 人
第三产业	825237 人
城镇就业人员	601127 人
全市在岗职工平均工资	48051 元

人民生活

城乡居民储蓄存款余额	1966.49 亿元
全市居民人均可支配收入	16347 元
城镇居民人均可支配收入	25498 元
全市居民人均消费性支出	90457 元
城镇居民人均消费性支出	12502 元
农民人均可支配收入	9376 元
农民人均消费性支出	6623 元

农村经济

农作物播种面积	559.37 千公顷
#粮食	517.02 千公顷
粮食产量	2361708 吨
水果总产量	777852 吨
油料产量	9285 吨
肉类产量	137017 吨
大牲畜年末头数	82146 头
年末全市农业机械总动力	484.0 万千瓦

对外经济贸易

海关进出口总额	30160 万美元
出口总额	16615 万美元
进口总额	13544 万美元

工　业

规模以上工业单位数	366 个
规模以上工业总产值	1290 亿元
纱产量	1325 吨
原煤产量	5647.8 万吨
洗精煤产量	4489.7 万吨
发电量	211.2 亿千瓦时
焦炭产量	1754.1 万吨
生铁产量	1040.9 万吨
铁矿石原矿	301.8 万吨
钢产量	998.3 万吨
水泥产量	253.2 万吨

建筑业

房屋建筑施工面积	2553592 平方米
房屋建筑竣工面积	1317659 平方米
#住宅房屋	900032 平方米
建筑业产总值	164665 万元

财政 金融和保险

财政总收入	1565491 万元
公共财政收入	881811 万元
公共财政支出	2870315 万元
各项存款余额	1966.49 亿元
各项贷款余额	1082.87 亿元
#短期贷款	384.96 亿元
中长期贷款	149.25 亿元
保险业保费收入	55.26 亿元

交通运输　邮电通信业

公路线路年末里程	18245 公里
#高速公路	475 公里
年末全市民用汽车保有量	467030 辆
#载重汽车	57457 辆
载客汽车	402572 辆
邮电业务总量	50.4 亿元
固定电话年末数	34.05 万部
移动电话户数	396.08 万部
移动电话普及率	89.51 部/百人

批发和零售业

社会消费品零售总额	571.98 万元
城镇零售额	455.59 万元
乡村零售额	116.39 万元
商品零售额	526.5 亿元
餐饮业收入	45.5 元

教育　科技

高等学校数	5 所
普通高等学校在校生数	47933 人
中等职业学校数	52 所
中等职业学校在校学生数	27246 人
普通中学	285 所
小学	1012 所
小学在校学生数	276141 人
电视人口覆盖率	98.87%
气象台站	17 个
专业综合地震台站	1 个

文化　卫生　环保

群众艺术馆数	1 个
文化馆数	17 个
博物馆数	14 个
艺术表演团体	20 个
广播电视台	17 座
公共图书馆数	13 个
档案馆	25 个
卫生机构数	4389 家
工业废水排放总量	5080.83 万吨
工业废气排放总量	31901438 万标立方米

住宿 餐饮业和旅游

住宿、餐饮业主营业务收入	30858 万元
接待旅游总人数	3179.13 万人次
#国际旅游者	36148 人次
国内旅游者	3175.52 万人次
旅游总收入	294.9 亿元
#旅游外汇收入	1502.9 万美元
国内旅游收入	294.0 亿元

编 辑 说 明

一、《临汾年鉴》系中共临汾市委、市人民政府组织编纂的系统记述本行政区域自然、政治、经济、文化、社会等方面情况的年度资料性文献，是临汾市唯一的地方综合年鉴。

二、《临汾年鉴（2016）》记事断限自2015年1月1日至12月31日。个别条目追溯了2015年以前的内容，意在增强事件的完整性。

三、本年鉴采用分类编排法，设栏目、类目、条目，少数在类目和条目之间增设分目，不同层次的标题用不同的字号、字体和辅助标志区别。本版年鉴共设立33个栏目，186个分目和1076个条目，总字数85万字。

四、本年鉴稿件均由市直各有关部门、驻临单位和各县（市、区）政府组织专人撰写，并经各单位负责人审核。所有数据由于统计来源、口径、方法、时间不同而有差异的，均以统计部门提供的统计资料为准。

五、本年鉴有详细中文目录、英文目录、索引检索系统。卷末索引、款目按汉语拼音字母顺序排列。

六、本年鉴采用的稿件，作者署名在文尾，有的稿件因作者不详，未作署名，彩页图片不署名，谨致歉意。

七、本年鉴的编纂出版工作，得到全市各有关单位的大力支持和全体撰稿人员的积极配合，在此深表谢忱。

《临汾年鉴》编辑部

2016年11月10日

7月10日，中共临汾市委书记罗清宇深入洪洞县就农村基层党建工作进行调研

2月3日，中共临汾市委副书记、市长岳普煜在蒲县检查西气东输管道蒲县段改线工程

临汾市人民代表大会常务委员会

4月28日，人大常委会主任徐树荣在第三届人代会第六次会议上作报告

临汾市第三届人民代表大会第六次会议会场

政协临汾市委员会

4月26日，政协主席乔成家在市政协三届五次会议上作报告

4月26日，市政协代表在交通局视察

临汾市政协三届五次会议会场

临汾市纪检监察

▶ 10月16日，市委常委、纪委书记刘予强主持纪检监察系统两个责任汇报会

10月22日，临汾市纪委监察局举行学习准则条例专题会 ◀

▶ 11月13日，临汾市市纪委书记工作推进会

12月11日，临汾市纪检监察系统岗位练兵大测试 ◀

临汾市委组织部

5月23日，中共山西省委常委、组织部长盛茂林在永和县阁底乡调研精准扶贫工作

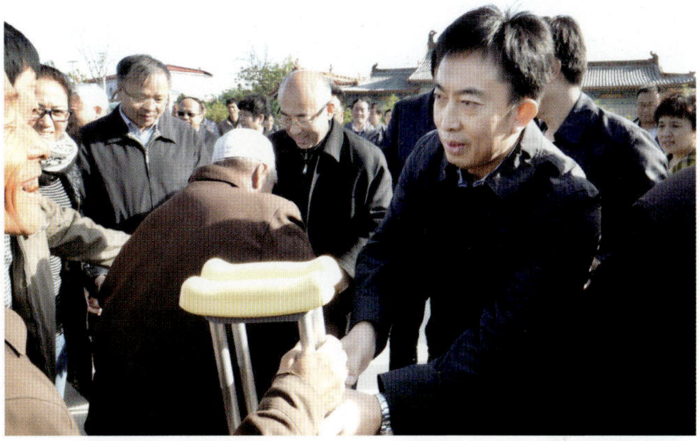

10月26日，中共临汾市委常委、组织部长李新春在阁底乡东征村参加省残联举办的健康义诊活动

举办第一期青年干部培训班

临汾市第二届市委联系的高级专家命名大会

4月18日，临汾市帝尧古都文化旅游节开幕式展演

4月19日，“围棋之源·圣尧杯”国际大师邀请赛开幕式

目　录

专　记

文　献

大事记

概　况

武　装

法　治

工商行政管理

审计监督

物价管理

安全生产监督

煤矿安全监察

质量技术监督

工 业

交通　邮电　信息业

公路建设与管理

铁路管理

临汾市火车站

大西高铁临汾西站

临汾民航机场

科学技术

科技管理

防震减灾

测绘

科研机构

学述论著

·观点摘录·

文化　旅游

文化事业

戏剧事业

艺术学校

文学艺术

图书馆建设与管理

文物管理

人　物

县(市、区)简介

开发区和壶口风景区

临汾开发区

侯马开发区

壶口风景区管委会

附　录

“五一”国际劳动节劳动模范表彰名单

CONTENTS

Special Notes

Literature

Events

General Introduction

Linfen City Committee of the CPC

The Standing Committee of Linfen City People's Congress

The People's Government of Linfen City

Linfen City Committee of CPPCC

Disciplinary Inspection and Supervision

Arms

Law Treatment

Democratic Party and Association of Industry & Commerce

Mass Organizations

Economic Management

Industry

Agriculture and Rural Economy

Transportation Post and Telecommunication Industry

Urban & Rural Planning and Construction

Environmental Protection

Financial and Tax Affairs

Finance

Business Trade and Service Industry

Education

Science and Technology

Culture and Tourism

News Publishing

Hygiene and Physical Education

Social Life

Characters

Brief Introduction of County(City and District)

Developing Zone and Hukou Scenic Spot

Appendix

Index

专　记

学习讨论落实活动

【大事记】

2014 年 12 月

1 日　临汾市委书记罗清宇主持召开市委常委会议，对全省学习讨论落实活动动员大会精神进行再学习，就搞好临汾市的学习讨论落实活动进行研究安排。

4 日　临汾市委书记罗清宇主持召开市委常委会议，研究讨论《关于在全市深入开展学习讨论落实活动的实施方案》、活动组织机构设置和动员部署大会有关文件。

5 日　临汾市召开全市学习讨论落实活动动员部署大会。市委书记罗清宇作动员讲话，省委督导组组长梁志祥出席并讲话；市委副书记、市长岳普煜主持；市委副书记王文英作工作安排。

8 日　临汾市召开市委学习讨论落实活动办公室第一次会议，市委副书记王文英作工作安排。

同日，临汾市召开教育实践活动市委督导组总结暨学习讨论落实活动市委督导组工作会，市委常委、组织部长张明星就教育实践活动督导工作进行总结，市委副书记王文英作重要讲话。

12 日　临汾市委书记罗清宇主持召开市委常委会议，部署安排推进全市深入开展学习讨论落实活动。

16 日　临汾市委、市政府召开学习讨论落实工作推进会，研究分析当前经济形势，安排部署工作落实。市委书记罗清宇主持会议。

16 日至 19 日　临汾市首期学习讨论落实活动专题培训班在市委党校举行，各县（市、区）学习讨论落实活动办公室有关领导和市直单位主要领导干部参加学习。

19 日　临汾市委书记罗清宇主持召开市委常委学习讨论落实活动专题会议，集体观看反腐倡廉警示教育片。

22 日　根据省委活动办《关于全省学习讨论落实活动面上工作推动实施的有关安排》要求，起草《关于全市学习讨论落实活动面上工作推动实施的有关安排》，转发至市委各督导组及参加活动单位。

23 日　上午，市委书记罗清宇主持召开市委常委会，围绕学习讨论落实活动主题，联系临汾市实际，进行集中学习讨论，反思存在的问题，剖析产生问题的根源。

29 日　制定《中共临汾市委学习讨论落实活动示意图》，发活动办公室各工作组、市委各督导组和各活动单位进行参阅。

31 日　上午，市委书记罗清宇主持召开市委常委会，研究学习讨论落实活动近期工作。

2015 年 1 月

5 日　上午，在常委会议室召开市委学习讨论落实活动办公室第二次会议。会上，活动办下设各组和各牵头单位负责人根据活动的重要任务分工及进度安排，汇报近期工作情况，并在扩大对外宣传、统筹利用活动初步成果、查找纠正问题等方面提出了好的意见和建议。

9 日至 10 日　省委常委、组织部长盛茂林在临汾市检查指导开展学习讨论落实活动等工作。

13 日　下午，在临汾宾馆前三楼会议室召开全市学习讨论落实活动督导工作汇报会。会上，市委各督导组组长依次进行汇报发言，市委常委、组织部部长、市委学习讨论落实活动办公室副主任兼组织组组长张明星讲话，省委督导组副组长、省社科联副主席王志超出席并讲话，会议由市委副书记、市委学习讨论落实活动办公室主任王文英主持。市委学习讨论落实活动办公室主任、组织组组长,内设各组第一副组长、联络员,市委各督导组组长、联络员参加会议。

22日 召开全市学习讨论落实活动工作推进会,尧都区、洪洞县、大宁县、市公安局、市煤炭工业局负责同志进行汇报发言,市委书记罗清宇同志作重要讲话。会议由市委副书记、市委学习讨论落实活动办公室主任王文英主持。市委学习讨论落实活动办公室内设各组组长、第一副组长、联络员,市委各督导组组长、联络员,各县(市、区)委书记、开发区党工委书记及活动办主任,全市参加活动的市直单位主要负责同志参加会议。

2月

2日 根据省委督导组要求,将市人大常委会党组和市政协党组反思剖析报告呈送市委书记罗清宇审阅。

4日 下午,市委副书记王文英主持召开市委学习讨论落实活动办公室第三次会议。会上,活动办下设各组及各牵头单位负责人根据活动中的重要任务分工及进度安排,先后汇报进度情况。王文英作重要讲话。

12日 上午,在临汾宾馆新三楼会议室召开全市教育实践活动整改落实情况通报会。

同日,市委书记罗清宇在尧都区走访慰问老党员、困难党员和群众,并对党的群众路线教育实践活动整改落实和学习讨论落实活动推进工作进行督导。

3月

4日 下午,市委副书记王文英主持召开市委学习讨论落实活动办公室第四次会议。市委常委、市委学习讨论落实活动办公室副主任黄翠莲、陈国荣、张明星对做好活动下阶段工作提出要求。主要议题有三项:一是听取各工作组和牵头单位近期工作汇报;二是研究讨论《关于在全市学习讨论落实活动中深入开展专项整治工作的实施方案》(讨论稿);三是对下阶段工作进行安排部署。

【重要文件】

中共临汾市委关于在全市深入开展学习讨论落实活动的实施方案

(2014年12月7日)

为认真贯彻落实党的十八大和十八届三中、四中全会精神和党中央重要指示要求,省委决定在全省各级党组织和广大党员干部中开展以"深入学习贯彻习近平总书记系列重要讲话精神,净化政治生态、实现弊革风清,重塑山西形象、促进富民强省"为主题的集中学习讨论落实活动。根据省委部署安排,结合临汾实际,现制定实施方案如下。

一、指导思想和目标任务

开展学习讨论落实活动的指导思想是:认真贯彻落实党的十八大和十八届三中、四中全会精神,高举中国特色社会主义伟大旗帜,坚持以马克思列宁主义、毛泽东思想、邓小平理论、"三个代表"重要思想、科学发展观为指导,深入学习贯彻习近平总书记系列重要讲话精神,以新时期坚持从严治党的八项要求为行动纲领,以党中央对我省工作的重要指示和省委的部署要求为基本遵循,以各级领导机关、领导班子、领导干部为重点,围绕活动主题,坚持求真务实,坚持问题导向,坚持边学习、边讨论、边落实,统一思想、提高认识,坚定信心、振奋精神,革弊立新、激浊扬清,为开创我省弊革风清、富民强省新局面,推进我市改革发展稳定再上新台阶,建设文明开放富裕和谐新临汾提供保障。

按照上述指导思想,这次活动的目标任务是:

*(一)深入学习贯彻习近平总书记系列重要讲话精神。*开展学习讨论落实活动,要准确把握正确方向,必须把深入学习习近平总书记系列重要讲话作为我们全部工作的根本遵循,作为开展活动的根本指南,作为开展活动的统领和关键,把贯彻落实系列重要讲话精神贯穿活动的全过程。坚持把学习贯彻习近平总书记系列重要讲话精神作为重大政治任务,不断增强贯彻落实的自觉性和坚定性。进一步深入学习习近平总书记系列重要讲话精神,特别是在党的群众路线教育实践活动总结大会和党的十八届四中全会上重要讲话精神,深刻领会讲话的重大意义、科学内涵、精神实质和实践要求,认真落实新形势下坚持从严治党的八项要求,运用法

治思维和法治方式，有效指导全市经济、政治、文化、社会、生态文明建设和党的建设的实践，切实做好净化政治生态、实现弊革风清、重塑山西形象、促进富民强省和市委部署的各项工作。

（二）净化政治生态。政治生态是党风、政风、社会风气的综合体现。净化政治生态是落实党中央对我省工作重要指示和省委部署要求的首要任务，也是我省和我市改革发展稳定的根本保障。要全方位、多视角对我省和我市政治生态问题进行深入反思剖析。紧紧抓住深入开展反腐败斗争这个关键，从严落实党风廉政建设党委主体责任和纪委监督责任，以零容忍态度坚决惩治腐败；紧紧抓住防治吏治腐败这个核心，严肃防治选人用人方面存在的突出问题，切实匡正选人用人风气；紧紧抓住作风建设这个根本，深入落实中央八项规定精神，严肃查处顶风违纪行为，持之以恒反对“四风”，进一步做好教育实践活动整改落实工作，不断巩固和发展教育实践活动成果；紧紧抓住打黑除恶这个保障，坚决抵制污染政治生态和社会环境的各种潜规则和歪风邪气，斩断各种利益输送链条，严厉打击黑恶势力及其“保护伞”。以此始终保持“三个高压态势”，努力打造党和人民群众满意，清正廉洁、勤政为民的良好政治生态环境。

（三）实现弊革风清。弊革风清的核心是干部清正、政府清廉、政治清明。实现弊革风清是净化政治生态的直接目标，也是一项长期而艰巨的任务。要立足当前，着眼长远，坚持依法治理、标本兼治，按照依法确定权力、科学配置权力、制度约束权力、阳光行使权力、合力监督权力、严惩滥用权力的“六权治本”思路，以制度建设为重点，认真查找和堵塞各方面的制度漏洞、执行漏洞、监督漏洞，着力形成不敢腐、不能腐、不想腐的长效机制，坚决铲除滋生腐败的土壤和条件。针对重点领域、关键环节的突出问题，健全完善有效管用的制度体系，切实把权力关进制度的笼子；加快体制机制创新，正确处理政府和市场的关系，加快资源配置市场化改革步伐，有效防止权力寻租；依法加强对权力的制约和监督，把制度建设、体制机制创新、权力运行纳入法治建设的轨道，确保权力运行规范有序。

（四）重塑山西形象。形象问题是党性问题、作风问题、能力素质问题。重塑山西形象是各级党组织和广大党员干部的历史担当，关乎党和政府的公信力，关乎各项事业的兴衰成败。要坚持以反腐倡廉的新成效、作风建设的新成效和改革发展的新成效，为重塑我省改革发展稳定的新形象作出贡献。切实从现在做起，从具体事做起，从自我做起，重塑各级领导班子特别是各级领导班子政治坚定、崇尚实干、敢于担当、团结创新、清正廉洁的新形象；坚决反对精神不振、畏缩不前的消极状态，坚决纠正不敢担当、为官不为的错误行为，坚决整治违背规律、急功近利的短期行为，重塑干部队伍对党忠诚、纪律严明、务实为民、敬业奉献、勤政廉洁的新形象；锲而不舍地以优良党风促政风带民风，重塑全社会政治清明、诚信守法、包容开放、坚韧不拔、奋发向上的新形象。

（五）促进富民强省。富民强省是党的根本宗旨的集中体现，是全省上下的共同期盼。促进富民强省是一切工作的根本目的，也是净化政治生态、实现弊革风清、重塑山西形象的出发点和落脚点。促进富民强省要从富民强市、强县做起。坚持以经济建设为中心不动摇，积极适应经济发展新常态，全力推动廉洁发展、转型发展、创新发展、绿色发展、安全发展、统筹发展，全力做好经济运行、“四个年”活动和“一百千万”服务项目等工作。坚持解放思想、实事求是、与时俱进，坚持思想转型、观念转变和经济转型同步，加快全面深化改革，加快转变经济发展方式，科学谋划好2015年主要经济指标和工作“大盘子”。统筹经济社会和人的全面发展，始终把人民放在心中最高位置，切实加强和改善民生，解决好人民群众的生产生活问题，有效化解各类社会矛盾，继续保持全市经济社会持续向好的发展态势。

通过落实活动五个方面的目标任务，切实把全市广大党员干部的思想和行动统一到习近平总书记系列重要讲话精神上来，统一到党中央对山西各项工作的重要指示要求上来，统一到省委和市委的重大决策部署上来，取得实实在在的阶段性成果，为开创我省“净化政治生态、实现弊革风清，重塑山西形象、促进富民强省”的新局面和推进全市改革发展稳定奠定坚实的思想基础、工作基础和作风基础。

二、活动内容

学习讨论落实活动在全市各级党组织和广大党员干部中开展，重点是乡镇（街道）以上领导机关、领导班子和领导干部。活动从2014年12月上旬正式启动，到2015年3月底基本结束。

这次活动不分段不转段，要坚持问题导向，坚持重点突破，坚持强力推进，有计划、有重点、有目的地统筹抓好以下六个方面。

(一)统一思想认识，落实“两个责任”。深刻认识山西系统性、塌方式腐败问题损害山西形象、损害人民利益、损害党的形象的严重性；深刻认识省委没有履行党风廉政建设主体责任是形成山西严重腐败问题的最主要原因；深刻认识党中央对山西省委领导班子作出重大调整是净化山西政治生态的重大举措和对山西人民的高度负责；深刻认识坚决惩治腐败对做好山西工作的极端重要性，坚决在思想上政治上行动上与党中央和省委、市委保持高度一致。把思想自觉和行动自觉结合起来，切实落实党风廉政建设党委主体责任和纪委监督责任。

1.组织集中学习。各级党委(党组)要联系单位工作和个人思想实际，采取中心组学习、党校培训、专题讲座等形式，重点学习习近平总书记系列重要讲话精神，学习以习近平同志为总书记的新一届中央领导集体崇尚实干、敢于担当、廉洁自律、率先垂范的优良作风和崇高风范。深入学习党的十八届四中全会决定，学习十八大以来党中央关于从严治党、加强党风廉政建设和反腐败斗争的部署和要求，学习十八届中央纪委二次、三次、四次全会精神，学习刘云山同志在全省领导干部大会上的重要讲话精神。通过学习，要切实做到真学真懂、真信真用、真抓真改，使广大党员干部特别是领导干部真正端正世界观、人生观、价值观和权利观、地位观、利益观，补足精神之“钙”，筑牢思想根基，切实增强法治思维、纪律观念和规矩意识。

认真贯彻省委和市委决策部署，深刻领会省委书记王儒林同志和市委书记罗清宇同志讲话精神，充分认识集中开展学习讨论落实活动的重大意义，以思想认识的提高进一步增强搞好这次活动的政治责任感和自觉性、主动性、创造性。

2.从严落实“两个责任”。强化党的意识、责任意识、忧患意识，坚持知行合一，落实“两个责任”。各级党委(党组)要牢固树立“抓党风廉政建设是本职、不抓是渎职、抓不好是失职”的理念，把反腐倡廉工作纳入到经济社会发展和党的建设总体工作中，加强党对党风廉政建设工作和反腐败工作的统一领导，统一部署，统一考核。认真落实省委关于落实党风廉政建设党委主体责任和纪委监督责任的两个《意见》和市委《关于落实党风廉政建设党委主体责任和纪委监督责任的实施意见》，制定落实“两个责任”的具体举措，列出责任清单，并签字背书。全面实行下级党委(党组)主要负责人向上级党委全会或纪委全会述纪述廉述作风述责任落实情况的制度，实行上级党委主要负责人对下级党委主要负责人重点约谈制度，实行严格问责制度。

3.开展案例警示教育。充分发挥典型腐败案件的警示作用，采取组织学习警示教育资料、观看警示教育片、参观警示教育基地等多种方式，深入开展党纪政纪教育、法律法规教育和从政道德教育，让广大党员干部受警醒、明底线、知敬畏。注重运用发生在身边的、近期的腐败案例，增强教育的震撼力和实效性，警示党员干部特别是领导干部防微杜渐、廉洁自律。

4.加强廉政文化建设。大力学习弘扬焦裕禄等优秀党员干部的情操风范，积极选树一批新时期廉洁从政、一心为民的先进典型。积极借鉴我国历史上优秀廉政文化，深入挖掘和借鉴以于成龙为代表的我省和我市历代著名廉吏的典型事迹。大力弘扬革命老区精神，践行社会主义核心价值观，推动反腐败斗争不断深入。注重运用多种形式和载体，广泛传播廉政文化，营造拒腐防变的文化环境。

(二)深刻反思剖析，提出整改举措。着眼“净化政治生态、实现弊革风清，重塑山西形象、促进富民强省”，立足本地区本部门本单位实际，联系党员干部特别是领导干部自身，坚持问题导向，认真组织讨论，深刻反思、深入剖析问题根源，深入查找制度缺失、工作漏洞、自身不足，提出铲除腐败土壤和解决突出问题的整改举措。

1.深入开展讨论剖析。各级党委(党组)要紧密结合自身实际，重点围绕以下问题组织讨论和反思剖析：一是党中央严肃查处山西严重腐败问题、对省委班子作出重大调整、对山西工作提出重要指示要求以及省委和市委决策部署特别是开展本次活动的重大意义；二是我省政治生态存在的突出问题和系统性、塌方式腐败问题的突出表现、主要特征、严重危害、原因分析；三是净化政治生态、实现弊革风清、重塑山西形象的工作重点、主要措施和治本之策；四是制约实现富民强省、富民强市目标的主要障碍和对策建议。讨论中各级党员干部尤其是领导干部要把自己摆进去，紧密结合各自实际进行深刻反思、深刻剖析。讨论要形成会议纪要，并附讨论发言记录。

2.认真撰写反思剖析报告。各级党委（党组）在深入讨论和反思剖析的基础上，由班子主要负责同志主持研究撰写专题反思剖析报告并报上级党委（党组）。报告要实事求是、深入具体，针对本地区本部门本单位存在的突出问题反思剖析深挖，就纠正和解决系统腐败、行业歪风、重点问题提出整治整改方案和对策举措建议。市委对各县（市、区）和市直部门的反思剖析报告进行审查，对不符合要求，不深入、不深刻的报告将责成退回返工。

3.制定出台指导全市工作的有关文件。市委将按照省委部署安排和有关文件精神，在深入学习讨论和调查研究的基础上，就建立“不敢腐、不能腐、不想腐”的长效机制形成专题调研报告，并研究制定贯彻落实省委关于净化政治生态，努力开创弊革风清、富民强省新局面《决定》的《实施意见》，作为指导今后一个时期全市工作的纲领性文件。各县（市、区）和市直各部门要根据省委和市委的部署制定贯彻落实方案。

（三）保持高压反腐，集中进行整治。深入推进党风廉政建设和反腐败斗争，坚持以零容忍态度惩治腐败，坚持“老虎”“苍蝇”一起打，继续保持反腐败高压态势，保持狠刹“四风”高压态势，保持打黑除恶高压态势。

1.加大查办腐败案件工作力度。进一步加大自查案件的力度，严格审查和处置党员干部违反党纪政纪、涉嫌违法的行为，严肃查办发生在领导机关和领导干部中的贪污贿赂、买官卖官、徇私枉法、腐化堕落、失职渎职案件，严肃查办发生在重点领域、关键环节和发生在群众身边的腐败案件。特别要严查党的十八大后不收敛不收手，问题反映集中、群众反映强烈，现在重要岗位且可能还要提拔使用的领导干部。实行“一案三查”，既追究当事人责任，又倒查党委（党组）的主体责任和纪委（纪检组）的监督责任。健全重大案件剖析制度，充分发挥查办案件的治本功能。

2.加大作风建设力度。巩固和拓展教育实践活动成果，牢固树立“作风建设永远在路上”的思想，深入贯彻落实中央“八项规定”精神和“三严三实”要求，切实把作风建设抓常、抓细、抓长，推进集中反“四风”改作风转为经常性的作风建设，形成作风建设新常态。认真落实教育实践活动整改任务，对各地各单位领导班子整改方案和领导干部整改措施落实情况进行盘点分析，督办考核；深入推进专项整治，围绕中央确定的21项、省委确定的26项和市委确定的37项专项整治任务，进一步把责任明确到位、措施落实到位、问题解决到位；上下联动推进整改，聚焦基层和群众反映强烈、需要上级牵头解决的问题，列出联动整改项目清单，明确责任单位和具体措施，上下互动、挂牌督办。始终保持反“四风”高压态势，强化正风肃纪，对踩“红线”、闯“雷区”的行为坚持零容忍，发现一起、查处一起、追责一起。2014年年底，各级党委（党组）要结合年度工作考核，对整改落实情况进行一次认真“回头看”，整改落实情况进行通报排队，对整改不到位的要“回炉补课”。2015年上半年，市委将对整改落实工作以及巩固和拓展教育实践活动成果情况组织专项检查。

3.加大依法严厉打击黑恶势力犯罪力度。把深入开展反腐败斗争和依法严厉打击黑恶势力犯罪结合起来，保障人民群众安居乐业。坚持“打早打小、露头就打”，始终对黑恶势力犯罪保持高压态势。开展打黑除恶专项行动，对重点行业、重点领域、重点地区加强摸排，准确掌握黑恶势力犯罪案件线索，做到精准打击，确保打出实效。坚持除恶务尽，对充当黑恶势力“保护伞”的，不管涉及什么人，不管职务高低，都要发现一起查处一起，决不姑息。坚持依法打击，确保查处的每一件黑恶势力犯罪案件都办成铁案。坚持打防并举，健全打防管控一体化运行机制，最大限度地压缩黑恶势力滋生土壤和环境。

4.开展重点领域专项整治。由市直相关职能部门负责，对容易滋生腐败和权力寻租的煤焦、土地、交通、房地产等重点领域突出问题，对社会影响面大、群众反映强烈的司法、教育、医疗、社保、涉农等社会民生领域突出问题，对资源配置、工程招标、政府采购、资金分配等关键环节突出问题开展专项治理，对行政审批违规问题和滥用审批权问题分别开展专项治理。各县（市、区）要根据各地实际确定整治重点，开展专项治理。相关职能部门要强化专项整治的组织实施，有关方面要加强对专项治理的监管监督和工作配合，务求取得实效。

(四)坚持从严治吏,大力刷新吏治。坚持思想建党与制度管党紧密结合,认真落实从严治党、从严治吏的管党治党方针,充分发挥党组织在选人用人上的领导和把关作用,把从严管理干部贯彻到干部队伍建设全过程,严厉防治选人用人不正之风,全力营造公道正派、弊革风清的用人环境。

1.严格党的政治纪律。牢固树立党章意识,加强学习遵守党章和党的政治纪律教育,实现学习遵守党章和党的政治纪律教育经常化、制度化、规范化,不断强化广大党员干部特别是领导干部的法治思维、纪律观念和规矩意识。严肃党内政治生活,找准并根除党内政治生活不正常的“病灶”,不断提高党内政治生活的政治性、原则性和战斗性。严格执行党的政治纪律,加强对党的政治纪律执行情况的监督考核,把党员干部的政治言论、政治行动、政治立场作为日常管理监督干部的重要内容,作为考察识别干部的重要方面。加大对违反党的政治纪律问题的查处力度,使党的政治纪律真正成为“带电的高压线”。

2.严肃整治“为官不廉、为官不为”问题。重点打好“三个一批”组合拳:一是甄别一批不廉洁的干部,分级分批对全市领导干部特别是各级“一把手”和关键岗位的副职进行廉洁考核,建立廉政档案;依法依纪严肃查处“带病在岗”干部。二是退出一批不作为的干部,对不胜任不称职、不作为乱作为、不主动履职担责、抵制“四风”不力的领导干部坚决撤换下来。三是掌握一批听党话跟党走、符合新时期好干部标准、敢作为能作为善作为的好干部。

3.坚决遏制干部“带病提拔”。建立干部选拔任用工作全程记实制度和干部“带病提拔”问题倒查机制。落实和完善干部选拔任用责任追究制度,特别是干部任用动议责任,严肃追究“带病动议”,解决荐人失真失实失当等问题。对新提任干部,要认真审核个人申报情况和个人档案,实行组织、纪检、审计、信访等职能部门联合审查鉴定,存在疑问的暂不提名;确有问题的,依法依纪严肃处理。开展新提任干部家庭财产申报制度试点工作,逐步推广。

4.加大干部日常管理监督力度。认真落实市委《关于加强领导干部日常管理监督的若干规定》和《关于市管领导班子和领导干部综合分析研判的实施办法》,建立领导班子领导干部情况定期分析机制,经常了解情况,加强综合研判,把干部日常表现、作风状况作为年度考核和干部考察重要内容,切实运用好谈心谈话、提醒谈话、诫勉谈话和函询等日常管理监督干部手段,充分运用巡视和信访举报查核成果,对干部中的不良苗头早打招呼、及时提醒、教育帮助,对存在的问题进行认真核查和严肃处理。

5.大力匡正选人用人风气。从严坚持新时期好干部标准,旗帜鲜明地树立“德才兼备、以德为先、以廉为基”的用人导向。健全考察考评机制和办法,研究制定《市管干部推荐考察工作细则》和《市管干部任免工作规程》,逐步建立日常考察干部档案和近距离观察识别台账,多渠道、多层面、立体式深入了解干部。严格执行民主集中制和《党政领导干部选拔任用工作条例》,把干部选准用好,努力做到人岗相适、用当其时。强化违规用人案件的核查督办,对近年来各级违规用人、用人失察、用人不当行为,做到有案必查、有查必果,对查实的问题严肃纠正、严厉警示、严格问责。从严教育管理监督领导班子和干部队伍,坚决抵制打招呼、递条子、托人情等不正之风;彻底打破以人划线、任人唯亲等腐朽的“潜规则”;切实严惩跑官要官、拉票贿选、买官卖官等吏治腐败行为;突出解决用人标准把握不严、程序走过场、用人责任制不落实等问题。

(五)实施“六权治本”,规范权力运行。坚持法治思维和法治方式,更好发挥法治对于从源头上防止权力失控的引领和规范作用,按照“六权治本”的思路,认真落实市委《关于深入推进“六权治本”工作加强对权力运行制约和监督的指导意见》,扎紧制度笼子,坚决堵塞制度漏洞,铲除滋生腐败的土壤,重点解决“不能腐”的问题,确保权力始终沿着法治化、规范化、公开化轨道运行。

1.依法确定权力。坚持法定职责必须为、法无授权不可为,推进地方性法规、政府规章立改废释,防止部门利益法制化,防止权力配置错位、缺位,建立健全规范性文件备案审查制度,推进依法确权工作常态化。依法审核权力、界定权限、优化流程,对党务政务、各级各部门所有职责权限进行清理规范,细化、量化自由裁量权。依法履行政府职能,完善行政组织和行政程序的法律制度,推进机构、职能、权限、程序、责任法定化,加快编制市级政府部门的权力清单、责任清单,明确权力办理主体、条件、程序、期限和监管方式等,逐步建立健全负面清单管理制度，建设职能科学、权责法定、执法严明、公开公正、廉洁高效、守法诚信的法治政府。

2.科学配置权力。实行“一把手”不直接分管行政审批、财务、干部人事、建筑工程、物资采购等具体工作，形成决策权、执行权和监督权科学运行的权力制衡机制。合理配置部门权力，通过完善“管采分离”“管审分离”“管办分离”等制度，使各项权力由不同部门相对独立行使，实现相互制衡，有效化解部门权力行使中的潜在风险。围绕权力运行的重点岗位和关键环节，排查梳理风险点，对高风险岗位权力进行分解，坚持分事行权、分岗设权、分级授权，实行审查与批准相分离、定事与办事相分离、承办与监督相分离。进一步深化行政审批制度改革，精减行政审批事项，按照科学配权的原则，加大简政放权力度，真正把该放的权力放到位，防止明放暗不放，克服台下运作、后台审批等弊端，提高审批效率和办结水平。

3.制度约束权力。健全依法决策机制，严格重大行政决策法定程序，积极推行法律顾问制度，建立行政机关内部重大决策合法性审查机制，完善公民参与、专家论证、风险评估、集体讨论决定机制，建立重大决策终身责任追究制度及责任倒查机制；完善和落实行政执法工作责任制度和工作规程，推进综合执法，减少执法层级，切实解决多头执法、多层执法、执法缺位、执法混乱等问题。深化司法体制改革，完善司法管理体制和司法权力运行机制，规范司法行为，切实解决关系案、人情案、金钱案等问题，切实提高司法公信力和权威。坚决抵制权力对行政执法和公正司法的干扰，建立领导干部干预司法活动、插手具体案件处理的记录、通报和责任追究制度；健全法律法规实施情况的检查制度，按照“谁办案谁负责、谁主管谁负责、谁审批谁负责”的原则，严格追究办案过错责任。坚决纠正有令不行、有禁不止，制度执行不到位甚至形同虚设的问题，切实维护制度的严肃性。

4.阳光行使权力。坚持“以公开为常态、以不公开为例外”的原则，完善党务、政务、村务、司法和各领域办事公开制度，依法确定公开的事项和范围；公开权力运行流程，规范公开程序，明确公开时限。发挥好市政务服务中心平台作用，加快发展电子政务，推进权力运行全程电子化；加快建设制度规范、服务完备、功能齐全、高效便捷、公开透明的综合性政务平台体系，使显性权力规范化、隐性权力公开化，实现权力阳光运行。围绕资源配置、工程建设项目招投标、政府采购、土地使用权和矿业权出让、国有产权交易等公共资源交易事项，加快公共资源交易体系建设，实行全程公开，着力解决暗箱操作问题。

5.合力监督权力。健全党内监督、人大监督、民主监督、行政监督、司法监督、审计监督、社会监督和舆论监督制度体系，完善事前监督、事中监督、事后监督制度体系，实现对权力运行的全方位、全过程监督。重点加强对领导干部特别是“一把手”和关键岗位的监督，加强对重点领域、关键环节的监督，加强对涉及群众切身利益的行业、窗口的监督，完善和落实巡视监督制度、任期经济责任审计制度、个人重大事项报告制度，充分发挥各项制度的监督功能。强化内部监督，完善权力内控机制，完善内部层级监督和专门监督，坚持“三重一大”事项集体讨论决定，有效制衡权力，防止越权、滥权、擅权问题发生。建立健全同级纪委对同级党委及班子成员的监督和班子成员之间的相互监督制度，建立健全针对监督部门和监督岗位的监督制度，消除监督盲区，提高监督效能。

6.严惩滥用权力。探索建立权力运行痕迹管理制度，使违规、违纪、违法等滥用权力行为有据可查、有责可追、有罪可惩。加强纪检监察机关与法检“两院”和组织、公安、审计等部门的协调配合，形成严惩滥用权力的强大合力。按照对违纪违法问题早发现、早报告要求，探索建立快速发现启动处理问题机制，及时纠错，最大限度减少滥用权力造成的损失。对党员干部苗头性、倾向性问题，及时谈话提醒、函询、诫勉、教育，防止小错酿成大错；对已形成事实并造成严重后果的，严肃按照党纪政纪问责追责；涉嫌犯罪的及时按程序移送司法机关。

（六）全面深化改革，推动科学发展。通过全面深化改革，破除各种体制机制障碍，铲除滋生腐败问题的土壤和条件，解决前进中遇到的困难和问题，推动和保障我市科学发展。

1.积极推进改革。进一步落实和完善我市全面深化改革的决策部署，认真落实市委《贯彻实施〈关于深入贯彻党的十八届三中全会精神加快推进转型综改试验区建设的若干意见〉重要举措分工方案》。本着事关全局、牵涉面广、关联性强、急用先改、堵漏补缺的原则，注重处理好政府与市场的关系，在煤焦、土地、交通、房地产等重点领域和行政审批、资源配置、政府采购、资金分配等关键环节，推出重大改革举措，有效遏制权力寻租空间，优化发展环境。

2.抓好经济建设。坚持以经济建设为中心，适应经济发展新常态，深入研究新形势下我市经济发展面临的机遇和挑战，研究制定我市落实“六大发展”的具体实施方案。积极应对当前经济持续下行的巨大压力，着力稳增长、调结构、促转型，加大对主导产业转型升级支持力度，加大对重点行业和困难企业帮扶力度，加大大项目、好项目招商引资和建设力度，加大新兴产业投产达效力度，加大科技创新驱动发展力度，不断提升发展的质量和效益。紧紧盯住“四个年”目标不松劲，全力以赴做好经济运行、项目建设等工作，确保圆满完成今年各项工作任务。同时，科学谋划明年工作，抓紧确定明年主要经济指标和项目大盘子，力争明年工作实现“开门红”。

3.切实改善民生。要以落实“一百千万”服务项目为抓手，坚持民生优先，切实抓好劳动就业、社会保障、提高居民收入、医疗卫生、文化教育、住房保障、市场物价等方面的工作，重点解决人民群众最关心、最直接、最现实的利益问题。扎实抓好村(社区)“两委”换届工作，确保全市村(社区)“两委”换届工作风清气正、依法有序。高度关注农民工工资、群众冬季取暖等具体事项，确保涉及民生的财政支出足额到位，特别注重解决困难群众和弱势群体的生活问题，扎实做好扶贫帮困和送温暖等方面的工作，让人民群众共享改革发展成果。

4.维护社会稳定。坚持系统治理、依法治理、综合治理、源头治理，创新社会治理体制机制，改进社会治理方式，依法解决影响社会和谐稳定的突出问题和深层次问题，提高社会治理法治化水平。要全力确保社会稳定，抓好安全生产、舆情应对等重点工作，积极主动做好信访工作，严格控制越级上访和非正常上访，积极预防和有效化解各项社会矛盾，切实把隐患消除在萌芽状态，坚决避免发生和依法及时妥善处置群体性事件，逐步把信访纳入法制化轨道。采取有力措施，坚决防止暴力恐怖事件发生。严格落实安全生产责任制度，强化党政同责、齐抓共管，坚决杜绝重特大安全生产事故发生。加强食品药品安全、防灾减灾救灾、社会治安防控等公共安全工作，确保群众安居乐业，社会安定有序。

三、工作要求

这次学习讨论落实活动时间紧、任务重、要求高。全市各级党组织和广大党员干部要以高度的政治责任感和紧迫感，把组织开展好活动作为一项重大政治任务、重大政治责任、重大政治考验，高标准、严要求、大力度推进，确保活动健康有序有效开展。

(一)加强组织领导。这次活动在省委统一部署和市委常委会领导下进行，根据活动需要，成立相应工作机构。各级党委(党组)是开展活动的责任主体，主要负责同志是第一责任人。要切实把开展这次活动作为当前一项重大而紧迫的政治任务，树立高度的政治责任感和强烈的大局意识，抓紧成立领导机构，精心制定活动方案，统筹把握活动重点，认真抓好工作落实，确保活动有组织、有计划、有步骤、有成效地扎实开展、健康推进。

(二)坚持以上率下。各级领导班子和领导干部特别是主要领导干部要继续发扬在教育实践活动中率先垂范、崇尚实干、狠抓落实的优良作风，真正把自己摆进去，既要做好组织者，更要做好带头人，切实树好标杆，成为政治坚定的表率、廉洁自律的表率、转变作风的表率、致力发展的表率。要深入一线、靠前指挥，找准需要解决的突出问题，研究提出切合实际的任务要求和办法措施，对每个步骤的重点工作、重点任务和前后衔接都要亲自过问、亲自安排，特别是各级常委班子和人大、政府、政协班子及其成员要率先垂范、以上率下，带头学习讨论、带头落实践行。

(三)贯彻群众路线。坚持开门搞活动，把走群众路线贯彻活动始终，层层动员发动，凝聚和调动广大党员干部投身活动的积极性、主动性、创造性，充分发挥人民群众的主体作用。广泛听取群众意见，畅通群众表达意见诉求的渠道，主动接受群众的监督。着力解决人民群众反映强烈的突出问题，从小事做起，从具体事抓起，以实实在在的活动成效取信于民。

(四)强化督导检查。层层传导压力，一级抓好一级，从严从实督导。市委将派出督导组对活动开展情况进行督查指导。各县(市、区)和市直各部门也要加强对活动开展情况的督查指导，横向到边、纵向到底，延伸到农村、社区等基层单位，确保活动取得实实在在的成效。

（五）注重统筹兼顾。合理安排、协调推进这次活动的各项工作，统筹好每项任务的工作进度、每个环节的工作重点，把握节奏、注重方式，把学习讨论贯穿始终、革弊立新贯穿始终、推动改革发展稳定贯穿始终。处理好当前抓和今后一个时期重点抓的关系，注意处理好开展这次活动与其他工作的关系，把开展活动与贯彻党的十八届四中全会精神结合起来，与推进作风建设常态化长效化结合起来，与推进改革发展稳定的各项工作结合起来，与圆满完成全年各项工作，谋划明年工作“大盘子”结合起来。

（六）营造舆论氛围。各级各类媒体要正确把握舆论导向，准确把握活动方向，紧紧围绕活动主题，认真制定宣传方案，通过新闻报道、言论评论、专题专访、正反典型宣传等多种形式，广泛深入宣传中央精神和省委、市委部署要求，牢牢把握舆论主动权，重视典型宣传，发挥示范引领作用，及时有效报道各地各部门开展活动的进展、做法和成效，为活动扎实开展健康推进营造良好舆论氛围。

关于认真做好全市学习讨论落实活动“回头看”工作的通知

（2015 年 3 月 27 日）

各县（市、区）委，临汾、侯马经济开发区党工委，市委各部委，市直各委、办、局党委（党组），各人民团体党组，市委各督导组：

根据省委、市委统一部署，学习讨论落实活动将于 2015 年 3 月底前基本结束，专项整治工作正深入推进。认真做好全市学习讨论落实活动“回头看”工作，对于巩固已经取得的重要活动成果，深入开展专项整治工作，确保全市活动扎实推进、取得实效，具有重要意义。经市委学习讨论落实活动办公室研究，报市委同意，从现在开始至 4 月上旬前，决定对全市学习讨论落实活动各项工作开展“回头看”，现就有关事项通知如下：

一、总体原则

做好学习讨论落实活动“回头看”工作，是确保活动取得实效的重要举措。全市各级党委（党组）必须强化政治意识、责任意识、担当意识，在“回头看”中自始至终把握以下原则：

一是坚持从严从实。把从严从实作为开展“回头看”的根本要求，严字当头、实事求是，聚焦关键环节、重点任务和项目成果，以严的标准、严的措施开展“回头看”，确保活动各项任务成果高标准、高质量完成。

二是坚持问题导向。把问题导向作为开展“回头看”的根本方法，对照省委、市委要求，每项工作既要深入查摆问题，更要深刻剖析问题产生的根源，从根本上找到“症结”、挖出“病根”，着力解决活动中存在的突出问题。

三是坚持群众满意。把群众满意作为开展“回头看”的根本标准，坚持开门搞活动，广泛听取群众意见，主动邀请群众参与、监督和评判活动，以实实在在的活动成效取信于民。

二、主要内容

对照省委、市委有关文件精神，对活动主要环节工作推进情况、重点任务完成情况、取得的成效和存在问题进行全面盘点分析，认真查找不足差距，重点从以下十个方面开展“回头看”。

1. 领导主导方面。主要看：(1)领导班子履行主体责任和以上示下方面是否到位；(2)是否能够对活动每个步骤的重点工作、重点任务和前后衔接亲自过问、亲自安排；(3)是否能够在活动的重要节点、关键环节，研究部署活动推进情况；(4)是否能够主动深入一线、靠前指挥，调研指导活动开展情况；(5)是否能够在活动中带头学习讨论、带头落实践行。

2. 方案措施方面。主要看：(1)制定的活动实施方案、专项整治方案等文件是否有照抄照搬省委、市委文件现象；(2)制定的推进活动的相关文件和工作措施是否能够结合实际，具有较强的针对性、操作性。

3. 学习教育方面。主要看：(1)领导班子和每名党员干部是否能够深入学习贯彻习近平总书记系列重要讲话精神，并贯穿活动的全过程；(2)是否认真学习省委王儒林书记重要讲话精神；(3)是否认真学习省委、市委有关文件精神，并结合实际抓好贯彻落实；(4)本地本单位组织集中学习、开展案例警示教育的方式方法，主要领导讲党课和党员干部撰写学习笔记、心得体会情况；(5)学习教育取得的成效，特别是广大党员干部思想认识方面的变化情况、具体事例。

4.讨论剖析方面。主要看:(1)本地本单位是否能够围绕市委《实施方案》中规定的“四个问题”进行讨论反思,重点查看讨论纪要和发言记录;(2)反思剖析报告撰写情况,重点查看报告是否抓住了本单位存在的主要问题,是否能够按照省委文件要求和市委活动办、市委督导组意见逐条认真修改,做到“认理认账认账认干”“见人见事见思想”。

5.重点工作方面。主要看:(1)落实“两个责任”的具体举措和有关文件制定情况;(2)“三个高压态势”是否形成,重点查看案件查办、人员处理及其他工作成果情况;(3)“从严治吏”上重点查看“三个一批”工作推进情况;(4)“六权治本”上重点查看“两清单”(权力清单和责任清单)“两平台”(综合性政务平台和公共资源交易平台)情况;(5)“六大发展”上看推进改革、经济建设、创优环境、改善民生、社会稳定等方面制定的具体举措,重点查看首季“开门红”目标是否完成;(6)“专项整治”上查看整治内容、进展情况、采取措施和存在问题,特别是市委确定的38项专项整治工作推进情况。

6.立行立改方面。主要看:(1)在活动各环节工作任务推动上,是否能够做到不等不靠、先走一步、走先一步;(2)对活动中征求到的意见建议和查找出的突出问题,是否能够做到立行立改立办;(3)对不能立即解决的问题是否进行研究协调,列入班子整改计划;(4)是否存在光学不用、光说不做、光查不纠、光摆不改的问题;(5)立行立改取得的成绩、采取措施和存在问题。

7.整改落实方面。主要看:(1)本地本单位活动《实施方案》中确定的项目成果完成情况,重点查看市委确定的58项成果完成情况;(2)活动中查找出的突出问题解决情况;(3)向群众做出的具体承诺兑现落实情况;(4)群众关注的热点、难点问题解决情况;(5)反思剖析报告中制定的整改措施落实情况。

8.制度创新方面。主要看:(1)在党委(党组)全面履行党建主体责任、提升管党治党能力方面的制度成果;(2)围绕“形成不敢腐、不能腐、不想腐的有效机制”所进行的探索(3)在创新法治政府、法治部门制度体系方面和提升现代法治能力方面进行的探索;(4)结合本地本单位实际,在其他方面进行的探索创新。

9.督促指导方面。主要看:(1)是否能够坚持问题导向,从严从实开展督导;(2)是否能够自始至终紧盯“三个高压态势”“专项整治”“从严指吏”“六权治本”“六大发展”工作进行督导;(3)是否能够抓好教育实践活动整改落实和专项整治工作的督导;(4)传导上级压力、精神和要求是否到位;(5)督导工作中存在的问题和不足。

10.成果实效方面。主要看:(1)活动的目标任务“深入学习贯穿习近平总书记系列重要讲话精神,净化政治生态,实现弊革风清,重塑山西形象,促进富民强省”落实情况;(2)从严落实“两个责任”,在依规管党治党上取得的成效;(3)保持“三个高压态势”,在建设廉洁政治上取得的成效;(4)开展专项整治,在优化发展环境、利民惠民便民上取得的成效;(5)坚持从严治吏,在匡正选人用人风气、刷新吏治上取得的成效;(6)推进“六权治本”,在形成不能腐的长效机制上取得的成效;(7)加快“六大发展”,在富民强市上取得的成效;(8)党员、干部、群众对活动的满意度评价情况。

三、方法步骤

全市学习讨论落实活动“回头看”工作从现在开始,到4月上旬前基本结束。各活动单位、督导组原则上按照以上时间统筹作出安排,做到时间服从任务、服从质量,不赶时间、不赶进度。

一是认真自查。各活动单位要根据“回头看”的主要内容,本着实事求是的态度,认真全面地进行自检自查,既不夸大,也不回避,切实把问题和不足查实找准,不能粉饰太平、降格以求、自欺欺人,是什么问题就解决什么问题,落实到什么程度,就反映到什么程度,坚决杜绝弄虚作假的现象发生。

二是督导检查。在单位自查的基础上,各督导组要坚持标准、从严要求,深入所督导单位听意见、看变化、问实效,全面掌握所督导单位活动情况,在此基础上撰写督查报告,坚决杜绝将督导单位的自查情况拼拼凑凑、照抄照搬或由督导单位代写报告。督查报告要全面、客观、准确地反映“回头看”十个方面主要内容,重点报告存在的问题和不足。督查报告既要向市委活动办报告,又要向所督导单位反馈。

三是重点抽查。市委活动办将对各地各部门“回头看”开展情况进行抽查,对不按要求开展“回头看”的单位,要在一定范围内进行通报。对“回头看”质量不高,查找出的问题不准、不实、不到位的,要责其返工重来。

四是组织测评。开展“回头看”时，各活动单位要组织开展活动测评，测评方式要简便易行、方便群众评价，重点吸收熟悉了解本地本单位学习讨论落实活动情况的各级党代表、人大代表、政协委员和基层群众代表，以及工作对象、服务对象参加测评。通过深入听取意见建议，真正把活动的差距和不足找准查实。

五是分析评估。测评结束后，各活动单位要结合自查情况、督导组反馈情况和测评情况，形成活动自我分析评估报告和问题清单，经党委（党组）会议集体审议通过、督导组审核把关后，4 月上旬前上报市委活动办。分析评估报告要突出问题导向，存在问题要占据一定篇幅；问题清单要按照项目化思路，明确整改措施、责任人和完成时限。

四、组织领导

一要提高思想认识。“回头看”是为了更好地“向前走”。各活动单位要充分认识开展“回头看”的重要意义，切实把思想和行动统一到省委、市委的部署要求上来，做到思想上自觉、行动上积极，认真抓好活动“回头看”各项工作任务的落实。

二要落实领导责任。各级党委（党组）特别是主要领导要把“回头看”工作作为当前重要政治任务，加强组织领导，摆上重要日程，精心组织，认真实施。各级活动办要做好对“回头看”工作的具体指导，上下互动，主动衔接，及时把省委、市委要求传达到位。督导组要始终坚持严的标准、严的措施、严的纪律，把好关口，做到讲规矩不讲面子，敢于唱黑脸、当“包公”。

三要认真进行整改。各活动单位要逐项对照《通知》要求，找准自身存在的差距，及时进行查缺补漏。要坚持缺什么补什么的原则，专题研究改进措施，对工作中的薄弱环节要切实加强，不足的要“补课”；对群众反感的做法要坚决纠正，对存在的突出问题要抓紧解决，问题严重的要严肃整顿，该“回炉”的要“回炉”，该“返工”的要“返工”，确保整个活动不走过场。

四要搞好活动总结。从现在开始，各活动单位要投入足够时间和精力，结合“回头看”工作，研究谋划活动总结工作。特别要注重对活动中的经验做法、主要成效、亮点工作进行总结，使总结的过程成为认识再提高、措施再完善、工作再推进的过程，形成一份高质量的活动总结，4 月中旬前上报市委活动办。要边总结、边整改、边提高，及时发现问题和不足，找出短板和缺项，不断巩固和拓展活动成果。

临汾市学习讨论落实活动总结报告

（2015 年 6 月 10 日）

按照省委统一部署，从 2014 年 12 月至 2015 年 3 月，我市开展了以“深入学习贯彻习近平总书记系列重要讲话精神，净化政治生态，实现弊革风清，重塑山西形象，促进富民强省”为主题的学习讨论落实活动。现将有关情况总结报告如下。

一、基本情况

我市学习讨论落实活动，在 17 个县（市、区），两个开发区，111 个市直单位展开，共有 206 个县处级领导班子、1191 名县处级以上领导干部，10448 个基层党组织，229788 名党员参加。

市委高度重视学习讨论落实活动，始终把开展好这次活动作为一项重要政治任务来抓。2014 年 12 月 5 日，召开了全市学习讨论落实活动动员大会；派出 19 个市委督导组，对市直单位和各县（市、区）学习讨论落实活动开展督导。各活动单位党委（党组）认真贯彻省委、市委部署要求，按照任务分工和进度安排，坚持边学习、边讨论、边落实，精心谋划、周密部署，市县两级共建立 784 个领导干部联系点，为学习讨论落实活动扎实开展提供了坚强的组织保证。各级党组织和广大党员干部积极响应、踊跃参与，广大人民群众衷心拥护、热情支持，整个活动健康、有序、扎实开展，达到了预期目的，取得了重要的阶段性成效。

按照项目化思路，截至目前，市委确定的 6 个方面、23 项任务和 58 项具体成果（其中活动期间完成 46 项，年底前完成 12 项），已逐一建立了工作台账，完成一项、销号一项。截至目前，按照项目完成时间要求，58 项具体成果目前已完成 37 项，其余正在稳步实施推进。17 个县（市、区）和两个开发区共确定 1141 项具体成果，已完成 744 项，占 65.2%。市直单位共确定 1945 项具体成果，已完成 1526 项，占 78.5%。各乡镇（街道）共确定 4156 项具体成果，已完成 3274 项，占 78.8%；县直单位共确定 16361 项具体成果，已完成 12149 项，占 74.3%。

二、做法成效

1.坚持把深化学习讨论、不断提高认识贯穿活动始终。把学习贯彻习近平总书记系列重要讲话精神作为首要政治任务,坚持用系列重要讲话精神武装头脑、汲取力量、坚定方向、提振精神。一是举办专题培训。聚焦从严管党治党、党风廉政建设和反腐败斗争,分4批对全市420名县级领导干部进行了专题培训,通过登台讲课、举办讲座、交流心得等多种方式,不断提高战略思维能力,坚决在思想上政治上行动上同以习近平同志为总书记的党中央保持高度一致。二是组织集中讨论。对省委提出的"六大发展""两篇文章""三个突破""三个一批"等一系列治晋兴晋强晋的重大举措和重要工作安排,市委常委会多次进行专题讨论7次,每个常委都结合各自分管工作写出了反思剖析报告,市委班子反思剖析报告先后修改了15次,专门征求市委委员、候补委员意见,查找出8个方面27条问题,拿出了5个方面的整改措施,并制定了项目化整改方案,明确了牵头部门和整改时限。各活动单位按照市委部署,及时召开专题会议,组织集中讨论,进一步统一思想,深化认识。三是开展警示教育。各活动单位党委(党组)组织党员干部观看了反腐倡廉警示教育片,参观学习临汾反腐倡廉警示教育基地,接受廉洁从政教育,用身边事教育身边人。通过省、市部分被查处领导干部的现身说法,触目惊心的反面案例,深刻警醒和教育广大领导干部充分认识到反腐倡廉的重要性和贪污腐败的危害性,也警示广大党员干部要汲取教训,引以为戒,清正廉洁,遵纪守法,尽忠职守。各活动单位党委(党组)共组织专题学习1288次,举办专题培训班482期、辅导讲座563期,组织观看警示教育片668场,培训党员领导干部78416人次。各级领导班子成员特别是主要负责同志,自觉践行"三严三实",带头严格遵守政治纪律和政治规矩,严格遵守中央八项规定,一级学一级,一级带一级,一级抓一级,进一步落实了工作责任,转变了工作作风,推动了全市各项工作扎实有效开展。通过深入学习讨论,全市各级领导干部普遍接受了一次习近平总书记系列重要讲话精神的再学习再教育,在真学真懂、真信真抓、真改真用上迈进了一大步。各级党组织和广大党员干部深刻认识到:深入开展学习讨论落实活动,是落实中央精神的具体行动,体现了省委坚定鲜明的政治态度;是破解当前困境的关键之举,体现了省委高度负责的政治担当;是办好山西事情的战略考量,体现了省委造福三晋的政治追求。全市上下坚决拥护以王儒林书记为班长的新的省委班子权威,决心以高度的政治自觉和政治担当,切实把省委的各项决策部署贯彻到底、落实到位,为开创山西弊革风清、富民强省新局面作出应有贡献。

2.坚持把落实主体责任、做到以上率下贯穿活动始终。各级领导干部坚持率先垂范,以上率下,特别是各级书记认真履行第一责任,真正把自己摆进去,既当标杆、做带头人,又真抓善抓、做好组织者。4个多月来,市委先后18次召开常委会议,平均一周研究1次活动推进情况。罗清宇书记认真贯彻落实中央、省委部署要求,牢牢把活动抓在手上,亲自主持召开学习讨论落实活动动员大会、推进会和总结大会,对活动各个节点工作进行部署安排,带头深入学习,带头深刻反思,带头狠抓落实,先后深入尧都区和市直单位就学习讨论落实活动开展情况进行调研督导,提出具体指导意见。岳普煜市长亲自指导政府党组学习讨论落实活动开展情况,多次深入联系点洪洞县调研指导,与领导班子成员谈心谈话,指导联系点两手抓、两不误、两促进。市四套班子领导都确定了活动包联单位,调研指导联系点学习讨论活动61次,较好地发挥了示范带头作用。在市级领导的强力带动下,各县(市、区)、市直单位主要负责同志也都高度重视,高标准、高质量抓好本地本单位的学习讨论落实活动。坚持从严治党、落实主体责任不放松,召开了全市电视电话会议,听取各县市区关于从严治党、落实主体责任的工作情况报告,层层传导压力,层层压实责任。市委"五人小组"就落实从严治党主体责任,同部分县(市、区)党政"一把手"进行了一对一的分组谈话,同时对个人进行了廉政谈话。各县(市、区)委书记全部建立了履行基层党建第一责任"7+3"项目清单,进一步明确了书记"抓什么、怎么抓",做到了年初确定项目、年中督查项目、年底考核项目。霍州市开展落实"两个责任",践行"四述两谈"干部廉政谈话会,市委书记、市长针对当前干部队伍中存在的一些违纪问题,逐一同乡镇、部门负责同志进行了廉政约谈,进一步推进了党风廉政建设"两个责任"的全面落实。襄汾县、汾西县参照市委模式，召开了全县坚持从严治党、落实主体责任报告会，实行“年初报告工作单，年中报告进度单，年终报告成绩单”，建立了党委(党组)落实主体责任的项目清单。

3.坚持把强化问题导向、扎实推进“项目”贯穿活动始终。着眼于解决山西当前面临的紧迫问题，解决制约我市长远发展的根本问题，解决群众反映强烈的突出问题，通过反思剖析查摆一些问题，督导检查反馈一些问题，“回头看”自查一些问题，坚持重点突破，强力推进，力求学习讨论落实活动不断取得新成效。

始终保持“三个高压态势”。加大腐败案件查处力度，今年以来，全市各级纪检监察机关立案715件，涉及县处级干部16人；结案681件，处分681人，其中县处级干部8人、乡科级干部100人；撤职以上重处分109人，移送司法机关17人。特别是对市审计局原局长华志刚、霍州市原人大主任张建军等违纪案件，第一时间在新闻媒体进行了通报。反腐败的高压态势初步形成，腐败蔓延势头得到一定遏制。加大“四风”问题查处力度，按照“一个问题一个问题治、一个节点一个节点抓”的思路，1—3月份，全市查处违反中央八项规定精神案件87起，给予128人党政纪处分。加大打黑除恶工作力度，出台《推进打黑除恶工作措施20条》，召开新闻发布会通报工作进展，拿出100万元专项举报奖励基金，打掉恶势力团伙32个，侦破刑事案件195起，抓获涉案成员198人，八类严重危害的刑事案件同比下降10.36%，有力震慑了犯罪分子，维护了社会稳定大局。

稳妥推进“三个一批”。深入贯彻落实王儒林书记来临调研重要指示精神，按照省委部署，积极谋划、认真准备、开展调研、摸排线索，多次召开五人小组会议对“三个一批”进行研究，市委书记分四批与县委书记进行座谈，市委常委深入包联县(市、区)调研指导，发放调查问卷，共征求到意见建议34类473条。在此基础上，出台了《关于做好市管干部“三个一批”工作的实施意见》，制定了“六查”“五看”“五寻查”的工作方法，严格把好“三个一批”的“出口关”“入口关”和“分寸关”，强化了选人用人管人的政策导向和制度约束，最大限度解决干部“带病在岗”和防止干部“带病提拔”。市级层面已结合县委书记选用工作，对12名市管干部完成了首批甄别；第二个批次，即各县市区党政班子成员、市直单位一把手，重点领域、部门领导班子成员等430人正在进行认真筛查、结果汇总。县(市、区)正按照方案要求稳妥有序推进。曲沃县已处分党员干部19人，查结待处10人，正在调查的19人，核实群众举报线索1人，其中涉及副科级以上干部14人。古县在档案审核上走在了前头，完成了101卷单位“一把手”和关键岗位副职档案审查工作。按照省委要求，组织部门率先在系统内开展了“三个一批”工作，按照省委组织部关于集中排查处理10种问题精神，进行了全员自查、信访排查、档案排查、编制排查，共发现存在问题组工干部42人，目前已查处20人，其中调离组织部门12人，纪律处分7人，其他组织处理5人，正在进一步核查处理16人。全市上下按程序按规矩选人用人的风气已基本形成。

扎实抓好专项整治。聚焦政治生态的顽症痼疾，聚焦腐败和不正之风易发多发的领域、行业、部门，聚焦人民群众反映强烈的热点焦点难点问题，市委在全省部署开展30项专项整治的基础上，结合我市实际，确定了38项专项整治任务，并进一步细化拓展为272项任务，截至6月10日，已完成225项，占82.7%；17个县(市、区)和2个开发区确定专项整治项目748项，并进一步细化拓展为2044项任务，目前已完成1758项，占86%，取得了明显的阶段性成效。比如，在土地领域，共排查近三年实施的土地整治项目315个，对国省审计和市县检查发现的18个问题项目全部制定了整改措施，明确了整改期限；在交通领域，积极整治农村公路及沿线垃圾堆积、占道施工等问题，共完善道路标志标牌390块，整改道路隐患73处，查处违章建筑17处，清理违法占道、施工、经营行为175起，清除垃圾7500余方；加大整治客运市场秩序，共查扣非法营运车辆38辆，无证营运车辆81辆，纠正违章130次。比如，在教育领域，针对幼儿教育“入园难”、义务教育“择校热”和高中“抢生源”问题，市教育局逐一出台了整治方案，对学前教育机构严格实施年检，第一时间制止了同盛实验中学违规招生问题。在医疗领域，市卫生局通过督查，市直医院的医护人员共退还患者红包65次，金额95000元；检查各类医疗机构76家，查处非法行医案件191起，处罚金额15.6万元。在食品药品领域，集中开展了制售“三无”食品和假冒伪劣药品突出问题专项整治，共出动监督执法人员19701人次，监督检查各类食品药品生产、经营和餐饮企业9441家，限期整改860家，依法取缔26家，停业整顿31家，立案49起，结案43起，罚款22.18万元。在社保领域，针对“人情保”“关系保”“错保”等问题，市民政局对全市73625名城市低保对象和121196名农村低保对象进行了重新核查，城市低保退出1747人，农村低保退出1416人。在司法领域，针对群众打官司难问题，在全市开展了“一村(社区)一法律顾问”工作，为全市行政村和社区配备法律顾问2600名，实现了全覆盖。此外，在农村集体“三资”管理专项清理整治上，市县乡三级全部成立了领导机构，制定了工作方案，细化了任务分工和部门职责，召开动员会议进行了安排部署，已经进入全面自查阶段。在“以群众举报乡村干部腐败为切入点集中解决群众信访诉求问题”专项治理上，我市共受理群众信访案件1539件，其中中央、省交办62件(经甄别，实为51件)，目前已办结8案，占15.7%；网上信访事项1477件，已办结983件，占66.6%。通过深入开展专项整治，一批事关群众切身利益的突出问题、社会关注的热点难点问题和多年积累的“老大难”问题得到有效解决，优化了利民惠民便民的发展环境，提升了广大群众的“获得感”。

加快实施“六权治本”。组织专门力量赴长春、吕梁考察学习，并结合我市实际，研究制定了《关于深入推进“六权治本”工作加强对权力运行制约和监督的实施意见》，在全省率先进行了探索。依托市政务服务中心，着力建立综合审批、资源交易、行政监督“三个平台”，抓紧确立“权力清单”“责任清单”和“负面清单”。市本级在39个具有行政审批权的部门，开展了厘权、清权、确权工作，编制权力清单，进行流程再造，使权力运行公开化和透明化。深化行政审批制度改革，大力推进“两集中、两到位”，确定市级行政审批事项106项，下放市级行政审批事项43项、县级行政审批事项31项，取消行政审批事项12项、事业性收费22项，调整工商登记前置审批为后置审批46项、涉企行政权力事项259项。全市“六权治本”格局初步建立。

4.坚持把从严从实督导、确保取得实效贯穿活动始终。借鉴教育实践活动督导工作经验，把从严从实的要求贯穿督导工作始终，市县两级派出265个督导组，坚持标准上严格、态度上严肃，严格按照进度安排、时限要求，加强督促检查。市委督导组既督导县(市、区)，又督导市直部门，做到了督导工作全覆盖。活动关键节点和重要环节，深入活动单位进行督导，定期交换看法、当面反馈意见、及时提醒帮助。对照审查要点，对活动《实施方案》、动员讲话、反思剖析报告进行严格审核把关，提出具体指导意见，对于省委、市委要求不符的、工作不力的，严肃指出、坚决纠正。围绕活动58项项目成果完成情况、重点任务推进情况和开展“回头看”等情况，从严督导检查，确保整改到位、落实到位。主动深入群众中听意见、摸情况、看变化、听评价，督促活动单位在解决突出问题、推进项目完成中转作风、求实效。市委活动办坚持每月召开1次督导工作汇报会，分析研判活动态势，及时指出问题，层层传导压力，推动活动开展。

5.坚持把统筹“六大发展”、促进富民强市贯穿活动始终。市委以这次活动为契机，紧紧围绕“四个全面”战略布局，紧紧围绕省委“五句话”要求，把开展学习讨论落实活动与应对当前经济下行压力，做好稳增长、保民生、调结构等重点工作紧密结合，共同发力实施，联动推进落实，做到了“两手抓、两不误、两促进”。制定出台了《推进“六大发展”2015年行动计划》《推进煤炭产业“六型转变2015年实施方案”》，提出了30条推进“六大发展”的具体措施，“百里汾河生态经济带”深入推进，山西国际陆港园区加快建设，首届帝尧古都文化旅游节成功举办。深入开展“项目提质增效年”活动，922项省市县重点工程全面铺开，临汾机场建设基本完成，滨河东路贯通工程基本竣工，中大街南延等工程稳步推进。各地各部门围绕“六大发展”狠抓落实，统筹推进稳增长、促改革、调结构、惠民生等各项工作，全市经济社会呈现出稳中有进、稳中向好的发展态势。

总的来看，我市学习讨论落实活动基本达到了预期效果，得到了群众的肯定和认可。这些成效的取得，得益于省委的正确领导，得益于省委督导组的悉心指导，得益于全市各级党组织的有力推进，得益于广大群众的大力支持，得益于各级活动办、督导组的辛勤工作。实践表明，只要始终坚持增强政治意识、大局意识和纪律意识，不折不扣贯彻落实中央和省委的决策部署，始终保持思想统一、步调一致，各尽其责、齐心协力，就一定能够完成党和人民交付的任务，不断开创党的建设和各项事业的新局面。

三、存在问题

经过学习讨论落实活动，我们在“实现弊革风清、促进富民强市”上有了良好开端，取得了一定的成效。但也要清醒地看到，活动成果只是初步的，基础还不稳固，效应还不长久，不能估量过高。一些地方和部门党要管党、从严治党的意识不强，特别是一些基层党组织战斗力不强的问题还比较突出；反腐败高压态势下仍有人不收敛不收手，一些改变也仅仅停留在“不敢”上，“不能”的体制机制、“不想”的思想自觉还没有完全形成；“四风”问题虽然有所收敛，但少数党员和干部在思想深处还没有完全认识到加强作风建设的极端重要性；一些涉及群众切身利益问题的专项整治还没有完全到位，有待于从根本上解决；特别是一些地方和部门的少数领导干部不愿担当、执行不力等为官不为的“软腐败”问题还比较严重，有的干部适应新常态的各方面准备不足，缺乏信心和办法，问题意识不强，从严要求不够，等等。这些问题，有的是个别现象，有的在一定范围内存在，有的则带有普遍性。对于这些问题，我们必须高度重视，采取得力措施，切实加以解决。

四、下一步打算

学习讨论落实活动有期限，加强作风建设无穷期。学习、落实将是我们面临的一个长期任务，永远在路上，永远没有休止符。全市各级党组织和广大党员干部将坚决按照中央和省委的部署，保持清醒、倍加努力，以锲而不舍、弛而不息的决心和毅力，保持常抓的韧劲、长抓的耐心，革弊立新、激浊扬清，努力开创弊革风清、富民强市的新局面。重点抓好以下几方面工作：

1.以“三严三实”专题教育为契机，做好巩固和拓展活动成果的各项工作。认真贯彻落实全省学习讨论落实活动总结会议精神，结合落实省委巡视组反馈意见，扎实开展学习讨论落实活动“四聚焦四整改”，认真做好自查、抽查和督查工作，抓住查找的具体问题，一项一项地对症下药整改。坚持时间服从质量，缺什么补什么，什么问题突出就整改什么，能快改就快改，能早改就早改，做到整改一个，销号一个。要做好学习讨论落实活动与“三严三实”专题教育衔接工作，落实中央、省委部署要求，突出教育主题，强化问题导向，注重讲究实效，确保专题教育取得实效。

2.继续以钉钉子精神，不折不扣地抓好项目推进。坚持高标准、严要求，切实把活动一步一步、一环一环抓紧、抓实、抓好。市委活动办要按照进度安排、时限要求，加强督促检查，确保全面完成6个方面、23项任务和58项项目成果。继续坚持领导带头，以上率下，市级领导要主动深入包联县（市、区）和部门进行指导，要帮助解决活动中出现的困难和问题，确保活动各项任务成果按期保质完成。

3.继续强化问题导向，把群众关心关注的问题一件一件解决到位。重视立整立改和求实求效。对照省委部署和市委要求，坚持问题导向，继续深入抓好38项专项整治和省委部署的农村集体“三资”管理专项清理整治、“以群众举报乡村干部腐败为切入点集中解决群众信访诉求问题”两项专项整治工作。对每一项专项整治任务，都要认真研究对策，采取有效措施，一项一项落实好，一个一个改到位，高质量完成专项整治工作。要把专项整治与建章立制结合起来，通过专项整治进一步完善制度、健全机制、堵塞漏洞，建立长效机制，不断巩固扩大整治成果。

4.全面推进建章立制，按照“六权治本”思路，建立科学规范管用的制度。站在顶层设计和制度反腐的高度，加快实施“六权治本”。一要以法律法规为依据，对权力加以规范和确认。认真厘权、严格清权、明确晒权。二要按照权力制衡原则，对决策权、执行权、监督权进行科学分解与平衡。三要针对权力运行的关节点、薄弱点、风险点，建立健全各项规章制度。完备制度设计，优化制度运行，严格制度执行。四要最大限度地推进权力运行公开，真正实现权力在阳光下运行。坚持公开常态，构建公开平台，确保公开实效。五要健全和落实各类监督制度，实现对权力运行的全方位、全领域、全过程监督。六要依法依纪严厉查处各种违规违纪违法行为。严厉查处“乱作为”、严肃问责“不作为”，切实把“法定职责必须为”落到实处。

5.继续抓好统筹推进，把活动的成效体现到推动“六大发展”上。把总结提升学习讨论落实活动与正在开展的“三严三实”专题教育有机结合起来，与做好当前经济社会发展各项工作有机结合起来，坚定发展的信心和决心，主动适应经济发展新常态,紧紧围绕稳增长、促改革、调结构、惠民生、防风险的目标,完善加快发展的措施。坚持解放思想、实事求是、与时俱进,狠抓思想转型和思维方式转变,加大项目建设工作力度,做好招商引资,准确把握经济运行动态,抓好安全稳定、社会管理、民生改善等各项工作,全力推动临汾市廉洁发展、转型发展、创新发展、绿色发展、安全发展、统筹发展,为"实现弊革风清,促进富民强市"作出新的更大的贡献。

(中共临汾市委学习讨论落实活动办公室)

【领导讲话】

在全市深入开展学习讨论落实活动动员部署大会上的讲话

(2014年12月5日)

罗　清　宇

同志们:

今天召开这次会议,主要任务是,认真贯彻落实全省深入开展学习讨论落实活动动员部署大会精神,对我市深入开展学习讨论落实活动进行动员部署。刚才,文英同志对这次活动作了总体安排;省督导组梁志祥组长作了重要讲话,对我市开展好学习讨论落实活动提出了明确要求,大家一定要认真学习领会,抓好贯彻落实。下面,我讲几点意见。

一、坚决把思想统一到王儒林书记重要讲话精神和省委重大决策部署上来

当前,山西正处在重大历史关头。重大关头需要重大举措。面对严峻复杂的形势和繁重艰巨的任务,以王儒林书记为班长的新的省委班子,坚决推进党风廉政建设和反腐败斗争,从严加强领导班子和干部队伍建设,集中精力做好改革发展稳定工作,赢得了全省干部群众的衷心拥护和充分信任。王儒林书记在认真调研、解剖麻雀的基础上,围绕反腐倡廉、从严治党、经济发展、民生改善等方面发表了许多重要讲话,提出抓好"六权治本"、推动"六大发展"、煤炭"六个转型"等一系列新观点新举措,为全省工作指明了方向。特别是这次省委决定集中四个月时间,在全省深入开展以"深入学习习近平总书记系列重要讲话精神,净化政治生态、实现弊革风清,重塑山西形象、促进富民强省"为主题的学习讨论落实活动,这是省委立足当前省情、着眼长远发展作出的重大决策,具有重大而深远的意义。

(一)深入开展学习讨论落实活动,是落实中央精神的具体行动,体现了省委坚定鲜明的政治态度。党的十八大以来,习近平总书记围绕改革发展稳定、内政外交国防、治党治国治军等方面,发表一系列重要讲话,提出许多新思想、新观点、新论断、新要求,为我们在新的历史起点上实现新的奋斗目标提供根本遵循。针对山西存在的严重腐败问题,中央果断进行严肃查处,对省委班子进行重大调整,对山西工作作出重要指示,要求认真总结教训,认真贯彻党要管党、从严治党要求,下力气抓好领导班子和干部队伍建设,深入推进党风廉政建设和反腐败斗争,集中精力做好改革发展稳定等各项工作,为山西更加美好的明天而努力奋斗。省委开展这次活动,是不折不扣落实中央要求的重大举措,是从严管党治党的必然要求。全市各级党组织和广大党员干部,一定要站在战略和全局的高度,坚决拥护中央对山西严重腐败问题的严肃查处,坚决拥护中央对省委班子作出的重大调整,坚决拥护中央对山西工作的重要指示,坚决执行省委的重大工作部署,把思想和行动统一到中央和省委的精神上来,自觉与中央和省委保持高度一致,坚定不移地把学习讨论落实活动的决策部署贯彻到底、落实到位。

(二)深入开展学习讨论落实活动,是破解当前困境的关键之举,体现了省委高度负责的政治担当。山西发生的系统性、塌方式严重腐败问题,应该说是一次前所未有的重大灾难。对此,中央重视、群众关心、舆论关注。不正视这些问题,不解决这些问题,腐败不除、正气不扬,山西这道坎儿就迈不过,这个关就过不了。正如王儒林书记讲的,如果不能形成弊革风清的政治局面,就会辜负党和人民的信任,就会在新的发展时期失去机遇,就会在全面建成小康社会的过程中落伍掉队。危机和困境面前,考验的是担当和勇气,展现的是觉悟和定力。省委开展这次活动,就是要正视问题、痛定思痛、刮骨疗毒,对山西存在的诸多问题进行深入地、彻底地、系统地反思和改进,廓清山西政治生态上的枝枝蔓蔓、拉拉扯扯,为推动山西迈入新的发展阶段打下坚实的政治基础、思想基础、组织基础和工作基础。体现省委对山西历史的高度负责、对山西发展的高度负责、对山西人民的高度负责。全市各级党组织和广大党员干部要按照省委的部署要求，扎扎实实地抓好学习讨论落实活动，深挖思想根源，深查制度漏洞，深思工作失误，切实肩负起重大历史关头赋予的重大历史责任。

*(三)深入开展学习讨论落实活动，是办好山西事情的战略考量，体现了省委造福三晋的政治追求。*反腐是当务之急，发展是长远之计。面对体制转轨、经济转型、思想转换等多重深刻变革，山西发展正面临着区域性、历史性、阶段性的多重困难，改革发展稳定的任务比以往任何时候都更加艰巨和繁重。省委开展这次活动，不仅对反对腐败、刷新吏治进行深入部署，而且对深化改革、推动发展做出全面安排，这是省委登高望远、统筹全局的战略考量。活动提出的目标任务和推进措施，涉及到山西工作的方方面面，切中要害、见人见事、环环相扣，既有政治层面的，更有经济层面的；既有治标的，更有治本的；既有立足当前的，更有着眼长远的，可以说是推动山西脱胎换骨、浴火重生的重大部署，是治晋兴晋强晋全局性系统性的工作布局。全市各级党组织和广大党员干部，一定要进一步坚定信心、振奋精神，把活动的工作部署，一项一项、一条一条扎扎实实地抓下去，为开创山西经济社会发展的崭新局面做出新的更大贡献。

山西的问题，是全省的问题，也是临汾的问题。王儒林书记在全省学习讨论落实动员部署大会上的重要讲话精神，完全切合临汾实际。反思我们自己的问题，从反腐倡廉的层面讲，前些年查处一大批市县党政领导干部，这几年每年查处案件1000多件，中央“八项规定”出台以来，全市查处违反“八项规定”的案件就有668件、707人。但就在这样的高压下，仍然有一些干部不清醒、不收敛、不收手。比如：有的机关干部顶风违纪，参与赌博；有的酗酒滋事，不顾党和政府的形象；有的陋习不改，大操大办；还有的失职渎职，贪污受贿，挪用公款，必须引起我们深刻反思和警醒，必须依法依规严肃查处。从干部作风的层面讲，前些年，我们就讲过一句话，“9·8”溃坝实质上是干部作风的溃坝。大家想想，“黑砖窑”事件、“12·5”事故、曲亭水库漏水事件，哪一个不跟我们的干部作风有关？虽然通过群众路线教育实践活动，全市党员干部的作风得到很大程度转变，但仍有一些干部在岗不作为，做事不到位，履职不尽责，有的坐而论道，无事生非，听谣造谣，干扰大局；有的得过且过，不思进取，无所作为；有的对群众疾苦漠不关心，甚至损害群众利益；有的工作怠慢，不负责任，给工作造成重大损失；为官不为、为官乱为的现象还不同程度地存在。从加快发展的层面讲，临汾作为欠发达、后发展地区的市情还没有根本改变，总量不大、结构不优，速度不快、质量不高的问题还没有根本解决。无论在全国、还是全省，我们的整体发展水平还相对滞后，全市人均GDP仅相当于全省的80.3%，全国的66.7%。而且我们的社会事业欠账很多，安全生产和环境保护的压力依然很重。这些问题的存在，影响临汾的长远发展和安全稳定，影响党员干部的形象。我们要把这次学习讨论落实活动，作为解决临汾问题、加快临汾发展的历史性机遇，广泛凝聚和调动全市广大干部群众的积极性、主动性和创造性，统一思想、凝聚力量，革弊立新、激浊扬清，振奋精神、攻坚克难，开创临汾改革发展稳定的新局面。

二、扎实推进学习讨论落实活动顺利开展

这次学习讨论落实活动的主题是“深入学习贯彻习近平总书记系列重要讲话精神，净化政治生态、实现弊革风清，重塑山西形象、促进富民强省”。这5句话，抓住问题的根本和要害，回应群众的关切和期盼，指明活动的方向和路径。深入学习习近平总书记系列重要讲话精神是根本遵循，净化政治生态是首要目标，实现弊革风清是长期任务，重塑山西形象是当务之急，促进富民强省是共同期盼。对我们临汾来说，开展好这一活动，必须紧紧围绕这一主题，抓好七个方面的重点工作。

*一是要把学习习近平总书记重要讲话精神贯穿活动的全过程。*习近平总书记系列重要讲话内容丰富、博大精深，是党的最新理论成果、宝贵精神财富和强大思想武器，是做好一切工作的根本遵循。在这次学习讨论落实活动中，要兴起学习贯彻习近平总书记系列重要讲话精神的热潮，通过全面深入学习系列重要讲话，使全市广大党员干部特别是领导干部深刻领会习近平总书记系列重要讲话的科学内涵、思想精髓、精神实质和实践要求，准确把握讲话中体现的为民情怀、反映的历史担当、阐发的科学方法，真正端正世界观、人生观、价值观和是非观、义利观、权力观、事业观，补足精神之钙，筑牢理想信念的思想根基。要在真学、真懂、真信、真用、真抓、真改上下功夫，学习原著原作，潜心领悟精神实质，努力做到学深学透，入脑入心；要紧密结

合工作和思想实际，强化问题意识，认真思考、研究、探讨解决本地区、本部门、本单位和自身存在的问题和对策，做到知行合一、推动工作。在学习讲话的同时，学习以习近平同志为总书记的中央领导集体“崇尚实干、勇于担当、廉洁自律，以身作则、以上带下、率先垂范”的优良作风。全市各级党组织和党员领导干部要始终向中央和省委看齐，自觉践行“三严三实”，带头执行“八项规定”和党的各项纪律，落实工作责任，转变工作作风，坚决做到崇尚实干、开拓进取、廉洁自律，以更加优良的作风推动各项工作全面开展。

*二是要进一步推动党风廉政建设“两个责任”落到实处。*党风廉政建设主体责任和监督责任是党章赋予各级党委和纪委的重要职责，是深入推进党风廉政建设和反腐败斗争的“牛鼻子”，直接关系到党风廉政建设的成效。近年来，市委高度重视党风廉政建设和反腐败工作，多次召开会议对落实党风廉政建设“两个责任”进行安排部署，出台《关于落实党风廉政建设党委主体责任和纪委监督责任的实施意见(试行)》，在全省率先进行探索。但是必须看到，一些地方和部门在落实党风廉政建设“两个责任”方面，仍然存在重视不够、落实不力、问责不严等突出问题。各级党委必须深刻认识到，有职就有责，有责要担责，履职须尽责，失责必追责，要牢固树立“抓党风廉政建设是本职、不抓是渎职、抓不好是失职”的理念，切实承担起12个方面的主体责任，加强党委对党风廉政建设工作和反腐败工作的统一领导，统一部署，统一考核。党委“一把手”要做到重要工作亲自部署、重大问题亲自过问、重点环节亲自协调、重要案件亲自督办。各级纪委要加快转职能、转方式、转作风，突出党风廉政建设和反腐败的“主业”，攥紧查办案件和执纪监督“两只拳头”，履行好7个方面的监督责任，发现一起、查处一起，做到有案必查、有贪必肃。

*三是要继续保持“三个高压态势”。猛药治顽疾。*省委提出要在全省保持惩治腐败的高压态势，狠刹“四风”的高压态势、打黑除恶的高压态势，为实现干部清正、政府清廉、政治清明打下坚实基础。从临汾实际看，近年来虽然我市没有发现有影响的大案要案，但一些党员干部违纪行为时有发生、屡禁不止。去年，我们共立案1633件、处分了1632人。立案1422件，给予党纪撤职以上重处分1330人，要下更大力气继续保持惩治腐败的高压态势，坚持“老虎”、“苍蝇”一起打，在积极配合上级纪委查办案件的同时，加大自办案件查处力度，特别是对现在还不收敛、不收手的，坚决查办、坚决打击，做到有案必查、有腐必反、有贪必肃。要下更大力气继续保持狠刹“四风”的“高压态势”，结合本地区本部门实际，健全落实中央“八项规定”精神、省委“四个实施办法”、市委“25条规定”的常态化长效化制度，制定更加具体的操作规定和标准，尽可能做到细化、实化、量化，增强执行的可操作性和实际效果，防止和解决消极抵触、“四风”反弹回潮等问题，持续积累风清气正的正能量。要下更大力气继续保持打黑除恶的“高压态势”，重点打击侵害、威胁基层政权建设方面的黑恶势力；盘踞在重点行业和领域，实施垄断经营的黑恶组织；侵害群众利益、欺压残害百姓的黑恶势力；操控娱乐场所，从事黄、赌、毒等犯罪活动的黑恶势力；打击充当“地下出警队”的黑恶势力犯罪，做到有黑必打、除恶务尽，特别是对充当黑恶势力“保护伞”的，从严处理，绝不姑息。

*四是要扎实开展专项整治。*开展专项整治是解决突出问题的有效手段。这次活动，省委要求把开展重点领域专项整治作为一项重要任务，在优化发展环境、利民惠民便民上取得新成效。在活动中开展专项整治活动，有三个重点：第一类是重点领域，涉及到资源配置、工程建设、土地出让、房地产等重点领域。第二类是关键环节，包括政府审批、资源配置、政府采购、资金分配等关键环节。第三类是教育、卫生、社保等民生领域。要通过扎实开展专项整治，堵塞管理漏洞、推进政务公开、提升服务效能、优化发展环境，让广大群众真正感受到政风、行风和社会风气的变化。要把这次活动中的专项整治工作和教育实践活动中开展的37项专项整治结合起来，能合并的合并，能引深的引深，确保专项整治不空、不偏、不走过场。

*五是要匡正风气、刷新吏治。*从严治党，重在从严治吏。吏治腐败是山西表现最突出、危害最严重的腐败。王儒林书记指出的官商勾结、权钱交易、跑官要官、为官不为、徇私枉法、生活糜烂、作风败坏、腐化堕落等问题，客观地说在全市一定程度存在。要坚决按照省委的部署，打好“三个一批”组合拳。即：甄别一批不廉洁的干部，分级分批对全

市领导干部特别是各级“一把手”、掌握资源审批权的副职、与煤炭等资源紧密相关的部门领导，进行一次廉洁考核，建立廉政档案；退出一批不作为的干部，对抵制“四风”不力，不胜任、不称职、不作为、不主动履职担责的干部，果断予以调整；掌握一批善作为的干部，对照新时期好干部标准，掌握一批听党话、跟党走，敢作为能作为善作为，为民务实清廉的好干部。要认真落实市委《关于加强领导干部日常管理监督的若干规定》和《关于市管领导班子和领导干部综合分析研判的实施办法》，严格落实和完善干部选拔任用责任追究制度，对违规用人、用人失察、用人不当行为，做到有举必查、有查必果、有错必纠，对查实有问题的要严肃处理、严厉警示、严格问责。特别是各级各部门要按照省委的要求，从现在做起，从具体事情做起，从领导干部做起，努力树立领导班子、干部队伍和全社会三个新形象，切实做到为民务实清廉。

六是要积极推进“六权治本”。反腐倡廉的核心是制约和监督权力。省委提出“六权治本”的要求后，我们迅速组织专人赴长春考察，研究制定《关于深入推进“六权治本”工作加强对权力运行制约和监督的指导意见》。各级各部门要按照《意见》要求，在严惩腐败、大力治标的同时，围绕加强对权力运行的制约和监督，做好依法确定权力、科学配置权力、制度约束权力、阳光行使权力、合力监督权力、严惩滥用权力的“六权治本”工作。特别是要依托市政务服务中心这一重要载体和平台，建立统一规范的管理模式，确立好“权力清单”“责任清单”，抓住煤焦、土地、交通、房地产等重点领域，以及资源配置、工程招标、资金分配等关键环节，查找工作漏洞和制度缺失，健全完善有效管用的制度体系，斩断利益链条，遏制权力寻租，把市政务中心打造成为全市依法行政的示范窗口、服务群众的模范平台、“六权治本”的有效载体、监督检查的主要阵地。各县（市、区）也要按照《意见》要求，探索符合本地区实际的有效方法，力争取得实质性进展，为全市乃至全省推进“六权治本”工作提供借鉴和参考。

七是要加快推动“六大发展”。发展是解决临汾所有问题的关键。开展学习讨论落实活动最终目的还是要落到推动发展、富民强市上。各级各部门要以这次学习讨论落实活动为契机，进一步解放思想、实事求是、与时俱进，狠抓思想转型和思维方式转变，把活动的成效转化为推动全市经济社会发展的动力，不断推动临汾廉洁发展、转型发展、创新发展、绿色发展、安全发展、统筹发展。要紧紧抓住“百里汾河经济带”上升为国家战略的重大机遇，进一步突出规划引领、生态优先、基础建设、产业主导、统筹城乡、开放带动，把“百里汾河经济带”打造成全省乃至中西部地区重要的发展极。要紧紧抓住项目建设这一强力支撑，坚持储备、签约、落地、开工、建设、投产“六位一体”整体推进，继续保持我市固定资产投资高位运行态势，促进全市经济企稳回升。要紧紧抓住创建国家环保模范城市和园林城市，扎实推进环境保护和生态建设各项工作，努力建设天蓝水净的美好家园。要紧紧抓住安全生产、信访稳定等重点工作不放手，确保全市和谐稳定。这次活动期间，中央经济工作会议、全国“两会”、省委全会、全省“两会”等大型会议都要召开，各级各部门要第一时间学习研究、第一时间安排部署，积极对接上级精神，确保中央、省委的各项决策部署落地生根、结出硕果，全力推动全市经济社会持续健康发展。

三、切实加强对学习讨论落实活动的组织领导

这次学习讨论落实活动，是继群众路线教育实践活动后我们政治生活中的又一件大事，时间紧、任务重、要求高，全市各级党组织和广大党员干部一定要以高度的政治责任感和紧迫感，高度重视，精心组织，周密安排，确保活动健康、有序、有效开展。

一要强化组织领导，坚持以上率下。这次活动的主体是各级党组织和广大党员干部，重点是乡镇（街道）以上领导机关、领导班子和领导干部，各级党委（党组）是本地区、本部门、本单位活动的责任主体，主要负责同志是第一责任人。活动的时间从现在开始到明年 3 月底结束，一共 4 个月，活动期间不分段、不转段。各级各部门一定要把活动摆上重要议事日程，认真负责，扎实推进，不折不扣地抓好各项要求部署的落实。各级领导干部要率先垂范、以上率下，特别是各级“一把手”要认真履行政治责任，真正把自己摆进去，既当好标杆、做好带头人，又真抓善抓、做好组织者。要深入一线、靠前指挥，找准需要解决的突出问题，研究提出切合实际的任务要求和办法措施，对每个步骤的重点工作、重点任务和前后衔接都要亲自过问、亲自安排，确保学习讨论落实活动有组织、有计划、有步骤、有成

效地开展。市委开展学习讨论落实活动办公室已经成立,各级党委(党组)也要抓紧成立领导机构,根据不同领域、不同部门、不同层级、不同对象的情况,制定好活动方案、统筹好活动重点、安排好活动方式、把握好活动要求,确保活动扎实有序推进。

*二要明确任务要求,强化督促检查。*学习、讨论、落实是这次活动必须抓好的三个关键环节。要认真组织学习,采取中心组学习、党校培训、专题讲座等多种形式,选好重点篇目,力求学深学透。围绕中央重要指示要求,围绕净化政治生态、实现弊革风清、重塑山西形象、促进富民强省的工作重点、主要措施和治本之策深入开展讨论。各级党委(党组)要发挥主体作用,联系工作实际,深刻反思剖析,深入查找制度缺失、工作漏洞、自身不足,在纠正和解决系统腐败、行业歪风、重点问题上拿出切实管用有效的整改方案和对策举措。在深入反思的基础上,认真研究撰写专题反思剖析报告并报上级党组织。市委将对各县(市、区)和市直各部门的反思剖析报告进行审查,对不符合要求,不深入、不深刻的要责成退回返工。要切实抓好落实,按照当前抓、今后一个时期重点抓和长期坚持不懈抓相结合的原则,坚持边学习、边讨论、边落实,在开展学习讨论的同时,以项目化思路推进落实,力求取得实实在在的成果。要强化督导检查。这次学习讨论落实活动市委组建19个督导组,抽调党性强、作风正、经验丰富的领导干部担任组长、副组长,对全市活动进行全程督导,巡回指导。每一位督导组成员都要深入领会省委、市委的部署和要求,掌握督导规则,明确督导任务,及时了解情况提出建议,及时发现问题督促解决,及时总结经验推广典型,防止搞形式、走过场、出偏差。督导组要紧紧依靠所督导部门单位的党委(党组),注重沟通协调,从严务实督导,做到尽职不越位、督导不包办。

*三要注重统筹协调,做好各项工作。*把开展活动与贯彻党的十八届四中全会精神结合起来,与巩固和深化群众路线教育实践活动成果结合起来,与推进改革发展各项工作结合起来,通盘考虑、统筹安排。要坚持两手抓、两不误、两促进,把握好活动的力度、节奏和重点,合理安排时间和精力,使活动的每一个环节、每一项措施都紧贴中心工作、服务全市大局。现在离年底还有不到1个月的时间,到了最后冲刺的关键阶段。从目前看,完成全年目标困难不小,要紧紧盯住年初确定的目标不松劲,增强自信,振奋精神,全力以赴做好经济运行、项目建设等工作,确保圆满完成各项工作任务。继续抓好农村"两委"换届工作,各级领导干部要多深入基层了解情况、加强指导,确保全市农村"两委"换届工作平稳有序推进。马上就是元旦春节"两节",全省和全国"两会"也将召开,全力确保社会稳定,严格控制越级上访和非正常上访,化解各项社会矛盾,把隐患消除在萌芽状态,坚决避免发生群体性事件,维护好全市和谐稳定的良好局面。要高度关注农民工工资、群众冬季取暖等具体事项,确保涉及民生的财政支出足额到位,解决好困难群众的生产生活问题。要科学谋划明年工作,抓紧确定明年主要经济指标和项目大盘子,继续保持全市经济持续向好的态势。

*四要搞好宣传引导,营造浓厚氛围。*要加强宣传引导,宣传临汾市作风建设和改革发展的新成效,广泛传播廉政文化,唱响主旋律,集聚正能量,不断激发全市广大干部群众奋发进取的热情和干劲。要充分运用报刊、广播、电视等传统媒介和社交网站、微博、微信、易信等互联网新媒体方式,牢牢把握舆论主动权,通过新闻报道、言论评论、工作综述、专题专访等多种形式,宣传省委、市委的决策部署,大力宣传临汾市开展活动的积极成效。要重视典型宣传,既宣传正面典型,发挥示范引领作用,又注意剖析反面典型,开展警示教育,树立正确导向,促进活动健康有序开展。

同志们,这次学习讨论落实活动意义重大、任务艰巨。我们要紧密团结在以习近平同志为总书记的党中央周围,在省委坚强领导下,以高度的政治责任感、良好的精神状态和扎实的工作作风,把这次活动组织好、开展好,确保活动取得实实在在的效果,为"净化政治生态、实现弊革风清,重塑山西形象、促进富民强省"做出临汾应有的贡献!

关于全市深入开展学习讨论落实活动的工作安排

(2014年12月5日)

王 文 英

同志们:

根据会议安排,下面,我就全市深入开展学习讨论落实活动进行工作安排。一会儿，省委督导组梁组长和罗书记都还要作重要讲话，我们要认真学习，坚决贯彻。下面，我简要讲几点意见：

*一要准确把握活动主题。*这次学习讨论落实活动是省委根据当前山西面临的严峻复杂繁重的形势任务，审时度势作出的重大决策部署，体现了省委的主动作为和历史担当。按照省委的部署要求，这次活动的主题是："深入学习贯彻习近平总书记系列重要讲话精神，净化政治生态、实现弊革风清、重塑山西形象、促进富民强省"。结合临汾实际，这五句话：第一句，深入学习贯彻习近平总书记系列重要讲话精神，就是要把习近平总书记系列重要讲话作为我们临汾做好全部工作的根本遵循，作为开展活动的根本指南，始终坚持正确方向，与中央和省委保持高度一致；第二句，净化政治生态，就是要认真落实中央对山西工作重要指示和省委的各项部署要求，把打造党和群众满意，建设清正廉洁、勤政为民的良好政治生态环境作为我们临汾当前的首要任务和根本保障；第三句，实现弊革风清，就是要按照"六权治本"的思路，建立健全管用有效的制度体系，做到政治清明、政府清廉、干部清正；第四句，重塑山西形象，就是要我们各级党组织和广大党员干部勇于担当、共同努力，从自身做起，从一件一件的具体事抓起，为重塑山西新形象尽心尽责、作出贡献；第五句，促进富民强省，就是要从富民强市、富民强县做起，始终坚持发展是第一要务，适应经济发展新常态，强力推进"六大发展"，继续保持临汾经济社会持续向好的发展态势。以上这五句话，在内涵上是一个密切联系的有机整体，我们要结合实际，深刻领会、准确把握，确保这次活动不偏不空、不走过场，取得实效。

*二要明确活动总体安排。*根据省委部署，这次学习讨论落实活动的主体是全市各级党组织和广大党员干部，重点是乡镇（街道）以上领导机关、领导班子和领导干部。各级党委（党组）要一级抓一级，一直抓到村、社区和各基层单位。活动的时间从今天动员部署大会开始，到明年 3 月底基本结束，为期 4 个月。活动不分段、不转段，采取边学习、边讨论、边落实的方式，坚持问题导向，从解决问题入手，有计划、有重点、有目的地统筹推进。

*三要突出活动重点内容。*各地各单位要结合实际，在推进活动中突出重点，抓好六个方面。一是在统一思想上，要重点围绕学习习总书记系列重要讲话和省委王儒林书记重要讲话来提高思想认识，切实把思想和行动统一到省委和市委的部署要求上来，增强从严落实党委主体责任和纪委监督责任的自觉性和主动性。二是在反思剖析上，要重点围绕"五句话"目标要求，立足于临汾发展，联系本单位工作和党员干部思想实际，认真开展讨论，深刻反思剖析，形成专题反思剖析报告，提出整治方案和对策举措建议。在此基础上，要研究制定出台指导今后一个时期工作的有关文件。三是在集中整治上，要重点围绕深入推进党风廉政建设和反腐败斗争，坚持以零容忍态度惩治腐败，始终保持反腐败高压态势，保持狠刹"四风"高压态势，保持打黑除恶高压态势，并在资源集中、权力特殊、事关民生等重点领域开展专项整治。四是在刷新吏治上，要重点围绕落实从严治党、从严治吏方针，增强党章意识，严格遵守党章，严明党的纪律，严肃党内生活，打好"三个一批"组合拳，有效整治"为官不廉、为官不为"问题，坚决遏制干部"带病提拔"，严厉防治选人用人不正之风，旗帜鲜明地树立"德才兼备、以德为先、以廉为基"的用人导向。五是在强化监督上，要重点围绕解决"不能腐"的问题，坚持法治思维和法治方式，认真落实市委《关于深入推进"六权治本"工作加强对权力运行制约和监督的指导意见》，坚决堵塞制度漏洞，铲除滋生腐败的土壤，切实把权力关进制度的笼子。六是在改革发展上，要重点围绕推进"六大发展"，抓好经济建设，切实改善民生，全力维护稳定，推动和保障我市科学发展。

*四要抓好活动任务落实。*这次活动一个鲜明的特点就是把学习、讨论与落实统筹起来，既务虚，又务实。市委不仅制定活动《实施方案》，按照项目化推进的思路制定活动《重要任务分工和进度安排》，提出 6 个方面、23 项任务和形成的 57 项具体成果，明确了每项重点任务的牵头单位、主要参加单位、成果形式及时间进度。各地各单位也要结合本地本单位实际，认真研究制定《实施方案》和具体落实事项，做到任务明确、责任明确、时间明确。

*五要加强活动组织领导。*这次活动由市委常委会直接领导，为确保活动的质量和效果，市委专门成立了活动办公室，由我担任主任。办公室设在市委组织部，下设综合、纪检、组织、综改、法治和宣传 6 个专项组，分别由相关常委同志担任组长。市

委成立 19 个督导组,对各县(市、区)和市直各单位进行全程督导。各县(市、区)和市直各单位要按照要求,抓紧成立活动领导机构和工作机构,制定好活动方案,于 12 月 10 日前层层动员发动,加强督导检查,确保活动高起点开局、高标准推进。各级党委(党组)特别是"一把手",要认真履行第一责任,加强领导,精心组织,突出重点,统筹协调,确保活动取得实实在在的效果。各单位在开展活动过程中,有重大情况和问题要及时报告市委。

以上就是这次学习讨论落实活动的总体安排,请各单位按照市委罗书记和省委督导组梁组长重要讲话以及市委印发的《实施方案》抓紧动员、抓好落实、抓出成效。

谢谢大家。

三严三实专题教育活动

【大事记】

2015 年 5 月

16 日 下午,临汾市委组织部副部长贾二元赴太原参加省委举办的"三严三实"专题教育党课。

20 日 临汾市委书记罗清宇主持召开市委常委会议,传达学习省委书记王儒林"三严三实"专题党课精神,研究审议临汾市"三严三实"专题教育《实施方案》,安排部署有关工作。参照省委组织部做法,起草下发《关于设立部内"三严三实"专题教育工作下调小组的通知》及《部内"三严三实"专题教育工作落实会会议方案》。

21 日 临汾市委书记罗清宇为各级领导干部讲专题党课,对全市开展"三严三实"专题教育作出安排部署。市委副书记、市长岳普煜主持会议。专题教育党课以电视电话会议的形式举行,各县(市、区)设分会场。

27 日 临汾市委组织部上报省委组织部临汾市"三严三实"专题教育参与单位基本情况及各县(市、区)和市直各单位专题教育启动情况。经统计,全市参加"三严三实"专题教育的部门(单位)为 139 个,其中 4 个市级领导班子,17 个县(市、区),2 个开发区,1 个风景名胜区,59 个市直部门(单位),53 个市直事业单位,2 所市管高校,1 户市管企业;县处级以上领导干部 1209 名,其中,厅级干部 36 名。截至 5 月 28 日,全市有 135 个单位能按照要求启动专题教育。剩余 4 个单位中,古县由于县委书记刚刚到任,暂未定启动时间;曲沃县、蒲县由于正在召开县"两会",定于 5 月 29 日启动;市人民医院定于 5 月 29 日启动。

6 月

1 日 临汾市举办"三严三实"专题教育讲座,邀请中央党校教授、博士生导师阮青以《践行习近平总书记"三严三实"加强领导干部党性修养与作风建设》为题,作专题讲授。市委副书记、市长岳普煜主持讲座。市四大班子领导,各县(市、区)县委书记、县(市、区)长、宣传部长和分管理论工作的副部长,市直各单位主要负责同志听取讲座。

4 日 临汾市委书记罗清宇主持召开市委常委会,传达贯彻全省金融振兴推进大会精神,研究临汾市当前工作;传达贯彻省委学习讨论落实活动督导组会议精神,研究临汾市专项整治推进工作;研究《市委常委班子"三严三实"专题教育工作初步安排建议》。

8 日至 17 日 由临汾市委组织部领导带队,深入 17 个县(市、区)和开发区、部分市直单位,就三严三实专题教育部署推进情况进行调研指导,重点查看党课开展情况、方案制定情况和整体谋划情况,督促各地要按照中央、省委、市委统一部署,统筹谋划、同步开展,始终以严的精神和实的作风开展专题教育,确保不走过场,取得实效。

16 日 临汾市委中心组集中学习《习近平谈治国理政》和习近平总书记关于严以修身的重要论述。市委书记罗清宇主持集中学习。会上,市委讲师团教授王爱军就"严以修身"作专题辅导。

17 日 临汾市县级领导干部"三严三实"专题教育首期培训班开班,183 名县级领导干部将参加为期三天的学习培训。市委副书记、市委党校校长王文英,市委常委、组织部部长李新春,市委党校常务副校长王天郎出席开班式,李新春主持开班式。

7 月

1 日　临汾市委组织部根据山西省委组织部《“三严三实”专题教育工作协调小组第一次、第二次碰头会议纪要》，提出临汾市贯彻意见。

14 日　临汾市委组织部“三严三实”专题教育工作协调小组召开了第一次碰头会，副部长贾二元，部务委员刘生明、张青山，各工作小组组长、副组长及市委组织部相关干部科室负责人参加会议。会议学习传达省委组织部协调小组两次碰头会议精神，听取各工作小组的工作汇报，研究审议《关于对“三严三实”专题学习研讨发言材料进行初步审查的实施方案》，就如何结合临汾市实际发挥协调小组作用、推进专题教育扎实开展进行研究。

16 日　根据临汾市委组织部“三严三实”专题教育工作协调小组第一次碰头会要求，对内设三个工作小组近期工作任务进行整理汇总，形成《“三严三实”专题教育工作协调小组下一阶段工作安排》。

23 日　临汾市委常委班子召开“严以修身”专题研讨会，市委书记罗清宇，市委常委、宣传部长黄翠莲围绕学习“严以修身”心得体会作重点发言，其他同志作交流发言。

28 日　临汾市委研究下发《中共临汾市委组织部关于“三严三实”专题研讨发言材料抽审备案的通知》，对全市县处级以上领导干部专题研讨发言材料按照“五要”标准和“三审”程序进行抽审备案，严把专题研讨发言材料审核关。

8 月

12 日　临汾市委书记罗清宇主持召开市委常委会，学习传达《王儒林书记在省委常委会上谈到太原“城中村”改造时的讲话》精神，研究临汾市贯彻落实意见；传达全省“三严三实”专题教育工作推进会精神；研究我市关于加快推进科技创新的实施意见；研究总结全市“六权治本”工作进展情况，安排部署下一阶段工作；学习传达全省人口和计划生育领导组扩大会议精神和全省党史研究室主任会议精神，研究临汾市贯彻落实意见。

26 日　临汾市委书记罗清宇主持召开市委常委班子“严守党的政治纪律和政治规矩”专题研讨会。

9 月

16 日　临汾市委书记罗清宇主持召开市委常委班子“严以律己”专题研讨会。

17 日　临汾市召开“三严三实”专题教育工作推进会，总结分析前一段工作，部署推进下阶段任务，推动专题教育开展。市委书记罗清宇出席会议并讲话，市委副书记王文英主持会议。尧都区、霍州市、安泽县、侯马经济开发区等县(市、区)负责人作交流发言。

【重要文件】

关于在全市县处级以上领导干部中开展“三严三实”专题教育实施方案

为贯彻落实全面从严治党要求，巩固和拓展党的群众路线教育实践活动和学习讨论落实活动成果，持续深入推进党的思想政治建设和作风建设，根据中央“三严三实”专题教育工作座谈会精神、中共中央办公厅《关于在县处级以上领导干部中开展“三严三实”专题教育方案》(中办发〔2015〕29 号)和中共山西省委办公厅《关于在全省县处级以上领导干部中开展“三严三实”专题教育实施方案》(晋办发〔2015〕22 号)要求，结合我市实际，市委决定，从今年 5 月开始，在全市党政机关、人民团体和市属事业单位、市管国有企业县处级以上领导干部中开展“三严三实”专题教育。现提出如下实施方案。

一、指导思想

全面贯彻落实党的十八大和十八届三中、四中全会精神，深入学习贯彻习近平总书记系列重要讲话精神，紧紧围绕协调推进“四个全面”战略布局，对照“严以修身、严以用权、严以律己，谋事要实、创业要实、做人要实”的要求，聚焦对党忠诚、个人干净、敢于担当，把深入开展“三严三实”专题教育，作为党的群众路线教育实践活动的延展深化，作为加强党的思想政治建设和作风建设的重要举措，作为全市学习讨论落实活动的强化提升，作为全面推进“六权治本”、严格执行党纪党规“先走一步”的重要契机，坚持思想教育、党性分析、整改落实、立规执纪相结合，教育引导各级领导干部加强党性修养、坚持实事求是、转变工作作风,着力解决“不严不实”问题,切实增强践行“三严三实”要求的思想自觉和行动自觉,做到心中有党不忘恩、心中有民不忘本、心中有责不懈怠、心中有戒不妄为,进一步正党风、清政风、净社风、纯民风,为实现弊革风清、促进富民强市提供坚强的思想、政治和组织保证。

二、目标任务

开展“三严三实”专题教育,要坚持从严要求,强化问题导向,引导全市县处级以上领导干部认真对照中央提出的“三个着力解决”和省委提出的“四个着力解决”目标要求,认真对照省委巡视组巡视反馈意见,深刻领会“三严三实”的深刻内涵和具体要求,深入查找自身存在的问题和差距,自觉把“三严三实”作为修身做人用权律己的基本遵循、干事创业的行为准则,争做践行“三严三实”的好干部。

——着力解决理想信念动摇、信仰迷茫、精神迷失,宗旨意识淡薄、忽视群众利益、漠视群众疾苦,党性修养缺失、不讲原则等问题,努力在深化“四风”整治、巩固拓展党的群众路线教育实践活动和学习讨论落实活动成果上见实效。

——着力解决滥用职权、设租寻租,官商勾结、利益输送,公器私用、以权谋私,顶风违纪还在搞“四风”、不收敛不收手等问题,努力在依法治市、全面推进“六权治本”上见实效。

——着力解决无视党的政治纪律和政治规矩,对党不忠诚、做人不老实,团团伙伙、亲亲疏疏,有令不行、有禁不止,阳奉阴违、自行其是,心中无党纪、眼里无国法等问题,努力在严格执行党纪党规“先走一步”,净化政治生态、实现弊革风清上见实效。

——着力解决不直面问题,不负责任、不敢担当,遇到矛盾绕着走、碰到难事往后拖,在位不在岗、在岗不谋事,不注重实际、拍脑袋决策,作风不实、执行不力“中梗阻”等问题,努力在推进工作,敢于担责、为官有为上见实效。

——着力解决改革创新意识不强、干事创业精气神不振、适应新常态的准备不足,本领恐慌、知识恐慌、能力恐慌等为官不为的“软腐败”问题,努力在推动“六大发展”、促进富民强市上见实效。

三、方法内容

“三严三实”专题教育不是一次活动,不分批次、不划阶段、不设环节,要融入领导干部经常性学习教育之中。专题教育以党委(党组)书记讲党课的形式启动开局,市、县同步开展。

(一)带头讲好专题党课。县级以上党委(党组)书记要紧扣“三严三实”要求,带头讲一次党课,党委(党组)其他成员也要在适当范围讲党课。市委书记于5月下旬为全市领导干部讲党课,市委常委也要在适当范围讲党课。各县(市、区)委书记、市直各部门(单位)党委(党组)书记要在5月底或6月初讲党课,党委(党组)成员也要在适当范围讲党课。具体要做到“三个三”,即:准备党课做到“三个到位”。领会精神要到位,要把中央和省、市委精神领会透,深刻领会“三严三实”的精神实质,充分认识“三严三实”对加强党的建设的重要意义,把握实质、得其要义。调查研究要到位,要深入基层、广泛调研,了解党员干部的思想作风状况,了解群众想什么盼什么。查找问题要到位,要把领导干部思想上的模糊认识找出来,把教育实践活动和学习讨论落实活动中整改不到位的问题找出来,把普遍存在的“不严不实”问题找出来;撰写讲稿做到“三个联系”,联系我省发生严重腐败问题的主要原因,联系本地区本部门本单位政治生态实际,联系党员、干部思想、工作、生活和作风实际;专题党课做到“三个讲清楚”,讲清楚“三严三实”的重大意义和丰富内涵,讲清楚“不严不实”的具体表现和严重危害,讲清楚落实“三严三实”的实践要求,发挥带学促学作用。

(二)开展专题学习研讨。党委(党组)中心组和内设机构党组织要进一步引深“学讲话、学作风”,深入学习习近平总书记系列重要讲话精神,学习党章和党的纪律规定,重点研读等规定必读文献。认真学习焦裕禄、杨善洲、沈浩等先进典型事迹,从周永康、薄熙来、徐才厚、令计划、苏荣等违纪违法案件中汲取教训。用身边案教育身边人,用十八大以来我省、我市查处的典型案例,开展廉政警示教育,使党员干部引以为戒,自觉筑牢拒腐防变的思想提坝、精神防线。在个人自学基础上,重点分3个专题开展学习研讨,大体上每两个月1个专题。专题研讨要与党委(党组)中心组学习结合起来,不搞专门的学习培训,每个专题至少要安排一次研讨。

专题一:严以修身,加强党性修养,坚定理想信念,把牢思想和行动的“总开关”。重点学习研讨如何坚定马克思主义信仰和中国特色社会主义信念,增强道路自信、理论自信、制度自信；如何站稳党和人民立场，牢固树立正确的世界观、人生观、价值观和公私观、是非观、义利观，忠于党、忠于国家、忠于人民；如何保持高尚道德情操和健康生活情趣，自觉远离低级趣味，树立良好家风，坚决抵制歪风邪气，坚守共产党人精神家园。

专题二：严以律己，严守党的政治纪律和政治规矩，自觉做政治上的“明白人”。重点学习研讨如何严格遵守党章，落实习近平总书记在十八届中央纪委五次全会上提出的“五个必须”要求，自觉维护党中央权威，任何时候任何情况下都做到思想上政治上行动上同以习近平同志为总书记的党中央保持高度一致；维护党的团结，做老实人、说老实话、干老实事，不搞团团伙伙，不搞任何形式的派别活动；遵循组织程序，不超越权限办事，不搞先斩后奏；服从组织决定，不跟组织讨价还价，不欺骗组织、对抗组织；管好亲属和身边工作人员，不让他们擅权干政，不让他们利用特殊身份谋取非法利益。

专题三：严以用权，真抓实干，实实在在谋事创业做人，树立忠诚、干净、担当的新形象。重点学习研讨如何坚持用权为民，自觉遵守宪法法律和党的纪律，按规则、按制度、按法律行使权力，敬法畏纪，为政清廉，任何时候都不搞特权、不以权谋私；如何坚持民主集中制，自觉接受监督，不搞大权独揽、独断专行；如何全面推进“六权治本”，从源头上把制度的“笼子”织密、编牢、扎紧；如何在全面从严治党、严格执行党纪党规方面“先走一步”；如何坚持从实际出发谋划事业、推进工作，敢于担责、“为官有为”，努力创造经得起实践、人民、历史检验的实绩。

（三）召开专题民主生活会和组织生活会。年底前，各级机关、企事业单位县处级以上党员领导干部要以践行“三严三实”为主题，召开一次高质量的专题民主生活会和组织生活会。

1.会前充分准备。充分运用党的群众路线教育实践活动专题民主生活会和组织生活会的成功经验，以党的群众路线教育实践活动市委常委民主生活会为标杆，坚持思想不松、标准不降、程序不减，突出领导带头，开门听取意见，深入查摆问题，充分谈心谈话，认真对照检查，推动各级领导干部严守党内政治生活准则，增强党内生活的政治性、原则性、战斗性。

2.深入对照反思。要联系个人思想、工作、生活和作风实际，联系个人成长进步经历，联系教育实践活动和学习讨论落实活动中个人整改措施落实情况，深入进行“六对照六反思”，即：对照严以修身的要求，反思是否做到从严锤炼党性、坚定理想信念、增强政治定力、自觉抵制歪风邪气；对照严以用权的要求，反思是否做到秉公用权、依法用权、为民用权，任何时候都不搞特权、不以权谋私；对照严以律己的要求，反思是否做到心存敬畏、遵纪守法，慎独慎微、为政清廉；对照谋事要实的要求，反思是否做到坚持实事求是，尊重客观规律，不好高骛远，不脱离实际；对照创业要实的要求，反思是否做到真抓实干、敢于担当，勇于直面矛盾，善于解决问题；对照做人要实的要求，反思是否做到始终对党、对组织、对人民、对同志忠诚老实，襟怀坦白、公道正派。在此基础上，进行深刻的党性分析，认真撰写对照检查材料。党委（党组）主要负责同志要主持撰写班子对照检查材料。

3.坚持整风精神。对照党规党纪、国家法律、党的优良传统和工作惯例，对照正反两方面典型，严肃认真开展批评和自我批评。党委（党组）主要负责同志要带头开展批评和自我批评，班子成员要进行深刻的自我批评和相互批评。自我批评要揭短亮丑、动真碰硬，相互批评要实事求是、出以公心。对查找出的“不严不实”问题，要立说立行、真整真改，让干部群众看得见、感受得到、大多数人满意。

（四）列出清单抓好落实。县处级以上领导班子和领导干部要把自身的“不严不实”问题梳理清楚，坚持思想问题和实际问题一起改，做到认理、认账、认责、认罚、认改、认干，做到边学边查边改、立说立行立改。要列出问题清单，查摆“不严不实”问题，认真分析研判，列出表现事例，防止大而化之、避重就轻，防止见事不见人、对人不对己。要列出整改清单，对照问题表现，深刻剖析原因，逐一制定可操作、可监督、可检查的整改措施，整改一个、销号一个。要坚持开门搞整改，“两个清单”要在一定范围内进行公示，接受群众监督。各级党委（党组）要建立整改跟踪督查机制，对整改不力的约谈提醒，对态度消极、搪塞应付的严肃批评，确保整治效果。

（五）严格执行党纪党规。各级党委（党组）和各级纪委（纪检组）要从严落实“两个责任”，“先走一步”，严格实行主体责任和监督责任的清单管理制度，切实落实好解决群众身边腐败问题的主体责任、监督责任和具体措施，着力解决市县乡党风廉政建设和反腐败斗争逐级递减的问题；要从严强化制度约束，按照党纪严于国法、领导干部严于一般干部的原则，探索建立践行“三严三实”的制度机制，特别是要把纪律挺在前面，依纪追究干部不作为的问题；要从严开展正风肃纪，持续保持反腐败、狠刹“四风”、打黑除恶三个高压态势，对存在“不严不实”问题甚至违法乱纪的领导干部，该批评教育的批评教育，该组织调整的组织调整，该严肃查处的严肃查处；要从严推进“三个一批”，按照“三严三实”的要求，甄别处理一批、调整退出一批、掌握使用一批干部，有效激励全市广大干部锐意进取、积极作为，全力营造公道正派、弊革风清的用人环境。

(六)扎实推进“六权治本”。坚持把“六权治本”作为新形势下党风廉政建设和反腐败标本兼治的重要路径，按照全市“六权治本”推进工作(试点)会议的部署要求，牢牢把握“职权法定、分权制衡、权进笼子、公开办事、各方尽责、查办案件”六个方面的重点，努力形成大审批、大监管、大服务的工作新格局。要明晰责任清单、权力清单和负面清单，实施权力流程再造，绘制权力运行流程图和权力运行风险防控图，规范高效运行；要通过细化部门细则、厘清交叉职责、架构制衡职责等科学配置权力；要充分发挥制度建设在规范权力运行、预防和惩治腐败中的基础性作用，扎实做好各项制度的废、改、立工作，切实斩断利益链条，遏制权力寻租；要把公开作为权力的“防腐剂”，公开范围要更广、方式要更活、层次要更深，让公众感觉清晰、感受明白；要充分发挥人大、政协、专门机构和群众的作用，形成监督合力；要加大案件查办力度，严惩滥用权力行为。通过推进“六权治本”，把权力关进制度的笼子，让权力与责任没有弹性，推动对权力运行的制约和监督形成一个完整链条。

(七)持续深化专项整治。持续用力推进教育实践活动和学习讨论落实活动重点整治任务的落实。把“三严三实”学习研讨、民主生活会和组织生活会中查摆出的问题，省委巡视组指出的问题，特别是人民群众反映强烈、影响面大的“不严不实”问题纳入专项整治内容，综合施策、集中治理。以加强农村集体资金、资产、资源等“三资”管理为切入点，着力解决群众身边的腐败问题，切实落实好主体责任、监督责任和具体措施。以解决乡村基层涉纪信访问题为切入点，下功夫化解信访积案和新发信访案件，认真落实领导干部接访和包案工作，明确任务和责任，化解一个，销号一个。把解决群众身边的腐败问题和信访问题作为检验专题教育成果的一个重要内容，对不重视、不作为、工作不力的，要追究责任。

(八)全力推动“六大发展”。要积极适应经济发展新常态，准确把握经济社会发展的新特征新趋势，积极应对经济下行压力，推进稳增长、促改革、调结构、惠民生、防风险等各项工作；要推动煤炭产业“六型”转变，推进科技创新、民营经济和金融振兴“三大突破”，着力做好煤与非煤“两篇文章”；要抓住“百里汾河生态经济带”作为晋陕豫“黄河金三角”地区战略规划的重要组成部分上升为国家战略，与全省国家资源型转型综改试验区形成政策叠加优势的重大机遇，着力推进板块经济；要继续完善优化全市农业产业布局，加快推进农村基础设施建设，加大强农惠农力度，着力做好“三农”工作；要牢固树立“绿色化”理念，抓住我市成为国家第三批节能减排财政政策综合示范城市的机遇，大规模开展造林绿化工作，着力推进生态环境建设；要牢固树立为民理念，切实做好民生工作，下大力气解决群众最关心的教育、医疗、社保、文化、就业和安全生产等问题，着力增进群众福祉；要勇于直面和解决发展中的矛盾和问题，锤炼好作风、展现新作为，切实肩负起促进改革发展稳定的责任。

四、措施要求

这次“三严三实”专题教育在市委常委会领导下进行，由市委组织部牵头组织实施。各级党委(党组)要把组织开展好专题教育作为一项重大政治任务，切实抓紧、抓好、抓出成效。

1.强化工作职责。各级党委(党组)全面负责本地本部门本单位的专题教育，严格按照中央和省、市委的“规定动作”和专题教育的特点要求，结合各自实际，制定工作方案，精心安排部署，扎实有效推进。党委(党组)主要负责同志要承担起第一责任人的责任，既要带头参加教育、接受教育，又要站在第一线、靠前指挥，并把抓专题教育的情况，纳入党建工作述职评议考核的重要内容。各级党委组织部门作为牵头部门，要深入研究谋划，把握好进度节奏，及时了解情况，解决突出问题。纪检、宣传、政法、信访等有关部门要按照决策部署，结合各自职责，密切配合、协同推进，确保市委部署要求落到实处、见到实效。

2.强化领导带头。突出以上率下，市级领导干部要坚持高标准、严要求，紧密联系实际深学细照笃行，带头学习提高，带头查摆解决“不严不实”问题，以坚定的信念、决心、行动作出示范。市、县党政领导班子成员特别是党政主要负责同志，要立足承上启下、为政一方，同群众联系更直接、更紧密的实际开展专题教育，从思想深处清除与“三严三实”要求不适应、不符合的突出问题，努力当好忠诚、干净、担当的标杆。机关、企事业单位县处级以上领导干部和管理人员，要立足本职岗位开展专题教育，真正从思想上、工作上、作风上严起来、实起来，把“三严三实”要求体现到履职尽责、做人做事的方方面面。

3. 强化统筹协调。要把开展专题教育与推动完成本地区本部门本单位重点工作任务统筹起来，与巩固深化党的群众路线教育实践活动和学习讨论落实活动成果衔接起来，与全面实施“六权治本”、严格执行党纪党规的安排部署结合起来，与巡视整改落实工作结合起来，把领导干部在专题教育中激发出的工作热情和进取精神转化为做好各项工作的强大动力，更好地协调推进“四个全面”战略布局，凝聚改革共识，破解发展难题，促进社会稳定，真正做到两手抓、两不误。

4.强化督促检查。各级党委(党组)要坚持从实际出发，采取走访调研、明察暗访、随机抽查、专项检查等方式，加强督促指导，推动工作开展。及时发现和解决苗头性、倾向性、潜在性问题，确保贯穿从严要求、从实作风，坚决防止和杜绝形式主义。强化监督执纪问责，对组织不力、效果不好的要严肃批评，对搞形式、走过场的要严肃问责，追究责任。开展专题教育情况要纳入2015年度领导班子和领导干部考核内容，作为检验党委(党组)围绕中心、服务大局成效的重要依据。

5.强化宣传引导。要充分利用报刊、广播、电视、网络等媒体，通过新闻报道、系列评论、开设专栏、推出专题等形式，紧紧围绕教育主题，广泛深入宣传中央精神和省、市委部署，及时报道各地各部门各单位专题教育的进展做法和经验成效，为践行“三严三实”营造良好舆论氛围。要加强正面引导，及时发现、培树和宣传先进典型，总结推广好的经验做法。同时，要进行反面案例教育，搞好舆论监督，曝光一批反面典型，形成警示和震慑。

关于开展“三严三实”专题教育情况报告

(2015年6月18日)

按照中央和省委的统一部署，我市“三严三实”专题教育自5月份启动以来，各参与单位党委(党组)高度重视，周密部署，准确把握“三严三实”深刻内涵，积极践行“三严三实”本真要求，聚焦忠诚干净担当，突出又严又实要求，扎实推进专题教育稳步开局，有序开展。

一、基本情况

我市参与“三严三实”专题教育的单位党委(党组)共139个，其中4个市级领导班子，17个县(市、区)，2个开发区，1个风景名胜区，59个市直部门(单位)，53个市直事业单位，2所市管高校，1户市管企业。共涉及县处级以上领导干部1209名，其中地厅级领导干部36名。同时，有8个县(市、区)还将专题教育范围拓展延伸到各乡镇和县直部门的4126名乡科级领导干部中。截至目前，全市主要参与单位和拓展延伸单位已全部启动专题教育，并结合各自实际，制定了《实施方案》，细化了工作安排，稳步有序推进。各级党委(党组)书记已全部讲完党课，96%的党委(党组)成员在适当范围内讲完党课。各级领导干部正在集中有序开展学习研讨，已撰写“三严三实”心得体会文章2427篇。市委制定《宣传方案》，在《临汾日报》、临汾电视台、临汾党建网、《临汾组工》开辟专栏刊载专题报道180余篇，编印专题信息10期，在全市营造了浓厚的舆论氛围。

二、做法成效

市委把开展“三严三实”专题教育作为当前一项重大政治任务来部署、来推进、来落实，主要做法体现在“五个抓”。

(一)抓细安排部署，启动稳步有序。专题教育伊始，市委坚持从严处着手，于实处落地，精心谋划部署，周密细致安排，努力促进专题教育高标准起步、高水平推进。一是领导高度重视。近1个月以来，市委书记罗清宇先后4次主持召开常委会议研究专题教育工作，亲自主持起草和修改审定实施方案，经常听取活动进展情况汇报，充分发挥了“第一责任人”作用。专题教育开展过程中,市委常委身体力行,以上率下,带头接受教育,带头讲好党课,带头示范引领,形成上级做给下级看、上级带着下级学的良好局面。二是精心谋划部署。在准确把握上级精神,广泛征求意见的基础上,市委制定了专题教育《实施方案》,提出了“五个着力解决”的目标要求,明确了“八个关键动作”,细化了“五项措施要求”,既体现了中央和省委的部署要求,又紧密结合了临汾实际,勾画出全市推进“三严三实”专题教育的清晰路线图。三是健全组织机构。在市委常委会的领导下,市委组织部认真履行牵头部门职责,及时抽调部机关精干力量,组建成立全市“三严三实”专题教育工作协调小组,下设综合、宣传、联络三个工作小组,明确工作任务,细化职责分工,确保每一项工作都有人抓、有人管,做到了压力层层传导、责任件件落实。

(二)抓实专题党课,市县同步进行。市委坚持用讲好高质量党课的创新实践,推动专题教育启动开局。5月21日,市委书记罗清宇带头为全市各级领导干部讲党课。此后,市委常委们根据各自分工为分管联系部门讲党课。各级党委(党组)书记也都纷纷走上讲台,第一时间推动专题教育开局升温。在讲党课中普遍做到了“三个三”。一是准备党课做到“三个到位”。逐篇研读习近平总书记系列重要讲话,特别是关于“三严三实”的重要论述,确保领会精神到位;深入基层广泛调研,了解党员干部的思想作风状况、群众的所思所盼,确保情况掌握到位;坚持问题导向,深入查找本地本单位“不严不实”的问题,确保问题查摆到位。二是撰写讲稿做到“三个联系”。联系我省发生严重腐败问题的主要原因,联系本地区本部门本单位政治生态实际,联系党员、干部思想、工作、生活和作风实际。三是专题党课做到“三个讲清楚”。讲清楚“三严三实”的重大意义和丰富内涵,讲清楚“不严不实”的具体表现和严重危害,讲清楚落实“三严三实”的实践要求和努力方向。广大党员干部纷纷为领导干部讲党课“点赞”叫好,觉得听了以后很“过瘾”。

(三)抓紧学习研讨,培训及时跟进。市委把深化学习教育放在首位,始终拧紧思想“总开关”,推动“三严三实”专题教育入脑入心入行。一是中心组跟进学。5月20日,市委常委会召开中心组学习会,传达学习省委书记王儒林“三严三实”专题党课精神。6月1日,市委中心组召开扩大学习会,邀请中央党校教授、博士生导师阮青,就践行习近平总书记“三严三实”,加强领导干部党性修养与作风建设作专题辅导报告。6月16日,市委中心组集中学习了《习近平谈治国理政》和习近平总书记关于严以修身的重要论述,听取了市委讲师团教授就“严以修身”作的专题辅导。二是结合实际重点学。全市党员领导干部坚持围绕主线学、针对实际学、正反两面学、紧扣专题学,重点学习党的十八大和十八届三中、四中全会精神,习近平总书记系列重要讲话精神,党章和党的纪律规定等有关内容,切实做到学而信、学而用、学而行。三是教育培训系统学。6月17日,全市县级领导干部“三严三实”专题教育首期示范培训班开班,400余名重点岗位县处级领导干部系统学习“三严三实”重要论述解读、习近平总书记最新讲话精神专题辅导、坚持“六权治本”与践行“三严三实”等内容,以思想自觉引领行动自觉。

(四)抓牢关键环节,责任层层落实。市委从提高思想认识,强化责任担当入手,牢牢抓住关键环节,层层落实主体责任,确保专题教育又严又实开展。一是靠实主体责任。市委要求各级党委(党组)全面负责本地本部门本单位的专题教育,党委(党组)书记认真履行“第一责任人”职责,各级各部门结合各自职责分工,密切配合,协调推进,初步构建了自上而下的工作组织领导网络体系。二是强化领导带头。认真抓好县处级以上领导干部这个“关键少数”,突出以上率下、示范带动,让他们真正从思想上、工作上、作风上严起来、实起来,当好忠诚干净担当的标杆,把“三严三实”要求体现到履职尽责、做人做事的方方面面。三是从严督促检查。采取巡回检查、专项调研、随机抽查等方式,及时了解掌握情况,有效传导压力、激发动力。对于组织不力、敷衍塞责、效果不好的,严肃批评、严肃问责,确保责任层层压紧、工作层层落实。6月8日至18日,由市委组织部领导带队,深入各县市区、开发区和部分市直单位,就三严三实专题教育部署推进情况进行了调研指导,督促各地扎实开展专题教育,确保不走过场,取得实效。

(五)抓好统筹兼顾,确保结合到位。市委坚持把开展专题教育与推动完成重点工作任务统筹起来,与巩固深化党的群众路线教育实践活动和学习讨论落实活动成果衔接起来，与全面实施“六权治本”、严格执行党纪党规的安排部署结合起来，与巡视整改落实工作结合起来，把领导干部在专题教育中激发出的工作热情和进取精神转化为做好各项工作的强大动力，更好地协调推进“四个全面”战略布局，凝聚改革共识，破解发展难题，促进社会稳定，真正做到“两手抓、两不误、两促进”。

三、存在问题

我市专题教育启动以来，各单位按照中央、省委和市委的安排部署，推进专题教育有序开展，逐步深入。但也还存在一些不容忽视的苗头性、倾向性问题。一是有的思想认识还不够到位，把开展专题教育仅仅当作是一般性任务，有“顺着走、跟着走、看着走”的思想；有的认为专题教育不是一次活动，在标准要求上不自觉地有所降低。二是有的统筹发展还不够紧密，认为当前经济下行压力大，以改革发展任务繁重为借口，对专题教育投入精力不足，存在“以干代学”的现象；有的抓专题教育措施不具体、责任不明确，存在中心工作和专题教育“两张皮”的问题。三是工作整体进展还不够平衡。总体来看，全市各单位都能按照中央、省委和市委的决策部署，讲好专题党课，深入开展学习，但就专题研讨情况来看，存在县(市、区)好于市直部门，党政机关好于企事业单位的问题。

四、下步打算

下一步，我们将着力做好三个方面的工作。一是认真组织开展专题学习研讨。市委常委班子带头组织开展专题学习研讨，在入脑入心、忠诚笃信、知行合一上下功夫，为全市各级党委(党组)树立标杆。二是认真做好专题民主生活会和组织生活会各项准备工作。坚持问题导向，强化问题意识，以“三严三实”为标尺，聚焦问题查、对照问题改，持续向问题“叫板”，列出问题清单，切实找准靶子。同时，坚持立行立改，使专题教育的过程成为校正“不严不实”问题的过程。三是统筹兼顾抓好各项工作。坚持把开展专题教育与全市经济社会发展统筹结合起来，既抓专题教育这个政治任务，又抓发展这个第一要务，统筹推进，相互促进，以推进经济社会发展的成效检验专题教育的成果。

关于深化县级“三严三实”专题教育着力解决基层干部不作为乱作为等损害群众利益问题的通知

各县(市、区)委组织部，临汾、侯马开发区党(工)委组织部，市直各单位组织人事科，中央、省属驻临企业党委组织部：

为认真贯彻落实省委组织部《关于转发＜关于深化县级“三严三实”专题教育着力解决基层干部不作为乱作为等损害群众利益问题的通知＞的通知》(晋组通字〔2015〕60号)精神，切实加强基层组织和干部队伍建设，根据市委安排，现就我市深入开展基层干部不作为乱作为等损害群众利益问题专项整治工作通知如下：

一、充分认识重要意义

基层干部是联系党和人民群众的桥梁和纽带，其作风如何直接影响着党和政府在广大人民群众心目中的形象。全市党的群众路线教育实践活动开展以来，我市基层干部的工作作风得到明显转变，但仍然存在着不作为、乱作为、贪腐谋私和执法不公等问题，严重伤害了群众感情，危害了党的执政根基。深化县级“三严三实”专题教育，集中开展基层干部不作为乱作为等损害群众利益问题专项整治工作，是深入贯彻落实习近平总书记一系列重要讲话精神的需要，是落实从严治党要求、巩固党的执政基础的需要，是推动党员干部转变作风、切实维护群众利益的重要举措，是推进改革发展，实现弊革风清，促进富民强市的有力保证。

二、明确整治工作重点

基层干部不作为乱作为等损害群众利益问题专项整治主要内容为：一是整治不作为的问题，重点是对群众办事态度冷漠、对上级布置的任务敷衍应付、工作不在状态、不敢担当等；二是整治乱作为的问题，重点是不讲规矩不按程序办事、不善于听取群众意见决策、乱收费乱罚款乱摊派、办事不公、强占强拆等；三是整治贪腐谋私的问题，重点是贪占挪用挥霍集体财物、套取骗取国家补贴补助款、截留克扣冒领惠民资金、滥用权力中饱私囊等；四是整治执法不公的问题，重点是暴力执法、选择性执法、随意性执法、办“关系案”“人情案”“金钱案”等。

三、准确把握方法步骤

基层干部不作为乱作为等损害群众利益问题专项整治从现在开始,12月底基本结束,大致分为四个阶段。

(一)制定方案、动员部署阶段(11月1日至5日)

各县(市、区)党委要迅速组织学习,统一思想,提高认识。要按照中央和省、市委有关部署要求,结合各自实际,研究制定本地工作方案,细化整治目标、整治内容和时间安排,明确整治工作的责任领导、牵头单位和配合单位。县直部门和乡镇(街道)、村(社区)也要对专项整治工作进行部署安排,明确专项整治工作步骤、工作时限、工作措施、责任人等。

(二)排查问题、建立清单阶段(11月6日至15日)

1.基层单位自查。县直部门和乡镇(街道)、村(社区)等基层单位,要围绕中央"四个排查"确定的17种查找重点,通过发放征求意见表,设置意见箱,公布电话、邮箱、微信等方式认真开展问题自查。对查到的问题,要原汁原味进行梳理汇总,形成自查问题清单。

2.县级统一排查。在组织基层单位自查的基础上,县级党委要统一抽调专门力量,对所列问题逐项进行摸底排查,尤其是群众来信来访反映的问题要一一调查核实。县级排查还要与"以群众举报乡村干部腐败为切入点,集中解决群众信访诉求问题"专项治理工作和"农村集体'三资'管理专项清理整治"等工作有效衔接,确保问题排查"不留死角、不留空档"。

3.建立问题清单。在单位自查和县级排查发现问题的基础上,县级党委要按照不作为、乱作为、贪腐谋私、执法不公四个方面分门别类列出问题清单,问题清单要到事到单位到人头。

(三)强化措施、集中整治阶段(11月16日至12月底)

1.制定整改措施。县级党委要结合"三严三实"专题学习研讨,对排查出的问题进行专门研究,集体"会诊"。要通过梳理分析,剖析原因,研究制定整改措施,建立整改清单。整改清单要明确牵头领导、责任单位、责任人和完成时限。县级领导班子成员在研究问题时,要坚持"三个摆进去",反思查找工作方面和领导班子、领导干部个人存在的问题,从严和实上触动思想和灵魂。县级领导班子"三严三实"专题民主生活会和基层单位组织生活会,还要对照问题清单,以整风精神开展批评和自我批评,立说立行、真整真改,以解决问题的实际成效取信于民。

2.开展集中整治。专项整治工作,要明确责任主体、整治措施和进度安排,实行销号管理,确保整治工作落到实处。要坚持上下联动整治,特别是对发生在基层、根子在上面的问题,要自上而下分解任务、明确责任,建立党委统一领导、相关部门参与的联动整改机制,确保群众诉求得到快速回应、及时解决。市直各行业系统主管部门对基层反映的问题,要主动认领,认真研究具体办法和措施,确保反映问题在源头上得到解决。

3.坚持开门整治。专项整治工作要全过程公开。问题清单,整改清单,整治项目、整治进度和整治结果等,要在当地新闻媒体、基层单位公示栏进行公示,让群众知情,接受群众监督。

4.强化正风肃纪。要从严落实"两个责任",把纪律挺在前面,从严开展正风肃纪。对基层干部损害群众利益的问题,要坚持教育和惩戒并重,对情节较轻、不构成违纪违法的,要批评教育、诫勉谈话,限期改正;对违反纪律规定的,要依纪依规严肃处理、坚决纠正;对顶风违纪、贪腐谋私、徇私枉法的,要坚决查处。

(四)建章立制、巩固成果阶段(12月底前)

要通过开展专项整治,总结和发现当前制度中存在的问题的漏洞,结合深入贯彻落实全国、全省农村基层党建工作座谈会精神,认真研究加强基层组织和基层干部队伍建设、完善基层民主管理制度、夯实基层基础工作的制度办法,形成着力解决基层干部不作为乱作为等损害群众利益问题的长效机制。

四、切实加强组织领导

1.明确职责任务。各级党委(党组)要高度重视基层干部不作为、乱作为等损害群众利益问题专项整治工作。县(市、区)委书记对本县(市、区)专项整治工作负总责,县级领导班子成员要加强对分管领域专项整治工作的指导,对一些问题突出的县直部门和乡镇(街道)、村(社区),要实行挂点联系。组织部门要发挥牵头抓总作用,认真组织实施,一项一项落实，确保各项要求真正落地。纪检部门要发挥好监督职责，对整治中发现的问题，坚决依纪、依规追究问责。市直部门要切实履行监管职责，推动县(市、区)对口部门专项整治工作的深入开展。

2.强化督促检查。市委组织部将采取明察暗访、专项督查、实地调研等方式，加强对专项整治工作的督促检查。各县(市、区)要建立协调推进督查机制，对县直部门和乡镇(街道)、村(社区)专项整治问题排查、整改落实情况进行跟踪督查。对专项整治工作不重视，避重就轻、不敢碰硬绕弯子的，要严肃指出，促其改正；对在整治过程中华而不实、作表面文章的，要严肃批评、严格追责、坚决纠正。

3.注重统筹结合。要把基层干部不作为乱作为等损害群众利益问题专项整治工作与贯彻落实十八届五中全会精神结合起来，与“三严三实”专题教育整改工作结合起来，与农村集体“三资”清理和“以群众举报乡村干部腐败为切入点集中解决群众信访诉求问题”专项整治工作结合起来，与县乡党委书记抓基层党建工作述职评议考核结合起来，与推进领导干部能上能下工作结合起来，统筹安排，协调推进，确保取得实实在在的成效。

基层干部不作为乱作为等损害群众利益问题专项整治工作实行阶段报告制度，各县(市、区)委组织部每个阶段结束后要及时将进展情况报市委组织部。12月14日前，将整体情况报告市委组织部。

关于在全市“三严三实”专题教育中以“整治领导干部利用职权违规为子女亲属安排工作等问题”为主题开展警示教育的通知

(2015年12月3日)

各县(市、区)委，临汾、侯马经济开发区党工委，市委各部委，市直各委、办、局党组(党委)，各人民团体党组，市属高校党委：

10月26日，省委巡视二组在向我市反馈巡视情况时指出，个别领导干部利用职权违规为子女亲属安排工作，甚至档案造假。巡视组强调，要严肃组织人事纪律，加大选人用人监管力度，建设高素质干部队伍。为认真贯彻落实省委巡视组反馈意见，切实增强各级领导干部自觉遵守干部人事工作纪律的意识，经市委同意，决定结合“三严三实”专题教育，以“整治领导干部利用职权违规为子女亲属安排工作等问题”为主题，在各级领导干部中开展一次警示教育。现就有关事项通知如下：

一、组织开展学习，切实提高思想认识。各地各单位党委(党组)要充分利用各级纪委查处通报的整治领导干部利用职权违规为子女亲属安排工作典型案例，于近期在领导干部中深入开展一次主题警示教育，分析问题产生的原因及其严重危害，从中汲取教训，举一反三、引以为戒。通过学习讨论，要认清“近亲繁殖”、“萝卜招聘”等涉及领导干部违规提拔任用子女亲属问题，是典型的领导干部在选人用人上以权谋私行为，严重损害了党在人民群众中的形象，损害了党群干群关系，必须坚决遏制。要牢记领导干部手中的权力是人民赋予的，只能用来为人民谋利益，绝不能把它当作谋取私利的手段。要充分认识严肃组织人事纪律、提高选人用人公信度的极端重要性，坚决反对和克服特权思想，做到秉公用权、廉洁从政，保证选人用人公平、公正、公开。

二、认真对照检查，深剖问题产生根源。各级领导干部要把整治领导干部利用职权违规为子女亲属安排工作等问题作为“严以用权”专题研讨和“三严三实”专题教育民主生活会的重要内容，以反面典型为镜，把自己摆进去，主动查找自身在遵守组织人事纪律中存在的问题，深刻反思剖析，弄清问题实质。要从权力利益观上进行剖析，深刻认识一切权力来源于人民，必须权为民所用，如果公器私用、以权谋私，必然受到严惩、身败名裂；要从党性原则上进行剖析，深刻认识加强党性锻炼是党员领导干部改造主观世界的终身课题，坚守党纪法规是从政用权不可逾越的红线，如果放弃党性原则，就会走上违纪违法的歧途；要从道德品行上进行剖析，深刻认识做人做事必先崇德修身，如果放松约束、放纵欲望，就会走上用权谋私、贪污腐化的不归路。在深入剖析的基础上，有什么问题就解决什么问题，什么问题突出就重点解决什么问题。

三、从严落实责任，确保警示教育成效。各地各单位党委(党组)特别是主要负责同志要带头强化责任意识，把开展主题警示教育作为深化“三严三实”专题教育、推进“三个一批”工作的有力举措，切实加强组织领导，确保警示教育不走过场、不搞形式。各地各单位组织人事部门要加强与纪检部门之间的密切配合，对发现的苗头性、倾向性问题要及时提醒和纠正,对违反组织人事纪律的行为要坚决制止,做到防微杜渐、警钟长鸣。要加大对领导干部利用职权违规提拔任用干部的查处力度,发现一起、查处一起、追究一起,保证选人用人行为规范化、公平化。

各地各部门各单位开展警示教育学习的情况,要及时报市委组织部。

附:相关典型案例

【领导讲话】

全市“三严三实”专题党课讲稿提纲

(2015 年 5 月 21 日)

罗　清　宇

同志们:

中央决定,从今年 4 月底开始在县处级以上领导干部中开展“三严三实”专题教育。这是党的群众路线教育实践活动的延展深化,是持续深入推进党的思想政治建设和作风建设的重要举措,是严肃党内政治生活、严明党的政治纪律和政治规矩的重要抓手,体现了党中央驰而不息推进全面从严治党的决心。5 月 16 日,省委举办“三严三实”专题党课,王儒林书记带头给全省主要领导干部讲了一堂主题鲜明、立意高远、思想深刻、内容丰富的党课,标志着全省“三严三实”专题教育正式铺开。根据中央和省委统一部署,今天我们举办全市“三严三实”专题党课,这既是中央和省委要求的规定动作,也是对我市专题教育的动员和部署。下面,结合学习贯彻习近平总书记系列重要讲话精神,联系临汾干部队伍实际,我谈谈对“三严三实”的认识和体会,跟大家交流共勉。

一、深刻认识“三严三实”的历史意蕴和时代价值

党的十八大以来,习近平总书记多次强调,党员干部特别是各级领导干部要严以修身、严以用权、严以律己,谋事要实、创业要实、做人要实。在全党和全社会引起高度共鸣,形成了广泛共识。“三严三实”贯穿着马克思主义政党建设的基本原则和内在要求,体现着共产党人的价值追求和政治品格,丰富和发展了党的建设理论,明确了领导干部的修身之本、为政之道、成事之要,为加强新形势下党的思想政治建设和作风建设提供了重要遵循。我体会,“三严三实”之所以在党内外和全社会赢得关注和共识,很重要的因素是“三严三实”蕴含着深厚的历史意蕴和丰富的时代价值。

第一,“三严三实”蕴含着中华民族优秀文化的精华。我们民族的传统文化中历来把修身作为做人从政的基础性工程。古人讲,“修身齐家治国平天下”,“修身”是放在第一位的,而且把“严”和“实”作为修身的基本要求。从“严”的方面讲,提出从政者要“正己”、“克己”,要“慎独”、“慎微”,要“正心”、“诚意”,这些都体现了“严”的要求。从“实”的方面讲,传统文化要求从政者“敏于事而讷于言”,强调“艰难困苦,玉汝于成”,明代王阳明则提出“知是行的主意、行是知的功夫,知行合一”,这些都要求做到勤勉实干、不尚空谈,做到认识和实践的统一。“三严三实”吸取了中华优秀传统文化的滋养,将中华民族传统文化的政治智慧和新时期对党员领导干部的具体要求有机结合起来,与中华优秀传统文化的内涵一脉相承,既强化了领导干部的从政准则,又提升了领导干部的作风标准,是对中华文化从政修养精华的创造性继承和发展。

第二,“三严三实”传承着我们党的优良传统和政治优势。中国共产党是马克思主义政党,具有对自身从严从实要求的政治品格,在长期的革命斗争中形成了“严”与“实”的优良传统。铁的纪律是“严”的充分体现,它既是党执纪的要求,也是对党员干部党性修养的要求。我们党历来要求党员干部守纪律、讲规矩。1927 年 10 月,毛主席率领秋收起义余部上井冈山时就立下“行动听指挥、打土豪筹款子要归公、不拿老百姓一个红薯”三项纪律,后来逐渐发展为人民军队著名的“三大纪律八项注意”。毛主席讲,共产党人最讲认真,讲认真也是“严”的表现。还有,在自身建设过程中,形成了党内严格的政治生活习惯,形成了批评和自我批评的优良作风。老一辈革命家及广大干部、战士都自觉从严要求自己。中央苏区时期,当时的江西省苏维埃主席刘启耀,在红军长征后保管着省苏维埃政府留下的价值万元的黄金,但自己在极度穷困的情况下,没有动用毫克,而是靠乞讨度日,被称为“腰缠万贯的讨米人”。这些都是共产党人严以修身、严以用权、严以律己的模范。“实”是我们党在复杂艰巨的革命斗争中、在血与火的考验下总结出来的宝

贵经验,既表现为实事求是的思想路线,也表现为艰苦奋斗的实干精神。井冈山斗争时期,红军将士睡山洞、盖稻草,在对敌斗争中取得一个又一个胜利;长征时期,红军吃草根树皮,过雪山草地,冲破敌人的围追堵截;延安时期,军民自力更生,艰苦创业,开荒种地,把南泥湾变成了塞上江南。"三严三实"体现了我们党的核心价值,是对中国共产党优秀传统和政治优势的继承,是对党组织和党员干部"本真要求"的回归。

第三,"三严三实"彰显着深入推进"四个全面"战略布局的时代要求。当前,我们党带领全国人民正在进行具有许多新的历史特点的伟大斗争,正在协调推进"四个全面"战略布局,改革发展稳定任务之重前所未有,矛盾风险挑战之多前所未有,对党治国理政的考验前所未有。要看到,全面建成小康社会还有不到6年时间,处在紧要的决定性阶段,特别是我国经济发展进入新常态,速度变化、结构优化、动力转化的特点更加明显,我们要转方式、调结构、提高发展质量和水平的任务更加繁重;要看到,全面深化改革进入关键期,许多改革措施正在向面上铺开、向纵深推进,改革越是深化,越会触及深层次矛盾和问题,越需要有效整合各种利益关系,我们要凝聚改革共识、维护和谐稳定的任务更加繁重;要看到,全面依法治国开启了新的征程,这是国家治理领域广泛而深刻的革命,我们要弘扬法治精神、推进法治实践、建设法治社会的任务更加繁重;要看到,全面从严管党治党"永远在路上",经过党的群众路线教育实践活动,"四风"蔓延势头得到有效遏制,但"四风"问题还没有根除,对"四风"仍停留在"不敢"上,"不想"的自觉尚未形成,我们要巩固和拓展教育实践活动成果,把作风建设保持和发展下去的任务非常繁重。只有大力弘扬从严从实的思想和精神,造就"三严三实"的干部队伍,才能提高党的执政能力和执政水平,才能凝聚起团结奋进、攻坚克难的强大力量,才能为实现"两个一百年"奋斗目标和中华民族伟大复兴的"中国梦"提供坚实保障。

二、准确把握"三严三实"的精神实质和深刻内涵

"三严三实"共6句话24个字,言简意赅却又内涵深刻,涵盖修身用权律己、谋事创业做人等多个方面,是对加强思想政治建设和作风建设的深邃思考和科学概括。我们一定要深刻理解,准确把握,认真践行。

(一)准确把握"三严三实"的核心要义。"三严三实",着力点是"严"字和"实"字。"严"字蕴涵的是马克思主义信仰、共产主义远大理想等严肃的政治追求,是完善组织生活、贯彻民主集中制等严格的组织原则,是懂规矩、守底线等严明的纪律要求。"实"字蕴涵的是一切从实际出发、理论联系实际的思想路线,是求真务实、尊重实践、注重实效的工作方法,是忠诚老实、厚道朴实、认真踏实的处世态度。找准"严"和"实"的着力点,必须把"三严"的内在要求和"三实"的行为取向统一起来,把改造主观世界和改造客观世界统一起来,努力做到严字为要、实字为本。

(二)准确把握"三严三实"的丰富内涵。严以修身,严在理想信念。就是要加强党性修养,坚定理想信念,提升道德境界,追求高尚情操,自觉远离低级趣味,自觉抵制歪风邪气。做官先做人,做人必修身。习近平总书记多次强调,做人做事第一位的是崇德修身。我们要把修身作为入党从政的出发点和落脚点,拿出更高的觉悟和境界,养成"省吾身""志于道"的良好习惯,不断反省自己、改造自己、提高自己,展现共产党员的人格力量和魅力。要像毛主席在《纪念白求恩》中提出的,成为一个高尚的人,一个纯粹的人,一个有道德的人,一个脱离了低级趣味的人,一个有益于人民的人;要像习近平总书记强调的,要信念坚定、为民服务、勤政务实、敢于担当、清正廉洁,成为党和人民需要的好干部。

严以用权,严在规范规矩。就是要坚持用权为民,按规则、按制度行使权力,把权力关进制度的笼子里,任何时候都不搞特权、不以权谋私。如何看待权力,实质上是权力观的问题。习近平总书记反复强调,我们的权力是党和人民赋予的,是为党和人民做事的,只能用来为党分忧、为国干事、为民谋利。党和人民把我们放到领导岗位上,赋予我们一定的权力,是一种信任、一种重托。越是职位高、权力大,越要牢记权力的本质。实际上,权也好,钱也好,名也好,都是一把双刃剑,既会带来鲜花也会带来罪恶,既会带来荣誉也会带来镣铐,既能把人推向高峰也能使人跌入深渊。有权不可任性。我们要树立正确的权力观,处理好公与私、权与法的关系,做到为民用权、依法用权、审慎用权、廉洁用权,确保手中权力的行使不偏向、不变质、不越轨、不出格。

严以律己,严在慎独慎微。就是要心存敬畏、手握戒尺,谨言慎行、勤于自省,遵守党纪国法,做到为政清廉。我体会,关键是要把握好一个"独"字、一个"微"字。一个人在众目睽睽之下往往能够遵规守矩,但在没有人监督的时候能不能做到始终如一?现实中,有的人总抱着侥幸的心理,自以为神不知、鬼不觉,殊不知人在做、天在看,头上三尺有神明。古人讲,不以善小而不为,不以恶小而为之。小节上把持不住,就会"温水煮青蛙",小毛病演变成大问题。我们党员干部特别是领导干部要牢记"从善如登,从恶如崩"的古训,把慎独慎微作为一种操守、一种品格、一种风骨,时时处处严格要求自己,始终坚持共产党人的高尚操守,坚守政治底线、法纪底线、道德底线,做到自重、自省、自警、自励。

谋事要实,实在思想路线。就是要从实际出发谋划事业和工作,确定目标、思路、举措符合客观实际、符合客观规律,不好高骛远,不脱离实际,不超越阶段。其本质要求就是要做到实事求是。邓小平同志是坚持和贯彻实事求是的光辉典范。无论对待党的事业还是对待自身进退,无论早期还是后来,无论顺境还是逆境,他都真正做到了实事求是。他"三落三起","落"是因为坚持实事求是,"起"也是因为能够坚持实事求是。尤其是形势复杂和身处逆境时,总是不为表象所惑、不为风险所惧,不计个人得失、个人恩怨,实事求是地作出判断和选择。正如习近平总书记在纪念邓小平同志诞辰110周年座谈会上所讲的,实事求是是邓小平同志一生最鲜明的思想特点。我们必须坚始终坚持实事求是的思想路线,察民意、知实情、接地气,把中央和省委的要求与本地本部门实际结合起来,既着眼长远,又立足当前,创造性地开展工作。

创业要实,实在干事作风。就是要脚踏实地、真抓实干,敢于担当责任,勇于直面矛盾,善于解决问题,努力创造经得起实践、人民、历史检验的实绩。古人讲,"事如芳草春长在,人似浮云影不留",只有留下事业才会如芳草常在,任何虚名都是过眼烟云。党员干部作为党和人民事业的骨干,在其位就要谋其政、尽其责,就要想干事、能干事、干成事。邓小平同志在"文革"结束后再度出来工作时讲:"我出来工作,可以有两种态度,一个是做官,一个是做点工作。我想,谁叫你当共产党人呢?既然当了,就不能够做官,不能够有私心杂念,不能够有别的选择。"党的十八大以来,习近平总书记也反复强调,空谈误国、实干兴邦,一分部署、九分落实。我们要发扬敢于担当的精神,拿出"为官避事平生耻"的骨气,拿出"功成不必在我"的境界,敢作敢为,善作善成,围绕一个宏伟目标,坚持一张蓝图绘到底,在实干中破解难题,在实干中抢抓机遇,在实干中增进群众福祉。

做人要实,实在道德品行。就是要对党、对组织、对人民、对同志忠诚老实,做老实人、说老实话、干老实事,襟怀坦白,公道正派。孔子说"民无信不立",民间也流传两句话,"先做人、后做事","先做人,后做官"。做人不靠谱,没人愿意和你打交道,可能什么都做不成。习近平总书记多次强调,党员领导干部要"老老实实做人,踏踏实实干事,清清白白做官"。我们党员干部要做到言行一致、表里如一,对组织忠诚老实、对同志诚恳实在、对工作负责扎实、对人民真情实意,心中有党不忘恩、心中有民不忘本、心中有责不懈怠、心中有戒不妄为。

(三)准确把握"三严三实"的逻辑关系。"三严三实"不是彼此孤立的,而是一个相互联系、相辅相成、不可分割的有机整体,体现了世界观和方法论的有机统一,体现了内在自律和外在约束的有机统一,体现了做人和做事的有机统一。省委王儒林书记在专题党课中概括了"四个第一次",总结得非常到位、非常深刻。"三严三实"在我们党管党治党的历史上具有鲜明的时代特征,第一次把"严"和"实"作为一个整体来强调,标志着我们党对从严治党规律的认识和把握达到了一个新的水平;第一次从修身做人、为官用权、干事创业各个层面提出"严和实"的具体要求,实现了我们党在"严"和"实"方面优良传统的具体化、系统化;第一次把"修身、做人"这种传统的文化元素与"干事、创业"这种鲜明的时代特征紧密联系起来,增强了"严"和"实"的感染力和亲和力、针对性;第一次把"严"和"实"的实践要求聚焦于领导干部这个"关键少数",便于我们更好地学习践行。我们要按照省委王儒林书记的要求,全面而不是片面地、联系而不是孤立地理解和把握"三严三实"的丰富内涵和重大意义,切实把"三严三实"的要求贯彻到做人做事做官的方方面面。

三、对照"三严三实"查找存在的突出问题

我市党员干部队伍的主流是好的,特别是通过开展群众路线教育实践活动和学习讨论落实活动，全市党员干部队伍思想政治素质明显提升，党风政风不断好转。但对照“三严三实”要求，一些党员干部特别是领导干部还存在不少问题。主要表现为以下“六个不”的问题：

（一）不忠诚的问题。有的党员干部在一些重大政治问题上不够明辨是非，贯彻执行中央和省委、市委的决策部署不够有力；有的阳奉阴违、自行其是，该请示不请示，该报告不报告，组织纪律性差；有的对上级要求，合意的就执行，不合意的就偷工减料，存在有禁不止、有令不行的现象；有的政治纪律意识不强，会上不说，会下乱说，甚至口无遮拦、说三道四；一些党组织对党员干部缺乏有效的监管，不抓经常性政治纪律教育，致使党员干部纪律意识淡化。一些领导干部对社会上的不良现象不是没有感觉，而是事不关己高高挂起，睁一只眼闭一只眼，揣着明白装糊涂。对一些有违反政治纪律的干部打预防针不及时，该扯袖子的没有扯，该敲警钟的没有敲，没有让干部形成政治纪律高压线碰不得的敬畏意识。

（二）不正派的问题。有的贯彻民主集中制不力，拍脑袋决策，搞“一言堂”；有的不讲组织原则，搞“小圈子”、团团伙伙，甚至成了“地头蛇”“坐地户”；有的大局意识不强，把管辖的地方、部门作为“一亩三分地”，把分管领域当成“私人领地”；有的热衷搞同乡会、同学会、战友会，无原则地讲哥们义气；有的党员干部对党纲党纪缺乏敬畏，把制度规矩置之脑后，没有做到懂规矩、守纪律、听招呼，甚至顶风违纪，不收敛、不收手。

（三）不作为的问题。有的党员干部在其位不谋其政，只想揽权不想担责，只想出彩不想出力，有风险的不敢干，有难度的不愿干，没有先例的不肯干；有的不担当，宁愿少干事、不干事，保证不出事；有的当老好人，信奉“多栽花少栽刺”，搞无原则的一团和气；有的遇到矛盾绕道走，不敢迎难而上，甚至将矛盾上交；有的精神状态不好，抓工作敷衍了事；一些部门本位主义严重，遇事从部门利益出发考虑问题，缺乏大局观念，存在“政府权力部门化、部门权力个人化”的现象。比如，现在为官不易、为官不为的思想在党员干部中确实有一定市场，在高压态势下，礼不敢收了，酒不敢喝了，工作热情也没了，安于现状，看摊子、守位子，担心踩红线，不担事，不干事，把“不出事”作为最大原则。实际上，这是一种理想信念的“软骨症”和高压从严的“焦虑症”。

（四）不诚实的问题。有的党员干部对组织不坦诚，在个人重大事项报告中藏着掖着，甚至在干部档案上造假欺骗；有的谋人不谋事，热衷于找门路、打招呼、拉关系，跑官要官、投机钻营；有的表里不一，当面一套、背后一套，说一套、做一套，甚至弄虚作假、欺骗组织。

（五）不落实的问题。有的党员干部对中央和省委、市委新部署、新要求、新精神不传达、不学习、不思考，思想老化、工作老套；有的习惯于以会议落实会议，以文件落实文件，讲过了就算做过了，不解决实际问题；有的执行上级决策部署大打折扣，层层递减，到基层就没有声音了；有的脱离实际，急功近利，重显绩不重潜绩，甚至蛮干胡干；有的办事拖拉，碰到难抓难管的就上推下卸；有的“唱功”好、“做功”差，讲成绩“水分”多，实际工作没有多少进展。比如，中央和省委一再要求落实好党风廉政建设主体责任，市委也提出了具体要求，但时至今日仍有一些党委和“一把手”重视不到位、措施不到位，去年我们就对主体责任落实不到的13个“一把手”进行了严肃追责。在执行中央“八项规定”精神上也一定程度地存在严格不起来、落实不下去的问题。

（六）不廉洁的问题。有的特权思想严重，自视高人一等，工作生活追求特殊化；有的用公权公款追名逐利，谋取私利；有的违反人事组织纪律，安排亲属就业、职位调动和职务升迁，产生较大负面影响；有的利用职务之便，插手土地出让和工程项目，以各种形式搞利益输送；有的党员干部权力观扭曲，特别是重点领域、民生领域、关键环节的一些公职人员“公权私用”，“靠山吃山，靠水吃水”，大搞“近水楼台先得月”。

上述这些不良现象和问题在我市干部队伍中虽然是少数，但影响和危害极大，一是严重影响了党的形象，二是严重贻误了事业发展，三是严重损害了从政环境，任由这些问题蔓延，“四风”势必反弹回潮，必将削弱群众对党的信心和威望。各级领导干部一定要高度警醒，反躬自省，引以为戒，认真检查和审视自身存在的问题，切实解决好“不严不实”的问题。

四、努力争作践行“三严三实”的表率

践行“三严三实”，关键在领导带头。各级领导干部要聚焦对党忠诚、个人干净、敢于担当,坚持问题导向,找准"严"和"实"的着力点,努力当好忠诚、干净、担当的表率,真正把"三严三实"内化于心、外化于行。

(一)要作对党忠诚的表率。对党忠诚,是共产党人的灵魂和基础,是党员领导干部最基本的政治品格。各级党员领导干部要始终牢记入党时立下的誓言,始终牢记自己的"第一身份"是共产党员,"第一职责"是为党工作,自觉树立起以身报党、以身报国的高尚情怀。不管走多远,都不能忘了共产党人为什么而出发;不管遇到什么困难,都不能丢掉共产党人的灵魂。要自觉加强党性修养,增强政治定力,铸牢理想信念这个"主心骨",深入学习贯彻习近平总书记系列重要讲话精神,学习党章,学习党史国史,切实增强道路自信、理论自信、制度自信,自觉在思想上政治上行动上同党中央和省委保持高度一致,确保中央和省委各项决策部署在临汾不折不扣落实。

(二)要作遵规守纪的表率。守纪律、讲规矩是党员干部从政干事的底线。各级领导干部要切实增强党章党规意识,带头学习贯彻中央有关守纪律、讲规矩的精神和各项规定,身体力行,模范遵守,为全市党员干部作出榜样。要坚决遵守党章党纪,把纪律和规矩挺在法律前面,挺在党风廉政建设和反腐败斗争前沿,自觉执行党的优良传统和工作惯例,时刻做到心中有戒,自觉用党纪党规约束自己的言行。要坚决贯彻执行民主集中制,开展积极健康的思想斗争,大事讲原则、小事讲风格,进一步形成和谐融洽的工作关系和同志关系。

(三)要作敢于担当的表率。领导干部有职就有责,有责就要担当。有多大担当才能干多大事业,尽多大责任才会有多大成就。只要我们在岗位上,就必须做到守土有责、守土尽责,遇到事情就要担责、负责,出了问题还要追责、问责。各级领导干部要把担当作为一种觉悟、一种品格、一种责任、一种习惯,面对大是大非敢于亮剑,面对矛盾敢于迎难而上,面对危机敢于挺身而出,面对失误敢于承担责任。要以勇往直前的闯劲、水滴石穿的韧劲、抓铁有痕的狠劲,立足本职岗位干出实实在在的业绩,切实把市委、市政府各项部署落实到位。要增强责任意识、担当意识,对那些为官不为、为官不勤、为官不廉的现象,对那些工作飘浮、弄虚作假、胡乱作为的问题,敢于批评、敢于碰硬,鼓励党员干部多干事、多作为,不断开拓事业发展新局面。

(四)要作勤政务实的表率。领导干部身份是公职、公仆,职责是公务、公干。对职责范围的工作不认真负责,就不是一个称职的领导干部。各级领导干部要大力弘扬求真务实、真抓实干之风,脚踏实地推进改革发展,扎扎实实为人民造福。要树立正确的政绩观,怀着"功成不必在我"的境界,虚心听取群众意见,集中群众智慧,总结实践经验,真正把那些打基础、利长远的事情做实做好。要着力狠抓工作落实,多到基层、实践和群众中去,靠实干开创新的局面,靠实干凝聚广大群众。

(五)要作清正廉洁的表率。各级领导干部对手中的权力,要有战战兢兢、如临深渊、如履薄冰的谨慎,保持心有所畏、言有所戒、行有所止的约束。要把清正廉洁作为从政的生命线,正确处理好廉政与勤政的关系,既要干事也要干净。这方面,主要的是做到两点:一要守纪律、讲规矩,遵守党纪国法;二要牢记总书记"当官发财是两条道"的教导。鱼和熊掌不可兼得。当官就不要想着发财,发财就不要想着当官。不能经商发财了,还要去掺合官场上的事;当官还要想着如何发财,想着坐宝马奔驰、住别墅洋房。商归商、官归官,永远没有交叉点,这就是底线。要自己管得住自己,常思"严"之益,常念"纵"之害,防止"自己扳倒自己"。要自觉接受各方面的监督,习惯于在被监督的环境下工作和生活,经常检查自己的言行。要带头弘扬社会主义核心价值观,带头弘扬中华优秀传统美德,带头恪守社会公德、职业道德、家庭美德和个人品德,积极弘扬社会正气。

五、把"三严三实"贯穿到各项工作中去

坚持党要管党、从严治党,最终的目的是推动经济社会发展,推动党的事业发展。当前和今后一个时期,党和国家的工作大局就是落实好"四个全面"战略布局。我们要以"三严三实"的优良作风,把开展专题教育与推动"四个全面"紧密结合起来,心无旁骛谋发展、聚精会神抓党建,努力把临汾改革发展的各项工作推向新的高度。

(一)要以严和实的要求推进全面小康建设。实现全面建成小康社会的目标,必须抓好发展这个第一要务。特别是在经济新常态的大背景下,实现有质量、有效益、可持续发展,关键要在严和实上下功夫。“严”就是要全面贯彻中央方针政策，科学把握速度变化、结构优化、动力转换的新特点，把发展着力点转到提高质量和效益上来。“实”就是要从实际出发，谋划事业和工作，使措施、计划、方案符合实际情况、符合客观规律、符合科学精神。要牢牢抓住经济建设不动摇，把转方式调结构放到更加重要位置，实现经济平稳较快增长。目前我市经济发展中出现了很多新情况新问题，制约经济平稳发展的因素还比较多，经济下行压力仍然较大。我们要正确把握和及时分析经济形势，坚持稳增长、保民生、调结构的综合平衡，积极对接国家、省有关经济工作的政策，确保全市经济平稳健康发展。要全力做好煤与非煤两篇文章，抓好科技创新、民营经济和金融振兴“三个突破”，推动“百里汾河生态经济带”建设，全力推进“六大发展”，不断提升全市经济发展的质量和效益，努力走出长期以来“一煤独大”的资源型经济困局。

（二）要以严和实的精神推进全面深化改革。当前，全面深化改革面对的都是难啃的硬骨头，既要有勇于攻坚的精气神，又要有善谋善成的方法论。“三严三实”从思想和实践层面，对党员干部的精神状态、谋事理念、工作方法等作出了系统精辟概括，为全面深化改革提供了强大思想武器。如果不严不实，顶层设计的改革事项就难以落地，全面深化改革也就不会取得好的效果。要立足于严、着眼于实，坚持问题导向，坚定改革勇气，激发改革动力，释放改革红利。要突出关键环节和重点领域，坚持以转型综改试验区为统揽，加快实施“5111”行动计划，推进11大项44条改革创新举措。要按照中央和省委的要求，协调推进行政审批制度改革、财税体制改革、投融资体制机制改革、农村综合改革等事项，努力使各项改革措施开花结果、落地生根，让人民群众有更多获得感，

（三）要以严和实的准则推进全面依法治市。“严”字蕴涵的是捍卫法治权威、坚定厉行法治的纲纪要求，“实”字蕴涵的是养成法治习惯、做到遵法守法的行为自觉。这就要求我们必须坚持严字当头、实字托底，统筹推进严格执法、公正司法、全民守法。要把全民普法作为长期基础性工作，深入开展法治宣传教育，引导群众自觉守法、遇事找法、解决问题靠法。要自觉学法用法，带头增强法治观念、法治意识、法治责任，坚持有法必依、执法必严、违法必究。要更加注重用法治方式管住权力之手，结合“六权治本”工作，进一步明晰责任清单、权力清单和负面清单，切实做到法无授权不可为、法定职责必须为。前不久，中央颁布了《领导干部干预司法活动、插手具体案件处理的记录、通报和责任追究规定》，新的《行政诉讼法》也于5月1日正式实施，各级领导干部一定要带头执行，推动形成办事依法、遇事找法、解决问题用法、化解矛盾靠法的良好法治环境。

（四）要以严和实的作风推进全面从严治党。“三严三实”为新形势下党员干部修身做人、为官用权、干事创业立下了规矩，赋予了从严治党、从严治吏新的内涵。王儒林书记在专题党课中，结合山西实际，提出要突出把党的纪律和规矩挺在前面，筑牢法律和党纪“两道防线”，坚持做到总书记提出的“五个必须”，坚决做到严格遵守、严格考察、严格约束、严格追究、严格落实“五个严格”，切实发挥领导干部的带头作用、党支部的战斗堡垒作用、思想教育的引导作用“三个作用”，坚决把“三严三实”的要求贯穿到从严管党治党的全过程。我们要深入学习王儒林书记的讲话精神，坚定不移地把从严管党治党的各项要求落实到位、贯彻到底。要强化管党治党意识，把抓好党建作为最大的政绩，认真落实管党治党“两个责任”，切实把从严治党的要求贯彻落实到党的建设各项工作中。要进一步把思想和行动统一到中央对山西工作的新的指示要求上来，统一到省委、市委对反腐败斗争形势的分析判断上来，坚持有贪必肃、有腐必反，始终保持惩治腐败的高压态势，推进党风廉政建设和反腐败斗争不断取得新的成效。特别是要认真抓好巡视反馈整改工作，切实解决省委巡视组指出的资源配置、土地出让、工程建设、房地产开发等问题，对巡视反馈和工作中掌握的问题线索，要尽快查清、查明、查彻底，依法依纪进行处理，力争查处一批大案要案，公开曝光，震慑腐败分子，教育干部群众。要始终绷紧作风建设这根弦，不断巩固拓展教育实践活动和学习讨论落实活动成果，深入持久反对“四风”，坚持不懈把作风建设抓紧抓好。要做到从严治吏，扎实推进“三个一批”工作，切实把“三严三实”作为选拔任用干部的重要标准，加强对干部的日常监督管理，努力打造一支“三严三实”的干部队伍。要把守纪律讲规矩放在更加突出的位置，经常拿纪律规矩

这把尺子量一量自己的言行，拿纪律规矩这把扫帚扫一扫身上的灰尘，坚决做到“五个必须”，切实反对“七个有之”，让纪律规矩入脑入心，成为内心坚守和行为自觉。要开展积极健康的思想斗争，坚持讲原则、讲认真、讲实效，拿起批评和自我批评的武器，形成严肃认真的党内政治生活环境。要夯实基层基础，切实把落实党风廉政建设“两个责任”、“三个一批”、“三个高压态势”、“六权治本”等措施向基层延伸，层层传导压力，层层压实责任，在全市营造良好的政治生态，为实现弊革风清、促进富民强市提供坚强的政治保障、组织保障和作风保障。

六、以严实的作风抓好“三严三实”专题教育

中央和省委对开展“三严三实”专题教育提出了明确要求，市委即将专门下发文件进行安排部署。各级各部门和广大领导干部要把握教育主题，突出问题导向，贯彻从严要求，坚持以上率下，认真抓好专题教育，确保取得实实在在的成效。

(一)加强领导，精心组织。专题教育在市委常委会领导下进行，由市委组织部牵头组织实施，市纪委、市委宣传部等协同推进。组织部门要发挥好统筹协调的作用，对关键动作、时间节点、活动节奏要有总体把握，从一开始就要从严从实、步步衔接、环环相扣，确保全市“一盘棋”。各级各部门党委(党组)要全面负责本地区本单位的专题教育，主要领导要切实承担起第一责任人的责任。要加强分类指导，根据市县不同层级、机关企事业不同领域、党员干部不同层面的实际情况，安排教育内容、设计实践载体、把握进度节奏，防止上下一般粗、一刀切。要加强严督实导，把专题教育纳入党建工作述职评议考核的重要内容，及时了解掌握动态，督促指导教育开展，坚决防止形式主义。要加强宣传引导，挖掘和推出一批“忠诚干净担当”先进典型，营造浓厚的教育氛围。

(二)把握关键，狠抓落实。中央提出，这次专题教育要融入领导干部经常性学习教育，不分批次、不划阶段、不设环节，不是一次活动。市委明确提出专题教育的八项规定动作，各级各部门要高标准、严要求地把规定动作抓实在、抓到位。要讲好专题党课，各级党委(党组)主要领导以讲党课来启动专题教育，班子成员要在适当范围内举办专题党课，切实发挥领学带学促学的作用。要组织好专题学习研讨，精读细读规定书目，用好正反两方面教材，真正学深悟透“三严三实”。要开好专题民主生活会和组织生活会，做到查摆问题深入、谈心交心充分，做到见人见事见思想见精神。要深化“四风”整治，对照群众路线教育实践活动和学习讨论落实活动中查找的突出问题，列出问题清单，一项一项整改到位。要切实抓好正风肃纪、立规执纪，制定有效管用的制度措施，强化制度措施的刚性执行，防止打折扣、搞变通。

(三)以上率下，示范引领。这次专题教育，由中央政治局带头开展，各级党委(党组)主要领导和班子成员都要亲自抓、作表率。市委常委和其他市级领导干部要带头开展专题教育，一级做给一级看、一级带着一级干，以上率下，上行下效，带动全市专题教育深入开展。各级领导干部都要以身作则、率先垂范，树标杆、立旗帜，有序推进专题教育。特别是各级“一把手”，要带头讲好党课，带头查找问题，带头开展批评和自我批评，带头抓好整改落实，带头立规执纪，确保专题教育扎实有效开展。

(四)统筹兼顾，注重实效。要把开展专题教育与学习贯彻习近平总书记系列重要讲话精神结合起来，与推动“四个全面”战略布局结合起来，省委“四句话”总体部署结合起来，与市委、市政府的中心工作结合起来，努力在深化“四风”整治、巩固拓展教育实践活动和学习讨论落实活动成果上有新进展，在加强基层组织建设、夯实基层基础上有新提高，在守纪律讲规矩、营造良好政治生态上有新成效，在深入实施“六权治本”、全面深化“六大发展”、推动全市经济社会发展上有新气象、新局面。

今天的专题党课就讲这么多。不妥之处，敬请同志们批评指正。

全省“三严三实”专题教育情况汇报会发言提纲

李新春

尊敬的盛部长、各位领导：

根据会议安排，我把临汾市“三严三实”专题教育进展情况作简要汇报：

一、进展情况

全省专题教育工作推进会后，我们按照省委部署和盛部长要求，贯彻从严方针，坚持问题导向，狠抓整改落实，推动全市专题教育扎实深入开展。

一是聚焦问题研讨。市委把查找和解决“不严不实”问题作为专题研讨的出发点和落脚点。要求各级领导干部对照革命先辈、模范先进查修身，对照党章、党纪查律己，对照法律、法规查用权，特别是针对王儒林书记指出的原市文物局局长常引根诬告贪腐案件，以“整治诬告歪风、强化担当作为”为主题，加开了一次专题研讨，切实营造良好的从政环境。为落实好省委巡视反馈意见，我们以“整治领导干部利用职权违规为子女亲属安排工作等问题”为主题，开展了一次警示教育，让广大干部受警醒、知敬畏、明底线。同时，组织力量抽审128家单位898份发言材料，提出反馈修改意见2539条，派人参加了86家单位的专题研讨，着力确保研讨质量。

二是查摆问题精准。为开好定于12月底集中召开的各级领导班子民主生活会，市委把找准问题、树好靶子作为前提基础，坚持深入群众听意见，每位常委率先垂范、以身作则，带头深入包联县，背靠背征求意见，面对面听取建议，共收集整理意见建议192条，其中建议性意见142条，批评性意见50条；坚持运用巡视成果找差距，对照中央和省委两轮巡视反馈意见，认真核查问题线索，查补制度漏洞；同时，各级领导干部在“三必谈”基础上，坚持突出重点、聚焦主责，广泛征求意见建议，着力找准不严不实问题。

三是压实责任整改。市委先后召开了全市“三个一批”工作推进会、落实“两个责任”做好巡视整改集体约谈会和市县书记“面对面”述评会，进一步明确任务、传导压力、压实责任。在市级媒体开设“书记访谈”专栏，公开接受群众监督，并集中组织开展暗访明察，通过隔过一级看一级，确保查找的问题整改到位。目前已整改完成17649个不严不实问题，完成率达91.03%。同时，市委采取8项措施，狠抓基层干部不作为乱作为专项整治，对全市排查出的3508个损害群众切身利益的问题，已整改完成2650个，对涉及104件不作为乱作为相关案件的121名基层干部给予党政纪处分。

四是制度跟进治本。市委坚持把制度建设贯穿专题教育始终，研究出台了“一个意见三个规定”，“一个意见”即《关于从严从实管理干部的意见》，为从严从实管理干部提供了重要遵循和方向指引。“三个规定”即《市管干部动议酝酿任免议事规则》、《市管干部任免工作规程》、《市管干部推荐考察工作细则》，为规范干部选拔任用提供了制度保证。7月份以来，市委加大干部选任力度，连续4批调整配备干部184名，进一步优化了干部队伍结构，激发了干事创业活力。

二、存在问题

一是思想认识还不到位，有的地方和少数领导干部对专题教育有懈怠情绪，积极性不高、主动性不强，甚至有厌倦麻痹心理，导致工作推进缓慢、收效不明显。二是查改问题还不够实，有的单位查摆问题避重就轻，没有触及深层次问题、实质性矛盾；有的整改目标不明，力度不大，成效不显。三是统筹结合还不紧密，有的以工作任务繁重、经济下行压力大为借口，对专题教育投入精力不足，在以严实作风适应新常态、开创新局面上思路不宽、措施不多、落实不力。

三、下步打算

一是认真开好“两个会”，按照中央和省委的要求，坚持以身作则、示范带动，从严从实开好市委常委民主生活会和组织生活会。二是从严落实“三清单”，认真建立问题、整改和责任清单，确保推动真改实改，以实际行动忠诚于党、取信于民。三是组织开展“回头看”，逐项对表，挨个盘账，真正把准问题，找到差距，补好功课。四是扎紧制度“铁笼子”，认真总结专题教育实践成果，通过制度巩固完善，确保从严从实长践长效。五是提振干部“精气神”，扎实做好明年集中换届各项准备工作，努力通过换届换出好干部、换出好风气、换出好状态，着力形成实现弊革风清、促进富民强省的强大合力。

在全市“三个一批”工作推进会上的讲 话 提 纲

（2015年11月）

罗 清 宇

同志们：

刚才，李新春同志传达了全省“三个一批”工作推进会精神，大家要认真学习领会，抓好贯彻落实。全市试点单位曲沃县和市发改委的负责同志作了很好的交流发言，他们的经验做法值得学习借鉴。下面，我就推进“三个一批”工作，讲几点意见。

一、总结前段工作,进一步增强做好“三个一批”工作的坚定信心

市委启动实施“三个一批”工作以来,全市各级党委(党组)认真贯彻落实市委部署要求,稳步推进“三个一批”工作,取得了一定成效。

一是领导重视,组织有力。市委把“三个一批”工作作为重要政治任务紧紧抓在手上,多次在全市大会上对推进此项工作提出明确要求。市委常委会多次听取汇报,研究推进此项工作。各位市委常委和市级领导干部亲自指导包联县(市、区)和分管领域工作,确保了“三个一批”工作扎实有力推进。各级党委(党组)自觉履行主体责任,各级“一把手”切实履行第一责任人职责,认真研究、督查指导推进此项工作。市县两级干部监督工作联席会议成员单位分工负责、密切配合、协同工作,建立了工作进展情况定期报送制度,形成了工作合力。

二是方案可行,措施得力。市委贯彻省委有关精神,结合全市干部队伍实际,在前期调研和召开座谈会的基础上,多次召开常委会专题研究后制定印发了《关于做好市管领导干部“三个一批”工作的实施意见》,为各地各单位开展“三个一批”提供了行动指南。

同时,制定出台了《市管干部动议酝酿任免议事规则(试行)》《市管干部推荐考察工作细则》《市管干部任免工作规程(试行)》等多个文件,为有效防止干部“带病提拔”提供了有力的制度保障。各县(市、区)和市直单位也结合各自实际,制定了实施方案,细化工作措施,创新工作方法,推进“三个一批”工作有序开展。

三是市县联动,整体推进。市委组织部先后召开推进“三个一批”专项工作会、进展情况汇报会、干部监督工作联席扩大会进行动员部署、任务分解、靠实责任、推进落实。定期下发工作通知,提出明确工作要求,及时编印工作通报,推广试点单位经验,形成了市县联动、整体推进的良好态势。特别是在市级层面,着眼于明年换届,坚持重点甄别,已重点对县(市、区)党政班子和市直部门重要岗位的682名干部,进行了重点甄别;坚持常态甄别,在选拔中甄别,在甄别中选拔,结合市政府机构改革,调整配备干部148人,对不认真履职、档案年龄严重涂改、民主推荐差的9名干部取消考察资格;坚持源头甄别,将个人有关事项申报范围拓展到全市3000多名在职正科级实职干部,市委组织部已委托有关部门对其中1521人进行重点抽查核实。

四是试点先行,经验可循。市委将曲沃县和市发改委作为试点。市委组织部对试点单位进行督促指导,帮助试点单位消除思想顾虑,化解畏难情绪,解决存在问题。曲沃县采取“四级联审查档案、拓宽视野查民意、严格考核查业绩、部门联动查线索、依纪依法查案件、从严从实查个人事项报告”的办法,对干部进行甄别,为优者上、平者让、庸者下和惩治违纪违法者提供重要依据。市发改委把资金分配、行政审批领域的干部和科级领导干部等四种干部作为甄别的重点,采取“十个一”的方法推进实施,取得了初步成效。他们的经验做法,为全市“三个一批”工作的整体推进提供了有效借鉴。各县(市、区)也都确定了一个乡镇和一个县直单位作为试点,开展了“六查”工作,为“三个一批”工作深入推进奠定良好基础。

五是突出“六查”,成效初显。坚持从“六查”入手做好甄别工作。截至目前,全市共审查干部档案8578份,查出有问题档案398份,处理有关人员34名;抽查核实个人有关事项报告3214份,重点了解是否如实申报,是否存在故意隐瞒情况。各地各单位采取多种方式查民意、查业绩,在市级层面,市委领导亲自带队,深入各县(市、区)和部分市直单位与580余名县级干部开展了谈心谈话,了解民意和工作等情况,对领导班子和领导干部进行综合分析评价,为明年换届打基础。同时,结合县级干部选任工作,深入167名干部所在单位和群众中,充分了解民意,通过“五看”对业绩进行全面考察评价,为做好选任工作奠定了基础。查线索、查案件方面,市县两级对纪检监察机关、巡视机构、信访部门等掌握的领导干部问题线索进行梳理,掌握情况,及时核实,严肃查处;重点对发生在领导机关和领导干部中的权钱交易、以权谋私、贪污贿赂、腐化堕落等问题依法依纪依规进行了调查处理。

截止目前,市县两级共甄别处理不廉洁、乱作为干部258人;调整退出不作为、不胜任干部189人;掌握敢担当、善作为干部867人,其中,已选拔任用259人;并对82名经“六查”甄别核实后存在问题的干部暂缓提拔任用。通过开展“三个一批”,把一些有问题的干部坚决挡在门外,把一些不作为、不胜任的干部坚决予以调整,把一批好干部选出来用起来，尽最大努力遏制了干部“带病提拔”，营造了从严管理干部、激励干事创业的良好氛围。同时，我们的工作也得到了省委和盛茂林部长的肯定。我们要坚定必胜信心，鼓足百般干劲，坚决打赢这场刷新吏治的攻坚战和持久战。

二、正视存在问题，进一步增强做好“三个一批”工作的紧迫意识

全市“三个一批”工作总体进展顺利，取得了初步成效。但我们也要清醒地看到，盛茂林部长在全省“三个一批”工作推进会上指出的四个方面问题，在我市都不同程度地存在。特别是以“严”的标准和“实”的要求来衡量，全市“三个一批”工作还存在以下问题：

一是思想认识还不够到位。有的单位和干部没有站在全面从严治党、坚决刷新吏治、净化政治生态的高度来认识“三个一批”工作，没有从严守政治纪律、政治规矩的高度去深刻领会，没有从激发和调动各级干部干事创业积极性的高度去推进落实，仅仅把“三个一批”当作一项阶段性任务，抱着“适可而止”的态度，虚晃一枪、点到为止；有的管党治党主体责任不落实，思想上存有顾虑，认为“三个一批”是新事、难事、敏感事，以前没搞过、没经验，等待观望兄弟单位的“动静”；有的求稳怕乱，不敢动真碰硬，不愿触及矛盾，对贯彻市委的决策部署不作为、慢作为，工作不推不动、推一推动一动，甚至推了也不动。

二是推进举措还不够严实。有的仍然以文件落实文件、以会议贯彻会议，组织领导作用虚化弱化，责任不落实，分工不明确，压实责任变为空话，没有形成一级抓一级、层层抓落实的工作格局，没有产生层层落实责任、层层传导压力的良好效果；有的部署工作、制定方案不从实际出发，机械地照搬照抄照转，“上下一般粗、左右一个样”，推进措施针对性、操作性差，造成措施水土不服，工作难以开展；有的缺乏督促指导，任其自然发展，干部监督工作联席会议成员单位作用发挥不够，没有形成推进“三个一批”的有效合力；有的整体谋划不够，工作没有重点，眉毛胡子一把抓，工作底数不清，基层情况不明，推进措施不力，工作效果不明显。

三是统筹结合还不够紧密。有的以当前经济下行压力大，改革发展任务重为借口，对开展“三个一批”工作思考研究不够，精力投入不足；有的眼界不够宽、不够远、不够深，对干部工作规律把握不深，缺乏长远规划，对明年换届工作缺乏统筹思考谋划，特别是对“三个一批”这个干部工作的基础性工程认识不清、定位不准，对干部的基本情况不掌握不了解，心中无数，手中无人；有的没有把“三个一批”工作与当前正在开展“三严三实”专题教育紧密结合起来，与贯彻落实中央推进干部能上能下《规定》结合起来，没有把“三个一批”工作作为整治为官不正、为官不为、为官乱为的有力手段，推而不进、抓而不严、落而不实。

四是开展“六查”还不够有力。查档案方面，有的简单套用“三龄两历一身份”专项清理成果，“存疑”档案仍然存疑，发现问题不作处理，登记签字没有痕迹；查个人事项报告方面，有的只是满足于填报了，没有认真抽查核实；查民意方面，有的仍然沿用过去的做法，缺乏新的有效手段；查业绩方面，有的只当“老好人”，不想得罪人，只看好的方面不看差的方面，有的只看一时表现不重一贯表现；查线索方面，有的职能部门之间缺乏沟通联系，各唱各的调，各吹各的号，工作进展不平衡；查案件方面，有的没有认识案件查核对于刷新吏治、弊革风清的重要意义，效率不高、办法不多、查处力度不大的问题仍不同程度的存在，甚至个别地方和单位存在好人主义，失之于宽，失之于软。

五是整体进展还不够平衡。全市“三个一批”整体工作存在上紧下松的问题，市本级好于县（市、区），试点单位好于非试点单位。特别是市直部门和企事业单位整体滞后。有的“一把手”甚至不知道有这些工作；有的领导班子至今没有专题研究过；有的党委（党组）至今也没有做出过安排部署；有的没有责任领导，没有成立机构，没有实施方案，没有具体措施；有的没有划定甄别对象，工作处于停滞状态；有的开展“六查”之后，仍然底数不清，搞了和没搞一样，没有过程性资料。

以上这些问题的存在，直接影响了全市“三个一批”工作的全面深入推进。特别是省委把“三个一批”工作作为今年重点督查的6项重点工作之一，12月份将深入各地开展专项督查。现在还有一个月的时间，各县（市、区）委书记、市直单位“一把手”要切实履行第一责任人职责，高度重视，强化责任担当，增强紧迫意识，深入查摆问题，认真剖析原因，采取有效措施，抓紧推进此项工作。

三、坚持从严从实，进一步增强做好“三个一批”工作的政治定力

开展“三个一批”工作，省委关注、社会关切、干部关心。各级党委(党组)要进一步增强政治定力，严格政策标准，把握工作规律，树立问题导向，以“严”和“实”的过硬作风，推动“三个一批”工作扎实深入开展。

*(一)提高思想认识，着力解决重视程度不高的问题。*认识是行动的先导，从严从实推进“三个一批”，首先要解决好认识上的问题。第一，开展“三个一批”，是坚决刷新吏治、净化政治生态的现实需要。山西发生系统性、塌方式严重腐败问题，最主要的是吏治腐败。要净化政治生态，就必须刷新吏治，匡正用人风气，端正用人导向。实施“三个一批”就是要拔除烂树、治疗病树、扶正歪树、种植新树、保护森林，教育引导各级领导干部做到“三严三实”，有效激励全市广大干部锐意进取、积极作为，重塑我市干部队伍对党忠诚、敢于担当、纪律严明、务实为民、敬业奉献、清正廉洁的新形象。第二，开展“三个一批”，是选好用好干部、完成明年换届的现实需要。通过实施“三个一批”全面准确地了解干部，做到心中有数、手中有人，是我们做好干部选任工作的重要基础。大家知道，现在我们提任干部的程序比较多，特别是通过开展“六查”，对干部进行甄别，需要比较长的时间。在干部岗位空缺比较多的情况下，不能等到干部选任的时候再开展“六查”，必须把工作做到前面，否则工作就会非常被动。特别是明年我们市县乡三级换届，将涉及大量的人事调整。这就要求我们必须把推进“三个一批”作为做好干部工作的重要基础，未雨绸缪早行动，统筹谋划早安排，把“六查”工作做实做细，做在前面，把重要岗位、后备干部的情况搞清楚，切实增强干部工作的主动性。第三，开展“三个一批”，是提振队伍信心、激励干事创业的现实需要。前不久，国家京津冀协同发展和环渤海地区协作发展战略规划，把我省纳入其中。我们临汾也列入晋陕豫“黄河金三角”国家战略、入围国家66个区域级流通节点城市，这都为我们临汾提供了难得的重大发展机遇。与之相对的是，在当前经济下行压力很大的形势下，我们有的领导干部为官不为、精神不振、士气低迷、不敢担当、不作为、慢作为、乱作为，已经影响到了事业发展。我们实施“三个一批”，就是要加大对不廉洁、乱作为干部的查处力度，加大对不作为、不胜任干部的调整力度，在选拔任用干部上树立正确的用人导向、考评导向，构建科学合理、有效管用的干部选拔任用机制，最大限度遏制干部“带病提拔”，同时把一批好干部选拔充实到急需的各级领导岗位上来。通过有效的惩戒措施、正确的用人导向、纯洁的选人风气，让广大干部看到希望，提振信心、振奋精神，引导和激励全市广大干部锐意进取，积极作为，进而建设一支对党忠诚、敢于担当、纪律严明、务实为民、敬业奉献、清正廉洁的干部队伍。

*(二)严格方法标准，着力解决推进措施不力的问题。*要抓住“甄别”这个关键。对“甄别”要有正确的认识和准确的把握，“甄别”是一个中性词，是对干部进行鉴别和区分的常用方式，是做好“三个一批”工作的核心、基础和关键，是严把选人用人的重要方法和手段。甄别不是单纯为了处理干部，而是重在为优者上、平者让、庸者下和惩治违纪违法者提供重要依据，进一步激发和调动干部干事创业的积极性、主动性、创造性和遵纪守法的自觉性，形成以严的纪律约束干部、好的机制激励干部的新常态。实施“三个一批”不是搞人人过关，也不是搞群众运动。一定要严格按照省、市委文件要求，把握关键，突出重点，特别是要把十八大以后还不收敛不收手的，问题反映线索集中的、群众反映强烈的，目前查办案件中需要依法依纪依规处理的，省委巡视组提供的涉及违纪违法的和拟提拔重用的干部甄别出来。要突出“六查”这个重点。“六查”是实施“三个一批”工作的重要内容，也是甄别干部的重要手段，要抓住抓好“六查”做好甄别工作，严格执行“查档案”“查个人有关事项报告”的有关规定，积极探索“查业绩”“查民意”的有效途径，努力形成“查线索”“查案件”的监督合力。在重点抓好“六查”的同时，还要深入学习省委组织部《关于实行干部任前档案审核制度的意见》《省管干部征求意见、查核个人有关事项报告等工作操作规程》《关于选拔任用省管干部征求有关部门意见的规定》等文件精神，并结合实际制定我们的有关具体规定，以此保证“三个一批”工作更加有序、更加科学、更加有效。要把好三个关口。严把“出口关”，对不廉洁、乱作为干部要依法依纪依规严肃处理，对不作为、不胜任干部要及时调整，合理退出；严把“入口关”，严格执行好干部标准，严格把握任职条件，切实把

好推荐提名关、廉政政审关、确定人选关、组织考察关、讨论决定关、任前公示关；严把“分寸关”，要掌握政策界限，注意“六个区别对待”，把实事求是和宽严相济结合起来，做到既对党的事业负责，又对干部负责。

（三）注重结果运用，着力解决干部能上不能下的问题。各级党委（党组）要在认真细致开展“六查”的基础上，认真分析，综合研判，研究确定甄别处理、调整退出、发现掌握一批干部的名单，该处理的处理，该退出的退出，该使用的使用，确保“三个一批”工作成果得到充分运用。要以落实中央《推进领导干部能上能下若干规定（试行）》为契机，深入推进实施“三个一批”，特别是在“退出一批”、解决干部能下方面多下工夫，从组织措施上有效整治为官不为问题，促使全市干部认真践行“三严三实”要求，激发干部队伍整体活力。一要掌握政策规定。要把学习《规定》和省、市委《关于推进“三个一批”工作实施意见》纳入党委（党组）中心组学习的内容，纳入党政领导干部教育培训主体班次，纳入组工干部学习培训的必学内容，结合学习贯彻《干部任用条例》，深刻领会文件的精神实质、主要内容、基本要求，切实增强贯彻落实《规定》的自觉性和坚定性。二要细化具体情形。各级党委（党组）及其组织人事部门要坚持从实际出发，结合干部考核工作，细化不适宜担任现职的具体情形，完善具体程序、方式和措施。要在实践中解决好什么情形要下、怎么下、下到哪等问题，认真负责地提出调整退出的意见建议，使干部的现实表现与适用情形相对应，调整结果与其现实表现相适应，经得起检验和推敲，让干部服气，群众认可。三要发挥威慑作用。要重点把那些没有大过、没有严重违法违纪行为，但在其位不谋其政、能力素质不适应的干部调整下来。要抓一些负面典型，对那些抱着“只要不出事，宁愿不做事”的为官不为者形成威慑，对那些“不求过得硬、只求过得去”的敷衍了事者敲响警钟，真正让身边的干部受到警示、受到教育。同时要防止定指标、压任务，搞扩大化，特别是要坚决防止和纠正有人借机打击报复等错误行为。

（四）强化责任担当，着力解决统筹结合不好的问题。一要加强领导，压实责任。各级党委（党组）特别是各级一把手要切实肩负起推进“三个一批”的主体责任，以高度的政治敏感性和坚决的政治态度，充分发挥总揽全局、协调各方的领导核心作用，按照干部管理权限，督促指导下级党组织开展好工作，把责任压紧压实，把压力传导到底。组织人事部门要强化牵头抓总意识，积极协调各方共同开展工作。要挺在前面抓落实，敢于出招、不怕得罪人。各县（市、区）要定期召开干部监督工作联席会议，成员单位要切实增强协同配合意识，及时向组织部门反馈相关情况，形成推进“三个一批”工作合力。二要统筹推进，严肃纪律。各级党委（党组）要充分借鉴试点单位的工作经验和做法，把“三个一批”工作与正在开展的“三严三实”专题教育紧密结合起来，与贯彻落实中央推进干部能上能下《规定》紧密结合起来，与即将启动的市县乡三级换届工作紧密结合起来，采取过硬措施，推进深入开展。要深刻汲取四川南充、湖南衡阳“两案”教训，时刻把纪律和规矩挺在前面，决不允许有令不行、有禁不止，决不允许不听招呼、我行我素。三要强化督查，严格把关。各县（市、区）委，特别是目前推进相对较慢的市直各党委（党组）要落实工作责任，严密组织实施，抓好工作推进。要坚持问题导向，对照省、市委的部署要求，深入查摆问题，认真组织开展“回头看”，确保有责任领导、有机构、有工作方案、有问题台账、有过程性资料，有成果成效，切实做好迎接12月省委专项督查的准备工作。11月上旬市里已下发了《督查通知》，11月中下旬，市委将抽调人员组成督查组，深入各县（市、区）、市直各单位进行督促检查，全面掌握各地各单位的进展情况，对推进“三个一批”工作领导不重视、进展滞后缓慢的单位进行通报批评，对党委（党组）履行管党治党主体责任不力的进行约谈，情节严重的实行问责处理。

同志们，“三个一批”工作政治性、政策性很强，是事关全局的重大任务。“三个一批”工作量大、任务很重，是对我们工作的一次重大考验。希望大家以对党负责、对组织负责、对干部负责、对人民负责的态度，扎扎实实把这项工作抓实抓好、抓出成效，为实现弊革风清、促进富民强市作出新的更大贡献。

临汾民航机场建设

【机场简介】

临汾民航机场的前身为乔李机场。20世纪50年代末,晋南专署申请修建乔李机场,获得批准,1960年11月开工修建,1961年1月1日通航,往来于运城、太原、长治等地,进行客货运输和空投邮件。1965年秋,由于当时经济形势等多方面原因停飞,只承担部分县的农业飞行任务和战备需要。1978年11月,中国民用航空北京管理局要求将原乔李机场净空按三级机场予以保护,以保证机场将来随时恢复使用。随着临汾经济社会发展,市委、市政府审时度势,于2008年9月成立临汾民航机场筹建处工作领导组,下设民航机场筹建处,负责机场筹建和运作。同月,市政府提出利用原乔李机场进行复航改造。2010年7月9日,国家发改委正式批复临汾机场复航改造工程立项,于2013年5月正式开工建设,历经5任书记、4任市长、3任常务副市长,经历8年,于2016年1月25日正式通航。

项目建设。民航机场的审批部门从县(市、区)到省级,从省级到国家部委,每一个手续都需要经手多个部门、反复多次,每一个阶段都需要从零开始、循环往复。项目启动以来,市领导罗清宇、岳普煜带队跑省城进北京,常务副市长赵建民多次深入工地现场办公,协调相关建设事宜,解决工程建设中的困难和问题。临汾民航机场筹建处带领全体员工采取“盯管跟”(盯住、管住、跟住),上太原、跑北京,与各部门反复沟通协调做工作,从机场选址到征地拆迁、从预可研编制到立项批复、从地面手续到空中手续、从开工到通航,办理审批手续400余项,盖公章2000余个,为项目建设提供保障。

机场全面开工建设后,面对资金紧缺、工期紧张等压力,筹建处边完善手续边抢抓施工,争时间、抢速度,开展大会战、大决战,做到每年一跨步,三年三台阶。2015年,临汾民航机场建设进入攻坚期,筹建处领导班子带头抓部署,坚守一线靠前指挥;各部门不等不靠,克难攻坚,倒排计划,逐一细化抓落实,连续打赢“八场”硬仗,完成工程竣工验收、校飞、试飞、行业验收、机场使用许可审定、首航保障、广州航线开通一等工作。

工程质量。民航机场是省重点工程、临汾重点门户工程,更是临汾的第一张标志性名片。从工程建设伊始,建设者坚持高起点、高标准、高质量,从大处着笔、细节入手,坚持“一步到位,节约投资”原则,按目标年2025年旅客吞吐量187万人次、货运量6200吨进行规划建设,将航站楼面积改扩建至26000平方米,相当于同期吕梁机场、五台山机场的两倍。在工程质量方面,筹建处严格执行民航基本建设程序,坚决落实项目法人责任制、招投标制、质量监理制和合同管理制等,建立健全认质认价管理体系,实施过程精品和细节精品战略,在省重点办全程监督,与检察院联合成立预防职务犯罪领导组,聘请专业法律顾问全程参与,做到各项程序公开透明、公平公正、阳光作业。航站楼、综合业务用房工程取得优质结构工程证书,申报“汾水杯”质量奖和鲁班奖。

运营筹备。按照市委、市政府“早建设、早试飞、早日投入使用”的要求,筹建处坚持建设运营两手抓,提前筹划自主运营,对国内多家支线机场运营体制进行调研考察和对比,征得市委、市政府同意,由临汾民航机场公司自主运营,是山西省内唯一独立自主运营的机场。加大航线开拓力度,就开辟精品航线与多家航空公司进行磋商,开通上海、广州、天津、重庆、海口、呼和浩特、银川等多条航线,成为山西支线民航航线开辟速度最快、效率最高的机场。推动临空产业合作,与国内第一家研发飞机拆解的北京通航华苏美航材科技开发有限公司达成合作意向,决定打造飞机博物馆,建成后,将成为全省、乃至全国首家飞机拆解基地,可解决人口就业,为临汾带来1至2亿元的财政税收,带动航空产业发展,激发地方经济潜力。

【机场建设大事记】

2007年

11月 成立临汾军地两用机场筹备领导组。

2008年

7月至8月 山西省发改委分别向国家民航

总局、华北地区管理局申请将临汾机场纳入全国民用机场布局规划及民航“十一五”机场建设规划。

8月 华北民航局向国家民航总局建议将临汾机场纳入全国民用机场布局规划及民航“十一五”机场建设规划。

9月 成立临汾民航机场筹建处工作领导组，下设民航机场筹建处，负责机场筹建和运作。同月，临汾市政府提出利用原乔李机场进行复航改造。

10月22日 国家民航局、民航华北局到临汾乔李机场旧址进行实地考察。

11月18日 时任副省长李小鹏专题听取专题汇报，同意临汾原乔李机场复航改造方案。

12月8日 中国民航机场建设集团公司华北分公司对原乔李机场进行现场踏勘，临汾市尧都区、洪洞县、规划、环保、水利、文物、地震、交通、国土、市政、供电、气象、无委会、联动公司等部门先后出具意见，同意临汾机场选址方案。

12月11日 临汾市人民政府与山西省民航管理局就乔李机场复航改造土地借用签订协议。

12月27日 李小鹏省长到临汾乔李机场查看筹备情况。

2009年

1月 中国民航机场建设集团公司华北分公司对临汾机场复航改造工程预可研报告进行编制。

2月 预可研报告编制完成，逐级呈报国家、省、市发改委，国家民航总局、华北地区管理局等部门。

2月20日 临汾民航机场复航改造工程列入省重点工程。

3月 各级军方主管部门同意临汾机场进行复航改造。

4月23日 李小鹏副省长带领省发改委、省民航局、及临汾、大同等市政府有关领导赴国家民航局进行专题汇报。

5月16日 临汾机场大道奠基。

5月19日 国家发改委、国家民航局、华北民航地区局等相关部门及专家对原乔李机场进行复航论证，并现场调研。

6月17日 中国民航局同意临汾在原乔李机场旧址基础上进行复航改造。

6月28日 国家发改委就临汾机场复航改造向军方进行征求意见。

7月22日至24日 国家发改委委托华北民航局、华北空管局、北京军区空军等十多家上级单位领导和专家在临汾召开乔李机场复航改造工程预可研报告评估会。会议提出就跑道方向应与军方达成一致意见。

8月18日 临汾民航机场有限公司正式成立。

8月29日 中国国际咨询公司高层会议复核通过预可研报告。

9月29日 华北民航局出具行业意见，上报国家发改委。

10月14日 山西省重点办要求临汾机场在抓好手续报批，做好开工前的准备工作。

10月27日 国家民航局出具行业意见，上报国家发改委。

2010年

7月9日 国家发改委正式批复临汾机场复航改造工程立项。（项目建设内容：工程按照2020年旅客吞吐量43万人次、货邮吞吐量1500吨的目标设计，在原址临汾市尧都区乔李镇实施改造，主要内容包括：按飞行区4C级指标，建设一条2600米的跑道、一条211米的垂直联络道、4200平方米航站楼、4个机位的站坪，以及相关配套设施。）

7月10日 启动可研报告编制工作。

8月 启动水土保持、电力、环保、土地等相关报告编制等工作。11月完成编制工作，逐级上报至国家发改委。

9月3日 工程场地地震安全评价工作开始。

9月20日 临汾民航机场复航改造工程举行奠基仪式，时任省委常委，常务副省长李小鹏，省政府有关厅局领导及市四套班子领导出席。

12月29日 水利部召开临汾机场水土保持方案的评审会。

2011年

1月25日 国家发改委委托中国国际工程

咨询有限公司对临汾机场可研报告进行全面评估。

2月24日　国家水利部批复临汾机场水土保持方案。

3月21日　民航总局对临汾机场环境影响报告书出具意见。

4月2日　华北民航局就临汾机场可研报告向民航总局出具意见。

4月4日　国家民航局对临汾机场环境影响报告书出具预审意见。

4月18日　国土资源部受理临汾机场用地预审报告。

4月30日　临汾市政府与北空就机场相关工作签订协议。

5月10日至11日　国家环保部召开临汾民航机场环境报告书技术评估会。

6月10日　山西省环保厅出具临汾机场环境影响报告书初审意见。

8月8日　国土资源部出具临汾民航机场建设用地预审意见。

8月17日　国家环境保护部批复《临汾机场复航改造工程环境影响报告书》。

8月23日　华北民航局出具临汾机场范围内供电线路评估行业意见。

10月11日　国家民航局就临汾乔李机场复航改造工程可行性研究报告向国家发改委出具意见。

2012年

1月12日　国家发改委批复临汾机场节能评估报告。

3月　按省重点办要求，开始进行前期五通一平及征地拆迁有关工作。

5月　山西省劳动竞赛委员会授予临汾机场工程建设项目部"工人先锋号"荣誉称号。

8月27日至29日　华北民航局召开临汾机场总体规划及初步设计评审会。

9月25日　国家发改委批复临汾机场复航改造工程可行性报告。(本期按照满足2020年旅客吞吐量43万人次，货邮吞吐量1500吨目标设计。新建一条长2600米X45米跑道，4200平方米航站楼和4个机位站坪，配套建设空管、通信、气象、供电、消防等相关设施。)

10月　启动总体规划、初步设计及临汾机场改扩建有关工作。

12月　完成总体规划及初步设计编制工作，逐级上报至华北民航局。

2013年

2月18日　华北民航局批复临汾机场总体规划。

3月15日　临汾机场航站区改扩建工程可研报告在太原顺利通过评审。(按照满足2025年旅客吞吐量187万人次，货邮吞吐量6200吨目标设计。新建航站楼面积26000平方米，新建跑道2600米×45米，9个机位站坪及空管、供油等相关配套设施。)

4月3日　华北民航局批复机场初步设计及概算。

5月　临汾民航机场复航改造工程正式开工建设。飞行区、航站区及供水、供电、供油、制冷等配套附属工程相继开工。

6月　临汾民航机场复航改造工程正式开工建设。飞行区、航站区及供水、供电、供油、制冷等配套附属工程相继开工。

5月29日　李小鹏省长赴临汾机场调研。

7月15日　山西省发改委正式批复临汾机场航站区改扩建可研报告。

8月1日　华北民航局批复临汾机场飞行程序初步设计。

8月29日　山西省发改委批复临汾机场航站区改扩建节能评估报告书。

10月10日　山西省无线电管理局同意临汾机场设置通信导航台。

2014年

3月24日　临汾机场临时党委正式成立。

5月4日　经民航总局正式批复名称为"临汾乔李机场"。

6月26日　华北民航局出具关于临汾机场高压线改迁的意见。

7月　航站楼钢结构封顶，航站楼主体全部完工，转入内部施工阶段，进行强电、弱电、消防、行李输送设备、玻璃幕墙等的安装调试。

7月22日　临汾机场三字代码正式确定为LFQ。

7月29日　民航总局空管办、飞标司、机场司等部门会签后正式批复临汾乔李机场通信导航台址。

8月20日　民航总局空管局正式批复临汾机场四字代码，四字代码正式确定为ZBLF。

9月15日　山西省发改委正式批复了临汾乔李机场航站区改扩建工程初步设计。

9月18日　民航华北管理局气象处同意临汾机场气象台址选址方案。

9月19日　民航华北管理局正式批复临汾机场导航(仪表着陆、全向信标、测距仪)的频率和呼号。

10月　停车场开工建设，占地面积42700平米，可同时停放小车停车位637个，大巴停车位29个，残疾人停车位9个。

10月9日　民航华北地区管理局正式批复临汾机场通信(甚高频)地空通信的频率。

同年，临汾跑道、停机坪测量技术报告、机场障碍物A型图、超高障碍物测量技术报告相继测绘完成，报民航华北管理局和民航山西监管局批复备案。

2015年

3月19日　省环保厅召开临汾机场《电磁辐射环境影响报告书》评审会。

3月30日　军方、民航等16家单位召开临汾机场飞行程序终端评审会。

4月30日　民航山西监管局批复临汾机场标志标线图的审核意见。

5月6日　民航华北局对临汾机场传统及PBN程序临时批复。

5月　华北民航局批复临汾机场传统及PBN程序。

5月至7月　飞行区、航站区及配套附属工程相继完工，安检、气象、导航等设备先后安装完毕，机场工程全部完工。

6月至8月　临汾机场工程正式通过民航与非民航竣工验收和规划、消防、节能、防雷接地等验收工作。

7月7日　空军批复了临汾机场的进离场航线和空域。

7月　机场工程全部完工。

7月21日　在华北民航局和山西监管局的全程监督下，临汾机场正式通过民航专业竣工验收。

8月12日　山西无线电管理局批复临汾民航机场使用800兆赫兹频段频率。

8月14日　(2015年10月15日)华北空管局批复《关于临汾乔李机场飞行气象情报参加国内交换的批复》。

8月17日至20日　中国民航校飞中心于对临汾机场进行投产校飞，完成飞行程序、全向信标。测距仪、助航灯光等6科目38项内容的飞行校验，出具合格报告。

9月23日　通过中国东方航空公司B737—800型飞机验证，临汾机场顺利通过试飞。

10月13日　民航华北局正式批复临汾机场临汾机场终端设计报告。(含PBN及机场细则)。

10月14日　临汾机场通过设备监视校飞。

2015年10月　中心广场绿化工程完工。

11月10日　华北空管局批复《关于对山西临汾机场通信设备投产开放备案材料核查的意见》。

11月13日　民航总局批复临汾机场导航设备投产开放。

11月20日　临汾机场正式通过行业验收。

12月23日　临汾机场正式通过机场使用许可审定。

2016年

1月8日　市委副书记、市长岳普煜赴鄂尔多斯市考察机场运营等事宜，就推进资源、交通、旅游、航空等领域进行交流，与鄂尔多斯机场签订战略联盟合作协议。1月14日省消防总队评审通过《山西临汾乔李机场复航改造项目消防性能化评估报告》。

1月13日　通过使用许可复验。

1月18日　正式获取民用机场使用许可证。

1月25日　临汾机场正式通航，开通“海口＝临汾＝呼和浩特”航线。

【文件目录】

1.国家发改委《关于山西省临汾机场复航改造工程项目建议书的批复》(2010年7月9)

2.水利部《关于山西省临汾机场复航改造工程水土保持方案的复函》(2011年2月24日)

3.国土资源部《关于山西临汾机场复航改造工程建设用地预审意见的复函》(2011年8月8日)

4.环境保护部《关于山西省临汾机场复航改造工程环境影响报告书的批复》(2011年8月17日)

5.国家发改委《关于山西临汾乔李机场复航改造项目节能评估报告表的审查意见》(2012年1月12日)

6.环境保护部办公厅《关于山西省临汾机场复航改造工程有关问题的复函》(2012年5月16日)

7.国家发改委《关于山西省临汾乔李机场复航改造工程可行性研究报告的批复》(2012年9月25日)

8.华北民航局《关于山西临汾机场总体规划的批复》(2013年2月18日)

9.华北民航局《关于山西临汾机场复航改造工程初步设计及概算的批复》(2013年4月7日)

10.山西省发改委《关于临汾乔李机场航站区改扩建工程可行性研究报告的批复》(2013年7月15日)

11.山西省国土资源厅《关于临汾乔李机场航站区改扩建工程项目用地预审的复函》(2013年7月5日)

12.华北民航局《关于临汾乔李机场飞行程序初步设计的批复》(2013年8月1日)

13.临汾市发改委《关于临汾民航机场扩建业务用房工程可行性研究报告的批复》(2013年8月26日)

14.环境保护部《关于山西临汾民航机场噪声防治措施问题的复函》(2012年7月10日)

15.山西省发改委《关于临汾乔李机场航站区改扩建工程节能评估报告书的批复》(2013年8月29日)

16.山西省无线电管理局《关于山西临汾民用机场设置通信导航台的批复》(2013年10月10日)

17.中国民用航空局综合司《关于临汾机场名称的复函》(2014年5月19日)

18.临汾市发改委《关于临汾民航机场有限公司接入系统供电工程项目核准的批复》(2014年6月4日)

19.临汾市发改委《关于临汾民航机场有限公司220KV线路迁移改造工程的批复》(2014年7月22日)

20.中国民用航空局《民航局关于临汾乔李机场通信导航台址的批复》(2014年7月29日)

21.中国民用航空局空中交通管理局《关于临汾乔李机场机场地名代码的批复》(2014年8月20日)

22.2014年9月15日山西省发改委《关于临汾乔李机场航站区改扩建工程初步设计的批复》

23.2014年9月19日华北局无委办《关于临汾乔李机场导航台频率和呼号的批复》

24.2014年10月9日华北局无委办《关于临汾乔李机场塔台管制甚高频地空通信频率的批复》

25.2015年4月29日民航山西监管局《关于临汾机场标志标线图的审核意见》

26.2015年5月11日民航华北地区管理局《关于对临汾机场传统及PBN程序的临时批复》

【重要文件】

国家发展改革委关于山西省临汾机场复航改造工程项目建议书的批复

(2010年7月9日)

发改基础〔2010〕1441号

山西省发展改革委:

报来《关于报送我省临汾乔李民航机场复航工程预可行性研究报告的请示》(晋发改交通字〔2009〕190号)及有关材料收悉。

经研究,现批复如下:

一、为合理利用既有机场资源,完善你省民用机场布局和综合交通运输体系,促进区域经济社会发展和矿产及旅游资源开发,同意实施临汾机场复航改造工程。

二、本工程按照2020年旅客吞吐量43万人次、货邮吞吐量1500吨的目标设计,在原址(临汾市尧都区乔李镇)实施改造,主要内容包括:按飞行区4C级指标,建设一条2600米的跑道、一条211

米的垂直联络道、4200平方米航站楼、4个机位的站坪，以及相关配套设施。具体建设内容、标准和规模等在可行性研究阶段论证确定。

三、工程总投资4.46亿元，暂定由临汾市人民政府安排财政资金解决。具体投资额及出资安排在可行性研究阶段进一步明确。

四、在工程可行性研究阶段，须重点做好以下工作：

（一）加强与军方的沟通协调，努力改善空域条件，优化飞行程序设计，妥善处理军民航飞行空域使用矛盾。

（二）抓紧开展环境影响评价和用地预审等相关工作。

（三）进一步落实建设资金，并研究制定切实可行的运营补亏方案。

请据此编制工程可行性研究报告，报我委审批。

关于山西省临汾机场复航改造工程水土保持方案的复函

（2011年2月4日）

水保函〔2011〕44号

山西临汾民航机场筹建处：

你单位《关于申请〈山西省临汾机场复航改造工程水土保持方案报告书（报批稿）〉审批的请示》（临航处字〔2011〕1号）收悉。我部水土保持监测中心对《山西省临汾机场复航改造工程水土保持方案报告书》进行了技术审查，提出了审查意见（详见附件）。经研究，我部基本同意该审查意见，现函复如下：

一、项目建设内容和组成

山西省临汾机场复航改造工程位于临汾市尧都区境内，飞行区按4C等级设计。项目主要建设内容包括跑道、垂直联络道、航站楼、站坪及相关配套设施等。项目总占地面积172.2公顷，土石方挖填总量202.0万立方米，估算总投资4.7亿元，总工期24个月。

二、项目建设总体要求

（一）基本同意主体工程水土保持评价。

（二）基本同意水土流失防治责任范围为182.2公顷。

（三）同意项目水土流失防治执行建设类项目一级标准。

（四）基本同意水土流失防治分区和分区防治措施。

（五）基本同意水土保持估算总投资为2374.4万元。下阶段要根据水土保持初步设计，复核水土保持投资，满足水土流失防治工作需要。

（六）项目建设中各类施工活动要严格限定在用地范围内，严禁随意占压、扰动和破坏地表植被；做好表土的剥离、集中堆放、拦挡、排水、苫盖和回覆利用；施工过程中产生的弃土（渣）要及时清运至指定地点堆放并进行防护，禁止随意倾倒或在河道里堆弃；施工结束后要及时进行迹地整治、复耕或恢复植被。加强施工组织管理和临时防护措施，合理安排施工时序，严格控制施工期间可能造成的水土流失。

三、建设单位在工程建设中应重点做好以下工作

（一）按照批复的水土保持方案，做好水土保持工程后续设计、招投标和施工组织工作，加强对施工单位的监督与管理，切实落实水土保持“三同时”制度。

（二）每年3月底前向水利部黄河水利委员会及省级水行政主管部门报告上一年度水土保持方案实施情况，并接受水行政主管部门的监督检查。

（三）委托具有甲级水土保持监测资质的机构承担水土保持监测任务，并按规定向水利部黄河水利委员会及省级水行政主管部门提交监测实施方案、季度报告及总结报告。

（四）落实并做好水土保持设施监理工作，确保工程建设质量。

（五）采购土、石、砂等建筑材料要选择符合规定的料场，明确水土流失防治责任，并向县级水行政主管部门备案。

（六）本项目的规模、地点等发生较大变动时，建设单位应及时修改水土保持方案，并报我部审批；水土保持初步设计和设计变更报省级水行政主管部门备案。

四、建设单位要按照《开发建设项目水土保持设施验收管理办法》的规定，在工程投入运行之前及时向我部申请水土保持设施验收。

附件：关于报送《山西省临汾机场复航改造工程水土保持方案报告书》技术审查意见的报告（水保监方案〔2011〕5号）

关于山西临汾机场复航改造工程建设用地预审意见的复函

(2011年8月8日)

国土资预审字〔2011〕234号

山西省国土资源厅,山西临汾民航机场有限公司:

《关于山西临汾机场复航改造工程建设项目用地预审初审意见的报告》(晋国土资发〔2011〕105号)、《关于山西省临汾机场复航改造工程项目用地预审的申请》(临航司字〔2011〕2号)及相关材料收悉。经审查,现函复如下:

一、山西临汾机场复航改造工程的建设,对完善山西省民用机场布局和综合交通运输体系,提高航空运输能力,促进区域经济社会发展具有重要作用。该项目用地符合当地土地利用总体规划,发展改革委已批复项目建议书,同意通过用地预审。

二、该项目申报用地158.48公顷,经审核,用地规模偏大,核减用地19.44公顷,用地规模控制在139.04公顷以内,其中农用地124.43公顷(含耕地105.59公顷)。在初步设计阶段,应进一步优化设计方案,按照《民用航空运输机场工程项目建设用地指标》的规定,从严控制建设用地规模,节约和集约用地。

三、按照《中华人民共和国土地管理法》的规定,建设项目占用耕地,必须补充数量和质量相当的耕地,没有条件开垦或开垦的耕地不符合要求的,应按照要求足额落实耕地开垦费资金,切实做到占补平衡。建设单位要在当地国土资源管理部门的指导下,结合基本农田保护和建设、土地开发整理等项目的实施,做好占用耕地耕作层剥离工作,用于提高补充耕地的质量。

四、有关地方人民政府要根据国家法律法规和有关文件的规定,认真做好征地补偿安置的前期工作,确保补偿安置资金足额到位,切实维护被征地农民的合法权益。

五、项目可行性研究报告批准后,必须按照《中华人民共和国土地管理法》和国务院文件的有关规定,办理建设用地报批手续。未取得建设用地批准手续的不得开工建设。

六、依据《建设项目用地预审管理办法》的规定,建设项目用地预审文件有效期为两年,本文件有效期至2013年8月8日。

国家发展改革委关于山西省临汾机场复航改造工程可行性研究报告的批复

(2012年9月25日)

发改基础〔2012〕3036号

山西省发展改革委:

报来《关于呈请批复山西省临汾乔辛机场复航改造项目可行性研究报告的请示》(晋发改交通字〔2010〕399号)《关于对临汾民航机场复航改造工程招标方案核准意见的报告》(晋发改法规函〔2012〕32号)及有关材料收悉。经研究,现批复如下:

一、同意临汾乔李机场复航改造,机场性质为国内民用支线机场。本工程按满足2020年旅客吞吐量43万人次、货邮吞吐量1500吨的目标设计。

二、本期建设规模为:飞行区等级指标4C,新建一条长2600米、宽45米的跑道,一条长211米、宽18米的垂直联络道,跑道主降方向设1套I类精密进近仪表着陆系统和灯光系统,次降方向设B型简易进近灯光系统,在跑道北端外侧建设1套多普勒全向信标/测距仪台;新建4200平方米的航站楼,4个机位的站坪,420平方米的货运站,共计约3750平方米的辅助生产及生活用房;新建1座塔台(与500平方米的航管楼合建);配套建设通信、气象、供电、给排水、供热、供冷、燃气、供油、消防救援等设施。

三、项目总投资4.71亿元,资金来源为:我委安排中央预算内投资0.92亿元,民航局安排民航发展基金1亿元,其余由临汾市政府安排财政资金解决。

四、临汾民航机场有限公司作为项目法人,负责项目的组织实施与管理。

五、本项目勘察、设计、施工、监理和重要设备材料采购等均采用公开招标方式,招标组织形式为委托招标。

六、机场设计与建设应体现节能和环保要求,优化用能工艺,选用高效节能设备,切实加强节能管理。

七、请临汾市政府和项目单位落实好有关环保要求,妥善解决噪声影响问题。

关于山西临汾机场总体规划的批复

（2013 年 2 月 18 日）

民航华北函〔2013〕76 号

山西临汾民航机场筹建处：

你处《关于上报临汾乔李机场总体规划的请示》（临民航处字〔2012〕12 号）收悉。2012 年 8 月 26 日至 28 日，我局完成了《临汾乔李机场总体规划（2012 年版报审稿）》的审查，设计单位根据审查意见进行了补充和修改。根据《民用机场建设管理规定》（民航局令第 215 号），经研究，现批复如下：

一、原则同意修改后上报的《山西临汾乔李机场总体规划》（2012 年版）。

二、本次总体规划以 2020 年为近期目标年，2040 年为远期目标年。临汾机场近、远期均为国内小型机场。本规划航空业务量预测、设备设施的配置规模较为合理，可以满足临汾机场预期的航空运输要求。近期旅客吞吐量为 43 万人次，货邮吞吐量为 1500 吨，年飞机起降为 5800 架次；远期旅客吞吐量为 240 万人次，货邮吞吐量为 10000 吨，年飞机起降为 21600 架次。近期总占地面积为 139.04 公顷，远期总占地面积为 198.94 公顷。

三、本规划机场内各功能区划分明确，总体布置适当，并适当留有发展余地。

（一）飞行区规划

近期规划飞行区指标 4C，跑道长 2600 米、宽 45 米，两侧各设宽 1.5 米的道肩，跑道两端设掉头坪、60 米×48 米的防吹坪、240 米×300 米的端安全区，升降带为 2720 米× 300 米；远期规划飞行区指标 4D，跑道向南延长 400 米，跑道长度按 3000 米控制，两侧各设宽 7.5 米的道肩。

近期在距跑道北端 1400 米处规划一条垂直联络滑行道，长 211 米、总宽 25 米；远期在距跑道北端 1836 米处增设一条垂直联络道，在主降方向设置长 1848 米的部分平行滑行道。

近期跑道主降方向规划 900 米的Ⅰ类精密进近灯光系统，次降方向规划 420 米的 B 型简易灯光系统；远期跑道次降方向增设Ⅰ类精密进近灯光系统。

（二）航站区规划

近期在跑道西北侧规划航站楼 4200 平方米，采用一层式流程布局，步行登机；远期在近期航站楼基础上向南扩建，规划面积 30000 平方米，采用二层式的流程布局，设置登机桥。

近期规划站坪面积 25400 平方米，设 4 个机位（1B3C），飞机自滑进出；远期站坪向南侧扩建，规划面积 59670 平方米，设 6 个近机位（2D4C）、3 个远机位（1C2B）。

近期规划停车场面积 3500 平方米；远期规划停车场按需求相应向南侧扩建。

（三）空管系统规划

近期将航管楼及塔台布置在航站楼北侧，与机场办公楼、公安安检用房合建，航管楼建筑面积 500 平方米，塔台高度约 30.7 米（含塔顶设施）；远期规划塔台规模不变，航管楼规划建筑面积 1500 平方米，设备根据需要进行升级或更新。

近期在跑道主降方向设Ⅰ类精密进近仪表着陆系统，在跑道北端外中心延长线 1 公里处，建 1 座全向信标/测距仪台；远期规划在跑道次降方向增设Ⅰ类精密进近仪表着陆系统。

近期设置甚高频（VHF）通信系统、内话系统、卫星通信系统、常规气象观测场、气象自动观测系统等；远期规划根据实际情况，进行设备更新或升级改造，并在跑道次降方向新增 1 套气象自动观测系统。

（四）货运区规划

货运设施近、远期只考虑采用客机货舱载运方式，不设置货机坪。近期在航站楼北侧，建设 420 平方米的货运用房；远期规划改造部分特种车库作为货运设施使用，规划货运用房面积为 1400 平方米。

（五）生产辅助设施及工作区规划

近期在航站楼北侧规划机务用房、场务用房、综合仓库、特种车及行政车库；远期规划扩建相关用房面积。

近期规划综合办公楼、综合服务楼；远期规划新建机场办公楼、值班用房及单身宿舍等。

（六）消防和救援设施规划

近、远期机场消防和应急救援等级分别为 6 级、7 级。近期规划消防站面积 900 平方米（含消防车库）；远期规划消防站向北侧扩建。

（七）供油设施规划

近期机场油库规划在航站区西北角，占地面积约 12.4 亩；远期机场油库在原址扩建。

(八)安全保卫设施规划

近、远期机场安全保卫等级分别为四类、三类。近期设置飞行区围界系统等安防设施;公安、安检用房与机场办公楼、航管楼合建。远期在航管楼西侧规划单独建设公安、安检办公用房。

(九)公用设施及交通系统规划

近期在机场动力区域内建1座700平方米10/0.4kV中心变电站(含灯光变电站);远期规划对原址机场中心变电站扩容;在新航站区内新增2座10kV变电站。

近期在航站楼西北侧建设300平方米供水站;远期对原有供水站进行扩建,同时改扩建航站区供水管网。

近期在航站区西北角设100平方米的小型污水处理站,在场内建1座100平方米垃圾转运站;远期扩建污水处理厂。

近期采用燃气锅炉供热,在动力区规划新建500平方米的锅炉房;远期规划需对锅炉房增容。

规划将机场连接临汾市内环的一级公路作为机场公路,另外新建长临高速与机场进场路的连接线。

四、待机场飞行程序方案批复后,你处应尽快落实场址周边高压线的迁建方案,抓紧开展高压线电磁环境专项论证工作。

五、本规划是机场近期建设、远期发展及运行管理的依据。你处要加强与临汾市有关部门的协调,将机场总体规划纳入临汾市城市总体规划,严格控制机场周边土地使用和开发,保护好机场净空和电磁环境,使机场与城市相互协调、共同发展,为临汾市经济、社会发展发挥重要作用。

此复。

关于临汾机场名称的复函

(2014年8月20日)

民航综机函〔2014〕35号

山西临汾民航机场筹建处:

你处《关于临汾民航机场名称的申请》(临民航处字〔2014〕24号)收悉。经研究,答复如下:

一、所报机场名称符合《地名管理条例》和《民用机场使用许可规定》(民航总局令第156号)的有关规定,同意临汾机场命名为“临汾乔李机场”,英文名称为“LINFEN QIAOLI AIRPORT”。

二、上述名称已在我局备案。今后,有关文件、资料、图纸及其他出版物等均应以此名称为准。

三、你公司应按照《民用机场使用许可规定》(民航总局令第156号)的要求,据此答复意见向民航华北地区管理局申请机场使用许可证。

关于临汾乔李机场机场地名代码的批复

民航空局函〔2014〕430号

民航华北空管局:

你局《关于临汾乔李机场四字代码的请示》(民航华北空局〔2014〕215号)收悉,经研究,现就有关事宜批复如下:

根据国际民航组织(ICAO)7910号文件的有关规定,我局已经为临汾乔李机场指配了四字地名代号,其机场三字地名代号亦已经国际航空运输协会(IATA)正式指定:

机场中文名称	机场英文名称	机场四字地名代号	机场三字地名代号
临汾\乔李	Linfen Qiaoli	ZBLF	LFQ

请即通知所属各有关单位修改相关资料、通信网络及各种应用系统的配置,确保该机场的平面通信及其他民用航空业务的正常开展。

文　献

市委三届七次常委会工作报告

（2015 年 12 月 28 日）

罗　清　宇

各位委员、候补委员，同志们：

我受市委常委会委托，向全会作工作报告。

市委三届六次全会以来，在省委的正确领导下，市委常委会全面贯彻党的十八大和十八届三中、四中、五中全会精神，深入学习习近平总书记系列讲话精神，按照“四个全面”战略布局和省委各项决策部署，紧紧围绕“净化政治生态、实现弊革风清，重塑山西形象、促进富民强省”的目标任务，以“三严三实”专题教育和学习讨论落实活动为抓手，团结带领各级干部和广大群众，努力做好改革发展稳定各项工作，全面从严管党治党，扎实推进经济、政治、文化、社会和生态文明建设，努力开创弊革风清、富民强市新局面。

一、深入学习习近平总书记系列讲话精神，坚决贯彻落实中央、省委决策部署

坚持把学习贯彻习近平总书记系列讲话精神作为重要政治任务，认真学习贯彻省委“五句话”总要求和系列决策部署，通过召开市委常委会议、中心组学习会、全市性大会等多种方式，引导全市各级党组织和党员干部不断深化对习近平总书记系列重要讲话精神的理解，不断深化对“四个全面”战略布局的把握，不断深化对省委重大工作部署的领会，在全市上下形成广泛共识。市委常委带头推动“双学”，在深入学习中央和省委重要精神的同时，深入学习以习近平同志为总书记的中央领导集体崇尚实干、勇于担当、廉洁自律的工作作风，深入学习省委班子夙兴夜寐、深入调研、以上率下、严于律己的工作作风。把“以上率下”作为最基本的工作方法，要求全市党员干部做到的，市委常委首先做到，努力在各方面为全市树标杆、做榜样，发挥好示范带头作用，一级做给一级看，一级带着一级干。深入开展学习讨论落实活动，坚持问题导向，聚焦重点领域、民生领域和关键环节开展了 38 项专项整治，在广大党员干部中旗帜鲜明地倡导“坚守使命、勇于担当”的工作理念，大力营造干事创业、攻坚克难的浓厚氛围，进一步统一了思想、凝聚了共识，为推进改革发展稳定各项工作提供了坚强政治保障。

二、不断强化主体责任，切实抓好党风廉政建设和反腐败斗争

坚持全面从严治党，以最坚决的态度减少腐败存量，以最果断的措施遏制腐败增量，实践和运用好“四种形态”，深入推进党风廉政建设和反腐败斗争，政治生态得到明显净化。一是进一步强化“两个责任”。先后 10 余次召开市委常委会研究党风廉政建设和反腐败工作，制定了《关于落实“两个责任”的实施意见》，3 次召开各县市区党委落实主体责任述职会，确保了各项任务落到实处。市委“五人小组”多次约谈县市区委书记、县市区长，层层传递责任，层层传导压力。对履职不到位的严肃追责问责,共对260名主体责任和监督责任落实不力的责任人予以追究。积极推进纪检监察体制改革,市纪委机关内设机构改革全部完成,研究制定了《关于县级纪委监察局职能转变的指导意见》《关于加强乡镇纪检工作的指导意见》,县级内设机构工作基本完成,推动纪委进一步聚焦主业、转变职能。年终在专项巡查的基础上,组织开展了党委(党组)书记述纪述廉述作风述主体责任“四述”活动。二是严肃政治纪律和政治规矩。出台了《关于严格党的政治纪律严肃党内政治生活的意见》,要求各级党员干部坚决做到“五个必须”,坚决反对“七个有之”。对苗头性、倾向性问题早发现、早提醒,红红脸、出出汗,做到抓早抓小,切实把纪律立起来、严起来。严肃查处了市文物局原局长常引根诬告贪腐案件,使党的纪律和规矩真正成为硬约束。各级班子成员之间思想互相交流、工作互相沟通、生活互相帮助,建立了正常的同志关系,增进了彼此信任和班子团结。广大党员干部能够正确对待进退留转,心浮气躁的少了,埋头苦干的多了,切实增强了严守政治纪律和政治规矩的思想自觉和行动自觉。三是继续保持“三个高压态势”。严格按照省委的部署,坚持零容忍、无禁区,从严惩治各类腐败问题,开展了问题线索大起底和问题线索处置工作,全市腐败问题增量得到有效遏制,存量大幅度减少。全市立案2371件、结案2344件、处分2343人,其中党纪撤职以上重处分378人,县处级32人,移送司法机关76人。持之以恒正风肃纪,切实抓好“八项规定”的贯彻落实,抓住关键时间节点,紧盯公款吃喝、公款旅游、公务接待、公车私用等具体问题,坚决查处穿上“隐身衣”的“四风”问题。全市共查处违反中央“八项规定”精神问题398起,处理571人。深入开展“打黑除恶专项斗争推进年”活动,制定出台了《打黑除恶工作措施二十条》,切实推进打黑除恶专项斗争,打掉了35个恶势力团伙,有力地打击了黑恶势力犯罪分子的嚣张气焰。四是推动反腐败压力向基层传导延伸。针对“上面九级风浪,下面纹丝不动”的问题,把反腐败工作向基层传导,进一步强化乡镇纪委办案,全市171个乡镇纪委共处置问题线索990件、立案595件、处分594人,分别比上年同期增长269%、379%、379%。在全市开展了农村“三资”和“以群众举报乡村干部腐败为切入点集中解决群众信访诉求问题”专项治理,严肃查处发生在基层和群众身边的腐败案件,共移交问题线索467起,现已查结412起,处理512人。省委对我市专项治理工作给予了充分肯定。五是坚定不移抓好巡视整改。坚持把巡视整改工作作为重大政治任务,不折不扣落实省委巡视组的反馈意见,市委常委会先后6次对巡视整改工作进行研究,成立了由罗清宇同志为组长的整改工作领导组,切实加强对巡视整改工作的组织领导。市党政班子领导亲自牵头负责分管领域的整改工作,并对包联县市区的巡视整改工作进行督促落实。各责任单位也成立了整改工作领导小组,逐项明确了整改措施、责任单位和牵头领导,坚持系统查、系统防、系统治,以项目化工作方法推进整改工作,省委巡视组移交我市的整改事项和问题线索已基本办结,做到了事事有人抓、件件有着落。

三、坚持以经济建设为中心,积极应对经济下行压力

牢固确立发展第一要务理念,采取有力有效措施,坚决遏制经济下滑势头,全市经济社会保持平稳健康发展。一是着力推动转型升级。坚决落实省委关于“革命兴煤”和“六型转变”的重大部署,实施了“临汾煤炭25条”,规划布局了乡宁、蒲县、古县、洪洞、尧都区焦煤和安泽、翼城动力煤等七大煤炭基地,组建了中国(太原)煤炭交易中心临汾办事处,建立了互联网+煤炭电商交易平台,全市煤炭产业“六型转变”工作稳步有序推进。大力发展文化旅游、装备制造、新材料、新能源、食品医药、现代服务业等非煤产业,实施了汾西其亚氢氧化铝、华翔精密铸件、普泰发泡铝、德迅电梯、鸿鼎新材料等重点转型项目218个,全市新兴产业投资占工业投资的比重达到50.4%,规模以上非煤产业工业增加值占到全市工业增加值的51%。特别是按照王儒林书记“高水平规划,高标准建设,高效率推进”的要求,以尧文化为龙头,积极推进陶寺遗址公园、遗址博物馆、尧文化产业园的开发和建设,带动全市文化旅游业大跨度发展,旅游总收入完成275亿元,同比增长21%。同时,继续大力推进百里汾河生态经济带建设,滨河东路竣工通车,城西客运站投入使用,临汾机场即将通航,经济带内18个工业园区总产值占到全市工业总产值的50%以上。二是全力推进“三个突破”。在金融振兴方面,引进了光大银行、兴业银行等3家股份制商业银行,积极筹划成立我市首家民营银行——黄河银行。引进了英大产险、信达产险等10余家保险机构。成立了省股权交易中心临汾运营中心，成为我省市级第一家“四板”运营中心。积极培育企业上市，全市共有4家企业在“新三板”上市，143家企业在山西股权交易中心成功挂牌。融资工作实现突破，市投资集团全年融资116亿元，尧都投资公司发行债券12亿元，尧都农商行发行资本债券7亿元，乡宁焦煤集团发行中期票据6亿元。在科技创新方面，我市已拥有高新技术企业34家，新申报高新技术企业6家。高新技术企业设立研发中心25家，市级创新型企业设立研发中心51家。积极推动产学研合作，与中科院北京分院签订了战略合作协议，建成2个院士工作站，正在筹建1个博士后工作站。在民营经济发展方面，认真落实中小微企业扶持政策，出台了《关于大力支持中小微企业发展的实施意见》和《关于进一步支持民营经济健康发展的措施》，设立了中小企业发展基金，全市新创办小微企业3180户，新增个体工商户32125户，培育“小升规”企业27户，民营经济固定资产投资完成74.46亿元，民营经济占GDP比重为53.95%。*三是切实加强“三农”工作。*以稳定发展粮食生产为首要任务，以促进农民持续增收为核心目标，着力打造西山以鲜果为主、东山以干果中药材为主、平川以蔬菜为主的三大特色农业板块，坚持不懈推进农业现代化，加快构建新型农业经营体系，努力促进农业发展、农民增收、农村稳定。全市粮食总产可达23.6亿公斤。扎实推进土地承包经营确权工作，完成确权面积482万亩，走在了全省前列。扶贫工作扎实推进，新增产业扶贫项目68个，9个村级光伏电站建成并网发电。农村人居环境改善完成投资26亿元，完成省定任务的150%。*四是大力推动生态建设。*设立了百里汾河生态文明保护区，成立了管委会，加快实现绿色、低碳发展，进一步改善汾河流域生态环境质量。大力开展造林绿化工作，完成营造林40.13万亩。围绕创建国家环保模范城目标，积极促进节能减排，加快重点节能项目改造，大力推动梅亿新能源汽车产业发展，市区纯电动公交车实现了全覆盖。截止12月25日，市区二级以上天数为265天，同比增加26天。前三季度全市万元GDP能耗同比下降4.06%，可完成省定节能目标。*五是加快城市建设改造。*坚持把城市建设改造作为改善人居环境、厚植发展优势的重要举措，作为应对下行压力、拉动经济增长的有力抓手，认真学习借鉴太原“城中村”改造的经验和做法，多次召开市委常委会、常委扩大会议对我市城市建设改造工作进行专题研究和安排部署。确定了道路桥梁、污水处理、校区建设等投资300多亿元的15项城市建设重点工程和40个重点“城中村”改造项目。召开了全市城市建设改造动员大会，成立了市区城市建设改造协调领导组和总指挥部，具体负责城市建设改造的协调领导和组织推进。目前各项工程进展顺利，山西师大临汾学院搬迁、4座立交桥、市奥体中心体育场等9个项目已开工建设，“城中村”改造项目已启动27个。*六是全面深化改革开放。*深入推进“六权治本”工作，在侯马市和市规划局等六个市直单位开展试点的基础上，在全市全面铺开“六权治本”工作，形成了压茬进行、扎实推进的良好态势，17个县市区和市级权责清单已编制完成。积极推进行政审批制度改革，共承接省政府下放市级行政审批事项28项，下放县级6项，取消12项，进一步提高了审批效率。稳步推进土地有序流转，扎实推进煤炭体制、公路运销体制、国有林场、医疗卫生体制改革，探索实施临汾、侯马经济开发区扩区工作，各项改革都取得了积极进展。持续加大对外开放，积极对接“一带一路”发展战略，全市对外开放合作水平不断提高。先后组织了广州招商引资会、帝尧古都文化旅游节招商引资项目推介会、上海城市推介等三次大型招商活动，特别是在上海城市推介活动中率先启动招商引资2.0模式，得到了省委、省政府肯定。今年全市共签约149个项目，签约金额1755亿元。

四、始终坚持以人为本，维护社会和谐稳定

坚持把人民满意作为一切工作的出发点和落脚点，切实保障和改善民生，确保人民安居乐业、企业安全生产、社会安定有序。*一是着力保障和改善民生。*坚持把就业作为民生工作的头等大事，新增城镇就业5.5万人，转移农村劳动力就业6.3万人，城镇登记失业率为2.6%。推进各类教育均衡发展，不断加强教育基础设施建设，深入开展“名师、名校、名校长”创建活动，教育教学质量持续提升，高考二本达线率为41.67%。统筹推进社会保障体系建设，城乡居民养老保险参保人数达到192.6万人，城镇基本医疗保险参保人数达到

104.9万人,新农合参合率达到99.5%。扎实推进保障性住房建设,全市共开工建设各类保障性住房6665套,实施农村危房改造1.4万户。二是毫不松懈抓好安全生产。继续抓住认识、责任、作风三个关键环节,严格落实安全生产党政同责的《实施意见》,坚持把安全生产摆在首要位置。深刻汲取天津港"8.12"火灾爆炸事故教训,开展了"六打六治"专项行动、隐患排查专项整治和危化品专项整治,全面加强煤矿、非煤矿山、道路交通、公共场所等各行业、各领域的安全生产工作。各类生产经营性安全事故死亡人数为省下达控制指标的44%,安全生产形势持续稳定好转。三是高度重视信访稳定。深入开展"以群众举报乡村干部腐败为切入点集中解决群众信访诉求问题"专项治理,严格控制赴省集体访和进京非访,全面推行联合接访模式,有效解决了一大批群众信访问题,进京非访同比下降57.6%,到市集体访批数下降29.8%,人数下降32.1%。特别是在全国"两会"、十八届五中全会等重大政治活动期间,顺利实现了省委提出的"三个不发生"的工作目标。加强"平安临汾"建设,继续推进网格化管理,县乡村三级社会服务管理中心全部建成并进入运行;实施"六六创安"工程,持续开展以打黑除恶为重点的"六场硬仗",八类危害严重的刑事案件同比下降15.7%;加快推进以视频监控为重点的"六网覆盖"工程,有效防范各类风险。同时,高度重视网络舆情,正确把握舆论导向,健全完善了"零报告"信息反馈机制、突发事件和重大舆情协调联动机制,严防网络炒作事件,营造了良好舆论氛围。

五、高度重视民主法治,全面推进法治临汾建设

坚持和完善人民代表大会制度,加强对人大工作的领导,支持人大及其常委会依法履行职责。依法作出了关于进一步加强和改进人大监督工作的决定,围绕实施"六权治本"、推进"六大发展",每季一督查、每次有主题,对百里汾河生态文明保护区进行了专项督查,推动汾河生态资源保护迈入法治轨道。对学前教育、扶贫开发进行了专题询问和跟踪督查,对市检察院规范司法行为实施了重点监督。综合运用审议报告、执法检查、满意度测评等形式对"一府两院"26项工作进行监督,实行代表建议办理工作"三公开两见面",较好地发挥了地方国家权力机关的作用。坚持和完善中国共产党领导的多党合作和政治协商制度,加强和改进对政协工作的领导,支持市政协在推进协商民主上发挥重要作用。开展了"百名政协委员下基层活动",组织政协委员就经济社会发展中的重大问题进行调研视察,利用社情民意和政协提案两个载体,积极建言献策,促进全市经济社会健康发展。巩固和发展最广泛的爱国统一战线,组织开展了凝聚思想、凝聚智慧、凝聚力量"三个凝聚"工程。加强同各民主党派和无党派人士的合作共事,扎实推进商会建设,继续深化了"商行助千企、百亿促转型"活动,有力地推动了全市民营企业的发展。积极做好对台工作、侨务工作,加强宗教工作和民族工作。支持工会、共青团、妇联等人民团体充分发挥作用。扎实推进法治临汾建设,切实深化依法行政,不断完善行政决策机制、严格行政执法,进一步强化了对行政行为的监督,法治政府建设成效明显。积极推进阳光司法和阳光检务,司法公信力进一步增强。大力开展法治宣传教育,采取法制讲座、任前法律考试、送法下乡等多种形式,进一步扩大了法制宣传教育的覆盖面和影响力。坚持党管武装原则,不断完善军地齐抓共管国防后备力量建设机制,巩固发展军政军民团结的良好局面。

六、从严管党治党,全面加强党的建设

我们牢牢抓住党建工作这一主业,为改革发展稳定各项工作提供政治保障、组织保障和干部保障。一是扎实开展"三严三实"专题教育。贯彻从严要求,市委常委会带头讲党课,带头学习规定篇目,邀请中央党校教授作专题辅导。围绕"严以修身""严以律己""严以用权"和"严守党的政治纪律和政治规矩""整治诬告歪风、强化担当作为"5个专题,开展了深入的学习研讨。强化问题导向,紧紧盯住"不严不实"的问题和表现,坚持边查边改,全市131个单位1200余名县处级以上领导干部,共查找6个方面"不严不实"问题1.9万个,目前已整改完成1.76万个,完成率达91%。同时,开展了基层干部不作为、乱作为专项整治,对121名基层干部给予党政纪处分。二是切实加强宣传思想工作。举办了学习宣传贯彻十八届五中全会精神、"两会"精神暨"四个全面"理论骨干培训班,深入开展社会主义核心价值观宣传教育,大力弘扬我市优秀法治文化、廉政文化、红色文化,努力营造文明和谐的新风尚。加强对外宣传,精心组织了"山西·

陶寺遗址发掘成果新闻发布会”，举办了首届山西·临汾帝尧古都文化旅游节、“中国之源、风情临汾”文化主题展演和“围棋之源·圣尧杯”国际大师邀请赛，展示了临汾深厚的文化底蕴和文化魅力。*三是积极稳妥推进“三个一批”*。制定下发《关于做好市管领导干部“三个一批”工作的实施意见》，做到了重点甄别、常态甄别和源头甄别相结合，对县市区党政班子和市直部门重要岗位的782名干部进行了重点甄别，将个人有关事项申报范围拓展到全市3000多名在职正科级实职干部，并对其中2026人进行重点抽查核实。市县两级共甄别处理不廉洁、乱作为干部310人；调整退出不作为、不胜任干部200人；掌握敢担当、善作为干部1213人；经“六查”甄别核实后存在问题暂缓任用的干部84人，有效防止了干部“带病提拔”。*四是从严从实加强干部管理*。围绕贯彻新修订的《干部任用条例》《推进领导干部能上能下若干规定(试行)》和省委五个干部工作文件，研究出台了“一个意见三个规定”，即《关于从严从实管理干部的意见》《临汾市市管干部动议酝酿任免议事规则(试行)》《临汾市市管干部任免工作规程(试行)》《临汾市市管干部推荐考察工作细则》，从加强日常监管、规范选拔任用、整治不为不实、强化激励关爱等方面提出明确要求，为规范干部选拔任用和日常监管提供了重要遵循和制度保证。今年以来，先后调整配备县级干部185名，社会反响良好，广大干部的干事创业热情明显提升。*五是不断强化基层组织建设*。全面落实党建工作责任制，健全完善市县乡村四级书记“面对面”述评制度，不断夯实党的执政基础。建立县委书记抓党建“7＋3”项目清单190个，解决了一批基层党建难题。全面落实“定查评”工作法，实施“领头雁”延伸培训，培训农村“两委”主干6647名、“两委”委员和骨干党员2.1万名。把选派第一书记和精准扶贫紧密结合，向软弱涣散村和建档立卡贫困村选派第一书记912名，举办了4期精准扶贫班。出台了《关于进一步加强农村基层党建工作的实施意见》，实施了农村基层党建“六大提升工程”，基层组织的凝聚力、战斗力和创造力不断增强。

同志们，市委常委会工作的开展和成绩的取得，是省委正确领导的结果，是全市各级党组织、广大党员干部和人民群众团结奋斗的结果，各位委员也都做了大量富有成效的工作，对市委常委会给予了真诚帮助和大力支持。在此，我代表市委常委会，向各位委员、候补委员、各级各部门负责同志以及全市广大干部群众表示衷心感谢！

在肯定成绩的同时，我们清醒地认识到，工作中还有不少差距和不足：一些党员领导干部对从严治党的认识不足，党建“主业”意识不强，“两个责任”履行不到位，部分基层党组织的责任意识、服务意识、发展意识有待提高；一些地方和部门负责同志缺乏加快发展的紧迫感和责任心，思想不解放，视野不开阔，习惯于旧的思维方式和工作习惯；经济发展下行压力持续加大，部分行业和企业生产经营困难，经济结构单一，产业层次低，需要进一步提高发展的质量和效益；社会事业发展相对滞后，城乡居民收入总体水平还不高，扶贫开发工作任重道远，全面小康任务十分艰巨；干部作风有待进一步转变，一些干部在岗不为、人岗不适的问题还不同程度地存在，从严从实选用干部还有差距，等等。对这些问题，我们要高度重视，采取有效措施，认真加以解决。

2016年是“十三五”发展的开局之年，也是全面建成小康社会决胜阶段的起步之年。我们要认真贯彻党的十八大和十八届三中、四中、五中全会精神，深入学习习近平总书记系列讲话精神，全面落实省委十届七次全会精神，按照中央“去产能、去库存、去杠杆、降成本、补短板”的要求，加快培育新的发展动能，推动经济社会持续健康发展，全面从严治党，切实改进作风，加快建设文明开放富裕和谐新临汾，努力开创弊革风清、富民强市新局面。

以上是我代表市委常委会所作的工作报告，希望同志们对常委会的工作提出意见和建议，帮助我们把工作做得更好！

政府工作报告

——2015年4月27日在临汾市第三届人民代表大会第六次会议上

市人民政府市长　岳普煜

各位代表：

现在，我代表市人民政府向大会报告工作，请予审议，并请市政协委员和其他列席人员提出意见。

一、2014年工作回顾

2014年，我们深入贯彻党的十八大、十八届三中、四中全会和习近平总书记系列重要讲话精神，认真落实省委、省政府的工作部署，扎实开展"四个年"活动，大力实施"六大惠民工程"，统筹推进稳增长、促改革、调结构、惠民生，全市各项工作稳中有为、稳中有进，在全面建成小康社会的道路上迈出了坚实的步伐。

(一)千方百计稳增长，经济保持平稳发展

面对主要产品价格下跌、企业效益下滑、金融运行偏紧，经济下行压力加大的严峻形势，我们坚持把稳增长作为首要任务，实现经济平稳运行。

把稳工业保运行作为头等大事。认真落实国家、省一系列稳增长政策，出台了"工业经济运行8条""促进市内工业产品销售15条"等措施。强化经济运行监测和督导服务，实施"一业一策、一企一策"精准帮扶，分别召开煤炭、钢铁、焦化、电力等主导产业运行会议，帮助企业解决实际困难和问题，协调落实贷款22.7亿元；以晋南钢铁贸易公司为代表，推动企业采取各种形式联合发展，引导企业抱团取暖共渡难关。积极扶持小微企业发展，创办小微企业1880户，新增个体工商户14033户，培育"小升规"企业24户、"小巨人"企业11家。

把扩投资增效益作为关键举措。实施省市县重点工程903项，完成投资1304亿元，在"六位一体"全省考核中，夺得1项第一、1项第二、5项第三、3项第四。重点推进"百里汾河生态经济带"建设，经济带总体规划纳入《晋陕豫黄河金三角区域合作发展规划》，获国务院批复，6个专项规划通过国家级专家评审；投资43亿元的汾河河道生态治理工程全面竣工，投资42亿元的滨河东路贯通工程基本竣工，投资38亿元的涝洰河生态环境综合治理初见成效，投资32亿元的尧都尧庙片区、投资10亿元的洪洞甘亭"六村连片"等11个"两区同建"工程扎实推进。

把抓安全促稳定作为重要保障。认真贯彻新《安全生产法》，扎实开展"知责、履责"活动，深入开展安全生产大检查，认真组织"六打六治打非治违"专项行动，切实加强对煤矿、非煤矿山、危险化学品、道路交通、油气管道、粉尘防爆、食品药品、消防等重点领域的安全监管，全年各类生产经营性安全事故起数和死亡人数完成省下达控制指标，没有发生重特大事故，安全生产形势持续稳定好转。推进社会治理创新，组织开展"百日双百案"群众信访诉求化解专项活动，有序化解社会矛盾，维护良好的社会秩序，为经济发展营造了安全稳定的社会环境。

2014年，全市生产总值完成1213亿元，同比增长4.6%；规模以上工业增加值完成467亿元，增长3%；固定资产投资完成1229亿元，增长18.6%；社会消费品零售总额完成530亿元，增长11.3%；公共财政收入完成118亿元，与上年持平；城镇居民人均可支配收入23610元，增长8.2%；农村居民人均可支配收入8755元，增长11.4%。

(二)蹄疾步稳促改革，发展活力不断增强

我们以转型综改试验区建设为统领，全面实施"16112"年度计划，全市确定的10大项26条改革举措稳步推进。

深入推进行政审批制度改革。着力实施简政放权，承接省政府审批事项30项，下放县级行政审批事项 14 项，取消行政审批事项 4 项，取消行政事业性收费 19 项。编制“权力清单”“责任清单”，市本级行政审批事项减少到 102 项，精简了 39%。市政务服务中心投入使用，实行“一委一办三中心”的管理体制，全面推行“两集中、两到位”；市级公共资源交易平台建成运行，完成各种交易事项 548 场次，总成交额近 30 亿元；“市长热线”正式开通，公共服务质量进一步提高。

扎实推动重点领域改革。清理规范涉煤收费项目，推进煤炭资源税从价计征改革，实施煤炭公路销售体制改革，撤销煤焦站点 79 个，吨煤降低成本 60 元，为我市煤炭企业减负 36 亿元。在全省率先开展了非煤矿山收费清理规范工作。市县两级政府机构改革、工商登记制度改革、国有企业改革、财税体制改革、开发区扩区改革、招商机制改革等有序推进。

大力实施创新驱动发展战略。制定实施《国家创新驱动发展战略临汾行动计划》和《临汾市低碳创新行动计划》，全市高新技术企业发展到 28 家，有效专利拥有量达到 271 件，实施国家和省级科技项目 46 项、市级 53 项。“千人百县”服务基层活动扎实推进。澳坤生物公司在“新三板”挂牌上市，实现了我市地方企业在全国股权转让系统上市“零的突破”；临汾市在省股权交易中心挂牌的企业达到 100 家。

（三）坚定不移调结构，产业转型明显加快

抓住结构调整这条主线，全市三次产业比例从 7.1∶59.9∶33 调整优化为 7.8∶54.4∶37.8。

现代农业加快发展。粮食总产 27.6 亿公斤，再创历史新高。“一村一品”“一县一业”和“四个百万亩”建设扎实推进，新发展设施蔬菜 3.9 万亩、水果 11 万亩、干果 10 万亩、中药材 26 万亩，市级以上标准化规模健康养殖企业达到 79 个，农业机械化率提高到 70.5%。10 大现代农业园区规模发展。全市认定家庭农场 950 个，新注册农民专业合作社 8728 家，农业产业化龙头企业达到 394 家，农产品加工销售收入达到 70 亿元。按照精准扶贫的要求，完成了贫困村和贫困户的建档立卡工作；实施产业扶贫开发项目 35 个，完成投资 28.2 亿元；开展住村联户、片区开发、易地扶贫搬迁等工作，实现脱贫 6.1 万人。汾西、大宁、吉县成为国家首批光伏扶贫试点县。

工业经济提质增效。加快煤矿基本建设步伐，新竣工矿井 21 座，全年原煤产量 5069 万吨。实施焦化、冶金、电力等传统产业改造项目 13 个，完成投资 40 亿元。实施装备制造、新能源、新材料等新兴产业项目 74 个，完成投资 262.7 亿元，非煤产业增加值比重达到 50.4%。积极化解过剩产能，淘汰落后焦化产能 408 万吨、炼钢产能 260 万吨、炼铁产能 33 万吨。

第三产业发展提速。商贸服务、电子商务、现代物流、文化创意、旅游休闲等产业蓬勃发展，奥特莱斯芭蕾雨、新百汇、生龙国际等城市商业综合体项目加快实施。侯马开发区国家电子商务示范基地入驻电商企业 42 家；临汾开发区电子商务产业孵化园入驻企业 20 家。山西国际陆港等物流园区建设持续推进。曲沃晋国青铜玉器文化产业园、侯马晋园文化城等一批重点文化产业项目加快实施。汾河公园、侯马彭真故居、蒲县东岳庙等 3 个景区成功创建国家 AAAA 级旅游景区，开展了 2014 临汾金秋游（北京）推介会等旅游宣传活动，全市旅游总收入达到 242 亿元，增长 24%。

生态环境明显改善。狠抓节能减排，全市万元地区生产总值综合能耗及化学需氧量、氨氮等指标超额完成省定任务。成功跻身国家 30 个节能减排财政政策综合示范城市，成为全省唯一入选的城市。尧都区城东老工业区搬迁改造纳入国家试点，浮山县入选国家资源综合利用“双百工程”示范基地，西山 7 县成为国家主体功能区建设试点。实施大气环境、水体质量、城乡清洁、生态治理和交通秩序五大提升工程，淘汰黄标车及老旧车 3.4 万辆；市区改造天然气 5 万户，空气综合质量指数下降 12.7%，PM2.5 浓度下降 14.9%，二级以上天数 240 天，增加 73 天。市污水处理厂改扩建一期进入调试阶段。全市主要河流地表水水质持续改善。全市完成营造林 46 万亩。市区新增绿化面积25.3 万平方米，成功创建省级园林城市。

（四）尽心竭力惠民生，持续改善人民生活

“六大惠民工程”成果丰硕。2014 年是我市实施“六大惠民工程”的第一年，我们完善政策，加大投入，突出重点，有序推进。实施学前教育优质普惠工程，出台了《城镇小区配套幼儿园规划建设与使用管理办法》，新改扩建幼儿园 63 所，取缔不达标幼儿园 336 所。实施乡村医疗服务提质工程，新农合人均筹资标准由340元提高到390元,其中政府补助由280元提高到320元,参合率达99.3%,重大疾病医疗保障范围增加到23种,新农合大病保险全面推开。实施农业强基工程,持续推进"大水网"涉临工程,完成洪洞曲亭水库修复和11座中小型病险水库治理,改造中低产田32.5万亩。实施饮水安全工程,市区新建城市供水网8.3公里,改建3.5公里,各县市新建城市供水网47.6公里,改建29.5公里;改善和提高了5万农村人口的饮水安全标准。实施城市综合整治工程,开展市容专项整治活动,清理马路堆放、马路经营、马路加工25000余处,规范早市、夜市340处;市区新建公交站点42个,新增公交车78辆、线路里程54公里。实施就业创业援助工程,全市城镇新增就业5.19万人,转移农村劳动力5.26万人,城镇登记失业率为2.9%。

城乡面貌明显改善。全年建设高速公路182公里,完成国省干线公路改造52公里,新改建农村公路270公里。大西高铁、中南铁路、霍永高速东段和西段一期建成通车,吉河高速完成路基工程,霍永高速西段二期全面启动。临汾机场进入通航前的验收阶段。城西客运站基本建成。编制了《市区地下空间利用规划》《南部机场片区控制性详细规划》等重点规划。在财力紧张的情况下,采取PPP模式、"334"投融资方式等多种办法,投资16亿元,新建改造市区道路11条,其中,五一路贯通、秦蜀路南延拓宽改造、景观大道、滨河西路北延、新高中南路等道路竣工通车,二中路、规划三街南段、中大街南段等工程正在建设。市规划展览馆建成投用,市博物馆、图书馆正在建设,市奥体中心、临汾学院、山西师大搬迁等项目正在推进。城中村改造进展顺利,改善农村人居环境"四大工程"扎实推进,农村"五件实事"全部完成。

民生事业协调发展。我们坚持真情实意惠民生,民生支出占到全年财政总支出的84.4%。完成5个县薄弱学校改造;培养名师358名、名校37所、名校长39人,教育教学质量稳步提升。市人民医院新院区顺利开诊;县级公立医院改革实现全覆盖。全市人口自然增长率控制在5.4‰。完成了第四批国家级非遗项目申报工作,有3个项目成功申报国家级名录。全市有线电视村村通覆盖率达81%。成功举办中国·临汾2014国际名校赛艇挑战赛。《临汾市志》正式出版。社会保障不断加强,7项社保参保总人数达到473万人。新开工保障性住房18682套,基本建成16044套。规范机关事业单位津、补贴,最低工资标准月人均增加160元,企业工资基准线增长13%,企业退休人员养老金实现"十连涨"。我市被确定为国家信息惠民试点城市。

与此同时,积极推进军民融合发展,国防动员和国防后备力量建设得到加强。民族宗教、外事侨务、老龄、残疾人等事业进一步加强,人防、统计、气象、水文、档案、地震、防灾减灾等工作取得新进展。

我们推进民主法制建设,认真执行人大及其常委会的决议、决定,积极支持人民政协履行职能,共承办人大代表建议、意见110件,政协委员提案184件、意见61件。支持各民主党派、工商联、无党派人士参政议政,支持工会、共青团、妇联等人民团体发挥作用。深入开展"六五"普法,公民法治意识进一步增强。

我们扎实开展党的群众路线教育实践活动和学习讨论落实活动,严格执行中央"八项规定"和国务院"约法三章",坚决反对"四风",着力解决人民群众反映强烈的突出问题。会议、文件分别削减15.3%和7.7%,"三公"经费支出同比下降34.7%。不断加强党风廉政建设,认真落实"一岗双责",加大对政府权力运行的监督力度,严肃查处发生在行政审批、公共资源交易中的违纪案件,切实加强审计监督,政府廉政建设得到进一步加强。

各位代表,过去一年的成绩来之不易,这是省委、省政府和市委正确领导的结果,是市人大、市政协和社会各界监督支持的结果,是全市人民凝心聚力、顽强拼搏的结果。在此,我代表市人民政府,向全市人民,向驻临部队、武警官兵和公安民警,向各民主党派、工商联、人民团体,向所有关心、支持、参与临汾改革发展的各界人士,表示崇高的敬意和衷心的感谢!

在总结成绩的同时,我们也清醒地认识到存在的问题,主要是:受经济下行影响,虽然年初确定的各项约束性指标全面完成,但地区生产总值、规模以上工业增加值等预期性目标未能实现;战略性新兴产业发展不够,科技创新能力不强,转型升级任务艰巨;财政增收放缓,刚性支出需求加大;生态环境仍然脆弱,安全生产基础还不牢固;农民增收难度加大，扶贫开发任务艰巨；公共服务水平仍需提高，民生社会事业仍需进一步加强；政府职能有待进一步转变，"四风"问题尚未根绝，政务环境还需优化，庸政懒政怠政现象仍然存在，等等。对于这些问题，我们要保持清醒头脑，坚持勇于担当，采取有力措施，认真加以解决。

二、2015 年工作安排

今年是按照"四个全面"战略布局开拓前行的重要一年，是决胜"十二五"、谋划"十三五"的关键之年，也是全面推进"六权治本""六大发展"的开局之年，改革发展稳定的任务艰巨繁重。

今年国内外经济形势依然十分严峻复杂，经济下行压力持续加大，这必将给我市经济运行、财政收支及各项事业带来更大困难。但是，我们必须看到面临的有利条件和难得机遇，国家实施积极的财政政策，推动"一带一路"建设，加快京津冀协同发展，这些都与我们的主导产业密切相关；我省加强党风廉政建设和反腐败斗争，加快法治山西建设，将为经济社会发展提供风清气正的良好环境，省委提出"六大发展"的战略思路，掀开了山西发展的新篇章，必将迎来加快发展的新热潮；特别是经过近几年的努力，我市交通优势、区位优势、环境优势进一步显现，"百里汾河生态经济带"引领作用持续增强，我市将迎来要素汇聚、潜力迸发的发展机遇期。我们要认识新常态，适应新常态，引领新常态，在逆境当中看到希望，在压力之下坚定信心，在困难面前抢抓机遇，始终坚持发展是第一要务，坚定不移地推进临汾加快发展；始终坚持深化改革、扩大开放，以创新创造激发活力，增强动能；始终坚持保障和改善民生，以增进民生福祉为根本目的，让人民群众得到实实在在的好处。

今年政府工作的总体思路是：深入贯彻党的十八大、十八届三中、四中全会和十二届全国人大三次会议精神，按照"四个全面"战略布局，以习近平总书记系列重要讲话精神为根本指针，认真落实省委、省政府和市委的决策部署，主动适应经济发展新常态，坚持稳中求进总基调，牢牢把握稳增长和调结构的平衡点，狠抓"六权治本"，推进"六大发展"，全面深化改革，不断扩大开放，突出创新驱动，保障改善民生，实现经济持续健康发展和社会和谐稳定，不断开创弊革风清、富民强市新局面。

今年经济社会发展的主要预期性目标是：地区生产总值增长 6%，规模以上工业增加值增长 7%，全社会固定资产投资增长 16%，社会消费品零售总额增长 10%，公共财政预算收入增长 6%，城镇居民人均可支配收入增长 8%，农村居民人均可支配收入增长 9%，居民消费价格涨幅控制在 3%以内。约束性指标是：万元地区生产总值能耗下降 4.29%，二氧化硫、化学需氧量、氨氮、氮氧化物排放量分别下降 3.77%、2.63%、3.42%和 3.97%。

围绕上述目标，今年要重点做好九方面的工作：

（一）坚持稳中求进，促进经济平稳健康发展

把握关键稳增长。我们要坚定信心，迎难而上，抓住关键环节，解决突出问题，采取有力措施，努力实现经济企稳回升。抓基础、保均衡，紧紧抓住基础产业、重点企业，坚持市县领导包联企业，建立常态生产调度机制，实行一企一策、精准服务，强化经济运行监测分析，保持经济均衡发展。全市规模以上企业煤炭产量达到 6000 万吨、焦炭产量达到 1800 万吨、生铁达到 1100 万吨、钢材达到 1200 万吨、发电量达到 210 亿千瓦时。抓资金、保运行，认真落实省政府减轻企业负担 60 条措施，实施好我市确定的 65 条减负措施；搞好银企沟通对接，争取金融机构扩大信贷投放，有效缓解企业融资难、融资贵问题；设立中小企业"过桥还贷"资金，帮助企业渡过难关。抓销售、保市场，强化煤电油运等企业生产要素保障，促进主要产品市场销售，组织企业积极开拓市场，巩固扩大产品话语权和市场份额。抓合作、促共赢，引导企业抱团取暖，支持同类企业之间、上下游企业之间，采取组建企业集团、企业联盟等多种方式加强联合，提高抵御市场风险的能力。

抓好项目稳增长。把投资作为稳增长的强大引擎，围绕省政府确定的"四个方面、十大领域"投资方向，扎实开展"项目提质增效年"活动，实行重大项目"双包双联"责任制，健全项目调度推进机制，破解项目用地、资金等要素制约，"六位一体"统筹推进项目建设。全年项目储备动态保持在 12000 亿元，签约完成 2000 亿元，落地完成 1580 亿元，开工完成 1350 亿元，建设完成 1130 亿元，投产完成 1260 亿元，全社会固定资产投资完成 1426 亿元。实施总投资 3834 亿元、当年投资 1260 亿元的 922 项省市县重点监测项目。铁路投资 42.5 亿元，加快推进张台铁路、中南铁路战略装车点等 13 项铁路项目建设；公路投资 83.6 亿元，吉河高速年底前竣工，霍永高速

西段二期、长临高速工程全面开工建设,集中连片特困地区交通扶贫项目完成146公里;水利投资41.2亿元;新兴产业项目投资337亿元;城乡人居环境改善投资447亿元。

招商引资稳增长。进一步加大招商引资力度,努力开工一批、争取一批、签约一批、招商一批大项目、好项目。优化服务促招商,狠刹"吃拿卡要"的歪风,努力营造良好的政务环境,倡导形成高效优质的服务理念,全面推动精准招商、感情招商、产业招商、要素招商、园区招商。突出重点促招商,紧盯长三角、珠三角、京津冀等重点招商地区,围绕"十大领域"、七大产业等重点招商范围,吸引世界五百强、中国五百强等重点企业,加快承接沿海发达地区产业转移。借势借力促招商,抓住国家采取积极的财政政策、实施"一带一路"建设、京津冀协同发展等重大的政策机遇,发挥我市百里汾河生态经济带、黄河金三角、节能减排试点城市、方略综合物流保税中心等重要平台的作用,积极参与跨国公司入晋项目推介上海专场活动、晋粤交流合作广州项目对接会、央企入晋北京项目对接活动等30项投资促进活动以及乌洽会、投洽会、西博会、中博会等招商活动,自主举办各类招商引资洽谈会,确保招商引资取得实效。

龙头带动稳增长。进一步加大"百里汾河生态经济带"建设力度,按照全省《汾河流域生态修复规划纲要》,加强汾河流域生态修复,对汾河生态文明进行特别保护。认真实施"经济带"《总体规划》和6个《专项规划》,启动总投资1892亿元,涉及生态环保、新型工业、现代农业、现代服务业、基础设施和民生类,共251项"经济带"项目建设。进一步完善路网、水网、电网、通讯网,加快临汾民航机场通航,加快涝洰河生态环境综合治理工程建设;进一步推进"经济带"内的18个工业园区、10个现代农业园区、6个物流园区和5个文化旅游园区建设,重点抓好投资64亿元的侯马北铜铜业产业园、投资30亿元的汉能柔性薄膜太阳能电池生产项目、投资102亿元的山焦年产60万吨烯烃等项目建设;加快推进"两区同建",重点抓好洪洞天泽、襄汾丁村、侯马上阳、霍州西张垣等11个"两区同建"项目建设。

(二)做好煤与非煤两篇文章,推动产业结构优化升级

大力推动"煤炭革命"。落实我市《推进煤炭产业"六型"转变实施方案》,促进煤炭产业向"市场主导型""清洁低碳型""集约高效型""延伸循环型""生态环保型"和"安全保障型""六型"转变。加快煤矿基本建设步伐,全年地方监管矿井基本建设完成投资30亿元,新增竣工矿井27座,新建现代化矿井5座。发挥我市主焦煤优势,组建临汾焦煤集团和中国(太原)煤炭交易中心临汾办事处。提高煤炭技术创新能力,全年煤矿技术投入比不低于5%。实施我市《矿山生态环境保护与恢复治理方案》,加强矿区生态建设。

改造提升传统产业。加快非煤矿山、焦化、钢铁、电力等传统产业改造步伐。非煤矿山重点做好铁矿资源整合和复工复产工作,加快汾西其亚铝业项目建设。焦化产业抓好淘汰落后、产业聚集、链条延伸,加快推进襄汾万鑫达20万吨粗苯精制、古县利达LNG等项目建设。钢铁产业抓好产品优化、整合重组,做强做大晋南钢铁集团,重点实施新金山100万吨高速线材、通才工贸120万吨球团等项目,加快推进翼钢重组,着力优化品种结构,逐步开发优特钢。电力产业围绕装备提升、超低排放,重点推进洪洞晋能、蒲县宏源、古县西山煤电、翼城阳煤等低热值煤发电项目。

培育壮大新兴产业。积极发展装备制造业,以煤炭机械、汽车零部件、工程机械配件、家电配件为重点,逐步向高端制造延伸,抓好好利阀门、东方恒略精密铸造、沃特玛新能源汽车核心零部件产业基地、德讯电梯等项目建设。积极发展新材料产业,推动新型建筑材料、高端金属结构材料、特种金属功能材料发展,重点推进纳海鸣建材4万吨岩棉板、浮山晋盛新型建材60万平米微晶玻璃板材等项目建设。积极发展新能源产业,重点实施永和煤层气开发利用、侯马志盛150兆瓦太阳能电池组件等项目。积极发展食品医药产业,加快食品医药企业技术创新、精深加工和品牌建设,重点推进阳煤顶吉食品10万吨苹果深加工二期、侯马开发区医疗器械仓储物流中心等项目建设。

加快发展现代服务业。旅游业按照"一带五区一线十点"的布局,做好洪洞大槐树、乡宁云丘山、吉县壶口瀑布等国家AAAAA级景区创建工作,加大旅游宣传营销,推进智慧旅游,全年旅游综合收入增长15%。文化产业重点培育文化产业园区和骨干文化企业,推进文化创意和设计服务与相关产业融合发展。物流业重点推进山西国际陆港、中信空港

物流园等园区建设，加快发展第三方物流和多方物流。现代商贸业加快上东世纪CBD、临汾建材家居博览城等城市综合体建设，实施“电商千人百企培训工程”，推进侯马开发区国家电子商务示范基地等项目建设。实施信息惠民工程，加快构建信息惠民综合服务体系。大力发展“互联网＋”，推进各行各业商业模式创新，不断催生新兴业态。

（三）深化改革扩大开放，全面增强发展动力和活力

以综改试验区建设为统领，认真落实好省定各项综改任务，按照我市三年《综改实施方案》和2015年行动计划，全面完成“5111”重大任务。深化行政审批制度改革。按照我市《推进“六权治本”加强市政务服务中心建设实施方案》，厘清权力清单、审批清单、负面清单，切实落实“两集中、两到位”；认真做好省政府下放审批事项的承接工作，继续取消和下放一批市级行政审批项目，进一步精简审批事项，优化审批流程，提高行政效率，规范完善市公共资源交易平台建设。深化农村改革。全面铺开农村土地承包经营权确权登记颁证工作，推动农业适度规模经营，加快林权制度配套改革，探索推进农村集体产权制度、水权制度等改革。深化财税体制改革。认真落实新《预算法》，完善政府预算体系，将政府收支全部纳入预算管理；加强财政绩效管理，规范政府债务管理；大力压缩财政一般性支出，确保重点领域和民生支出。深化投融资体制改革。大力推行政府与社会资本合作（PPP）模式，吸引社会资本参与基础设施、产业发展、社会事业等重点领域建设；健全完善投融资平台公司管理机制；深入推进土地、矿业权抵押融资。深化开发区与园区体制机制改革。推进临汾、侯马开发区扩区，做好襄汾一区两园和洪洞赵城煤焦化深加工园区申报省级开发区工作。同时，积极推进政府机构、国有企业、工商登记制度、户籍制度等重点领域改革，进一步扩大对外贸易，提高对外开放水平。

（四）全力推动三个突破，有效破解制约瓶颈

全力推进科技创新。加强与中科院北京分院的战略合作，加快实施创新驱动战略和低碳创新行动计划。强化企业技术创新主体地位，提升企业自主创新能力，推动高新技术产业发展，重点培育10个优势产业集群。以安全、清洁、高效、低碳发展为方向，实施好煤基科技重大专项，支持7条煤基产业创新链建设。加快科技研发平台建设，省级以上工程（技术）研发中心、企业技术中心达到19家以上。出台《临汾市科技人才“市长创新奖”工作方案》和《关于建立完善科研人员股权和分红激励政策的实施意见》，积极引进高端人才和创新团队。加强知识产权管理，全市有效发明专利拥有量增长10%。

大力发展民营经济。认真落实促进民营经济发展的政策措施，进一步放宽市场准入，设立临汾市民营经济发展基金，努力为民营企业创造公平竞争的市场环境。积极搭建创业平台，大力培育各类创业主体，鼓励支持企业家“二次创业”，继续推进小微企业创办、“小升规”企业成长、“小巨人”企业提升等工程，新培育“小巨人”企业8户，“小升规”企业23户，创办小微企业2000户。制定政策，搭建平台，拓展空间，营造氛围，加快形成大众创业、万众创新的生动局面。

切实推动金融振兴。加大金融机构引进力度，加快村镇银行、社区银行和小微银行建设步伐。培育壮大资本市场，完善短期融资券、中期票据、中小企业集合债券等融资工具，加快企业上市步伐。围绕服务实体经济，完善政银企合作机制，促进信贷融资、债券融资、股权融资和上市融资全面发力。加快发展现代保险服务业。加强诚信体系建设。优化金融生态，防范和打击非法集资。

（五）扎实做好“三农”工作，促进农业发展农民增收

夯实农业发展基础。加强农田水利基本建设，加大农机新技术、新机具推广力度。坚持把保障粮食安全作为首要任务，严守耕地红线，确保耕地面积稳定在700万亩以上。扎实推进粮食创高产工程，重点建设31个万亩高产示范区，推广标准化高产高效、绿色环保技术模式，确保全市粮食总产稳定在20亿公斤以上。

发展特色现代农业。按照产出高效、产品安全、环境友好的要求，推进“四个百万亩”特色农业基地建设，发展精细蔬菜5万亩、水果5万亩、中药材5万亩、以核桃为主的干果经济林10万亩。加快现代农业园区建设，提高农业规模化、集约化、现代化水平。支持培育种养大户、家庭农场、农民专业合作社、农业企业等新型经营主体，积极发展多种形式的适度规模经营。继续抓好“两平台一通道”建设，巩固完善市、县、乡、村农业科技服务体系，扶持发展休

闲农业、观光农业。大力开展农产品质量安全专项整治,确保“餐桌上的安全”。

持续增加农民收入。把农民增收摆在突出位置,认真落实好种粮直补、农资综合直补、良种补贴等各项强农惠农政策。鼓励引导发展规模种养、农产品加工。强化农民技能培训,全年培训新型职业农民1.5万名,促进农村富余劳动力转移就业。

扎实推进扶贫开发。按照精准扶贫的要求,大力实施产业扶贫开发工程,完成投资22亿元,重点推进5个国定贫困县与4家省属企业的扶贫项目建设。推进国家光伏扶贫试点,光伏发电试点村总数达到100个、装机总容量达到10兆瓦。完成9个贫困县、1.2万人的易地搬迁任务。做好大宁、吉县连片特困地区区域发展与扶贫攻坚试点工作。抓好干部驻村帮扶、定点扶贫、金融扶贫、整村推进和外资扶贫等各项扶贫开发重点工程。实现6.45万贫困人口脱贫,减少60个贫困村,确保贫困地区农村居民人均可支配收入增幅高于平均水平。

(六)统筹城乡一体发展,提高城镇化质量和水平

积极稳妥推进城镇化。完成《临汾市城市总体规划(2009—2020)》评估,编制《临汾市城市 地下管线综合规划》《汾河景区控制性详细规划》等规划,市区控规覆盖率达到100%,各县市控规覆盖率达到60%以上。围绕“一带两圈多点”的城镇化布局,扎实推进汾河沿线城镇带、临汾都市圈和侯马都市圈、12个大县城和60个重点镇建设。加快推进农业转移人口市民化,力争全市城镇化率达到49%以上,汾河沿线城镇带内城镇化率达到53%以上。启动实施城市人居环境改善工程。编制《城市人居环境改善工程三年规划》,全面实施设施提升、城市安居、城中村改造、环境提质四大工程。

加快中心城市建设步伐。按照“拉大框架、完善功能、提升品位、宜居宜业”的要求,加快市区建设步伐,提升城市综合承载能力。完善提升交通路网,构建“八横十纵两环”的城市交通体系。改造3条老旧路,对鼓楼南街、煤化巷至鼓楼东大街步行街、锣鼓大桥西延进行拓宽改造;打通3条断头路,加快中大街南延工程建设,启动华州路东延、迎春街南延等工程;建设一批主干路,完成规划三街南段、漪汾花园南路、西赵路西段、中大街南段、市中心地震台应急通道等道路工程,启动规划三街北段、西赵路东段等道路建设,对滨河东路、迎宾大道等重要交通节点实施立交快速化改造,建设市区通往机场的快速通道。加快城中村和棚户区改造步伐,实施尧都西关社区、盘龙社区、尧庙镇郭村、刘村镇涧头村等城中村改造,新开工城镇保障房7424套,基本建成14800套。完成北城壕西段防汛排水及道路工程,启动向阳西路、秦蜀路南延、鼓楼西街西段、机场大道等排水工程。加快污泥处置项目、龙祠水源净水厂改扩建、市应急水源地等工程建设。推进市图书馆、博物馆、奥体中心、市戏剧研究院非遗保护传承基地等项目建设,提升城市综合品位和整体形象。

持续抓好农村人居环境改善。实施好农村人居环境改善四大工程,高标准建设园林村60个,新建农村老年人日间照料中心80个,实施广播电视卫星户户通3万户;加快采煤沉陷区治理,搬迁安置群众2887户、9843人;完成1192户受地质灾害威胁严重的农民群众搬迁任务;实施农村危房改造9790户;推进35个农村污水防治试点村、100个畜禽粪污治理和100个病死动物无害化处理示范点建设;扎实开展美丽宜居示范村“三级联创”活动,重点抓好20个省级、30个市级美丽宜居示范村的创建工作,促进农村环境全面提升。

(七)抓好社会治理创新,维护社会和谐稳定

持之以恒抓好安全生产。牢固树立安全生产“红线”意识和安全发展理念,严格落实新《安全生产法》,实现安全监管责任“五个全覆盖”。采用“四不两直”以及明察暗访等方式,深入开展安全生产大检查和打非治违专项行动,全面加强煤矿、非煤矿山、道路交通、油气管道、尾矿库、水库、食品药品、危险化学品、民爆物品、烟花爆竹、人员密集场所、消防、学校、校车、建筑施工、森林防火、特种设备等各行业、各领域的安全生产工作。严格落实安全生产目标责任考核“一票否决制”,确保全市安全生产形势持续明显好转。

积极推动社会治理创新。推进网格化管理和基层综合服务管理平台建设。落实信访工作责任制和重点案件领导包案制度,建立畅通、规范、有序的群众诉求表达渠道。完善人民调解、行政调解、司法调解“三调联动”大调解工作机制,确保绝大多数矛盾纠纷在基层得到有效化解。深入推进“平安临汾”“法治临汾”建设,持续开展打黑除恶专项行动,完成市区新建整合视频监控工程建设,开展以

"城中村"为重点的治安整治,加大反恐工作力度,提高群众的安全感和满意度。强化应急救援管理,积极推进政府各部门应急处置信息共享机制,妥善处理各类突发事件。加强特殊人群管控矫治,确保社会和谐稳定。

(八)加强生态文明建设,持续改善生态环境

抓好节能减排工作。完善节能减排工作制度和推进措施,统筹做好工业、建筑、交通等重点领域节能减排工作。全力实施好"国家节能减排财政政策综合示范城市"项目,重点推进城市环境整治及企业污染物减排、交通清洁化、绿色建筑、余热余压循环利用、产业低碳化等五大类45个典型示范项目。扎实做好能耗强度控制、节能评估和审查等工作,万元地区生产总值能耗下降4.29%,确保超额完成"十二五"节能减排目标。

加大环境保护力度。围绕创建国家环保模范城目标,认真贯彻落实新《环保法》,全力打好大气、水、土壤污染治理三大战役。扎实推进大气污染防治五年行动计划,组织开展工业企业污染治理、煤烟污染治理、建筑施工工地扬尘治理、道路扬尘治理、机动车污染治理和油气治理等6项大气污染防治工程,市区完成天然气改造5.7万户,城中村、城郊村燃煤锅炉改造1100户,新增供热面积120万平方米,全面完成黄标车淘汰任务,确保PM2.5浓度稳步下降。继续实施地表水跨界断面考核全覆盖,扎实开展河流清洁行动。加快市区河西生活污水处理厂、城北污水处理厂推进力度。抓好龙祠等城市饮用水水源地的综合治理和监管。持续加大土壤污染防治工作力度,开展土壤污染调查及治理试点工作。

提升生态建设水平。按照林业建设"三加三不减"的要求,以"两山、两网、两林、两区、双保"五大国家、省级造林工程为龙头,重点实施好国家新一轮退耕还林、霍永高速绿化、吕梁山生态脆弱区植被恢复等工程,完成造林39.57万亩,确保森林覆盖率增加1个百分点。按照国家主体功能区定位,在西山7县实施生态试点示范区、特色生态农业发展、黄河旅游带建设、生态综合开发、绿色工业产业基地建设等五大行动计划,建立完善因地制宜、绿色发展的生态经济体系。市区创建国家级园林城市。

(九)全面发展社会事业,着力保障和改善民生

大力加强文化建设。实施"文化强市"战略,大力弘扬廉政文化、红色文化、法治文化,深入挖掘我市优秀传统历史文化。办好山西?临汾帝尧古都文化旅游节,加快建设市"五馆一院"、县"三馆一院"和乡镇文化站所、农村文化活动场所。建立文化产业项目精品库,推进"县级城市数字影院建设工程"。完成广播电视"户户通"2万户。加大历史文物和非物质文化遗产保护力度,建立以非物质文化遗产为主的生态保护实验区。积极筹备第十七届"群星奖"比赛,开展好第三届梨花奖评比活动。强化文化服务,坚持文化下乡。举办临汾市第四届运动会。做好扫黄打非和净化网络工作。优先发展教育事业。扎实推进义务教育办学模式改革,全面改善义务教育薄弱学校和寄宿制学校基本办学条件。启动中高等院校资源整合工作,推进山西师大、师大文理学院和临汾学院新校区建设。持续提升医疗卫生水平。打造以"三甲"医院为龙头的医疗联合体,加强公共卫生服务,为农村60岁以上老年人实行免费体检。开展国家级和省级卫生城市(县城)创建活动。坚持计划生育基本国策,人口自然增长率控制在6.5‰以内。不断提高社会保障水平。统筹推进城乡社保体系建设,提高企业退休人员基本养老金、城乡居民基础养老金、城镇职工医保最高支付限额、工伤保险等标准。大力发展养老福利事业,推进养老服务社会化、专业化。

在做好上述工作的同时,我们还要高标准编制国民经济和社会发展第十三个五年规划;深入实施军民融合发展战略,支持驻临部队、武警部队、民兵预备役和人防建设;支持工会、妇联、共青团等人民团体工作;认真做好审计、统计、档案、气象、水文、地震、民族宗教、外事侨务、对台、老龄和残疾人等各项工作。

各位代表,今年,我们要继续实施"六大惠民工程"。

实施学前教育优质普惠工程。深入实施第二期学前教育三年行动计划,新改扩建标准化公办幼儿园28所、农村幼儿园36所。严格落实城区幼儿园建设规划,加快城镇住宅小区配套幼儿园建设。继续清理规范民办幼儿园,探索以政府购买服务的方式发展学前教育,学前三年入园率达到80%以上。

实施乡村医疗服务提质工程。继续实施基本药物制度,做好常用低价药品供应保障工作,实施基层中医药服务能力提升工程。巩固"新农合"制度,人均筹资标准由390元提高到470元,确保参

合率稳定在95%以上。

实施农业强基工程。加强农田水利基本建设，扎实推进我市“小水网”建设，加快西山沿黄提灌工程，完成引沁入汾浮山供水工程输水干线10.56公里建设。投资1.54亿元，重点实施6个县的中央财政小型农田水利重点县项目建设，全年完成实灌面积231.4万亩。

实施饮水安全工程。加大农村饮水工程建设力度，提高和改善7.9万农村人口和乡镇学校师生的饮水安全标准。完成县级水质检测中心建设任务。新建和改造城市供水管网70公里，供水普及率达到96.5%。加快城乡供水一体化步伐。

实施城市综合整治工程。开展环境秩序、交通秩序、临街门面、违章建设等四项专项治理行动，切实解决“马路市场”、暴露性垃圾堆积、黑出租（三轮）非法营运、车辆乱停乱放、户外广告牌匾违章设置、乱搭乱建等问题，提升城市精细化管理水平。落实公交优先战略，全市更新城市公交车100辆。实施“放心早餐工程”，解决城区早餐市场“脏、乱、差”问题。建设垃圾处理产业园区，启动实施垃圾焚烧发电和餐厨垃圾处理等项目。

实施就业创业援助工程。全方位落实就业扶持措施，积极开发就业见习、三支一扶和基层公益性岗位。大力实施大学生创业引领计划，开展以创业带动就业工作。全市城镇新增就业5.1万人，转移农村劳动力就业5.1万人，城镇登记失业率控制在4%以内。

三、切实加强政府自身建设

做好今年的各项工作，必须进一步加强政府自身建设，不断提高执政能力和工作水平。

强化权力监督。把坚持“六权治本”作为加强政府自身建设的根本要求，贯彻落实到政府工作的各个方面。依法确定权力，做到职权法定、简政放权；科学配置权力，实现制约权力和效率、效能的统一；制度约束权力，按照“全面覆盖、全程到位、制度束权”要求，完备制度设计，优化制度运行，严格制度执行；阳光行使权力，坚持以公开为常态，全面落实公开制度，确保公开实效；合力监督权力，坚持全方位、全领域、全过程监督权力，切实提高监督效能；严惩滥用权力，严厉查处“乱作为”，严肃问责“不作为”。自觉接受市人大及其常委会的法律监督、工作监督和市政协的民主监督，认真办理人大代表建议和政协委员提案，广泛听取各民主党派、工商联、无党派人士和人民团体的意见建议。加强审计监督，大力推进公共资金、国有资产和领导干部履行经济责任审计全覆盖。按照《临汾市政府信息公开暂行办法》的有关规定，加大政务信息公开力度，全面接受舆论和社会监督。

坚持依法行政。深入贯彻党的十八届四中全会精神，认真落实《关于加快推进法治临汾的实施意见》，把法治理念和法治思维贯穿政府工作全过程，做到法定职责必须为、法无授权不可为。不断完善《市政府议事规则》，建立政府法律顾问和智库制度，健全行政重大决策的法定程序、合法性审查机制、责任追究制度，推进决策科学化民主化。深化行政综合执法体制改革，加强行政执法队伍建设，做到严格规范公正文明执法。

改进工作作风。巩固党的群众路线教育实践活动和学习讨论落实活动成果，持续整治“四风”，健全改进作风常态化制度。认真开展“三严三实”专题教育，着眼于坚定理想信念、强化党性观念、增强实干精神，着力解决“不严不实”的突出问题，确保专题教育取得实实在在的成果。从严管理公务员队伍，强化实干意识、担当意识、执行意识，加大督查问责力度，形成干事创业的良好氛围。密切联系群众，畅通市长热线，落实领导干部下基层工作机制，有效解决服务群众“最后一公里”问题。

加强廉政建设。严格落实党风廉政建设责任制和党委（党组）的主体责任，加强惩治和预防腐败体系建设，用制度管权、管钱、管人，形成不敢腐的惩戒机制、不能腐的防范机制、不想腐的保障机制。认真执行“八项规定”“约法三章”，严控“三公”经费。推进机关公务用车制度改革。加大专项治理力度，按照全市《专项整治实施方案》要求，认真开展涉及政府系统的31项专项整治，完善重点部门和关键岗位的廉政风险防控措施，树立为民务实清廉的良好形象。

各位代表，新常态孕育新机遇，新机遇催生新发展。让我们更加紧密地团结在以习近平同志为总书记的党中央周围，在市委的坚强领导下，在市人大、市政协的监督支持下，团结和带领全市人民，真抓实干，开拓创新，全面完成今年经济社会发展和“十二五”规划各项目标任务，为开创弊革风清、富民强市新局面而努力奋斗！

附：

相关名词解释和说明

1.“四个年”活动：指2014年市委提出的在全市开展改革创新年、转型攻坚年、环境提升年、服务群众年“四个年”活动。

2.“六大惠民工程”：指2014年市《政府工作报告》中提出要办好的六项惠民工程，包括学前教育优质普惠工程、乡村医疗服务提质工程、农业强基工程、饮水安全工程、城市综合整治工程和就业创业援助工程。

3.“两区同建”：指农村社区和农村产业园区同步建设，大力推动农民集中居住和现代农业发展，促进农民生活方式和生产方式两个转变。

4.“百日双百案”群众信访诉求化解专项活动：指第二批党的群众路线教育实践活动期间，我市利用100天时间，对省、市近200件信访案件，按照“五个一”（即，一名包案领导、一套工作班子、一套化解方案、一份会办纪要、一套稳控措施）的工作要求，全力进行化解，做到诉求合理的解决问题到位、诉求无理的思想教育到位、生活困难的帮扶救助到位、行为违法的依法处置到位。

5.“16112”重大改革任务：即，一个主攻目标，六个重大改革，十个重大事项，十个重大项目和两个重大课题。“一个主攻目标”就是把“百里汾河生态经济带”作为转型综改的主攻目标。“六个重大改革”是指推进“五规合一”规划统筹协调机制、深化户籍制度改革、创新农业生产经营机制、就业促进机制、园区管理体制、构建生态环境保护修复多元投入机制。“十个重大事项”是指推进煤炭资源综合开发利用、加快装备制造基地建设、推进城乡社会保障体系建设和提升科技创新能力等事项。“十个重大项目”包括百里汾河河道治理与生态修复工程、百里汾河生态经济带交通路网建设、涝洰河生态建设等项目。“两个重大课题”是指资源型产业与非资源型产业均衡发展机制研究和公共资源在城乡之间均衡配置促进机制研究。

6.“一委一办三中心”：指以市政务服务中心为平台，创新政务服务管理体制，成立“政务服务中心管理委员会、政务服务中心管理办公室，设立行政审批管理中心、公共资源交易管理中心、行政服务监察中心”的“一委一办三中心”运行机制。

7.“两集中、两到位”：是我市行政审批运行机制创新的核心内容，是将职能部门的行政审批职能向一个审批科室集中、审批科向行政审批大厅集中，项目进大厅审批到位、对窗口人员授权到位。

8.“一村一品”“一县一业”：指在一定区域范围内，以村、乡、县域为基本单位，充分发挥本地资源优势和区位优势，通过规模化、标准化、品牌化和市场化建设，使一个村（或几个村）、乡、县拥有一个（或几个）市场潜力大、区域特色明显、附加值高的主导产品和产业，从而大幅提升经济整体实力和综合竞争力的经济发展模式。

9.“四个百万亩”：即，以苹果之乡吉县和金梨之乡隰县为龙头的西山百万亩水果基地，以曲沃县磨盘岭生态农业园为龙头的平川百万亩蔬菜基地，以古县核桃、永和红枣为龙头的双百万亩干果经济林基地和以安泽连翘、襄汾地黄为龙头的双百万亩优质中药材基地。

10.国家资源综合利用“双百工程”：指国家发改委“十二五”期间在全国重点培育和扶持百个资源综合利用示范工程（基地）和百家资源综合利用骨干企业，发挥示范引领作用，带动整体水平提升，推动战略性新兴产业发展，加快经济发展方式转变。2014年我市浮山县入选国家资源综合利用“双百工程”示范基地。

11.“黄标车”：指未达到国Ⅰ排放标准的汽油车或国Ⅲ排放标准的柴油车，排放量相当于新车的5至10倍，环保部门只发给其黄色环保标志。

12.空气综合质量指数：依据2012年12月国家颁布的空气质量新标准，将“空气综合污染指数”修订为“空气综合质量指数”，用以评价较长周期的空气质量整体水平。空气综合质量指数是指参与评价的SO^2、NO^2、PM10、PM2.5、O_3、CO等六项污染物的指数之和，指数的数值越大，表示空气污染程度越严重，空气质量越差。

13.“大水网”涉临工程：“大水网”是省委、省政府确定的“十二五”重大水利工程项目，是以纵贯山西省南北的黄河北干流和汾河两条天然河道为主线，以建设覆盖山西省六大盆地和主要经济中心区的十大骨干供水体系为骨架，并通过连通工程建设，将黄河、汾河、沁河、桑干河、滹沱河、漳河六大河流及各河流上的大中型水库相连通，形成“两纵十横、六河连通，纵贯南北、横跨东西，多源互补、保障应急，丰枯调剂、促进发展”的大水网。“大水网”涉临工程主要包括中部引黄工程（涉及隰县、蒲县、大宁和汾西），黄河古贤供水工程、引沁入汾浮山供水工程、禹门口东扩及配套工程和西山沿黄提灌工程（涉及永和、大宁、吉县、乡宁）。

14.政府与社会资本合作（PPP）模式：指政府为增强公共产品和服务供给能力，提高供给效率，通过特许经营、购买服务、股权合作等方式，与社会资本建立的利益共享、风险分担及长期合作关系。

15.“334”投融资方式：指对由财政资金支出的政府性工程项目，实行“334”投融资方式，即在不产生任何利息的前提下，第一年、第二年分别付款30%，第三年付款40%。

16.农村人居环境“四大工程”：主要包括完善提质工程、农村安居工程、环境整治工程、宜居示范工程。完善提质工程主要任务是加强农村路、水、电、气等基础设施建设，提升农村文化教育、医疗卫生、社会保障等公共服务水平。农村安居工程主要任务是在采煤沉陷区、地质灾害易发区、连片特困区重点实施易地搬迁，改造农村困难家庭危房。环境整治工程主要任务是以农村污水、垃圾治理为重点，兼顾农业面源污染治理，开展新一轮农村环境整治。宜居示范工程主要任务是在改善农村人居环境的基础上，鼓励支持有条件的村开展美丽乡村建设。

17.农村“五件实事”：指2013年山西省《政府工作报告》提出的，用三到五年，投入400亿元，为农民群众办五件实事，即全面完成农村困难家庭危房改造、特困群众易地搬迁、行政村街道亮化、村级幼儿园改扩建和乡村清洁工程。

18.“约法三章”：指国务院新一届政府任期内，政府性楼堂馆所一律不得新建，财政供养人员只减不增，公费接待、公费出国、公费购车只减不增。

19.“六权治本”：为建立健全权力运行制约和监督的长效机制，省委王儒林书记提出“依法确定权力、科学配置权力、制度限制权力、阳光使用权力、合力监督权力、严惩滥用权力”的“六权治本”思路。

20.“六大发展”：省委十届六次全会确定的六大发展战略，即廉洁发展、转型发展、创新发展、绿色发展、安全发展、统筹发展。

21.“四个方面、十大领域”：全省经济工作会议提出的2015年投资方向和着力点。“四个方面”是指基础设施建设、产业转型、城镇化和生态环保、民生和社会事业；“十大领域”投资是指铁路投资、公路投资、水利投资、外送电通道和电网建设投资、低热值煤发电项目投资、煤层气项目投资、节能环保项目投资、科技创新城投资、新兴产业项目投资、城乡人居环境改善投资。

22.重大项目“双包双联”责任制：指我市为推进重点项目建设制定的一项重大措施。“双包”，即包项目的落地、包项目的建设；“双联”，即联系项目单位、联系有关审批部门。

23.“六位一体”：指项目储备、签约、落地、开工、建设和投产。

24.“5111”重大任务：指《临汾市国家资源型经济转型综合配套改革试验2015年行动计划》中重点实施的5项重大改革、10项重大事项、10个重大项目和1个重大课题。

25.“一带五区一线十点”旅游业布局：“一带”即倾力打造百里汾河文化旅游带；“五区”即重点建设五大主要旅游区：中镇霍山旅游区、大槐树文化旅游区、尧文化旅游区、丁村民俗文化旅游区、晋文化旅游区；“一线”即深入挖掘以壶口瀑布为核心的黄河风情旅游线；“十点”即重点培育翼城历山舜王坪、乡宁云丘山和戎子酒庄、蒲县五鹿山和东岳庙、隰县小西天、古县牡丹园、安泽荀子园、永和乾坤湾以及大宁二郎山。

26.“互联网+”：代表一种新的经济形态，即充分发挥互联网在生产要素配置中的优化和集成作用，将互联网的创新成果深度融合于经济社会各领域之中，提升实体经济的创新力和生产力，形成更广泛的以互联网为基础设施和实现工具的经济发展新形态。

27.“两平台一通道”：指农业技术服务平台、农产品专业销售平台和农民小额贷款通道。

28.安全监管责任“五个全覆盖”：即，“党政同责”全覆盖；“一岗双责”全覆盖；各级政府主要领导同志担任安委会主任全覆盖；安全监管部门要向党委书记和组织部门报告情况全覆盖；“三个必须”即“管行业必须管安全、管生产经营必须管安全、管业务必须管安全”全覆盖。

29.“三加三不减”：指山西省政府关于造林绿化工作提出的“三加三不减”要求，即“造林绿化的领导力度只加大不减小，资金支持只增加不减少，目标考核只加强不减弱”。

30.“两山”“两网”“两林”“两区”“双保”造林绿化工程：“两山”指太行山、吕梁山；“两网”指水网、路网；“两林”指干果经济林、速生丰产林；“两区”指城市郊区、矿区；“双保”指天然林保护和森林资源综合保护。

31.市“五馆一院”和县“三馆一院”：根据山西省印发《山西省文化改革发展“十二五”规划》，力争到“十二五”末，确保市市有博物馆、公共图书馆、文化(群众艺术)馆、科技馆、体育馆、剧院(场)等“五馆一院”目标实现；县级在巩固县“三馆”(即文化(博)馆、体育馆(场)、图书馆)的基础上，加快“多厅影院”建设。

32.“大学生创业引领”计划：其主要任务是开展大学生创业培训、对大学生创业给予政策扶持、提供指导服务和孵化服务。

关于临汾市2014年国民经济和社会发展计划执行情况与2015年国民经济和社会发展计划(草案)的报告

——2015年4月27日在临汾市第三届人民代表大会第六次会议上

临汾市发展和改革委员会主任　师学瑾

各位代表：

受市人民政府委托，我向大会报告临汾市2014年国民经济和社会发展计划执行情况，以及2015年国民经济和社会发展计划草案，请予审议，并请市政协委员和其他列席人员提出意见。

一、2014年全市国民经济和社会发展计划执行情况

2014年，面对复杂严峻的经济形势，全市上下在市委、市人大、市政府、市政协的坚强领导和监督支持下，按照市三届人大五次会议审议批准的2014年国民经济和社会发展计划，坚持稳中求进和改革创新，主动适应经济发展新常态，扎实开展改革创新年、转型攻坚年、环境提升年、服务群众年活动，深入实施六大惠民工程，统筹推进稳增长、促改革、调结构、惠民生、防风险各项工作，全市经济社会发展总体平稳，人民生活水平稳步提高，全面建成小康社会又迈出坚实步伐。

2014年，全市地区生产总值完成1213亿元，增长4.6%；规模以上工业增加值完成467亿元，增长3%；固定资产投资完成1229亿元，增长18.6%；社会消费品零售总额完成530亿元，增长11.3%；公共财政预算收入完成118亿元，增长0.1%；城镇常住居民人均可支配收入23610元，增长8.2%；农村常住居民人均可支配收入8755元，增长11.4%；城镇新增就业5.2万人，城镇登记失业率控制在2.9%，低于4.2%的控制目标；居民消费价格上涨1.7%，低于3.5%的控制目标；万元地区生产总值能耗下降3.5%，万元地区生产总值二氧化碳排放下降3.7%，化学需氧量排放量下降2.23%，二氧化硫排放量下降2.49%，氨氮排放量下降2.35%，氮氧化物排放量下降6.46 %，节能减排约束性指标全部超额完成年度目标。

（一）主动适应经济新常态，努力做好稳增长工作

充分发挥投资的带动作用。着力扩大投资。深入开展“项目见效年”活动，重大项目带动作用明显增强。全年全市在建施工项目1967个，同比增加239个，增长13.8%。其中，亿元以上施工项目389个，增加62个，增长19%，亿元以上项目完成投资同比增长21.2%。坚持“六位一体”统筹推进机制，全市全年项目储备总投资1.6万亿元，完成省定目标的138%；项目签约总投资2942亿元，完成省定目标的213%；项目落地总投资1576亿元，完成省定目标的115%；项目开工总投资1224亿元，完成省定目标的116%；项目建设总投资1297亿元，完成省定目标的113%；项目竣工总投资1254亿元，完成省定目标的124%。当年实施省市县重点工程903项，完成投资1304亿元，超额完成年度投资计划。优化投资结构。全市非煤产业完成投资351.5亿元,同比增长21.4%;新兴产业投资完成262.7亿元,同比增长18.9%,占全市工业投资的比重达到51.9%,比上年提高了4.6个百分点;服务业完成投资646.7亿元,增长25.8%,占全部投资的比重达到52.6%,同比提高3个百分点;大力实施民生重点工程,着力加强医疗卫生、教育、公共文化服务机构等建设,民生领域完成投资56.3亿元,同比增长59.2%;大力推进公共基础设施建设,以汾河、涝洰河、双龙湖生态建设等为主的公共设施管理业完成投资148.8亿元,增长53.4%,占全市固定资产投资的比重达到12.1%。汾河河道生态治理工程全面竣工,滨河东路贯通工程基本竣工。激发民间投资活力。首次推出40个鼓励社会资本参与营运的基础设施类项目,支持民间资本有序进入卫生、教育、养老等领域,建立县市区民间投资目标责任考核机制,促进了民间投资较快增长。全年民间投资完成635.5亿元,同比增长27%,占全市投资的比重达到51.7%,同比提高3.4个百分点。主动实施"百日百项"开竣工工程。全力推进省定10项"百日百项"开工项目和市定的100个开竣工的项目。

积极促进消费。完善现代流通网络,深化"万村千乡"、社区商业"双进"、15分钟便民商圈、蔬菜直销店等便民惠民工程建设;出台了《临汾市加快推进健康服务业发展的实施方案》和《临汾市促进信息消费的实施方案》,鼓励养老、健康等新兴服务业发展。锦悦城、居然之家、嗨嘟国际广场等重点商贸转型项目已经开业运营,奥特莱斯"芭蕾雨"、生龙国际、新百汇等一大批项目正在深入推进;积极培育壮大本土商贸物流企业,山西国际陆港园区、临汾空港物流园区、临汾城北物流园区、城南生活物流园区、临汾开发区(洪洞·甘亭)工业园物流园区、霍州联源现代物流园等一批物流园区建设步伐加快;大力发展电子商务,积极培育壮大电子商务企业队伍,鼓励和引导电子商务平台建设,34户电商平台入驻侯马开发区国家电子商务示范基地,电商交易额达到30亿元,综合性电子商务交易平台"马上购"正式运行,大型综合交易服务类平台宝得网已完成平台搭建等前期准备工作;积极组织企业参加"山西品牌中华行"等展销活动,提高临汾品牌影响力和市场占有率;大力发展旅游经济,洪洞县荣获"中国最具文化(遗产)旅游目的地"称号;汾河公园、侯马彭真故居、蒲县东岳庙等3个景区成功创建国家AAAA级旅游景区;曲沃晋国博物馆开馆;龙澍峪、兴唐寺等旅游景区加快建设;成功举办了2014临汾金秋游(北京)推介会、洪洞寻根祭祖节、古县牡丹节和云丘山中和文化旅游节等旅游宣传活动,我市旅游知名度进一步提升。全市全年接待海内外游客2630万人次,同比增长23%;全年旅游总收入242亿元,同比增长24.23%。

努力稳定外贸和扩大区域经济合作。着力促进外贸稳定增长,全年海关进出口总额完成39949万美元,同比增长8.6%,完成年度目标任务的105%。外贸结构进一步优化,大力推进机电、农副产品、高新技术等产品的出口,出口与进口比例由2013年底的22.6∶77.4调整为42.3∶57.7,特别是机电产品出口占全市出口总值的70%以上;大力推进外贸基地建设,积极促进现有的3家省级外贸基地发展,同时开展市级外贸基地培育工作,5家企业被确定为全市第一批外贸转型升级示范基地;积极促进小微外贸企业发展,组织21家小微外贸企业开展信用保险集中签单活动,实现了出口信用保险全覆盖,增强了小微企业开拓国际市场、抵御市场风险能力;鼓励支持企业走出去。山西建邦集团在西澳大利亚珀斯市注册成立公司,开发利用国外矿产资源,建成了年产300万吨的露天矿山,积极推进国际化步伐;华德冶铸有限公司在美国设立"华德集团(美国)分公司",从事物联网相关业务,拓宽了我市企业对外投资领域。大力开展区域经济合作。积极推进黄河金三角产业转移示范区建设,与运城市共同搭建了"晋南钢铁现货交易中心"平台,吸引20家大中型实体企业、300余家贸易企业、3000余家会员单位加盟。实现了企业采购、物流、销售"三统一",每年可节约成本20亿元。

大力扶持实体经济。市政府"定期"召开经济形势分析会,针对苗头性、倾向性问题,定向指导帮扶。认真落实省政府出台的煤炭"20条"、煤炭"17条"等措施,市政府出台了做好全市工业经济运行工作的8条意见和促进市内工业产品销售的15条措施。市县两级实行领导包联工作机制,对规模以上工业重点困难企业实行"一企一策"精准帮扶。努力推进煤电协调发展和直供电交易,扩大大用户直供电试点,兆光电厂、大唐热电发电企业与同煤宏大、山西焦煤等用电企业签订了长期电煤供应合同，全年交易电量24亿千瓦时，有效降低了企业用电成本。积极缓解企业融资难、融资贵，认真落实全省“金融10条”，深入开展“送金融进企业”活动，组织银企对接，全年全市银行各项贷款余额943亿元，同比增长11.6%。全面落实小微企业税费减免等级优惠政策，实施“小升规”企业成长工程和“小巨人”企业培育工程，全年新创办小微企业1880户。

（二）着力抓好重点领域突破，全面深化改革创新

着力推进重点领域改革。继续加快推进转型综改。2014年综改“16112”《行动计划》部署的改革任务进展顺利。一是统筹推进煤炭管理体制改革。清理规范涉煤收费项目，5大类42项涉煤收费项目全部完成清理和规范，为煤炭企业减负36亿元；推进煤炭资源税从价计征改革，大力实施煤焦公路销售体制改革，撤销煤检站79个。二是全面深化行政审批制度改革。认真贯彻落实国家、省关于简政放权，取消和下放审批权限的有关政策，把握“接、放、管”三条主线，承接省政府审批事项30项，下放县级行政审批事项14项，取消行政审批事项4项，取消行政事业性收费19项，市本级保留行政许可审批事项减少到102项，精简了39%。进一步推进“六权治本”，实行“两集中、两到位”“一委一办三中心”的管理体制，市本级行政审批事项全部完成流程再造，审批时限缩短了66.7%。市级公共资源交易平台建成运行，完成各种交易事项548场次，总成交额近30亿元。三是积极稳妥推进农村土地改革。出台了《关于进一步推进农村土地流转工作，促进适度规模经营的意见》，在全市30个乡镇51个村开展土地确权试点，在侯马市、尧都区、蒲县、洪洞县、襄汾县、隰县等6个县（市、区）搭建了农村土地流转服务平台，全市土地流转面积达到67万亩，占全部家庭承包经营土地面积的11.3%。四是扎实推进户籍制度改革。出台了《临汾市关于积极稳妥推进户籍管理制度改革的实施细则》，建立了临汾市流动人口服务管理工作联席会议制度，推行了流动人口“一卡通”服务。五是不断推进融资体制改革。加快资本市场发展，我市在省股权交易中心挂牌的企业达到100家，澳坤生物股份有限公司在全国“新三板”挂牌上市，实现了我市地方企业在全国股权转让系统上市“零的突破”。积极引进新的金融机构，光大、兴业银行落户临汾。在生态环境保护修复方面，坚持多元投入，积极创新市场化投融资模式，为实施环境保护修复提供了有力的资金支持。在汾河河道治理中，使用国开行贷款43亿元，滨河东路建设使用国开行贷款42亿元；在涝洰河生态建设工程中，通过发行企业债券（27亿元）、争取农发行贷款（8亿元）、资金整合利用、吸引社会资金投入等多种方式构建起了政府、企业、市场、个人等全社会参与、多元化投入的生态环境保护修复模式。六是积极推进公车改革和医药卫生体制改革等工作。车改工作已对全市公车情况进行了全面摸底测算；医改实现了全市县级公立医院综合改革全覆盖，农村基层卫生机构实现了基本药物零差价销售。

创新驱动能力进一步提升。大力实施创新驱动战略，制定了《国家创新驱动发展战略临汾行动计划》和《临汾市低碳创新行动计划》，全市高新技术企业发展到28户，新增2户省级技术中心，8户市级技术中心，企业技术中心达到64户。光宇电源交流直接驱动LED光源、汤荣汽配特定恶劣区域新品制动鼓等24个项目被列入省技术创新项目计划。全市申请专利1429项，其中，发明专利487项，实用新型技术444项，外观专利498项。

（三）加快推进产业结构调整，转型发展成效显著

不断夯实农业基础地位。大力推进新增粮食产能、中低产田改造、水利基础设施等项目建设，农业综合生产能力明显增强，全年粮食总产量达27.6亿公斤，同比增长6.8%，再创历史新高，实现了“五连增”。加快推进曲沃晋之源太子滩、洪洞天泽等10大现代农业示范区、“一县一业”“一村一品”“四个百万亩”和农产品加工“513”工程等建设，新发展设施蔬菜3.9万亩、水果11万亩、干果10万亩、中药材26万亩。市级以上标准化规模健康养殖企业达到79个，农业机械化率提高到70.5%。全市认定家庭农场950个，新注册农民专业合作社8728家，农业产业化龙头企业达到394家，农产品加工销售收入达70亿元，同比增长16.1%。

加快工业转型升级步伐。一是坚定不移地化解过剩产能。制定出台了化解钢铁、焦化、水泥产能严重过剩行业的实施方案，全面完成2014年省下达我市淘汰落后产能目标任务，分别淘汰焦化产能370万吨、炼钢产能260万吨、炼铁产能33万吨；二是投资40亿元推动传统产业升级改造。实施焦化、冶金、电力等传统产业改造项目13个，曲

沃通才钢铁公司以 2×1860 立方米高炉产能置换原有小高炉,提高了我市钢铁行业发展水平;煤矿基本建设进一步加快,新竣工矿井 21 座,煤电一体化项目进展顺利。三是扶持培育战略性新兴产业和高新技术发展。74 个装备制造、新能源、新材料等新兴产业项目,完成投资 262.7 亿元,占到工业项目总投资的 51.9%。四是加快新能源基地和工业信息化建设步伐。西佳盛能源古县 30 兆瓦光伏发电项目并网发电;华润浮山四十岭 10 万千瓦风电项目开工建设;洪洞京能 2×35 万千瓦煤矸石热电厂煤矸石发电获得省发改委批复路条;古县正泰 1 亿立方焦炉煤气制天然气已并入天然气主网。平阳重工产品管理信息系统、同世达煤化工集团企业管理信息系统、光宇半导体照明的企业信息管控系统和工艺设计信息系统升级等 31 个信息化建设项目进展顺利。五是进一步推进园区化循环化发展。全市 25 个工业园区累计入驻企业 249 户,实现销售收入 1067 亿元,占全市工业总产值的62.4%。

第三产业发展提速。坚持把发展服务业作为全市结构调整、扩大内需、改善民生、提升经济运行质量的重要抓手,落实国省扶持政策,制定出台了加快促进服务业发展的实施意见,全年服务业增加值完成 459 亿元,同比增长 5.5%,比全市经济增速高0.9个百分点。

三次产业结构进一步优化。2014 年,全市第一、二、三产业增加值比例由上年的7.1∶59.9∶33优化到 7.8∶54.4∶37.8,其中第一、三产业比重比上年分别提高 0.7、4.8 个百分点,第三产业达到 2001 年以来最高比重。

(四)加大节能减排和生态环境治理,生态文明建设向纵深推进

强力推进节能降耗。完成了 45 个节能降耗改造项目,节能量 3887 吨标煤;推广余气余热余压利用、电机变频、干熄焦、能量系统优化等节能技术,鼓励企业和公共机构采用合同能源管理方式实施节能改造。加快推进资源综合利用和清洁生产重点项目实施,大量矿渣、水渣、粉煤灰等工业固废得到转化利用,全年工业固废综合利用率达到68.5%。

狠抓大气污染防治。制定实施全市大气污染防治 2014 年行动计划,深入开展煤烟污染治理、建筑施工工地扬尘治理、道路扬尘治理、工业企业污染治理、机动车污染治理和油气治理“六大工程”。大力推进集中供热供气,全市新增集中供热面积 657 万平方米,新增供气用户 25527 户;淘汰黄标车和老旧车 34800 辆,市区天然气改造完成 5 万余户。全市综合污染指数同比下降 12.7%,PM2.5 浓度下降 14.9%,二级以上天数达到 240 天,同比增加 73 天。

积极推进水环境污染防治。实施饮水安全工程和城市综合整治工程,开展水源地安全隐患排查、供水水质督查和供水管网改造提升工程,全市全年改建新建供水管网 97 公里,建设完成安全饮水工程 216 处。市第一污水处理厂改扩建一期进入调试。全市主要河流地表水水质持续改善,饮用水源地水质达标率达到 100%。

百里汾河生态经济带河道治理工程全面完成,中小河流治理稳步推进。汾河新建和加固堤防 6802 千米,防护林和绿化 1149 万平方米。实施了泗河、浍河、对竹河 3 条中小河流治理工程,完成投资 6051 万元,新建堤防 23 公里。

大力开展造林绿化。全市完成营造林 46 万亩,市区新增绿化面积 25.32 万平方米,人均公共绿地面积达到 10.44 平方米,荣获“山西省园林城市”称号。

(五)保障和改善民生提速,社会事业全面进步

坚持不懈抓好安全生产。扎实开展“安全生产强基年”和“知责、履责”活动,进一步强化政府安全监管和企业安全生产主体责任落实,切实加强对煤矿、非煤矿山、道路交通、食品药品等重点领域的安全监管,安全生产形势持续好转。全市亿元地区生产总值生产安全事故死亡率 0.1014,煤矿百万吨死亡率 0.0732,比省下达年度控制指标(0.0968)低 24.4%,没有发生重特大事故。

积极扩大就业。先后出台了扶持高校毕业生创业就业和鼓励小微企业吸纳劳动者就业的政策措施,帮扶困难企业稳定就业岗位,确保就业形势总体稳定。2014 年,全市城镇新增就业岗位 51915 人,就业困难人员就业 3309 人,创业就业 9638 人,下岗失业再就业 10402 人,转移农村劳动力 52592 人,全部超额完成省定目标。

增收渠道进一步拓宽。提高最低工资标准和企业工资增长指导线,提高城市和农村最低生活保障、城乡居民医疗保险财政补助等困难群体和特殊人群保障标准。为全市 9.5 万名企业退休人员调

整了养老保险待遇，月人均养老金达到 2110 元，实现了基本养老金“十连涨”。为失业人员发放取暖补贴共 821.7 万元，对 691 名定期领取工伤待遇人员调整了标准，共补发补贴 144 万元。全市全年减少贫困人口 6.1 万人。

基础设施进一步完善。市区景观大道、五一东路贯通、滨河西路北延、秦蜀路南延、新高中南路、煤化巷改造、中大街中段、北外环尧都区段等工程竣工通车；二中路、规划三街南段、中大街南延等工程加快推进；市规划展览馆投入使用；大西高铁、中南铁路、霍永高速东段和西段一期建成通车，吉河高速完成路基工程；临汾机场建设基本完成，进入通航前的验收阶段；临汾城西客运站基本完工；新改建农村公路 270 公里。全市全年市政公用设施建设投资累计完成投资 43.14 亿元，交通设施完成投资 68 亿元。

惠民工程成果丰硕。一是科教文卫等社会事业得到大力发展。重点实施了 206 项卫生、27 项农村教育、75 项养老和社区服务、46 个就业和社会保障项目。新改扩建幼儿园 63 所；全市高考二本达线率比去年提高 4.6 个百分点；完成了 5 个县薄弱学校改造，安泽、浮山通过义务教育均衡发展县验收；市人民医院新院区顺利开诊；“新农合”人均筹资标准由 340 元提高到 390 元，参合率 99.3%，重大疾病医疗保障范围增加到 23 种；市博物馆、图书馆开工建设，市奥体中心、临汾学院、山西师大搬迁等项目前期工作进展顺利。二是棚户区改造和保障性住房建设成效明显。全市全年新开工棚户区改造项目 12040 套，总面积 120 万平方米，惠及人口 4.2 万余人；全市新开工保障性住房项目 71 个，累计开工 18682 套。三是农村“五件实事”进展顺利。投资 3 亿多元，实施了农村危房改造 14100 户、易地扶贫搬迁 7840 人、培训新型职业农民 15510 人，完成了乡村清洁工程垃圾处置等各项年度目标任务。四是宽带网络和公共场所无线局域网建设步伐加快。全年开通无线局域网 12 个，新增固定宽带用户 11.68 万户。

（六）政策争取实现重大突破，区域发展平台进一步提升

着眼于打基础、利长远、可持续，提前谋划，抢抓机遇，积极争取国家、省支持，政策资金项目各领域取得重大突破。一是《晋陕豫黄河金三角区域合作规划》获国务院批复，在国家战略框架下区域一体化进程步伐加快；二是百里汾河生态经济带建设纳入国家区域发展战略；三是我市被列为“国家信息惠民试点城市”；四是成功跻身国家第三批节能减排财政政策综合示范城市，成为全省惟一入选的城市；五是西山 7 县整体列入国家主体功能区建设示范试点，是全国 73 个试点市中县（市、区）最多的市；六是吉县、大宁、汾西三县被列为国家光伏扶贫示范县，占全省 5 个入选县的 60%，占全国 30 个入选县的十分之一；七是尧都区城东老工业区搬迁改造纳入国家试点；八是浮山县成为国家第二批资源综合利用“双百工程”示范基地县。与此同时，乡宁采煤深陷区治理、古县低碳经济发展列为省级试点。

2014 年，在复杂严峻的经济形势下，全市上下迎难而上，奋力拚搏，坚持抓好民生改善和生态文明建设，城乡居民收入、城乡就业等重要民生指标均实现了预期目标。但受宏观经济增速放缓、外部市场需求不足、主导产业价格持续下跌等因素影响，地区生产总值、工业增加值、财政收入等经济指标未能达到年初预期目标。全市经济下行压力仍然较大，企业经营困难，投资意愿不强，融资难、融资贵等问题仍然较为突出，制约转型发展的一些因素不同程度地存在，这些问题有待于在今后工作中认真加以解决。

二、2015 年全市经济社会发展总体安排和主要任务

2015 年是全面深化改革的关键之年，是落实“六权治本”、推进“六大发展”的开局之年，也是决胜“十二五”谋划“十三五”的重要一年。全市上下要：深入贯彻党的十八大和十八届三中、四中全会、十二届全国人大三次会议精神，按照“四个全面”战略布局，以习近平总书记系列重要讲话精神为根本指针，认真落实省委、省政府和市委、市政府的决策部署，主动适应经济发展新常态，坚持稳中求进总基调，牢牢把握稳增长和调结构的平衡点，狠抓“六权治本”“六大发展”，全面深化改革，不断扩大开放，突出创新驱动，保障改善民生，实现经济持续健康发展和社会和谐稳定，不断开创弊革风清、富民强市新局面。

按照实事求是、积极进取、科学合理的原则，综合考虑各方面因素，2015 年全市国民经济和社会发展主要目标是：

预期性指标:地区生产总值增长6%,规模以上工业增加值增长7%,全社会固定资产投资增长16%,社会消费品零售总额增长10%,公共财政预算收入增长6%,城镇常住居民人均可支配收入增长8%,农村常住居民人均可支配收入增长9%,居民消费价格涨幅控制在3%以内。城镇新增就业岗位5.1万个,城镇登记失业率控制在4%以内。

约束性指标:万元地区生产总值综合能耗下降4.29%,万元地区生产总值二氧化碳排放量下降3.7%,二氧化硫、化学需氧量、氨氮、氮氧化物排放量分别下降3.77%、2.63%、3.42%和3.97%。

地区生产总值、全社会固定资产投资、社会消费品零售总额、公共财政预算收入增幅4项预期指标,主要对经济发展发挥导向作用。其中,全社会固定资产投资增速按16%左右的目标安排,主要考虑我市基础设施和民生建设相对滞后,新兴产业发展潜力较大,在优化投资结构、提高投资质量和效益的基础上,全力保持投资平稳较快增长是应对下行压力、走出经济运行低谷的关键举措。实现这个较高的预期目标,需要各级、各部门付出艰苦努力。城镇常住居民人均可支配收入、农村常住居民人均可支配收入、城镇新增就业、城镇登记失业率、居民消费价格涨幅5项民生预期指标,主要体现民生优先,继续保持城乡居民收入增幅高于经济增速、就业稳定增加和物价基本稳定的态势。万元地区生产总值能耗、万元地区生产总值二氧化碳排放量和二氧化硫、化学需氧量、氨氮、氮氧化物6项约束性指标,主要着眼于确保全面完成国家节能减排财政政策综合示范城市建设目标任务,必须不折不扣完成。

为顺利实现上述目标,在全面做好各项工作的同时,要重点抓好以下十项工作:

(一)深化改革创新,释放发展活力

扎实推进转型综改试验区建设。以综改试验区建设为统领,认真落实好省定各项综改任务。按照我市三年《综改实施方案》和2015年行动计划,全面完成"5111"改革任务,力争在一些打基础、利长远的重大改革方面取得突破性成果。积极落实对接国、省重大改革任务,争取上级更多的政策授权、试点布局和政策支持。

深化行政审批制度改革。按照"六权治本"的要求,认真做好国务院、省政府取消和下放行政审批事项的对接工作,深入推进简政放权,进一步清理市本级审批事项。编制权力清单、责任清单、负面清单,推进"两集中、两到位",完善审批流程,提高审批效率。制订《临汾市公共资源交易平台建设实施方案》,加快公共资源交易平台建设;以政务服务中心为载体,完善"一委一办三中心"管理体制。

深化农村改革。全面铺开农村土地承包经营权确权登记颁证工作,今年力争完成全市总耕地面积的55.3%。健全农村土地流转制度,推动农业适度规模经营。加快林权制度配套改革步伐,稳妥推进国有林场改革。探索推进农村集体产权制度、水权制度等改革。

深化投融资体制改革。大力推行政府与社会资本合作(PPP)模式,吸引社会资本参与基础设施、社会事业、城乡建设、环境保护等重点领域建设。健全完善投融资平台公司管理机制,规范法人治理结构。深入推进土地、矿业权抵押融资。加快资本市场建设步伐,鼓励企业通过短期融资券、中期票据、中小企业集合债券等融资工具,加快上市步伐,直接向市场融资。规范发展小额贷款公司、融资性担保公司,稳步推进具备条件的民间资本依法发起设立中小型银行等金融机构,探索新型抵押担保手段,完善服务小微企业的金融体系,促进实体经济发展。

加快社会信用体系建设。编制《临汾市社会信用体系建设规划》和《临汾市信用体系建设行动方案》,选择工作基础好、典型带动强的县级试点开展示范工作,为全面推进全市社会信用体系建设积累经验;继续推进医药卫生体制综合改革、公务用车改革、商事制度改革等重点领域改革,全面启动不动产登记。

(二)多措并举稳增长,全力保持经济平稳运行

着力保持投资稳定增长。加强项目建设,发挥投资对稳增长的关键作用。一是扎实推进"项目提质增效年"活动,在铁路、公路、节能环保、煤层气开采、水利、农村人居环境、电力、晋电外送、新兴产业和房地产等十大领域,精心谋划推出一批事关发展全局的重大项目,积极争取列入国家和省"十三五"规划,为长远发展夯实基础。强化抓投资的工作措施,实行重大项目"双包双联"责任制,加强项目要素保障。实施5000万元以上项目549项,亿元以上项目435项,10亿元以上项目100项,重点实施

铁路、公路、水利、电网改造等重大基础设施项目85个,实施煤化工、装备制造等新兴产业项目197个,实施市政基础设施、小城镇建设、循环经济、造林绿化等城镇化和生态环保项目211项,实施教育、文化、卫生等民生事业项目229个。全年全社会固定资产投资完成1426亿元。进一步提高产业链延伸、战略性新兴产业和现代服务业项目占全部投资的比重。二是加快百里汾河生态经济带规划实施步伐。在滨河东路、汾河河道水利工程、生态治理工程基本完成的基础上,进一步加强路网、水网、电网、通讯网建设,加快推进经济带互联互通。围绕18个大型工业园区、10个大型现代农业园区、6个物流园区、5个文化旅游园区,大力实施生态建设、新型工业、现代农业、现代服务业和民生项目建设。三是进一步激发民间投资活力。贯彻落实各级政府鼓励和支持民间投资的政策措施,拓宽民间投资领域,研究提出民间投资进入基础设施和社会公共服务领域的项目清单,放宽市场准入,降低投资创业门槛,促进打造大众创业、万众创新和增加公共产品、公共服务"双引擎"取得更大成效。推动经济稳中有进和提质增效升级。

充分发挥消费的基础作用。适应消费趋势变化,落实好各项消费促进政策,激活消费需求,建立起能消费、愿消费的长效机制。继续参加"山西品牌中华行"等形式多样的特色促消费活动,加大力度促进旅游、文化消费,继续加快高档住宿、餐饮业转型,积极发展信息消费和养老、健身、家政等服务消费,鼓励新能源汽车、家电、家具建材等大宗消费。加强城乡流通基础设施和市场体系建设,推进农超对接,畅通农产品进城和工业品下乡渠道。

着力支持实体经济发展。认真贯彻落实《临汾市关于减轻企业负担促进工业稳定运行若干措施的通知》(市政府65条),加大对重点工业企业的帮扶力度,加强对电力、焦炭、冶金等重点行业的分类指导,切实解决存在的突出问题。贯彻落实国家和我省扶持中小微企业发展的优惠政策,全力支持中小微企业较快发展,重点加大对"小巨人"企业和小升规培育企业帮扶力度,培育"小巨人"企业8户、小升规企业23户,创办小微企业2000户。加大金融对实体经济的支持力度,加强与各金融机构总部沟通对接,鼓励支持股份制商业银行、城商行、农商行在我市设立分支机构、村镇银行和小微银行,有效缓解企业融资难、融资贵问题。

(三)做好煤与非煤两篇文章,加快转型发展步伐

促进煤炭产业"六型"转变。继续大力推动煤炭消费革命、供给革命、科技革命、管理革命,加快高碳能源低碳发展、黑色能源绿色发展、资源型产业循环发展,着力形成煤炭、煤层气、煤化工、新能源、可再生能源多轮驱动的能源供应体系,加快高标准现代化矿井建设步伐。2015年,全市新建现代化矿井5座,地方监管矿井新增竣工27座。组建临汾焦煤集团和中国(太原)煤炭交易中心临汾办事处;筹建临汾大型煤炭物流集团。

继续大力改造提升传统产业。非煤矿山重点做好铁矿资源整合和复工复产工作,推进汾西、古县铝矾土资源开发利用。焦化产业抓好淘汰落后、产业聚集、链条延伸,培育洪洞、襄汾两个千万吨级焦化基地和古县、尧都两个500万吨级焦化集中区。钢铁产业重点促进产品优化,鼓励开发优特钢,重点推进新金山100万吨高速线材、通才工贸120万吨球团等项目,着力优化品种结构,电力产业围绕装备提升、超低排放、脱硫脱硝,重点做好新能源发电项目建设。继续推进洪洞京能、蒲县宏源、古县西山煤电等一批低热值煤发电项目。

着力培育壮大新兴产业。积极发展装备制造、新材料、新能源、节能环保、食品医药等新兴产业。以煤炭机械、新能源汽车、汽车零部件、工程机械配件、家电配件为重点,大力提升装备制造业水平,逐步向高端制造延伸;重点抓好东方恒略精密铸造、梅亿电动车、侯马好利阀门、沃特玛能源汽车核心零部件产业基地、德讯电梯等项目建设。依托资源和产业基础,推动新型建筑材料、高端金属结构材料、特种金属功能材料发展,重点推进纳海鸣建材4万吨岩棉板、浮山晋盛新型建材60万平米微晶玻璃板材,培育壮大春雷铜材、天极磁材等企业;围绕国家节能环保重点领域,培育壮大长林环保、光宇电源等节能产品生产企业;促进食品医药企业技术创新、精深加工和品牌建设。加快推进天然气、煤层气开发利用及风电、光伏发电项目实施。加大吉县、大宁、汾西国家级光伏扶贫示范县建设力度。

进一步促进服务业发展。认真落实促进服务业发展的各项政策措施。依托我市交通区位和保税区优势,重点推进山西国际陆港、中信空港物流园等物流园区建设,加快发展第三方物流和多方物

流，提升物流业对相关产业的综合服务能力，加快侯马物流枢纽建设步伐。进一步促进旅游和文化深度融合，按照“一带五区一线十点”的旅游业布局，深入实施旅游精品战略，加大吉县人祖山景区、襄汾燕村荷花园等景区建设力度，做好洪洞大槐树、乡宁云丘山、壶口瀑布、古县牡丹园景区等国家AAAAA级景区创建工作。加快奥特莱斯芭蕾雨、上东世纪CBD等城市综合体建设。实施“电商千人百企培训工程”，加快侯马开发区国家电子商务示范基地、易商中国电子商务平台等电子商务建设。统筹推进金融服务、信息服务、电子商务、检验检测等生产性服务业和旅游休闲、文化体育、健康养老等生活性服务业发展，进一步提高服务业发展水平。

加快推进创新发展。把科技创新作为加快全市产业结构调整的新引擎，加大科技创新投入力度，确保每年支持研发活动的政府投资有一定比例增长。加快实施创新驱动战略和低碳创新行动计划，重点培育光宇半导体照明、华翔精密机械制造等优势产业集群，带动高新技术产业发展壮大。加快科技研发平台建设，省级以上工程研发中心、企业技术中心达到19家以上，重点培育10个优势产业集群。出台《临汾市科技人才“市长创新奖”工作方案》和《关于建立完善科研人员股权和分红激励政策的实施意见》，积极引进高端人才和创新团队。

（四）切实做好“三农”工作，加快农业发展方式转变

稳定粮食高产水平。坚持把保障粮食安全作为首要任务，严守耕地红线，严格落实“占一补一、占补平衡”政策，确保耕地面积稳定在700万亩以上。加强农业基础设施建设。进一步加强水利基础设施建设，加快推进西山沿黄提灌工程、引沁入汾浮山供水工程及中央财政小型农田水利重点县工程等水利工程建设和中低产田改造等耕地综合生产能力建设。扎实推进粮食创高产工程，重点建设31个万亩高产示范区，推广标准化高产高效、绿色环保技术模式，确保粮食总产稳定在20亿公斤以上。

加快构建特色现代农业体系。加快农业结构调整，坚持走产出高效、产品安全、环境友好的现代农业发展路子，持续推进“四个百万亩”特色农业基地和现代农业园区建设，发展精细蔬菜5万亩、水果5万亩、中药材5万亩、以核桃为主的干果经济林10万亩。推进现代农业园区建设，高水平打造曲沃晋之源、洪洞天泽、浮山印象田园等现代农业园区，提高农业规模化、集约化、现代化水平。继续抓好“两平台一通道”建设，巩固完善市、县、乡、村农业科技服务体系，加大对农业科技的引进、推广和转化力度。大力发展农产品加工，支持和培育种养大户、家庭农场和农民合作社等新型经营主体，促进农业稳定发展和农民持续增收。

持续增加农民收入。把农民增收摆在更加突出的位置，认真落实好种粮直补、农资综合直补、良种补贴等各项强农惠农政策，增加农民转移性收入；鼓励引导发展规模种养、农产品加工，增加农民经营性收入；强化农民技能培训，促进农村富余劳动力转移就业，增加农民工资性收入；加大土地流转力度，扩大土地收益，增加农民财产性收入。力争全年全市农村常住居民人均可支配收入达到9543元。

继续推进扶贫攻坚。按照精准扶贫要求，抓好干部驻村帮扶工作，深入推进“百企千村”产业扶贫工程、连片特困地区扶贫攻坚，特别是要抓好西山五个国家级贫困县与相关省属企业的扶贫对接工作，加快实施35个扶贫项目建设；继续实施吕梁山连片特困地区有机干鲜果畜禽循环产业发展项目和吕梁山百万亩山地苹果产业化项目。继续实施5个国定贫困县和5个省定贫困县以工代赈扶贫，搞好流域治理、基本农田建设，小型农田水利、乡村道路、草地建设和异地移民搬迁工作。继续推进国家光伏扶贫试点，年底光伏发电试点村总数达到100个、装机总容量达到10兆瓦，完成7个贫困县、8283人的异地搬迁任务，确保再减少60个贫困村，再实现6.45万贫困人口脱贫。

（五）加快新型城镇化建设，进一步推进城乡统筹发展

积极稳妥推进新型城镇化。编制出台我市新型城镇化规划，加快推进以人为核心的城镇化。围绕“一城三区”和“一带两圈多点”的城镇化布局，促进百里汾河生态经济带，临汾城市群和侯马城市群、12个大县城和60个重点镇建设。深化户籍制度改革，全面放开城镇落户条件，实施居住证制度，促进有能力在城镇稳定就业和生活的农业转移人口有序实现市民化。稳步推进城镇基本公共服务

常住人口全覆盖。年底，全市城镇化率达到49%以上，汾河沿线城镇带内城镇化率达到53%以上。充分发挥城乡规划的引领作用，市区城市建设用地控规覆盖率要达到100%，各县市控规平均覆盖率要达到60%以上。

加快城市基础设施建设。加快推进中心城市建设，提升城市综合承载能力。改造城市管网，启动北城壕段、向阳西路、秦蜀路南延外排、鼓楼西街西段、机场大道等城市防汛排水工程。加快生活垃圾处理厂、污泥处置中心、市应急水源地等工程建设。推进市图书馆、博物馆、奥体中心、市戏曲研究院非遗保护传承基地等项目建设。实现“拉大框架、完善功能、提升品位、宜居宜业”的城市建设新格局，完善提升城市交通路网。拓宽改造鼓楼南北街、河西规划三街南北段、迎春街南延、锣鼓大桥西延等城区主干道；实施中大街南延、滃汾花园南路、西赵路东西段等城区街巷改造；建设迎宾大道立交桥、机场快速通道等畅通工程，构建“八横十纵两环”的城市交通体系。进一步改善公共交通。临汾民航机场年底通航、吉河高速公路年底竣工、霍永高速公路西段二期、长临高速公路工程全面开工建设；加快张台铁路、中南铁路沿线战略装车点等铁路工程建设；集中连片特困地区交通扶贫项目完成146公里，建设“公、铁、空”立体交叉的现代交通网络。

启动实施城市人居环境改善工程。编制《城市人居环境改善工程三年规划》，全面实施城中村改造、城市安居、设施提升、环境提质四大工程，加快建设设施配套、功能完善、环境优美、管理先进、宜居宜业的城市人居环境。加快城中村和棚户区改造步伐，扎实推进保障性住房建设，全年城镇保障性住房新开工7424套，基本建成14800套。大力推进城市供水、燃气、供热管网和道路建设，新建和改造城市供热管网180公里、供气管网250公里，污水处理配套管网80公里、雨水管网80公里，集中供热普及率达到81%，燃气普及率达到83%，污水处理率达到84%。

加速推进农村人居环境改善工程。继续推进完善提质、农民安居、环境整治、宜居示范等四大工程，高标准建设园林村60个，新建农村老年人日间照料中心80个，实施广播电视卫星户户通3万户；加快采煤沉陷区治理，搬迁安置群众2887户、9843人；完成1192户受地质灾害威胁严重的农民群众搬迁任务；实施农村危房改造9790户；推进35个农村污水防治试点村、100个畜禽粪污治理和100个病死动物无害化处理示范点建设；扎实开展美丽宜居示范村“三级联创”活动，重点抓好20个省级、30个市级美丽宜居示范村的创建工作。

（六）全方位扩大对外开放，努力提升开放型经济发展

继续促进对外贸易稳定发展。加大对外向型龙头企业、骨干企业的扶持力度，2015年再培育新增外贸自营备案企业30家，推动没有出口贸易的6个县尽快实现零的突破；努力扩大新材料、机械装备和特色农产品等对外销售。

进一步提升招商引资工作水平。抢抓国家实施“一带一路”、京津冀协同发展、长江经济带战略的历史机遇，依托我市资源优势、区位优势和百里汾河生态经济带建设形成的产业优势、园区优势、生态优势，进一步提升对外开放水平，加快承接产业转移，加大招商引资力度，创新招商方式，实施精准招商、产业链招商、集群化招商。推进引资、引技、引智有机结合，吸引创业型科技人才和团队带着研发成果来临创办企业，着力打造开放平台。

积极推进区域合作。积极对接国家发展战略，加大承接长三角、珠三角、港台地区产业转移力度，积极争取上海文化产权交易所在我市建立分支机构。加强晋陕豫黄河金三角区域合作。认真实施《晋陕豫黄河金三角区域合作规划》，制定我市的实施方案，完善区域合作机制，与其他三市在产业、生态、水利、交通基础设施等方面实现共建共享，在文化旅游、现代服务业、金融等领域实现共赢发展。持续加快开发区发展。深化开发区建设机制改革，制定将洪洞甘亭工业园区纳入临汾开发区、山西国际陆港园区纳入侯马开发区的方案，推动临汾开发区和侯马开发区的整合组建；按照省级开发区标准，加快建设襄汾工业园区和洪洞赵城煤焦化深加工园区。

（七）扎实做好节能减排和生态建设工作，促进生态环境持续改善

切实抓好节能减排项目。全力实施好“国家节能减排财政政策综合示范城市”项目，重点实施“百里汾河生态经济带”“蓝天白云”大气污染防治、低碳物流、绿色能源利用、节能减排能力提升五个重点示范工程。抓好5大类45个节能减排示范项

目,做好能耗强度控制、节能评估和审查等工作。继续清理整顿钢铁、焦化、水泥等重点行业,加快淘汰落后产能。

加强污染减排和环境治理。围绕创建国家环保模范城目标,严格落实新《环保法》,全力打好大气、水、土壤污染治理三大战役。扎实推进大气污染防治五年行动计划,组织开展工业企业污染治理、煤烟污染治理、建筑施工工地扬尘治理、道路扬尘治理、机动车污染治理和油气治理等6项大气污染防治工程,市区完成天然气改造62000户,城中村、城郊村燃煤锅炉改造1100户,建设供热管网4.17公里,新增供热面积185万平方米,淘汰黄标车和老旧车1万辆,确保PM2.5浓度逐年下降。继续实施地表水跨界断面考核全覆盖,扎实开展城市河流清洁行动,抓好重点流域、重点河段、敏感区域的水环境综合整治,推动地表水环境持续稳定好转。抓好龙祠等城市饮用水水源地的综合治理和监管,确保水质达标率稳定在100%。持续加大土壤污染防治工作力度,启动土壤污染状况加密调查工作,建立全市土壤环境质量状况数据库,开展土壤污染调查及治理试点工作。

加大生态建设力度。按照林业建设"三加三不减"的要求,以"两山、两网、两林、两区、双保"五大国家、省级造林工程为龙头,重点实施好西山5县国家新一轮退耕还林、霍永高速绿化、吕梁山生态脆弱区植被恢复等工程,完成造林40万亩,确保森林覆盖率增加1个百分点。设立汾河生态文明特别保护区,加大汾河沿线生态环境保护力度。深入开展西山主体功能区试点示范区建设,在吉县、乡宁、大宁、隰县、永和、蒲县、汾西等7个县,实施生态试点示范区、特色生态农业发展、黄河旅游带建设、生态综合开发、绿色工业产业基地建设等五大行动计划,建立完善因地制宜、绿色发展的生态经济体系。加快推进园林城市建设,市区加快"国家级园林城市"创建步伐,继续加快涝洰河生态环境综合治理等生态工程建设。

深入推进低碳循环发展。实施好低碳创新行动计划,大力推进古县低碳经济试点工作,积极发挥试点示范、引领作用,加快构建多元化低碳产业发展格局。全面推进园区循环化改造,加大力度促进煤炭、冶金、电力、化工等行业循环发展,推动工业大宗固体废弃物综合利用规模化,推进浮山县国家第二批资源综合利用"双百工程"示范基地建设。

(八)加强保障和改善民生,推动社会事业全面进步

持之以恒抓好安全生产。严格落实新修订的安全生产法,用法治方式、法律手段推进安全生产。全面加强煤矿、道路交通、消防、非煤矿山和尾矿库、危化品、水库、人员密集场所以及建筑施工、油气管网、城市燃气、特种设备等各行业各领域的安全生产工作。强化问责考核,严格落实安全生产目标责任考核"一票否决制",坚决遏制重特大事故、减少一般性事故,确保全市安全生产形势向稳定好转坚实迈进。

继续提高就业和社会保障水平。实施积极的就业政策,开发新的就业岗位。鼓励支持劳动者自主创业,以创业带动就业。重点做好高校毕业生、农村转移劳动力、城镇困难人员、化解过剩产能失业人员和退役军人等群体就业工作,确保全年城镇新增就业51000人,下岗失业人员再就业9700人,就业困难人员再就业3200人,创业就业9200人,转移农村劳动力51000人,城镇登记失业率控制在4%以内。大力开展职业技能培训,做好就业困难人员的就业援助工作。努力促进城乡居民增收。保持物价稳定。加强价格监测,做好粮、油、肉、蛋、菜的生产储备,降低流通环节费用。健全社会保障体系,落实机关事业单位养老保险改革措施,抓好失业、工伤、生育保险工作。适度提高企业退休人员基本养老金、城乡居民基础养老金、城乡低保、农村五保对象补助水平。落实社会救助暂行办法,做好残疾人就业援助、康复救助,全面实施临时救助制度。健全社会福利体系。加快完善以居家为基础、社区为依托、机构为支撑的养老服务体系,力争有更多的项目列进全省1000个农村老年人日间照料中心建设计划。巩固"新农合"制度,稳步提高人均筹资标准,确保参合率稳定在95%以上。

优先发展教育事业。深入实施第二期学前教育三年行动计划,新改扩建公办标准化幼儿园28所,农村幼儿园36所,着力解决"入园难"问题;扎实推进义务教育办学模式改革,全面完善义务教育薄弱学校和寄宿制学校基本办学条件,继续实施农村初中校舍改造工程、边远地区农村学校教师周转宿舍项目,重点支持贫困县和教育资源短缺地区教育发展;完成翼城、古县等5个县市全国义务教育

均衡发展县评估认定，促进教育公平发展；着力提升高中教育发展水平，推进普通高中办学标准化建设工作；加强职业教育实训基地建设，启动中高等院校资源整合工作；推进山西师大、师大文理学院和临汾学院新校区建设。

持续提高医疗卫生水平。巩固医疗卫生体制综合改革成果，加快市直医疗资源整合步伐，打造以“三甲”医院为龙头的医疗联合体；推进医疗资源下沉工作，加大对卫生欠发达的县医院、乡镇卫生院等基层医疗卫生机构的支持，加强重大疾病防治设施项目建设，完善基层医疗卫生服务体系，加快市第三人民医院、市精神病医院建设。坚持计划生育基本国策，人口自然增长率控制在6.5‰。

繁荣文化体育事业。实施“文化强市战略”，完善公共文化体育服务体系，建立文化产业项目精品库，加强文化遗产保护和开发，加快文化场馆建设，巩固提升市“五馆一院”。继续实施县

级体育场基础设施建设项目，广泛开展全民健身运动，促进群众体育和竞技体育全面发展。

推进信息惠民工程试点城市建设。积极组织协调教育、卫生、人社、交通、公安等12个部门，运用大数据、云计算等先进技术，搭建资源共享、互联互通、便捷为民的信息平台。

（九）编制“十三五”规划，描绘富民强市发展蓝图

在全面总结评估“十二五”规划实施情况的基础上，用改革的精神、开放的思维、发展的眼光，扎实做好我市“十三五”规划编制工作。把统筹发展作为编制“十三五”规划的根本方法，自觉把经济社会发展方方面面重点工作放到一盘棋中统筹谋划、安排、运作。抓好重大问题研究。深入谋划“十三五”时期的重大工程、重大项目、重大政策，努力把规划做实。科学设置目标指标。结合全面建成小康社会目标，因地制宜，设置好经济增长、转型升级、提质增效、创新驱动、资源环境、民生改善等指标，提高规划指标的合理性。加强规划衔接协调。市、县规划均要与上级规划衔接，要与相关领域、相关规划协调，各专项规划要符合总体规划部署，使各类规划成为相互联系、相互衔接的有机整体。强化规划工作创新。加强上下联动、部门互动，坚持开门编规划，使规划编制成为汇集智慧、凝聚共识的过程，把“十三五”规划作为我市转型发展、社会进步、提质增效、全面建成小康社会的指导性文件。

（十）适应经济发展新常态，提高经济运行调控水平

深刻认识我国经济“三期叠加”的阶段性特征，全面把握新常态九个方面的趋势性变化，结合我市实际，围绕速度变化、结构优化、动力转换，着力发现新问题新特点，探寻把握经济变量间的新规律。关注国内外经济形势，加强国家宏观政策预调微调动向的分析预测，及时研究有效的跟进措施，牢牢把握经济工作主动权。加强市县经济形势分析联动、信息共享，准确把握经济发展变化态势。强化底线思维，着力解决经济运行中出现的新矛盾新问题，提高对经济运行的调控能力，确保各项政策措施执行到位、取得实效。

各位代表，过去一年全市经济社会发展取得了新的成绩。新的一年，全市全面深化改革、加快“六大发展”任务繁重，我们要在市委、市人大、市政府、市政协的正确领导和监督支持下，认真贯彻落实市委三届六次全会和全市经济工作会议精神，凝心聚力，攻坚克难，努力促进全市经济社会健康发展，为全面开创弊革风清、富民强市新局面做出新的贡献！

关于临汾市2014年全市和市本级预算执行情况与2015年全市和市本级预算草案的报告

2015年4月27日在临汾市第三届人民代表大会第六次会议上

临汾市财政局局长 程明温

各位代表:

受市人民政府委托,我向大会提出2014年全市和市本级预算执行情况与2015年全市和市本级预算草案的报告,请予审议,并请市政协委员和其他列席会议的人员提出意见。

一、2014年全市和市本级预算执行情况

2014年,在市委、市政府的正确领导下,全市财政部门积极应对经济增速持续减缓、财政收入增长乏力、刚性支出不断加大的严峻形势,以深化财政改革为主线,以创新制度为抓手,积极开源节流,努力增收节支,扎实推进财政管理,着力保障改善民生,全力推进我市经济社会各项事业稳步发展。全市和市本级预算执行总体平稳,财政工作取得新进展。

(一)当年收入完成情况

2014年,全市公共财政预算收入年初计划1252385万元,年终实际完成1182629万元,为预算的94.43%,同比增长0.1%,比上年增收1133万元。市本级公共财政预算收入年初计划189306万元,年终实际完成217142万元,为预算的114.70%。

2014年全市政府性基金收入完成354490万元,为预算的67.30%,同比减少50.20%;市本级政府性基金收入完成66954万元,为预算的36.30%,同比减少75.32%。

2014年全市国有资本经营收入完成3万元,为预算的60%;市本级国有资本经营收入完成3万元,为预算的60%。

(二)当年支出执行情况

2014年,全市公共财政预算支出年初安排1926122万元,债券还本支出年初安排5000万元。在预算执行中,由于中央、省下达专项拨款及转移支付补助增加834710万元,使用上年结转资金和净结余280938万元,当年短收调整支出减少69756万元,债券转贷收入80000万元,调入预算稳定调节基金63056万元,调入资金57986万元,全市总财力变动为3178056万元,剔除安排调出资金1182万元,安排预算稳定调节基金109108万元,政府债券还本支出5000万元,全市公共财政预算支出安排由年初的1926122万元变动为3062766万元,年终公共财政预算支出实际执行2830807万元,结转下年231959万元,实际支出为变动预算的92.43%,同比增长6.72%,比上年增加支出178161万元。其中,一般公共服务支出203957万元,为预算的96.5%;国防支出278万元,为预算的7.2%;公共安全支出145230万元,为预算的97.74%;教育支出416684万元,为预算的92.98%;科学技术支出13922万元,为预算的87.96%;文化体育与传媒支出67228万元,为预算的95.05%;社会保障和就业支出402035万元,为预算的95.64%;医疗卫生与计划生育支出294823万元,为预算的93.23%;节能环保支出91263万元,为预算的84.09%;城乡社区支出231114万元,为预算的97.44%;农林水支出317614万元,为预算的90.80%;交通运输支出104804万元;为预算的92.07%;资源勘探信息等支出33421万元,为预算的93.16%;商业服务业等支出8796万元,为预算的80.23%;金融支出169万元,为预算的45.8%;国土海洋气象等支出330607万元,为

预算的88.99%；住房保障支出108250万元，为预算的81.81%；粮油物资储备支出11416万元，为预算的98.26%；国债还本付息支出3060万元，为预算的100%；其他支出46136万元，为预算的87.72%。

市本级公共财政预算支出年初安排182500万元，债券还本支出年初安排500万元，在预算执行中，由于中央、省下达专项拨款及转移支出补助增加569495万元，使用上年结转资金和净结余88926万元，当年超收安排支出27836万元，调入资金12555万元，债券转贷收入80000万元，补助县级专款及转移支付相应减少市本级支出485769万元，债券转贷支出80000万元，市本级总财力变动为396043万元，剔除安排债券还本支出500万元，市本级公共财政预算支出安排由年初的182500万元变动为395543万元，年终公共财政预算支出实际执行357924万元，结转下年37619万元，实际支出为变动预算的90.49%，同比增长13.10%，比上年增加支出41453万元。其中，一般公共服务支出25797万元，为预算的99.91%；国防支出278万元，为预算的7.2%；公共安全支出29486万元，为预算的100%；教育支出32920万元，为预算的88.48%；科学技术支出1287万元，为预算的100%；文化体育与传媒支出9645万元，为预算的100%；社会保障和就业支出45364万元，为预算的90.85%；医疗卫生与计划生育支出20991万元，为预算的98.01%；节能环保支出7344万元，为预算的61.33%；城乡社区支出41620万元，为预算的100%；农林水支出8950万元，为预算的55.35%；交通运输支出16895万元；为预算的99.25%；资源勘探信息等支出14523万元，为预算的99.66%；商业服务业等支出1073万元，为预算的66.69%；国土海洋气象等支出75620万元，为预算的87.43%；住房保障支出14817万元，为预算的92.06%；粮油物资储备支出7936万元，为预算的100%；其他支出3378万元，为预算的99.44%。

经汇总，2014年市本级“三公”经费支出执行6509万元，为预算的52.7%，其中，因公出国（境）经费51万元，为预算的26.2%；公务接待费1628万元，为预算的42.8%；公务用车购置及运行维护费4830万元，为预算的57.8%。

2014年全市政府性基金支出执行546583万元，为预算的71.15%，同比减少32.60%；市本级政府性基金支出执行120128万元，为预算的56.26%，同比减少52.51%。

2014年全市国有资本经营支出执行3万元，为预算的100%；市本级国有资本经营支出执行3万元，为预算的100%。

（三）当年收支平衡情况

2014年全市总财力为3178056万元，其资金构成：全市公共财政预算收入1182629万元，中央两税返还收入49790万元，所得税基数返还7262万元，成品油税费改革收入9752万元，中央、省下达专项拨款及转移支付补助1446643万元，上年结转280938万元，债券转贷收入80000万元，调入预算稳定调节基金63056万元，调入资金57986万元。2014年全市公共财政支出2830807万元，债券还本支出5000万元，调出资金1182万元，安排预算稳定调节基金109108万元，结转下年使用231959万元（其中：当年净结余6795万元）。总财力与总支出和结转下年相抵，实现当年收支平衡，略有结余。

2014年市本级总财力为396043万元，其资金构成：市本级公共财政预算收入217142万元，中央两税返还收入17875万元，所得税基数返还22446万元，成品油税费改革收入2757万元，中央、省下达专项拨款及转移支付补助1446643万元，县级体制上解10821万元，上年结转88926万元，债券转贷收入80000万元，调入资金12555万元，补助县级专款及转移支付1423122万元，债券转贷支出80000万元。2014年市本级公共财政预算支出357924万元，债券还本支出500万元，结转下年使用数37619万元（其中：当年净结余3万元）。总财力与总支出和结转下年相抵，实现当年收支平衡，略有结余。

（四）全市和市本级地方债务情况

截至2014年底，全市地方政府债务余额为240.79亿元，其中：市本级地方政府债务余额104.92亿元，占全市地方政府债务余额43.57%。

（五）落实市三届人大五次会议预算决议情况

回顾过去的一年，全市财政部门认真贯彻市三届人大五次会议有关决议，深化财政改革，创新体制机制，完善管理措施，坚持稳中求进的工作思路，在稳增长、促改革、调结构、惠民生、防风险等方面勇于担当、奋力作为,为我市经济社会发展做出了积极贡献。

1.多方筹资保重点,服务全市发展大局。2014年,全市财政部门认真落实积极财政政策,紧紧围绕市委、市政府确定的“八大工作重点、六大惠民工程”,多方筹措资金,加大投入力度,促进全市经济社会稳定发展。全年筹集资金28.53亿元,其中,积极争取中央财政基本建设资金7.74亿元,投入基层医疗卫生服务体系、保障性住房安居工程、城镇污水垃圾处理及污水管网工程、国有工矿棚户区改造、农村学前教育、农村饮水安全、防灾减灾等项目工程;争取省级财政基本建设资金4.22亿元,用于民航机场建设、病险水库、河流治理等项目工程;市级财政对市政府确定的重点工程、民生工程的投入,仅城西客运站建设、山西师大整体搬迁、破产企业职工安置、集中供热、煤气置换、市区公交补助等就达11.1亿元。争取以色列政府贷款2.2亿元,用于新医院购置医疗设备,极大的促进了新医院基础设施建设。此外,各级财政还投入农村新的“五件实事”3.27亿元。这些资金的落实和到位,进一步确保了市委、市政府决策部署的顺利实施,推进了全市经济社会的持续发展。

2.优化结构促转型,努力抓好财税收入。2014年,全市财政部门按照“稳增长、调结构、促改革”的要求,积极扶持小微企业、支持服务业发展,壮大新兴产业,淘汰落后产能,支持科技创新、节能减排,发展循环经济,大力推进经济结构调整和发展方式的转变。牵头完成国家节能减排财政政策综合示范城市申报工作,为我市未来3年争取到不少于12亿元的国家财政节能减排示范项目补贴资金,对产业结构优化、新兴产业发展起到了积极的促进作用;全年投入财政项目扶持资金4118万元、淘汰落后和过剩产能资金8321.48万元、成品油价格改革补贴资金4654.3万元;组织开展涉煤收费规范清理工作,取消、取缔收费项目21项,降低征收标准2项,规范收费8项,暂停收费项目2个,减轻企业负担,支持企业发展。同时我们狠抓收入不放松,与税务部门建立了重点税源监控机制,及时掌握税源变动情况,死死盯住收入进度。抽调专门力量,深入各县(市、区)进行调研,与政府、企业主要负责人座谈,了解经济动态,分析存在问题,尤其把产煤大县、收入大县和困难县(市、区)列为摸排重点,帮助寻找解决问题的办法,督促收入进度,确保应收尽收,及时入库。

3.加大投入保民生,共享财政发展成果。在收入增速放缓的情况下,民生支出力度不减。去年,全市民生支出总量及增支额分别占全市公共财政支出总量和增支总额的72.25%和147.53%。一是全面落实各项强农惠农政策。全市财政部门安排用于支农、农业综合开发、水库移民扶持、农业保险保费、农村环境连片整治示范等项目的资金达13.6亿元,其中兑现国家粮食直补、良种补贴、农机购置补贴等补助资金6.7亿元,投入农村公益事业“一事一议”财政奖补资金1.43亿元、农村环境连片整治示范项目补助资金1535万元,以及森林、种植业、养殖业保费资金8332万元,受益人口达到290余万人,使各项强农惠农政策得到了全面落实。二是支持完善城乡社会保障体系。全市养老、医疗、工伤、生育、失业五大保险和新农合覆盖面进一步扩大,提标资金足额得到拨付,退役安置、抚恤、残疾人事业、离退休人员得到了足额保障,机关事业单位养老保险制度正有序推开。三是积极支持社会事业健康发展。义务教育生均公用经费、校舍维修改造资金、扶困助学资金、机关事业单位津补贴提标、教师绩效工资、县级公立医院改革、基层医疗卫生机构财政补偿政策全部纳入财政预算予以保障。另外,全市还投入就业创业援助资金1.82亿元。四是全力推进保障性住房建设。争取上级公租房、廉租房和棚户区改造专项资金2.61亿元,新建和改造住房1353套,帮助住房困难群众圆了安居梦。

4.深化改革建机制,确保资金规范运行。深化部门预算编制改革,积极推进全口径预算管理,确保政府收支全部纳入预算管理。深入推进预决算公开,除临汾、侯马开发区外,市本级及17个县(市、区)已全部公开了2014年预算信息和“三公”经费。建立跨年度预算平衡机制,出台了市级预算稳定调解基金管理办法,增强年度间财政预算的平衡性和稳定性。盘活财政存量资金,加强结余结转资金管理。全年市本级累计调回总预算结余结转资金1.26亿元。加强政府性债务管理,开展了政府性债务清理甄别工作,摸清了全市政府性债务底数,建立了债务风险预警机制。试编权责发生制的政府综合财务报告,市本级和侯马、洪洞两个试点县的试编工作进展顺利。强化预算绩效管理，出台了《临汾市预算绩效管理办法》，积极探索建立“预算编制有目标，预算执行有监控，预算完成有评价，评价结果有反馈，反馈结果有应用”的全过程预算绩效管理机制，扩大了绩效运行跟踪的监控范围，取得了绩效目标管理的新突破。去年，全市纳入绩效目标管理的项目资金 53.6 亿元，占全市财政支出的 19.85%，占全市项目支出的 36.58%。在总结成绩的同时，我们也清醒地认识到财政运行中存在的一些矛盾和问题：一是财源结构不够合理，财政收入质量不高；二是财政收入增幅回落与支出需求刚性增长矛盾突出；三是政府债务规模较大，偿还能力明显受限。对于这些问题，需要高度重视，采取有效措施，认真加以解决。

二、2015 年全市和市本级预算草案

2015 年是全面深化改革的关键之年，是全面推进依法治国的启动之年，是全面完成“十二五”规划的收官之年，也是我市全面推进“六大发展”的开局之年。编制好 2015 年预算，做好各项财政工作，对于全面深化改革，加快转变政府职能，提升经济发展质量，促进富民强市具有重要意义。

（一）2015 年预算安排原则

全面贯彻党的十八大、十八届三中、四中全会精神和新《预算法》，落实市委三届六次全会、全市经济工作会议和全省财政工作会议部署，综合考虑我市财政经济发展的各种因素，2015 年全市财政预算编制原则如下：

——收入预算编制。积极组织、稳中求进、保障支出。收入预算与经济社会发展需求相适应，与财政政策相衔接。

——支出预算编制。统筹兼顾、突出重点、厉行节约。优化财政支出结构，严格控制一般性支出。消化结余结转，盘活存量资金。清理规范重点支出同财政收支增幅或生产总值挂钩事项，提高财政资金使用绩效。

——提高预算编制完整性。编制全口径预算，政府收支全部纳入预算管理。

——加大政府预算统筹力度。统筹安排政府性基金预算、国有资本经营预算与一般公共预算。

——推进财政预决算公开。政府预决算和部门预决算要细化并公开至支出功能科目的项级，同时使用经济科目编报并公开政府预决算和部门预决算。

（二）2015 年收支预算

2015 年预算编制主要特点：一是严格按照新预算法规定编制 2015 年预算；二是根据全口径预算管理要求，编制以公共财政、政府性基金、国有资本经营、社会保险基金为内容的“四本预算”；三是坚持收支平衡的原则，预算收支安排与经济社会发展需求相适应。2015 年收支预算安排如下：

1. 公共财政预算

2015 年全市公共财政预算收入预期目标为 1253580 万元，比上年完成数 1182629 万元增长 6%，比 2014 年实际增速高 5.9 个百分点。作出这样的预期，考虑了我国经济发展进入新常态，受现行税制间接税比重高的影响，随着经济增速放缓，财政收入增速下滑的幅度会更大，财政收入中低速增长成为新常态；考虑了我市经济形势依然复杂严峻，煤炭价格低位徘徊和需求不振的状况短期内难以改变，财政增收的基础并不稳固；考虑了结构性减税、减免行政事业性收费等减收因素，以及煤炭资源税改革、9 项政府性基金改列一般公共预算等政策性增收因素。同时也看到，国家实施新的区域发展战略将为我市承接产业转移、消化过剩产能、推动结构调整、优化财源结构创造有利条件。总的来看，收入预期增长 6%，既体现了中央继续实施积极财政政策的要求，也是实现 2015 年全市预算收支平衡的需要。

2015 年全市公共财政预算支出安排 2078062 万元，比 2014 年向市人大常委会备案预算同口径增长 7.89%（系剔除上级专项转移支付提前下达数后的同口径比较，下同）。主要项目安排情况是：一般公共服务支出 190564 万元，增长 4.11%；公共安全支出 110280 万元，增长 5.16%；教育支出 375256 万元，增长 5.78%；科学技术支出 17420 万元，增长 0.59%；文化体育与传媒支出 28015 万元，增长 8.13%；社会保障和就业支出 329545 万元，增长 8.68%；医疗卫生与计划生育支出 187364 万元，增长 5.93%；节能环保支出 38230 万元，增长 5.09%；城乡社区支出 98735 万元，增长 2.24%；农林水支出 140569 万元，增长 5.78%；交通运输支出 28321 万元，增长 5.36%；资源勘探信息等支出 19820 万元，增长 3.72%；商业服务业等支出 5102 万元，增长 1.39%；国土海洋气象等支出 302512 万元,增长 1.89%;住房保障支出 43098 万元,增长 3.50%;粮油物资储备支出 6853 万元,增长 4.48%;预备费 38540 万元,增长 1.07%;其他支出 117838 万元,增长 96.24%。上述全市预算草案为市代编预算,待各县(市、区)人民代表大会批准后,市财政将汇总各级人大批准的预算,加上上年结转支出,一并报市人大常委会备案。

市本级公共财政预算收入预期目标为 228233 万元,增长 5.11%。其中:税收收入 154940 万元,增长 25.82%,主要是煤炭资源税从价计征改革增加税收收入;非税收入 73293 万元,下降 22.03%,主要是探矿权采矿权价款等一次性因素减少非税收入。市本级公共财政预算支出安排 215000 万元,比 2014 年向市人大常委会备案预算同口径增长 17.49%。资金来源为:市本级公共财政预算收入 228233 万元,加上上级补助和县(市、区)上解收入 834482 万元,减去上解上级和补助县(市、区)等支出 847715 万元。

市本级主要支出项目安排情况是:一般公共服务支出 27458 万元,同口径增长 38.88%;公共安全支出 19640 万元,同口径增长 40.91%;教育支出 28778 万元,同口径增长 29.24%;科学技术支出 734 万元,同口径下降 67.33%;文化体育与传媒支出 5282 万元,同口径增长 4.35%;社会保障和就业支出 39674 万元,同口径增长 34.50%;医疗卫生与计划生育支出 29489 万元,同口径增长 11.98%;节能环保支出 5104 万元,同口径增长 10.69%;城乡社区支出 9420 万元,同口径增长 1.03%;农林水支出 7083 万元,同口径下降 11.07%;交通运输支出 3598 万元,同口径下降 11.94%;国土海洋气象等支出 7075 万元,同口径增长 92.36%;住房保障支出 5889 万元,同口径增长 14.17%;粮油物资储备支出 414 万元,同口径增长 7.53%;预备费 1000 万元,同口径下降 80%;其他支出 24362 万元,同口径增长 2.90%。

2015 年市本级安排“三公”经费预算 11581 万元,比上年预算减少 769 万元,同口径(下同)下降 6.23%。其中:因公出国(境)经费 190 万元,下降 2.56%;公务接待费 3577 万元,下降 5.92%;公务用车购置及运行维护费 7814 万元,下降 6.45%,其中公务用车运行维护费 7614 万元,下降 3.17%。

2.政府性基金预算

2015 年全市政府性基金预算收入 173360 万元,比上年实际完成数下降 41%(剔除转列一般公共预算的 9 项基金和煤炭可持续发展基金);政府性基金预算支出安排 173360 万元,比上年预算下降 63.30%。市本级政府性基金预算收入 60870 万元,比上年实际完成数下降 9.09%;政府性基金预算支出安排 60870 万元,比上年预算下降 67%。

3.国有资本经营预算

2015 年全市国有资本经营预算收入 55 万元,比上年实际完成增长 1733.33%;国有资本经营预算支出安排 55 万元,比上年预算增长 1000%。市本级国有资本经营预算收入 5 万元,预算支出安排 5 万元,收支预算与上年一致。

4.社会保险基金预算

2015 年全市社会保险基金预算收入 697630 万元,其中,财政补贴收入 181930 万元;社会保险基金支出 652827 万元,预算收支结余 44803 万元。市本级社会保险基金预算收入 376712 万元,其中,财政补贴收入 17234 万元;社会保险基金支出 311574 万元,预算收支结余 65138 万元。

以上预算安排的具体情况详见《2014 年全市和市本级预算执行情况及 2015 年全市和市本级预算(草案)》。

三、完成 2015 年预算任务的主要措施

(一)用活财政政策,加快经济结构调整

牢固树立“发展是第一要务”的理念,增强宏观意识、大局意识和可持续意识,继续实施积极的财政政策,积极落实稳增长、扶持小微企业、支持服务业发展等政策措施,做强做优传统产业,培育壮大新兴产业,大力发展现代服务业,压减散碎项目和一般竞争性领域项目,整合资金支持,淘汰一批落后产能、压缩过剩产能和实施节能项目。不断创新财政资金投入方式,全力支持产业转型发展。发挥财政资金的导向作用,引导民间资本投向基础设施建设、公益性事业、服务业、循环经济以及新能源、新材料、装备制造业等战略性新兴产业。

(二)加大“三农”投入,推进城乡统筹发展

进一步提高农业现代化水平、农民生活水平,全面加强现代农业建设。继续支持农村危房改造工作,保障农村困难群众住房安全;支持乡村清洁工程建设,改善农村人居环境。加强土地出让收入的管理,支持地质灾害治理防治、土地整理、农田开

垦、高标准农田建设和农田水利建设等项目。继续贯彻落实粮食直补、综补政策，做好产粮大县奖励和粮油储备工作，保障粮食安全，促进农民增收。对近几年实施的财政支农项目进行绩效评价，进一步发挥财政支农资金的使用效益。狠抓国家强农惠农政策的落实，针对与农民生产生活关系密切的项目进行重点检查。

（三）完善投入机制，着力保障改善民生

完善针对不同教育类型的财政支持政策，引导企业、个人和社会多渠道投资教育；完善家庭经济困难学生资助政策体系，促进教育公平。支持实施更加积极的就业政策，建立健全城乡统筹的公共就业服务体系，促进高校毕业生、农村转移劳动力、城镇困难人员、退役军人等就业。千方百计筹措建设资金，运用"PPP模式"支持我市城市基础设施建设和交通建设事业发展。完善社会保障制度，认真抓好机关事业单位养老保险制度并轨改革；认真落实重特大疾病医疗保险和救助制度，继续实施城乡居民大病医疗保险试点。落实好公租房和廉租房并轨运行制度，通过投资补助、贷款贴息、资本金注入等方式，吸引银行贷款、社会资本支持保障性安居工程及配套设施建设。引导、鼓励社会资本参与文化旅游产业发展；支持公共文化服务体系建设，推动基层公共文化资源整合和统筹利用。通过中央转移支付、融资租赁等形式，继续筹措交通建设资金，支持我市干线公路、农村公路建设改造等工程。巩固成品油税费改革成果，推动我市渔业、林业、城市公交、农村道路客运、城市出租车等五大行业的油价补贴工作。

（四）深化财政改革，提高财政预算绩效

一是完善政府预算体系。清理规范重点支出与年度财政收支增幅或GDP挂钩事项，改变先确定支出总额再填项目的做法；政府收支要全部纳入预算，明确以公共预算、政府性基金预算、国有资本经营预算、社会保障基金预算为内容的"四项"预算收支范围和功能定位，加大相互之间的统筹力度。二是改进年度预算控制方式。建立跨年度预算平衡机制，弱化对收入预算的考核，促进税收依法征管；实行中期财政规划管理，试编三年财政规划，强化年度预算的约束。三是加大预算公开力度。规范预算公开工作流程，主动向群众、社会公开财政家底。除涉密信息外，所有使用财政资金的部门均应公开本部门预决算和"三公"经费预决算。四是积极推进税制改革。将营改增范围扩大到建筑业、房地产业、金融业、生活服务业等领域。全面落实煤炭资源税从价计征改革政策，巩固涉煤清费成果，防止各项乱收费乱摊派现象反弹。清理规范税收等优惠政策，违反国家法律法规的优惠政策一律停止执行。五是盘活财政存量资金。建立结转结余资金定期清理机制。对政府性基金项目结转资金规模较大的，调入一般公共预算统筹使用。继续清理预算单位实有资金账户结余。六是加强预算绩效管理。继续完善预算绩效管理体系。注重绩效目标管理，把基础打牢。抓好绩效运行监管，把过程控住。建立绩效运行跟踪监控机制，定期采集绩效运行信息并汇总分析，对绩效目标运行情况进行跟踪管理和督促检查，纠偏扬长，促进绩效目标的顺利实现。扩大绩效评价范围，进一步加大项目支出绩效评价工作力度，结果与下年度项目支出预算安排挂钩，凡绩效评价较差或不合格的项目，下年度不再安排类似经费，项目支出预算实行"零增长"或"负增长"。七是加强地方政府性债务管理。建立健全我市政府性债务管理的相关制度，积极探索政府性债务动态管理模式，规范地方政府性债务会计核算办法，逐步建立债务风险预警和控制机制，实行政府性债务管理信息化、科学化。进一步研究建立控制新增债务的政策措施，建立健全地方政府性债务管理机制，做好防范和化解债务风险的基础工作。八是推进政府购买服务。完善政府购买服务目录、财政财务管理办法和综合评价机制。选择部分公益性强、适合采取市场化方式提供、社会力量能够承担的项目，推进政府购买服务工作。协同推进事业单位分类改革，搞好政策衔接，防止一边购买服务、一边又养人办事。

（五）坚持依法理财，全面提升理财水平

以贯彻新修订的《预算法》为契机，大力度开展预算法律法规宣传培训，努力营造学法、懂法、用法、守法的浓厚氛围。全面梳理、修订、完善财政管理制度，不断健全依法理财的制度体系，将全部理财行为纳入制度化轨道。依法组织收入，实现应收尽收。遵循收入预期性原则，坚持依法治税、依法征缴。严格预算约束，提高执行效率。认真落实市人大决议，加强预算执行管理，强化预算执行动态监控，严格预算执行主体责任，维护市人大批准财政预算的严肃性。加强财政监督，严肃财经纪律。构建嵌入业务流程的财政支出监督机制，落实“六权治本”要求，实行财政权力清单、责任清单制度，规范权力运行，强化责任追究。深入贯彻《党政机关厉行节约反对浪费条例》，努力做到“三个压减”和“三个保障”，即：压减投向竞争性领域的资金；压减结余结转资金；压减一般性支出；完善基本公共服务保障机制；完善民生保障机制；完善改革成本保障机制。

各位代表：做好2015年财政工作，任务繁重，责任重大。我们要在市委、市政府的正确领导下，在市人大、市政协的监督支持下，认真贯彻落实市委三届六次全会和全市经济工作会议精神，坚定信心，脚踏实地，攻坚克难，真抓实干，努力完成全年财政工作任务，为我市加快“六大发展”、开创弊革风清、富民强市的新局面做出新的更大的贡献！

附：

相关名词解释和说明

1.公共财政预算收入：指按照现行财政体制规定列入地方预算，直接缴入地方金库的财政收入。具体由两部分组成：一是税收收入，包括增值税、企业所得税、个人所得税的地方分享部分，营业税、资源税的地方分享部分，城市维护建设税、房产税、印花税、城镇土地使用税、土地增值税、车船税、契税、耕地占用税等；二是非税收入，包括专项收入、行政事业性收费收入、罚没收入、国有资本经营收入、国有资源(资产)有偿使用收入、其他收入等。

2.公共财政预算支出：指列入地方预算的财政支出，其支出项目按功能设置“类”级科目，包括：一般公共服务支出、国防支出、公共安全支出、教育支出、科学技术支出、文化体育与传媒支出、社会保障和就业支出、医疗卫生与计划生育支出、节能环保支出、城乡社区支出、农林水支出、交通运输支出、资源勘探信息等支出、商业服务业等支出、金融支出、援助其他地区支出、国土资源气象等支出、住房保障支出、粮油物资储备支出、预备费、国债还本付息支出及其他支出等。其资金来源包括用地方当年财力安排的支出、上年结余、调入资金和中央、省一般性及专项转移支付补助收入安排的支出。

3.政府性基金预算：指政府通过向社会征收基金、收费，以及出让土地、发行彩票等方式取得收入，专项用于支持特定基础设施建设和社会事业发展的收支预算，是政府预算收支的组成部分。其特点是目的性强、专款专用。

4.国有资本经营预算：指国家以所有者身份从国家出资企业依法取得国有资本收益，并对所得收益进行分配而发生的各项收支预算，是政府预算的重要组成部分，其核心是调整国家和国有企业之间的财政分配关系。目前，我市在市、县两级基本建立了国有资本经营预算制度框架。

5.社会保险基金预算：是指社会保险经办机构根据社会保险制度的实施计划和任务编制的，经规定程序审批的年度基金财务收支计划。

按险种划分为五类八种：企业职工基本养老保险基金、城乡居民基本养老保险基金、城镇职工基本医疗保险基金、新型农村合作医疗保险基金、城镇居民基本医疗保险基金、失业保险基金、工伤保险基金、生育保险基金。

6.“三公”经费预算：“三公”经费是指财政拨款支出安排的因公出国(境)费、公务接待费、公务用车购置及运行维护费。

7.公共预算总财力：反映预算年度内预算资金来源的总规模，包括公共财政预算收入、返还性收入、一般性转移支付收入、专项转移支付收入、下级上解收入及调入资金。公共预算总财力不包括政府性基金预算收入。

8.部门预算：简单地说就是“一个部门一本预算”，完整地反映一个部门的所有收入和所有支出，即一个部门在部门预算之外，不得再有其他收支活动。部门预算的特点就是改变财政资金按性质归口管理的做法，并实行预算内资金和部门事业收入及其他收入收支统管，统筹使用。

9.转移支付(一般、专项)：是政府间的一种补助，是以各级政府之间所存在的财政能力差异为基础，以实现各地公共服务均等化为目标，而实行的一种财政资金转移或财政平衡制度。目前转移支付主要由一般性转移支付和专项转移支付构成。一般性转移支付不规定具体用途，由接受拨款的政府自主使用，包括均衡性转移支付、调整工资转移支付、农村税费改革转移支付、县级基本财力保障机制奖补资金、基层公检法司转移支付、义务教育等转移支付、基本养老保险和低保等转移支付、新型农村合作医疗等转移支付、村级公益事业奖补等转移支付、重点生态功能区转移支付等；专项转移支付又称专项拨款，是有附加条件、规定资金使用范围的转移支付，要求专款专用。目前，专项转移支付主要用于农林水事务、交通运输、节能环保、社会保障和教育等方面。

10.煤炭可持续发展基金：煤炭可持续发展基金(以下简称“基金”)是经国务院批准，财政部批复设立的，2007年3月在我省境内开采原煤的单位和个人缴纳的政府性基金，是我省煤炭工业可持续发展政策措施试点的主要内容之一。基金的计征依据为所开采原煤的实际产量，基金的征收标准按不同煤种、不同矿井规模确定。所征基金主要用于解决企业难以解决的跨区域生态环境治理、支持资源型城市(地区)转型和重点接替产业发展、解决因采煤引起的相关社会问题。2014年12月1日已停止征收。

11."营改增":是指以前缴纳营业税的应税项目改成缴纳增值税,简称"营改增"。2012 年国家在 9 个省市(含 3 个计划单列市)部分行业开展深化增值税制度改革试点,主要涉及交通运输业及研发和技术服务、信息技术服务、文化创意服务、物流辅助服务、有形动产租赁服务、鉴证咨询服务等 6 个现代服务业(简称"1+6")。2013 年 8 月 1 日,改革范围推广到全国试行,现代服务业中新增广播影视服务,试点行业扩大为交通运输业和 7 个现代服务业(简称"1+7")。2014 年 1 月 1 日起,在全国范围内又将铁路运输和邮政业纳入"营改增"试点范围。2015 年 5 月,"营改增"的最后三个行业建安房地产、金融保险、生活服务业的"营改增"方案将推出,下半年,中国或将全面告别营业税。

12.村级公益事业建设一事一议财政奖补:指村民通过规范的一事一议筹资筹劳开展村内公益事业建设项目,政府采取以奖代补、民办公助的方式,给予适当财政奖补。其目的是以农民自愿出资出劳为基础,以政府奖补资金为引导,建立多方投入、共同推进的村级公益事业建设投入新机制。

13.保障性安居工程:指政府在对城镇中低收入家庭和农村困难家庭实行分类保障过程中所提供的限定供应对象、住房标准、销售价格或租金标准,具有社会保障性质住房的建设和改造工程。保障性安居工程主要包括建设廉租住房和对低收入住房困难家庭发放货币补贴,建设公共租赁住房、经济适用住房和限价商品住房,实施政府主导的城市棚户区改造,国有林区、垦区和工矿棚户区的改造,国有重点煤矿棚户区改造和农村危房改造。国家要求到"十二五"期末,全国保障性住房覆盖率面达到 20%左右。

14.小微企业:是指从事国家非限制和禁止行业,并符合下列条件的小型微利企业。即工业企业,年度应纳税所得额不超过 30 万元,从业人数不超过 100 人,资产总额不超过 3000 万元;其他企业,年度应纳税所得额不超过 30 万元,从业人数不超过 80 人,资产总额不超过 1000 万元。

15.政府购买服务:是指通过发挥市场机制作用,把政府直接向社会公众提供的一部分公共服务事项,按照一定的方式和程序,交由具备条件的社会办量承担,并由政府根据服务数量和质量向其支付费用。是一种新型的政府提供公共服务方式。

16.财政结转资金:是指结转的财政结余资金中有专项用途、需继续安排使用的资金。一般来说,结转资金都是跨年度使用的。

17.财政结余资金:主要是指行政、事业单位在预算年度内,按照财政部门批复的本部门预算,当年尚未支用的财政拨款资金。

18.权责发生制政府综合财务报告制度:是以权责发生制为基础、按年度编制的政府综合财务报告的制度,报告的内容主要是:资产负债表、收入费用表等政府财务报表,财政经济状况分析。

19.政府和社会资本合作 PPP:是政府与社会资本为了合作建设城市基础设施项目,或为提供公共产品或服务而建立的"全过程"合作关系,以授予特许经营权为基础,以利益共享和风险共担为特征,通过引入市场竞争和激励约束机制,发挥双方优势,提高公共产品或服务的质量和供给效率。

20.节能减排财政政策综合示范:指从 2011 年到目前,通过竞争性评审,选出 30 个示范城市,中央财政给予资金补助,加大各项节能减排财政政策整合力度,加快体制机制创新,促进城市产业低碳化、交通清洁化、建筑绿色化、产业集约化、主要污染物减量化、可再生能源利用规模化。

21.预算稳定调节基金:是指由政府设立的,从规定范围筹集的,用于调节和平衡预算运行的预算储备资金。基金的安排使用接受同级人大及其常委会的监督。预算稳定调节基金单设科目,增加补充基金时在收入方反映,动用基金时在支出方反映。

22.支出功能科目:是指反映政府管理和主要职能活动的分类科目。分"类、款、项"三级设制。主要分类具体包括:一般公共服务支出、外交支出、国防支出、公共安全支出、教育支出、科学技术支出、文化体育与传媒支出、社会保障和就业支出、社会保险基金支出、医疗卫生与计划生育支出、节能环保支出、城乡社区支出、农林水支出、交通运输支出、资源勘探信息等支出、商业服务业等支出、金融支出、援助其他地区支出、国土海洋气象等支出、住房保障支出、粮油物资储备支出、预备费、国债还本付息支出、其他支出和转移性支出。

23.支出经济科目:是指反映支出的经济性质和具体用途的分类科目。分"类、款"二级设制。主要分类具体包括:工资福利支出、商品和服务支出、对个人和家庭的补助、对企事业单位的补贴、转移性支出、债务利息支出、基本建设支出、其他资本性支出和其他支出。

临汾市人大常委会工作报告

——2015年4月28日在临汾市第三届人民代表大会第六次会议上

临汾市人大常委会主任　徐树荣

各位代表：

我受市人大常委会委托，向大会报告工作，请予审议。

过去一年的主要工作

2014年，在中共临汾市委坚强领导下，市人大常委会深入学习贯彻党的十八大及十八届三中、四中全会精神和习近平总书记系列重要讲话精神，扎实开展党的群众路线教育实践活动、学习讨论落实活动，紧紧围绕全市工作大局依法履行职责，召开常委会会议12次、主任会议14次，听取审议“一府两院”工作报告26项，开展执法检查4项、执法调研8项，作出决议、决定、审议意见13项，任免干部42人(次)，有效发挥了地方国家权力机关作用，为推进我市经济、政治、文化、社会和生态文明建设做出了积极贡献。

一、坚定正确政治方向，坚决贯彻落实中央省委市委决策部署

面对我省系统性、塌方式严重腐败和“立体性困扰”的严峻形势，市人大常委会坚决同以习近平同志为总书记的党中央保持高度一致，坚决贯彻落实省委市委决策部署，始终保持鲜明政治态度和坚定政治立场，全力维护临汾大局稳定、政治稳定、社会稳定。

(一)以“为民务实清廉”为主题，扎实开展党的群众路线教育实践活动

常委会党组以高度的政治自觉，践行“三严三实”，弘扬焦裕禄精神，深学细照笃行。各位主任深入联系点沾泥土、接地气，下乡住村开展“五个一”活动，常委会党组以上率下，机关活动及时跟进，保证了教育实践活动高起点开局、高标准推进、高质量收官，为推动人大工作与时俱进奠定了坚实的思想基础和政治基础。

(二)以庆祝全国人民代表大会成立60周年暨地方人大设立常委会35周年为契机，坚定人民代表大会制度自信

去年10月，市委召开座谈会，学习贯彻习近平总书记在全国纪念大会上的重要讲话，罗清宇书记强调：“全市上下一定要把思想和行动统一到习近平总书记重要讲话精神上来，深刻认识人民代表大会制度的根本性、唯一性、优越性，把这一制度坚持好、完善好、发展好”。常委会按照总书记讲话和市委要求，全面总结我市坚持完善人民代表大会制度的经验，积极推进理论和实践创新，进一步增强了走中国特色社会主义政治发展道路的坚定性和自觉性。

(三)以学习讨论落实活动为载体，强化地方国家权力机关职能作用

常委会响应省委决定，按照市委要求，找准依法履行职责与实施“六权治本”、推进“六大发展”的契合点，依法作出了《关于进一步加强和改进人大监督工作的决定》。进一步引深“三账”监督机制，听取审议了“一府两院”55家单位年底“交账”情况报告，进行满意度测评，并及时向社会公开。对严重违纪违法的人大代表和人大及其常委会选举任命人员，及时启动法律程序，依法罢免2名省人大代表职务，依法确认罢免4名市人大代表资格，依法撤销了市政府工作部门2名局长职务，有力推动了党风廉政建设和反腐败斗争。

二、围绕全市工作大局，着力推动“四个年”活动深入开展

去年年初，市委作出了深入开展改革创新年、

转型攻坚年、环境提升年、服务群众年的决策。常委会综合运用法定职权，持续推进“四个年”活动。

“百里汾河生态经济带”建设是我市转型发展的龙头和引领，市三届人大常委会产生以来，始终高度关注，持续监督推动，坚持每季一督查，每次有主题。去年，围绕农业园区、工业转型、重点工程、新型城镇化建设，组织开展了 4 次专项督查，提出建议 63 条，推动经济带建设展示出强劲活力和美好前景，区域统筹、环境优美、交通快捷、产业聚集的优势日益显现。在本次会议上，常委会将《关于设立百里汾河生态保护区》的议案提请大会审议，并将作出决议，就是要把这件功在当代、利在千秋的大事好事纳入法治轨道，使汾河生态资源永续保护，造福子孙。

行政审批制度改革和农村土地流转制度改革是改革创新年的重要内容。常委会听取审议关于精简行政审批事项和全市农村土地经营权流转情况报告，要求市政府及有关部门减少审批环节，压缩审批时限，方便群众办事；进一步规范农村土地承包经营权流转行为，激发农村经济发展活力。

“环境就是民生，青山就是美丽，蓝天也是幸福”。常委会持续关注全市大气和水环境质量，组织开展“防治大气污染、改善环境质量”为主题的平阳环保行执法检查。常委会第 28 次会议，听取审议了市环保局专项工作报告，提出意见和要求。去年底，市区空气综合质量指数、PM2.5 浓度同比明显下降，二级以上天数同比增加 73 天；全市自来水 pH 值及相关指标符合国标要求，人民群众喝的是安全放心的水。

常委会听取审议上半年计划执行报告，要求市政府积极适应经济新常态，大力推进服务业发展，实施中小微企业成长工程，确保经济运行“止缓回稳促增”；听取审议上年度财政决算和上半年预算执行情况报告，要求市政府优化收入结构，强化预算管理，严控“三公经费”，防范财政风险，促使市本级财政支出 70％及支出增量 80％以上用于民生改善；听取审议审计工作报告和审计查出问题整改情况报告，针对过去屡审屡查屡犯和整改不彻底、不到位问题，向市政府提出整改要求，市政府高度重视，对查找出的 43 个问题，专题研究，制定方案，落实责任，认真整改，力度大、进展快、效果好。

三、依法履行监督职权，推动解决事关人民群众切身利益的问题

常委会倾听代表呼声，反映群众意愿，选择事关人民群众切身利益和社会普遍关注的热点难点问题，进行专题询问，实施重点监督，开展执法检查，加强信访工作。

（一）对学前教育、扶贫开发进行专题询问

“人生百年，立于幼学”，市人大代表连续多年提出建议，要求解决市区“入园难、入公办园难、入优质园难”的问题。我市贫困地区面积大、人口多，基础设施落后，群众致富缺技术、缺门路、缺资金。为此，常委会决定对全市学前教育和扶贫开发进行专题询问，由分管副主任挂帅成立专题询问组，深入实际，调查研究，听汇报、查实情，全方位、多角度了解掌握相关情况。在第 26 次会议上，听取审议市政府关于这两项工作情况的报告，副市长及 13 个相关部门主要负责人到会应询，提问开门见山带“辣味”，回答直奔主题见坦诚，不避难点，不走过场。常委会作出审议意见，要求市政府及有关部门统筹协调，落实责任，加大投入，通过加快小区配套园建设、购买服务等措施落实 21 项整改任务；要大力开展精准扶贫，对象要精准，项目要精准，措施要精准，确保取得实效。

常委会对 2013 年开展的公路交通建设、重点项目建设、煤炭资源整合专题询问整改落实情况进行跨年度跟踪问效，听取审议了“三个”整改情况报告。公路交通涉及的“六大工程”，有四项已竣工交付使用，其他两项正有序推进；重点项目基础工作进一步夯实，“六位一体”稳中有进；煤炭资源整合遗留问题稳步解决，煤矿基本建设步伐加快。

（二）对市中级人民法院司法公开情况进行重点监督

司法的灵魂和生命是公正，而公开是公正的基础。常委会把司法公开情况作为监督重点，成立由分管副主任任组长的专项监督组，深入市中院，听取汇报、查阅案卷、旁听庭审，连续监督、反馈意见、推动整改。在第 28 次会议上，听取审议市中院司法公开情况的报告，并作出审议意见。市中院认真落实审议意见，实施“三大平台”建设，突出“六项公开”工作，以司法公开倒逼法官素质提升，人民群众知情权、参与权、监督权得到有效保障。

(三)进一步加大执法检查力度。法律的生命力在于实施

常委会加大法律法规执法检查力度,先后对农产品质量安全、大气污染防治、未成年人保护"一法一条例"以及预防职务犯罪工作条例等贯彻实施情况进行执法检查。配合省人大常委会对水土保持法、就业促进法、旅游法、规范性文件备案审查条例等进行立法、执法调研。就政府债券资金使用、教育均衡发展、农村土地流转、非物质文化遗产保护等进行了专题调研。

(四)进一步改进信访工作

常委会把信访工作作为密切联系群众的重要渠道,健全解决群众合理诉求机制,全年共受理群众来信来访 1187 件(次),接待来访人员 2430 余人次,全部及时交办、转办和督办,重点督办信访事项 60 项,化解了社会矛盾,促进了和谐稳定。

四、切实加强代表工作,发挥代表主体作用

我们不断创新代表闭会期间活动方式,加强对代表的培训,加大代表建议意见督办力度,推动代表依法履职、认真履职。

(一)继续开展市人大代表交叉视察活动

去年,常委会继续组织代表开展跨行政区域视察活动,视察范围不断扩大、视察内容不断丰富,由本地到他县,由山区到平川,实现了大跨度交流,代表们开阔了眼界,增长了见识,从全市大局出发思考问题、提出建议,激发了履职热情,提高视察质量。

(二)加强代表培训工作

通过"请进来、走出去",定期邀请专家来临授课,组织部分省人大代表赴省城参加履职培训。针对代表"审议、视察和提出建议能力不足"的问题,去年 7 月,邀请全国人大专家,在洪洞、曲沃、吉县分片区对全体市人大代表进行了集中培训,部分县、乡人大代表也一同参训,大家普遍反映启发大,收获多,效果好。

(三)加大代表建议督办力度

对市三届人大五次会议期间代表提出的 115 件建议进行了集中交办,由市政府分管副市长领办,人大常委会主任、副主任督办。制定出台督办意见,明确督办程序。从事关民生保障、生态建设、产业发展等较为集中的建议中,确定 10 件重点,由各位主任带领提建议代表,到承办单位面对面督办。常委会第 30 次会议,首次听取审议 10 个承办单位办理情况报告,并进行了满意度测评。通过加大督办力度,推动解决了一些制约经济发展的重点问题和事关民生的热点难点问题。如,市卫生局针对丁玉萍代表提出的解决偏远山区农民看病难的建议,研究出台了加强基层医疗卫生巡诊工作意见,通过县、乡、村卫生服务协作和对口支援的方式,提升基层医疗服务能力,方便群众看病就医。

五、努力改进工作作风,不断提高履职能力

常委会把深入开展党的群众路线教育实践活动、学习讨论落实活动作为加强自身建设的重要载体,着力从思想、作风、制度等方面打牢基础,提升能力。

加强履职能力建设。深入学习习近平总书记系列重要讲话精神和党的十八届三中、四中全会精神,强化政治意识,增强政治定力,中心组全年学习 42 次,机关党委组织学习 51 次。通过法律讲座、专题辅导、履职培训等形式,全面提升组成人员和机关干部的法律素养和履职能力。提升服务保障水平。抓好机关党的建设和党风廉政建设,严格落实"两个责任",贯彻落实"八项规定",坚决反对"四风",修订完善 22 项规章制度。提高常委会公报、《临汾人大》期刊、临汾人大网站和《临汾人大年鉴》质量,增强人大工作透明度,扩大人大工作影响力。积极创建市级文明单位,巩固人大机关充满活力、务实高效、管理有序、风清气正的良好局面。加强对基层人大工作的指导。把去年 8 月确定为"县乡人大工作专题调研月",由各位主任带队,分赴全市 17 个县(市、区)和部分乡镇(街道),对县乡人大依法履职、代表活动、自身建设等情况进行调查研究,向市委报送调研报告,加强了对县乡人大工作的业务指导、法律监督和工作联系,提高了全市人大工作整体水平。

各位代表,过去的一年是不寻常的一年,在工作实践中,我们感受到:市委的坚强领导是做好人大工作的根本保证。常委会始终坚持重大问题及时请示,重要工作及时报告,自觉服从和接受市委领导,坚决维护市委总揽全局、协调各方的领导地位。围绕中心、服务大局是做好人大工作的基本原则。常委会立足全市工作大局,围绕核心、紧扣中心、顺应民心,始终在经济社会发展全局中思考、谋划和推进工作。依法履职、不辱使命是做好人大工作的必然要求。人大工作政治性、法律性、程序性

很强，想问题、办事情，要依法有据，程序正当，特别是在法治临汾建设中，更要尊法学法守法用法，做到依法履职不越位，敢于履职不缺位，善于履职求实效。坚持问题导向、回应群众关切是做好人大工作的重要方法。人大工作涉及方方面面，抓什么，怎么抓？代表反映集中的、群众反映强烈的，就是我们关注的。要有发现问题的敏锐，直面问题的担当，解决问题的方法，形成科学有效的工作运行机制。坚持群众路线，发挥代表作用是做好人大工作的本质要求。常委会是代表选举产生的，要对代表负责、受代表监督，我们要打破“玻璃门”“无形墙”，多到一线充充电，多到基层接地气，依靠代表做好人大工作。正确处理监督与支持的关系是做好人大工作的职责所在。坚持监督与支持相统一，寓支持于监督之中，推动“一府两院”依法行政、公正司法，体现人大与“一府两院”工作目标的一致性，形成推进工作的强大合力。

各位代表，过去的一年，在中共临汾市委的坚强领导下，常委会做了大量扎实有效的工作，这是全体代表、常委会组成人员和机关工作人员共同努力的结果，是“一府两院”、各县（市、区）人大常委会及社会各界大力支持的结果。在此，我代表市人大常委会，表示崇高敬意和衷心感谢！

我们也清醒地认识到，常委会工作与新形势新任务要求相比，与广大代表和人民群众期望相比，还存在不少差距：主要是监督工作实效性不强，跟踪监督力度不够，督促政府及有关部门整改效果还不明显，比如，对学前教育开展专题询问，推动解决市级公办园少、入公办园难的问题步子不快；对扶贫开发工作进行专题询问，精准扶贫工作还不到位。“三账”监督运行机制不完善，代表工作还需改进，特别是在代表建议督办方面还需拿出具体措施。常委会组成人员深入基层、深入群众、深入实际，调查研究有待进一步加强，工作作风仍需持续改进。

2015 年主要任务

今年是全面深化改革关键之年，是全面依法治国开局之年，是全面完成“十二五”规划收官之年。做好今年人大工作意义重大。今年常委会工作的总体要求是：全面贯彻党的十八大和十八届三中、四中全会精神，以习近平总书记系列重要讲话精神为根本指针，围绕“四个全面”战略布局，紧扣“六权治本”“六大发展”，贯彻落实市委三届六次全会精神，在中共临汾市委坚强领导下，以创新方式、增强实效为重点强化监督职能，以完善机制、优化服务为重点做好代表工作，以增强素质、提升能力为重点加强自身建设，积极发挥地方国家权力机关作用，为促进法治临汾建设，努力开创弊革风清、富民强市新局面做出新贡献。

今年常委会工作的主要任务是：

一、维护宪法法律权威，推进法治临汾建设

坚持依法治国首先要坚持依宪治国，坚持依法执政首先要坚持依宪执政，这是我们党对现代法治发展规律的新认识新境界。今年，我们要全面贯彻落实市委《关于加快推进法治临汾建设的实施意见》，以法治临汾建设新成效推动各项事业取得新进展。要全面贯彻实施宪法。常委会将今年定为“学习宣传贯彻宪法年”，在全社会普遍开展宪法教育，对人大常委会任命人员进行宪法知识考试，在机关、学校、企事业单位、社会组织中广泛开展宪法知识竞赛，大力开展好“国家宪法日”活动，使这一天成为全民的宪法“教育日、普及日、深化日”，真正让人民群众内心拥护，真诚信仰。认真落实宪法宣誓制度。凡是经人大及其常委会选举或者决定任命的国家机关工作人员，正式就职时公开向宪法宣誓。推进依法行政。用法治的“金箍棒”划定权力边界，管住权力“任性”，监督政府及工作部门，厘清权力清单、责任清单、负面清单，做到法定职责必须为，法无授权不可为，大力消除懒政惰政、为官不为。推进公正司法。监督司法机关遵循法律程序，守住法律底线，严格司法，依法办案。认真贯彻执行《山西省各级人民代表大会常务委员会规范性文件备案审查条例》，加强法律监督，维护法制统一。各级领导干部要发挥引领和表率作用，自觉把对宪法的信仰、对法律的敬畏、对法治的尊崇转化为谋划工作的法治思维、处理问题的法治方式，推动法治临汾建设迈出坚实步伐。

二、服务全市中心工作，推动重大决策实施

推动“六大发展”是当前和今后一个时期我省经济发展的重大战略，是我市经济社会发展的重要任务，也是各级人大及其常委会服务大局的重要内容。我们要围绕市委三届六次全会精神，发挥监督权的推动落实作用、决定权的凝聚共识作用、任免权的组织保证作用以及代表密切联系群众的优势,激励全市广大干部群众为推动“六大发展”凝心聚力,做出贡献。继续按照“每季一督查、每次有主题”的方式,对“百里汾河生态经济带”进行专项督查和调研,推动这一龙头工程按规划标准和时序要求取得新进展。就煤炭产业“六型”转变项目、重点工程和民生工程开展专项视察,加大对实体经济支持力度,着力推动产业转型。关注重点领域改革,在行政审批方面,加大简政放权力度,把握“接、放、管”工作主线,督促政府加快改革创新;在财税体制改革方面,督促政府将收支全部纳入预算管理;在农村土地制度改革方面,做好土地承包经营权确权登记工作。

三、强化人大监督工作,努力增强监督实效

习近平总书记指出:“人民代表大会制度的重要原则和制度设计的基本要求,就是任何国家机关及其工作人员的权力都要受到制约和监督。”我们要强化工作监督和法律监督。适应经济发展新常态,听取审议市政府民营经济发展、金融创新发展、非物质文化遗产保护、国有林场改革等专项工作报告。对学前教育、扶贫开发专题询问继续跟踪问效,以钉钉子精神,推动解决公办园建设滞后和精准扶贫不到位问题,必要时启动刚性监督手段。对市人民检察院“规范司法行为、强化法律监督”工作进行重点监督。以贯彻实施新修改的预算法、环保法为契机,强化预算约束,推进全口径预决算审查,切实把人民的“钱袋子”管好用好;加强污染防治,严格环境执法,努力营造公众参与的社会氛围。开展城乡规划法执法检查,提高城乡规划的权威性和约束力。对“十三五”规划纲要编制、水资源保护和利用、机关事业单位养老保险金管理、食品药品监管、乡村旅游发展情况开展专题调研。今年,我们要指导县(市、区)乡人大,对乡镇“七站八所”开展工作评议,切实解决好基层人民群众最直接、最关心、最现实的利益问题。适时召开乡镇人大工作会议,推动基层人大工作健康发展。

实施“六权治本”是省委规范权力运行、加强党风廉政建设的治本之策,也是各级人大及其常委会的重大职责。我们要找准人大工作与实施“六权治本”的结合点,进一步引深和强化监督工作。一是对“三账”监督实行“三个公开”。通过《临汾日报》、临汾电视台、临汾人大网站、常委会公报等,对市直各单位年初“建账”内容、年中“查账”情况和年底“交账”满意度测评结果及时向社会公开。加强对满意度测评结果的运用,对不满意票超过参评人员三分之一的单位,要适时启动质询、特定问题调查等,督促其整改落实。二是要随机启动专题询问。在年初定单位、定目标、定内容的基础上,要将在专项视察、专题调研、执法检查中发现的事关经济发展大局的重点问题和群众反映强烈的热点难点问题,及时启动专题询问,使这种监督形式更加灵活机动,更加及时有力,更加注重实效。三是要探索试行市、县、乡三级联动工作机制。围绕相同议题开展执法检查、专题视察、工作评议等,使工作“纵向到底”、协调推进。

四、尊重代表主体地位,充分发挥代表作用

要坚持常委会组成人员联系代表制度,落实好市人大代表联系所在选区的县(市、区)人大代表制度,确保全年联系均不少于4次。继续开展市人大代表跨行政区域交叉视察,完善代表履职和向选区述职制度。支持和保证代表依法履职,提高服务保障工作水平,落实好无固定收入代表执行代表职务误工补贴规定。今年,我们要着重抓好代表建议办理工作,实行“三公开两见面”,即:人代会闭幕后要将代表建议、批评和意见全部向社会公开,办结后要将全部结果予以公开,对建议办理情况满意度测评结果全部公开;承办单位在办理过程中和办结之后都要和代表见面交流沟通,取得理解和支持。

五、切实加强自身建设,提高人大工作水平

常委会党组要坚持“党要管党”“从严治党”,严格落实“两个责任”,牢固树立“抓党建就是抓关键”的理念,积极探索在人大工作中发挥政治核心作用的实现途径;常委会机关要认真开展“三严三实”专题教育,巩固党的群众路线教育实践活动、学习讨论落实活动成果,促使机关党员干部严守政治纪律和政治规矩,对党忠诚,个人干净,敢于担当;机关干部要从严落实“八项规定”,持续反对“四风”,自觉深入基层、开展调查研究,使调查研究的成果更好地接地气、聚民智、顺民意。坚持民主集中制原则,自觉依法按程序办事,进一步提高常委会会议审议质量和水平。加强对人大制度和人大工作的宣传。加强对县(市、区)人大工作的业务指导、法律监督和工作联系,提升全市人大工作水平。

各位代表，我们要把人民的关切变成我们的行动，把人民的希望变成生活的现实，坚持党的领导这一根本保证不动摇，坚持服务大局这一基本原则不偏移，坚持群众路线这一本质要求不懈怠，在中共临汾市委的坚强领导下，以新作为引领新常态，以新状态推动新发展，以新成绩回应新期待，为开创弊革风清、富民强市新局面，建设文明开放、富裕和谐新临汾做出新的更大贡献！

附：

《市人大常委会工作报告》相关注释

1.“四风”：即形式主义、官僚主义、享乐主义和奢靡之风。

2.“六权治本”：即依法确定权力、科学配置权力、制度约束权力、阳光行使权力、合力监督权力、严惩滥用权力。

3.“六大发展”：省委十届六次全会确定的重大发展战略，即廉洁发展、转型发展、创新发展、绿色发展、安全发展、统筹发展。

4.“三账”监督：市人大常委会根据《地方组织法》《监督法》等相关法律规定，通过年初建账、年中查账、年底交账的办法，对“一府两院”及相关部门进行的法律监督和工作监督。

5. PM2.5：环境空气中，空气动力学直径小于等于2.5微米的颗粒物称为细颗粒物、可入肺颗粒物，细颗粒物对大气环境质量和人体健康的影响更大。

6.“三公”经费：指因公出国（境）费、车辆购置及运行费、公务接待费3项经费。

7.“六位一体”：即重点工程项目储备、签约、落地、开工、建设、投产“六位一体”工作推进机制。

8.“三大平台”建设、“六项公开”工作：即建立完善审判流程公开、裁判文书公开、执行信息公开三大平台建设；立案公开、庭审公开、执行公开、听证公开、文书公开、审务公开的“六项公开”工作。

9. 严格落实“两个责任”：落实党风廉政建设党委主体责任和纪委监督责任。

10. 煤炭产业“六型”转变项目：推动煤炭产业向市场主导型、清洁低碳型、集约高效型、延伸循环型、生态环保型、安全保障型的转变。

11. 把握“接、放、管”工作主线：即积极做好调整下放审批事项的承接工作，稳步推进行政审批项目下放工作无缝衔接，加强对取消和下放行政审批项目的后续监管工作。

临汾市中级人民法院工作报告

——2015年4月28日在临汾市第三届人民代表大会第六次会议上

临汾市中级人民法院院长　关中翔

各位代表：

现在，我代表市中级人民法院向大会报告工作，请予审议，并请市政协委员和列席会议的同志提出意见。

2014年，在市委的坚强领导下，在市人大及其常委会的有力监督和市政府、市政协以及社会各界的关心支持下，全市法院认真贯彻党的十八大和十八届三中、四中全会精神，深入学习贯彻习近平总书记系列重要讲话精神，坚持司法为民、公正司法工作主线，忠实履行审判职责，全面加强自身建设，各项工作取得了新成绩和新进步，为实现弊革风清、富民强市做出了应有的贡献。

一、认真履行审判职责，努力服务和保障全市工作大局

一年来，全市法院认真贯彻市委各项决策部署，紧紧围绕全市工作大局，立足审判职能，狠抓执法办案第一要务，共受理各类案件29196件，审执结28015件，分别比2013年上升19.3%和17%，结案率96%；中级法院受理各类案件3981件，审执结3868件，分别比2013年上升19.5%和18.2%，结案率97.2%。

坚决惩腐除恶，营造良好的发展环境。全市两级法院共受理刑事一审案件2117件，审结2058件；中级法院受理刑事一审案件65件，全部审结；

受理刑事二审案件407件,审结371件。两级法院依法给予刑事处罚2509人,其中,依法判处无期徒刑以上刑罚62人。充分发挥刑罚惩治功能,依法审结贪污、受贿、滥用职权等职务犯罪案85件,判处罪犯116人。市中院对全市农机、卫生系统55件职务犯罪系列案件,认真研判,加强指导,相关基层法院集中时间公开开庭、公开宣判,扩大了震慑、警示效应;严格落实国家工作人员职务犯罪适用缓免刑上报审查制度,对基层法院报批的83件适用缓免刑案件,严格把关,做到罚当其罪,不枉不纵。严格落实减刑、假释各项规定,对45件职务犯罪等"六类"减刑、假释案件,邀请人民陪审员参与案件的公开审理,并通过互联网对减刑假释的建议书、裁定书分别向社会进行公示和公布,增强透明度,强化社会监督。

依法惩处危害人民生命财产安全、破坏社会秩序和经济秩序的各类刑事犯罪。两级法院依法严惩故意杀人、故意伤害等侵犯公民人身权利的犯罪464件,判处罪犯664人;依法惩处"两抢一盗"等暴力侵财犯罪489件,判处罪犯819人;依法惩处合同诈骗、制售假冒伪劣商品、非法吸收公众存款等破坏市场经济秩序犯罪96件,判处罪犯128人。同时,刑事审判坚持惩罚犯罪与保障人权并举,认真贯彻宽严相济刑事政策,做到惩罚、教育、挽救相结合,对1228名具有从宽情节的被告人依法适用非监禁刑,对1623名符合法定条件的罪犯依法裁定减刑、假释。

妥善化解矛盾,促进经济平稳健康发展。全市法院共受理民商事一审案件17870件,审结17143件,分别比2013年上升20.9%和18.2%;中级法院受理二审案件1243件,审结1215件,分别比2013年上升7.8%和5.4%。积极应对经济下行压力加大、实体经济运行困难对审判工作带来的压力和挑战,妥善处理转型发展中涉及的各类矛盾纠纷。中级法院组织法官深入山西大唐临汾热电等多家企业开展送法活动,为企业提供法律服务。两级法院还抽调骨干力量组成流动法庭,现场办案,妥善处理重点工程项目、园区建设、城镇化发展中出现的各类纠纷。尧都、曲沃、吉县等基层法院从产业转型升级的实际出发,主动作为,靠前服务,优化审判、执行工作效能,促进经济发展质量和效益的提高。

坚持居中裁判、平等保护,依法维护经济社会秩序。两级法院审结融资借贷、合同买卖、物资流转等案件8210件,审结不正当竞争、知识产权、财产纠纷等案件472件,倡导依法经营、诚信交易,确保市场经济规范有序。审结婚姻家庭、赡养继承、相邻关系等案件6255件,关注弱势群体,加大对老人、妇女、儿童权益的保护,促进家庭和睦与社会和谐。审结劳动争议、拖欠工资、损害赔偿等案件2148件,制裁侵权行为,保护农民工、城乡困难群众的合法权益,促进社会公平正义。加强涉农案件审判工作,审结土地流转、承包经营、农产品销售等案件612件,保护农民的合法权益,推进农业和农村经济发展,促进美丽乡村建设。

强化行政审判,促进依法行政。两级法院共受理一审行政案件158件,审结136件。中级法院受理二审行政案件96件,审结85件。进一步畅通行政诉讼立案渠道,保障当事人诉权。加强对具体行政行为合法性审查,维护行政相对人的合法权益,促进行政机关依法履行职责。正确处理判决和协调的关系,实现司法权与行政权的良性互动,推进行政争议实质性解决,提高行政审判水平。

二、始终坚持司法为民,切实提高人民群众的满意度

一年来,全市法院紧紧围绕司法为民、公正司法这条主线,认真践行司法为民根本宗旨,完善便民、利民、护民举措,努力让人民群众在每一个司法案件中都感受到公平正义。

完善诉调对接机制。加强民事调解,高效、便捷地化解民商事纠纷。基层法院普遍设立了人民调解窗口,建立了人民调解员库,健全和完善了诉调对接机制。人民法庭全部设立了人民调解工作室,积极做好矛盾纠纷预防和化解工作。两级法院民商事一审案件调解结案12249件,比2013年增加987件,调解率达到71.45%。中级法院民商事二审案件调解结案540件,调解率达到44.44%,比2013年增长4.3个百分点。古县法院充分运用司法调解和行政调解,圆满审理和执结了某集团公司拖欠303名工人273.6万元工资案件,收到了良好的办案效果。

增强诉讼服务意识。两级法院普遍将立案接待大厅改建为诉讼服务大厅,设置电子公告屏、安装便民自助查询系统(触摸屏)、设立导诉台,完善了咨询、立案、查询等各项服务功能，做到有案必立、有诉必理，充分保障当事人的诉权。设置无障碍人行通道，为残疾人、老年人等弱势群体提供人性化服务。中级法院接待诉讼及来访群众5300余人次，依法为经济确有困难的当事人减免缓诉讼费750余万元，让人民群众感受到司法的温暖。翼城、大宁等基层法院坚持上门立案、巡回开庭、巡回执行，有效解决了人民群众立案难、诉讼难问题。

努力破解执行难。两级法院共受理执行案件5530件，结案5264件。其中，中级法院受理执行案件208件，结案207件(包括终结程序138件)。认真开展涉民生案件专项执行，集中打击拒不执行判决、裁定犯罪行为，依法保护弱势群体的合法权益，坚决维护法律尊严和司法权威。加强执行信息化建设，完善失信被执行人信用惩戒机制，督促被执行人自觉履行义务。市中院和侯马市法院对某焦化有限公司拖欠农民工工资案件进行了巡回审理、现场调解、和解执行，使拖欠的237名农民工116.8万元工资全部兑现，及时实现了当事人的合法权益。

延伸审判服务职能。两级法院认真开展“一村(社区)一警”和“党员进社区”活动，广大党员干警利用业余时间，为社区提供普法宣传、化解邻里纠纷、帮扶济困等多种服务。开展送法进校园活动。市中院向市第一实验中学、山西师大实验中学等4所学校近万名中学生讲解法律知识，向山西师大、尧都区金殿中学赠送法律书刊千余册，增强青年学生的法治意识，预防和减少未成年人犯罪的发生。创作、摄制了微电影，组织优秀法官做客市广播电台“阳光快车”栏目，积极开展普法宣传教育。两级法院还组织了助学、助残、助困等公益活动，引导干警崇德向善，服务社会、服务人民。

三、认真落实“两个责任”，全面加强法院队伍建设

一年来，全市法院深入开展党的群众路线教育实践活动、学习讨论落实及“四个年”等一系列活动，全面加强法院思想政治建设，不断强化党风廉政建设，努力提高法院队伍的综合素质。

两级法院始终把政治工作放在突出的位置，不断加强思想政治学习，严明政治纪律、组织纪律，牢牢把握法院工作的正确方向。积极开展争优创先活动，全市两级法院有11个集体、31名干警受到国家、省级以上立功、嘉奖或表彰。中院荣获“全国法院网络宣传先进单位”，中院行装处荣获“全国法院司法保障工作先进集体”。尧都区法院张永彪荣获“全国法院办案标兵”，中院张凌山荣获“全国法院执行专项积案工作先进个人”。中院连续六年获得市直文明单位，全市14个基层法院成为省、市或县级文明单位。

认真落实党风廉政建设主体责任和监督责任，做到惩防并举、注重预防，确保廉政教育、廉政监督和廉政问责的有效落实。坚持正面教育与反面警示相结合，提高拒腐抗诱的自觉性。开展廉政谈心、任前谈话，落实领导干部个人有关事项报告制度，增强廉洁自律的坚定性。开通举报网站，实现联网对接，拓宽了监督渠道。强化案件查办工作，严肃查处干警违纪违法47案51人，分别给予留党察看、撤销职务、警告、记过等党纪政纪处分。

深入整治“四风”和“六难三案”问题。中级法院实行首问负责、限期答复制度，完善干部值班和法警值勤制度，认真落实《加强司法作风建设的指导意见》《督查工作规定》等一系列规章制度，有效地解决了“门难进、人难找、事难办”现象。坚持司法巡查制度，中级法院对尧都、霍州等10个基层法院进行了司法巡查。完善审务督察制度，对工作中存在的差距、问题和不足，做到早防范、早提醒、早纠正。

中级法院着力提升司法能力，先后从两级法院选派干警404人(次)参加了最高法院、省高院举办的审判业务培训，组织干警参加了山西干部在线学院的学习。成立民事审判指导小组，对审判工作中遇到的热点、难点案件进行研究和指导。开展书记员职业技能、岗位练兵比武，在全省法院书记员技能竞赛中，取得了团体第三名的好成绩。对全市法院220余名司法警察分批进行了集中轮训，开展专业技能、体能训练和业务考核，有效地提高了警务保障能力。

四、完善管理监督机制，不断提高司法公信力

一年来，全市法院积极适应新形势新任务的需要，以推进“六权治本”为契机，进一步完善各项管理监督机制，加强基层基础工作，促进法院工作规范化、制度化和科学化。

全面推进司法公开。去年5月，市人大常委会决定对中级法院司法公开工作进行专项监督。全市法院以这次专项监督为契机，扎实推进审判流程、裁判文书、执行信息三大公开平台建设。两级法院所有诉讼案件依法公开开庭、公开宣判率达到了100%,在中国裁判文书网公布生效裁判文书2325篇,对900个失信被执行人在中国执行信息公开网上曝光,599个失信被执行人在临汾日报上进行了公布。建立新闻发言人制度,举办公众开放日,努力增强法院工作的透明度。在这次专项监督中,市人大常委会领导及监督组多次到中级法院巡查指导,并提出改进意见和建议,对我们搞好司法公开工作、完善管理监督机制、提高司法公信力起了重要的推动作用。在去年11月市三届人大常委会第二十八次会议上,中级法院作了司法公开工作专题报告,市人大常委会对这项工作测评的满意、基本满意率达到了97.1%。

积极深化审判机制改革。全面推行量刑规范化,对交通肇事、故意伤害、抢劫、盗窃等15种常见犯罪的量刑情节全部予以量化;基层法院70%以上刑事案件实现了量刑规范化。推进涉诉信访改革,完善源头治理、纠错补瑕、终结退出机制,涉诉信访案件比往年明显减少。认真实施人民陪审员“倍增计划”,全市增补人民陪审员377名,人民陪审员陪审案件10423件,占到普通程序审理案件的73.1%,比2013年提高了19.2个百分点。

大力加强案件质量管理。进一步规范主审法官、审判长及合议庭的职责,完善审委会工作制度、重大案件沟通协调等制度,有效防止和避免差错案件的发生。认真开展审判绩效考核、案件质量评查、优秀裁判文书评选、裁判文书抽查等活动,有效促进了审判质量的提高。中级法院一审案件服判息诉率、调解率、法定审限内结案率等7项考核指标位居全省中院前列。全市基层法院一审裁判息诉率达到90.67%,比2013年上升了0.63个百分点;上诉率9.33%,比2013年下降了0.63个百分点。

注重信息化建设和应用。两级法院积极适应新形势新任务的需要,争取有关部门的支持,加快司法信息化建设步伐。中级法院建成了7个数字化法庭,庭审活动能够进行全程同步录音、录像和现场直播。数字化法院、执行查控和执行指挥系统正在抓紧建设,这项工作也走在全省法院的前列。建成了远程接访视频系统,实现四级法院接访人和上访人的同步交流。部分法院审判流程管理系统全面应用,司法统计数据网上自动生成。

各位代表,自觉接受人大监督,是人民法院公正司法的重要保障。一年来,全市法院认真向人大及其常委会报告工作,切实落实人大及其常委会的决议和决定。认真办理人大代表、政协委员的建议、提案及关注的案件,并及时反馈办理情况。积极邀请人大代表、政协委员旁听审判、视察工作,认真听取人大代表、政协委员的意见和建议。依法办理检察机关的抗诉案件,积极对待检察建议。认真接受新闻舆论和社会各界的广泛监督,充分运用互联网、微博、微信、电视以及报刊等方式,及时回应社会关切。正是社会各界的关心、支持和帮助,促使全市两级法院工作取得新的进步,不断迈上新的台阶。在此,我代表全市法院,向各位人大代表、政协委员,向所有关心、支持法院工作的各界人士,表示衷心的感谢!

在看到成绩和进步的同时,我们也清醒地认识到,全市法院工作还存在一些问题、困难和不足:一是法官的思想观念、司法理念、司法能力与“四个全面”战略布局的新要求存在较大的差距。二是少数法官工作方法简单,服务观念淡薄,不能适应人民群众的新要求、新期待;审判质量和效率也有待进一步提高。三是个别干警作风不实、裁判不公,损害了司法的公信力。四是执行难仍然困扰着人民法院,影响了法律的权威和尊严。五是基层基础建设、信息化建设以及审判管理、司法公开等工作还有待进一步加强。对此,我们将在各有关方面的支持帮助下,切实予以解决。

2015年是全面深化改革的的关键之年,是全面依法治国的开局之年,也是全面完成“十二五”规划的收官之年,做好今年的法院工作意义重大。全市法院工作的总体思路是:以党的十八大和十八届三中、四中全会精神为统领,深入学习贯彻习近平总书记系列重要讲话精神,坚持司法为民、公正司法工作主线,主动适应经济发展新常态,忠实履行审判职责,认真落实“两个责任”,加强法院队伍建设,完善管理监督机制,维护人民群众的合法权益,促进社会和谐稳定,推进法治临汾建设,为实现弊革风清、富民强市提供强有力的司法保障。为此,我们要重点抓好以下工作:

一是服务和保障“六大发展”。全市法院要按照市委的总体部署,紧紧围绕“六大发展”,主动适应经济发展新常态。继续保持高压态势,严厉打击危害国家安全的刑事犯罪；严厉打击涉枪涉爆、“两抢一盗”等犯罪，切实增强人民群众的安全感；严厉打击非法集资、危害食品药品安全、电信网络诈骗等犯罪，维护正常的生产生活秩序。加大对贪污贿赂、滥用职权等犯罪的打击力度，深入推进反腐败斗争，净化政治生态，实现弊革风清。加强对重点领域深化改革的司法保障，依法稳妥审理企业破产重整、民间借贷、知识产权等案件，平等保护各类市场主体的合法权益，增强创业活力和创新动力，助推经济稳定健康增长。依法受理各类行政案件，更加注重实质性化解行政争议，维护行政相对人的合法权益，支持行政机关依法行政，促进法治临汾建设。

二是始终坚持司法为民。要进一步关注群众的呼声和诉求，依法妥善处理好医疗、住房、劳动争议等涉民生案件。继续加强民事调解，做好诉调对接，妥善处理婚姻家庭、相邻关系、债权债务等民事案件，力求案结事了人和。认真开展集中打击拒不执行判决、裁定等犯罪行为专项活动，加强执行规范化建设，努力实现胜诉当事人的合法权益。扎实推进审判流程、裁判文书、执行信息三大公开平台建设，不断满足人民群众的知情权、表达权和监督权。继续抓好立案诉讼服务中心、信访接待中心建设，为广大群众提供高效、便捷的司法服务。

三是全面加强队伍建设。要认真落实中央八项规定，持之以恒地加强作风建设。不断加强法院党的建设，坚定理想信念，确保法院工作的正确方向。认真落实法院党组在党风廉政建设中的主体责任和纪检监察部门的监督责任；完善各项监督机制，推进“六权治本”。加强廉政教育，强化干警遵章守纪意识，做好抵制和防范工作。坚持“零容忍”，严肃查处违纪违法人和事。坚持以实践需求为导向，创新人才培养机制，努力提高司法能力。加强法院文化建设，陶冶法官情操，培养职业尊荣感，增强公正司法的勇气和信心。

四是不断强化审判管理。要牢固树立案件质量意识，下大力气抓好案件质量管理和监督工作。完善主审法官、合议庭办案责任制，把案件质量管理落实到审判工作的各个环节。认真落实审判流程管理制度、审限提示与警示制度，减少超审限案件，提高结案均衡度。完善裁判文书评查、评比制度，确保裁判文书质量，努力减少瑕疵、差错现象，不断提高司法公信力。

五是积极推进司法改革。要按照上级法院的安排部署，认真落实司法改革的各项工作，积极参与司法改革、支持司法改革、推进司法改革。要注重宣传司法改革的各项政策，确保干警思想稳定、队伍稳定、工作稳定。要积极争取党委、人大、政府的支持，稳步推进法院各项工作。深入贯彻《人民法院第四个五年改革纲要(2014 年——2018 年)》和《全面深化人民法院改革的意见》，认真做好各项落实工作。

六是正确实施“三大诉讼法”。刑事诉讼法、民事诉讼法及相关司法解释和行政诉讼法相继修改实施，对审判工作提出了新的要求。全市两级法院要积极开展适法培训工作，准确掌握法律、司法解释精神，把各项规定贯彻落实到审判实践中。要科学研判、积极应对立案登记制度带来的压力和挑战，在加大诉权保护的同时也要防止虚假诉讼、恶意诉讼等问题的发生。要不断强化庭审功能，完善证人、鉴定人出庭制度，发挥庭审在查明事实、认定证据、保护诉权和公正裁判中的决定性作用，确保实体公正与程序公正，促进社会公平正义。

七是夯实基层基础工作。要加快数字化法院、执行指挥中心等基础设施建设和应用，注重现代技术与执法办案、审判管理的深度融合，为公正司法提供技术支撑。认真开展创建文明单位工作，弘扬主旋律，汇聚正能量，树立人民法院的良好形象。进一步加强人民法庭工作，努力改善审判一线办案条件，发挥好前沿阵地作用。坚持严管与厚爱相统一，关心基层一线、工作一线干警的成长和进步，关爱干警身体，排解干警心理压力和工作负担。要充分运用新媒体和传统媒体，讲好法治故事，传播法治强音，弘扬法治精神。

各位代表，全面依法治国，开启了新的征程。我们要在市委的坚强领导下，在市人大及其常委会的有力监督和市政府、市政协及社会各界的大力支持下，认真落实本次大会精神，坚定理想信念，坚持司法为民，开拓进取，扎实工作，不断提高司法公信力，为实现弊革风清、富民强市做出新的更大贡献！

附：

相关用语解释与说明

1. 各类案件：指刑事、民事、行政等三大诉讼中的一审、二审、再审案件以及民事执行、非诉行政执行、减刑、假释、国家赔偿等案件。

2.减刑、假释案件公开开庭审理:最高人民法院《关于减刑、假释案件审理程序的规定》(2014年6月1日起施行)进一步明确以下"六类"减刑、假释案件必须开庭审理:(1)因罪犯有重大立功表现报请减刑的;(2)报请减刑的起始时间、间隔时间或者减刑幅度不符合司法解释一般规定的;(3)公示期间收到不同意见的;(4)人民检察院有异议的;(5)被报请减刑、假释罪犯系职务犯罪罪犯,组织(领导、参加、包庇、纵容)黑社会性质组织犯罪罪犯,破坏金融管理秩序和金融诈骗犯罪罪犯及其他在社会上有重大影响或社会关注度高的;(6)人民法院认为其他应当开庭审理的。

3.非监禁刑:是指罪犯的行为虽然构成犯罪,但根据犯罪情节和犯罪人的悔罪表现,对其实施的不需要在监狱中执行的刑罚。非监禁刑包括:有期徒刑缓刑、管制、罚金、剥夺政治权利、没收财产和驱逐出境。

4.诉调对接机制:是指建立健全诉讼与非诉讼相衔接的矛盾纠纷解决机制。其主要任务是充分发挥审判权的规范、引导和监督作用,完善诉讼与仲裁、行政调处、人民调解、行业调解以及其他非诉讼纠纷解决方式之间的衔接,最大程度地满足当事人的多元司法诉求。

5.失信被执行人信用惩戒机制:人民法院依照法定程序,将具有履行能力而不履行生效法律文书确定的义务,并具有转移财产规避执行等6种情形的被执行人列入失信名单,通过向社会公布、向相关单位通报其个人信息和拒不履行的情况等方式,对其进行信用惩戒,促使其主动履行义务的一项制度。

6."六难三案":人民法院在党的群众路线教育实践活动中开展的解决"门难进、脸难看、事难办,立案难、诉讼难、执行难"和"关系案、人情案、金钱案"的集中专项整治活动。

7.司法公开三大平台建设。2013年11月,最高人民法院印发了《关于推进司法公开三大平台建设的若干意见》,主要内容是依托现代信息技术,推进审判流程公开、裁判文书公开、执行信息公开三大平台建设,打造阳光司法工程,增进公众对司法的了解、信赖和监督。

8.量刑规范化:为实现量刑公开公正,人民法院在法律规定的量刑幅度内,按照统一的量刑尺度和方法,将量刑纳入法庭审理程序,规范刑罚裁量权。最高人民法院决定从2014年1月1日起在各级法院全面实施量刑规范化工作。

9.人民陪审员"倍增计划":是指最高人民法院在2013年启动的一项完善人民陪审员制度的工作举措,要求各级法院结合本地实际,增加人民陪审员的数量,实现全国法院人民陪审员达到20万左右的目标,进一步扩大司法民主,推进法治建设,确保司法公正。

临汾市人民检察院工作报告

——2015年4月28日在临汾市第三届人民代表大会第六次会议上

临汾市人民检察院检察长　苑涛

各位代表:

现在,我代表临汾市人民检察院向大会报告工作,请予审议,并请市政协委员和其他列席同志提出意见。

2014年,全市检察机关在市委和省检察院的正确领导下,在市人大及其常委会的有力监督下,深入贯彻党的十八大和十八届三中、四中全会精神,按照市委三届五次全会和市三届人大五次会议决议要求,紧紧围绕全市中心工作,忠实履行宪法和法律赋予的职责,全面加强队伍建设,为我市改革发展稳定提供了有力的司法保障。

一、紧紧围绕全市工作大局,全力服务经济社会发展

主动把检察工作置于全市工作大局中谋划和推进,围绕我市"四个年"活动的决策部署,市检察院制定出18条服务意见,用心做好服务和保障工作。

着力保障经济健康发展。着眼净化市场环境,批捕制售假冒伪劣商品、非法传销等破坏市场经济秩序犯罪75件101人,起诉84件120人。着眼推进转型发展,立案查处套取国家淘汰落后产能专项补贴资金的渎职犯罪7人,挽回经济损失443万余

元。着眼服务工程建设，提供行贿犯罪档案查询4658次，有犯罪记录的40人被取消招投标资格，围绕开展预防职务犯罪“十百千”专项活动，在沿汾河县区9个重点项目建立预防工作联系点107个。着眼国有资金安全，督促相关部门履行监管职责477件，为国家追缴土地出让金等5100余万元。着眼农村发展稳定，积极参与全市农村“两委”换届选举工作，加强对选举工作人员、候选人和选民的法制宣传教育，预防涉选违法犯罪案件发生，积极营造风清气正的选举氛围。

全力维护社会和谐稳定。把保稳定、促和谐作为服务发展的硬任务，依法履行批捕、起诉职责，共批准逮捕各类刑事犯罪1085件1508人，提起公诉1894件2770人。依法办理了王胜康等35人抢劫案、黄远土“5·25”建设路杀人案等一批影响较大的严重刑事犯罪案件，增强了人民群众的安全感。认真落实宽严相济刑事政策，对犯罪情节轻微等犯罪嫌疑人，不批捕481人、不起诉215人。加强羁押必要性审查，经建议，对101人释放或变更强制措施。实行分案起诉、轻罪记录封存等制度，办理未成年人刑事案件62件161人，对10名未成年人作出附条件不起诉决定。积极推进涉法涉诉信访改革，坚持诉访分离，受理群众来信来访1370件（次），全市有5个检察接待室被评为全国文明接待室。加大检察环节司法救助力度，为生活困难的43名刑事被害人发放救助金38.6万元。

切实保护群众合法权益。积极回应广大群众反映强烈的“医商勾结、药价虚高”的问题，在全市医疗卫生系统开展了专项侦查活动，立案侦查贪污贿赂犯罪43件51人，办案经验被最高人民检察院反贪总局刊发。为维护农民群众的合法权益，在农机系统立案侦查虚报冒领、侵吞截留惠农资金的贪污贿赂犯罪11件20人，在“万村千乡市场工程”领域立案侦查渎职犯罪4件8人。开展了“破坏环境资源和危害食品药品安全犯罪专项立案监督”活动，监督行政机关移送涉嫌犯罪线索18件19人。积极开展“一村（社区）一警”联系走访、举报宣传周、“12·4”全国法制宣传日等活动，共走访群众7800余人，提供法律服务2200余次，帮助解决困难问题660余件，营造自觉守法、遇事找法、解决问题靠法的良好氛围。

二、紧紧围绕促进反腐工作，加强惩治预防职务犯罪

深入贯彻市委、省检察院关于反腐败工作的决策部署，坚持既打“老虎”，又拍“苍蝇”，始终保持惩治腐败的高压态势。

不断加大职务犯罪查办力度。进一步健全侦查一体化工作机制，整合办案力量，集中精力查办大案要案。全年共立案侦查贪污贿赂犯罪116件166人，立案人数同比上升7%。其中，立案侦查要案7人、大案159人，大要案比例100%。市检察院依法查处了市农机局副局长高某某受贿案、市国税局稽查局局长郭某某贪污受贿案、人行襄汾县支行行长葛某某贪污案、曲沃县国土局局长左某某受贿案等一批有影响、有震动的案件。进一步加大对贿赂犯罪的打击力度，共立案侦查54件70人，占立案人数42%，对行贿次数多、数额大、后果严重的山西通盛医药公司销售代表张某等6名行贿人坚决进行了查处。积极查办发生在民生、能源、涉农等领域的渎职侵权案件，全年共立案侦查渎职侵权犯罪43件65人，立案人数同比持平。其中，重特大案件14件22人，新领域案件30件47人，占办案总数72%。依法严肃查办了霍州市水资源管委会副主任李某违规少征水资源费229万余元等典型案件，及时介入乡宁“3·16”重大交通事故等安全事故调查，依法立案侦查事故背后的渎职犯罪4件5人，回应了群众关切。

积极转变职务犯罪侦查理念。牢固树立以证据为中心的侦查理念，转变单纯依赖口供的侦查模式，坚持全面收集运用证据揭露证实犯罪。牢固树立人权意识，全面规范侦查行为，坚持讯问职务犯罪嫌疑人全程同步录音录像，依法保障犯罪嫌疑人的合法权益。办案中，及时与涉案单位及主管部门沟通，维护正常生产工作秩序，慎重使用强制措施，慎重查封、扣押、冻结涉案财物，不断提升规范执法水平。执法理念的转变，促进了侦查能力的提升，所立案侦查的职务犯罪案件无撤案、无绝对不起诉、无无罪判决、无办案安全事故发生。

全面深化职务犯罪预防成效。坚持办案与预防同步推进，努力构建社会化预防体系。落实个案预防，在发案单位召开案例剖析会51场，用身边人、身边案强化警示教育功效，发出防控风险的检察建议74份。突出系统预防，在国土、税务、重点工程建设等领域开展预防专题调查114次，帮助完善规章制度43项。推进综合预防,撰写惩治和预防职务犯罪年度报告18份,揭示犯罪特点和规律,剖析原因,提出建议,积极为党委、政府工作决策提供依据。市检察院和2个基层院的年度惩防报告分别被市、县多位领导批示并全文转发,市检察院的报告在最高人民检察院评比中荣获优秀奖。巩固社会化大预防,开展预防宣讲和警示教育302场,受教育人数达1.3万余人。创新预防宣传形式,拍摄警示微电影8部和一系列廉政摄影作品,其中4部警示微电影分别被最高人民检察院评为三等奖和优秀奖,市检察院被授予全省优秀组织奖,两幅廉政摄影作品分别荣获平遥国际摄影展一、二等奖。

三、紧紧围绕促进司法公正,不断强化诉讼活动监督

坚持把促进严格执法、公正司法、保障人权作为着力点,加强对诉讼活动的监督,努力让人民群众从每一个司法案件中感受到公平正义。

强化刑事诉讼监督。重点监督纠正有案不立、有罪不究、以罚代刑、裁判不公等问题。共监督立案140件;监督撤案76件;追加逮捕52人;追加起诉96人;纠正公安机关侦查活动违法477件。全面推行检察官介入命案侦查机制,对62起命案全部介入侦查,提出引导侦查或取证意见53件,公安机关全部予以采纳。在全省率先开展了"对全市公安机关交通管理部门刑事执法专项监督"活动,纠正违法23件,提出建议5项,制定了加强协作配合和监督制约的意见,促进了公安交通管理工作进一步规范。加强对自侦部门侦查活动的监督,开展职务犯罪案件诉讼活动情况专项检查,制定规范实施意见,监督自侦部门立案9件9人,具体做法被省检察院肯定并刊发。纠正刑事审判活动违法130件次,对刑事裁判提出抗诉30件45人,法院已改判25件30人。

强化刑事执行监督。监督纠正提请减刑、假释、暂予监外执行不当129人,纠正监管活动中的违法行为741次,纠正监外执行罪犯监管活动违法939次。立案侦查在监管活动中发现的职务犯罪8件10人。针对"有权人""有钱人"犯罪后以权或钱赎身、逃避刑罚执行等问题,扎实开展"减刑、假释、暂予监外执行专项检察活动",对全市247名职务、金融、涉黑罪犯逐一进行了审查,对暂予监外执行罪犯全部重新组织体检,对暂予监外执行条件消失的15名罪犯,监督有关部门收监执行,市检察院监所检察处被最高检察院授予全国检察机关减刑、假释、暂予监外执行专项检察活动先进集体。

强化民行检察工作。综合运用抗诉、再审检察建议等手段,努力构建多元化监督格局。共受理审查各类民事、行政申诉案件433件。对认为确有错误的民事、行政生效裁判提请、提出抗诉17件,提出再审检察建议9件。纠正审判活动违法情形75件,监督民事行政执行活动178件。加强对弱势群体的司法保护,办理支持起诉103件,帮助进城务工人员追索劳动报酬455.2万元。在加强监督的同时,对认为裁判正确的78件民事行政案件,作出不支持监督申请决定,对59件民事申诉案件,认真做好释法说理、服判息诉工作,共同维护法律权威和司法公正。

四、紧紧围绕加强自身监督,确保严格规范文明执法

始终铭记检察权来源于人民、服务于人民,始终秉持"打铁还需自身硬"的理念,不断加强对自身执法活动的监督制约,促进规范廉洁执法。

主动依法接受人大监督。认真学习贯彻市三届人大五次会议精神,逐条研究落实代表审议意见,按时办理了13名市人大代表联名提出的工作建议。一年来,两级检察院共向同级人大及其常委会报告工作61次,召开人大代表座谈会68次,邀请人大代表视察工作48次。对各级人大及其常委会交办、转办的20起案件,做到件件有结果、事事有回音。进一步加强与人大代表的联络,对提出的议案、批评、建议、意见和转交的案件,落实专人,限时办结,及时反馈。

自觉接受政协、社会监督。及时向政协通报检察工作情况,充分听取意见,诚恳接受监督。认真开展人民监督员工作,人民监督员共监督职务犯罪案件12件15人。深入推进"阳光检察"工程,建成集接待受理、案件查询、法律咨询等功能为一体的检务公开大厅18个,为群众提供一站式服务。大力开展全市检察机关门户网站集群建设,市检察院和14个基层院分别开通官方微信、微博、手机客户端、QQ检务服务微平台,共发布信息4600余条,让人民群众更好地了解、参与和监督检察工作。2014年10月,全市启用案件信息公开系统,已公开2993起案件的程序性信息和89份法律文书、18

件重要案件信息。加强检察宣传，在市级以上报刊网站发表稿件338篇，努力宣扬检察好故事，传递法治正能量。

切实加强内部监督制约。认真落实职务犯罪案件审查逮捕权上提一级的改革措施，共受理基层院报捕案件71件89人，经审查，决定不予逮捕11人。出台5项制度，进一步加强和规范案件管理工作。全面上线运行全国检察机关统一业务应用系统，对所有执法办案活动实行全程、统一、实时、动态管理和监督。开展案件评查57件，发现并反馈办案不规范等情形13件，纠正办案质量问题9类，促进了办案质量的提高。

五、紧紧围绕提升素质能力，切实加强过硬队伍建设

牢牢把握队伍建设的根本性、基础性地位，按照“五个过硬”要求，努力提高队伍整体素质。

坚持抓好思想政治建设。组织干警深入学习党的十八届三中、四中全会和习近平总书记系列重要讲话精神，强化理想信念教育，确保检察工作正确的政治方向。扎实开展党的群众路线教育实践活动，突出“为民、务实、清廉”主题，着力整改“四风”和执法司法突出问题。市检察院党组针对征集到的101条意见建议，制定了20项整改措施，开展专项整治活动7个，建立完善制度24项，工作做法在全市教育实践活动第二阶段总结大会上作了典型发言。县区检察院坚持高标准、严要求，深入查摆突出问题，从严落实整改责任，全市检察机关的工作作风和检察干警的精神面貌有了明显改进。广泛开展精神文明单位创建活动，13个检察院通过市级以上文明单位验收。大力开展争先创优活动，营造争创一流、争先进位的工作氛围，有12个集体、39名个人受到市级以上表彰。

全面推进素质能力建设。大力开展“学习型”检察机关建设，领导干部坚持带头学习，市检察院党组学习课堂被评为市直机关优秀学习品牌，市检察院检委会例会学习制度得到省检察院高度评价。深入推进大规模教育培训，选派160余名干警参加上级组织的各类培训，组织130余名干警到西安交大、浙江大学进行业务培训。对入选省检察院“351”人才选拔培养工程的150余名业务专家、业务尖子和办案能手，加强动态考核管理，增强人才队伍活力。多种措施鼓励检察干警参加司法考试，全市12名干警通过了司法考试。组织全市检察系统的司法警察开展集中练兵活动，规模大、效果好，受到省检察院法警总队充分肯定。在省检察院举办的公诉、民行业务竞赛中，6名干警获奖，市检察院两次受到表彰。

切实加强纪律作风建设。狠抓党风廉政建设“两个责任”落实，制定责任清单，细化任务分解，层层传导压力。开展“增强党性、严守纪律、廉洁从政”专题教育活动，强化检察干警的党性修养、纪律观念和廉洁从检意识。扎实开展学习讨论落实活动专项整治工作，大力整治不规范、不文明办案等方面存在的问题。组织干警定期学习廉政规定、参观廉政警示教育基地，广泛开展分级、分段、分层的廉政谈话活动，多做”咬耳根，扯袖子”的工作，防止小苗头演变成大问题。在节假日等重点时段，进行重点提醒、重点监督，确保干警廉洁过节。加大检务督察工作力度，促进检风检纪持续改进。坚持从严治检，对8名违纪干警给予党纪政纪处分。

各位代表，全市检察工作在过去一年取得了一定的成绩，这是市委、省检察院坚强领导、市人大及其常委会依法监督的结果，是市政府、市政协及社会各界和广大人民群众热情关心、有力支持、真诚帮助的结果。在此，我代表全市检察干警，向大家表示衷心的感谢！

在总结成绩的同时，我们也清醒地认识到，我市检察工作还存在不少问题和不足。一是检察工作发展思路、职能作用发挥与市委的要求和人民群众的期待还有一定差距；二是法律监督工作还存在力度不够、水平不高、监督不到位等问题；三是检察干警的素质能力还有待进一步提高，队伍的专业化、职业化建设还需进一步加强；四是队伍管理不够严格，个别干警执法行为不规范、不文明，违纪问题仍有发生。对此，我们将采取积极措施，认真研究解决。

2015年是全面深化改革的关键之年，是全面推进依法治国的开局之年，做好今年的检察工作，任务艰巨，责任重大。全市检察工作的总体思路是：认真贯彻党的十八大、十八届三中、四中全会和习近平总书记系列重要讲话精神，按照市委三届六次全会和全省检察长会议的安排部署，以服务临汾“六大发展”、维护社会公平正义为使命，进一步强化法律监督，加大查办职务犯罪力度，继续深入创建“六型”检察机关,为开创临汾弊革风清、富民强市新局面提供坚强有力的司法保障。围绕这一思路,今年要重点抓好以下工作。

一、更加主动地服务经济社会发展

积极适应经济发展新常态,制定服务临汾“六大发展”的具体措施,充分发挥检察职能作用,为我市经济平稳健康发展、社会和谐稳定提供有力司法保障。参与整顿和规范市场经济秩序,依法打击制假售假、非法集资、金融诈骗等严重经济犯罪,促进依法经营。依法打击破坏企业生产经营犯罪,服务和保障企业成长、产业升级。依法打击危害自然资源和生态环境犯罪,促进生态文明建设。严厉打击黑恶势力、严重暴力和多发性侵财犯罪,继续开展破坏生态环境和危害食品药品安全专项立案监督活动,保障人民群众生命财产安全。积极推进社会综合治理,着力化解社会矛盾,坚定地做平安临汾的践行者。

二、更加坚决地加大惩治腐败力度

坚定不移地贯彻市委、省检察院关于严惩腐败的决策部署,坚持有案必查、有贪必肃、有腐必反,始终保持查办职务犯罪的高压态势,主动作为,敢于担当,坚决遏制腐败蔓延势头。重点查办权力集中、资金密集、资源富集的部门和岗位的职务犯罪,突出查办发生在群众身边、损害群众合法权益的基层干部贪污贿赂案件,严肃查办造成国有资产损失、流失及徇私舞弊、贪赃枉法等司法腐败的职务犯罪。同时,要不断深化预防职务犯罪工作,加强预防宣传和警示教育,努力营造不敢腐、不能腐、不想腐的社会氛围。

三、更加有力地强化诉讼活动监督

全面执行修改后的刑事诉讼法、民事诉讼法、行政诉讼法,加强对司法活动的法律监督,着力解决重配合轻监督、不愿监督、不善监督的问题,维护司法公正。继续强化对侦查活动的监督,促进依法办案、保障人权。全面加强刑事执行监督,围绕刑罚执行、刑事强制措施执行和有关监管活动进行监督,重点做好刑罚交付和变更执行以及羁押必要性审查等工作。完善行政检察制度,探索建立检察机关提起公益诉讼制度,健全行政执法和刑事司法衔接机制,加强对行政执法活动的监督。

四、更加扎实地推进规范司法行为

以全国检察机关开展的规范司法行为专项整治工作和市人大常委会部署的“规范司法行为、强化法律监督”专项检查监督为契机,持续深入整治司法不规范的问题。进一步完善规范司法的程序、标准和责任,推进“六权治本”,落实和强化对司法办案活动的内部监督职责,增强严格规范司法的刚性约束。进一步深化检务公开,构建开放、动态、透明、便民的阳光司法机制,努力让人民群众感受到看得见的公正。研究基层检察院建设的规范化标准,强化重基础建设、重长远发展、重办案效果的导向,推动基层检察院建设健康发展。

五、更加全面地加强检察队伍建设

以正规化、专业化、职业化为方向,努力建设一支过硬检察队伍。加强思想政治建设,引导检察人员进一步坚定理想信念。加强领导班子建设,不断提升两级院领导班子依法科学决策的水平。加大教育培训力度,以领导干部、业务一线和基层干警为重点,开展业务技能、领导素能、任职资格、专项业务等培训,不断提高检察干警的法律监督能力。坚持从严治检,狠抓党风廉政建设,巩固党的群众路线教育实践活动成果,持之以恒纠正“四风”,严肃查处检察人员违纪违法问题。同时,认真落实上级检察机关深化改革的部署,建立办案质量终身负责制和错案责任倒查问责制等制度,扎实开展各项检察改革。

各位代表,面对新形势新任务,全市检察机关决心在市委和省检察院的坚强领导下,坚决贯彻落实本次大会决议精神,认真履行法律监督职责,全力维护社会和谐稳定,全力保障经济社会发展,真抓实干,锐意进取,为实现弊革风清、富民强市做出新的更大的贡献!

附:

相关用语解释与说明

1.行贿犯罪档案查询:为打击商业贿赂违法犯罪,促进社会信用体系建设,2006年,最高人民检察院决定建立行贿犯罪档案查询系统。任何个人和单位都可向检察机关提出查询申请,查询结果供个人或单位在进行商业活动时参考。

2.预防职务犯罪“十百千”专项活动:2014年初,省检察院在全省检察机关部署开展了预防职务犯罪“十百千”专项活动,集中围绕全省十个职务犯罪易发多发领域,重点跟踪一百个督办项目,并在重点工程项目中建立一千个预防职务犯罪联络点,以此在全省构筑严密预防易发多发领域职务犯罪的“防火墙”，确保每个项目都能做到制度健全、责任明确、工作落实、投资安全。

3.羁押必要性审查：指犯罪嫌疑人、被告人被逮捕后，检察院仍应当对羁押的必要性进行审查。对不需要继续羁押的，建议办案机关予以释放或者变更强制措施。

4.附条件不起诉：指检察机关对应当负刑事责任的未成年犯罪嫌疑人，认为可以不立即追究刑事责任时，给其设立一定考察期，如其在考察期内积极履行相关社会义务，并完成与被害人及检察机关约定的相关义务，足以证实其悔罪表现的，检察机关将依法作出不起诉决定。

5.绝对不起诉：即法定不起诉，指检察院对公安机关侦查终结移送起诉的案件或者自己侦查终结的案件进行审查后，认为犯罪嫌疑人的行为不构成犯罪或依法不应追究刑事责任，从而作出不将犯罪嫌疑人诉至人民法院审判的一种处理决定，是我国刑事诉讼法规定的不起诉的三种情况之一。

6.案件集中管理：指检察机关设立案件管理机构或指定其他机构，对案件流程、案件质量和案件统计信息等进行集中管理，以利于加大对执法办案活动的横向监督制约，强化检察业务工作统筹管理。

7.再审检察建议：指检察机关对一些民事、行政申诉案件，不采取抗诉方式启动再审程序，而是向人民法院提出检察建议，由人民法院自行启动再审程序进行重新审理。

8.督促履行职责：指针对遭受损害的国有资产或社会公共利益，监管部门或国有单位不行使或怠于行使自己的监管职责，检察机关以监督者的身份，督促有关监管部门或国有单位履行职责，保护国家或社会公共利益。

9.支持起诉：指检察机关对损害国家利益或社会公共利益的行为支持受损害单位或个人向人民法院起诉并参与诉讼的活动。

10.统一业务应用系统：就是用数字技术把诉讼规则、执法工作基本规范等固化下来，对检察机关每个办案环节设置明确的流程指引和预警功能，对办案流程进行统一的规范化设计，对重要环节实行节点控制，使得案件从受理到办结全程网上运行，程序公开透明，便于强化监督制约。2013年10月，全国检察机关统一业务应用系统开始在全国全面部署使用。

11.“五个过硬”：指政治过硬、业务过硬、责任过硬、纪律过硬、作风过硬。

12.“351”人才选拔培养工程：是《山西检察工作科学发展五年规划（2010—2014年）》提出的人才培养计划，2010年开始实施，到2012年，省级检察业务专家达到30名，业务尖子达到500名，办案能手达到1000名。

13.“六型检察机关”：指市检察院党组提出的在全市检察机关建设学习型、服务型、创新型、实干型、廉洁型、和谐型检察机关。

中国人民政治协商会议第三届临汾市委员会常务委员会工作报告

——2015年4月26日在政协第三届临汾市委员会第五次会议上

乔　成　家

各位委员：

代表政协第三届临汾市委员会常务委员会，向大会报告工作，请予审议，并请列席会议的同志提出意见。

一、2014年工作回顾

2014年，在中共临汾市委的坚强领导下，市政协紧紧围绕市委、市政府中心工作，牢牢把握团结和民主两大主题，切实履行政治协商、民主监督、参政议政职能，充分发挥政协优势，努力践行党的群众路线，圆满完成全年各项目标任务，政协工作取得新成绩，为全市经济社会各项事业发展做出新贡献。

(一)加强思想理论建设,广泛凝聚社会各界共识

常委会始终坚持把加强思想理论建设放在重要位置,不断增进各党派团体和各族各界人士思想政治共识,进一步巩固共同思想政治基础,确保政协工作正确政治方向。

通过召开党组(扩大)会议,组织运用报告会、专题讲座、政协委员培训会等多种集中学习形式,深入学习习近平总书记系列重要讲话精神和在庆祝人民政协成立65周年大会上对人民政协的重要指示,学习中共十八大和十八届三中、四中全会精神,学习省委十届六次全会、市委三届五次全会精神和王儒林书记重要讲话精神。全年举办集体专题学习24次,全体委员专题培训会2次。

通过持续深入加强学习,团结和引领参加政协的各党派团体、各族各界人士和广大政协委员增进对中国特色社会主义道路、理论、制度的认同,对全面建成小康社会、全面深化改革、全面依法治国、全面从严治党的认同,对同心协力共创弊革风清、富民强市新局面的认同,进一步明确政协工作前进方向,增强做好新时期人民政协工作的使命感和责任感,切实把市委的决策部署贯彻到履行职能的各项工作中去。

(二)深入开展调研视察,聚焦改革发展议政建言

常委会密切关注宏观大势,紧扣市委决策部署,深入开展调查研究和议政建言活动,努力为改革发展出实招、献良策。围绕改革发展重大课题精心开展专题调研。中小企业、民营经济发展事关全市经济健康快速发展重大战略,农村土地流转事关"三农"工作和经济社会稳定全局,医疗保障事关群众切身利益和社会民生。市政协围绕这三个重大课题,精心组织开展专题调研,并分别召开三次常委会议进行专题协商讨论,向市委、市政府提交《关于促进我市民营企业健康发展的建议》《关于推进农村土地流转 加快现代农业发展的建议》《关于加快我市医疗保障机制改革与发展的建议》3份建议案,提出许多针对性的对策建议,引起市委、市政府及相关职能部门高度重视,市委罗清宇书记、政府岳普煜市长分别对建议报告作出重要批示,部分建议已经转化为推进改革发展、增进民生福祉的实际举措。选择全市重点工作有效开展专项视察。围绕经济社会发展重大问题,选择我市农村金融支持城镇化建设情况,文物保护与百里汾河新型经济带建设情况,传统钢铁产业转型升级情况,整合教育资源、推动高等教育发展情况,学前教育发展情况,市人民医院新院区建设发展情况等,联合各民主党派、工商联,组织各界别委员开展10多次专项视察活动,有效发挥政协特色优势,有力助推市委、市政府相关重点工作的进展。践行群众路线扎实开展"百名政协委员下基层"活动。常委会以党的群众路线教育实践活动为引擎,改进工作作风,创新履职实践,认真组织开展"百名政协委员下基层"活动。活动中,我们以界别为基础,以各专委会、各县市区政协为依托,组成57个课题调研组,进农村、进社区、进企业、进学校,深入基层接地气,汇集民智建实言。活动历时半年多,300多名委员深入到全市150多个基层调研地点,形成调研报告57篇,社情民意79条(篇),活动领导组从中评选出优秀调研报告10篇。在此基础上,召开市政协议政大会,6个课题调研组代表在大会上进行议政发言,市委书记罗清宇、市长岳普煜参加会议并分别作重要讲话,对市政协组织开展的这项活动给予充分肯定,对做好新形势下的政协工作提出新的更高要求。通过活动的开展,许多调研成果和议政建议得到市委、市政府的高度重视和采纳。

(三)始终坚持团结民主,发挥政协特色凝心聚力

常委会注重发挥政协特色优势,弘扬团结与民主两大主题,协调关系,凝聚人心,致力社会和谐稳定。进一步发挥各民主党派、工商联和无党派人士的重要作用。市政协班子成员坚持走访各民主党派、工商联机关,听取意见建议。主动邀请他们参加政协的专题调研、座谈研讨、专项视察等活动,支持他们就我市经济社会发展中的重大问题开展调研,提出建议,为他们在政协中发挥作用创造良好条件。一年来,各民主党派市委提交议政发言材料70多篇,提出团体提案60多件,反映社情民意信息130多条(篇),履职成效较为显著。进一步促进民族团结、宗教和睦。我们充分发挥联系广泛、代表性强的优势,加强与民族宗教界人士的联系联

络，认真贯彻党的民族宗教政策，主动关心、及时反映少数民族和信教群众的困难和要求。配合省政协就少数民族聚居村经济社会发展和农村宗教事务管理工作开展视察调研，并进行专题讨论，提出意见建议。进一步加大关注民意、促进民生改善的力度。市政协连续三年扎实开展送医药、送科技、送文化“三下乡”活动。2014 年，组织科技、医卫、教育、文艺、工商联、科协等界别委员，深入安泽县贫困山区送图书、送技术咨询，开展专题讲座、现场义诊，惠及群众 1000 余人。结合百名政协委员下基层活动，组织引导广大委员为基层群众做好事实事 100 多件。重视扶贫开发工作，市政协班子成员多次深入结对帮扶村调研座谈，帮助村集体确定结构调整和经济发展思路，协调解决群众生产生活中的实际困难，为帮扶村群众提供实实在在的帮助。

（四）着力强化务实创新，切实提高履职质量和实效

常委会着力加强和改进各项经常性工作，进一步提高科学化水平。提案办理实效不断提高。切实抓好提案立案、审查、交办、督办、跟踪反馈等关键环节，探索创新办理机制，不断提高提案质量和办理实效。坚持主席督办重点提案制度，选择确定 16 件重点提案，由分管主席带队，组织提案者和相关界别委员与办理单位就提案办复情况进行面对面协商讨论，有效提升提案办理质量和实效，推动提案的办复落实。四次全会以来立案提案 208 件，已全部办复。提案反映的一批经济发展、社会民生问题得到重视和逐步解决。反映社情民意工作取得新成绩。进一步完善社情民意征集、编辑、报送、反馈等工作机制，组织专门力量深入基层单位进行专题培训辅导。全年共征集信息稿件 1200 余条（篇），编报《社情民意》160 期，报送信息 364 条（篇），被全国政协、省政协采用 69 条(篇)。在全省政协系统考核评比中，取得第二名的好成绩，反映社情民意工作再上一个新台阶。文史和宣传工作成果显著。充分运用《临汾政协》《临汾市政协简讯》、政协网站等宣传平台，密切与新闻单位的联系与协作，广泛宣传政协履职工作成效和委员履职风采，进一步扩大政协组织的影响力。坚持开门办文史、整合社会资源办文史的做法，完成大型文史资料丛书《临汾文史资料全卷》10 卷 20 册，2000 余万字的资料征集、编辑和初审、初校工作，时间跨度上迄清末、民国初年，下至改革开放初期百年历史，史料内容涵盖全市各县市区和临汾政治经济、社会文化各个领域，文史资料工作取得重大突破。

（五）注重改进工作作风，不断加强政协自身建设

常委会始终把加强政协自身建设作为基础工程，以严格的要求、务实的举措不断强化作风改进，不断夯实基础保障，努力提高履职能力水平。深入开展党的群众路线教育实践活动。按照中央、省委和市委的部署，市政协党组和机关把开展教育实践活动作为一项重大政治任务，紧扣“四风”突出问题，认真贯彻整风精神，精心组织，扎实推进。坚持领导带头，以上率下，带头狠抓学习教育，带头广泛征集意见，带头开展批评与自我批评，严格对照检查，认真撰写自我剖析材料，党组民主生活会得到省委督导组的肯定。严格按照活动部署要求，较好完成教育实践活动各项任务，取得改进作风、推动工作的实在效果。

强化委员队伍建设。坚持政协各项活动邀请相关界别委员参加，为委员履职拓宽渠道、搭建平台，创造更好条件。建立健全委员履职管理办法和考评激励机制，引导激励委员充分发挥主体作用。深入开展“百名政协委员下基层”活动，强化委员主体意识、群众观点，组织委员履职尽责、发挥作用，有效提升委员履职能力水平。

强化政协机关建设。以搞好群众路线教育实践活动整改落实工作和开展学习讨论落实活动为契机，持续引深学习、深入反思剖析、解决突出问题，干部队伍综合素质和政协机关服务能力水平有进一步提升。制定出台《政协机关关于改进作风的实施办法》，在公务接待、公务用车、各类会议、视察调研、财务管理、机关党的建设等方面修订完善 16 项规章制度，努力构建机关作风建设长效机制。

各位委员，过去一年我们取得的成绩，是中共临汾市委正确领导的结果，是市人大、市政府以及各级党政部门和社会各方面大力支持的结果，是市政协各参加单位、广大政协委员积极参与、共同努力的结

果。在此,我代表市政协常委会表示衷心的感谢!

在肯定成绩的同时,我们也清醒地看到,与新形势新任务对政协提出的新要求相比,与人民政协事业不断向前发展的需要相比,政协工作还存在一些不足,比如,协商民主的制度化建设有待进一步加强,民主监督职能的作用发挥有待进一步强化,议政成果的转化力度有待进一步加大,政协理论的研究探索有待进一步推进,等等。对于这些问题,常委会将高度重视,认真研究,在今后的工作中努力改进。

二、2015 年工作安排

2015 年是全面深化改革的关键之年,是全面推进依法治国的开局之年,也是全面完成“十二五”规划的收官之年。在新的一年里,市政协工作的总体要求是:全面贯彻中共十八大、十八届三中、四中全会精神,全面贯彻习近平总书记系列重要讲话精神,全面贯彻落实市委三届六次全会和全市经济工作会议精神,在中共临汾市委的坚强领导下,紧扣“六权治本”“六大发展”,更加关注改革发展,更加关注协商民主建设,更加关注法治建设,更加关注民生改善,凝心聚力,深入调研,广泛协商,建言献策,为开创弊革风清、富民强市新局面做出新贡献。

(一)深入学习贯彻习近平总书记系列重要讲话精神,不断巩固共同思想政治基础

十八大以来中共中央重大方针政策和习近平总书记系列重要讲话精神,站在新的历史起点上,对全面建成小康社会、全面深化改革、全面依法治国、全面从严治党作出重大战略部署。全市各级政协组织和广大政协委员要把学习贯彻中共中央重大决策部署和习近平总书记系列重要讲话精神作为首要的政治任务持续推进、不断深化。要深刻学习领会习近平总书记关于做好新形势下人民政协工作的重要原则、根本要求,关于发展社会主义协商民主的重大意义和战略部署等指示精神,坚持和把握好人民政协的性质定位,自觉以讲话精神统领政协工作。要坚持学以致用,紧密联系我市改革发展实际,紧密结合政协履职工作实践,深刻领会精神实质,牢牢把握核心要义,努力把学习的成果转化为汇聚力量,共谋发展的实效,不断增进各党派团体和社会各界人士的思想政治共识,确保我市政协事业正确的前进方向。

(二)认真组织实施协商工作计划,努力为推进全市改革发展做出积极贡献

中共中央《关于加强社会主义协商民主建设的意见》就协商民主作出全面部署,对充分发挥人民政协作为协商民主重要渠道和专门协商机构作用,推进协商民主广泛多层制度化发展,提出明确要求。市委、市政府作出加快推进“六大发展”的决策部署,明确目标任务。全市各级政协组织和广大政协委员都要深刻认识人民政协面临的新形势、新任务,紧紧围绕全市改革发展大局和党委、政府中心工作,认真履行职能,积极协商议政。要扎实推进《政协临汾市委员会 2015 年度协商工作计划》的组织实施,认真部署安排,不断完善协商形式,努力推进协商成果转化,进一步提升协商水平,增强议政实效。要深入开展调查研究,着力提升调研视察水平,使调研视察的过程成为基层协商的过程,调研视察报告的形成过程成为部门协商、对口协商和高层协商的过程,在反复、多层协商中形成共识,提出真知灼见。要积极探索,大胆创新,坚持边实践边改进,努力探索推进协商民主的有效途径。要更好发挥政协信息履职“直通车”作用,注重视察调研和协商议政成果与反映社情民意相衔接,推进成果转化,提高协商实效。

认真做好全委会议协商。政协全会是人民政协开展协商的最高形式,要把握好这一重要协商平台,重点围绕政府工作报告、法检两院报告、发展计划和财政预算报告进行协商讨论,多建睿智之言,多献务实之策。认真做好三次常委会议专题协商。旅游业是我市极具潜力的朝阳产业。临汾历史文化厚重,旅游资源丰富。促进文化与旅游高度融合,大力开发文化旅游产业,对于我市经济转型、产业升级具有战略性意义。畜牧业是当前农业和农村经济中最有活力的增长点和支柱产业。加快建设现代畜牧业,对于改善城乡居民生活质量、调整产业结构、促进农民增收意义重大。义务教育发展的不均衡长期困扰着我市教育事业的健康发展,也是广大群众感受最直接、反映最强烈的教育发展存在的不公平问题。国务院明确提出《关于深入推进义务教育均衡发展的意见》,已经把义务教育均衡发展问题上升到国家层面。我市教育发展中资源配置不均衡、师资质量不均衡等造成家长择校热、教育成本高的不正常现象,这些问题必将成为我市深化教育改革的发展方向和重点内容。为此,常委会今年确定推动我市文化旅游产业开发、加快我市畜牧业发展、促进我市义务教育均衡发展这三个重点课题,组织开展专题调研,召开常委会议进行专题协商。

认真做好专题会议议政协商。"百名政协委员下基层"活动,是我市政协系统践行党的群众路线,改进工作作风,密切联系群众,搭建委员活动平台的有益探索。今年我们要围绕推进实施全市"六大发展"战略,继续组织开展好这项活动。广大委员必须提前做好功课,带着问题切实深入群众、深入基层,深入一线,掌握准确的"第一手"资料,努力形成一批有质量、有见地的调研成果,召开专题议政会议进行协商议政。

认真做好提案办理协商。围绕推进我市"六大发展""六权治本"的重大课题,选择党和政府高度重视、亟待解决,人民群众普遍关注的问题作为重点提案,组织提案者、承办部门和相关界别群众开展重点提案办理协商。要在提高提案质量的基础上,改进督办方式,加强督办力度,推动提案所提建议的更好落实。认真做好两次对口协商。改革开放以来,日益发展壮大的民营企业对支撑临汾经济的持续快速增长做出突出贡献。在当前经济下行压力持续不减,经济转型升级日益迫切的形势下,大力扶持、推动中小微企业的发展仍是带动全市经济走出困境的重要支撑,是全市经济发展的战略性选择。我们应当调动社会方方面的力量,在人才、资金、技术、信息等各个方面制定切实有效的政策、措施大力扶持,努力营造服务中小微企业发展的良好环境。城乡道路建设和城市交通秩序管理与广大群众的生活息息相关,是建设和谐社会的重要内容。为此,常委会今年将就加大扶持中小微企业发展、加强城乡道路建设和改善城市交通秩序管理开展调研视察,召开座谈会进行对口协商。

认真做好两次界别协商。随着人民群众生活质量的提高,人口老龄化程度的越来越高,发展养老服务业已经成为关系社会民生的又一新的重大课题。当前,进一步明确我市养老服务业的发展方向和重点,推动我市养老服务业快速健康发展已摆到重要位置。非物质文化遗产是全社会的共同财富,临汾作为一个文化大市,有着丰厚的文化底蕴,拥有一批历经数千年而形成的非物质文化遗产,促进非物质文化遗产的保护、传承、发展,将会对开发我市历史文化,提高临汾知名度,促进经济发展产生积极的推动作用。为此,常委会今年确定我市养老服务业发展和非物质文化遗产传承与保护这两个议题,发挥政协相关界别的人才智力优势,组织相关界别委员开展专项视察,提出切实可行的意见建议,为推动我市社会、文化事业发展贡献力量。

(三)坚持中国特色社会主义法治道路,努力为法治临汾建设献智出力

建设中国特色社会主义法治体系,建设社会主义法治国家,是全面推进依法治国的总目标。我们要认真贯彻落实中共十八届四中全会精神,按照省委六权治本的战略部署,紧紧围绕市委全面推进法治临汾建设的各项部署,认真履行职能,积极开展工作。要大力弘扬法治精神。加强法治宣传教育,带头并积极宣传推动各界群众学法懂法信法、敬法守法用法。强化法治意识和法治观念,引导广大委员运用法治思维和法治方式谋划、开展工作,自觉在宪法法律和政协章程规定范围履行职责,争做社会主义法治的模范践行者。要致力推进法治建设。围绕重要法规的制定和实施,有序参与立法协商。更好发挥政协民主监督职能作用,针对执法不公和执法不严等现象开展民主监督,支持司法机关依法独立公正行使权力,努力为促进司法公正,维护社会公平正义发挥应有作用。围绕市委、市政府深入推进"六权治本"的部署要求,着力在依法确定权力、科学配置权力、用制度限制权力、阳光使用权力、严惩滥用权力等方面积极开展协商议政,切实为促进依法行政献智出力。

(四)扎实做好团结各界、凝聚人心工作,努力为促进社会和谐稳定汇聚正能量

突出团结和民主两大主题,发挥人民政协在凝

聚人心、汇聚力量方面的独特优势,努力促进大团结大联合。切实加强与各民主党派、工商联和无党派人士的联系沟通、团结合作。积极开展重大课题联合调研,积极协调解决履行职能中遇到的困难和问题,充分调动各党派团体、各界别委员集体提案、大会发言的积极性,强化政协社情民意信息的党派特色、界别特色,更好发挥他们在政协中的重要作用。各民主党派市委、工商联、无党派人士,要努力团结凝聚各方面力量,深入调研协商、认真开展民主监督、积极参政议政,为我市改革发展和社会和谐稳定做出应有贡献。努力促进我市民族团结、宗教和睦。充分发挥政协委员中民族、宗教界代表人士的作用,引导鼓励他们加强同少数民族群众和信教群众的联系,积极宣传党的民族、宗教政策,维护少数民族群众的合法权益,发挥宗教界代表人士在构建和谐社会中的积极作用,正确引导宗教与社会主义社会相适应。继续扎实深入开展医药、科技、文化"三下乡"活动。组织相关界别委员和社会力量,深入贫困山区,深入基层群众,送医送药、送科技、送文化,扶贫济弱、捐资助困,真心诚意帮助群众做实事,办好事,努力让群众享受到改革发展的成果,努力让群众感受到党和政府的温暖。

(五)不断增强"四种履职能力",努力为政协工作开展提供有力保障

习近平总书记在庆祝人民政协成立65周年大会上的重要讲话中明确指出,人民政协要提高政治把握能力、调查研究能力、联系群众能力、合作共事能力。这是对新形势下人民政协加强履职能力建设的高度提练和根本要求。全市各级政协组织和广大政协委员要深刻领会把握,自觉坚持以更高的标准和要求,不断加强自身建设,提高履职能力和水平。要进一步加强常委会建设。常委会是政协工作的决策和领导机构,政协常委是委员队伍中的中坚力量,提升政协履职质量实效,常委会和常委的作用至关重要。要切实加大对常委会各项工作制度和议事规则的推进落实,切实加大对每位市政协常委履行职能的量化考核,切实强化政治意识、大局意识和表率意识,充分发挥政协常委在政协工作中的骨干和表率作用,提高常委会的领导能力和议政水平,努力打造一支团结进取、奋发有为,议事效率高、履职能力强的领导集体。进一步加强专委会建设。政协各专门委员会是组织开展政协各项履职工作的基础和依托,要引导推动政协各专委会加强与对口部门和社会各界的交流与协作,增强工作创造性、提高工作协调性,充分发挥各专委会基础作用。进一步加强委员队伍建设。政协委员是政协工作的主体,要改进委员学习方式,拓展委员知情渠道,强化委员履职考核,丰富委员活动的组织形式和工作载体,引导委员恪守宪法法律,自觉践行社会主义核心价值观,珍惜荣誉、净化人格、提高能力、不辱使命,努力建设一支政治上有觉悟、履职中有能力、工作上有贡献、社会上有影响的委员队伍。进一步加强机关建设。政协机关是做好政协工作的重要保障,要巩固落实群众路线教育实践活动成果,扎实深入开展学习讨论落实活动,守纪律、讲规矩,严格管理、改进作风,全面执行中央八项规定,坚决整治"四风"问题,努力提高政协机关的保障服务能力。切实发挥政协党组的核心作用,强化落实"两个主体责任",不断加大对违章违纪行为的督查整改力度,更加自觉坚定地为加强党风廉政建设和反腐败斗争增添助力。进一步规范机关工作程序,完善机关工作制度,不断强化机关干部理论学习和业务培训,切实提高政协工作科学化水平。充分发挥机关党组织和工会组织的作用,在机关内部组织开展丰富多彩、健康有益的各种活动,努力营造团结向上、务实创新的良好氛围。

各位委员,宏伟的事业昭示着我们,庄严的使命激励着我们。让我们更加紧密地团结在以习近平同志为总书记的中共中央周围,在中共临汾市委的坚强领导下,奋发有为、积极进取、务实创新、切实履职,为开创弊革风清、富民强市新局面,为实现"两个一百年"宏伟目标、实现中华民族伟大复兴中国梦而努力奋斗!

中国人民政治协商会议临汾市委员会常务委员会关于三届四次会议以来提案工作情况的报告

——2015 年 4 月 26 日在政协第三届临汾市委员会第五次会议上

杨　益　民

各位委员、同志们：

我受政协临汾市委员会常务委员会委托，向大会报告市政协三届四次会议以来提案工作，请予审议，并请列席会议的同志提出意见。

2014 年提案工作情况

一年来，在中共临汾市委的正确领导下，在市政府的大力支持下，常委会始终把握团结和民主两大主题，坚持“围绕中心、服务大局、提高质量、讲求实效”的提案工作原则，充分发挥提案协商工作平台，认真组织、引导广大政协委员、各民主党派、工商联、人民团体，政协各专门委员会和各县（市、区）政协，紧紧围绕全市经济社会改革发展中的重大问题和人民群众普遍关注的热点难点问题，深入开展调查研究，积极建言献策，运用提案方式履行职责。提案办理单位在采纳和落实上认真研究，提高办理实效，注重成果转化，使提案建议或意见在促进我市转型跨越、富民强市发展过程中发挥积极作用。

市政协三届四次会议以来，提案委员会共征集各类提案 277 件，其中，各民主党派、工商联、人民团体、市政协各专门委员会和各县（市、区）政协集体提案 42 件，委员提案 235 件。经审查，并经主席会议研究同意，立案 208 件，占提案总数的 75%；作为意见或转为社情民意信息处理的 69 件，占提案总数的 25%。在立案的提案中，涉及经济发展方面的 117 件，占 56 %；民生改善方面的 67 件，占 32 %；社会治理方面的 24 件，占 12%。根据《政协临汾市委员会提案工作细则》和《临汾市政协提案办理规定》，按照主席会议安排，市政协召开市委、市政府有关部门参加的提案交办会议，所有立案的提案按照分口负责的原则进行交办，市委、市政府对提案工作给予高度重视，责成 50 多个单位、部门负责办理。各承办部门在提案办理工作中，积极采取走访、座谈、交流等工作方式与委员和“两办”密切联系、互通情况、共同推进提案办理，积极采纳提案建议。截至去年年底，所有立案的提案已全部办复。其中，提案建议被有关单位采纳，已经解决和正在解决的 192 件，占 92.3%；建议合理但因时机条件不成熟，有待以后适时办理的 16 件，占7.7%。对作为意见或转为社情民意处理的 69 件提案，也及时递交有关单位作为参考。一年来，提案工作坚持以不断创新的精神推进各项工作落实，特别是在突出重点办理，促进提案办理协商方面不断加强力度，使提案的内容和意义更加充实，提案的成果转化更加富有成效，也进一步扩大政协提案的影响，提升政协提案工作的科学化水平。

一、落实提案工作制度，不断增强提案工作合力

常委会始终把提案工作作为一项全局性的工作摆在重要位置。把提案工作作为贯彻落实协商民主制度的重要内容，不断探索完善市政协协商民主机制的履职方式。通过认真落实《临汾市政协提案工作细则》和《临汾市政协提案办理规定》，始终把不断提高提案质量、办理质量、服务质量作为工作的出发点、落脚点,不断推进提案工作的科学化水平。形成党政重视支持、政协积极主动、部门联动互动、齐抓共管的工作格局。令人欣慰的是承办单位把办理提案工作作为密切联系群众的重要途径、实施民主决策、科学决策的重要方法、改进工作作风、展现工作水平的一个窗口,充分体现党的群众路线教育的重要成果。市政协还专门召开主席会议,遴选确定重点提案和领导领办提案,在办理过程中,重点提案具体承办部门安排专人负责重点提案的办理工作、主动征求提案者意见、及时反馈答复函等,进一步营造人人关心重视提案工作的浓厚氛围,为提案协商办理创造良好环境,促进协商民主机制的建设和完善。市委、市政府"两办"与政协提案委员会及时沟通协商,密切配合协作形成合力,有力地促进政协提案的转化和落实。

二、注重提案工作实效,不断促进提案成果转化

常委会始终遵循"提案质量是提案工作的生命"的理念,不断提升提案工作水平。一是以各民主党派、工商联、政协各专门委员会和各县(市、区)政协积极发挥组织优势,围绕党政中心工作,选择重点课题,深入开展调研,争取精品提案,为保证高质量的集体提案奠定基础,使今年政协团体提案在比例上保持稳定;二是充分发挥专家学者委员参政议政能力强的优势,以政协委员参加"百名政协委员下基层"活动为契机,将大会发言、调研报告提炼转化为提案,从而有效提升提案的质量;三是要求提案委认真执行《细则》,严把提案的审查立案工作,以保证提案具有较高的质量水平。四是坚持在提、审、办的过程中,不断充实完善提案,着力提升提案质量。从总体上看,委员们在提案的选题上更加注重服务大局,更加注重科学发展,更加注重民生问题,充分反映和表达社会各界的愿望和呼声,做到有情况、有分析、有建议、有可行性和操作性。承办单位在办理答复过程普遍给予肯定和好评,对委员提案的合理建议认真采纳落实到具体工作当中。同时,注重把握重点环节,不断促进提案成果转化,是提高提案工作实效的重要举措。利用提案委与市委市政府联席召开提案交办会议时机,及时传达常委会和主席会议安排部署,对提案交付办理事务提出详尽要求。充分发挥市委市政府督察部门作用,主动与承办单位沟通联系,积极开展提案办理工作督察,做了大量富有成效的督办工作。如,关于"百里汾河新型经济带"应首先解决汾河流域的污染问题的提案,委员们多次提出建议,市政协确定为重点提案进行督办,承办单位不断加大措施强力推进,取得明显效果。各承办单位普遍能以解决问题为办理工作的出发点和落脚点,积极主动与提案者联系、沟通,有的单位采取上门走访、现场办理、实地调研、召开提案办理面商会等多种举措征求委员意见。提案答复针对性较强,无论从规范上,还是在内容质量上,体现承办单位依法行政,真诚接受监督的工作理念,体现在贯彻落实群众路线教育实践活动中,加强改进工作作风的成效。据《征询意见表》反馈,委员对提案办理工作反映良好,对提案答复、成果转化表示肯定和认可。

三、突出重点提案督办,不断增强协商民主实效

充分发挥政协委员民主监督、参政议政职能,不断增强协商民主实效,进一步落实重点、热点提案的办理工作。经主席会议专题研究,将委员提出的"加强农村环境保护、支持中小微企业发展、解决汾河流域污染问题、城市医院与乡镇卫生院结对子共谋发展 、打造临汾职教强市、加强食品药品监督管理"等 16 件提案确定为重点提案 ,其中有 3 件为主席督办案。市政府及相关承办单位,对重点提案办理工作作出安排部署。市政协提案委认真贯彻落实主席会议关于督办工作要求,对 2014 年重点提案主席督办案依次进行组织实施,委员与各相关承办单位面对面进行交流沟通,提案委员心贴心进行评议,提办双方认真沟通,诚心协商,实地视察,听取办理意见及落实情况和所面临的困难与问题,从更高的层面达成共识。通过突出重点提案督办,进一步拓宽委员知情明政渠道,完善重点提案办理方式,增强提案协商民主实效,扩大政协提案影响,积累经验,取得很好地办理效果,受到广泛好评。同时,有利于委员对提案内容进一步完善和充实,促进提案的成果转化。如,在《关于支持中小微企业发展的建议》提案督办活动中,委员和承办单位通过办理协商,提、办各方深入探讨解决问题的良策,共同分析问题症结、政府领导现场表态,提出具体要求,办理效果明显。通过对委员提案的重点督办,提升提案办理质量,提高提案办理实效。

四、提升提案服务水平,不断扩大提案社会影响

一年来,不断总结提案工作的好经验、好做法,不断促进提案服务工作的改进和提高。始终与省政协、市各民主党派、政协委员、各县(市、区)政协和市委、市政府两办保持渠道畅通。一是加强联系沟通,发挥好提案委桥梁纽带作用。在提案征集工作中,多方征集提案信息,有针对性地对委员进行培训,指导委员开展多渠道、深层次调研,认真撰写提案,为高质量提案的撰写创造良好条件。二是继续加强与市委、市政府办公厅和承办单位的联系与协作,为提案工作的有序开展,不断完善提案办理服务工作机制提供保证。三是进一步加强对提案分类归档工作的核查,使提案文档管理工作更加规范化。四是积极加强民主监督与舆论监督有效结合,组织开展宣传政协提案工作。政协编辑部、政协网站和《临汾日报》、临汾电视台等新闻媒体通力合作,对提案工作的各环节,特别是重点提案督办活动,全部进行新闻报道,扩大政协提案的社会影响力,充分展示政协提案办理协商,委员民主监督和参政议政的积极成果。

一年来,市政协提案工作在各方的共同努力下,取得一定的成绩。但是,我们也清醒地看到,面对政协新形势新任务的要求,提案工作在不少方面仍然存在着差距和不足,需要我们不断改进和提高。一是个别委员撰写提案的积极性仍需进一步强化;二是广大委员建言献策,畅通信息途径有待进一步拓展;三是精品提案还不多,我们要紧密结合新时期提案工作要求,推出一批精品提案,增强提案的影响力。

2015 年提案工作安排

2015 年市政协提案工作的总体思路是:深入贯彻落实中共十八大和十八届三中、四中全会精神,中央、省、市“两会”精神,按照市委三届六次全会和全市经济工作会议总体部署,根据市政协常委会工作安排,围绕中心、服务大局,着力提升提案工作质量,完善提案办理协商机制,增强提案办理实效,提升提案工作的科学化水平。

一、强化质量意识,力争多出精品提案

紧紧围绕“六权治本”“六大发展”,实现“弊革风清、富民强市”的大局,充分调动广大政协委员履职的积极性,强化质量意识,增强责任感,准确把握我市中心工作对政协提案职能的新要求。发挥各民主党派、工商联、市政协各专委会及各县(市、区)政协的组织优势和界别优势,利用走访、调研、视察、会议等多种有效形式,在突出推动临汾科学发展、全面深化改革、促进社会和谐、保障改善民生等重点方面凝聚共识,积极建言献策,力求提出一批立意高、选题准、分析透、建议实的精品提案。

二、注重督查督办,促进提案成果转化

认真贯彻落实中央提出的关于发挥人民政协协商民主重要渠道作用,按照市政协提案工作《细则》和办理《规定》,进一步完善提案办理协商机制,加强沟通交流,规范办理程序,注重督查督办,积极引导提、办双方深入探讨协商,组织重点提案办理协商活动,深化提案协商办理效果。同时,强化专项督办,坚持督办工作常态化,推动提案办理工作更加富有成效,促进提案成果进一步转化。

三、完善机制建设,提高提案工作水平

提案委作为政协承担提案服务的职能机构,要充分发挥桥梁和纽带作用。加强提案工作机制建设,强化责任意识和服务意识,不断创新提案工作理念。把提案工作同政协调研、委员视察、专题协商、反映社情民意等活动有机结合起来,加强与委员的联系,为委员知情明政提供方便。进一步完善提案征集、审查、交办、重点提案的遴选和办理、提案情况通报反馈等工作环节;进一步完善政协常委会议、主席会议专题研究、专委会联合督办提案制度。主动加强与市委、市政府及承办单位的联系和沟通,形成工作合力。积极推进政府分管领导协调办理重点提案和党政部门主要领导办理提案工作机制,使提案工作机制更加完善。同时,开展形式多样的提案宣传工作,进一步发挥新闻媒体的作用,推进民主监督和舆论监督的有效结合,扩大提案工作的社会影响力。

各位委员,2015 年是全面完成“十二五”规划的收官之年,是全面推进法治临汾建设的开局之年。让我们在市委和市政协常委会的正确领导下,以更加饱满的政治热情和扎实的工作作风,积极运用政协提案这一有效形式,凝聚共识,汇集力量,多建睿智之言,多献务实之策,为实现“弊革风清、富民强市”的新局面和建设文明开放、富裕和谐的新临汾做出新的更大的贡献!

大事记

1月

4日至6日 以山西省农业厅副厅长刘志杰为组长的省改善农村人居环境工作第十督查考评组在临汾市督查考评2014年改善农村人居环境情况。副市长王振宇参加考评，汇报全市工作情况。刘志杰一行深入乡宁县、翼城县、曲沃县等地实地考评。

6日 “走进古新田，探寻晋大篆”侯马盟书体书法展在省城山西美术馆开展。此次书法展由市委宣传部、市文物局、市外事旅游局、市文联主办，市书协、侯马市委宣传部、侯马盟书文化研究会协办。省委宣传部常务副部长李高山，省文联主席张根虎，省文联党组书记李太阳，省文联党组副书记、省书协主席石跃峰，省委办公厅副主任毛益民，省委政法委秘书长邓彩彪，市委常委、宣传部部长黄翠莲参观书画展。本次书画展展出省内外擅长篆书的书法家创作的80余幅“盟书体”作品。

7日 临汾市委副书记、市长岳普煜代表市政府，与省气象局局长柯怡明签署《共同推进气象现代化建设合作协议》，双方将重点在现代综合气象监测系统、气象预报预警系统、突发事件预警信息发布中心、为农气象服务体系和农村气象灾害防御体系、新一代天气雷达建设和探测环境保护等重点领域加强合作。副市长王振宇主持签字仪式。

8日 由山西省新闻出版广电局副局长田奇越带队的省考核组，对临汾市打击侵犯知识产权和制售假冒伪劣商品工作进行绩效考核。市“双打”工作领导组组长、副市长王振宇在汇报会上汇报全市2014年“双打”工作情况。2014年，临汾市“双打”工作取得明显成效，各行政执法成员单位办结侵权假冒案件69件，涉案金额102.7万元；公安机关破获侵权假冒案件33起，抓获犯罪嫌疑人43人，涉案金额151.63万元；市检察院监督行政执法机关移送涉嫌侵权假冒犯罪案件4件，全市法院系统审理判决侵权假冒案件30起。

9日 经过4期近两个月对420名县处级领导干部的集中培训，临汾市学习讨论落实活动专题培训班结业。市委副书记、市委党校校长王文英在结业式上讲话，市委党校常务副校长、隰县县委书记王天郎主持结业式。

9日至10日 山西省委常委、组织部部长盛茂林在临汾市检查指导开展学习讨论落实活动、村(社区)“两委”换届、基层党建等工作。市委书记罗清宇，市委副书记、市长岳普煜，市委常委、组织部部长张明星陪同。盛茂林一行深入到洪洞县、尧都区、襄汾县、曲沃县、侯马市等地的乡镇、社区和农村，听汇报、看资料、访村民、查实情，了解临汾市开展学习讨论落实活动、村(社区)“两委”换届工作以及基层党建工作方面的情况。

12日 在太原举行的美国环保署2014年温室气体减排证书颁发庆典暨索拉透平热电联产研讨会上，美国驻华大使馆一秘韩伯韬向山西立恒钢铁股份有限公司(简称“立恒钢铁”)董事长郑家平颁发“2014年温室气体减排证书”。此证书由美国环境保护署热电联产合作组织颁出，以表彰该企业在利用燃气轮机热电联产系统减少碳排放工作中取得的突出成绩。据美国环境保护署估算，安装在立恒钢铁的燃气轮机热电联产机组每年可减少二氧化碳排放30万吨。

13日 临汾市委书记罗清宇主持召开市委常委会议，开展集中学习讨论，反思存在的问题，剖析产生问题的根源，就《关于推进“六大发展”的2015行动计划》等文件征求意见、开展讨论。省督导组副组长王志超，市领导王文英、徐树荣、乔成家、黄翠莲、赵建民、李东洪、张明星、乔建军、陈小洪出席会议。

同日，临汾市召开学习讨论落实活动督导工作汇报会。总结前一阶段工作开展情况，安排下一步工作。省委督导组副组长王志超到会督导。市委副书记王文英主持会议。市委常委、组织部部长张明星出席。

15 日　临汾市委书记罗清宇主持召开市委常委会议，传达学习中纪委五次全会精神，根据省活动办《关于深入查找政治生态突出问题认真讨论整理反思剖析报告的通知》要求，进一步反思讨论存在的问题。省督导组副组长王志超，市领导岳普煜、王文英、徐树荣、乔成家、黄翠莲、赵建民、李东洪、张明星、乔建军出席会议。

同日，交警大队临翼中队交警贺冰、王风战、张鹏到星杰中学门前指挥道路交通。12 时 05 分，一辆车牌号为晋 L55838 的重型自卸货车行至省道 230 线郑庄村十字路口时，撞击前方重型自卸货车以及 4 辆轿车，1 名交警经抢救无效死亡、2 名交警受重伤、3 名学生家长及 2 名儿童受轻微伤。事发时，3 名交警在此路口执勤，交警贺冰推开自己身旁的儿童，被肇事车辆撞倒在地，另外 2 名交警张鹏、王风战在疏散、保护群众的过程中被撞成重伤。16 日、17 日，省领导王儒林、李小鹏、胡苏平、王建明、刘杰及公安部副部长黄明，市领导罗清宇、岳普煜、王文英、黄翠莲先后作出批示。公安部交管局副局长奚路彪前往翼城县慰问牺牲交警家属和受伤交警。省公安厅党委委员、副巡视员贾继武，市委常委、政法委书记陈小洪，市公安局局长马德荣到翼城县现场指导事故调查、善后处理等工作，看望慰问牺牲交警家属和受伤交警。

17 日至 18 日　山西省委书记王儒林到侯马、曲沃、尧都、洪洞等县(市、区)检查指导工作。省委常委、秘书长王伟中，省委常委、组织部部长盛茂林，省委常务副秘书长姜新文，省纪委常务副书记迟耀云，省委副秘书长、政研室主任李福明，省委副秘书长王利波，省委组织部常务副部长张高宏，省经信委主任张华龙，省农业厅厅长李平社一同检查指导工作。市领导罗清宇、岳普煜、王文英、赵建民、张明星、杨安虎陪同检查指导。

19 日　临汾市召开四套班子联席会，安排部署当前重点工作。市委书记罗清宇主持会议并讲话，市四套班子领导岳普煜、王文英、乔成家、赵建民、李东洪、张明星、乔建军、王振富、梁天运、柴高潮、原胜利、仇振刚、王醒安、原学义、王金珍、王振宇、梁若玉、杨益民、刘淑芬、陈玉士、张成梁、杨忠华、杨安虎出席会议。

同日，翼城县“1·5”道路交通事故中殉职的公安交警贺冰同志追悼会在该县城西殡仪馆举行。省公安厅党委副书记、副厅长李玉生，省公安厅党委委员、副巡视员贾继武，副市长杨治平，市公安局局长马德荣前往吊唁。公安部政治部、省公安厅分别发来唁电。

21 日　临汾市委书记罗清宇主持召开市委常委会议，研究贯彻落实省委书记王儒林在临汾市检查指导工作时的讲话精神，研究全市经济工作会议有关事项，传达全国、全省宣传部长会议精神。市领导岳普煜、王文英、徐树荣、乔成家、黄翠莲、赵建民、李东洪、张明星、乔建军、陈小洪出席会议。会议安排贯彻落实省委书记王儒林在临汾市检查指导工作时的重要讲话精神；市发改委负责人汇报 2015 年临汾市主要经济指标；市委宣传部有关负责人传达全国、全省宣传部长会议精神。

22 日　临汾市经济工作会议召开。会议贯彻中央和全省经济工作会议精神，分析新常态下临汾市面临的经济形势，回顾总结 2014 年经济工作，安排部署 2015 年经济工作。市委书记罗清宇，市委副书记、市长岳普煜出席并作重要讲话。市委副书记王文英主持会议。市领导徐树荣、乔成家、黄翠莲、赵建民、张明星、乔建军、陈小洪、梁天运、原胜利、仇振刚、王醒安、原学义、杨治平、梁若玉、杨益民、刘淑芬、陈玉士、张成梁、杨忠华、杨安虎出席会议。

同日，临汾市召开学习讨论落实活动推进会，学习贯彻习近平总书记在十八届中央纪委五次全会上的重要讲话精神和省委书记王儒林到临汾检查指导工作时的讲话精神，总结前段活动成效，分析研究存在问题，部署安排下一步工作。市委书记罗清宇出席并讲话。市委副书记王文英主持会议。市领导黄翠莲、赵建民、张明星、陈小洪、杨安虎出席会议。

24 日　山西省委常委、副省长付建华在临汾市检查指导西气东输管线安全隐患整治工作。省政府副秘书长白秀平，省安监局局长霍红义，省发改委总经济师魏茹生，市领导罗清宇、岳普煜、李东洪、杨治平等及相关部门负责人或陪同检查指导或出席座谈会。付建华一行前往西气东输管线蒲县中南铁路客运站隐患点、蒲县昕水嘉苑小区隐患点、蒲县高级中学隐患点等地调研，查看西气东输管线浮山县隐患点图纸。

28 日　由团中央发起的寻找“全国乡村好青年”活动落下帷幕，101 名“全国乡村好青年”脱颖而出。山西省有两人入选，隰县见义勇为的退役军人刘帅君跻身其中。刘帅君，男，25 岁，中共党员，隰县龙泉镇人，山西武警部队晋中支队勤务汽车中队班长，退役军人。刘帅君 2005 年入伍，2013 年 11 月退役。在服役期间，曾荣立个人三等功，荣获“优秀共产党员”称号。当国家和人民群众的利益受到损害时，不顾个人安危，冒着生命危险勇斗歹徒、火中救人。退役返乡后，他利用业余时间投身公益事业，成为“华西医院形象大使”，协调华西医院开展送医上门服务，免费为农村贫困患者进行体检，制订救治方案。在他的帮助下，多名贫困患者圆康复梦。

2 月

1 日　临汾市区 1862 辆出租车执行新运价，起步价白天 6 元/2 公里，夜间(22:00 至次日5:00) 7 元/2 公里；运行价白天 2 公里后 1.3 元/公里，夜间(22:00 至次日 5:00)2 公里后 1.6 元/公里。单程 6 公里后加收 50％的空驶费，等候费 5 分钟按 1 元计费。

2 日　临汾市委书记罗清宇主持召开市委常委会议，传达全省农村工作会议、全省组织部长会议精神，研究临汾市贯彻落实意见；研究《山西・临汾帝尧古都文化旅游节实施方案》等。市领导岳普煜、王文英、徐树荣、乔成家、黄翠莲、赵建民、李东洪、张明星、乔建军、陈小洪、王振富出席会议。

3 日　临汾市委副书记、市长岳普煜就西气东输管线安全工作在浮山、蒲县进行专题调研。副市长杨治平，以及市政府办公厅、发改、安监等部门负责人一同调研。岳普煜一行深入浮山县自来水公司片区、怡馨花园小区、天坛镇吴家坡居民区隐患点，蒲县中南铁路客运站、昕水嘉苑小区、蒲县高级中学等隐患点，查看西气东输管线附近的标识设置和安全保护情况，了解具体巡查防范措施。西气东输管线在临汾市境内全长 270 公里，涉及永和、大宁、隰县、蒲县、尧都、浮山共 6 个县(市、区)，其中，贯穿浮山城区 3.5 公里、蒲县城区 21.6 公里，存在安全隐患。企业聘用专职巡线人员每 2 小时巡检一次，每 30 米设置一个警示标识，为管道安装应力应变监测仪器，实时监控受力情况。

同日，由临汾市眉户剧团演出的廉政文化大戏《焦裕禄》在市影剧院正式演出。市委常委、宣传部部长黄翠莲，市委常委、组织部部长张明星与广大群众一同观看演出。

4 日　临汾市安全生产电视电话会议召开，学习贯彻习近平总书记、李克强总理对安全生产工作的重要指示，贯彻落实全国、全省安全生产电视电话会议精神，对全市的安全生产工作进行再安排、再部署。市委副书记、市长岳普煜出席会议并讲话。

5 日　山西省委常委、政法委书记王建明带领省考核组对临汾市 2014 年度目标责任完成情况进行考核并出席考核大会。省考核组组长、省政协港澳台侨和外事委主任梁志祥，省考核组副组长、省社科联副主席王志超，省考核组副组长、省地勘局纪检书记卫继周及省考核组成员出席会议。市委书记罗清宇主持大会。市领导岳普煜、王文英、徐树荣、乔成家、黄翠莲、赵建民、李东洪、张明星、乔建军、陈小洪、王振富、梁天运、柴高潮、原胜利、仇振刚、王醒安、原学义、王金珍、王振宇、杨治平、梁若玉、谢碧玲、杨益民、刘淑芬、陈玉士、张成梁、杨忠华、杨安虎出席会议。

同日，由山西润和置业有限公司投资的洪洞苏三文化景区举行奠基仪式，以“苏三爱情文化”为主题，该项目将旅游文化景点与商业功能相融合，建成后将成为纵览洪洞民俗文化的展示窗口、彰显槐乡地域特色的城市名片。苏三文化景区主要集中“文化、旅游、商业”三个核心功能，总投资 4.5 亿元，新建建筑面积 6 万平方米，项目建设周期 14 个月。

同日，临汾市新农合大病医疗保险首批理赔现场会在翼城县召开，20 位参合农民领到 20 余万元的理赔金。2014 年，市新农合人均筹资标准为 390 元，各级政府财政补助标准 320 元，个人缴费 70 元，总人数 2999763 人，每人 22.4 元，总计 6719.46 万元。此次赔付工作针对的是翼城县 2014 年度参保农民，随后理赔工作将在全市其他县市开展。

6 日　临汾市农村工作会议召开，贯彻落实中央、省农村工作会议和全市经济工作会议精神，总结 2014 年农业和农村工作，研究分析新常态下临汾市农业农村发展面临的新形势，安排部署全市“三农”工作。市委书记罗清宇，市委副书记、市长岳普煜出席会议并讲话，市委副书记王文英主持会议。市四套班子领导陈小洪、原学义、王振宇、陈玉士、杨安虎出席会议。

10日 临汾市委副书记、市长岳普煜带领相关职能部门负责人，深入市区部分加油站、超市、集贸市场检查工作。岳普煜一行先后到汾滨加油站、尧庙汽车站、腾龙网咖、华润万家超市、晋利食品有限公司和世纪百悦购物中心，对消防设施、应急预案、市场供应、食品安全进行重点检查。

11日 临汾市举行各界人士迎春茶话会，市委书记罗清宇，市委副书记、市长岳普煜等市领导与各民主党派、工商联、无党派代表人士，以及侨胞侨属、台胞台属、民营企业家、民族宗教界、文化艺术界、新闻知识界等各界代表欢聚一堂。市领导王文英、徐树荣、乔成家、乔建军、杨益民、杨忠华出席茶话会。市委常委、统战部部长乔建军主持。

同日，临汾市领导罗清宇、岳普煜、王文英、徐树荣、乔成家、黄翠莲、赵建民、李东洪、张明星、梁天运、王振宇、杨治平、梁若玉分三路看望慰问离退休老同志，为他们送去慰问品和节日的祝福。市委书记罗清宇和市委副书记、市长岳普煜等市领导先后走访慰问樊纪亨、侯建华、张岗望、程满仓、李木达、牛文山、王万年、秦瑞亮、耿根喜、李平郎、卢健清、樊玉龙、高光挺、张伟能、李建民、张作明、刘玉和、张北管、董彩霞、张家俊、陈保堂、赵兰田、杨玉龙、方熔、李百录、王晋益、王刘明、逮全锁等离退休老同志。

同日晚，临汾市2015年春节文艺晚会在市影剧院上演。市领导罗清宇、岳普煜、王文英、徐树荣、乔成家、黄翠莲、赵建民、李东洪、张明星、乔建军、杨益民、杨安虎与各界群众观看演出。晚会以“中国梦·尧乡情”为主题，分为“春风”“春花”“春光”三个篇章。

12日 临汾市组织工作会议召开。会议学习贯彻党的十八大、十八届三中、四中全会精神和习近平总书记系列重要讲话精神，贯彻落实全国全省组织部长会议和省委十届六次、市委三届六次全会精神，回顾总结2014年工作，安排部署2015年任务。市委书记罗清宇出席会议并作重要讲话，市委常委、组织部部长张明星出席并作总结讲话，市政协副主席、乡宁县委书记杨安虎出席会议。

同日，临汾市召开2014年度目标责任考核工作动员会议。市领导赵建民、张明星出席会议。市委常委、组织部部长、市考核领导组副组长张明星主持会议。

同日，临汾市委书记罗清宇在尧都区走访慰问困难企业职工和贫困户，为他们送去慰问品和慰问金。罗清宇一行走进山西临龙泵业有限公司生产车间，了解企业运营状况，看望企业职工，为他们送去慰问金。

同日，临汾市委副书记、市长岳普煜深入到洪洞县部分困难企业和困难职工、伤残军人、低保户家中，为他们送去慰问品和慰问金。岳普煜一行先后来到五保户何文忠和李兰英、低保户冯洪记和王三呆、伤残军人宋志勇、困难职工程希连等人的家中慰问。

15日 山西省委常委、常务副省长高建民和副省长张复明在洪洞县走访慰问部分老党员、劳模、伤残军人、困难企业和群众，为他们送去节日的祝福。省政府副秘书长马彦平、郭立，省委组织部副部长陈学东，省民政厅副厅长李太平，省总工会副主席王兴旺，市领导罗清宇、岳普煜、王文英、张明星参加走访慰问。

26日 临汾市委书记罗清宇主持召开市委常委会议，研究当前经济工作及市纪委三届五次全会相关事宜。市领导岳普煜、徐树荣、乔成家、黄翠莲、赵建民、李东洪、张明星、乔建军、王振富出席会议。

27日 临汾市纪委三届五次全会召开，回顾总结2014年全市党风廉政建设和反腐败工作，研究部署2015年工作任务。市委书记罗清宇出席会议并作重要讲话，市委副书记、市长岳普煜主持会议。省纪委纪检监察三室主任杨培成应邀出席。市领导徐树荣、乔成家、黄翠莲、赵建民、李东洪、张明星、乔建军、陈小洪、王振富、梁天运、柴高潮、仇振刚、王醒安、原学义、王金珍、杨治平、梁若玉、杨益民、刘淑芬、陈玉士、张成梁、杨安虎出席会议。

28日 全国精神文明建设工作表彰暨学雷锋志愿服务大会在京召开。中共中央总书记、国家主席、中央军委主席习近平会见第四届全国文明城市、文明村镇、文明单位和未成年人思想道德建设工作先进代表，发表重要讲话。古县县长李强作为临汾唯一的全国县级文明城市创建代表参加此次会议。

同日，由临汾市蒲剧院蒲剧团编排的廉政文化大戏《廉吏于成龙》在市影剧院演出。市领导徐树荣、乔成家、黄翠莲、赵建民、李东洪、乔建军、陈小洪、梁天运、王醒安、原学义、杨治平、杨益民、陈玉士和干部群众一同观看演出。

3 月

3 日 由中央文明办举办的“中国好人榜”2 月入选名单悉数出炉,奋不顾身保护学生以致壮烈牺牲的执勤交警贺冰,荣膺 2 月“中国好人榜”见义勇为好人殊荣。

6 日 临汾市召开学习讨论落实活动专项整治工作部署会,对全市学习讨论落实活动专项整治工作进行部署。市委书记罗清宇出席会议并讲话。市委副书记、市委学习讨论落实活动办公室主任王文英主持会议。出席会议的有:省委督导组成员,市领导黄翠莲、赵建民、张明星、陈小洪、杨安虎。

10 日 临汾市 2015 年文化、科技、卫生“三下乡”活动在曲沃县晋园广场启动,市“三下乡”活动办成员单位现场开展集中示范活动,来自全市文化、科技、卫生战线的工作者,把各种惠民服务送到老百姓的家门口。市委常委、宣传部部长黄翠莲主持启动仪式,市委常委、副市长李东洪,以及曲沃县党政主要负责人、市直有关单位负责人出席启动仪式。临汾市“三下乡”活动连续开展 19 年。全市“三下乡”活动各成员单位坚持“送建结合、以送带建”,为农村送资金、送设备、送项目、送知识、送物资,捐赠款物总价值 20 余万元。开展文艺演出、医疗专家义诊和农业技术咨询等服务,卫生部门组织专门的体检车,免费为群众进行胸透、B 超、妇科、化验等健康体检。

同日,全国妇联书记处书记焦扬在临汾市调研寻找“最美家庭”活动开展情况。省妇联主席王维卿、副主席刘一平,市委书记罗清宇、市委副书记王文英陪同调研。焦扬深入曲沃县西南街社区、尧都区恒安社区,实地考察“妇女之家”开展寻找“最美家庭”活动情况,查看群众自发张贴的晒家庭幸福照片、家风家训格言、寻找活动宣传版面和家庭自荐材料。

12 日 临汾市扶贫开发暨国家光伏扶贫试点工程启动(培训)会议召开。市领导王文英、原学义、王振宇、陈玉士出席会议。2014 年,临汾市率先在全国启动实施精准扶贫光伏发电工程建设,3 个示范村实现并网发电。2015 年,临汾市将在全市 90 个贫困村启动建设光伏扶贫试点工程。副市长王振宇就国家光伏扶贫试点工作进行动员和安排部署。市委副书记王文英讲话。

同日,临汾市党政军领导罗清宇、王文英、徐树荣、乔成家、黄翠莲、赵建民、王振富、车胜良、柴高潮、王醒安、原学义、王金珍、王振宇、杨治平、杨益民、刘淑芬、陈玉士、杨忠华、杨安虎,来到尧都区贾得乡兴村义务植树基地,与市、区两级机关干部职工、部队官兵等 300 余人一同参加义务植树活动。

13 日 临汾市“2015 年放心农资下乡进村宣传周”活动在市农委启动。此次活动将围绕“放心农资下乡,保障农产品安全”主题,组织农业执法、科技人员深入农村田间地头,把优质放心农资送到乡村,把有关法律法规宣传到户,把识假辨假和科学使用农资知识传授给农民。

17 日 临汾市召开会议,传达学习贯彻全国“两会”精神,部署当前重点工作。市委书记罗清宇主持会议。全国人大代表、市委副书记、市长岳普煜传达十二届全国人大三次会议精神。全国政协委员、市政协副主席谢碧玲传达全国政协十二届三次会议精神。市领导王文英、徐树荣、乔成家、赵建民、李东洪、张明星、陈小洪、柴高潮、王醒安、原学义、王金珍、王振宇、杨治平、杨益民、刘淑芬、张成梁、杨忠华、杨安虎参加会议。

18 日 临汾市召开学习讨论落实活动专项整治工作汇报会,省督导组组长梁志祥、副组长王志超,市领导罗清宇、王文英、张明星出席会议。市委书记罗清宇主持会议。

同日,临汾市召开坚持从严治党、落实主体责任电视电话会议,听取各县(市、区)关于从严治党、落实主体责任的工作情况报告。市领导岳普煜、王文英、徐树荣、乔成家、黄翠莲、赵建民、李东洪、张明星、陈小洪、王振宇、杨治平出席会议。

同日,临汾市召开政府系统廉政工作电视电话会议,贯彻落实中纪委、省纪委五次全会,国务院、省政府廉政工作会议精神,学习贯彻习近平总书记、李克强总理以及省委书记王儒林、省长李小鹏重要讲话精神,回顾总结 2014 年全市政府系统廉政建设和反腐败工作,安排部署政府系统 2015 年廉政工作。市领导岳普煜、赵建民、李东洪、王振宇、杨治平会议。市委常委、常务副市长赵建民主持会议。

19日　山西省委副书记、省长李小鹏在临汾市检查指导春耕生产、工业经济运行和重大项目建设等工作。省政府秘书长廉毅敏，省发改委主任王赋，省经信委主任张华龙，省财政厅厅长武涛，省农业厅厅长董希德，市领导罗清宇、岳普煜、赵建民、李东洪、王振宇、杨治平陪同。

同日，临汾戏剧研究院非物质文化遗产传承培训基地在尧都区屯里镇韩村举行奠基仪式。临汾戏剧研究院非物质文化遗产传承培训基地建设是省级“百日百项”工程的重点工程之一，是集排练、演出、展示、传承、培训于一体的综合性戏曲艺术传承发展培训基地，在尧都区选址、市发改委批复立项，总体规划占地面积3.33公顷，总建筑面积35000平方米，计划总投资1亿余元，分三期工程建设。

20日　以谭雅·迪安·威尔斯为团长的德国北威州专家团一行莅临临汾市，就环保和可再生能源综合利用等方面的情况进行考察交流。市委副书记、市长岳普煜主持座谈会，省发改委副巡视员曾宪琪，副市长杨治平出席，市政府办公厅、市发改委、环保局、旅游局、外事办等部门负责人参加座谈。

22日　临汾燃气公司对置换区域内的用户安检率98.1%，入户抄表率94.7%，第八批次天然气置换工程完成。3月20日临汾市启动第八批次天然气置换工程。这是城区天然气置换工程启动以来最大批次，覆盖市区迎宾大道、南外环、平阳南街、五一东路、福利巷、秦蜀路、司法巷、益民路、木材巷等多条街道，涉及裕祥花园、三合家园、尧乡小区等99个小区，321栋居民楼，14041户燃气家庭。此次置换区域有管线73106.98米，调压站38座57台，中、低压阀门共70座，凝水缸316座。

24日　文化部副部长、国家文物局局长励小捷在曲沃县检查指导古建筑保护工作。副省长张复明，国家文物局文保司司长关强、政策法规司副司长何戍中，省政府副秘书长郭立，省文物局局长王建武、副局长刘正辉，市领导岳普煜、王振宇陪同。励小捷一行前往晋国博物馆、曲沃县西海龙王庙等地，询问文物保护、古建筑修缮及历史文化相关情况，召开座谈会，听取临汾市及曲沃县古建筑保护工作汇报。

26日　中国无障碍协会山西分会在临汾市第三人民医院成立。市文明办与市残联有关负责人到场，为中国无障碍协会山西分会联合发起人授旗。省助残先进个人闫秋海、尧都区三届“十佳道德楷模”李敏等参加成立仪式。中国无障碍协会创建于2009年5月，是全国首个以无障碍作为行动目标的组织。无障碍社会，包含如何建立环境及心理的无障碍，包括出行无障碍、信息无障碍、生活无障碍、医疗无障碍。利用志愿者的力量，为残障朋友开设手工艺术、电脑、网上创业等培训，定期召开无障碍研讨会等活动。该协会在全国10个省份设有分会，现有志愿者28万多人。

30日　临汾市“百日百项工程”项目之一的福利院养老楼项目正式开工奠基。该项目位于尧都区刘村镇马务村西，西城区临大路和规划三街交汇处，总占地面积62490.8平方米，建设规模为500张床位，总建筑面积为23200平方米。

4月

2日　由山西省委宣传部和市委、市政府主办的首届山西·临汾帝尧古都文化旅游节在汾河公园九州广场开幕。省委常委、宣传部部长胡苏平出席开幕仪式并宣布文化旅游节开幕。市委书记罗清宇在开幕式上致欢迎词。市委副书记、市长岳普煜主持开幕式。省委宣传部副部长杜学文、省文联主席张根虎、省文化厅副厅长张健、省旅游局副局长李贵、山西师范大学校长武海顺、中国光华科技基金会理事长兼秘书长任晋阳、光华研究院院长焦平、光华研究院执行院长张华伟，市四套班子领导王文英、徐树荣、乔成家、黄翠莲、李东洪、张明星、陈小洪、王醒安、原学义、王金珍、杨治平、杨忠华出席开幕式。晚8时15分许，胡苏平宣布山西·临汾帝尧古都文化旅游节开幕。

同日，山西省委常委、宣传部部长胡苏平在临汾市就文化场馆建设进行专题检查指导。省委宣传部副部长杜学文，省文化厅副厅长张健，市领导罗清宇、岳普煜、黄翠莲、李东洪陪同或出席座谈会。胡苏平前往市影剧院、市群艺馆了解文化场馆建设、管理、使用情况，召开座谈会，听取文化场馆建设工作汇报。

5日　第25届洪洞大槐树文化节寻根祭祖大典在大槐树景区万人祭祖广场举行。本届祭祖大典共12项议程，分别为恭迎汾河水、舜王土，恭请大槐树移民先祖，鸣炮启门，敬献三牲，敬献五谷，敬献肴馔，敬献鲜果，敬香，奠酒，敬献花篮，恭诵祭文，敬献乐舞。敬献乐舞中的“槐乡颂舞”，64名舞蹈演员再现“大槐树移民”场景，再现先祖被迫移民远赴他乡的悲壮情景。

8日 临汾市委副书记、市长岳普煜会见太原双合成食品有限公司董事长兼总经理赵光晋，双方就推进临汾市“放心早餐工程”进行深入交流。副市长王振宇，市政府秘书长以及市商务局、食药监局、住建局等有关部门负责人参加会见。

10日至13日 临汾市委副书记、市长岳普煜率市政府考察团就垃圾焚烧发电及综合处理、引进新能源电池产业、市区公交电动化、城市环卫设施购置、绿色节能建筑推广等工作在深圳、东莞、长沙、樟树、上海等地参观考察，副市长杨治平以及市政府办公厅、市发改委、市环保局、市住建局和襄汾县负责人参加考察活动。

14日 眉户剧《雷雨》在临汾市影剧院上演，拉开山西·临汾帝尧古都文化旅游节地方戏曲展演帷幕。山西省文物局局长王建武，省委宣传部副部长尹天五，市领导罗清宇、岳普煜、王文英、徐树荣、黄翠莲、李东洪与广大市民一同观看演出。眉户剧《雷雨》由京剧《雷雨》改编而成，由国家一级演员、梅花奖、文华奖、白玉兰奖获得者许爱英，国家一级演员、梅花奖获得者潘国梁，国家一级演员赵梅联袂登台演绎。此次戏曲展演持续一周，由运城蒲剧团、河南三门峡豫剧团、陕西渭南秦腔剧团、市蒲剧团和市小梅花蒲剧团带来《青丝恨》《虢都遗恨》《赵氏孤儿》《廉吏于成龙》和大型音乐舞蹈史剧《尧颂》。

14日至15日 山西省政协副主席张友君就社会化管理工作在安泽县检查指导工作。省政协副秘书长张建豪，省政协港澳台侨和外事委员会主任梁志祥、专职副主任王阳华一同检查指导。市政协主席乔成家、副主席刘淑芬陪同。

15日 山西省副省长郭迎光前往洪洞县、侯马市检查指导春耕生产及现代农业发展工作。省农业厅党组书记李平社、省农业厅总农艺师郭建文，市委副书记、市长岳普煜陪同。

同日，尧文化暨德廉思想研讨会在临汾市开幕。省文物局局长王建武，省委宣传部副部长尹天五，省社科院院长李中元，市领导岳普煜、王文英、乔成家、黄翠莲、李东洪、原学义、杨忠华、杨安虎出席研讨会。市委副书记王文英主持研讨会开幕式。市委副书记、市长岳普煜在研讨会开幕式上致辞。

15日至16日 以山西省人大常委会副主任周然为组长的省人大执法检查组在临汾市开展《中华人民共和国职业教育法》执法检查。省人大常委会委员、教科文卫工委副主任张明亮一同检查。市领导罗清宇、徐树荣、王金珍、王振宇陪同检查或出席座谈会、汇报会。

18日至19日 山西·临汾帝尧古都文化旅游节“围棋之源·圣尧杯”国际大师邀请赛在围棋发源地尧都区举行。中国围棋协会主席王汝南，省体育局副局长李世杰，市领导岳普煜、王文英、黄翠莲、杨益民出席开幕式。市委副书记王文英主持开幕式。开幕式上，市委副书记、市长岳普煜为9名受邀的国际大师颁发“荣誉市民”证书。上午9时20分许，岳普煜宣布“围棋之源·圣尧杯”国际围棋大师邀请赛开幕。

20日 首届帝尧古都文化旅游节名优产品展销会在尧庙开展。山西省驻上海办事处主任周爱民，市委副书记王文英，市委常委、副市长李东洪，副市长杨治平，侯马经济开发区党工委书记毛克明出席开幕式。王文英宣布开幕，杨治平主持开幕式。

同日，帝尧古都文化旅游节山西·临汾招商引资项目推介会在天鹅酒店举行，会上签订工业类、服务业类项目5个，投资总额达到107.7亿元。来自全国各地的企业家以及香港、北京、上海、广东、天津、重庆、江苏、四川商协会负责人等社会各界朋友170余人参加会议。省投资促进局党组书记、局长焦育峰，市委常委、常务副市长赵建民，副市长杨治平出席会议。会议由杨治平主持。

21日 晋中市副市长王建林率领晋中市政府考察团一行在临汾市考察“百里汾河生态经济带”建设情况。晋中开发区书记、108廊带建设指挥部总指挥赵春雷一同考察，市委常委、常务副市长赵建民陪同。

22日 临汾市委书记罗清宇前往洪洞县专题调研高效农业发展情况。洪洞县农业转型综改示范区位于“百里汾河生态经济带”中段的洪洞县甘亭镇，覆盖6个行政村16000余人，规划占地1333公顷，投资40亿元。该园区秉承“农业大公园、休闲小城镇”和“田园城市经济综合体”的发展战略，建设国家级现代农业示范园区。

23日　临汾市召开学习讨论落实活动总结暨“六权治本”推进会，贯彻落实全省学习讨论落实活动总结暨“六权治本”推进会议精神，总结临汾市学习讨论落实活动情况，部署推进“六权治本”工作。省督导组副组长王志超出席会议。市委书记罗清宇讲话，市委副书记、市长岳普煜主持会议。市领导王文英、徐树荣、乔成家、黄翠莲、赵建民、李东洪、陈小洪、王醒安、原学义、王金珍、杨治平、杨益民、陈玉士、张成梁、杨安虎出席会议。

24日　山西·临汾帝尧古都文化旅游节闭幕。市领导岳普煜、黄翠莲、赵建民、杨治平及市公安局局长马德荣出席闭幕式。市委常委、宣传部部长黄翠莲主持闭幕式，市委常委、常务副市长赵建民通报文化旅游节活动成果。本届文化旅游节是近年来临汾市最具特色的综合性文化盛会，是促进临汾市开放发展的大型会展活动。尧文化研讨方面，通过举办尧文化暨德廉思想研讨会，中国社科院、中国科学院、北京大学等全国知名科研院校的专家学者对尧文化进行深入研讨，在“尧都平阳——陶寺作为尧的都城”等关键考古结点上达成共识，认定“帝尧之都在陶寺、中国之源在临汾”这一论断，提升尧文化作为中华民族源头文化的历史地位；旅游推介方面，全市30余家旅游企业与省外180余家旅行社达成合作意向，临汾国旅、临汾中旅、壶口之旅、夏日、大槐树、京铁国际6家旅行社代表临汾市与北京、上海、天津、杭州、太原等主要客源地旅行商代表签订合作协议，全市接待游客160余万人次；经贸洽谈方面，招商引资项目推介会上签约项目总投资107.7亿元，名优产品展销会签订交易合同金额13亿元。

同日，临汾市举行集中销毁侵权盗版及非法出版物活动。市委常委、宣传部部长黄翠莲出席活动。2014年全市出动执法人员5000余人次，检查店档摊点1000余个，查办各类案件62起，查缴非法出版物1万余册(件)，维护全市文化市场规范有序的经营秩序。

26日　中国人民政治协商会议临汾市第三届委员会第五次会议在天鹅大酒店开幕。

同日，临汾市区第十批次天然气置换工程完成，12994户燃气用户使用上天然气能源。此次天然气置换工程覆盖市区五一路、五一西路、体育南街、司法巷等主要街道，81个小区、279栋居民楼、12994户。

27日　临汾市第三届人民大表大会第六次会议在市影剧院开幕。

28日　临钢6#炼铁高炉生产系统停产，太钢集团临汾钢铁有限公司结束长达57年的炼铁岁月。太钢集团临汾钢铁有限公司(简称临钢)始建于1958年，曾是全国58家地方钢铁骨干企业之一。2013年以来，临钢停产拆除一座球团竖炉、三座150立方米石灰窑、311立方米的1#、5#炼铁高炉、3座30吨炼钢转炉等落后装备及产能。此次380立方米的6#炼铁高炉关停，临钢全年减少烟粉尘排放量381.02吨、减少二氧化硫排放量730.01吨，减排比例分别为80.78%和66%。

5月

1日　由临汾市环保局、市总工会、团市委、市妇联、临汾日报社、市广播电视台、市教育局、市司法局、市文明办等9家单位联合组织开展的临汾市环境保护奖评选活动启动。环保奖下设“十佳环保人物”“十佳环保卫士”“十佳绿色企业”“十佳绿色学校”等四类奖项。

5日　临汾市委副书记、市长岳普煜前往北京会见国信证券总裁陈鸿桥，浦发银行山西省分行副行长李光，就临汾市私募债券发行事宜及加强金融合作进行交流。市政府秘书长，市发改委、市财政局、市投资集团负责人参加会见。

同日，临汾益通天然气股份有限公司，在全国中小企业股份转让系统(简称“新板”)挂牌上市。临汾市首家在“新三板”挂牌上市的企业为山西澳坤生物农业股份有限公司，1月22日，澳坤生物登陆“新三板”市场，成为国内首家“新三板”上市的杏鲍菇生产企业。临汾益通天然气股份有限公司股票简称为益通股份，股票代码832357，坐落于侯马市。公司主要负责燃气生产和供应，为用户提供城市燃气供应及服务。益通敷设管道超过600公里，投资、运营3座天然气汽车加气站，1座天然气加气母站，总资产超过3亿元，年实现销售收入1.3亿元。

7日　临汾市召开巡视整改工作推进会，确保全面完成巡视反馈意见整改落实工作。市委书记罗清宇出席会议并讲话。市委副书记、市长岳普煜主持会议。市领导王文英、黄翠莲、李东洪、陈小洪、王振宇,市政协副主席、乡宁县委书记杨安虎出席会议。

10日 2015年黄河流域9省区门球交流赛在蒲县奥林匹克体育中心开幕。国家体育总局退休干部局局长、中国门球协会主席翁家忍,副市长王振宇,省门球协会副主席兼秘书长王清选,市门球协会主席陈保堂出席开幕式。此次比赛为期3天,来自黄河流域9个省区37支代表队300余名运动员参加比赛,比赛项目为5人制团体赛,比赛第一阶段采取分组单循环赛,第二阶段采取淘汰附加赛。

12日 临汾全市"六权治本"推进工作(试点)会议召开。市委书记罗清宇出席并作重要讲话。市委副书记、市长岳普煜主持会议。市领导王文英、徐树荣、乔成家、陈小洪、杨安虎出席会议。市委副书记王文英宣读《临汾市"六权治本"推进工作(试点)方案》。

同日,临汾市举行"新常态下中国经济形势与政策"专题讲座,中央党校法学博士、正局级组织员、硕士生导师、中国光华科技基金会光华研究院院长焦平和中央党校教授、中国光华科技基金会光华研究院特约研究员陈启清围绕主题讲解。市委书记罗清宇主持。市四套班子领导听取讲座。

13日 2015山西临汾(广州)招商引资项目签约仪式在广州市山西大厦举行,签约项目5个,总签约金额103亿元。省驻广州办事处主任刘亚林、省投资促进局局长焦育峰出席签约仪式。市委副书记、市长岳普煜出席并致辞,副市长王振宇主持签约仪式。此次签约的项目分别是:由临汾市人民政府与国信债券股份公司签约的《发行企业债券和上市协议书》,总投资50亿元;由临汾市人民政府与浦发银行签约的《成立临汾市旅游基金协议书》,总投资30亿元;由临汾市人民政府与广州交易所集团签约的《合作框架协议书》;由临汾市投资集团与广州汇得原股份公司签约的上市基金合作项目,总投资20亿元;由侯马经济开发区管委会与广州新弘高科智能仪表公司签约的智能电表生产基地项目,总投资3亿元。

14日 以山西省政协港澳台侨和外事委员会主任梁志祥为组长的省委督导组对临汾市学习讨论落实活动专项整治工作进展情况进行督导,听取临汾市的工作汇报。市委书记罗清宇主持汇报会。市委副书记王文英汇报工作进展情况。市领导黄翠莲、陈小洪以及专项整治各组副组长出席会议。

17日 尧都区体育运动中心举办"奔跑吧·兄弟姐妹"御景水城杯全民长跑活动,纪念临汾解放67周年,缅怀先烈丰功伟绩,继承先烈遗志,激励广大市民发扬不畏艰险的精神,使科学健身理念深入人心。本次活动从滨河东路南口出发,途经滨河路、彩虹桥、滨河西路、迎宾大道、滨河东路南口,全程长大约7公里。比赛中最大的60岁,最小的5岁。

同日,临汾市区天然气置换工程第十一批次置换完成,标志着历时一年6个月、总涉及户数101480户的市区天然气整体置换工程完成。"启动市区天然气置换工程"是2013年市政府承诺的"十件实事"之一,太原煤炭气化(集团)临汾燃气有限公司于2013年12月启动置换工程。

18日 山西省政府在武汉市保利大厦会议厅举办第九届中国中部投资贸易博览会山西重点项目推介会。副省长王一新出席,副市长王振宇代表临汾市作推介发言。临汾市有"百里汾河生态经济带"项目、东西两山特色农业开发项目、工业类项目、旅游文创类项目四大类183个项目参加重点推介。

21日 临汾市委书记罗清宇为各级领导干部讲专题党课,对全市开展"三严三实"专题教育作出安排部署。市委副书记、市长岳普煜主持会议。市领导王文英、徐树荣、乔成家、黄翠莲、赵建民、李东洪、乔建军、陈小洪、王振富、柴高潮、王醒安、原学义、王金珍、杨治平、陈玉士、杨益民、杨忠华、杨安虎出席。

22日 临汾市召开农村集体"三资"管理专项清理整治工作动员会暨"以群众举报乡村干部腐败为切入点集中解决群众信访诉求问题"专项治理会议,贯彻落实5月11日全省农村集体"三资"管理专项清理整治工作电视电话会议和5月18日全省"以群众举报乡村干部腐败为切入点集中解决群众信访诉求问题"专项治理电视电话会议精神,安排部署临汾市专项治理工作。市委书记罗清宇出席会议并讲话。市委副书记、市长岳普煜主持会议。市领导王文英、赵建民、陈小洪、王振宇出席会议。

22日至24日 临汾市扶贫办在侯马市马上购电子商务公司举办为期3天的电商扶贫培训班。

来自全市的8个县、市适合发展电商的贫困村村委会主任和县电商主管人员70余人参加了培训。上海闵行区浦江电商职业学校校长任宇杰讲解《县域电商的发展和机遇》,原阿里巴巴总裁助理李洁就《百花齐放的农村电商》做分析,马上购·中国运营经理张超就《农村电商的崛起》做分享,知名电商专家讲授。

23日至24日 山西省委常委、组织部部长盛茂林带领省委组织部班子成员,深入永和县阁底乡调研驻村帮扶工作,通过实地考察、召开基层干部和村民代表座谈会、走访困难群众,共商驻村帮扶、精准扶贫思路和办法,提出指导意见。省委组织部常务副部长张高宏,副部长孙大军,副部长、省委党建办主任张葆,副部长、省非公工委副书记陈学东,部务委员赵建华、罗民,市委书记罗清宇,市委常委、组织部部长李新春参加驻村帮扶调研活动。

25日 国家文物局副局长童明康就文物保护工作在曲沃县考察。国家文物局文物保护与考古司副司长唐炜,省文物局局长王建武、副局长刘正辉,副市长王振宇陪同考察。

26日 临汾市推进简政放权、放管结合、职能转变工作电视电话会议在市电子政务中心召开。市领导岳普煜、赵建民、李东洪、王振宇、杨治平出席会议。市委常委、常务副市长赵建民主持会议。

29日 山西省环保厅厅长郭长青,市委副书记、市长岳普煜分别代表省环保厅和市政府签署《共同推进临汾市"百里汾河生态经济带"绿色转型发展合作协议》。省环保厅副厅长刘军,副市长杨治平,临汾经济开发区管委会主任尚日红出席签约仪式,杨治平主持。

6月

1日 临汾市举办"三严三实"专题教育讲座,邀请中央党校教授、博士生导师阮青作专题讲授。市委副书记、市长岳普煜主持讲座。市领导王文英、徐树荣、乔成家、黄翠莲、赵建民、李东洪、乔建军、陈小洪、李新春、柴高潮、王醒安、原学义、王振宇、杨治平、陈玉士、杨忠华、杨安虎出席。

2日 临汾市西山3县国省道干线公路改建工程建设领导组工作会议召开,对山西省集中连片特困地区国道209线鲁家河至十里河段吉县境内改线工程、省道洪永线车家坡至岔口段改建工程建设工作进行部署。副市长、市西山3县国省道干线公路改建工程建设领导组组长杨治平主持会议。

山西省集中连片特困地区国道209线鲁家河至十里河段吉县境内改线工程、省道洪永线车家坡至岔口段改建工程位于吉县、隰县、永和县3县境内,是省政府2015重点工程项目,7月中旬进入施工阶段,预计年底完成路基桥涵主体工程,2016年交工通车。

同日,临汾市召开"六权治本"试点工作第一阶段工作会议,总结第一阶段工作,研究存在的问题和困难,安排部署下一阶段工作。市委副书记王文英出席会议。各工作小组、试点单位负责人汇报工作开展情况,提出意见和建议。

3日 副市长杨治平主持召开"6·19"集资案处置工作推进会,协调解决工作推进中遇到的问题,安排部署当前及下一阶段工作。"6·19"集资案处置工作各小组组长及部分成员、市政法委、市住建局等有关部门的相关负责人参加会议。会议通报全国知名专家到临汾指导案件处置情况;与会人员就案件侦办和"6·19"整体工作推进中的有关问题进行探讨。

4日 临汾市委书记罗清宇主持召开市委常委会,传达贯彻全省金融振兴推进大会精神,研究临汾市当前工作;传达贯彻省委学习讨论落实活动督导组会议精神,研究临汾市专项整治推进工作;研究《市委常委班子"三严三实"专题教育工作初步安排建议》《临汾市滨河东、西路沿线交通规划》等事项。市领导岳普煜、王文英、徐树荣、乔成家、黄翠莲、赵建民、陈国荣、李东洪、乔建军、陈小洪、李新春出席会议。

同日,临汾市召开市区集中治理三轮车和无牌无证电动四轮车工作动员会议,贯彻落实市委、市政府关于加强市区交通秩序管理的要求,强化市区道路交通秩序,改善道路交通环境,坚决遏制各类交通事故发生。副市长杨治平出席会议。动员会后,举行市区集中治理暨销毁三轮车和无牌无证电动四轮车启动仪式,有关部门依法将查扣的100多辆三轮车和无牌无证电动四轮车进行现场集中销毁。

4日至5日 以水利部财务司副司长赫崇成为组长的国务院实行最严格水资源管理制度考核组在临汾市检查工作。副市长王振宇出席并做工作汇报。

6日 山西省纪委常务副书记迟耀云在临汾市调研基层纪检工作。省监察厅副厅长何青,市委书记罗清宇一同调研。迟耀云一行来到襄汾县汾城镇、南辛店乡,尧都区屯里镇,听取当地开展农村集体“三资”管理专项清理整治和“以群众举报乡村干部腐败为切入点集中解决群众信访诉求问题”专项治理情况。

16日 按照临汾市委常委班子“三严三实”专题教育的工作安排,市委中心组集中学习《习近平谈治国理政》和习近平总书记关于严以修身的重要论述。市委书记罗清宇主持集中学习。市领导岳普煜、王文英、徐树荣、乔成家、黄翠莲、陈小洪、李新春出席会议。

29日 临汾市在临汾机场大道举行道路交通事故应急救援演练。市委常委、副市长李东洪,市安委办成员单位、各县(市、区)分管安全工作的相关负责人与各界群众一道现场观摩。演练模拟一辆载有危险化学品粗苯的运输车被一辆满载乘客的中巴车追尾,造成乘客受伤,危险化学品粗苯泄漏的交通事故。“事故”发生后,运输车司机、押运员立即开展自救并及时报警,交警指挥中心迅速成立现场指挥部,现场警戒组、交通管制组、医疗救治组、灭火攻坚组等迅速集结、各司其职,对“事故”现场进行合理有序处置,从而成功控制现场事态,确保群众的生命财产安全。

30日 习近平、刘云山等在北京人民大会堂会见全国优秀县委书记,与他们亲切握手。浮山县委书记孙京民作为全国最优秀的102名县委书记之一,在北京受到表彰。本次表彰是继20世纪90年代“100名全国优秀县委书记”受表彰之后,时隔20年后第二次表彰,目的在于引导和激励广大党员干部自觉践行“三严三实”要求,始终做到“四有”,即“心中有党、心中有民、心中有责、心中有戒”,努力成为党和人民信赖的好干部。

同日,临汾市委党校2015年主体班开班,市委书记罗清宇出席开班式并作重要讲话,市委副书记、市委党校校长王文英主持开班式,市委党校常务副校长王天郎及市委组织部有关负责人出席。

同日,临汾市召开庆祝“七一”党的生日认真践行“三严三实”座谈会,市委书记罗清宇出席会议并讲话。市委副书记、市长岳普煜主持会议。市领导王文英、李新春出席。

7月

1日 临汾市委书记罗清宇到尧都区走访慰问老红军、老党员和困难党员,为他们送上党组织的关怀和温暖。市委副书记王文英一同走访慰问。

同日,临汾市委书记罗清宇主持召开市委全面深化改革领导小组第三次会议,讨论研究《临汾市推进政府工作部门权力清单制度实施方案》和各专项小组《2015年工作计划》。市领导岳普煜、王文英、徐树荣、黄翠莲、赵建民、陈小洪、李新春、杨治平出席会议。会议原则通过《临汾市推进政府工作部门权力清单制度实施方案》和各专项小组《2015年工作计划》。

同日,临汾市在平阳广场举行“放心早餐工程”启动仪式。省商务厅党组副书记、副厅长张跃建,市领导岳普煜、原学义、王振宇、杨益民,副市长王振宇主持。

启动仪式现场,100辆配置统一的早餐车排列在平阳广场上,吸引广大市民上前询问。“放心早餐工程”是临汾市“六大惠民工程”的重要内容,是临汾市“商务惠民”的重点工程。实施放心早餐工程,有助于解决市区早餐市场“脏、乱、差”问题、改善群众生活质量、完善城市服务功能、提升城市整体形象。“放心早餐工程”主食配送中心建设、流动早餐车服务点规划选址等各项前期工作已经到位,首批投放的100辆放心早餐车,服务范围将涵盖市区主要生活社区。

同日,临汾市纪念中国共产党成立94周年暨第十届广场文化消夏月活动在市区汾河公园九州广场拉开帷幕。市领导黄翠莲、李东洪、王金珍、杨安虎出席启动仪式。本届广场文化活动月以“大美临汾·放飞梦想”为主题,本着小型多样、平安节俭的原则,旨在发挥文化的引领作用,提升士气、凝聚人心、动员社会各方面力量,开展丰富多彩、积极向上的群众文化活动。活动共分开幕式、市第三届“梨花奖”曲艺大赛、市第三届“梨花奖”创作歌曲及传统民歌大赛、群众文化展示周、戏曲展示周、电影展示周六大板块。

3日 临汾市委召开常委(扩大)会议,学习传达全国优秀县委书记表彰会议精神,动员全市广大党员干部时刻谨记习近平总书记“做四个人”(政治的明白人,发展的开路人,群众的贴心人,班子的带头人)的要求,以包括浮山县县委书记孙京民在内的102名全国优秀县委书记为榜样。市委书记罗清宇出席会议并讲话,市委副书记、市长岳普煜主持会议。市领导王文英、徐树荣、乔成家、黄翠莲、乔建军、陈小洪、李新春、杨治平、杨安虎出席会议。

8日至9日 由全国政协委员、香港新闻联主席、大公报董事长兼社长姜在忠率领的香港媒体高层参访团莅临临汾市。省互联网信息办公室专职副主任朱新才,市委副书记王文英,市委常委、宣传部部长黄翠莲陪同或出席欢迎仪式。

9日 山西省国有林场改革座谈会在霍州市召开。省委副书记、省长李小鹏主持会议并讲话。副省长郭迎光,省政府秘书长廉毅敏,省编办主任刘传旺,省发改委主任王赋,省财政厅厅长武涛,省交通厅厅长李正印,省林业厅厅长李永林,市领导罗清宇、岳普煜、王振宇及长治市政府主要负责人出席会议。

13日 临汾、运城片区司法体制改革培训会在临汾市召开。省委政法委副书记闫喜春对两市160多名政法干部进行专题培训。

13日至14日 山西省委副书记楼阳生深入临汾市襄汾县、曲沃县检查指导农村集体“三资”管理和集体经济发展情况。省委副秘书长张克强,省农业厅厅长关建勋、副巡视员吴志宏,市领导罗清宇、岳普煜、王文英、王振宇陪同。

15日 临汾市委书记罗清宇,市委副书记、市长岳普煜会见到访的太原钢铁(集团)有限公司董事长李晓波一行,双方就太钢集团临钢公司重组整合事宜进行座谈。太原钢铁(集团)有限公司总经理高祥明,市委常委、副市长李东洪,临汾职业技术学院院长、市经信委主任王超会见时在座。

同日,由山西省科学技术馆、市科学技术学会、市规划局主办,市科学技术馆、市规划展览馆承办的中国流动科技馆巡展(临汾站)在市规划展览馆开馆。中国流动科技馆以“体验科学”为主题,设置声光体验、电磁探秘、运动旋律、数学魅力、健康生活、安全生活、数字生活七个主题展区,通过50件小型化互动展品与科学表演、科学实验及科普影视相结合,为公众提供参与科学实践的场所。此次展览从7月15日开始,至8月15日结束。

17日 临汾市2015年度目标责任考核工作会议召开,会议对2014年度考核工作进行总结,对考核优秀的县(市、区)、市直单位进行表彰,对2015年度目标责任考核工作进行安排部署。市委书记罗清宇,市委副书记、市长岳普煜出席并作重要讲话。市委副书记王文英主持会议。市领导徐树荣、乔成家、黄翠莲、赵建民、李东洪、陈小洪、李新春、王振宇、杨安虎出席会议。

27日 吉县人祖山正式对外开放。人祖山位于吉县境内,西邻黄河壶口瀑布,因山顶祭祀女娲和伏羲而得名。人祖山主峰海拔高度1742.4米,景区面积203平方公里,总投资4.3亿元的一期工程已经竣工。2011年3月人祖山文化旅游开发有限公司成立并与吉县人民政府签订开发协议,经过4年的开发建设,整个景区初具规模,总投资4.3亿元的一期工程竣工。

30日 2015年中期(临汾)煤炭交易会在临汾市开幕。交易会由市政府、中国(太原)煤炭交易中心和兴业银行太原分行联合主办,主题为“创新、合作、共赢”。市委常委、副市长李东洪主持开幕式。岳普煜致辞。

同日,国家外汇管理局山西省分局在太原召开全省跨国公司外汇资金集中运营管理试点启动仪式,临汾市山西建邦集团公司与太钢集团财务公司、太重集团公司、同煤集团财务公司4家跨国公司一同成为全省首批试点企业。

8月

1日 由临汾市政府、中国(太原)煤炭交易中心、兴业银行太原分行联合主办的“2015年中期(临汾)煤炭交易会”,历经签订战略合作协议、高峰论坛、业务说明会、战略合作圆桌会、临汾煤炭交易专场等各项议程,落下帷幕。为期3天的交易会期间,挂单87笔,挂单总量2100万吨;意向成交41笔合同,意向成交量合计1283.5万吨,意向成交金额合计56.665亿元。

2日 满载450名游客的太铁新创·山西日报·东湖老陈醋号旅游专列从临汾火车站出发,前往新疆等西北四省。本次专列是中国铁路响应国家“一带一路”发展战略“百趟专列进新疆”系列活动之一,是太原铁路局和山西省开行的首趟援疆旅游专列。这趟主题为“丝路花雨·醉美西域”的空调软卧旅游专列。

8日 临汾市委书记罗清宇，市委副书记、市长岳普煜带领临汾市党政考察团，前往太原市考察城中村改造工作。省委常委、太原市委书记吴政隆，太原市委副书记、市长耿彦波会见临汾市考察团，就推进城中村改造进行交谈。

10日至11日 国务院扶贫办主任刘永富检查指导临汾市扶贫工作。副省长郭迎光，国务院扶贫办副主任欧青平，省扶贫办主任王立伟，市领导罗清宇、岳普煜、王文英、王振宇陪同。刘永富一行深入到吉县、大宁、隰县的村庄农户和企业，实地考察产业扶贫和光伏扶贫实施进展情况。

12日 北城壕排污防汛及道路建设工程竣工通车。临汾市委书记罗清宇，市委副书记、市长岳普煜带领市四套班子领导，参观北城壕（西段）防汛排水及连片改造工程。市领导王文英、徐树荣、黄翠莲、赵建民、李东洪、乔建军、陈小洪、王振富、李新春、杨治平、陈玉士一同参观。

北城壕防汛排水及联片改造工程，是2014年市委、市政府决定实施的重点工程。工程东起鼓楼北大街，西至东二街，全长960多米，于2014年5月动工，2015年7月竣工，除还迁安置工程外总投资9800多万元。该工程由五部分构成：防汛排水工程总长960米，铺设两道直径2.2米和2米的防汛排水管道，结束北城壕明渠排污水的历史。道路工程，修建道路960米，机动车道宽12米，两侧各4米的人行道，路灯、绿化、交通以及供水、供气、供热等基础设施全部配套。古城墙修复工程，古城墙修复向东延伸长310米，高8米至12米，缩建北城门一座，自此古城墙修复保护860米。公园扩建工程，古城公园向东延伸310米，新增绿地5000余平方米，增建生肖园、瓮城广场两大景观。还迁安置工程，涉及拆迁开发区和尧都区214户居民，房屋拆迁面积约11.84万平方米，按照工程计划在36个月内完成还迁房建设和安置工作。

同日，临汾市召开物流商会成立大会。市委副书记、市长岳普煜出席会议并讲话。市领导乔建军、原学义、杨安虎参加会议。

13日 临汾市召开“六权治本”试点总结暨当前工作安排会议。市委书记罗清宇，市委副书记、市长岳普煜出席会议并作重要讲话。市委副书记王文英主持会议。市领导徐树荣、黄翠莲、赵建民、李东洪、乔建军、陈小洪、王振富、李新春、王醒安、原学义、王金珍、王振宇、杨治平、陈玉士、杨益民、杨忠华、杨安虎出席会议。

16日 临汾民航机场迎来首架飞机校飞。临汾机场进入“校飞”阶段，此次校飞机型为“C680”，按照校飞计划，在天气正常情况下，预计飞行时间20小时，历时一周左右。

17日 世界华文媒体高层访问团抵达临汾市，进行“2015年世界华文媒体高层山西行”考察采访活动。市领导罗清宇、王文英、黄翠莲出席欢迎座谈会。市委常委、常务副市长赵建民主持座谈会。此次活动的主题是“行走中国、寻根山西”，以围绕山西省委、省政府中心工作和宣传山西历史文化为重点。此次世界华文媒体访问团，由澳门《澳门月刊》、美国《世界艺术家杂志》、加拿大维多利亚传媒、澳大利亚《塔州华人》等13个国家和地区的18家媒体的社长、总编等高层人员组成。

20日 临汾市改善城市人居环境工作动员大会召开，市委副书记、市长岳普煜主持会议并讲话，市委常委、常务副市长赵建民，副市长王振宇出席会议。

22日 临汾经济开发区、洪洞县与深圳市沃特玛电池有限公司举行新能源汽车核心技术产业园项目签约仪式。市委副书记、市长岳普煜出席签约仪式。新能源汽车核心技术产业园项目位于临汾经济开发区（洪洞—甘亭）工业园，总投资30亿元，计划两年内投资建成3GWH产能电池生产线，正常达产运营后可实现产值60亿元，解决当地劳动力2000人。

25日 临汾市委书记罗清宇，市委副书记、市长岳普煜带领市四套班子领导在市规划展览馆，参观“纪念中国人民抗日战争胜利70周年”大型图片展。市领导王文英、徐树荣、乔成家、赵建民、李东洪、乔建军、陈小洪、李新春、王醒安、王振宇、陈玉士、杨益民一同参观。

同日，临汾市总工会举行2015年“金秋助学”仪式，为全市近130名考上二本以上大学的困难职工子女发放52万余元助学资金。山西师范大学临汾学院党委书记、市总工会主席梁崇太出席仪式。市总工会开展“金秋助学”近十年来，累计资助困难职工家庭子女7000余人，发放助学资金2000余万元。

29日 由山西伟涛集团自主研发的国内首条速冻盒饭生产线在侯马经济开发区建成投产，一期工程日产速冻盒饭6万盒，与北京奥林匹克中心、广深高铁、太原武宿国际机场等企业签订供应协议。

9月

2日 临汾市召开城市建设改造动员大会，贯彻落实省委书记王儒林在省委常委会上谈到太原“城中村”改造时的讲话精神。市委书记罗清宇出席会议并作重要讲话。市委副书记、市长岳普煜作动员讲话。大会由市委副书记王文英主持。市领导徐树荣、乔成家、黄翠莲、赵建民、李东洪、乔建军、李新春、柴高潮、王醒安、原学义、王金珍、王振宇、杨治平、陈玉士、杨安虎出席会议。

6日 中国门球联赛的首场比赛在临汾市政府门球场开赛，临汾门球代表队对战成都高新区门球队。市门球协会主席陈保堂出席临汾主赛场开幕仪式。中国门球联赛在全国7个城市同时拉开战幕，临汾市是此次比赛的主赛场城市之一，来自北京、江西、成都等地的8支代表队将进行激烈角逐。

10日 临汾市召开庆祝第31个教师节暨“三名”工程表彰大会。市领导罗清宇、王文英、王金珍、王振宇、杨益民出席会议，副市长王振宇主持。会议对贾美兰等149名“市级名师”、翼城县里砦初中等16所“市级名校”、芦秀萍等15名“市级名校长”进行表彰奖励。

11日 山西省委常委、宣传部部长胡苏平莅临第二届山西文化产业博览交易会临汾市文博会展厅参观指导，省委宣传部常务副部长李高山，省委宣传部副部长、省文明办主任王蕾，市委副书记、市长岳普煜及市委宣传部有关负责人一同参观。

12日 大型蒲剧现代戏《尧颂》在山西大剧院上演。省委常委、宣传部部长胡苏平，市委书记罗清宇，市委常委、宣传部部长黄翠莲等领导与上千名省城观众一同观看。

15日 临汾市举行城市建设改造PPP项目推介洽谈会，向来自全国各地的企业推出15个市区城市建设改造项目和尧都区、临汾经济开发区“城中村”改造项目。市委书记罗清宇在推介洽谈会上致辞。市委副书记、市长岳普煜主持会议。市领导王文英、徐树荣、黄翠莲、赵建民、杨治平、杨安虎参加会议。

18日 临汾市在汾河公园九州广场举行“弘扬伟大抗战精神，同心共筑强大国防”万人签名大会。市党政军领导罗清宇、王文英、乔成家、黄翠莲、刘予强、陈小洪、王振富、李新春、车胜良、王振宇、杨治平、陈玉士、杨安虎参加签名大会。市委副书记王文英主持。市委书记罗清宇讲话。

19日 山西省委书记王儒林在吉县检查指导黄河古贤水利枢纽工程前期工作。省委常委、秘书长王伟中，副省长郭迎光，省委常务副秘书长、办公厅主任姜新文，市领导罗清宇、岳普煜、王文英陪同。

22日 临汾市滨河东路工程建成通车，市委书记罗清宇，市委副书记、市长岳普煜带领市四套班子领导到洪洞县、尧都区、襄汾县现场调研。市领导王文英、徐树荣、乔成家、黄翠莲、赵建民、刘予强、李新春、原学义、杨治平一同调研。滨河东路工程北起洪洞滨河东路南端，南至襄汾丁陶大道，新建52公里，贯通68公里，按城市道路和一级公路标准建设，设计时速80公里/小时，总投资42亿元，工程于2012年开始启动、2013年春季正式开工建设。建设期投入机械设备30万台班，完成土石1100万立方米，修建3座大型桥梁、3座中型桥梁、127座涵洞、地下管网110公里、绿化面积46万平方米，全线布设路灯。

同日，山西省保护性耕作暨深松技术培训会在临汾市召开。省农机局副局长姚建忠出席会议，全省各市和农机局分管负责人、业务骨干，临汾市承担2015年机械化保护性耕作工程建设项目、农机深松整地作业补贴项目的农机合作社、农机大户代表130余人参加培训。

23日 临汾民航机场迎来试飞工作，执行试飞任务的中国东方航空公司B737－800型飞机，历经两小时的试飞飞行，完成各项试飞任务。市领导罗清宇、岳普煜、赵建民、柴高潮、张成梁实地查看试飞工作。

同日，由来自英国、美国、德国、奥地利、加拿大、新西兰、印度、巴基斯坦、马来西亚等十几个国家的16名特约撰稿人、自由摄影师和中国日报社8名记者组成，中国摄影家协会副主席、中国日报社总编辑助理王文澜担任领队的“洋眼看山西”黄河旅游文化大型采风团莅临临汾市，参观采访黄河壶口瀑布、襄汾陶寺遗址。市委常委、宣传部部长黄翠莲接见采风团成员。

30日 临汾市社会各界前往临汾烈士陵园举行纪念活动,向烈士纪念碑敬献花篮。市党政军领导罗清宇、岳普煜、王文英、徐树荣、乔成家、黄翠莲、赵建民、刘予强、乔建军、陈小洪、李新春、车胜良、王醒安、原学义、王金珍、王振宇参加敬献花篮仪式,临汾军分区、驻临部队和武警支队官兵、各民主党派和工商联负责人、市直有关部门负责人、尧都区四套班子领导和各乡镇、街道、区直部门负责人,以及烈士遗属、老干部、老战士、老同志代表,学校师生及各界群众代表参加敬献花篮仪式。

10月

9日 临汾市与澳大利亚杰尔顿市正式缔结为友好城市。市委副书记、市长岳普煜,副市长王振宇出席友好城市缔结签约仪式暨交流座谈会。杰尔顿市政府首席执行官恳·迪穆和岳普煜签署两地建立友好城市关系协议书。

同日,禹门口提水东扩(二期)襄汾支线工程在赵康镇义西毛村举行开工仪式。副市长王振宇出席并宣布工程正式开工。禹门口提水东扩(二期)襄汾支线工程是省委、省政府规划建设汾河流域生态修复的重点工程,是山西省开展利用黄河水源置换地下水的试点工程,工程于2012年9月由省发改委批复立项,总投资近1.15亿元。

11日 2015中国体育文化·体育旅游博览会在中国(太原)煤炭交易中心开幕。国家体育总局群体司巡视员兼副司长范广升,省体育局副局长李世杰,副市长王振宇出席博览会并巡视临汾市展馆。

13日 临汾市委党校举行2015年秋季学期主体班开学典礼。市领导罗清宇、王文英、李新春,市委党校常务副校长王天郎出席典礼。市委副书记、市委党校校长王文英主持典礼仪式。此次培训分第22期县级领导干部培训班、第21期中青年领导干部培训班和第1期优秀青年干部培训班,140余人参加培训,培训时间为3个半月。

13日至14日 吉县举办"媒眼看吉县"媒体采风活动,来自新华社、中央电视台、人民网、《光明日报》、黄河新闻网、《山西日报》、山西电视台、《临汾日报》等国家、省、市各级媒体的记者参加。

15日 山西省人大常委会副主任张茂才率领省人大常委会加快城乡养老建设调研组和《中华人民共和国保守秘密法》执法检查组在临汾市调研"十三五"时期"加快城乡养老事业建设,健全社会保障体系",就《中华人民共和国保守秘密法》在临汾市实施情况进行执法检查。省人大常委会副秘书长李渊,省人大内务司法委员会副主任委员郇敬文,市人大常委会主任徐树荣、副主任柴高潮,副市长杨治平等参加调研或执法检查。

同日,临汾市卫生和计划生育委员会举行揭牌仪式,副市长王振宇出席仪式并揭牌。

15日至16日 省委书记王儒林在临汾市部分县(市、区)和企业,就贯彻落实省委、省政府关于做好煤炭这篇大文章、加快"六型转变"的情况检查指导工作。省委常委、秘书长王伟中,省委常委、副省长付建华,省发改委主任王赋、省经信委主任张华龙、省财政厅厅长武涛、省煤炭局局长向二牛,市领导罗清宇、岳普煜、王文英随同检查。

20日 临汾市委中心组召开专题学习会,就《中国共产党巡视工作条例》进行集中学习。省委第五巡视组副组长王琦在临汾市辅导。市委书记罗清宇主持学习会。市领导岳普煜、王文英、徐树荣、乔成家、黄翠莲、赵建民、李东洪、刘予强、乔建军、陈小洪、李新春、王醒安、原学义、王金珍、王振宇、杨治平、陈玉士、杨益民、张成梁、杨安虎参加学习。

22日 临汾市政府与山西师范大学召开座谈会,商谈山西师范大学新校区建设有关事宜。市委副书记、市长岳普煜,山西师范大学党委书记符惠明、校长武海顺,市委常委、常务副市长赵建民出席座谈会。

23日 第四届中国(山西)特色农产品交易博览会招商引资暨贸易签约仪式在太原煤炭交易中心举行,临汾市133家企业及合作社参展,涉及种植业、畜牧业、加工类农产品、工艺美术等4大类528个参展商品。临汾市签约投资、贸易项目3个,签约金额15亿元。省委副书记、省长李小鹏,副省长郭迎光,市领导岳普煜、王振宇出席签约仪式。中晋(香港)集团有限公司投资11亿元,建设山西晋润现代物流有限公司农产品冷链物流项目;山西澳坤生物有限公司投资1亿元,建设临汾市正澳电力科技有限公司10兆瓦分布式农业光伏电站扶贫项目;侯马市安格瑞农业科技有限公司投资3亿元,建设山西中条山林源森林食品有限公司香菇酱项目。

25 **日** 临汾市举办首届青少年机器人竞赛。市委常委、统战部部长乔建军出席开幕式，观看比赛。本次竞赛由市科协、市教育局主办，来自全市8个县(市、区)和市直4所学校的90支参赛队、167名队员和34名教练员参赛。

26 **日至** 28 **日** 山西省委常委、组织部部长盛茂林在临汾市就定点扶贫、农村基层党建和“三严三实”专题教育进行检查指导。省委组织部常务副部长张高宏，省残联理事长李亚明，市领导罗清宇、岳普煜、李新春分别参加检查。

26 **日至** 29 **日** 首届“中国巧手”澳门行暨妇女公益合作交流活动在澳门旅游塔会展中心盛大举行。澳门特别行政区行政长官夫人崔霍慧芬女士先后两次莅临临汾市展位就技艺传承与保护和众巧手沟通探讨。

28 **日** 阿里巴巴农村淘宝侯马服务中心正式投入运营。投入运营的有特色中国·临汾馆、公共服务中心、仓储配送中心和30家村级服务站。

30 **日** 临汾市委中心组召开专题学习会，集中学习党的十八届五中全会精神，邀请市委讲师团教授贾成奎作专题辅导。市委书记罗清宇主持专题学习会，市领导岳普煜、王文英、乔成家、黄翠莲、赵建民、李东洪、刘予强、乔建军、李新春参加学习。

同日，临汾市2015年“敬老志愿服务模范”颁奖仪式暨社区老年文化活动优秀节目文艺汇演在市影剧院举行。市委常委、常务副市长、市老龄委主任赵建民出席活动并讲话，市民政局、市老龄办、市文明办有关负责人，市老龄工作委员会成员单位负责人以及社会各界老同志代表1000余人参加活动。在9月29日召开的全国首届敬老志愿服务表彰大会上，临汾市老龄志愿服务队荣获全国“敬老志愿服务模范单位”荣誉称号，市老龄志愿公益协会会长郭艳香获得全国“最美敬老志愿者”荣誉称号，彭真堂等16人荣获全国“优秀敬老志愿者”荣誉称号。

11 月

2 **日** 临汾市委书记罗清宇主持召开会议，传达学习省委常委(扩大)会议精神，就贯彻落实会议精神进行安排部署。市领导岳普煜、王文英、徐树荣、乔成家、黄翠莲、赵建民、乔建军、陈小洪、李新春、王醒安、原学义、王金珍、杨治平、陈玉士、杨益民、张成粱出席会议。

6 **日** 由临汾市政府和上海文创联盟联合举办的“帝尧之都·中国之源——临汾市(上海)城市推介活动”在上海市普陀区国丰大酒店开幕。在本次活动的重点招商引资2.0模式项目推介会上，签约项目28项，总投资310.8亿元。十一届全国政协副主席、上海文创联盟主席厉无畏为本次活动发来贺信；上海市原副市长、上海市各地在沪企业(商会)联合会名誉会长胡延照出席项目推介会并致辞；上海文创联盟常务副主席胡雅龙、秘书长陈轩，上海市政府合作交流办副主任姚新，虹口区委常委、副区长徐彬，普陀区政府巡视员朱永泉、副区长焦斌龙；市委书记罗清宇，市委副书记、市长岳普煜，副市长王振宇等出席。

7 **日至** 8 **日** “中国之源影像临汾”封面摄影大展在上海月星环球港的公共空间展出，上海文创联盟常务副主席胡雅龙、秘书长陈轩和临汾市领导岳普煜、王振宇等到现场巡展。此次摄影展与招商引资2.0模式项目推介会、临汾区域经济文创化发展论坛、“中国之源风情临汾”文化主题展演组成临汾市在上海的“帝尧之都·中国之源——临汾市(上海)城市推介”盛会。

13 **日** 全国人大环资委副主任委员王云龙带领专题调研组就《水土保持法》贯彻实施情况在吉县调研。山西省人大常委会副主任安焕晓，临汾市人大常委会主任徐树荣，副主任原学义参加调研。

17 **日** 临汾新医院建设项目经中国建筑业协会按程序评选，喜获“2014年度至2015年度中国建设工程鲁班奖”。

同日，临汾市老牌商业企业工贸中心经过升级改造，重新开业仪式隆重举行。

18 **日** 民航华北管理局局长金宜斌带队的行业验收委员会来到临汾市，对临汾民航机场复航改造工程进行行业验收。市委常委、常务副市长赵建民在会上致辞。

19 **日** 临汾市召开农村基层党建工作会议，贯彻落实全国、全省农村基层党建工作会议精神。市委书记罗清宇出席会议并讲话。市委副书记、市长岳普煜主持会议。市领导王文英、李新春出席会议。

同日，临汾市委书记罗清宇主持召开落实“两个责任”、做好巡视整改集体约谈会，对各县(市、区)委书记、纪委书记、组织部部长进行集体约谈。市领导岳普煜、王文英、刘予强、李新春出席会议。

同日，山西华翔集团举行整体主板上市签约仪式。市委副书记、市长岳普煜出席签约仪式并讲话。

23日 临汾市委副书记、市长岳普煜主持召开市政府党组“严以用权”专题研讨会。市领导赵建民、李东洪、王振宇，市公安局局长马德荣及其他市政府党组成员出席会议。

24日 第二届晋陕豫黄河金三角地区职工技能大赛在临汾职业技术学院开幕。市委副书记王文英，市委常委、副市长、市劳动竞赛委员会主任李东洪出席开幕式。来自临汾市、运城市、陕西渭南市、河南三门峡市的40余名选手及各市人社、工会系统代表参加开幕式。王文英宣布大赛开幕。李东洪致开幕词。

25日 临汾市举行党的十八届五中全会精神宣讲报告会，省委宣讲团成员、省委党校常务副校长王联辉作宣讲报告。市委书记罗清宇主持报告会并讲话，市领导岳普煜、王文英、乔成家、李东洪、刘予强、乔建军、陈小洪、王振富、王振宇、杨治平、陈玉士、杨益民、张成粱出席报告会。

同日，临汾市政府与中国联通山西分公司举行“互联网+”战略合作协议签约仪式。山西联通党委书记、总经理苏宝合，副总经理李晓龙，市委副书记、市长岳普煜，市委常委、副市长李东洪出席签约仪式。岳普煜致辞。

同日，由团市委、市人力资源和社会保障局主办，临汾锦悦城大学生创业园承办的2015临汾首届大学生创业创意竞赛决赛在陶唐会馆举行。“盈康富氧芽苗微工场”创业项目拔得头筹，获得创业金5万元，二等奖由蒸营养新概念餐饮专门店和传情包子铺特色加盟店获得，创业金分别为1万元。

26日 第二届晋陕豫黄河金三角地区职工技能大赛在临汾职业技术学院落幕。市委常委、副市长、市劳动竞赛委员会主任李东洪出席闭幕式。此次大赛由临汾市、运城市、河南三门峡市、陕西省渭南市“三省四市”参加的跨区域性职工技能大赛，设汽修、继电保护、护理3个专业，分为理论知识和实际操作两部分。

27日 临汾市委副书记、市长岳普煜在北京会见顺丰集团副总裁、公共事务部总裁于国君一行，就加强临汾现代物流业合作发展，推动产业转型升级进行交流。

29日 生龙国际商业综合体开门迎客。

30日 山西省教育厅厅长张文栋带领省政府督查组就临汾市2015年度政府工作完成情况进行督查指导。市委副书记、市长岳普煜主持召开督查汇报会。市委常委、常务副市长赵建民，副市长陈忠辉，市政府办公厅及市发改、财政、经信等市直部门负责人，侯马、洪洞、古县等县(市、区)政府负责人出席汇报会。

12月

1日 临汾市委书记罗清宇深入尧都区、临汾经济开发区的工程建设一线，就“城中村”改造和重点项目建设进行调研。根据城市总体规划，临汾市市区155平方公里范围内，有91个“城中村”，总占地面积27.8平方公里，需拆迁面积1750万平方米，启动实施郭村、涧头、西关等10个村，拆迁面积180万平方米。

2日 临汾市委书记罗清宇主持召开市委常委(扩大)会议。市领导岳普煜、王文英、徐树荣、乔成家、黄翠莲、赵建民、刘予强、乔建军、陈小洪、王振富、李新春、陈忠辉、王振宇、杨治平出席会议。

3日 临汾市委书记罗清宇，市委副书记、市长岳普煜带领市四套班子领导及市直相关部门负责人，在市区督导调研城市建设改造开工及竣工工程。市领导王文英、徐树荣、乔成家、黄翠莲、赵建民、刘予强、乔建军、陈小洪、王振富、李新春、原学义、王金珍、杨治平、陈玉士一同调研。

3日至4日 国家能源局副局长刘琦带领国家调研组一行莅临临汾市，实地调研光伏扶贫工作，召开全省光伏扶贫试点总结座谈会。国务院扶贫办开发指导司司长海波，省发改委副主任李永平，省扶贫办副主任张建成，市委副书记、市长岳普煜一同调研，副市长杨治平汇报全市光伏扶贫工作情况。

5日 临汾市投资2.6亿元，分两批购置223台快充式纯电动公交车，全部投入运营。

6日 山西省省长李小鹏就经济社会发展情况在临汾市检查指导工作。省政府秘书长廉毅敏，省发改委主任王赋，省环保厅厅长郭长青，省农业厅厅长关建勋，市领导罗清宇、岳普煜、王文英、赵建民、陈忠辉、王振宇、杨治平、杨安虎一同检查指导工作或参加座谈会。

7日 临汾市召开会议，传达学习省委十届七次全会精神。市委书记罗清宇主持会议并讲话。市领导岳普煜、徐树荣、乔成家、赵建民、李东洪、刘予强、乔建军、陈小洪、李新春、原学义、王金珍、陈忠辉、杨治平、杨益民、杨安虎，出席会议。

12日 由中国社会科学院考古研究所、省文物局、市政府共同主办的《襄汾陶寺——1978—1985年发掘报告》出版暨陶寺遗址与陶寺文化学术研讨会在北京举行，中国社会科学院党组成员、副院长李培林，国家文物局党组成员、副局长宋新潮，副省长张复明，中国考古学会理事长、中国社会科学院学部委员、考古研究所所长王巍，山西省文物局局长王建武，临汾市领导罗清宇、岳普煜、黄翠莲出席会议。

14日 临汾市召开市县党委书记抓基层党建工作“面对面”专项述评会。省委常务副秘书长姜新文，市领导罗清宇、岳普煜、王文英、黄翠莲、赵建民、李东洪、刘予强、李新春、杨安虎出席会议。市委书记罗清宇主持会议并讲话。

16日 临汾市召开市直机关公务用车制度改革工作会议。市委常委、常务副市长、市公务用车制度改革领导小组副组长赵建民出席会议。

18日 晋城市委副书记、市长刘润民带领晋城市政府考察团在临汾市，就重点项目建设、生态环境治理及纯电动公交车发展等情况进行考察。晋城市副市长赵沂旸、王维平随同考察，市委副书记、市长岳普煜，副市长陈忠辉陪同。

22日 临汾市委书记罗清宇主持召开市委常委会暨全面深化改革领导小组第四次会议，审议并原则通过《临汾市公务用车制度改革实施方案》；研究确认推行政府部门权力清单制度；传达学习全省推进“六权治本”工作会议精神，研究临汾市贯彻落实意见。市领导岳普煜、王文英、徐树荣、黄翠莲、乔建军、陈小洪、王振富、李新春、柴高潮出席会议。

22日至23日 民航华北地区管理局组织对临汾乔李机场进行使用许可审定。参加审定工作的有民航华北地区管理局、民航山西安全监督管理局、山西省民航机场管理局等。民航华北地区管理局组织的临汾乔李机场使用许可审定组原则同意通过临汾乔李机场使用许可审定。民航山西监管局副局长姜丽，副市长王振宇出席审定会议。

24日 山西普泰发泡铝股份有限公司收到全国中小企业股份转让系统（新三板）批复函，同意普泰发泡铝公司在“新三板”挂牌上市，成为临汾市第5家在“新三板”挂牌上市的中小企业。

26日 临汾市委常委班子召开“三严三实”专题民主生活会，省委常委、常务副省长高建民全程参加指导并作重要讲话。省委组织部副部长、省非公工委副书记陈学东，省纪委常委孙兴武出席会议。市委书记罗清宇主持会议。市领导岳普煜、王文英、徐树荣、乔成家、黄翠莲、赵建民、李东洪、刘予强、乔建军、陈小洪、王振富、李新春出席。

28日 中共临汾市委三届七次全体会议召开。全会学习贯彻党的十八届五中全会和省委十届七次全会精神，听取讨论《中共临汾市委常委会工作报告》，审议通过《中共临汾市委关于制定国民经济和社会发展第十三个五年规划的建议》《中共临汾市委三届七次全体会议决议》和有关事项。市委书记罗清宇受市委常委会委托作工作报告，作重要讲话。市委副书记、市长岳普煜受市委常委会委托就《中共临汾市委关于制定国民经济和社会发展第十三个五年规划的建议》向全会作说明。市领导王文英、徐树荣、乔成家、黄翠莲、赵建民、李东洪、刘予强、乔建军、陈小洪、王振富、李新春、柴高潮、王醒安、原学义、王金珍、陈忠辉、王振宇、杨治平、杨益民、张成梁、杨安虎出席会议。出席全会市委委员36人，候补委员10人。

同日，临汾市召开第二届“市委联系的高级专家”命名大会，对新评选的120名市委联系的高级专家进行命名。市委书记罗清宇出席会议并讲话。市委副书记王文英主持会议。市领导李新春、王金珍、杨益民、杨安虎出席会议。市委常委、组织部部长李新春宣读市委、市政府《关于命名第二届“市委联系的高级专家”的决定》；部分专家代表作表态发言。

（李艳洁）

概　况

自然环境

【地理位置】 临汾市位于山西省西南部，东倚太岳，与长治、晋城为邻；西临黄河，与陕西省隔河相望；北起韩信岭，与晋中、吕梁毗连；南与运城市接壤。地理坐标为北纬 35°23′至 36°57′，东经 110°22′至 112°34′之间，南北最大纵距 170 多公里，东西最大横距约 200 公里，总面积 20275 平方公里，占全省 13%。临汾“东临雷霍，西控河汾，南通秦蜀，北达幽并”，地理位置重要，自古为兵家必争之地。

【地形地貌】 临汾市地形轮廓大体呈“凹”字型分布，四周环山，中间平川，全境分山地、丘陵、盆地三大地形单元。其中，平川面积占 19.4%，丘陵面积占 51.4%，山地面积占 29.2%。临汾盆地横亘全市中部，将整体隆起的高原分为东西两部分山地。东部由北向南为太岳山、中条山，西部是吕梁山脉，海拔多在 1000 米以上。最高处太岳山霍山主峰，海拔 2346.8 米，最低处乡宁县师家滩，海拔 385.1 米。境内有黄河、汾河、昕水河、沁河、浍河、鄂河、清水河 7 条河流和郭庄、龙祠、霍泉三大名泉。

【气候条件】 临汾地处半干旱、半湿润季风气候区，属温带大陆性气候，四季分明，雨热同期。气温的特点是冬寒夏热。全市气候的主要特征是：冬季寒冷干燥，降雪稀少；春季干旱多风；秋季阴雨连绵；夏季酷热多暴雨，伏天旱雨交错。全年气候变化多端，暴雨(雪)、低温冻害、干旱、大风、持续高温等突发性气象灾害频发，对农业生产等各个方面造成较大影响。

自然资源

【土地资源】 全市土地总面积 20275 平方公里，受水热条件影响，土壤发育较完全，形成深重黏化层，养分含量较为丰富。普遍分布的地带性土壤类型为褐土，此外还有草原草甸土、棕壤土、沼泽土等几种类型。土地资源丰富，稳产高产肥沃耕地分布集中，由于“二川三山五丘陵”，土地类型多样，宜林草面积大，但森林覆盖率低，水土流失较为严重。后备土地资源仍较为丰富，大量的盐碱荒地、沙荒地、沼泽地可改良开垦为农林牧用地，但需要排水、治河、修建扩岸工程，开发投资很大。土地开发利用率 75.1%，土地垦殖率 26.2%，耕地复种指数 12.6%，农业用地率 68%，建设用地率 5.6%。人口密度 185 人/平方公里。

【水资源】 大小河流 200 余条，均属黄河水系。流域面积在 1000 平方公里以上的有黄河干流、汾河和沁河。黄河干流位于临汾市西侧，为晋、秦天然分界线，全长 174 公里，流域面积 7739 平方公里。汾河纵贯全境中部，流域面积 10286 平方公里。沁河全长 95 公里，流域面积 2288 平方公里。河流以季节性河流为主，径流量多集中在 7 月至 9 月，故形成雨季排洪，旱季断水。在地域分布上，山区大于平川，东山大于西山。

全市水资源总量 8.52 亿立方米，其中：地表水资源量 5.87 亿立方米，地下水资源量 7.58 亿立方米，重复计算量 4.93 亿立方米，全市产水系数 0.08，产水模数 4.20 万立方米/平方公里。

【矿产资源】 矿产资源丰富，能源工业发展潜力巨大。已探明的矿种有 41 种，主要有煤、油页岩、铁、铜、锌、铝、金、钴、稀有元素、石膏、石灰岩、白云岩、耐火黏土、硫铁矿、膨润土、大理石、花岗石、重晶石、长石、石英、硅石、磷、硅线石等。其中煤、铁、石膏、石灰岩、白云岩、膨润土、花岗岩、大理石、油页岩、耐火黏土等，在省内及全国均占重要地位。矿产资源综合优势度为0.73，在全省各地市中居第二位。

煤炭资源是临汾市首屈一指的矿产资源，探明储量398亿吨，占全省的14%，有河东、霍西、沁水三大煤田，其中乡宁为全国三大主焦煤基地之一，且煤层厚，埋藏浅，易开采。全市煤种齐全，伴生矿产较多。煤种有贫煤、瘦煤、无烟煤、焦煤、肥煤、气煤等6种，其中焦煤、气煤、肥煤和瘦煤都是炼焦煤。主要伴生矿有油页岩、铝土矿、耐火黏土、锰铁矿等，另外还有大量的风化煤。煤炭质量较好，灰分和硫的含量适中，变质程度高，发热量大，中等可选，结焦性能好。乡宁主焦煤为全国三大主焦煤基地之一，开发条件优越。三大煤田除霍州煤田的霍山西麓边缘地质构造复杂，开采较困难外，其他煤田的地质构造和水文地质条件都比较简单，煤层多，单层厚，煤层稳定，倾角小，埋藏浅，交通方便，开发条件较好。

铁矿是第二大矿产资源，总储量为4.2亿吨，其中磁铁矿储量为1.8亿吨，褐铁矿和赤铁矿储量约2.4亿吨。铁矿富矿比例高，占全省富矿的70%以上，大部分开采条件较好。

有色金属矿产资源种类较多，有铜、铅、铝、钴、金、银等7种，但大部分储量不大。铜矿虽储量不大，但品位高，伴生的有益组分含量高，开采价值大。铅、锌矿分布在洪洞、翼城、蒲县、古县的部分区域。铝土矿分布于霍州什林和汾西店底一带，地质工作程度相对较低。稀有元素矿产主要有锂、铷、稀土、铌、钽等几种，其中翼城石姑娘山的锂铷矿是省内独一无二的。

非金属矿产成矿地质条件良好，资源丰富，现已发现的24种非金属矿产中石膏、石灰岩、白云岩等在全省或全国具有重要优势，特别是石膏矿膏体厚位大，品位高，分布广，远景储量234亿吨，开采条件好。其余如水泥灰岩、膨润土、花岗岩、耐火黏土、麦饭石等则可望成为国内优势矿产。大理石储量1.5亿立方米，石英石储量2000万吨，被誉为“有千种用途黏土”的膨润土分布在本市的永和县、大宁县和吉县。

【生物资源】 植物资源是全省最丰富的地区之一，除农作物外，现已调查到的种子植物有606种。在植物分布上，东南山地丘陵地带以油松栎类和华山松占优势，农作物有小麦、玉米、谷子等，经济林有苹果、核桃、柿、板栗、山楂等，土特产主要有黑木耳、猴头等，名贵中草药植物有菖蒲、竹节人参和灵芝等。东部山地以沙棘、荆条等次生灌草丛植被为主，经济林有核桃、瓦氏椋子、山楂、枣、桑、苹果、梨等，土特产有猴头、佛手和烟草，农作物以玉米、谷子为主。这一地带盛产药材，其中山芋肉、贝母负有盛名。太岳山区以油松、辽东栎林及次生灌草丛植被为主，是山西省主要的林业基地。果品主要有梨、柿。中草药种类繁多，其中以党参、贝母、山茱萸、藿香等最著名。临汾盆地以冬麦、棉花等农作物栽培为主，土产丰富，以曲沃的烟草、临汾的尧枣、洪洞的莲菜等闻名于省内外。吕梁山以油松、白皮松、辽东栎林及次生灌丛植被为主，土特产有松香、生漆、猴头、木耳等，中草药以甘草、五加皮、苍术、党参、核仁等著名。西部黄土残塬丘陵植被以灌丛和草丛为主，土特产有隰县金梨和永和红枣，农作物以冬小麦、玉米、马铃薯为主，经济作物有棉花、大豆等。

森林资源比较贫乏。现有的天然次生林和人工林总面积24.47万公顷，人均林地0.07公顷，为全国人均林的1/2左右。人均木材蓄积量1.7立方米，只有全国人均蓄积量的1/6。森林不但面积小，蓄积量少，而且分布不均，林龄组成不协调，森林质量差。天然草地面积占全市总面积的24.9%，现已查明的主要草种有豆科的胡枝子、兰花棘豆、米口袋、野豌豆，禾木科的黄茨、隐子草、早熟禾、白羊草，禾草科的苔草、蒿草等。

野生动物种类丰富，陆栖脊椎动物有300余种，占全省总种数的74%。在本区动物种类中，属国家一类保护动物的有白鹳、黑鹳和褐马鸡等，其中褐马鸡是世界闻名的珍稀动物，是我国的国宝和特有珍禽。二类保护动物有金钱豹、原麝、大天鹅、鸳鸯。三类保护动物有青羊、大鸨、金雕、玉带海雕等。由于本市处于古北界的南部，随着夏季太平洋暖湿气团的深入，东洋界动物也不断潜入到本区，使古北界和东洋界动物俱有，区系组成复杂。兽类主要有狼、狐、兔、果子狸、猪獾等，鸟类主要有麻雀、家燕、喜鹊、凤头杜鹃、龙斑鸠、大嘴乌鸦、凤头百灵、石鸡、褐马鸡、胡兀鹫、岩鸽等，两栖爬行类有黑斑蛙（青蛙、田鸡）、花背蟾蜍、无趾壁虎、中华大蟾蜍等。

（李艳洁）

临汾之最

【自然】 晴天日数以蒲县最多,年均106.1天;以侯马市最少,年均81.7天。各县(市、区)年气温最低值出现在西部山区的蒲县,年均9.0℃;最高值出现在侯马市,年均12.8℃。全市最低温度出现在安泽县,为1990年2月1日的-26.6℃;最高温度在尧都区,为2005年6月23日的42.3℃。本市气温年均差在27.1℃至30.5℃之间,平均28.6℃,最小值27.1℃,出现在汾西县;最大值30.5℃,出现在永和县。年太阳总辐射量最大地域以隰县为最,年均总辐射5545兆焦耳/平方米。光合有效辐射最大中心在隰县,年总量>2600兆焦耳/平方米。全市日照时数最多的县是隰县,年均2642小时;最少的是古县,年日照2140小时。

临汾最高点为中条山主峰霍山,海拔2346.8米,最低点在乡宁县师家滩,海拔385.1米,相对高差1900多米。第一大河流是汾河,纵贯全境中部,流域面积10286平方公里。含沙量最小的河系是沁河,全长95公里,流域面积2288平方公里,是临汾唯一未被污染的河流。临汾最大的溶岩泉郭庄泉,泉域面积5600平方公里。

蕴藏量最高的矿产资源是煤炭资源,有河东、霍西、沁水三大煤田,全市含煤面积1.54万平方公里。国土面积最大的乡宁县,2024平方公里,国土面积最小的侯马市,274平方公里。人均土地占有量最多的安泽县、人均土地2.75公顷。

临汾有文字记载的最大地震为清康熙三十四年(1695)四月初六日戌时,临汾8级地震,波及晋、冀、鲁、豫、陕、甘、苏、鄂8省,东西、南北长约千公里。中华人民共和国成立以来最大的泥石流为1982年8月2日,霍州山谷口发生泥石流,呈扇形,东西长420米,南北宽70米,以12米/秒流速下滑,在约20分钟的时间里吞噬了11口人的生命,摧毁窑洞20多孔,冲走粮食1万余公斤、毁没耕地8公顷,毁3000余株成林树木,堆积厚度0.5米至1.5米。最大的山体滑坡为1984年,发生在大宁县城关石沟,压死、压伤各5人,7孔窑洞倒塌,5孔窑洞裂缝不能住人。最大的地裂为1979年,一场大雨后,侯马紫金山前出现地裂缝,长约1000米,最宽0.8米,深1米至3米。最大的地陷为1982年3月5日,蒲县克城乡张公庄村西南1公里的山坡上发生地陷落,陷落坑近似园形,直径60余米,深约40米,面积约3000余平方米。2009年发生冬、春、夏三季连旱,特别是春旱,是临汾市有气象记录以来55年中最严重的干旱。

【人文】 “丁村尖状器”是丁村遗址出土的代表性石器,这种石器在中国以及其他国家从未被发现过,故被定名为“丁村尖状器”。

“击壤”处碑(残),传说其时“天下太和,百姓无争,有老人击壤而歌”,唱出了被认为中国最早的诗歌《击壤歌》。

“陶寺遗址”是原始社会末期文化的典型,约相当于公元前2600至公元前2100年,被公认为是中国近年来最为重大的考古成果。

“陶寺遗址”古祭祀台,占地1400平方米,祭祀台兼有观天授时功能,是中国发现的最早最远古的观象台。

吉县柿子滩旧石器时代遗址群是中国目前距今1万年至2万年间现存面积最大、堆积最厚、内涵最丰富的一处埋藏遗址。

位于曲沃县曲村镇曲村、北赵、三张及翼城县里砦镇天马村之间的曲村—天马遗址是迄今全国发现的最大的西周文化遗址。

“侯马盟书”,皆以毛笔书写于石片、玉片之上,可辨识者5000余件,系中国发现的最古老的完整的毛笔手迹和精美的书法作品,被评为新中国成立以来十大考古发现之一。

20世纪初发现于甘肃的平阳木版年画《四美图》,收藏于俄罗斯国家博物馆,为中国现存最早最完整的年画实物珍品。

发现于广胜寺的《赵城金藏》,现藏于国家图书馆,是中国独一无二的佛教稀世宝典,与《永乐大典》《四库全书》《敦煌遗书》并称为国家图书馆四大镇馆之宝。

侯马市董氏兄弟墓出土的舞台演出砖俑,是研究中国戏剧雏型的独一无二的珍奇实物。

尧都区魏村牛王庙戏台,始建于元至元二十年(1283),是迄今为止中国遗留最早的元代戏台。翼城县武池村乔泽庙戏台,始建于元泰定元年(1324),是现存元代规模最大的戏台。尧都区东羊村后土庙戏台,始建于元至正四年(1344),内檐梁架结构巧妙，交迭成八卦型，在古戏台中堪称绝无仅有。

洪洞广胜寺飞虹塔，始建于明嘉靖六年(1527)，是中国现存四大名塔之一。

毗邻广胜寺下寺的水神庙元代戏曲壁画“尧都见爱大行散乐忠都秀在此作场”13幅197平方米，绘成于元泰定元年(1324)，是中国唯一幸存的元代戏剧壁画。

老君洞《太上显化图》，镌于明嘉靖四十五年(1566)，为39块、81幅完整青石线刻，是罕见的宗教文物，也是中国独一无二的石雕连环画珍品。

东岳庙“十八层地狱”，从第一殿“阴阳界”到第十殿“轮回转生”，140余尊怪异泥塑组成的地狱博览，是中国寺庙中举世无双的珍品。

霍州署衙，始建于唐朝，现存建筑为元、明、清遗迹，面积18700平方米，是古代司法制度仅存的典范。

洪洞县“苏三监狱”，始建于明洪武二年(1369)，是中国仅存最完整的明代监狱。

保存在曲沃县中学内的清代县试贡院，堪称全国仅存之遗迹。

姑射山神居洞“崇道庙”，建有道教始祖老子、佛祖释迦牟尼和儒教创始人孔子及古帝尧王等89尊泥塑，是临汾唯一三教同居一窟的寺庙。

临汾威风锣鼓场面壮阔、气势磅礴，被誉为“中国第一鼓”。

1929年12月，临汾晋益面粉股份有限公司成立，装141千瓦锅驼机1台，德国西门子发电机1台，容量60千瓦，年产面粉13万袋。临汾有电、有机制面粉厂自此始。

1935年5月10日，同蒲铁路太原至临汾段正式通车运营。临汾火车站始建。

1950年4月11日至14日，晋南首届人民体育大会在临汾举行，竞赛项目67项，参加运动员3754名。

1955年9月25日，山西省第一座农村小型水力发电站——洪赵县明姜水电站开工建设，安装48千瓦水轮发电机一台，12月4日建成投产。

1979年3月16日，从霍县发电厂经临汾刘村至运城的220千伏输电线路建成送电。为全区第一条220千伏输电线路。

1982年8月，襄汾轧钢厂张秋生等3人集体承包经营该厂，临汾工业企业首次实行承包经营责任制。

1984年1月3日，中共临汾地委、临汾行署批转临汾地区编制委员会《关于地区党政机关机构设置的意见》，进行改革开放后第一次地区党政机关机构调整。

1985年1月1日，《临汾报》改刊为《临汾日报》，请彭真委员长题写报名，首次出版发行。

1985年9月28日，临汾地区第一座无线电台临汾人民广播电台落成试播。

1985年11月10，中国第一个反映汉民族民俗风情的专题性博物馆——临汾丁村民俗博物馆正式开馆。

1987年9月15日至18日，中共临汾地委、行署召开首次全区经济改革与发展战略研讨会。

1991年10月11日至20日，临汾地区举办首届尧都锣鼓艺术节。

1992年国家经贸部批准临汾地区外贸进出口经营权。

1992年5月5日，中共临汾地委按照“公开、民主、平等、择优”的原则，首次在全区选拔30名左右副县级工业领导干部。

1992年7月，临汾地区与世界银行教育贷款协议在太原签订，世行教育贷款在临汾地区正式开始启动。

1992年8月26日，中共临汾地委、临汾地区行署首次出台招商引资优惠政策。

1993年9月8日，中国银行山西省信托投资公司临汾证券业务部剪彩成立。

1993年3月，临汾地区蒲剧院实验团在新加坡参加“1993华族文化节地方戏曲展”，蒲剧《挂画》《跑城》首次走出国门。

1993年上半年，临汾地区选择山西电控厂、临汾有机化工厂、临汾煤机厂、襄汾纺织厂、襄汾县百货一店、临汾市振兴商场等国营企业进行首次股份制试点。

1994年2月1日，中共中央总书记、国家主席、中央军委主席江泽民在临汾视察。

1994年9月19日至10月18日，首届中国·临汾黄河壶口漂流月在吉县壶口举行。

1996年，首家台资医院，临汾长良医院前身——旺安医院始建。

1997 年 6 月 1 日,柯受良驾驶三菱轿车飞越黄河圆满成功。

1999 年 6 月 20 日 11 时 58 分,朱朝辉驾驶摩托车飞越黄河圆满成功。

1998 年 10 月 18 日,临汾经济技术开发区举行挂牌仪式。

1999 年 10 月 1 日,全长 147 公里的霍侯一级公路竣工通车,是临汾公路建设史上投资规模最大、建设里程最长、工程质量要求最高的工程项目。被称为“晋南第一路”。

2000 年 11 月 1 日中共临汾市委挂牌成立。2001 年 1 月 20 日临汾市人民政府挂牌成立。

2001 年 1 月 16 日至 18 日,政协临汾市第一届委员会第一次会议召开。

2001 年 1 月 17 日至 20 日,临汾市第一届人民代表大会第一次会议召开。

2001 年 3 月 8 日至 10 日,中国共产党临汾市第一次代表大会在临汾市召开。

2001 年 2 月 7 日,获大世界吉尼斯之最的中华帝尧鼓在尧庙宫揭幕。

2001 年 6 月 22 日,山西师大临汾学院成立,是山西省首家校区独立、经费独立、法人独立的二级院校。

2001 年 9 月 24 日,临汾市首届“产学研”高新技术项目发布洽谈会在临汾开幕。

2002 年 3 月 18 日,中国民主促进会临汾市第一次代表大会在临汾宾馆召开。

2002 年 3 月 21 日,中国国民党革命委员会临汾市第一次代表大会在临汾宾馆召开。

2002 年 3 月 24 日,九三学社临汾市第一次代表大会在黄河大酒店召开。

2002 年 3 月 28 日,中国民主同盟临汾市第一次代表大会在黄河大酒店召开。

2002 年 6 月 23 日,临汾市首届人才交流大会在市影剧院召开。

2002 年 7 月 25 日,临汾市工会第一次代表大会在临汾宾馆召开。

2002 年 10 月 29 日,侯马海关正式开关。

2003 年 7 月 6 日,滨河东路竣工通车,是临汾市规模最大、投资最多的市政道路工程。

2003 年 10 月,“山西侯马·新田春秋古都文化节”在侯马举办。

2004 年 10 月 1 日至 2 日,临汾市举行十大城建工程竣工庆典。十大重点工程的竣工,标志着临汾城市基础设施迈上一个新台阶。

2005 年 3 月 1 日至 2 日,临汾市第一次妇女代表大会在临汾召开。

2005 年 12 月 31 日,晋南威风锣鼓、戏剧蒲州梆子、舞蹈襄汾天塔狮舞和翼城花鼓 4 个项目被列为国务院公布的首批国家级非物质文化遗产名录。

2006 年 6 月 25 日,《中共临汾市委组织部选聘优秀高校毕业生担任村干部公告》发布。临汾市首次公开选拔优秀大学生当村官。

2006 年 12 月,经上海大世界吉尼斯总部核准确定,蒲县垒石填土植树获“大世界吉尼斯之最”称号。

2007 年 4 月 5 日,首届中国·洪洞大槐树寻根祭祖大典在洪洞县大槐树寻根祭祖园隆重举行。

2007 年 5 月 29 日,安泽县举行“中华千年古县”揭牌仪式,成为全省第一个申报成功的县。

2007 年 12 月,山西方略保税物流中心建成运行,是在中部内陆省份设立的唯一一家由政府支持建设、民营资本投入的海关保税物流中心试点。

2007 年 12 月 13 日,共青团临汾市第一次代表大会在临汾召开。

尧庙广场中国立体地形图,面积为 9600 平方米,为全国最大的中国立体地形图。华门是中国第一座华夏文明纪念碑和门文化景观,宽 80 米,高 50 米,是全国最高的门式建筑。

2008 年 8 月 19 日,山西宝特国际物流中心侯马站正式通车试运营,标志着年吞吐 600 万吨货物能力的山西首家海铁联运陆港口岸开始运行。

(李艳洁)

建置 区划

【建置沿革】 临汾是中华民族发祥地之一,《帝王世纪》称:“尧都平阳”,即今临汾。《禹贡》分天下九州,平阳为冀州之地。冀州处九州之中央,故称“中国”,“中国”一词由此而来。西周时期,周成王封弟叔虞于唐(今翼城),因唐境内有晋水,叔虞之子燮父“易唐为晋”。春秋属诸侯国晋,晋文公北方称霸时,晋国的中心就在今曲沃、侯马、襄汾一带。

战国初期，韩、赵、魏“三家分晋”，韩建都平阳。秦改分封制为郡县制，全国划为103郡国，属河东郡司隶部辖。三国魏正始八年(247)置平阳郡。西晋永嘉三年(309)，刘渊建汉，都平阳。北魏孝昌中置唐州。隋开皇三年(583)，置临汾郡，临汾得名沿用至今。唐实行道、府、州、县制，武德初年(618)为晋州。北宋政和六年(1116)，始置平阳府，辖临汾、汾西、洪洞、岳阳、乡宁、赵城、霍邑、浮山、冀氏、和川10县及隰、吉、降3州。元实行省、路、府(州)、县四级制，为中书省山西宣慰司晋宁路(治临汾)。明清重置平阳府，统领35州县，包括今临汾、运城两市及晋中市灵石县和吕梁地区石楼县。1914年，废府设道，以道辖县，临汾、洪洞、赵城、襄汾、汾城、曲沃、安泽、浮山、翼城、乡宁、吉县、霍县、汾西、隰县、蒲县、大宁、永和等17县属河东道管辖；1927年，废道直属山西省。抗日战争初期，临汾为山西省7个行政区中的第6区。1937年11月，山西省政府迁到吉县。日伪统治时，为冀宁道。抗战胜利后，属太岳区。1948年5月17日临汾解放。1949年2月成立晋南区，属陕甘宁边区政府，同年9月1日改属山西省。1950年1月6日成立临汾专区。1954年同运城专区合并为晋南专区(驻临汾)，辖29个县。1970年专区改地区，晋南专区又按原建制划分为临汾、运城两地区。1978年设临汾地区行政公署，辖临汾、侯马2市和16县。1983年临汾县和临汾市合并为临汾市。2000年11月撤地设市，成立地级临汾市。

【行政区划】 临汾市辖尧都区、曲沃县、翼城县、襄汾县、洪洞县、古县、安泽县、浮山县、吉县、乡宁县、大宁县、隰县、永和县、蒲县、汾西县，代管侯马市、霍州市。全市共有乡镇151个，其中镇75个，乡76个，街道办事处20个。

尧都区有街道办事处10个，车站街、水塔街、南街、铁路东街、解放路街、乡贤街、辛寺街、鼓楼西街、汾河办事处、滨河办事处；镇10个，土门镇、刘村镇、金殿镇、大阳镇、县底镇、魏村镇、吴村镇、尧庙镇、乔李镇、屯里镇；乡6个，贾得乡、段店乡、河底乡、枕头乡、贺家庄乡、一平垣乡。

侯马市有街道办事处5个，上马街、张村街、路东街、路西街、浍滨街；乡3个，新田乡、凤城乡、高村乡。

霍州市有街道办事处5个，退沙街、鼓楼街、南环路街、北环路街、开元街；镇4个，大张镇、白龙镇、辛置镇、李曹镇；乡3个，三教乡、师庄乡、陶唐峪乡。

曲沃县有镇5个，乐昌镇、高显镇、史村镇、曲村镇、里村镇；乡2个，北董乡、杨谈乡。

翼城县有镇6个，唐兴镇、西阎镇、南梁镇、隆化镇、里砦镇、桥上镇；乡4个，浇底乡、南唐乡、王庄乡、中卫乡。

襄汾县有镇7个，新城镇、邓庄镇、襄陵镇、古城镇、赵康镇、汾城镇、南贾镇；乡6个，大邓乡、陶寺乡、景毛乡、永固乡、西贾乡、南辛店乡。

洪洞县有镇9个，万安镇、曲亭镇、赵城镇、明姜镇、甘亭镇、苏堡镇、大槐树镇、广胜寺镇、刘家垣镇；乡7个，淹底乡、辛村乡、堤村乡、龙马乡、左木乡、山头乡、兴唐寺乡。

古县有镇4个，古阳镇、岳阳镇、北平镇、旧县镇；乡3个，南垣乡、永乐乡、石必乡。

安泽县有镇4个，府城镇、和川镇、冀氏镇、唐城镇；乡3个，良马乡、马壁乡、杜村乡。

浮山县有镇2个，天坛镇、响水河镇；乡7个，张庄乡、北韩乡、北王乡、东张乡、槐埝乡、米家垣乡、寨圪塔乡。

吉县有镇3个，屯里镇、壶口镇、吉昌镇；乡5个，车城乡、文城乡、中垛乡、东城乡、柏山寺乡。

乡宁县有镇5个，昌宁镇、管头镇、光华镇、西坡镇、台头镇；乡5个，双鹤乡、尉庄乡、枣岭乡、关王庙乡、西交口乡。

蒲县有镇4个，蒲城镇、克城镇、薛关镇、黑龙关镇；乡5个，红道乡、山中乡、古县乡、太林乡、乔家湾乡。

大宁县有镇2个，曲峨镇、昕水镇；乡4个，三多乡、太古乡、太德乡、徐家垛乡。

永和县有镇2个，芝河镇、桑壁镇；乡5个，阁底乡、交口乡、南庄乡、坡头乡、打石腰乡。

隰县有镇3个，龙泉镇、午城镇、黄土镇；乡5个，城南乡、下李乡、寨子乡、陡坡乡、阳头升乡。

汾西县有镇5个，永安镇、僧念镇、京力香镇、对竹镇、和平镇；乡3个，佃坪乡、团柏乡、邢家要乡。

（李艳洁）

民族　宗教

【民族】 临汾市有28个少数民族,1.17万人,分别是:回族、满族、土家族、蒙古族、苗族、壮族、朝鲜族、彝族、布依族、白族、维吾尔族、仫佬族、畲族、藏族、黎族、侗族、瑶族、塔吉克族、仡佬族、达斡尔族、拉祜族、佤族、哈尼族、土族、锡伯族、傈僳族、羌族、景颇族28个少数民族,主要分布在尧都区、侯马市、翼城县、曲沃县、吉县、襄汾县、浮山县,少数散居在蒲县、永和县、隰县、洪洞县等。少数民族聚居村有7个:翼城北关村、中石桥、下高村,曲沃县东关,吉县辛村、寨子壕,襄汾县赵康。少数民族小学有两所:翼城县北关小学、吉县辛村小学。

【宗教】 临汾市有佛教、道教、伊斯兰教、天主教、基督教5种宗教,信教人数23.5万人。现已开放的宗教活动场所372个,宗教教职人员739人。其中,天主教和基督教在临汾市影响最大。

(李艳洁)

国民经济和社会发展

【概述】 2015年,临汾市生产总值1161.1亿元,比2014年增长0.2%。其中,第一产业增加值91.0亿元,下降3.4%,占生产总值的比重为7.8%;第二产业增加值563.4亿元,下降5.2%,占生产总值的比重为48.5%;第三产业增加值506.7亿元,增长10.3%,占生产总值的比重为43.7%。第三产业中,房地产业增加值53.8亿元,增长2.0%;批发和零售业增加值72.8亿元,增长2.3%;交通运输、仓储和邮政业增加值81.1亿元,增长2.2%。

人均地区生产总值26239元,按2015年平均汇率计算为4213美元。

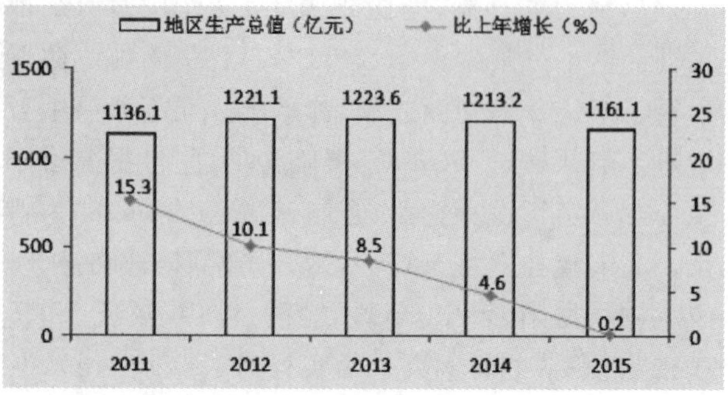

图1　2011年至2015年全市生产总值及其增长速度

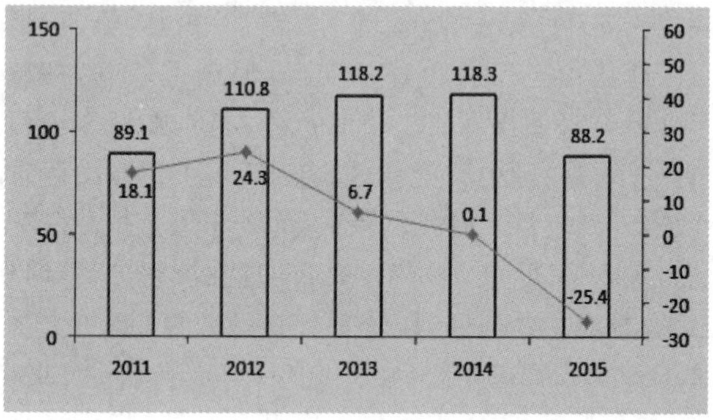

图2　2011年至2015年公共财政预算收入及其增长速度

2015年,临汾市公共财政预算收入88.2亿元,下降25.4%。税收收入52.2亿元,下降14.9%,其中,国内增值税、营业税、企业所得税、个人所得税、资源税和城建税共计完成税收38.7亿元,下降15.1%。公共财政预算支出287.0亿元,增长1.6%。其中,教育支出增长24.8%,农林水事务支出增长21.1%,社会保障和就业支出增长19.6%,节能环保支出增长19.0%,医疗卫生支出增长13.8%,公共安全支出增长9.3%。

居民消费价格比上年上涨2.5%,其中,食品价格上涨0.5%。工业生产者出厂价格下降12.7%,其中,生产资料价格下降12.9%,生活资料价格下降0.1%。工业生产者购进价格下降9.7%。

2015年居民消费价格比上年涨幅

表1　　单位:%

指　标	涨　幅
居民消费价格	2.5
食　品	0.5
烟　酒	2.1
衣　着	1.5
家庭设备用品及维修服务	1.0
医疗保健和个人用品	2.5
交通和通信	-1.8
娱乐教育文化用品及服务	2.2
居　住	9.1

2015年,临汾市城镇新增就业5.13万人,转移农村劳动力5.35万人,年末城镇登记失业率3.0%,控制在4.2%的目标范围之内。

【农业】 2015年,临汾市农作物种植面积559370公顷,比2014年减少6160公顷,下降1.1%。其中,粮食种植面积517020公顷,减少2820公顷;油料种植面积6620公顷,减少2310公顷;棉花种植面积250公顷,减少340公顷。在粮食种植面积中,玉米种植面积253360公顷,增加11200公顷;小麦种植面积219490公顷,减少8930公顷。

全年粮食产量236.2万吨,比2014年下降14.4%。其中,夏粮107.2万吨,增长1.0%;秋粮129.0万吨,下降24.0%。

2015年主要农林产品产量及其增长速度

表2　　单位:吨、%

产品名称	产　量	比2014年增　长
粮　食	2361708	-14.4
其中:玉　米	1222465	-22.3
小　麦	1071812	1.0
谷　子	22347	-33.1
豆　类	14953	-50.8
薯　类	24218	-47.4
油　料	9285	-41.5
棉　花	153	-72.9
蔬　菜	1216020	-6.0
水　果	777852	15.8
其中:苹　果	622578	13.2
红　枣	34923	63.8
食用坚果	35419	22.2
其中:核　桃	34456	27.2

2015年,临汾市完成造林32190公顷。其中,经济林面积8320公顷。全年木材产量27434立方米,增长7.2%。

2015年,临汾市猪牛羊肉总产量11.6万吨,比上年增长3.3%。其中,猪肉产量10.2万吨,增长3.4%;牛肉产量0.6万吨,下降3.5%;羊肉产量0.8万吨,增长8.4%。年末生猪存栏86.3万头,生猪出栏124.1万头。牛奶产量4.0万吨,下降1.9%。禽蛋产量11.5万吨,增长2.7%。水产品产量0.7万吨,增长1.5%。

2015年,临汾市农业机械总动力484.0万千瓦,增长2.3%。机械耕地面积379640公顷,比2014年增长3.4%,机械播种面积421250公顷,增长3.4%,机械收获面积339700公顷,下降0.9%。

全市农机化经营总收入14.06亿元,增长4.5%。

【工业和建筑业】 2015年,临汾市规模以上工业企业357家。全年规模以上工业增加值同比下降7.1%。

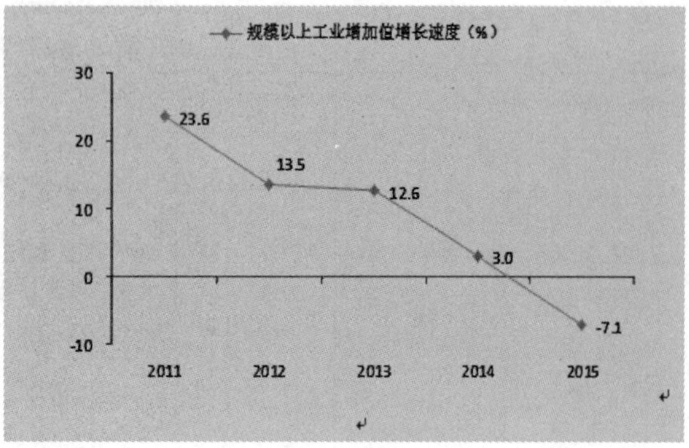

图3 2011年至2015年规模以上工业增加值增长速度

2015年规模以上工业增加值增长速度

表3 单位:%

指 标	比2014年增长 %
规模以上工业	−7.1
其中:轻工业	0.6
重工业	−7.4
其中:国有及国有控股企业	−11.8
其中:集体企业	−14.2
股份制企业	−5.1
外商及港澳台商投资企业	−15.4
其中:煤炭工业	−2.3
焦炭工业	−2.7
电力工业	−4.3
冶金工业	−13.7
化学工业	10.4
建材工业	−26.7
装备制造业	−42.7
医药工业	−12.1
食品工业	10.8

规模以上工业企业原煤产量5647.8万吨,增长6.9%;发电量211.2亿千瓦时,下降0.8%;焦炭产量1754.1万吨,下降6.9%;钢材产量1261.6万吨,下降3.9%。

2015年规模以上工业主要工业产品产量及其增长速度

表4

产品名称	单 位	产 量	比2014年增长 %
原 煤	万吨	5647.8	6.9
洗精煤	万吨	4489.7	−6.7
焦炭	万吨	1754.1	−6.9
发电量	亿千瓦时	211.2	−0.8
铁矿石原矿	万吨	301.8	−62.9
饮料酒	万升	269.8	−33.1
软饮料	吨	8800	−16.2
纱	吨	1325	7.0
硫酸(折100%)	万吨	14.2	−3.2
1−4丁二醇	万吨	6.3	−8.5
粗苯	万吨	18.7	−4.8
化肥(折纯)	万吨	11.3	288.1
塑料制品	万吨	0.94	88.4
水泥	万吨	253.2	−30.5
生铁	万吨	1040.9	−14.1
粗钢	万吨	998.3	−3.6
钢材	万吨	1261.6	−3.9
精练铜	万吨	6.5	−14.7

规模以上工业企业实现主营业务收入1268.35亿元,下降21.3%。其中,煤炭、焦炭、冶金和电力工业分别实现主营业务收入404.15亿元、197.02亿元、457.26亿元和56.87亿元,分别下降19.8%、12.3%、29.7%和8.5%;化学、建材、装备制造、医药和食品工业分别实现主营业务收入

88.94亿元、8.52亿元、28.73亿元、5.16亿元和10.97亿元，分别增长21.4%、－34.7%、－45.8%、－1.8%和－28.3%。

规模以上工业实现利税22.88亿元，下降66.4%；实现利润由上年0.08亿元转为亏31.9亿元。

2015年规模以上工业企业利润总额

表5　　　　单位：亿元、%

指　　标	2015年	2014年
规模以上工业	－31.90	0.08
其中：国有控股企业	－23.82	－7.89
其中：集体企业	0.94	1.25
股份制企业	－40.95	－13.15
外商及港澳台商投资企业	2.44	4.19

2015年，临汾市建筑业实现增加值69.7亿元，比2014年下降1.6%。具有建筑业资质等级的总承包和专业承包建筑业企业实现利润2.3亿元，下降28.1%。

【固定资产投资】　2015年，临汾市固定资产投资完成1401.2亿元，增长14%。其中，国有及国有控股投资完成546.2亿元，下降8.5%。
在临汾市固定资产投资中，内资企业投资完成1391.4亿元，增长13.6%；外商及港澳台商企业投资5.9亿元，增长52.7%。

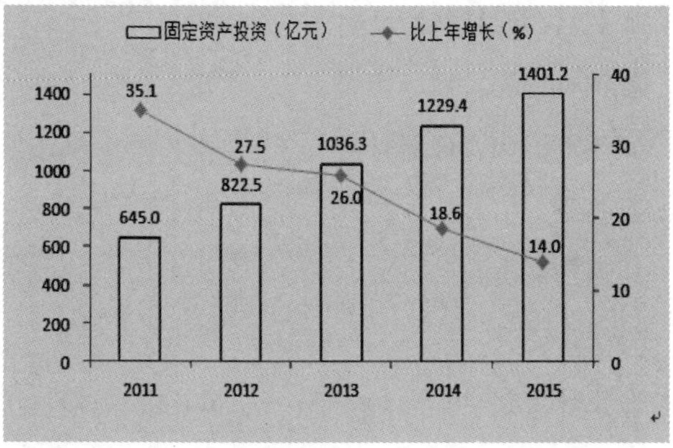

图4　2011年至2015年固定资产投资及其增长速度

从三次产业看，第一产业投资完成173.4亿元，增长125%；第二产业投资完成494.5亿元，下降2.2%；第三产业投资完成733.3亿元，增长13.4%。在第二产业中，工业投资完成494.2亿元，下降2.3%。其中，煤炭工业投资96.3亿元，下降37.6%，非煤产业投资397.9亿元，增长13.2%。传统产业（煤炭、焦炭、冶金、电力）投资合计166.7亿元，下降31.3%，非传统产业（食品、建材、化工、装备制造等）投资合计327.5亿元，增长24.6%。

2015年分行业固定资产投资及其增长速度

表6　　　　单位：亿元、%

行　　业	投资额	比2014年增长　%
总　计	1401.2	14
农林牧渔业	173.4	125
采矿业	130.2	－32.3
制造业	269.1	27.7
电力、燃气及水的生产和供应业	94.9	－7.5
交通运输、仓储和邮政业	127.2	28.8
信息传输、计算机服务和软件业	11.4	64.7
批发和零售业	38.7	10.2
住宿和餐饮业	20.1	34
金融业	0.4	－21.9
房地产业	263.5	1.9
租赁和商务服务业	5.7	88.7
科学研究、技术服务和地质勘查业	8.5	187.7
水利、环境和公共设施管理业	187.4	9.5
教　育	26.2	90.8
卫生、社会保障和社会福利业	15.4	5.1
文化、体育和娱乐业	21.8	－0.1
公共管理和社会组织	3.8	－10.2
居民服务和其他服务业	3	2508.1

2015年，临汾市在建固定资产投资项目2719个。其中，亿元以上项目214个，计划总投资1135.6亿元，完成投资352.4亿元，占全市固定资

产投资的比重为25.2%。

2015年,临汾市房地产开发投资112.6亿元,增长33.7%。其中,住宅投资83.6亿元,增长28.8%;商业营业用房投资17亿元,增长61.8%。

2015年房地产开发和销售情况

表7

指　　标	单　位	绝对数	比2014年增长　%
投资完成额	亿　　元	112.6	33.7
其中:住宅	亿　　元	83.6	28.8
房屋施工面积	万平方米	1065.3	25.2
其中:住宅	万平方米	763.5	24.6
房屋新开工面积	万平方米	414.1	63.4
其中:住宅	万平方米	290.7	50.8
房屋竣工面积	万平方米	155.9	61.5
其中:住宅	万平方米	95.9	44.9
商品房销售面积	万平方米	121.2	−19.1
其中:住宅	万平方米	111.6	−15.6

全年市级重点建设工程920项,计划总投资3772亿元,其中,当年计划投资1209亿元,完成1193亿元。

【能源】 2015年,临汾市一次能源生产折标准煤4034.19万吨,增长6.87%,二次能源生产折标准煤6867.1万吨,比上年下降6.81%。

2015年,临汾市向省外运输煤炭773.18万吨,增长2.59%,外运煤炭占煤炭产量6.76%。

临汾市能源工业投资完成197.72亿元,下降21.26%。其中,煤炭工业投资91.84亿元,下降38.2%;电力工业投资47.11亿元,下降37.7%;焦化工业投资4.46亿元,下降20.2%。

2015年,临汾市全社会用电总量163.4亿千瓦时。其中,第一产业用电4.93亿千瓦时,占全部用电量3.02%;第二产业用电124.61亿千瓦时,占全部用电量76.26%,其中,工业用电123.15亿千瓦时;第三产业用电15.48亿千瓦时,占全部用电量9.47%;城乡居民用电18.38亿千瓦时,占全部用电量11.25%。

【国内贸易】 2015年,临汾市社会消费品零售总额572.0亿元,增长4.9%。按经营地统计,城镇消费品零售额455.6亿元,增长4.8%;乡村消费品零售额116.4亿元,增长5.5%。按消费形态统计,商品零售额526.5亿元,增长4.5%;餐饮收入额45.5亿元,增长10.4%。

2015年社会消费品零售总额及其增长速度

表8　　单位:亿元、%

指　　标	绝对数	比2014年增长　%
社会消费品零售总额	572.0	4.9
分地域:城　镇	455.6	4.8
其中:城　区	238.4	4.9
乡　村	116.4	5.5
分行业:批发业	75.4	11.6
零售业	450.6	3.4
住宿业	4.6	15.1
餐饮业	41.3	9.6

2015年限额以上批发零售业零售额及其增长速度

表9　　单位:亿元、%

指　　标	绝对数	比2014年增长　%
汽车类	61.5	−15.1
石油及制品类	42.9	−13.6
建筑及装潢材料类	8.7	3.9
服装、鞋帽、针纺织品类	7.8	−7.5
粮油、食品类	6.8	−3.9
家用电器和音像器材类	6.7	5.3
家具类	6.1	9.6
中西药品类	5.1	14.6
书报杂志类	2.5	33.4
金银珠宝类	1.7	14.5
文化办公用品类	0.7	−6.0
化妆品类	0.5	−3.7

【对外经济】 2015年，临汾市海关进出口总额30160万美元，下降24.5%。其中，进口额13544万美元，下降39.4%；出口额16615万美元，下降5.6%。

2015年海关进出口总额及其增长速度

表10　　　　单位：万美元、%

指　　标	绝对数	比2014年增长　%
进出口总额	30160	－24.5
出口额	16615	－5.6
其中：一般贸易	16412	－4.55
加工贸易	27.4	－88
其中：机电产品	13004	－3.74
高新技术产品	60.6	－69.97
其中：国有企业	3139.8	－22.83
外商投资企业	4194	－1.94
进口额	13544	－39.4
其中：一般贸易	13544	－25.2
加工贸易	0	0
其中：机电产品	192.6	85.04
高新技术产品	3.6	－94.53
其中：国有企业	13.3	1509.59
外商投资企业	15.9	38.6

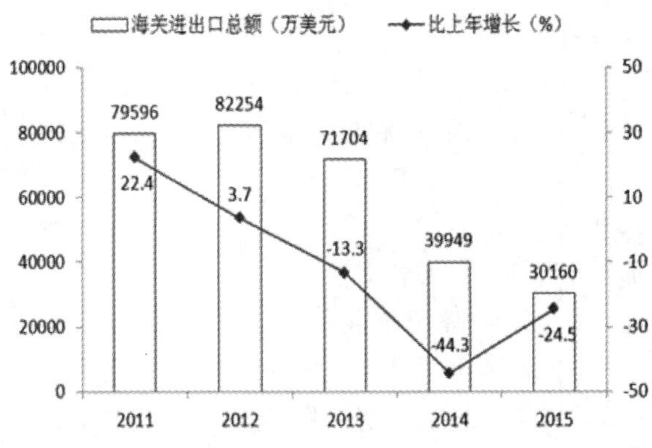

图5　2011年至2015年海关进出口总额及其增长速度

2015年，临汾市出口钢材金额0.4万美元，下降99.67%，出口机电产品13003.5万美元，下降3.74%；出口高新技术产品3.6万美元，下降94.53%。

2015年，临汾市进口铁矿砂202.6万吨，下降15.18%，进口金额12856.9万美元，下降41.87%；进口机电产品192.6万美元，增长85.04%。

2015年与临汾有贸易往来的主要国家和地区进出口情况

表11　　　　单位：万美元、%

国家和地区	出口额	比上年增长%	进口额	比上年增长%
澳大利亚	71.7	－1.82	6184.3	－46
美　国	5030.9	23.05	13.3	67.74
巴　西	67.8	－56.66	2919.5	－51.81
日　本	2025.9	－10.96	272.3	410.24
乌克兰	34.1	－18.04	1528.3	
蒙　古	0		1238.1	－53.38
法　国	956.5	17.94	18.5	－48.68
南　非	114.4	18.98	821.5	
意大利	860.5	17.13	3.6	－25.75
韩　国	780.4	－26.68	63.3	

2015年，临汾市新设立外商直接投资企业1家；按全口径统计实际使用外商直接投资金额15660万美元，增长5%。全年全市对外经济合作新签合同额1000万美元。

【交通、邮电和旅游】 2015年，临汾市公路通车里程18231公里，其中高速公路462公里，与2014年末持平。

2015年末，临汾市民用汽车保有量46.7万辆

(包括三轮汽车和低速货车 0.7 万辆),比 2014 年末增长 10.4%。其中,私人汽车 42.2 万辆,增长 12.3%。本年新注册汽车 6.2 万辆,增长 7.0%。年末轿车保有量 29.8 万辆,比 2014 年末增长 14.7%,其中私人轿车 28.2 万辆,增长 16.0%。

2015 年,临汾市完成邮电业务总量 50.40 亿元,增长 17.4%。其中,邮政业务总量 2.52 亿元,增长 0.5%;电信业务总量 47.88 亿元,增长 18.5%。2015 年末全市固定电话 34.05 万部,减少 18.50 万部,下降 35.2%;移动电话用户减少1.06万户,年末为 396.08 万户,其中,3G、4G 移动电话用户达到 238.19 万户。移动电话普及率89.5部/百人。全市宽带接入用户 65.05 万户,增长0.9%。

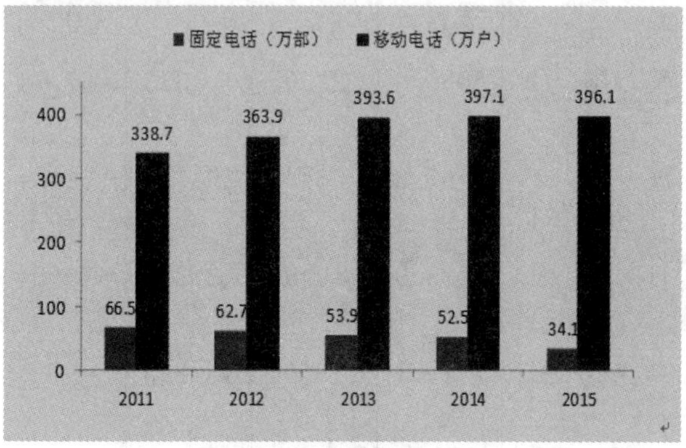

图 6　2011 年至 2015 年固定、移动电话用户数

2015 年,临汾市接待海外旅游者 3.6 万人次,接待国内旅游者 3175.52 万人次,分别增长 5.6%和 20.89%;旅游外汇收入 1502.89 万美元,国内旅游收入 294.02 亿元,旅游总收入 294.94 亿元,分别增长 5.04%、21.78%和 21.73%。

【金融】 2015 年,临汾市金融机构本外币各项存款余额 1966.45 亿元,比年初增加 112.87 亿元,比年初增长 6.09%。各项贷款余额 1079.31 亿元,比年初增加 135.91 亿元,增长 14.41%。

2015 年年末金融机构本外币存贷款及其增长速度

表 12　　　　　　　　　　　　单位:亿元、%

指　　标	年末数	比年初增长%
各项存款余额	1966.45	6.09
其中:单位存款	593.04	2.9
城乡居民储蓄存款	1373.41	7.5
其中:人民币	1370.24	7.4
各项贷款余额	1079.31	14.4
其中:短期贷款	153.94	11.2
中长期贷款	149.25	13.8
其中:个人消费性贷款(人民币)	104.89	33.2

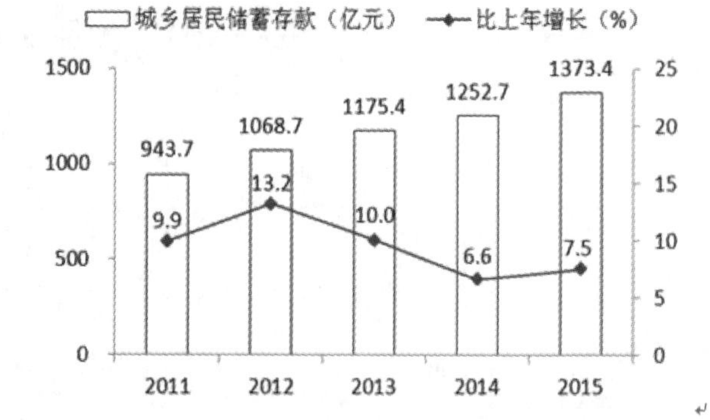

图 7　2011 年至 2015 年城乡居民储蓄存款余额及其增长速度

2015 年,临汾市农村合作金融机构(农村信用社、农村合作银行、农村商业银行)人民币贷款余额 548.74 亿元,比年初增加 61.61 亿元,增长 12.65%;人民币存款余额 814.22 亿元,比年初增加 60.73 亿元,增长 8.06%。

2015 年,临汾市共有上市公司 2 家。全市辖区证券市场各类证券成交额 1912 亿元,增长 158%。年末投资者资金账户累计开户数 16.97 万户,比上年末增长 54.42%。

2015 年,临汾市保费收入 55.26 亿元,增长

27.95%。其中,寿险业务保费收入41.96亿元,增长41.93%;健康险业务保费收入2.65亿元;意外险业务保费收入0.62亿元;财产险业务保费收入13.30亿元,下降2.39%。全年支付各类赔款及给付23.51亿元,增长51.38%。

【教育和科学技术】 2015年末,临汾市高等院校达到5所。新(改、扩)建标准化幼儿园28所,改造农村幼儿园36所,规划建设面积8万多平方米,建设改造资金近1.5亿元。

2015年各类教育发展情况

表13　　　　单位:人

指　标	招生	在校生	毕业生
研究生	1103	3258	1009
普通高等教育	14118	47933	13490
中等职业教育	9529	27246	9251
普通高中	30260	94656	32420
初　中	39816	134396	51885
小　学	44500	276141	41718
特殊教育	119	551	7
学前教育	36010	97644	35664

2015年,临汾市受理专利申请1205件。受理发明专利申请570件,比2014年增长17.04%。全市累计认定省级高新技术企业33家;省级技术中心20家,市级企业技术中心49家;省民营科技型企业114家。

2015年,临汾市有市、县产品质量监督检验所8个,监督抽查111家企业182类产品和商品。全市有法定计量技术机构21个,全年完成强制检定计量器具237014台件。

临汾市有气象台(站)17个,开展121电话天气自动答询台(站)17个。气象系统开展人工影响天气业务的单位17个,防雹、增雨受益覆盖面积2万平方公里。卫星云图接收站17个。

临汾市有专业综合地震台站1个,市级地震台网中心1个,数字测震地震台网1个,数字测震子台7个。

【文化、卫生和体育】 2015年,临汾市有群众艺术馆1个,文化馆17个,博物馆14个,艺术表演团体20个。广播电视台17座。广播人口覆盖率97.71%,电视人口覆盖率98.87%。全市有公共图书馆13个,档案馆25个。有13个县级图书馆和7个文化馆达到国家三级标准以上。

临汾市围绕"中国梦""三个文化"和纪念抗日战争胜利70周年,创作编排蒲剧《廉吏于成龙》《关公斩子》,眉户剧《老槐树下》《焦裕禄》《雷雨》等优秀作品。全省第二届文博会期间,这几个精品剧目在省城展演。"中国之源·风情临汾"在"临汾·上海城市推介会"作为四大板块之一主题展演,两天时间观看群众达到两万余人次。2015年,临汾市加强非遗保护工作,国家级非遗项目3项,全市国家级非遗项目21项,省级非遗114项,市级非遗231项。

2015年,临汾市有卫生机构(含诊所、村卫生室)4389家,其中妇幼保健院(所、站)17家。全市卫生机构有床位1.92万张,其中医院床位1.43万张,卫生院床位4112张。卫生技术人员2.41万人。全市296.55万农民参加合作医疗,参合率98.47%。

在山西省第十五届运动会资格赛上,临汾市体育代表团在14个项目比赛中,获得金牌20枚、银牌33枚、铜牌35枚,总分1014.5分,404人进入资格赛。全年培训国家二级裁判员376名。全年销售体育彩票1.68亿元。

【人口、人民生活和社会保障】 2015年,临汾市常住人口为443.57万人,比2014年末增加2.11万人。全年全市出生人口4.49万人,人口出生率为10.15‰;死亡人口2.39万人,死亡率为5.39‰;自然增长率为4.76‰。人口性别比为103.87。

2015年人口数及其构成

表14　　　　单位:人、%

指　标	年末数	比　重
全市常住人口	4435653	——
其中:城镇	2156597	48.62
乡村	2279056	51.38
其中:男性	2259920	50.95
女性	2175723	49.05

2015 年,临汾市居民人均可支配收入 16347 元,增长 8.6%。按常住地分,全年城镇居民人均可支配收入 25498 元,比上年增长 8.0%;城镇居民人均消费性支出 12502 元,增长 18.8%。全年农村居民人均可支配收入 9376 元,增长 7.1%;农村居民人均生活消费支出 6623 元,增长 10.2%。城镇占调查总户数 20%的低收入家庭人均可支配收入 11303 元,增长 8.1%;农村占人口 20%的低收入者收入 3197 元,增长 12.9%。城镇居民家庭恩格尔系数(即居民家庭食品消费支出占家庭消费支出的比重)24.9%,农村居民家庭恩格尔系数 27.3%。

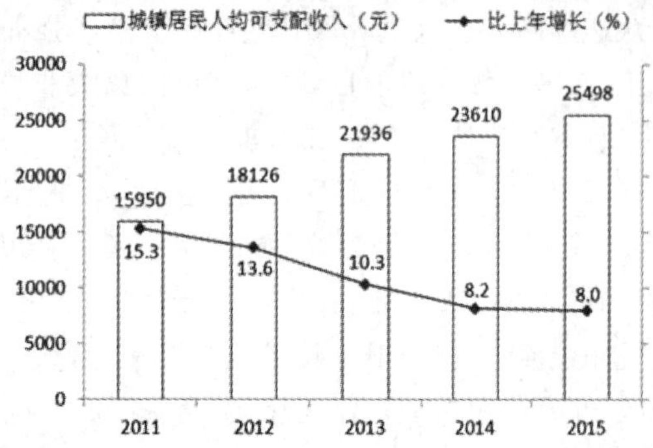

图 8 2011—2015 年城镇居民人均可支配收入及其增长速度

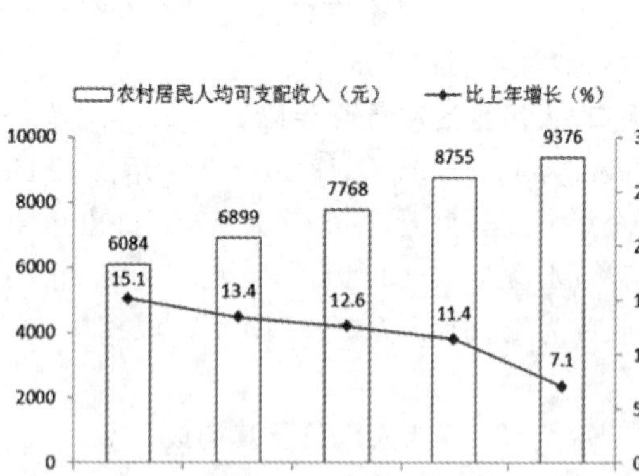

图 9 2011—2015 年农村居民人均可支配收入及其增长速度

2015 年,临汾市参加基本养老保险的人数为 248.71万人,比 2014 年增加 3.76 万人;参加城乡居民社会养老保险参保人数的人数为 192.83 万人,比 2014 年增加 2.46 万人;参加城镇基本医疗保险的人数为 104.86 万人,比 2014 年增加 0.51 万人;参加失业保险的人数为 34.91 万人,比 2014 年增加 0.02 万人;参加工伤保险的人数为 50.39 万人,比 2014 年增加 1.1 万人,其中农民工 23.23 万人;参加生育保险的人数为 39.64 万人,比去年增加0.05万人。

2015 年,临汾市纳入城市最低生活保障的居民 6.14 万人,发放城市低保资金 26345.6 万元,比 2014 年减少 426.9 万元;纳入农村最低生活保障的居民 9.01 万人,发放农村低保资金 24425.8 万元,比 2014 年减少 12.3 万元。

2015 年,临汾市各类收养性单位床位数 5838 张,收养人数 2549 人。城镇建立各种社区服务机构 243 个。全年销售社会福利彩票 4.47 亿元,直接接收社会捐赠款 83 万元。

2015 年,临汾市区建成区新增绿化面积 140.9 万平方米,绿化覆盖率 39.97%,人均公共绿地面积 12.36 平方米。全市建成区新增绿化面积 280.07万平方米,绿化覆盖率 37.14%,人均公共绿地面积 10.53 平方米。人均道路面积 12.43 平方米。

【资源、环境和安全生产】 2015 年,临汾市耕地保有量 741.86 万亩。年末全市 7 座中型水库蓄水总量 4866 万立方米。全市年平均降水量 390.0 毫米,比 2014 年减少 252 毫米。

2015 年,临汾市森林面积 970 万亩,森林覆盖率 31.9%;全市建成自然保护区 3 个,自然保护区面积 62.66 万亩,占全市国土面积的 2.1%。

2015 年,临汾市区空气质量好于二级以上天数 266 天,同比增加 26 天,其中一级天数达到 52 天,同比增加 11 天。PM10 浓度均值为 0.089 毫克/立方米,同比下降 5.3%;PM2.5 浓度均值 0.059毫克/立方米,同比下降 6.3%。各县(市、区)二级以上天数均达到 337 天以上。

2015 年,临汾市城市污水处理率 86.50%,提高 3.85 个百分点;市区城市生活垃圾无害化处理率连续 4 年 100%。全市集中供热普及率 81.05%,提高 3.03 个百分点,临汾市区新增供热面积 60.6 万平方米。天然气置换工作进展顺利,全市 10.4 万户告别人工焦炉煤气,使用上更清洁、更高效的天然气能源。

2015 年,临汾市森林火灾受害率控制在0.5‰以内,达到国家要求标准。林业有害生物成灾率

0.1‰，控制在省要求的4‰以下。

2015年，临汾市发生生产经营性安全事故342起，死亡101人，相比2014年增加32起，减少22人。亿元GDP生产安全事故死亡率为0.0596人，比省下达年度控制指标(0.080)低0.0204人。煤矿百万吨死亡率为0.014人，比省下达年度控制指标(0.098)低0.084人。

公报注释：

1.本公报部分数据为初步统计数据。

2.地区生产总值、各产业增加值绝对数按现价计算，增长速度按不变价格计算。

3.所有增长或下降速度均为同上年相比较。

4.部分数据因四舍五入的原因，存在与分项合计不等的情况。

5.节能降耗指标单独发布。

6.2012年四季度，国家统计局实施了城乡一体化住户调查改革。原有指标“农村居民人均纯收入”变更为“农村居民人均可支配收入”。增加“居民人均可支配收入”。

机构设置和领导成员名单

中共临汾市委

书　记　罗清宇
副书记　岳普煜
　　　　王文英
常　委　黄翠莲
　　　　赵建民
　　　　陈国荣※
　　　　李东洪
　　　　张明星
　　　　白建荣※
　　　　乔建军
　　　　陈小洪(2014.4主持古县县委全面工作)
　　　　王振富(2013.12任)

临汾市人大常委会

主　任　徐树荣
副主任　梁天运
　　　　柴高潮
　　　　原胜利
　　　　仇振刚
　　　　王醒安
　　　　原学义
　　　　王金珍

临汾市人民政府

市　长　岳普煜
副市长　赵建民
　　　　李东洪
　　　　谢碧玲(2014.4免)
　　　　王振宇
　　　　杨治平

政协临汾市委员会

主　席　乔成家
副主席　赵建国(2014.4免职并退休)
　　　　成继东(2014.4免；2014.5退休)
　　　　梁若玉
　　　　谢碧玲(2014.4任)
　　　　杨益民
　　　　刘淑芬
　　　　陈玉士
　　　　张成粱
　　　　杨忠华
　　　　杨安虎(2014.4任)

市纪律检查委员会(监察局)

陈国荣　市委常委、纪委书记※
郭亚奇　副书记，市政府党组成员、监察局局长
刘小才　常务副书记

樊奋强　副书记
任建英　副书记
陈焕成　常委兼市审计局党组副书记、副局长(12月兼任)
杜斌生　常委
刘建勇　常委、监察局副局长
张亚勤　常委、监察局副局长
王兰俊　监察局副局长
陆建平　监察局副局长
张朝阳　秘书长
段雨浪　案件管理室主任(副县级)
史根源　党风廉政监督室主任(副县级)
任晓东　案件审理室主任(副县级)
段效毅　信访室(举报中心)主任(副县级)
刘俊贤　干部室主任(副县级)
杨吉山　纪检监察一室主任(副县级)
丁春明　纪检监察二室主任(副县级)
王俊生　执法监察室主任(副县级)
晋红峰　纠正部门和行业不正之风室主任(副县级)
籍国民　行政效能监察室主任(副县级)
程　军　农村基层党风廉政建设室主任(副县级)
王若农　派驻机构管理室主任(副县级)
尹明星　政策法规研究室主任(副县级)
高国荣　审计中心主任(副县级)
白岗峰　行政服务监察中心主任(副县级)
刘川民　正县级检查员
郭紫群　正县级检查员
武红文　正县级检查员
吴岐山　调研员
郭瑞强　调研员(1月任职)
丁瑞宝　副调研员(7月去世)
董桂絮　副县级检查员

市直机关机构设置和领导人员名单

市委办公厅

白建荣　市委常委、秘书长、办公厅主任※(4月免职)
梁洪运　副秘书长、办公厅常务副主任(正县级,10月免职并退休)
贾俊芳　副秘书长、办公厅副主任、正县级保密员
朱耀洪　副秘书长、政策研究室主任
王　军　副秘书长、驻北京办事处主任
许景安　副秘书长、信访局局长
杨保春　副秘书长、办公厅副主任,挂尧都区委副书记(正县级,7月免市委信息化中心主任)
柳红兵　副秘书长、接待处处长
韦　阳　副秘书长、办公厅副主任兼市委信息化中心主任(8月兼任市委信息化中心主任)
韩振钢　副秘书长、办公厅副主任(8月任职)
李先锋　督促检查室主任(副县级)
魏义娥　机要局局长(副县级)
魏桂荣　国家密码管理局局长(副县级)
曹　阳　调研员
任德成　调研员(7月免职并退休)
梁艾芳　调研员(1月免职并退休)
郭临林　副调研员
赵建平　副调研员
乔国强　副调研员
田雄生　副调研员

市纪委(监察局)

刘予强　市委常委、纪委书记(9月任职)
陈国荣　市委常委、纪委书记(7月免职)※
郭亚奇　副书记,市政府党组成员、监察局局长
刘小才　常务副书记
樊奋强　副书记
任建英　副书记
陈焕成　常委兼市审计局党组副书记、副局长(8月免职)
杜斌生　常委
刘建勇　常委、监察局副局长
张亚勤　常委、监察局副局长
王兰俊　监察局副局长(5月免职)
陆建平　监察局副局长
张朝阳　秘书长
冀红喜　办公厅主任(副县级)
刘俊贤　组织部部长(副县级)
尹明星　政策法规研究室主任(副县级)
赵向阳　党风政风监督室(纠正部门和行业不正之

风室)主任(副县级)
段效毅　信访室主任(副县级)
段雨浪　案件监督管理室主任(副县级)
杨吉山　第一纪检监察室主任(副县级)
籍国民　第二纪检监察室主任(副县级)
程　军　第三纪检监察室主任(副县级)
史根源　第四纪检监察室主任(副县级)
王俊生　第五纪检监察室主任(副县级)
王若农　第六纪检监察室主任(副县级)
晋红峰　第七纪检监察室主任(副县级)
高国荣　第八纪检监察室主任(副县级)
任晓东　案件审理室(申诉复查室)主任(副县级)
郭瑞强　纪检监察干部监督室主任(正县级非领导职务待遇)
刘川民　正县级检查员
郭紫群　正县级检查员
武红文　正县级检查员
白岗峰　调研员
吴岐山　调研员(11月免职并退休)
董桂絮　副县级检查员

市委组织部

李新春　市委常委、组织部部长(5月任职)
张明星　市委常委、组织部部长(4月免职)
王晓春　副部长(正县级)
张庚博　副部长、正县级组织员
王春梅　副部长、正县级组织员(8月免职并退休)
贾二元　副部长、正县级组织员
刘生明　部务委员(副县级)
张青山　部务委员(副县级)
张宁红　市委人才办主任(副县级)

市委宣传部

黄翠莲　市委常委、宣传部部长
董凤妮　常务副部长兼市文物局党组书记(7月免职)
郭景旭　副部长、正县级报告员
裴振龙　副部长
王全民　副部长
董　杰　副部长、新闻中心主任(8月免职)
张红亮　精神文明建设指导委员会办公室主任(副县级)
巨　琴　副调研员(11月免职并退休)
闫　环　副调研员(7月任职)
张志国　副调研员(8月任职)

市委统战部

乔建军　市委常委、统战部部长
赵奇言　常务副部长(8月免职并退休)
郭天龙　常务副部长兼市工商联党组书记(11月任常务副部长)
高洪元　副部长
成洪亮　副部长
陈逢新　副部长(11月任职)

市委政法委员会

陈小洪　市委常委、政法委书记
曹洪安　副书记兼综治办主任
冯亚平　副书记
张东红　副书记
王玉萍　副书记
原普峰　副调研员(7月任职)

市社会综合治理委员会办公室

武建亭　副主任
张志敏　副主任

市委政策研究室

朱耀洪　主任(兼)
张喜星　副主任(正县级)
苏孟彦　副主任
张　冬　副调研员
陈永红　副调研员(7月任职,11月免职并退休)

市机构编制委员会办公室

苏新平　主任(兼)
张银生　副主任
杨雪平　副主任

闫建昌　副调研员
王书俊　副调研员(7月任职,8月免职并退休)

市直属机关工作委员会
乔悟生　书记
王文生　副书记
张三林　副书记
王满堂　纪工委书记

市委、市政府信访局
许景安　局长(兼)
段安平　副局长
陈国元　副局长
郑红东　副局长
张兆祥　副局长
赵春毅　副调研员(2月免职并退休)
郝相云　副调研员

市委老干部局
李志敏　局长
刘月明　副局长
李保恩　副局长
杜明池　副调研员(8月任职)

市委防范和处理邪教问题领导小组办公室
郭向东　主任
梁景超　副主任
邹栓柱　副主任

市委台湾工作办公室
刘智勇　主任
李明山　副主任

市政府办公厅
(因市政府机构改革,市政府法制办、研究室调整为市政府办公厅科级内设机构)
宿青平　市长助理、市政府党组成员,市住房保障和城乡建设管理局党组书记(9月免市住房保障和城乡建设管理局长)
王延峰　市长助理、市政府党组成员,市煤炭工业局党组书记、局长
扈新起　市政府党组成员,秘书长、办公厅党组书记、主任
苏新平　副秘书长、办公厅党组成员、常务副主任兼市编办主任
史康华　副秘书长、办公厅党组成员、副主任(正县级)
尉　俊　副秘书长、办公厅党组成员、副主任(正县级,11月免地方志办党组书记、主任)
任耀文　副秘书长、办公厅党组成员、副主任兼市重点办主任(7月免职)
吴茂林　副秘书长、办公厅党组成员、副主任兼地方志办党组书记、主任(11月兼任地方志办党组书记、主任)
范春雷　办公厅党组成员、副主任
段　彩　办公厅党组成员、副主任
杨晓敏　办公厅党组成员、副主任(10月任职,免市法制办主任)
刘玉平　市政府机关党委书记(副县级)
毛志中　市政府研究室主任(副县级,10月免职)
王黎鹏　调研员
李忠民　副调研员
刘　琳　副县级保密员
贾介明　副调研员
陈亚平　副调研员
杨　青　副调研员
刘临湘　副调研员

市发展和改革委员会
(因市政府机构改革,市物价局调整为市发展和改革委员会科级内设机构,挂市转型综改办牌子)
师学瑾　党组书记、主任(9月重新任命)
李建华　党组副书记、副局长(正县级,8月任职,免市物价局党组书记、局长)
辛旭升　党组成员、纪检组长(9月重新任命)
王青丽　党组成员、副主任(10月任职)
薛新宏　党组成员、副主任(10月重新任命)
常立智　党组成员、副主任(10月任职,免市发改委总经济师)

李俊平　党组成员、副主任(10月任职)
陈云波　重大项目稽查特派员办公室主任
(10月任职,免市物价局副局长)
王福海　调研员
马爱民　调研员(9月任职,免市物价局党组成员、副局长)
畅新民　调研员(8月任职,免市发改委党组副书记、副主任;9月免职并退休)
薛志刚　调研员(9月任职,免市发改委党组副书记、副主任;9月免职并退休)
吕延如　副调研员(10月重新任命)
韩金虎　副调研员
周建社　副调研员(8月任职,12月免职并退休)
张晋生　副调研员(9月任职)
王保仁　原市发改委党组成员、副主任兼市转型综改办主任(7月免职)
邰惠俊　原市发改委党组成员、副主任,援疆任新疆生产建设兵团农六师新湖农场党委常委、副场长(10月免职)
张　黎　原市发改委总工程师(10月免职)

市经济和信息化委员会
(国有资产监督管理委员会)
杨治平　市政府副市长兼党委书记
王　超　党委副书记、主任兼临汾职业技术学院院长(11月免党委副书记、提名免主任)
邰惠俊　党委副书记(11月任职,提名任主任)
杨宏俊　党委副书记
孙延林　党委委员、副主任(正县级)
秦国敏　党委委员、市国有资产管理中心
(破产企业托管中心)党委书记、主任
李国庆　党委委员、副主任
余瑞金　党委委员、副主任
高向阳　党委委员、副主任
赵福山　党委委员、纪委书记
杜志学　总会计师
谢武生　副调研员
尚　军　副调研员

市教育局
傅遵师　党组书记、局长(9月任职)
张俊荣　党组书记、局长(9月撤职)※
张志感　党组成员、副局长、正县级督学
陈耀文　党组成员、副局长、正县级督学
逄锦章　党组成员、副局长、正县级督学
(5月免职并退休)
李晋平　党组成员、副局长
(正县级,10月任职)
王小彦　党组成员、纪检组长
管功克　党组成员、调研员
亢创基　党组成员、市招生考试委员会办公室主任
刘占科　市政府教育督导室主任(副县级)
张锁定　副县级督学
王　林　副县级督学

市科学技术局
梁清燕　局长(9月任职)
程世俊　党组书记、局长(5月因病去世)
解晓林　党组成员、副局长
邱中柱　党组成员、副局长
刘　斌　副局长
李沃生　党组成员、副局长
邓云峰　党组成员、纪检组长
张春生　总工程师

市公安局
马德荣　市政府党组成员,市公安局党委书记、局长
史　军　党委副书记、正县级侦查员
张明星　党委委员、副局长(正县级)
石　有　党委委员、副局长
卢鹏翔　党委委员、政治部主任、正县级侦查员
杨根记　党委委员、纪委书记
赵红海　党委委员、副局长兼直属分局局长
高　岭　党委委员,交警支队党委书记、支队长
张自强　调研员(8月任职,免党委委员、工会主席;11月免职并退休)
武阳明　党委委员、副县级侦查员
师安平　督察长(副县级,10月免职)
刘继明　治安管理支队支队长(副县级)

王亚香　国内安全保卫支队支队长(副县级)
师　珂　涉矿犯罪侦察支队支队长(副县级)

市公安局交警支队
高　岭　党委书记、支队长
白　波　党委副书记、政委
闫　戈　党委委员、副县级侦查员

市民政局
廉　鹏　党组书记、局长(9月任职)
王　林　党组书记、局长(7月免职,8月退休)
朱三六　党组成员、副局长
田荣善　党组成员、副局长
梁　明　党组成员、副局长
闫济忠　党组成员、副局长
亢玉兰　党组成员、纪检组长

市司法局
周　波　党组书记、局长
王继平　党组成员、副局长
刘　竞　党组成员、副局长
赵仁杰　党组成员、政治部主任
盖建忠　调研员
王越峰　调研员(8月任职,免党组成员、纪检组长;9月免职并退休)
谢雍禧　副调研员

市财政局
祁寒冰　党组书记(7月免职并退休)
程明温　党组书记、局长(7月任党组书记)
陈文章　党组副书记、副局长
姜永新　党组成员、副局长
张全林　党组成员、副局长
仇跃俊　党组成员、副局长
杜长勃　党组成员、纪检组长
李银平　总会计师

市人力资源和社会保障局
卢洪顺　党组书记、局长
朱丽明　党组成员、副局长
郝永昌　党组成员、纪检组长
曹玉印　党组成员、副局长
崔鹏飞　副局长
崔　力　党组成员、副局长(10月任职)
师廷进　党组成员、市企业养老保险管理中心主任
樊海军　党组成员、调研员
贺建中　副调研员(8月任职,12月免职并退休)
李晓莉　副调研员(8月任职)

市环境保护局
武卫东　党组书记、局长
姚　祥　党组成员、纪检组长
任贵平　党组成员、副局长
张文清　党组成员、副局长
邓明生　党组成员、副局长
贾长宏　总工程师
赵素丽　副调研员

市住房保障和城乡建设管理局
宿青平　党组书记(9月免局长)
杜　敏　党组副书记、副局长(8月任党组副书记,主持工作)
温学良　党组成员、副局长
许文彪　党组成员、副局长(7月免职并退休)
刘恩和　党组成员、纪检组长
孙如意　党组成员、副局长
李玉升　总工程师

市交通运输局
张学伟　党组书记、局长
孙铁中　党组成员、副局长
薛生平　党组成员、副局长(4月免职)
许学民　党组成员、纪检组长
令狐文选　党组成员、副局长
董向阳　党组成员、副局长(市邮政局局长兼任)
景俊青　党组成员、调研员
贺文喜　总工程师
冯建荣　总会计师

市水利局

任耀文　党组书记、局长(9月任职)
贾自胜　党组书记、局长(9月免职)
郭亚臻　党组成员、纪检组长
张吉星　党组成员、副局长
曹明兰　党组成员、副局长
晋洪爱　副局长
杨杜学　总工程师

市农业委员会

(市委农村工作领导组办公室)

杨志威　党组书记、主任兼市委农工办主任
李建民　党组成员、副主任兼市委农工办副主任
晋　宏　党组成员、副主任兼市委农工办副主任
马学平　党组成员、副主任兼市委农工办副主任
窦　凯　党组成员、副主任兼市委农工办副主任
张露英　党组成员、纪检组长
吴江平　副主任
付学敏　总农艺师
张运宏　总农经师
郭卓祥　调研员
申马锁　副调研员(9月任职)

市林业局

丁向阳　党组书记、局长
张吉昌　党组成员、副局长
张全国　党组成员、副局长
王　涛　党组成员、纪检组长
刘国平　党组成员、调研员
陈振虎　总工程师
任尚德　市公安局森林公安分局局长
杨宝灵　市公安局森林公安分局政委
董顺星　调研员(8月任职,免党组成员、副局长;11月免职并退休)

市商务局

张　剑　党组书记、局长
郑书杰　党组成员、副局长
王志瑛　党组成员、副局长
贾凤山　党组成员、副局长
高建军　党组成员、副局长
刘水东　党组成员、纪检组长
周　廉　党组成员、市投资促进局局长(正县级)
高建民　副调研员(9月任职)

市文化局

(因市政府机构改革,市体育局并入市文化广电新闻出版局,组建市文化局,挂市版权局牌子)

董凤妮　党组书记、局长(9月任职,7月免市文物局党组书记)
陈维明　党组成员、副局长(10月任职,免市体育局党组成员、副局长)
秦英俊　党组成员、副局长(10月任职,免市体育局党组成员、副局长)
卫康忠　党组成员、副局长(10月任职,免市文化广电新闻出版局党组成员、副局长)
李孔森　党组成员、纪检组长(9月任职)
王　军　调研员(8月任职,免市文化广电新闻出版局党组成员、副局长)
曹银民　调研员(9月任职,免市文化广电新闻出版局党组成员、文化市场行政执法大队大队长)
李俊勇　副调研员(10月任职)
席铁军　副调研员(10月任职)
闫瑞丽　副调研员(10月任职)
高　峰　原市文化广电新闻出版局党组成员、副局长(1月免职并退休)
李晓龙　原市文化广电新闻出版局党组成员、纪检组长(9月免职)

市卫生和计划生育委员会

(因市政府机构改革,市卫生局、市人口和计划生育委员会整合组建市卫生和计划生育委员会)

王　山　党组书记、主任(9月任职,免市卫生局党组书记、局长)
苏建生　党组成员、副主任(10月任职,免市计生委党组成员、副主任)
王好收　党组成员、副主任(10月任职,免市卫生局党组成员、副局长)
张　伟　党组成员、副主任(10月任职,免市卫生

局党组成员、副局长)
张发宁 党组成员、纪检组长(9月任职,免市卫生局党组成员、纪检组长)
倪富强 调研员(8月任职,免市计生委党组成员、副主任)
辛玉龙 副调研员(10月任职)
刘甫宪 副调研员(10月任职)
杨春明 副调研员(8月任职)
王森武 原市卫生局党组成员、副局长(4月免职并退休)
文日胜 原市计生委党组成员、纪检组长(2月免职并退休)

市审计局
陈焕成 党组书记、局长(9月任职)
祁全保 党组成员、副局长
周宁康 党组成员、纪检组长
毛志中 党组成员、副局长(10月任职)
张百管 总审计师
郭安平 副县级干部
鲁双成 副调研员(8月任职)

市煤炭工业局
王延峰 党组书记、局长(兼)
郑　峰 党组成员、副局长
郝鹏举 党组成员、副局长
郝德彪 党组成员、副局长
王常兴 党组成员、副局长
杜旭生 党组成员、纪检组长
王海青 总工程师
郭海涛 副调研员
段振德 副调研员(7月任职,12月免职并退休)

市工商行政管理局
(因市政府机构改革,行政管理体制由省级以下垂直管理调整为市县政府分级管理,成为市政府工作部门)
祁战斗 调研员(8月任职,免党组成员、副局长)
王晓清 党组成员,临汾开发区分局党组书记、局长(10月重新任命)
魏建华 党组成员、副局长(10月重新任命)
李俊峰 党组成员、副局长(10月重新任命)
杨晓红 党组成员、副局长(10月重新任命)
吴小冬 党组成员、纪检组长、市非公工委纪委书记(9月任职)
姚永强 党组成员(9月免纪检组长)
宋平镭 党组成员、非公工委专职副书记
王杰平 侯马开发区分局党组书记、局长(10月重新任命)
丁文政 党组成员、调研员(1月免职并退休)

市质量技术监督局
(因市政府机构改革,行政管理体制由省级以下垂直管理调整为市县政府分级管理,成为市政府工作部门)
王晓华 党组书记、局长(9月重新任命)
李同军 党组成员、副局长(10月重新任命)
宋　波 党组成员、总工程师(10月重新任命)
樊银喜 党组成员、副局长(10月重新任命)
杨晓华 党组成员、副局长(10月任职)
文彦如 党组成员、纪检组长(9月重新任命)
刘丽娜 临汾开发区分局党组书记、局长(10月重新任命)
杜登亭 侯马开发区分局党组书记、局长(10月重新任命)
贾学义 副调研员(10月重新任命)
杜海燕 副调研员(10月重新任命)

市食品药品监督管理局
刘　锋 党组书记、局长
孙晓东 党组副书记(正县级非领导职务待遇)
李三胜 党组成员、副局长
卫浩静 党组成员、副局长
陈贵林 党组成员、纪检组长
梁福旺 调研员(9月任职,免党组成员、副局长)

市统计局
徐新荣 党组书记、局长
刘爱萍 党组成员、副局长(2月免职并退休)
蔡黎宁 党组成员、副局长
张国臣 党组成员、纪检组长(5月免职并退休)

李克强　党组成员、副局长
李俊平　党组成员、副局长(10 月免职)
樊晋阳　总统计师

市安全生产监督管理局
史全喜　党组书记、局长
马玉顺　党组成员、副局长
张晋乡　党组成员、副局长
王卫成　党组成员、纪检组长
黄在新　党组成员、调研员
郇宝国　副调研员
黄惠勇　副调研员

市文物旅游局
(因市政府机构改革,市文物局、市旅游局整合组建市文物旅游局,挂市外事侨务办公室牌子)
李艾珍　党组书记、局长(9 月任职,免市旅游局党组书记、局长)
郭志宏　党组成员、副局长(10 月任职,免市旅游局党组成员、副局长)
牟广洲　党组成员、副局长(10 月任职,免市旅游局党组成员、副局长)
孙奋增　党组成员、副局长(10 月任职,免市文物局党组成员、副局长)
杨文革　党组成员、副局长(10 月任职,免市旅游局党组成员、副局长)
李晓龙　党组成员、纪检组长(9 月任职)
乔建仲　调研员(9 月任职,免市旅游局党组成员、副局长)
狄跟飞　副调研员(10 月任职)
郭雅丽　副调研员(10 月任职)
张丽霞　副调研员(8 月任职)
董凤妮　原市文物局党组书记(7 月免职)
付正林　原市旅游局党组成员、副局长(4 月免职并退休)
王甲荣　原市文物局党组成员、副局长(10 月免职)
李孔森　原市文物局党组成员、纪检组长(9 月免职)

市民族宗教事务局
杨　兵　党组书记、局长
李　刚　党组成员、副局长
丁　逸　党组成员、副局长

市粮食局
秦希强　党组书记、局长
王俊峰　党组成员、副局长
文锁民　党组成员、副局长
陈　盛　党组成员、副局长
宋国清　党组成员、纪检组长
亢临平　总经济师

市人民防空办公室
段维让　党组书记、主任
张洋海　党组成员、副主任
王　蓬　党组成员、副主任
王会杰　党组成员、副主任
侯黎阳　党组成员、纪检组长

市规划局
(因市政府机构改革,由市政府直属事业单位调整为市政府工作部门)
胡一锋　党组书记、局长(9 月重新任命)
孙保有　党组成员、调研员(8 月任职,免党组书记)
李晓洪　党组成员、纪检组长(9 月重新任命)
乔卫东　党组成员、副局长(10 月重新任命)
梁国刚　党组成员、副局长(10 月重新任命)
李万成　党组成员、总规划师(10 月重新任命)

市人大常委会机关
冯建宁　秘书长、办公厅主任
李青雁　副秘书长、研究室主任(9 月任研究室主任,免办公厅副主任)
仝天峰　副秘书长、办公厅副主任
丁学明　调研员(7 月任职,免副秘书长、办公厅副主任)
郭春爱　调研员(7 月任职,免副县级保密员)
吕超英　信访处处长

（9月任职，免农村工作委员会副主任）
张应钦　法制工作委员会主任（9月任职，免法制工作委员会副主任）
刘正林　法制工作委员会主任
（9月免职并退休）
樊高潮　财经工作委员会主任
（9月免职并退休）
王秀成　财经工作委员会副主任
（3月因病去世）
郭　刚　教科文卫工作委员会主任
（9月任职，免副秘书长、研究室主任）
苏　文　教科文卫工作委员会主任
（9月免职并退休）
贾自胜　农村工作委员会主任（9月任职）
李安民　城建环保工作委员会主任（9月任职）
王千良　城建环保工作委员会主任
（9月免职并退休）
权建军　人事代表工作委员会主任
刘永科　民族宗教侨务外事工作委员会主任
（9月任职，免信访处处长）
孙玉明　民族宗教侨务外事工作委员会主任
（9月免职并退休）
王艳玲　民族宗教侨务外事工作委员会副主任

市政协机关
郭　波　秘书长、办公厅主任
解　涌　副秘书长、办公厅副主任
张建平　调研员（7月任职，免教文卫体委员会副主任；12月免职并退休）
郑维宏　调研员（7月任职，免副县级保密员）
屈　波　调研室主任
郭有兴　提案委员会主任（9月任职，免副秘书长、办公厅副主任）
翟玉国　提案委员会主任（9月免职并退休）
张红伟　提案委员会副主任
张庆魁　经济科技委员会主任
（9月任职，免调研室副主任）
徐慧琴　教文卫体委员会主任（9月任职，免副秘书长、办公厅副主任）
任和畅　教文卫体委员会主任
（9月免职并退休）
孙忠平　民族宗教和港澳台侨联络委员会副主任
李相民　学宣文史委员会主任
（9月免职并退休）

市中级人民法院
关中翔　党组书记、院长
邵有田　党组成员、副院长、正县级审判员
李　曦　党组成员、副院长、正县级审判员
武国界　副院长、正县级审判员（11月免党组成员，提名免副院长、正县级审判员）
陈　伟　党组成员、副院长、正县级审判员
霍向阳　党组成员（11月提名任副院长）
张五全　党组成员（11月任职，免执行局局长，提名任副院长）
王重阳　党组成员、政治部主任
冯全生　党组成员、纪检组长
郑艳燕　执行局局长（11月任职）
郭永顺　执行局政委
白小保　审判委员会专职委员（副县级）
朱亚慧　审判委员会专职委员（副县级）
杨建民　副县级干部
（11月提名任副县级审判员）
王维民　副县级审判员
贾秀云　副县级审判员
王向红　副县级审判员
巨志红　副县级审判员
米新雁　副县级审判员
李记芳　副县级审判员
刘爱萍　副县级审判员
毕速成　副调研员（8月任职）

市人民检察院
苑　涛　党组书记、检察长
张　琦　党组成员、副检察长、正县级检察员
（3月免职并退休）
李国希　党组副书记、副检察长、正县级检察员（11月任党组副书记）
刘跃文　党组副书记、副检察长、正县级检察员（11月任党组副书记）

王玉辉　党组成员、副检察长、正县级检察员
王惠洲　党组成员、正县级检察员（3月免职并退休）
郭永利　党组成员、纪检组长（11月任纪检组长，免反贪污贿赂局政委）
刘俊明　党组成员（11月任职，提名任副检察长）
李　明　党组成员（11月任职，提名任副检察长、免检察委员会专职委员）
周少军　党组成员、政治部主任
宁引才　党组成员、反贪污贿赂局局长、正县级检察员
李　力　党组成员、反渎职侵权局局长（副县级）
刘淑红　检察委员会专职委员（副县级）
许月平　反贪局政委（11月任职）
张　俊　副调研员
贾凤岐　副调研员
王学平　副县级检察员（5月免职并退休）
于安宁　副县级检察员
李全喜　副县级检察员
陈忠和　副县级检察员（10月免职并退休）
付玉奇　副县级检察员
王保民　副县级检察员
吉彩菊　副县级检察员

市总工会

梁崇太　党组书记、主席（兼）
冯　珍　党组成员、常务副主席（正县级）
张宏杰　党组成员、副主席
张明玉　党组成员、副主席
师红阳　党组成员、副主席
毛志鹏　副调研员

共青团临汾市委

王　润　党组书记、书记
王　栋　党组成员、副书记
王小华　党组成员、副书记
武艳娟　党组成员、副书记
郑　磊　党组成员、市少工委主任

市妇女联合会

张瑞萍　党组书记、主席
杨清凤　党组成员、副主席
梁秋菊　党组成员、副主席
院一楠　党组成员、副主席
董彩霞　妇儿办主任（副县级）
于引娣　调研员

市文学艺术界联合会

王富山　党组书记、主席
许爱英　党组成员、副主席
杨红旭　党组成员、副主席

市科学技术协会

杨全锁　党组书记、主席
卫永泽　党组成员、副主席
曹寒冰　党组成员、副主席
薛保刚　副调研员
卢清河　副调研员（8月任职，10月免职并退休）

民主党派机关

符庆辉　民革临汾市委驻会副主委
李　欣　民建临汾市委副县级干部
褚小平　民进临汾市委驻会副主委

事业单位机构及领导班子人员名单

山西师范大学临汾学院

党委书记　梁崇太
院　　长　孔康民
党委副书记　张三森
副 院 长　刘　坚　刘海龙
纪委书记　高　涨（2014.12任）

临汾职业技术学院

党委书记、副院长　秦国杰
院　　长　王　超
党委副书记　马希贤
副 院 长　梁吉平　梁培福
纪委书记　王兰俊（2015.05任）

组织人事处处长　高运昌
纪委副书记　吴小冬(2015.09免)

市委党校
校　　长　王文英(兼)
常务副校长　王天郎
副 校 长　刘树芳

市委机关事务管理局
局　　长　罗凤朝(2015.11免职并退休)
副 局 长　刘凤鸣　陕磊平
纪检组长　赖兴国

市委、市政府接待处
处　　长　柳红兵
副 处 长　刘进才(兼)　王晓强　郭建军(兼)

市委党史研究室
主　　任　赵靖平
副 主 任　刘鹏举

市委信息化中心
主　　任　韦　阳(2015.08任)
　　　　　杨保春(2015.07免)

市委讲师团
团　　长　崔巨岩
副 团 长　辛卫青　常凤鸣

市新闻中心
主　　任　董　杰(2015.08免)
副 主 任　李晓红

临汾日报社
社　　长　樊清平
总　　编　王庚星
常务副总编　孙言兵
副 社 长　席文明
纪检组长　郑俊哲
副 总 编　高红生

市广播电视台
党组书记、台长　董　杰(2015.08任)
　　　　　　　王新龙(2015.07免职并退休)
党组副书记、总编　韩宏平
副　台　长　宁良杰
纪 检 组 长　汪馨野
副　台　长　张明锁

市蒲剧院
党委书记、院长　任跟心
副　院　长　郭泽民　杨　峰
总　导　演　武晓朝

市工商业联合会
党组书记　郭天龙
副 主 席　景　明　曹焕成

市归国华侨联合会
党组书记　田成文(副县级)

市政府机关事务管理局
党组书记、局长　张小红
副　局　长　杨红宇　任捷生
纪 检 组 长　梁　艳

市经济研究中心
党组副书记、副主任(主持工作)　田跃华
副 主 任　姚建红　李志英

市政务大厅管理中心
党组书记、主任　仇群虎
副　主　任　吕国文

市政府驻京办事处
党组书记、主任　王　军

市地方志编纂委员会办公室
党组书记、主任　吴茂林(2015.11任)
　　　　　　　尉　俊(2015.11免)
副　主　任　靳水旺

市老龄工作委员会办公室

专职副主任　李晓燕

市农业综合开发办公室

党组书记、主任　孙延震(2015.07任)

　　宋　林(2015.07免,2015.11退休)

副　主　任　刘全仁　张小俊

市扶贫开发领导组办公室

党组书记、主任　杨刚杰

副　主　任　张友邦　郭采卿

市园林事业局

局　长　孙宣东

党委书记　张俊山

副局长　刘建明

市中小企业局

党组书记、局长　王保仁(2015.07任)

　　李安民(2015.04免)

副　局　长　常立宁　孔晓明　张洪福

纪检组长　许建明

市地震局

党组书记、局长　姚焕章(2015.08任)

　　杨　文(2015.07免职并退休)

副　局　长　王江海

总工程师　霍拥军

市档案局(馆)

党组书记、局长(馆长)　高树森

纪　检　组　长　谢金星

副局长(副馆长)　卫　斌

市汾西水利管理局

党委书记、局长　杨代亮

党委副书记　丁栓平

副　局　长　王双锁

总工程师　王赛朝

市引沁入汾工程建设管理局

党委副书记、局长　王世杰

副　局　长　张红林　魏丕振

总工程师　李云廷

市国际资金管理局

党组书记、局长　高中和

副　局　长　杨福安(2015.07任调研员,2015.11退休)

　　张淑宝

市畜牧中心(畜牧兽医局)

党组书记、主任(局长)　王晓民

党组副书记、副主任(副局长)　李青海

副主任(副局长)　周俊林　王大鹏

总　畜　牧　师　陈汉中

市农业机械发展中心(农机局)

党组书记、主任(局长):李玉龙

副主任(副局长):雷瑞庭

　　赵留金(2015.01免职并退休)

　　高克发(2015.07双开)※

　　杨学敏

市国有资产管理中心(破产企业托管中心)

党委书记、主任　秦国敏

副　主　任　贾景斌　周俊虎

市信托投资管理中心

党组书记、主任　乔成喜(2014.12双开)※

市疾病预防控制中心

主　任　侯晓军

党委书记　贾明珠(2015.08免职并退休)

副主任　王智海

纪委书记　刘海宁

副主任　张重辉

市供销合作社

党组书记、理事会主任　杨保旭

监事会主任　任希强
副　主　任　孙秀娟(2015.04免职并退休)
纪检组长　景三喜(2015.07任调研员,2015.09退休)

市城镇集体工业联合社
党组书记、主任　柴云峰
副　主　任　宋成管(2015.08任调研员,2015.09退休)
谢长有

市残疾人联合会
党组书记、理事长　张爱萍
副理事长　王国庆　秦彦平

市工业经济联合会
副会长　严洪文

临汾宾馆
经　理　刘进才

市人民医院
党委副书记、院长　苏学峰
党委书记　黄新升
副院长　孙蕊　许红星
纪委书记　刘松山

市第四人民医院
党委副书记、院长　贾爱芹
党委书记　王勇
党委副书记兼纪委书记　孙国虎
副院长　杨林　郭淑明

山西广播电视大学临汾分校
党支部书记　孙振中
党支部副书记　李国成

市文化艺术学校
党委书记、校长　薛鹏寿
副校长　李长安

临汾人民警察学校
党委书记、校长　孙铁虎
政委、党委副书记　孟玉爱
党委副书记　冯炜
副校长　任建设　柴丽萍
纪委书记　王沁泽

市体育运动学校
校　长　牛鸿翔

临汾第一中学校
副书记、校长　张杨管(2015.09任)
许江敏(2015.09免)
书　记　韩雪梅
副书记　卫福明(2015.11任)
副校长　杨益民(兼)
张宝仓(2015.11任)
高洪山(2015.11任,兼初中部校长)
陈建平(2015.11任)
杜文砧(2015.09免)
副校长兼初中部校长　董天保(2015.09免)

临汾市第三中学校
副书记、校长　董天保(2015.09任)
张杨管(2015.09免)
书　记　尉选民(2015.11任)
许俊良(2015.09免职并退休)
副校长　王纯林(2015.11任)
纪检组长　王秀平(2015.06免职并退休)

洪洞县第一中学校
副书记、校长　李小拽(2015.09任)
李晋平(2015.09免)
书　记　常元星(2015.09任)
纪检组长　郭洪虎
副校长　王建平(2015.11任)
王苏龙(2015.11任)

曲沃中学校
校　长　杜文砧(2015.09任)

郭 簃(2015.07 免职并退休)
书 记 刘建平(2015.09 任)
副书记 卫新堂
副校长 王小虎 赵树人

临汾民航机场筹建处
主 任 杨集生
副 主 任 许向荣 薛向阳(兼)
总工程师 王红章

市治理非法超限超载车辆工作办公室
主 任 孟昭辉

市汾河文化生态景区管理处
主 任 吴 勇(2015.11 任)
副主任 尉 勇(2015.11 任)
侯韶波(2015.11 任)

市重点项目建设领导组办公室
主 任 任耀文(2015.07 免)

市住房公积金管理中心
党委书记、主任 张建国

市政府采购中心
党支部书记、主任 丁满升

市政府驻太原办事处
主 任 郭建军

市财政国库支付局
党组书记、局长 马 哲

市非税收入征收局
党支部书记、局长 苏志宏

市人才交流服务中心
主 任 景小卫

市军队转业干部培训中心
主 任 段 峰

市失业保险管理服务中心
主 任 赵振林

市企业养老保险管理服务中心
主 任 师廷进

市医疗保险基金管理中心
主 任 冀林海

市市政公用局
党委书记、局长 赵成江

市房地产管理局
党委书记、局长 张文辉

市建筑勘察设计院
院 长 石文红

市农业种子管理站
站 长 张文荣

市水利机械工程局
局 长 常荣记(2015.01 免职并退休)

山西省郭庄泉域管理处
处 长 宿 辉

市水资源管理委员会办公室(水资源征费稽查队)
主 任(队长) 关云山

市水工程移民工作办公室
主 任 张建国(2014.12 撤职)

市矿山救护大队
队 长 尉良亮
党支部书记 杜建科

市煤炭安全纠察支队
支队长　　胡宇峰

市煤矿安全生产监察大队
大队长　赵希平

市煤炭设计院
院　长　李文民

市道路运输管理局
局　长　王福记

市投资促进局
局　长　周　廉(正县)

市文化市场行政综合执法大队
大队长　曹银民(2015.07 免)

市招生考试委员会办公室
主　任　亢创基

市红十字会
专职副会长　　张贵虎

市卫生监督所
所　长　皇甫坚

临汾职业技术学院第一附属医院(市第二人民医院)
院　长　黄峪生

市妇幼保健院(儿童医院)
院　长　杨建宏

市荣军康复医院
院　　　长　柴文平

党支部书记　林　烨

临汾高级技工学校
校　　　长　李海燕
党支部书记　李柏山

市农业干部学校
校　长　　李晓宇(2015.03 免职并退休)

市粮食职工中等专业学校
党支部书记：

市财经学校
校　长　李建国

市第一试验中学
校　长　马俊峰(正科)
书　记　张清俊(2015.11 任)

侯马职业中专学校
党委书记　高剑云
校　长　秦崃贵

陶寺遗址管理处
主　任　廉振东

市投资建设开发有限公司
董事长兼总经理　狄学飞

※乔成喜于 2014 年 12 月开除党籍、公职；白建荣于 2015 年 4 月免职，8 月开除党籍、公职；高克发于 2015 年 7 月开除党籍、公职；陈国荣于 2015 年 7 月免职，11 月开除党籍；张俊荣于 2015 年 6 月开除党籍，9 月开除公职

中国共产党临汾市委员会

中共临汾市委

【概述】 2015年，临汾市委贯彻党的十八大和十八届三中、四中、五中全会精神，学习习近平总书记系列讲话精神，按照“四个全面”战略布局和省委“五句话”总体部署，以“三严三实”专题教育和学习讨论落实活动为抓手，团结带领各级干部和广大群众，做好改革发展稳定各项工作，全面从严管党治党，推进经济、政治、文化、社会和生态文明建设，开创弊革风清、富民强市新局面。

【学习习近平总书记系列讲话精神】 2015年，中共临汾市委坚持把学习贯彻习近平总书记系列讲话精神作为重要政治任务，学习贯彻省委“五句话”总要求和系列决策部署，通过召开市委常委会议、中心组学习会、全市性大会等多种方式，引导全市各级党组织和党员干部深化对习近平总书记系列重要讲话精神的理解，深化对“四个全面”战略布局的把握，深化对省委重大工作部署的领会，在全市上下形成广泛共识。市委常委带头推动“双学”，深入学习中央和省委重要精神，深入学习以习近平同志为总书记的中央领导集体崇尚实干、勇于担当、廉洁自律的工作作风，深入学习省委班子夙兴夜寐、深入调研、以上率下、严于律己的工作作风。把“以上率下”作为最基本的工作方法，要求全市党员干部做到的，市委常委首先做到，在各方面为全市树标杆、做榜样，发挥好示范带头作用，一级做给一级看，一级带着一级干。开展学习讨论落实活动，坚持问题导向，聚焦重点领域、民生领域和关键环节开展38项专项整治，在党员干部中倡导“坚守使命、勇于担当”的工作理念，营造干事创业、攻坚克难的浓厚氛围，统一思想、凝聚共识，为推进改革发展稳定各项工作提供坚强政治保障。

【强化“两个责任”】 2015年，中共临汾市委10余次召开市委常委会研究党风廉政建设和反腐败工作，制定《关于落实“两个责任”的实施意见》，3次召开各县(市、区)党委落实主体责任述职会，确保各项任务落到实处。市委“五人小组”多次约谈县(市、区)委书记、县(市、区)长，层层传递责任，层层传导压力。对履职不到位的严肃追责问责，对260名主体责任和监督责任落实不力的责任人予以追究。推进纪检监察体制改革，市纪委机关内设机构改革全部完成，研究制定《关于县级纪委监察局职能转变的指导意见》《关于加强乡镇纪检工作的指导意见》，县级内设机构工作基本完成，推动纪委聚焦主业、转变职能。年终在专项巡查的基础上，组织开展党委(党组)书记述纪述廉述作风述主体责任“四述”活动。

【严肃政治纪律和政治规矩】 2015年，中共临汾市委出台《关于严格党的政治纪律严肃党内政治生活的意见》，要求各级党员干部做到“五个必须”，反对“七个有之”。对苗头性、倾向性问题早发现、早提醒，红红脸、出出汗，做到抓早抓小，把纪律立起来、严起来。严肃查处市文物局原局长常引根诬告贪腐案件，使党的纪律和规矩真正成为硬约束。各级班子成员之间思想互相交流、工作互相沟通、生活互相帮助，建立正常的同志关系，增进彼此信任和班子团结。

【“三个高压态势”】 2015年，中共临汾市委按照省委的部署，坚持零容忍、无禁区，从严惩治各类腐败问题，开展问题线索大起底和问题线索处置工作，遏制全市腐败问题增量，存量大幅度减少。全市立案2647件、结案2624件、处分2620人，其中党纪撤职以上重处分436人，县处级33人，移送司法机关96人。持之以恒正风肃纪，抓好“八项规定”的贯彻落实，抓住关键时间节点，紧盯公款吃喝、公款旅游、公务接待、公车私用等具体问题，坚决查处穿上“隐身衣”的“四风”问题。全市查处违反中央“八项规定”精神问题398起，处理571人。

开展“打黑除恶专项斗争推进年”活动，制定出台《打黑除恶工作措施二十条》，推进打黑除恶专项斗争，打掉35个恶势力团伙，打击黑恶势力犯罪分子的嚣张气焰。

【反腐败压力向基层传导延伸】 2015年，中共临汾市委针对“上面九级风浪，下面纹丝不动”的问题，把反腐败工作向基层传导，强化乡镇纪委办案，全市171个乡镇纪委共处置问题线索990件、立案595件、处分594人，比2014年同期增长269%、379%、379%。在全市开展农村“三资”和“以群众举报乡村干部腐败为切入点集中解决群众信访诉求问题”专项治理，严肃查处发生在基层和群众身边的腐败案件，移交问题线索467起，查结412起，处理512人。

【巡视整改】 2015年，中共临汾市委把巡视整改工作作为重大政治任务，落实省委巡视组的反馈意见，市委常委会6次对巡视整改工作进行研究，成立由市委书记罗清宇为组长的整改工作领导组，加强对巡视整改工作的组织领导。市党政班子领导亲自牵头负责分管领域的整改工作，对包联县(市、区)的巡视整改工作进行督促落实。各责任单位成立整改工作领导小组，逐项明确整改措施、责任单位和牵头领导，坚持系统查、系统防、系统治，以项目化工作方法推进整改工作，做到事事有人抓、件件有着落。

【推动转型升级】 2015年，中共临汾市委落实省委关于“革命兴煤”和“六型转变”的重大部署，实施“临汾煤炭25条”，规划布局乡宁、蒲县、古县、洪洞、尧都区焦煤和安泽、翼城动力煤等七大煤炭基地，组建中国(太原)煤炭交易中心临汾办事处，建立互联网+煤炭电商交易平台，全市煤炭产业“六型转变”工作有序推进。发展文化旅游、装备制造、新材料、新能源、食品医药、现代服务业等非煤产业，实施汾西其亚氢氧化铝、华翔精密铸件、普泰发泡铝、德迅电梯、鸿鼎新材料等重点转型项目218个，全市新兴产业投资占工业投资的比重50.4%，规模以上非煤产业工业增加值占到全市工业增加值的51%。按照省委书记王儒林“高水平规划，高标准建设，高效率推进”的要求，以尧文化为龙头，推进陶寺遗址公园、遗址博物馆、尧文化产业园的开发和建设，带动全市文化旅游业大跨度发展，旅游总收入完成275亿元，同比增长21%。推进百里汾河生态经济带建设，滨河东路竣工通车，城西客运站投入使用，临汾机场即将通航，经济带内18个工业园区总产值占全市工业总产值的50%以上。

【推进“三个突破”】 2015年，中共临汾市委在金融振兴方面，引进光大银行、兴业银行等3家股份制商业银行。引进英大产险、信达产险等10余家保险机构。成立省股权交易中心临汾运营中心，成为山西省市级第一家“四板”运营中心。培育企业上市，全市有4家企业在“新三板”上市，143家企业在山西股权交易中心成功挂牌。融资工作实现突破，市投资集团全年融资116亿元，尧都投资公司发行债券12亿元，尧都农商行发行资本债券7亿元，乡宁焦煤集团发行中期票据6亿元。在科技创新方面，全市拥有高新技术企业34家，新申报高新技术企业6家。高新技术企业设立研发中心25家，市级创新型企业设立研发中心51家。推动产学研合作，与中科院北京分院签订战略合作协议，建成2个院士工作站，筹建1个博士后工作站。在民营经济发展方面，落实中小微企业扶持政策，出台《关于大力支持中小微企业发展的实施意见》《关于进一步支持民营经济健康发展的措施》，设立中小企业发展基金，全市新创办小微企业3180户，新增个体工商户32125户，培育“小升规”企业27户，民营经济固定资产投资完成74.46亿元，民营经济占GDP比重为53.95%。

【加强“三农”工作】 2015年，中共临汾市委以稳定发展粮食生产为首要任务，以促进农民持续增收为核心目标，打造西山以鲜果为主、东山以干果中药材为主、平川以蔬菜为主的三大特色农业板块，推进农业现代化，加快构建新型农业经营体系，促进农业发展、农民增收、农村稳定。全市粮食总产23.6亿公斤。推进土地承包经营确权工作，完成确权面积32.13万公顷。推进扶贫工作，新增产业扶贫项目68个，9个村级光伏电站建成并网发电。农村人居环境改善完成投资26亿元，完成省定任务的150%。

【推动生态建设】 2015年，中共临汾市委设立百里汾河生态文明保护区，成立管委会，加快实现绿色、低碳发展，改善汾河流域生态环境质量。开展造林绿化工作，完成营造林2.68万公顷。围绕创建国家环保模范城目标，促进节能减排，加快重点节能项目改造，推动梅亿新能源汽车产业发展，市区纯电动公交车实现全覆盖。全年,市区二级以上天数为266天,同比增加26天。

【城市建设改造】 2015年,中共临汾市委坚持把城市建设改造作为改善人居环境、厚植发展优势的重要举措,作为应对下行压力、拉动经济增长的有力抓手,学习借鉴太原“城中村”改造的经验和做法,多次召开市委常委会、常委扩大会议对城市建设改造工作进行专题研究和安排部署。确定道路桥梁、污水处理、校区建设等投资300多亿元的15项城市建设重点工程和40个重点“城中村”改造项目。召开全市城市建设改造动员大会,成立市区城市建设改造协调领导组和总指挥部,具体负责城市建设改造的协调领导和组织推进。各项工程进展顺利,山西师大临汾学院搬迁、4座立交桥、市奥体中心职工体育馆等9个项目开工建设,“城中村”改造项目启动27个。

【深化改革开放】 2015年,中共临汾市委推进“六权治本”工作,在侯马市和市规划局等6个市直单位开展试点的基础上,在全市全面铺开“六权治本”工作,形成压茬进行、扎实推进的良好态势,17个县(市、区)和市级权责清单编制完成。推进行政审批制度改革,承接省政府下放市级行政审批事项28项,下放县级6项,取消12项,提高审批效率。推进土地有序流转,推进煤炭体制、公路运销体制、国有林场、医疗卫生体制改革,探索实施临汾、侯马经济开发区扩区工作,各项改革都取得进展。加大对外开放,对接“一带一路”发展战略,提高全市对外开放合作水平。组织广州招商引资会、帝尧古都文化旅游节招商引资项目推介会、上海城市推介3次大型招商活动,在上海城市推介活动中率先启动招商引资2.0模式,得到省委、省政府肯定。全年全市签约149个项目,签约金额1755亿元。

【保障和改善民生】 2015年,中共临汾市委把就业作为民生工作的头等大事,新增城镇就业5.5万人,转移农村劳动力就业6.3万人,城镇登记失业率为2.6%。推进各类教育均衡发展,加强教育基础设施建设,开展“名师、名校、名校长”创建活动,教育教学质量持续提升,高考二本达线率41.67%。统筹推进社会保障体系建设,城乡居民养老保险参保人数192.6万人,城镇基本医疗保险参保人数104.9万人,新农合参合率达到99.5%。推进保障性住房建设,全市开工建设各类保障性住房6665套,实施农村危房改造1.4万户。

【安全生产】 2015年,中共临汾市委抓住认识、责任、作风三个关键环节,落实安全生产党政同责的《实施意见》,坚持把安全生产摆在首要位置。汲取天津港“8·12”火灾爆炸事故教训,开展“六打六治”专项行动、隐患排查专项整治和危化品专项整治,加强煤矿、非煤矿山、道路交通、公共场所等各行业、各领域的安全生产工作。各类生产经营性安全事故死亡人数为省下达控制指标的44%,安全生产形势持续稳定好转。

【重视信访稳定】 2015年,中共临汾市委开展“以群众举报乡村干部腐败为切入点集中解决群众信访诉求问题”专项治理,控制赴省集体访和进京非正常上访,推行联合接访模式,解决一大批群众信访问题,进京非正常上访同比下降57.6%,到市集体访批数下降29.8%,人数下降32.1%。全国“两会”、十八届五中全会等重大政治活动期间,实现省委提出的“三个不发生”的工作目标。加强“平安临汾”建设,继续推进网格化管理,县乡村三级社会服务管理中心全部建成并进入运行;实施“六六创安”工程,持续开展以打黑除恶为重点的“六场硬仗”,八类危害严重的刑事案件同比下降15.7%;加快推进以视频监控为重点的“六网覆盖”工程,有效防范各类风险。高度重视网络舆情,正确把握舆论导向,健全完善“零报告”信息反馈机制、突发事件和重大舆情协调联动机制,严防网络炒作事件,营造良好舆论氛围。

【法治临汾建设】 2015年,中共临汾市委坚持和完善人民代表大会制度,加强对人大工作的领导,支持人大及其常委会依法履行职责。依法作出关于进一步加强和改进人大监督工作的决定,围绕实施“六权治本”、推进“六大发展”,每季一督查、每次有主题,对百里汾河生态文明保护区进行专项督查,推动汾河生态资源保护迈入法治轨道。对学前教育、扶贫开发进行了专题询问和跟踪督查,对市检察院规范司法行为实施重点监督。综合运用审议报告、执法检查、满意度测评等形式对“一府两院”26项工作进行监督,实行代表建议办理工作“三公开两见面”,发挥地方国家权力机关的作用。坚持和完善中国共产党领导的多党合作和政治协商制度,加强和改进对政协工作的领导,支持市政协在推进协商民主上发挥重要作用。开展“百名政协委员下基层活动”,组织政协委员就经济社会发展中的重大问题进行调研视察,利用社情民意和政协提案两个载体,建言献策,促进全市经济社会健康发展。巩固和发展最广泛的爱国统一战线,组织开展凝聚思想、凝聚智慧、凝聚力量“三个凝聚”工程。加强同各民主党派和无党派人士的合作共事,推进商会建设,深化“商行助千企、百亿促转型”活动,推动全市民营企业的发展。做好对台工作、侨务工作,加强宗教工作和民族工作。支持工会、共青团、妇联等人民团体发挥作用。推进法治临汾建设,深化依法行政,完善行政决策机制、严格行政执法,强化对行政行为的监督,法治政府建设成效明显。推进阳光司法和阳光检务,增强司法公信力。开展法治宣传教育,采取法制讲座、任前法律考试、送法下乡等多种形式,扩大法制宣传教育的覆盖面和影响力。坚持党管武装原则,完善军地齐抓共管国防后备力量建设机制,巩固发展军政军民团结的良好局面。

【“三严三实”专题教育】 2015 年,中共临汾市委贯彻从严要求,市委常委会带头讲党课,带头学习规定篇目,邀请中央党校教授作专题辅导。围绕“严以修身”“严以律己”“严以用权”和“严守党的政治纪律和政治规矩”“整治诬告歪风、强化担当作为”5 个专题,开展深入的学习研讨。强化问题导向,盯住“不严不实”的问题和表现,坚持边查边改,全市 131 个单位 1200 余名县处级以上领导干部,查找 6 个方面“不严不实”问题 1.9 万个。开展基层干部不作为、乱作为专项整治,对 121 名基层干部给予党政纪处分。

【宣传思想工作】 2015 年,中共临汾市委举办学习宣传贯彻十八届五中全会精神、“两会”精神暨“四个全面”理论骨干培训班,开展社会主义核心价值观宣传教育,弘扬临汾优秀法治文化、廉政文化、红色文化,营造文明和谐的新风尚。加强对外宣传,组织“山西·陶寺遗址发掘成果新闻发布会”,举办首届山西·临汾帝尧古都文化旅游节、“中国之源、风情临汾”文化主题展演和“围棋之源·圣尧杯”国际大师邀请赛,展示临汾深厚的文化底蕴和文化魅力。

【推进“三个一批”】 2015 年,中共临汾市委制定下发《关于做好市管领导干部“三个一批”工作的实施意见》,做到重点甄别、常态甄别和源头甄别相结合,对县(市、区)党政班子和市直部门重要岗位的 782 名干部进行重点甄别,将个人有关事项申报范围拓展到全市 3000 多名在职正科级实职干部,对其中 2026 人进行重点抽查核实。市县两级共甄别处理不廉洁、乱作为干部 310 人;调整退出不作为、不胜任干部 200 人;掌握敢担当、善作为干部 1213 人;经“六查”甄别核实后存在问题暂缓任用的干部 84 人,防止干部“带病提拔”。

【加强干部管理】 2015 年,中共临汾市委围绕贯彻新修订的《干部任用条例》《推进领导干部能上能下若干规定(试行)》和省委五个干部工作文件,研究出台“一个意见三个规定”,即《关于从严从实管理干部的意见》《临汾市市管干部动议酝酿任免议事规则(试行)》《临汾市市管干部任免工作规程(试行)》《临汾市市管干部推荐考察工作细则》,从加强日常监管、规范选拔任用、整治不为不实、强化激励关爱等方面提出明确要求,为规范干部选拔任用和日常监管提供重要遵循和制度保证。调整配备县级干部 185 名。

【基层组织建设】 2015 年,中共临汾市委落实党建工作责任制,健全完善市县乡村四级书记“面对面”述评制度,夯实党的执政基础。建立县委书记抓党建“7+3”项目清单 190 个,解决一批基层党建难题。落实“定查评”工作法,实施“领头雁”延伸培训,培训农村“两委”主干 6647 名、“两委”委员和骨干党员 2.1 万名。把选派第一书记和精准扶贫紧密结合,向软弱涣散村和建档立卡贫困村选派第一书记 912 名,举办 4 期精准扶贫班。出台《关于进一步加强农村基层党建工作的实施意见》,实施农村基层党建“六大提升工程”,增强基层组织的凝聚力、战斗力和创造力。

【重要会议】 2015 年 12 月 28 日,召开中共临汾市第三届委员会第七次全体会议,会议听取罗清宇同志代表市委常委会所作的工作报告;会议通过《中共临汾市委关于制定国民经济和社会发展第十三个五年规划的建议》。

【重要文件】

中共临汾市委关于贯彻落实党的十八届四中全会和省委十届六次全会精神加快推进法治临汾建设的实施意见(临发〔2015〕1 号;2015 年 1 月 8 日)

中共临汾市委关于修订《中共临汾市委关于落

实党风廉政建设党委主体责任和纪委监督责任的实施意见(试行)》的通知(临发〔2015〕2号;2015年1月8日)

中共临汾市委、临汾市人民政府关于印发临汾市推进“六大发展”2015年行动计划的通知(临发〔2015〕3号;2015年1月15日)

中共临汾市委关于开展向贺冰同志学习活动的决定(临发〔2015〕4号;2015年1月21日)

中共临汾市委关于开展向李文胜同志学习的决定(临发〔2015〕5号;2015年2月4日)

中共临汾市委关于落实省委巡视组反馈意见的整改方案(临发〔2015〕6号;2015年4月9日)

中共临汾市委关于推荐临汾市第三届人民代表大会常务委员会候选人的建议(临发〔2015〕7号;2015年4月23日)

中共临汾市委关于推荐临汾市政协常委委员候选人的建议(临发〔2015〕8号;2015年4月23日)

中共临汾市委关于印发《临汾市“六权治本”推进工作试点方案》的通知(临发〔2015〕9号;2015年5月11日)

中共临汾市委、临汾市人民政府关于深化煤炭管理体制改革的意见(临发〔2015〕10号;2015年5月15日)

中共临汾市委、临汾市人民政府关于印发《临汾市改善城市人居环境规划纲要(2015－2017年)》的通知(临发〔2015〕11号;2015年9月12日)

中共临汾市委、临汾市人民政府关于加快推进科技创新的实施意见(临发〔2015〕12号;2015年9月22日)

中共临汾市委、临汾市人民政府关于推进全市金融振兴的实施意见(临发〔2015〕13号;2015年9月29日)

中共临汾市委、临汾市人民政府关于进一步支持民营经济健康发展的措施(临发〔2015〕14号;2015年10月9日)

中共临汾市委关于贯彻《中国共产党统一战线工作条例(试行)》的实施意见(临发〔2015〕15号;2015年11月3日)

中共临汾市委关于加强和改进党的群团工作的实施方案(临发〔2015〕16号;2015年11月3日)

中共临汾市委关于落实省委巡视组第二轮反馈意见的整改方案(临发〔2015〕17号;2015年11月13日)

中共临汾市委关于进一步加强农村基层党建工作的实施意见(临发〔2015〕18号;2015年12月18日)

中共临汾市委关于从严从实管理干部的意见(临发〔2015〕19号;2015年12月18日)

中共临汾市委关于进一步加强乡镇纪检工作的指导意见(临发〔2015〕20号;2015年12月18日)

(陈波轶)

市委办公厅工作

【概述】 2015年,临汾市委办公厅以“三严三实”专题教育为统揽,围绕市委中心工作,改进作风,提高工作效率,提升服务水平,为市委各项工作的开展发挥作用。

【文秘工作】 2015年,临汾市委办公厅围绕大局,以文辅政,发挥参谋助手作用。强化大局意识、服务意识和责任意识,围绕市委的重大决策和中心工作,从全局和战略的高度思考问题,研究工作,起草文稿。文稿写作方面,增强“紧紧围绕大局,时时聚焦大局,处处服务大局”的意识,领会中央、省委、市委精神,完成领导讲话、综合材料、情况报告等各种文件起草任务。2015年,起草市委三届七次全会、全市开展学习讨论落实活动推进大会、全市“三严三实”专题教育工作推进会、全市农村工作会议等会议领导讲话材料,起草市委常委会议主持词、常委会工作报告等文稿约300余篇、70万字。文件办理方面,坚持准确、及时、规范、简洁的标准,把好程序关、政策关、规范关、时效关,全年发各类文件229期(临办发电97期),约40000余份,接收上级文件470期,政府等部门转阅件100余期,传阅4700余人次,分发中央和省里文件14000余份,借阅上级文件50余次,归档上一年文件6975份。

【信息工作】 2015年,临汾市委办公厅强化意识,突出实效,做好信息服务工作。重视信息工作,围绕“紧贴中心、服务决策、加强调研、提高质量”的工作思路,研究信息工作发展的新规律,围绕热点、难点问题收集资料,编写高质量信息,为市委决策提供全方位、多领域、多角度的信息服务。全年收集各县(市、区)、市直单位报送信息1万余条,编辑《山西临汾信息》《临汾信息》调研信息200余期,中央办公厅、省委办公厅采用信息近百条,完成全年工作任务。加强社情民意工作,全年编发《社情民意季报》四期,办理网友在“人民网——地方领导留言版”“黄河新闻网——我对领导有话说”两个栏目反映的问题,做到件件有回音,件件有落实;接收省转办(社情民意)件126件,转办率100%,督办率100%,办结率100%。

【会务值班工作】 2015年,临汾市委办公厅提升综合协调能力,注重顾全大局、统筹兼顾、综合权衡、周密部署,协调上下级之间、四大班子之间、军地之间、市县区之间、部门之间关系,统筹各种力量和资源,形成贯彻落实市委决策部署的强大合力,保证市委机关的高效运转和各项任务的顺利开展。会务工作方面,组织各类会议,承办市级会议26次;组织市委常委会48次;配合其他部门协调组织各类会议80余次。组织协调中央、省级、市级领导调研、检查指导、访贫问寒等各类公务活动86次。在领导调研和其他各类公务活动中,组织了向烈士纪念碑敬献花篮,慰问一线职工、部队官兵,看望老干部、访贫问寒等一系列公务活动。办理各类请示报告卡519次。值班工作方面,在软硬件配套设施建设方面投入资金,配备电脑、传真机等专用设备,完善信息报送网络,规范信息报送渠道。坚持24小时专人在岗值班,确保值班电话不漏接,突发事件信息及时收集,按时报送。全年接报各类突发公共事件94条,各类市级及以下单位来文阅办139件,来电阅办12件,值班要情25份,值班快报30期;为市委领导外出向省委报送报备9件,接收各县(市、区)及各市直单位领导外出报备199件;在非工作时间处理市委相关工作事务35件。

【督查工作】 2015年,临汾市委办公厅围绕市委决策和全市改革发展大局,着眼市委领导关注的重点,就贯彻落实中央八项规定精神和“六权治本”推进情况进行督查,督查县(市、区)和市直单位30家,抽查财务数据和账目凭证15家,实地查看窗口单位8个,编撰《督查专报》16期,《督查通报》4期,撰写督查调研报告6篇,向市委反馈各项工作的进展情况。开展专项查办工作中,按照“一事一办、专人负责”的原则,采取现场督办、电话督办等方式,确保领导批示的每一件工作都落实到位,取得实效。全年办理省委、市委领导批示件83件,其中督办件71件:省领导批示件16件,市领导批示件55件;转办件12件:省领导批示件2件,市领导批示件10件,全部予以办结。做好政协提案办理工作。2015年,按期办理政协委员提案21件,建议意见5件,办结率100%。

【机要工作】 2015年,临汾市委办公厅从严要求,确保高效,机要工作安全无误。以“高标准、严要求、保安全、保畅通”为主线,按照有关工作条例,从严管理,从严要求,在密码通信、信息化密码保障、密码管理和党委系统信息化建设上取得新成绩,确保密码通信工作的绝对安全和绝对畅通。机要工作推进制度创新,健全完善各类管理规定,加强对密码通信网络的优化升级和系统改造,强化机要干部队伍建设,提高密码干部的综合素质,完成密码通信任务。全年收发报14369份,54317页。

(陈波轶)

信访工作

【概述】 2015年,临汾市各级信访部门在市委、市政府的正确领导下,全面贯彻落实中共十八大和十八届三中、四中、五中全会精神以及中央、省关于信访工作的一系列决策部署,坚持把信访工作纳入法治化轨道,以“四下降、一加强、争四无”主题活动为载体,以控制和减少赴省集体访和进京非正常上访为重点,开展“以群众举报乡村干部腐败为切入点集中解决群众信访诉求问题”专项治理,一大批群众反映的信访突出问题得到有效解决,维护群众合法权益,促进社会政治稳定,信访工作取得较好成绩。2015年,省下达本市信访考核指标分别为,赴省集体访控制在35批次、进京非正常上访控制在340人次。全年,信访局办理、接待群众来信来访8971件次,比2014年同期11089件次下降19.1%。发生群众到市集体上访286批7197人次,与2014年同期414批8899人次相比,批数下降30.9%，人数下降19.1%。发生群众赴省集体上访27批315人次，与2014年同期16批208人次相比，批次上升68.7%，人次上升51.4%。发生群众赴京非正常上访146人次，与2014年同期337人次相比下降56.7%，在全省排第9位。赴省集体访和进京非正常上访两项指标，完成省定目标考核任务。

【关键节点信访维稳】 2015年，临汾市各级信访部门在山西省、全国“两会”“9·3”抗战胜利70周年纪念活动、十八届五中全会等重大政治活动期间，确保信访工作实现省委提出的“三个不发生”（确保不发生大规模进京集体访和聚集、确保不发生因信访问题引发的重大群体性事件、确保不发生因工作不当引起的负面炒作）以及“三个坚决防止发生”（坚决防止发生大规模集体进京上访、坚决防止发生个人极端恶性事件和媒体炒作事件、坚决防止发生重大群体性事件）的工作目标。

重点案件办理方面，受理国家、省信访局重点案件31案，到期全部办结，办结率100%；自列案件22件，到期全部办结，办结率100%。

网上信访方面，网上信访受理国家、省信访局转送投诉件306件，到期全部办理反馈，办结率100%；本市群众网上评价对信访部门满意度97.05%，对责任部门满意度96.36%。

信访宣传方面，全年编发上报《信访信息》28期，采编信息调研74条（篇），其中信息58条、调研16篇。《山西信访》采用52条（篇），《人民信访》采用1篇。

【信访主题活动】 2015年，临汾市结合实际开展“四下降、一加强、争四无”主题活动，“四下降”，即到市上访总量、到市重复集体上访、进京非正常上访、进京重复非正常上访等四项指标，同比2014年全面下降。“一加强”，通过加强基层基础，提高基层处理信访问题的能力和水平，把矛盾化解在基层，把人员稳定在当地，为“四无”（无到市重复集体访、无赴省重复集体访、无进京重复非正常上访、无信访积案）目标实现奠定基础。“争四无”，争创“四无”县市。活动的核心内容抓住重复上访治理，从根本上减少信访积案，契合省委提出的控“新”治“旧”新表述。从活动开展情况看，成效明显。全市赴省集体访、进京非正常上访考核指标完成，省交办临汾市的信访积案减少，全部化解，全市未发生重复进京非访的县有6个，未发生重复到省集体上访的县有14个。

【信访专项治理】 2015年，全省开展“以群众举报乡村干部腐败为切入点集中解决群众信访诉求问题”专项治理以来，临汾市把专项治理作为“六权治本”的重要任务，精心组织，周密部署，采取有效措施，推动专项治理深入开展。把领导包联作为解决专项治理信访事项的重要抓手，落实包接待、包稳控、包限期处理、包做思想政治工作的“四包”责任制，确保案件有效化解。加大督查督办力度，把工作阵地向基层拓展、向一线延伸，通过督导组督办、通报督办、会议督办、现场督办等多种形式，压实案件化解责任。区别情况、分类对待，综合运用法律、政策、经济、行政等手段，推动案件息诉罢访。对诉求合理但要求过高的，解决合理诉求，做好教育疏导工作；对要求过高但确实生产生活困难的，运用专项资金给予救助解决；对一些反复上访人员，坚持换位思考，带着感情做工作；对经过案件评审确实不能息诉罢访的行政或涉法涉诉类案件，按照程序进行三级终结。通过以上措施，本市专项治理工作取得显著成绩：省专项治理第一阶段共交办本市信访事项1539件，其中中央、省交办重点案件62件，网上未办结1477件。以上案件，除1案上报并剥离外，其余61件（51案）和1477件全部按省规定时限要求办结。省联席会议于7月13日在临汾市召开全省专项治理推进会，省委副书记楼阳生出席会议并做重要讲话。会上印发《临汾信访疑难事项100例》一书。10月，省联席会议下发《关于深化“以群众举报乡村干部腐败为切入点集中解决群众信访诉求问题”专项治理实施方案的通知》，要求专项治理延伸至年底结束，第二阶段交办本市51案。已化解47案，化解率92.2%。其中，25案息诉，4案复查复核审核认定结案，18案通过法定途径分类处理。

【诉访分离】 2015年，临汾市各级信访部门按照中央出台的《关于依法处理涉法涉诉信访问题的意见》要求，对属于司法机关处理的涉法涉诉信访问题，引导信访者向司法机关反映诉求，通过法律程序、法律手段解决诉求，让法律的归法律，信访的归信访。

【按政策办理信访事项】 2015年，临汾市各级信访部门依法依规办理群众信访事项，在办理解决信访事项过程中,本着依法按政策的原则处理,对上下、左右无牵连的案件,按照规定一次性解决到位;对诉求合理但要求过高的,在解决合理诉求的同时,耐心做其思想政治工作,促使案结事了;普通信访事项按照《信访条例》规定启动信访三级终结程序。信访事项终结之后,各级各有关部门不再统计、交办、通报。

【引导群众依法逐级走访】 2015 年是《信访条例》修订实施十周年,临汾市于 5 月启动信访宣传月活动,于 5 月 4 日当天,在市委、市政府设立两个宣传点,加大对《信访条例》宣传力度,解答群众咨询 200 余人次,摆放《信访条例》版面 6 块、发放《信访条例》宣传单、《依法逐级走访办法》宣传单、《信访漫画》口袋书等宣传资料 1000 余份,让上访群众懂法、知法、守法。在平时接访工作中,贯彻落实《国家信访局逐级走访办法》,对应到未到下级部门反映诉求的,或者下级部门正在处理且未超出法定时限的,或者信访事项已经终结的,按规定不予受理。

信访法规宣传

【阳光信访】 2015 年,临汾市信访局推进信访信息化建设,实行网上信访受理制度,打造"阳光信访",建立"网下办理、网上流转"的群众信访事项办理程序,把受理、办理和结果等通过网络公开,把办理群众利益诉求的工作置于群众的监督之下,实现信访事项的"可查询、可跟踪、可督办、可评价"。通过一以贯之地厉行法治,培育依法信访的法治观念和法治信仰,临汾市初步形成有利于做好信访工作的法治风尚和法治环境。

【"双向规范"】 2015 年,临汾市信访局依法规范信访工作行为。提高各级国家公职人员的依法行政、依法办事水平,对群众信访事项以及案件化解工作思想不重视、措施不得力、处置不妥当、引发大规模群体性上访的,或因失职、渎职、稳控不力造成进京非访的,进行责任追究。2015 年临汾市对 20 名国家工作人员进行责任追究,5 个单位给予通报批评,其中诫勉谈话 14 人、书面检查 5 人、党内警告 1 人;在专项治理中,对涉纪类信访事项的 11 名责任人进行责任追究,其中党内严重警告 4 人、党内警告 7 人。依法规范信访人的信访行为。2015 年,全市发生进京非访 146 人次。其中,行政类案件 83 人次,占总量 56.8%;涉法涉诉类 63 人次,占总量 43.2%;重复非访 68 人次,占总量 46.6%;集体非访 5 批 30 人次。对这些进京非访,坚持对有理无序的上访行为,先变无序为有序后再加以解决;对无理又无序的上访行为,按照省政法委等五部门联合下发的《关于依法处理非正常上访行为的指导意见》(晋政法〔2015〕4 号),依法果断处置。2015 年依法处置非访人员 170 人,其中行政拘留 83 人,警告 29 人,训诫 42 人,刑事立案 16 人。

(许景安　侯武杰)

保密工作

【概述】 2015 年,临汾市保密工作结合《保密工作"十二五"发展规划》和市委保密委员会 2015 年工作要点的要求,开展党政机关保密检查,贯彻落实《保密法》,抓好"三个平台"建设、保密普法宣传教育,日常保密工作等各项任务,推动全市保密工作。

【保密宣传教育】 2015 年,是新修订的《中华人民共和国保守国家秘密法》正式施行的第 6 年,临汾市保密局普及保密法制宣传教育,以《临汾市"六五"保密法制宣传规划》为蓝本,宣传保密法律法规。结合宣传教育的要求和工作实际,注重拓展形式,制作《机关单位保密知识》课件,应用在各机关单位的保密学习培训中。在市检察院、市委组织部、市中国银行等举办保密法制专题培训。尧都区、曲沃、霍州、安泽、隰县等县局对县直重点单位的干部群众进行保密培训。贯彻《关于进一步加强全国干部保密教育培训工作的通知》,开展各级领导干部、涉密人员和初任公务员的保密教育培训。推进保密宣传教育“三进工程”，结合涉密人员工作特点和在校大学生专业学习情况，开展保密知识技能与业务工作相结合，保密常识与所学专业相结合的宣传教育，在2015年年底，基本实现“三进工程”全覆盖。12月4日是国家宪法日，制作宣传版面，印发宣传资料，走上街头，面向群众，宣传保密法律法规。

各县(市、区)党委和党委办公室加强对保密工作的领导，发挥党管保密的优势作用。县(市、区)党委保密委员会开展工作，协调解决保密工作的难题和问题，绝大多数县(市、区)开展保密党课活动，翼城县将保密工作纳入年度目标考核内容，落实《党政领导干部保密责任制规定》。

【杂志征订】 2015年，临汾市保密局做好《保密工作》征订工作。临汾市2015年征订工作结束，征订《保密工作》698份。根据保密宣传教育工作的需要，在全市范围征订《保密科技》。10月1日，新修订的《保密法》颁布实施以来，市保密系统坚持依法履职，依法治密，提高“两识”，在各级党政机关、单位和社会群众当中开展保密法制宣传教育，加大保密执法检查力度，推进保密工作规范化。

【保密行政检查】 2015年，临汾市保密局开展保密专项检查。根据省委保密委员会《关于组织开展全省涉密网络保密检查的通知》(晋保发〔2015〕2号)和《关于对组织开展全省涉密网络保密检查工作进行抽查的通知》(晋保办函〔2015〕3号)，组织开展自查自纠，理清全市涉密部门、部位、网络底数，查清涉密基础建设与管理中存在的问题与不足，健全制度，规范管理。印发《关于开展全市涉密网络自查的通知》(临保办函〔2015〕2号)，要求涉密网络单位结合填写相关报表，对照检查目录，自查自纠。临汾市市一级有4个涉密网络，其中在用1个，即市检察院涉密网络，在建3个，即市委办公厅系统党务内网、市纪委纪检监察网、市委组织部大组工网。开展保密检查，加强对涉密网络单位的督促检查，从山西师范大学、市发改委、市公安局支队等部门聘请专家，成立涉密网络建设工作专家组，参与市涉密单位网络检查工作。

【保密专项督查】 2015年8月上旬至9月上旬，市委办公厅组织3个保密工作专项督查组，3个督查组从市委办公厅、市保密局、市机要局抽取精干力量，组长全部由办公厅正县级领导担任，对全市17个县(市、区)党委办公室和2个经济技术开发区党工委办公室的保密工作进行督察。这次保密工作督察以发现问题、消除隐患、筑牢防线为重点，以推动中央、省委和市委关于保密工作重大安排部署的落实为目的，检查17个县(市、区)党委办公室和2个经济技术开发区党工委办公室。抽查保密要害部门部位133个，涉密网络21个，涉密计算机47台，非涉密计算机65台，移动存储介质26个，随机跟踪检查涉密文件517份。发现严重违规3起。10月8日，市委办公厅以厅字〔2015〕17号文件转发市委保密办对全市党委系统办公室保密工作专项督察情况的通报。配合省人大保密执法检查组的工作。

【省人大保密执法检查】 2015年10月14、15日，山西省人大保密执法检查组在人大副主任张茂才的带领下，对临汾市贯彻落实《中华人民共和国保守国家秘密法》的工作情况进行执法检查。检查组听取临汾市国家保密局和霍州市委、市政府的专题汇报，实地检查临汾市人民检查院、中国人民银行临汾支行、霍州市科技局、霍州市档案局等市、县机关单位贯彻落实《保密法》的工作情况。

【定秘管理】 2015年，临汾市保密局规范定秘工作，根据全省保密工作会议的有关要求，经市委保密委员会研究决定，安排部署全市定秘责任人报备工作，下发《关于报备定秘责任人的通知》(临保发〔2015〕3号)，全市113个市直单位报备定秘责任人169人，其中法定定秘责任人113人，制定定密责任人56人。全市17个县(市、区)定秘责任人报备至县(市、区0保密局。

【涉密网络建设】 2015年，临汾市保密局关注涉密网络管理的基础性工作，确保涉密网络从开始建设到方案论证，设备选型，到组织测评，打下牢固基础。各相关单位健全保密工作领导机构，制定规章制度，明确岗位责任。从山西师范大学、市发改委、市公安局支队等部门聘请专家，成立涉密网络建设工作小组，参与涉密网络建设方案的论证工作。专家组多次参加市、县两级检查院涉密网络建设方案的论证，提出指导意见和改进措施。各涉密网络单位为建设和管理好涉密网络做了大量基础性工作。市检察院在网络建设期间，给市保密局报送方案，根据市保密局的意见，修改、补充和完善；按照“强化管控,严堵漏洞”的原则,确保涉密计算机违规外联监控平台、互联网出口信息保密监管平台和互联网政府门户网站保密检查平台“三个平台”的运行,加强对重点部门、部位涉密网络、涉密计算机的保密监管,实现“变被动防御为主动防范,变事后查处为事前防范”;全市4家涉密网络单位的网络建设工作坚持高标准、严要求的原则,建设模版同上级单位看齐,保证网络技术标准的整齐划一。

【涉密设备购买】 2015年,临汾市保密局根据国家保密局《关于抓紧配备保密技术检查设备的通知》和省国家保密局《关于配备保密技术检查设备的通知》的要求,购置OSC－5000频谱分析仪、WLH－GSM直视移动通讯检查接受系统、涉密信息系统保密检查工具、计算机安全保密管理检查工具、GPM－700防窃听探测监视器等保密设备。购买各种保密技术检查工具软件、窃听检查仪、无线信号检查仪、电磁信号屏蔽器、防护识别电脑、打印机等设备。

【国家统一考试试卷保密室检查验收】 2015年,临汾市保密局坚持“齐抓共管,统筹协调”的原则,协同教育、司法、卫生、公安、招办等相关部门,加强对考试工作的保密管理。考前组织专人检查保密室规章制度情况、硬件防护设备、涉密人员的保密教育情况及保密责任书的签订情况,发现问题,排除隐患,杜绝泄密隐患,确保以试卷为中心的保密安全。4月,根据省保密局《关于对国家统一考试试卷保密室开展检查验收的通知》,下达自查通知,要求有关部门对全市20个教育、卫生考试试卷保密室开展自查,5月上旬会同市教育局、市卫生局对保密室联合检查验收。

【“三个平台”技术监管】 2015年,临汾市保密局按照“强化管控,严堵漏洞”的原则,确保涉密计算机违规外联监控平台、互联网出口信息保密监管平台,互联网政府门户网站保密检查平台的运行,加强对重点部门、部位涉密网络、涉密计算机、互联网出口信息、互联网政府门户网站的保密监管,实现“变被动防御为主动防范,变事后查处为事前防范”。未发现报警问题。

【国家秘密载体定点复制单位年检】 2015年,临汾市保密局根据省保密局针对国家秘密定点复制单位申请和管理办法,组织力量对全市定点复制单位进行筛选,对照人员规模、资产规模、社保人数、纳税额等各项条件,确定市委机关印刷厂、市政府机关印刷厂、霍州煤电集团印刷厂等3家定点复制单位。

(董学武)

老干部工作

【理论宣讲】 2015年,临汾市委老干部局按照省局要求,组织全市全国离退休干部“双先”代表巡回宣讲临汾报告会,300余名老干部骨干现场聆听老干部先进代表的宣讲。将临汾市宣讲报告会的视频制作成400张光盘,下发至各县市、市直各单位进行观看学习,要求各地各单位注重学习效果,推广总结经验,每季度上报一次学习宣传情况。全市各级老干部部门组织开展老干部骨干理论宣讲会42场次,举办学习报告会、辅导讲座129场次,老干部参加人数10115人次。

【展示阳光心态】 2015年,市委老干部局于七一前夕在《临汾日报》发表专刊,宣传全市离退休干部党组织和个人发挥作用的先进典型。曲沃县开展“看今朝,秀出时代风采”系列活动,举办以“争当优秀离退休干部党员”为主题的演讲比赛、举办书画展、组织开展诗词征文比赛等;襄汾县举办我身边的“最美老干部”征文活动。通过征集离退休干部从工作岗位上退下来后发挥作用,为党的事业增添正能量的先进事迹,引导老同志用美好的心态来感染、鼓舞身边人;安泽县“五一”前夕,组织老干部艺术团深入到县城建局为全县环卫工人送去主题为“我阳光、我快乐、我为环卫工人唱赞歌”文艺演出。

【体验美好生活】 2015年,市老干部局组织市直老干部100余人参观尧都区、曲沃县重点工农业项目。翼城县在《今日翼城》刊发《开展争做“时代老人”活动倡议书》,号召全县广大离退休干部发挥示范引领作用,建言献策,做好身边事,服务周边人;乡宁县老年文化研究会老干部自编、自导的大型音乐舞蹈史剧《鄂颂》在县文体中心剧院进行首演,通过演出,使当地人了解自己的历史和文化,获得群众赞誉;尧都区组织开展老干部“健康人生·和谐友善”诗词书画展。展出书法、绘画、剪纸等各类作品200余幅,有130多名老同志参加活动。

【畅谈发展变化】 2015年，市委老干部局联合市老年书画研究会组织开展纪念抗战胜利70周年大型书画展。古县组织离退休干部文艺爱好者自编自导，把习近平总书记系列讲话、十八大及十八届三中、四中全会、学习讨论落实活动的有关精神融入说唱、小品等节目中，在3个乡镇4个村开展文化惠民活动——乡里乡亲大联欢巡回演出；安泽县组织退休老干部宣讲团走进校园开展“传统文化及思想品德教育进校园活动”，为全县4所中学的1000多名师生做报告；浮山县退休干部盖延敏采写的人物专访《好人老程》，弘扬和践行社会主义核心价值观，在辽宁电视台《说天下》栏目热播。全市离退休干部在各条战线发挥作用为党的事业增添正能量的人数19511人，其中从事关心下一代教育的9543人；建言献策的564人；撰写回忆录、编撰史志、调研、著书立作的454余人；从事书法、绘画、篆刻的1821余人；从事政策宣传、法制宣传、民事调解、行风监督的2939人；带领群众脱贫致富的1883人，其他方面发挥作用的2307人。

【为老干部办实事做好事】 2015年，全国、全省“双先”表彰大会召开后，全市各级老干部工作部门抓住机遇，采取各种举措和方法，为老干部办实事、做好事、解难事，使广大老同志享受关心照顾。市局坚持老干部家访制度，有针对性地选择生活困难、条件艰苦的老干部进行家访，全局分两批帮扶市直单位特殊困难离退休干部和遗孀50人，帮扶资金23.4万元，全部兑现到位。全年全市帮扶困难老干部及遗孀691人，发放特困帮扶资金达130.6万元。在各县市中，襄汾县针对老干部提出医药费报销周期长、门诊费标准低的反映后，决定门诊费由原来的每人每月120元增加到每人每月150元，医药费报销由原来的半年一次改为一季度报销一次。古县为方便农村居住的离退休干部看病，把相关村卫生所、乡镇卫生院定为老干部就医点。吉县针对县劳动保障局搬迁到新城，给老干部每年一次的资格认证造成不便，经同有关部门协调，在老干部局设置两个认证点，劳动局工作人员驻点工作，每年9月集中认证。

【离退休干部思想政治建设】 2015年，各级老干部工作部门落实离退休干部理论学习、阅读文件、走访慰问、通报情况、参加重要会议和就近就地参观重点工程建设等基本政治待遇制度。全年全市给老干部订阅各类杂志报刊2万余份，召开情况通报会42次，组织老干部参观经济社会发展项目和成果34次。

【离退休干部党组织建设】 2015年，临汾市举办离退休干部党支部书记培训班38次，培训离退休干部书记、委员809人次。其中，市局于9月15日至17日在市委党校举办全市离退休干部党支部书记培训班，110余人参加培训。全市17个县（市、区）中除大宁县按每个离退休干部党支部落实2000元的工作经费外，其余16个县（市、区）均将离退休干部党支部活动经费全部列入财政预算。

【落实生活待遇】 2015年，市老干部局常项工作紧抓不懈。17个县（市、区）、市直单位离休干部的医药费实报实销。离休费、护理费和离休干部无工作遗孀生活补助、特需费等均能按政策规定得到落实。退休干部活动经费基本到位。全市17个县（市、区）退休干部活动经费除汾西县预算35万元（71%）、吉县每年预算25万元（63%）外，其余15个县（市、区）的退休干部活动经费均落实到位。加大信访督查力度。全市接待受理老干部来信来访19件（人）次，其中，来访16人次，来信3件次，结案率100%。走访慰问离休干部。在抗日战争胜利70周年之际，全市走访慰问离休干部189人，送去慰问金94.5万元，其中，市直慰问离休干部70人，送去慰问金35万元。春节、七一和重阳节期间走访慰问老干部20864余人，送去慰问金（品）339.77万元。

走访慰问离休干部

【利用社区资源】 2015年，各县（市、区）老干部部门在新思路、新举措、新经验这“三个新”上下功夫,形成“示范先行,以点带面,有序推进”的良好局面。翼城县以离退休干部党支部管理为主体,以社区服务为依托,利用支部、社区、乡镇资源,实行党员和非党员离退休干部一并管理、一并活动、一并提供服务,达到让老同志身心健康,生活愉悦的目的。隰县为老干部印发“四就近服务卡”,印有老干部工作人员的姓名、联系方式,为老干部送服务上门,方便老干部的生活诉求,保证有困难时能取得联系。全市建立起示范点近50个。

【活动阵地建设】 2015年,经市长办公会议研究同意,将原临汾十中部分区域划拨给市老年大学,于9月7日挂牌使用,面积2500多平方米,在册学员3990余人。浮山县新建的老干部活动中心总面积3870平方米,投资879万元,1月1日投入使用。吉县县委、县政府多次调研协商,将原政府大楼改建为老年大学,投资80万元,改造面积1820平米,硬化场地200平方米,年重阳节前挂牌成立。曲沃县老干部活动中心建设项目完工,建筑面积5000平米,投资2000余万元。乡宁县活动中心在原址的基础上改扩建,工程投资280万元,面积3280平方米。蒲县在原有一个门球场的基础上,投资100万元新建门球场,改造两个门球场的基础设施。尧都区、安泽县、翼城县投资5.5万元、7.1万元、2万元改扩建活动阵地。

除襄汾县、大宁县、吉县外,全市其余14个县(市、区)被省委老干部局授予“先进老干部活动中心”,有6所(尧都区、洪洞、曲沃、侯马、翼城、安泽)老年大学被省里命名为老年大学“示范校”。全市老年大学28所(包括县属分校),在册学员已达16932人。市县两级组织举办老干部大型文艺演出、书画展、体育健身等文体活动100余次,参加老同志11060人。

【存在的问题与不足】 1.破产企业离退休干部服务管理工作还不到位。全市市直现有7户破产企业(临纺、襄纺、临纸、平钢、互感器厂、橡胶厂、电控厂),涉及离休干部66人,管理仍由破产企业托管处管理,存在的问题是职责不清、管理经费不足、活动场所不健全、托管处管理人员待遇偏低,服务不到位。2.“创新案例”和“特色品牌”推介工作开展的不够。市直单位“创新案例”和“特色品牌”上报较少。

(皇甫卓)

宣传工作

【概述】 2015年,临汾市宣传思想文化战线贯彻落实习近平总书记系列重要讲话精神,围绕中心,服务大局,培育和践行社会主义核心价值观,宣传弘扬尧文化、陶寺文化,凝聚发展正能量,唱响时代主旋律,宣传思想文化工作重点突出、亮点纷呈、整体推进、全面丰收,为临汾经济社会发展提供坚强思想保证、舆论支持和文化条件。

【理论学习】 2015年,宣传部完善党委中心组学习制度,建立学习品牌评选制度,围绕阶段性工作重点,邀请专家教授解疑释惑,市县两级党委中心组理论学习实现经常化、制度化、规范化,全年集中学习在12次以上。举办学习党的十八届五中全会、全国“两会”精神暨理论骨干培训班。

【理论宣传】 2015年,宣传工作运用图片展、座谈会、演讲赛和网上互动等形式,组织宣讲小分队,分层分众进行宣讲,开展“理论下基层”活动,直接受众人数20余万人次,引深学习十八大、十八届三中、四中、五中全会以及习近平总书记系列讲话精神。

【理论研究】 2015年,宣传工作完成中宣部安排的“如何推动党委意识形态工作责任制落实”调研课题,推出《尧文化与旅游产业融合发展研究》等新的理论成果。

【新闻宣传】 2015年,协调新华社、《人民日报》、中央电视台等主流媒体,在《山西日报》连续刊发25个专版,重点宣传“三严三实”专题教育、“六大发展”“三大文化”、城市建设等方面的新进展、新成效。围绕尧文化和陶寺遗址发掘成果,集中对尧文化暨德廉思想研讨会、“陶寺遗址发掘成果新闻发布会”以及“陶寺遗址与陶寺文化”暨《陶寺报告》出版学术研讨会,进行高规格、全方位、多角度宣传,新华社、《人民日报》、中央电视台等主流媒体进行集中宣传,《光明日报》《大公报》《中国社会科学报》《山西日报》用10多个通版,刊发专家学者的学术成果。编写《帝尧之都、中国之源——尧文化暨德廉思想研讨会文集》和《帝尧史话》,分别由中国社会科学出版社和山西教育出版社出版。通过对尧文化研讨会学术成果系列专题宣传,展示陶寺遗址发掘成果,向世界宣告:陶寺是尧的都城,临汾是最早“中国”，陶寺文化是多元一体的中华文明的主脉，把中国文明史向前推进300年，为省委确立“三个一”奠定基础。

【对外宣传】 2015年，宣传工作配合中央电视台《远方的家》栏目组拍摄《中国之源·尧都临汾》等5集宣传片，在中央电视台国际频道播出；邀请香港亚洲卫视拍摄制作《华夏之源·帝尧古都》宣传片；配合省委外宣办邀请香港、澳门、世界华文传媒等高层采访团在临汾市实地采访；“气脉汾河·唐尧圣地”城市形象宣传片在香港国华大厦LED大屏幕滚动播放；配合省网信办开展全国网络媒体山西行采风活动；协助《中国日报》做好“洋眼看山西”黄河旅游文化大型采风活动，在《中国日报》刊登英文专版，对陶寺遗址考古发掘成果进行对外宣传。召开第16个记者节表彰大会，表彰奖励十佳记者、优秀新闻作品。完成2016年度党报党刊发行任务。

【网络管理】 2015年，宣传部编送《网络舆情》477期，《舆情专报》63期，向省委宣传部报送舆情信息9300余条，引导苗头性、倾向性问题，处理和化解多起突发事件和敏感舆情，净化网络空间。开展打击新闻敲诈和假新闻以及网络信息安全等整治活动。发挥互联网、手机报等新兴媒体在新闻宣传中的作用，实现传播效应的最大化。开设“党的群众路线教育实践”微博微信、公众账号，绿色账号管理步入日常化、正规化。

【精神文明创建】 2015年，宣传部修订完善市级文明城市、单位、村镇创建管理办法、文明创建季度考核、申报评比等制度。开展“弘扬传统文化、培育核心价值”宣讲等主题教育实践活动。700余家市级以上文明单位（村镇）建立“善行义举榜”。成立临汾市志愿服务总队、义工协会、公益文化传播协会、老年志愿者协会等公益社团，打造“学雷锋”志愿服务、“解黎明”爱心助学、“平阳花”文艺义演等品牌。运用公共场所、交通工具、现代传媒、路旗路标、建筑围栏等载体，播出“梦娃”动画系列视频、“中国梦”等公益广告。进行民族精神和爱国主义教育，举办纪念抗日战争暨反法西斯战争胜利70周年系列活动。运用微信、微故事、微电影开展价值观教育，传播传统文化，讲述道德礼仪，倡导文明风尚。

【道德模范选树】 2015年，贺印娣、张丹华荣获第五届全国道德模范提名奖，贺冰等4人荣登中国好人榜，李五祥等7人荣登山西好人榜，赵艳当选“感动山西十大人物”，各类道德模范总数在全省名列前茅。编印《德润平阳——第三届临汾市“十大道德楷模”及提名奖获得者故事集》。

【未成年人思想道德建设】 2015年，宣传部开展“我们的节日”“童心向党”“向国旗敬礼”及中华经典诵读活动。新完成13所乡村学校少年宫建设，全省彩票公益金支持乡村学校少年宫承建校长培训会在临汾市召开。

临汾市第十届广场文化消夏夜

【文化活动】 2015年，宣传部举办首届山西·临汾帝尧古都文化旅游节，内容涵盖锣鼓大赛、地方戏曲展演、“接姑姑、迎娘娘”民俗表演、产品展销、旅游推介、招商引资等13项文化活动。举办第三届“梨花奖”曲艺大赛、戏曲（业余组）大赛，“我们的中国梦”文化进万家、临汾市第十届广场文化消夏月等活动，市县两级送戏下乡演出近1000场。

【文艺精品创作】 2015年，宣传部完成全市第六届精神文明建设“五个一工程”评选，遴选出电影《保卫人祖山》、电视动画片《大能人解士美》、眉户剧《老槐树下》、广播剧《一双土布鞋》、歌曲《赤诚》、图书《苍黄尧天》等作品，参加全省“五个一工程”评选，是全省唯一连续三届获满堂红的地市。重点打造蒲剧《廉吏于成龙》，眉户剧《雷雨》《焦裕禄》，电影《等爱归来》、蒲剧《带着公婆改嫁》等优秀作品。

【文化产业】 2015年，宣传部组团参加深圳第十一届文博会、第二届山西省文化产业博览交易会，签约意向额3.12亿元，桂莆红木、曲沃青铜器等优秀产品荣获展会金奖,市委宣传部、尧都、襄汾、霍州被授予"优秀组织奖"。多方争取上级文化产业扶持资金500余万元,用于重点文化产业的扶持。完成文化体育、文物旅游机构合并。组团参加2015中国体育文化·体育旅游博览会,在上海举办"中国之源、风情临汾"文化主题展演。完成第四届市运会、西山7个县市篮球锦标赛等赛事。

【陶寺遗址保护利用】 2015年,宣传部在中国社会科学院、国家文物局、省委、省委宣传部的指导参与下,主持召开市博物馆展陈设计、功能布展规划讨论会,组织相关部门赴上海、南京等地学习考察。与中国社会科学院考古研究所正式签订"陶寺尧文化国际研究中心"合作框架协议。陶寺遗址博物馆选址和建筑规模基本确定,机制基本明确,启动资金初步落实,陈列大纲正在编制之中。陶寺遗址博物馆、陶寺遗址公园、尧文化旅游产业园、古文明旅游圈等项目列入省市"十三五"规划。

(李秀敏)

附:

·获奖情况·

集体

市委宣传部参与报送的《环球舆情全球调查:多数国家认可中国"正能量"》《关于中国特色社会主义道路自信、理论自信、制度自信有关情况的舆情分析》《山西省委召开全省学习讨论落实活动动员大会引关注》《<山西煤炭行业萧条致涉煤专业遭遇就业滑铁卢>引关注》《<五台山强制收取环保车费 欺诈戏法层出不穷>引关注》《<不堪粉煤炭灰污染 山西村民举报中煤"环保"发电厂(组图2幅)>引关注》《山西七大煤炭国企集体陷亏损泥潭上半年亏超13亿引关注》荣获山西省委宣传部2014年度"好信息"奖

市委宣传部在第二届山西文化产业博览交易会上被第二届山西文化产业博览交易会组委会授予"优秀组织奖"和"优秀展示奖"。其中,由市委宣传部组织报送的《爱心满堂》《黄河在咆哮》《和财》《二联橱》荣获第二届山西文化产业博览交易会"神工杯"工艺美术精品奖金奖,《四季平安》《好古麻笺》《平阳麻笺》荣获第二届山西文化产业博览交易会"神工杯"工艺美术精品奖银奖,《发生在洪洞县的故事》《关公》荣获第二届山西文化产业博览交易会"神工杯"工艺美术精品奖铜奖

讲师团工作

【概述】 2015年,临汾市委讲师团围绕市委宣传部工作目标责任分解和讲师团工作计划安排,落实"两个责任",以"强班子、提素质、守阵地、拓平台、出精品、创一流"为工作总思路,紧扣宣讲主业,抓住重大政治理论成果,利用政策理论宣传,学习习总书记系列讲话精神和"三严三实"教育活动,开展理论宣讲和理论研究工作。

【党的重大理论学习】 2015年,临汾市委讲师团开展学习中共十八大、十八届五中全会、习近平总书记系列讲话精神,特别是"8·19"讲话、文艺工作座谈会讲话精神和全国"两会"、省市"两会"精神及中国共产党《廉洁自律准则》《纪律处分条例》,观看反腐倡廉专题教育片。五中全会闭幕后组织机关全体宣讲人员赴北京参加人民大学举办的党的十八届五中全会精神高端培训班。在学习和实践活动中,理论联系实际,结合省市改革发展稳定实际、党的建设实际和干部群众思想实际,"六大发展""六权治本"等重大工作部署,引深理论学习,用科学发展观战略思想武装头脑、指导工作、推动实践。在"三严三实"教育活动中,利用学习每个环节的要求和契机,以学习促活动,以活动促工作,以工作检验学习的成效。

【党的教育实践活动学习与宣讲】 2015年,临汾市委讲师团根据全市"三严三实"活动进展时序安排,进行对照剖析查摆整改。为市委中心组"严以修身、严以律己"两个环节的学习进行辅导讲座。学习期间,以习总书记系列讲话精神和党的理论为重点,开展宣讲活动。整个"三严三实"活动组织各类宣讲120余场,听讲人员2万余人次。

【党的重大理论成果宣讲】 2015年,十八届五中全会闭幕后根据市委中心组要求,临汾市委讲师团贾成奎教授在市委中心组学习会上集中解读学习和辅导,抽调理论骨干赴北京人民大学参加五中全会精神高端专题培训班。11月30日,在市委宣传部的组织下,讲师团牵头市委党校等有关部门宣讲方面的专家教授和权威组成全市五中全会宣讲团,分赴各县(市、区)进行为期10天的集中宣讲,组织大型宣讲活动19场次,小型现场解答会12场

次，全市 5000 余名副科级以上领导干部听取宣讲。在各级各部门中开展五中全会各类宣讲 150 余场次，受训干部和群众 3 万余人。结合年底村级两委换届、农村党员冬训，为 100 余个村镇进行主题宣讲。11 月 25 日，承担组织省委宣讲团成员、省委党校常务副校长王联辉在临汾市作五中全会专题报告会的宣讲活动，市四大班子成员、各县（市、区）主要领导、市直各部门负责人及宣传系统的负责人及理论骨干 400 余人参加听讲。

【理论骨干培训】 2015 年，临汾市委讲师团举办两期理论骨干培训班。5 月 11 日至 14 日举办全市“两会”精神理论骨干培训班，11 月 30 日至 12 月 2 日全市学习贯彻五中全会精神理论骨干培训班，两期培训人员 400 余人。

临汾市学习贯彻“两会”精神暨“四个全面”理论骨干培训班

【送理论下乡活动】 2015 年，临汾市委讲师团通过活动把中共十八大以来的精神和党的政策及“三农”政策宣讲到基层，解读到群众中，使党的政策理论深入人心。临汾市委讲师团深入 30 多个基层形势政策教育示范基地进行调研和党的政策教育宣讲。宣讲 20 余场，3000 多名农村干部群众听取宣讲。在宣讲中，把十八大、五中全会精神、习总书记系列讲话和社会文明建设和社会主义核心价值观作为重点，向基层百姓认真解读。

【干部定期培训机制】 2015 年，临汾市委讲师团先后六次派出机关人员到北京、山西省委党校等地参加中央、省委宣传部组织的理论培训机构学习。

【理论研究与创新】 2015 年，临汾市委讲师团结合“三严三实”教育活动，深入基层、深入群众开展大量的理论调研活动，撰写一大批理论文章。主要有：《面对新常态抓住新机遇》《认真学习基本精神全面推进依法治国》《笃行三严三实 争做四有干部》《论三严三实中对做人要实的思考》《以核心价值观引领美丽临汾建设》《践行核心价值观，汇聚社会正能量》等，刊登在省市各类刊物上。参加对各县（市、区）中心组学习情况的督查、尧文化研讨会、尧文化论文征集汇编、共产党员《守则》《条例》考试答卷的编写等。

（王　辉）

统战工作

【三个凝聚工程】 2015 年，临汾市委统部组织开展凝聚思想、凝聚智慧、凝聚力量“三个凝聚”建设工程。举办全市统战系统学习习近平总书记系列重要讲话专题培训，为 500 余名统战成员赠订《习近平谈治国理政》等书籍，举办党外代表人士、非公经济人士、民族宗教界人士、全市统战干部学习研讨专题培训，各民主党派、无党派人士在学习讨论基础上，召开“严以修身”等专题交流座谈会，在商会组织、民营企业开展“民营经济发展大讲堂”，在各民主党派、侨联组织举办“抗日战争暨世界反法西斯战争胜利 70 周年”主题征文、书画展、演讲比赛。组织全市统一战线开展“坚持和发展中国特色社会主义学习实践活动”，组织召开报告会、征求意见会、座谈会 12 次，从临汾发展实际出发，建有据之言，献管用之策，使更多意见建议进入市委、市政府的决策。在凝聚力量上，举办“凝聚力量、共谋发展”座谈会，围绕全市重点工程、重要决策，搭建“建言献策平台”“知情知政平台”，开展“百里汾河经济带”专题调研，全市重点工程协商建议“意见直通车”等，围绕六大发展、六权治本、金融振兴、民营经济新常态、“十三五”规划以及重点工程项目建设等，提交议案提案建议 152 余件，社情民意 327 件。

【引领民营经济发展】 2015 年，临汾市委统部围绕经济新常态，抓好商会组织载体建设，全市市级商会发展到 17 个，基层商会 211 个，会员覆盖全市17个县(市、区)及两个开发区,达到3000余人。制定出台《进一步支持民营经济健康发展的措施》《关于加快我市电子商务发展的指导意见》,重塑企业家队伍形象,开展"非公经济人士理想信念教育实践活动",提升企业家素质,组织赴浙江、天津、山东、海南等地学习培训。抓好招商引资,组织民营企业参加第九届中博会,2015山西临汾(广州)招商引资项目签约仪式,上海招商推介会,深圳文博会,累计签约项目10个,总金额210.7亿元。

【服务非公有制企业】 2015年,临汾市委统部举办金融知识系列培训,组织市政府金融办、市人行、尧都农商行等金融单位深入立恒钢铁、建邦集团、新金山特钢、光宇半导体照明、科海集团5家企业,实地考察解企业融资情况,现场帮助企业融资3亿元。开展"商行助千企,百亿促转型"活动,用3年时间投放100亿元信贷资金,支持全市1000家非公有制企业转型发展,发挥金融杠杆作用,助推全市经济转型发展。

【引领企业创新】 2015年,临汾市委统部组织各县(市、区)工商联、市直商会和部分企业家,在侯马市"马上购"电商基地,召开"电商进万户"侯马模式推广会,利用网络平台延伸产业链,推进经济发展。通过市场化运作、开放式服务,采取有效措施,帮助光宇半导体照明、双山热力、海姿焦化等企业与西安交大、太原理工大及部分科研院所开展多层次、多渠道的产学研交流合作,推进企业与科技资源的结合,加速科技成果的转化,提高企业的创新能力。

【民族宗教领域工作】 2015年,临汾市委统部守住思想主阵地、掌握工作主动权、打好维稳主动仗。紧盯关键节点。在"纪念中国人民抗日战争暨世界反法西斯战争胜利70周年阅兵式"和"党的十八届五中全会"召开等重要节点,按照"积极预防、及时发现、有效控制、妥善解决"的要求,扩大排查范围、加大排查密度,做到问题早发现、早处理、早化解。洪洞、襄汾、浮山、大宁实施工作"三包"责任制,尧都区、吉县、汾西、隰县建立联络员制度,掌握重要信息,侯马、洪洞、翼城、曲沃、临汾开发区、侯马开发区在重要节点加大对活动场所的管理。聚焦重要环节。开展专项治理景区违反宗教法规问题活动,深入广胜寺、小西天、云丘山、东岳庙等重点景区检查督导,集中整治假僧假道和违规设置功德箱等问题。全年民族宗教工作无上访人员,无重大突发事件。推进"民族团结进步"创建活动,推动少数民族聚集区经济发展,投入少数民族经济发展资金将近200万元,打造民族聚集区示范工程。吉县拍摄反映民族团结进步创建经验的微电影《山歌》。

(吴文辉)

附:

·获奖情况·

临汾市容监察支队荣光荣获全国民族团结进步模范集体和先进个人称号,吉县统战部部长梁荣森作为全国民族团结进步模范个人,受到党和国家领导人接见并应邀参加"9·3"阅兵

政策研究

【改革办工作】 2015年,临汾市改革办筹备召开3次全面深化改革领导小组会议。会议讨论通过《中共临汾市委全面深化改革2015年工作要点》《临汾市推进政府工作部门权力清单制度实施方案》和6个专项小组《2015年工作计划》等重要文件;为罗清宇、岳普煜、王文英等领导撰写会议讲话10余篇,起草全面深化改革工作要点、"六权治本"、党的群团工作等市委文件及推进方案5份,起草改革办文件12份,上报改革经典案例1次。编印《改革信息》22期,《临汾改革办通报》4期,《调查与分析》6期。

作为"六权治本"工作的"总协调",2次组织相关单位赴吕梁市、孝义市考察学习。3次召开全市工作推进会,对"六权治本"各个阶段工作进行动员部署。2次督查7个试点单位和17个县(市、区),临汾、侯马经济开发区。与市编办联合召开业务培训会议3次。完成侯马市和市直6个单位的试点工作,为全市探索路子、积累经验。8月在全市各级各部门铺开。

【调查研究工作】 2015年,政策研究工作围绕"六大发展"、健全农经管理体系和理顺乡镇管理机制等课题进行专题调研,形成一批调研报告,为市委主要领导提供决策依据。3月,深入洪洞、襄汾、隰县、蒲县就"六大发展"专项调研,形成《以"四个

全面”战略布局为统领 全力推进临汾“六大发展”》调研报告。7月，为贯彻落实省委楼阳生副书记到临汾调研时的讲话精神，联合市农委围绕健全农经管理服务体系和理顺乡镇管理机制两大主题分别深入到古县、霍州、侯马、吉县等县（市、区）调研，形成《建设服务型乡镇政府的问题和建议》《对新形势下如何健全农经管理的调查与思考》《逐步发展壮大农村集体经济》和《引入市场经济理念 管好农村集体“三资”》4篇调研报告。

【下乡扶贫工作】 2015年，市政研室协调完成古县南垣乡驼腰村旧蓄水池修缮工程，两个自然村重新吃上村里的山泉水。为村里农产品的销售找市场、搞活动，以较高地价格推销核桃600公斤、小米5000公斤，增收1.6万元，按村里常住人口计算，人均增收近200元。

（项　辉）

附：

·获奖情况·

集体

被中央政策研究室办公室表彰为“《学习与研究》通联信息先进单位”，被省委政策研究室表彰为“《学习与研究》工作先进单位”

个人

张震同志被中央政策研究室办公室表彰为“《学习与研究》通联信息先进个人”

机构编制

【概述】 2015年，临汾市编办在省编办的关心指导及市委、市政府的正确领导下，深入学习贯彻习近平总书记系列重要讲话精神，紧紧围绕市委、市政府中心工作和重点任务，服务服从于全市经济发展大局，较好地完成全年的工作任务目标，为“实现弊革风清、促进富民强市”提供坚强的体制机制保障。

【行政审批】 2015年，临汾市编办做好国务院、省政府取消、下放和调整行政审批事项的承接工作。按照省政府晋政发〔2015〕7号、8号、16号、23号等文件通知要求，通过梳理汇总，临汾市承接省政府下放行政审批事项116项。其中：相应取消行政审批项目12项，承接行政审批项目31项，调整行政职权事项15项，取消的政府部门内部审批事项8项，取消年审年检事项3项，取消职业资格许可和认定事项2项，前置审批改为后置审批的工商登记事项36项，决定保留工商登记前置审批事项9项。

【涉企事项的取消和下放】 2015年，根据晋政发〔2015〕11号文件精神，临汾市清理涉企部门行政权力事项，按照“较大事项、跨区域事项和属市本级必须办理的行政权力事项，留在市本级外，能由县（市、区）办理的全部交由县（市、区）办理”的原则，把该放的放到位，对直接面向基层，由基层管理更方便更有效的管理事项下放基层管理。经与部门沟通研究，取消行政权力事项26项，下放行政权力事项48项，改为属地管理行政权力事项178项，减轻企业负担，促进工业稳定运行。

【专项整治】 2015年，临汾市编办根据市委、市政府办公厅《关于在全市学习讨论落实活动中深入开展专项整治工作的实施方案》（厅字〔2015〕3号）文件精神，开展“行政审批违规和滥用审批权专项整治”和“国务院省政府取消下放调整落实不到位和下放力度不大”两个专项整治工作。通过整治，市级106项审批事项和241项服务事项，全部进入审批大厅办理，实现“厅内审批、行为规范、程序简化、效能提升”，建立健全“审管分离、批管并重、权责一致、一审一核”的工作机制。打造“企业注册一条龙”“固定资产并联审批”“重点项目绿色通道”“三大链条”，实现行政审批“网络化审批”“职能化服务”“数字化管理”，解决审批难问题，规范行政审批行为。

【权力清单和责任清单编制工作】 2015年，临汾市编办参照中办、晋办两个21号文件，制定印发《临汾市推行政府工作部门权力清单制度实施方案》（临办发〔2015〕18号），按照“同步安排、分级负责、压茬推进、试点先行”的基本思路全面推进这项工作。市级层面，44个市级政府部门确定10大类，3071项行政职权事项。其中：行政许可217项，行政处罚2183项，行政强制103项，行政确认54项，行政裁决4项，行政检查139项，行政征收

24项,行政给付8项,行政奖励50项,其他类289项。按照"权责匹配,有权必有责"的要求,编制相匹配的责任事项18766项,基本形成一套"体系科学、内容完整、表述清晰、权责一致"的权责清单。在完成权责清单的基础上,编制行政职权运行流程图3071张,明确每项行政职权的办理时限,办理流程;编制廉政风险防控图,查找廉政风险点93830个,明确预警防控措施,形成政府权力运行、监督、制约的完整体系。县级层面,于9月25日和10月28日,召开县(市、区)推行权力清单制度工作推进会,了解掌握县级推行权责清单的进展情况,对好的经验做法进行交流和推广。17个县(市、区)基本完成权责清单以及行政职权运行流程图、行政职权廉政风险防控图的编制工作。探索乡镇(街道)公共服务清单制度建设,将行政权力之外的不具备有强制性和不可处分性的为民服务事项单列为公共服务清单。

县市区建立权责清单工作推进会

【政府职能转变和机构改革】 2015年,临汾市编办按照省委、省政府批复的《临汾市人民政府职能转变和机构改革方案》和省编办下发的《关于临汾市政府职能转变和机构改革调整变动部门县处级领导职数的通知》精神,结合临汾实际,完成市县机构改革任务。截至9月底,市级和17个县(市、区)改革所涉及的政府机构整合组建、领导班子配备、新机构挂牌、内设机构整合调整、人员定编定岗、新印章启用、事业单位整合等工作完成。

【推进事业单位分类改革】 2015年5月28日,临汾市编办根据省编办市县事业单位分类批复工作会议安排,召开县(市、区)编办主任会议,传达全省会议精神和刘传旺主任重要讲话精神,对全市市县事业单位分类批复工作进行统一安排。截至12月底,市县两级行政职能类事业单位分类意见上报省编办审批,第一批事业单位分类批复正式印发。12月22日至23日,全市事业单位分类批复工作通过省编办的评估验收,为第二批事业单位分类批复工作做相关准备。

【煤炭管理体制改革】 2015年,临汾市编办根据省编办《关于市县落实深化煤炭管理体制改革牵头任务的通知》(晋编办字〔2015〕24号)要求,与市煤炭局相关负责人座谈,协商沟通有关工作。制定《临汾市落实深化煤炭管理体制改革工作方案》和《临汾市煤炭领域事业单位、议事协调和临时机构改革的意见》,上报省编办。指导县(市、区)开展煤炭领域事业单位、议事协调和临时机构改革工作。上报方案和摸底调查阶段工作按要求和时限完成。

【行政执法体制改革】 2015年9月,临汾市编办随同市政府考察团就城市行政综合执法工作,到晋城市、邢台市、大连市、银川市、西安市、宁波市进行考察学习。边考察边学习、边研究边讨论,结合临汾实际,提出想法和意见,为推进行政综合执法工作做准备。

【调整不动产登记管理体制】 2015年,临汾市编办根据省国土厅、省编办《关于整合市县不动产登记职责的实施意见》(晋国土资发〔2015〕247号)要求,结合临汾实际,在征求相关部门意见的基础上,拟定整合不动产登记职责及设置有关机构的意见,提交市编委会研究同意,理顺不动产登记管理体制机制。

【机构编制管理】 2015年,临汾市编办完成2014年机构和人员编制核查扫尾工作。联合组织、财政、人社、审计等部门开展工作,2014年11月完成核查任务。4月,按照省编办的反馈意见,对核查数据中填写不规范的项目进行认真整改,于12月底完成整改工作。完善实名制系统数据。按照工作职责分配实名制数据库管理权限,督促相关科室和县(市、区)按照省编办要求更新系统数据,实现机构编制和实有人员信息的及时更新。做好控编减编工作。根据省编办工作要求,组织实施全市控编减编工作,7月初召开主任办公会议,研究减编工作的任务分配,明确市级2015年度的减编任务为337名。各县(市、区)也针对自身实际,确定年度任务,17个县(市、区)2015年度减编任务2802名。截至12月底,市县两级年度控编减编任务完成,减编3139名。

【事业单位登记管理】 2015年,临汾市编办加大对事业单位法人年度报告的审查力度,将年度报告在相关网站进行公示,全市应参加年度报告公示的单位2762家,实际提交年度报告的单位2657家,其中,公示2656家,因涉密不公示的1家;新设立登记和变更开办资金的事业单位实行开办资金确认制,截至12月底,全市办理设立登记和重新申领120余家,涉及开办资金变更登记的358家,推行开办资金确认制;根据国家事业单位登记管理局《关于切实做好事业单位年检和开办资金登记年度改革的通知》要求,设计发放150余份调查问卷,征求事业单位对两项改革的意见和建议,形成《临汾市事业单位登记管理局关于年度报告公示和开办资金确认登记工作的情况报告》,按时上报省编办。

【电子政务建设】 2015年,临汾市编办以事业单位登记工作带动中文域名注册和续费工作。截至12月底,市直单位中文域名新注册5家,续费168家。全市申请政务和公益域名5045个,注册4823个(其中市直申请政务和公益域名506个,注册492个)。做好党政机关网站开办审核相关工作。推进市直党政群机关事业单位网站开办审核和资格复核工作。截至12月底,市直单位提交申请网站标识的单位有144家,为127家党政机关、事业单位加挂网站标识。

(闫建昌)

市直工委工作

【概述】 2015年,市直机关党的工作落实从严治党新要求,把握服务中心、建设队伍两大任务,发挥协调、监督两大职能,以“三严三实”专题教育为契机,以“从严治党落实年”活动为助推,做到“六个坚持、六个从严”,推进各项工作落实。

【理论武装工作】 2015年,市直机关党的工作把理论武装作为首要任务来抓,推进落实。做好安排部署。在年初党的会议上,明确机关党员干部理论学习的内容和重点,为基层党组织订购理论书籍两万余册。丰富学习形式。指导各直属党委开办市直机关“形势与任务”学习大讲堂,邀请专家学者为党员干部宣讲授课、单位领导主动讲党课等形式引深理论学习。市直工委在七一前夕举办市直机关“传承优良作风、践行‘三严三实’”为主题的演讲比赛,组织三次较高层次的大型专题报告会:邀请中纪委研究室原副局级检查员、监察部监察专员、研究员邵景均作“认真学习习近平总书记重要论述,不断把反腐败斗争引向深入”专题讲座,邀请国防大学教授、少将金一南作“苦难辉煌——中国共产党为什么能走向胜利”讲座,请市委讲师团教授贾成奎作“党的十八届五中全会”专题辅导宣讲。开展学习品牌活动。在2014年评比出29个单位学习型党组织建设优秀学习品牌的基础上,2015年引深这项工作,下发文件,要求各直属党组织形成学习品牌。

【基层组织建设】 2015年,市直机关党的工作把组织建设作为机关党建的基础工作来抓,打牢组织根基。组织管理。指导8个机关党委完成换届,批准成立3个机关党委。确保党员发展质量,按照新发展党员《细则》精神,编制《发展党员工作指导手册》,按照“一人一档、一事一记、一步一审一备案”的要求,实行发展党员全程记实制度,对发展党员工作每个阶段、每个环节进行详细记载,全程纪实、全程监督。全年发展党员291名。加强分类指导。针对机关基层党组织性质不同、职能不同、落实“定查评”工作法目标不好统一、标准不好把握的问题,研究制定“定查评”工作法分类实施意见,将机关基层党组织划分为七大类型,针对不同类型制定不同的工作目标和考核标准。抓好考核考评。七一前夕,对考核验收合格的103个“五星级党支部”进行命名通报。11月,完善全市年度目标考核党建共性目标考核标准,将机关党建的6个考核分值从5个方面细化分解,作为机关党建考评考核的重要依据。12月,召开市直机关书记抓基层工作党建述职大会,对一年来市直各直属党组织书记的履职情况进行考评。

【党风廉政建设】 2015年,市直机关党的工作树立作风建设永远在路上的思想,抓党风廉政建设。党建责任落实到位。按照落实党风廉政建设“两个责任”的要求,结合机关党建工作职能和实际,细化明确直属各级党组织“两个责任”的具体内容,在年初市直机关党的工作会议上,市直工委与各直属党组织书记、党组织书记与基层党支部书记签订责任书。预防教育宣传到位。通过“清风廉苑”手机报平台,发送党风廉政信息。该手机报信息量大,内容丰富,起到很好的警示教育作用和传播知识的功效,编发 85 期。市直工委每年投入 3 万元信息费。制作廉政文化屏保图和廉政风险防控牌,在市直 60 多个单位的 1500 多台电脑上安装推广。违纪案件查处到位。市直工委落实省、市要求,坚持有腐必反、有贪必肃,全年查处 22 案,涉案 24 人,均处理到位。

市直机关书记“面对面”专项述职述评

【精神文明建设】 2015 年,市直机关党的工作把精神文明建设作为提高广大党员思想文化素质、增强机关活力的重要工作来抓,丰富传播载体,注重内容实效。示范引领活动。组织开展市直机关第三届“十佳道德”模范评选活动和“十佳志愿服务队”“十佳志愿服务者”评选活动,展示市直机关公民思想道德建设的丰硕成果,形成学习先进、崇尚先进、争当先进的社会风尚,营造文明和谐的社会氛围。主题实践活动。组织开展“六个一”活动,推动社会主义核心价值体系建设,激发崇德向善、明礼守信的正能量,培养敬业奉献、勤俭节约的好传统。开展“我们的节日”活动,弘扬优秀文化,激励民族自信,增加文化氛围,体现传统节日的魅力和时代感,增进爱党、爱国、爱社会主义的情怀。机关文化活动。开展书香文化,指导各级党组织结合实际,利用荐书读书、专家论坛、学习沙龙等平台,采取知识竞赛、读书演讲、专题征文、书画展览等形式,培养广大党员干部良好的读书习惯,激发学习兴趣。开展文体文化,指导各级党组织落实中央精神,推进全民健身,利用现有资源,开展羽毛球、乒乓球、工间操、棋牌类竞赛等文体活动。在文体文化活动方面,市直工委每两年都要举办一届市直机关运动会。

【党建探索研究】 2015 年,市直机关党的工作把探索创新作为推动党建工作的活力之源,深入调查研究,提升党建水平,开展大调研。5 月至 6 月,组成 4 个调研组,由班子成员带领,到 17 个县(市、区)工委、74 个机关党委、200 多个机关党支部,进行为期 1 个半月的机关党建工作大调研活动。对机关党建的现状、存在的问题、面临的困难和困惑,有全面的了解和掌握。组织大研讨。年初进行专门安排,下发研究课题;各党组织按照要求,撰写理论文章。9 月,组织召开的市直机关党建工作研讨会,挑选 45 篇高质量的研讨文章,汇编成册,供大家学习借鉴。市委王文英副书记参加会议并讲话。针对基层党支部书记轮岗调整快、不懂不会问题突出的状况,9 月分两批对 500 余名机关基层党支部书记进行为期 4 天的集中培训。

(贾红星)

党史研究

【《临汾改革开放实录》】 2015 年,《临汾改革开放实录》第一卷正式出版发行。《临汾改革开放实录》第一卷主要收录市委书记、市长,部分市直单位党政正职,17 个县(市、区)委书记、县(市、区)长,部分专家学者的 44 篇专题调研文章。全书 52 万余字。录入与专题内容有关的各种图片 150 幅。全书记述改革开放以来临汾市经济社会发展的重大事件和重大成就,总结规律性认识和可借鉴的经验,是一部系列性专题研究成果。

【《临汾红色旅游指南》】 2015 年,《临汾红色旅游指南》正式出版发行。深度挖掘整合历史文化资源,为“百里汾河文化旅游创意长廊”提供编撰成果。该书收录全市红色、古色、绿色景点 120 处,编制地图 18 幅,各种图片 380 张。

【党史宣传教育】 2015年，市委党史办高标准、高质量地编辑出版2015年度4期《平阳党史》，其中编撰纪念中国人民抗日战争暨世界反法西斯战争胜利70周年专刊。精心策划、主办筹备纪念中国人民抗日战争胜利70周年大型图片展。分“伟大的胜利”和“临汾之抗战”两大部分，50块宣传版面。在市委大院和市规划展览馆展出。市委四套班子领导及各市直单位组织广大干部进行现场参观教育活动。接待80余家单位，近5000多名参观者，进行讲解，发挥党史部门以史为鉴、资政育人的作用。

【完成市委和上级部门交办的其他任务】《中共临汾党史人物》(补充卷)完成《中共临汾党史人物》(五卷本)系列丛书编辑出版，编辑征集5000余人，查找有关书籍、电话邮寄联系、征集相关资料，筛选整理党史人物900余人，完成送审稿。完成《2013—2015年中国共产党临汾历史大事记述》的送审稿。整理完成《红色记忆：新民主主义革命时期中共临汾党史资料汇编》(八卷本)，征集党史资料320万字，完成初稿。新建临汾党史网站运行。

(岳方涛)

党校工作

【概述】 2015年，临汾市委党校以中国特色社会主义理论、党的十八大和十八届四中、五中全会精神为统领，围绕市委、市政府工作大局，强化质量立校，凝心聚力，谋划发展。干部教育培训、科研咨政服务、党风廉政建设、对外宣讲、文明单位建设、地方党校工作指导、新校区搬迁项目等各方面工作都取得可喜成绩。

【干部教育培训】 2015年，临汾市委党校以培养铁一般信仰、铁一般信念、铁一般纪律、铁一般担当的干部为目标，完成40个班次3934人的培训任务。其中，主体班5个，培训学员216人；专题研讨班7个，培训学员693人；师资培训班1个，培训学员59人；与各局委办等单位联合办班27个，培训学员2966人。

【教师队伍建设】 2015年，临汾市委党校开展两次赛讲，启动教师“传帮带”活动，采取请进来走出去的方式，选派20名骨干教师和青年教师外出进修学习，邀请省里知名专家到校授课，提高师资水平。

【科研工作】 2015年，临汾市委党校成立市委党校“学术委员会”，加强对科研的组织领导。党校科研工作发挥着为培训质量服务，为党委、政府决策服务的功能，侧重于应用型研究，围绕党委政府中心工作搞科研。全校教师在各级报刊发表论文28篇，其中国家级2篇，省级23篇。有市委联系的高级专家3名。在全省党校系统第八届优秀科研成果奖评选中，临汾市委党校荣获一等奖2名，占据全省一等奖6个席位中的三分之一。

【对外宣讲】 2015年，临汾市委党校领导和骨干教师累计在全市机关事业单位宣讲105场次，把党的各项路线、方针、政策和重大决策送到各个机关单位的广大党员干部中。重点宣讲“三严三实”精神、十八届五中全会精神等，占总宣讲场次的70%以上。其他内容涉及社会主义核心价值体系、民主政治建设、党建党史、法律等。全校教师对外宣讲中紧扣时事政治、紧密结合市情，发挥全市宣讲主力军作用。

【新校区建设】 2015年，临汾市委党校新校区建设取得突破性进展。全市城市建设改造动员大会的召开，为新校区建设提供保障。完善设计方案，建设资金等工作在市委市政府支持下，加紧商谈中。设计建筑面积45000平方米，投资1.8亿元，保证一次性500名学员的吃住学用。

(石育茹)

市委机关事务管理

【概述】 2015年，临汾市管理局以建立“平安、干净、文明、满意”机关为目标，落实党风廉政建设主体责任，创新机制，深化社会服务承诺，加强为机关、为群众办实事的工作力度，促进机关事务工作的有序开展，推进机关效能建设，提高服务质量，树立管理局工作新形象，完成全年工作目标。

【落实公务用车制度改革】 2015年，市委管理局按照《临汾市公务用车制度改革实施方案》，规范公务用车运行管理，核定公务用车16辆，公务用车统一停放在车队院内。用车填写申请卡,写清时间、用车人、理由、去向、路程、期限,由车队统一调配使用。建立单车核算,一车一档案,记载每台车油耗、修理、出车情况。有关规定于2016年1月1日执行。

【卫生整治工作】 2015年,市委管理局加强卫生工作的管理,制定卫生管理有关规定,指派专人负责,定期对卫生工作进行抽查评比,安排管理人员做好周六、日的卫生值班,发现问题,尽快纠正。使用环卫处垃圾车彻底清理机关大院后停车场的垃圾堆,清运40余车次,排除隐患,清洁卫生。维修和更换前后楼卫生间的垃圾通道门,更换垃圾门10个,卫生间各种阀门20余个,做到及时、到位。2015年上半年组织专业人员清理前办公楼,包括地面、墙面、玻璃,总清洁面积2000多平方米。

【院绿化建设】 2015年,市委管理局巩固省级园林单位称号,抓好绿化人员管理,明确任务,责任到人,做到随叫随到。定期对大院的花草树木浇水施肥,对大院的草坪、冬青进行两次大范围的修剪和补充,对前后楼的8棵松树、3棵桐树、6棵杨树加固和修剪。

【北楼楼顶防水处理】 2015年,管理局对前办公楼楼顶进行9百余平米的SBS防水铺设,解决多年的楼顶渗水问题。

【维修洁具和供水管道】 2015年,市委管理局维修更换前办公楼二、三层卫生间洁具和供水管道。利用10天时间更换卫生间洁具7套,更换供水管道56米,保障前楼卫生间的正常使用。维修更换西苑小区、后门卫室、车队楼的供水管道。11月,更换3处管道进行260米。

【道路花池修补】 2015年,市委管理局修补大院道路花池进行,油漆粉刷花亭、花池。大院道路花池严重破损、油漆脱落严重,经过一周的时间对花亭、花池进行修补、油漆粉涮,道路两旁焕然一新。

【水电暖维修】 2015年,房管科在保证机关水电暖正常运转方面,遇到紧急情况,联络供热部门进行维修,12月1日,朝殿一巷家属院暖气阀门损坏,购买新阀门,工作至晚上3点接通完毕,保证机关干部群众取暖。12月10日,后楼供热管道破裂造成漏水,发现情况后,联络供热公司加班加点,连夜抢修,两天后机关正常供暖。规范水电暖规章制度,上门服务,水电暖维修1560余件。

【安全保卫工作】 2015年,保卫科完成各类会议服务47次,市委领导集体活动车辆畅通保障56次,会同有关部门处置各类上访76起,涉及2700余人次。完善治安防控系统,加强监控防控,创建安全有序机关环境。投资百余万元的换监控设施全部安装完毕,正常运行。加强平安机关建设,机关保卫科与机关各部门22个单位签订责任书,保证安全治理工作的落实。

【通讯保障】 2015年,通讯科在做好电话设备预检、预修的情况下,完成全年宽带、线路的申报维修工作;完成北苑小区、东苑小区光纤改造;完成办公厅、统战部等部委5条专网专线安装。在机房改造工作中,加班两天连夜,完成机房机器设备升级工作,使通讯联络更加快捷、畅通;做好电话维修和电话费收缴工作。

【幼儿教育】 2015年,管理局在保证幼儿安全的前提下,采取量化考核细则,落实各种规范操作制度,配合相应的测查标准,规范幼教工作。微信建立家园互动平台,增强家长和教师的沟通交流。在“三八、六一、教师节、国庆节”等节日期间组织多种多样的绘画、剪纸、朗诵等活动,加强对幼儿爱国主义及孝心教育的培养;采取各种形式增强保教工作的趣味性性和实效性,加强教师培训,深化教学研究,提升教师专业化水平。

(马　新)

临汾市人大常委会

常委会工作

【概述】 2015年，临汾市人大常委会学习中共十八大和十八届三中、四中、五中全会精神，学习贯彻习近平总书记系列重要讲话精神，开展“三严三实”专题教育，围绕中心，服务大局，依法履行职责，召开12次常委会会议、14次主任会议，听取审议“一府两院”和政府工作部门26项工作报告，开展执法检查、专题调研10项，作出9项决议、决定及规范性文件，任免干部67人(次)，发挥地方国家权力机关的作用，为促进法治临汾建设、推动经济社会持续健康发展做出新贡献。

【“百里汾河生态经济带”】 2015年，临汾市人大常委会坚持把推动市委重大决策实施和全市重点工作落实作为着力点，推进“百里汾河生态经济带”和“生态文明保护区”建设。市三届人大六次会议作出《关于设立百里汾河生态文明保护区的决议》。听取关于保护区机构设置、规划编制等专项工作报告，坚持“每季一督查、每次有主题”，就保护区生态绿化、湿地保护、水源地保护、污水处理和大气环境治理开展4次专项督查，提出意见建议50多条。

【三个突破】 2015年，临汾市人大常委会推动科技创新、金融振兴和民营经济发展，推动“三个突破”。常委会听取审议金融振兴发展情况报告，提出要发挥政府融资平台作用，加快资本市场发展，破解“融资难、融资贵”问题，探索运用新型金融工具，支持实体经济发展。就代表《对民间融资加强监管的建议》进行重点督办。听取审议民营经济发展情况报告，要求落实《进一步支持民营经济健康发展的措施》，破解民营企业市场准入困难、发展环境欠优、产业结构单一、资金人才匮乏等瓶颈制约，提振民营企业家信心，提升企业创新能力和核心竞争力。常委会以督办代表《关于发挥科技先导作用，加大科技创新力度的建议》为抓手，专题调研科技创新工作，深入高新技术企业、科技研发中心实地查看、听取汇报，推动科技创新与经济发展深度融合。

【推动经济发展和重大工程建设】 2015年，临汾市人大常委会听取审议计划、预决算、审计及查出问题整改报告，肯定市政府及相关部门的工作，提出适应、把握和引领经济发展新常态，坚持以提高经济发展质量和效益为中心，保持稳增长、促改革、调结构、惠民生、防风险综合平衡，促进经济持续健康发展和社会大局稳定。批准2015年市本级预算调整方案时，在对一般公共预算、政府性基金预算、国有资本经营预算审查监督的基础上，首次对社保基金收支变动情况进行审查监督，使“全口径”预决算审查更全面、更严格、更规范。在市三届人大六次会议上，代表联名提出关于《加快文化旅游产业发展的建议》，常委会将其列为重点建议全力督办、跟踪落实，听取审议文化旅游产业发展和非物质文化遗产保护情况的报告，要求对全市文化旅游资源进行高位谋划、高端开发、高效配置，推动文化旅游业成为动力转换突破口、产业转型新引擎。常委会就市政府《关于滨河西路与彩虹桥立交等六座立交桥投融资项目资金列入年度财政预算的议案》作出决议，支持政府在财力紧张情况下，以较低投资成本加快重点工程建设。对临汾民航机场通航准备情况进行专项视察，助推全市人民盼望已久的蓝天梦成为现实。对市区新建整合视频监控系统开展专项视察，以推动社会治安防控体系创新，推进平安临汾建设。

【“学习宣传贯彻宪法年”活动】 临汾市人大常委会将2015年定为“学习宣传贯彻宪法年”，每两个月举办一次宪法专题讲座，邀请国家及省知名专家学者对市人大常委会组成人员、政府部门及“两院”负责人进行培训，促进领导干部办事依法、遇事找法、解决问题用法、化解矛盾靠法,做尊法学法守法用法的模范。通过抓"关键少数",带动全社会弘扬宪法精神,维护宪法权威,推动宪法实施,为落实市委《关于加快推进法治临汾建设的实施意见》提供保障。

【落实宪法宣誓制度】 2015年,临汾市人大常委会根据全国、山西省人大常委会相关决定和实施办法,组织新任命的18名国家工作人员公开向宪法宣誓。通过庄严的仪式化表达,激励新任命人员更加尊崇和敬畏宪法,履行法定职责,忠于祖国,忠于人民,做宪法的忠实信仰者、自觉实践者和坚定捍卫者。

【地方立法权申请工作】 2015年,临汾市人大常委会把申请地方立法权作为全年工作重点,开展立法权申报、机构筹建、人才摸底、立法知识培训及立法需求调研等工作,通过立法评估。省人大常委会依法作出决定:"市人民代表大会及其常务委员会自本市人民代表大会依法产生法制委员会之日起,可以开始制定地方性法规"。本次大会表决产生法制委员会组成人员后,临汾市拥有地方立法权。立法权与监督权、决定权、人事任免权一起,标志着临汾市地方国家权力机关职能更加完备、法治临汾建设取得里程碑意义的重大进展。

【监督学前教育和扶贫开发整改】 2015年,临汾市人大常委会对学前教育和扶贫开发专题询问整改情况进行跟踪监督,重点督促13个相关部门落实常委会审议意见的情况,深入实际、深入群众,听民声、查不足、促整改。市政府及有关部门采取了一些措施,取得一定成绩,但"入园难、入园贵"问题,尚未得到有效缓解;精准脱贫、扶贫攻坚的任务依然艰巨,常委会对这两项工作将持续监督,跟踪问效。

【监督"规范司法行为"】 2015年,临汾市人大常委监督市检察院"规范司法行为、强化法律监督"情况,坚持问题导向,采取"监督—反馈—整改"的方式,提出意见建议19项,依法督促检察机关从案件入手,解决影响司法行为规范的深层次问题。市检察院按照监督组提出的5类问题,认真整改,建章立制,提升干警执法理念,转变检察工作模式,加大检务公开力度,规范司法行为,让人民群众在每一个司法案件中感受公平正义。常委会受理群众来信来访1237件(次),重点督办31件,维护群众合法权益,促进社会和谐稳定。

【检查和调研事关民生的法律法规】 2015年,临汾市人大常委对城乡规划法、水污染防治法等法律法规进行执法检查。开展年度"平阳环保行"活动,关注城乡居民饮水安全,聚焦水资源保护和水环境治理,督促市政府及职能部门采取更加严厉的防治措施,加大监管力度,建立长效机制,推动城乡共治、流域联防,促进全市水环境质量整体改善。开展乡村旅游发展、食品药品监管、农村医疗卫生、国有林场改革等专题调研。配合省人大就职业教育法、保密法开展执法检查,就山西省法律援助条例、国有土地上房屋征收与补偿条例、监督司法工作办法进行立法调研。

【干部任职监督】 2015年,临汾市人大常委坚持党管干部与人大依法任免干部相统一,对任命人员严把"三关",即任前法律考试关、任中供职审议关、任后履职交账关,提升领导干部法律意识、公仆意识、责任意识。常委会完善"三账"监督机制,突出重点建账,将年初建账内容、年中查账情况和年底交账满意度测评实行"三公开",通过《临汾日报》、临汾电视台、常委会公报、临汾人大网站,对51个市政府工作部门、驻临条管单位和法检"两院"的"三账"工作予以发布,接受人大代表和社会公众监督。按照市委深入实施"六权治本"的部署,执行《关于加强和改进人大监督工作的决定》,强化对权力运行的监督和制约,推动"一府两院"依法行政、公正司法。抓住"依法确权"这一首要环节,按照"职权法定"原则和"权责一致"要求,做好规范性文件备案审查工作。

【代表建议办理】 2015年,临汾市人大常委制定出台、着力落实"三公开两见面"办法,在建议"提得好、交得准、办得成"上下功夫,对市三届人大六次会议142件代表建议内容、办理结果以及重点建议办理满意度测评情况予以公开,对议事原案、责任人、领办人和督办单位等印制成册,发给每位代表,让代表们互相学习交流,提高议事水平,便于代表监督办理落实情况。要求承办单位,在办理过程中和办结后都要与代表见面沟通。

【重点议案办理】 2015年,临汾市人大常委从事关民生改善、环境治理、产业转型等建议中确定10件重点,由分管副主任带队,到承办单位进行面对面督办,在常委会会议上听取办理情况报告,进行满意度测评。针对防治大气污染的建议，市政府投资上亿元，将市区近6000户居民燃煤炉更换为清洁环保炉，建成机动车尾气监测系统和重污染天气预警平台，购置223辆纯电动公交车，在市区主干线实现全覆盖。针对改善农村医疗条件的建议，市卫计委赴部分贫困县开展调研，征求低收入老年人和长期患病人员以及基层医务工作者意见，主要负责人多次和领衔代表联系，到其家中见面沟通，保证办理程序规范严谨。临汾市乡村医生短缺、基本药物品种不全、配送不及时的问题得到有效缓解。通过建议办理"三公开两见面"，变"文来文往"为"人来人往"，变关门办理为开门问计，变"答复型"为"落实型"，真正使政府得民心，群众得实惠。

【闭会期间代表活动】 2015年，临汾市人大常委开展代表跨行政区域交流视察，组织选举单位代表在山区县和平川县之间交流互动，围绕产业转型升级、县域重点工程、文化旅游发展、城乡建设管理等听取当地政府汇报，实地调研视察，从全市大局出发思考问题，提出意见建议。健全代表小组活动机制，指导25个市代表活动小组和3个省代表活动小组开展活动，通过集中学习、座谈交流、视察调研、走访群众等，坚持调研抓"热点"、视察抓"重点"、监督抓"难点"。扩大代表对常委会工作的参与。地邀请省、市人大代表列席常委会会议，参加有关视察调研、专项督查、执法检查等活动，基本保证本届任期内每位市人大代表至少列席一次常委会会议。

【重要文件】

·讨论和决定重大事项·

临汾市人民政府关于百里汾河生态文明保护区机构设置情况的报告

临汾市人民代表大会常务委员会关于滨河西路与彩虹桥立交等六座立交桥投融资项目资金列入年度财政预算的决议

临汾市人民政府关于滨河西路与彩虹桥立交等六座立交桥投融资项目资金列入年度财政预算议案的说明

关于滨河西路与彩虹桥立交等六座立交桥投融资项目资金列入年度财政预算的议案

临汾市人大常委会关于批准2015年市本级预算调整方案的决议

关于2015年市本级预算调整的议案

关于2015年市本级预算调整议案的说明

临汾市人民政府关于《百里汾河生态文明保护区规划》编制情况的报告

·监督权·

临汾市人民代表大会常务委员会关于加强和改进人大监督工作的决定

关于加强和改进人大监督工作的决定(草案)的说明

临汾市人大常委会关于对市人民检察院规范司法行为、强化法律监督工作进行重点监督的实施方案

关于对市人民检察院规范司法行为、强化法律监督工作进行重点监督的实施方案(草案)的说明

临汾市人民代表大会常务委员会对市人民检察院规范司法行为、强化法律监督工作情况报告的审议意见

关于对市人民检察院规范司法行为强化法律监督工作重点监督情况的报告

临汾市人民检察院关于规范司法行为、强化法律监督工作情况的报告

临汾市人大常委会对2014年度纳入"三账"监督的单位"交账"情况的测评结果

临汾市民族宗教事务局关于2014年"交账"情况的报告

临汾市交通运输局关于2014年"交账"情况的报告

临汾市园林局关于2014年"交账"情况的报告

临汾市农机局关于2014年"交账"情况的报告

临汾市教育局关于2014年"交账"情况的报告

临汾市人民代表大会常务委员会关于批准临汾市本级2014年度财政决算的决议

临汾市人民代表大会常务委员会关于2014年临汾市市本级预算执行和其他财政收支的审计工作报告的审议意见

临汾市人民政府关于市本级财政2014年预算执行和其他财政收支审计查出问题的整改报告

关于全市学前教育工作专题询问整改情况的报告

关于全市扶贫开发工作专题询问整改情况的报告

2014年平阳环保行活动情况报告

关于全市非物质文化遗产保护工作情况的报告

关于全市金融创新发展情况的报告

关于全市民营经济发展情况的报告

关于全市国有林场改革工作进展情况的报告

关于开展《中华人民共和国城乡规划法》执法检查情况的报告

关于全市食品药品安全监管情况的调研报告

关于水资源保护及利用情况的调研报告

·人事任免权·

临汾市人大常委会关于撤销市人民政府个别工作部门人员职务的决定

临汾市人民代表大会常务委员会任免名单

临汾市人民代表大会常务委员会免职名单

临汾市人民代表大会常务委员会任职名单

临汾市人大常委会关于撤销市人民政府个别工作部门人员职务的决定

临汾市人民代表大会常务委员会关于接受个别市人大常委会委员辞去委员职务请求的决定

临汾市人民代表大会常务委员会任免名单

临汾市第三届
人民代表大会第六次会议

【会议情况】 2015 年 4 月 26 日下午，临汾市第三届人民代表大会第六次会议举行预备会议。市人大常委会主任徐树荣，副主任梁天运、柴高潮、原胜利、仇振刚、王醒安、原学义、王金珍和秘书长在主席台就座。徐树荣主持会议。本次大会应到代表 391 人，出席预备会议的代表 352 人，符合法定人数。罗清宇、岳普煜、王文英、黄翠莲、赵建民、李东洪、乔建军、陈小洪、杨治平、杨安虎、关中翔、苑涛、王天郎、尚日红、毛克明、李朝旗、梁崇太、马德荣等出席会议。会议推选大会主席团和秘书长；表决通过临汾市第三届人民代表大会第六次会议议程；表决通过临汾市第三届人民代表大会第六次会议计划和预算审查委员会名单；表决通过临汾市第三届人民代表大会第六次会议议案审查委员会名单。

4 月 26 日下午，临汾市第三届人民代表大会第六次会议主席团举行第一次会议。会议由市人大常委会主任徐树荣主持。会议应到 74 人，实到 67 人，符合法定人数。会议推选大会主席团常务主席；表决通过大会日程；表决通过大会执行主席分组名单；决定大会副秘书长人选；决定代表提出议案截止时间为 4 月 28 日 12 时。

4 月 26 日下午，市三届人大六次会议举行第一次新闻发布会。大会副秘书长、市委宣传部副部长郭景旭主持会议。市人大常委会新闻发言人、市人大常委会副秘书长、研究室主任郭刚受大会秘书处委托，向新闻媒体通报这次大会的指导思想、组织机构、主要议程和日程安排，以及大会的服务保障工作。市三届人大六次会议于 4 月 27 日上午开幕，4 月 29 日下午闭幕，会期 3 天。

4 月 27 日上午，市三届人大六次会议在市影剧院开幕，本次大会应到代表 391 人，实到 352 人，符合法定人数.第一次全体会议由大会主席团常务主席、执行主席徐树荣主持。大会主席团常务主席、执行主席罗清宇、梁天运、柴高潮、原胜利、仇振刚、王醒安、原学义、王金珍、冯建宁在主席台执行主席席就座。市领导岳普煜、乔成家、黄翠莲、赵建民、李东洪、乔建军、陈小洪、王振富及其他大会主席团成员在主席台就座。上午 9 时，徐树荣宣布：临汾市第三届人民代表大会第六次会议开幕。全体起立，奏国歌。岳普煜代表市人民政府向大会作《政府工作报告》。

4 月 27 日下午，临汾市第三届人民代表大会第六次会议主席团举行第二次会议。大会主席团常务主席罗清宇、徐树荣、梁天运、柴高潮、原胜利、仇振刚、王醒安、原学义、王金珍、冯建宁在主席台就座。王醒安主持会议。会议应到 74 人，实到 67 人，符合法定人数。会议表决通过《关于政府工作报告的决议(草案)》，决定提交各代表团审议；听取和表决通过《关于临汾市 2014 年国民经济和社会发展计划执行情况与 2015 年国民经济和社会发展计划(草案)的审查报告》，印发全体代表；表决通过《关于临汾市 2014 年国民经济和社会发展计划执行情况与 2015 年国民经济和社会发展计划的决议(草案)》，提交各代表团审议；听取和表决通过《关于临汾市 2014 年全市和市本级预算执行情况与 2015 年全市和市本级预算(草案)的审查报告》，印发全体代表；表决通过《关于临汾市 2014 年全市和市本级预算执行情况与 2015 年全市和市本级预算的决议(草案)》,提交各代表团审议。表决通过《关于接受市人大常委会组成人员辞职请求的决定(草案)》,提交各代表团审议。表决通过选举办法(草案),提交各代表团审议。

4月27日下午,市三届人大六次会议计划和预算审查委员会举行会议。会议由市人大常委会副主任、大会计划和预算审查委员会主任委员仇振刚主持。计划和预算审查委员会组成人员审查《关于临汾市2014年国民经济和社会发展计划执行情况与2015年国民经济和社会发展计划草案的报告》以及临汾市2015年国民经济和社会发展计划草案,审查《关于临汾市2014年全市和市本级预算执行情况与2015年全市和市本级预算草案的报告》以及临汾市2015年全市和市本级预算草案,提出修改建议。向大会主席团提交审查报告。

4月27日,在听取《政府工作报告》后,出席市三届人大六次会议的人大代表,分组审议《政府工作报告》。

4月28日上午,临汾市第三届人民代表大会第六次会议举行第二次全体会议,听取市人大常委会主任徐树荣代表市三届人大常委会所作的工作报告。会议应到代表391名,实到代表352名,符合法定人数。市领导罗清宇、岳普煜、王文英、黄翠莲、赵建民、李东洪、乔建军、陈小洪、王振富在主席台就座。会议由大会主席团常务主席、执行主席梁天运主持。大会执行主席任招振、李世杰、李殿梁、李凡、王安保、樊国俊在主席台执行主席席就座。

4月28日上午,临汾市第三届人民代表大会第六次会议主席团举行第三次会议。大会主席团常务主席罗清宇、徐树荣、梁天运、柴高潮、原胜利、仇振刚、王醒安、原学义、王金珍、冯建宁在主席台就座。仇振刚主持会议。会议应到74人,实到68人,符合法定人数。会议表决通过关于接受市人大常委会组成人员辞职请求的决定(草案),提交全体会议表决;表决通过选举办法(草案),提交全体会议通过;听取市委组织部负责人关于候选人建议名单(草案)的说明;表决通过主席团提名的候选人建议名单,提交各代表团酝酿;表决通过总监票人、总计票人的人选,提交各代表团审议;布置各代表团推选监票人1名;指定大会选举计票工作人员。

4月28日下午,临汾市第三届人民代表大会第六次会议主席团举行第四次会议。大会主席团常务主席罗清宇、徐树荣、梁天运、柴高潮、原胜利、仇振刚、王醒安、原学义、王金珍、冯建宁在主席台就座。原学义主持会议。会议应到74人,实到66人,符合法定人数。会议表决通过《关于市人大常委会工作报告的决议(草案)》《关于市中级人民法院工作报告的决议(草案)》《关于市人民检察院工作报告的决议(草案)》,提交各代表团审议。听取和表决通过关于议案审查的报告,印发会议;决定将第A1号由市三届人大常委会提出的《关于设立百里汾河生态保护区的议案》提交各代表团审议。大会组织组汇报候选人酝酿情况,会议确定正式候选人名单,提交大会选举;表决通过监票人名单(草案),提交第四次全体会议通过。

4月28日下午,临汾市第三届人民代表大会第六次会议议案审查委员会举行会议,通过关于议案审查的报告,提交大会主席团第四次会议。市人大常委会副主任、市三届人大六次会议议案审查委员会主任委员原胜利主持会议,市人大常委会秘书长、议案审查委员会副主任委员冯建宁出席。

截至4月28日上午12时,市三届人大六次会议议案审查委员会收到代表提出的议事原案142件,从内容上分社会、农业、经贸、司法、计划、综合六大类。其中社会方面的65件,农业方面的21件,经贸方面的41件,司法方面的8件,计划方面的3件,综合方面的4件。

4月29日上午,市三届人大六次会议举行第四次全体会议。会议进行选举事项,补选市人大常委会委员,宣布选举结果。会议应到代表391名,实到代表333名,符合法定人数。市领导罗清宇、岳普煜、王文英、徐树荣、乔成家、黄翠莲、赵建民、李东洪、乔建军、陈小洪、王振富在主席台就座。会议由大会主席团常务主席、执行主席柴高潮主持。大会执行主席陈纲、刘伟、韩建辉、张春龙、韩忠秀在主席台执行主席席就座。会议表决通过总监票人、总计票人、监票人名单,进行了选举事项,补选吕超英、李安民、李青雁、张应钦、贾自胜为临汾市第三届人民代表大会常务委员会委员,并宣布了选举结果。

在主席台就座的还有:梁天运、原胜利、仇振刚、王醒安、原学义、王金珍、王振宇、杨治平、谢碧玲、杨安虎、关中翔、苑涛、王天郎、尚日红、毛克明、李朝旗、梁崇太、秦国杰、王超、马德荣、张如意、王刘明、冯建宁及其他大会主席团成员。

4月29日上午,临汾市第三届人民代表大会第六次会议主席团举行第五次会议。大会主席团常务主席罗清宇、徐树荣、梁天运、柴高潮、原胜利、仇振刚、王醒安、原学义、王金珍、冯建宁在主席台就座。王金珍主持会议。会议应到74人,实到67人,符合法定人数。会议表决通过《关于市政府工作报告的决议(草案)》《关于临汾市2014年国民经济和社会发展计划执行情况与2015年国民经济和社会发展计划的决议(草案)》《关于临汾市2014年全市和市本级预算执行情况与2015年全市和市本级预算的决议(草案)》《关于市人大常委会工作报告的决议(草案)》《关于市中级人民法院工作报告的决议(草案)》《关于市人民检察院工作报告的决议(草案)》、《关于设立百里汾河生态文明保护区的议案》,提交第五次全体会议表决。

4月29日下午,市三届人大六次会议在市影剧院举行第五次全体会议,表决通过关于《政府工作报告》等7个决议。市委书记罗清宇作重要讲话。本次大会应到代表391人,实到336人,符合法定人数。第五次全体会议由大会主席团常务主席、执行主席徐树荣主持。大会主席团常务主席、执行主席罗清宇、梁天运、柴高潮、原胜利、仇振刚、王醒安、原学义、王金珍、冯建宁在主席台执行主席席就座。市领导岳普煜、王文英、乔成家、黄翠莲、赵建民、李东洪、乔建军、陈小洪、王振富及其他大会主席团成员在主席台就座。

大会表决通过《关于临汾市人民政府工作报告的决议》;表决通过《关于临汾市2014年国民经济和社会发展计划执行情况与2015年国民经济和社会发展计划的决议》;表决通过《关于临汾市2014年全市和市本级预算执行情况与2015年全市和市本级预算的决议》;表决通过《关于临汾市人民代表大会常务委员会工作报告的决议》;表决通过《关于临汾市中级人民法院工作报告的决议》;表决通过《关于临汾市人民检察院工作报告的决议》;表决通过《关于设立百里汾河生态文明保护区的决议》。大会完成各项议程后,在雄壮的国歌声中胜利闭幕。

【大会领导和工作机构】

临汾市第三届人民代表大会第六次会议
主席团常务主席名单

(2015年4月26日临汾市第三届人民代表大会第六次会议主席团第一次会议推定)

罗清宇　徐树荣　梁天运　柴高潮　原胜利
仇振刚　王醒安　原学义　王金珍(女)
冯建宁

临汾市第三届人民代表大会第六次会议
主席团和秘书长名单

(2015年4月26日临汾市第三届人民代表大会第六次会议预备会议通过)

主席团成员(74人,按姓名笔画排列)
王　润　王千良　王天郎　王文英　王安保
王阿家(女)　王国平　王金珍(女)　王振富
王醒安　王黎明　车胜良　仇振刚　孔繁新
兰维成　加天山　冯建宁　权建军　朱晓东
乔成家　乔建军　任天顺　任秀红(女)
任招振　任跟心(女)　刘　伟　刘正林
刘永科　刘奎生　孙玉明　孙京民　闫建国
苏　文　苏学峰　李　凡　李世杰　李东洪
李朝旗　李殿梁　杨安虎　杨怀旺　杨家锁
辛普选　宋晓丽(女)　张春龙　张拽牛
张瑞萍(女)　陈小洪　陈　纲　陈国荣※
罗清宇　岳普煜　赵志坚　赵建民　郝忠祥
宣为民　贺寅生　贺崇伟　原学义　原胜利
柴高潮　徐树荣　郭　刚　郭行杰
黄翠莲(女)　梁天运　梁崇太　尉合怀
韩建辉　韩忠秀　谢武生　樊国俊
樊高潮(女)　樊清平
秘书长:梁天运(兼)

临汾市第三届人民代表大会
第六次会议副秘书长名单

(2015年4月26日临汾市第三届人民代表大会第六次会议主席团第一次会议推定)

冯建宁　扈新起　贾俊芳　刘小才　张庚博

郭景旭　石　有

临汾市第三届人民代表大会第六次会议计划和预算审查委员会组成人员名单

（2015 年 4 月 26 日临汾市第三届人民代表大会第六次会议预备会议通过）

主 任 委 员：仇振刚
副主任委员：樊高潮（女）
委　　　员：（12 人，按姓名笔画排列）
王千良　王子贞　王军良　毛婉英（女）
孔繁新　刘正林　刘永科　李世杰　张　林
宣为民　尉合怀　谢武生

临汾市第三届人民代表大会第六次会议议案审查委员会组成人员名单

（2015 年 4 月 26 日临汾市第三届人民代表大会第六次会议预备会议通过）

主 任 委 员：原胜利
副主任委员：冯建宁　扈新起　孙玉明
委　　　员：（9 人，按姓名笔画排列）
王阿家（女）　王安保　权建军　苏　文
张春龙　贺崇伟　郭　刚　韩忠秀　韩建辉

【会议决定】

临汾市第三届人民代表大会第六次会议关于代表议案截止时间的决定

（2015 年 4 月 26 日临汾市第三届人民代表大会第六次会议主席团第一次会议通过）

临汾市第三届人民代表大会第六次会议主席团第一次会议决定：代表议案截止时间为 4 月 28 日上午 12 时。

【会议决议】

临汾市第三届人民代表大会第六次会议关于政府工作报告的决议

（2015 年 4 月 29 日临汾市第三届人民代表大会第六次会议通过）

临汾市第三届人民代表大会第六次会议听取并审议岳普煜市长所作的《政府工作报告》。会议同意这个报告，决定予以批准。

会议要求，市人民政府要全面贯彻党的十八大、十八届三中、四中全会精神，以习近平总书记系列重要讲话精神为根本指针，按照“四个全面”战略布局，落实市委三届六次全会部署，主动适应经济发展新常态，坚持稳中求进总基调，牢牢把握稳增长和调结构的平衡点，狠抓“六权治本”，推进“六大发展”，全面深化改革，扩大开放，突出创新驱动，保障改善民生，促进全市经济平稳健康发展和社会和谐稳定。会议号召，全市人民要在中共临汾市委的坚强领导下，凝心聚力，开拓奋进，全面完成今年经济社会发展和“十二五”规划各项目标任务，为开创弊革风清、富民强市新局面而努力奋斗！

临汾市第三届人民代表大会第六次会议关于临汾市 2014 年国民经济和社会发展计划执行情况与 2015 年国民经济和社会发展计划的决　议

（2015 年 4 月 29 日临汾市第三届人民代表大会第六次会议通过）

临汾市第三届人民代表大会第六次会议审查市人民政府提出的《关于临汾市 2014 年国民经济和社会发展计划执行情况与 2015 年国民经济和社会发展计划草案的报告》及 2015 年国民经济和社会发展计划草案。会议同意临汾市第三届人民代表大会第六次会议计划和预算审查委员会的审查报告，决定批准《关于临汾市 2014 年国民经济和社会发展计划执行情况与 2015 年国民经济和社会发展计划草案的报告》，批准 2015 年国民经济和社会发展计划。

临汾市第三届人民代表大会第六次会议关于临汾市2014年全市和市本级预算执行情况与2015年全市和市本级预算的决议

(2015年4月29日临汾市第三届人民代表大会第六次会议通过)

临汾市第三届人民代表大会第六次会议审查了市人民政府提出的《关于临汾市2014年全市和市本级预算执行情况与2015年全市和市本级预算草案的报告》及2015年全市和市本级预算草案。会议同意临汾市第三届人民代表大会第六次会议计划和预算审查委员会的审查报告,决定批准《关于临汾市2014年全市和市本级预算执行情况与2015年全市和市本级预算草案的报告》,批准2015年市本级预算。

临汾市第三届人民代表大会第六次会议关于临汾市人民代表大会常务委员会工作报告的决议

(2015年4月29日临汾市第三届人民代表大会第六次会议通过)

临汾市第三届人民代表大会第六次会议听取和审议了徐树荣主任所作的市人大常委会工作报告。会议同意这个报告,决定予以批准。

会议要求,市人大常委会要全面贯彻党的十八大和十八届三中、四中全会精神,以习近平总书记系列重要讲话精神为根本指针,围绕"四个全面"战略布局,紧扣"六权治本""六大发展",贯彻落实市委三届六次全会精神,在中共临汾市委坚强领导下,以创新方式、增强实效为重点,强化监督职能;以完善机制、优化服务为重点,做好代表工作;以增强素质、提升能力为重点,加强自身建设,积极发挥地方国家权力机关作用,为推进法治临汾建设,努力开创弊革风清、富民强市新局面做出新贡献。

临汾市第三届人民代表大会第六次会议关于临汾市中级人民法院工作报告的决议

(2015年4月29日临汾市第三届人民代表大会第六次会议通过)

临汾市第三届人民代表大会第六次会议听取和审议了关中翔院长所作的市中级人民法院工作报告。会议同意这个报告,决定予以批准。

会议要求,市中级人民法院要全面贯彻党的十八大和十八届三中、四中全会精神,以习近平总书记系列重要讲话精神为根本指针,坚持司法为民、公正司法工作主线,主动适应经济发展新常态,忠实履行宪法和法律赋予的职责,依法独立公正行使审判权,全面加强法院队伍建设,着力提高司法公信力和司法水平,为推进法治临汾建设,努力开创弊革风清、富民强市新局面提供坚强有力的司法保障。

临汾市第三届人民代表大会第六次会议关于临汾市人民检察院工作报告的决议

(2015年4月29日临汾市第三届人民代表大会第六次会议通过)

临汾市第三届人民代表大会第六次会议听取和审议了苑涛检察长所作的市人民检察院工作报告。会议同意这个报告,决定予以批准。

会议要求,市人民检察院要全面贯彻党的十八大和十八届三中、四中全会精神,以习近平总书记系列重要讲话精神为根本指针,忠实履行宪法和法律赋予的职责,努力维护社会公平正义,进一步加大查办职务犯罪工作力度,严格规范司法行为,不断强化法律监督、强化自身监督、强化检察队伍建设,着力提高司法公信力和司法水平,为推进法治临汾建设,努力开创弊革风清、富民强市新局面提供坚强有力的司法保障。

【代表名单(396名)】

临汾市第三届人民代表大会代表名单

尧都区(66名)

丁新玲(女,回族)　马跟云　王　芳(女)
王　勇　王　润　王　超　王智胜　孔令泽
石雷锁　付常英(女)　兰维成　权哲辉
毕宝玲(女)　吕家忠　吕建斌　乔亚丽(女)
任招振　任晓虎　任跟心(女)　刘大吉
刘红锁　齐安林　许福贵　闫君霞(女)
闫忠宝　师学瑾　杜红奎　李　茵(女)
李双山　李龙飞　李安民　李青雁(女)

李春勋　李春玲(女)　杨午生　杨怀旺
杨家锁　何炳盛　宋　涛　张文民　张宁红
张吉平　张志强　张麦生　张陈记　补根柱
卓心翠(女)　尚日红　赵志坚　赵波峰
岳普煜　段瑛(女)　段金中　侯仙记
秦国杰　贾泉兰(女)　高　峰　高向阳(女)
郭慧玲(女)　梁天运　蒋茂平　焦志勇
鲁立波　谢　海　谢武生　樊海燕

侯马市(23 名)
马秀玲(女)　王阿家(女)　王煦杰　毛克明
孙惠记　李山林　李朝旗　杨　青　杨　瑞(女)
张　平　张如意　张培基　陈小洪
姜晓红(女)　秦玲玲(女)　原胜利　郭金玉
尉合怀　蒋安生　韩　睿　傅遵师　裴本德
翟瑞卿

霍州市(25 名)
马德荣　王子贞　王林锁　王醒安　吕超英
朱　玉　朱志红　任麦杏　刘怀忠　孙玉明
杜志祥　杨　华　张芙蓉(女)　张明慧(女)
陈　纲　陈小虎　陈占平　周文伟
赵秋香(女)　贾亚龙　郭建莉(女)　常富顺
崔山原　董　娟(女)　薛英玲(女)

洪洞县(61 名)
马安平　王千良　王小惦(女)　王延峰
王和平　王春翔　王秋平　王黎明　史元魁
史芳芳(女)　冯黎峰　权青海　成巧梅(女)
乔红(女)　许　平　孙竹莲(女)　纪小明
苏学峰　李　宁(女)　李　英(女,土家族)
李　竞　李世杰　李国旺　李新春　杨　杰
杨和生　杨晓丽(女)　杨银奎　宋红生
宋秀荣(女)　宋晓丽(女,回族)　张元喜
张玉龙　张红红(女)　张庚博　张美峰
苑　涛　范忠义　林泽忠　罗清宇　郑　怀
郑步电　瓮志刚　赵争艳(女)　赵国安
段学武　贺彦平　袁麦兰(女)　柴高潮
郭文仓　郭立军　郭红英(女)　席青松
梁琳琳　扈新起　董艳红(女)　程小柱
焦海棠(女)　雷甲寿　蔺北锁　樊莹丽(女)

襄汾县(40 名)
马　健　马文虎　王志宏　王国平
王彦珍(女)　王德才　毛婉英(女)　邓春臣
邓俊元　石　萍(女)　石宝兴　邢长林
吉仙菊(女)　任治国　刘小才　刘安民
刘红卫　刘　浩　祁寒冰　许贤德
孙金慧(女)　苏新平　杜林峰　李　建
李世荣　杨志威　杨新柱　张　炜(女)
张拽牛　张焕玲(女)　林建武　赵楼生
贾安民　贾福合　徐树荣　郭爱珍(女)
曹彩英(女)　程明温　焦金凤(女)
霍俊平(女)

曲沃县(21 名)
王燕燕(女)　仇振刚　邓爱萍(女)
朱晓东　刘　伟　刘合心　齐顺和
买林祥(回族)　李九林　杨存良　杨治平
吴晓年　张天福　陈小叶(女)　武兰萍(女)
孟海河　郭　簃　郭惠勇　翟桂云(女)
樊高潮(女)　薛桂琴(女)

翼城县(26 名)
王春祥　王艳荣(女)　王振宇　王　彬
王维俊　任吉龙　刘予强　刘永科
齐桂志(女,满族)　许红霞(女)　苏青莲(女)
李　猛　李殿梁　杨春权　狄学飞
苗文娟(女)　范素琴(女)　郑建文
胡国华(女)　原学义　郭　刚
郭行杰　栾兆俊　程晓霞(女)　翟建华
翟铭娟(女)

古　县(13 名)
王文英　王金珍(女)　孔康民　任晋宝
刘晓玲(女)　李　华　李　强　酉振国
张金虎　辛普选　郝献民　侯万玲(女)
贾自胜

安泽县(10 名)
丁玉萍(女)　毛跟云　任秀红(女)　任晓红
刘正林　郭玉亮　黄翠莲(女)　尉亚萍(女)
尉昌华　韩建辉

浮山县(13名)
王东亲(女) 尹 礼 冯际杰 乔建军
刘洪珍(女) 苏 文 李 凡 李 勇
姚玉杰 姚来义 梁秀娟(女) 谢碧玲(女)
解淑芳(女)

吉 县(12名)
牛凤珍(女) 白变慧(女) 冯志平 刘创珍
李金玉(女) 李晓民 张顺旺 赵建民
郝忠祥 梁崇太 崔绍民 葛建章

乡宁县(22名)
王刘明 王英华(女) 古 平 左巧云(女)
权建军 乔成家 任仙强(女) 刘玉学
闫彩萍(女) 李七斤 杨安虎 时菁阳(女)
张文泉 张应钦 张春龙 周亚东
郑亚兰(女) 侯 龙 宣为民 郭学军
解高民 樊洪平

蒲 县(12名)
马长江 王安保 邓秀清(女) 闫建国
闫虎英(女) 李建耀 张彦月 武卫东
赵志慧 郭俊青(女)宿青平 霍五奎

大宁县(10名)
王 懿(女) 史平忠 冯建宁 刘奎生
李俊兰(女)杨晓辉(女) 陈明泽
贺寅生 郭云亭 樊 宇

永和县(12名)
于三成 马连青 加天山 冯灵梅(女)
任冬明 张东红 张宏武 陆立罡 陈忠辉
范洋平 呼洁群(女) 韩忠秀

隰 县(13名)
王天郎 王红红(女) 王晓斌 田耀泽
史 婧(女) 苏 根 李东洪 李亚丽(女)
宋元元 张瑞萍(女) 孟文玉 贺崇伟
郭秀萍(女)

汾西县(14名)
马华庆 王 林 牛元平(女) 任天顺
任亮英(女) 李振华 张安文 陈建华
郝双林 段秀兰(女) 贾文魁 郭玮(女)
樊国俊 樊清平

解放军(3名)
车胜良 王振富 任宝军

临汾市第三届人大常委会

·第二十九次会议·

2015年1月16日，临汾市第三届人大常务委员会第二十九次会议在市人大培训中心举行。应出席会议的常委会组成人员39人，实际出席34人。市人大常委会主任徐树荣，副主任梁天运、柴高潮、原胜利、仇振刚、王醒安、原学义、王金珍，秘书长冯建宁以及王润、王千良、王阿家、王春翔、毛婉英、史元魁、权建军、任跟心、刘小才、刘正林、刘永科、齐安林、孙玉明、李龙飞、苏文、张庚博、张瑞萍、贺彦平、杨怀旺、杨家锁、郭刚、梁崇太、谢武生、樊高潮、樊清平等25名委员出席会议。本次会议的议程是：一、补选山西省第十二届人民代表大会代表；二、其他。

·第三十次会议·

临汾市第三届人民代表大会常务委员会第三十次会议于2015年3月25日在市人大培训中心举行，应出席会议的常委会组成人员39人，实际出席32人。市人大常委会主任徐树荣，副主任梁天运、柴高潮、原胜利、仇振刚、王醒安、原学义、王金珍，秘书长冯建宁及马长江、王润、王千良、王军良、王阿家、史元魁、权建军、任跟心、刘小才、刘正林、刘永科、齐安林、孙玉明、苏学峰、张庚博、张瑞萍、宣为民、贺彦平、郭刚、梁崇太、谢武生、樊高潮、樊清平等22名委员出席会议。

本次会议的议程是：2014年度纳入“三账”监督的单位向常委会“交账”，对其进行满意度测评；听取和审议有关部门关于重点代表建议办理工作情况的报告，并进行满意度测评；审议《临汾市人民代表大会常务委员会关于加强和改进人大监督工作的决定(草案)》；听取和审议市人大常委会代表资格审查委员会关于罢免个别市人大代表资格的审查报告;人事事项;其他。

·第三十一次会议·

临汾市第三届人民代表大会常务委员会第三十一次会议于2015年4月9日在市人大培训中心举行,应出席会议的常委会组成人员39人,实际出席36人。市人大常委会主任徐树荣,副主任梁天运、柴高潮、原胜利、仇振刚、王醒安、原学义、王金珍,秘书长冯建宁及马长江、王润、王千良、王军良、王阿家、毛婉英、史元魁、权建军、任跟心、刘小才、刘正林、刘永科、齐安林、孙玉明、苏文、苏学峰、李龙飞、杨怀旺、杨家锁、张瑞萍、贺彦平、郭刚、梁崇太、谢武生、雷甲寿、樊高潮、樊清平等27名委员出席会议。本次会议的议程是:表决关于召开临汾市第三届人民代表大会第六次会议的决定(草案);审议市人大常委会工作报告(稿);听取和审议市人民政府关于市三届人大五次会议代表建议办理情况的报告;其他。

·第三十二次会议·

临汾市第三届人民代表大会常务委员会第三十二次会议于2015年4月24日下午在市人大培训中心举行,应出席会议的常委会组成人员39人,实际出席31人。市人大常委会主任徐树荣,副主任梁天运、柴高潮、原胜利、仇振刚、王醒安、原学义、王金珍,秘书长冯建宁及王润、王千良、王春翔、毛婉英、任跟心、刘小才、刘正林、刘永科、齐安林、孙玉明、权建军、李龙飞、苏文、苏学峰、杨怀旺、张庚博、张瑞萍、郭刚、梁崇太、谢武生、樊高潮、樊清平等22名委员出席会议。本次会议的议程是:听取关于临汾市第三届人民代表大会第六次会议筹备情况的报告;审议临汾市人大常委会关于设立百里汾河生态文明保护区的议案;听取和审议关于代表变动及补选代表的代表资格审查报告;审议市三届人大六次会议有关名单(草案):(1)主席团和秘书长名单,(2)计划和预算审查委员会组成人员名单,(3)议案审查委员会组成人员名单,(4)列席人员名单;审议市人大常委会在市三届人大六次会议上的工作报告(稿);其他。

·第三十三次会议·

临汾市第三届人民代表大会常务委员会第三十三次会议于2015年4月30日在市人大培训中心举行,应出席会议的常委会组成人员36人,实际出席29人。市人大常委会主任徐树荣,副主任柴高潮、王醒安、原学义、王金珍,秘书长冯建宁及马长江、王润、王春翔、王阿家、毛婉英、权建军、任跟心、刘永科、齐安林、吕超英、李龙飞、李安民、李青雁、苏学峰、张应钦、张庚博、杨怀旺、贺彦平、贾自胜、郭刚、谢武生、樊高潮、樊清平等23名委员出席会议。本次会议的议程是:听取和审议市人大常委会代表资格审查委员会关于罢免个别市人大代表的代表资格审查报告;其他。

·第三十四次会议·

临汾市第三届人民代表大会常务委员会第三十四次会议于2015年5月28日在市人大培训中心举行,应出席会议的常委会组成人员36人,实际出席27人。市人大常委会主任徐树荣,副主任柴高潮、王醒安、原学义、王金珍,秘书长冯建宁及王润、王春翔、史元魁、权建军、任跟心、刘小才、刘永科、吕超英、李安民、李青雁、苏学峰、张应钦、张庚博、张瑞萍、杨怀旺、贾自胜、郭刚、梁崇太、谢武生、樊高潮、樊清平等21名委员出席会议。本次会议的议程是:听取和审议关于临汾市非物质文化遗产保护工作情况的报告;审议临汾市人大常委会关于对市人民检察院规范司法行为、强化法律监督工作进行重点监督的实施方案(草案);审议临汾市人大常委会关于代表建议办理工作“三公开两见面”的实施办法(草案);人事任免职事项及其他。

·第三十五次会议·

临汾市第三届人民代表大会常务委员会第三十五次会议于2015年7月27日在市人大培训中心举行,应出席会议的常委会组成人员36人,实际出席30人。市人大常委会主任徐树荣,副主任柴高潮、王醒安、原学义、王金珍,秘书长冯建宁及马长江、王润、王阿家、王春翔、毛婉英、史元魁、权建军、任跟心、刘小才、刘永科、苏学峰、李龙飞、李安民、李青雁、杨怀旺、张应钦、张庚博、张瑞萍、贾自胜、郭刚、梁崇太、谢武生、樊高潮、樊清平等24名委员出席会议。本次会议的议程是:听取和审议关于百里汾河生态文明保护区机构设置情况的报告；听取和审议关于2015年上半年全市国民经济和社会发展计划执行情况的报告；听取和审议关于2014年市本级财政决算及2015年上半年全市预算执行情况的报告；听取和审议关于2014年市本级预算执行和其他财政收支的审计工作报告；听取和审议市人大常委会代表资格审查委员会关于罢免个别市人大代表的代表资格的审查报告；其他。

·第三十六次会议·

临汾市第三届人民代表大会常务委员会第三十六次会议于2015年9月18日在市人大培训中心举行，应出席会议的常委会组成人员36人，实际出席27人。市人大常委会主任徐树荣，副主任柴高潮、王醒安、原学义、王金珍，秘书长冯建宁以及王润、王阿家、王春翔、权建军、任跟心、刘小才、刘永科、吕超英、苏学峰、李龙飞、李安民、李青雁、杨怀旺、张应钦、张庚博、张瑞萍、贾自胜、郭刚、梁崇太、谢武生、樊清平等21名委员出席会议。本次会议的议程是：听取和审议市政府金融创新发展情况的报告；听取和审议市政府民营经济发展情况的报告；市人大常委会关于接受个别委员辞职事项；人事任免职及撤职事项；其他。

·第三十七次会议·

临汾市第三届人民代表大会常务委员会第三十七次会议于2015年11月24日在市人大培训中心举行，应出席会议的常委会组成人员33人，实际出席29人。市人大常委会主任徐树荣，副主任柴高潮、王醒安、原学义、王金珍，秘书长冯建宁及马长江、王润、王阿家、王春翔、史元魁、权建军、任跟心、齐安林、刘小才、刘永科、吕超英、苏学峰、李安民、李青雁、张应钦、张庚博、张瑞萍、贺彦平、贾自胜、郭刚、梁崇太、谢武生、樊清平等23名委员出席会议。本次会议的议程是：听取和审议市政府关于市本级财政2014年预算执行和其他财政收支审计查出问题的整改报告，并进行满意度测评；审议市政府关于滨河西路与彩虹桥立交等6座立交桥投融资项目资金列入年度财政预算的议案；审议市政府关于2015年市本级预算调整的议案；听取和审议关于百里汾河生态文明保护区规划编制情况的报告；听取和审议市人民检察院规范司法行为、强化法律监督工作情况的报告，并进行满意度测评；听取和审议市人大常委会对市人民检察院规范司法行为、强化法律监督工作重点监督情况的报告；听取和审议市林业局关于国有林场改革专项工作情况的报告；听取和审议市教育局关于学前教育专题询问整改情况的报告，并进行满意度测评；听取和审议市扶贫办关于扶贫开发专题询问整改情况的报告，并进行满意度测评；听取和审议市人大常委会代表资格审查委员会关于罢免个别市人大代表的代表资格审查报告；人事任职事项及其他。

（贾为民）

临汾市人民政府

临汾市人民政府

【概述】 2015年,临汾市政府在山西省委、省政府和市委的领导下,在市人大、市政协的监督支持下,市政府团结带领全市人民,全面贯彻落实中共十八大、十八届三中、四中、五中全会和习近平总书记系列重要讲话精神,适应经济发展新常态,坚持稳中求进总基调,推进"稳增长、促改革、调结构、惠民生、防风险"等各项工作,经济社会发展呈现出稳中有进、稳中有好的态势,实现"十二五"圆满收官。

【经济增长】 2015年,临汾市政府面对经济下行压力,坚持把稳增长作为首要任务,保企业、保运行、保增长。出台减轻企业负担65条,为企业减负4000多万元;全市77亿元煤炭资源整合抵押金退还企业56亿元,缓缴资源价款20多亿元,清费立税减免涉煤收费4.4亿元。协调解决企业生产运行中的问题50余条,全市有60多户停产半停产企业复工复产,原煤产量5648万吨,同比增长6.9%,焦炭、粗钢、钢材等主要工业品产量下滑势头得到有效遏制。组织银企对接,与兴业银行签订战略合作协议,为煤炭企业提供50亿元融资额度;设立总额5000万元的"企业资金链应急周转保障资金"和总额1.56亿元的"企业应急周转互助资金",投放8.7亿元。组建成立太原煤炭交易中心临汾交易处,建立"互联网+煤炭"电商交易平台;组织实施"千人百矿大营销活动",与宝钢、沙钢、中电投、华润等企业签订战略合作框架协议,建立长期性煤炭销售合作关系;举办2015中期临汾煤炭交易大会,成交量1300万吨,成交额56.7亿元。2015年,全市地区生产总值完成1161.1亿元,"十二五"期间年均增长7.6%;规模以上工业增加值完成334.4亿元,年均增长8.6%;固定资产投资完成1401.2亿元,年均增长24%;一般公共预算收入完成88.2亿元,年均增长3.2%;社会消费品零售总额完成572亿元,年均增长12.6%;城镇居民人均可支配收入25498元,年均增长11%;农村居民人均可支配收入9376元,年均增长11.9%。

【结构调整】 2015年,临汾市政府推进现代农业。粮食总产23.6亿公斤,比"十一五"末增长22.3%。"四个百万亩"基地建设成效显著,5年新增设施蔬菜12万亩、水果42万亩、干果35万亩、中药材90万亩。2015年,全市农民合作社10059家,农业产业化龙头企业发展到339家,农产品年销售收入73亿元,是"十一五"末的1.4倍。传统产业实现优化升级。提升煤、焦、冶、电等传统产业整体素质,装备制造、铸造、现代煤化工、新能源、新型材料、电子信息等战略性新兴产业加快发展,5年实施新兴产业项目330个,完成投资814.3亿元,占全市工业领域总投资的67%。现代服务业蓬勃发展。发展壮大商贸物流、电子商务、文化旅游等现代服务业。建成运营居然之家、生龙国际、嗨都国际广场等一批商贸转型项目。临汾市被确定为全国区域级流通节点城市。全市电商企业发展到400余家,交易额突破100亿元,侯马开发区被确定为"国家电子商务示范基地"。推进旅游景区建设,5年完成投资52亿元,全市新增5个国家AAAA级旅游景区,总数11个,位居全省第一。2015年,全市旅游总收入达到295亿元,比"十一五"末增长152.9%。全市三次产业结构由7.5∶58.3∶34.2优化为7.8∶48.5∶43.7,现代产业体系正在加快形成。

【项目建设】 2015年,临汾市政府开展"项目提质增效年"活动,坚持统筹推进重点项目建设,"六位一体"各项指标连年位居全省前列。5年累计实施省市县重点项目4116项,完成投资6053亿元,超额完成"五年五千亿"的目标任务,投资额是"十一五"时期的3.6倍,为临汾市经济社会发展奠定基础。全市公路通车里程18245公里,位居全省第一。5年新改建干线公路797公里、农村公路3135公里。新增高速公路通车里程267公里,临汾北环、临吉高速、霍永高速等一批高速公路建成通车。大西高铁、中南铁路开通运营,临汾民航机场正式通航。引沁入汾和川取水输水工程、五马水库、清峪水库等项目完工,14条中小河流综合治理和45座病险水库除险加固工程全面完成,水利建设总投资101亿元,是"十一五"的3.9倍。

【城乡建设】 "十二五"期间,临汾市政府加快城镇化建设,"一城三区"、侯马曲沃同城化、12个大县城和60个重点镇建设扎实推进。全市启动实施城中村改造工程47个,新建城市公厕318座。市区实施22条城市主干路和古城公园二期、市规划展览馆、大西客运站站前广场等市政工程;铺开总投资159.9亿元的市区17项重点城建工程,城市管理全面加强,完善城市功能。百里汾河生态经济带建设加快推进,经济带内洪洞甘亭工业园、襄汾绿色铸造科技园、曲沃千万吨级优特钢循环工业园等18个工业园区总产值占到全市工业总产值的50%以上;洪洞历山、襄汾丁村白莲等8个现代农业园区形成规模。百里汾河生态治理修复工程全面完成,疏浚河道158.3公里,新建和加固堤防263.8公里,完成绿化和种植防护林2990.7万平方米;涝洰河生态环境治理工程有序推进;山西国际陆港、临汾空港等5个物流园区开工建设;洪洞广胜寺、霍州七里峪、侯马晋博园等5个文化旅游园区不断壮大;11个"两区同建"项目快速推进。"百里汾河生态经济带"发展成为临汾市经济增长的新引擎。

【深化改革】 2015年,临汾市政府以综改试验区建设为统领,稳步推进各项改革。行政管理体制改革方面,加快推进市县权责清单编制工作,全市17个县(市、区)和市级权责清单全部公布;市本级确定行政职权事项10大类3071项,编制责任事项18766项,行政职权运行流程图3071张,查找廉政风险点93830个。行政审批制度改革方面,全市承接省政府下放市级行政审批事项28项、下放县级6项,取消12项,将工商登记前置审批改为后置审批36项;加强市政务服务中心建设,推进"一委一办三中心"的管理体制,实行"一网多平台""一站式服务",优化审批流程,提高审批效率;规范公共资源交易,实行"十统一"运行机制,全年完成各种交易事项1598场次,日均交易7场次,总成交额64亿元,确保阳光透明。煤炭体制、公路运销体制改革方面,制定《关于深化煤炭管理体制改革的意见》《煤炭焦炭公路销售体制改革实施方案》;公路运销体制改革已按期完成,9类涉煤票据全部取消,撤销煤焦销售营业站62个,撤销公路焦炭营业站、稽查站17个,转岗安置煤炭站点职工4581人,转岗安置焦炭企业职工582人。临汾市在全省率先开展非煤矿山收费清理规范工作,出台《非煤矿山收费清理规范工作方案》,规范行政事业性收费10项、政府性基金5项,落实相关收费减免政策。国有林场改革方面,全市国有林场棚户区改造全部完成,新建管护站12个,隰县、古县2个国有林场率先实现林地流转,16个县属国有林场有14个经费纳入财政预算。医疗卫生体制改革方面,加快推进市区医疗资源整合工作,由临汾市人民医院托管市中医院,市第四人民医院、市肿瘤医院和市第十人民医院合并。开发区扩区改革方面,推进临汾、侯马开发区扩区改革,将洪洞甘亭工业园区划归临汾开发区,将山西国际陆港综合保税园区并入侯马经济开发区。

【创新驱动】 "十二五"期间,临汾市政府加快培育发展新动能,"三个突破"取得新进展。在金融创新上,新引进光大、兴业和中信3家股份制商业银行。推进企业上市,有澳坤生物、益通股份、三水能源、光宇股份、普泰股份等5家企业在"新三板"挂牌上市,全市有143家企业在山西股权交易中心挂牌;加大债券发行力度,发行各类债券120亿元。打击非法集资活动,组织开展非法集资风险排查和专项整治,打造良好的金融环境。在科技创新上,出台《关于推进科技创新的实施意见》,举办"2015年度临汾市科技创新发展论坛",与中科院北京分院签订战略合作协议,建成2个院士工作站,1个博士后工作站正在筹建;全市高新技术企业到33家,省级企业技术中心20家,市级企业技术中心50家。在民营经济发展上,制定《进一步支持民营经济健康发展的措施》22条,破解民营经济发展难题,推进大众创业、万众创新,扶持小微企业发展。2015年全市新创办小微企业3280户,培育"小巨人"企业2户,"小升规"企业32户;全市中小微企业11.55万户,工业产品销售产值670亿元,占到全市工业产品销售产值的53.4%。

【生态环保】“十二五”期间，临汾市政府围绕创建国家环保模范城的目标，按照“生态环保，绿色崛起”的发展战略，推进节能减排，打好大气、水、土壤污染治理三大战役。环保工作再上新台阶，开展环境建设年、环境提升年等活动，投资15.5亿元，实施169个环保项目。完成5家电力企业脱硫脱硝治理、16家焦化企业焦炉烟气治理，淘汰黄标车及老旧车5.12万辆。创建省级环保模范城市。2015年，市区空气质量二级以上天数266天，按新标准比2013年增加99天，PM2.5浓度比2013年下降21.3%。全市新建垃圾处理场14座，实现生活垃圾处理场县级全覆盖。汾河出境断面主要污染物化学需氧量和氨氮浓度低于入境断面。全市饮用水水源地水质达标率保持在100%。节能减排呈现新亮点，5年累计实施节能改造项目288个，累计淘汰落后产能1675.2万吨。全市新增和更新新型环保公交车580辆，其中2015年市区新购纯电动车223辆。临汾市入选“国家节能减排财政政策综合示范城市”，尧都区城东老工业区搬迁改造纳入国家试点，浮山县入选国家资源综合利用“双百工程”示范基地，古县入选首批省级低碳县试点。生态建设取得新进展，5年营造林16.4万公顷，森林覆盖率由27.47%增长到31.91%。推进水土保持重点工程，完成治理面积14.27万公顷。推进采煤沉陷区、采空区、水土流失区、煤矸石山等生态环境治理修复工程，西山7县成为国家主体功能区建设试点。

【安全稳定】 2015年，临汾市政府推进安全生产责任体系“五个全覆盖”，组织开展“安全生产稳定年”“安全生产强基年”和“知责、履责”“打非治违”等活动，开展安全生产大检查，加强重点行业和领域安全监管，强化安全检查全留痕、企业ABCD分级分类监管和企业安全生产标准化建设等安全管理措施。2015年，全市安全生产事故总量和死亡人数比“十一五”末分别下降14.5%、25.8%，工矿企业连续7年未发生重特大事故，安全生产形势实现持续稳定好转。加强信访、综治、应急、舆情监控等工作，建立市级领导包联信访事项制度，开通“市长热线”“市长信箱”，完成“六五”普法任务，推广安泽“311”基层服务管理、乡宁“三化一卡”、侯马“345”流动人口管理、铁路安全“线格化”管理等社会管理先进经验，社会保持和谐稳定。

【民生事业】“十二五”期间，临汾市政府坚持把群众关心的教育、卫生、文化、就业、扶贫等民生工作作为政府工作的出发点和落脚点，全年民生支出占到全市财政支出的84.4%。文化方面，完成17个县(市、区)的文化馆、图书馆标准化建设，新建临汾市博物馆、晋国博物馆、丁村民俗博物馆等16个博物馆。全市有300多件文化作品获“山西广播电视奖”和“全省优秀广播电视栏目奖”。教育方面，投资4.5亿元的临汾新高中建成投用，市第三中学、市第一小学等市直学校改造和17个县(市、区)义务教育薄弱学校改造工程全面完成。新改扩建公办标准化幼儿园144所、农村幼儿园134所。2015年高考达二本线16189人，比2010年增加7112人，达线率上升19.1个百分点。职业教育、成人教育和民办教育全面发展，教育教学质量稳步提升。卫生方面，临汾新医院和10所县级医院建成运营，全市医院总数116家，医疗卫生机构床位数总量13805张，分别比“十一五”末增长20.8%和22.3%。新创建“三甲”医院3家，创建省级以上卫生县城15个。新农合参合率98.47%，人均筹资水平提高到470元。县级公立医院改革实现全覆盖。社保方面，五大社会保险参保人数477万人次，是“十一五”时期的2.5倍。城乡低保实现应保尽保。开工建设各类保障性住房78725套，完成农村危房改造48232套。城镇登记失业率稳定控制在3%以内。临汾市被确定为“国家信息惠民试点城市”。扶贫方面，推进扶贫开发，实现脱贫25万人。推进光伏扶贫，实施127个村级光伏电站和9个10兆瓦以上地面小型电站工程，建设总规模134.5兆瓦。完成新一轮农村“五个全覆盖”和农村“五件实事”。推进城市和农村人居环境改善工程。全市新增供水管网280公里，城镇供水普及率99%；新增集中供热面积1539万平方米，城镇供热普及率78.5%；新建燃气管网1012公里，城镇燃气普及率85%；完成市区10万户天然气置换。

【六大惠民工程】 2014年至2015年，临汾市政府围绕改善民生，实施学前教育优质普惠、乡村医疗服务提质、农业强基固本、饮水安全保障、城市综合整治、就业创业援助“六大惠民工程”，解决一批关系人民群众切身利益的突出问题，为群众办大量实事好事。学前教育方面，研究制定《临汾市第二期学前三年行动计划(2014－2016)》，新改扩建幼儿园64所,取缔不达标幼儿园451所。医疗服务方面,新农合人均筹资标准由390元提高到470元,参合率98.47%。农业、饮水方面,完成46座小型病险水库除险加固,新增、改善和恢复灌溉面积1.26万公顷,改善和提高9.5万人的饮水安全标准。城市综合治理方面,开展市容专项整治活动,市容市貌得到明显改观。就业援助方面,全市城镇新增就业5.13万人,转移农村劳动力5.35万人,城镇登记失业率为2.6%。

【民主法治建设】 2015年,临汾市政府自觉接受市人大及其常委会法律监督和市政协民主监督,支持各民主党派、工商联、无党派人士参政议政,办理人大代表意见、建议145件,政协委员提案175件,意见40件,办结率100%。开展专题教育,开展学习讨论落实活动和"三严三实"专题教育,推进党风廉政建设和反腐败斗争,落实党风廉政建设"两个责任"。扎实推进依法决策,完善《市政府议事规则》和行政重大决策法定程序、合法性审查机制、责任追究制度,确保了决策科学化、民主化。强化正风肃纪,执行中央"八项规定",保持反对"四风"的高压态势,加大庸政懒政怠政和不作为问责力度,全市问责168人,其中县处级1人,乡科级及以下106人,其他61人,地促进干部作风转变,优化全市政务环境,增强政府公信力和执行力。

【重要文件】

·通知　意见·

临汾市人民政府关于加快发展养老服务业的实施意见(临政发〔2015〕6号)

临汾市人民政府关于印发临汾市减轻企业负担促进工业稳定运行若干措施的通知(临政发〔2015〕11号)

临汾市人民政府关于加快推进法治政府建设的实施意见(临政发〔2015〕14号)

临汾市人民政府关于加快推进光伏扶贫项目建设工作的实施意见(临政发〔2015〕23号)

临汾市人民政府关于加快发展现代保险服务业的实施意见(临政发〔2015〕24号)

临汾市人民政府关于进一步促进工业稳增长若干措施的通知(临政发〔2015〕28号)

临汾市人民政府关于进一步做好农民工服务工作的实施意见(临政发〔2015〕30号)

临汾市人民政府关于进一步推进临汾市国家节能减排财政政策综合示范城市工作的通知(临政发〔2015〕34号)

【政令辑要】

·关于加快发展养老服务业的实施意见·

一、总体要求

加快养老服务业发展,坚持投资主体多元化,服务模式多样化,统筹利用各种资源,促进养老服务与医疗、家政、保险、教育、健身、旅游等相关领域的互动发展;坚持保障基本,充分发挥公办养老机构的托底作用,突出特殊困难老年人的基本养老服务需求,实现人人享有基本养老服务;坚持利用市场机制的调节作用,加大政策支持和引导力度,逐步使社会力量成为发展养老服务业的主体,提供丰富、便捷、实用的养老服务和产品。到2020年,在全市建成以居家为基础、社区为依托、机构为支撑的,功能完善、规模适度、覆盖城乡的养老服务体系。

二、主要任务

(一)充分发挥政府主导和引领作用

1.统筹规划养老服务业发展。

2.建立基本养老服务制度。

3.全面发展居家养老服务网络。

4.完善养老公共服务设施。

5.推进公办养老机构改革。

6.加强人才培养和队伍建设。

7.营造尊老敬老助老社会氛围。

(二)支持社会力量进入养老服务业领域

8.引导社会力量发展居家和社区养老服务。

9.鼓励社会力量兴办养老服务机构。

10.培育养老服务社会组织。

(三)统筹发展农村养老服务

11.加快推进农村五保供养服务机构提档升级。

12.推进农村日间照料中心幸福工程建设。

13.拓宽农村养老资金筹集渠道。

(四)全面推进医养融合发展

14.推进医疗机构开展养老服务。

15.积极促进医养融合发展。

16.完善养老医疗保障制度。

(五)推进养老服务产业发展

17.培育养老产业集群。

三、政策保障

(一)完善土地供应政策

18.保障养老用地指标。

(二)落实税费优惠政策

19.落实税收优惠政策。

20.落实收费优惠政策。

(三)完善投融资政策

21.加大投入,支持养老服务业发展。

22.建立和完善养老服务补贴制度。

23.加大金融支持力度。

(四)加强对养老服务业的监管

24.强化行业监管。

25.促进行业自律。

·关于印发临汾市减轻企业负担促进工业稳定运行若干措施的通知·

为深入贯彻落实《山西省减轻企业负担促进工业稳定运行的若干措施》(晋政发〔2015〕11号)精神,积极应对经济下行压力,切实减轻企业负担,优化发展环境,促进工业稳定运行,提出以下措施:

1.取消、下放、改为属地管理的市本级涉企行政权力事项252项。其中:取消26项、下放48项、改为属地管理178项。

2.停止征收价格调节基金。

3.取消铁路护路联防费。

4.取消文化市场证照工本费。

5.取消道路运输经营许可证工本费。

6.取消营运车辆管理IC卡工本费。

7.暂停征收缺建绿地补偿金。

8.暂停征收临时占用绿地费。

9.规范超计划用水加价费,统一纳入水价管理,不再作为行政事业性收费管理。

10.对货运车辆通行高速公路实行阶段性优惠。

11.取消征收企业及个体工商户注册登记费。

12.免征出口商品检验检疫费。

13.免征出口企业签发各类原产地证书费和产地证书工本费,包括一般原产地证书和优惠原产地证书。

14.暂停征收工业产品生产许可证审查费。

15.免征小微企业(含个体工商户)组织机构代码证书收费、社会公用计量标准证书费、标准物质定级证书费、国内计量器具新产品型式批准证书费、修理计量器具许可证考核费、计量考评证书费、计量考评员考核费、计量授权考核费等8项行政事业性收费。

16.煤炭产品质量监督检验收费按现有标准降低20%执行。

17.免收丢失检定证书补发费。

18.免费组织特种设备作业人员考试,免费为企业办理特种设备人员作业证书。

19.取消征地管理费,对小微企业免征土地登记费。

20.缓缴2015年度资源价款,缓缴价款并入2016年度当期合并缴纳,在缓缴期内,企业承担资金占用费用,按中国人民银行同期贷款利率计算。

21.市属国有企业免缴2014年度国有资本金收益。

22.继续减半收取煤炭交易服务费。

23.市级投资主管部门对企业重大投资项目委托第三方评估机构开展项目评估工作,所需费用由市级投资主管部门解决。

24. 实行工业用水限价。

25.暂停提取2015年度煤炭开采企业矿山环境恢复治理保证金和煤矿转产发展资金。

26.2015年度困难企业继续缓缴五项社会保险。

27.降低失业保险费率,用人单位缴费比例由现行的2%降至1.5%,个人缴费比例由现行的1%降至0.5%。

28.降低全市企业的生育保险费率,由现行的0.8%降至0.5%。

29.停止征收城镇退役士兵安置任务有偿转移资金。

30.取消全市企业每年3万亩矿区绿化任务。

31.取消、规范22项金融机构业务收费。

32.建立新兴产业扶持机制,鼓励引导政府、企业、个人资金共同参与,支持新兴产业发展壮大。

33.设立市级小微企业扶持基金,按市场化运作方式,促进小微企业和民营经济发展。

34.认真落实省政府特别流转金投资期限延长为10年的具体措施。

35.继续实施小微企业“六补一缓”政策。

36.通过“七补一贷”扶持高校毕业生自主创业。

37.给予创业园区建设和创业孵化基地场租补贴。

38.给予企业新招用人员组织培训以及小微企业新招用劳动者技能培训和职业技能鉴定补贴。

39.积极创建人才培训评价试点企业,给予试点企业高技能人才培训补贴。

40.给予部分并轨困难企业社会保险补贴。

41.2015年度使用失业保险基金给予困难企业社会保险补贴、岗位补贴、培训补贴。

42.使用失业保险基金支持企业稳定就业岗位。

43.鼓励土地使用者在符合规划的前提下,通过厂房加层、厂区改造、内部用地整理等途径提高土地利用率。在符合规划、不改变用途的前提下,现有工业用地提高土地利用率和增加用地容积率的,不再增收土地价款。

44.对确需使用土地利用总体规划确定的城镇建设用地范围外的国有未利用地,且土地前期开发由土地使用者自行完成的工业项目用地,在确定土地出让价格时,可按不低于所在地土地等别相对应标准的15%执行。

45.以农、林、牧、渔业产品初加工为主的工业项目,在确定土地出让低价时,可按不低于所在地土地等别相对应标准的70%执行。

46.支持企业利用已有存量土地和原厂房兴办商务和信息服务、研发设计、文化创意、物品储运、鲜活农产品销售等服务业。

47.对于银行贷款承诺、融资意向书、资金信用证明等属于企业经营自主权的事项,不再作为企业投资项目核准前置条件。

48.推进工商营业执照、税务登记证和组织机构代码证"三证合一"试点工作。

49.推行国、地税联合办税,推动联合办税服务厅互设窗口,提高办税效率。加强税收优惠政策宣传、政策解释和业务指导。

50.加大政府支持融资性担保机构力度。对持续不开展业务的融资性担保公司,引导和促进其开展融资性担保业务;争取通过财政增资、吸引民间资本等多种渠道,做大做强融资性担保公司。

51.支持符合条件的企业选择发行股票、公司债券、企业债券、中小企业集合债、中小企业私募债、小微企业增信集合债、项目收益债券、资产证券化产品等融资品种,通过资本市场募集项目建设资金,优化企业债务结构。

52.实施中小微企业成长工程,推进"助保贷"等融资模式,建设一批小微企业创业基地。

53.加快产业技术研发公共服务平台建设,鼓励服务平台向企业全面开放。

54.为全市省级外贸基地公共服务平台争取省级部门的资助,带动企业投入,提升外贸基地公共服务水平。

55.简化手续、优化流程,力促通关便利化。

56.促进中小企业加速壮大,对当年主营业务收入拟达到2000万元以上的工业企业,按当年度新增增值税市级留成部分的50%给予奖励。

57.取消用电企业停产或减产期间暂停或减容期限限制。

58.新增电力用户缓交临时接电费。

59.对焦炭、金属矿石、钢铁及有色金属、水泥、粮食、鲜活等10类铁路运输货物,执行普惠运价。

60.对集装箱装运煤块、焦炭严格执行"一口价"优惠运价。

61.对一定时期内连续稳定发送需求或一次运量较大的铁路运输客户,执行运价优惠。

62.对采取"批量快运"和"零散快运"铁路运输的货物,执行运价动态调整优惠。

63.对省内煤、焦铁路运输车流径路按最短计费路径进行优化。

64.对辖区出入境特殊物品企业实施信用分类和产品风险分级,对进出境动植物及特殊产业需要实施审批方可获准进出境的,在对产品进行风险分析的基础上,优化审批程序,简化申报流程,缩短审批时限。

65.成立电力技术咨询无偿服务队,为广大客户提供无偿技术咨询、答疑。

·关于加快推进法治政府建设的实施意见·

一、指导思想和目标

深入贯彻落实党的十八大、十八届三中、四中全会精神和习近平总书记系列重要讲话精神,按照全面推进依法治国的总目标和加快推进法治临汾建设的总体要求,深入推进依法行政,加快建设职能科学、权责法定、执法严明、公开公正、廉洁高效、守法诚信的法治政府。

二、依法全面履行政府职能

1.认真落实依法确定权力、科学配置权力、制度约束权力、阳光行使权力、合力监督权力、严惩滥用权力,建立完善配套制度,推进机构、职能、权限、程序、责任法定化、明晰化,依法界定各级政府及其部门的事权,强化市县两级政府执行职责,推进政府事权规范化、法治化。

2. 建立行政权力清单和责任清单制度，明确政府及其部门的职能、法律依据、实施主体、职责权限、管理流程、监督方式等事项，坚决消除权力设租寻租空间。

3. 深入推进行政审批制度改革，依法取消、下放和调整审批事项，坚持简政放权，做到放管结合，使市场在资源配置中起决定性作用和更好发挥政府作用。

4. 完善公共服务提供机制和供给方式，健全政府购买公共服务、政府采购和监督评估等制度，积极稳妥推进政府向社会购买公共服务工作，加快形成提供公共服务的新机制。

三、加强和改进政府规范性文件审查备案工作

5. 围绕全市经济社会发展大局，运用好国家资源型经济转型综合配套改革试验区政策，着力构建保障和促进“六大发展”的制度支撑体系，重点推进经济结构调整、资源开发利用、生态环境保护、安全生产、加快文化发展、保障和改善民生等方面规范性文件的制定。

6. 严格按照法定权限和程序制定规范性文件，逐步实行统一登记、统一编号、统一发布制度。

7. 健全规范性文件公开征求意见及公众参与机制，发扬民主，反映民意，集中民智，不断提高政府规范性文件的制发质量。

8. 完善规范性文件前置审查与备案审查工作机制和程序，切实做到有件必备、有备必审、有错必纠。

9. 加强政府规范性文件清理工作，根据新公布的法律法规和法律法规修改、废止情况，对不符合经济社会发展要求、与上位法不一致或者相互之间不协调的规范性文件要及时修改或者废止。

四、健全依法决策机制

10. 进一步完善行政决策规则，明确重大行政决策事项范围、必经程序和法律责任。县级以上人民政府及其部门要建立并落实重大行政决策程序制度，完善决策机制。

11. 建立重大行政决策公开征求意见和民主协商制度，畅通公众参与渠道，广泛听取公众意见。建立完善文化教育、医疗卫生、社会保障、环境保护、公用事业等重大民生决策事项民意调查和公众参与制度。

12. 建立完善重大行政决策听证制度，对涉及社会公众重大利益、各方面存在较大意见分歧的，举行听证会听取公众意见。

13. 重大行政决策提请审议前须经法制机构合法性审查，未经合法性审查或经审查不合法的，不得提交讨论。

14. 建立重大行政决策咨询专家库，发挥政府决策咨询机构、法律顾问机构和专业机构及学术性、专业性人民团体的决策咨询作用。逐步实行专家信息和论证意见公开制度。

15. 完善重大行政决策风险评估机制，有序引入社会组织和专业机构参与对社会稳定、经济、环境、安全生产等方面的风险评估，未经风险评估的不得作出决策。同时建立重大行政决策后评估制度。

16. 积极推行政府法律顾问制度，各县（市、区）人民政府及市县有关部门要建立政府法制机构人员为主体、吸收专家和律师参加的法律顾问队伍，保证法律顾问发挥事前咨询、事中审查论证、事后救济的作用，防范行政决策法律风险。

17. 建立重大行政决策终身责任追究制度及责任倒查机制，按照“谁决策、谁负责”的原则，对决策严重失误或者依法应该及时作出决策但久拖不决造成重大损失、恶劣影响的，严格追究行政首长、负有责任的其他领导人员及相关责任人员的法律责任。

五、深化行政执法体制改革

18. 市县两级行政执法机关要加快建立权责明确、行为规范、监督有效、保障有力的行政执法体制，自觉履行与人民群众日常生活密切相关的行政执法职责，推动执法重心下移，合理配置执法力量。

19. 积极推进综合执法，着力解决权责交叉、多头执法、多层执法和执法缺位问题。

20. 加强城市管理综合执法机构和队伍建设，提高执法和服务水平。

21. 严格实行行政执法人员持证上岗和资格管理制度，未经执法资格考试合格，不得授予执法资格，不得从事执法活动。

22. 严格执行罚缴分离和收支两条线管理制度，严禁收费罚没收入同部门利益挂钩。

23. 健全行政执法和刑事司法衔接机制，完善案件移送标准和程序。建立行政执法和刑事司法衔接工作联席会议制度。

六、严格规范公正文明执法

24. 依法查处各类违法行为。

25.完善行政执法程序制度。建立执法全过程记录制度,推行执法公示制度,健全执法调查制度,规范执法取证活动,完善执法争议协调机制,严格执行重大执法决定法制审核制度。

26.加强行政执法信息化建设,建立执法主体、执法人员等执法信息数据库及管理系统,逐步实现执法信息共享。

27.建立健全行政裁量权基准制度,细化、量化行政裁量标准,规范裁量范围、种类、幅度,规范自由裁量权行使。

28.全面落实行政执法责任制,建立完善行政执法评议考核制度,严格落实重大行政处罚决定备案审查制度,扎实做好行政执法案卷评查工作,进一步完善执法责任追究机制。

29.严格落实行政执法责任和干预执法追究制度,及时纠正违法行为,防止和克服地方和部门保护主义,依法惩治执法不严、不公和执法腐败现象。

30.正确处理执法与服务的关系,做到文明执法,热情服务,深化服务型政府建设。

七、强化对行政权力的制约和监督

31.自觉接受同级人大及其常委会的监督,向其报告工作、接受质询、依法报备规范性文件,认真研究办理人大代表和政协委员提出的意见和建议,不断改进工作。

32.建立行政机关负责人行政案件出庭应诉制度,切实尊重并执行人民法院作出的生效判决和裁定,不干预、阻碍人民法院依法受理和审理案件。

33.畅通社会监督渠道,通过设置举报箱、电子信箱、热线电话、政务微博、公众微信等方式方便群众投诉举报、反映问题,及时调查处理群众反映的问题和新闻媒体曝光的违法行政行为。

34.突出加强对行政机关主要领导岗位的监督,加强对涉及群众切身利益的行政审批、证照办理等办事窗口的监督,加强对财政资金分配使用、国有资产监管、政府投资、政府采购、公共资源转让、公共工程建设、城乡规划审批等重点领域和关键环节的监督,坚决遏制权力寻租和腐败滋生。

35.加大政府内部层级监督力度,完善内部层级监督和流程控制机制,要进一步加强上级行政机关对下级行政机关的监督,及时纠正违法或者不当的行政行为。

36.加强对行政权力的内部制约,对权力集中的部门和岗位实行分事行权、分岗设权、分级授权、定期轮岗,完善内部流程控制,防止权力滥用。

37.依法受理公民、法人和其他组织对行政机关的投诉、举报,依法查处和及时纠正行政违法行为。

38.严格行政问责,建立完善行政问责制度,明确行政问责主体,健全纠错问责机制,细化公开道歉、停职检查、引咎辞职、责令辞职、罢免等问责方式和程序,建立被问责人员申辩、核查和救济程序。

39.完善审计制度,保障审计机关依法独立行使审计监督权,对公共资金、国有资产、国有资源和领导干部履行经济责任情况实行审计全覆盖。

八、全面推进政务公开

40.全面贯彻实施政府信息公开有关法律法规规章,建立健全相关配套制度,加强监督检查,对人民群众申请公开政府信息的,要依法在规定时限内予以答复。涉及公民、法人和其他组织权利和义务的规范性文件,要按照政府信息公开有关规定和要求予以公布。

41.加大主动公开力度。

42.面向社会服务的政府部门要全面推进办事公开,依法公开办事的依据、条件、程序、要求和结果,告知办事项目有关信息。

43.推动政府信息公开向各公共服务单位和基层延伸,为公众就近获取信息提供便利。

44.医院、学校、公交、邮政、通信、金融、水、电、气、暖等公共服务单位,要充分利用广播电视、互联网、电子屏、公告栏等载体公开办事流程、岗位职责、服务承诺、收费项目、收费标准、工作规范、办事纪律和监督投诉渠道等内容,为人民群众办事提供优质、高效、便捷服务。

45.要整合网络资源,提升信息技术服务水平,实现多领域多层级资源信息共享。

46.规范各级政务大厅和各部门办事窗口建设,完善制度机制,提高服务能力和办事效率,推行服务承诺、首办负责、一口对外、一次告知、限期办结制度。

九、加强法治宣传教育和社会治理

47.完善和落实领导干部学法制度。

48.建立完善公务员录用、在岗和上岗前的法律知识培训制度。

49.认真落实"谁执法谁普法"的普法责任制,集中抓好国家宪法日和依法行政宣传月活动,并结合法律法规颁布日开展主题法治宣传活动，不断扩大普法宣传教育的覆盖面和影响力。

50.抓好青少年普法教育。把法治教育纳入国民教育体系，在各级各类学校设立法治教育课程，保证课时、教材、师资、经费落实到位。

51.加强社会诚信建设和公民道德建设，健全公民和组织守法诚信记录，完善守法诚信褒奖和违法失信惩戒机制，坚持法治和德治相结合，推进依法行政和道德规范相互促进。

52.深化基层组织和部门、行业依法治理，支持各类社会主体自我约束、自我管理，发挥人民团体和社会组织在法治建设中的积极作用，积极开展法治创建活动。

53.依法处置涉及民族、宗教等因素的社会问题，促进民族、宗教关系和谐。

十、依法维权和化解社会矛盾纠纷

54.推进覆盖城乡居民的公共法律服务体系建设。

55.健全社会矛盾纠纷监测、预警、处理机制，及时收集分析热点、敏感、复杂矛盾纠纷信息，加强群体性、突发性事件预警监测。

56.加强行政调解工作。

57.加强人民调解工作，健全完善人民调解组织网络，实现村委会、居委会人民调解组织全覆盖，推进企事业单位、乡镇街道、社会团体和其他组织中人民调解组织建设。

58.完善行政复议工作体制机制。

59.健全行政裁决制度，增强解决与行政管理活动密切相关的民事纠纷功能。

60.行政机关要主动加强与司法机关的协调联动，积极推动构建调解、仲裁、行政裁决、行政复议、行政诉讼等有机衔接、相互协调的多元化纠纷解决机制。

61.加强信访工作，落实涉法涉诉信访改革措施，引导信访人通过诉讼、行政复议、仲裁等法定途径解决问题。

62.完善仲裁登记、执业和监督管理制度，加强对仲裁工作的指导，提高仲裁公信力。

十一、加强法治队伍建设

63.健全市、县两级政府和部门法制机构建设，特别是市直执法部门和县级政府法制机构设置及人员配备要与其法定职责相适应。

64.建立政府和部门法制工作人员交流制度，畅通交流渠道。建立从符合条件的律师、法学专家中招录政府和部门法制工作人员的制度。

65.落实法律职业准入制度，健全职业保障制度，畅通具备条件的军队转业干部进入法治队伍的通道，健全从政法专业毕业生中招录人才的规范便捷机制。

66.加强对律师事务所和律师队伍的管理，发挥律师行业协会的自律作用，突出抓好律师职业道德建设，规范律师执业行为，完善律师执业保障机制，落实律师执业权利，完善律师承担公益性法律服务的经费保障机制，为律师服务经济社会搭建平台。

67.构建社会律师、公职律师、公司律师等优势互补、结构合理的律师队伍，推动各级行政机关普遍设立公职律师岗位，引导有条件的企业特别是国有和国有控股企业设立公司律师。

68.壮大公证员、基层法律服务工作者、人民调解员和法律服务志愿者队伍，建立法律服务人才跨区域流动激励机制。

十二、加强组织领导

69.健全领导体制机制，各级政府及其部门要建立由主要负责人牵头、各部门分工落实的领导协调机制，适时召开专门会议，研究解决法治政府建设中的重大问题，及时研究部署法治政府建设的具体任务和工作措施，统一领导协调本地区、本部门的法治政府建设工作。

70.强化依法行政第一责任人的责任，各级政府及政府部门主要负责人要担负起依法行政第一责任人的责任，把全面推进依法行政、加强法治政府建设摆到全局工作更加突出的位置，实现依法行政工作与改革发展稳定任务统一研究部署、统一组织落实、统一检查考核。

71.加强督促指导和监督检查，上级政府要加大对本级政府部门和下级政府推进依法行政工作的督促指导和监督检查力度。

72.完善依法行政考核制度，科学设定依法行政考核指标，把依法行政、建设法治政府工作纳入本地、本部门年度目标责任考核体系，加大考核权重。考核结果作为对政府和政府部门领导班子和领导干部综合考核的重要内容。

73.落实依法行政报告制度，县级以上人民政府每年要向同级党委、人大常委会和上一级人民政府报告推进依法行政情况，政府部门每年要向本级人民政府和上一级人民政府有关部门报告推进依法行政情况。

74.完善财政保障制度,各级财政要保障行政执法、行政执法监督、行政复议与应诉、依法行政指导等所需资金,保证建设法治政府的相关经费开支。

·关于进一步加快推进临汾市国家节能减排财政政策综合示范城市工作的意见·

为切实做好我市节能减排财政政策综合示范工作,确保按进度、按目标完成《财政部、国家发改委关于批复第三批节能减排财政政策综合示范城市实施方案的通知》(财建〔2014〕730号)的各项工作任务,实现我市节能减排三年目标任务。现提出如下意见:

一、指导思想

二、总体目标

牢固树立绿色、循环、低碳发展理念,用足用活用好国家节能减排财政政策,加大投入力度,创新体制机制,加快构建以城市为平台、政府为主导、企业为主体、市场有效驱动、全社会共同参与的节能减排工作格局,力争在三年之内,实现产业结构明显优化、重点领域能效水平大幅提高、低碳技术广泛推广、可再生能源规模化应用、主要污染物排放量显著减少、现代服务业加快发展、合同能源管理与排污权交易等市场化机制逐步健全,节能减排工作在全国产生积极的综合示范效应,圆满完成节能减排财政政策综合示范各项任务。

三、主要任务

(一)围绕产业低碳化,加快产业结构调整步伐。

(二)围绕主要污染物减量化,持续推动城市环境改善。

(三)围绕交通清洁化,全力打造新能源交通体系。

(四)围绕建筑绿色化,努力建设绿色生态城市。

(五)围绕服务业集约化,强力推进各类服务业发展。

(六)围绕可再生能源规模化,不断优化能源消费结构。

四、创新机制

(一)优化科技支撑机制。加强科技创新,积极推广低碳生产、节能减排、清洁生产、污水处理、垃圾无害化处理、资源循环利用等技术应用。

(二)完善市场运作机制。探索开展排污权交易、节能量认定,采用市场化模式,形成联系政府、协调企业的服务体系,为企业发展提供第三方服务。

(三)健全资金投入机制。通过争取上级资金支持、市县财政投入、企业融资、社会参与等多种方式,保障资金需求。鼓励各类银企加大对节能减排、循环经济等重点项目的信贷支持。

(四)建立评估认定机制。建立手续认定、资金投入、节能减排量认定等制度,建立第三方评估机构,充分发挥专家在技术性难题等方面的引导作用。

五、保障措施

(一)加强组织领导。

(二)把握政策措施。

(三)强化考核监督。

(四)加大宣传引导。

(张林海)

市政府办公厅工作

【概述】 2015年,临汾市政府办公厅围绕全市经济社会发展大局,以强化纪律、完善制度、改进作风、落实工作为重点,履行综合协调、参谋助手、督促检查三大职能,完成各项工作任务。

【文稿起草】 2015年,临汾市政府办公厅围绕全市经济社会发展大局和各项目标任务,撰写《强力推进学前教育优质普惠工程的建议及对策》《加快农村土地流转的思考和建议》《加快农民专业合作社发展的意见和建议》等调研报告30余篇;起草《政府工作报告》、全市经济工作会、"六权治本"工作推进会、科技创新推进大会等会议材料20余篇;撰写各类领导讲话、发言材料、总结材料、采访文章等860余篇、350余万字;办理请示、报告、通知、来电呈批卡和领导批转件等传阅类文件4100余件;编发政务信息1200余条。

【协调服务】 2015年,临汾市政府办公厅组织各类会议800余次,其中全市性大会4次,大型签约仪式1次,启动仪式2次,市政府常务会议40次,市政府党组会议17次,市政府专题会议300余次,编发会议纪要71期;组织国务院部门领导调研活动2次、省政府领导调研活动8次、市政府领导调研活动300余次;配合组织接待国家、省、企业及其他地市来临考察、调研、检查、来访活动180余次，接待人员1429人次；组织会见活动30余次，配合有关单位组织完成赴北京、上海、广州等地招商引资及学习考察活动30余次。

【政务督查】 2015年，临汾市政府办公厅围绕全市经济社会发展目标，按照省2015年度目标管理责任考核工作任务指标分解要求，岳普煜市长在市三届人大六次会议上所作的《政府工作报告》，对市政府2015年的重点工作任务进行细化分解，落实工作责任；配合中央、省两级完成国务院办公厅对国务院政策措施落实中存在问题的整改督查、省《政府工作报告》任务分工专项督查、重点工作目标责任完成情况督查、退耕还林任务完成情况专项督查、民生领域重点指标完成情况核查、减轻企业负担促进工业稳定运行若干措施贯彻落实情况专项督查等重点督查任务9次；组织完成专项督查7次，覆盖17个县(市、区)、两个开发区和50多个市直部门，确保各项重点工作的落实；组织经济运行合署办公，制定出台《关于对全市经济运行协调工作实施合署办公的安排意见》，统筹协调解决经济运行工作中存在的问题，发现问题及时预警处理，推动落实经济运行各项工作。

【法制工作】 2015年，临汾市政府办公厅推进规范性文件审查、行政执法主体梳理、行政复议案件办理、法制教育宣传等四项工作。全年审查《临汾市高速公路建设征地拆迁补偿标准》《临汾市残疾人保障办法》等规范性文件16件，其中出台政府规范性文件5件，全部报省政府和市人大备案；梳理审核市级行政执法主体32个、下属单位65个共9397人，开展执法证件申领和换发工作；履行行政复议职责，办理行政复议案件23件；开展法制宣传教育，对各县(市、区)和市直各部门的法制工作人员进行依法行政专题培训，编印《依法行政工作手册》《行政诉讼典型案例精选》。

【信息公开】 2015年，临汾市政府办公厅强化日常政府信息公开工作，全年市本级公布信息5000余条，政府网站点击率、访问量分别355万人次和101万人次；推进政府信息依申请公开工作，受理依申请公开6件，在规定时限内依法规范答复，答复率100%；健全政府信息公开工作考核机制，印发《2015年县(市、区)政府办公室工作考核办法的通知》(临政办发〔2015〕10号)，加大对基层部门的政府信息公开考核监督工作；在市政府门户网站首页开设部门预算信息公开专栏，登记公布121个市直单位的2015年部门预算信息；完成省政府交办的35件转办件，全部按规定程序交办相关部门，35件全部办结上报；建立健全政务公开工作，起草印发《临汾市政务公开规定(试行)》(临政发〔2015〕33号)。

【应急管理】 2015年，临汾市政府办公厅在应急值班方面，落实24小时值班制度，处理各类应急信息，保证应急工作开展。全年参与处置突发事件87起，发布预警信息69次。应急保障体系建设方面，全市有针对性地开展卫生应急演练、地震应急救援演练等大型演练，举办全市突发事件应急预案管理专题培训，修订《临汾市突发环境事件应急预案》等专项预案，编制市级应急预案1184个，完善应急预案体系。健全保障机制，增强保障能力，全市组建各类应急救援队伍367支、13149人，设立应急避难场所110处、240万平方米，加强应急保障能力。

(张林海)

重点项目建设

【概述】 2015年，临汾市重点项目工作适应经济新常态，克服经济下行压力加大等困难挑战，以项目建设的实际成效，推动产业结构优化升级，带动固定资产投资平稳增长，发挥投资对稳增长、调结构、惠民生的作用，提升全市经济社会发展的质量和效益。

【“六位一体”各项指标完成情况】 2015年，临汾市重点工程“六位一体”工作围绕全年目标任务完成，加快推进，项目储备、签约、落地、开工、建设、投产6项工作均完成省下达的全年任务计划。

1.项目储备情况。1月至12月，全市储备“十二五”规划重点项目2142个，储备项目总投资28803.4亿元，完成省下达全年储备任务(11558亿元)的249.20%，完成市定计划(20000亿元)的144%。其中，省认定储备项目359个，储备项目总投资15897.3亿元，完成省定任务的137.5%。

2.项目签约完成情况。1月12月，全市签约项目签约总金额2375.2亿元，完成省下达全年签约任务(1656亿元)的143.4%，完成市定计划(2000亿元)的118.75%。

3.项目落地完成情况。1月12月，全市落地项目983个，落地投资额1598.93亿元，完成省下达全年落地任务(1428亿元)的110.97%，完成市定计划(1580亿元)的101.20%。其中，省认定落地项目359个，落地项目总投资1520.3亿元，完成省定任务的106.5%。

4.项目开工情况。1月12月，全市累计开工项目817个，开工投资额1367.17亿元，完成省下达全年开工任务(1234亿元)的110.79%，完成市定计划(1350亿元)的101.27%。其中，省认定开工项目773个，开工项目总投资1330.1亿元，完成省定任务的107.8 %。

5.重点工程建设情况。1月12月，全市省、市、县三级重点工程完成投资1193.10亿元，完成省下达全年投资任务(1034亿元)的115.39%，完成市定计划(1130亿元)的105.58%。

6.项目投产情况。1月12月，全市累计投产项目828个，投产项目总投资1270.23亿元，完成省下达全年投产任务(1154亿元)的110.07%，完成市定计划(1260亿元)的100.8%。其中，省认定投产项目787个，开工项目总投资1204.8亿元，完成省定任务的100.81%。

【“双包双联”制度】 2015年，临汾市坚持领导联系项目制度，发挥领导包联对项目的推动作用，制定实行重大项目“双包双联”责任制，即“包联领导通过联系项目单位和有关审批部门，包联项目的落地和建设”。市四大班子领导都要联系重点工程项目，四大班子领导在包联的县(市、区)选取两个重点项目，需要在手续方面重点推进的和需要加快建设的项目。各分管副市长除包联具体的项目外，要对所分管工作涉及的“十大重点领域”项目推进进行统筹协调，督促检查，对项目投资完成情况定期分析研究。要求各包联领导定期带领相关部门深入工程一线进行督导研究，通过现场办公、协调汇报等方式，协调解决项目落地审批、资金筹措、建设环境中存在的问题。每季度末市委常委会通报一次市四大班子领导“双包双联”工作进展情况。市委、市人大、市政府、市政协每月召开班子例会对领导“双包双联”工作进展情况进行汇报检点。市政府常务会议每月召开一次研究重点项目的专题会议，听取重点项目“六位一体”、固定资产投资完成及班子领导包联项目工作情况，选取1个至2个工作较好和1个至2个工作较差的县(市、区)或市直部门到会汇报情况。

【项目储备】 2015年，临汾市加大招商引资力度。项目储备和签约是“六位一体”工作的源头和基础。市重点建设项目领导组要求各县(市、区)、市直有关部门以提高经济发展质量和效益为中心，立足加快产业发展和资源转型的实际，将项目的储备与“十三五”规划相衔接，与全面推进“六大发展”相结合，加大对转型项目、新兴产业项目的储备力度，充实完善项目库，优化储备结构，提高储备项目质量，形成“包装储备一批、招商签约一批、开工建设一批、建成投产一批”的项目梯次发展格局。要按照数量与质量并重的原则，加大招商引资力度，拓展招商渠道，创新招商模式，扩大招商成果，狠抓项目签约的落实率。

【解决动态问题】 2015年，市重点建设项目领导组每月定期召开全市重点工程调度会，研究解决项目推进工作中存在的重大问题。市重点办通报“六位一体”目标任务完成情况，市发改委通报项目前期工作进展情况，各县(市、区)汇报“六位一体”和省市重点工程投资完成情况，牵头的市直有关部门汇报牵头负责的重点项目进展情况。项目审批部门汇报项目审批手续落实情况。坚持问题导向，市县互动，条块互动，项目建设部门与审批部门互动，确保每次调度会解决一批问题，推动项目建设。对各县(市、区)“六位一体”和固定资产投资任务完成情况每月在媒体公布排名。

【部门协调】 2015年，市重点办对省下达的省级重点工程和事关全市经济社会发展的重大项目按行业全部分解到各相关部门，成立六位一体专门的对口推进工作组，由对口推进工作组跟进服务，做好日常协调管理，确保项目推进。对具体承担建设任务的市直有关部门，成立工程建设推进组，推进组强化组织领导，制定方案，落实责任，建立制度，每月定期向市重点建设项目领导组汇报项目进展和投资完成情况。

【创优服务环境】 2015年，市重点建设项目领导组要求市发改、规划、环保、国土、住建、林业、水利、人防、地震等审批服务部门深化行政审批改革，简化审批流程，审批环节，缩减审批时限，依法合规加快项目前期手续审批。对进入省市重点项目盘子的项目，立项、环评、用地、资金等突出重点，优先保障，限时办结，各职能部门受理和办理的项目审批情况每月通报。对需国家、省审批的事项，要求涉及的项目审批部门主要领导要亲自带队赴国、省有关部门加强推进协调，深化跟踪服务。要求建立重大项目协调办事记录和工作跟踪服务制度，对涉及的工作审批环节，属于市级办理并上报的，按照审批中心时限要求必须限时办结，未能及时办结者，进行问责；对需国省审批的事项，市直职能部门一把手亲自出面协调办理，对每个事项，一把手至少出面协调3次，每次有办事记录，说明拜访人员、协调结果，未达到要求者进行问责。

（郭晓明）

·金融业发展情况·

【社会融资】 2015年，临汾市间接融资方面，银行机构贷款余额1082.87亿元，较2014年末的946.5亿元增加136.37亿元，增长14%，高于全省1.83个百分点；存款余额1966.49亿元，较2014年末的1853.57亿元增加112.92亿元，增长6%，高于全省0.3个百分点。存贷比55.06%，增长4个百分点。其中，500万元以上贷款新增283笔、129.66亿元，续贷、展期478笔、194.05亿元。贷款余额前三位的银行机构为：尧都农商行，270.6亿元；建设银行，146.4亿元；工商银行，102亿元。增量前三位的为：建设银行，57.2亿元；尧都农商行，42.2亿元；兴业银行，8.4亿元。增速前三位的为：兴业银行，210%；建设银行，64.13%；邮政储蓄银行，28.28%。直接融资方面，澳坤生物、益通股份两家“新三板”挂牌企业通过定向增发分别融资6955万元、8965万元。市投资集团发行私募债券30亿元，尧都区投资公司发行企业债券12亿元，尧都农商行发行资本债券7亿元，乡宁煤焦集团发行中期票据6亿元，通过财政使用债券65亿元，全市发行各类债券达120亿元。

【金融机构集聚】 2015年，光大、兴业、中信和华夏4家股份制商业银行入驻临汾市。筹划临汾市首家民营银行——黄河银行，完成对全市总资产50亿元以上的6户民营企业的调查和对接工作，同洪洞陆合、五洲集团、蒲县宏源、曲沃立恒等企业就战略投资人进行深谈。全市有5家国有商业银行、1家政策性银行、4家股份制商业银行、5家地方性商业银行、1家邮政储蓄银行、12家农村信用合作联社、6家村镇银行和1家农村资金互助社，银行业金融机构35家。保险业方面，英大产险、信达产险、华安产险、生命人险、信诚寿险、平安养老、人保健康等保险机构落户临汾，全市保险业经营主体发展到35家。资本要素市场方面，山西股权交易中心在临汾市设立运营部，成为全省首个市级“四板”运营中心。山西（太原）煤炭交易中心在临汾市设立交易处。小额贷款方面，对小贷公司进行ABCD分类评级，通过全国工商企业信息查询系统进行非现场监管，成立临汾市小额贷款融资担保行业协会。2015年，全市新发展小贷公司1家，企业总量25家，注册资本金总量18.65亿元，贷款余额13.5亿元。融资担保方面，鼓励政策性融资担保机构通过吸收民间资本增资扩股做大做强，山西尧信融资再担保有限公司注册资本增至20.05亿元，成为全省最大、实力最强的政策性担保公司，在保户数107户，在保余额26.4亿元。2015年，全市发展融资性担保企业22家，注册资本28.94亿元，在保户数582户，在保余额31.73亿元。

【金融服务提升】 2015年，临汾市金融办组织召开全市银企对接洽谈会，73户企业签订贷款意向36亿元，全年到位8.7亿元。向省金融服务平台推介项目48个。兴业银行为霍州煤电集团授信27亿元，光大银行为霍州煤电机电设备制造、长临高速项目分别申请授信10亿元、30亿元，中行为山焦60万吨烯烃申请授信20亿元。设立5000万元的“临汾市企业资金链应急周转保障资金”，专项用于支持临汾市企业流动资金贷款的转贷续贷，为22家企业办理应急续贷23笔，投放金额3.2亿元；市投资集团设立1亿元的“企业应急周转互助资金”，支持20家企业续贷需求6.1亿元；尧都农商行设立了5亿元的“续贷通”，支持34家企业转贷续贷，投放22.83亿元。市银行业协会正在根据全市金融企业座谈会的要求，筹建银行业信贷转贷周转资金。出台《关于加快发展现代保险服务业的实施意见》。平安养老根据《意见》和战略协议，同尧都区政府就城中村改造项目开展“险资入临”合作洽谈。英大财险与尧都农商行开展小额履约保证保险业务，支持小微企业、工商户100余户，承保

3017.3万元。2015年,全市保险业实现保费收入55.26亿元,同比增长27.95%,保费规模全省第四;赔款给付支出23.51亿元,同比增长5.57%。加快金融资源向县域倾斜,尧都区、霍州市成为全省金融振兴重点联系县,逐步突出金融支持供给侧改革的针对性和前瞻性。

【上市工作】 2015年,澳坤生物登陆"新三板",实现临汾市上市企业零的突破。全年全市有澳坤生物、益通股份、三水能源、光宇股份、普泰股份等5家企业在"新三板"挂牌上市,益通股份通过资本市场带动,企业估值27.37亿元,位列2015"新三板"企业排名第66位;澳坤生物成为"新三板做市指数"样板股,市场影响力和知名度提升;光宇股份在深圳设立研发基地和电商平台,谋求上海战略新兴板上市。临汾市有10多家资质优良、成长性好的中小企业同券商签订上市合作协议,华翔铸造、方略物流运作主板上市,市投资集团在上海和深圳设立股份制分公司,探索同金融业发达地区的合作,筹划上海、香港上市,143家企业在山西股权交易中心成功挂牌。抓住资本市场发展机遇,加大企业上市培训、股改和企业遴选等工作力度。市金融办与临汾开发区联合召开推进企业新三板挂牌工作培训会,对30家企业进行培训,增强企业上市的积极性和主动性。各县(市、区)金融办就辖内拟挂牌企业进行遴选,建立全市拟挂牌企业资源库。

【金融招商】 2015年,临汾市政府与国信证券签署《发行企业债券和上市协议书》、与浦发银行签署《成立临汾市旅游基金协议书》、与广州交易所集团签署《合作框架协议书》、与广州汇得原股份公司签署上市基金合作项目。国信证券在临汾市设立分支机构。

【优化金融环境】 2015年,临汾市金融办建立临汾市清理整顿各类交易场所工作联席会议制度,对相关交易场所风险进行妥善处置。组织开展非法集资风险排查、防范和打击非法集资宣传月、非法集资专项整治和以涉嫌非法集资广告资讯信息为主要内容的排查清理等活动,掌握全市830家非融资担保、投融资中介和各类投资公司、9181家农民专业合作社、18家典当行、6家网络借贷平台等非法集资高发案行业领域的风险情况,压缩非法集资活动空间,守住不发生区域性、系统性金融风险的底线。

(王晓伟)

政务大厅工作

【概述】 2015年,临汾市政务大厅以"改进行政审批管理,规范服务平台建设"为主题,推进"六权治本"试点工作,抓住"两集中、两到位""三证合一"和"市长热线"三项重要工作,创新行政审批机制体制改革,推进大厅规范化建设。大厅窗口办件总量67万件,按时办结率100%。经过编办审核、公示的市级111项审批事项和242项服务事项,全部进入审批大厅办理,市直具有审批职能的33个部门和6个与人民群众生产、生活相关的公共服务部门全部入驻大厅,派驻182名窗口工作人员。2015年受理办件670990件,办结670711件,日均办件2683件。

【联合检查】 2015年,临汾市政务大厅联合有关部门开展联合检查,摸清大厅问题底数。3月30日到4月10日,由审改办牵头,市编办、市法制办、市政务服务中心管委会办公室、市行政审批管理中心组成联合检查组,对大厅40多个窗口单位进行检查。针对人员配备问题,对照各单位"两集中、两到位"实施方案中的人员名单,通过现场点名、调取签到记录、核对编制卡等方式进行检查;针对项目进驻问题,通过对照编办项目清单、调阅审批系统数据、查看审批事项档案进行检查。调取档案918份,核实人员182人,发现问题129个。

【部门监察】 2015年,临汾市政务大厅配合监察中心,深入相关部门进行检查。与市政务服务监察中心配合,到市经信委、民政局、卫生局、物价局、教育局、公安局6家单位,调查核实审批工作具体情况。通过调阅单位用章登记、会议纪要等方式,确保把问题吃准、吃透。与相关单位的领导进行座谈,听取大家的意见和建议。检查中发现的问题,大部分整改到位。

【解决集中收费问题】 2015年,临汾市政务大厅与财政局和相关部门沟通,解决大厅集中收费问题,实现收费不出大厅。与财政局研究,大厅收费实行各单位窗口开票,银行窗口统一收费的模式。理顺收费渠道,方便群众办事,确保收费不出大厅,解决办事群众"多头跑"的问题。4月23日,协调财政局有关人员与有收费事项的12个部门窗口负责人对接,5月4日至10日,各单位给窗口配备好财务专用电脑与票据打印机各一台,相关票据由单位财务科统一领取,授权窗口专人管理开票,由财政局负责收费客户端的安装与调试,对票据管理人员进行培训。5月10日完成设备购置安装和人员配备。6月1日涉及收费的12家单位的40项收费项目,实现厅内收费。收费39084802元。

【"两集中、两到位"工作】 2015年,临汾市政务大厅推进"两集中、两到位",向市编办反馈情况。"两集中、两到位"前期工作基本完成,各单位审批项目和审批相关人员按照要求进驻大厅,向市编办提交《关于尽快批复成立审批科的请示》,建议对设置独立窗口的21个部门和进驻联合窗口办公的12个部门批复成立审批科。批复后,督促各单位出具正式授权文书,优化审批流程,做到层级最少、环节最少、时限最短、效率最高。有8个部门按组建审批科的要求整体进驻大厅。

【完善审批流程】 2015年,临汾市政务大厅按要求清理行政审批事项,优化完善审批流程。根据晋政发7号、8号、15号、23号文件精神,落实和承接权力事项116项。其中:相应取消行政审批项目12项,承接行政审批项目31项(省级下放市级24项、省级下放县级3项、省级下放市县两级共同承接的4项),调整行政职权事项15项,取消的政府部门内部审批事项8项,取消年审年检事项3项,取消职业资格许可和认定事项2项,前置审批改为后置审批的工商登记事项36项。"六权治本"梳理的许可217项行政许可事项,经过两轮的流程审核,逐项完善优化阶段,进行流程再造,细化审批环节,优化审批服务,提高工作效率。修订完善行政审批管理制度,强化对审批行为的制度约束。防止和解决审批事项不能依法按时限办理、办事拖拉等问题,完善《限时办结制》《首办负责制》《一次性告知制度》《统一受理登记制度》等。针对并联审批不能充分发挥作用的问题,制定《企业注册一条龙办理制度》《临汾市固定资产投资并联审批办法》,推进行政审批大厅规范化管理和程序化运行。

【便民服务】 2015年,临汾市政务大厅落实"三证合一"登记模式。按照国务院有关文件精神的要求,实行"三证合一、一照一码"登记模式。通过"一窗受理、互联互通、信息共享",将由工商、质监、国地税4个部门分别核发的不同证照,改为由工商部门核发并加载统一社会信用代码的营业执照。登记制度推行后,新注册企业只需提供一次资料,简化手续、减少审批、减少环节,简化市场准入,激发市场活力,推动大众创业、万众创新。

【"市长热线"】 2015年1月1日,临汾市长热线于使用全国通用的12345号码对外运行。接入电话29329个,处理完成29202件,处理完成率99.57%,处办满意率92.12%。94家处办成员单位的信息录入市长热线知识库系统,建立市、县(区)和市直职能部门及公共服务单位网络处办系统。日常处办中,话务员将群众诉求的问题详细记录,通过查询知识库直接答复;如涉及专业的咨询内容,通过系统建立三方通话,让诉求人和对口单位工作人员直接交流,对不能即时答复解决的诉求,通过系统建立电子工单,提交至后台转办处理,实现全程留痕,便于监督。

提高市长热线话务人员现场答复率、沟通技巧、建单能力、转办准确率,每天班前班后会,每天坚持收看新闻,每周一针对性地开展典型案例分析培训会;5月,组织7名工作人员赴大同市12345政府服务热线就话务员的接话技巧、工单书写、处办等内容进行为期1周的跟班学习;不定期邀请专家进行培训,提高话务员员业务技能和服务水平。

限时办结、跟踪督办是12345热线的工作亮点所在,对不办理、办理慢的单位以电话和督办单形式进行督办,对办结的工单及时回访诉求人。将承办单位的办理情况每月以《市长热线工作通报》进行通报。对于职责不清、久拖不决的事项通过《情况反映》报领导批示,协调办理。保证每个环节有据可依,起草《临汾市市长热线管理办法》(草案),完善内部管理制度。

【窗口管理】 2015年,临汾市政务大厅狠抓监督投诉。坚持一天两查,每月统计考勤,进行汇总、打分;每天检查业务办理的红黄牌情况,出现黄牌立即对窗口提示预警,对出现红牌的窗口调查核实后,下发督办通知并责令其做出书面情况说明。在大厅各楼层,设置专人负责的监督投诉岗位,为群众提供服务。截至12月底,下发红牌督办6件,接受并完成投诉处理3件,群众满意率100%。

【提高窗口人员素养】 2015年,临汾市政务大厅开展创建学习型大厅活动,落实"周二集中学习日"制度,通过集中授课、观看警示教育片、召开民主生活会、交流心得体会、邀请专家讲座等形式开展教育培训工作;开展"道德讲堂",邀请讲师团任炯和山西师范大学杨秋梅教授对中国传统文化等知识进行专题讲座,提高工作人员的综合素质、服务水平。

【重点环节进驻大厅】 2015年,临汾市政务大厅通过专项整治活动,边检查、边督促各单位整改。审批职能比较单一、主要集中在一、两个科室单位,整体入驻大厅,进入大厅办理;审批事项多、承担科室相对分散的单位,直接服务群众的环节,受理、审核、签批、缴费、制证、送达等进入大厅规范运行,许多与群众息息相关的业务都能在窗口直接办理,审批效率明显提高。

【窗口授权】 2015年,临汾市政务大厅指导各单位规范窗口授权,由各单位出具正式授权文书,在大厅进行公示,做到权责清晰,推行一审一核制。书面形式的审核由审批科直接完成,其余特别规定需要招标、拍卖、现场检验、勘验、检疫等由审批科组织、协调,相关科室和单位领导拿出具体意见,作为审核的依据,由审批科完成审核。

【缩短审批时限】 2015年,临汾市政务大厅实施"三证合一"的便民服务措施,工商窗口统一受理申请,各部门实现数据互换、档案互认,企业由原来的跑4家单位到现在1个窗口全部办完,减少审批环节,缩短审批时限,提高登记效率,方便企业准入。对"固定资产投资并联审批、重点项目审批绿色通道"两个链条实现规范,草拟《临汾市固定资产投资并联审批办法》,形成比较规范完善的行政审批运行机制。

(庞　婴)

人力资源和社会保障

【概述】 2015年,临汾市人社系统围绕民生为本、人才优先工作主线,突出就业和居民增收两个重点,突出改革统揽,加强风险防控,构建和谐劳动关系,狠抓六权治本,为全市经济社会健康有序发展提供人力支撑和社会保障,完成全年各项目标任务。

【强化创业就业】 2015年,临汾市城镇新增就业51306人,创业就业10673人,下岗失业人员再就业10587人,就业困难人员再就业4089人,转移农村劳动力就业53532人。城镇登记失业率3%,超额完成省定任务。援企稳岗,调整降低失业、生育保险费率,为7家困难企业发放岗位补贴1144万元,为229家足额缴费企业发放稳岗补贴5362万元,为312家小微企业发放补贴608.7万元。开展"就业援助月""春风行动"等人才交流活动86场次,签订就业意向约1.5万人次。为未就业高校毕业生提供"一站式"服务,实名登记6756人。多渠道开发就业岗位,征集"三支一扶"岗位81个,开发公益性岗位1435个,购买基层服务岗位640个,缓解临汾市高校毕业生就业压力。出台《临汾市公益性岗位招用管理暂行办法》,为加强公益性岗位招用和管理提供政策依据。启动市级小额担保贷款,推动大众创业。开展创业孵化基地建设,建成3个省级创业型城市、1个省级创业孵化基地、1个省级大学生创业园、4个市级创业孵化基地。建成5个劳务输出基地,预计每年可输出劳动力2万余人。完成各类职业培训84300人次,提升技能素质。

【促进居民增收】 2015年,临汾市人社系统提高低收入群体收入水平,落实最低工资标准,月人均增加170元。扩大中等收入群体,发布企业工资增长指导线,基准线增长10%。提高机关事业单位人员工资水平。提高企业退休人员基本养老金,月人均养老金2281元。城乡居民基础养老金最低标准从65元提高到每人每月80元。城镇职工医保最高支付限额调整到60万元,城镇居民最高支付限额调整到46万元。城乡居民医保年人均财政补助标准提高到380元。失业保险个人费率从1%降至0.5%,年人均少缴232元。调整工伤待遇,伤残津贴平均每人每月增加289元,生活护理费平均每人每月增加155元,供养亲属抚恤金平均每人每月增加100元。与工会配合,实施"工资集体协商全覆盖行动",全市建工会企业工资集体协商覆盖率达100%,促进职工工资合理增长。拟定《临汾市市属国有企业负责人薪酬制度改革实施方案》,有助于促进企业持续健康发展,推动形成合理有序的收入分配格局。强化劳动监察执法,创建"无欠薪县域",开展农民工工资支付专项检查,行政执法和刑事司法多管齐下,为1.6万余名职工追讨工资待遇近1.5亿元,向司法机关移送拒不支付劳动报酬案件11件,向社会公布严重违法用工单位10户，确保农民工重大欠薪案件元旦前基本办结。

【社会保障制度改革】 2015年，临汾市人社系统推进扩面征缴，五项社会保险参保人数477万人次，征缴社保基金56亿元，超额完成目标任务。加大医疗改革工作力度，完善由商业保险公司承办大病保险工作的运行机制。异地就医结算实行限时办结和责任追究，提升结算效率。实施"同舟计划"，推进建筑企业参加工伤保险。推进工伤康复，与临汾市两家医院签定康复协议，试点运行。完善城乡居保缴费机制。探索和实践社保征缴服务的"互联网+"模式，新增"年检年审人脸识别资格认证系统"功能，退休人员资格认证优质高效。加强基金监管软件建设，强化非现场监督。开展社保卡即时制卡工作，上报有效制卡数据283万余张。加强基金资金财务管理，完善内控机制，出台《临汾市就业专项资金使用管理规定》《关于进一步加强社会保险基金监督管理的通知》《关于进一步加强局机关及直属事业单位财务管理、严肃财经纪律的通知》。

【人才队伍建设】 2015年，临汾市人社系统推进重大人才工程实施，评选出省级学术技术带头人6人，享受国务院津贴2人，建立博士后实践基地5家。邀请中国科学院夏建白院士等专家召开院士工作站授牌仪式及高级专家座谈会。出台《临汾市技能振兴专项活动实施方案》，11151人拿到职业技能鉴定证书，新增高技能人才596人。引进国外人才智力，审核同意临汾市部分企业、学校聘请10名外国专家。

【人事制度改革】 2015年，临汾市人社系统规范公务员考录工作。完成临汾市2015年公务员招考工作，新录用公务员189人。组织开展新录用公务员初任培训和参公工作人员登记培训。推荐国家、省级先进集体97个，先进个人130个。完善事业单位公开招聘制度。组织实施市文化艺术学校等27个事业单位的公开招聘工作，为市第三中学、第一实验中学等8个事业单位招聘2015年应届毕业生，核准备案襄汾、古县等9个县的公开招聘方案，全市公开招聘600人。从严实施机关事业单位新进人员计划管理，确保财政供养人员只减不增。妥善安置31名军转干部。组织各类人事考试22次，参考人数43607人次，考试工作平稳有序。

【构建和谐劳动关系】 2015年，临汾市人社系统实现劳动用工动态监管，加强劳务派遣用工管理，劳动用工备案率97.55%，劳动合同签订率99.37%。全市经审批取得劳务派遣经营许可的单位70家。制定和完善《重大劳动保障违法行为实施社会公布制度》《错案责任追究制度》等24个规章制度。市县两级落实工资保证金和政府应急周转金制度，筑起解决农民工工资问题的最后防线。人社与住建、公安等9部门联合出台《查处重大劳动保障违法案件市级联席会议制度》，顺畅解决拖欠工资案件联动机制。人社与公、检、法联合出台《拒不支付劳动报酬犯罪案件移送市级联席会议制度》，形成行政执法与刑事司法无缝衔接的工作制度。全年劳动监察机构立案614件，结案率100%。开展矛盾排查，化解信访积案，劳动人事争议调解仲裁扎实有效，立案受理案件1733件，结案率96%，为群众实现各项权益金额8526万元，接待群众来访1058批次，处理群众来信112件，来信来访处置率98%，保障劳动者合法权益，劳动关系总体上保持和谐稳定。推进县级仲裁机构实体化建设，除了两个县劳动、人事仲裁机构未整合外，其余县(市)均成立仲裁院，走在全省前列。编辑《人力资源和社会保障政策法规选编》，收集人力资源和社会保障工作方面的法律、法规、政策性文件等265件，提高人力资源和社会保障部门依法行政水平。

【人社队伍建设】 2015年，临汾市人社系统提高门户网站点击率，编发各类信息3350条，访问量151.24万次。提升"12333"服务热线话务量，人工接听25502个，自动语音接听19218个，成为临汾市群众咨询政策、查询业务、解决诉求的重要渠道。编印《人社工作动态》24期，在《中国劳动保障报》《山西日报》《临汾日报》等报纸刊物发表报道70篇。梳理出行政权力7类42项，编制完成"两单两图"，加强权力的制约和监督。开展机关事业单位"吃空饷"专项治理行动，专项整治就业资金、社保基金管理以及拖欠农民工工资突出问题。2015年，市人社局被人社部办公厅授予"新闻宣传工作先进单位""清理整顿人力资源市场秩序先进单位"荣誉称号。

（朱彩莉）

民政工作

【概述】 2015年,临汾市民政系统发挥民政部门"兜底线,保民生"的职能作用,注重统筹协调,改革创新,完成年初制定的各项工作任务,民政事业实现新的突破和进展。

【加强民政工作】 2015年,临汾市委、市政府把民政工作纳入党委政府的重要工作部署,列为为民办实事的重要内容。出台《临汾市人民政府关于加快发展养老服务业的实施意见》《临汾市人民政府办公厅关于调整农村居民最低生活保障标准的通知》《临汾市人民政府办公厅关于调整农村五保供养标准的通知》3个规范性文件。市政府就确定和规范农村低保和五保标准、市直国家机关及全额事业单位工作人员死亡一次性抚恤金发放、1993年至1999年军队复员干部养老保险、全市救助申请家庭经济状况核对工作信息平台建设、防灾减灾工作等涉及群众切身利益的问题做出决策部署。民政部、省民政厅领导多次赴临汾市调研,指导救灾救济、城乡低保、养老服务等方面工作。2015年,全市民政事业费支出突破12亿元,增幅8%。社会救助和救灾救济支出7.5亿元,优抚事业和军休安置支出3.2亿元,社会福利事业支出0.7亿元。

【民政基础设施建设】 2015年,临汾市民政局与襄汾县政府联手,推进市级救灾物资储备库的项目建设。项目总投资800余万元,年内可交工投入使用。重大项目建设进展突破瓶颈,攻克难点。解决新建市社会福利院迁坟遗留问题和市荣军康复医院迁址新建的前期手续问题。对福利机构公建民营、养老设施民建公助和民政部门直管社区这3项工作进行有益尝试。全市低收入家庭经济状况核对平台建设经市政府常务会议研究确定,进入规定实施程序。

【社会组织登记管理制度改革】 2015年,临汾市直接登记的四类社会组织49家(其中:社团30家,民非19家),备案的社区社会组织8家。结合社团年检巩固行业协会商会与行政机关脱钩成果,全年年检社会团体315家、年检民办非企业单位367家,评估社会组织14家。依法撤销社会组织6家,提升社会组织规范化管理水平。

【养老服务业】 2015年,市民政局出台《临汾市人民政府关于加快发展养老服务业的实施意见》《关于做好民办养老服务机构开办补助和运营补贴工作的通知》等政策文件,完善扶持优惠政策,鼓励民办养老福利机构发展。全市养老服务业发展势头良好,在民政部门登记备案的各类养老机构85家,床位8480张;农村老年人日间照料中心207家,床位3105张;其他个人及小型养老场所约190家,床位7100张。全市养老床位在"十二五"期间增加到18693张。

【基层自治组织】 2015年,全市2961个行政村和189个社区居委会完成换届选举,当选干部大专以上学历增加30%,年龄减少2岁,村居两委班子整体素质提高,结构优化。2015年新建成农村社区服务中心28个,农村社区服务站53个,农村社区服务点3个。安泽县"三级中心、一网一格"模式得到省民政厅肯定,作为全国社区治理创新成果推荐上报民政部。

【社会救助体系】 2015年,临汾市完成城市低保提标7%、农村低保提标12%的工作任务;报请市政府研究确定全市农村低保标准;农村五保集中供养标准提标幅度100%,分散供养标准提标幅度平均接近200%,保障全市151029名城乡低保对象和10258名农村五保对象的基本生活。全市17个县(市、区)建立社会救助"一门受理、协同办理"机制。出台实施《城乡困难群众临时救助实施办法》,全年开展城乡医疗救助196112人次。

【防灾减灾】 2015年,市民政局应对干旱、风雹、低温冷冻等自然灾害,配合国家减灾委、民政部针对山西省严重旱灾启动的国家Ⅳ级救灾应急响应,向上级争取救灾资金2435万元,受灾群众基本生活得到保障。开展国家和省综合减灾示范社区建设。进行2015年地震应急救援综合演练和5·12防灾减灾宣传,发放宣传资料10000余份,发放《防灾减灾手册》等书籍2000余册。

【支持国防和军队现代化建设】 2015年,市民政局把落实好优抚安置政策作为支持军队和国防建设的重点。落实提高部分优抚对象抚恤补助待遇、换发烈士证书,为全市135名农村籍抗战老兵颁发纪念章和一次性生活补助金。与南京军区"临汾旅"海军"临汾舰"开展互动,与驻临汾各部队加强沟通,增进军地友谊,推动军地融合式发展。6

月，在全省双拥模范城（县）命名表彰大会上，侯马市、尧都区、乡宁县、吉县、洪洞县、曲沃县等6个县（市、区）被授予全省双拥模范城（县）称号，临汾市妇联等7个单位被评为双拥模范单位，7名同志被评为双拥模范个人。9月，临汾市老红军梁斌受邀赴京参加纪念中国人民抗战暨世界反法西斯战争胜利70周年大会，受到习近平总书记接见。在安置工作方面，全市2014年冬季接收退役士兵1709人，安置城镇退役士兵303人，发放自主就业资金1784万元。进行职业教育培训375人，技能培训313人，专业培训120人。接收军休干部1人，无军籍职工1人。组织军休干部参加各种文体活动，丰富军休干部生活。

【专项社会事务管理】 2015年，临汾市平安边界创建任务按时完成。17个县（市、区）平安边界创建工作示范县通过省厅验收。牵头完成1条市级界线及7条县级界线的联检任务。市级单本《临汾市政区大全》通过采购招标，即将出版。新版印制《临汾市行政区划图》和《临汾市街巷地名图》。启动全市第二次全国地名普查工作。规范婚姻登记工作。2015年，全市办理结婚登记44467对，离婚登记6592对，补发结婚登记证11019件，补发离婚登记证227件。办理涉港澳台结婚登记1对，离婚2对。加大对流浪乞讨人员的救助力度，变“被动求助”为“主动救助”，开展“夏送清凉”和“冬送温暖”活动，全市救助机构共救助各类流浪乞讨人员9584人（次），其中未成年人69人（次），保障流浪乞讨人员的合法权益。推动殡葬改革与管理。贯彻落实党员干部带头推进殡葬改革，开展清明节文明低碳祭扫和“行风建设月”活动，提高公民殡葬改革意识。福利彩票发行销量稳定。2015年销量4.37亿元，稳居全省第二。慈善活动开展扎实有效。“慈善情暖万家”募集善款30万元，救助贫困地区困难群众1000户，“关爱明天”活动在永和县、汾西县为贫困学生发放书包4500个，“送温暖、献爱心”活动全市接收捐款1331351元。在民政部门登记的各类公益性社会组织开展“暖冬行动”“新年新衣”“壹基金温暖包”等慈善捐助活动，形成对慈善事业的有益补充。

（王金霞）

方志编纂

【概述】 2015年，临汾市地方志办公室围绕“一纳入、八到位”要求，把地方志工作纳入国民经济和社会发展规划、各级政府工作任务之中，做到认识到位、领导到位、机构到位、编制到位、经费到位、设施到位、规划到位、工作到位，推进地方志工作规范化、法治化，营造全市地方志工作的良好氛围，二轮修志、旧志整理、年鉴编纂、方志资源开发利用取得新成绩。

【志书编纂】 2015年，临汾市地方志办公室督导县（市、区）二轮修志，《隰县志》通过省级终审开始印刷，《大宁县志》《安泽县志》2部县志通过评审，《永和县志》进入评审程序，《汾西县志》有效推进，《吉县志》正式启动；出版和完稿《临汾市城乡建设志》《浍河水库志》《乾坤湾志》《红军东征永和纪念馆志》等部门志、专业志13部，地情资料书11部；启动乡（镇）村志10部，有5部出版或完稿。

【旧志整理】 2015年，临汾市地方志办公室争取财政资金60万元，与省志办合作开展清·康熙版《平阳方志》影印工作，进入印刷、装订扫尾阶段。全市年内启动旧志整理12部，3部出版、1部完稿。

【年鉴编纂】 2015年，临汾市年鉴编纂工作基本实现全覆盖。除永和外，市级及16个县（市、区）年鉴编纂全部启动。《临汾年鉴》和蒲县、洪洞、曲沃等4部综合年鉴以正式书号出版，隰县、乡宁、翼城、襄汾4县内部出版，尧都、吉县、古县3县（区）完稿，侯马、汾西、霍州、浮山、大宁、安泽5县（市）按计划完成资料征集工作。

【方志馆建设】 2015年，临汾市方志馆建设经岳普煜市长批示同意。决定在市博物馆陈展中统筹谋划市方志馆布展工作，加挂市方志馆牌子，留出200平方米方志资料室用房和500平方米书库，实现文物陈列优势与地方志资料优势的结合。

【资源开发利用】 2015年，临汾市地方志办公室编纂出版《平阳方志》4期50万字。“临汾通”网站正常运行。完成省、市委交办的临汾市17个县（市、区）名称由来编审任务。完成市委组织部安排的《临汾市简要情况》编纂任务。深入挖掘地方志资源，及时向省委、市委推出市境历史上以皋陶、张敞、尹翁归、张斗星、曹端、汤家相、贾汉复、刘体重、石家绍、彭真、任建新等一批廉政人物典型的事迹。向市委提供临汾旧城史料和关帝庙的有关资料。协助市建设局完成《临汾赋》修改工作。《临汾市政区大全》供稿通过验收。

【省级供稿任务】 2015 年,临汾市地方志办公室完成《山西省地方志志》临汾市部分 4 万字、《山西省情发展报告》《山西年鉴(2015)》临汾市部分的省级编撰任务完成。《中镇霍山志》出版。《侯马新田晋国古都文化志》完成第四次修改任务。加强与市民政局联系,参与地名志编纂培训,市、县志资料提供完成。

【《大宁县志》评审会召开】 2015 年 4 月 21 日至 22 日,《大宁县志(1986—2012)》评审会在大宁县召开。参加会议的有省地方志办公室副主任刘益龄,省地方志办公室市县志处处长马正英,副处长郝世文,市政府副秘书长、市地方志办公室主任尉俊,副主任靳水旺等 10 名省、市专家学者。《大宁县志(1986—2012)》是第二部新编志书,2012 年正式启动,经过全体修志人员三年编纂和修改,形成百万字的评审稿。志稿记录大宁县 1986 年至 2012 年自然、经济、政治、文化、社会等各方面的变化,展示物质文明、精神文明、政治文明、社会文明和生态文明的建设成就,总结出 27 年发展过程中的经验教训,是一部了解大宁县的“百科全书”。

《安泽县志》专家评审会

【《安泽县志》评审会召开】 2015 年 12 月 23 日至 25 日,《安泽县志》评审会在安泽县召开。参加会议的有山西省地方志办公室副主任刘益龄,省地方志办公室市县志处副处长郝世文,临汾市政府副秘书长、市志方志办公室主任吴茂林,副主任靳水旺等省、市专家学者。《安泽县志》重修为通体重修,下限至 2010 年 12 月,全书 24 卷,120 余万字。

【《临汾年鉴(2015)》出版发行】 2015 年,由临汾市人民政府主办,临汾市地方志办公室编纂的《临汾年鉴(2015)》正式出版发行。《临汾年鉴》是临汾市唯一的地方综合年鉴,为国内外读者了解临汾、认识临汾提供准确实用的市情信息。《临汾年鉴(2015)》由方志出版社正式出版发行,记事断限为 2014 年 1 月 1 日至 2014 年 12 月 31 日,全面系统地记载临汾市自然和社会基本情况,反映临汾 2014 年度在经济建设和社会发展中取得的新成就、新发展和新经验。全书设 32 个栏目、85 万字、随文图片 100 余幅,卷首设中英文目录,卷末附统计资料、文件法规、附录、索引。

(李艳洁)

经济研究

【概述】 2015 年,临汾市经济研究中心围绕党的路线、方针、政策和市委中心工作,每期信息明确一个主题,围绕热点、重点工作,收集、选取材料,确保信息及时性与针对性,同期配发政策背景、点评和经济资讯,有深有浅,有点有面,出版《经济决策参考》12 期、《经济决策资讯》12 期,开阔读者视野,为领导提供决策参考和信息来源,服务临汾经济发展。

【课题研究】 2015 年,研究中心组织课题研究,形成研究成果。根据省委、省政府提出的转型发展、跨越发展的新思维,结合临汾经济发展的新形势和新要求,中心对事关全市转型跨越发展的若干领域开展专题调研。发展特色现代农业,是立足于临汾市特有的农产品资源禀赋,科学决策确定的一项重大战略,是推进全市农村经济跨越发展的重要举措,是促进农民增收的有效途径。中心针对全市发展特色现代农业开展专题调研,明确临汾市发展特色现代农业的主要做法,找出发展特色现代农业存在的困难,提出具有可操作性的建议和对策。

【下乡扶贫】 2015 年,研究中心落实习近平总书记关于扶贫工作的重要指示精神,按照省、市关于扶贫开发的各项决策部署,推进精准扶贫、精准脱贫工作。在一把手负总责的基础上，由副主任姚建红任队长，选派宏观经济研究科科员闫帅森到汾西县团柏乡后义村担任村党组织第一书记，做好包点扶贫工作。中心驻村工作队同村两委一起，组织落实后义村坡地平整工作，将村坡度大于25度的山坡地进行平整，投入资金800余万元。

下乡扶贫

（阴　黎）

外事侨务

【概述】 2015年，临汾市人民政府外事侨务办公室，围绕地方外事为中央总体外交服务、为地方经济社会发展服务的工作主线，全面贯彻中共的十八大和十八届三中、四中、五中全会精神，团结带领全体外侨系统党员干部坚守使命、勇于担当，为全市经济搭建平台。

【友城建设】 2015年，市外侨办推进临汾市友城建设工作，促进对外开放步伐，加大工作力度，将建立友城作为重中之重来抓，以企业的经贸合作为突破口，维持与澳大利亚杰尔顿市的友好交流，促进双方领导互访考察，于2015年10月10日，双方市长在临汾市正式签署建立友好城市协议书，填补临汾市国际友好城市的空白。

【因公出国管理】 2015年，市外侨办遵守中央、省因公出国管理相关文件精神，做好因公出国（境）管理工作。制定出访计划，按照计划审核上报因公出访团组，坚持无计划不审批。执行出国境公示制度，经费先行审核制度，领导干部出访主要领导先审批制度，行前培训制度及承诺制度。严把审核关，对出访团组人数、任务、行程、邀请函进行审核，对任务不明确、内容不实，人员结构不合理的团组，不予审核报批。2015年，办理因公出国（境）12个团组27人次。

【涉外管理】 2015年，市外侨办审核教育部门聘请外教2人次。完成山西光宇半导体照明有限公司邀请2名外国人到临汾考察的报批工作。

【外事接待】 3月20日，以谭雅·迪安·威尔斯为团长的德国北威州专家团一行莅临临汾市，就环保和可再生能源综合利用等方面的情况进行考察交流。市委副书记、市长岳普煜主持，副市长杨治平和北威州专家分别介绍各自环保及可再生能源综合利用情况，临汾市相关部门和企业代表参加互动交流。

6月27至29日，东盟国际贸易促进委员会（亚洲国际贸易投资商会）顾问、泰国国会特委会原主席（国会元老）尼勇？翁拉坂亚先生，东盟国际贸易促进委员会常务副主席兼秘书长（亚洲国际贸易投资商会主席）吴志毅先生等一行7人在临汾市进行商务考察。双方分别代表临汾市人民政府、东盟国家贸易促进委员会签署战略合作备忘录。8月19日至20日，中国驻外使节团一行60人在临汾市考察调研。其间，考察山西华翔集团有限公司，洪洞大槐树景区，临汾汾河公园，尧庙景区。

8月30日，山西首届“一带一路”古城古镇国际文化旅游暨第二届国际旅游商采购大会“踩线”考察团到临汾考察，来自德国、法国、马来西亚三个国家的境外旅行商、众多知名古城古镇代表及国内沿线旅行社代表先后参观吉县壶口瀑布和尧庙风景区，观看富有临汾本土特色的旗袍秀。

10月18日至20日，由国侨办主办，北京市侨办、山西省外侨办承办的来自美国、加拿大、法国、德国、新西兰、泰国等18个国家“华文教育示范学校和华教机构负责人华夏行”活动，一行100余人在临汾市考察学习。考察团一行在临汾先后参观考察尧文化、晋国文化和大槐树移民文化，聆听中国社科院研究员何驽和临汾市著名作家乔忠延关于陶寺遗址最早中国以及魅力尧文化的讲座。

【对外交流】 5月，市外侨办启动哈萨克斯坦阿拉木图市“中国饮食文化节·临汾专场”活动准备工作。选拔出民间艺人和特级厨师及具备名优特色产品的乡宁、蒲县、隰县、安泽、侯马5个县(市、区)工作人员等20人组成出访团。对厨师、演员及民间艺人的展示项目进行验收,落实县(市、区)带去的特色产品。

10月26日至29日,临汾市妇联副主席杨清凤带队一行7人应澳门泽爱慈善会的邀请参加"巧手中国"澳门行暨妇女公益合作交流展览活动。此活动由中国下一代教育基金会、全国妇联华瑛创业女性发展中心举办。平阳花文化创意产业孵化基地将一幅涵盖56个民族56个人物的剪纸作品《中华魂》通过澳门泽爱慈善会捐赠给崔霍慧芬。由洪洞县剪纸协会会长郝小翠创作的剪纸作品《大槐树下》被澳门泽爱慈善会收藏。

【服务地方经济】 2015年,市外侨办贯彻落实中央、省外事工作会议有关精神,按照市委市政府要求,利用外交外事资源为临汾市经济建设服务。4月23日下午,山西省外侨办APEC商务旅行卡说明会在临汾市金海湾大酒店召开。全市规模较大的国有、民营企业负责人约70余人参加会议。听取省外办出国管理处工作人员关于APEC商务旅行卡的发展状况、申办现状、申办APEC商务旅行卡的政策规定、基本要求、申报程序以及保管、使用等问题讲解说明。临汾市从2011年开始启动APEC商务旅行卡推广申办工作以来,走访全市重点涉外企业,上门送信息送政策送服务,扶持企业对外交往。通过举行集中推介、上门宣传等方式加大APEC商务卡推介力度。全市为4家企业申领19张APEC商务旅行卡,暂居全省首位,是全省首家申办APEC商务旅行卡的地市。

10月14日,应韩国全罗南道政府邀请,组织全市3家企业6人跟随省农展团赴韩国全罗南道参加"2015国际农业博览会"。琪尔康生物制品有限公司和易恒天酒业有限公司参展,向国际友人展示临汾在经济、文化、旅游等方面的发展情况。期间,在省外侨办领导的带领下拜会驻光州总领馆总领事王宪民、副总领事章笑梅,全罗南道经济科学局局长崔钟先、国际通商课课长张洙哲,走访多家当地农企。易恒天酒业有限公司的酒类产品获得当地群众的认可和称赞。

【侨务工作】 春节前,对全市39户困难归侨侨眷进行实物慰问,为11名特困归侨学生子女发放救济金12800元。缅甸归侨苏友钦之子苏保东确诊肾衰竭,5月向外侨办求助,省外侨办为其拨付15000元救助金,市外侨办为其筹集救济金5000元。年初为身患眼癌的蒙古归侨韩润花从市妇联争取救助金2000元。临汾市蒙古归侨史爱莲办理退休手续时国外工作时间没有计入工龄,向市人社局协调,解决史爱莲退休工龄认定问题。

2月28日至3月2号组织临汾市的蒙古、缅甸、印尼、新加坡归侨侨眷子女14人参加"临汾市归侨侨眷子女冬令营",期间组织孩子们学习归侨侨眷权益保护法,参观临汾市规划馆、古城公园、古城大院、大槐树景区、壶口景区、侯马彭真故居、晋博苑、丁村民俗村等。让归侨侨眷子女拓宽眼界、增长见识,激发归侨侨眷子女爱祖国爱家乡的热情,鼓励他们努力学习,回报社会。

(闫建文)

政府机关事务管理局

【概述】 2015年,临汾市政府机关事务管理局履行主体责任,把握工作重点和大局,围绕全年工作总体设计,开展"三严三实"专题教育,年初列入市委、市政府考核的各项工作和任务目标圆满完成。

【政府大院后勤服务保障】 2015年,机关事务管理局借全市爱国卫生大清洁活动,带头改变机关面貌,投资37万元实施3栋办公大楼外墙粉刷改造工程;投资240万元实施机关大院下水管网改造和大院路面硬化美化工程;投资23万元实施机关国旗台、旗杆、文化石更新改造工程。狠抓公务用车保障精细化管理,全体司机执行车辆加油维修安全管理制度,全年燃油消耗105000升,较2014年同期下降30%,车辆维修支出48万元,较2014年同期下降44%,全年未发生公车私用问题,未发生行车安全问题。重视机关大院安全保卫工作,落实大门值守、电子监控、重点目标守卫、机动巡查"四位一体"防范机制,做好上访人员的维稳疏导工作,全年接待群众来访399批4187人次,其中,集体上访293批3802人次,个体上访106批385人次,没有发生任何不安定因素。加强通信保障,完成1400多部固话系统网络升级工作,保障机关通信畅通。做好医疗卫生保健工作，全年接诊3000余人次，开处方2200余张，治疗1100余人次，上门医疗服务100次，陪同病人上医院113人次。办公室、监察室、财务科，在组织协调和综合服务，执纪问责和监督检查，经费管理和财务保障上，为基层、为一线工作服务。

【政务服务中心运行保障】 2015年，机关事务管理局加强对派驻政务服务中心的后勤服务团队的领导，多次开会研究中心重大事项，为中心申请工作经费，协调有关方面解决中心实际困难，赴中心鼓励和指导团队工作。按照形象一流、标准一流、服务一流的要求，做好各项后勤服务保障工作。全年对大楼内部及室外48190.7平方米区域不间断日常保洁，创造清洁明亮、舒适文明的工作环境；迎接省级领导视察1次、市级领导视察4次，完成全市69个单位、3683人次参观临汾市反腐倡廉警示教育基地的服务安保工作；跟踪检修、应急处置水、电、暖故障隐患617项，处置通信网络故障隐患73次，确保功能设施顺利运转；接待大小会议71次，保障评标室及多功能室使用2610次，做到跟班服务，全程保障；接待来中心办事人员约2万人次，为中心办事人员打印、复印21347份文件，制作表格、文档2700份，收发传真1680份；完善服务功能，解决工作人员吃饭问题，中心食堂自9月1日运营4个月来，保障7家单位547名干部职工用餐，办理就餐卡552张，累计充值1193人次，累计消费金额人民币91031.6元。

【政府招待所】 2015年初，管理局受领政府招待所办公用房维修改造任务，局党组将其作为年度工作的头等大事。经过决策、初设、立项、设计、图审、造价、评审、招投标、施工启动等10多个环节，完成前期工作，确定项目总投资1059.14万元，改造办公用房7000平米，办公室266间。通过规范招投标，招聘有市政、土建、装修“三资一体”的公司，即山西浩胜建设有限公司担负该项目实施；招聘有甲级资质的临汾方圆建设监理公司负责监理。按期实施工程启动。成立班子成员参加的市政府招待所维修改造工程领导组和主要骨干负责的现场指挥部，明确项目责任人、现场指挥长。11月10日，局领导组召开有项目单位、施工单位、监理单位、设计单位主要人员参加的动员会；11月14日，工程正式破土动工。开工以来，施工方抓住暖冬有利于施工的条件，展开规范化管理和紧张施工，局里协调解决实际问题，监理方跟踪实施监理，完成10个项目的旧基础拆除，内部改造和土建工程进展顺利。

【公共机构节能工作】 2015年，机关事务管理局通过严格审核、把关、推荐，安泽县机关事务管理局和霍州市政府机关事务管理局入选全国第二批节约型公共机构示范单位名单。应邀代表临汾市参加首届中国晋陕豫黄河三角区绿色节能建筑建材博览会。提升公共资源能耗统计水平，完成公共机构能源消费统计数据会审工作，对2014年数据进行修正和确认，对2015年数据同比变化情况进行核算分析，为指导公共机构节能工作提供数据支持。

【年度扶贫开发任务】 2015年，管理党组支持局下乡扶贫工作队的工作，贯彻中央扶贫工作会议精神和省委、市委要求，结合扶贫点古县岳阳镇张才村实际，制定《古县岳阳镇张才村脱贫致富全面达小康2015—2020年发展规划》；兴建100兆瓦光伏发电项目，并网发电，年发电量11万千瓦时以上，为村集体增加年创收11万元；推广33.33公顷优质红宝石辣椒种植，联系有关经销商与村民签订辣椒采购合同，年创收10万余元；栽植6万株优质核桃树，户均467株，人均183株；种植新品种“油用牡丹”266.67公顷，每公顷年产牡丹籽仁2250公斤至3750公斤。

局领导检查公车改革情况

【公务用车改革】 2015年，机关事务管理局推进公务用车制度改革。从2014年10月起，会同发改委、财政局、人社局等单位，参与车改工作，担负调研、沟通、测算、论证、汇报、制定方案等前期工作。摸清底数。确认市直107家单位拥有一般公务车1179辆,车改后核定保留(含执法执勤车辆)525辆。制定方案。参与起草《临汾市公务用车制度改革实施方案》《临汾市市直机关公务用车制度改革实施方案》;12月16日市政府召开常务会议,对两个《方案》进行审议;12月22日市委常委会研究通过车改方案,报省政府审核批准。按时启动。12月14日,车改领导组召开市直部门会议,启动市直车改工作,解决车改中各单位遇到的疑惑问题。12月30日,会同财政局制定出台《关于市直行政及参公事业单位涉改车辆保留与处置问题的通知》,主要担负车改中公务车的保留、取消、收交、调配等处置工作。

【清理规范驻省会城市办事机构】 2015年6月25日至7月20日,根据省政府和市政府关于清理规范驻省会城市办事机构的统一部署安排,管理局对全市17个县(市、区)、3个管委会和71个市直部门,91家单位部门的驻省会城市办事机构情况进行核查,摸清底数;7月29日,向省提交保留临汾市政府驻太原办事处,撤销临汾市国有资产管理中心驻太原办事处的报告建议;10月30日,省政府办公厅给予批准。

【党政机关办公用房腾退调剂情况统计】 2015年10月8日至10月20日,管理局按照省委办公厅、省政府办公厅通知和市委市政府领导批示要求,用不到半个月时间,对全市100个市级机关事业单位、17个县(市、区)、3个管委会的办公用房腾退调剂情况进行查统计。严把统计口径关、汇总关和上报关,确保数据的准确性和连贯性,按时完成任务。

(吕晓明)

档案管理

【概况】 2015年,临汾市档案局贯彻落实中央两办《关于加强和改进新形势下档案工作的意见》,适应档案发展新常态,围绕全市中心工作,各项工作取得新进展。

【档案法宣传日活动】 2015年,市档案局开展"6·9"国际档案日宣传活动。组织市直8个单位档案部门在平阳广场开展第三届"6·9"国际档案日宣传活动。市委常委、常务副市长赵建民出席活动。宣传围绕"档案——与你相伴"活动主题,放置展板、设立咨询台、发放宣传册,让市民关注档案、走近档案、了解档案。此次活动展出14块版面,宣传资料7种,档案法律知识问答宣传单5000余张,《档案工作规范管理文件选编》等小册子1000余本,"档案——与你相伴"字样的环保袋1000余个。在现场开展政策咨询,为群众解疑解惑60余次。翼城县组织全县档案馆开展档案法律法规知识有奖竞赛。曲沃县档案局在《今日曲沃》报开辟专栏进行宣传。霍州市档案局订制《档案利用实例》与《档案——与人类文明同行》宣传挂图,下发至各乡、镇、街道办,形成宣传活动全覆盖。吉县、乡宁、古县、侯马等县都通过设立宣传台,悬挂宣传标语,进行版面展出及档案知识现场咨询解答等方式宣传"6·9"国际档案日。

【纪念日档案宣传】 2015年,市档案局围绕"中国人民抗日战争暨世界反法西斯战争胜利70周年"等重大纪念日开展档案宣传活动。霍州市档案局与科教局联合在全市11所学校中开展"珍藏梦想·燃放激情"主题活动,有1070名学生参与,将"梦想"存入档案馆,于20年后启封;霍州市档案局为纪念中国人民抗日战争暨世界反法西斯战争胜利70周年,走访16位抗战老兵,通过现场摄影、摄像、录音等方式,采集口述历史,整理举办"霍州市抗战人物照片档案展"。翼城县档案馆接收纪念抗日战争胜利70周年书画作品,进行为期半个月的书画展览,丰富馆藏结构,夯实档案基础。曲沃县档案局聘任县退休教师及抗战老兵为革命传统教育辅导员,以"勿忘国耻、振兴中华"为主题,于9月11日至9月17日在全县中小学"开学第一课"开展宣讲活动,开展爱国主义教育。

【档案行政执法】 2015年,市档案局对宣传文化部门、乡宁县直单位、临汾市金融系统等56个单位的档案工作机构和制度、人员配备和经费投入、档案收集整理、安全管理、开发利用、8号令落实情况等6个方面进行年度执法检查,下达整改通知书50份。翼城、曲沃、乡宁、永和等县对行政企事业单位档案室开展执法检查,针对各单位出现的不同问题,针对性地下发限期整改通知书。

【档案业务监督指导】 2015年,市档案局深化机关、团体、企事业单位和乡镇农村的档案业务监督指导工作，贯彻落实国家档案局8号、9号、10号令精神，指导信用联社临汾办事处等单位完成《文件材料归档范围和档案保管期限》的编制审批备案工作，对襄汾、浮山等6个县（市、区）《档案馆收集档案范围实施细则》和《进馆名册》进行审核。参与全市农村土地确权登记档案业务指导，组织市、县档案局业务骨干参加全省农村土地确权登记师资培训，深入到蒲县、翼城、曲沃等县市对县、乡、村三级土地确权档案工作进行实地调研、指导。7月24日组织全市档案局、农经办等相关人员70余名在地矿大酒店举办全市农村土地确权业务培训班，推进此项工作，全市17个县（市、区）整理2014年确权试点村档案7223份，占81%。加强机关、企事业单位档案工作监督指导，民革尧都区委员会、山西陆合集团基安达煤业有限公司等17个机关、8个企业通过档案工作规范管理等级认定。注重档案队伍专业素质提升，5月18日至20日在临汾育花园大酒店举办全市综合档案馆业务知识培训班，邀请省档案局专家授课，全市17个县（市、区）档案馆业务骨干、管理人员和分管领导65人参加培训。

综合档案馆业务培训班

【档案利用】 2015年，市档案局改进档案利用工作，简化手续，提高效率，满足人民群众和社会各界档案利用需求，为解决干部调配、编史修志、职工退休、身份认定、计算工龄等提供可靠依据。市馆接待利用372人次，调阅档案资料2639卷次1574件次，复制8915页。吉县档案局接待来电、来函、来人等查询320余人次，提供利用档案资料1540余卷（册）。霍州市档案局查阅中心为编写《霍州化工志》提供资料查阅，接待查阅利用750余次。隰县接待资料利用230余人次，提供档案1200多卷次。

【丰富馆藏结构】 2015年，市档案局依法接收市农机局、市物价局、市政府办公厅等6个单位档案12730卷（件），整理和接受资料572册、报纸89册。霍州市档案局接收、录入民政局2014年度婚姻档案5300件，接收通讯组报纸250份，理论、通讯、简讯、文学艺术资料277份，征集接收并数字化处理60年代珍贵老照片（底片）3000余张。曲沃县征集北京知青书记、召开联谊会等相关资料以及抗战胜利70周年相关图片等。永和县档案局征集18个单位170余份原生电子档案，征集照片档案2000余张。临汾市城建馆创建临汾市第一家地方文化历史图书资料档案室。

【档案信息编研开发】 2015年，市城建档案馆参与编纂出版的《临汾市城乡建设志》，总文字200万字，收录城市历史图片980张，拟申报2016年度国家档案编研科技项目，申报2015年度山西省档案科技先进项目。拍摄完成《临汾市城市街景二维图像印记》，此项目向省科技厅和国家档案局申报为档案科技成果项目，作为山西省2015年度唯一档案科研项目列入2015年度国家档案局重点科技项目实施计划。曲沃县档案局编辑"十二五"期间政府工作报告、档案管理规范化工作手册、2015抗战追忆画册等；翼城县档案局组织编写2014年《档案利用效果实例汇编》；乡宁县档案局、翼城县档案局完成近10年的"档案大事记"编纂工作。

【档案基础设施建设】 2015年，市、县级档案馆建设推进。市档案馆新建项目地下一层封顶，进入地面主体建设；乡宁县档案馆于2014年投入使用后，筹备爱国主义教育展览；汾西县档案馆全部工程竣工，采购设施设备准备投入使用；吉县、大宁档案馆完成主体建设，开始室内外装修；古县档案馆改造项目工程招投标工作经结束，签订装修改造工程合同，即日开工；曲沃自筹资金新建档案馆完成主体工程，进行内外装修；蒲县地基打桩结束；侯马正在办理建设规划许可证。

（曹宝龙）

政府采购

【概述】 2015年,临汾市政府采购中心以政府采购法为准绳,服务政府、规范采购点,促进社会和谐、经济健康发展,实行"抓基础建制,规范行为;深入调研;抓管理、优化服务;抓创新、提高举措。贯彻落实《政府采购法》及各项规定,坚持"公开、公平、公正、诚信"的原则,坚持对照全年目标责任考核指标开展工作,完成各项工作任务。

【完成采购工作】 2015年,临汾市政府采购中心组织大家研究政府采购规律,分析采购文件制定与评标中可能出现的规律性和特殊性问题,制定采购操作流程,探索科学严密的工作办法。各项政府采购业务在媒体上发布公告,依法确定权力、科学配置权力、制度限制权力、阳光使用权力、合力监督权力、严惩滥用权力,自觉接受社会各界监督。每个采购项目都按规定组成评标委员会,进行独立评审,做到公正、公平。同采购人沟通,了解单位采购需求,制订技术和评标标准,确保采购到采购人适用的货物、工程和服务。

【细化内部机构职责分工】 2015年,临汾市政府采购中心完善内部运行机制和操作流程。把标准化建设作为全年的工作重点。制定《临汾市政府采购中心关于进一步规范采购工作的通知》《临汾市政府采购中心竞争性谈判会议议程》《临汾市政府采购中心竞争性谈判会议纪律和程序》《临汾市政府采购中心开标会议议程》《临汾市政府采购中心公开招标会议纪律与注意事项》《临汾市政府采购中心公开招标评标会议纪律》,用制度管人、管事。从采购的每一环节入手,制定一套操作标准,评标标准,处理标准,明确工作规程、运行规则、操作规范,提出违规就是违纪违法,要求经办人员在采购的每一环节都要签字,保证责任制的落实及责任追究有据可查。

【规范采购范本制作】 2015年,临汾市政府采购中心按照采购文件范本制作标书,提升采购业务执行标准化水平。标书内容涉及采购人需求、项目具体技术参数、标准化设置、市场行情、采购环境、有效竞争、公平参与权、定标标准、法律法规条款、公共政策功能如环境保护中小企业、国货采购等。中心在制作标书内容中严格遵守采购法规与标书制作原则,在具体细节安排上能全面落实各项规定,确保标书体现法律精神,有很强的权威性与说服力。实际操作过程中,严格按标书规定执行,对事不对人,一视同仁。对废标、无效标、未实质性响应标书、未提供有效资质等重大事项,提出明确的处理规定,对于评分权重设置、投标保证金交纳、定标原则等具体内容按照法律规定细化,执行到位,公开接受各方监督。

【提升采购业务执行总体效率】 2015年,临汾市政府采购中心在规范运作的前提下,合理安排出采购时间,尽可能地满足采购人对时效的要求。为采购人的委托出谋划策,将服务贯穿于政府采购的全过程,提升采购业务执行总体效率。

【落实政府采购政策】 2015年,临汾市政府采购中心落实节能环保、信息安全产品、正版软件、扶持中小企业等政府采购政策功能。根据国家有关政策规定,在政府采购活动中,在公开招标时,对节能环保产品、自主创新产品、中小企业产品制定加分政策,倡导绿色采购。评标中,在技术、服务等指标满足采购需求的前提下,优先采购节能效果、性能达到国家要求的产品,降低政府机构能耗开支。制定通过政府采购保护国家安全的采购办法,扩大本国货物和服务的采购规模。

【依法处理供应商质疑】 2015年,临汾市政府采购中心规范供应商质疑受理、处理、答复工作流程,提高依法处理供应商质疑的工作水平。保护政府采购当事人的合法权益,防止和纠正政府采购违法违规行为,维护政府采购公平竞争环境,对供应商提出的质疑按照《政府采购供应商投诉处理办法》及时、准确、实事求是地做好答复工作;对供应商提出的不符合事实的问题,做好宣传、解释工作。

(葛新亮)

政协临汾市委员会

委员会工作

【概述】 2015 年，临汾市政协坚持团结和民主两大主题，紧扣“六权治本”“六大发展”，关注改革发展，关注协商民主建设，关注法治建设，关注民生改善，深入调研，广泛协商，建言献策，为开创弊革风清、富民强市新局面做出新贡献。

【建言经济转型升级】 2015 年，临汾市政协将文化旅游产业发展列为常委会重点协商课题，组织开展专题调研，举行专题常委会议进行协商讨论，形成《关于大力发展我市文化旅游产业的建议》建议案，提出以战略的眼光来认识文化旅游产业地位，以科学的规划来推动文化旅游产业提升，以良好的环境来提升文化旅游服务水平，以完善的机制来增强文化旅游产业活力，以优惠的政策来撬动文化旅游产业发展等五方面 19 条建议。文化旅游产业被市委、市政府确定为全市“十三五”时期的战略性支柱产业。

【建言现代农业发展和农民持续增收】 2015 年，临汾市政协围绕推进全市畜牧业发展，开展调查研究，进行协商讨论。市政协三届二十七次常委会议提出《关于经济新常态下加快我市畜牧业发展的建议》建议案，就做好经济新常态下畜牧业发展的顶层设计，创新驱动全市畜牧业发展新业态，支持龙头企业发展，完善和落实畜牧业发展的扶持政策，加强研究总结和加大对农民的培训引导等 5 个方面提出 14 条建议。市委罗清宇书记作出重要批示，指出“此建议符合临汾市实际。在调整农业产业结构、拓宽经营领域、促进农民增收等方面都有实际意义。”要求“各县在完善政策、引进品种、技术服务、对接市场、土地供应、资金整合、捆绑使用方面给予重视和支持，对相关政策应予研究实施”。

【建言义务教育均衡发展】 2015 年，临汾市政协围绕义务教育均衡发展这一重大民生和社会发展课题，结合全市义务教育基本均衡评估验收工作，组织开展专题调研，召开常委会议进行专题协商。市政协三届二十八次常委会议形成《关于大力推进我市义务教育均衡发展的建议》建议案，从强力推进义务教育发展基本均衡县评估验收工作，完善和落实经费保障机制，加强师资队伍建设，加快教育信息化步伐，加强教育宣传和舆论引导等 5 个方面提出 13 条建议，得到市委、市政府及相关职能部门的重视和采纳。

【强化团结统战功能】 2015 年，临汾市常委会坚持把团结和民主贯穿于政协工作始终，做好团结各界、凝聚人心、汇聚力量的工作，营造临汾市改革创新发展的良好环境。加强同各党派团体的工作联系和合作共事。通过走访、座谈、联谊交流等形式，加强与各民主党派、工商联、有关人民团体的联系，听取他们对政协工作的意见。邀请各民主党派、工商联、人民团体、无党派人士参加政协的调研、座谈、视察等履职活动，鼓励和支持他们就全市经济社会发展中的重大问题提出建议。市各民主党派、工商联、无党派人士提交的大会发言、集体提案和社情民意信息分别占到总量的 41%、97%和 14%。通过组织专项视察，召开专题座谈会等形式，以专委会和党派团体及界别委员为主体，分别就“非物质文化遗产传承保护”“养老服务业发展”和“加大支持中小微企业发展”“加强城乡道路建设、改进城区交通秩序管理”这 4 个课题开展 2 次界别协商和 2 次对口协商。促进民族团结进步和宗教和睦。坚持高举爱国主义和社会主义旗帜，发挥联系广泛的优势，加强与民族宗教界代表人士的经常性沟通，反映少数民族同胞和信教群众的困难和要求。配合省政协就加快少数民族聚居村全面建成小康社会这一课题组织开展调研视察，提出建议。加强市、县(市区)政协的联系合作。利用全市政协的组织与人才优势，加强相互合作，选择全市性的重大课题进行联合调研,召开市、县(市、区)政协主席座谈会,交流经验、研讨工作,增强全市政协工作的合作能力。

【年度协商工作计划】 2015年,临汾市政协首次制定并实施年度协商工作计划。年度协商工作计划明确市政协全年协商的主要议题以及工作要求,报经市委同意,以市委、市政府、市政协“三办”名义联合下文,增强政协协商工作的计划性、权威性、操作性。围绕年度协商计划的推进实施,市政协制定年度主要工作责任制,推进落实。年初确定的常委会议协商、专题会议协商、提案办理协商、对口协商、界别协商工作任务全部完成。

【履行民主监督职能】 2015年,临汾市政协贯彻落实中共中央关于加强人民政协协商民主建设和省市委关于加强人民政协工作的有关文件精神,协助市委制定《关于加强和改进人民政协民主监督的实施意见》,明确规范政协民主监督的基本原则、主要内容、主要形式、工作机制和组织保障。《意见》经市委研究审定后出台。

【“百名政协委员下基层”活动】 2015年,临汾市政协第二年组织开展此项活动,组成55个调研组,确定57个调研课题,300多名政协委员深入到100多个基层调研点,形成48篇调研报告,提交市委市政府及相关部门参考。委员深入基层接地气,了解民情民意,提高了建言献策的针对性和有效性。

【提案和反映社情民意信息】 2015年,临汾市政协抓住提案征集、办理关键环节,整体提高提案工作质量。通过提案交办会、提案“回头看”、跟踪问效等形式,加大提案办理督办工作,使提案办理协商取得实在效果。全年立案提案199件,全部办复完毕,提高提案办理水平。召开反映社情民意信息工作总结表彰大会,加大培训、考核力度,加强信息工作队伍建设,增强反映社情民意信息工作实效。全年收到社情民意信息稿件1300篇,编报《社情民意》内部刊物175期、含信息400条(篇),90余条得到相关部门采纳落实。市领导高度重视,先后33次作出重要批示。《应尽快建立晋陕豫黄河金三角区域合作组织机制》和《以多元化养老模式解决孤寡老人赡养问题》分别得到常务副省长高建民和副省长张建欣的重要批示。《“东方之星”游轮倾覆事故警示我们重视航运安全刻不容缓》《中小企业承兑汇票推不掉兑不起》两篇信息得到中共中央政治局常委、全国政协主席俞正声和政治局委员、国务院副总理马凯的重要批示。

【宣传工作和文史工作】 2015年,临汾市政协利用《临汾政协简讯》《临汾政协》杂志、政协网站等宣传阵地,密切与新闻单位的联系与合作,宣传政协工作取得的成效和政协委员的履职风采,扩大政协组织的影响力。加强史料征集,拓展文史专辑,开展10卷20册200余万字的大型史料丛书《临汾文史资料全卷》的编辑和出版工作。

【强化委员主体意识】 把发挥委员主体作用作为工作重点,坚持常委会议、调研视察、专题座谈、提案办理等活动邀请相关委员参加,为委员履职创造条件。坚持联系走访委员制度,听取委员意见,帮助委员解决履职中遇到的困难问题。完善委员评优评先和履职考核机制,激发委员履职动力和积极性。发挥专委会基础作用。强化专委会与界别和委员的联系,做好协调服务,搭建工作平台。加强专委会之间的工作协作,形成专委会联动履职,合力助推的良好局面。各专委会充分发挥自身的专业优势,在配合完成常委会议、主席会议调研任务的同时,组织委员开展调研视察活动,开展对口协商,主动提出意见建议,推动全局工作的开展。

【领导调研】 2015年4月14日至15日,山西省政协副主席张友君就社会化管理工作在安泽县检查指导工作。省政协副秘书长张建豪,省政协港澳台侨和外事委员会主任梁志祥、专职副主任王阳华一同检查指导。市政协主席乔成家、副主席刘淑芬陪同。张友君一行先后前往安泽县府城镇党建暨社会服务管理中心、法院诉讼服务大厅、县党建暨社会服务管理指导中心、住建局便民服务室、府城镇小黄村QQ农场、府城镇派出所等地,详细了解了安泽县在创新社会治理体系方面的工作。

6月18日至19日,山西省政协党组副书记、副主席李雁红带领部分省政协常委、委员一行在临汾市专题调研扶持中小微企业发展新兴产业情况。市领导乔成家、李东洪、陈玉士参加调研或出席座谈会。

2015年9月16日至17日,山西省政协副主席朱先奇带领部分省政协委员在临汾市就公安交通管理和消防执法情况进行专项调研。省政协常委、社法委主任王水成,副市长杨治平,市政协副主席陈玉士,市公安局局长马德荣陪同。朱先奇一行先后深入市区居然之家和市交警支队指挥中心，实地查看临汾市消防安全及交通管理工作。

2015年10月20日至21日，山西省政协副主席李悦娥带领省政协部分委员、民宗委调研组在临汾市就加快少数民族聚居村全面建成小康社会情况进行专题调研。市委常委、副市长李东洪，市政协副主席陈玉士参加调研。李悦娥一行先后来到侯马金沙村、翼城北关村、吉县辛村等少数民族聚居村，走进农贸市场、走进清真寺、走进养殖场、走进农户家中了解情况，掌握实情，与村干部、少数民族群众代表座谈。在吉县辛村对贫困户进行慰问。

【重要文件】

·决定、决议、建议·

关于大力发展我市文化旅游产业建议

关于经济新常态下加快我市畜牧业发展的建议

关于大力推进我市义务教育均衡发展的建议

关于表彰2015年度“百名政协委员下基层”活动优秀集体和个人的决定

关于印发政协临汾市委员会反映社情民意信息工作和百名政协委员下基层优秀报告的决定

·通知、通报·

关于召开政协第三届临汾市委员会第五次会议的预备通知

全市政协系统2014年度反映社情民意信息工作量化考核情况通报

关于印发政协临汾市委员会反映社情民意信息工作考核评比表彰办法的通知

政协临汾市委员会2015年主要工作责任制的通知

关于大力发展我市文化旅游产业开发调研的通知

关于推进我市牲畜业发展调研的通知

关于我市义务教育均衡发展调研的通知

关于市政协副主席分工的通知

关于郭有兴等同志任免职务的通知

关于召开全市政协系统反映社情民意工作暨“百名政协委员下基层”活动表彰会的通知

关于市政协“百名政协委员下基层”活动实施方案的通知

关于成立政协网络安全领导小组的通知

市政协实施公务用车制度改革方案的通知

关于做好“三严三实”专题民主生活会准备工作的通知

（李宝平）

市政协三届五次会议

【大会情况】 4月25日下午，临汾市政协三届五次会议举行预备会议。市政协主席乔成家主持会议。市政协副主席梁若玉、谢碧玲、杨益民、刘淑芬、陈玉士、张成梁、杨忠华、杨安虎出席会议。本次会议应出席委员349人，实到会317人，符合法定人数。会议审议通过政协第三届临汾市委员会第五次会议议程；成立政协第三届临汾市委员会第五次会议临时党委；市委组织部相关负责人作有关人事事项的说明。

4月26日上午，市政协三届五次会议在天鹅大酒店开幕，市委书记罗清宇，市委副书记、市长岳普煜到会祝贺并在主席台前排就座。市政协三届五次会议全体会议执行主席乔成家、梁若玉、谢碧玲、杨益民、刘淑芬、陈玉士、张成梁、杨忠华、杨安虎，郭波，在主席台前排就座。开幕大会由市政协副主席梁若玉主持。本次会议应到委员349人，实到318人，符合法定人数。上午9时，梁若玉宣布大会开幕。全体与会人员起立，高唱中华人民共和国国歌。市政协主席乔成家作市政协常委会工作报告。

4月26日下午3时，参加政协第三届临汾市委员会第五次会议的政协委员们在13个分会场进行分组讨论。市政协主席乔成家，副主席梁若玉、谢碧玲、杨益民、刘淑芬、陈玉士、张成梁、杨忠华、杨安虎，退下来的市级老同志方熔分别参加讨论。分组讨论中，委员们围绕乔成家代表政协第三届临汾市委员会常务委员会所作的工作报告、杨益民所作的《政协临汾市委员会常务委员会关于三届四次会议以来提案工作情况的报告》和市委书记罗清宇的重要讲话同步展开讨论发言。

4月27日，在听取《政府工作报告》后，列席参加市三届人大六次会议的市政协委员们对《政府工作报告》进行分组讨论。

4月27日下午，市政协三届五次会议举行第二次全体会议，听取政协委员议政发言。本次大会征集委员议政发言材料58篇,精选36篇汇编成册。6位市政协常委和委员在大会上进行议政发言。市委副书记、市长岳普煜,市政协主席乔成家,副市长王振宇,市政协副主席梁若玉、谢碧玲、杨益民、刘淑芬、陈玉士、张成梁、杨忠华、杨安虎,秘书长郭波在主席台前排就座。杨忠华主持会议。本次会议应出席委员349名,实到委员310名,符合法定人数。大会听取市政协委员马自强关于《发掘优势、主动出击,在"一带一路"战略中要有大作为》的发言;市政协常委、市工商联副主席吴晋龙关于《建议我市对传统行业商业模式创新型企业实施战略性普惠扶持》的发言;市政协常委王纯林关于《适应教育"新常态",立德树人是根本》的发言;市政协委员刘淑娟关于《加大污水处理设施建设,创建我市良好的水资源环境》的发言;市政协委员、民盟市委秘书长王燕莉关于《应高度重视我市农村合作医疗严重"缺医少药"问题》的发言;市政协常委、民进市委副主委褚小平《关于加快推进我市旅游产业发展的几点建议》的发言。在听取议政发言后,岳普煜作重要讲话。

4月28日上午10时,参加政协第三届临汾市委员会第五次会议的政协委员们就《政府工作报告》、有关人事事项决定(草案)和选举办法(草案)等内容进行分组讨论。

4月28日下午,市政协三届五次会议举行第三次全体会议。市政协主席乔成家,副主席梁若玉、谢碧玲、杨益民、刘淑芬、陈玉士、张成梁、杨忠华、杨安虎出席会议。陈玉士主持会议。会议应出席委员349人,实到271人,符合法定人数。会议审议通过梁若玉、刘淑芬两位同志不再担任本届政协副主席职务和翟玉国等同志不再担任本届政协常务委员职务的事项;审议通过大会选举办法;审议通过总监票人、监票人、总计票人名单;补选政协第三届临汾市委员会常务委员。

4月29日上午9时,市政协三届五次会议举行第四次全体会议(闭幕会)。本次会议应到委员349人,实到312人,符合法定人数。市委书记罗清宇,市委副书记、市长岳普煜,市委副书记王文英,市政协三届五次会议全体会议执行主席乔成家、梁若玉、谢碧玲、杨益民、刘淑芬、陈玉士、张成梁、杨忠华、杨安虎、郭波在主席台前排就座。在主席台就座的还有徐树荣、黄翠莲、赵建民、陈国荣、李东洪、乔建军、陈小洪、王振富、柴高潮、王醒安、原学义、王金珍、王振宇、杨治平、关中翔、苑涛、王天郎、尚日红、毛克明、李朝旗、梁崇太、秦国杰、王超、马德荣。大会由市政协副主席张成梁主持。会议审议通过《政协第三届临汾市委员会常务委员会工作报告的决议》;审议通过《政协第三届临汾市委员会常务委员会关于市政协三届四次会议以来提案工作报告的决议》;审议通过《政协第三届临汾市委员会第五次会议政治决议》。市委副书记王文英作重要讲话。大会完成各项议程,在雄壮的国歌声中胜利闭幕。

【会议决议】

临汾市政协三届五次会议决议

中国人民政治协商会议第三届临汾市委员会第五次会议关于常务委员会工作报告的决议

(2015年4月29日政协第三届临汾市委员会第五次会议通过)

中国人民政治协商会议第三届临汾市委员会第五次会议,批准乔成家主席代表常务委员会所作的工作报告。

会议认为,过去一年,市政协常务委员会在中共临汾市委的正确领导下,高举爱国主义、社会主义旗帜,牢牢把握团结、民主两大主题,紧紧围绕全市的工作中心和发展大局,认真履行三项职能,扎实开展各项工作,为促进全市经济社会发展做出积极贡献,人民政协事业也实现新的发展。

会议认为,市政协常务委员会工作报告对今年工作的安排,能够深入贯彻中共十八大、十八届三中、四中全会精神和习近平总书记系列重要讲话精神,贴近临汾发展实际,积极围绕市委、市政府中心工作履行职能,报告提出的2015年工作部署切实可行,要求政协第三届临汾市委员会常务委员会认真组织实施。

政协第三届临汾市委员会第五次会议关于政协第三届临汾市委员会第四次会议以来提案工作情况报告的决议

中国人民政治协商会议第三届临汾市委员会

第五次会议，听取并审议通过杨益民副主席代表常务委员会所做的关于政协第三届临汾市委员会第四次会议以来提案工作情况的报告，对报告提出的建议表示赞同，并要求市政协常务委员会认真组织实施。

中国人民政治协商会议第三届临汾市委员会第五次会议政治决议

（2015 年 4 月 29 日政协第三届临汾市委员会第五次会议通过）

中国人民政治协商会议第三届临汾市委员会第五次会议，于 2015 年 4 月 26 日至 29 日在临汾召开。

会议审议并通过乔成家主席代表政协第三届临汾市委员会常务委员会所作的常委会工作报告和杨益民副主席所作的关于政协三届四次会议以来提案工作情况的报告。会议期间，委员们列席市三届人大第六次会议，听取并赞同岳普煜市长所作的政府工作报告，赞同市中级人民法院工作报告、市人民检察院工作报告及其他报告。中共临汾市委书记罗清宇，市委副书记、市长岳普煜，市委副书记王文英分别在政协开幕会、议政会和闭幕会上作了重要讲话。会议圆满完成各项议程，会风简朴、务实高效，是一次凝心聚力、共谋发展、团结民主、求实鼓劲的大会。

会议认为，过去的一年，中共临汾市委、市人民政府团结带领全市人民，认真贯彻落实中共十八大、十八届三中、四中全会精神和习近平总书记系列重要讲话精神，坚持“稳中求进”总基调，扎实开展改革创新年、转型攻坚年、环境提升年、服务群众年“四个年”活动，大力实施“六大惠民工程”，统筹推进稳增长、促改革、调结构、惠民生各项工作，为临汾经济社会发展奠定了坚实基础。市政府工作报告回顾过去一年的工作，实事求是、客观全面；提出 2015 年工作安排，目标明确、催人奋进。

会议认为，2014 年，在中共临汾市委的坚强领导下，市政协及其常委会紧紧围绕市委、市政府中心工作，牢牢把握团结和民主两大主题，切实履行政治协商、民主监督、参政议政职能，充分发挥政协优势，努力践行党的群众路线，圆满完成了全年各项目标任务，政协工作取得了新成绩，为全市经济社会各项事业发展做出了新贡献。

会议指出，2015 年是全面深化改革、加快转型发展、推进法治临汾建设的重要一年，也是全面完成“十二五”规划目标任务的收官之年。市政协工作的总体要求是：全面贯彻中共十八大、十八届三中、四中全会精神，全面贯彻习近平总书记系列重要讲话精神，全面贯彻落实临汾市委三届六次全会和全市经济工作会议精神，在中共临汾市委的领导下，紧扣“六权治本”“六大发展”，更加关注改革发展，更加关注协商民主建设，更加关注法治建设，更加关注民生改善，凝心聚力，深入调研，广泛协商，建言献策，为开创弊革风清、富民强市新局面做出新贡献。

会议强调，习近平总书记在庆祝人民政协成立 65 周年大会上的重要讲话，明确提出进一步做好人民政协工作的目标要求，是推进人民政协事业发展的根本遵循。全市各级政协组织、政协各参加单位和广大政协委员要深入学习贯彻习近平总书记系列重要讲话精神，不断巩固共同思想政治基础；要认真组织实施协商工作计划，努力为全市改革发展贡献智慧和力量；要坚持中国特色社会主义法治道路，努力为法治临汾建设献智出力；要扎实做好团结各界、凝聚人心工作，努力为促进社会和谐稳定汇聚正能量；要不断增强“四种履职能力”，努力为政协工作开展提供有力保障。

会议号召，全市各级政协组织、政协各参加单位和全体政协委员，要更加紧密地团结在以习近平同志为总书记的中共中央周围，在中共临汾市委的坚强领导下，奋发有为、积极进取、务实创新、认真履职，为开创弊革风清、富民强市新局面，为实现“两个一百年”宏伟目标、实现中华民族伟大复兴中国梦而努力奋斗！

【委员名单】

委员名单(349 人)

（免去朱江、马成科、王克军委员职务，辞去刘春林委员职务，撤销赵振林、杨志学、王国平委员职务，增补敬三平、张庆魁为三届市政协委员）

中共(28 人)

常富顺　乔成家　杨玉龙　赵建国　梁若玉

陈玉士 张成梁 杨安虎 郭 波 李建华
李相民 王崇德 翟玉国 荀贵生 任和畅
沈国印 屈 波(女) 贾俊芳 王春梅(女)
赵奇言 尉 俊 郭有兴 徐慧琴(女)
解 涌 王满堂 柳红兵 史 军 张庆魁

民革(8人)

谢碧玲(女) 马春丽(女) 冀凤翔 刘光明
符庆辉 高文俊 刘 丽(女) 冯莉华(女)

民盟(9人)

杨益民 赵 燕(女) 狄丕涛 张李平
王燕莉(女) 陈文景 田 云(女)
刘淑娟(女) 刘洁俊

民建(9人)

成继东 刘超英(女) 王悟全 黎 卓(女)
靳志珑 张 鹏 霍聂鹏 李 欣(女)
李新生

民进(9人)

方 熔 郭申生 姚砚库 褚小平(女)
贾玉生 孔淑庆(女) 高海波 曹卿臻(女)
朱亚慧(女)

九三学社(5人)

咸保健 梁清燕(女) 褚春虎 张重辉(女)
赵 强(女)

无党派(8人)

刘淑芬(女) 杨忠华 李云岗 白占奎
刘淑红(女) 张建华 强志胜 晋洪爱(女)

总工会(7人)

冯 珍(女) 赵云瑞 杨 俊 李小峰(女)
柴文俊 李高峰 曹鹏飞

妇联(10人)

任建英(女) 李小青(女) 赵志琴(女)
卓玉玲(女) 薛凤兰(女) 孙红梅(女)
贾凌文(女) 姜秀丽(女) 孙凡舒(女)
张敏之(女)

共青团(4人)

李学良 马戴魁 肖 燕(女) 王朱良

青联(6人)

安 娜(女) 郭金钢 李少飞 樊云超
刘立峰 侯小玲(女)

工商联(18人)

郭天龙 牛 岷 乔冠峰 张弘荣 邵山城
魏明珠 石俊清 潘广新 澹台一民 王一力
吴晋龙 文长江 林 友 冯永生 张小明
魏 华 张海峰 王长军

侨联(5人)

刁士琦 罗永忠 张增瑞 史淑兰(女)
沈晓静(女)

科协(4人)

杨全锁 古长宏 杨生宝 蔡志强

教育界(19人)

王小彦 韩雪梅(女) 燕加强 刘 坚
郭风云 张杨管 苏书红 窦慧萍(女)
王 敏(女) 秦 梦(女) 杜小海(女)
王纯林 杨 军 李秀玲(女) 卫姣燕(女)
宋高社 高生泽 文艳平(女) 李英杰

科技界(8人)

解晓林 辛东平 李玉晖 张建民
高艳云(女) 朱晋云 刘 斌 张立军

社科界(7人)

石耀辉 崔艳萍(女) 张鹏慧 吉娜娜(女)
张云岗 刘颖峰 郭素铂

文艺界(14人)

王富山 张红亮 朱宝林 孔明珍(女)
付慧萍(女) 贾岩鸿 贾双平 程雅琨(女)
李妍萍(女) 李定三 周先峰 刘明星
葛晓辉 高雪玲(女)

农业界(23人)

柴跃进　张旭晨　甘志杰　郭双平　杨建胜
谷振林　陈金宝　杨巨朝　高春枝(女)
燕素红(女)李永生　曹淑珍　范敏正　姜四清
畅红娟(女)　郃爱庆(女)　解建平　南少凯
董娟兰(女)　姚学亮　周晓东　董　慧
李　霞(女)

体育界(5人)

崔　力　牛鸿翔　刘江安　张燕军　艾英伟

新闻出版界(9人)

韩宏平　张春生　李保河　杨慧静(女)
张怀玉　肖建华　杨泽芸(女)　王　翠(女)
卫　博(女)

医卫界(20人)

马希贤　孙　蕊(女)　贾爱芹(女)　祁宝宏
秦俊明　李小平　杨建宏　孙卫清(女)　王明元
宁建峰　史　炜　孙胜杰　李宁波　张翠萍(女)
王　景　张旭昀　冯振发　刘佳胜　董志敏
王启太

宗教界(7人)

杨　兵　陈　丽(女)　释常修　刘根柱
孙建勇　马胜智　李明义

社会福利界(9人)

张爱萍(女)朱三六　霍振杰　刘　伟　张晓华
姚贵红　王丽琴(女)　张优雅(女)　陈华犁

少数民族(6人)

甘万生　丁有祥　白临生　海道文　杨克琳
韦　华(女)

经济企业界(60人)

徐新荣　单　兵(女)　靳文虎　刘　辉
刘耀狮　王保收　李妍玫(女)　李　江
廉玉河　解力军　杨令平　张　权　赵新秋
冯　强　吉　军　郭小花(女)　杨学英
杜　敏　史跃武　武真龙　李延军　黄国健
张佩齐　高志飞　王佐军　芦为民　巩代生
乔全锁　张侯有　强新华　魏鸣斋　蔚宪宏
王廷梓　王小荣　穆铁鹏　赵国林
赵素丽(女)　潘亚明　李学义　刘志东　汪学忠
赵　军　郭　娟(女)　梁永亿　胡　艺
侯　钊　郭晓静(女)　杨志敏　周建民
李凯文　毕云霞(女)　邓茂红　洪福生
李国辉　王敏生　王欢聘　丁三寅　张　强
马自强　卜子涛

特邀32人

许百龙　李小平　陈毅林　邱建屏　刘国平
魏金顺　王建中　乔德才　薛经纬　王克勤
李　伦　贾红伟　段玉明　张逢海　李朱锁
李红专　王孝恩　李树清　郭炎林　王锁兰
张欢虎　张红玉　史虎喜　郑蒲生　张瑞燕
肖会荣　吴忠民　梁荣森　郭永平　姚如意
房蒲建　敬三平

(李宝平)

市政协三届常委会议

·第二十三次会议·

4月17日,市政协三届二十三次常委会议在委员活动中心召开。市政协主席乔成家,副主席梁若玉、谢碧玲、杨益民、刘淑芬、陈玉士、杨忠华、杨安虎,秘书长及常委会组成人员出席会议。副市长杨治平应邀列席会议。会议协商讨论《政府工作报告(征求意见稿)》,审议通过《政协临汾市委员会常务委员会工作报告》等有关报告和政协第三届临汾市委员会第五次会议有关事项。会议决定于4月26日至29日召开市政协三届五次会议。

·第二十四次会议·

4月25日上午,市政协主席乔成家在天鹅大酒店主持召开三届二十四次常委会议。副主席梁若玉、谢碧玲、杨益民、刘淑芬、陈玉士、张成梁、杨忠华、杨安虎出席会议。会上,市委统战部有关负责人作人事事项的说明。会议表决通过《中国人民政治协商会议第三届临汾市委员会常务委员会关于增补政协委员的决定》;表决通过《中国人民政治协商会议第三届临汾市委员会常务委员会关于接受朱江等同志辞去第三届临汾市委员会委员的决定》;表决通过《中国人民政治协商会议第三届临汾市委员会常务委员会关于撤销赵振林、杨志学第三届临汾市委员会委员资格的决定》。

·第二十五次会议·

4月28日上午,市政协三届二十五次常委会议召开第一次全体会议。市政协主席乔成家,副主席梁若玉、谢碧玲、杨益民、刘淑芬、陈玉士、张成梁、杨忠华、杨安虎出席会议。乔成家主持会议。本次会议应出席委员55人,实到48人,符合法定人数。会议审议通过《政协第三届临汾市委员会关于接受梁若玉等同志辞去副主席职务请求的决定》(草案);审议通过《政协第三届临汾市委员会关于接受翟玉国等同志辞去常务委员职务请求的决定》(草案);审议通过《政协第三届临汾市委员会第五次会议选举办法》(草案);审议通过《政协第三届临汾市委员会第五次会议总监票人、监票人和总计票人名单》(草案);审议通过《政协第三届临汾市委员会常务委员候选人名单》(草案)。

4月28日下午,市政协三届二十五次常委会议召开第二次全体会议。市政协主席乔成家,副主席陈玉士、谢碧玲、杨益民、张成梁、杨忠华、杨安虎出席会议。乔成家主持会议。本次会议应出席委员52人,实到46人,符合法定人数。会议审议通过《政协临汾市委员会关于常务委员会工作报告的决议》(草案);审议通过《政协临汾市委员会常务委员会关于三届四次会议以来提案工作情况报告的决议》(草案);审议通过《政协第三届临汾市委员会常务委员会第五次会议的政治决议》(草案)。

·第二十六次会议·

7月8日,市政协在委员活动中心召开三届二十六次常委会。会议围绕我市文化旅游产业发展这一课题进行专题协商,审议通过《关于大力发展我市文化旅游产业的建议》。市政协主席乔成家,副主席陈玉士、谢碧玲、杨益民、张成梁、杨忠华、杨安虎,秘书长及常委会组成人员出席会议。乔成家、陈玉士分别主持开幕会、闭幕会。副市长王振宇以及市旅游局、发改委、农委等10个单位的负责人应邀列席会议。会上,王振宇通报临汾市文化旅游产业发展情况;杨安虎作《关于大力发展我市文化旅游产业的建议(讨论稿)》的说明;与会常委和委员围绕议政专题进行议政发言,就建议(讨论稿)进行分组讨论,提出意见、建议;表决通过《关于大力发展我市文化旅游产业的建议》。

·第二十七次会议·

9月22日,市政协召开三届二十七次常委会,围绕经济新常态下加快我市畜牧业发展进行专题协商,审议通过《经济新常态下加快我市畜牧业发展的建议》。市政协主席乔成家,副主席陈玉士、杨益民、张成梁、杨安虎,秘书长及常委会组成人员出席会议。乔成家、陈玉士分别主持开幕会、闭幕会。副市长王振宇以及市畜牧兽医局、农委等有关单位负责人应邀列席会议。王振宇在会上作表态发言。市畜牧兽医局有关负责人通报临汾市畜牧业发展情况;陈玉士作《经济新常态下加快我市畜牧业发展的建议(讨论稿)》的说明;与会常委和委员围绕议政专题进行议政发言,就建议(讨论稿)进行分组讨论,提意见、建议。会议通过有关人事任免事项。

·第二十八次会议·

12月22日,市政协召开三届二十八次常委会。会议围绕关于推进临汾市义务教育均衡发展这一课题进行专题协商,审议通过《关于大力推进我市义务教育均衡发展的建议》。市政协主席乔成家,副主席陈玉士、谢碧玲、杨益民、张成梁、杨安虎,秘书长及常委会组成人员出席会议。乔成家、陈玉士分别主持开幕会、闭幕会。副市长陈忠辉,市委、市政府办公厅,市人社局、市教育局等有关单位负责人应邀列席会议。陈忠辉通报临汾市义务教育均衡发展情况;杨益民作《关于大力推进我市义务教育均衡发展的建议(讨论稿)》的说明;市委、市政府办公厅有关负责人通报提案办理情况;与会常委和委员围绕议政专题进行议政发言,就建议(讨论稿)进行分组讨论;表决通过《关于大力推进我市义务教育均衡发展的建议》。

(李宝平)

纪检 监察

党风廉政建设和反腐败工作

【基本情况】 2015 年，是临汾市推进全面从严治党的重要一年。面对严峻复杂的党风廉政建设和反腐败斗争形势，市委贯彻落实中央和省委关于正风反腐工作的新精神、新部署、新要求，把深入开展党风廉政建设和反腐败斗争作为全面从严治党的重要内容，率先垂范、以上率下，全面履行管党治党主体责任，以毫不动摇的政治定力、勇于担当的工作作风，坚定不移整治“四风”，坚定不移惩治腐败。全市各级党组织和党员领导干部，深入开展学习讨论落实活动，深入开展“三严三实”专题教育，从严从深分析检查，从快从实落实整改，主动扛起党风廉政建设主体责任。

临汾市纪委常委会贯彻省纪委和市委要求，9 月以来，按照省纪委常委会和市委对临汾纪检监察工作的新指示、新要求，深刻反思剖析，认领解决问题，团结带领全市纪检监察机关和广大纪检监察干部，聚焦中心任务，强化监督执纪问责，推动党风廉政建设和反腐败斗争取得新进展新成效。

【巡视整改】 2015 年，临汾市纪检监察机关坚持把巡视整改作为重要政治任务，协助市委提出方案，细化纪检监察机关承担的牵头任务，做到措施、责任、时限“三明确”，确保巡视反馈的问题得到有效解决。向市委提出建议，督促落实省委巡视组反馈意见，协助市委书记对问题较为突出的 6 个县（市、区）和 2 个高校的党政主要负责人单独进行约谈。采取“统一归口、分级办理、限时办结、跟踪督办”的方式，成立 4 个督查组，深入有关县（市、区）和部门，逐条落实省委巡视二组移交问题线索。全市纪检监察机关接收巡视移交线索 499 件（重复件 9 件，转省联社 1 件）。

截至 2015 年底，办结 485 件，其中：给予党政纪处分 235 件、组织处理 6 件、诫勉谈话 18 件、谈话函询 12 件、暂存 2 件、销案 1 件、转阅处 48 件、举报失实 163 件；正在办理 4 件，其中：移送审理 1 件、立案调查 2 件、正在初核 1 件；做到件件有着落、事事有回音。

【工作体会】 2015 年，临汾市纪检监察工作坚持推进党风廉政建设和反腐败工作，坚持牵住主体责任这个“牛鼻子”。主体责任是《党章》赋予各级党组织的重要职责，是落实全面从严治党的“牛鼻子”，是履行好监督责任的前提和保证。必须坚持把纪律挺在前面。加强纪律建设是全面从严治党的治本之策。从全市查处的大量腐败案例中可以看出，党员干部违法必先违纪。各级党组织和纪检监察机关一定要坚持纪严于法、纪在法前，让纪律成为管党治党的尺子，教育引导广大党员干部自觉遵循道德高线、坚决守住纪律底线。必须坚持惩前毖后、治病救人。工作中，注重把握运用监督执纪“四种形态”，通过严惩腐败，形成高压态势；通过自查自纠，引导有问题的干部主动交代问题。坚持问题导向、系统治理。针对存在问题，开展系统治理，发现一个问题、堵塞一个漏洞、健全一套制度、治理一个系统的目的。必须坚持依靠群众的支持和参与。坚持开门正风反腐，发挥人民群众的监督力量，拓展群众监督渠道，提高群众参与的积极性和主动性。

（李　明）

落实“两个责任”

【落实主体责任】 主体责任是政治责任，是各级党组织职责所在、使命所系。市委率先履行主体责任。2015 年，市委常委会 40 次对党风廉政建设和反腐败工作作出强调、安排、部署，对学习贯彻《中国共产党廉洁自律准则》和《中国共产党纪律处分条例》、加强巡视问题整改、纠正“四风”、查办群众身边腐败问题、推进纪委“三转”等工作,作出一系列指示要求。召开全市县(市、区)党委落实主体责任汇报会、落实“两个责任”暨做好巡视整改集体约谈会和述纪述廉述作风述主体责任电视电话会,分析研判形势,指导推进工作。组织全市副科级以上党员干部进行《准则》和《条例》知识测试。市委书记罗清宇坚持重要工作亲自部署、重大问题亲自过问、重点环节亲自协调、重要案件亲自督办,带头约谈43人,以问题清单、责任清单、整改清单压实责任、传导压力。市委常委,市人大、市政府、市政协领导对48名市管干部进行谈话。各级党组织跟着市委学、跟着市委干,主动扛责,逐级约谈,督促落实主体责任,形成上下联动、齐抓共管的良好局面。

【落实监督责任】 落实监督责任是纪委必须担负的重大政治责任。2015年,临汾市纪检监察机关严格落实监督责任。市纪委8次写出专题报告,分别就学习贯彻《准则》和《条例》、省委巡视组反馈意见整改、“两个责任”落实、群众身边“四风”和腐败问题整治、县级纪委内设机构改革、乡镇纪检组织建设等,向市委提出工作建议。针对“两个责任”落实中存在的问题,制定责任清单、约谈、巡察、提醒、“四述”等5个实施办法。召开市委反腐败协调小组会议,研究分析反腐败形势,明确成员单位职责,起底党员干部问题线索,建立全市副科级以上党员干部廉洁档案,推进群众身边腐败问题专项整治。委局领导带队、市纪委委员参加,对17个县(市、区)和2个开发区落实党风廉政建设主体责任进行专项巡察。采取撰写廉政承诺、组织廉政测试等方式,对新调整的156名市管干部进行集体廉政谈话。

【强化追责问责】 问责一个、警醒一片,没有问责就难有担当。2015年,临汾市纪检监察机关坚持把问责作为全面从严治党的重要抓手,把严肃问责追责贯穿到明责、压责、查责、促责、评责的各环节和全过程。对执行党的路线方针政策不力,管党治党主体责任缺失、监督责任缺位、给党的事业造成严重损害,“四风”和腐败问题多发频发,选人用人失察、任用干部连续出现问题,巡视整改不落实的,都严肃追究责任。坚持“一案双查”,综合运用批评教育、诫勉谈话、通报批评、组织处理、纪律处分等方式,追究主体责任、监督责任,追究领导责任、党组织的责任。健全责任追究情况定期报告、典型问题公开通报制度,用好问责利器,形成问责常态。加大责任追究力度,对“两个责任”落实不力的235名党员领导干部进行责任追究。

(李　明)

纪律审查

【起底问题线索】 2015年,临汾市纪检监察机关认识依然严峻复杂的反腐败斗争形势,保持高压态势不放松,坚决遏制腐败蔓延势头。开展问题线索大起底,加快线索研判处置。市、县、乡三级完成2008年至2015年9月的涉纪问题线索大起底。起底问题线索21348人28426件,其中已结18679人23900件,占87.5%;未结2669人4526件,占12.5%。细化分类工作台账,建立信访起底问题线索、群众身边腐败问题线索、上级交办问题线索、公检法移送问题线索4类台账。采取派出督查组督查、召开推进会推动、组织复审统一把关等措施,对巡视组移交全市纪检监察机关的499件问题线索,全部进行处置。加快处置市管干部问题线索,起底1076人2654件。9月以来,通过书记办公会,按照拟立案、初核、谈话函询、暂存、了结和转阅处等方式,分三批次处置341人1052件。

【纪律审查力度】 2015年,临汾市纪检监察机关对惩治腐败紧抓不放、利剑高悬,坚持无禁区、全覆盖、零容忍,坚决减存量、遏增量,突出惩治重点,以下三类情况同时具备的作为重中之重:党的十八大后不收敛、不收手,问题严重、群众反映强烈,现在重要岗位可能还要提拔使用的党员领导干部,保持反腐高压态势,形成持续威慑,实现不敢腐的目标,强化不能腐、不想腐的氛围。全市纪检监察机关立案2647件,结案2624件,党政纪处分2620人,移送司法机关33人,比2014年分别增长52.65%、51.33%、49.97%、100%。严肃查处市教育局原局长张俊荣严重违反廉洁纪律、工作纪律和市文物局原局长常引根严重违反组织纪律、廉洁纪律等典型案件,在全市引起强烈震动。解决“中间波澜不惊、下面纹丝不动”问题,市直纪检组处置问题线索424件、立案122件、处分129人,比2014年分别增长100%、107%、74%;全市171个乡

(镇、街道办)纪委共处置问题线索 990 件、立案 595 件、处分 594 人,比 2014 年分别增长 269%、379%、380%。

【规范业务工作流程】 2015 年,临汾市纪检监察机关从规范纪检监察业务工作流程入手,改进纪律审查工作。着眼市、县、乡三级同步规范、同步推进,制定下发《市、县纪委监察局纪律审查工作业务流程(试行)》和《乡镇纪委纪律审查工作业务流程(试行)》,从问题线索受理、研判、处置,到立案、调查、审理等各环节,均确立规范和标准。探索不用、少用、短用"两规"措施,与 2014 年相比,市本级平均每案"两规"时间减少 45 天,全市平均每案减少 12 天。适应"四种形态"要求,9 月以来,市纪委机关处置的问题线索,谈话函询比例由 2.4%上升为 36.4%。开展自查自纠,全市有 98 名干部主动向组织交代违纪问题,涉及金额 66 万余元;全市廉政账户收到 560 万元,占账户设立以来资金总额的 30.8%。克服以法代纪思维定势,严格用纪律尺子衡量党员干部行为,改变"要么是好同志""要么是阶下囚"的状况。2015 年,全市纪检监察机关处分党员干部中,给予撤职以下(不含撤职)轻处分的占 82.06%;给予撤职以上重处分但未移送司法机关的占 14.96%;给予撤职以上重处分并移送司法机关的占 2.98%。

【查处群众身边腐败问题】 2015 年,临汾市纪检监察机关围绕全省开展的"以群众举报乡村干部腐败为切入点集中解决群众信访诉求问题"专项治理和农村集体"三资"管理专项清理整治,发挥纪检监察职能,落实"五账"工作法,加大查处群众身边腐败问题力度,召开全市大会作出安排。市纪委常委会三次专题研究,下发《关于坚决查处发生在群众身边腐败问题抓好工作落实的通知》,明确工作机制,逐一落实任务。市纪委主要领导总负责,班子成员按照分工牵头主抓,党风政风监督室具体组织实施,监督联系县(市、区)的各纪检监察室督办把关。对所有的问题,建立台账,明确负责人、责任人,实行一对一包案督办制度。省信访局转办的 58 件全部在规定时限内办结。截至 2015 年底,省纪委转办的 981 件,办结 904 件,办结率 92%,其余 77 件正在抓紧办理。工作中,坚持做到"六个从严",即:对十八大后不收敛、不收手,严重损害群众利益的问题从严查处;对群众反映问题线索比较集中,影响恶劣的问题从严查处;对区域性、系统性腐败问题从严查处;对党员领导干部以权谋私,损害群众利益的案件从严查处;对办案安全和办案程序从严要求;对违纪人员的处分从严把关,严肃查处发生在群众身边的腐败问题,提高基层群众的获得感和满意度。全年查办发生在群众身边的案件 1053 件,党政纪处分 1105 人,分 4 批次公开通报典型案件 34 件。

(李 明)

纠正"四风"

【强化思想教育】 2015 年,从全市情况看,"四风"问题面上有所收敛,但树倒根存。临汾市纪检监察机关持之以恒纠正"四风"。各地各部门滋生"四风"的土壤不尽相同,表现形式不完全一样。督促各县(市、区)各部门查找本地本部门"四风"的具体表现,对群众反映强烈的事项,对容易发生问题的环节,划定边界,完善制度,强化宣传,做到未雨绸缪、防患于未然。督促各单位党组织建立本单位所有人员的个人事项清单,早打招呼、早提醒,做细做实基础性工作。每到元旦、春节、清明、五一、中秋、国庆等重要节点,全市纪检监察机关严阵以待,提前部署,通过下发通知要求、廉政短信提醒、典型案例警示等多种方式,咬耳扯袖,警钟常鸣。市纪委编印 2 万份《落实中央八项规定精神十问手册》,解读典型案例和政策规定,发放到全市 1 万多个基层党组织。下发《查处群众身边腐败问题典型案例剖析》,以案释纪、以案宣纪、以案明纪。通过宣传教育,提高广大党员干部的规矩意识和行动自觉。

【创新监督方式】 2015 年,临汾市纪检监察机关聚焦"四风"问题新形式、新动向,创新监督方式,加大查处力度。对穿上"绿马甲"的公款吃喝、公款旅游、公款送礼等隐形变异问题,时刻保持警觉,坚持露头就打,一寸不让。深挖细查地下"四风",震慑遏制地上"四风"。开通反"四风"一键通微信举报平台,健全受理、转办、查处、通报等机制,发挥群众的监督作用。重要时间节点,采取县(市、区)交叉、各部门督导、市纪委抽查等方式,大力度、多频次开展监督检查,巩固成果,防止反弹。全年查处违反中央八项规定精神案件447件,处理649人,其中给予党政纪处分466人,比2014年分别增长44%、28%、37%,分5批次通报曝光"四风"问题典型案件47件,释放越往后执纪越严的信号。

【强化系统治理】 2015年,临汾市纪检监察机关坚持问题导向、坚持系统治理、坚持教育为主、坚持标本兼治。结合纪律审查,分析全市"四风"问题的主要表现和群众身边腐败问题易发多发原因,发现共性问题和领域性的违纪规律,向所在单位或系统党委(党组)提出纪律检查建议,促进举一反三、落实主体责任。对市教育局、卫生局、人社局和残联、交警支队等单位提出纪律检查建议,召开执法部门参加的整改现场会,督促系统整治,延伸办案成果,发挥纪律审查的综合效应。5个单位领导重视,勇于担当,创新方式方法,健全制度机制,取得以点带面、标本兼治的良好效果。探索实施"宣布处分决定会+案例警示教育会+专题民主生活会""三合一"监督方式,督促涉案单位汲取教训、彻底整改。

(李　明)

自身建设

【巩固深化"三转"】 2015年,临汾市纪检监察机关加快"三转"步伐,推进纪检体制改革。完成县级纪委内设机构改革。针对县级纪委存在的行政编制严重短缺、内设机构数量不一、职能职责交叉不明等突出问题,市纪委主动请示汇报,沟通协调,推进改革工作。县(市、区)纪委的内设机构、编制、职责、人员全部落实到位,做法得到省纪委的肯定。试点推进派驻监督"全覆盖"。摸底、谋划方案,面结合实际、在全市确定尧都、乡宁、浮山3个试点,探索全覆盖的可行性办法。加强乡镇纪委组织建设。起草并由市委下发《关于加强乡镇纪检工作的指导意见》,要求每个乡镇纪委必须配备5名人员。9月以来,全市171个乡(镇、街道办)新增纪检干部230人,总数达到907人,平均5.3人。总结推广尧都区乡镇党委、纪委在落实"两个责任"、查处群众身边"四风"和腐败问题、把握运用"四种形态"等方面的做法,推进基层党风廉政建设。

【严格教育管理】 2015年,临汾市纪检监察机关开展大反思活动。在市县两级纪委班子中集中开展以"三严三实走在前,履职尽责作表率"为主题的反思剖析活动。由市纪委班子成员领题,开展以"强化监督执纪问责,全面提高履职能力"为主题的调研活动。各调研组按照"带着问题下去、找到原因上来,带着课题下去、形成思路上来"的要求,深入基层一线走访座谈,形成调研报告17份,查找问题68个,提出意见建议78条。通过组织研讨交流,理清纪检监察工作思路,完善监督执纪问责措施办法。开展大练兵活动。坚持全员参与、统分结合、市县互动,在全市纪检监察系统开展"学思践悟?岗位练兵"活动。按照"冬季行动"马上就办、真抓实干的要求,组织纪检监察业务知识测试和"六大纪律"实践运用练兵和培训;开展信访、审理业务知识竞赛和文书写作、电脑操作比武。

【严格自身监督】 2015年,临汾市纪检监察机关开展大规范活动,要求全市纪检监察干部讲忠诚、讲团结、讲规矩、讲担当、讲自律,慎言、慎行、慎友、慎欲、慎情,高标准尽责、严要求律己。开展县(市、区)纪委书记、市直纪检组长和委局机关室(厅、部)主任述职述廉活动。制定加强纪检监察干部监督管理办法,建立健全纪检监察干部廉洁档案台账,对全市新进纪检监察干部严格审核把关。对反映纪检监察干部的问题线索进行大起底,在集体约谈的基础上,对系统内85名有问题线索的干部进行谈话、组织处理、执行纪律。其中,对41人作出诫勉谈话、责令检查、通报批评处理,将2人调离纪检监察系统;立案审查22件,党政纪处分20人,移送司法机关1人,坚决清除"灯下黑"。

(李　明)

武　装

临汾军分区

【概述】　2015年，临汾军分区学习贯彻党的十八届五中全会和全军政工会议精神，落实军委改革和年度工作部署，服从改革大局，部队全面建设实现新跃升。

【军事斗争准备】　2015年，临汾军分区把议战议训、抓战抓训作为党委领导的主课主业，用党委班子思战备战的工作指导，引领各级立起当兵打仗、带兵打仗的鲜明导向，把劲使在能打仗、打胜仗的履行职能上。加强战备基础工作。把作战值班规范作为提升应急指挥能力的重要抓手，在“健全要素、规范运行，区分课题、常态演练，严格问责、督导落实”上下功夫。组织编印《作战值班实用手册》和应急处突范例方案，干部人手一册，促进应急指挥基础能力的提高。将森林灭火、抗洪抢险、抗震救灾和反恐维稳四类演练课题分解至17个人武部，定期组织演练观摩，开展参演单位自评、观摩单位点评和军分区机关总评。对战备值班出现问题被军区通报的，责成所在单位主官大会作检查，对当事人按纪律条令进行严肃处理，促动各级各类值班人员在位履职尽责。端正训风考风。坚持问题导向，推动基础训练从重迎考、搞突击向重经常、重实效转变，推动军地联合演练从编脚本、念稿子、搞推演向重实际、强能力上转变。依据《训练与考核大纲》，把年度训练任务细化分解到每月、每周、每天，常委带头抓起、机关示范严起，推动常态化落实。从年初开始，军分区机关所有干部、战士和非现役执勤人员严格落实每天1小时体能训练制度，每天跑步不少于1000米，每周一次3000米，每月一次体能测试。落实“两实”要求。在手榴弹实投训练中，女干部和干休所医生全部参训。在6月基础训练考核中，专门组织因故未参加考核的干部进行补考，将成绩排队通报全区，人员参考率97.6%，优秀率92%。把履行应急职能的基本支撑搞坚强。民兵应急力量多次在遂行重大应急抢险任务中表现出色。针对经济下行压力给民兵队伍建设带来冲击影响的现状，军分区常委带队10余次深入担负重点任务方向应急连建设的县(市、区)进行调研，指导各县(市、区)把编组区域重点放在党政机关、通信电力枢纽、水库山林和重要交通线路附近。坚持复转退伍军人、专业对口人员、党团员、高学历高技术人员“四优先”编组原则，提高专业对口率，把平战有需要、地方有优势、建设有条件的力量编进来。

【人武部建设】　2015年，临汾军分区党委按照省军区党委“三重”工作指导，坚持按纲抓建、跟进帮建、以考促建，持续在提高人武部“一线指挥部”全面建设质量上下功夫。以建强三支骨干力量为支撑，抓队伍强能力。突出主官队伍、干部队伍、职工队伍“三支队伍”，为建强“一线指挥部”提供组织保障。以解决建设发展不平衡难题为重点，抓短板求突破。作为全省所辖人武部最多的军分区，发展不平衡，特别是山区人武部，发展基础相对薄弱，成为制约创建全面过硬一流军分区的瓶颈。常委把帮建的重点放在激活山区人武部发展局面上。在赋予任务上倾斜。改变靠平川县出成绩、创亮点的惯性思维，把民兵整组、军事训练考核等大项任务，统筹放到以往没有机会展示工作的西山片区人武部，使他们牢固树立“既要扎根山区守业、更要主动作为创业”的进取意识。在干部配备上倾斜。新交流干部充实到缺编的人武部中，90%分配到艰苦山区锻炼，所有山区县人武部都保持6名以上干部在岗。在评先表彰上倾斜。打破以往保先进做法，评先表彰不仅看单位当前建设水平，同时纵向历史比较，看自身发展建设进步幅度。对于山区一些基础薄弱的人武部，进步幅度较大，发展建设发生明显变化，在评选先进人武部上着重予以考虑，保护创先争优的积极性。通过狠抓人武部建设，使中部平川发展基础厚实，东部山区建设各有特色，西山贫困片区跟进赶上，人武部整体建设面貌有了根本改观，17个人武部全部达到二类以上，其中8个达到一类人武部标准。

【军民深度融合】 2015年，临汾军分区贯彻中央“创新发展、协调发展、绿色发展、开放发展、共享发展”的战略要求，遵循军委改革工作会议，推进跨军地重大改革任务、推动经济建设和国防建设融合发展的总体部署，以思想融合为先导、制度融合为基础、工作融合为抓手。发展规划上融合。紧跟地方经济社会发展规划的进程，通过党委议军、述职考评、领导干部培训等方式，把军民深度融合的思想贯穿进去，把后备力量建设的需求体现出来。设立军民融合发展领导机构进入地方编制，把国防战备基础建设纳入城市建设规划，把全民国防教育融入精神文明创建活动。协调地方落实好国家关于退役军人管理保障的相关制度规定，解决好退役军人、军队职工安置、家属就业等问题。思想观念上融合。抓住纪念抗战胜利70周年这一契机，开展以“弘扬伟大抗战精神，同心共筑强大国防”为主题的国防教育实践年“五个系列”活动。邀请军事科学院世界军事研究部原副部长罗援教授来临汾市为处以上领导干部作周边安全形势和软实力建设授课。组织万人签名宣誓活动启动仪式，临汾市四大班子领导、市直机关主要负责人、驻临部队、中小学生1000余人参加。“国防教育实践年活动”找到军民融合的共鸣点，对弘扬临汾老区革命传统，发扬临汾攻坚战精神。实践平台上融合。响应习近平主席提出的2020年实现全面脱贫的总要求，采取军分区包一乡、人武部包一村的形式，参与临汾吕梁山区国家级连片贫困区的精准扶贫攻坚工作，为服务民生做贡献。

(柴光耀 张玉勇)

【离休干部纳入地方医疗保障体系】 2015年3月，临汾军分区协调市政府人社局、财政局、卫生局和老干局等相关单位召开“落实军队干休所离休干部医疗保障专题协调会”。选定将离休干部纳入到地方老干局，享受地方同级离休干部待遇的方案。在全省率先完成驻临干休点15名离休干部统一纳入地方医疗保障体系的任务。全年离休干部在临汾定点医院住院医疗8人次，报销费用7万余元。

(梁　鹏)

【手榴弹实弹投掷】 2015年4月15日至16日，临汾军分区集中全区现役官兵，在各人武部前期自行组织投掷训练的基础上，分两批在洪洞县实弹投掷场完成手榴弹投掷训练后，组织实施实弹投掷，125人参加，投掷使用77－1式手榴弹300枚。省军区司令员冷杰松带领省军区机关工作组在军分区司令员车胜良的陪同下亲临投弹训练现场进行检查指导。

(刘　明)

【涉军维权工作】 2015年4月，临汾军分区协调出台《临汾市军人随军家属就业安置实施办法》。把涉军维权工作作为综治工作的一项重要内容。市、县两级成立涉军维权办公室，开通“维权热线”，为每名新兵发放“维权服务联系卡”，解决和答复官兵反映的涉法问题。坚持议军会、现场办公会、述职会等党管武装制度，研究解决涉军难题。开展“帮军属解难、促战友安心”活动，协调地方有关部门及时受理涉军维权事宜。累计为官兵及其家庭提供法律咨询和法律援助80人次，处理10起军属维权案件，协调解决3名随军未就业家属工作安置问题，109名驻临部队干部随军未就业家属发放2015年生活补贴每人500元/月。

(雷晓飞)

【学生军训】 2015年8至9月，临汾军分区、人武部两级军事机关组织全市4所高等院校、58所高级中学34133名学生参加军训。训练在原来所设基本科目的基础上，增加防火、防震、防暴力袭击等基本常识的讲授和模拟演示。

(刘　明)

【“探索－2015”国防动员演练】 2015年10月19日至21日，临汾市国防动员委员会在全省的统一编成内，参加信息化条件下国防动员指挥研究性研练。市委书记、市国动委第一书记罗清宇，市长、市国动委主任岳普煜，常务副市长赵建民，军分区司令员车胜良，政治委员王振富等军地领导参加演练。演练按照“紧贴任务、问题牵引、突出重点、军地一体、推动落实”的原则，突出信息化条件下国防动员指挥编组、协同动作、情况处置等内容，检验论证国防动员指导原则、内容程序和行动方法。结合实际，组织市、县两级国防动员指挥机构区分动员筹划、动员实施、复原3个阶段9个问题进行研练。

（刘　明）

【首长机关训练考核】　2015年，临汾军分区围绕信息化知识、一体化指挥平台操作、战术标图、手枪射击、军人体能等内容，采取集中辅导、函授作业、强化练习、考核验收的方法，组织全区现役干部进行了业务基础训练。期间，区分课目、区分阶段，扎实开展“周循环、月测验、季讲评”等比武竞赛活动，奖励先进、鞭策后进、激发训练热情，较好地锻炼提升了现役干部整体素质。在省军区6月份组织的基础训练考核和军分区11月份组织的年终军事考核中，现役干部优良率均达到85%以上。

（刘　明）

【冬季适应性训练】　2015年12月21～24日，临汾军分区利用5天4夜时间，按照“实案化、野战化、实战化”的基本要求，采取“统一诱导进入情况、机固结合信息主导、机关分队联演联训、区分阶段分级组训、昼夜实施野战保障”的基本方式，区分在营自训和集中统训两个阶段，组织两级首长机关、部分民兵分队进行冬季适应性训练，参训547人，途径蒲县、大宁、永和、隰县四个县域，总行程约395公里，动用车辆45台、应急冲锋枪1支、枪弹23发，携带对讲机78部、铱星电话38部、各类作业器材20套，投掷77－1式手榴弹300枚，搭设帐篷46顶。完成理论学习、战场勘察、行军机动、指挥所开设转移、技能比武、政治宣传、野炊宿营等16个课目的训练。

（刘　明）

【国防教育实践年活动】　2015年，临汾军分区以纪念抗战胜利70周年为契机，开展“弘扬伟大抗战精神，同心共筑强大国防”的国防教育实践年活动，下发《临汾市关于深入开展全民国防教育实践年活动的实施意见》，部署开展“抓好主题教育、扩大舆论宣传、建强教育阵地、评选爱武典型、组织拥军优属”五个系列活动。7月6日至10日，协调地方副处以上10名领导到省军区参加全省县处级领导干部国防专题研究班培训。开展媒体宣传，协调《解放军报》《战友报》和中央人民广播电台、海峡之声编辑对全区8名抗战老兵和支前模范进行实地专访，在《央广国防时空》《解放军报》《战友报》等专题报道。协调《临汾日报晚报》开设“铭记历史，缅怀先烈”专栏，刊发抗战老兵事迹和临汾各县（市、区）发生的抗战故事，对民兵应急分队建设动态进行专题报道。举办国防教育专题讲座，7月28日，邀请军事科学院世界军事研究部原副部长罗援教授在临汾市为处以上领导干部作周边安全形势和软实力建设授课。9月18日上午，组织市四大班子领导、市直机关主要负责人、军分区、武警支队、陆航3团官兵、尧都区应急分队、临汾一中部分学生，1000余人参加的“弘扬伟大抗战精神、同心共筑强大国防”万人签名活动仪式。9月上旬至10月上旬，组织举行广场图片巡展。设计制作48块纪念抗战展板，下发各地进行巡回展出，临汾电视台和日报社进行了报道。6月下旬开始，组织知识竞赛，督导各县（市、区）人武部发动党政机关干部、在校学生、厂矿职工和社会各界群众开展竞赛答题活动。9月底前，将“纪念抗战胜利70周年知识竞赛”答题卡全部收集汇总上交省军区。

（雷晓飞）

附：

·获奖情况·

集体

受山西省军区表彰的安全管理先进单位：临汾军分区

受省军区表彰的先进人武部有：霍州市人民武装部、乡宁县人民武装部、蒲县人民武装部、汾西县人民武装部

被省军区评定为一类的人武部有：尧都区人民武装部、洪洞县人民武装部、霍州市人民武装部、蒲县人民武装部、乡宁县人民武装部、安泽县人民武装部、汾西县人民武装部

被省军区表彰为战备训练先进单位的有：洪洞县人民武装部、蒲县人民武装部、乡宁县人武装部

被省区表彰为优秀军事大事记的单位有：霍州市人民武装部、乡宁县人民武装部、浮山县人民武装部

个人

受到省军区表彰的师团干部：军分区参谋长郑晓明被省军区记嘉奖一次；军分区后勤部部长徐红平被省军区记

三等功一次

被省军区表彰为先进人武干部的有:尧都区人民武装部副部长曹启仁、洪洞县人民武装部政治委员钱文辉、霍州市人民武装部政治委委卢卫红、侯马市人民武装部副部长唐勇、乡宁县人民武装部部长任国栋、安泽县人民武装部副部长庞红平、大宁县人民武装部副部长屈炳双、汾西县人民武装部政治委员周勇军

被省区表彰为先进老干部工作者的有:军分区干休所主治医师薛艳云

武警临汾市支队

【概述】 2015年,武警临汾市支队把握"稳中求进"总基调,瞄准打造全面过硬先进支队的奋斗目标,落实"稳中求强、全面过硬"总要求,按照"聚焦使命强素质,持之以恒打基础,按纲抓建求规范,精雕细刻抓落实,从严治警促稳定"的工作思路,呈现出"组织建设稳固、思想政治稳重、任务完成稳健、基层发展稳步、安全基础稳定、后勤保障稳妥"的"六稳"良好态势,被总队评为先进支队。

【思想政治建设】 2015年,武警临汾市支队发挥生命线作用。围绕"五得"狠抓主题教育,完成总队赋予的试点任务,在全总队作经验介绍。帮助基层设计"一队一品",创建特色、打造品牌。引导官兵记好"三本日记",积累工作经验,提升思维层次。开展"寻找最美士兵"活动,表彰奖励10名"最美士兵",为官兵学典型、促践行指引方向。指导基层提炼队风队歌,凝聚士气、激发干劲。建立政工网络平台,指导基层科学使用政工一体化平台、移动黑板报,改造营区政治环境。

【聚焦打仗能力】 2015年,武警临汾市支队坚持中心居中,按照"多能一体、有效维稳"的战略要求,建成完善力量体系。紧盯执勤能力弱、缺乏实战性等问题,召开正规化执勤现场会,督导专勤专训落实。突出干部组勤、编班上勤、认真查勤,把纠治"常见病、多发病"与整治执勤硬隐患相结合,构造"五防一体化"勤务安全防范格局。贯彻军事训练"八落实"标准,区分层次组训考核,压茬培养教练员,推进场地建设和战训一体化。优化应急力量配置和指挥流程,建立"基层周演练、机关月拉动、支队季演习"制度,提升部队实战能力。完成临汾帝尧古都文化旅游节开幕式安全保卫、抗战纪念活动气象保障作业点安全警卫等临时任务,敏感期及节假日联勤武装巡逻成为常态,驻地群众和党委政府高度认可,以"有作为"赢得"有地位"。

【依法从严治军】 2015年,武警临汾市支队贯彻依法治军从严治军方针,落实正规化管理规定,在翼城县中队召开"四个秩序"规范现场会,统一抓建标准,依次推动落实。注重条令学习经常化,紧盯违规违纪的人和事,对待问题不遮掩、不回避。实行士官休假"风筝式"管控模式,总结车辆派遣使用"五位一体"联管责任制。落实"八个方面安全工作基本规范""八严六禁""七个不允许发生"安全规定,总结"百日安全无事故"竞赛活动做法,在尧都区中队召开现场会,统一内容,树立样板。

【基层建设】 2015年,武警临汾市支队坚持党委科学统筹、机关逐条细化、大队协调筹划、基层对照落实,规范抓建秩序。研究推行"常委包片、营职包队,季度轮换、片内调整,压茬跟踪、先考后帮"的帮建机制,落实"小滚动、大闭合,压茬式"考评模式,按照"先进治满、中间治平、后进治短"原则,帮建连续5年以上未先进中队,开展"脱鞋下田式调研、传经送宝式指导、雪中送炭式服务",乡宁、霍州、尧都区3个中队摘掉"连续5年未先进"帽子。

【综合保障】 2015年,武警临汾市支队建设现代后勤,提升保障效能。突出保卫战斗力,修订完善保障预案和军地联保联防机制,加强基层自我保障和"一组五队"专项训练,经费物资优先保障中心任务。突出服务部队,新建教导队餐厅综合楼和室外管网,修缮围墙,保障官兵学习训练、工作生活。把地方保障经费纳入财政预算,推进营区"三化"改造,基层假山、亭台、喷泉等违规建筑以及营院栏杆式围墙设施基本整改完毕。突出防范经济风险,坚持党委管财理财,加强财经法规学习,严格经费预算、审批、公务卡结算和纪检监督,真正把钱花得明白、花在刀刃上。

【处置在押犯打架斗殴事件】 2015年1月13日晚20时45分,担负乡宁县看守所看守任务的2号哨兵沈洋在执勤期间发现9号监舍5名在押犯

围殴1名在押犯。哨兵第一时间向中队值班室汇报；接到报告后，网络查勤员迅速通报部队和目标单位，作战勤务值班员指导员王志远及时向支队值班室报告，派出3人应急小组赶往事发哨位先期处置，应急班实施严密布控；经看守所请求并报请支队批准后，中队长白洋带领应急班进入监区协同值班民警进行处置；21时10分，控制6名在押犯，带离审讯，确保突发情况得到稳妥处置，事态得以迅速平息。

【正规化执勤现场观摩会】 2015年2月1日，贯彻落实上级指示精神，推动新年度执勤工作上台阶、上质量，临汾支队在机关大院，组织召开正规化执勤现场观摩会。此次执勤现场会，重在解决经常性执勤工作中暴露出的突出和共性问题，研究规范武器携带方式变更及监门哨执勤动作等新情况、新课题，明确标准、树立样板，提升单位执勤正规化水平，提升安防系数的目的。

【永和县“2·3”重大交通事故救援】 2015年2月3日17时55分，永和县一辆由延安市发往永和县方向的大巴车，在刘家圪崂路段，因避让反向车辆发生侧翻，掉入路边20米深的沟底，车内15名乘客被困，生命安全遭受威胁。应县公安局要求，18时49分，永和县中队出动15名官兵，赶至事故现场，担负救援和现场警戒任务；19时44分，被困乘客全部救出并送往医院抢救。事故造成2人死亡，1人重伤，12人轻伤。救援过程中，面对现场地形复杂、天气寒冷等不利因素，任务分队合理分配部署兵力，在确保高效救援的基础上，加强官兵自身防护，参战官兵服从命令，听从指挥，发扬“特别能吃苦、特别能战斗、特别能奉献”的精神，完成救援任务。

【军嫂联谊会】 2015年3月8日，临汾支队邀请官兵家属走进军营，与官兵一起体验观摩、共叙情怀，举行庆“三八”军嫂联谊会。军嫂们观摩基层官兵的军事课目和文化演示，参观支队史馆，观看支队建设专题汇报片，体验部队生活，和战士们一起包饺子，帮战士们做针线活、洗衣服，营区内传递着“家”的氛围。

【帝尧古都文化旅游节开幕式安全保卫】 2015年4月2日，临汾支队出动兵力120人，车辆8台，担负山西·临汾帝尧古都文化旅游节开幕式现场安全保卫任务。支队主要负责主席台周边警卫、观摩区巡逻、表演区备勤等多项任务。针对此次活动规模大、观众多的实际，支队多次对执勤区域进行勘察，召开勤务部署会，制定执勤方案，明确工作任务，挑选人员，组织专勤专训，做到定人、定岗、定责。开幕式期间，现场气氛热烈，观众情绪激动，多次越过警戒线进入执勤区域，全体执勤官兵坚守岗位，依法执勤，文明执勤，多次化解执勤险情，为开幕式的举办筑牢安全屏障。

【地震应急演练】 2015年5月7日，临汾支队参与完成市地震应急演练。演练中，演练指挥组精心调控每个环节，结合抗震救灾行动可能遂行的任务，设计封控与警戒、侦察与搜索、营救与医疗救护等课目；在装备展示环节，展出抗震类装备器材8类13件，通信类装备器材7类25件，后勤保障类装备器材3类25件，展示近年来支队抗震救灾装备建设成果。

【临汾解放67周年公祭大会】 2015年5月17日，临汾支队组织官兵在烈士陵园参加临汾解放67周公祭活动。支队官兵迈着庄重的礼步，缓缓走向纪念碑，向革命烈士敬献花篮。支队官兵怀着对革命先烈的无比崇敬和缅怀之情，踏入陵园、瞻仰人民英雄纪念碑，为烈士扫墓，寄托对为和平而远去的革命烈士的敬慕之情。市委四大班子领导、市直机关各部门和驻地部队官兵参加公祭活动。

【政委刘振所看望慰问官兵】 2015年5月26日，总队政委刘振所深入临汾支队霍州市中队检查指导工作，看望慰问中队官兵。刘振所听取中队工作汇报，了解近期工作开展情况，深入班排宿舍，就执勤方式调整、“三动一报”训练、主题教育活动等阶段性工作开展情况进行询问，结合近期部队任务要求，就部队建设发展提出指导性意见。

【法律援助进军营】 2015年7月24日，支队邀请临汾市司法局局长周波、法律援助中心负责人赵雪琴及各县市司法部门负责人，召开“加强武警官兵及亲属法律援助动员大会”，就依托驻地法律资源，开展好官兵法律援助活动，细化任务分工，明确标准要求。截至2015年底，支队有8个单位建立法律援助站，开展法律授课30余人次，解决官兵法律困惑 40 多个,解决官兵不懂法、维权难的困难,提升广大官兵依法办事的能力,为确保部队内部安全稳定、驻地社会和谐平稳奠定基础。

【城市联勤武装巡逻】 2015 年 8 月 13 日开始,临汾支队出动兵力 25 人,车辆 2 台,在临汾市主城区实施公安武警联勤武装巡逻。支队党委高度重视,针对当前严峻的反恐形势和临汾地区社会面形势实际,召开会议进行部署,确定巡逻路线,拟制执勤方案,合理调整兵力部署,挑选参勤官兵,组织开展先期培训和专项训练。执勤中,官兵克服天气炎热、巡逻时间长、执勤情况复杂等不利因素,坚持依法执勤、文明执勤,树立武警部队"威武之师、文明之师"的良好形象,维护驻地社会治安稳定。

【"武警春蕾计划"爱心捐款】 2015 年 8 月 21 日上午,临汾支队举行"武警春蕾计划"爱心捐款仪式。支队官兵响应武警部队号召,为资助失、辍学的儿童完成学业,帮助贫困学生接受教育,让更多家庭重拾希望而献出的一份爱心。活动中领导党员干部带头,广大官兵积极参与、自觉贡献力量。全体官兵踊跃捐款,收集到善款 38387.70 元,为社会公益事业献上全体官兵的一份爱心。

【双拥共建签约】 2015 年 9 月 17 日上午,临汾支队与市石油分公司举行双拥共建签约活动。签约仪式上,双方发表讲话,希望通过双拥共建,实现资源共享、优势互补、共同发展。支队长张宏武、政委宋建东分别同总经理张永弘签订《双拥共建协议》和《油料代储代管协议》。仪式结束后,石油分公司员工参观支队新机关建设。

【万人签名活动】 2015 年 9 月 18 日,临汾支队组织官兵参加"弘扬伟大抗战精神同心共筑强大国防"万人签名活动举行启动仪式。支队官兵怀揣着抗战英雄不屈不挠、捍卫正义的抗战精神进行庄严宣誓,立志争做"有灵魂、有本事、有血性、有品德"的新一代革命军人。官兵们在横幅上郑重签名,深刻表达着对党忠诚的无比坚定、强军兴国的拳拳之心。

【"烈士纪念日"公祭】 2015 年 9 月 30 日,临汾支队组织官兵参加全国第二个烈士纪念日公祭仪式,向革命烈士敬献花篮,告慰英灵,寄托哀思。市委四大班子领导、市直机关各部门和驻地部队官兵参加公祭仪式。

【吉县看守所在押犯转移羁押武装押解】 2015 年 10 月 19 日,临汾支队出动兵力,协助公安机关完成吉县看守所在押犯转移羁押武装押解勤务。执勤中全体官兵服从命令、听从指挥,始终保持高度警惕,严守纪律,恪尽职守,以高昂的战斗热情和过硬的军政素质,确保此次武装押解勤务完成。

【寻找最美士兵】 2015 年 11 月 12 日下午,临汾支队举行颁奖典礼,为"第一届最美士兵"10 名战士颁奖。临汾支队在全部队开展"寻找最美士兵"活动,挖掘"学习成才、精武强能、爱岗敬业、尊干爱兵、爱民助民、孝老爱亲"的先进典型,经过基层单位逐级推荐、网上公开投票选举、组委会评选、支队党委研究决定后确定。

【司令员曾友成考核帮建】 2015 年 11 月 21 日,总队司令员曾友成率工作组对临汾支队考核帮建。党委书记宋建东汇报党委班子建设、部队建设形势及年度任务完成情况。曾友成与党委班子交换意见。

【新兵野营拉练】 2015 年 12 月 8 日,临汾支队组织首长机关、机动中队、新训大队官兵徒步野营拉练,检验摔打部队。全程近似实战化的摔打磨砺,全体拉练官兵发扬特别能吃苦、特别能战斗的顽强作风,保持着高昂的士气和旺盛的斗志,锤炼首长机关全时段、多地域遂行任务的组织指挥能力,强化新战士对军事行动的感知,培养新兵战斗作风,提高训练层次,缩短战斗力生成周期,为执行多样化军事任务和部队长远建设奠定基础。

临汾支队组织新兵野营拉练

(康　健)

附：

· 获奖情况 ·

集体

2015年，武警临汾市支队被表彰为基层建设先进支队；临汾支队被表彰为“三共”活动先进单位、军事训练先进单位；临汾支队司令部被评为先进司令部；临汾支队政治处荣获“四会”政治教员比武优秀组织奖、新闻宣传工作组织奖；临汾支队一大队被表彰为基层建设先进大队；临汾支队翼城县中队被表彰为基层建设标兵中队；临汾支队一中队、四中队、五中队、尧都区中队、安泽中队、霍州中队、乡宁中队被表彰为基层建设先进中队；临汾支队勤务汽车中队被评为红旗车驾驶分队；临汾支队一大队安泽县中队一班、二大队四中队五班、四大队翼城县中队二班记集体三等功

个人

2015年，武警临汾市支队一中队班长孙鹏在武警部队第二届特勤分队比武竞赛中获得突击专业个人第2名；临汾支队政治处主任常为社被评为山西省拥政爱民先进个人；临汾支队翼城县中队长刘印轩、一中队班长孙鹏被总队记个人二等功；临汾支队作训股参谋周国元被总队记个人三等功；临汾支队翼城县中队长刘印轩被表彰为基层优秀干部标兵；临汾支队一中队班长孙鹏被表彰为基层优秀士官标兵；临汾支队一中队中队长杜浩、排长王英杰被评为军事训练先进个人；临汾支队洪洞县中队长王耀、大宁县中队长贾晓宁被评为执勤先进个人；临汾支队一中队战士孙鹏被评为中级反恐特殊人才

临汾市消防支队

【概述】 2015年，临汾市公安消防支队围绕“保稳定、促发展”大局，推进消防安全责任制落实，履行消防监督执法和灭火应急抢险救援职责，完成“两节”“两会”“9·3”阅兵安保和夏季消防检查等一系列急难险重任务。

2015年，全市各级消防部门检查社会单位14768家，发现火灾隐患19406处，督促整改火灾隐患18694处，临时查封164家，责令“三停”246家，罚款513万余元。全市消防部队接警出动1275次，其中火警585起，救援690起，出动消防车1826辆次、指战员11966人次，抢救被困人员377人，挽救财产价值3017万余元，处置“11·29”侯平高速公路29车相撞事故、增援扑救“4·28”晋中中凯商厦大火等突发事故。

【规范部队管理】 2015年4月26日至5月31日，临汾市公安消防支队组织开展部队管理教育专项整顿活动，针对30项重点整顿内容，在全市消防部队内部深入开展查摆剖析、整改落实和建章立制，实现警令畅通、令行禁止；推行部门与基层单位“一对一”试点帮扶指导工作，在支队内网主页设置应知应会在线学习系统，开设专栏以要点摘要形式，每日更新上级、本级重要通知和会议内容，建立干部交流学习微信群，交流经验，每日通报工作量，形成“比、学、赶、帮、超”的良好氛围。

【全员执勤岗位练兵】 2015年，临汾市公安消防支队组织基层指挥员能力素质考核、班长骨干集中轮训、八一队列会操，制作“学习板”“口袋书”“答题锁”，开展专题授课、应知应会视频抽考，提升基层指挥员、战斗员业务水平和应知应会能力。推进实战化训练，2015年分类修订预案286份，组织开展省级跨区域实战演练2次，支队级演练11次，通信保障演练3次，大中队级演练800余次，中队“六熟悉”重点单位1000余家。

【灭火救援基础建设】 2015年，临汾市公安消防支队组织支队级战评分析3次，大中队战评分析927次；制定力量编程和等级调派方案，组建灭火救援专家组，为处置各类灾害事故提供技术支撑和人才保障；加强灭火救援基础设施建设，规范指挥中心和基层单位调度室，建成实物沙盘和电子沙盘；2015年6月，组织开展消防水源专项排查，普查公共消防水源效果明显，向市县两级政府专题报告，落实专项资金维修损坏消火栓，新增消火栓110个、消防水鹤13个。

【发展多种形式队伍力量】 2015年11月13日，临汾市政府出台《单位专职队参加外单位灭火救援补偿办法》，9月10日在吉县召开全市政府专职队伍建设现场会，总结推广经验做法，推动全市多种形式消防队伍力量发展。2015年，11个全国重点镇、4个符合条件的建制镇建成15支乡镇政府专职消防队，建设和人员征召进入良性轨道；

2015 年 11 月 16 日,吉县政府专职队被省消防总队评为一级专职消防队、7 支专职队被评为二级专职消防队,5 名个人受到表彰。

【整治火灾隐患】 2015 年,临汾市公安消防支队部署开展劳动密集型企业消防安全专项治理、夏季消防检查、养老福利机构消防安全专项治理、易燃易爆危险化学品消防安全专项整治、冬春火灾防控等一系列专项行动,集中开展"奋战 50 天、全力保平安"行动和 4 次"零点"夜查行动,集中整治突出问题。联合职能部门开展专项检查,督促 55 个文博单位更换线路、增设器材,整改养老福利机构火患 145 处,拆除彩钢板临时建筑 5184 平方米,查处 9 起销售不合格消防产品案件,整改销案曲沃、洪洞、侯马 5 处重大火灾隐患和霍州、乡宁 2 处区域性火灾隐患,临汾市百汇物业有限公司和中心工贸有限公司区域性火灾隐患取得明显进展。

【消防基础设施建设】 2015 年,尧都区东城特勤站、乡宁第二消防站、安泽消防站先后建成投入执勤;对曲沃、浮山等 4 个老旧消防站营房进行修缮改造,翼城建成训练馆,霍州新建室内综合训练馆、消防科普教育馆,改善基层官兵执勤训练和生活环境。全年购置城市主战、40 米云梯、16 米高喷、32 米登高等各类消防车 4 辆、装备器材 510 余件(套),储存各类泡沫液 50 吨;组织装备业务集中培训 10 次,3 人通过装备专业职业技能鉴定;完成尧都、侯马、襄汾、洪洞、霍州装备评估论证,检修车辆 237 辆次、器材装备 32619 件(套),为 50 辆消防车办理牌证。

【社会化消防宣传】 2015 年,临汾市公安消防支队在全市建成 4 座消防公园、5 个主题社区、1 条文化街、设立 18 块大型固定广告牌;在市级主流电视、报刊、网站开设 3 个消防专栏,拍摄公益广告 1 部,在各媒体刊(播)发稿件 800 余条篇,协调 100 余家网吧设置消防桌面和开机提示,通过 DSP 广告投放技术向网民发送消防常识,发动 3 万余名微媒体粉丝开展线上线下互动;成立各级宣讲队 21 个,开展消防科普知识竞赛和运动会 11 次、针对性宣讲 740 余场次,组织灭火和疏散逃生演习 800 余次;11 月 9 日,在 119 消防月活动期间,免费向群众发放 20 余万元的消防宣传品,在山西省第二届 119 消防奖评选活动中获奖的侯马市"广场舞消防宣传队"、洪洞县"妈妈爱心消防服务队"等消防志愿组织深入基层开展文艺演出。

【春节"零点"夜查】 2 月 18 日 17 时,临汾市政府党组成员、市公安局党委书记、局长马德荣,带领市公安局党委成员、副局长武阳明、消防支队政委张美峰、支队长王永国及治安、督察、巡警等多部门负责人在支队指挥中心参加省消防安全"零点"夜查行动启动仪式,开展春节"零点"夜查行动。

【"11·29"交通事故救援】 2015 年 11 月 29 日 7 时 40 分许,山西省侯平高速公路(S75)太原方向 15 千米至 16 千米处,因天气阴霾雾大,先后发生多点、29 车追尾相撞事故,造成数人被困,情况十分危急。接到报警后,临汾市公安消防支队快速反应,调集侯马消防中队 2 辆消防车、12 名官兵赶赴现场处置,会同相关抢险力量成功抢救遇险群众 9 人(其中 3 人遇难),疏散现场群众 100 余人。

【增援灵石县"4·28"中凯广场火灾事故】 2015 年 4 月 28 日 14 时 26 分,晋中市灵石县新建街南 138 号中凯大厦突发火灾,接到省消防总队增援命令后,临汾支队迅速调集特勤中队 20 名指战员、2 辆 35 吨供水车、1 辆高喷、1 辆云梯,襄汾中队 5 名指战员、1 辆 35 吨供水车赶赴现场增援,17 时 45 分,现场明火基本被扑灭。

(秦鑫焱)

人民防空

【概述】 2015 年,临汾市人防办围绕"四个全面"战略布局和《中共中央国务院中央军委关于深入推进人民防空改革发展若干问题的决定》(中发〔2014〕15 号)(以下简称《决定》),开展学习讨论落实活动和"三严三实"专题教育,推进人防事业全面发展,统筹兼顾、双促双进,狠抓落实、稳步推进,完成年度各项目标任务,荣获全省年度目标责任考核优秀等次。

【深入学习贯彻《决定》精神】 2015 年,临汾市人防办在《决定》下发后,把学习贯彻作为年度工作首要任务来抓，采取有效措施抓好贯彻落实。加强学习贯彻。利用每周二集中学习日，组织全办干部职工学习，深刻领会文件精神，学深悟透《决定》内涵和精髓要义，理清改革发展思路，把握建设目标要求。围绕落实《决定》精神，就全市人防建设情况及工作机制60个调查项目开展调查。对《山西省贯彻决定的实施意见》逐项讨论，结合全市人防工作实际，提出涉及机构建设、人防指挥通信、人防工程建设等方面的8条修改意见建议。

【人防工程建设和安全生产管理】 2015年，临汾市人防办推行行政审批制度改革，推进“两集中、两到位”工作的落实。按照清权、确权、控权的工作流程和要求，梳理整合行政权力，共6大类，17项，编制公示“两单、两图”。坚持“以建为主、应建尽建、以收促建、应收足收”的原则，人防工程建设得到发展。加大市区在建人防工程的跟踪服务和监督检查力度，实现监督全覆盖。在全市人防系统开展安全生产大检查，明确人防工程建设和使用管理人主体责任，加大安全生产监管力度，确保人防工程安全无事故。

【组织指挥和通信警报建设】 2015年，临汾市人防办组织开展野外指挥通信拉练活动。完成全省“9·18”人防警报试鸣活动。按照建设要求，对辖区内重要经济目标基本情况进行调查摸底，完成分类分级等工作。在市区安装电声防空警报器和多媒体警报器。组织参加全省人防与地震的综合演练和全省国防动员演练活动。

【人防宣传教育】 2015年，临汾市人防办抓阵地宣传。设立电子屏，宣传人防法律法规知识，提升人防社会影响力。抓活动宣传。开展人防教育“五进”活动，开展人防宣传活动，增强全民国防观念、人防意识。抓媒体宣传。利用网站资源和《中国人防》《华北人防》《山西人防》等人防专刊进行宣传，刊稿50余篇。

（郭俊霞）

交通战备

【概述】 2015年，临汾市交通战备工作从交通建设军民融合深度发展、国防交通信息管理系统的应用和交通保障队伍建设与管理等方面建立交通战备发展的长效机制，持续增强综合保障能力。

【编制“十三五”国防公路规划】 2015年，临汾市交通战备工作按照需求牵引、规划主导、融合发展的原则，根据省交通战备办公室的要求，起草临汾市"十三五"国防公路建设规划。

【修订交通重点目标保障方案】 2015年，临汾市交通战备工作修订二、三级重点目标保障方案，7月7日、12月18日，所修订的二、三级目标通过由军事交通学院、北京军区交通战备办公室、省交科院、省公路局的专家组成的评审团的会审。

【军事保障】 2015年7月26日，临汾市交通战备办公室组织并保障山西省战略物资道路运输应急保障车队平板车总队实战演练。与交警队、高管局协调关系，完成军事保障任务。此次保障活动，出动参演人员100余人，参演车辆30余台，其中20台平板车。

【潜力调查】 2015年9月，根据市国动委的工作安排，对干线公路、铁路、大中桥梁、隧道、公路建设单位、国防器材储备、交通专业保障队伍等情况；对公路运输单位、民用营运车辆 、特型车辆等情况；对渡口、航运船舶等情况；对高速公路、隧道等情况进行了全面调查。通过调查，搞清了国防动员资源储备，摸清了国防潜力的现状，做到了底数清楚，为交通动员建设提供了科学依据。

（张玉勤　庞燕东）

法　治

公安工作

【概述】 2015年，临汾市公安局围绕“平安临汾”“法制临汾”和过硬队伍建设，适应经济发展新常态，坚持改革创新驱动，维护稳定各项措施的落实，维护全市社会和谐稳定，提升公安工作和队伍建设水平。2015年全市公安机关群众安全感和满意度调查全省排名第三。全市公安机关涌现出一批成绩突出的先进集体和先进个人，部分亮点工作走在全省前列，18个集体和51名个人获得省部级表彰，3个集体和14名个人荣立二等功，国保、反恐、情报、技侦、网侦等多项工作受到省厅肯定，涌现出山西省人民卫士贺冰、公安部二级英模曲迎春、梁博等一大批先进模范。群众安全感和满意度调查全市公安机关连续3年取得全省第三名的好成绩。

城市公交防暴处置演练

【维护社会政治稳定】 2015年，临汾市公安局完成春节、“两会”“9·3”阅兵、五中全会等重大活动、重要节日和敏感节点的安保维稳任务；在全市22个县（市、区）开展以应对爆炸、劫持人质、纵火、刀斧砍杀、劫持交通工具等突发事件的拉动演练；组织开展公交车、中小学反恐演练和反恐大排查、反恐怖基础信息采集活动；组织开展净网行动、打击网络暴恐音视频、网络扫毒等专项行动，发现处置各类网上有害信息一万余条，围绕泛亚投资公司、E租宝等43个影响较大的案事件开展舆情监测引导和处置，发布引导帖文4万余条；落实局领导接待群众来访制度，市、县两级领导接访420起；部署开展“解决涉法涉诉信访突出问题整改”“涉法涉诉进京赴省非访集中清理”和“以举报乡村干部腐败为切入点集中解决群众信访诉求问题”三项专项活动，上级交办的83起信访案件全部按期办结。

【打击刑事犯罪】 2015年，临汾市公安局深化“打黑除恶专项斗争推进年”活动，出台打黑除恶二十条工作措施，设立专项奖励基金，召开2场新闻发布会，扩大斗争声势；畅通多元化举报渠道，收到各类举报线索900余条；从公、检、法、司抽调专人组成联合督导组，开展5次督导检查；打掉恶势力团伙49个（25个在侦），破案346起，抓获涉案成员289人；中国警察网大案要案版块专题宣传报道临汾市打黑除恶工作；组织开展“冬安亮剑”“夏季严打”“打侵财、清枪爆、铲毒害、追逃犯”冬季严打百日会战等严打整治专项行动。2015年，全市立刑事案件11718起，立八类危害严重的刑事案件665起，同比下降16.88%；现发命案26起，同比下降51%，全部破获，破命案积案4起；抓获各类在逃人员1524人，同比增加26.9%。

【打击毒品犯罪】 2015年，临汾市公安局组织开展“百城禁毒会战”“雷霆扫毒”等专项禁毒行动；破获涉毒案件687起，抓获涉毒人员703人，其中，刑事案件77案93人，治安案件610案610人；收缴各类毒品400余公斤，其中，海洛因247.92克、冰毒8793.1克、咖啡因21294.35克、甲卡西酮351公斤，铲除罂粟358株。

【打击食品药品犯罪】 2015年，临汾市公安局组织开展食药打假“利剑行动”和打击环境污染违法犯罪“蓝天碧水”专项行动；参加公安部组织的食药集群战24次，侦破食药案件92起，抓获犯罪嫌疑人110人；与有关部门召开联席会议12次，开展联合执法检查110余次，检查食药企业319家，捣毁黑作坊、黑工厂、黑窝点12家，查扣销毁过期和假冒药品90292盒(瓶)、假酒850余箱、工业盐46吨、无碘盐5.62吨、病死畜禽221头，消除安全隐患、净化市场经营秩序。

【打击涉爆犯罪】 2015年，临汾市公安局围绕民爆物品购买、运输、领取、使用、清退等环节，制定出台“民爆物品打防管控措施70条”；摸排登记涉爆重点人员862人，签订保证书，强化帮教措施，落实管控责任；组织开展“治爆缉枪”“民爆物品安全整治”百日行动等专项整治活动；查处涉爆案件31起，抓获犯罪嫌疑人49人，收缴炸药17196公斤、雷管124071枚、枪支66支、子弹12079发、手榴弹124枚、手雷78枚。

【社会治安整治】 2015年，临汾市公安局组织开展“城中村”社会治安整治、“清风2015”打黄扫非等专项整治行动；清查“九小场所”9685家，下发整改通知235份，停业整顿105家，取缔85家；查获黄赌案件326起，查获黄赌人员424人，刑事拘留71人，查扣赌博机273台，收缴赌资41万余元；检查中小学幼儿园938所，排查整改安全隐患489处；检查石油企业、加油站550个，排查整改安全隐患140处；完成寄递渠道基础信息采集，采集登记注册的寄递、物流企业信息950条，采集领取快递经营许可证的网点信息420条；将全市梳理排查出的141名易肇事肇祸精神病人和192名非访人员全部录入信息系统，开展救助管控工作。2015年，全市受理治安案件17814起，查处12360起，查处违法人员6843人。

【巡逻防控】 2015年，临汾市公安局制定启动重大活动、重要节日期间公安、武警联勤武装巡逻机制和重要场所、重点部位常态巡逻机制；在全市设立363个必巡点，确立165个要害单位和252个重点部位；市区巡逻“全覆盖”的经验做法在全省社会治安巡逻暨公安武警联勤巡逻工作会议上作交流发言；出动警力10.9万人次，车巡7.6万辆次，步巡8.5万人次，社会防控力量6.9万人次；盘查可疑人员52320人，可疑车辆43200辆；办理行政案件122起，办理刑事案件65起，抓获违法犯罪嫌疑人271人，抓获网上逃犯28人。

【公安监所安全管理】 2015年，临汾市公安局开展监所“思想纪律作风推进年”活动，发现整改隐患126处；完成全市17个在用看守所的“五化建设”任务和公安监管病房改造工程，实现医护人员全派驻；联合驻所武警开展“三共”活动，实现A、B门武警上勤，浮山县、安泽县看守所被省厅和武警山西总队确定为全省“三共”活动先进单位；完成19个公安监所的高清监控改造和网络接入，推动监所工作督导检查的信息化，实现“收得下、关得住、管得好”的任务目标，确保刑事诉讼活动进行。

【户籍规范管理】 2015年，临汾市公安局推进户籍制度改革，开展户口清理整顿；办理二代居民身份证220230张，采集录入流动人口信息59888条，登记出租房屋14459户19107间，办理居住证56604个，清理假户重户7809个，更正户口登记差错26666项，18周岁以上人员二代证相片采集率99.946%；创新推行居民身份证照片“满意自拍”系统的做法，得到主流媒体的竞相报道；公安部专题刊登宣传临汾市户籍管理工作。

【出入境与往来港澳台管理】 2015年，临汾市公安局开展“违规办理和持有因私出国(境)证件”专项治理工作，收到全市134家单位8266条人员备案信息，逐一对照完成电子数据的录入、更新；推出“网上预受理”“文明出境游”“快递送证到家”等便民服务措施；批准公民因私出国境36289人次，赴港澳69360人次，赴台湾5657人次，发放证照49284人次；为境外人员办理签证167人次；登记临时境外人员7400人次、常住境外人员53人。

【民生警务建设】 2015年，临汾市公安局在全省完成便民服务网站平台提档升级，设立5大类38个栏目，增加便民服务平台手机APP百姓客户端，增设警务公开大厅，创新开辟“监督员窗口”“群众之声”“代表委员看公安”“媒体聚焦”等栏目，推出身份证进度查询、网上自选号牌、交通违法、案件进度查询等数十项贴心服务；将12345市长热线的相关业务纳入平台工作范畴，办理事项382件；平台总访问量144万余人次，在线办理各项业务7395件，回复群众诉求4653件，发布信息5604条，群众满意度99.9%。

【四项建设】 2015年,临汾市公安局开展"基础信息采集年"活动,采集各类社会信息数据5亿余条,采集"一标两实"基础信息488万余条。自主研发海量数据分析、人脸识别、法眼视频分析等12种信息系统,"人脸识别"系统被公安部列为全国先进典型进行表扬,拓展警用地理信息平台11个业务应用模块。推进省厅"警务云搜"全警应用,破获一起重大绑架学生案;创新完善同步上案、"四战合一"侦破机制,在全省情报平台红色指令集中研判抓逃比武竞赛中名列第一。提前完成公安派出所和社区警务"1135"工程目标任务,下沉警力162人,完成目标任务147.27%,落实资金2585万余元,完成目标任务246.28%,被省厅评为优秀组织单位。建立市局党委每周学法制度和全市公安机关网上学法平台。落实"一案一光盘"、执法约谈制度和省厅"五个一律"要求,提出办案场所"六个必须"。配发执法记录仪2800余部、SIS手机信息采集仪131部。全市公安机关159个执法办案场所和36个监管场所全部安装监控探头、建成执法音视频数据管理平台、配备涉案财物条形码存储柜、执法记录仪信息采集站,执法车辆全部安装车载记录仪。强化网上办案和网上监督,全市公安机关行政案件网上流转率99.34%,刑事案件立案环节流转率99.48%,起诉环节网上流转率99.33%。强化"六权治本",理清市公安局涉及13个警种的743项行政权力清单,制定权力运行流程图和廉政风险防控图,规范权力运行。制定《临汾市公安局涉群体性事件处置规范》《临汾市公安局涉媒体事件处置规范》等6类案事件处置规范和25项规章制度。在市县两级公安局设立检察院驻公安机关侦查监督检察室,推进规范执法。

附:

·获奖情况·

集体

临汾市消防支队获公安部搜救犬比武竞赛中获得单项科目第二名,临汾市公安局监管支队被评为公安部和武警总部评为全国"三共"活动先进单位,临汾市公安局刑侦支队、浮山县公安局被公安部表彰通报成功破获部署"11·12"系列杀人案,临汾市公安局获省公安厅全省公安机关群众安全感和满意度调查排名第三名,临汾市公安局直属分局被评为山西省人力资源和社会保障厅山西省公安厅全省优秀公安局,尧都区公安局法制室、安泽县公安局府城派出所、古县看守所被评为山西省人力资源和社会保障厅山西省公安厅全省优秀公安基层单位,临汾市公安局刑侦支队被省劳动竞赛委员会授予"工人先锋号"荣誉称号,临汾市公安局离退休人员管理处被省委组织部、省委老干部局、省人力资源和社会保障厅授予"全省离退休干部先进集体"荣誉称号,临汾市公安局直属分局辛寺街派出所被共青团山西省委、山西省高级人民法院、山西省人民检察院、山西省公安厅、山西省民政厅、山西省司法厅、山西省文化厅、山西省新闻出版广电局评为山西省优秀"青少年维权岗",临汾市公安局出入境管理支队被山西省总工会授予"山西省职工职业道德建设示范岗"荣誉称号,临汾市公安局直属分局、临汾市公安局控告申诉处、蒲县公安局、安泽县公安局被省公安厅评为全省抗战胜利70周年纪念活动安全保卫工作中成绩突出集体,临汾市公安局审计处被省公安厅评为全省公安审计岗位大练兵暨比武竞赛"优秀团体",临汾市公安局审计处荣获省公安厅全省公安审计岗位大练兵比武竞赛第二名,临汾市公安局经侦支队四大队被省公安厅评为烟草打假工作先进集体,临汾市公安局情报中心在全省情报平台红色指令集中研判抓逃比武竞赛集中名列第一,临汾市公安局技侦支队在省公安厅全省技侦全手段飞行考核第二名,临汾市交警支队获省公安厅交管局"先进支队"荣誉称号,临汾市公安局交警支队交通安全科、临汾市公安局交警支队北城大队荣获省公安厅交管局"先进科室"荣誉称号,浮山县看守所被评为省公安厅武警山西省总厅基层"三共"活动先进单位

个人

临汾市公安局刑事技术处副处长刘洁被评为公安部2015年度优秀专业技术人才奖金三等奖,临汾市公安局指挥中心民警贾永斌被公安部全国公安机关授予纪念抗战胜利70周年活动安全保卫任务成绩突出个人荣誉称号,浮山县公安局刑警二中队民警陈卫国被公安部授予警犬使用破案能手称号,临汾市公安局直属分局南街派出所所长赵春怀被山西省人力资源和社会保障厅山西省公安厅评为全省特级优秀人民警察,临汾市公安局网监支队民警蔺飞、临汾市公安局交警支队北城大队女子中队指导员李桩、蒲县公安局刑警大队技术中队中队长于泳、临汾市公安局直属分局辛寺街派出所副所长王海滨、乡宁县公安局枣岭派出所所长赵玉红、尧都区公安局网警大队大队长冯峻、吉县公安局城关派出所民警焦兴华、浮山县公安局刑警大队一中队中队长冯玉峰、古县公安局刑警大队二中队中队长郭宁、曲沃县公安局里村派出所所长黄瑞、洪洞县公安局大槐树派出所所长杜红兵、霍州市公安局大张派出所教导员张月喜、

安泽县公安局府城派出所民警孙敏、翼城县公安局控告申诉科科长朱兴军被山西省人力资源和社会保障厅山西省公安厅评为全省优秀人民警察，临汾市公安局警务保障处主任科员李跃进被省公安厅评为“全省公安机关朱爱民式警务保障好民警”，临汾市公安局国保支队四大队大队长孙军武、霍州市公安局交警大队什林中队指导员安丕华、襄汾县公安局治安大队公共秩序中队民警张俊青、浮山县公安局刑警大队一中队中队长冯玉峰、汾西县公安局永安派出所副所长郭飞宇、洪洞县公安局治安大队副大队长王峰、曲沃县公安局党委副书记柴长根、尧都区公安局巡警大队大队长郑军武被省公安厅评为全省抗战胜利70周年纪念活动安全保卫工作中成绩突出个人

（刘晓宇）

公安交通管理

【概述】 2015年，临汾市交警支队牢记使命，认真履职，较好地完成各项工作任务，全市道路交通安全形势由长期严峻趋向稳定转好，交通事故持续下降，1至12月，全市道路交通事故与2014年相比，死亡人数减少52人，下降10.59%，其中，生产经营性事故死亡人数同比减少32人，下降19.16%，一次死亡3人以上的道路交通事故同比减少1起，下降25%，未发生一次死亡10人以上的交通事故。全市因道路交通事故致人死亡经济赔偿损失减少2600万元；交通秩序明显改善，拥堵路段比由2014年的1比2下降至1比3，交通参与者每日通勤时间由2014年的人均70.7分钟的减少至人均62.2分钟，每日通勤拥堵时间由2014年的35.3分钟减少至20.7分钟，根据中华人民共和国公共行业标准《道路交通拥堵经济损失评估指南》(GA/T 1248－2015)测算，全年市区10条主要道路拥堵所消耗的经济费用比2014年减少约1.5亿元；群众满意率由67%达到95%以上。

【推进社会化管理进程】 2015年，临汾市交警支队起草《临汾市道路交通安全责任制规定》；编制《临汾市道路交通安全管理“十三五”规划》，为临汾公安交管工作向上向好发展提供近中远期目标。

【实施“五位一体、五长联动”工作模式】 2015年，临汾市交警支队分析研判事故原因，寻找差距与不足，有针对性地制定整改措施。“五长”联动15次，经过分析研判加以有效整改，2015年以来，死亡3人以上道路交通事故较2014年下降25%。

【降压国省道事故工程和消除危化品运输安全隐患工程】 2015年，临汾市交警支队重点监控的事故高发公路国道108线、309线和省道329线交通事故死亡人数与2014年同期相比分别减少10人、10人和2人，下降23.26%、38.46%和11.76%。

【“农村摩托车生命安全防护工程”】 2015年，临汾市交警支队创新实施无证驾驶摩托车违法行为“四同时”农村交通安全管理警务工作模式。安泽大队先行先试，结合县域特点，推进“四同时”工作模式，公安交警走遍全县7个乡镇的104个村，办理摩托车驾驶证1850个。

【交通违法当事人行为矫正工程】 2015年，临汾市交警支队共查处酒后驾驶1709起（饮酒1483起，醉酒226起）、无证驾驶9442起，拘留3715人。实施交通违法减存量、削增量“两同步”工作法，督促办理驾驶证1925例。

【隐患排查】 2015年，临汾市交警支队推进整改，排查事故多发（频发）路段133处，全部向主管部门下发隐患整改通知书。整改完成率达80以上。

【交通肇事逃逸案件侦破和网上在逃人员抓捕工作】 2015年，临汾市交警支队发生交通肇事逃逸事故99起，已侦破92起，侦破率为92.9%。抓获潜逃12年的马某斌。

【固化拓展新的交通组织措施】 2015年，临汾市交警支队启动和分步实施主城区保畅治乱工程。以“福利巷”居民聚集区、“世纪百悦”商业聚集区和“临师附小”学校周边3个典型的成功治理为引领，向市区百汇、东关小学、解放西路、解放路立交桥和科委巷延伸；对交通信号灯配时进行完善和调整，路口通行率由过去的高峰期4到5个信号灯通过，达到高峰期1个信号灯基本通过。

【城市静态交通规范管理工程】 2015年，临汾市交警支队拟在市区施划7000个停车泊位、建立19个立体停车场，在市郊建设4个大型停车场站，实施收费管理。起草整体规划提交市政府，申请纳入2016年政府重点工程。

【治理市区三、四轮车】 2015年，临汾市交警支队联合有关部门取缔无证经销企业4家，查处违法营运三、四轮车420辆，集中销毁152辆，主城区三轮车非法营运造成交通拥堵的现象得到遏制。

【公路防控体系建设】 2015年,临汾市交警支队制定卡口建设维护及升级改造计划,新增卡口94处并联网接入缉查布控系统;确定改造、接入、新建道路视频监控点位共计162处,摄像头1056个,纳入市政府重点工程项目。

【重点隐患消除系数评估模式】 2015年,临汾市交警支队降低交通参与者道路交通事故风险系数。通过建立全市驾驶人诚信体系库,对一批交通违法记分逾百上千的"违法记分大王"进行曝光和专项整治。曝光173名驾驶人。

【交通安全宣传】 2015年,临汾市交警支队通过为期4个月五个轮回的立体化专业知识性的宣传,驾乘人员安全带使用率达到95%以上,达到全国大中城市的高乘系先进水平。

【文明交通示范团队创建工程】 2015年,临汾市交警支队社会化宣传有新提升。创建客运车、货运车、危化品运输车、出租车、摩托车、非机动车及行人类别的文明交通示范团队40余个。通过引领,交通参与者出行意识大幅提升,机动车违法率由过去的40%下降至25%,行人和非机动车遵守交通红绿灯率达80%以上。

【新兴媒体宣传】 2015年,临汾市交警支队利用"双微"平台等新兴媒体,推送各种分类宣传、教育提示、警示安全等信息170余万条,受众面300余万人;建立246人的网评员队伍,引导自媒体时代下的正确舆论导向。

【特色宣传】 2015年,临汾市交警支队针对酒驾,深入夜市摊点开展宣传教育;邀请新闻媒体及200余名小记者在交通安全宣传基地举行系列活动,创新性地给学生颁发"少年儿童交通安全执照";举办"尧神杯"小学生"文明交通我参与"主题征文活动。

【车驾管综合改革工程】 2015年,临汾市交警支队提速为民服务"最后一公里"。将小型汽车驾驶人考试业务下放到翼城、洪洞、侯马、曲沃、霍州等5县市,逾万名驾驶人享受到本地化服务;便民服务在线平台接受咨询和办理车管驾业务62284次(笔)。

【交通事故调处机制】 2015年,临汾市交警支队将市区范围内简易程序道路交通事故处理交由路面执勤民警处理,自2月9日改革以来,处理1805起简易程序交通事故,方便群众,减缓拥堵。

【重点车辆及驾驶人管理】 2015年,临汾市交警支队黄标车及老旧车淘汰工作超额完成任务,达到117%,全省排名第一;对水泥罐车、渣土车进行专项整治;落实重点车辆监管措施。并以应用率达到100%名列全省第一。
全市新注册登记机动车66279辆,新增驾驶人110594人,机动车保有量488880辆、驾驶人765125,办理车驾管业务4171905笔,新增新能源汽车注册登记591辆。

【基础信息化建设】 2015年,临汾市交警支队开展"信息采集大会战",采集卡口过车数据117462563辆次,驾校从业人员及学员信息55171条,机动车检验记录43179条。完善信息系统安全建设,建立全市公安交警安全边界平台,确保网络信息系统安全。完成平台建设需求设计,在市政府招标过程中。配备电子监控记录综合系统,提高工作效率。

【防控体系实战能力】 截至2015年底,临汾市接入机动车缉查布控系统卡口218个;升级改造108、309国道视频监控卡口各13个;新建209国道、323、329省道建设视频监控卡口13处。

【执法规范化建设】 2015年,临汾市交警支队进行执法质量考评,对问题提出整改建议并督促其有效整改。举办模拟法庭观摩会,贯彻学习新修订的行政诉讼法。规范执法记录仪的管理和使用,对使用情况进行监督检查。对全市查处的所有酒驾和无证交通违法行为案卷逐一核实,对下一步工作提出具体细致的方法和标准。

(韩杰　张磊)

检察工作

【概述】 2015年,临汾市检察机关围绕全市中心工作,履行宪法和法律赋予的职责,加强队伍建设,各项检察工作取得新的发展和进步。

【依法保障经济发展】 2015年,临汾市检察机关打击侵犯知识产权、制售假冒伪劣商品等破坏社会主义市场经济秩序犯罪,批捕此类犯罪90人,起诉276人。妥善办理涉及人数众多、社会影响较大、涉案金额17.8亿余元的"6·19"特别重大非法吸收公众存款、集资诈骗案。查办公安部挂牌督办的导致税款流失7000余万元的“4·8”重大虚开增值税发票案背后的渎职犯罪，立案侦查国税系统干部渎职犯罪21人。服务重点工程建设，在10个重点领域、9个省级重点工程设立107个预防联系点，开展警示教育、法律服务工作。向社会提供行贿犯罪档案查询9553次，有行贿记录的40家单位、201名个人被取消招投标资格，促进市场监管和诚信建设。督促相关部门依法履行行政职责288件，清缴应收资金，防止国有资产流失。

【保护民生民利】 2015年，临汾市检察机关开展“加大查办基层干部贪污贿赂犯罪力度、推进整治‘小官大贪’专项工作”，立案侦查基层干部贪污贿赂犯罪114人；在“查办农民群众身边职务犯罪专项活动”中，立案侦查农机补贴、“万村千乡市场工程”等领域渎职犯罪12人。强化对环境资源的司法保护，针对非法采矿、盗伐林木等犯罪，批捕7件9人，起诉37件53人。保护群众“舌尖上的安全”，批准逮捕制售有毒有害食品刑事犯罪5件6人，起诉33件47人。开展“破坏环境资源、危害食品药品安全犯罪”两个专项立案监督活动，监督行政机关移送涉嫌犯罪案件32件，公安机关立案25件。加强对弱势群体的司法保护，办理支持起诉25件，帮助进城务工人员追索劳动报酬2400余万元。

【维护社会安全稳定】 2015年，临汾市检察机关发挥批捕、起诉职能作用，突出打击破坏社会秩序、影响人民群众安全的犯罪活动，批准逮捕1465人，提起公诉3109人。贯彻宽严相济刑事政策，不批捕442人、不起诉222人，促进社会和谐。加强羁押必要性审查，防止“构罪即捕、一押到底”，经建议，113人被变更强制措施。加强对未成年人的司法保护，推行涉罪未成年人分案起诉、轻罪记录封存等制度，不批准逮捕34人，不起诉15人。把涉检信访纳入法治轨道，引导群众依法解决诉求，受理群众来信来访1431件(次)，其中检察长接访386人(次)。实施国家司法救助28件，救助资金28.1万元。办理国家赔偿案件4件，赔偿资金18.3万元。解决永和县一起长达20年的申诉案，当事人息诉罢访。市检察院控告申诉检察处被表彰为全省信访工作先进集体。

【查办大案要案】 2015年，临汾市检察机关立案侦查贪污贿赂犯罪168人，同比上升2.3%，大要案比例为100%。立案侦查渎职侵权犯罪68人，同比持平，案件涉及税务、城建等15个行业或部门，办案领域明显扩大，其中，重特大案件36人，同比上升23%；新罪名案件4人；首次立案侦查厅级领导干部渎职犯罪。依法查办长治医学院院长王庸晋、山西焦煤集团副总经理刘生瑞等15名县处级以上干部职务犯罪案件，其中厅级干部5人，是临汾市检察机关查办大要案最多的一年。

【办案机制】 2015年，临汾市检察机关健全侦查一体化办案机制，综合运用交办、提办、指定管辖等方式，加强统一指挥、组织协调和侦查协作，提升查办案件的整体效能。加强对办案过程的监督，落实职务犯罪侦查工作“八项禁令”，严格执行全程同步录音录像制度，严格适用指定居所监视居住等强制措施，慎重扣押涉案款物，保障犯罪嫌疑人的合法权益。强化与纪检监察、行政执法、审计、金融等部门的配合，形成反腐败工作整体合力。加强与发案单位党政领导的沟通，通报办案情况，帮助采取应对措施，维护正常的工作秩序。

【职务犯罪预防】 2015年，临汾市两级检察院撰写惩防职务犯罪年度报告18份，剖析犯罪特点和原因，向党委、政府提出防控对策，促进形成不敢腐、不能腐、不想腐的有效机制。开展预防调查68次，案例分析84件，发出检察建议30份，帮助有关单位完善制度，堵塞管理漏洞。开展各类警示教育活动384次，受教育人数1.34万人。市检察院分别与市卫生局、市农机局、市国税局联合开展系统预防，效果明显。曲沃县检察院创新开展的预防涉农领域职务犯罪的“阳光百姓工程”。省检察院召开全省检察机关涉农领域预防职务犯罪工作曲沃现场会，在全省推广。

【刑事诉讼监督】 2015年，临汾市检察机关加强对公安机关立案和侦查活动的监督，监督立案119人、监督撤案56人、纠正漏捕54人、纠正漏诉111人，监督纠正侦查活动违法299件，确保不枉不纵、不漏不错。加强对自侦部门立案和侦查活动的监督，监督自侦部门立案7件11人，同比上升22%。落实职务犯罪案件审查逮捕权上提一级的规定，受理基层检察院提请逮捕案件62件76人，不批准逮捕5人。开展“对全市公安机关刑事立案后未提请逮捕案件专项监督活动”，抽查案卷2200余卷，发现执法办案问题9类，向市公安局通报。

市公安局对逐一整改。探索开展职务犯罪案件审查逮捕阶段听取辩护律师意见工作,受到省检察院肯定。2015 年 8 月,在全省检察机关侦查监督工作座谈会上,市检察院作经验介绍。加强刑事审判活动监督,对确有错误的刑事裁判提出抗诉 44 件 88 人,纠正刑事审判活动违法 114 件。

【刑事执行监督】 2015 年,临汾市检察机关为适应新的任务要求,全市两级检察院监所检察部门全部更名为刑事执行检察局,市检察院在全省率先成立"社区矫正检察室"。纠正提请减刑、假释、暂予监外执行不当 209 人,纠正监管活动违法 590 次,纠正监外执行罪犯监管活动违法 664 次,防止"以权赎身、提钱出狱"。严肃查办在刑事执行检察工作中发现的职务犯罪 11 人。在全省率先开展规范监管场所食品、药品安全管理的专项检查活动,就食品药品采购、管理中的不规范问题提出针对性的纠正意见,保障服刑人员饮食、用药安全。依法对 58 名罪犯提请特赦工作进行全程同步监督,全面排查、审慎核查,监督执行机关对 4 名符合条件未提请特赦的罪犯依法提请、对 1 名不符合条件而提请特赦的罪犯撤销提请,确保"一个不漏、一个不错"。

【民行检察工作】 2015 年,临汾市检察机关贯彻实施修改后的民事诉讼法和行政诉讼法,构建工作机制一体化、监督手段多元化的立体监督格局。对确有错误的民事案件提出提请抗诉 13 件,提出再审检察建议 3 件,采纳率 100%。纠正审判活动违法情形 48 件,监督民事行政执行活动 181 件。加强监督,对认为裁判正确的 46 件民事行政案件,作出不支持监督申请决定,对 52 件民事申诉案件,做好释法说理、服判息诉工作。

【专项整治】 2015 年,临汾市检察机关按照最高人民检察院工作部署和市人大常委会"规范司法行为、强化法律监督"重点监督工作安排,开展规范司法行为专项整治工作,加强司法规范化建设。坚持开门整治,设置意见箱、发放征求意见函,听取社会各界的意见建议。坚持问题导向,聚焦检察业务,瞄准司法办案,排查 2013 年以来所办各类案件,查摆出不规范问题 636 个,其中重点问题 15 个,做到"见人见事见案件"。坚持立查立改,剖析原因,对职务犯罪侦查、诉讼权利保障、涉案财物管理等工作中的问题逐项整改,集中解决。市检察院对各业务条线办案流程进行梳理,修改完善制度 24 项,新制定制度 25 项,建立规范司法的长效机制。2015 年 11 月,市检察院向市人大常委会作规范司法行为的专题报告。

【推进检务公开】 2015 年,临汾市检察机关制定《全面推进检务公开实施方案》,保障群众对检察工作的知情权、参与权和监督权。突出公开案件信息,通过案件信息公开网,向全社会公开司法办案程序性信息 6305 条、重要案件信息 281 条、法律文书 1742 份,开展辩护和代理预约 447 件。在市级以上报刊网站发表稿件 350 篇,市检察院被评为"全省检察机关新闻报道工作先进集体"。全市检察机关门户网站群建成并投入使用,市检察院和 14 个基层检察院开通微信、微博、QQ 检务微平台,发布信息 2200 余条。开展举报宣传周、"12·4"宪法日等法制宣传活动,发放宣传单 5.6 万余份,提供法律服务 1600 余次,帮助解决问题 186 件。全市两级检察院普遍开展以"规范司法行为、提升司法公信"为主题的检察开放日活动,邀请社会各界人士 620 人走进检察机关,多方位展现新时期检察工作,零距离接受监督。

送法进校园

【自觉接受监督制约】 2015 年,临汾市检察机关强化"监督者更需要接受监督"的意识,把检察权置于广泛的监督之下。落实临汾市 2015 年"两会"精神,对代表审议和讨论意见,逐条分析研究,逐项抓好落实。全市两级检察院向同级人大及其常委会报告工作 50 次,召开人大代表座谈会 49 次,邀请人大代表视察工作 55 次。对各级人大及其常委会交办、转办的 10 起案件,认真办理,及时回复。

定期向政协通报检察工作情况，听取意见，接受监督。加强与代表、委员的联络，将相关意见建议转化为依法履职、公正司法的具体措施。发挥人民监督员的监督作用，邀请人民监督员监督评议案件12件14人。自觉接受人民法院、公安机关的制约，改进自身工作。强化律师执业权利保障，构建平等相待、良性互动的新型律检关系。加强与新闻媒体的联系，倾听媒体声音，及时回应关切。

（黄永刚）

司法工作

【概述】 2015年，临汾市司法局贯彻落实省、市委政法工作和全省司法行政工作会议精神，按照省厅各项工作部署，坚持以"平川抓提升、山区抓突破"为主线，以法治建设为引领，服务大局，维护稳定责，发挥司法行政职能作用。

【服务经济社会发展】 2015年，临汾市司法局围绕市委、市政府确立的"六大发展"任务目标，把握"百里汾河生态经济带"提升为国家区域发展战略的重大机遇，引导和带领全系统干部和法律服务队伍，投身于百里汾河生态经济带、临汾民航机场通航、涝巨河生态环境综治、城市建设和"城中村"改造等重点项目建设，组建40名律师骨干参与的法律服务团，开展"服务重点项目提质增效年""法律服务牵手重点工程""服务全民创新创业"等专项法律服务，与经济带内18个工业园区、50余项重点项目实施对接，担任各级政府沿汾河重点工程和中小民营企业法律顾问380家，组织师达等律师事务所深入各县（市、区）企业进行为期100天的普法宣讲活动，对全市400余家企业开展法律体检、风险评估、讲法释疑和专题研讨会60余场次，听讲企业经营管理人员980人次，征集企业法律需求信息630余条。山西电视台对活动进行跟踪报道。市平阳、尧都华尧、侯马、襄汾等公证处采取在建设银行实行驻点办公，为群众的房屋贷款提供公证法律服务，有效保障贷款安全，维护金融机构合法权益，减轻当事人往返奔波的负担。吉县、安泽、古县各律师事务所开展"温暖回家路"农民工维权专项服务，帮助农民工追回欠薪和赔偿款1100余万元。针对"6？19"市区北城壕非法集资案，组织市直14个律师事务所主任多次进行专题研究，向市政府提出依法处置的意见，选派4名律师参与案件的法律服务工作，为政府依法处置案件、稳定群众情绪提供法律依据。2015年，全市律师办理各类诉讼案件4139件，担任法律顾问380家，全市公证机构办理各类公证25735件，司法鉴定机构共办理各类司法鉴定5099件。

【公共法律服务】 2015年，临汾市司法局按照省政府办公厅《关于推进公共法律服务体系建设的意见》精神，本着政府主导、公益免费、法治惠民的原则，以打造服务平台、完善服务产品、落实服务保障为重点，依托全市法律援助便民服务大厅，探索公共法律服务体系建设。实施"四抓四促"举措，促进全市法律服务体系建设。抓支点，促实效。在年初市委召开的三届六次全会和全市"两会"上，就加强公共法律服务体系建设提出明确要求，市人大将此项工作列入重点督查范围。以书面形式就目前存在的困难和问题向市人大专题报告工作，为人大代表强化工作监督提供依据，到全市各地开展督查指导。抓试点，促建设。针对临汾市行政区划多，地域差异大的特点，按照先易后难、稳步推进的工作思路，推广襄汾县法律服务中心整合法律服务资源，运行规范的工作经验，为全市加快县级法律服务中心建设步伐起到示范引领作用。抓盲点，促落实。从加强阵地建设入手，由局长周波带队，到工作薄弱的贫困山区县，与县上领导共商破题之策。8月上旬与吉县县长崔绍民沟通，在他首次主持召开的政府常务会上，就把解决该县法律服务中心用房问题列入重要工作议程。最终确定将地处繁华地段的县人行临街一层5间120平米门面房划归县法律服务中心。抓机制，促服务。围绕"建有阵地、管有制度、责有人担"的标准，在县级法律服务中心普遍设立律师、公证、法律援助、人民调解服务窗口，形成"一站式服务"的工作格局。临汾市普遍建立起市县两级法律服务中心，全市形成以市法律服务中心为中枢，17个县（市、区）法律服务中心为主干，171个乡镇（街道）法律服务站为阵地，3108个村（社区）法律服务点为基础的四级法律服务平台。在部分有条件的法律服务中心落实便民利民惠民措施，推出延时服务、预约服务、上门服务等工作制度，将普法短剧和《临汾普法》纳入法治宣传服务产品。尧都区、襄汾、侯马、安泽、吉县等县(市、区)利用各行业和相关领域法律援助工作站点,行业性专业人民调解委员会,实现将公共法律服务向妇女、儿童、老年人、残疾人等特殊群体的有效延伸。

【延伸法律服务】 2015 年,临汾市司法局结合县域经济社会发展实际,制定《工作实施方案》,明确工作责任,细化工作措施。解决部分贫困山区法律服务资源匮乏的问题,抓好调查摸排、细致论证,发挥平川县市律师资源聚集的优势,采取资源整合、联手共建的办法,坚持做到“三统一”(统一调配、统一标识、统一进驻)和“三结合”(律师自选与各村选聘相结合、局机关推荐与律师事务所商定相结合、法律服务机构与群众需求相结合)的工作机制,将市直 14 个律师事务所 230 余名律师派驻到全市各村(社区)实施定向支援,截至 5 月底全市 3108 个村(社区)基本实现了律师对接、制度上墙、标识规范“全覆盖”的预期目标。

【完善法律服务机制】 2015 年,临汾市司法局围绕省厅提出的“十有五优”工作目标,加大机制创新力度,避免工作“一阵风”或出现追风赶潮的现象。5 月 14 日在襄汾县召开全市一村(社区)一法律顾问推进会,通过大会交流、实地观摩、现场点评等方法,解决部分县局工作措施“挂空挡”、服务标准“挂低档”、责任落实“挂倒档”的问题。根据群众需求,在工作实验中创新实施“三个坚持”,即坚持落实“六项制度”,建立健全定期服务制度、完善法律服务人员名册和工作台账制度、重大事项报告制度、工作交流制度、建立跟踪问效制度和定期考核制度等六项制度,推进工作规范开展。坚持干部包点联系督导制度,实行局班子成员包县包乡镇工作责任制,县局推行局班子成员包乡镇(社区)包村工作机制。市局采取听汇报、重点抽查、明察暗访等形式,组织开展 4 次全市范围的工作督导。坚持推行“五式”服务法。各县市普遍结合当地农村工作实际,开展“会诊式”服务、“渗透式”服务、“约定式”服务、“上门式”服务、“平台式”服务。从办公经费中挤出 10 万元,用于对口支援的市、县两级法律服务机构依据日常考核情况进行专项补贴,全部落实到位,解决律师下乡经费问题的困扰。

【法律服务成效】 2015 年,临汾市司法系统联系当地实际和农村群众对法律服务的新期待、新要求,发挥律师专业优势,探索服务群众新路子。襄汾县按照“十有五优”要求,探索出“三结合三引导两帮助”工作法。“三结合”(基层法治创建、普法依法治理、依法维权相结合),“三引导”(引导村干部遇事找法、引导群众自觉学法、引导村民遵法守法);“两帮助”(帮助村委规范各项制度、帮助调委会化解各类矛盾纠纷)。尧都区组织律师采取“现场办案、定期回访、跟踪服务”,依法为群众化解疑难纠纷,尧城律师事务所进驻铁路东办事处三元社区期间,把法律知识、法治理念、真情服务送到群众身边,解决 3 起长期困扰社区群众的疑难劳资纠纷和家庭纠纷。安泽县建立一村(社区)一法律顾问信息工作网络管理平台,为群众提供法律服务。大宁县实行“两卡一日一台账”和“七有十个一”制度,规范法律顾问工作。浮山县组织律师开展“送法下乡”活动,引导农村群众依法解决诉求。全市法律顾问工作接受各类法律咨询 4460 人次,开展法律宣传 193 场次,举办法律知识培训 36 次,发放各类宣传手册 54114 余份,调处各类纠纷 623 起。

【纠纷化解】 2015 年,临汾市司法局立足经济发展新常态,着眼人民调解队伍建设新要求,实施“五抓五促”,提升调解员队伍服务发展、化解纠纷、维护稳定的能力。抓管理,促规范。强化基层调委会管理指导,制定下发《临汾市调委会规范化标准》,依据组织队伍、基础设施、调解工作制度、调解业务、调解程序、防范工作 6 个方面的要求,在全市开展市级规范化调委会创建活动,首批创建 270 个规范化调委会。抓培训,促能力。提升调解员队伍整体素质,采取“走出去,请进来”和现场观摩、经验移植的方式,加强调解员培训和业务指导工作。组织赴浙江诸暨、左权、永济等地学习考察调解工作经验,采取市县联动、分级轮训的办法举办各类调解员业务技能培训 183 期,参训人员 10522 人,将 1000 本中国民主法制出版社新出版的《人民调解的实践与发展》赠送给全市专职调解员。抓典型,促工作。提高化解纠纷的实效,在全市推广安泽县构建多元化调解机制的工作模式,襄汾县“说事室”,让群众将“怨气”撒出来、将“疙瘩”解开来的工作经验,吉县注重发挥政法退休老干部专业技能,组建“小板凳”调委会范例,古县“十法”化解矛盾做法。抓激励,促质效。在全省首创“双调”(调委会和调解员)星级创建、评选工作,对首批 1 星至 3 星级调解员和调委会进行命名。9 月召开全省调解工作会上,临汾市 15 个优秀调委会,29名优秀调解员,15名功勋调解员受到省厅表彰。在全国人民调解工作会上,临汾市1个调委会和3个调解员分别获"模范人民调解委员会"和"模范人民调解员"称号。抓保障,促干劲。建立动态经费保障机制,借本系统人大代表秦峰提交人民调解经费保障提案的机会,争取省市财政部门支持,安排人民调解补助经费57万元。尧都区、襄汾县、大宁、隰县等根据调解员的办案数量和质量在全市推行"以案定补"。2015年全年化解矛盾纠纷23545起,调解成功率达95%以上;排查预防纠纷6203起,防止民转刑案件108起,防止群体性上访65起。

【日常监管】 2015年,临汾市司法局结合实际,按照社区矫正管理相关要求,建立3个工作机制,提升社区矫正规范化水平。建立完善审前调查评估机制,依法实施审前调查评估程序,慎重做好对社区矫正人员的调查评估,全市接收法院、监狱机关委托评估案件1190件,提交委托评估报告1190份,法院采信率98%,严把"入口关"。建立完善无缝对接机制,落实"两级报到""两级报到回执"制度,实行法律文书和人员的"双交接、双见面",实现人员的无缝衔接。建立完善监督管理机制,对社区服刑人员开展定期排查,通过日常走访、谈话谈心、手机移动定位、电话抽查等多种方式加强日常监管。在"9·3"大阅兵和十八届五中全会召开等重要节点,严格实行日报告、周见面制度,确保全市社矫对象无大的违法犯罪案件发生。

全市累计接收社区服刑人员8032人,解除矫正转入安置帮教人员5508人,在册2524人,监管严格到位,再犯罪率保持在0.2%以下。全市刑释解教人员8908人,以各种形式累计安置8908人,安置率100%。全市建有安置帮教基地25家,过渡性安置刑释解教人员221人。刑满释放人员衔接管理有效落实,重点人员衔接率、帮教率接近100%,没有发生重新违法犯罪重特大案件。

【教育帮扶】 2015年,临汾市司法局按照"思想上扶心、生活上扶困、就业上扶技、发展上扶业、素质上扶学,促进思想和行为转化"的"五扶一促"工作思路,帮助服刑人员解决实际困难,对社区服刑人员实施分类、分阶段教育,结合不同类型人的需求,生活来源、家庭状况开展交心谈心活动。襄汾县司法局举办15天的学习班,分两批对60余名社矫人员进行心理辅导和"讲家风"系列讲座。霍州市组织"法治轮训"活动,分4期对200余人进行法治培训。依托社会资源,采取技能培训的方式,对800余名社区服刑人员进行培训。协调民政、工商、税务等部门,为社区服刑人员办理低保11人,办理社保32人,提供就业岗位90多个,发放临时救助金2万余元。

【特赦工作】 2015年,临汾市司法局执行全国人大常委会《关于特赦部分服刑罪犯的决定》和部、省《关于司法行政机关对社区服刑人员报请特赦有关程序要求》,成立评审委员会,制订下发《关于特赦部分社区服刑人员的实施方案》,明确标准要求,细化工作措施,确定进度时限。通过查看台账、翻阅档案、逐人核对,严格筛查、集体研究、审核、公示等严格的程序,在检察、公安、国家安全机关的监督和协助下,经报请市中级人民法院裁定特赦社区服刑人员51人,全部宣告特赦,纳入安置帮教,实现无缝衔接,完成特赦工作任务。

【拓宽法援渠道】 2015年,临汾市司法局贯彻落实中共中央办公厅、国务院办公厅《关于完善法律援助制度的意见》精神,坚持"三个导向",扩大法律援助范围,提升案件办理质量,更多惠及困难群众。坚持"需求导向",让法律援助春风劲吹平阳。以"法律援助便民服务"为目标,采取多种便民措施,保证困难群众能掌握、好运用、得实惠。降低受理门槛,对城乡低保对象、特困供养人员等接受社会救助的对象和无固定生活来源的残疾人、老年人等特定群体,以及申请支付劳动报酬、工伤赔偿的农民工,免除经济困难审查。扩大受援范围,贯彻落实山西省《关于加强武警官兵及亲属法律援助工作的实施办法》,开展"法律援助进军营"活动,全市法援中心在当地武警中队设立法律援助联络点,指派法律服务人员定期参加工作站、联络点日常值班和接待咨询工作。坚持"人本导向",让法律援助普惠更多群众。推进法律服务远程视频系统建设,作为年度考核的重要内容,采取月汇报、季点评、现场督察等形式,于10月底完成法律服务远程视频系统建设任务,形成"互联网+法律援助"服务新模式,缓解偏远地区法律援助人才短缺和农村群众合理诉求难以保障的困扰。推进法律援助向服务农村工作延伸,组织动员全市113名法律援助工作人员担任农村(社区)法律顾问320个。坚持"效果导向",让人民群众在每一个法律援助案件中都感受到公平正义。实行旁听回访制度,采取电话跟踪、征求意见反馈、不定期听取援助律师汇报办案过程,对案件质量进行评议。加强质量监管,制定《临汾市法律援助机构及法律援助人员违法处罚标准》,加强对法律援助人员监督,规范法律援助事项办理流程,健全案件质量评估体系,确保法律援助质量。全市法律援助机构受理各类法律援助案件 2642 件,受援人数 3346 人,其中,法律援助服务大厅接待来访群众 22309 人次,“12348”专线接听 4604 余人次。为当事人挽回经济损失3577.53万元。

【提高全民法治素养】 2015 年,临汾市司法局以“六五”普法总结验收为契机,探索新形势下的普法教育的途径和办法,扩大法治宣传覆盖面。主动跟进,服务宪法教育。利用市人大年内举办四次法制讲座之机,向市人大代表、各县(市、区)及市直各部门负责人发放《宪法读本》和《习近平关于全面依法治国论述摘编》5000 余册。在“12·4”国家宪法日暨全国法制宣传日前夕,为市四大班子领导送去《宪法》及《宪法学习读本》。主动作为,传播法律知识。借助网络等新兴媒体定期向全社会传播宪法知识,在“12·4”国家宪法日组织全市各执法单位在人员聚集场所开展以宪法为核心的盛大法治宣传系列活动,市县两级党政领导都到现场为群众发送资料,现场解答问题。在全市中小学举办法律知识讲座、宪法知识竞赛,依托基层法律服务机构和法律援助远程视频服务系统普遍开展送法下乡。全市密集举办法制宣传日、宣传周、宣传月活动,多渠道、多层次地开展群众性普法教育,全市组织大型法制宣传活动 58 场次,受教育群众达 8000 余人;累计组织“送法下乡”宣传咨询活动 78 次,向全市农村发放“两委”干部和社区居民简明法律知识手册 12440 本,普法挂图 592 套,向农民发放各类普法资料上万份。主动发力,提升普法实效。增强法治宣传实效,在全市推广翼城运用普法短剧激发群众学法热情的经验,创新打造出一批具有时代特点、集法治教育和法治文化为一体的正能量舆论宣传阵地。洪洞的《法眼》、隰县的《法治经纬》、霍州的《与法同行》《一路阳光》等电视栏目,吉县、襄汾、蒲县的法治微电影成为富有当地特色、深受群众喜爱的法治文化产品。通过引导,在山区县推出《法律六进说普法》《全民学法三字经》等群众喜闻乐见的快板书和三句半。主动培育,引深法治创建。在搞好普法教育,围绕推进“法治临汾”建设主题,使依法治理工作不断引向深入。在全市范围内开展“依法治理示范单位”和“民主法治示范村”创建活动。在第三批“全国法治县(市、区)创建活动先进单位”评选中,吉县、襄汾县榜上有名。尧都区屯里镇韩村、洪洞县大槐树镇秦壁村、古县岳阳镇张家沟村、汾西县永安镇涧底村被司法部、民政部表彰为第六批“全国民主法治示范村”,临汾市选树 130 个农村、企业、单位作为依法治理示范单位。

【司法考试】 2015 年,临汾市司法局以“精心筹备、精密实施、诚信司考”为目标,做到所有工作程序上不缺项,措施上无盲区,确保 2015 年国家司法考试临汾考区各项工作“平稳、安全、顺利、有效”。在组织考试上,针对实际情况出实招、求实效。严把领导关、进场关、审核关,实行局班子成员考场区域负责制。严密布置考场,实行“裸考”,为每个考场配备“静音时钟”、考试文具。优化考场周边环境,专门发函要求考场周边施工单位错开考试时间施工。临汾武警支队的 18 名战士全程进行考场警戒和秩序维护,协调交警疏导考点路段交通。防范作弊强调“严”字。综合运用人防、技防、物防多种手段,加强司法考试诚信建设,让考生不想作弊、不能作弊、不敢作弊。报名期间对考生信息认真核实,由局领导班子人员带队到 17 个县(市、区)重点对公检法参考人员的核实,对异地考生通过与其本人及单位电话联系,核实其身份信息。在考点入口处设置安检通道,安检工作人员使用手持终端机,对考生进行脸谱识别、身份证鉴别、准考证条形码信息核对,争取第一时间识别出嫌疑考生。市局投资 20 多万元购置屏蔽仪、金属探测仪、执法记录仪、身份证识别仪等防作弊设备,使人防、物防、技防相结合,打击考试作弊行为。2015 年全市司法考试报名人数 1103 人,实际参考 894 人,在临汾三中共设置标准考场 38 个,动用监考老师和工作人员 400 余人。2015 年全市通过国家司法考试 139 人,占实际参考人数的 15.5%,再次实现“零投诉”考区目标。

(高亮明)

民主党派与工商联

中国国民党革命委员会临汾市委员会

【概述】 民革临汾市委成立于2002年3月21日，下辖1个区委会，6个县级支部，党员218人，市委委员19人。党员中全国政协委员1名；省人大代表1名。

【“观故居、走多党合作之路”活动】 2015年，临汾民革贯彻落实《民革山西省委转发〈民革中央宣传部关于继续组织好“观故居，走多党合作之路”活动的通知〉的通知》精神，推进坚持和发展中国特色社会主义学习实践活动，5月26日，在主委谢碧玲的带领下到文昌宋庆龄祖居参观学习。加深对宋氏特别是宋庆龄生平的了解，增强作为民革党员的自豪感和荣誉感。参观红色娘子军纪念园，在纪念馆再现娘子军当年艰苦的生活，战斗的光辉历史，展现那个特殊历史年代一群女性为争取解放而流血牺牲的动人故事。临汾民革各基层组织开展观故居活动。民革襄汾总支组织民革党员赴渭南临渭区参观屈武故居，了解屈武同志的生平，与渭南市临渭区民革班子成员相互交流。

【纪念抗战胜利70周年系列活动】 2015年是抗战胜利70周年。民革临汾市委举办抗战胜利70周年纪念活动，牢记抗战历史，谨记抗战精神，坚定中国共产党的领导，高举中国特色社会主义伟大旗帜，继承和发扬中山先生爱国、革命、不断进步的精神，为实现“中国梦”做出更大的贡献。收集史料，记录历史。随着时光流逝，存世的抗战老兵越来越少，为了保留珍贵的历史资料，民革临汾市委会以尧都区委为依托开展史料收集和采访工作，全区民革党员踊跃投稿，主委谢碧玲撰写序言，编撰出版临汾民革党员中的抗战老兵抗战历史的《平阳抗战史料选辑》，举办首发仪式，向民革中央、民革山西省委、民革临汾市委及各民革县市支部、政府各相关部门及社会各界人士赠送《平阳抗战史料选辑》。向9家民革党史教育基地（河北保定军校纪念馆、上海金山朱学范故居、江苏无锡王昆仑故居、广西梧州李济深故居、广东广州廖仲恺何香凝纪念馆、安徽六安朱蕴山纪念馆、甘肃兰州邓家花园、甘肃天水邓宝珊将军纪念馆、河南洛阳张钫故居）捐赠《平阳抗战史料选辑》。民革襄汾总支举办“抗日民族统一战线图片展”进社区、学校、机关巡展活动，在中山书画院举办书画作品展览及座谈会；曲沃支部举办纪念中国人民抗日战争胜利70周年图片展进校园活动，在十余所农村小学进行巡回展出，曲沃支部原主委祁立义对图片给学生们作讲解；侯马支部在八一建军节之际举办纪念抗战胜利70周年暨庆祝建军88周年的文艺汇演，为驻侯马部队官兵送去文艺演出。深化和加大博爱牵手活动力度，开展抢救性收集民革前辈史料工作，关怀慰问全市民革党员中的黄埔老人、抗战老兵。2月6日，陪同民革省委会领导一行去曲沃看望慰问94岁的黄埔老人杨基庆先生。

【协商监督】 2015年，民革市委紧贴中心开展调查研究。市委会同其他民主党派调研临汾市医疗资源配置状况，在市政协三届五次会议上提交《关于进一步优化我市医疗资源配置扩建临汾市第四人民医院的建议》，此建议得到市政府高度重视，得到办理，临汾市第四人民医院筹备搬迁至原市人民医院旧址，最大程度优化配置全市医疗资源。

【建言献策】 2015年，民革市委参政议政大有作为。主委谢碧玲向全国政协十二届三次会议提交《关于加快电源点项目审批进度的建议》等三篇提案；副主委符庆辉在三届二十六常委会上作《乡村旅游在我市文化旅游产业中不可或缺》的发言。在市政协三届四次大会上，市委会提交10件集体提案，3件被列为市政协重要提案，得到相关部门办理。市委会全年报送社情民意110余条，市政协录用社情民意20条，其中张亚芳反应的《加快第三产业旅游业的发展》被市委常委、宣传部长黄翠莲批示；祁立义反映的《关于尽快落实解决原公社电影放映人员待遇问题的建议》被副市长李东洪批示。市直支部的王明元撰写的《关于切实推动分级诊疗工作的建议》被市长岳普煜批示。他本人被聘请为“山西省医改专家咨询委员会专家”和“太原市深化医药卫生体制改革专家”。

【社会服务】 2015年，民革市委深化“博爱·牵手”活动。向“让爱飞起来”公益联盟——红丝带学校捐物1900件，向病、残、弱、困等群体实施生活物资资助；做好市委会扶贫点浮山县北韩乡大户垣村的扶贫工作；利用党员中律师、法官较多的优势，开展具有民革特色的法律援助工作，山西民革法律服务中心临汾工作站举行授牌仪式，工作站设在市委会机关。推动基层支部建设活动与“博爱·牵手”活动相结合，各基层组织开展帮扶活动。襄汾中山书画院的书法爱好者到卧龙社区为群众义务书写春联活动；梁三捷参与到襄汾县建设美丽宜居城区的活动中，为当地的滨河公园、襄汾中心广场、东岭森林公园、锣鼓广场文化壁画的规划设计美化做工作；王建敏钻研医疗技术，到地处偏远的汾城镇北贾岗村义诊，多次参加到农村的各种送医活动。尧都区委开展法律宣传、法律援助活动，为群众提供咨询服务，每月在电台《法制宣传》栏目宣传法律知识，为台资企业提供法律服务；焦国栋被聘请为区对台办的法律顾问，为尧都区的台胞和台资企业提供法律帮助。

民革临汾市委社情民意信息工作培训会

【祖统工作】 2015年，民革市委同山西省台联沟通交流，接待以“龙脉相传·青春中华”为主题的2015年台胞青年千人夏令营山西分营、第十八届台湾教师“山西古文化之旅”“台湾地区政治受难人士互助会”访问团、台湾原住民长老头目参访团、“中国统一联盟高雄分会”参访团。

2015年9月20日至26日，主委谢碧玲随同2015年全国台联会长团一行赴台交流，走进台湾少数民族部落，与少数民族头目、长老、理事长、乡长、议员等交流、座谈，了解台湾少数民族乡亲生产生活经营情况及问题和困境，探讨如何进一步开展两岸少数民族交流和推动台湾少数民族经济文化发展。11月25日，民革山西省委联络部部长王明德、副部长郝慧一行来到襄汾中山书画院，开展给台湾同胞写春联活动，百余幅春联由民革山西省委，统一寄往台湾山西同乡会，送往台南基层同胞家中。

(吴丽丽)

中国民主同盟临汾市委员会

【概述】 2015年，民盟临汾市委在民盟山西省委和中共临汾市委的领导下，在中共临汾市委统战部指导帮助下，围绕中共临汾市委、市政府的中心工作，坚持中国特色社会主义政治发展道路，继承和发扬民盟的优良传统，发挥界别特色，团结和带领广大盟员，履行参政议政、民主监督和中国共产党领导的政治协商职能，开展社会服务。

【政治理论学习】 2015年，民盟临汾市委坚持中国共产党的领导，带领全体盟员加强自身建设，组织盟员学习中共十八大、十八届三中、四中、五中全会、中央统战工作会议、中央统战工作条例以及习近平总书记系列重要讲话。参加盟中央、盟省委、市委统战部组织的学习交流活动，机关干部和部分盟员参加盟中央组织干部培训班、盟省委参政议政专题培训班、盟省委通讯员培训班、市委统战部党外中青年干部培训班学习；民盟尧都区委、侯马市委、襄汾总支等基层组织，召开“传达学习中央统战工作会议精神暨《中央统战工作条例》座谈会”和“学习贯彻中共十八届五中全会精神座谈会”。

【对外宣传】 2015年，民盟临汾市委强化“大宣传”理念，通过机关刊物《临汾盟讯》《民意撷萃》《简报》和报刊、网络等手段宣传盟组织活动和先进盟员事迹等，扩大民盟临汾市委的社会影响力，提高组织的凝聚力。盟市委编发《临汾盟讯》5期、《民意撷萃》12期、《简报》51期，有30余篇(件)稿件在各种不同层次媒体刊登，其中《贾贵香剪纸艺术展》《民盟美术院成立》等被《山西盟讯》《山西日报》《临汾日报》、人民网、黄河新闻网等媒体报道。丰富《盟讯》的内容和形式，提高可读性，在一年4期的基础上，就“民盟临汾市委美术院成立”和“纪念抗日战争胜利70周年美术展”增发专刊1期。

【民盟临汾市委美术院】 2015年9月1日，民盟临汾市委美术院成立。民盟临汾市委美术院首批40余位成员全部由国家、省级、市级协会会员组成，举办“纪念抗日战争胜利暨世界反法西斯战争胜利70周年美术展”，100余幅作品中，盟员们描绘山川河流，表达对祖国土地的无限崇敬；刻画花草树木，表达对祖国一草一木的深刻热爱；恢宏、飘逸的墨宝，表达“铭记历史、珍爱和平”的意志。

民盟临汾市委美术院成立暨纪念抗战胜利70周年开展书画展活动

【建言献策】 2015年，民盟临汾市委在政协第三届临汾市委委员会第五次会议召开前期，组织提案准备工作，收回提案50余件，以集体提案的形式向市政协三届五次会议提交集体提案10件。王纯林关于《适应教育“新常态”，立德树人是根本》、刘淑娟关于《加大污水处理设施建设，创建我市良好的水资源环境》、王燕莉关于《应高度重视我市农村合作医疗严重“缺医少药”问题》在大会上作发言。市政协确定5件主席督办提案，其中3件为盟市委提交，分别是盟员宋高社主笔的《拓展“汾河经济带”开发外延，构筑“滨水经济”开发大格局》，王建民主笔的党派联合提案《关于进一步优化我市医疗资源配置，扩建临汾市第四人民医院的建议》，孙凡舒主笔的《关于缓解我市幼儿“入园难”“入园贵”的几个建议》，分别由市政协主席乔成家和政协副主席、民盟市委主委杨益民负责督办落实。《关于进一步优化我市医疗资源配置，扩建临汾市第四人民医院的建议》的联合提案，得到落实。

在盟省委征集2016年集体提案和省政协十一届四次会议大会发言材料的工作中，盟市委上交集体提案和发言材料9篇，被盟省委采用6篇，分别是李开明主笔的《我省义务教育阶段师资配备存在的问题》；姜秀丽主笔的《关于规范快递服务业发展的对策和建议》；董文达主笔的《关于改善我省非遗困境的建议》；杨建军主笔的《关于贫困地区发展现代农业的建议》《关于新常态下山西中小型煤炭企业发展建议》；孙凡舒主笔的《关于缓解幼儿“入园难”“入园贵”的几个建议》。

【反映社情民意】 2015年，在市政协组织的“百名委员下基层”活动中，民盟有8名盟员参加此次活动。市政协确定的关于义务教育均衡发展专题调研中，民盟盟员撰写调研报告，在市政协汇编的关于义务教育均衡发展的28篇文集中，民盟盟员5篇调研报告，在市政协第二十八次常委会上就此专题所作的发言中，确定5人发言，民盟有2人发言。11月，与盟省委联合组成调研小组，深入尧都区、汾西县等地，对全市养老保障现状存在的问题及政策、建议进行专题调研活动，配合盟省委汇总整理调研中大家的意见、建议，形成高质量的提案。

【创新社会服务方式】 2015年，民盟临汾市委号召盟员立足本职，发挥优势，创新服务形式。盟员贾根生和贾贵香，举办艺术展，宣扬社会正能量，将摄影和剪纸展义卖所得资金5万余元全部捐献给临汾市环卫工人和山区小学儿童，捐赠的2600册图书为蒲县古县乡小学成立爱心图书馆。盟市委把定向帮扶作为新的社会服务工作重点，由盟市委牵头，依托市直属机关支部，支部主委史炜多次组织盟员到汾西县对竹镇潺峪村贫困户王秀光一家，进行“一对一”帮扶，为其捐款捐物，与当地幼儿园园长沟通，免去孩子上幼儿园的学费。

【增强服务时效】 盟市委把“送医送教”活动作

为社会服务工作的重点，坚持开展10余年，帮扶群众超过8000余人次，累计投入超过20余万元。2015年，民盟临汾市委组织基层支部盟员和教育专家、爱心人士等到汾西县永安镇后加楼村、汾西一中、加楼希望小学和地处偏远、信息相对闭塞的一平垣学校开展“送教进课堂”活动；由盟市委牵头，在杨益民主委带领下，医支部主委雷瑞莉带领支部杜灵芝、王建民等盟员到汾西县僧念镇养老院开展健康体检、诊疗义诊活动。各级盟组织“送医送教”活动的开展，为农村基础教育事业和医疗卫生事业做出贡献。

【基层服务】 2015年，民盟临汾市委指导和帮助基层开展社会服务。民盟尧都区委，组织盟员奔赴土门、县底、贾得、乔李、一平垣等学校，进行“百名优秀教师支教工程”定期支教活动，举办“主题阅读校园行”活动和“12·4”普法宣传活动，同临汾市辅仁教育书店向五一路学校捐赠700多册价值10000余元的中小学优秀课外阅读书籍；民盟侯马市委，由盟员郭可心通过借助互联网创建侯马市国学堂公益文化平台，以“传承文化，服务社会”为宗旨，发挥民盟自身的人才优势，举办各种讲座活动50多场，内容涵盖国学，书法，中医养生等，参与人数5000余人次；民盟襄汾总支在主委邱小林的带领下，深入襄汾县赵康镇、襄陵镇、邓庄镇、西贾乡、景毛乡等乡镇，走访慰问健在的参加过抗日战争的抗战老兵，给他们拍照留念；民盟汾西支部开展义诊活动，活动接待就诊咨询群众300多人次，开具处方200多张，为他们提出相应的诊疗服务，对乡镇医务人员进行老年人健康管理培训和高血压的防治知识讲座，提高基层卫生工作者的诊疗水平；民盟临汾市直属工程支部在临汾市开发区双语学校举办“父母规”专题公益讲座，特邀请盟员魏新生老师为该校近百名教师、家长授课；民盟临汾市直属职业技术学院支部组织“青春期教育”活动，联系八方国学堂捐赠2000册《青春导航》及相关版面，为学生如何建立正确的人生观、价值观提供帮助；民盟临汾市直属法律支部在许江副主委的带领下，前往刘村一中进行普法宣传，为广大师生义务宣讲法律知识，把法律送进校园，开启送法进校的新篇章。

【建功立业】 2015年，民盟临汾市委盟员获各级组织表彰50余人次，其中，市直属三中支部王纯林主委获山西省人民政府授予的“省学术技术带头人”荣誉称号；法律支部许江副主委获中国法学会授予的“优秀刑事辩护律师”称号；尧都区委盟员王津获中国中小学教育学会组织第九届中小学论文“教学组织”奖；朱丽丽获山西省教育厅授予“山西省教学能手奖”；侯马市委盟员韩文莉老师获中国中学生健美操锦标赛优秀裁判，并同她的队友获全国健美操联赛竞技第一名；襄汾总支盟员王贵芳获山西省人民政府授予“民族团结进步模范个人”奖；米文俊获山西省高级人民法院授予“2015年度全省法院财务统计工作先进个人”；汾西支部盟员王会平获公安部、全国妇联联合举办的首届“好警嫂”推选宣传活授予的全国“好警嫂”荣誉称号，受到中共中央政治局委员政法委书记孟建柱、全国人大常委会副委员长全国妇联主席沈跃跃、国务委员公安部长郭声琨等中央领导接见。

老盟员李开明老师，十多年来一直坚持《临汾盟讯》的编辑工作，受到民盟山西省委、民盟中央的高度赞扬；老盟员邱文选，96岁高龄坚持写作研究，做先进文化的传播者，仅2015年就向襄汾县教育局捐赠图书200余册；老盟员董文达致力于中华“非物质文化遗产”的宣传和研究，在各级媒体发表“非遗”相关文章50余篇，被媒体称为“非遗老人”。在山西省国防教育委员会举办的“纪念中国人民抗日战争暨世界反法西斯战争胜利70周年知识竞赛”中，被评为一等奖。

(王燕莉)

中国民主建国会临汾市委员会

【概述】 2015年，民建临汾市委会在民建山西省委、中共临汾市委的正确领导下，在中共临汾市委统战部的指导和帮助下，以中国特色社会主义理论体系为指导，学习中共十八届四中、五中全会及习近平总书记系列重要讲话精神，学习会章、会史，学习中央统战工作会议精神，开展社会主义学习实践活动，围绕地方经济社会发展的重大课题，建言献策、履行职能，发挥参政党应有的作用。

【自身建设】 2015年，民建临汾市委会组织学习习近平总书记系列重要讲话精神，开展社会主义学习实践活动，以建设理论上清醒、政治上坚定、组织上巩固、制度上健全、充满活力的参政党为目标，团结带领广大会员开展工作。市委加强学习型组织建设，组织会员开展科学发展观、三严三实、中央统战工作会议精神等方面的学习培训。开展一系列主题教育活动，市委会及各基层组织举办新会员和参政议政培训活动8次。5月7日，机关工作人员赴临汾八方国学堂教育基地参观学习，秘书长刘超英带领机关工作人员查看、学习相关资料，观看国学宣传短片，聆听“家和万事兴”为主题的专题讲座；6月10日，市直“民建讲堂”邀请台湾学者王一德老师为广大会员及会友讲解国学。

庆祝民建成立70周年

【参政议政】 2015年，民建临汾市委会终坚持围绕市委、市政府的工作中心，建言献策，参政议政。搞好调研，提高参政质量。民建临汾市委会就“非公经济转型发展”及“民主党派组织发展问题研究”“新型农村合作医疗”“义务教育发展”等课题进行调研，实地走访会员企业，召开座谈会，向市政协提交多篇调研报告。向政协提交大会发言5篇、提案46篇。会员中的人大代表栾兆俊心系民生，提出高质量的议案和社情民意，其先进事迹《一举一动系民生 助民为民解民忧——记山西省临汾市人大代表栾兆俊》被《人民代表报》刊登报道，获得民建中央办公厅颁发的荣誉证书。

【社会服务】 2015年，民建临汾市委会确立“围绕中心、服务大局，立足本职、奉献社会”的工作思路，开展以扶贫工作为主的多形式、多渠道的思源·社会服务活动。扶贫工作的重点放在关注“三农”、服务农村，帮贫济困上。民建会员企业、企业家、广大会员捐款捐物折合人民币100余万元。将社会服务活动融入到日常工作生活中，结合主题实践活动，开展服务活动。组织学雷锋活动、为幼儿赠送《三字经》《弟子规》传统文化书籍活动、参加“大美临汾”美化公园等等形式多样的活动。会员李霞热心教育甘于奉献，服务社会，弘扬中华传统文化，她的事迹被《山西妇女报》刊登报道。

附：

·获奖情况·

2015年，在民建省委庆祝民建成立70周年大会上，民建侯马市委会、洪洞总支二支部等14个组织获得省“先进集体”荣誉称号；董永记、史丽琴、高炎、成三强等22人获得省优秀会员荣誉称号。

（成三强）

中国民主促进会临汾市委员会

【概述】 民进临汾市委成立于2002年3月18日。下辖3个地方委员会、6个直属支部、15个基层支部，会员513人，其中省人大代表2人，省政协委员1人。

【思想建设】 2015年，会市委以活动为载体，做到思想建设、政治学习及履职实践三结合，坚定广大会员坚持走中国特色社会主义道路的理想信念。以学习实践活动为主线，提升会员政治理论水平。会市委把开展坚持和发展中国特色社会主义学习实践活动作为贯穿各项工作的一条主线，以会代训、专题研讨、培训辅导，围绕习近平总书记系列重要讲话精神和中央统战工作会议精神，组织班子成员和骨干会员对党的统战政策、多党合作理论进行学习。

【传统教育】 2015年是民进成立70周年，会市委结合实际开展系列庆祝活动。开展征文活动，各地方组织和支部积极参与，征集纪念文章38篇，整理出版《与民进结缘》，其中4篇被民进中央选用。举办书画摄影艺术作品展，展出45幅书画作品、33件摄影作品、17件泥塑、陶艺、根雕作品，共计95件。开展趣味体育活动，各地方组织和市直支部推选出37名会员参加会市委组织的决赛，羽毛球、跳绳等4个项目产生一等奖6名、二等奖8名。组织会员观看影片《建国大业》。发动会员参与会省委和市委统战部举办的“纪念抗日战争胜利70周年”“我身边的先进”等主题的征文活动。

【新闻宣传】 2015年，会市委编发《临汾民进快讯》33期，出版会刊《临汾民进之声》两期，宣传弘扬会员在双岗建功、奉献爱心、参政议政、社会服务等方面涌现出来的典型经验和先进事例。中国文明网、山西民进网和《山西民进》《临汾日报》及临汾电视台分别对会市委的10余次重大活动给予报道。

【自身建设】 2015年，会市委立足实际，自身建设工作迈上新台阶。队伍建设规范有序。完善业绩档案管理。对骨干会员参政议政、社会服务及本职工作获奖等情况进行收录，为后备干部选拔做好信息储备。进行会章会史培训。邀请老领导方熔为会员讲会史、谈修养，凝聚会员共识。组织学习交流活动。选派会员15人次参加民进中央、会省委和省市统战部组织的各类研讨班培训班，组织班子成员和机关人员赴大同兄弟民进学习取经。健全完善工作机构。调整原有4个工作委员会的组成人员，增设参政议政工作委员会，成立机关工会和民进临汾开明画院。召开基层支部工作座谈会。市直和各地方组织的23名支部主委交流经验，畅谈体会，促进工作提升。召开“我为民进添光彩”事迹报告会。14名会员代表支部或个人做典型事迹报告。发展新会员。25名同志的加入为组织增添新鲜血液，截至2015年底，全市会员总数513人。

【双岗建功】 2015年，广大会员立足本职，双岗建功，获得各级各类表彰100余人(次)。侯马一中支部被民进中央评为“民进全国先进集体”，方熔撰写的论文《中国特色社会主义参政党的时代使命》代表山西民进参加民进中央组织的理论研讨会并被评为优秀论文，马跟云获“民进全国先进个人”称号，孔明珍获“中国‘辽源’国际琵琶大赛优秀辅导教师奖”，崔坚撰写的论文《浅谈新课程标准下美术教育的功能价值》在全国教师优秀论文评选中获一等奖，翟振宇获“2015年全国微课大赛一等奖”，牛晓英获“第十七届语文报杯全国中学生作文大赛特等指导奖”，史彩虹和聂丽琴获“全国中学英语辅导教师”，杜文平获“中国音乐家协会山西考级优秀辅导教师奖”，高海波在“夏青杯”全国朗诵比赛中被评为晋南赛区优秀评委，王金珍撰写的提案《建议尽快出台土地出让金标准》被评为“民进省委2014年度参政议政成果一等奖”，褚小平被省下乡办评为“2014年度定点扶贫和包村增收先进个人”。

【建言献策】 2015年两会上，会市委向市政协提交团体提案16件，其中王金珍撰写的《关于乡(村)卫生院(室)严重缺药的问题及建议》和《关于理顺我市景区管理体制的建议》，马跟云撰写的《让煤炭在新常态下发热发光》的建议，朱亚慧撰写的《关于严格医疗垃圾回收处理工作的建议》，侯马市委提交的《小微企业优惠政策落实难应引起重视》的建议被列为重点提案；提交大会发言10篇，其中《关于加强推进我市旅游产业发展的几点建议》在政协全会上做口头发言。民进界别的18名代表委员提交个人建议20余件，围绕城市建设、环境治理、教育发展等热点问题提出许多好的意见建议。全年会市委组织会员反映社情民意信息70条。

【调查研究】 2015年，会市委组织委员参加市政协组织的“百名委员下基层”活动，结合政协确定的旅游产业转型、畜牧业发展、义务教育均衡化等常委会议题，组织会员开展调查研究，撰写报送《建议将管理创新作为加快推进我市旅游产业转型升级的重要抓手》《我市畜牧业存在问题及对策建议》等5篇调研报告供有关部门决策参考。在定点帮扶的乡宁县东庄村就饮水解困工程开展情况，核桃园管理情况以及养殖项目推进情况进行督查调研。

会市委举办“春联万家”惠民活动

【社会服务方面】 2015年，会市委组织开展“书香彩虹”公益活动，为贵州贫困山区募集到图书3018册，价值38250元。在新立学校举办“人人学雷锋，送书到校园”活动，为学生每人赠送传统文化读物《弟子规》1册。组织书法界会员开展“送春联进乡村”活动，为尧都区贺家庄乡的村民送去1400余幅对联。由文化艺术工作委员会和文艺支部承办，在吉县中垛乡中垛村举办以“铭记历史珍爱和平”为主题的纪念中国人民抗日战争胜利70周年慰问演出。由教育工作委员会承办，在尧都区县底联校进行中考考前辅导。由经济科技工作委员会承办，在吉县中垛乡举办“山洪灾害防治非工程措施预警”培训活动。

附：

·获奖情况·

被民进中央评为“民进全国社会服务工作先进集体”，获民进山西省委“2014年度参政议政成果二等奖”

（徐文明）

中国九三学社临汾市委员会

【概述】 九三学社临汾市委员会于2002年3月24日成立，下辖8个市直支社和5个专门工作委员会。截至2015年底，全市共有社员201人。

【思想建设】 2015年，九三学社临汾市委把学习贯彻中共十八大、十八届三中、四中、五中全会精神和习近平系列重要讲话精神作为一项重大政治任务，与深入开展树立和践行社会主义核心价值体系活动有机结合起来，结合“坚持和发展中国特色社会主义学习实践活动”和建社70周年纪念活动，邀请省政协常委、社省委专职副主委张培富，社省委社会服务部部长张红英，市委统战部副部长成洪亮等与社员座谈交流，弘扬九三精神；举办纪念九三学社创建70周年书画展和征文活动，收集征文24篇并编印成册。

【作风建设】 2015年，九三学社临汾市委以被社中央列为第一批机关能力建设试点单位为契机，组织机关干部前往九三学社发源地重庆市学习考察，前往临汾市八方国学堂参观学习；举办“唱响正气歌”活动，邀请临汾市文明委特约讲师高立同等作专题辅导；向广大社员发放“四德”倡议书，组织社员前往侯马彭真故居学习参观，开展爱国主义教育；开展“全民阅读，书香机关”主题读书活动，联合各民主党派机关举办羽毛球友谊赛，在办公楼设立社会主义核心价值观系列提示牌；开展文明餐桌行动，建立九三学社临汾市委微信群，对社员档案进行整理规范，设立社市委荣誉墙，夯实机关建设的工作基础。

【社务工作】 2015年，九三学社临汾市委参加社中央、社省委、市委统战部组织的学习交流活动，机关干部和部分社员参加社省委参政议政专题培训班、市委统战部党外中青年干部培训班学习。在社中央举办的九三学社创建70周年征文活动中，副主委赵素丽撰写的《九三带给我的》荣获社中央征文三等奖。在社省委关于开展“走中国特色社会主义道路，净化政治生态，促进富民强省”主题征文活动中，副主委赵强的论文《以科学态度做好参政议政工作》被社中央收录。在社中央庆祝九三学社创建七十周年活动中，社尧都区委被评为全国优秀基层组织，社市委主委梁清燕被评为优秀社员，副主委赵强被评为优秀社务工作者，受到社中央表彰。

【参与政治协商】 2015年，九三学社临汾市委参与各级组织的调研、视察、研讨活动，向省、市级政协提交议政发言7篇（其中党派团体4篇，个人3篇），提案28件（其中党派团体12件，个人16件）。社员的议政发言、政协提案选题准、调研实、建议得到各级领导和有关单位的重视。其中，咸保健个人提案《解决新农合医生急缺的几点建议》，赵强个人提案《关于成立临汾市特殊教育中等专业学校的建议》《关于加快民营经济发展的建议》由社省委提交省政协全会；社市委团体提案《对我市医保机构实施有效监管的建议》《完善推进城市社区卫生服务发展相关政策的建议》被市政协列为重点提案；褚春虎个人提案《关于完善我市医学毕业生岗前培训的建议》，张重辉个人提案《关于建立城区公共自行车服务系统的建议》被市政协列为重点提案。社市委先后获评社中央议政成果二等奖、社省委议政成果三等奖。

【反映社情民意】 2015年，九三学社临汾市委17篇社情民意被市政协综合采用，55篇社情民意被社省委单篇采用。薛俊苗《完善基层政府购买服务配套政策的建议》被社中央采用，赵强《应尽快建立晋陕豫黄河金三角区域合作组织机制》被省政协单篇采用，得到常务副省长高建民批示。

【开展专题调研】 2015 年，九三学社临汾市委组织社员参与各级组织的调研、视察、研讨活动，开展文化旅游产业、农村环境卫生整治、农业产业发展等专项调研，向社省委递交《关于山西文化旅游深度融合的调研报告》，向市政协递交《我市义务教育均衡师资力量情况调研报告》《临汾市农村生活污水防治调研报告》《临汾市农村环境连片整治调研报告》《临汾市畜牧业发展调研报告》《加快我市旅游业发展的调研报告》等 6 篇调研报告。

【组织实施“九临合作”】 2015 年，九三学社临汾市委拓宽“九临合作”本地化阵营，在做好“送科技”“送文化”“送健康”“送温暖”系列服务工作的基础上，实施“科技富民”工程，推动社省委与临汾市政府合作，争取市政府支持，筹划建立九三学社临汾市博士工作站；与临汾市老年大学合作，实施“健康惠民”工程，举办医疗知识讲座，普及健康知识；实施“法律教育”工程，组织社市委专业法律人士，开展“法律知识进校园”活动。

2015 年 4 月 16 日，社市委前往翼城县浇底乡浇底村扶贫对接

（赵　强）

临汾市工商业联合会

【概述】 2015 年，临汾市工商联服务“六大发展”，促进“两个健康”，凝聚全市非公有制经济人士的智慧和力量，团结带领他们推动发展、促进和谐、维护稳定，把握“三性”特征，打造“四大平台”，发挥“五项作用”，开展思想政治建设、商会组织建设、对外经贸交流、招商引资融资、企业素质提升、优化发展环境、维护合法权益等工作，引领广大非公经济人士认识新常态、应对新常态、服务新常态，促进“两个健康”新成效。

【学习培训】 2015 年，临汾市工商联引导非公经济人士紧跟形势健康发展。学习贯彻党的十八大、十八届三中、四中、五中全会精神和习近平总书记系列重要讲话精神以及省委、市委决策部署，帮助非公经济人士学习领会重要会议精神、大政方针政策、领导指示精神以及山西省临汾市贯彻落实中央精神的重大决策部署。组织举办学习贯彻十八届五中全会精神推进民营经济发展报告会。邀请全省民营经济发展推进大会精神宣讲团成员、省工商联副主席梁荣，就全省民营经济发展推进大会精神和省委、省政府《关于加快民营经济发展的意见》作宣讲报告。全国人大代表、省工商联副主席、亚宝集团股份有限公司党委书记、董事长任武贤作题为“加大科技创新与资本运营力度，促进企业持续健康发展”的报告。组织各县（市、区）分管经济工作的负责人、工商联主要负责人、规模以上民营企业家及市直商会负责人 200 余人参加。

【提高非公经济人士自身素质】 2015 年，临汾市工商联组织系列专题培训活动，贯彻落实省委突出发展民营经济、重塑民营企业家队伍形象的部署要求，参与推动工商联系统全面开展民营企业社会责任报告工作，打造山西民营企业社会责任工作品牌活动，组织各县（市、区）工商联负责人及会员企业 36 人参加全省工商联系统企业社会责任培训班，组织民营企业撰写企业社会责任报告。组织部分民营企业和市直商会组织负责人参加全国工商联和人社部组织的“示范非公有制企业劳动争议预防调节培训班”，帮助引导民营企业提升自主解决争议的能力和商会参加劳动争议预防调节的水平。组织临汾市 20 余名民营企业家参加省联组织的现代企业制度和“减负 60 条”政策解读培训会，帮助企业了解最新政策动态，把握政策精髓，用足用活用好政策。组织临汾市 20 余名青年企业家参加省联组织的赴苏州培训学习，就非公有制企业发展的经济形势、产业政策、金融服务、科技创新等方面内容进行培训，引导他们推动民营经济实现“九大突破”，加快转型发展，形成“大众创业、万众创新”的新局面做贡献。

【县域电子商务及农村电子商务产业】 2015年，临汾市工商联联合市商务局、扶贫局在侯马市“马上购”电商基地召开临汾市商会组织“电商进万户”侯马模式推广会，在霍州市召开电子商务培训会，组织20余家市直商会和专业商会的部分会员企业及电商企业负责人600余人参加互联网电子商务培训。2015年，全市各级工商联、商会组织举办非公经济培训50余次，培训人数7000余人，印发学习资料万余份。

【非公经济人士践行社会主义核心价值观主题教育实践】 2015年，临汾市工商联引导商会组织发扬“致富思源、富而思进”的光彩事业精神，践行社会主义核心价值观，履行社会责任。在春节前夕组织开展“送温暖、献爱心，践行社会主义核心价值观”活动。市直商会组织和会员企业响应号召，深入农村、社区、特教学校、敬老院等地，走访慰问困难户、空巢老人、残疾人、孤寡老人、失地农民、困难劳模、复员伤残军人、因病因灾返贫家庭以及环卫工人等特殊群体，宣传党的政策，帮助解决困难，传递社会温暖。组织14家异地、行业商会及会员企业为困难群众和弱势群体送去米、面、油、服装等生活用品，电脑、书籍、文具等学习用品以及慰问金。各县(市、区)组织开展爱心活动，探索建立非公经济人士履行社会责任的长效机制。尧都区非公经济人士成立公益组织，开展捐资助学、重病患者帮扶、弱势群体资助、义工服务等爱心活动。隰县、霍州、曲沃等县(市、区)非公经济人士实施资助贫困大学生计划，捐资700余万元。乡宁、侯马等县市工商联开展“情系学子，高考爱心助力服务”等活动。

【非公经济人士参与支持“百里汾河新型经济带建设”活动】 2015年，临汾市工商联召开座谈会、发放意见表，征求非公经济人士对百里汾河新型经济带建设的意见建议，引导民营企业为百里汾河新型经济带建设出谋划策、献计出力，开展思想大解放、改革共识大讨论。组织非公经济人士围绕百里汾河新型经济带建设，深入尧都区、侯马市、侯马经济开发区开展项目推介活动。深入城市规划展览馆、城东新区等重点项目基地，考察了解“百里汾河新型经济带”招商项目，优惠政策，投资环境。

【非公企业党建工作】 2015年，临汾市工商联发挥党组织在企业发展中的思想政治引领作用，发挥工商联作为非公经济党委领导组成员单位的作用，以工商联副主席、总商会副会长、执常委所在企业和直属商会组织党建为重点，指导推动非公企业开展党建工作。教育引导非公企业主要出资人支持企业党建工作，为党组织开展活动、发挥作用提供必要条件，引导党员出资人履行党员义务、发挥骨干作用等方面成效明显。注重加强基层党支部建设，开展“定查评”工作、推进“五星级”党支部建设和组织党员到社区开展“亮身份、强服务、当先锋”等活动。春节前夕，市工商联机关全体党员前往解放路办事处区府社区开展服务活动，为社区送去电脑等办公用品，向社区贫困户送去慰问金。市直商会党支部、非公企业党支部等一些基层党支部党建引领商会和企业发展。

【参政议政平台】 2015年，临汾市工商联围绕全市中心工作组织开展调查研究和建言献策活动。组织工商联机关会务干部深入基层和企业，开展调查研究，了解真实情况，研究具体问题，解决实际困难。围绕企业发展中的普遍性问题和行业发展中的趋势性问题，为促进非公有制经济发展的市场、政策、法治和社会环境的不断改善，建良言献良策。引导担任人大代表和政协委员的非公有制经济人士，参加人大、政协组织的各种活动，提交议案提案、呈送调研报告、座谈会议发言，建言献策。开展民营企业“用地难”调研、民营企业“走出去”调研、2014年度上规模民营企业调研、2014年度民营企业社会责任调研、推动新时期商会建设工作科学健康发展调研等多项调研活动。省市民营经济发展推进大会召开后，组织200余名企业家开展中小微企业观摩考察活动，深入双山新农村供热有限公司、自由人婚纱摄影基地、江南印务有限公司、常兴玻璃有限公司、博大门业有限公司、桂莆红木家具有限公司、山西纳海鸣建材有限公司等7家发展较好的中小微企业实地观摩学习。2015年，全市各级工商联组织开展上规模民营企业调研、民营企业劳动关系状况调研等各类专题调研活动80余次，提交意见、建议和有价值的调研报告300余篇。其中，《我市中小企业在新常态下的发展瓶颈及应对之策》等70余篇得到各级党委政府和有关部门的重视和采纳。

【搭建融资服务平台】 2015年，临汾市工商联帮助中小微企业破解融资难题。推进“商行助千企，百亿促转型”金融服务活动，改进和完善“银行+商会+企业”的融资服务模式，推动银企合作。2015年底，为全市中小微企业融资70亿元。贯彻落实《山西省2015年重点扶持民营企业(第一批)的通知》(晋金发〔2015〕35号)精神，解决重点民营企业融资难问题。市工商联牵头组织市人行、市政府金融办、尧都农商行赴重点民营企业调研对接，按照一企一策的原则，帮助企业制定应对措施，为山西立恒钢铁公司、山西建邦集团公司、襄汾新金山特钢公司、山西光宇半导体照明公司、山西科海集团5家企业解决意向资金7亿元。与市金融办、尧都农商银行创新推出“企业联保”“信用联保”等新型农贷产品，通过订单融资、产业链融资、农村土地产权证抵押、应收账款质押等新模式和公益性捐赠税前扣除政策，为民营开发农村项目、投资发展提供金融支持。

【搭建招商引资平台】 2015年，临汾市工商联发挥商会组织以商引商优势，助推转型发展。组织全市部分民营企业家参加第九届中博会，引导企业加强对外交流，寻求合作；与天津市河西区工商联建立友好商会，带引进天津市民营企业在临汾市投资考察、合作交流，与临汾企业经贸合作；联合市台办引进台湾澎湖绿的果蔬公司与临汾市企业合作，在技术、培训、市场、认证、统一采购等方面为果蔬产品提供国际便利，隰县玉露香果业商会、吉县果业商会、汾西县养殖业商会、永和县红枣协会、尧都区贺家庄商会分别与台湾澎湖绿的果蔬股份有限公司签订合作协议；邀请澳门山西商会考察团在临汾市考察交流，加强晋澳两地商会间的合作，以此为平台吸引澳门晋商在临汾市投资兴业；组织临汾市民营企业参与黄河金三角三省四市及新疆巴州市区域经济合作交流活动，加强民营企业参与黄河金三角区域经济合作发展的基础上，融入一带一路经济带建设，帮助民营企业走出去，抢抓发展机遇，谋求新的合作；邀请澳大利亚杰尔顿市政府代表团在临汾市就文化、旅游等新兴产业投资考察，杰尔顿市与临汾市结为友好城市，杰尔顿市商会组织与临汾市工商联结为友好商会，两地企业通过商会组织增进联系交流，推动双方在新兴行业领域的经贸往来与合作；组织临汾市民营企业参加“活力澳门推广周”——晋澳行业合作交流会，陆合集团、隰州天天饮料公司、山西戎子酒庄有限公司、山西全脑通文化传播公司，尧都农商太原支行等企业主要负责人参加交流会。

【维护权益】 2015年，临汾市工商联为民营企业保驾护航营造宽松的发展环境。落实《临汾市政法机关服务和保障非公有制经济发展的10条措施》，依托市服务和保障民营经济健康发展领导组和办公室的维权平台，帮助解决民营企业在发展中遇到的各类涉法问题以及影响和制约企业发展的难题，打造服务临汾民营经济发展的110，维护维护民营企业的合法权益。翼城工商联联合山西尧翔律师事务所、师达律师事务所成立法律维权服务中心，组织8名知名律师对全县38家中小微企业进行巡回普法，引导非公企业树立法治思维，主动尊法学法守法用法。为企业提供免费法律咨询，减免会员企业部分诉讼费用，帮助企业维护合法权益；侯马工商联与法院联合实施“巡回法庭进商会”活动，在一些企业和商户聚集区的行业商会开展巡回法庭与人民调解委员会协调对接工作，设立统一受理窗口，化解矛盾纠纷。各级工商联、商会组织举办法律培训60余次，为民营企业提供各类法律咨询和维权服务2000余人次。

【县级工商联建设】 2015年，临汾市工商联以“五好”县级工商联建设为抓手，按照“领导班子好、会员发展好、商会建设好、作用发挥好、工作保障好”的标准，采取调查研究、召开推进会议、制定下发指导意见等措施，推动县级工商联在“一个设立，五个有”的基础上，开展“五好”创建活动。曲沃、乡宁、隰县、古县、汾西5个县级工商联被省联确定为“五好”工商联。

【商会组织建设】 2015年，临汾市工商联培育和发展中国特色商会组织，推动商会建设，组建临汾市物流商会为，成立临汾市企业众联互助商会。推动基层商会组织建设，帮助和指导县级工商联延伸工作平台和触角，向乡镇(街道)商会全覆盖的目标迈进。全市建立各级商会组织211家，其中市级17家，县级194家，乡镇商会112家，全市11个县(市、区)乡镇(街道)商会全覆盖。

【优化会员队伍】 2015年，临汾市工商联依托县级工商联、商会组织，按照面向工商界、以非公有制企业和非公有制经济人士为主体、广泛性和代表性相结合的原则，加大企业会员比重。注重吸收团体会员，尧晋商学会、世界赵姓文史联研总会临汾分会等一批团体会员的相继加入，工商联的会员覆盖面扩大。2015 年底，全市工商联系统有会员 12905 人，其中团体会员 211 个，企业会员 2390 家，个人会员 10304 个。

【缔结友好商会】 2015 年 6 月 10 日，天津市河西区工商联组织部分企业家在临汾市考察，与市工商联建立友好商会，举行签字仪式。市委统战部副部长、市工商联党组书记郭天龙出席签字仪式并讲话，市工商联领导班子成员景明、曹焕成、乔冠峰参加会议。天津市河西区工商联考察组由天津市工商联光彩办主任张岚带队，天津市炬权物资公司总经理卢岳、天津三源电力公司投资经理张蓬、普洛斯（中国）管理有限公司投资经理李强和天津新科电子通讯有限公司总经理胡金良等企业家组成。市工商联组织山西海姿焦化集团、山西诺安消防、山西明珠煤业、侯马马上购电子商务等临汾本地企业负责人与考察组对接、座谈。

【临汾市企业众联互助商会成立】 2015 年 8 月 6 日，临汾市企业众联互助商会成立。市领导岳普煜市长在 2015 年《政府工作报告》中有关讲话精神，应多数中小企业的需求，临汾市中小企业融资担保有限公司经与 30 余家民营企业协商，决定成立“临汾市企业众联互助商会”，目的是为会员企业搭建一个全面的服务平台，增强会中中小企业的抗风险能力和市场竞争能力。

【临汾市物流商会成立】 2015 年 8 月 12 日下午，临汾市物流商会成立。市领导岳普煜、乔建军、原学义、杨安虎，市直相关职能部门负责人、在临汾各金融机构、市直各商会负责人和临汾市物流行业的企业家代表参加会议。临汾市重视物流业发展，围绕把临汾市打造成为中西部商贸物流集散地的目标，编制《临汾市现代商贸物流业发展规划》，打造山西国际陆港、临汾城北物流等一批现代物流园区，形成以尧都区、侯马市为重点，覆盖尧都、侯马、曲沃、襄汾、霍州、洪洞、翼城等 7 个县（市、区）的“2＋5”商贸物流圈。

临汾市物流商会是由全市物流企业及与物流产业相关的企事业单位自愿组成，实行行业服务和自律管理的非营利性社团组织。商会旨在加强与国内外同行交流合作、整合各种物流资源、集聚壮大物流需求市场，降低企业物流成本，提高物流管理水平与效益。会议选举市物流商会理事、秘书长、副会长、会长，举行物流商会揭牌仪式。

【与澳门山西商会对接洽谈】 2015 年 7 月 26 日上午，澳门山西商会考察团在临汾市考察交流。市委统战部部长、市工商联党组书记郭天龙携市工商联全体人员及部分企业家代表，会见澳门山西商会会长赵锦龙、常务副会长李肇明、副会长周港、陈炎平、彭永洪、卓重贤、王洋、何白坚一行。

群众团体

临汾市总工会

【概述】 2015年，临汾市各级工会围绕全市工作目标和省总工作部署，开展"组织建设年"和"五小"竞赛活动，维护职工合法权益促进社会和谐稳定，加强工会自身建设提高综合能力，将党委、政府和职工群众最关注的问题作为工作切入点，坚持"典型带动、考评推动、重点促动、资源联动，全面提升临汾工会工作整体水平"的工作思路和奋斗目标，各项工作取得显著成效。

【社会主义劳动竞赛活动】 2015年，临汾市总工会围绕全市提高经济发展质量和效益、适应"六大发展"的工作部署，组织全市50万余名职工开展"当好主力军，建功十二五"主题竞赛活动，组队参加全省第五届职工技能大赛，获得优异成绩。开展劳模推荐评选工作，推荐42个全国和省级先进集体、先进个人。开展"劳模宣传月"活动，开展劳模宣传和"晒劳模故事"网络评选活动，弘扬劳模精神，在全市营造出学先进、比奉献、创一流的良好氛围，为服务全市经济社会发展汇聚正能量。

【职工素质工程】 2015年，临汾市总工会发挥劳模（高技能人才）创新工作室的优势，推进"五小"竞赛活动，引导企业适应当前经济发展新常态，激发广大职工劳动热情和创造活力。竞赛活动覆盖企业291家，覆盖职工8.9万余人，其中重点示范企业91家。在全省"五小"竞赛成果评比中，全市有31个项目获奖，其中，2个项目获得一等奖，12个项目获得二等奖，17个项目获得三等奖，27项竞赛成果在全省"五小"竞赛成果展上进行展出。举办"第二届晋陕豫黄河金三角地区职工技能大赛"，临汾市职工代表获得汽修、继电保护专业两个第一名，护理、继电保护专业两个第二名，为职工学技术、比技能搭建平台，发挥工会组织和工人阶级的主力军作用。

【职工文化建设】 2015年，临汾市总工会引领职工践行社会主义核心价值观，在全市范围内开展"书香三晋·文化临汾"争当学习型职工读书活动，通过"人人读好书，经典进班组"读书学习活动、职工读书朗诵会等形式，引导广大职工多读书、读好书。筹建成立市职工书画、摄影家、语言和音乐家联谊会，开展慰问劳模和一线职工演出活动。组织开展全市职工法律知识竞赛、职工歌手大赛、书画·摄影作品展、网络评论征文、职工文化建设成果展微比赛等活动，丰富和活跃职工群众的文化生活。职工文化阵地建设成效明显，市职工体育馆项目进入实施阶段。全市自建职工书屋37个，培育全国"职工书屋"示范点2家，省级"职工书屋"示范点3家。加强通讯报道工作力度，培育通讯员队伍，加强工会网站建设，为工会工作宣传造势。

【工会组织建设】 2015年，临汾市总工会按照省总"组织建设年"的工作要求，市总强化组织领导，确立工作目标，创新工作模式，实施"工作、考评、督导"联动机制，开展"工会组建月活动"和"农民工入会集中行动"。结合临汾实际，以煤矿整合企业、民营学校、民营医院、物流快递、建筑行业等五个区域作为组建重点领域，将农民工、劳务派遣工、新入职职工确定为重点发展对象，发挥基层工会作用，采取"九依托、九推进、九提升"的方法，开展高标准建会工作。对全市19个县（市、区）、211家市直基层工会的组织建设和规范提升工作进行包联督导，利用临汾工会信息管理考核平台，结合周报制督促、实名制建会、试点经验推广等有效措施，实现新组建工会组织217个，覆盖法人单位1350个，新增会员16908人。

【工会信息化管理考核平台】 2015年，临汾市总工会结合省总"一条例五规范"和"六有"标准，市总对"五类工会规范化考评办法"进行修定完善，对平台系统进行扩容升级。严格工作程序，理清法人单位情况，摸清工会组织底数。举办全市工会信息化管理考核平台业务培训班开展专题培训，推进市、县、乡、基层工会“四级权限分级管理”，落实组织建设年的工作任务，加强工会组织的规范提升提供依据和参考。全市工会各项基础工作、重点工作、典型培育工作自动化考核，全市优秀工会组织1122个，良好工会组织1177个，合格工会组织2664个。

【维护职工劳动经济权益】 2015年，临汾市总工会落实《山西省企业工资集体协商条例》，开展“工资集体协商活动月”和“秋季要约百日攻坚”活动，全市签订工资专项集体合同7459份，覆盖企业12305家，覆盖职工58万余人，签订女职工权益保护专项集体合同1633份。健全完善“4234”职工法律维权体系，畅通“一站式”维权服务绿色通道，市总工会职工法律援助维权服务中心全年接待职工来访126起，涉及人数909人，讨回欠薪620万元。临汾市总和襄汾县总两级工会在2015年12月24日为20名湖北籍农民工成功讨要33万元欠薪的事迹，受到中央电视台、中央广播电台采访播出，在新华社、《经济日报》《光明日报》《工人日报》重要位置、《山西工人报》头版头条刊发。

【保障职工民主权利】 2015年，临汾市总工会推进厂务公开和职代会建设专项行动，深入企业工会开展民主管理工作专项课题调研，组织参与评选“山西省厂务公开民主管理示范单位”“全心全意依靠职工办企业优秀企业家”“双爱双评”等活动，开展民管干部和职工代表培训20余期，提高各级民管干部的履职能力，提升职工代表的综合能力。

【构筑群防群治安全防线】 2015年，临汾市总工会组织开展“安康杯”竞赛活动，在煤矿、非煤矿山等高危企业培育“五星级井口群众安全工作站”，完善群众安全监督三级网络，开展隐患排查工作。深入全市358家涉及粉尘企业开展“尘肺病”防治情况调研，建立职工健康档案，推进工会参与职业病防治工作。宣传《山西省女职工劳动保护条例》，推进“爱心妈咪屋”建设，培育、打造省临运、大槐树寻根祭祖园两个“妈咪小屋”典型，为特殊时期女职工提供便利条件。

【帮扶保障】 2015年，临汾市总工会深化“一帮一”结对帮扶活动，定期深入基层走访慰问，全市近万名困难职工得到帮助和救济。开展两节“送温暖”“金秋助学”活动，“送温暖”活动筹措资金1288.2万元，走访慰问困难企业38个、困难职工3.2万余人；“金秋助学”活动发放助学金194.24万元，资助困难职工子女766人，确保在档困难职工实现救助全覆盖，确保每一名困难职工子女不因困辍学。开展“大病医疗互助”活动，第八期“大病医疗互助”活动筹措资金619万余元，救助患病职工2353人次，为不幸患大病的职工搭建健康安全屏障。开展女职工“关爱行动”，为全市困难企业女职工进行免费“两癌”筛查，走访慰问单亲特困女职工850人，发放慰问金48万元。

（秦　川）

临汾市共青团市委

【概述】 2015年，临汾市各级共青团组织把握增强政治性、先进性、群众性和克服“机关化、行政化、贵族化、娱乐化”的要求，深化工作，改进作风，稳妥推进改革，全市团的各项工作和建设实现新的发展。

【共青团改革】 2015年，临汾市团委召开共青团临汾市二届五次全委（扩大）会议，举办全市县级团委班子成员主题读书班，实现县级团委班子成员全覆盖，团市委书记班子带头学习传达中央、省委、市委和团省委群团工作会议精神，指导推动各级团干部准确把握中央和省委精神，增强推进改革发展的自觉性和坚定性。开展调查研究，理清改革思路。结合省委调研组，市、县两级团组织统一开展“走进青年、转变作风、改进工作”大宣传大调研活动，听取各级党政领导、专家学者、团员青年的意见建议，形成推进改革的基本思路，坚持问题导向、青年导向、基层导向，结合临汾实际，增强“三性”、克服“四化”，打造“凝聚青年、服务大局、当好桥梁、从严治团”四维工作格局。坚持问题导向，进行专项整治。启动“四化”问题专项整治，集中抓好4个方面、15条整治举措。实施“常态化下沉基层”工作，推动团干部走出机关、走进基层青年，成为制度，形成常态。开通“青年之声·临汾”互动社交平台，探索构建密切团青联系的常态化网络格局。

【青少年理想信念教育】 2015年，临汾市团委开展“我的中国梦”主题教育实践活动。开展“我的中国梦”“奋斗的青春最美丽”系列活动，激发广大青少年围绕“中国梦”不懈奋斗的青春激情，涌现出一大批优秀青年典型。全国乡村好青年”刘帅君、山西省最受关注的新青春故事大学生村官孙涛、“临汾市十大道德楷模”建行优秀员工李红英等；坚持用新媒体影响青少年，召开新媒体电视电话会议，17个县(市、区)开通官方微博和微信平台，团市委官方网站投入使用。全市招募各行业、地区青年网络文明志愿者6400余名。春节期间，组织各级团组织在微信、微博上发起“喜气洋洋过大年”“爱我大山西”“为雷锋精神点赞”“清明祭英烈”等活动，加大新媒体引导青年力度。

【青年创新创业创优】 2015年，临汾市团委扩大服务青年就业创业，全市培训农村青年1879人，城市青年600人。开展青年见习工作，上岗见习青年619人。拓展与金融机构的合作，发放农村青年小额贷款2.1亿元，城市青年小额贷款105笔。举办“尧都农商行杯”青年创新创业大赛临汾选拔赛，向获奖选手提供50万元、30万元、20万元创业贷款和大学生创业园区提供的减免两年房租、一年物业费的商铺；开展青年文明号创建活动，争创市级青年文明号集体21家，争创省级青年文明号集体3家；开展安全生产五个一、青年安全生产示范岗评选等工作，推选5家青年安全生产示范岗争创集体上报团省委，激励引导广大青年职工强化安全生产意识；深化保护母亲河行动，开展“保护母亲河美丽中国梦——2015年度青少年植树行动”，组织中小学生、团员青年和青年志愿者1万余人，植树1万余棵。在全市11个县(市、区)建立青年林。

【维护青少年合法权益】 2015年，临汾市团委做好维护青少年合法权益工作，联合公检法司建立底数完备、事项明确的青少年基本信息管理台账，掌握服刑在教人员未成年子女面临的困难和问题。组织实施相约“12355从心开始健康成长”“阳光假日社区服务志愿你我”项目，引导各县(市、区)建立健全青少年事务社工服务体系和网络。在全市开展青少年维权岗评选、人大代表政协委员面对面、公益大讲堂、“12355”青少年心理咨询服务等工作，维护青少年合法权益。强化志愿服务工作，开展关爱农民工子女志愿服务活动，结对组织数130对。开展团员注册志愿者工作，扩大团员注册志愿者比例。开展助残阳光行动，组织青联委员开展“阳光助残”捐助晚会，向204名贫困青少年捐助318700元，帮助他们解决实际困难。组织蓝天救援青年志愿者服务队2名志愿者赴尼泊尔开展为期15天的救灾工作，展示临汾青年志愿者的良好形象，得到国际社会的认可。组织30余名志愿者在蒲县柏山寺开展清扫垃圾志愿服务活动，清理垃圾1000余公斤。组织开展“迎新春送春联”活动，向过往群众免费送春联1000余副。组织20名志愿者在火车站开展“情暖回家路”志愿服务活动1个月，服务旅客2万余人次。开展“守望家乡·青春建功”2015共青团联系服务农村青年月活动，乡村好青年分享会34场，覆盖青年人数13964人，投入资金31万余元。

【团组织建设】 2015年，临汾市各级共青团扩大团组织有效覆盖，推进全市农村专业合作组织共青团工作，全市乡(镇)农村专业合作组织总数扩大到1487个。拓展非公企业团建渠道，新增111家。加大驻外团工委建设，针对临汾青年在北上广一线城市务工较多的情况，成立驻京团工委，成立共青团临汾市委驻上海工作委员会、驻广东工作委员会，针对外出务工青年文化生活、素质提升、创业发展等需求，提供更好的服务。按照《团章》要求，规范团员发展工作，初中阶段团员比例下降到47%，高中阶段团员比例下降到71%，优化中学生发展团员工作。落实共青团对口支援新疆工作，向新疆五家渠提供2万元资金，支援当地青少年学习、就业、创业，服务各族青少年健康成长。增强基层工作活力，联系和服务普通农村青年，延长农村共青团工作手臂，向团省委推荐20名县域经济带头人入会，向团省委申报3个全国青少年农业科普示范基地。与中国邮政储蓄银行临汾市分行对接沟通，在侯马团市委、中国邮政储蓄银行侯马市分行进行交流挂职工作。加强青少年综合平台建设，新增平台45个；开展团干部教育培训工作，组织各类培训4次，培训3518人。推荐51名少先队辅导员参加全省少先队工作者和辅导员培训班；高度重视青联、学联、青企协等工作。召开临汾市青联二届二次常委(扩大)会议，扩大基层一线优秀青年加入青联委员的比例。发挥委员服务社会的作用，各界别结合实际开展“圆梦”“送温暖”“感受传统文化”等各类活动9次，服务青年100余人，价值45000余元。成立临汾市学生联合会，表达和维护广大青年学生的利益诉求，推动学校共青团工作发展。组织全市青年企业家代表与呼和浩特市青年企业家代表共赴烟台开展参观考察活动。

共青团光华爱心书屋捐赠仪式

（梁李平）

临汾市妇女联合会

【概述】 2015年，临汾市各级妇联组织服务“六大发展”，打造“平阳花”成长工程，推进各项工作，完成全年工作任务。

【落实群团工作会议精神】 2015年，临汾市妇联把思想政治建设摆在工作的首位，深入学习贯彻党的群团工作会议精神，学习习近平总书记在中央党的群团工作会议上的重要讲话精神和对妇女工作的重要指示精神。按照省妇联关于在全省妇联系统开展解决“四个化”问题专项整治活动的要求，发放征求意见表，帮扶困难家庭，抓好亮点工作，平阳花成长工程展示，开展集中调研，开展专项整治。加强同基层妇联组织和妇女干部群众的沟通交流，摒弃“四个化”问题，坚持言为妇女儿童所发，利为妇女儿童所谋，情为妇女儿童所系。

【“文明平阳花”】 2015年，临汾市妇联在全市开展“大美临汾 最美家庭”、争当巾帼建功标兵、争创巾帼文明岗、争做“最美家庭”活动。各级妇联组织坚持立足基层，以3124个村（社区）“妇女之家”为平台，举办“最美家庭”故事会、分享会、评议会1410次；征集好家风好家训2760条，晒出家庭照片6605幅，展示“最美家庭”2630户；开通活动官网8家，网民留言、互动20538人次。临汾市史安喜家庭获全国“最美家庭”，赴京领奖。《中国妇女报》分别在头版头条、二条对临汾市寻找“最美家庭”活动进行报道。举办全市县乡妇联主席岗位培训、家庭教育种子骨干、家庭教育海洋计划、妇女维权骨干、妇女创业骨干等各类培训班6期，培训妇女600余人；邀请教育专家杨益民教授在14个县（市、区）举办女性文化学堂14场，受益妇女干部5000余名。开展廉政文化进机关、进家庭活动，发放《“树廉洁家风 建文明家庭”倡议书》5000余份，签订廉洁家庭承诺书1000份，开展“创建廉洁家庭”征文活动，收到优秀征文23篇。

【服务妇女创业就业】 2015年，临汾市妇联落实妇女小额担保财政贴息贷款政策，发放妇女小额担保财政贴息贷款917笔5580万元，贴息金额304.2948万元。推动“商行情系百万妇女”活动，办理银行卡11.9万张，服务妇女53万余人次，授信流动资金4.5亿元，增加资金流量13.8亿元。动员组织妇女投身大众创业、万众创新，支持妇女在传统种、养、加创业，举办平阳花文化创意产品交易展、元宵节赏名俗、猜灯谜等活动。组织14个县（市、区）的妇女手工制品参加“一带一路”上海合作组织国家商品展、义乌世界小商品博览会、“中国巧手——澳门行”、第七届晋商年会四个展览会。达成合作意向52项，带动12634名妇女增收致富，为贫困地区的留守妇女开创出致富途径，为实现精准脱贫提供支持和帮助。

手工作品展

【家庭教育海洋计划】 2015年，临汾市妇联完善覆盖城乡的家庭教育指导服务体系，在市委党校挂牌成立临汾市家庭教育指导服务中心，每周六下午开展平阳花读书会，辐射带动成立基层站点 11 个，建立家庭教育海洋计划微信群、平阳花读书会微信群，线上线下受益家长 2 万余人，培训亲子导师 22 人，分别在 17 个县(市、区)开展家庭教育巡讲活动，130 所中小学、幼儿园，6 万名家长在海洋计划中受益。特聘的家教专家李霞老师在全国各地授课指导，荣获“三晋最美读书人”，推荐上中国好人榜。

【贫困家庭救助】 2015 年，临汾市妇联为全市 60700 名农村妇女做“两癌”免费检查，为 81 名贫困“两癌”母亲救助 66.3 万元。实施母亲健康快车、幸福家园、关爱“三留守”群体等项目，5 万余名妇女儿童受益。向 21 名女大学生、19 名贫困妇女发放 5 万元的救助金。开展“恒爱行动”，为新疆阜康地区孩子编织爱心毛衣 1200 多件。临汾市作为山西省唯一的获奖代表参加全国妇联在人民大会堂举行的“恒爱行动”实施 10 周年纪念活动。深入古县永乐乡松树坡村，开展“三个一”精准扶贫，派驻一名科级干部到村任第一书记，在市交通局的支持下，支持 30 万元修建村级公路，在市扶贫局的支持下，落地 80 万元的光伏发电项目。

【维权工作机制】 2015 年，临汾市妇联推动“一县一庭，一乡一站，一村一员，一事一议，一月一结，一季一比”的“六个一”维权工作机制建设，将矛盾和纠纷化解在基层。各级妇联组织全年“一事一议”的案件 1077 起，“一月一结”的案件 969 起；在全市开展排查和化解婚姻家庭矛盾纠纷 686 起；在全市开展妇女儿童维权优秀案例征集评选活动，向省妇联推荐 2 起优秀维权案例；在农村土地确权工作中开展妇女权益问题调查，确保妇女权益不受侵害。开展“法治临汾.巾帼在行动”征文活动，在《平阳花》杂志开设专栏，宣传学法守法用法好典型和维权好案例。开展“行动起来 向‘零’艾滋迈进”和“禁毒知识进万家”等宣传活动。选树 100 户市级“平安家庭”、26 名“平安使者”。

【服务创新发展】 2015 年，临汾市涌现出妇女先进集体 142 个，先进个人 426 名，“好警嫂”100 名，最美家庭 1614 户。适应“互联网+”的要求，制定《市妇联网络及新媒体工作改革推进方案》。全年，各类媒体千余次宣传报道临汾市妇女工作，《中国妇女报》先后以《‘她力量’+‘她风采’激荡‘乘数效应’”》《山西临汾为巾帼建功注入新内涵 寻找“最美”扎根基层》等为题 13 次报道临汾市妇女工作。在山西妇女报刊发专版 72 个，市妇联自媒体、新媒体《平阳花杂志》、微信群、平阳花微信公众平台、平阳花网站规范运行，编发《妇工简讯》80 期，推送信息 908 条。

【参与百里汾河生态经济带建设】 2015 年，临汾市妇联引领广大妇女参与百里汾河生态经济带建设，在广大家庭中开展“家庭节能行动”和“共建美丽家园行动”，推动“美在临汾——巾帼主题实践活动”，实施“三八绿色工程”，引导妇女从我做起，成立市级巾帼志愿服务协会，开发使用巾帼志愿服务信息化平台，组建各类巾帼志愿服务队 593 支，妇女参与 27768 名，为建设“美丽临汾”贡献力量。

(卫丽丽)

临汾市文学艺术联合会

【概述】 2015 年，市文联学习贯彻党的十八届三中、四中、五中全会和习近平总书记在全国文艺座谈会上的讲话精神，坚持“二为”方向、“双百”方针，围绕市委、市政府的工作中心，发挥文联组织、联络、协调和服务的职能，团结广大文艺工作者，推进文艺创作，开展文艺活动，促进艺术交流，加强文联和协会建设，为推动临汾文艺事业的繁荣发展做出贡献。

【尧文化书画摄影展】 2015 年 4 月 2 日，由省委宣传部、市委、市政府主办，市委宣传部、市文联承办，市书法家协会、市美术家协会、市摄影家协会协办的“山西·临汾帝尧古都文化旅游节书法美术摄影展”在古城公园开幕。这次艺术展览以“溯中国源头 寻华夏之根”为主题，围绕“帝尧文化”为中心，展出 255 幅作品，其中，书法 95 幅、美术 42 幅、摄影 118 幅。展期 20 余天。6 月 23 日至 29 日在山西文艺大厦举办帝尧之都中国之源书法美术摄影作品展。编辑出版《山西·临汾帝尧古都文化旅游节——书法美术摄影作品集》。

【《侯马盟书》作品展】 1965 年在山西侯马晋国遗址出土的“侯马盟书”，被评为中华人民共和国成立以来十大考古发现之一。为纪念“侯马盟书”出土50周年，由山西省文联、山西省文物局、山西省书法家协会，中共临汾市委宣传部主办；临汾市文联、临汾市文物局、中共侯马市委、侯马市人民政府、临汾市书法家协会、侯马盟书文化研究会、《中国书法》杂志社、《书法》杂志社、央视书画频道承办“纪念侯马盟书出土五十周年——全国书法作品展”。通过制定实施方案，刊登征稿启事等方式，本次展览征集作品748幅，评选出入展作品138幅，其中，一等奖3名，二等奖10名，三等奖26名。编辑出版《纪念侯马盟书出土五十周年——全国书法作品展作品集》。

1月6日至10日，由中共临汾市委宣传部、临汾市文物局、临汾市文学艺术界联合会等主办，临汾市书法家协会、中共侯马市委宣传部协办的“走进古新田，探寻晋大篆”侯马盟书体书法作品展在山西美术馆开展。展出80多幅侯马盟书体作品。编辑出版《走进古新田、探寻晋大篆——侯马盟书体书法展作品集》。

9月18日，纪念中国人民抗战暨世界反法西斯战争胜利70周年
——“吴门风华、平水流韵”美术联展(临汾展)

【与省内外文艺团体文化交流活动】 为纪念中国人民抗日战争暨世界反法西斯战争胜利70周年，2015年9月18日至22日，由临汾市文联、临汾市文化局、苏州市吴江区文联、临汾美术家协会、苏州市美术家协会联合举办，纪念中国人民抗战暨世界反法西斯战争胜利70周年——“吴门风华、平水流韵”美术联展在临汾古城公园开幕。10月21日至26日在苏州举行展览。展出国画、油画、水彩画、版画等近百幅美术作品。编辑出版《“吴门风华、平水流韵”美术联展作品集》。

(苏书佺)

科学技术协会

【科技服务】 2015年，市科协建设科普惠农服务站，提升科协系统的技术服务水平，在实践中总结出“高度重视、形成共识，精心组织、探求途径，严格考核、确保成效”的工作思路，涌现出襄汾县赵康镇三樱椒协会、浮山县张庄乡高效农业示范园区、蒲县现代农业科技示范园区等一批先进典型。省科协有关领导8次在临汾市专题调研指导。7月28日，省科协在临汾市召开“山西省科普惠农中心服务站建设试点工作现场会”。

9月24日，在山焦集团公司开展2015年知识产权巡讲(临汾站)活动。邀请中国科学技术咨询服务中心原主任、研究员级高级工程师盛小列，科技部知识产权事务中心原主任、科技部政策体改司原副司长杨林村等专家开展“企业技术创新活动中的专利信息运用”和“科技成果鉴定与知识产权的关系及重要性”讲座。来自山西焦化集团公司、山西三维集团公司、临汾经济技术开发区发展局、洪洞甘亭工业园区、市科技局、部分县(市)科协的业务管理人员和企业工程技术人员250余人参加巡讲活动。

【“金桥工程”】 2015年，由山西焦化集团有限公司科协搭桥实施的“焦炉煤气精脱硫技术研发及副产品提纯工程”“循环水系统节能技术优化与应用”金桥工程项目，实现经济效益1500余万元。由平阳重工机械有限公司科协搭桥实施的“氢氧发生器综合控制装置加液时间控制”等金桥工程项目，节约资金2000余万元。完成以工艺优化、技术创新为主要内容的“讲、比”活动项目数230余项，实现经济效益1.5亿元。全市各企业科协在“讲理想、比贡献、奋力实现中国梦”活动中提合理化建议1230余条，企业采纳合理化建议510余条，实现经济效益2600余万元。

【履行业务主管职责】 2015年，市科协进行市属学会(协会)的年审、指导、管理工作。新成立市超声影像工程学会。现有15个注册学会(协会),10个通过年检、5个待检。市护理学会承办"山西省2015年护理管理人员岗位培训临汾扶贫班"。来自山西大医院、山西省人民医院、山西医科大学第一医院、第二医院、山西省心血管病医院、山西省肿瘤医院、太钢总医院等单位的护理专家应邀到会专题培训,全市各级医疗机构的护理管理人员及骨干500余人参加培训。市心理咨询师协会在市五一路学校等地开展心灵驿站活动。市节能协会发挥协会选择节电、节油、节水、节煤类的5种节能产品,作为协会推荐产品,向市场推广,建立和发展节能技术、产品的推广应用网络。市广电协会协助广电部门提升服务质量,《正在进行》《印象曲沃》《政风行风热线》等成为全省的名牌栏目。市畜牧兽医协会2015年面向基层,开展科普宣传、科技下乡工作。市畜牧兽医学会举办"健康养殖与节能减排"现场专题讲座,100多名规模养猪专业户和200多名群众参加。

市属各学会(协会)主办、承办各种学术交流会、研讨会、论证会10余次,交流学术论文1600多篇次。开展临汾市第十七届优秀学术论文评选工作。征集报市论文61篇,报市论文在专家的评审下,获得一等奖的论文49篇,二等奖的论文8篇,三等奖的论文4篇。

【科普活动】 2015年,市科协实施基层科普行动计划。临汾市获2015年度国家级奖补项目和个人总数7个。蒲县马铃薯协会、侯马市卫农乐种植科技服务协会、古县中药材发展协会、大宁县名特优农产品协会、浮山县振东辣椒协会等获"全国优秀农村专业技术协会",各获奖补20万元,隰县午城镇桑梓村田福其获"全国科普示范带头人"称号,获奖补5万元,襄汾县城区卧龙社区获"全国科普示范社区"称号,获奖补资金20万元。在襄汾县三樱椒协会科普惠农中心服务站的基础上,从省科协争取到浮山县现代农业示范园区中心服务站建设项目资金30万元,按设计施工,年底接受验收。

市全民科学素质《纲要》领导组办公室设在市科协,协调、推动相关单位落实和完成各自承担的《全民科学素质行动计划纲要》实施工作任务,以各类科普活动为载体,组织开展"全国科普日"等科普宣传活动。组织或参与"科普日""科技周""三下乡""国际减灾日""除陋习树新风"等各种群众性科技活动30多次。发放科普资料300余万份、科普书籍15万余册、展出科普版面980余块(次)。

【科技下乡工作】 2015年3月10日,市科协组织参加在曲沃县进行的全市2015年文化、科技、卫生"三下乡"活动,展出科普版面30余块;发放各种科普资料5000余份,农科110深受农民欢迎;科普咨询和科普疑难问题解答,现场咨询100余人次、解答疑难问题50余人次;市科协向曲沃县科协捐赠价值5000元的电脑一台。

【科普宣传】 2015年5月29日上午,市科协联合地震局和气象局在市区五一路举办"防灾减灾"科普宣传。发放《居民日常安全应急指南》《地震来了怎么办!》《山西省应对气候变化办法》等科普书籍和有关资料6000余本(份)、解答疑难问题100余人次,参看科普展板的群众达9000余人次。6月2日至5日,市科协所属市科普宣传教育中心、市科技馆、市科技咨询中心分别在五一西路银河超市前、乡贤街办事处、乡贤街社区、迎春南街煤化巷广场举办"防灾减灾"科普宣传活动。活动现场展出"防灾减灾"科普版面15块,参观人数3000余人次;发放"防灾减灾"科普书箱300余本、科普资料3000余份;接受群众咨询300余人次;接受义诊群众2000余人次。在翼城、汾西、襄汾、霍州、蒲县等地举办流动科技馆活动。7月15日至8月15日,与市规划局联合以"体验科学"为主题在市规划展览馆举办为期1个月的"流动科技馆"巡展。通过声光体验、电磁探秘、运动旋律、数学魅力、健康生活、安全生活、数字生活等七大主题展区和50件小型化互动展品及科学表演、科学实验、科普影视的体验。

【社区科普工作】 2015年,市科协在市区主要社区新安装28块科普益民画廊,由市科技馆和市科普宣传教育中心定期(2月一期)更换挂图。社区科普宣传栏的设立,使得社区科普宣传活动有稳固阵地,促进广大居民讲科学、爱科学、学科学、用科学的社会风尚,引导广大居民树立科学发展理念,提升居民科学文化素质,为社区科普工作的发展奠定基础。9月23日,组织市护理学会、糖尿病防治学会、市科技馆、市科普宣传教育中心、市中心医院,在财神楼北街开展"互联网+"科普宣传活动,展出版面30块、发放科普资料1000余份,科普图书500册。

【科普示范县(市、区)创建】 2015年,市科协根据中国科协办公厅《关于开展2016——2020年度全国科普示范县(市、区)创建工作的通知》精神,蒲县、霍州市、翼城县被中国科协确定为创建县(市、区),10月20日至23日通过省科协代表中国科协的检查验收。11月底,霍州市接受中国科协的抽查,根据反馈意见,3个创建县(市、区)通过检查组验收,符合《关于开展2016——2020年度全国科普示范县(市、区)创建工作的通知》的要求。

【"建家"活动】 2015年5月6日,市科协组织市、县(市、区)科协工作人员及科技工作者代表60余人,前往太原参观"科技梦·中国梦——中国现代科学家主题展展览"。参加3场报告会。参观在太原市及山西籍院士、中国青年科技奖山西省获得者、全国优秀科技工作者(山西省)、山西省十佳中青年优秀科技工作者、山西省优秀科技工作者风采展和山西省科技馆。临汾市有1名科技人员获第6届"全国优秀科技工作者"。在第13届"讲理想、比贡献,奋力实现中国梦"评选活动中,全市3个单位被评为全省先进集体,4名科技人员被评为全省先进个人,2个单位被评为全省优秀组织单位,1名科技人员被评为全国"创新标兵",获奖金1万元,1个单位获"全国创新团队"称号。

【青少年科技活动】 2015年,市科协组织开展全市第30届青少年科技创新大赛。有10余万名中小学师生参与活动。大赛收到科幻绘画3647幅、发明作品126项、科技论文272篇、科技辅导员作品36项。评出科幻绘画一等奖182项、二等奖281项、三等奖1337项,发明作品一等奖18项、二等奖19项、三等奖28项,科技论文一等奖21项、二等奖31项、三等奖25项,科技辅导员作品一等奖6项、二等奖8项、三等奖13项。推荐选拔45幅科幻绘画、13项科技发明作品、21篇科技论文上报省青少活动中心。在山西省第30届青少年科技创新大赛活动中,临汾市选送的科技创新作品作品获得一等奖6项、二等奖13项、三等奖13项,科幻绘画获得一等奖3项、二等奖14项、三等级28项,科技教育方案获得三等奖2项。在香港举办的第30届全国青少年科技创新大赛活动中,临汾一中段越、许敖洋、高丽华集体作品《磁阻式"M41－A"脉冲炮》和山西师大实验中学贾焰文同学《浅谈火电厂在生产过程中产生的粉尘(PM2.5)对附近居民的影响》获得科技论文三等奖,市第三小学肖语新同学《蓝天碧水树木之家》获得科幻绘画三等奖。在第15届中国青少年机器人大赛山西联赛活动中,临汾市获得一等奖15项、二等奖16项、三等奖20项。市科协获得优秀组织奖。6月26日,在临汾市第一实验中学举办临汾市第三期青少年机器人教练员培训班。来自全市11个县(市、区)85名信息学科教师参加培训。山西省机器人总教练员邹宝明,临汾市具有丰富经验的机器人教练员范保玉等8人做介绍。组织参加第11届山西省宋庆龄少年儿童发明奖比赛活动。获得创意奖一等奖4项,二等奖4项,三等奖8项;科幻绘画作品获得了一等奖2项,二等奖9项,三等奖15项,市科协获得优秀组织奖。霍州市实验小学的党辉同学的科幻绘画《海洋公路》在第11届宋庆龄少年儿童发明奖全国的评比活动中获奖。

组织市解放路学校、襄汾县第三小学、曲沃县实验小学、霍州市实验小学、翼城县西街小学、浮山县第三中学等参加"2015年全国青少年科学调查体验活动"。推荐获得全国"开启天空的梦想"全国青少年太空画创作大赛一等奖获得者临钢小学王睿凝、梁弘佳和市第一实验中学许雅婷等优秀学生参加2015年"青少年航天科技体验营"活动。

10月24至25日,市科协与市教育局联合举办"临汾市首届青少年机器人竞赛"。来自全市8个县(市、区)和市直4所学校的90支参赛队、167名队员和34名教练员参赛。比赛分机器人超级轨迹赛、创意赛、综合技能赛、足球赛以及FLL工程挑战赛等内容。中国网山西新闻、中华网临汾频道、山西黄河新闻网、《临汾日报》、临汾电视台等多家媒体对大赛情况进行报道。

(杨　凡)

临汾市归国华侨联合会

【概述】 2015年,市侨联贯彻落实中办发〔2015〕4号文件《关于加强和改进党的群团工作的意见》和第九次全国侨代会精神。开展学习讨论落实活动及"三严三实"专题教育,坚持"以侨为本,为侨服务”的宗旨,完成全年任务。

【为侨服务】 2015年,市侨联在开展“走基层、访侨户”助发展活动中,走访100户归侨侨眷,5户侨企,把他们的问题及困难登记在册,慰问困难侨户60户,发放生活补助款3万元。拿出5万元工作经费为临汾市60岁以上的老归侨和部分侨眷进行透视、超声波、心电、CT、血液化验等16个项目,为他们提供健康咨询。健全完善60岁以上老归侨侨眷的健康档案。组织机关干部、政协委员、归侨侨眷、侨企与困难归侨侨眷结成一帮一10个对子。其中蒙古侨眷周广东为蒙古归侨韩润花出资20万元帮助她解决住房及子女上学等问题,蒙古归侨王晓琴帮助侨眷刘小慧解决工作问题。为蒙古归侨崔德山解决了价值百万元的房产问题。侨联系曲沃民营企业家贾保信为永和贫困大学生李永鹏捐款5000元,解决他2015年的学费问题。为美国侨眷李洪玉解决抚恤金的问题。为台胞朱启明解决房屋转租的问题。在日常工作中,对归侨侨眷坚持“逢年过节必访病号、必访困难户、必访高龄归侨侨眷”的“三必访”制度。由于“三必访”制度的实施,使归侨侨眷日常遇到的困难问题能及时的发现和解决,起到凝聚侨心、汇聚侨智、发挥侨力、维护侨益的独特作用。

三省六市友好侨联

【海内外联谊】 2015年,市侨联“黄河金三角”六市侨联在运城市举行联谊座谈会,签署“黄河金三角”地区侨联联谊合作协议,促进区域侨联工作互补共赢、共同发展。接待国内外5批侨界人士到临汾参观考察,加拿大华人韩加良先生,马来西亚双箭肥料有限公司执行董事岁廾永先生和英皇特许秘书、法律学士黄金来先生等13位华侨华人。与海外10个侨团、国内20个侨团保持联系。

【为经济建设服务】 2015年,市侨联组织全市侨资企业——曲沃县恒通铸造有限公司参加中国海拉尔第十一届中俄蒙经贸洽谈暨商品展销会。以“立足蒙东,服务中俄蒙,面向东北亚”为发展定位,开展中外商品展销、产品推介、项目对接等活动。通过3天的展销会,有3个客户有明确的合作意向。引资150万元,在吉县、汾西新建15个乡镇卫生所。近年来累计签订20个项目协议,资金200亿元,项目落地30亿元。

【文化交流】 2015年8月31日与10月11日,市侨联与山西侨贤聚翰墨文化有限公司分别举办“纪念抗日战争胜利暨世界反法西斯战争胜利70周年”“庆国庆65周年”书画作品展。书画展览历时2个月,组织200名书画家及书画爱好者,征集300余幅书画作品。经大会专家组评定,选出120幅书法字画参展。会组织广大归侨侨眷、机关工作人员及全市统战系统职工400余人参加法律知识竞赛答题。经省侨联批审临汾市的400余份答题卡中,获得2个“组织奖”,23个“优秀个人奖”。开展全国侨联倡导的血管瘤胎记治疗活动。深入10个县(市、区)调研,全市血管瘤患儿200余人。10月25日临汾市侨联党组书记田成文,尧都区侨联副主席张耀东参加由中国华侨公益基金会主办,长峰医院集团山西长峰血管瘤胎记医院承办的“还笑童颜,爱满临汾”笑玮慈善中国行走进山西——临汾站的活动正式启动。参加省侨联开展的“山西省新侨创新创业基地”挂牌活动。全市申报11个企业,尧都区5个,曲沃2个,翼城2个,侯马1个,乡宁1个,侯马开发区(中国·山西)思迈斯电子商务有限公司审批通过挂牌。参加由中国侨联主办,中国华侨摄影学会、中国华侨公益基金会、中国侨联青年委员会等承办第二届世界华侨华人摄影展。市直机关单位、尧都区、侯马市、洪洞、曲沃、翼城、襄汾、乡宁等侨界摄影爱好者50余人上报80幅作品参展。开通“侨之家”微信群,100余人加入,借助微信平台宣传党的路线方针政策,发布侨界的动态以及省侨联和市侨联的工作情况。

【参政议政】 2015年,市侨联组织政协委员深入基层侨联组织，侨企调研，政协委员撰写社情民意15篇，提案5个。其中美国侨眷刁士琦撰写的《“大手拉小手”城市医院与乡镇卫生院结对子谋发展》被列为临汾市政协三届四次会议B类135号重点提案。

（陈　莹）

临汾市残疾人联合会

【品牌服务】　“亲情一家人”优质化服务是市残联在残疾人社会治理工作中的一项创新，为残疾人提供个性化、信息化、动态化、优质化的服务。2015年，市残联班子成员带队分赴17个县（市、区），召开县残联班子会，深入残疾人家庭，了解服务情况，查找问题，指导县乡残联工作。下发《关于进一步做好临汾市“亲情一家人”优质化服务的通知》（临残联〔2015〕17号），做到办理残疾人证与优质化服务档案同步登记。开展乡镇理事长、专职委员业务培训，掌握残疾人事业发展有关政策规定、项目、要求和各项业务办理程序，提高服务能力。召开全市“亲情一家人”优质化服务工作推进会议，互相学习工作经验，研究探讨问题的解决办法。升级改进优质化服务管理系统，组织翼城、乡宁、襄汾、曲沃、隰县分管副理事长和系统操作人员、网络公司工程师，针对系统运行中出现的问题和设想进行讨论，修改内容26项，增强管理系统的易用性和贴合性。加强调查研究，深入隰县、大宁、汾西、古县、洪洞、襄汾和曲沃7个县进行专题调研，形成调研报告《临汾市残疾人服务新常态的探索与思考》，为创新优质化服务提供新的思路。各县利用各种资源，把优质化服务送进残疾人家庭。安泽残联抓住县政府为全县人缴纳每人100元的平安保险机会，将残疾人全部纳入其中，服务率100%。省委组织部在永和县扶贫，省残联和市残联联合对阁底乡残疾人需求逐人逐户摸底，帮助解决全乡所有的辅具需求，对残疾人开展义诊服务。优质化服务录入信息194765人，制定优质化服务方案85097例，落实优质化服务57817人。

【康复救助】　2015年，市残联实施国家、省康复救助项目，373名0岁至6岁残疾儿童进入相应的康复机构进行康复训练，其中聋儿59名、孤独症54名、脑瘫110名、智力150名；假肢、矫形器装配252人；精神病服药救助933人，住院救助40人；盲人定向行走训练700人；辅具救助6139人，救助8437人。市本级自筹168.1万元，实施市福彩慈善脑瘫康复训练救助项目和假肢适配项目，对227名0岁至14岁残疾儿童康复训练予以救助，每人3000元；为100名肢体残疾儿童装配矫形器，平均每人1000元；对30名早期干预康复训练残疾儿童给予补助，每人2000元；免费装配假肢145条，人均补贴6000元；发放辅具600件。全年实施白内障复明手术6818例。市级救助7920人。县级自筹资金实施辅具、假肢、白内障等救助项目，救助4233人。2015年救助20590人。

【一级重度残疾人生活补贴和护理补贴】　2015年，全市享受政策的一级残疾人12514名，其中护理补贴7760名，生活补贴4754人，较2014年新增3180人。截至12月上旬，17个县（市、区）补贴发放到残疾人手中。

【贫困残疾人家庭子女大学生助学】　2015年，市残联按照“贫中选贫”“困中选困”的原则，筛选35名贫困残疾人家庭子女大学生作为资助对象上报省残联，33人获得资助。

【贫困残疾人家庭无障碍改造】　2015年，市残联对隰县、安泽、翼城、浮山100户贫困残疾人家庭进行摸底筛查和对象确定。6月进行公示，7月完成“一户一方案一设计”，入户施工。实施“阳光家园计划”，为1790名符合条件的残疾人发放托养补贴89.5万元。为210名残疾人机动轮椅车主发放燃油补贴6.63万元。

【残疾人状况及需求专项调查】　市残联按照全省统一部署，3月底完成全部17个县（市、区）及经济技术开发区和山焦集团持证残疾人及0岁至15周岁非持证疑似残疾儿童的数据核查、入户调查、数据采集和质量验收工作。坚持“自己查、相互查、指导查、重复查”，确保调查质量。专项调查信息采集95206人，完成率为100%。入户调查89107人，电话调查1742人。未完成调查总数为4357人，查无此人338人、已搬迁240人、空挂户86人、外出442人、死亡3251人。入户调查率排名前三的是翼城、襄汾和隰县，入户调查率分别为100%、99.98%和99.88%。

【“一店三基地”建设】 2015年,市残联按照省残联部署和要求,抓好“一店三基地”的培育和建设工作。一把手和分管理事长多次到有潜力的永和县美博经贸有限责任公司、隰县丰达有机梨果专业合作社、市残疾人职业培训学校、尧都区荣光盲人按摩店等“一店三基地”现场调研,与相关负责人研究解决发展中遇到的实际困难和问题。助残日期间,围绕盲人按摩示范店建设,与市盲人协会联合举办临汾市盲人按摩转型发展研讨会,商讨各类盲人按摩店转型发展大计。

【贫困残疾人建档立卡】 2015年,市残联按照省残联文件和会议精神,建档立卡“回头看”。召开专题会议,学习文件内容,吃透中央精神,掌握识别标准,明确搭车上路、应纳尽纳、借力打力、精准扶贫的工作思路。与市县两级扶贫部门沟通,密切协作,掌握纳入数据,部分县两家联合行文,召开会议安排部署,推动建档立卡工作。将未纳入建档立卡范围的残疾人贫困户数据分解抄送扶贫部门、下发给乡镇、村,残疾人专职委员主动配合,做到逐人识别。数据一天一汇总,两天一汇报,做好信息汇总。全市未纳入建档立卡范围残疾人贫困户29338人中,识别4869人,纳入贫困户建档立卡1807人。

【农村贫困残疾人培训】 2015年,市残联完成省残联下达的农村贫困残疾人培训任务1100人。制定年度计划,向各县(市、区)分解下达任务。各县开展农村贫困残疾人实用技术培训,包括苹果树、核桃树、食用菌、小杂粮、芦笋等栽培种植及猪、羊的饲养及管理等等。全市对1850名农村贫困残疾人进行免费实用技术培训。通过培训,不少农村贫困残疾人走上自强创业之路,收入增加,生活得到改善。

【服务设施建设】 2015年,临汾市残疾人康复中心和残疾人综合服务中心建设项目完成土地划拨、工程建设规划、环境评估、文物勘探、地质勘探和工程抗震设防要求审批、消防设计审查、人防审批等工作。由于2014年批复的初步设计概算额度过小,经市政府批准重新编制项目可研和初步设计9月取得批复(临发改审批发〔2015〕92、93号)。工程招投标12月23日开标,2016年1月动工建设。霍州市残疾人综合服务中心2016年春天投入使用,吉县残疾人康复中心和托养中心主体工程基本完工。永和县完善残疾人托养中心前期手续,完成城建规划、环境评估、图纸设计、建设工程预算财政评审等工作,正在与征地村协商征地费用问题。

【康复服务】 2015年,市残联加强康复救助项目定点机构管理,对市残疾人康复服务中心、聋儿语训部、市荣军康复医院、曲沃博爱华智障残疾人托养中心等10家机构2014年康复救助项目执行情况进行督查,查阅康复训练档案,随机抽查回访受助儿童家长,了解享受救助情况、康复训练效果。对定点机构的场地、人员配置、设施情况、规章制度、评估审报材料、救助经费使用情况等进行详细的检查与评估,确保各康复机构符合定点机构标准。巩固“全国白内障无障碍示范市”创建成果,全市完成白内障手术6818例,超出任务22%,无一例感染,无一例事故。督导市特殊儿童康复教育中心进行教改,康复率年年提升;全市建起17所康复示范站,不断完善、充实功能,显现成效;依托市妇幼保健院、临汾市二院、四院,开展残疾儿童预防及随报,全年新生筛查3000余人,筛查出残疾儿童38人,转介到相应的康复机构;依托市残疾人康复中心、市特殊儿童康复教育中心,配合各县进行0岁至6岁残疾儿童筛查,筛查出110余名残疾儿童给全部享受救助项目;全年培训管理干部80人,康复协调员培训1012人;完成为期5天的全省2015年第二期康复管理干部暨社区康复协调员师资培训任务。

【就业培训】 2015年,市残联开展就业援助月专项活动,全市组织走访残疾登记失业人员家庭户数1148户,登记失业残疾人员624人,组织残疾人专场招聘会6场,实名制纳入年度培训计划残疾人数580人,帮助残疾登记失业人员实现就业人数226人,其中社会用人单位按比例吸纳就业人数62人,帮助残疾人享受专项扶持政策人数240人。通过按比例安排就业、集中就业、个体自主就业、扶贫基地就业、社区公益性岗位安置等方式,新增残疾人就业794人。组织1276名残疾人参加省、市、县三级职业技能培训,对2231名残疾人开展农村实用技术培训,帮助他们掌握一技之能。开展残疾人就业和职业培训实名制录入工作,录入城乡就业年龄段残疾人就业状况数据57505名,录入率95.27%;录入城乡就业年龄段残疾人培训状况数据13231名,录入率21.92%。全市征收残疾人就业保障金1929万元,其中地税代征1870万元,工商代扣59万元。

【助残日活动】 2015年，市残联围绕“关注孤独症儿童，走向美好未来”主题，开展志愿者关爱孤独症儿童大行动，包括200名大学生志愿者上街宣传活动、孤独症儿童康复成果分享会暨孤独症家长及志愿者专项培训活动、了解孤独症走近孤独症儿童知识讲座、临汾市盲人按摩转型发展研讨会和市肢残人协会“自强临汾人 共筑中国梦”主题座谈活动。组织市直新闻媒体记者赴基层采访宣传报道活动，在《临汾日报》开辟“关心帮助残疾人，实现美好中国梦”宣传专栏，刊发宣传基层残疾人事业的文章12篇。各县(市、区)开展形式多样的助残日活动：翼城县委书记郭行杰、副县长李放明赴特教学校慰问，送去固体奶昔饮料、学习用具、玩具等慰问品；侯马市举办2015年残疾人社区康复协调员培训班暨孤独症儿童康复知识培训；乡宁县在迎旭广场举行助残日活动，活动现场3个小时散发孤独症宣传资料5000余份，接受咨询1000余人，筛查白内障61人，假肢安装筛查登记19人，现场为残疾人办理残疾证80份；霍州市在电台“残疾人之友”栏目中开设空中课堂，宣传孤独症家庭护理系列知识，组织各乡、镇(街道办)残联对14岁以下孤独症残疾儿童进行筛查；洪洞、浮山、襄汾等县在主要街道设立宣传台和咨询台，发放《中华人民共和国残疾人保障法》《残疾人教育条例》、孤独症康复知识等资料，现场开展相关政策咨询和白内障义诊活动。

【残疾人文化】 2015年，市残联组织临汾市特殊教育学校舞蹈《圪梁梁》《在灿烂的阳光下》，侯马市特殊教育学校的歌曲《父亲》《驼铃》，曲沃县特殊教育中心学校情景剧《三德歌》参加山西省第七届特教学校艺术汇演。与市文广新局、市总工会联合举办“绽放生命　筑梦同行”临汾市残联歌手大赛，为58名残疾人歌手和残疾人工作者提供展示自我的舞台。聋人周志婷在“百纳璐诗杯”首届全国听障演讲决赛中获得优秀奖；乡宁县残联以“实现自身价值、共享文化盛世”为主题，在明珠广场举办广场文化消夏月活动残联专场晚会”，残疾人的舞蹈、歌曲、干板腔、器乐、曲艺表演精彩纷呈。

【残疾人体育】 2015年，市残联获得“2011年至2014年全国残疾人体育先进单位”荣誉称号，发展残疾人体育和全民健身事业。坚持每年一次的残疾人运动员集训，8月对12名羽毛球运动进行为期20天的集训，提升残疾人运动竞技水平。临汾市残疾人运动员在多项大赛中取得可喜成绩，为山西省、临汾市争得荣誉。第九届全国残疾人运动会上，赵顺心获得象棋男子听力组第一名；马涛丽获得盲人柔道女子78公斤以上级第二名；程志强获得乒乓球男子TT8级团体第四名；李双龙获得象棋男子视力组第六名。在“全国第六届特殊奥林匹克运动会”上，临汾市运动员张婉婉、张靖浩、邱海峰获50米、100米、200米、垒球、立定跳远2枚金牌、4枚银牌、2枚铜牌。举办第五届“残疾人健身周”临汾市残疾人乒乓球、象棋比赛，15支代表队47名运动员参加比赛。对在2014年第十届省残运会上获奖的李双龙、韩志伟、黄丽荣等17名运动员进行表彰奖励。

【维权信访】 2015年，市残联对侯马、翼城、汾西、霍州2014年实施的无障碍改造项目进行检查，走进36个改造户家庭，核对残疾人家庭改造方案和改造内容，听取残疾人反馈意见，督查对配套资金落实、档案管理，针对改造内容的易用性和规范化管理提出改进意见。在临汾市区禁止机动三轮车运营整治工作中，安排专人协助有关部门参与路面执法，化解和处理涉及残疾人的非法营运问题，做好非法营运残疾人的劝解或带离，处理4起残疾车主的群访事件以及个别残疾车主的缠访事件，维护残疾人机动轮椅车正常代步出行的合法权益，整治工作取得阶段性成果。无障碍建设方面，加快临汾市无障碍示范城市建设步伐，就新建改建道路和公共设施建设，向城建部门提出建议12条，均被采纳。

(李惠康)

临汾市红十字会

【概述】 2015年，临汾市红十字事业长足进步，平稳发展，组织队伍壮大，救助实力增强，社会作用日益明显。

【“红十字博爱送万家”】 “红十字博爱送万家”活动在临汾市开展14个年，给数十万灾民和贫困人口解决燃眉之急。2015年2月13日，临汾市红十字会博爱送万家活动启动仪式在汾西县举行，开启"红十字博爱送万家"活动第一站。市红十字筹措5万多元资金，向汾西县380户困难群众发放面粉、食用油、棉被、棉衣等救助物资，帮助他们解决实际生活困难。洪洞县、安泽县、隰县、吉县、汾西、曲沃、尧都区、永和等8个县开展此项活动，救助困难户1200余户。

【骨髓造血干细胞、人体器官捐献】 2015年，临汾市红十字会加强和调整临汾市造干工作站工作人员、选配两名志愿者专门从事此项活动。6月1日到7月15日，在市电视台免费播放宣传造血干细胞的公益广告45天，免去广告费4万多元。市中心血站从5月20日至9月底，加班加点完成造血干细胞血样采集、入库506人份。分三批送到太原市中心血站，完成省红会下达的500人份目标任务。完成器官遗体登记22人。6月8日，乡宁青年王刚成功捐献造干。11月24日，临汾市90后小伙何海洋在山西医科大学第二医院造血干细胞采集中心捐献造血干细胞，为江苏省一名5岁白血病女童带去重生的希望。何海洋是山西省第119例、临汾市第9例成功捐献者，是山西省首例现役军人造血干细胞捐献者。在干细胞的捐献上，建立以山西师大临汾学院新闻媒体系的100名学生为主的造干志愿者队伍。宣传造干知识，带头捐献。完成省会下达的11次高分辨采样工作。临汾新闻直播做了专题报道。与侯马市红十字会联合促成一例角膜捐献，被省眼科医院取走眼角膜组织。

【救灾备灾，急救知识培训工作】 2015年7月临汾市隰县、汾西县遭遇旱灾和雹灾，市县两级及时上报灾情资料。市红十字会按照总会第十次会员代表大会的要求，按照山西省红十字会盛佃清会长的要求，重视备灾工作。完善市红十字会系统应急救援体系，报批市红十字会突发事件应急预案。成立完善以市蓝天救援队为班底的第二支红十字会救援队，进行全员培训，发放有红十字标志的臂章、马夹。在尧都区、隰县、霍州组织的抗震演练中亮相。自筹50余万元，通过市采购中心招投标程序后，采购100顶帐篷、1000条棉被、1000件棉大衣，用于备灾，为突发事件做好应急准备。自筹10万元采购急救知识培训所需的模拟人17具，计划每个县分发一具。在急救知识培训方面，从4月初到12月初临汾市红十字会先后培训了急救员820人，统一发放初级救护员证书。洪洞、翼城、汾西、霍州、曲沃、侯马、安泽、隰县开展此项活动，普及救护防病知识人数6000余人次。

【博爱一日捐活动】 2015年，临汾市把博爱一日捐工作纳入2015年红十字系统目标责任制，开展博爱募捐宣传活动。同市文明办、市直工委联合转发省会文件。侯马、洪洞、汾西把募捐宣传同"5·8"宣传结合，举办宣传活动。全市6个县有213家为市县两级红十字会捐款86万余元，市红十字会收到捐款12.3万元。3月23日，同山西师范大学体育学院、文理学院开展"衣加衣、温暖行动""爱心递情怀、奉献铸精彩"活动。收集捐赠物资3119件。全市上下接收86.58万余元的捐款和价值2.99万元的物资。洪洞县、汾西县、侯马市、安泽县开展此项活动，把"博爱一日捐"工作同"5·8"活动相结合，走上街头宣传募捐。

(张红斌)

临汾市工业经济联合会

【概述】 2015年，临汾市工业经济联合会履行"服务企业、服务行业、服务政府、服务社会"的宗旨，围绕中心工作，遵守协会章程，勤奋务实，勇于担当，各项工作取得实效。

【深入企业调查研究】 2015年，联合会深入侯马市通盛集团经贸有限公司、山西北方风雷工业集团有限公司、山西立恒钢铁股份有限公司、山西通才工贸有限公司、山西汤荣机械制造股份有限公司调研，深入百里汾河新型经济带有关企业走访，听取和整理行业、企业面临的困难和诉求，专题研究，在编辑出版的《临汾工业经济》刊物上对企业进行宣传。在山西临龙泵业有限公司，重点调研新建的"互联网+"服务公司，协调有关企业加入信息平台。通过走访、座谈、调研了解等方式在全市确定20余家不同行业的企业，在要求时间内将调查问卷报送中国工经联，完成中国工业经济联合会"关于开展服务型制造情况调查的通知"的任务要求。

【编辑出版《临汾工业经济》】 《临汾工业经济》是经省新闻出版广播电视厅批准的内部资料性刊物，2015年编辑出版4期，每期免费对会员企业、有关部门、中国工经联、全省各地市工经联发送。

刊物秉着“为企业和政府服务”的宗旨，做到上情下达、下情上传，以“企业需要、政府满意、社会认可”为目的，为政府宣传工业经济政策、展示会员企业文化提供平台。

【节能新技术】 2015年，联合会将变频节电新技术的推广和应用作为重要工作，依托会员单位为基点，在举行各项推广会、座谈会、现场观摩会、新闻发布会的基础上，坚持在自办的《临汾工业经济》刊物中宣传推广。深入山西格瑞蔚蓝节能科技有限公司，了解企业诉求，宣传锅炉节能技术，为企业解决融资困难问题。

【扩大交流】 2015年，联合会组织人员参加中国工经联主办的“2015经贸形势报告会”“2015中国工业经济行业企业社会责任报告发布会暨第二届中国工业企业履责星级榜发布会”“环渤海工经联联席会议暨区域协同发展对接会”和山西省工经联举办的“山西省省、市工业经济联合会2015年上半年工作交流座谈会”等会议。

（李玉雷）

三晋文化研究会

【概述】 2015年，临汾市三晋文化研究会履行联络、协调、服务职能，发挥桥梁、纽带、引领作用，团结和带领全市文化研究有志之士，挖掘传承弘扬优秀历史文化，探索文化精髓、开展文化研究、挖掘文化特色，推广文化成果，弘扬临汾市优秀历史文化、加快文化强市建设。

【“尧文化暨德廉思想”研讨会】 2015年4月，临汾市三晋文化研究会举办以"溯中国源头、寻华夏之报"为主题的“山西、临汾帝尧古都文化旅游节”活动中，研究会作为承办单位，全程参与“尧文化暨德廉思想”研讨会筹备工作。研讨会上，刘合心会长就尧文化的内涵与精神实质，发展历程及现实意作主题演讲。副秘书长石辉辉担任研讨作副组长，参加研讨会的筹备工作，向大会提交尧文化研究论文，研究会部分理事应邀参加研讨会。

【《临汾历史文化研究丛书》】 2015年，临汾市三晋文化研究会出版《临汾历史文化研究丛书》5本：《解开安泽四镇之谜》《古岳阳县治考略》《临汾历史地理研究》《侵华日军在临汾的暴行》《平阳麻笺历史研究》，促进临汾市文化事业的发展。对研究会期刊《尧文化》和《尧风晋韵》进行整合，合二为一更名为《尧文化研究》，突出尧文化内容和学术性，全年出版两期。研究会成员在国家及省市级报刊发表各类文章近百篇。其中在《中关村》《中国人物传记》《三晋儿女》《平阳方志》等杂志和《山西日报》《山西党校报》等有影响的报刊上均有文章见诸报端，影响较大。

【《三晋石刻大会·临汾卷》】 大型丛书《三晋石刻大会.临汾卷》被列为国家十二五规划项目，截至2015年底，临汾市出版洪洞、尧都区、侯马、曲沃、浮山、古县、安泽、霍州、蒲县、襄汾等十余卷，其余各县全部编纂完毕，付梓印行。市三晋文化研究会对这项工作高度重视，做了大量深入细致的工作，该项工作临汾走在山西省最前列，是全省各地市中唯一全部全部完成编纂工作的一家研究会。

【《侵华日军在临汾的暴行》】 为纪念中国人民抗日战争暨世界反法斯战争省里70周年，2015年，三晋文化研究会出版由副秘书长霍文锋和理事张国富合作编著的《侵华日军在临汾的暴行》一书，对日寇在临汾各县（市、区）的罪恶行径，分十个方面进行揭露。本书的出版问世，受到媒体的关注，产生社会影响，被称为是“研究这一阶段历史不可或缺的重要史料，是爱国主义教育的必备教材”。

【学术交流研讨】 2015年5月18日，三晋文化研究会接待湖北省襄阳日报传媒集团考察团。8月20日，接待来自上海、江西、浙江、四川等省市的寻根之旅考察团，举行座谈会，就帝尧、丹朱等人物的史迹进行研讨，达成多项共识和投资开发意向。10月10日，市、县两级研究会参加山西师大主办的“第二届晋学与区域文化国际学术研讨会暨荀学与诸子学论坛”，与会学者专家探究晋学渊源，共话荀学百家，递交多篇论文，展示研究会的成果和实力。2015年7月3日，研究会开展送书进校园活动，向临汾市实验中学师生赠送200余册图书。

（石耀辉）

经济管理

发展与改革

【概况】 2015年，临汾市按照市三届人大六次会议审议批准的2015年国民经济和社会发展计划，适应经济发展新常态，坚持稳中求进，推进“稳增长、促改革、调结构、惠民生、防风险”等各项工作，推动科技创新、金融振兴、民营经济发展“三个突破”。全年全市地区生产总值完成1161.1亿元，增长0.2%；全社会固定资产投资完成1401.2亿元，增长14%；社会消费品零售总额完成572亿元，增长4.9%；公共财政预算收入完成88.2亿元，下降25.4%；城镇常住居民人均可支配收入25498元，增长8%；农村常住居民人均可支配收入9376元，增长7.1%；城镇新增就业5.2万人；城镇登记失业率控制在2.9%，低于4.2%的控制目标；居民消费价格上涨2.5%，低于3%的控制目标；万元地区生产总值能耗预计下降4.5%；万元地区生产总值二氧化碳排放下降3.7%，化学需氧量排放量下降2.23%，二氧化硫排放量下降2.49%，氨氮排放量下降2.35%，氮氧化物排放量下降6.46%。

【扩大有效投资】 2015年，临汾市面对年初固定资产投资增速放缓、增长乏力的严峻形势，市政府常务会专题研究、部门联合办公、按月调度、对重点项目跟踪协调服务，加大抓项目工作力度，促使全市固定资产投资增速逐月回升。强化项目建设。全市新开工项目2361个(不含房地产)，比2014年增加935个，增长65.6%，完成投资1129亿元，同比增长24.5%。亿元以上施工项目214个，完成投资352.4亿元。坚持“六位一体”统筹推进机制，全市项目储备总投资1.59万亿元，完成省定目标的137.5%；项目签约总投资2375.2亿元，完成省定目标的143.4%；项目落地总投资1520.3亿元，完成省定目标的106.5%；项目开工总投资1330.1亿元，完成省定目标的107.8%；项目建设总投资1193.1亿元，完成省定目标的115.3%；项目竣工总投资1204.8亿元，完成省定目标的104.4%。拓宽资金渠道。争取中央和省各类资金；推广PPP模式，出台《市区城市建设改造PPP项目推介洽谈工作方案》，向社会发布PPP项目15项，总投资102亿元。市河西污水处理厂、龙祠水源净水厂改扩建项目成为全省首批12个政府和社会资本合作重点示范项目；推动民间投资，全年全市民间投资完成853.9亿元，同比增长34.4%。民间投资占全部投资的比重达到60.9%，同比提高9.2个百分点。优化投资结构。非传统产业投资完成327.5亿元，增长24.6%，占全市工业投资的比重66.3%，提高14.3个百分点。民生类工程投资完成66.4亿元，同比增长31.9%。

【市场销售】 2015年，临汾市成立太原煤炭交易中心临汾交易处，建立“互联网+煤炭”电商交易平台，组织实施“千人百矿大营销暨银企互联互助活动”，举办2015中期临汾煤炭交易大会，召开工业企业与重点项目供需对接会，促进工业品产销平衡；组织企业参加“中华行”“丝路行”“网上行”、东盟博览会、广交会等活动，推广临汾市名优产品。贯彻落实山西省促进消费增长28条措施，改善消费环境，健全城乡商贸流通体系，实施“放心早餐工程”，建设嗨都国际广场、生龙国际、安达圣新天地、新百汇等一批大型商贸流通企业，临汾市被确定为全国66个区域级流通节点城市之一。创新消费模式，发展电子商务，出台《全市加快电子商务发展的指导意见》，开展电子商务进农村惠民工程，引进全国知名电商企业阿里巴巴、京东、苏宁、一号店、乐视网、积宝网等。全市各类电商企业400余家，从业人员达3万余人，交易额突破百亿元。

【扩大对外开放】 2015年，临汾市抓住国家“一带一路”重大战略机遇，加强与东盟、北美洲、欧洲等国家的投资交流合作，邀请东盟国际贸易促进会和亚洲国际贸易投资商会等客商到临汾市考察交流，与东盟国际贸易促进会签订《战略合作备忘录》。举办山西·临汾招商引资项目推介会、“帝尧之都中国之源”临汾（上海）城市推介等活动，成立中国上海文创资源配置交易中心临汾分中心，在全省率先启动“政府招商部门牵头、专业机构审核保荐、专业交易市场挂牌发布和项目托管”的招商引资2.0模式，实现招商项目精准对接。2015年，全市海关出口总额达到1.87亿美元。

【扶持实体经济】 2015年，临汾市政府稳定企业运行，逐月召开经济形势分析会，针对苗头性、倾向性问题，定向督导，一企一策，创新性采取“抓减负保增长、抓生产保产值、抓资金保运行、抓销售保市场、抓合作促共赢”的“五抓五保”举措，强化对企业帮扶，确保工业经济平稳运行。减轻企业负担，出台减轻企业负担65条、促进民营经济发展22条、促进煤炭产业发展25条等一系列稳增长措施，累计为企业减负4000多万元，减免涉煤收费4.4亿元。缓解资金紧张，设立5000万元的“企业资金链应急周转保障资金”和1.56亿元的“企业应急周转互助资金”，投放金额8.7亿元。组织银企对接，落实企业贷款8.74亿元。

【综改试验区建设】 2015年，临汾市政府推进重点领域改革。推进转型综改，综改“2285”《行动计划》部署的改革任务进展顺利。统筹推进煤炭管理体制改革。落实煤炭资源税从价计征改革政策，确保顺利实施和平稳过渡；深化煤炭销售体制改革，取消煤运公司、焦炭公司的行政授权，全面取消9类涉煤票据，建立中国（太原）煤炭交易中心临汾交易处，促进煤炭供需企业开展网上煤炭交易，降低交易成本，提高交易效率，发挥市场在资源配置中的决定性作用。推进扩权强镇试点改革。在“百里汾河生态经济带”确定8个乡镇先行先试，探索建立适应镇域发展需求的“小政府、大服务”管理体制和运行机制。深化行政审批制度改革。贯彻落实国家、省关于简政放权，取消和下放审批权限的有关政策，承接国务院省政府取消、下放、调整的权力事项116项，下放县级行政审批事项11项。推进“六权治本”，实行“两集中、两到位”“一委一办三中心”的管理体制，新建全省一流的市政务服务中心，市长热线使用12345号码对外运行，市本级行政审批事项全部完成流程再造，提高审批效率。市级公共资源交易平台投入运行，确保交易公平公正。推进行政管理体制改革。编制完成临汾市级政府部门权责清单以及行政职权运行流程图和行政职权廉政风险防控图。推进公务用车制度改革。对全市公务用车情况进行摸底测算，研究制定《临汾市公务用车制度改革实施方案》及相关配套文件，经省车改领导组批复后正式实施。12月31日，全市取消的公务用车正式封存停驶，党政机关公务用车改革工作基本完成。推进商事制度改革。“三证合一”“一照一码”正式实施，释放市场主体活力。推进资源性产品价格改革。推行居民阶梯电价制度、居民阶梯水价制度、居民生活用气阶梯价格制度，核定临汾市电动汽车用电价格和充换电服务费标准，推进供热计量改革。取消收费许可证制度，取消放开部分服务价格。统筹推进其他领域改革。深化非煤矿山收费清理规范、国有林场、财税体制、医疗卫生体制、开发区扩区等方面改革。

【金融创新】 2015年，临汾市新引进光大、兴业和中信3家股份制商业银行，筹划成立临汾市首家民营银行。推进企业上市，全市有澳坤生物、益通股份、三水能源、光宇股份、普泰股份等5家企业在“新三板”挂牌上市，华翔铸造、光宇股份、方略物流运作主板上市，市投资集团筹划在A股或香港上市，全市有143家企业在山西股权交易中心挂牌，有10多家企业同券商签订上市合作协议。加大债券发行力度，全年发行各类债券120亿元。

【科技创新】 2015年，临汾市政府出台《关于推进科技创新的实施意见》，举办“2015年度临汾市科技创新发展论坛”，与中科院北京分院签订战略合作协议，建成2个院士工作站，1个博士后流动工作站。全市高新技术企业33家，国家级企业技术中心1家、省级企业技术中心20家，市级企业技术中心50家。

【支持民营经济发展】 2015年，临汾市政府制定《进一步支持民营经济健康发展的措施》22条，破解民营经济发展难题。推进大众创业、万众创新，扶持小微企业发展。全市新创办小微企业3280户，培育“小巨人”企业8户，“小升规”企业36户。全年全市中小微企业11.6万户，全市中小企业工业产品销售产值达到682亿元，占到全市工业产品销售产值的54.3%。

【夯实农业基础地位】 2015年，临汾市政府推进新增粮食产能、中低产田改造、水利基础设施等项目建设，农业综合生产能力明显增强，全年粮食生产在伏旱严重的情况下仍然取得好收成，总产23.6亿公斤，超额完成目标任务；特色现代农业发展迅速，“四个百万亩”建设任务全面完成，推进“一县一业、一村一品”建设，全年新增设施蔬菜面积0.18万公顷，发展新果园和改造老果园1.37万公顷，新增中药材面积1.67万公顷，中药材总面积14万公顷；农业产业化经营步伐加快，全年农产品加工销售收入73亿元；农村人居环境改善“四大工程”年度任务超额完成，农村土地确权工作在全省领先，农村集体“三资”管理专项清理整治工作成效显著。实施扶贫重点工程，开展精准帮扶、产业扶贫、金融扶贫、易地扶贫搬迁和整村推进等工作，6.4万贫困人口实现脱贫。

【化解过剩产能】 2015年，临汾市政府制定出台化解钢铁、焦化、水泥产能严重过剩行业的实施方案，取缔淘汰煤焦铁落后产能663万吨，对山西通才有限责任公司的1×1860立方米高炉、襄汾新金山特钢有限公司2×100吨转炉、山西中升钢铁有限公司2×100吨转炉及配套工程项目依法依规完善补办相关手续。

【综合能源基地建设】 2015年，临汾市政府实施“革命兴煤”，推动煤炭“六型”转变，加快煤矿基本建设步伐，新竣工矿井21座，2015年全社会原煤产量6173.56万吨。推进综合能源基地建设，光伏发电方面，地面光伏电站建设和光伏精准扶贫都取得较大突破。汾西、大宁、吉县被确定为全国光伏扶贫试点县，占全国30个试点县的十分之一，全省的三分之二，争取回光伏扶贫发电指标123兆瓦，占到全省总规模205兆瓦的60%；地面光伏电站建设，争取回指标160兆瓦，占到全省总规模450兆瓦的36%。光伏扶贫工作走在全省全国前列。风力发电方面，争取到国、省下达风电核准项目2个，总规模220兆瓦，填补临汾市风力发电项目的空白。生物质综合利用方面，推进襄汾县浦新发电有限公司2×15兆瓦生物质(秸秆)发电、吉县尧鑫生物发电有限公司2×6兆瓦生物质发电等项目加快建设。

【培育新的经济增长点】 2015年，临汾市政府推进好利阀门、东方恒略精密铸造、沃特玛新能源汽车核心零部件制造、德讯电梯、纳海鸣建材4万吨岩棉板等项目建设，发展高端装备制造业和新材料产业。2015年，全市非煤产业投资完成397.9亿元，占全市工业投资的比重80.5%，提高11个百分点。

【第三产业发展】 2015年，临汾市政府把发展服务业作为全市结构调整、扩大内需、改善民生、提升经济运行质量的重要抓手，落实国省扶持政策，推进现代服务业发展，打造新的经济增长点。旅游消费大幅增长，2015年全市旅游总收入295亿元，增长21.7%。全市第三产业增加值完成506.7亿元，同比增长10.3%。

【优化三次产业结构】 2015年，全市第一、二、三产业增加值比例由上年的7.8∶54.4∶37.8优化为7.8∶48.5∶43.7，第三产业比重比2014年提高5.9个百分点。在传统产业增长动力减弱的背景下，第三产业成为稳定经济增长的主要力量。

【节能降耗】 2015年，临汾市政府推动国家节能减排财政政策综合示范城市建设，启动实施典型示范项目38个，完成投资18.8亿元，下拨中央奖励资金1.7亿元。新购纯电动公交车223辆，建设7座公交快速充电站，实现市区主干线纯电动公交车全覆盖。推广余气余热余压利用、电机变频、干熄焦、能量系统优化等节能技术，鼓励企业和公共机构采用合同能源管理方式实施节能改造。推进资源综合利用和清洁生产重点项目实施，开展循环经济和低碳经济等试点示范，大量矿渣、水渣、粉煤灰等工业固废得到转化利用，全年工业固废综合利用率达到69.2%。

【大气污染防治】 2015年，临汾市政府开展工业企业污染治理、煤烟污染治理、建筑施工工地扬尘治理、道路二次扬尘治理、烟花爆竹燃放、机动车尾气污染治理和雾霾重污染天气治理“七大工程”，完成市区营业性锅炉清洁能源改造任务，市区5679户居民燃煤炉具替换为清洁环保炉。推进集中供热供气，全市新增集中供热面积429.9万平方米，集中供热普及率78.5%，城镇燃气普及率85%；其中市区新增集中供热面积60.6万平方米，集中供热普及率93%，燃气普及率99.3%；淘汰黄标车和老旧车5303辆；市区改造天然气10.4万户。2015年按照新方法，全市PM2.5浓度比2013年下降21.3%，可吸入颗粒物浓度下降8.25%。二级以上天数266天，同比增加26天。

【水环境污染防治】 2015年，临汾市政府对汾河沿线5个县市生活污水处理厂和3个工业污水处理厂实施深度处理升级改造；投资500万元对龙祠水源地环境进行综合整治；投资600余万元实施汾河市区段水质治理改善示范工程，处理后的景观水水质由地表水劣五类提高到四类标准；投资4524.8万元建设完成农村饮水安全工程192处，改善和提高199个自然村、7.34万农村人口和43所学校、2.22万农村学校师生的饮水标准；投资1680万元，建成14个县级水质检测中心，实现临汾市县级水质检测中心全覆盖，达到42项水质常规指标检测能力。全市主要河流地表水水质持续改善，饮用水源地水质达标率达到100%，污水处理率达到87.5%。

【水土流失治理】 2015年，临汾市政府加大河道治理力度，完成淤地坝建设、中小河流域综合治理等一批水土保持重点项目，新增水土流失治理面积2.87万公顷。

【造林绿化】 2015年，临汾市政府对吕梁山生态脆弱区进行集中连片治理，对霍侯一级路、国省道、高速路及铁路沿线进行补植补栽和绿化，全市完成营造林面积2.67万公顷。

【安全生产】 2015年，临汾市政府树立安全发展理念，进一步强化安全生产红线意识，严格落实“党政同责、一岗双责、齐抓共管”的安全生产责任体系，按照“管行业必须管安全、管业务必须管安全、管生产经营必须管安全”的要求，明确各行业领域的安全生产监管职责。采取不发通知、不打招呼、不听汇报、不用陪同接待、直奔基层、直插现场的“四不两直”方式，明察暗访安全生产。开展安全生产大检查和“六打六治”打非治违专项行动，加强重点行业领域专项整治工作，煤矿ABCD分级分类动态监管，促进安全生产形势持续好转。全市亿元地区生产总值生产安全事故死亡率0.0596人，煤矿百万吨死亡率0.025人，均低于省下达年度控制指标，没有发生重特大安全生产事故。

【扩大就业】 2015年，临汾市政府调整降低失业保险费率和生育保险费率，帮扶困难企业稳定就业岗位；举办各种类型人才交流活动86场(次)，建成5个劳务输出基地、3个“省级创业型城市”、1个省级创业孵化基地、1个省级大学生创业园、4个市级创业孵化基地，完成各类职业培训8.43万人次，确保就业形势总体稳定。2015年，全市城镇新增就业岗位51306人，创业就业10673人，下岗失业人员再就业10587人，就业困难人员再就业4089人，转移农村劳动力就业53532人。

【增加居民收入】 2015年，临汾市政府提高最低工资标准，推进劳动合同制度，落实企业工资指导线，提高机关事业人员工资水平。全面提高各项社会保险待遇，企业退休人员基本养老金实现“十一连涨”。城乡居民基础养老金最低标准从65元提高到每人每月80元，城镇职工、城镇居民医保最高支付限额分别达60万元、46万元。

【完善基础设施】 2015年，临汾民航机场实现通航。续建和新开建高速公路201千米，新建改建农村公路466千米。投资42亿元的滨河东路贯通工程全线通车，投资2.9亿元的临汾城西一级客运站正式投入运营，霍州七里峪二级客运站完成主体工程。临汾市区实现与周边的襄汾、浮山、蒲县、洪洞城际公交全贯通。统筹推进新型城镇化，全市城镇化率48.6%，汾河沿线城镇化率53%。加快中心城市建设步伐，确立17项城市改造重点项目，其中启动实施11项。

【推进教育、医疗等基本公共服务均等化】 2015年，临汾市政府支持普惠幼儿园建设和农村学前教育、农村初中校舍改造、县级中等职业教育建设，新(改、扩)建幼儿园64所。开展区域内教师校长交流活动，义务教育学校校长、教师交流比例均达10%以上。2015年，全市参加高考38852人，二本B类以上达线16189人，达线率41.67%，创历史新高。开展医疗联合体建设，形成以临汾市人民医院、临汾市第四人民医院、临汾市妇幼保健院和侯马市人民医院为龙头的医疗联合体建设格局，覆盖所有县级综合医院和妇幼保健院。加大财力投入，实现县级公立医院综合改革全覆盖，实现药品零差率销售，人均基本公共卫生服务经费补助40.2元。农村地区增量资金用于支付乡村医生的基本公共卫生服务比例100%，新型农村合作医疗参合率98.5%，人均筹资标准提高到470元。

【重点民生工程】 2015年，临汾市政府城乡人居环境改善工程扎实推进，2015年城乡人居环境改善工程完成投资229.8亿元，完成年度计划的112%，其中，城市人居环境改善工程205亿元，农村人居环境改善工程24.8亿元。采煤沉陷区综合治理全面提速,按照全省行动方案,涉及临汾所属6个县、13个乡镇、57个村、2887户、9843人的搬迁安置工作全部启动,项目开工率达100%,完成投资2.5亿元,投资完成率143.3%。推进以工代赈,实施项目35个,争取国省投资6695万元,覆盖7县、23乡镇、42村,惠及2.87万余人,项目区农民人均增收280余元。保障性安居工程建设进展顺利,新开工保障性安居工程8001套,完成年度任务的107.8%;建成15164套,完成年度任务的102.5%。城区老工业区搬迁改造启动实施,获得国家、省支持资金9000多万元。打击价格欺诈,开展涉企价费、教育收费、涉煤收费和旅游行业价格专项检查活动,积极办理群众价格投诉和举报。

国有资产监督管理

【国企改制】 2015年,临汾市经信委制定国资国企改革工作计划,完成对市县所属国有企业进行调查摸底。推进市县党政机关与所办企业脱钩改革工作,成立领导机构,编制安置方案。推进焦炭公路销售体制改革企业职工转岗安置工作,基本完成汾西、古县、蒲县、霍州、安泽职工安置工作,其他县市部分完成安置任务。

【国资监管】 2015年,临汾市经信委制定《临汾市市属国有企业财务等重大信息公开办法(试行)》。向市政府上报《关于对临汾市保安服务公司资产评估项目结果》《关于太原煤炭气化(集团)临汾燃气有限公司拟协议受让临汾市煤炭气化公司100%产权资产评估项目的情况报告》,获核准。

【托管工作】 2015年,临汾市经信委协调推进临纺、电控、山橡、侯纺、互感器、通力公司棚户区改造,其中,临纺第一阶段的多层住宅楼开始交付,高层住宅楼施工按计划推进;电控完成棚户区改造的平面设计工作,办理土地证过户相关手续;山橡生活区整体搬迁建设工作进展顺利;侯纺棚户区改造进展顺利;互感器、通力公司棚户区改造项目得到批复。向市政府上报侯纺2015年拖欠到龄退休职工养保费等问题,市政府批转财政局,拨付到位。

【安全监管】 2015年,临汾市经信委围绕"加强安全法治、保障安全生产"主题,成立活动领导小组,开展"安全生产月"活动。制定《安全生产监管工作制度》,与各直属单位企业签订目标责任书。开展安全生产大检查工作,全系统全年督查检查889次,排查隐患1294个。

陪同李东洪副市长前往运城考察信息惠民城市建设工作

【信访稳定工作】 2015年,临汾市经信委在全国、全省"两会"期间、抗战胜利70周年活动期间、2015冬2016春三个关键时期,启动重大信访信息"零报告"、信访苗头隐患首访负责机制,在全系统内开展矛盾摸排专项行动,对排查出来的问题要求各单位领导接访和包案稳控化解。召开信访稳定工作会议及案件协调会20次,报送市委、市政府及有关部门《国资信访情况》15期。全年接待来信来访人员96批次、524人次。完成省委巡视组、市联席办、市信访局交办信访案件14件。协助省冶金行办做好省冶建公司赴省上访及省晋能公司临汾公司维稳工作。

(李俊杰)

统计管理

【概述】 2015年,临汾市统计系统深化统计改革,推动创新统计建设、法治统计建设建设、科技统计建设、阳光统计建设、廉洁统计建设,提升统计能力,揭示新常态下的新问题、新特征、新规律。

【创新统计建设】 2015年,统计改革任务繁重,固定资产投资改革试点工作全面开展，双轨运行稳步推进；市县乡三级联动，村级联网直报开展有序，拓展农村统计联网直报工作；完成工业企业战略性新兴产业总产值调查任务；服务业统计季报变月报工作平稳衔接；贸易统计一套表制度顺利实施；“程序规范，下算一级、统一反馈”的县市核算基本模式确立。

【法治统计建设】 2015 年，市统计局开展“依法行政宣传月”活动和“国家宪法日”宣传活动。以统计数据弄虚作假专项整治活动和“八个全覆盖”活动为抓手，在全市开展数次统计执法检查，一年中市县两级统计机构查处统计违法行为 41 起，对其中违法行为严重的 6 起处以罚款。

【科技统计建设】 2015 年，市统计局办公大楼无线系统建成。局机关统计信息网络安全等级保护工作完成，统计数据保密防护和安全风险防控加强。更换 60 余台电脑，更新 20 台打印机，科室配备办公培训用笔记本电脑，推进信息化建设规划。指导 7 个县（曲沃、襄汾、古县、安泽、浮山、永和、汾西）完成县级网络安全系统整改，增强县级信息系统安全防护能力。

【阳光统计建设】 2015 年，市统计局报送政务信息 210 条，市政府门户网站采用 34 条，采用率在市直部门连年领先。为相关部门提供专项数据（材料）近百次，接受社会公众各种形式咨询百余次，统计信息网访问量达 30 万余次。

【预警预测服务】 2015 年，市统计局在全市开展“项目增效年”“深入一线现场办公抓落实”和“八个全覆盖”调研活动，撰写系列深度分析。参与经济形势分析会，为全市经济转方式、调结构提供重要数据支撑。固定资产投资和节能城市建设服务方面，为市政府和相关部门提供有力支持。

【统计产品】 2015 年，市统计局面向社会解读发布数据《临汾市 2014 年国民经济和社会发展统计公报》，《观数据看发展 2014 临汾》为两会专门编印统计资料专册，《临汾市情概览 2014》反映全市经济社会发展成果，《临汾统计年鉴 2015》提供详实的统计数据信息。每月编发《临汾经济运行监测》，发挥统计参谋助手作用。

【统计分析】 2015 年，市统计局完成 11 个立项课题，编印《临汾统计资讯》12 期，撰写《新常态下砥砺奋进》《新常态下临汾煤炭工业发展的机遇和挑战》《百里汾河经济带生态文明建设与思考》《新常态下换挡减速，促改革中砥砺奋进》《对当前临汾市农产品“卖难”问题的几点思考》《临汾市产业结构现状及转型发展趋势研究》等统计分析和信息百余篇，发挥统计服务决策作用。

【统计调查】 2015 年，市统计局经济普查工作圆满收官。开展第三次全国经济普查资料开发应用、《经济普查公报》公布、发表工作。经普系列课题分析编印成册，《经济普查年鉴》成书。1% 人口抽样调查顺利推进，在规定时间内完成要求的各项任务，通过上级的各项复查。农业普查按期启动，成立市级农业普查领导机构，开展经费预算和物资筹措等工作，县级农业普查前期工作完成。

局长徐新荣等深入尧都区南街办事处尧乡、太茅调查小区调查户中检查指导入户登记情况

（张　敏）

统计调查

【概述】 2015 年，国家统计局临汾调查队完成国家统计调查任务，融入地方经济社会发展中，围绕服务经济社会发展目标开展工作，发挥统计调查职能优势，搞准调查数据，推进调查服务。在全省统计调查年度工作考评中，临汾国调队参加考核的 16 项业务工作评比全部受到表彰，其中，9 项获得第一，综合考评名列第一。

【城乡住户一体化调查】 2015 年，国家统计局临汾调查队加大住户样本核实和轮换工作力度。

发挥由临汾国调队、尧都区政府牵头,尧都区人社局、农经局、统计局和有关乡镇、街道办事处负责人参加的市区住户调查协调组作用。执行国家统计局山西调查总队业务规范化标准,制定实施办法,严把数据采集、录入、汇总、审核和评估等关口。定期召开辅助调查员例会,向调查户反馈家庭调查数据,服务民生。2015年12月至2016年1月,联合市统计局开展“记账质量和制度落实”为主题的全市住户调查基础工作和数据质量检查,进行总结通报。联合市统计局按季发布城乡居民收支数据。

【劳动力调查】 劳动力调查为2015年国家统计局新增加调查任务。临汾国调队承担市区13个调查点,130户调查任务,4月底开始组织实施。实行包点负责制,进社区张贴《全国劳动力调查公告》,入户发放《致调查户的一封信》等,完成13个调查小区、1250个样本户样本框的核查工作和襄汾、洪洞、乡宁、安泽、隰县5个国家调查县劳动力调查数据的审核验收。制定劳动力调查规范化标准实施办法,工作流程图和任务推进表及《劳动力调查工作考核办法》,加强数据采集审核和对辅助调查员的考核管理。11月底临汾国调队作为市级唯一代表参加全国劳动力调查数据评估会,做经验交流。

【小微企业、个体经营户调查】 建筑业小微企业抽样调查为2015年国家统计局适应经济新常态新增调查任务。临汾国调队承担市区19家建筑业小微企业直接调查任务。对19家建筑业小微企业下发统计事务法律责任告知书,进行集中培训和回访,完成4个季度的调查任务。全年编写建筑业小微企业调查报告3篇,信息8条。

新设立小微企业和个体经营户跟踪调查是国家统计局2014年底新布置的调查任务,临汾国调队承担94家小微企业调查任务。2015年2次组织企业和县(市、区)辅调员集中召开培训会议,13次深入现场督促指导,对30家新设立小微企业开展回访检查,下发《法律责任告知》,完成4个季度调查任务。编写新设立小微企业调查报告4篇、经济信息7条。

【主要畜禽抽样调查】 2015年,临汾国调队强化部门联合,与市畜牧、统计等部门沟通,建立协调机制,专题研究部署。对全市12个县(市、区)650家规模户和生产单位开展摸底调查,坚持实地核查,做到不重不漏,保证100%入户率。全年完成4个季度的调查任务。2015年三季度新增万头猪场联网直报工作任务,涉及3个县(市、区)的5家养殖户。全年撰写信息及调查报告6篇(条),提供决策依据,为养殖户提供生产信息服务。

【粮食产量抽样调查】 2015年,临汾国调队强化与市统计、发改、农业、气象等有关部门沟通协调,确保尧都区、洪洞县和襄汾县3个产量大县粮食产量抽样调查工作落实。遵循“利用原有样本资源、减轻基层工作负担”的思路,对调查网点实施科学替换,严格操作规程,保证各个环节规范统一、数据真实,为全省产粮大县调查提供准确数据。撰写10篇经济信息和调查报告,为政府决策部门准确分析和把握粮食产量、价格,稳定市场物价提供参考依据。

【采购经理调查】 2015年,临汾国调队创新措施,抓好样本核实轮换和企业培训与“四卡一通报”制度的细化完善。开展对采购经理调查企业的自查、核查和执法检查,采取数据质量核查与强化企业统计基础工作、统计执法检查工作、地毯式回访以及现场培训“四个结合”,保障采购经理调查数据质量。在40户调查企业开展自查的基础上、对7户重点企业进行核查、对13户企业开展统计执法检查。按季反映制造业和非制造业动态信息,全年完成专项调查分析报告18篇。

【规模以下服务业抽样调查】 2015年,全市规模以下服务业调查样本单位增加到226家,主要报表为服务业调查单位经营情况调查表、服务业调查单位问卷、小微企业非金融资产投资情况表等。制定规下服务业规范化标准实施办法,严格方法制度和数据审核,加大核查力度,强化集中培训和个别指导,对35%以上样本企业进行回访与数据质量检查,53%的样本企业实现联网直报。全年撰写经济信息10条,调查报告4篇。

【规模以下工业抽样调查】 2015年,临汾国调队承担115家样本企业调查任务。加大联网直报培训和企业回访调研力度、建立完善规模以下工业样本企业经营情况台账及样本企业电子台账、下发《统计法律事务告知书》、制定规下工业调查规范化标准实施办法、严格调查方法制度和数据评估审核,完成4个季度的调查任务,为全市GDP核算提供数据支撑。

【服务经济运行】 2015年,临汾国调队落实国家统计局建设服务型统计发展战略，围绕临汾市委、市政府中心工作和重大部署，对接省、市“两办”约稿信息，提升调查服务水平。紧盯山西调查总队约稿信息任务，统筹力量开展调查研究。2015年组织开展58次约稿调研，被国家统计局采用41篇、省委省政府采用49篇次，为党政领导决策提供参考依据；与市“两办”建立《临汾国调专报》服务渠道，根据“两办”信息要点，加大专项调研力度，报送专题调研信息，服务市委、市政府主要领导及相关经济部门，10篇被《临汾政务信息》专刊采用；发挥统计调查监测功能，全年开展两次煤、焦、钢铁、电力和化工等主导产业经济形势调研等，加强临汾市重点调查户畜禽及主要农产品批发价格、临汾市重点企业主要工业生产者出厂价格、临汾市区居民主要消费品价格变动情况的监测预警，撰写预警信息和分析报告，向市委、市政府领导及社会公众报告监测情况，反映宏观经济运行中的苗头性、趋势性问题。2015年，组织撰写各类信息分析动态345篇(条)，山西调查总队反馈采用199篇(条)。在临汾市政府办公厅2015年政务信息报送及采用情况通报中，临汾国调队在市直和中央驻临单位各部门排名中名列第一。

第六届统计开放日活动

(张灵龙)

国土资源管理

【概述】 2015年，临汾市国土资源局坚持稳中求进工作总基调，适应经济发展新常态，保护国土资源，节约集约利用国土资源，维护群众权益，深化国土资源领域改革，推进法治国土建设。

【耕地保护】 2015年，临汾市国土资源局落实土地管理行政首长负责制和耕地保护目标责任制，完成耕地49.46万公顷，基本农田40.1万公顷保护目标。实施占补平衡项目新增耕地0.44万公顷，高标准基本农田建设立项1.08万公顷，确保全市耕地数量不减少，质量有提高。

【用地保障】 2015年，临汾市国土资源局贯彻落实市委、市政府“项目提质增效年”重大部署，供应土地721公顷，服务长临高速、中南铁路、临汾民航机场等重点项目落地。

【矿政管理】 2015年，临汾市国土资源局完成全市584座矿山年检和108座部、省发证生产矿山储量年报审查工作，严格矿产资源“三率”考核评价，提高矿产资源开采利用程度。推进整合煤矿和非煤矿山换发长期采矿许可证工作，7座煤矿和16座铁矿换发长期采矿许可证。

【执法监察】 2015年，临汾市国土资源局提升执法监察效能，强化市、县国土资源执法平台建设。开展2014年度土地矿产卫片执法监督检查工作，立案查处土地违法案件953宗、矿产违法案件25宗。日常巡查和专项行动相结合，出动巡查人员12万人次，开展贯穿全年的“利剑一号”行动，恢复治理全市历年取缔的6006处非法矿点，2015年底在册2627处，全部处于严密监管中，维护国土资源管理秩序稳定。

检查打非地灾工作

【地质灾害防治】 2015年,临汾市国土资源局部署地质灾害防治工作,市、县建成预警监测和应急指挥平台,形成政府主导的"五化""九必须"防灾治灾长效机制。市局班子6次带队督查,全市系统1000余名监管人员开展冰雪融冻期和汛前地质灾害隐患排查,发布预警信息8.2万条,应对汾西县2级橙色地质灾害气象风险预警,保护人民群众生命财产安全。

【基础业务】 2015年,临汾市国土资源局加快"两权"确权登记发证,农村宅基地和集体建设用地地籍调查完成率98%。推进不动产统一登记改革,市级和17个县级不动产登记局2015年10月底前全部成立,部分县市人员陆续到位,制定进入全面工作的程序、方案,在全省首家完成不动产统一登记改革阶段性任务。

(孙寅铖)

工商行政管理

【概述】 2015年,临汾市工商系统推进商事制度改革,坚持依法行政,创新监管机制,维护消费权益,为全市经济社会发展做出贡献。临汾市工商局在体制改革遗留问题众多、任务艰巨繁重、工资一时不能到位的情况下,配合市编办、人社、财政等部门完成人员下划移交,解决异地交流干部和跨县占编人员回原籍问题,自收自支和未占编人员的工资问题,推进工商体制调整和职能转变。

【商事制度改革】 2015年,临汾市工商系统实行"三证合一、一照一码"登记制度。市工商局颁发全市首张加载统一社会信用代码的"三证合一"营业执照。简化市场主体住所登记条件,允许"一址多照""一照多址",释放场地资源。实施"先照后证"改革,分批次将国务院确定的134项、省政府确定的24项工商登记前置审批事项改为后置审批,做到上下同步、前后衔接。依据新修订的《企业经营范围登记管理规定》,依法放宽经营范围登记。工商登记制度改革的推进,促进市场主体准入的便利化,激发投资热情和创业活力,推动全市市场主体的迅猛增长。截至2015年底,全市现存市场主体总量187223户,同比增长24.33%。2015年,全市新登记各类市场主体34202户,同比增长74%。

【商标发展战略】 2015年,临汾市工商系统在全市开展"一村一品一商标、一县一业一品牌"活动,加速品牌培育体系建设。全市注册商标5000余件,其中:中国驰名商标2件,山西省著名商标81件,临汾市知名商标65件。其中2015年推荐山西省著名商标36件,申报临汾市知名商标8件。

【支持新农村建设】 2015年,临汾市工商系统支持新农村建设,全市登记农民专业合作社5854户。开展"红盾护农"行动,以农资为重点,查处一批农资案件。

【信用体系建设】 2015年,临汾市工商系统推进信用体系建设。开展"守合同、重信用"活动,累计推荐申报国家级"守合同、重信用"企业18户。2015年全市办理动产抵押登记66份,办理拍卖备案32次。

【诚信示范市场】 2015年,临汾市工商系统推进创建诚信示范市场,在创建诚信市场中实行先行赔付制度。全市9家市场荣获山西省诚信示范市场称号。

【消费维权】 2015年,临汾市工商系统建立"一会两站"县级消协组织18个、消协分会42个、12315消费维权服务站568个,其中:2015年新建维权服务站75个。推进12315"五进"规范化建设工作,截至12月,进商场112个,进市场40个,进超市122个,进企业231个,进景区19个。全年全市各级12315机构受理消费者咨询申诉举报1837件,办结率95%,为消费者挽回经济损失218万元。

【整顿和规范市场经济秩序】 2015年,临汾市工商系统查处各类经济违法案件277件,规范市场秩序,净化市场环境。狠抓流通领域重点商品质量监管。以抽检工作为切入点,抽检铝合金、小家电、电线、板材、钢材、儿童玩具六大类156个样品。打击传销、规范直销。2015年,联合公安机关捣毁传销窝点25个,行政拘留108人,遣散传销人员500余人。在平阳广场举办《禁止传销条例》《直销管理条例》实施十周年大型宣传活动。开展打击侵犯知识产权和制售假冒伪劣商品专项执法行动,重点打击侵犯"汾酒"系列商标等违法行为。打击合同欺诈行为。在全市范围内开展"整治合同格式条款、引导诚信守法经营"专项行动。开展非融资性担保、投融资中介及各类投资公司清理整顿规范工作，排查825户。开展反垄断、反不正当竞争执法行动。针对群众反映强烈的供水、供电、供气等公用企业滥收费用等限制竞争行为进行查处。推进户外广告市场专项整治，查处各类违法广告案件39起，建立违法广告快速预警机制。开展查处取缔无证无照专项执法行动。贯彻落实《企业信息公示暂行条例》，推行年报制和抽查制，采取措施推动企业信息公示工作开展。加强网络商品交易市场监管。市局举办网络交易监管系统操作培训班。通过山西省网络交易监管系统对比企业数据10000余条。开展维护社会稳定的综合执法行动。各级工商机关配合相关部门对全市的煤炭市场、燃气市场、成品油市场、品牌汽车市场和涉及危险化学品场所及校园周边环境等进行多次安全专项检查和联合执法行动，为创建“平安临汾”发挥作用。

组织召开《禁止传销条例》《直销管理条例》颁布实施十周年宣传活动大会

【“法治工商”建设】 2015年，临汾市工商系统加强制度建设、规范执法行为、强化法制宣传，夯实法治工商建设基础。市工商局作为临汾市“六权治本”工作试点单位，围绕权力运行的风险点、关键点和薄弱点，分析全市工商系统政治生态存在的问题及深层次原因，梳理6类226项权力。其中：行政裁决类1项，行政强制类2项，行政许可类2项，行政检查类6项，行政处罚类206项，其他权力9项。结合职能，实施“两集中、两到位”工作。整合归并工商局涉及企业登记注册、广告、合同等行政许可事项、非行政许可事项、服务事项全部集中到市政务服务中心集中受理、现场办结。

【非公经济组织党建】 2015年，临汾市工商系统组织培训30余班（期）次，约300余名党组织书记、委员参训。在全市培树10个省级示范点和30个市级党建示范点，发展非公经济组织新党员800余名，党员教育、发展、管理工作走入正轨。推行“定查评”工作，破解非公党建工作的一系列难题。

（王晋林）

审计监督

【审计成果】 2015年，临汾市审计局完成91项审计任务，查出主要问题资金147.63亿元，其中：违规资金33.73亿元，损失浪费资金2009万元，管理不规范资金113.70亿元；审计移送处理事项185件，其中：移送纪检部门39件，移送司法机关9件，移送主管部门137件；提出审计建议211条。

【跟踪审计】 2015年，临汾市审计局把稳增长政策落实跟踪审计作为全年工作的重中之重，重点对简政放权、重大项目推进、金融支持实体经济、精准扶贫等21个方面的政策落实情况进行跟踪审计，查出不作为、慢作为问题185个，经政府主要领导批示，有关单位进行整改，整改问题128个。

【财政审计】 2015年，临汾市审计局按照“全覆盖”和“浇透一点”的原则，预算执行审计加大延伸审计力度，审计市本级部门24个，延伸下属单位116个，查出51个问题，涉及资金23.27亿元，移送纪检部门处理事项5件，移送主管部门处理事项13件。按照省审计厅的统一部署，完成市本级及17个县（市、区）、两个开发区的地税系统2014年度预算执行审计，延伸审计重点企业100户，查出少缴、少计、偷税资金5.03亿元等问题，移送主管部门处理事项13件。2015年完成侯马、蒲县、乡宁等6个县市的财政决算审计任务，查出主要问题资金36.55亿元，移送处理事项37件，促进县域财政的规范管理。

【固定资产投资审计】 2015年，临汾市审计局对政府投资项目审计全部以公开招投标的方式确定中介机构，规范权力运行，避免暗箱操作，中介服务费用下降，全年节约经费400余万元。完成百公里汾河临汾城区段上下游生态修复工程、临汾市新高中南路等14个项目的竣工决算审计，送审金额6.43亿元，核减5595万元，核减率8.7%。

【经济责任审计】 2015年，临汾市审计局围绕“经济”和“责任”两个重点，关注主要工作目标完成情况、履职尽责情况等，完成6个县(市)长、16个市直单位负责人、5个县(市)公检法单位负责人的经济责任审计，所有项目均为任中审计，实现离任审计向任中审计的转移。按照政府安排，对7个县(市)国土资源局的主要负责人进行离任审计。

【金融审计】 2015年，临汾市审计局对全市16个信用联社的资产、负债、损益审计中，改变以往市局抽审、县局为主的方式，实行“上审下”，查出违规资金22.09亿元，审计移送处理事项97起，涉及有关责任人员411名。

审计人员核查相关资料

【专项资金审计】 2015年，临汾市审计局完成农业综合开发项目、亚洲开发银行贷款山西省河川流域农业综合开发项目等8个项目的审计任务，规范专项资金的管理使用。

(郭迎建　张小强)

物价管理

【概述】 2015年，临汾市价格部门以稳物价、惠民生为主要目标，加强价格监管，推进价格改革，改进和提升价格工作水平，各项工作取得新的成绩。全年CPI累计上涨2.5%，完成市委、市政府下达的控制在3%以内的年度目标。

【深化价格改革】 2015年，临汾市价格部门落实成品油价格、电价、药品价格、涉农价格、保障性住房价格等政策，服务企业和经济社会发展；推进天热气价格、电价、水价、热价等资源性价格改革，促进节能减排和转型发展。

【规范收费行为】 2015年，临汾市价格部门根据省局文件精神，取消收费许可证制度，停止核发、使用收费许可证，放开部分交通运输、土地价格评估、房地产价格评估、机动车安全技术检验等服务价格，下放部分定价权，对住宅小区前期物业和保障性住房小区物业服务收费实行政府指导价管理。

【加强价格监测】 2015年，临汾市价格部门加强粮油、肉蛋菜、日用工业消费品等常规监测，对重大节日期间以及特殊时段的价格波动，启动应急监测日报告制度，对重要商品价格情况实行一日一报，分析监测情况，为宏观调控和价格决策提供依据。

【强化价格监督检查】 2015年，临汾市价格部门组织开展教育收费、打击价格欺诈、涉企收费、涉煤收费等专项检查，加强节假日市场价格监管，减轻群众负担，维护市场价格秩序。开展明码标价普及工作，对无明码标价的、不按规定的内容和方式明码标价等行为进行重点整顿，促进市场公平、有序竞争。处理群众价格举报案件，按照工作制度、程序和时限办理群众价格投诉和举报。

【拓宽价格认证领域】 2015年，临汾市受理各种案件1085起，鉴证金额8939.22万元，其中刑事案件价格鉴证747起，鉴定金额2440.75万元，刑事案件中涉案财物价格鉴定稳中有升，呈逐年上升趋势。

【提升成本监审水平】 2015年，临汾市价格部门优化成本调查功能，突出农产品和重要商品成本调查，加大成本监审工作力度，强化定价成本监审，对3个行业及相关的成本监审项目实施定调价成本监审，完成各项成本调查监审工作任务。

安全生产监督

【概述】 2015年，临汾市发生各类生产经营性安全事故342起，死亡101人，为省下达控制指标

(126人)的80%,同比起数增加32起,上升12%,死亡人数减少22人,下降18%。其中:煤矿企业发生生产经营性事故1起,死亡1人,同比减少2起,死亡人数减少2人。非煤矿山未发生经营性事故,同比持平。危化企业未发生经营性事故,减少3起,死亡人数减少7人。冶金企业未发生经营性事故,减少1起,死亡人数减少2人。特种设备未发生经营性事故,同比持平。建筑施工未发生经营性事故,减少1起,死亡人数减少3人。生产经营性火灾事故141起,死亡0人,同比增加12起,死亡人数与上年持平。生产经营性道路交通事故198起,死亡97人,为省下达控制指标(106人)的92%,同比增加27起,死亡人数减少7人。其他事故2起,死亡3人,为省下达控制指标(4人)的75%,同比起数持平,死亡人数减少1人。

【安全生产】 2015年,临汾市安监局组织学习贯彻习近平总书记关于安全生产的重要讲话精神和党的十八届四中、五中全会精神,天津滨海新区瑞海公司危险品仓库"8·12"爆炸事故发生后,发挥安委办的作用,市委召开两次常委会议,市政府召开3次常务会议,专题学习总书记习近平、总理李克强、书记王儒林、省长李小鹏关于天津滨海新区爆炸事故的批示,中央政治局常委会议、全国安全生产电视电话会议、省委常委会议、省政府常务会议精神和全省煤矿安全生产工作暨与县委书记重点企业负责人集体谈心对话会议精神,提高对安全生产工作的极端重要性的认识,明确安全在生产发展中的首要位置,树立安全生产第一意识,抓好安全生产工作。

【执行新安全生产法】 2015年,临汾市安监局强化落实生产经营单位的主体责任,组织全市各类企业学习贯彻新《安全生产法》,邀请国家安监总局的领导和市安全生产协会的专家深入各县(市、区)、各企业进行新安法辅导讲座,在企业明显部位,张贴新安法宣传版面,使企业负责人及员工做到懂法、知法、守法,把法治理念贯穿到企业安全生产全过程,使企业严格依法依规生产经营,做到安全责任到位、安全投入到位、安全培训到位、应急措施到位、基础管理到位,提高安全管理水平,推进企业安全发展。

【隐患排查治理体系】 2015年,临汾市安监局推进安全生产大检查,在以往隐患排查治理的基础上,重点检查全留痕。投资11万元建立安全生产大检查影像图片资料的信息网络系统,各级各部门、各乡镇、各监管执法部门的检查人员在生产经营单位现场检查时,对检查现场用手机进行拍照,附检查场所、检查时间、检查人员、检查内容等文字说明,在当天发送至所在县安委办,留底保存;对各县(市、区)领导和市直部门领导到企业检查情况,将视频资料报市安委办留底保存。通过检查影像图片留痕资料,督促检查人员尽职尽责,细致排查,跟踪督办整改。全市出动检查人员19877人次,检查企业10620家次,排除隐患15685条;市政府成立7个督查组,各县(市、区)成立68个督查组,突击检查企业3201家,发现问题6536个,整改6326个,整改率96.8% 。

【安全监管执法体系】 2015年,临汾市安监局促进监管执法行为规范化,提升安全监管能力。加强乡镇安监站建设。通过对全市17个县(市、区)、2个开发区和壶口风景区的151个乡镇、20个街道办事处乡镇安监站的调研,发现乡镇安监站设置较少,人员配备不足、专业人员短缺。向市委市政府提交《关于加强乡镇安监站建设的建议》,加强乡镇安监站建设,把好安全生产第一道防线。加大执法检查力度。做到执法和服务相结合,严格执法,热情服务,执行新《安全生产法》,将"说清事理、说透法理、说通情理"贯穿执法工作全过程,对存在非法违法行为的依法严处,对存在一般隐患的企业帮助整改,达到"执法一家,教育一片"的效果。市安监局直接监管的4家危化企业、4家冶金工贸企业开展执法检查,发现隐患247条,整改241条,整改率为97.5%。

【应急救援管理体系】 2015年,临汾市安监局确保事故抢险救援高效化,加强预案管理、强化救援队伍、提高应急能力,对193家企业应急救援预案进行评审备案,规范企业应急预案。6月29日在市政府的统一领导下,与其他部门在临汾机场大道,组织开展模拟一辆客车和一辆满载粗苯的危险化学品运输车辆发生追尾,导致粗苯泄漏引发着火爆炸应急救援演练,15个单位,约196人参加观摩。构建以"反应迅速、指挥有力、保障有效"为要求的安全应急救援体系,提高全市安全生产应急管理水平。

【重点行业领域专项整治】 2015年,临汾市安监局帮助企业渡过当前经济低迷的难关,制定保障全市企业经济正常安全运行的“十条措施”,帮企业减负,送服务上门。聘请专家对非煤矿山、危化生产企业、冶金工贸生产企业开展“专家会诊”。非煤矿山方面,组织3名专家对62座非煤矿山进行“专家会诊”工作,查出隐患527条,注销安全生产许可证9家。危险化学品方面,组织专家18家危化企业进行会诊,排查隐患594条,正在整改。冶金工贸方面,组织3名专家对45家企业进行专家会诊,发现各类隐患932条,对1家企业进行停产整顿,对3家企业存在的隐患由侯马市进行挂牌督办。

【危化品打非治违】 2015年,临汾市安监局汲取天津港“8·12”事故教训,打击危险化学品和易燃易爆物品的非法违法行为。临汾市印发13000份《关于广泛举报非法违法生产经营运输存储危险化学品的重奖公告》,张贴在各乡村、街道、居民区、机关单位、学校、宾馆、市场等人员密集区,鼓励社会各界举报危险化学品和易燃易爆物品的非法违法行为,发现重大隐患,查处非法违法行为。接受举报案件12起,正在查处。对群众反映强烈的临汾晨丰加气站责令停止营业,拆除乡宁县管头镇上善村小学傍边的简易房里存油罐,取缔襄汾县5个黑加油点。全市各级各部门排查危险化学品和易燃易爆企业623家,排除隐患1668条,停产停业49家,规范危险化学品生产经营秩序。

【安全教育培训】 2015年,临汾市安监局把加强安全生产教育培训作为安全生产治理的重要内容和保障手段,深入企业检查全员培训制度、持证上岗制度、从业人员准入制度等落实情况,督促企业“常念安全经,常讲安全课,常敲安全钟”,提高对危险因素的辨识能力和防范能力,加大教育培训力度,培训非煤类安全生产人员29期3238名,引导从业人员守岗敬业、规范操作、遵章守纪、严反“三违”,提高安全防范意识,提高标准化作业技能。

【职业病防治】 2015年,临汾市安监局为职工创建良好的作业环境,按照职业病防治标准,开展职业病危害项目申报工作,加强工作场所职业卫生检测和现状评价,加强职业病防治基础建设,加强建设项目职业卫生“三同时”管理,加大用人单位职业病危害执法检查力度。1328家企业开展职业病项目申报,10家企业开展职业卫生安全设施三同时,对4家直接监管的企业进行执法检查,对525名企业管理人员进行职业病防治培训。

【安全标准化创建】 2015年,临汾市安监局实现精细管理。按照“树旗立标,发挥示范,抓点带面,强力推进”的原则,采取政策宣传到位、程序优化到位、现场指导到位的措施,帮助3座非煤矿山、54家冶金工贸企业开展安全生产标准化建设,完善安全生产规章制度,实现安全台账规范化、现场管理精细化、领导带班制度化、隐患排除常态化、应急措施保障化。

【安全事故查处】 2015年,临汾市安监局对全年7起事故,按照“四不放过”的原则严查原因、追究问责,处理人员33人,其中刑事8人,行政25人。分析事故原因,通过事故通报和警示教育改进安全生产工作,通过案例分析会、现场警示会等多种方式,汲取教训,坚持警钟长鸣,举一反三,查漏补缺,做到“一企出事故、万企受教育,一地有事故、全市受警示”。

【安全生产月】 2015年6月,临汾市安监局围绕主题开展“加强安全法制、保障安全生产”的安全生产月活动,开展宣传活动,安全生产月成为群众参与的“宣传月”、事故隐患的“治理月”、警示教育的“反思月”、安全教育的“培训月”。6月16日在山西汽运公司临汾运输公司举办全市安全生产咨询日活动,组织百名运输司机进行安全宣誓,播放安全生产警示片,开展安全创建进社区、进企业、进学校、进机关、进家庭的“五进”宣传教育活动,落实安全责任、传播安全文化、普及安全知识。

【安全工作宣传】 2015年,临汾市安监局营造全社会关注安全的氛围,安委会开展《新安全生产法》学习有奖征文活动,截至6月30日收到应征作品154篇,评选出特等奖2名、一等奖3名、二等奖6名、三等奖12名、纪念奖18名、组织奖9名,活动评选结果在临汾新闻媒体上公布,对获奖单位与个人进行表彰奖励;7月在《临汾日报》开辟专栏,对各县(市、区)上半年的安全生产工作进行总结;11月按照全市安全生产大检查宣传工作的要求,安委办在《临汾日报》开辟“县委书记话安全”专栏,于12月7日在《临汾日报》头版刊登稿件。

【安全生产考核】 2015年,临汾市安监局严格考核奖惩兑现,加大安全生产指标考核权重,年初将省政府下达的各项安全生产控制指标分解下达,细化考核目标,明确考核任务,落实安全生产和重大事故“一票否决”制。加强对各级、各部门、各单位安全生产工作的考核，对2014年度考核不合格的3个县(区)给予“一票否决”。通过安全生产指标考核分值，拉大各县(市、区)、各部门之间安全生产情况的差距。

(付　轩)

煤矿安全监察

【概述】 2015年，煤监分局辖区有各类矿井155座，其中临汾市136座、生产规模12935万吨/年，运城市19座、生产规模1890万吨/年，辖区矿井最终总生产规模14825万吨/年。155座矿井中现持有安全生产许可证矿井65座、安全许可能力7200万吨/年，其中最终生产能力的矿井57座(包括3座改建矿井)、安全许可能力6860万吨/年；主体持证生产的建设矿井8座、安全许可能力340万吨/年，建设规模750万吨/年。建设矿井90座(不包括持证改建和主体持证建设矿井)，建设规模7215万吨/年。截至年底辖区批准生产矿井55座(包括3座持证改建矿井和3座过渡生产矿井)，开工建设矿井34座。停工停产矿井66座。

辖区现有北京中海沃邦能源投资有限公司、中石油煤层气有限责任公司临汾分公司、中国石油化工股份有限公司华东分公司和瑞弗莱克油气有限责任公司4个煤层气勘探企业。北京中海沃邦能源投资有限公司和中石油煤层气有限责任公司临汾分公司取得安全生产许可证；中国石油化工股份有限公司华东分公司取得国土资源部“探矿证”和国家能源局下发开发项目备案确认函，“三同时”方面完成安全预评价的报告编制，报山西煤矿安全监察局备案。

辖区煤矿年内发生2起死亡4人煤矿安全生产事故。较2015年同期相比事故起数减少1起，辖区安全生产形势总体平稳。

【“十二五”安全监察工作成效】 “十二五”期间，煤监分局辖区安全生产形势逐年好转。资源整合前，临汾、运城两市有各类煤矿430余座，经过两轮的煤矿兼并重组整合，两市保留煤矿155座，减小矿井数量，提升规划产能。分局强化对资源整合矿井的监察力度，对各类矿井开展重点监察、专项监察和定期监察。配合地方政府推动对各类被整合矿井的关闭，申请批复安全设施设计的矿井必须先关井后申报，消除关井不及时带来的隐患。强化对资源整合建设矿井的监察，审批手续不齐全的矿井，严禁擅自开工建设，在监察过程中，分局从建井手续的审批到建井期间的违规生产入手，查处各种违法行为，规范辖区建设矿井推进。推动地方政府实施矿井红线管理制度和A、B、C、D分类管理办法，申请开工建设的矿井必须市煤炭管理部门审批采掘计划，获准红线内施工方可有序开工；划定红线的矿井必须对红线内的隐蔽致灾因素进行勘探，隐蔽致灾因素不明、不清的严禁开工建设。2011年至2015年，开展监察1505矿次，查处安全隐患及违法行为4845条，下达各类执法文书4221份，对210座矿井实施经济处罚、罚款8469.27966万元。其中：2011年，监察280矿次，查处安全生产隐患790条，下达执法文书999份，对52矿次实施经济处罚，罚款2551.4万元。2012年开展监察234矿次，配合国家局督导组、省督查组及临汾市政府督查矿井118矿次。查处安全隐患及违法行为871条，下达各类执法文书936份，对24座矿井实施经济处罚、罚款2004.3万元；2013年开展监察372矿次，查处安全生产隐患和违法违规行为838条，下达执法文书781份，对36矿次实施经济处罚、罚款1925万元。2014年开展监察347矿次，查处1254条隐患，其中重大隐患8条，下达执法文书778份，经济处罚26矿次，罚款1288.04万元。2015年，监察272矿次，查处1092条隐患，其中重大隐患2条，下达执法文书727份，经济处罚20矿次，罚款700.53966万元。

【安全监察】 2015年，煤监分局落实计划，强化监察，成效明显。根据省局监察执法工作会议精神和全年执法计划安排，组织开展煤矿职业危害防治、煤矿领导带班下井、煤矿建设项目和“一通三防”等专项监察；对水文地质类型复杂、高瓦斯和近年发生事故矿井开展重点监察；按照省政府统一安排，在“两节”和“两会”及5、6月开展全省隐患排查治理行动(定期监察)；根据省局和临汾市政府安排，3次开展安全生产大检查工作；对煤矿安全许可矿井进行现场核查、专篇审查等工作；对地方政府和煤炭主管部门安全生产工作进行监督指导。

结合执法监督工作和月度监察执法分析情况,督促各监察组整改完善执法文书中存在漏洞和不足、收集煤矿隐患整改报告、向企业主管部门下达监察执法通报或加强改善安全管理监察意见书,确保监察执法程序合法、定性准确、处罚统一、执法闭合。全年监察272矿次(其中,重点监察44矿次、专项监察101矿次、定期监察28矿次、其他99矿次),查处1092条隐患,其中重大隐患2条,下达执法文书727份,经济处罚20矿次,罚款700.53966万元。

【完善工作机制】 2015年,煤监分局为规范监察执法行为和加强隐患排查治理工作,以临煤监〔2015〕27号和52号等文件就“执法监督实施办法”“强化监察执法工作”“隐患整改复查及委托复查”等方面细化完善,明确重大隐患谁发现、谁跟踪、谁销号的隐患排查工作机制,对委托地方监管部门复查的隐患由专人具体督办,确保执法到位;明确监察执法过程中带队领导、主办监察员、执法监督人员工作职责,全过程规范监察人员执法行为。

【规范执法行为】 2015年,煤监分局由监察一室对分局全月执法文书、安全隐患、分局和地方监管部门复查结果等逐条逐项登记建档,局长监督销号,在每月一次的执法分析会上通报点评,纠正执法中存在漏洞和不足、提醒隐患复查工作,促进执法文书的规范化和标准化、隐患整改针对性和时效性。

【煤矿隐患排查治理】 2015年,煤监分局抽调13人参加对山西焦煤、阳煤集团的33座矿井开展隐患排查治理活动,3、5、6三个月开展第二轮整改复查和第三轮巩固深化。全年查处1092条隐患,整改销号982条,隐患整改率90%,未整改隐患主要集中于矿井的证件延期办理、检测检验报告等,一些停工停产矿井因人员不能到位造成隐患整改不及时。开展隐患排查治理,发挥大集团工程技术人员专业知识优势,发现一些分局监察人员日常监察没有引起重视或因专业局限不能发现的隐患,在瓦斯治理和水害防治方面的细节问题,监察人员在其间学到现场专业知识。

【“红线”管理和隐蔽致灾因素普查治理】 临汾市地方监管矿井从2013年开始实行年度生产建设“红线”管理制度,每年由市煤炭局组织集团公司专家及煤炭、煤监局领导听取拟复工复产矿井专题汇报,对矿井拟生产建设区域划定安全“红线”,对隐蔽致灾因素不清或存在异常区域不得划入“红线”范围,必须补充勘探;生产建设期间矿井采掘超越安全“红线”即定为非法、必须停止生产建设,通过采掘面安全“红线”管理基本杜绝矿井越层越界等违法行为。由临汾市政府牵头、煤炭煤监配合、煤炭科学研究总院北京分院负责对辖区逐矿开展隐蔽致灾因素普查工作,与36个矿签订合同,普查工作有序进行。

【安全生产大检查】 2015年,煤监分局按照省局安排,1月至3月、5月至6月、8月至11月开展3次安全生产大检查,3次大检查与分局月度执法计划相结合,开展“四不两直”突击抽查、与地方监管部门联合执法,通过安全宣讲与监督指导服务煤矿,煤矿企业认识到安全生产工作的重要性,违法违规行为大幅降低,形成良好的安全生产氛围。开展大检查活动以来,重点监察29矿次,专项监察60矿次,定期监察14矿次;制作或下达现场笔录112份;查处隐患454条,其中重大隐患1条;暂扣安全生产许可证1矿次、责令停止生产1矿次、停止作业9矿次、停止使用2矿次,罚款32万元。

【异地交流执法】 2015年10月13日至25日,根据省局安排,分局由3人组成监察小组到吕梁开展煤矿安全监察异地交流执法。监察矿井5座,查处隐患27条,处罚非法生产建设行为,罚款12万元。

【水害防治和瓦斯治理】 2015年,煤监分局要求执法人员在执法过程中突出两个重点。日常监察执法中要求监察人员到矿先必须查矿井防治水工作、必须查矿井通风系统、必须查瓦斯综合治理情况,看探放水原始记录和台账、看采掘工作面和硐室风量、看各测点瓦斯浓度和采掘面瓦斯抽采量,对台账记录不清、风量和瓦斯量异常的采掘面及作业地点下井必须重点关注。通过查大系统、查大隐患、重大隐患挂牌督办使煤矿企业对防治水和瓦斯治理工作引起高度重视。督促煤矿企业落实水害防治和瓦斯治理各项规定。要求煤矿企业在瓦斯治理工作中必须彻底摈弃“风吹瓦斯散”的落后观念,坚决取消多巷道进回风的不可靠通风方式,树立区域治本先进理念,制定科学、实用的“一矿一策”“一面一策”防治方案;在防治水工作中摸清井田范围地表水、采空(老空)水、奥灰水情况,相邻矿井必须按季度相互通报采掘情况,在采掘过程中落实《煤矿防治水规定》,做到对水害的可知、可防、可控。

【发挥对地方政府监督指导职能】 2015年，煤监分局各监察小组利用日常监察时机，与地方政府煤炭管理部门和集团公司安全管理部门负责人开展座谈交流，掌握各矿井证照办理、复工复产、建设项目审批等情况，为煤矿答疑解惑，对地方政府监管工作出谋划策，“一县一集团一策”提出有针对性的指导意见。

【开展谈心对话】 2015年，煤监分局对洪洞、尧都、安泽等7个县(区)煤矿矿长开展谈心对话活动，谈话前以书面形式通知县局和有关煤矿企业，谈话中局领导对各矿生产建设情况、重大危险源情况等全面了解，听取煤矿存在困难和问题，进行交流和探讨，提出有针对性、操作性的意见和建议。

【联合执法】 2015年，煤监分局通过突击抽查、夜间检查，与县煤炭主管部门联合执法等办法，来实的、动真的。“两节”和“两会”期间与临汾市政府煤炭管理部门对25矿次开展巡查。通过联合执法打击煤矿违法生产、建设的侥幸心里，煤矿违法行为得到有效遏制，辖区煤矿生产、建设秩序和安全形势稳定好转。

【安全保障】 2015年，煤监分局严把“四个关口”，提升煤矿安全保障能力。严把受理关。对辖区“五大”集团和地方监管矿井建设项目安全专篇和安全许可现场核查申请按照临汾市政府统一要求全部进入临汾市政务大厅专人受理，接受市政府监督指导，做到公开、透明，让权力在阳光下运行。严把核查关。实行“主办监察员制”，确定两名监察员分别负责全局煤矿建设项目安全专篇和安全许可资料审核把关，由矿井网络监控主办监察员负责组织专家审查安全专篇和安全许可现场核查工作。严把专篇审查关。安全专篇审查原则上安排到矿井现场，由主办监察员、评审专家、设计项目负责人、矿方技术负责人四方研究决定矿井采掘工艺、主要设备和安全设施等，确保专篇符合矿井实际，不降低安全标准，起到安全保护作用。严把复查关。对矿井安全许可现场核查和隐患整改复查必须由分管局领导带队、主办监察员必须下井检查并提出主导意见，其他监察人员必须对其检查内容负责。

【严肃查处事故】 2015年7月20日，山西潞安集团蒲县常兴煤业有限公司发生顶板事故，造成3人死亡；11月28日，山西翼城首旺煤业有限责任公司发生一起运输事故，致1人死亡；该矿曾于7月5日发生一起井下探水钻孔煤尘燃烧事故，4人中毒晕倒被困，经抢救，未造成人员死亡的较大事故。事故发生后，分局进行事故调查，形成事故调查报告，经省局核准后，对常兴煤业4人进行刑事责任追究，对该矿罚款300万元，个人罚款36.84966万元，对17人给予党纪、政纪处分；给予首旺煤业14人行政处罚，罚款20万元；对该矿中毒事故中的10名责任人，进行相应的处罚，对事故单位处以10万元罚款。

【警示教育】 2015年，煤监分局强化警示教育，用事故教训推动煤矿安全工作。对发生的2起事故，通报辖区各企业，组织层层警示，全面排查，落实补救措施。会同临汾市政府、主管部门召开警示教育大会，通过媒体向全社会发出警示。组织辖区产煤县(区)政府分管领导、监管部门负责人、煤矿主体企业负责人收看相关警示教育视频。

(张泽锋)

质量技术监督

【质量强市工作】 2015年，临汾市质量技术监督局贯彻落实《质量发展纲要》，调整充实质量强市领导小组。在全市50家企业中建立质量安全控制关键岗位责任制，落实企业质量安全主体责任，明确企业法人代表人或主要负责人对质量安全负首要责任，企业主管人员对质量安全负直接责任。开展质量诚信体系建设，出台《临汾市质量技术监督局工业企业质量诚信建设实施方案》，组织10个重点企业发布《企业信用报告》，推进质量诚信体系建设。针对市县工商质监行政管理体制改革的实际，组织各县(市、区)分管质量工作的县(市、区)长、新任的工商和质量监督管理局长、骨干企业负责人63人在武汉大学举办宏观质量专题培训班，提高县(市、区)政府及各大企业对质量工作的认识，保持全市质量技术监督工作的连续性，促进质量监管和从业人员树立“大质量”工作理念，为推进新常态下质量工作奠定良好的基础。

【专项整治和打假治劣工作】 2015年，临汾市质量技术监督局执行监督年度产(商)品定期监督检验计划，对全市46个生产企业的6类产品和

469个经销单位的15种商品定期监督检验,不合格检出率2%,全部进入处理程序。市、县两级加大执法打假力度,出动执法人员1868人次,检查企业210余家,以“打击侵犯知识产权和制售假冒伪劣产品”和“质检利剑行动”为主线,组织开展农资、建材、净水器、儿童用品等13类产品专项执法行动。12365质监热线受理各类举报投诉55件,其中有效业务52件,办结率为100%,保护消费者权益,维护市场经济秩序。加强对获证企业的证后监管。在全市获证企业中开展危险化学品和食品相关产品2个专项整治,开展获证企业年度自查和日常巡查,发现质量安全隐患258处,现场整改156处,下达责令整改通知书81份,保证全市获证企业能保持持续稳定生产合格产品的能力。帮扶山西永鑫煤焦化有限公司、山西省建滔万鑫达化工有限责任公司等12个企业通过生产许可证评审,换发工业产品生产许可证。

【特种设备专项整治】 2015年,临汾市质量技术监督局在全市范围内重点组织开展围绕电梯安全、油气输送管道质量安全、锅炉安全攻坚的“三大战役”和工贸行业粉尘防爆场所、冶金工贸行业、液化石油气钢瓶等方面的特种设备安全专项治理工作,针对全社会高度关注的电梯安全,对全市所有在用的直梯、扶梯、自动人行道进行排查。出动执法人员2069人次,排查直梯5148台、扶梯和自动人行道469台,排查治理隐患538个,责令停止使用问题电梯127台。督促各县(市、区)局完善企业特种设备台账,保障特种设备纳入监管范围。结合“两节”“两会”、安全月、黄金周等重要节点,市、县两级在全市范围内组织开展特种设备安全大检查活动,确保全市特种设备安全无事故。

2015年,市县两级出动执法检查人员3050余人次,排查生产、使用单位1530余家,检查设备9180余台件,排查一般隐患695条,整改642条,整改率92%。对80余家企业负责人进行知责、履责约谈,消除特种设备安全隐患,推动全市特种设备安全工作。

【标准化工作】 2015年,临汾市质量技术监督局完成翼城农林牧综合标准化示范区、曲沃县无公害设施蔬菜栽培2个国家级标准化示范区年度建设和古县核桃栽培、浮山杏鲍菇2个省级标准化示范区项目建设工作。帮扶指导综改试验区产业转型首批十大标杆项目之一的山西方略保税物流中心有限公司通过国家级物流服务业标准化试点评估验收,为全市物流企业的发展起到示范带动作用。指导帮助临汾市十大重点民生工程之一的临汾市人民医院申报国家级医疗卫生服务标准化试点获批,这是山西省首批、临汾市首家被列为社会管理和公共服务标准化试点项目。帮助临汾市行政审批管理中心、侯马市政务中心申报第三批国家级社会管理公共服务综合标准化试点。

【计量工作】 2015年,临汾市质量技术监督局组织开展对超市、加油站、眼镜制配业等计量专项检查,打击坑害消费者的计量欺骗不法行为。在尧丰市场启动计量诚信体系建设工作,免费配置8台公平秤,组织技术机构免费检测900台电子计价秤,协调衡器厂家对集贸市场在用的300台电子计价秤免费维修,组织600家经营户实行计量诚信承诺。

【认证认可工作】 2015年,临汾市质量技术监督局督促全市72个获证机构落实检验检测主体责任。对建材、环境空气、水质、机动车等社会关注的检测机构开展重点检查。组织开展17家获证建材实验室水泥项目能力比对工作,提高建材检测机构的检测能力和技术水平。开展全市检验检测服务业统计工作,初审68家检验检测机构的统计数据,反映全市检验检测行业和规模、结构、效益等基本情况,为政府制定政策和规划提供依据。

【检验检测工作】 2015年,临汾市质量技术监督局完成产品质量检验1372批次,计量器具检定、校准237014台(件),办理和换发代码证5333套,检验起重机械780台,厂内机动车53台,压力容器1298台,电梯3810台,锅炉650台,安全阀校验5152台,水质化验188台,热效能测试18台;组织1863名特种设备作业人员参加考试。

(张志敏)

食品药品监督管理

【概述】 2015年,临汾市食品药品监督管理局深化改革,夯实监管基础;深化问题指导,开展专项整治;强化信息监管,提升监管效能;改进工作作风,狠抓党风廉政建设和队伍建设;强化法治建设,提高食品药品安全治理能力，完成各项工作任务。

【食品源头治理】 2015年，食品药品监督管理局严把标准，抓好承接许可。省局下放8类22个单元食品生产许可，在实际许可过程中按照“严格程序，严格标准，严格监督”标准启动食品生产许可工作，为全市食品生产监管夯实基础。修订《食品生产加工小作坊生产许可指导意见》，提高、规范小作坊的准入门槛；对小作坊进行排查摸底，对未办理小作坊许可的个体加工户，下达责令停产通知书，落实挂账销号制度。加强调研，提升服务水平。利用宣传政策、发放资料、现场帮教、整改引导等方式，指导小作坊主，引导其规范生产条件。推行安全追溯。制定印发《临汾市食品安全全程追溯制度实施方案》，成立领导组，召开培训会议，引导企业建立各个环节详细的记录，保证全过程可追溯，逐步实施信息化平台管理。全市98家食品生产企业完成食品安全全程追溯体系信息化平台建设工作，市局和16个县(市、区)食品药品监督管理局建立食品安全全程追溯体系信息化监管平台。

【食品流通监管】 2015年，食品药品监督管理局严格日常监管，加大违法经营惩处力度。通过日常监管、许可核查、投诉举报等渠道，加大对违规经营者的处罚力度，提升经营企业自律意识。集中开展专项治理，解决重点、难点、热点问题。突出针对食品批发市场、集贸市场、大型经营食品场所、城乡接合部、城中村、农村地区无证经营和经营“三无”食品、假冒伪劣食品等问题，加大执法力度，派出巡查人员，采取逐户上门的检查办法，开展重点产品生产经营主体资格专项检查和查处无证无照经营行动，规范市场经营秩序。开展联合执法，打造市场监管合力。发挥“市场检查”的主力军作用，加强与公安局、商务局、农委等单位的沟通协调，制定《食品流通环节联合检查计划》，围绕重点品种，联合对临汾市区坂下农贸市场、尧丰集贸市场、晋利食品有限公司、万佳福超市、家福乐超市等多家食品企业进行检查，形成齐抓共管的格局。

【严防食品安全事故】 2015年，食品药品监督管理局开展餐饮环节制售“三无食品”“含铝食品添加剂使用情况专项检查”等突出问题专项整治工作。对无证无照、聚集性餐饮单位、学校食堂及周边餐饮单位、小餐饮进行监督检查，采取“回头看”的方式，严防隐患“复燃”。深化学校食堂及其周边餐饮单位食品安全治理。加强对学校食堂及周边餐饮单位的集中检查和飞行检查力度，督促学校食堂全面落实主体责任，执行索证、索票管理制度。对春秋季开学前后的学校食堂、中高考期间考点学校食堂及周边餐饮单位、考生集体用餐配送单位进行集中检查，对发现的问题责令限期整改，消除食品安全隐患。开展火锅底料等重点品种的专项整治活动。重点检查火锅底料及其原料购进和使用情况、添加剂“五专”管理、自制火锅底料备案、公示等，运用食品快检设备对火锅餐饮单位进行工业碱、罂粟、喹诺酮、甲醛等的筛查，督促火锅餐饮单位严格落实进货查验、索证索票、添加剂公示、备案管理等制度，规范餐饮环节的管理。

【规范经营行为】 2015年，食品药品监督管理局规范保健食品流通许可。制定《经营保健食品现场核查细则》《保健食品流通许可(变更)工作办理流程表》，将保健食品流通许可纳入食品流通许可范围，发出《食品流通许可证(保健食品)》108个。加大日常监管力度。确定生产经营企业检查重点，排查质量安全隐患和风险，督促生产企业按照保健食品GMP组织生产，监督经营企业把好产品进货关、销售关和退市关，做到有台账、登记全、信息准、可追溯，推进企业自律。开展专项检查整治。开展保健食品违法添加专项整治、虫草类保健食品专项整治和开展制售“三无”食品和假冒伪劣药品突出问题专项整治，规范企业生产经营行为。

【整顿规范药品生产环节】 2015年，食品药品监督管理局开展药品生产质量安全专项治理，严把药品生产质量关。推进企业进行GMP认证申报和整改工作，对多品种、多批次药品检验不合格和整改不到位的企业加大监管力度与检查频次，确保全市药品生产的安全。临汾市辖区内16家药品生产企业有11家通过2010版GMP认证检查，5家开展异地改造，筹备认证工作。开展医疗机构制剂配制管理专项检查。对艺敬肿瘤医院等4个医疗机构制剂室采取督查检查、监督抽验、严查重处等措施进行专项检查，配合省局注册处对辖区内到期的10家医疗机构制剂39个品种开展再注册工作，规范医疗机构制剂配制秩序，确保医疗机构制剂安全。加强特殊药品监管。对辖区内8家使用特殊原料药生产企业、1家一类精神药品经营企业和12家二类精神药品经营企业的销售情况、安防装置、销售资质进行专项检查。

【规范药品经营环节】 2015 年,食品药品监督管理局开展中药材、中药饮片、疫苗、含特殊药品复方制剂、终止妊娠等专项检查,规范企业经营行为,净化药品市场环境。开展违法发布药品广告专项检查。加大对违法药品广告的检查力度,整顿和规范药品广告市场秩序,打击虚假违法药品广告。加强基本药物流通环节的质量监管。对涉及基本药物配送的 11 家企业进行监督检查,规范基本药物配送企业的经营行为,加强对基药配送企业及政府办基层医疗卫生机构监管,确保基本药物质量安全。完成全市 1000 余家药品零售企业新版 GSP 认证及药品电子监管入网,入网率 100%。

【整治医疗器械】 2015 年,食品药品监督管理局召开专题工作会议,落实医疗器械生产质量管理规范和经营管理制度运行情况专项整治工作,强化企业主体责任意识,督促企业建立健全各项质量管理制度,规范生产质量管理体系和经营质量管理制度有效运行。强化风险防控。对生产企业实施分级分类全覆盖监督检查,完善企业诚信机制,对自查整改不到位,严重违法违规企业记入诚信档案。整治规范市场。采用明察暗访、突击检查等方式对“口腔义齿、学校及周边眼镜店、体验店”开展专项检查,对经营、使用环节开展体外诊断试剂风险排查工作,确保体外诊断试剂使用安全、有效。

【案件查处】 2015 年,食品药品监督管理局开展基本药物监督抽验。完成药品生产企业抽验 417 批次,药品流通领域抽样 440 批次,857 批次(任务 757 批次),超额完成省局交办的 757 批次的抽验工作任务及明胶空心胶囊和胶囊剂专项抽验。应用药品快速检测车,重点对偏远乡镇的基层医疗卫生机构和药品零售企业的药品进行快速筛查抽验,共筛查品种 418 批次,快检不通过的有 16 批次。开展假药认定工作。配合公安部门打击制售假药违法犯罪行为,进行假药鉴定 98 批次。开展联合执法培训。提高全市稽查人员执法水平,加强和公安食品药品犯罪侦察支队的沟通、协调与合作,与市公安局邀请省公安厅、山东省公安厅、省食药监局、省食品药品检验所等老师授课,对全市公安、食药监系统 180 余名执法人员从食品药品抽样、案件侦察、案件认定及司法衔接等方面进行系统培训。

2015 年,全市出动执法人员 105914 人次,检查企业 32495 家,责令整改 7766 家,查处各类违法案件 1393 起,案值 32.1 万元,罚没款 384.33 万元,移送公安机关案件数 25 起(其中食品案件数 832 起,罚没款 215.36 万元;保健食品案件数 57 起,罚没款 13.92 万元;药品案件数 491 起,罚没款 145.84 万元;医疗器械案件数 8 起,罚没款 8.72 万元;化妆品案件数 5 起,罚没款 0.49 万元)

刘锋局长(左二)陪同省食药监局局长赵光国(左三)视察乡镇监管站

【合理配置检验检测资源】 2015 年,食品药品监督管理局确立“一个基础,两个依托,三个补充”的整体布局框架。一个基础是市食品药品检验所,两个依托是洪洞县、翼城县食品综合检验检测中心,三个补充是安泽县、蒲县、乡宁县食品综合检验检测中心。洪洞县核定全额事业编制 30 人,能够独立检测 6 大类 27 个食品项目参数。翼城县现有设备 56 台(套),完成对 6 名专业技术人员的招聘及培训工作,可开展食品安全性检测项目 12 大类。

【存在问题】 2015 年,食品药品监管力量比较薄弱。全市机构改革基本完成,整体框架建立,乡镇监管站基本组建,人员、办公场所、设施设备没有完全到位,协管员队伍没有建立,食品药品监管任务点多线长面广,监管队伍素质参差不齐,基层一线的监管力量相对薄弱。

基层检验检测能力不足,受办公场所限制等原因,各县局只有简单的实验室和少量快检设备,检验检测技术人员缺乏,缺少现代科学的检验检测设备,缺乏必要的技术支持,跟不上不断翻新的制假手段和高标准的工作要求。

全市食品安全检(监)测能力建设规划项目建设滞后。根据国家发改委《食品安全检(监)测能力建设项目申报工作》的要求,未落实食品安全检(监)测能力建设项目用地及配套资金,在没有土地的情况下,市食品药品检验所先按原址改造向省发改委进行申报,致使临汾市食品检(监)测能力建设项目不能动工,致使食品药品的检验检测工作不能正常开展。

(刘　锋)

盐政管理

【概述】 2015 年,临汾盐务分局确保盐业市场安全稳定,强化市场监管,推进“食盐安全示范村”创建工作,严格食盐质量检测。面对盐业体制改革,营造良好食盐消费环境。增强查私打假的有效性、监管机制的长效性、队伍建设的规范性,完成各项工作任务。全年查处涉盐违法案件 43 起,罚款 67200 元,查获违法盐产品 244.76 吨,捣毁私盐制售窝点 4 个,查扣无证运输车辆 4 部,移送案件 7 起,刑拘 8 人,批捕 2 人,取保候审 4 人,起诉 2 人,判刑 2 人。

【盐业市场监管】 2015 年,临汾盐务分局加大市场查缉力度,确保盐业市场安全稳定。按季节制定“春季、秋季、迎两节”的盐业市场检查方案,季季有方案,周周有检查,坚持专项检查与常态化检查相结合,严防假冒碘盐、劣质盐流入食盐市场。对食品加工用盐重点监管,严查工业盐、畜牧盐、非食用盐流入食品加工环节。面对盐业市场出现的新状况,认识盐业市场管理形势的严峻性、复杂性和重要性,运用法律手段,保持高压态度,分局与临汾市公安局食药支队建立联合办案机制,对查出的涉盐案件提前介入,收集证据,便于案件移送。全年区域移送案件 7 起。

【张东生承运盐产品案】 2015 年 5 月 8 日,临汾盐务分局在临侯高速路襄汾服务区查扣一辆晋 M66437 红色大运牌重型半挂牵引车,发现该车载有盐产品 40 吨,该包装的盐没有标注、生产厂址、生产日期、合格证等。盐政执法人员将该车带回分局进行调查,当场查获违法盐产品 40 吨。经初步询问,车主杨志刚 5 月 7 日下午 3 点左右在湖北孝感某化工厂附近一民房内,以化工产品名义装盐 40 吨,没有任何购盐凭证。

【吉县假冒 400G 小包装食盐案】 2015 年,临汾盐务分局在对吉县盐业市场检查中,在一蔬菜批发部检查时,发现该店销售的 400 克小包装海藻碘盐有异样,经当场用碘盐试剂检测为无碘。检查人员随即在该店的库房内发现:假冒 400 克海藻碘盐(20 公斤/件);用白色编制袋包装、且无任何标识、20 公斤/件的散装盐产品 4 件;在其运输蔬菜的货车上发现用白色编制袋包装、用塑料绳手工扎口外包装上标有 INDUSTRIAL　STAL ,产品执行标准 50GK ,MADE IN CHIAN 等英文字母,内装有同样假冒 400 克海藻碘盐 5 件(50 公斤/件),各类假冒盐产品约 300 公斤。

【打掉假冒生产窝点】 2015 年 6 月,临汾盐务分局在食盐市场检查中发现假冒“晋盐”牌 400 克海藻碘盐,得到重要线索。分局与临汾市公安分局食品药品犯罪侦察大队成立联合办案组。经过 1 个多月的侦查、取证,确定该批假盐的生产加工点制假窝点。7 月 21 日晚,临汾盐务分局配合临汾市公安分局食品药品犯罪侦大队循线追踪,成功打掉一个假冒“晋盐”牌 400 克海藻碘盐生产窝点,两个假冒“晋盐”牌 400 克海藻碘盐销售窝点,当场查获假冒“晋盐”牌 400 克海藻碘盐 1.66 吨,假冒 20 公斤食品加工精碘盐 0.12 吨,用于加工假冒“晋盐”牌 400 克海藻碘盐的原料且外包装为英文字母的精制盐 4 吨,各类盐产品 5.78 吨;用于运输盐产品的五菱面包车一辆,“联腾”牌小包装封口机一台,电子秤一台,空小包装袋 1000 余个及其他加工用具若干,依法传唤嫌疑人 6 人,刑事拘留 3 人。

7 月 21 日,经临汾市公安分局食品药品犯罪侦大队及临汾盐务分局突击检查,行动由临汾市公安分局食品药品犯罪侦大队段波支队长统一指挥。当晚 9 时许,公安、盐务 20 余人、车辆 6 部全部集结到位后,开展突查行动。发现位于贾得乡东秦村一组 69 号贾某家后院,车牌号为晋 LSJ600 灰色面包车内装有外包装为英文字母的假冒 400 克海藻碘盐 15 件(40 公斤/件),车旁的房里堆放着外包装为英文字母的散装精制盐 7 件(50 公斤/件),地面上散落着假冒盐、十几条标有英文字母的空编制袋、电子秤一台及加工器具，桌子上有一台“联腾”牌小包装封口机，印有生产日期的空小包装袋1000余个。公安人员在该院中发现两条假冒矿泉水及桶装水生产线和产品(另案处理)。现场控制制假嫌疑人贾某及其女儿、女婿、儿媳4人。

此处清理完后，行动组立刻驱车奔赴第二个制售窝点：贾得乡万汇超市，在该超市老板陈某及其妻子存盐处(贾得乡贾得村一院落)门洞下发现：假冒“晋盐”牌400克海藻碘盐43件(20公斤/件)，20公斤食品加工精碘盐6件(20公斤/件)，外包装为英文字母的散装精制盐73件(50公斤/件)。这些标有英文字母的精制盐都是工业盐，从外省贩运进来，在这里换上假包装袋后“摇身一变”，成为“400克海藻碘盐”。

7月22日，犯罪嫌疑人贾某、孙某、陈某3人因涉嫌生产、销售不符合安全标准的食品罪被依法刑事拘留。案件进入起诉阶段。

【工业盐供应渠道监管】 2015年，临汾地区的工业盐下降明显，许多盐厂(河北黄骅盐厂)到各县的工业盐用盐企业以低于公司现行价格(约400元/吨)推销工业盐，服务上门，品种全、价格低，赢得部分客户；临汾所辖县市以煤、焦、铁经济为主，受经济下行大环境的影响，煤铁经济下滑，随着产业结构调整，环境治理等多方面因素，多数煤矿、焦厂、铁厂关闭或用其他替代品。关停的企业有：洪洞陆合公司工业盐年用量180吨左右；洪洞铭宇化工公司工业盐年用量600吨左右；新绛重庆冶炼厂工业盐年用量250吨左右；襄汾宏源焦化厂工业盐年用量250吨左右；襄汾星源钢铁厂工业盐年用量800吨左右。

面对工业盐市场管理的重重困难，分局成立工业盐检查组，对辖区内的工业企业逐一实地走访，了解生产情况及工业盐购进使用情况，同企业主管采购的负责人见面，讲解有关工业盐的管理规定。根据企业的不同情况，探寻工业盐供应的新模式。

曲沃县立恒钢铁厂是曲沃县最大的工业盐用户。自2014年12月，得知国家发改委发布工业盐价格放开的消息后，停止从曲沃县公司购进工业盐。在钢铁厂的原料招投标中，分公司多次参与都未能中标，主要原因：1.分公司核算后的供应价格高于其他供应商价格；2.钢铁厂不需要增值税发票，分公司每笔销售都必须开；3.供应商许诺钢铁厂可以适当赊欠盐款，分公司无法承诺；4.钢铁厂从降低成本的角度出发，选择质优价廉的原料。

2015年9月，临汾分局接到举报，在距离立恒钢铁厂较近的一库房中，查扣30吨工业盐。局司领导及执法人员来到立恒钢铁厂实地查看，与该钢铁厂负责采购的负责人沟通，向负责人讲解《山西省盐业管理条例》关于其他用盐的相关规定。负责人提供签订的工业盐供货合同，供方为吕梁平民盐业公司(该公司在当地取得工商部门核发的营业执照)，供价：380元/吨，数量：80吨。在听取完执法人员的讲解后，负责人表态一定遵守国家的法令，但是企业的经济效益不好，为了降低成本，如果分公司可以按照其他供应商给出的价格供应工业盐，还可以合作。

针对立恒钢铁厂的问题，分公司多次请示省公司的情况下，引入产区直供用户、分局监管、侯马运销站协调供应的供货模式，由河北海兴盐厂以《授权委托书》的形式委托侯马运销站与立恒钢铁厂签订《工业盐买卖合同》，数量为120吨，付款方式及期限为货到付款，价格为420元/吨。10月16日，第一车40吨的海兴盐厂工业盐送达立恒钢铁厂。11月10日签订第二份80吨的合同。

【“食盐安全示范村”创建】 2015年，临汾盐务分局深化“食盐安全示范村”创建工作总体思路，推进“食盐安全示范村”创建活动。与尧都区政府联系和沟通，深入乡镇、农村，与基层干部、群众座谈商讨，听取对开展创建食盐安全示范村活动意见和建议。利用3天时间，与尧都区各乡镇签订《食盐安全目标责任书》，发放《食盐用量统计表》，由各乡镇把统计表汇总并加盖政府公章后上报分局。根据各乡镇上报的具体情况，抽调精干人员及车辆，协调配合分公司开展对尧都区食盐安全示范村合格碘盐的配送工作。

分局、分公司所处的二中路修路，处于拓宽、改造阶段，经常出现时通时断的状况，在时间短、任务重、路况不好的情况下，完成创建任务。发放低钠盐、深井碘盐、绿标盐526.5吨，价值约210.56万元，惠及人口23.38万人，把安全、放心、合格碘盐产品亲自送到人民群众手中。

【食盐网络建设】 2015年，临汾盐务分局扩大碘盐覆盖率。督导各县市盐业公司深化网络建设，加强碘盐配送，巩固食盐阵地，按照年度碘盐“三率”入户采样计划，对蒲县、隰县、大宁、永和4个县市民户食用碘盐“三率”情况入户采样，抽取盐样400份，居民户食用碘盐“三率”入户检测工作按计划完成，碘盐抽样检测显示：碘盐覆盖率98%，碘盐合格率97%，合格碘盐食用率95%，通过监测数据看，监测结果都在标准范围内。

【确保碘盐合格率达标】 2015年，临汾盐务分局对调入辖区的食盐实行批到批检制度和季度抽检制度，对分公司调入的食盐实行批到批检。对直调县调入的食盐实行季度抽检，要求直调县市对调入的食盐实行半定量检测登记制度，严把碘盐质量关，确保合格碘盐供应。2015年1至12月全市调入食盐1551吨，碘盐检测34份，碘盐合格率100%，碘盐抽检率、准确率100%，化验仪器设备完好率100%，无质量事故发生。

“5·15”防治碘缺乏病日宣传活动

【营造食用合格碘盐的社会氛围】 2015年，临汾盐务分局普及食盐安全知识，增强社会对食盐安全的参与意识，构建安全、放心的食盐消费环境。利用“5·15”碘缺乏病防治日，与临汾市疾病在市区繁华路段设立咨询点，对群众讲解碘盐知识，讲解真假盐的鉴别，讲解碘缺乏病的危害。利用各种宣传机会，出动人员100余人次，发放宣传资料5000余份。与临汾电视台录制“3·15我们在行动”专题，宣传打击私盐，确保合格供应，规范盐业市场的工作场景。在《中国盐业》《山西供销合作报》《临汾晚报》等报纸杂志发表文章43篇，提高人民群众的自我保护意识，提高食用合格碘盐的自觉性。 （郝鲁晋）

出入境检验检疫

【概述】 2015年，侯马出入境检验检疫局履行检验检疫监管把关与服务职责，服务地方经济发展，先后获人社部和质检总局共同表彰的全国先进集体、质检总局思想政治工作先进集体。2015年，侯马局完成检验检疫进出口货物、包装4650批，同比增长6.6%，货值3.4亿美元。签发原产地证1245份，签证金额7161万美元，其中区域性优惠原产地证签证3206.8万美元，可为企业带来关税减免300万美元。

【进境疫情疫病及有毒有害物质检出】 2015年，侯马出入境检验检疫局对进境集装箱和木质包装实施批批现场检验检疫，全程跟踪开箱过程。检验检疫进境集装箱56标箱。从其中29个标箱中检出有害生物8种，疫情及有毒有害物质检出覆盖率56%，有效防止有害生物传播。

【进境检疫处理】 2015年，侯马出入境检验检疫局对来自疫区及发现疫病疫情的进境集装箱及其所载货物全批实施熏蒸处理，对29个进境集装箱标箱进行熏蒸处理，检疫处理率59%。

【风险监控和有害生物监测】 2015年，侯马出入境检验检疫局完成4个品种、31份样品的监控取样任务。结合自身工作实际，完成涵盖辖区主要出口农产品等28个品种105个样本的监控工作，结果均符合要求。侯马局在辖区10个县区的注册果园和果汁生产企业按要求悬挂221个实蝇和100个苹果蠹蛾监测诱捕器，临汾市新增大宁、翼城两个监测点。

【进出口不合格商品检出】 2015年，侯马出入境检验检疫局对进出口商品实施批批检验，检出6批不合格，其中入境不合格商品2批，总货值7.26万美元。不合格出口商品1批，出口货物包装不合格3批。

【出口危险化学品检验监管】 2015年，侯马出入境检验检疫局对辖区危险化学品开展危险分类鉴别，实施批批检验，检验危险化学品94批，货值891万美元，未发现安全质量问题。检验危险货物包装215批，其中危包性能检验12批，危包使用鉴定203批。

【示范区建设】 2015年,侯马出入境检验检疫局与大宁、翼城、芮城县三个省级示范区所在县政府沟通,落实合作备忘录相关内容,推进国家级示范区建设。培育扶持出口企业,增加备案企业数量。配合山西局评审中心对示范区内龙头企业的注册果园实施GAP认证。倡导“1个标准、2个市场”,采用国际标准生产满足国内、国际市场的水果。2015年大宁、翼城、芮城获批国家级示范区,辖区有8家国家级示范区,数量占山西局总数的61%。

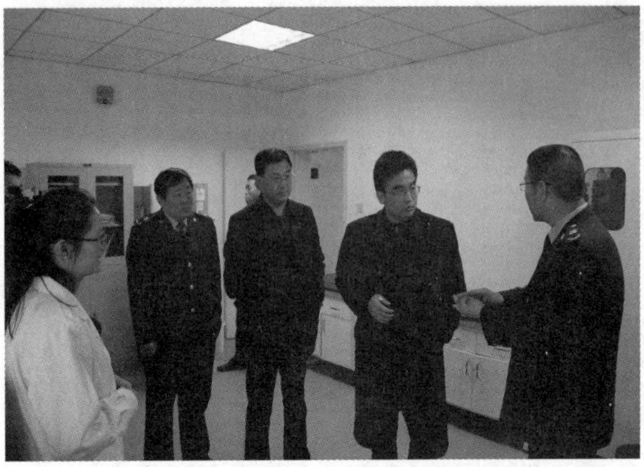

临汾市陈忠辉副市长一行到侯马局调研

【帮扶企业找出路】 2015年,侯马出入境检验检疫局同满洲里局签署促进辖区水果出口的合作备忘录,帮助地方果业局与满洲里龙头企业直接对接,根据俄罗斯市场需求,找准出口定位。联合地方政府帮助企业开拓国际市场,2015年迎接澳大利亚、巴西等国家或地区5次官方预检,扩大辖区水果国际影响力。

【帮扶辖区水果进军高端市场】 2015年,侯马出入境检验检疫局辖区水果出口取得多项突破。辖区苹果国内首次出口美国。6月2日侯马局对万荣县华荣果业有限公司报检的20.2吨苹果进行检验检疫放行,这是运城苹果首次出口美国,是中国苹果首次出口美国。辖区樱桃首次输往台湾地区。6月,台湾专家完成对拟输台湾的38箱、300千克樱桃的预检,实现山西省水果首次销往台湾地区,成为继山东之外全国可以供台水果的第二个省份。辖区全年水果出口量12.2万吨,同比增加38.9%,实现“四连涨”,在出口品种上新增甜柿。

【质量示范企业和工业品示范区】 2015年,侯马出入境检验检疫局帮扶辖区优秀企业——永济新时速电机电器有限责任公司荣获山西省首家国家级出口质量安全示范企业。对稷山县翟店工业园区国家级出口工业产品质量安全示范区建设工作进行指导,具体就园区企业质量体系建立、检测实验室建设、园区管理能力等方面进行指导。12月28日至29日,质检总局对该园区完成现场考核。

【区域一体化】 2015年,出口直通方面,企业凭侯马出具通关单可以直接在丝绸之路11区,京津冀等多个关区通关,辖区出口直放2512批,占业务总量的56%。进口直放方面,侯马局与连云港检验检疫局充分协商,从连云港进口货物实现直放,有3批货物通关;搭乘京津冀一体化,有3批从天津口岸进口货物,在侯马局出具通关单直通放行。省内区域一体化方面,9批产地为侯马,外贸公司为太原的货物,实现两地间通报、侯马局检验、省局领取证书。

【贸易便利化】 2015年,侯马出入境检验检疫局依托方略保税区平台,保税区内金莲花公司进口的红酒、果汁等3批货物实现“三个一”。推行无纸化,产地证无纸化、无纸化报检、无纸化通关,出口货物通关速度经缩短至秒。辖区累计简化单证报检企业60家,无纸化企业13家。

【提升检测能力】 2015年,侯马出入境检验检疫局技术中心完成检测项次3万项,检测业务覆盖辖区15个县区。参加复评审及扩项审核,实验室能力确认41类产品、800多个检测项目,扩项涉及矿产品、食品及农产品、饮用水、土壤、食品添加剂等。与山西师范大学签署合作协议,其中包括实习教育、硕士研究生培养、教师实战能力提升。进行2批20人次的实习生培训计划。与周边40个县区食药局建立业务关系,提供食品安全检测技术服务,获取1000多家食品生产企业信息,为食品企业开展食品安全检测和食品安全生产管控技术。

(张　云)

海关管理

【概述】 2015年,侯马海关税收入库2.05亿元。受理报关单890份;监管进出口货运量145.8

万吨；监管进出口贸易总额 2.57 亿美元。审核减免税手续 157 份，减免两税 5875.3 万元。加工贸易合同备案 13 份，备案金额 3.62 亿美元。稽查企业 10 家，办结 8 家，办结保税中后期核查 7 次，巡查企业 25 家，稽查补税 3 家，补征税款人民币4.01 万元，移交缉私部门 1 家，稽查有效率 50%。缉私分局办结案件 4 起，协查案件 5 起，配合总关开展“走私牛肉”“象牙案”“3·20”走私枪支案专案行动 3 起，补税入库 991.47 元，罚款入库 3300 元。

吴海平关长在方略调研

【业务建设】 2015 年，侯马海关坚持量质效并举，夯实业务基础。做好区域通关一体化改革工作。召开政策宣讲会、电话联系、下厂宣讲、组织学习，对关区内企业开展丝绸之路经济带海关区域内“一地注册，多地报关”“通关一体化改革”等政策宣讲。5 月，首单区域通关一体化报关单顺利放行。加强对海关保税监管场所的监管。对进出方略保税物流中心的货物 100%监装监卸，100%如实核销，确保监管到位。安排专人定期巡查中心库存、围网、卡口、视频监控系统，分析梳理存在的监管薄弱环节，研究解决办法。针对审计中发现的问题，对照整改，分析原因，举一反三，完善相关操作，减少执法风险。3 月 3 日至 4 月 1 日，补征某企业减免税提前解除监管货物 832 万元。对业务改革重大决策稳步推进，税费电子支付、集中汇总征税、关检合作“三个一“等向前推进。提高后续管理效能。通过“由企及物”实现从单纯的以货物为单元向以企业为单元转变，利用海关的大数据和各系统平台，打造“点面结合”运行机制，实现“一查多能”，推动海关后续管理高效化。结合“五大战役”和“百日攻坚战”要求，整合缉私、稽查、监管、通关等力量对重点企业开展风险分析，分组进行巡查、核查、稽查行动。初步排查出一家企业存在涉嫌进口申报不实情事，上报总关稽查处、综合处会商。

（张俊丽）

附：

·获奖情况·

集体

被共青团山西省委认定为“山西省青年文明号”，被省直团工委评为“2014 年度省直五四红旗团组织”

个人

兰东同被评为“太原海关优秀党务工作者”，靳斌斌被评为“太原海关优秀共产党员”。巨雨琴和蒋鹏宇的论文分别荣获 2015 年海关学会天津分会专题征文比赛一、二等奖

工　业

工业经济和信息化综述

【概述】 2015年，临汾市经信系统适应新常态，迎难而上，狠抓落实，各项工作取得明显成效。省考核的五项主要经济指标中，规模以上工业企业增加值累计下降7.1%；万元GDP能耗预计下降4.29%；工业固废综合利用率70%，超目标1个百分点；新兴产业投资比重67.04%，超目标16个百分点；非煤产业工业增加值比重48.4%。全市工业经济运行总体平稳。

【工业经济运行】 2015年，临汾市经信委加强目标管理，按照省里要求，逐月将增长目标分解细化到各县（市、区），督促其落实到企业，做到层层分解，指标不悬空。加强政策支持，制定工业减负65条，全年减轻企业负担4040万元。制定工业稳增长20条，全市规模以上工业增加值当月增速从8月起由负转正，连续4个月保持当月正增长。强化经济运行调控，坚持周报告、周分析，掌握经济运行走势，进行预警、调度。启动应急机制，与统计、发改等职能部门合署办公，日调度、日汇总、日报告，推进各县（市、区）指标的完成进度。扩大直供电交易范围，对符合条件的企业进行审核上报，完成立恒钢铁、通才工贸、星原钢铁集团等9户用电企业直供电交易，交易电量12.64亿千瓦时，完成霍州发电厂等4户发电企业直供电交易，交易电量17.57亿千瓦时，促进全市工业经济“止缓、回稳、促增”。加强协调服务，为解决企业融资难、融资贵的问题，调研全市工业企业流动资金紧缺情况，与银监局组织召开全市工业企业银企对接洽谈会，67户企业分别与21个金融机构签订31.27亿元的贷款意向书69份。开展送金融进企业活动，协调建行等8个金融机构深入铃木电梯、东方恒略等企业实地考察，签订和续贷资金3.66亿元。帮扶企业，每位委领导联系帮扶1户至2户重点企业，组成帮扶工作小组，一企一策，分类指导，精准帮扶。要求各县（市、区）制定相应帮扶方案，形成上下联动机制，收到较好的效果，停产半停产企业由年初96户减少至72户。

临汾市经信委陪同李东洪副市长前往运城考察信息惠民城市建设工作

【结构调整】 2015年，临汾市经信委加快传统产业升级改造，筹备成立全市铸造行业协会，与中铸协联合主办2015中国铸造生铁行业发展论坛暨中铸协铸造生铁分会第四届年会，邀请行业专家就铸造业发展趋势、技术发展方向、生产实践经验等内容作专题报告，为临汾市铸造业改造升级问诊把脉。钢铁行业，从高炉装备、环保设施、生产经营三方面对17户企业的18座铸造高炉进行复核。焦化行业，淘汰汾西煤气化40万吨焦炭落后产能，拆除炼焦车间地面除尘站、2#炉焦车行走轨道、焦化厂主要电缆和部分输焦走廊等。电力行业，完成大唐临汾热电1号机组、兆光发电1号机组、临汾热电2号机组超低排放改造工程。加大新兴产业项目建设力度，编制完成《临汾市新能源汽车产业发展和推广应用实施方案》和《临汾市关于加快推进电动汽车产业发展和推广应用的实施意见和2016年行动计划》，组织召开全市新能源汽车及商业汽车展览会。重点推广应用纯电动公交车，新增纯电动公交车223辆，配套建设6个公交车充电站、2个电动车汽车充换站，安装71个充电桩。总投资162亿元的锦江物流园区汽车服务产业基地项目达成合作意向，一期投资18.2亿元的梅亿新能源汽车产业园项目签订合作协议，总投资44亿元的深圳沃特玛公交车蓄电池华北基地项目签署合作协议，深圳金钱潮公共充电桩项目对接洽谈中。全年完成新兴产业投资132.4亿元，其中装备制造44.3亿元、食品22亿元、轻工12.4亿元、材料47.2亿元、纺织3.99万元、信息技术1.29万元、医药1.23亿元，超过年度目标任务13.4亿元，完成省定目标任务。促进本地工业品产销对接，组织全市装备制造、煤化工、医药、轻工电子和食品5大类33家企业参加临汾市帝尧古都文化旅游节工业名优产品展销会，参展产品涵盖装备制造、医药卫生、精细化工等133个品种。提升企业技术创新能力，培育各级企业技术中心，推动企业技术创新能力提升，全年认定市级企业技术中心7户，申报省级企业技术中心1户。截至2015年底，全市省级企业技术中心数量排全省第三位。

【信息化建设】 2015年，临汾市经信委加强信息基础建设，以提升城市信息化发展水平为目标，加快建设新一代信息基础设施，向公众提供方便快捷、安全可靠的高速宽带网络服务。截至2015年底，固网用户总数56万户，宽带接入用户数达43万户，移动用户累计用户数280万户。基站数7469个，传送网光缆长度为3.85万皮长公里，公共场所无线局域网32个试点建设项目中建成开通23个。推动信息化与工业化的深度融合，贯彻落实国家及省“两化融合”发展战略，组织召开全市两化融合推进会议，邀请金蝶公司和曙光公司专家和优秀企业进行两化融合政策解读、业务培训和经验交流，加快推进信息化和工业化融合发展。探索“互联网+”新模式，推动信息技术与传统产业、新兴产业的深度融合，提升工业产品信息技术含量和附加值。重点培育立恒钢铁、山西锻造等5户行业或领域信息化示范企业，引导企业在生产、销售、采购、物流、库存、财务管理和售后服务等环节进行信息化集成，实现流程优化和管理信息化。加快信息惠民试点城市建设推进工作，参加全国信息惠民国家试点城市经验交流会，借鉴学习本溪、乌海、宝山等地先进经验。召开全市信息惠民试点城市建设座谈会，就信息惠民建设的框架性协议、顶层设计等方面内容进行论证。组织相关人员实地考察包头、银川、成都、宜昌等地的信息惠民工作。

（李俊杰）

煤炭管理

【概述】 2015年，临汾市煤炭工业局坚持稳中求进的工作总基调，强化安全监管，提高发展质量和效益，实现“6645”目标，即：以省委省政府推动煤炭产业向“六型”转变为指引，推进全市煤炭产业“六型”转变，开展“管理改革年”“基础巩固年”“市场营销年”“执法规范年”活动，建设具有现代化水平的安全矿山、效益矿山、智慧矿山、生态矿山、廉洁矿山，推进煤炭管理体制和管理能力现代化。2015年全市煤矿发生1起死亡事故，死亡1人。

【煤炭产量】 2015年，临汾市煤炭产量7059.86万吨，完成全年目标8000万吨的88.25%。比2014年同期7288.15万吨下降3.13%。其中：地方监管3997.13万吨，完成省目标4100万吨的97.49%，比2014年同期4116.49万吨下降2.9%；五大集团1564.61万吨，比2014年同期1750.4万吨下降10.61%；霍州煤电1498.12万吨，比2014年同期增长5.41%。

【煤矿投资建设】 2015年，临汾市矿井建设投产目标任务20座，全年完成21座。固定资产投资目标任务30亿元，全年完成30.1139亿元。

【质量标准化】 2015年，临汾市地方监管煤矿一级安全质量标准化矿井12座，其余全部达到三级以上安全质量标准化矿井。市煤炭局对建成的5座高效现代化矿井进行现场验收，以正式文件上报省厅。

【煤炭分类监管】 2015年,临汾市煤炭工业局根据《临汾市煤矿企业安全信用等级评定办法》(临政办发〔2012〕71号),对地方监管的73座煤矿实行分类管理,按照统一标准,严格考核,将所有煤矿按安全状况分为A、B、C、D四个等级,对四个等级的煤矿实行不同的监管方式。年初,对全市73座煤矿进行安全信用等级评定,评定A级矿井12座,B级矿井32座,C级矿井10座,D级矿井19座,做到重点突出,高效监管。

【双红线管理制度】 2015年,临汾市煤炭工业局实行"技术红线",严禁煤矿企业在"红线"范围以外组织生产或建设,各级煤炭监管部门把"红线"管理制度的落实作为监管工作的重要内容,杜绝各类非法违法生产建设行为的发生。"管理红线"制定《临汾市煤矿安全管理红线》,做到"九严格、九严禁",强化煤矿安全基础管理,打非治违专项行动,查处非法违法违规生产建设行为,规范煤矿企业的生产经营秩序。

【风险预控管理】 2015年,临汾市煤炭工业局对各煤矿企业在红线范围内标示出主要风险点及应对措施,制定煤矿风险预控管理台账,设立风险预控管理牌板,悬挂于煤矿井口明显位置和具体作业地点,将煤矿风险预控管理制成PPT,列入干部职工培训考核内容,提高煤矿职工对风险的辨识和处理能力,提升煤矿对风险的综合防范水平。

【技术基础管理工作】 2015年,临汾市煤炭工业局以技术支撑安全,以基础管理保障安全,健全完善煤矿各项规章制度,强化体制机制建设,做到分工明确、责任到人、监督到位。加大对职工的安全教育、培训力度,增强职工的安全防范意识,提升从业人员的整体素质。提高煤矿《作业规程》和《操作规程》的编制质量,注重规程的规范性、适用性和可操作性,发挥三大规程在煤矿生产建设中的重要指导作用。完善煤矿瓦斯、水害、机电、顶板、煤尘、监控、反三违、职工手指口述等管理工作的PPT制作,深刻总结煤矿在灾害和隐患治理方面的经验和教训,探索煤矿安全生产工作的新方法、新措施。

【隐患排查治理】 2015年,临汾市煤炭工业局根据国家、省关于集中开展隐患排查治理行动的文件要求,制定下发《临汾市人民政府办公厅关于印发临汾市集中开展煤矿隐患排查治理行动方案的通知》文件,成立5个工作组和20个排查组,覆盖全市13个产煤县(市、区),分阶段制定工作方案。通过三轮排查,排查煤矿企业219座次,企业自查隐患2653条,自改2633条,整改率99.5%;排查组排查隐患共3800条,整改3211条,整改率84.5%;查出重大隐患12条,整改11条,其余整改中;停工停产未动工矿井未发现有私自组织生产建设的违法行为。

【安全生产大检查】 2015年,临汾市煤炭工业局吸取大同煤矿集团地煤公司姜家湾煤矿"4·19"透水事故教训,在全市煤矿开展1个月以防水治水为重点的安全隐患排查治理专项整治活动,在全市煤矿开展安全生产大检查和3个专项检查(一通三防、防治水、机电)。安全生产大检查期间,全市51座煤矿开展自查工作,查出各类问题和隐患765条,整改360条,整改率47%。各县(市、区)煤炭部门成立检查组25个,抽调人员120余人,对28座矿井进行检查,查出问题357条。市级4个督查突查组抽调人员60余人,突查煤矿8座次,查出问题156条。16个隐患排查组对20座煤矿进行排查,排查隐患586条,打分评定20座煤矿的3个专项工作,组织758人进行风险预控管理考试。天津港区"8·12"特别重大火灾爆炸事故后,根据省政府办公厅《关于开展安全生产大检查、深化"打非治违"和专项整治工作的通知》要求,制定《全市煤矿开展安全生产大检查深化"打非治违"和专项整治工作方案》,从8月到12月底在全市全面开展煤矿安全生产大检查,深化"打非治违"和专项整治工作。

【劳动用工管理】 2015年,临汾市煤炭工业局对全市复工复产煤矿企业开展劳动用工职业卫生专项检查,按照省厅晋煤劳发〔2015〕337、338号文件要求,下发临煤劳发〔2015〕111、112号文件,组织人员深入煤矿,对照检查内容,检查煤矿25座,全市煤炭经济形势下行,煤矿企业资金严重不足,制约变招工为招生进程,完成指标88%(要求年底达到100%)。按照山西省人民政府办公厅《关于印发山西省煤矿变招工为招生推进工作方案的通知》晋政办发〔2013〕74号精神,推进全市煤矿变招工为招生工作,确保从2016年实现变招工为招生。

【教育培训】 2015年,临汾市煤炭工业局依法组织培训。制定下发临汾市2015年煤矿安全生产培训工作要点,要求各单位对照省厅和市局下发的2015年度的安全教育培训工作要点的要求,规范安全培训管理,依法组织培训。落实企业培训主体责任,强化煤矿安全培训基础管理。落实《国务院安委会进一步加强安全培训工作的决定》,要求所有煤矿企业加强对煤矿安全培训政策法规的学习,落实企业安全培训主体责任,落实培训五项制度,强化企业日常安全培训的管理,执行“先培训后上岗”,确保全员持证上岗。全市监管73座煤矿,除尧都区3座、乡宁3座、襄汾1座、蒲县1座、汾西1座未开工或缓建,其余煤矿都在正常使用“山西省煤矿安全培训综合信息管理系统”。严格“三项岗位”人员的安全培训考试。培训考核B类安全生产管理人员749人;特种作业人员2190人。开展专项培训。举办全市煤矿安全监管执法人员培训班,培训200余人;举办全市煤矿通风管理素质提升培训班,培训131人;举办全市煤矿瓦斯抽采培训班,培训52人。

【煤矿基本建设】 2015年,临汾市煤炭工业局加快全市煤炭基本建设进度,规范煤矿建设秩序,加快全市煤矿建设投产进度。开展建设项目管理专项检查,检查建设矿井施工队伍,检查矿井22座,打击和查处煤矿建设施工过程中各种非法、违法行为,提升全市煤矿建设施工管理水平。加快煤矿基本建设进度,召开主体企业座谈会,对全市矿井建设资金情况摸底,统计矿井建设资金缺口。按照《临汾市煤炭工业局关于进一步加强煤矿图纸交换管理工作的通知》要求,对全市基建矿施工进度图进行三次图纸交换,掌握煤矿施工进度、规范图纸绘制,与矿方讨论,为下一步施工提出建议和安排,推进煤矿基本建设。从开工批复、工期管理、联合试运转管理、竣工验收管理等方面,规范煤矿建设秩序。严格矿井建设工期管理,核查、批复矿井工期延期6矿次。严格施工队伍准入门槛,加强施工队伍施工项目(中标)备案,全年审查备案施工项目(中标)备案5个。严格联合试运转管理和竣工验收程序,全年组织联合试运转核查4次,组织竣工初验3次,组织竣工验收3次。

【瓦斯治理全覆盖工程】 2015年,临汾市煤炭工业局贯彻落实省委、省政府提出的“六大发展”和煤炭产业“六型”转变要求,遏制煤矿瓦斯事故,8月25日临汾市以临政办发〔2015〕51号文制定下发《临汾市煤矿瓦斯抽采全覆盖工程实施方案。临汾市煤矿斯抽采全覆盖工程实施方案依照山西省实施方案进行规划部署。方案坚持瓦斯抽采利用相结合原则,坚持先采气后采煤原则,确保在煤矿瓦斯治理中实现多措并举、应抽尽抽、抽采达标、以用促抽、以抽保安。确保临汾市煤矿斯抽采全覆盖工程推进,明确任务目标,部署实施步骤,针对工作开展提出保障措施。

【煤炭资源税从价计征改革】 2015年,临汾市煤炭工业局按照国家财税部门有关文件规定做好相关工作,配合、参与税务部门与煤炭企业负责人进行座谈会,征求各部门和煤炭企业对煤炭资源税改革的意见和建议,加强与市政府和煤炭企业的沟通,收集基础资料,确保煤炭资源税从价计征改革顺利实施和平稳过渡。煤炭企业实行资源税从价计证,达到100%。

【煤炭销售体制改革】 2015年,临汾市煤炭工业局推进全市煤炭焦炭公路销售体制改革工作,根据省政府《山西省煤炭焦炭公路销售体制改革方案的通知》,下发《临汾市煤炭焦炭公路销售体制改革实施方案》,组织实施到位,按期完成各项工作,取消行政授权,取消涉煤票据,撤销、拆除站点。贯彻落实省、市政府有关煤炭销售管理体制改革的决策部署,做好全市煤焦公路销售体制改革。2014年12月1日起,取消煤运公司、焦炭公司的行政授权,取消9类涉煤票据。2014年12月31日前,全市的79个煤炭、焦炭公路营业站、驻厂服务点门的人员全部撤离,岗楼、挡杆等设施全部拆除。涉煤票据的取消,煤站卡点的撤除。

【煤炭经营监管信息】 2015年,临汾市煤炭工业局按照“总体设计、分步实施”的原则,推进“智慧煤炭”信息化建设。按照临汾市煤矿工业视频与市煤炭工业局调度指挥中心对接的工作目标,下发《临汾市煤炭工业局关于各煤矿工业视频与市局调度指挥中心对接的通知》(临煤调发〔2015〕26号)。全市有29座煤矿,具备将工业视频上传至临汾市煤矿安全生产调度指挥中心的条件,完成29座煤矿的视频上传。与山西联通临汾公司合作,加强煤炭系统信息的全面建设,将建立集煤炭企业的采购、生产、安全、运输、销售、库存、价格、煤质等综合信息于一体的公共信息服务平台,形成数据传输和共享机制,实现互联互通。加强对信息的收集、汇总、整理、分析,为政府产能监督、产量调控、运销监管、税费征收等提供依据,为企业经营提供服务。

【煤炭销售体制改革】 2015年,临汾市煤炭工业局落实省、市政府深化煤炭销售管理体制改革决策部署,适应全省煤焦公路销售体制改革,发挥市场在资源配置中的决定性作用,以"落实企业经营自主权,促进市场公平竞争"为目标,完善、创新煤炭交易方式,以中国(太原)煤炭交易中心临汾交易处为平台,促进煤炭供需企业开展网上煤炭交易,降低交易成本,提高交易效率。

【煤炭资源市场化配置】 2015年,临汾市煤炭工业局推进煤炭资源市场化改革,完善煤炭规划科学管理的新模式,加快建立矿区总体规划、矿业权设置方案、煤炭生产开发规划之间有机衔接、协调配合的管理新模式,配合市发改委完善煤炭规划科学管理的新模式。对国家批复规划矿区内的多个主体矿业权,坚持"一个矿区原则上一个开发主体、一个开发主体可以开发多个矿区",探索在企业资源、市场主导的基础上进行集约化开发利用的新途径和新方法。依法妥善处理设立或划定的自然保护区、风景名胜区、城镇规划区、泉域水资源保护区、饮用水源地保护区等禁止勘查、开发区与区内设置矿业权的关系问题。

【煤炭交易方式改革】 2015年,临汾市煤炭工业局发挥中国(太原)煤炭交易中心临汾交易处交易平台作用,推广方便、快捷、安全、高效的现代煤炭电子交易模式,通过挂牌、招标、拍卖等方式,搭建场内场外、线上线下交易相结合的电子交易平台,配合中国(太原)煤炭交易中心,在完善现货交易基础上,探索开展焦炭、煤层气、煤化工以及电力等能源衍生品交易,实现资源优化配置,促进产业链融合,增强临汾市煤炭及相关产业的影响力和竞争力。7月1日,中国(太原)煤炭交易中心临汾交易处正式运营。7月30日至8月1日,市政府与中国(太原)煤炭交易中心临汾交易处举办2015年临汾煤炭交易大会。会上,交易商采取线上线下相结合的交易方式,挂单87笔,挂单总量2100万吨,意向成交量41笔合同,意向成交量1283.5万吨,意向成交金额56.665亿元。

公路煤炭物流

【筹建物流集团】 2015年,临汾市煤炭工业局整合现有物流资源,鼓励企业按照市场运作方式参与组建,建成立足临汾、服务全省,面向全国的煤炭交易中心、信息中心、物流中心、定价中心和结算中心。成立临汾焦煤销售有限公司,开展千人百矿大营销活动,奔赴山东、湖北、江苏、河北、河南五省,走访5个省的重点冶金及电力企业,推介临汾主焦煤;组织全市各煤矿、各煤炭经营企业组成销售团队,先期到达中国煤炭主要消费地区华东,与宝钢集团签单,与宝钢集团达成战略合作意向。组织强有力的销售团队,往河北、陕西、湖南、湖北、广西等地调研,与客户洽谈。与中电国瑞物流有限公司、国电长源湖北四大电厂、湖南宝庆电厂、大唐桂冠合山电厂、汝州天瑞煤焦化有限公司等多家国家大型电力、焦化、物流集团公司签订长期发运合作协议。2015年7月8日至7月20日,组成千人百矿大营销团队,开展全市千人百矿大营销活动暨银企互联互助活动,从煤企、用户、金融、铁路通道、互联网交易等多角度、全方位建立大合作关系,以中国(太原)煤炭交易中心临汾交易处为平台,举办大型煤炭交易会、推介会等形式,树立临汾焦煤品牌,推进临汾煤炭市场体系建设,确立临汾煤炭产、运、销、基金、电商运营的大基地，建立起产、运、销一体化的铁路、公路大通道，超额完成煤炭营销1000万吨的奋斗目标。

【经济运行】 2015年，临汾市煤炭工业局落实市委“8·28”经济工作会议精神，8月29日召开局务会议，学习贯彻市委书记罗清宇、市长岳普煜指示，分析研判全市煤炭生产、经济指标完成情况及发展趋势，对推进产量提升工作重点进行安排，分组开展督导工作，抓煤炭安全生产，抓好煤炭经济平稳发展，全局干部职工周六、周日不休息，深入煤矿第一线，完成经济指标任务提升工作。

【煤炭资源市场化配置】 2015年，临汾市煤炭工业局加快推进煤炭资源市场化改革，完善煤炭规划科学管理的新模式，在编制《临汾市煤炭十三五发展规划》过程中，坚持煤炭资源配置规划先行，加快建立矿区总体规划、矿业权设置方案、煤炭生产开发规划之间有机衔接、协调配合的管理新模式，配合市发改委完善煤炭规划科学管理的新模式。对国家批复规划矿区内的多个主体矿业权，坚持“一个矿区原则上一个开发主体、一个开发主体可以开发多个矿区”，探索在企业资源、市场主导的基础上进行集约化开发利用的新途径和新方法。处理设立或划定的自然保护区、风景名胜区、城镇规划区、泉域水资源保护区、饮用水源地保护区等禁止勘查、开发区与区内设置矿业权的关系问题。

【“十二五”煤炭工作成就】 2011年，临汾市实现原煤生产4813万吨，2012年，实现原煤产量4970.76万吨，2013年生产原煤7041万吨，2014年原煤累计产量7288.15万吨，2015年原煤累计产量7059.86万吨。

2011年至2015年，临汾市发生安全生产事故17起，死亡33人，其中：2011年，全市发生安全生产事故7起，死亡7人，百万吨死亡率0.33。2012年，全市发生安全生产事故5起，死亡21人，百万吨死亡率0.83。2013年，全市发生安全生产事故2起，死亡2人，百万吨死亡率0.072。2014年，全市发生安全生产事故3起，死亡3人，百万吨死亡率0.073。2015年发生1起死亡事故，死亡1人。

通过兼并重组整合，全市煤炭办矿主体由2009年底的350个减少到29个（地方监管24个），减少91.7%；矿井数量由392座压减为129座，减少67.1%；单井平均产能由2009年的23万吨/年提高到2014年的86.1万吨/年，提高2.7倍。

全市煤矿企业兼并重组整合后，保留矿井129座，规划总产能11115万吨/年。其中：直接生产矿井19座，产能1395万吨/年；需改造建设矿井110座，产能9720万吨/年。建设矿井竣工投产26座，产能2955万吨/年；联合试运转13座，产能1305万吨/年；进行三期工程建设11座，产能930万吨/年；进行二期工程建设11座，产能960万吨/年；进行一期工程建设3座，产能270万吨/年；未动工和停建矿井46座，产能3300万吨/年。

全市110座建设矿井建设总投资约为505.5亿元，其中五大集团整合矿井建设总投资160.81亿元，地方监管矿井建设总投资344.69亿元。地方监管建设矿井开工至上年末累计完成建设投资285.23亿元。

2011年底，临汾市有生产矿井8座，其中一级安全质量标准化的矿井3座，二级安全质量标准化矿井5座。2012年底，全市有生产矿井9座，其中一级安全质量标准化的矿井4座，二级安全质量标准化的矿井4座，三级安全质量标准化的矿井1座。2013年底，全市有生产矿井16座（包括竣工投产矿井矿井7座），一级安全质量标准化的矿井9座，二级安全质量标准化的矿井6座，三级安全质量标准化的矿井1座。2014年底，全市有生产矿井20座（包括竣工投产矿井矿井5座）。一级安全质量标准化矿井的10座，二级安全质量标准化矿井的8座，三级安全质量标准化矿井2座，建成并向省厅申报现代化矿井5座。2015年底，全市生产矿井一级安全质量标准化矿井12座，其余全部达到二级安全质量标准化矿井；现代化矿井5座。

全市地方监管的洗煤厂283座，洗选能力23192万吨/年，其中附属洗煤厂17座，洗选能力3170万吨/年，社会选煤厂266座，洗选能力20022万吨/年。生产的75座，洗选能力7290万吨/年。有生产洗煤厂75座，洗选能力7290万吨/年，不包括霍州煤电本部洗煤厂和王家岭煤矿洗煤厂（运城市监管）。2014年临汾市原煤入洗率考核指标50%，全市生产原煤7288.15万吨，洗选煤厂共计入洗原煤

4301.77万吨,原煤入洗率59.02%。2015年全市的原煤入选率71.71%,全年原煤入选3980.43万吨。

(郭江平)

煤炭运销

【概述】 山西煤炭运销集团临汾有限公司系晋能有限责任公司的全资子公司,总资产267亿元。公司内设27部(室)1局,所辖23座整合煤矿、8个县(市、区)公司、6个全资公司及11个控参股公司。全系统现有干部职工6758人。

2015年,国内经济持续下行,煤炭市场疲软,融资政策收紧,临汾公司经营活动陷入困境,生存发展面临严峻考验。公司立足"五保"底线(保续贷和利息、保安全、保稳定、保工资、保有序),应对挑战,破冰自救,战胜困难,实现企业安全、稳定和有序运行。企业"大安全"保障有力。成立专门机构开展政治"体检",对各基层单位执行"三重一大"制度和中央"八项规定"情况进行"回头看";落实"加强资金管控十条措施",加大旧欠清收力度,按时续贷和支付利息;狠抓煤矿安全基础管理,推进"一落实、双建设、双达标"工作,狠抓"五个关键点"安全管控,保证企业政治安全、资金链安全和生产安全。煤矿生产与建设扎实有力。提出、落实"五个一批"的建矿方案,突出抓好生产矿井能力提升、质量管理、成本控制,昊兴塬煤业完成120万吨能力提升,同富新煤业实现竣工验收批复,全系统全年生产煤炭189万吨。四通煤业和金辛达煤业被列入集团"临门一脚"矿井,全年完成基建进尺8595米,完成基建工作量4.08亿元。物流贸易整合优化务实有力。将县区公司由12家优化整合为8家,优化网点布局,降低运行费用。按照"风险第一、效益第二、规模第三"的原则,成立煤炭销售公司,出台《煤炭贸易物流经营管理办法》,搭建平台,提高销售集中度。企业管控健全有力。加强"三化"建设,制定或修订36项管理制度。出台《风险防控管理办法》,将财务风险、安全风险、经营风险、干部风险、法律风险等均纳入其中,初步建立风险防控体系。严格合同审核52份,妥善处置涉案金额4.6亿元的15起涉诉案件,避免经济损失2.12亿元,推进"依法治企"。

电　网

【概述】 国网临汾供电公司成立于1970年,是国网山西省电力公司所属国家大型供电企业,担负着临汾市、侯月电气化铁路(临汾段)的供电任务,供电面积2.03万平方千米。2015年底公司本部设11个职能部门,7个业务支撑和实施机构,下属14个县级供电公司,全民职工总数2860人。截至2015年底,临汾电网有500千伏变电站2座,220千伏变电站27座,110千伏变电站96座,35千伏变电站172座。临汾境内共有220千伏线路71条,全长1736.402千米;110千伏线路184条,全长12292.537千米;35线路254条,全长2101.399千米。2015年,网供最大负荷214.1万千瓦,全市最大负荷225.8万千瓦。

2015年,临汾公司售电量完成133亿千瓦时,完成省公司考核指标。综合线损率完成3.62%,比计划低0.68个百分点。售电均价544.94元/千千瓦时,同比升高0.49元/千千瓦时,比计划高0.55元/千千瓦时。市场占有率完成94.97%,比计划高0.99%。电费回收率100%。实现连续安全生产3861天。

2015年,公司连续四届获全国"安康杯"竞赛优胜单位,获2013至2014年底山西省"安康杯"竞赛安全明星企业;全国文明单位,被山西省劳动竞赛委员会授予"山西省五一劳动奖状",获得国家电网公司电能替代工作先进集体。

【电网概况】 2015年,临汾电网经500千伏晋霍双回线、吕霍线从省网受电,通过500千伏临城双回线、临稷线和临会双回线分别向运城、晋城供电。220千伏双环网通过220千伏霍兴线、东乐双回、芦翔线、汾绛双回、汾闻线、紫新线、古新双回与长治、晋城、运城地区电网联络。临汾境内电网以500千伏双回路+220千伏双环网为主干网架,110千伏主要呈辐射式供电。

临汾电网总装机5400.84兆瓦;其中分布式光伏容量32.84兆瓦。省调电厂7座(兆光、霍州、浍滨、汾泽、河西、晋田、佳盛),装机容量4930兆瓦;地调小电厂36座,装机容量468兆瓦。临汾电网接入500千伏系统电厂2座(兆光、霍州电厂),机组4台,容量2400兆瓦,接入220千伏系统电厂机组4座(兆光、浍滨、汾泽、河西),机组8台,容量2400兆瓦,接入110系统11座(晋田),25台,容量350兆瓦,接入35系统15座,35台,容量158兆瓦,接入10千伏以下系统11座,21台,容量60兆瓦。分布式光伏127座(佳盛),容量32.84兆瓦。

截至2015年底,临汾电网有500千伏变电站2座,主变12台(2015年6月30日运检业务转为省检修公司负责),容量3000兆伏安。220千伏变电站27座,主变61台,容量7280兆伏安(其中主网19座、38台、6330兆伏安,用户8座、23台、950兆伏安(宏阳钢铁、大西跃进、魏景、杜坪牵引站、中南辛堡、曹城、肖家沟、北韩牵引站)。110千伏变电站96座,主变197台,容量7565.5兆伏安(主网49座、98台、3768兆伏安,用户47座、99台、3797.5兆伏安,其中地电12座、23台、901兆伏安)。35千伏变电站172座,主变340台,容量2577.42兆伏安(主网74座、145台、1244.9兆伏安,用户98座、195台、1332.52兆伏安)。临汾境内有500千伏线路15条(省检修公司负责)。220千伏线路71条,全长1736.402千米(其中主网69条、1724.0321千米、电缆1.192千米;用户2条、11.178千米;);110千伏线路184条,全长12292.537千米(其中主网111条、11278.155千米、电缆3.627千米;用户73条、1010.755千米);35千伏线路254条,全长2101.399千米(其中主网151条、1383.244千米、电缆12.316千米,用户103条、705.839千米)。10千伏公用配电线路530条,6千伏公用线路6条,536条,总长度10755.28千米,其中电缆250.692千米,架空绝缘线路958.54千米;10千伏开关站20座;公用配变8885台,容量总计1263.926兆伏安;柱上断路器745台;环网柜114面。城市配网10千伏线路82条,长度296.7千米,其中电缆123.8千米,架空绝缘线路172.9千米,架空线路绝缘化率100%,电缆化率42%;10千伏开关站8座;公用配变454台,容量196.31兆伏安;柱上断路器105台;环网柜82面。

输电线路改迁现场

【电网建设】 2015年,供电公司与地方政府沟通协调,完成曲沃城东变电站土地证及高村(浮山)、广胜寺变电站的土地手续办理,全省排名第一。协调特高压线路途经的8个县成立政府特高压领导组和征拆机构,出台征拆补偿标准、相关规则和细则,为特高压建设创造良好的外部环境。全年电网投资7.02亿元,境内电网建设项目26项,其中属地协调工程5项,负责建设管理的220千伏项目1项,110千伏项目7项,35千伏项目13项。投产变电容量38万千伏安,投产线路长度105.1公里,完成计划进度100%。开工建设220千伏项目2项,110千伏项目4项,35千伏项目5项,变电容量41万千伏安,线路长度68.11千米。1项110千伏工程荣获省公司上半年安全质量“项目管理流动红旗”,6项110千伏工程获得国网公司优质工程命名,10项35千伏工程获得省公司优质工程命名。优化电网建设外部环境，推行“建设协调领导主动靠前”“外部协调积极争取政府支持”“专业协调充分调动内部资源”的“三步走”战略，深化“横向贯通、纵向协调”的县市一体化协调机制，合理运用政府“二十四小时”直通车制度、“六位一体”外部协调机制，完成“灵绍线”特高压建设属地协调任务。

推进配网建设改造，完成2015年农网改造升级和2013年调增项目工程，代表省公司高质量通过国网“低电压”治理现场督察。36548户“低电压”问题得到治理。

【经营管理】 2015年，供电公司固化“三集五大”体系建设成果，加强“五位一体”协同机制建设应用。按时间节点完成岗位绩效工资套改及工资集中审核发放工作，强化人工成本管控能力。组建众辉供电服务公司，推进农电用工规范管理工作。深化全面预算管理，健全完善内控体系。落实集中采购全覆盖工作要求，强化仓储和配送体系建设，深化物资供应保障体系。运监中心基本建立“横向协同、纵向管控”的一体化运监工作机制。

公司围绕“三步走”工作要求，深化同业对标，管理提高业绩指标，业绩指标反观管理对标成效，管理对标提升专业能力，开展典型经验的推广和应用。明确提出2015年度工作目标及责任考核内容，完成专业典型经验课题。开展与兄弟单位的学习交流，聘请省公司专家授课，促进同业对标人员的水平提高、工作升级。完善月度对标例会机制，集中解决问题以及跨部门协同工作，健全同业对标考核机制，制定公司同业对标考核管理办法，加大同业对标工作质量评价和工作效率考核，激励员工学先进，找差距，抓管理，保证各项指标稳步提升。加强典型经验的总结提炼，三个专业(定员评价与内部人力资源市场配置管理、工程投资预算、配网精益化管理)典型经验进入省公司典型经验库。

以公司全员遵章守法、依法治企全面覆盖、经营风险全程管控为目标，坚持全面建设法治企业。全年开展审计项目4类15项，大修工程审计签证185份，提出审计建议113条，促进增收节支和核减工程支出316.01万元，纠正违规金额571.98万元。3项审计项目被省公司评选为年度优秀审计项目，组织完成的《构建依法治企全面协同机制调研报告》获省公司优秀调研成果三等奖。开展工程投资审计，2015年工程投资审计148项，送审金额1.87亿元。加强电网基建项目审计，开展农网改造升级工程、技改大修和小型基建项目投资审计，对重点工程投资实施全过程跟踪审计，促进工程成本控制和规范实施，提高工程项目建设管理水平。围绕经营管理关键领域、关键环节，立足防范风险和规范经营，拓展审计内容和范围，组织开展营销服务、大修工程、集体企业、“三公”消费等专项审计。完成省公司工会经费、大修技改及财务预算审计整改，成为省公司系统首家实现审计整改率100%的供电单位。

【安全生产】 2015年，供电公司落实安全责任，建立长效机制，开展“提升现场安全管控”“安全大检查和缺陷隐患治理”“安全月”活动。实行领导干部安全生产“分片包干”负责制，领导干部深入包干单位和各类作业现场指导检查210余次，组织召开专题研讨会议16次，发现解决各类问题238项。成立市、县公司两级19支反违章纠察队，查处各类违章216起。深化电网风险预警管控，建立电网运行风险预警管控机制，发布电网风险预警单190份。开展大面积停电、防汛、消防、事故抢修等应急演练，完成尧都、襄汾、曲沃、翼城4个县公司安全性评价专家查评工作。加大安全责任考核力度，年度投入安全生产绩效考核资金2000万元，违章处罚179万元，以考核传导压力，层层落实责任。截至12月31日实现连续安全生产3861天。

“安全管理提升”，开展安全大检查和缺陷隐患整治专项活动，501项问题得到彻底解决。完成春、秋检及迎峰度夏、度冬各项工作。实施220千伏明姜、110千伏西凤等9项综合大检修，完成技改、大修、反措41项。完成输变配电专业化巡检和精益化查评，发现消除设备隐患、缺陷325项。在省公司“2015年春节期间配网供电质量与抢修服务劳动竞赛”中排名第一，古县公司全省唯一实现“四零目标”。推进“大检修”体系建设，完成500千伏霍州、临汾变电站运检业务移交。承接省公司设备监控信息“全景、全息、全过程”深化应用、35千伏变电站AVC闭环运行试点。

【电力运行与电力市场】 2015年，网供最大负荷214.1万千瓦，较2014年同比减少13.4万千瓦，全市最大负荷225.8万千瓦，较2014年同比减少14.6万千瓦。投产低压光伏发电88个，220千伏站2座，220千伏线路5条，110千伏变电站1座、线路4条，主变3台。电网结构日趋合理，电网运行方式日益灵活，供电能力和供电可靠性大大提高。方式安排和电网诊断相结合，计划安排和承载力分析相结合。

坚持电网运行“三管控”、“两全”预警，细化监控信息确认率、强化预案统一修编及演练等管控措施，全年下发电网风险预警通知单190份，遥控操作断路器4461次(地调917次，县调3544次)，提升倒闸操作及故障处置效率。强化事故和突发事件应急预案修编和落实，举行调度生产大楼失电以及备调启用迎峰度夏联合反事故应急演练，大运行、大检修、大营销及地县一体化应急协调配合能力提升，完成反法西斯战争胜利70周年阅兵、临汾机场复航等重大保电任务，确保电网全年未发生等级事件。

服务临汾民航机场、浮山引沁入汾工程等多个国家、省(市)重点项目完成投运工作，投运容量13.745万千伏安。协助省发改委批复的36户100千瓦光伏扶贫项目，接入系统26户，并网17户。做好高危及重要客户供用电安全服务工作，修订应急保电服务预案“一户一案”。推进电能替代工作，完成电能替代电量5.82亿千瓦时。完成节能电量1.008亿千瓦时，代表省公司通过甘肃省工信委2014年度电网企业电力需求侧管理目标责任考核。

【农电工作】 2015年，供电公司开展农电标准化建设。深化农村用电安全强基固本专项行动，完成42个安全文明用电村的创建。完成电气化创建，完成1个电气化县、25个电气化乡(镇)、514个电气化村的创建任务，其中翼城通过省公司电气化县验收，荣获“新农村电气化县”称号。

推进农网建设与改造工程。按期完成2015年农网改造升级工程项目施工任务，投资1.7亿元；顺利通过了省公司2014年工程整体验收；2015年调增项目工程全面开工，财务入账率达到50%，公司农网改造升级工程管理在省公司保持前列。完成42个通用型标准台区建设，其中国网翼城县供电公司武池五台区改造工程荣获“国家电网公司2015年度农网(配电)百佳工程”。

新增“掌上电力”“支付宝”缴费、农行代收点转账电话收费、邮政公司代收电费等业务，电费交费方式总计达到31种，实现全年低压用户收费总金额11.97亿元，多元化收费总金额10.71亿元，多种收费方式占有率89.5%。建立“区域统一监督、片区常态走访、例会常态汇报”的长效机制，做到“服务需求在网格内解决，服务隐患在网格内消除”。

【科技与信息化】 2015年临汾供电公司完成省管科技项目2项，群众性创新项目5项。同国网太原供电公司共同申报的“变电站设备触点状态在线监测分析预警”获省公司科技进步一等奖；5项科技项目进入2016年省公司科技储备库。1项科技成果获得省公司科技进步一等奖；专利申请41项，完成54项，完成率131%；专利授权21项，完成22项，完成率105%；发明专利授权4项，完成4项(其中海外专利1项《10kV智能馈线自动化系统》)，完成率100%；论文40篇，完成90篇，完成率225%，其中CSI发表论文1篇。

加强信息通信建设。2015年组建临汾南北2条10G光环路和尧都、洪洞、霍州、汾西、古县、隰县、襄汾、曲沃、侯马、浮山、翼城11条县域622M兆光环路，传输能力大幅提升，满足地区调度数据网备调和地县一体化建设需求。开通各110千伏、35千伏站至临汾备调(500千伏霍州站)调度数据网容灾通道和地调调度数据网各平面通道。开展信息化项目建设，提高网络运行可靠性。开展机房网络应用服务器更新及市级网络优化，完成信息机房北塔网管应用、内网网站等服务器更新及数据迁移工作，提升基础应用服务器及检修公司市级骨干网络链路运行稳定性。通过实施信息化项目，完成公司信息内网核心交换机改造和信息内网边界防火墙升级，加强边界安全防护，提高网络可靠性及安全性。针对县级核心交换机告警频繁情况，制定改造方案，完成14个核心交换机的电源改造。根据各县公司的实际情况，接入通信直流电源获调度自动化UPS电源，通过横向部门资源共享。

(段丽凤)

焦　　炭

【概述】 临汾市是全省两大焦化基地之一,2015年有焦化产能3767万吨。通过焦化行业兼并重组,组建焦化主体企业21户,其中:省属企业3户,临汾晋能焦化隶属山西五龙投资集团,其余17户企业中独立焦化企业6户,钢铁配套企业5户,煤焦联合企业6户,基本形成以洪洞、襄汾两个焦化基地和古县、尧都、安泽、乡宁等4个焦化集中区为主的产业布局。2015年,全市规模以上企业生产焦炭1754.1万吨。

【企业选介】 山西永鑫煤焦化有限责任公司,以煤为基,多元发展,延伸经济产业链,主要生产能力为:采煤120万吨/年,洗煤200万吨/年,冶金焦200万吨/年,以及焦油、硫铵、粗苯、甲醇、合成氨等化工产品36万吨。2015年,实现销售收入19.88亿元。

(李俊杰)

冶　　金

【概述】 临汾市辖区内矿产资源丰富,尤以煤、铁为最,其中铁矿是第二大矿产资源,总储量达4.2亿吨,而且富矿比例高,占全省富矿的70%以上,矿产资源优势成为临汾市钢铁工业快速发展的重要基础。2015年,形成以太钢集团新临钢公司、酒钢翼钢公司、曲沃立恒、曲沃通才、襄汾新金山、襄汾星原、襄汾中升、尧都区志强为代表的8户钢铁联合企业生产体系和以不锈钢板材、不锈钢板材、中厚板、造船板、压力容器板材、螺纹钢、线材、棒材、模具钢等为主的产品体系,还有少量独立炼铁企业。全市现有生铁产能约2000万吨,钢产能约2000万吨。2015年,全市产生铁1040.9万吨、粗钢998.3万吨、钢材1261.6万吨,冶金工业实现主营业务收入457.26亿元。

【企业选介】 新金山特钢有限公司,以炼铁、炼钢、轧钢为主,产品主要有φ6.5～10线材,φ10～32毫米各种棒材,主要销往山西、山东、河南、陕西、四川、重庆、甘肃、西藏等地。

(李俊杰)

电　　力

【概述】 2015年,临汾市有省调电厂5户,总装机容量480万千瓦,分别是兆光电厂2×30万千瓦、2×60万千瓦四台火电机组,国电霍州发电厂2×60万千瓦机组,大唐国际临汾热电厂2×30万千瓦机组,山西临汾热电厂2×30万千瓦机组,侯马电厂2×30万千瓦机组。另外,还有地调电厂40余户,装机容量约50万千瓦。2015年,山西兆光1#、2#机组、大唐国际临汾热电1#机组、山西临汾热电2#机组完成超低排放改造。2015年,全市发电量211.2亿千瓦时,产值56.87亿元。

【企业选介】 山西大唐国际临汾热电有限责任公司隶属于中国大唐集团,是集发电、供热、全部直接空冷、同步脱硫、脱硝,圆形全封闭煤场、输煤抑尘技术、废水回收和粉煤灰综合利用于一体的绿色环保型热电联产企业。2015年有2×300兆瓦发电机组。2015年,完成发电量23.75亿千瓦时,完成工业产值7.37亿元。

山西兆光发电有限责任公司,是格盟国际能源有限公司控股、北京能源投资(集团)有限公司参股,共同投资建设的大型环保发电企业。目前装机总容量1800兆瓦,拥有2×300兆瓦亚临界直接空冷机组和2×600兆瓦超临界双缸双排汽直接空冷机组。2015年,完成发电量67.04亿千瓦时,完成工业产值19.7亿元。

(李俊杰)

装备制造业

【概述】 2015年,临汾市有装备制造类企业63家,其中,整机总成制造企业3家、零部件制造企业60家,主要产品有矿用液压支架、节能环保设备、石油钻具、泵阀、汽车零部件、家电配件,以及汽车、煤机、军工用锻件等9大类产品。产值10亿元以上的1户,5亿元至10亿元的1户,3亿元至5亿元的3户,亿元以上的9户。2015年,装备制造工业实现主营业务收入28.73亿元。

【企业选介】 山西平阳重工机械有限责任公司(简称平阳重工),隶属于中国船舶重工集团公司,是国家研制生产各类先进精密机械、电子产品的大型现代化军工企业,国家液压支架及高端支架定点研制生产基地。

(李俊杰)

煤化工

【概述】 2015年,临汾市有企业60余户,其中三维、山焦集团为省级重点企业,是全市唯一的两户主板上市企业。形成以焦炉煤气制甲醇、煤焦油深加工、苯精制及深加工为主导的3个化工产业链条,形成132万吨甲醇、10万吨二甲醚、15万吨合成氨,80万吨煤焦油深加工,35万吨粗苯精制生产能力,下游主要产品有聚乙烯醇、1,4－丁二醇、黏合剂、尿素、硫铵、甲醇、炭黑、煤焦油、苯、硫化黑、还原桃红、二硝基氯代苯等几十个种类两百多个品种。

【企业选介】 山西三维集团公司,是国家大型一档高新技术企业,山西省工业转型发展百强潜力企业之一,连续8年进入中国化工企业500强,入围中国企业集团竞争力500强、山西省100强。公司在洪洞县赵城精细化工工业园区和太原高新技术园区拥有两个生产基地,形成以电石、焦炉煤气、甲醇、顺酐、粗苯等为主要原料的,以有机精细化工产品为主导的五大系列产品。

(李俊杰)

节能降耗

【概述】 2015年,临汾市经信委抓好目标考核,对17个县级政府2014年的节能工作进行评价考核。抓好能耗监测监管,掌握分析能耗异动,按季度发布节能目标完成情况晴雨表。通报未按计划完成节能目标的县(市、区)。抽调人员对各县(市、区)和重点高耗能企业实地督查,严控高耗能企业产品产量及中间产品产量,遏制能耗过快增长。对申报2016年大用户直供电的企业进行能耗达标确认。抓好节能项目建设,组织申报10个产业低碳化示范项目,重点在焦化、建材、煤炭等行业推广干熄焦余热回收、甲醇驰放气制合成氨、瓦斯发电和煤矸石综合利用等具有行业典型示范意义的项目,预计可实现节能量14.6万吨标准煤。临汾万鑫达6万吨甲醇驰放气制合成氨、古县利达6万吨工业废气制合成氨等7个项目均如期完工。提升工业固废利用水平,实施各县(市、区)统计月报制度,实时掌握全市工业固废利用现状,重点跟进安泽县宏泰建材年产1.2亿块新型煤矸石烧结砖项目和乡宁县清泉庄年产9000万块煤矸石页岩砖项目。

(李俊杰)

中小企业

【概述】 2015年由于受到市场需求疲软、产能过剩、价格下降、资金短缺等各种不利因素的影响,全市中小企业运行比较艰难,发展的过程中遇到的困难和问题也比较多。全市中小企业企业单位数11350个,增长28.29%;从业人员33.74万人,增长6.22%;总产值完成712.18亿元,同比下降13.64%;实现营业收入1060.99亿元,同比下降8.41%;利润总额75.48亿元,同比下降20.69%;上缴税金53.67亿元,同比下降3.96%;劳动者报酬64亿元,同比增长6.97%;出口产品交货值3.33亿元,同比下降11.95%。省、市下达66亿元的固定资产投资任务,实际完成67.96亿元,超出全年任务2.97个百分点。

全市民营经济实现营业收入1776.11亿元(其中个体工商户330.84亿元、大型企业384.28亿元、中小企业1060.99亿元),同比下降7.73%;企业个数118094个(其中个体106731个、大型企业

13个、中小企业11350个),同比增3.32%;职工人数672449人(其中个体309526人、大型企业25523人、中小企业337400人),同比增2.78%。

【加强包联县发展工作】 2015年,中小企业局制定《关于市局领导班子包联县(市区)中小企业工作的通知》,深入调研、督促检查、具体指导,帮助包联县找差距、理思路,确保各项惠企政策和法规的宣传,推动面上工作开展。

【送法律进企业】 2015年,中小企业局编印宣传简报、印刷《中小微企业政策法规文件汇编》《中小企业政策百问百答》《最新扶持中小企业发展政策选编》及《我省扶持中小微企业政策要点》等宣传资料,举办"大众创业、万众创新"活动周、为期3个月的"法律进企业"大型巡回普法宣讲活动、"全市中小微企业政策法规暨安全生产培训"等。"法律进企业"活动走进12个县(市区),400余家企业参加。

【落实惠企政策】 2015年,中小企业局贯彻省、市民营经济大会精神,出台临汾市《关于进一步支持民营经济健康发展的措施》(临发〔2015〕14号),包括政策扶持、资金扶持和环境优化等22条内容。制定《减轻企业负担促进经济平稳增长的若干措施》14条帮扶措施,为企业发展营造良好环境。中小企业局与市物流联盟协会协商,10月15日出台《关于对专精特新中小微企业实行物流优惠政策的通知》,为87户专精特新等中小微企业的原材料、产品进出运输等给予5%~15%的物流优惠,帮助全市中小微企业降低经营成本,提高市场竞争力,与13家中小企业对接,为4家企业优惠金额1万余元。下发《关于组织做好市级中小企业创业基地认定工作的通知》《开展临汾市中小企业技术中心认定工作的通知》和《临汾市优秀小微企业服务站认定实施办法》,对创业基地、服务站、技术中心实行动态管理和奖励。安排科室人员和有关部门研究出台为企业提供法律援助、气象信息广告和气象信息专项服务优惠方案。

【小微企业培育工作】 2015年,中小企业局推动创新型、创业型、劳动密集型"三型"小微企业发展,开展创业培训、创业辅导和创业巡讲等活动,2015年市政府下达的创办小微企业2000户的任务,超额完成,全年新培育创办小微企业3280户(不含个体工商户和农民专业合作社),其中,工业企业243户、农业企业303户、房地产建筑业236户、旅游文化业127户,餐饮、商务、物流、信息、科研等服务业2371户。为落实对小微企业的优惠政策,审核落实小微企业25家。

【"小升规"企业培育】 2015年,中小企业局对年营业收入500万~2000万元企业进行登记,重点帮扶,重点培育,全市313家工业企业入选基础库。省局和市政府下达的23家"小升规"目标任务,完成38家"小升规",超额完成15家。加强"小巨人"企业培育工作。全年下达的培育8家"小巨人"企业任务全部完成。

【人员培训】 2015年,中小企业局以"三支队伍"建设为抓手,围绕科技企业培育工作重点,开展领军人才培训、"银河培训"工程、"送培训进企业"、科技型中小微企业认定、省级中小企业技术中心认定、院士工作站申报、学术带头人评选等工作。全年认定宝珠制药、澳坤生物、新源华康、亚华制盖、中条山林源森林食品5家省级技术中心,全市省级技术中心增加到17家。

【企业家队伍建设】 2015年,中小企业局提升企业管理水平。举办临汾市中小微企业高端人才研讨会、助力中小微企业依法经营管理座谈会、临汾市中小微企业领军人才学用政策研讨班等,对"小升规"培育对象、专精特新企业、现代服务业、装备制造业的5000余名企业负责人进行培训,为全市中小微企业打造一支"会经营、善管理、勇创新"的企业家队伍。

【专业技术人才培训】 2015年,中小企业局提高企业技术创新能力。举办小微企业经营管理者素质和创业能力提升培训12期、职工能力提升培训20期、专业技术人员能力提升培训10期、山西省2015年小微企业管理人员专题培训6期及大学生创业能力培训5期等,培训专业技能人员25000人次。通过管理人员专题培训、经营者素质和创业能力提升培训、职工能力提升培训,培养领军人才1500多人,高级专业技术人才485人。

【技术工人队伍培训】 2015年,中小企业局着力增强企业核心竞争力。开展"送培训进企业"活动50次、实用技术培训20期,科学设置职业素养、实用技术及班组长建设等模块，培训中小微企业职工80000多人。举办职业技能鉴定工作，培养考评员80人、农产品经纪人630人、花卉园艺师210人、茶艺师200人。

【人才培育】 2015年，中小企业局建立临汾市高级人才及专家库，入库专家100多名，行业涉及煤炭、机械、冶金、电气、化工、经济管理、财务管理等30多个，为企业发展提供智力支持。编制临汾市高级人才名人录，征集高级人才信息3351人。在市电视台开设《智行天下》栏目，在中小微企业微信平台开通"微课堂"，足不出户，聆听名师讲座。栏目播放50多位老师课程，涉及企业管理、职业道德及专业知识等方面内容，收视人数达70万人次，全年累计时长183个学时。

【公共服务平台建设】 2015年，中小企业局实现国家、省、市平台对接，市级服务联盟成员单位发展64家，建成33个小微企业服务站，尧都区计划建设27个小微企业服务站，为小微企业提供政策咨询、政务代理、法律维权等各类业务，其中乡宁县、翼城县等10个服务站被评为省级优秀小微企业服务站。开展各类主题活动70余次，参与企业2000多家。华翔铸造产业集群平台11月底竣工，将为全市铸造企业提供质量检测、技术推广等服务。对临汾市中小企业公共服务平台网页进行修改，结合临汾实际，结合具体工作，下设16个大栏目，强化内容的更新维护力度。

【营造创业创新氛围】 2015年7月3日至8月4日，中小企业局邀请中国企业管理培训中心的顾品教授，在全市的11个县(市、区)举办"大众创业、万众创新"主题讲座，全市各级5000多人参加活动。10月19日至10月23日，在全市集中开展推动大众创业、万众创新活动周，在"双创"活动周中，全市约1.2万余人参与政策解读、专家讲解、人才培训、融资服务、品牌推广等活动。

【引导中小微企业上市】 2015年，中小企业局抓住"新三板"扩容的有利机遇，支持鼓励企业登录"新三板"挂牌融资。澳坤生物、益通股份、三水能源、光宇股份、普泰股份等5家企业在"新三板"挂牌，有10多家资质优良、成长性好的企业同券商签订上市合作协议，华翔铸造、方略物流运作主板上市，143家企业在山西股权交易中心挂牌，1家企业在深圳前海股权交易中心挂牌，5家企业在上海股权托管中心Q板挂牌。天津股权交易中心对临汾市的11家企业实地考察，将选择3至5家中小企业在天交所挂牌。全市在资本市场融资7.6亿元，其中"新三板"1.7亿元，省股权交易中心1.9亿元，基金信托融资4亿元。和市金融办一起，编印发放《新三板基础知识》《山西中小企业改制指南》两本小册子，筛选目标企业重点指导。

【政策扶持】 2015年，中小企业局落实对金融部门中小微企业贷款风险补偿和对上市企业的奖励，对全市40多个金融机构和3000多家贷款中小企业进行审核、上报。全年全市有12个金融机构获省级小微企业贷款风险补偿金190万元，澳坤生物、益通股份、三水能源三家"新三板"挂牌企业获省级奖励150万元。

【创新中小企业融资模式】 2015年，14个县市开展中小企业融资模式创新工作，合作银行有建设银行、尧都农商行、晋商银行等，投入资金6150万元，累计落实贷款18245万元，一定程度上缓解企业融资难、担保难的问题。中小企业局与山西尧都农村商业银行11月26日签署《支持中小微企业融资模式创新合作协议》，对贷款对象企业降低准入门槛、降低信贷利率、延长贷款期限、无缝对接"过桥"，放大资金倍数，缓解全市中小微企业融资难、融资贵的问题。截至2015年底，第一批5家企业获得贷款支持，总金额7349万元，放大倍数5.25倍。

王保仁局长到尧都区锦悦城小微企业(大学生)创业基地考察

【为企业增信】 2015年,中小企业局引导各融资性担保公司采取下浮担保费率、免收担保保证金、增加委托贷款等措施,为中小微企业提供融资担保。与市金融办合作,通过“临汾市企业资金链应急周转保障资金”5000万元,累计为22户中小企业解决“过桥”资金3.2亿元。开展“送金融进企业”,组织金融机构与中小微企业面对面洽谈十余次,以会代训2次,全年向银监分局及各金融机构推荐100多家企业。

【“三送”活动】 2015年,中小企业局编印《指导协调服务中小微企业发展业务知识手册》,内容涵盖各项政策、措施、业务155条,免费向企业进行发放。举办“三送”(送政策、送专家、送服务)活动15次,受益企业500余家。认定中小微企业230多家,其中科技企业100多家。认定5家省级中小企业技术中心,全市省级中小企业技术中心增加到17家,成立院士工作站2个、博士后流动工作站1个。

【企业的服务与建设】 2015年,中小企业局加强“专精特新”和“管理标杆”企业的服务与建设。加强现代企业制度建设,组织专家对小微企业开展管理咨询活动,光宇半导体照明股份有限公司等87家企业被认定为省级“专精特新”企业,琪尔康翅果油生物制品有限公司等17家企业被认定为省级“管理标杆”企业,这100余家中小企业在专业化、精细化、特色化、新颖化及科学管理方面,为全市中小微企业起到引领和示范作用。

【中小企业创业基地规范化建设】 2015年,临汾市建成侯马市普天小微企业创业园、襄汾县城西小企业创业基地、曲沃县城西拓展型小微企业创业基地、蒲县安隆小微企业创业基地、吉县兰家河苹果产业化加工园区小微企业创业基地等5个省级中小企业创业基地,为创业者提供优越的场地、优惠的政策和优质的服务,入园企业180余家,园区闲置资源利用率达90%左右。洪洞县小微企业创业基地总投资1.3亿元,占地6.7公顷,按照国家示范创业基地标准规划建设。尧都区锦悦城大学生创业园认定为市级创业基地,正在申报省级创业基地。

【帮助企业开拓市场】 2015年,中小企业局和市商务局、市食品药品监督管理局、市质量技术监督局联合,于12月24日至12月27日主办临汾市首届知名品牌文化暨名优商品展销会,会展面积1万余平方米,设立特色食品、特色文化产业、特色餐饮等八大展区,300个标准展位,开展“临汾百姓最喜爱的品牌”和“影响临汾百姓生活的百佳品牌”评选活动,40多家企业参加展销会。展销会后,组建“地方好品牌”展厅,通过临汾媒体及电商平台进行宣传推广,使临汾品牌走出临汾,走向全国。组织乡宁琪尔康、襄汾平阳麻笺、襄汾铁环油漆、侯马鸿舟银杏等4家中小企业参加第十二届中国国际中小企业博览会,3家企业达成销售合作项目5项,贸易成交额880万元。

农业及农村经济

农村工作

【概述】 2015 年，临汾市农业系统各级各部门贯彻落实全省农村、农业工作会议精神，创新发展思路、转变发展方式、突出发展重点，狠抓任务落实，农业农村工作发展持续向好。

【农民收入】 2015 年，临汾市农民收入持续增长，农民人均纯收入 9376 元，比 2014 年增长 7.1%。

【农村改革】 2015 年，临汾市农村改革工作在土地确权方面，按照山西省委、省政府“2015 年全面铺开，2016 年基本完成，2017 年扫尾完善”的总体要求，完成土地确权面积 32.13 万公顷，占全市确权总面积的 59.5%。土地流转体系及农村产权交易市场建设方面，17 个县（市、区）全部建立农村土地流转服务体系仲裁机构，受理土地纠纷的结案率 100%；建立 5 个农村产权交易市场并挂牌运营。家庭农场发展方面，全市家庭农场总数发展到 1042 个，同比增长 9.7%，其中 3 个获得“2015 年度山西省示范性家庭农场”称号。农民合作社发展方面，在工商注册各类农民合作社 10059 家，同比增长 15%。培育示范合作社 738 家，其中国家级 30 家，省级 195 家，市级 223 家，县级 290 家。

【改善农村人居环境】 2015 年，临汾市农业部门编制完成《临汾市改善农村人居环境 2015 年行动计划》和《临汾市美丽宜居示范村三级联创活动方案》。农村人居环境“四大工程”全年投资 24.79 亿元。其中，美丽宜居示范村工程，计划投资任务 0.6261 亿元，完成投资 5.11 亿元，超额完成了 4.49 亿元。创建美丽宜居示范村 176 个，包括省级示范村 25 个、市级示范村 35 个、县级示范村 116 个。

（要　敏）

农业产业化

【概述】 2015 年，临汾市通过落实优惠政策、推动农产品外向业务、加大招商引资力度等措施，全年全市农产品加工企业年销售总额 73.05 亿元，同比增长 4.3%。全市农产品加工业持续向好发展。

【农产品龙头企业】 2015 年，临汾市农业产业化龙头企业 339 家（其中农产品加工企业 214 家，流通贸易型企业 18 家，基地型企业 107 家）；农产品专业市场 23 家。

（要　敏）

种植业

【粮油生产】 2015 年，临汾市农作物生长遭遇严重干旱，通过巩固强化粮食直补、冬小麦“一喷三防”、测土配方施肥等强农惠农政策措施落实和推广实施粮食高产创建、中低产田改造、保护性耕作、地膜覆盖技术推广、粮食绿色增产模式攻关等措施，全市粮食生产取得较好收成，总产到 23.617 亿公斤。其中，夏粮 10.718 亿公斤，秋粮 12.899 亿公斤。

【蔬菜生产】 2015 年，临汾市新发展设施蔬菜 1813 公顷，设施蔬菜面积累计达到 2.1 万公顷，比实施设施蔬菜百万棚行动计划前的 2009 年增加 1.21 万公顷。全市蔬菜播种面积 6.67 万公顷，总产量 331 万吨，总产值 54 亿元。开展蔬菜技术培训和“三新”技术试验、示范，蔬菜集约化育苗技术应用面积 1.15 万公顷，占全市设施蔬菜面积的 54.9%，比 2014 年提高 2 个百分点。加强蔬菜项目建设，开展蔬菜标准园创建工作，促进设施蔬菜集中连片发展,带动全市蔬菜生产管理水平和质量效益的提高。

【水果生产】 2015年,临汾市新发展水果面积7000公顷,水果总面积13.39万公顷。其中:苹果面积9.239万公顷,梨1.953万公顷,葡萄9160公顷,桃7893公顷;水果总产量稳中有升。2015年水果总产量比2014年增产11万吨,增幅10%,达122.8万吨。其中:苹果产量87万吨,增幅为11%;梨产量13.29万吨,增幅16.6%;葡萄产量8.9万吨,增幅12.7%;桃产量10.13万吨,增幅3.5%。水果总产值略有提高。水果总产值50.5亿元。人均果品收入1576元。全市总贮藏能力46.1万吨,总贮藏量34.4万吨。其中:气调库贮藏能力2.4万吨,贮藏量2.3万吨,恒温库贮藏能力23.9万吨,贮藏量19.7万吨;总加工能力4.7万吨,总加工量1.2万吨。合作社等中介组织694个,水果加工企业50个。

【中药材生产】 2015年,临汾市中药材种植面积4.674万公顷,总面积13.6万公顷,总产8.8万吨。

【"一村一品""一县一业"】 一村一品、一县一业项目为跨年度项目。2014年233个"一村一品"专业村全部完成项目建设任务,通过验收;2015年246个"一村一品"专业村项目资金全部下达到17个县(市、区),项目建设稳步推进。预计2016年5月底可全部完成建设任务。曲沃、翼城、吉县、隰县、大宁、安泽、蒲县7个"一县一业"基地县,2014年实施13个基地建设项目,有11个项目完成建设任务,其余5个项目通过验收,2015年"一县一业"基地县建设项目启动,项目建设稳步推进。

(要　敏)

附:

·获奖情况·

2015年,临汾市农委被授予全省农业农村重点工作目标责任考核先进单位综合奖、全省农业行政处罚优秀案卷奖称号,被评为全省农业农村重点工作目标责任考核粮食生产市级先进单位、全省农业农村重点工作目标责任考核农经工作市级先进单位、全省农业农村重点工作目标责任考核设施蔬菜建设市级先进单位、全省农业农村重点工作目标责任考核新型职业农民培育市级先进单位、全省农业农村重点工作目标责任考核农业法制建设市级先进单位、全省农业农村重点工作目标责任考核现代农业投资市级先进单位、土壤肥料工作先进单位、全省果业工作先进集体、全省农产品质检工作先进集体、农民科技教育先进集体、全省植保工作先进集体

林　业

【概述】 2015年,临汾市按照省政府5号文件和"三加三不减"要求,贯彻全省忻州造林绿化现场会议精神,围绕"两山"(吕梁山生态脆弱区绿化、霍永高速路两侧荒山绿化)"两县"(永和、隰县示范县建设)"两防"(森林防火、林业有害生物防治)"两改"(林权配套改革、国有林场改革)总体框架,以五大工程建设为抓手,提高造林合格率、保存率,增强改革意识、创新意识和法治意识,全市林业重点工作进展顺利。

"三北"防护林工程

【造林绿化】 2015年,临汾市对吕梁山生态脆弱区治理,坚持"整山系流域推进,集中连片治理"的思路,实行块状混交造林,发展乡土树种,科学综合治理。大宁县将三北人工造林、封山育林,天保人工造林全部放在古驿沟流域进行集中连片实施。对通道绿化,重点将霍永高速、六百公里铁路沿线进行绿化,将大运高速、霍侯一级路及国、省道进行补植补栽。其中,霍永高速绿化工程是全省重点林业工程,以视野内第一山脊线为绿化范围,通过沿沟、沿梁整体推进,主栽侧柏、油松、刺槐、核桃、连翘等树种,实现绿化不断档、全覆盖。创新营造林机制和投融资机制,推广企业栽植、政府购买的"购

买式”，政府租地、企业绿化或者农民合同造林、公司统一收购的“合作式”，政府租地企业认养、八成绿化二成开发的“开发式”等造林机制，引导社会力量参与造林和投资林业，激发社会办林业的活力。全市完成营造林2.68万公顷，占年初省定计划任务2.638万公顷的101.4%。育苗完成0.7万公顷，占总任务0.67万公顷的105%。

【林业改革】 2015年，临汾市林业局深化林权配套改革。扶持林下经济发展。扶持林下种植1033公顷，主要栽植连翘、柴胡、黄芩等。申报林业示范合作社。全市有林业专业合作社612家，申报成功的示范合作社有国家级4家、省级11家。开展森林保险投保工作。全市参保面积36.85万公顷，保费994.86万元，保额33.162亿元。受理理赔案件3起，结案3件，理赔金额54.702万元。9月1日，全省深化集体林权制度改革林下经济培训会在古县召开。深化国有林场改革。制定《临汾市国有林场改革实施方案》(讨论稿)。全市纳入财政预算的国有林场13个。7月9日，李小鹏省长、郭迎光副省长到七里峪林场召开国有林场改革座谈会，提出指导性意见。

【经济林管理】 2015年，临汾市林业局开展“经济林增效”活动，深入各县(市、区)开展大规模技术培训。壮大核桃技术服务队，启动实施省级核桃低产林改造，建设精品示范园，发放技术手册和视频，提升全市核桃管理水平。古县强化技术队伍建设，外聘省林业厅、林科院核桃专家，河北涉县、汾阳、中阳技术人员实地教学指导，组建160余人的县级核桃专业管护队科学管护。浮山县开展核桃提质增效示范点建设，每个乡镇抓好3个村或3个示范户(面积0.67公顷以上)，林业局抓好3个示范点(面积6.67公顷以上)，通过综合增产管理，达到示范带动作用。乡宁县出台《2015年加强抚育管护促进核桃产业提质增效的实施意见》，加大核桃示范园建设，形成核桃产业优势。永和县建成全国首家红枣光伏大棚，开启新型光伏农业模式，推动红枣产业升级。

【森林防火】 2015年，临汾市林业局按照市政府办公厅《关于重点林区乡镇组建森林防火半专业队的通知》，加大物资器材、场地人员的投入力度，确保防火半专业队组建到位。按照省厅要求，配备扑火器具，从普通向高端、实用转变，配备高雾化风力灭火机、火场高空监测器等设备。重新修订下发防火预案，严管野外火源，加大督查力度，加大网格化巡查和定点责任巡护力度，灭火队伍靠前驻防，强化值班值守，全市没有发生重大森林火灾。

【林业有害生物防治】 2015年，临汾市林业局采取阻隔法、喷药剂等方法，对尧都、洪洞、吉县等县的春尺蠖有效防治，防治面积1133公顷。向基层发放杀虫灯、测报工具箱、诱捕器等防治设备200余套，加强美国白娥虫害检测设施建设，促进全市林业有害生物防治工作开展。

【封禁和未成林管护】 2015年，临汾市林业局贯彻省林业厅、农业厅《关于在林业生态建设区域实施封山禁牧促进牧业协调发展的意见》精神，各县(市、区)出台《封山禁牧管理办法》或制定管护措施，成立未成林地管护工作组，以政府投资和天保资金为支撑，采取“合同管护、属地管护、委托管护”等形式，对全市66.67公顷以上工程聘请50余人专职管护员，对666.67公顷以上工程建设10余个管护站、每站配备3人至5人进行管护，扩大森林面积，增加森林蓄积量。

【依法治林】 2015年，临汾市林业局加大林业执法力度。组织开展打击非法侵占林地专项行动和非法盗挖大树、古树专项行动，打击破坏森林资源违法犯罪活动。全市刑事案件立案14起。查处行政案件215起，其中治安案件20起。加强依法治林工作。根据有关法律法规，依据“法无授权不可为，法定职责必须为”的要求，制定行政审批权力清单和责任清单，优化公开行政审批流程，强化行政审批职权风险防控，所有行政审批事项全部进入政务大厅，向审批窗口下发行政审批授权书。强化林地管理工作。严肃对待林地征占用审批，严格管理林木采伐限额，守住生态红线。

【全国九次“连清”工作】 2015年，临汾市林业局在全市抽调技术骨干45人，分成10个技术小组从事“连清”工作。在省厅培训的基础上，从4月18日开始，利用1周时间在尧都、襄汾对各小组组长开展试生产实地培训，确保“连清”人员掌握相关技术。购置数据采集仪、笔记本电脑及GPS等设备，开展保障连清工作。临汾市第九次“连清”工作全部完成，通过国家西北院和省规划院的检查验收。

(蔺剑锋)

吕梁山国有林管理

【概述】 2015年,吕梁山国有林管理局以"双六"工程为总抓手,以"六十"制度为总要求,以"规范管理"为主线,推进生态林业、民生林业建设,各项工作均取得较大进展。

【森林管护】 2015年,吕梁山国有林管理局森林管护划分为330个责任区,落实专职管护员330人,兼职管护员205人。林局与16个有林单位负责人签订工程管理责任状与森林管护责任状各16份,场长与专职管护员签订管护协议书330份,落实天保管护面积22.19万公顷,省级公益林管护面积22.14万公顷,天保及公益林两项工程责任落实率100%。

【森林管护GPS巡检系统】 2015年,吕梁山国有林管理局按照省天保办要求,与临汾市移动公司签订合作协议,初步建成森林资源管护GPS信息新平台,出台《吕梁林局GPS巡检器使用管理办法》。要求林场每月提交《GPS巡护情况报告》,林局林局核实后,在全局范围发布《GPS巡护情况通报》,如有违规情况,林局严格按照办法兑现惩处,200余人次受到不同程度的处罚,管护人员出勤率低的局面得到扭转。

【以前年度营造林完成情况】 2012年天保工程人工造林任务467公顷,完成467公顷,保存率89.3%;2010年天保封山育林4333公顷,完成宣传牌45块,机械围栏4826米,人工加密补植75.4公顷,保存率90%,人工促进整地104.13公顷;2014年天保工程人工造林800公顷,完成800公顷,保存率90.1%;2014年天保工程封山育林2400公顷,完成宣传碑15块、标志牌20块,机械围栏4379米,人工促进整地80.67公顷,加密补植40.87公顷,平均保存率89.7%.

【2015年营造林完成情况】 2015年,吕梁山国有林管理局完成人工造林任务2407公顷,其中:完成天保工程人工造林任务1333.4公顷,核实合格率100%,平均成活率92.3%;完成灌木林改造任务266.7公顷,核实合格率100%,平均成活率90.2%;完成精品工程333.4公顷,核实合格率100%,平均成活率91.3%;完成珍稀树种培育任务66.7公顷,核实合格率100%,平均成活率86%;完成植被恢复任务46.7公顷,核实合格率100%,平均成活率85.5%;完成三北防护林人工造林任务333.4公顷,核实合格率100%,平均成活率90.8%;完成天保中央财政专项资金补助造林任务26.7公顷,核实合格率100%,成活率92%。2015年新储备幼林约1333.33公顷。

2015年完成封山育林任务2733.34公顷,其中:完成天保工程封山育林任务2266.67公顷,核实合格率100%,加密补植成活率93.2%;完成三北封山育林任务466.67公顷,核实合格率100%,加密补植成活率92.3%。

【省直林区营造林存在问题专项整治】 2015年,吕梁山国有林管理局根据晋林场发〔2015〕8号文件要求,成立由分管生产的副局长侯生杰为组长的专项整治领导组,针对文件提出的整改内容,逐项对照检查,发现部分单位存在重造轻管、设计粗糙等问题,制定措施进行整改。针对重造轻管问题采取如下措施:林局从造林投资中,每亩拿出10元钱用于专人专管费用,签订合同,制定幼林管护办法,以管护成效兑现工资;成立专业狩猎队,每年春季和冬季集中猎捕野兔,减轻野兔对新造林地的危害;拉网设置机械围栏防止牛羊危害,全年设置围栏1500余米。针对设计粗糙问题采取如下措施:加大设计人员业务知识培训力度。全年组织理论与实践相结合的各类业务培训6次;推行作业设计内部评审制,成立设计评审组,每一项设计出台,须经过评审组审核;开展业务技能大比武,全局16个有林单位及设计队40人参加业务技能竞技。

【苗木生产经营规范管理】 2015年,吕梁山国有林管理局苗木发展坚持走精细化、科学化、规范化、国有化经营道路,发展国有苗圃1700余亩,满足本单位造林绿化用苗,对外销售,增加收入。投资200余万元,用于育苗技术培训、种子、药剂调拨及苗木换床、浇水、除草等管理费用。根据造林绿化用苗及市场的需求,林局通过年初下达任务调整苗木培育结构,苗木产业实现由单一生态型向多元化、多品种、大规格方向发展。严格监管。每年春冬两季对国有苗圃进行逐地块核查,建立图、文、表台账,确保国有苗圃不流失。

【林地管理】 2015年,吕梁山国有林管理局根据晋林场函〔2015〕21号"关于建立国有林场林地管理情况双月报制度的函”要求，执行双月报制度。加强林地管理工作，确保林地资源安全，制定“林地管理十项制度”，从林地的审批、保护、日常监督管理、档案管理等方面制定办法。十项制度的内容为“五长”负责制、林地保护制度、五联报告卡（单）制度、林地用途管制、占地项目初审制度、占用林地监管制度、定期检查制度、限期报告制度、联席会议制度和台账档案制度。

【森林抚育】 2014年度森林抚育任务7800公顷，合格面积7800公顷；2015年森林抚育任务6667公顷，作业设计全部完成，按设计实施1800公顷；林局和林场制定两级“双层六查”制度，抚育工作按照制度实施，每月按时上报抚育进展情况。“培育健康森林”征文收集14篇。

【树木移植】 2015年，吕梁山国有林管理局移栽定植大树1700株，其中在襄汾苗圃移栽定植胸径6厘米至12厘米五角枫景观树687株；在东山林场移栽定植胸径6厘米至8厘米五角枫1100株，成活率85%。

【造林及封山育林资金管理】 2015年，吕梁山国有林管理局实行专户存储、专款专用、单独建账、单独核算的专项管理办法。采取“集中核算”的办法，根据局生产科出具的检查验收结果组织实施单位在林局进行报账。严格执行作业设计，实行分年度投资（造林3年，封育5年），以后年度抚育、管护等投资进行预提的管理办法。采取“公开化运作、合同化管理”的运行机制，提高工程建设质量和投资效益。加强对资金的监管，要求各单位将项目建设的规模及投资、施工队负责人、通信地址、联系电话等报林局纪检科、财务科备案。对工程项目实行联签制度，制定联签报账单，各项工程报账时需经单位负责人、分管领导、经检委员、单位报账员、稽核员联签后方可报账。

【造林、封育、育苗资金使用情况】 2015年天保工程建设资金计划为1438万元，实际到位1438万元，其中：中央预算内投资838万元，省级投资600万元。全年天保工程建设资金总支出为1438万元。全年三北防护林建设资金计划为670万元，实际到位670万元，全部为中央预算内投资。全年三北防护林封山育林总支出为70万元。三北造林中央投资到位600万元，垫支480万元（每亩垫支240元）。全年双百示范工程建设资金计划为540万元，实际到位540万元，全部为省级投资。全年双百示范工程建设资金总支出为540万元，其中：灌木林改造工程支出240万元，精品造林支出300万元。全年育苗资金计划投资为178万元，实际到位178万元，全年育苗资金总支出为178万元。

【流域综合治理】 2014年流域综合治理工程启动以来，吕梁山国有林管理局本着“宜造则造、宜抚则抚、宜封则封、宜养则养、综合推进”的原则，规划治理流域16个，总面积1.02万公顷。打造屯里林场老君庙流域、车鸣峪林场新机沟流域、交口林场水头流域和下李林场石马沟流域4个试点流域，完成封山育林490.3公顷，森林抚育2510.42公顷，人工造林143.5公顷。

【种苗培育】 2015年，吕梁山国有林管理局管理培育各类苗木119.11公顷。保障性苗圃面积58.07公顷，产苗量4906.7万株。其中裸根苗20.47公顷，产苗量2175.6万株。树种有：油松、落叶松、白皮松、侧柏、华山松、白蜡、辽东栎、五角枫、国槐、刺槐、山杏、文冠果、丁香、皂角；营养钵苗25.93公顷，产苗量1712.4万株。树种有：针叶树种有油松、白皮松、侧柏、桧柏、辽东栎；换床苗11.67公顷，产苗量1018.7万株。树种有：针叶树种有油松、落叶松、白皮松、白蜡。绿化树种苗圃面积61.03公顷，产苗量106.3万株。树种有：油松、白皮松、侧柏、云杉、白蜡、辽东栎、丁香、五角枫、山核桃、银杏、臭椿。景观树培育：在襄汾苗圃培育景观油松200株，面积1.33公顷。

【多种经营】 2015年，吕梁山国有林管理局引进资金、技术、人才，采取集体、股份、公司+职工等多种经济运行方式，发展林业产业。发展连翘1.33公顷（克城）、猪苓0.13公顷。发展香菇1万棒（康城）；木耳4100根（车鸣峪、五鹿山、交口）。发展养殖30户，其中：养殖森林猪1940头（台头、屯里、下李、上庄、勍香、车鸣峪、交口、康城、东山、河底）；羊125只（克城）；牛40头（克城、关上）；鸡3100只（交口、东山、河底）；蜂90箱（车鸣峪）；鱼5.5万尾（东山、管头、屯里）。采集各类种子5812.5公斤，其中：辽东栎3775公斤（交口、康城、东山、上庄、勍香、屯里、下李、克城）；油松850公斤（种子园、台头）；山桃300公斤（勍香）；山杏300公斤（勍香）；茶条槭150公斤（上庄）；白腊37.5公斤（五鹿山）；五角枫250公斤（关上、车鸣峪、河底）；暴马丁香

100公斤(台头);连翘50公斤(河底)。抚育剩余物销售4006.2吨,销售收入64.61万元,销售利润19.25万元。

【森林旅游业】 在2014年1月1日与投资商签订《山西人祖山省级自然保护区生态旅游合作开发与经营协议》,建设与经营期40年。2015年8月27日进行剪彩,进入试营期。2014年10月至2015年2月历经5个月时间,汾西县文物旅游局代表县人民政府就姑射山老爷顶景区区域的旅游资源开发和利用进行洽谈,修改旅游项目合作开发意向书。向省森林公园管理中心进行请示汇报。将姑射山风景旅游区旅游项目合作开发意向书上报省厅。

水　利

【概述】 2015年,临汾市完成水利投资25.2亿元,占计划25.1亿元的100.4%,全面超额完成年度各项工作任务。

【汾河流域生态修复】 2015年,《临汾市汾河流域生态修复规划》完成上报省厅。项目涉及全市11个县(市、区),总投资274.7亿元。工程建设内容开始落实。此次生态修复规划的实施,是临汾市2008年至2014年"千里汾河清水复流工程""百里汾河新型经济带建设——河道生态治理修复工程"完成之后,根据山西省《汾河流域生态修复规划纲要(2015——2030)》,新铺开的汾河生态修复工程,是山西省自中华人民共和国成立以来开始实施的第五轮汾河流域生态修复工程建设。

【农田水利基本建设】 2015年,临汾市水利局实行农业灌溉水价补贴强农惠农政策,完成农田实际灌溉面积16.17万公顷,占年度目标任务的100.22%。中央财政小型农田水利重点县工程完成投资1.54亿元,新增节水面积2467公顷,改善恢复灌溉面积9133公顷。实施2014年度中央财政小型农田水利重点县工程尧都、翼城、侯马、隰县、曲沃、霍州6处,批复总投资1.54亿元,完成投资1.39亿元,占批复总投资的90.3%。实施2015年度隰县、侯马、曲沃、霍州、襄汾、浮山6处工程,批复总投资1.72亿元,所有项目现完成招标工作,完成投资2435万元,占批复总投资14.2%。规模化节水试点县工程。翼城1处,2014年度批复投资1663.2万元,完成投资1230万元,占批复总投资74%。2015年度计划总投资8024万元,完成招标工作。2014年度百企千村产业扶贫水利项目计划总投资350万元,包括大宁、隰县、汾西、吉县等6处工程,完工4处。膜下滴灌项目。2015年度项目包括尧都区、襄汾、古县、蒲县4处,计划总投资253.4万元,全部开工。灌区配套与节水改造工程。禹门口东扩襄汾支线渠系配套工程,完成投资1000万元;汾西灌区2013年度续建配套与节水改造骨干工程,完成渠道防渗3.9千米及渠系建筑物,年度建设基本完成,完成渠道防渗16.5千米及配套建筑物,完成投资约4250万元;翼城县农业综合开发小河口灌区节水配套改造工程,完成96%的工程任务,完成投资1500万元,部分工程通过法人验收;尧都区农业综合开发巨河灌区节水配套改造工程,进行干渠清淤、渡槽维修、土方开挖等,完成投资685万元。

【农村饮水安全】 2015年,临汾市改善和提高9.56万(学校师生23629)农村人口的饮水安全标准,占全年任务指标的100%。全市192处工程全部完成,完成投资4524.76万元,占总投资的106%。完成投资1680万元,建成14个县(市、区)农村饮水安全工程水质检测中心,全部可达42项水质常规指标检测能力,实现县级水质检测中心全覆盖。

【水保生态建设】 2015年,临汾市水利部门完成水土流失治理面积2.87万公顷,占年度任务的108%。淤地坝建设项目、小流域综合治理项目、沟坝地治理项目、坡耕地治理项目、农业综合开发水土保持项目,坝滩联合整治项目等水土保持重点工程建设完工,完成投资1.28亿元。开展水土保持监督监测工作。出动执法人员350人次,执法车辆50余台次,检查全市12个房地产项目、13家煤矿、30家铁矿、28家采石场,下发各类整改通知书100余份,审批开发建设项目水土保持方案24个,征收水土保持补偿费2300万元。淤地坝防汛工作扎实有效。对全市100座骨干坝、50座中型淤地坝进行抽查,每座坝都制定相应的防汛预案,确保淤地坝安全度汛。

【防汛抗旱减灾】 2015年,临汾市水利局通过采取完善预案，落实责任等各项措施保证安全度汛。山洪灾害防治非工程措施建设，吉县、乡宁、隰县3个县补充完善项目完成，大宁、永和、蒲县、安泽、翼城5个县项目基本完成，准备验收资料；尧都、洪洞等9个县项目基本完成。抗旱灌溉工作开动6000余处水利设施，完成春夏冬浇任务，确保粮食安全。完成春浇灌溉面积12.79万公顷、夏浇7.85万公顷，超额完成省下达12.67万公顷和7.67万公顷任务。全市冬浇灌溉1.42万公顷。抗旱应急水源工程建设。2014年抗旱应急引提水工程项目涉及的吉县、蒲县11个项目完成投资3941.66万元，占总投资的95.44%。2015年抗旱应急提水工程项目涉及的乡宁、吉县、蒲县3个县4个项目完成投资1743.02万元，占总投资的70.54%。下发全市水利安全生产文件，明确各级水管单位职责，开展大检查，整改存在的安全隐患，实现全市水利安全生产形势持续稳定。

【小水库更新建设】 2015年，蒲县四沟水库工程完成混凝土6.87万立方米，完成投资3920万元。尧都区仙洞沟水库工程，完成投资约1700万元。汾西北掌、浮山臣南河、隰县南峪、蒲县叼口4座水库完成立项。配合黄委完成古贤水利枢纽项目建议书阶段临汾有关县水库淹没影响实物复核工作。

【节水型社会建设】 2015年1月至9月，临汾市万元工业增加值平均耗水量下降率3.0%。加快节水型社会建设步伐，推进工农业节水和地下水压采工作。全年地下水压采量任务1300万立方米，实际完成地下水压采量1357.65万立方米。

【大水网涉临工程】 2015年，临汾市引沁入浮工程批复总投资31550万元，输变电工程、临时工程等基本完成，隧洞主体工程开挖9.4千米，完成投资2亿元。西山沿黄提灌工程全面复工。中部引黄及禹门口提水东扩工程顺利推进。

【病险水库除险加固工程】 2015年，侯马市金沙水库、浮山县刘村沟、洪洞县军民、北伏牛、下纪落5座一般小(2)型病险水库除险加固工程完工，完成总投资1083万元。

【水资源管理】 2015年，临汾市水利部门落实最严格水资源管理制度，落实取水许可审批制度，加强水行政执法，加大水资源费征收力度，通过2014年度国务院实行最严格水资源管理制度考核检查，考核成绩为优秀。加大水资源保护力度。《关于全市河流水功能区水质监测断面建设与水质分析评价经费预算的申请》获政府批准，《龙子祠泉域岩溶水环境问题成因调查及泉水增补措施研究报告》通过省、市有关专家的评审。

【水库移民】 2015年，临汾市水利局完成2014年度水库移民人口年度核定工作。2014年第4季度至2015年第3季度的直补资金兑付到人。2015年第4季度中央、省级直补资金及2016年度省级直补资金拨付各县(市、区)。水库移民后期扶持项目。在建水库移民后期扶持项目116个，完成78个，完成投资2349.98万元；完成2015年度大中型水库移民后期扶持政策实施情况监测评估工作。移民安置搬迁工作。引沁入汾和川枢纽工程移民搬迁安置工作进展顺利，张峰水库安泽县马壁移民安置工作完成，待省级验收。

【水产养殖、渔政管理】 2015年，临汾市水利局完成渔业总产量7450吨，渔业产值8800万元；全年渔业生产计划投资安排2400万元，完成投资2546万元。

【河道治理工程】 2015年，临汾市实施安泽县沁河、翼城县浍河和霍州市对竹河3个中小河流治理工程项目，完成投资6347万元，占中央下达资金的97%。安泽县沁河和翼城县浍河基本完工，截至2015年底，霍州市对竹河完成投资1500万元，占比58.4%。

【分设水政监察综合执法支队】 2015年，临汾市水局推进水利法治体制改革，加快整合执法职能和执法力量，推进水利综合执法，年初把原挂靠在市水资办的水政监察支队独立分设。调查全省各市水政监察、法制机构情况，就解决法制办、水政监察入编问题，向市编办打报告，请示尽快解决机构、编制问题。

【水政执法】 2015年，临汾市水利局落实执法责任制，加大行政执法力度，规范公正文明执法。开展水资源、水保监督、河道管理、水产渔政专项执法巡查96次，下达执法文书、各类整改通知书160余份，查处各类违法事件60余起，清理非法采砂点24处、违章堆积物58.4万立方米。全市完成水资源费征收任务8040万元，征收水土保持补偿费2200万元。改进行政审批工作，审批取水许可、开发建设项目水土保持方案、河道活动和工程许可269件。

【降雨量】 据统计,2016年6月1日至9月30日,本市降雨量192.9毫米,与多年同期均值377.9毫米偏少185毫米,偏少49%。其中:6月降雨44.1毫米;7月降雨39.9毫米;8月降雨47.8毫米;9月降雨61.1毫米。各月降雨均少于多年平均降雨。全市汾河、沁河、浍河、洪安涧河等8条主要河流未发生大的洪水,汾河赵城站最大流量为8月6日6时106立方米/秒;汾河柴庄站最大流量为8月7日12时73立方米/秒;河道水情平稳。中型水库运行正常,未超汛限水位。各水库均有较大防洪库容,利用河中有水时机拦蓄水量,确保灌溉用水所需。汛期全市汛情平稳,未发生大的洪涝灾害和人员伤亡,平稳度过汛期。

【十二五水利发展成效】 "十二五"期间,全市水利投入实现新突破。五年完成水利投资101亿元,是"十一五"的3.8倍。引沁入汾工程建成受益,禹门口东扩一期工程建成通水,中部引黄输水工程进展顺利,引沁入浮及仙洞沟、四沟水库工程全面开工,使昔日城市、山岭阻隔的黄河、汾河、沁河与各自为政的合川水库、五马水库、曲亭水库、涝河水库、洰河水库,初步建成"三河连通、五库联调、多源互补"的河库连接、资源统配格局。5年建设农村饮水工程1357处,建成县级水质检测中心17个,改善提高56.91万农村人口饮水安全标准。建成各类小型农田水利工程279处,新增灌溉面积6293公顷,恢复改善灌溉面积2.86万公顷,农业实灌面积单年最高16.13万公顷。完成水库移民直补9400万元,后期扶持项目投资2520万元。水产养殖面积1030公顷。完成百里汾河新型经济带河道治理与生态修复工程建设,治理汾河158千米,治理中小河流19条;完成水土流失综合治理面积1410平方千米,治理度56.4%。

(张荣华)

浍河水库管理

【水库防汛】 2015年汛期前,浍河水库管理局完成水库枢纽工程的工程安全大检查。针对检查中发现的问题,汇总上报,完成隐患整改。完善水库防汛指挥体系、工作程序、防汛指挥部成员单位的防汛责任。重新修订浍河水库控制运行计划、浍河水库防汛应急预案、浍河水库防洪预案、领导责任制等防汛方案。重新整理和维护防汛储备物资,确定专人管理物资储备工作。汛期实行24小时值班制度,落实领导带班制度、水库巡查制度。针对发现的问题,上报处理解决。

【工业供水】 2015年,浍河水库管理局完成供水974.4万立方米,其中工业供水800.5万立方米,非工业供水168.4万立方米,晋都公园如意湖供水5.5万立方米,超额完成上级下达的工作目标。实行按用水量多少,分档降低工业用水价格的减负措施,全年减少企业用水成本180万元。结合企业的用水需求,更换和新增增压泵。使原来每天出水量由2万立方米提高到3.5万立方米,工业供水经济效益提高25%。

【农业灌溉】 2015年,浍河水库管理局引水879.922万立方米,完成灌溉面积1700公顷,4380公顷次,水费收入61.67万元。其中农业灌溉引水395.16万立方米,供水管道引水168.41万立方米,汾河及其他引水316.35万立方米。

【工程建设】 2015年,浍河水库管理局紧抓浍河灌区末级渠系建设。由原来二级提水变为一级提水,减少二次提水费用,每公顷减轻农民费用225元。新增改善灌溉面积280公顷,每年节水36万立方米,粮食增产0.24万吨。浍河灌区向闽光焦化厂和东宁村输水工程。完成投资53万元,铺设直径250PVC管道4.6千米,修建东宁二级提水泵站,扩大灌溉面积100公顷。实现农业灌溉和工业供水的工作目标。完成浍河水库应急专项除险加固工程。经临汾市水利局牵头组成的验收委员会验收,水库工程质量达到优良标准。

【浍河水库志】 《浍河水库志》2014年9月筹备,11月5日正式启动,历经6个月的时间,2015年3月定稿付印。全书18章71节,图片126幅,32万余字。

【整合移交】 2015年,浍河水库管理局根据浍河整合移交工作方案,完成人员编制、人事档案、资产清理、工程统计等基础工作。理顺在职人员62人,清退在编不在岗人员3人。2015年8月28日,省人社厅以晋人社厅函〔2015〕573号做出关于对《山西省水利厅关于省禹门口水利工程管理局机构整合人员整体划转的函》的复函。2015年11月

10 日，省财政厅以晋财资〔2015〕172 号做出《关于同意山西省禹门口水利工程管理局机构整合资产划转的函》，两个文件的正式出台，标志着浍河整合移交工作取得实质性进展。整合移交档案上报到市水利局。

（张年田　贾俊华）

汾西水利管理

【概述】 2015 年，农业灌溉方面细化以水计征，非农供水方面加强内管外拓，基础设施建设稳步推进，安全稳定零事故。

【农业灌溉】 2015 年，汾西水利管理工作围绕以水计征做文章。完成对全局各条干渠支斗口名称的核对和编制工作；强化测水量水工作，对各交接点的水量细化分析，强化以水计征的内部考核。全年农业灌溉供水量 10000 万立方米，完成灌溉面积 2.13 万公顷、50 万亩次，回收农业水费 690.8 万元。

龙子祠水源地

【非农供水】 非农供水是水管局收入的主要支撑，维护和拓展供水市场是水管局的主要工作。2015 年，汾西水利管理工作按照《非农业供水工程设施维修管理细则》，按时准确检测，保证设备、管道、计量设施等正常运行；按协议供水，加强与各企业用户之间的沟通协调，做好服务；开拓市场，增加用水户，促成从七一水库铺设管道给星原供水的工程项目。全年非农业供水 2900 万立方米，非农业水费 2180 万元。

【基础设施建设】 2015 年，汾西水利管理工作完成 2013 年续建配套与节水改造骨干工程 2015 年度施工任务。该工程计划总投资 5865 万元，其中中央预算内专项资金 3519 万元，省配套资金 1173 万元，市配套资金 1173 万元，到位资金为中央 3519 万元和省配套资金 833 万元。分 2014、2015 两个年度实施。2015 年 4 月至 12 月，完成洪洞段隧洞维修 5 处，小河村段过村护栏 2.8 千米；襄汾段渠道防渗 3.2 千米，配套建筑物 19 座；完成投资 1020 万元。截至 2015 年底，该工程完成投资 4100 万元（中央 3519 万元，省 581 万元），完成七一渠渠道防渗 16.2 千米，配套建筑物 94 座；该工程年可节约水量 227 万立方米，改善灌溉面积 2933 公顷。完成 2014 年度灌区末级渠系配套工程。该工程总投资 183 万元，涉及尧都区燕家庄、东郭、东羊三村，襄汾县阜宁、官庄、西贾三村，完成渠道防渗 10.5 千米，建筑物配套 216 座。完成汾市龙子祠泉城市水源地环境污染综合整治工程。该工程批复总投资 500 万元。主要完成工作包括南北泉钢化玻璃封闭、标示标牌工程和核心保护区汇水工程。完成 2012 年度续建配套与节水改造工程施工任务。完成七一渠渠道防渗 2.6 千米，建筑物改建及维修 11 座，完成投资 433 万元。完成汾西灌区七一水库田间渠道防渗配套工程建设任务。完成投资 300 万元。该工程防渗二支渠田间渠道 8.7 千米，配套建筑物 93 座；建设南贾电灌站一处，包括出水池 1 座、出水管 460 米，干渠防渗 1.85 千米、支渠防渗 5.1 千米，渠系建筑物配套 58 座。完成农水工程投资 110 万元。包括新建七一渠东郭支渠，渠长 3254 米，配套建筑物 77 座；新建七一渠南高斗口提灌站一处；对七一渠洪洞段险工修复和七一水库基础设施维修等。

【安全生产和稳定】 2015 年，汾西水利管理工作按照灌区安全生产的规律办事，实现安全生产零事故。重视防汛工作，对水库、渠道险段进行重点防范。召开防汛会议，成立领导组，部署防汛方案，加强对灌区日常安全的管理和督导；制定《安全生产管理办法》《安全生产应急预案》《2015 年汛期应急预案》，确保把安全工作制度健全、落实到人。要求工程建设严格按规范操作，保证施工安全，安全生产实现常态化。加强水利执法，宣传水利法规，加强巡逻,处理非法违规事件,打击破坏灌区工程设施和破坏灌溉秩序的违法活动。信访方面,建立信访接待制度,落实信访责任,处理问题、化解矛盾于萌芽阶段,所有信访事件得到解决或答复。

(孙亚丹)

养殖业

【概述】 2015 年,临汾市畜牧养殖工作贯彻落实中央和省、市农业和农村工作会议精神,贯彻中央和省市农业和农村工作会议精神,坚持"生态、循环、低碳"发展路径,理清畜牧兽医行政职权和责任事项,建立健全任务倒逼机制、问责追究机制和督查考评机制,确保全市城乡畜产品市场供给平稳、农民畜牧业纯收入持续增加,确保动物重大疫病防控和畜产品质量安全形势总体平稳、畜牧业年度各项经济指标全面完成。

截至 2015 年底,全市肉类、蛋类、奶类总产分别 30.3 万吨、16.5 万吨和 7.14 万吨,比 2014 年分别增长 21%、13%和 4.3%。畜牧业总产值 65 亿元,比 2014 年增加 2 亿元,增幅 3.2%;农民人均畜牧业纯收入 1000 元,比 2014 年增加 100 元,增幅 11.1%。"十二五"期间全市畜产品产量实现"五连增",畜牧业总产值和农民人均畜牧业纯收入实现翻番目标。全市亿元龙头企业 13 个,部级标准化示范场 14 个,无公害畜产品产地认定和产品认证 53 个。

【强化责任体系】 2015 年,临汾市畜牧局按照农业部和省局重大动物疫病防控整体部署和要求,坚持政府保密度,部门保质量的原则,落实市局包县市、县局包乡镇、乡镇包村、村级防疫员包场户的重大动物疫病防控行政、技术双承包制制和挂牌公示制。科学预判动物疫病流行状况,加强市县乡村四级防疫体系建设,落实行政技术双承包责任制,坚持"三规范、四推进、五提高"。即防疫机构规范化,兽医实验室规范化,防疫档案规范化;推进规模化养殖场主要动物疫病净化评估认证,推进狂犬病的免疫注射,推进流行病学调查,推进动物疫情和免疫效果监测常态化管理;提高疫情应急处置能力,提高村级防疫员的免疫技术能力,提高兽药经营管理能力,提高各级兽医专业人员疫病诊疗水平。

【疫病监测】 2015 年,临汾市畜牧工作市级对规模养殖场免疫抗体监测做到全覆盖,县级实行免疫监测全覆盖,改进抗体监测方法,采用血清学酶联免疫(ELISA)检测方法,集中监测新城疫、禽流感、猪瘟、猪蓝耳、猪口蹄疫、牛口蹄疫、羊口蹄疫。强化外部调入畜禽隔离观察,健全外来动物疫病监测制度,在饲养密集区、交易市场设立强制免疫疫病监测点,建立监测点 42 个。实施动物疫病监测与流行病学调查计划,严格疫情报告和举报核查,掌握辖区内重点动物疫病流行情况,配合林业部门做好野生禽类的疫病监测工作。出台《临汾市动物疫病净化场创建活动方案》,全市确定国家级创建场 3 个,省级创建场 169 个,市、县、乡、村各级技术人员签订责任书,任务到场,责任到人,巡回下乡开展技术指导,定期开展抗体监测。自行组织开展 1 次检测对比活动。对比样品 225 份,合格率 90%,完善实验室网络体系和管理体系。

【程序免疫】 2015 年,临汾市畜牧局对备案登记并且在工商部门注册的规模场,做好程序免疫。对散养户分类管理。在不浪费强制免疫疫苗的前提下,对存栏猪 50 头,羊 100 只,蛋鸡 500 只以上数量的养殖户纳入程序免疫范围。提高散养户的组织化程度,在山区养殖分散地区,依靠乡镇、村委的行政支持,以村为单位,按照存栏猪 50 头,羊 100 只,蛋鸡 500 只的最小规模,5 至 10 户联合起来成立互助组,推选出组长,负责程序免疫工作。

【疫病防控】 2015 年,临汾市选择兽药经营单位 70 家为动物疫病诊疗提供技术支持,组织专家成立市、县两级动物疫病诊疗小组 18 个。将兽药生产经营单位产品特点以及专家特长,采取网络、短信、告示等方式,通过村级防疫员向所有的养殖场户予以公布,建立覆盖全市的动物疫病诊疗技术服务信息网络,推进动物疫病诊疗技术服务信息化平台建设。指导做好奶牛结核病监测净化工作。推广洪洞县犬类动物定点免疫注射狂犬病疫苗的做法,加强布病防控。建立健全消毒灭源档案,全市确定每季度第 1 个月 20 号为统一集中消毒日。开展养殖场所环境卫生大整治,对消毒单位、时间、面积、使用的消毒药品种类等情况进行登记造册,实行痕迹化管理,设有吉县、永和两个边境检查站。实行 24 小时专人值守,对过往畜禽运输车辆查证验物，全面消毒，杜绝外来疫情引入，加强边境县的动物防疫工作。

【应急处置】 2015 年，临汾市补充防疫物资 11 万元，消毒液 20 吨，做到及时补充更新，保障及时供应。培训应急队伍，充实应急专家组，进行实战训练，组织参加病死动物无害化处理及感染布病羊只扑杀工作，修定临汾市重大动物疫病应急预案，调整部分成员单位的工作职责。强化应急值守，实行领导带班，保证 24 小时有人值班，做好防疫进度和疫情动态报送工作，确保上下信息畅通。

【检疫工作】 2015 年，临汾市畜牧工作巩固产地检疫百日行动成果，推进产地检疫千日工程。对调入、调出的动物、动物产品实行报检审批制度，确保产地检疫工作“全天候、全覆盖、全过程”有序开展，规模养殖场产地检疫率 100%，散养户报检率常年保持在 95%左右，屠宰检疫出证率 100%。开展病死动物及畜产品无害化处理、瘦肉精检测等集中专项整治活动，养殖和屠宰环节病死动物无害化处理设施设备齐全，运营正常。

【溯源体系建设】 2015 年，临汾市畜牧工作推进电子出证、动物标识及疫病溯源体系建设工作。全市动物标识佩戴率达 75%以上。全市配备智能识读器 993 台，台式票据打印机 145 台，SIM 卡 973 张。全市的溯源物资配备到位，为可追溯体系信息的录入、上传、更新及数据的统计、分析、检索、传报等工作提供操作平台。建立健全县、乡、村三级防疫档案和规模场养殖档案。

【动物卫生监督执法】 2015 年，临汾市各县(市、区)对辖区规模养殖场所和屠宰加工场开展监督检查，采取专项整治和日常监管相结合、列行监测与专项抽查相结合方式，形成常态化机制。确保重要场所、关键环节监管不缺位、不断链无缝衔接。乡镇动物检疫申报点设置合理，设立 56 个检疫报检点，对辖区内规模养殖场全部进行备案。将养殖场的养殖档案信息、存出栏、病死淘数、消毒、报检等信息全部录入报检点电脑，电子化存档备查。39 个定点屠宰场实行同步检疫，制度完善，各项记录详细齐全，证章、检测记录存备完善；按规定报送生猪规模养殖场无害化处理情况，留存监督检查印证资料；省界动物防疫监督检查站管理规范，发挥职能，无公路“三乱”现象。

【饲料安全监管】 2015 年，临汾市畜牧工作依据《饲料和饲料添加剂管理条例》，加强饲料经营企业监管，实行饲料生产、经营户备案，打击生产、销售和使用假冒伪劣饲料行为，严把畜禽养殖投入品质量安全关。开展饲料专项整治，市、县两级饲料管理部门分别在元旦、春节期间、五一节、国庆节前后进行 3 次大规模的饲料质量安全隐患排查。邀请省专家对全市饲料生产获证企业进行饲料质量安全管理规范技术培训。深入临汾市永恒饲料有限公司、金龙临汾分公司等企业进行实地技术指导，争取在每一个环节上不走弯路，使企业技术改造即节约资金，加快进度，通过省级验收。

【兽药质量安全监管】 2015 年，临汾市畜牧局实施《兽药质量监督抽检计划》，全年抽检兽药样品 40 个，完成省定抽检任务。强化检打联动，打击制售假劣兽药行为。加强兽药经营管理，规范兽药经营行为，严格兽药经营企业准入机制，监督经营户建立完善的购药、销售和用药台账，实行兽药使用追溯制度；按照农业部公布的全年 7 批不合格兽药目录，出动执法人员 148 人次，对全市的兽药经营和使用单位进行 7 次清查。

【生鲜乳质量安全监管】 2015 年，临汾市畜牧工作加大对生鲜乳收购站和运输车的检查力度，执行生鲜乳生产周报制度。发放生鲜乳收购证 9 个，生鲜乳准运证 2 个。市县两级检测 200 余次，购置三聚氰胺、β一内酰胺酶、黄曲霉素、磺胺类药物快速检测卡，下发到奶牛养殖大县。完成生鲜乳抽样和交叉检查抽样工作，尚未发现有检测不合格的生鲜乳。

【畜产品质量检测】 2015 年，临汾市畜牧工作集中进行两次畜产品质量安全检测。检测样品 150 批次。其中检测猪肉样品 42 批次、羊肉 18 批次、牛肉 8 批次、鸡肉 25 批次、鸡蛋 32 批次、牛奶 25 批次，合格率均为 100%。猪肉、羊肉、牛肉分别开展瘦肉精三项、呋喃唑酮四项、氟喹诺酮类药物、磺胺类药物、庆大霉素 10 个监测项目；鸡蛋、鸡肉分别开展氟喹诺酮类药物、磺胺类药物 2 个监测项目；牛奶开展三聚氰胺监测项目。完成省局下达的抽样任务。对检测不合格的单位进行行政处罚。

【无公害畜产品认证】 2015 年，临汾市畜牧工作对全市的企业无公害畜产品生产企业及其产品进行检查，获证企业受检率 100%。对无公害畜产品不合格生产企业进行清退，全年清退不合格生产企业 22 个、新申报企业 2 个。

【招商引资】 2015 年，临汾市畜牧局参加第四届山西特色农产品畜牧招商引资活动，签约 2 个畜牧项目，招商引资 3.4 亿元。河南碧云天饲料有限公司在襄汾县建设年出栏 10 万头生猪养殖示范园区及配套项目，河北旺族集团在侯马市建设年出栏 20000 头种猪的养殖场及配套项目。

【涉农资金项目排查】 2015 年，临汾市畜牧局按照山西省农业厅《关于印发全省农业系统涉农资金综合治理实施方案的通知》(晋农财发〔2015〕115 号)的要求，对 2013 年至 2015 年涉农资金项目情况进行排查。2013 年至 2015 年，全市涉农畜牧业项目 103 个，项目全部开工，除正在实施的 19 个项目外，其余 84 个项目全部竣工验。项目总投资 7311.14 万元，其中：中央投资 2175 万元、省级投资 2653.5 万元、市级配套 19.8 万元、县级配套 41.2 万元、自筹资金 2421.64 万元；中央和省级资金全部到位，市、县两级配套资金 60 万元均未到位(由项目承担企业自筹代替)，占投资总额的0.83%。

【现代农业投资】 2015 年，临汾市现代农业项目年初任务 37 亿元，实际完成 37 亿元，完成任务量的 103%。

【粪污治理】 2015 年，临汾市完成 100 个畜禽养殖场(小区、专业村)标准化改造和畜禽粪污综合利用，100 个病死畜禽无害化处理点，投资 2000 万元。对 66 家承担畜禽养殖减排项目建设任务的养殖企业给予扶持，各县畜牧局牵头对减排项目进行验收，总投资 2072 万元(其中财政扶持 500 万元，企业自筹 1572 万元)。

【无害处理】 2015 年，临汾市组织开展病害死畜禽无害化处理专项整治活动，对收购、贩运环节和无害化处理环节重点清理排查。研讨确定临汾市病死动物无害化“一南一中一北”集中处理工作方案，完成规划布局，2016 年正式启动建设。曲沃和汾西立项、选址，完成前期资金、工程和设备等准备工作，环评获批后开建。

【打击畜产品质量安全违法行为】 2015 年，临汾市畜牧兽医综合执法支队抽调人员组成巡查小组，发现隐患，及时处置，每月 5 天至 10 天定期深入全市各个县(市、区)，对兽药、饲料生产经营企业和养殖场户进行督查对畜牧业违法犯罪行为形成高压态势。全年出动执法人员 600 余人次，检查饲料生产企业及饲料加工点 40 余处，饲料兽药经营门店 200 多家，办理各类违法案件 28 起，办结 27 起，罚没收入 2 万余元。审核备案动物防疫条件合格证 236 套；立案查处各类动物卫生监督违纪违规案件 98 起。深入监督检查大型养殖场共计 385 次，深入定点屠宰场 109 次。在“3·15”期间开展放心农资下乡进村活动，“6·5”普法宣传活动中，设立畜牧普法知识讲台，利用标语、宣传彩页和开展法律咨询等多种形式向广大人民群众宣传畜牧相关法律法规，接待群众 600 余人次，散发有关畜产品安全宣传页 2000 余份。

春节前夕临汾市畜牧兽医局局长王晓民陪同岳普煜市长在农贸市场进行畜产品安全检查

【“一送两保三增”活动】 2015 年，临汾市畜牧局结合经济下行压力增大，农民增收困难的实际，开展“送技术、保畜产品质量安全和保动物重大疫病防控安全、养殖业增效、农民增收、行业增利”活动。全局广大党员、干部及中级职称以上技术人员分别联系 1 个规模场和散养户，访民情，解民忧，帮民富。宣传畜牧兽医政策法规，正确引导，依法经营。传授标准化养殖技术，主持举办 1 场专业技术培训，实施农村技术承包项目，实现绿色循环发展。正确分析把握市场形势，帮助养殖户增产增收。

(秦小健)

农机管理

【概述】 2015 年，临汾市农机化工作围绕实现主要农作物生产全程机械化，实施六大工程，构建六大体系，开展农机化示范县乡村、示范社场户创建活动，转变农机化发展方式，提高农机化发展水平，增强农机化发展效能，推动全市农机化工作取得新的成就。

【农机化装备水平】 2015 年，临汾全市农机总动力 483.9 万千瓦，占计划任务的 100.1%，比 2014 年增加 10.84 万千瓦，增长 2.29%。农机化综合作业水平 71.6%，比 2014 年提高 1.14 个百分点。其中，完成玉米全程机械化作业面积 12.68 万公顷，完成薯类全程机械化作业面积 2933 公顷。实现农机化经营服务总收入 14.06 亿元，完成农机购置补贴扶持农户数量 9588 户，补贴购置多种农机具数量 14353 台(套)，超计划任务 43.6%。发展农副产品加工机械 567 台，完成农村油磨坊升级改造建设试点 4 个，新增高标准农产品处理及初加工装备技术示范点 6 个，组织新装备、新技术培训 270 人。

【农机化经济效益】 2015 年，临汾市农机化总投入 40189.85 万元，其中：财政投入农业机械购置补贴资金 8809.5 万元，直接拉动农民投入购置农机具和发展农机化的资金 24597.7 万元。农机化投入增加，农机化装备水平提高，作业领域扩大，服务效能增强，农机化经营服务收入提高。2015 年，全市农机户经营服务总收入 13.46 亿元，农机户经营服务纯收入 7.50 亿元。

【三个“创建活动”】 2015 年，临汾市农机局开展三个“创建活动”(率先实现农机化综合示范县乡村创建活动，农机化示范社场户创建活动和主要农作物全程机械化示范创建活动)，是临汾市农机化工作实现先行先试、转型跨越发展的重大举措和重要抓手。创建农机化综合示范县 3 个，示范乡 17 个，示范村 75 个。培育农机示范合作社 10 个，创建机械化家庭农场 8 个，新增农机示范大户 19 个。

【培育新型农机服务主体】 2015 年，临汾市坚持把培育扶持农机专业合作社等农机服务组织作为农机化工作的重中之重，坚持落实政策与争取支持并重，加强指导与规范监督并举，培育和扶持农机服务组织做大做强，规范发展。全市新建农机专业合作社 29 个，新增农机大户 52 户，新增农机维修网点 10 个，新增三级以下星级农机维修网点 7 个，新增四级星级农机维修网点 3 个。全市组织培训农机人员 7373 人，其中，完成新型职业农民(农机操作手)培训 1000 人。

【保护性耕作和深松整地作业】 2015 年，临汾市新增机械化保护性耕作面积 4667 公顷，组织保护性耕作技术培训 8000 余人次。完成农机深松整地作业面积 5.01 万公顷，其中完成深松整地项目补助任务 9033 公顷。全市农机部门推广实施机械化保护性耕作技术和深松作业技术，小麦玉米节本增产效果明显。

无人机喷洒农药

【农机化技术推广】 2015 年，临汾市玉米收获机数量新增 421 台，累计 3201 台；马铃薯全程机械化装备数量新增 61 台，累计 1407 台。完成秸秆还田总面积 32.76 万公顷，秸秆加工 12.5 万吨。完成中央现代农业玉米丰产方建设机收秸秆还田项目 1.75 万公顷。完成现代农机科技装备引进推广项目 1 项。推广秸秆综合利用机械化技术，配合有关部门严控秸秆焚烧和促进秸秆综合利用。

【农机产品质量监督管理】 2015 年，临汾市农机部门配合有关部门抓好农机打假护农保增收工作。全市出动人员 282 人次，车辆 45 车次，检查 28 个定点经销企业、131 个农机经销门市部，检查机具配件 3106 台(件)，查出不合格配件 98 件，查出假冒伪劣配件 420 台(件)。对全市 6 家新增定点经销企业及原有的 8 家代销商、21 家维修网点、9 家配件门市部，开展质量保障能力督导检查。对 12 个生产企业生产的 15 种机型 47 台微耕机进行质量调查，对 7 家定点经销微耕机的企业进行督导检查。全年全市受理、处理农机质量投诉案件 21 起，保障农机户的合法权益。

【农机安全生产管理】 2015年,临汾市农机部门贯穿“安全生产”这条主线,突出规范管理、依法治机、强化服务等重点工作,实现农机监理工作重心下沉,关口前移,推进各项工作。全年全市排查拖拉机(含变型拖拉机)1100余台,安全教育人员4800人次;检验拖拉机、联合收割机5446台;注册登记拖拉机2614台,联合收割机505台;新训驾驶操作人员690名,经考试合格,核发驾驶本690本,换发驾驶证749本,新上户拖拉机全部配备驾驶操作人员;签订“安全生产责任书”“安全生产承诺书”各5500份。全年未发生致人死亡的农机事故,各项控制指标均低于省市考核指标。

(孙俊辉)

综合开发

【概述】 2015年,临汾市县农发部门落实国家强农惠农富农政策和中央一号文件精神,落实中央、省、市农村工作会议精神,坚持稳中求进的工作总基调,以项目建设为平台,以农业增效、农民增收为目标,强化农业基础设施建设和农业综合生产能力提升,强化产业培育与扶持,强化项目与资金监管,推进管理体制机制创新,建设优质高效项目工程。

【资金投入与管理】 2015年,临汾市国家农业综合开发县达15个、省级开发县2个,项目范围实现行政领域全覆盖。争取上级财政资金,足额落实市县财政配套资金,落实企业和群众自筹资金,全年国家和省农业综合开发项目投资27137.36万元,其中:争取中央财政资金13863万元、省财政资金6986.6万元,落实市级财政配套资金499.5万元、县级财政配套资金776.9万元,统筹企业和群众自筹资金5011.36万元。资金管理严格落实县级报账制和财务会计管理制度,坚持“资金跟着项目走”,通过国库支付渠道进行资金拨付,强化资金管理,按计划使用各类项目资金,加大资金到位、使用、管理的监管力度,发挥财政资金的使用效益,探索建立资金使用与管理的预警风险机制,规避资金风险。

【土地治理项目建设】 2015年,临汾市农发部门完成农业综合开发土地治理面积9233公顷,其中高标准农田示范项目4707公顷、生态综合治理3380公顷、现代农业示范面积880公顷、适度规模经营项目266公顷。土地治理项目投资19886.38万元,其中争取中央财政资金11413万元、省级财政资金5950万元,落实市级财政配套资金426万元、县级财政配套资金662万元,统筹群众自筹资金1435.38万元。土地治理项目建设着眼于项目区农业综合生产的能力,把高标准农田、生态综合治理作为重点,坚持合理布局、科学规划,加强农业基础设施建设,突出工程质量标准,严把施工建设关口,解除制约农业经济发展的“瓶颈”,改善项目区农业生产条件,加强农业基础设施,提高项目区土地产出率、资源利用率、劳动生产率,建成一批高产稳产、旱涝保收的高标准农田。

隰县生态治理工程

【农业产业化扶持】 2015年,临汾市产业化经营项目扶持龙头企业9个、农民专业合作社18个,投资7250.98万元,其中:争取中央财政资金2450万元、省财政资金1036.6万元,落实市财政配套资金73.5万元、县级财政配套资金114.9万元,统筹企业自筹资金3575.98万元。围绕全市农业支柱产业,加大对农业龙头企业和农民合作社的扶持力度,重点扶持富有地方特色、科技含量高、辐射带动力和市场竞争力强的龙头企业,培育设施完备、运行良好、制度规范、效益显著的农民专业合作社。打造特色优势产业和特色农业品牌,狠抓市场流通、产品储藏、农产品加工环节,推进项目区产业结构调整,增加主要农产品有效供给,延长农业产业链条,促进农民持续增收,增强农业和农民抵御市场风险的能力，促进农村经济发展。

【人员业务培训】 2015 年是全市农发系统业务培训力度较大的一年，11 至 12 月，分 4 批对全市农发系统工作人员进行业务轮训，培训内容主要有：土地治理项目初步设计、计划编报和预算编制，产业化经营项目观摩学习、政策讲解、项目申报指南及要求，县级资金报账流程和财会管理基本规范，党的十八届五中全会精神、文秘档案综合理论等，培训人次 260 人次，农发系统人员培训覆盖率 100%，培训内容涵盖农业综合开发项目与资金管理的各个层面。

（靳亚伟）

扶贫开发

【概述】 2015 年，临汾市扶贫办贯彻落实中央扶贫开发工作会议精神以及国家和省关于扶贫开发的方针政策，按照精准扶贫要求，结合实际、创新方式，各项扶贫开发重点工作全面完成或超额完成。

【贫困人口脱贫】 2015 年山西省下达临汾市的减贫任务为：减少贫困人口 6.45 万人，整村脱贫 60 个贫困村。到年底 17 个县（市、区）减少贫困人口 78094 人，10 个贫困县整村脱贫 68 个贫困村，超额完成省下达的减贫任务。

【建档立卡】 2015 年，临汾市扶贫办更新精准扶贫建档立卡建档数据，新录入 2014 年扶贫到户项目实施情况、2015 年扶贫到户项目计划等数据，做到底数清、情况明。按照全省统一部署，进行建档立卡“回头看”工作，全市 56 个村的试点工作完成。

【光伏扶贫工程】 2015 年，临汾市抓住汾西、大宁和吉县被确定为国家光伏扶贫首批试点县的重大机遇，落实国家能源局、国务院扶贫办和山西省委、省政府的工作部署，把光伏扶贫作为精准扶贫的有效举措之一，早谋划、早起步，采取试点先行，由点到面，逐步推开的办法，在全市铺开光伏扶贫工程。截至 2015 年底，全市规划实施两个类型的光伏电站。针对建档立卡的贫困人口，实施 127 个村级光伏电站，超额完成 100 个试点村的目标任务，其中建成并网电站 25 座，建成待并网 62 座，正在建设的 28 座启动招投标程序的 12 座，到年底村级光伏电站建设总规模 12 兆瓦。针对无劳动能力的深度贫困人口，实施 9 个由企业承建的 10 兆瓦以上小型地面电站，其中 10 兆瓦 6 座，20 兆瓦 3 座。

【易地扶贫搬迁】 2015 年，山西省政府将易地扶贫搬迁列为“五件实事”之一。省下达临汾市实施易地扶贫搬迁计划 12000 人，涉及 9 个贫困县。其中：永和县 1000 人、吉县 2500 人、大宁县 829 人、乡宁县 2500 人、隰县 923 人、古县 1500 人、汾西县 1502 人、安泽县 608 人，蒲县 638 人。搬迁方式主要采取并村移入、新建村移入、城镇安置和分散移民等四种。截至 2015 年底，户新建住宅开工 3258 户，12000 人，开工率 100%；主体完工 2987 户 11290 人，完工率 94%；入住 1528 户 5682 人，入住率 47%。按照省、市对易地扶贫搬迁当年主体工程达到 40%的目标要求，全市超额完成 54%。

【片区开发】 2015 年，临汾市片区开发实施大宁、吉县第三轮试点项目。

吉县第三轮试点项目总投资 9911.47 万元，苹果示范基地建设 48 公顷，老果园改造 30 公顷，果园田间道路硬化 12 千米，果园防雹网搭建 20 公顷，太阳能杀虫灯安装 400 盏，果园减密间伐技术推广 58.33 公顷，苹果生产管理操作间 125 间，山西澳坤生物农业股份有限公司吉县分公司一期 50000 吨苹果冷藏气调库建设项目，吉县林源果业有限责任公司二期 1500 吨苹果气调库建设项目，吉县聚宝壶果业有限公司苹果冷藏气调库建设项目，吉县兰村养殖有限公司品种改良项目，吉县中垛乡优汇苹果专业合作社生产与服务项目，吉县朝晖苹果专业合作社生产与服务项目，全部完成建设任务。

大宁县第三轮试点项目总投资 5500 万元，新栽苹果 266.67 公顷，改建田间路 5 公里，林下经济示范 60 公顷，建设水源工程 6 处，铺设果园灌溉管道 260 公顷，水管站维护 1 处，新建圈舍 6 万平米，引进种羊 3000 只、种猪 200 头，扶持志盛新能源公司建设光伏发电站 1 个。全部完成建设任务。

【百企千村产业扶贫工程】 2015 年，山西省产业扶贫开发工程总投资 240 亿元，省扶贫办分解下达到临汾市的年度投资计划为 22 亿元。临汾市按照“示范带动、项目支撑、政策支持、考核激励、精准管理”的推进思路，将任务分解到全市 17 个县（市、区）。全市累计新增产业扶贫项目 68 家，计划总投资 156.59 亿元。

按照“六位一体”的推进情况来看,临汾市产业扶贫项目属续建项目,涉及设施农业、农产品加工流通、标准化种植、规模养殖、特色农业、生态旅游、农村电子商务、光伏发电、农业综合开发、食用菌、中药材等产业。项目的各项手续都已办理完结全部开工建设,部分企业项目建设完成投产达效。累计完成投资 22.2686 亿元,占全年产业扶贫投资 22 亿元的 101%。

【金融扶贫】 2015 年,山西省扶贫办结合省财政下达各贫困县的风险补偿金的数量及贫困人口规模情况,临汾市扶贫小额信贷指导性任务1.5473 亿元。截至 2015 年底,全市 10 个贫困县完成金融扶贫小额信贷总额 2.87 亿元,占总任务的 185%,累计贷款户数 9507 户,超额完成省定任务。强农贷方面,累计发放贷款 8628 万元,累计带动农户 6305 户。临汾市扶贫互助资金工作,经过 8 年多的发展,覆盖 10 个贫困县,54 个乡镇、323 个贫困村,投入财政资金总额 5412.69 万元,农户配股资金 279.03 万元。加入互助资金组织的农户 13032 户,其中贫困户 9500 户,占 72.9%。到 2014 年底,累计借款 8.28 万人次,发放借款 1.05 亿元,到期回收率 98%。互助资金在临汾市的持续推广,缓解贫困村生产发展资金短缺问题,为这些村的长远发展留下永久的“乡村银行”。

【整村推进】 2015 年,临汾市整村推进项目涉及 5 个国家级贫困县 34 个贫困村,下达省财政扶贫资金 1700 万元,项目内容为 100 千瓦村级光伏发电站建设。各村项目建设完工,办理入网手续。

【电商扶贫】 2015 年,临汾市把电商扶贫作为扶贫开发工作的重要抓手,启动实施试点工作,开展电商扶贫业务培训。5 月 22 日至 26 日,在侯马马上购公司举办第一期电商科技扶贫培训班,对贫困村支书、村长、妇女主任及具备一定计算机操作基础、有意向从事电商扶贫的村民代表 80 余人,进行电子商务知识及操作技能的培训。6 月中旬,组织 17 个县(市、区)贫困村 190 余人参加全省电商扶贫第一期培训班,授课专家从电商理论、如何开网店、如何运营等方面做讲解。9 月下旬至 10 月下旬,与市委组织部联合举办三期全市农村第一书记精准扶贫培训班,每期培训班都邀请电商专家,专门安排半天时间,对第一书记进行电商扶贫业务知识技能培训。12 月 21 日至 25 日,组织相关贫困县扶贫局、有关企业负责人及电商操作人员 60 余人赴浙江省丽水市参加农村科技扶贫培训班考察企业,学习借鉴国内电商扶贫发展的先进经验。

【定点扶贫】 2015 年,临汾市组建第 27 批工作队,市直工作队 157 支,县直工作队 841 支,帮扶 998 个贫困村,覆盖全市 17 个县(市、区)。4 月 3 日在全省扶贫开发暨干部驻村帮扶工作动员会议上,中共山西省委干部下乡领导组、山西省扶贫开发领导组联合下发《关于进一步加强和改进全省干部驻村帮扶工作的通知》(晋乡组字〔2015〕3 号)对干部驻村帮扶工作进行安排部署,决定统筹整合领导干部包村增收和机关单位定点扶贫两支力量,瞄准贫困村、贫困户开展帮扶工作,做到每个贫困村都有驻村工作队,每个贫困户都有帮扶责任人,每个贫困户都有一名党员、干部结对帮扶,确保到 2020 年贫困人口与全市人民一道实现全面小康。临汾市于 5 月 19 日制定临汾市干部驻村帮扶工作实施意见。要求采取领导包村、工作队驻村,组织党员、干部结对帮扶、选派优秀干部到贫困村任第一书记的办法,确保全市 662 个建档立卡贫困村实现干部驻村帮扶和第一书记全覆盖,14.06 万贫困户、42.3 万贫困人口实现党员、干部结对帮扶全覆盖。

市、县两级扶贫工作队建立精准扶贫机制、坚持领导干部亲自参与包村增收、狠抓项目生根落地、创新各种帮扶措施,在推动农村经济社会事业发展中实现“三个转变”:生产方式正在由一家一户的小农耕作经济向现代化、集约化大农业经济进行转变,劳动方式正在由分散单个劳动向集体有组织劳动进行转变,生活方式正在由传统方式向现代文明方式进行转变。截至 2015 年底,市直 157 支、县直 841 支工作队 3706 名工作队员,帮扶 998 个贫困村,开展定点帮扶活动 2780 次,制定村级发展规划 1027 个,落实帮扶项目 102 个,现场办公 1125 次,帮助上项目 75 个,共投入 1870 万元,惠及 17 个县(市、区)209495 户,725460 人。

在领导干部包村增收活动中,全市 31 名厅级领导、508 名县处级领导干部、369 名乡镇党政负责人、4375 名科级干部开展帮扶活动 5000 余次,新上帮扶项目 900 多个,累计投入帮扶资金 2000 余万元,为群众解决实际问题、办实事 2000 多个,全市干部所包扶村农民人均纯收入增长幅度达到 11%。

【千村万人就业培训】 2015年4月，山西省办下达临汾市千村万人就业培训指标为2000人，资金200万元。全市有5个贫困县(古县400人、汾西县400人、隰县400人、乡宁县400人、吉县400人)承担此项就业培训工作。2015年省办下达的千村万人就业培训任务2000人全部完成，完成率100%。

【新型职业农民培育】 2015年，山西省办下达临汾市新型职业农民培育指标为5000人，补助资金500万元。全市有10个贫困县承担此项工作。其中：大宁县600人、永和县600人、隰县600人、吉县600人、汾西县600人、乡宁县400人、浮山县400人、安泽县400人、古县400人、蒲县400人。贫困县的新型职业农民培育工作全部完成，完成率100%。

【教育扶贫】 2015年，临汾市用于教育扶贫的资助人数为1245人，补助资金为622.5万元。根据省办文件要求：在"建档立卡"贫困户中，参加2015年普通高考并被录取、就读的二本B类以上普通本科院校的学生，每生给予一次性补助5000元，应补尽补。全市17个县(市、区)资助贫困大学生助学资金全额发放完毕，实现建档立卡贫困大学生应助尽助全覆盖。

【外资扶贫项目】 2015年，临汾市外资扶贫项目主要有两个。亚行贷款河川农业综合开发项目。结合临汾实际，狠抓工程进度和质量，完成各项任务。基地建设总投资5343.01万元，利用亚行贷款2814.59万元。完成肉羊养殖344户，3头母猪215户，核桃山区78公顷，酥梨66.67公顷，绒山羊34户，红枣烤房18座，肉鸡养殖5户，育肥牛120户，日光温室41座。23个示范小区的配套设施建设总投资455.11万元、14个"三品认证"单位总投资275.04万元。全市项目培训及管理工作完成技术培训13450人次，总投资69.06万元。奥地利政府贷款建设临汾市小型灌溉与监测示范项目。项目贷款总额750万欧元，涉及4个项目县：乡宁、隰县、浮山、翼城。

【扶贫宣传】 2015年，临汾市扶贫办把扶贫宣传作为扶贫开发工作的重中之重来抓，利用各类新闻媒体，加大宣传报道力度。在国家、省、市各类新闻媒体开展宣传报道365篇次。其中，国家级新闻媒体刊登3篇，国家级网站刊登17篇，省级报刊、网站刊登110篇。

(赵景华)

定点扶贫及领导干部包村增收工作

【概述】 2015年，临汾市按照国家统一安排部署组建第27批工作队，市直工作队157支，县直工作队841支，帮扶998个贫困村，覆盖全市17个县(市、区)。5月19日制定临汾市干部驻村帮扶工作实施意见。要求采取领导包村、工作队驻村，组织党员、干部结对帮扶的办法，确保全市662个建档立卡贫困村实现干部驻村帮扶全覆盖，14.06万贫困户、42.3万贫困人口实现党员、干部结对帮扶全覆盖。把到村到户精准扶贫的要求落到实处。

市直157支、县直841支工作队3717名工作队员，帮扶998个贫困村，开展帮扶活动4175次，制定村级发展规划1027个，落实帮扶项目273个，现场办公2456次，帮助上项目198个，投入7000万余元，惠及17个县(市、区)209495户、725460人。在农村基础设施建设方面，新增机修梯田271.53公顷，新开发耕地164.87公顷；新打机井44眼、旱井93眼，旧井配套104眼，新修渠(管)道26090米，新解决吃水村63个，新解决吃水人口14735人；新修公路942公里，新建医疗站(所)18个。农业产业调整情况，新增经济林干果1717.73公顷、核桃1334.33公顷、鲜果1521.47公顷，新建蔬菜大棚1810个，优种推广面积520公顷。教育及科技推广情况，新建学校2所，改建校舍31间，资助贫困学生268个，科技培训985期，培训人次17790个，帮助劳务输7822人；基层组织建设情况，发展新党员210人，培养积极分子1088人，新建党员活动室3个。

【定点扶贫工作管理制度】 2015年，临汾市贯彻落实省、市委农村工作会议和全市扶贫开发会议精神，把精准扶贫工作作为干部驻村帮扶工作作为一项政治任务来抓。3月14日召开全市定点扶贫工作会议，总结2015年全市干部下乡定点扶贫工作。5月12日对各市直定点扶贫工作队队长、业务骨干组织召开全市精准扶贫建档立卡工作启动大会，具体安排定点扶贫工作队参与精准扶贫建档立卡工作，明确主管领导和具体负责部门，程序步骤，做到分工到位，责任到人。根据帮扶单位情况和贫困地区扶贫后发展情况，对部分工作队进行调整换点，平衡帮扶资源。督促市级和县级单位部门主要负责人春耕前后进村入户，实地开展帮扶工作，解决群众遇到的生产生活问题。

【精准扶贫】 2015年，临汾市做好干部驻村帮扶工作，市级有关部门、单位领导坚持办实事，听取帮扶地党委、政府对帮扶工作的建议，总结工作经验，结合本单位自身优势，围绕建设社会主义新农村、构建和谐社会的实施，加强对贫困地区的帮扶。市委组织部扶贫工作队帮扶永和县阁底乡奇奇里村，市委常委、组织部长李新春以及工作队员多次深入帮扶点，把农民增收作为工作目标，走农户、察民情、定规划、上项目，做到办实事、解难事，推动全村产业发展，改善生产生活环境，扶贫工作取得阶段性成果。全年启动实施3大类5个重点扶贫项目，投入和帮助引进各类资金共计2584万元。以旅游公路、通村公路为重点，打通奇奇里村经济社会发展的精血脉络。在李新春部长的沟通协调下，帮助引进资金2388万元，开工建设高家疙瘩至奇奇里村的7.3公里旅游三级公路；帮助引进资金22万元，建设完成奇奇里村至景区的路和停车场。随着这些路网的开工建设、改造完成，促进林果业、种植业的发展，带动奇奇里旅游资源的开发，为加快产业脱贫步伐奠定坚实基础。投入和帮助引进资金169.5万元，打造旅游产业。帮助引进资金120万元，修建奇奇里景区至黄河滩的步行道及部分景区配套设施；帮助引进资金49.5万元，打通奇奇里景区至阴德河古村落的2.8公里沿黄栈道，方便八方游客看黄河壮观、听黄河涛声。协助摄影家协会举办“多彩奇奇里 美丽乾坤湾”主题周活动，为奇奇里做宣传。投入资金4.5万元，对该红枣树进行科学的管护，邀请果树所的专家对农民进行现场指导及农业技术培训，实现红枣增产，农民增收。

【大宁县徐家垛乡康里村帮扶工作】 2015年，临汾市公安局对口帮扶大宁县徐家垛乡康里村。开展以下三项帮扶内容：筹措资金20余万元实施康里村人畜饮水安全改造工程，新建30立方米沟底蓄水池一座，改建50立方米垣面蓄水池1座，更换饮水管道2000米，新购买抽水电动机1台。沟底新架设50千伏变压器一座，架设电线杆20根，配备高压电线2000米，改原有柴油机动力抽水为电动力抽水，解决康里村祖祖辈辈饮水困难的问题。争取道路维修专项资金10万元，新修2条田间公路，共计7公里，方便村民日常出行。在上康里村补植补栽优质富士果树33.33公顷，为农户免费发放果树苗木、发放果树专用肥，春季聘请果树技术专家修剪果树40公顷，冬季与果树技术专家取得联系对果树实施冬季管理。

【永和县南庄乡社里村帮扶工作】 2015年，农业银行临汾市分行定点帮扶永和县南庄乡社里村。农行临汾分行筹资为村委图书室添置农业、林果业、养殖业、农副产品加工业等方面的科技书籍200册，提供村民利用闲暇时间学习阅读，促进农民素质不断提高，培养新型职业农民。同县水利局沟通联系，完善自来水工程建设。工作队同村委一起与县水利部门加强沟通联系，社里村通水工程主管道埋设好，县水利局派技术人员把到户线路测量规划好，争取2016年实现自来水到户。组织村民栽植红枣树20公顷、16500株，社里村人均当年新增红枣树18株。引导农民扩大小杂粮种植面积，实现产业结构优化，提高经济效益。利用当地无霜期长，光照充足适宜谷子、花生、豆类、红薯生产的优势，组织农民利用闲散土地和枣粮间作，种植小杂粮，种植面积100公顷，比2014年增加20%。组织富裕劳动力转移，实现多元化增收。全村有富余劳力160余人。除通过“千村万人就业培训行动计划”向扶贫企业输送符合条件的劳动力外，利用当地黄河沿岸沙场较多的有利条件，与沙场联系，组织有驾驶技术、挖沙技术和加工石料技术的村民到沙场打工，当地就业60余人。

【沟通服务】 2015年，临汾市下乡办根据2015年定点扶贫工作要点，要求各工作团、各县(市、区)下乡办每两个月召开工作例会，沟通情况，汇报工作。通过工作例会，反应情况，交流信息，使帮扶单位掌握帮扶村的贫困现状和在人力、资源、市场等方面的优势。贫困村把急需解决的问题反映给帮扶单位，对可能实施的帮扶项目，事前协商，调整方案，达成共识。

气象工作

【概述】 2015年，临汾市年降水量偏少，年平均气温偏高，年日照时数偏少。年内降水时空分布不均，冷暖交替阶段明显。冬季降水偏多，气温偏高；春季降水偏少，仅4月偏多，满足春播需水；汛期降水偏少，高温天气持续较长，伏旱严重；秋季后期降水偏多，利于冬小麦生长。就全年气候对农业生产的影响来看是有利有弊，全市冬小麦丰收、玉米欠收。

【降水】 2015年，临汾市全年降水量介于306毫米至491.6毫米，平均降水量为390.0毫米，较历史平均值490.3毫米偏少20.4%，较2014年同期(642.0毫米)偏少252毫米。从降水区域分布情况来看，除襄汾、蒲县较历年偏多3成，其他县(市、区)均较历年偏少。从降水季节分布来看，冬季1月至2月较历年同期11.1毫米偏多13.5%，春季3月至5月较历年同期84毫米偏少3.9%，夏季6月至8月较历年同期269.6毫米偏少51.1%，秋季9月至11月较历年同期121.8毫米偏多34.8%。

【气温】 2015年，临汾市年平均气温为12.2℃，较历年同期11.4℃偏高0.8℃，较2014年同期11.8℃偏高0.4℃。各县(市、区)均较历年偏高，安泽偏高最少为0.3℃，尧都区偏高最多为1.6℃。从各月温度分布情况来看，除6月较历年偏低，其余月份均较历年同期偏高，其中1月偏高最多，偏高2.3℃。从季节分布来看，冬季1月至2月全市平均气温为－0.3℃，较历年同期－1.8℃偏高1.5℃；春季3月至5月全市平均气温为13.4℃，较历年同期12.7℃偏高0.7℃；夏季6月至8月全市平均气温为23.7℃，与历年同期23.6偏高0.1℃；秋季9月至11月全市平均气温为12.2℃，较历年同期11.2℃偏高1.1℃。

【日照】 2015年，临汾市年日照时数平均为2126.4小时，较历年同期2268.4小时偏少141.9小时，仅蒲县、洪洞、翼城较历年同期偏多，其余县市均较历年同期偏少，其中襄汾偏少最多，较历年同期偏少371.0小时。从各月日照时数分布情况来看，除7月、8月较历年偏多外，其余月份均较历年同期偏少，其中11月偏少最多，较历年同期偏少88.5小时。从季节分布来看，冬季1月至2月全市平均日照时数为287.5小时，较历年同期322.1小时偏少34.6小时；春季3月至5月全市平均日照时数为621.1小时，较历年同期641.2小时偏少20.1小时；夏季6月至8月全市平均日照时数为660.8小时，与历年同期650.5小时偏多30.3小时；秋季9月至11月全市平均日照时数为422.7小时，较历年同期514.2小时偏少91.5小时。

【气象灾害】 2015年，临汾市主要的气象灾害有大风、寒潮、暴雨、冰雹、高温、雾霾等。大风、寒潮：3月至5月，临汾市出现6次明显的大风天气。4月12日，有6个县市出现大风过程，汾西、蒲县、襄汾极大瞬时风速在20米/秒以上；正值春播作物出苗期及果树花期，受大风降温天气影响，部分春播出苗作物受冻，开花的果树也受到冻害和风害侵袭，使坐果率下降，造成一定的经济损失，对本年的收成造成一定影响。全市气象部门发布大风蓝色预警信号和寒潮蓝色预警信号，做好大风和寒潮的气象服务保障工作。

高温：全年出现11个高温日。7月中旬和下旬出现两次持续高温天气，是7月25日至31日出现持续7天的37℃以上的高温天气，其间7月30日大部地区40℃以上。市气象局发布高温黄色预警信号3次、高温橙色预警信号8次。

暴雨、冰雹：全年出现一次较强暴雨天气过程。8月2日，永和县出现大暴雨天气，降水量149.2毫米，造成局部暴雨洪灾。隰县部分乡镇玉露香梨遭受冰雹袭击，品质下降，损失惨重。针对此次暴雨、冰雹天气过程，市气象局发布暴雨蓝色预警信号2次、暴雨黄色预警信号1次、暴雨红色预警信号1次、雷电黄色预警信号1次、地质灾害预警4期、城市内涝气象风险蓝色预警1期，道路交通安全预警4期，基本做到监测到位、预报准确、服务及时、预警高效。

雾霾：全年冬季雾霾发生严重。11月28日至12月1日、12月6至11日、19至24日、29至31日连续出现严重的雾霾天气，部分地区出现重度霾。市气象局与环保局联合发布重污染天气蓝色预警7次，重污染天气预警报告15期，提醒做好应对准备工作。

【气象防灾减灾】 2015年，临汾市政府首次将气象防灾减灾工作纳入对各县级政府年终目标责任考核。17个县(市、区)政府将气象防灾减灾工作纳入对乡镇政府和街道办的考核体系；全市70%的乡镇建立气象工作站，气象信息员4520名；17个县级政府出台或修订《气象灾害应急预案》，90%的乡镇出台乡级气象灾害应急预案。推进部门合作。与市住建局合作完成尧都区、霍州、安泽、古县、乡宁、侯马、浮山等7个县(市、区)的城区暴雨强度公式编修规划。与市环保局合作建成重污染天气监测预警业务系统。提升减灾能力。临汾市人工影响天气指挥平台项目建设通过专家组验收,投入业务运行。全年组织开展联合作业5次,局部作业30余次,缓解阶段性旱情,减轻冰雹灾害。在洪洞开展第二批标准化现代农业气象服务县建设。在侯马、古县、隰县等县市开展标准化气象灾害防御乡镇建设。在尧都区、洪洞试点开展政策性农业保险气象服务,入保农业面积5.53万公顷。统筹发布资源。完善突发事件预警信息发布系统。完成国突系统市县平台的测试,实现与电子屏、大喇叭、微博、微信、手机APP、多媒体终端、传真等发布手段的对接;市政府加强预警信息发布工作,加大县级预警信息发布平台、发布渠道建设力度和社会发布资源的整合力度,为医院、学校、广场等人员密集场所电子屏安装预警信息插播系统100套,为政府机关等部门安装室内多媒体预警信息发布终端20套,提升重点区域的预警信息发布能力,使服务更具针对性。全年全市通过市、县级国突平台发布各类预警信号1031个,服务100万人次以上。开展科普宣传。开展气象科普"进校园、进社区、进农村、进企业"活动,全市气象部门全年开展各类活动50余次;汾西、永和、曲沃、安泽、隰县、吉县、洪洞等在当地博物馆、科技(普)馆、文化馆等公共场所中建立气象科普展区。开放市县两级气象科普基地,全年接待2000余人次,通过各种形式普及气象灾害知识,提升社会群众的气象灾害防御意识,增强防御能力。

山西省气象局党组书记、局长柯怡明一行对临汾气象现代化建设工作进行调研指导

【气象现代化建设】 2015年初,临汾市政府与省气象局签署《共同推进气象现代化建设合作协议》。17个县(市、区)政府先后与市局签订共同推进气象现代化建设合作协议,联手推进气象现代化建设。2015年,北斗卫星预警信息广播系统建设项目、临汾市新一代天气雷达搬迁项目和风云三号极轨卫星接收站项目被列入市政府投资项目计划;北斗卫星预警信息广播系统建设项目被列入《2015年市级重点监测项目》名单。在蒲县和隰县打造山西省人影现代化业务体系建设试点;与市环保局联合建成重污染天气监测预警业务系统,投入业务运行。

【气象服务保障】 2015年,临汾市加强预报服务能力建设,提高灾害性天气监测水平,晴雨预报准确率90.5%。"临汾气象"手机端用户过万,与"气象微博""气象信息公众号"组建气象服务新平台,成为领导决策、服务公众新利器。全年市气象局召开新闻发布会10余次,发布预警信号63个,撰写服务材料200余期;向市委、市政府报送《重要气象信息》5期、《重要气象报告》5期、《决策服务信息》30期、《重要气象报告卡》170人次。获市领导批示63次。完成市局服务器虚拟化建设,气象服务云平台初步成型。围绕服务"三农",各县开展工作,洪洞、侯马、古县、隰县4个县被列入国家三农专项建设实施县并通过验收;翼城县王庄乡、隰县龙泉镇、洪洞县山头乡、曲亭镇、侯马市路西街道5个乡镇被认定为第三批标准化气象为农服务乡镇。根据地方农业"一县一业、一村一品"的生产需求,开展特色农业气象服务。与农业部门合作,建立气象服务专家联盟,开展面向新型农业经营主体的"直通式"气象服务,服务对象覆盖种养殖大户338户、农机大户586户、农民合作社181个、农业企业75家、家庭农场82个。与隰县政府合作开展区域特产品质认证工作,完成"隰县玉露香梨气候品质溯源系统"研究,2015年对20家农户的产品进行认证。全市气象服务满意度83.5%。做好应急气象服务保障工作。为政府应急演练、临汾民航机场试飞、首飞提供气象服务应急保障12次。

(刘建宏)

交通　邮电　信息业

公路建设与管理

【省重点工程项目】 2015年，山西省公路局安排公路分局承建的公路改建、改造项目共6项，分别是：①国道209线K607＋293～K624＋800、K633＋588～K639＋500段路面改造工程；②国道309线K1268＋820～K1284＋730路面改造工程；③国道209线鲁家河至十里河段吉县过境改线工程；④省道洪永线车家坡至岔口段改建工程；⑤省道S342线乡宁过境段樊家坪至金桥沟段改线工程；⑥省道台襄线襄汾县城过境公路改建工程。其中①②⑤⑥项已全部完工，完成投资2.88亿元。③④项工程属集中连片特困区公路改建工程，总投资3.8亿元，2015年主要完成前期工作、征地拆迁和实施控制性工程，完成投资1.3975亿元，完成省局安排的2015年任务，占总投资的36.8%。

【公路养护重点工程】 2015年，山西省公路局安排公路分局完成的养护工程9项，总投资3350万元，全部完工。其中包括：坪曲线灾害防治工程1项；G108线K820＋500处、S233营万线、S330襄乡线灾损抢修工程2项；G309线K1091＋741处红卫桥加固改造工程1项；G309线K1091＋950处三堤桥加固改造工程1项；S224线K115＋739处麦子沟桥改建1项；省道临么线K0＋000～K81＋300段安保工程1项；省道沁洪线K51＋330～K52＋600段水毁灾害治理工程1项；G309线K1184＋200～K1186＋400段灾害防治工程1项。

【公路中修】 2015年，山西省公路局切块安排中修罩面561万元，结合实际，分局安排309线油路加铺8千米、重罩面23.5千米，全部完成。具体为：309线安泽段K1031＋950～K1076＋427段8千米加铺，K1033＋500～K1055＋700间17.5千米重罩面，洪洞段K1103＋473～K1119＋300间6千米重罩面。

【危桥加固改造】 2015年，临汾市分局完成危桥改造两座，具体为：309线的七郎窝黄河大桥和下岭前桥，分局自筹140万元对G309线孟门大桥、壶口大桥进行加固改造，全部完工。

【灾毁恢复工程】 2015年，山西省公路局工可批复的省道三大线K169＋300～K169＋350段、K174＋880～K174＋930段和K179＋320～K179＋370段3项灾毁恢复工程，全部完成。

【中小修工程】 2015年，临汾市分局结合路况实际，安排小修工程5项，投资1136.6万元，全部完成。具体为：处理路面病害3万平方米；局部刷油、罩面27.5万平方米；局部加铺10260平方米/0.9千米；整段落罩面655450平方米/61.2千米；增设边沟1400米、盖板1000米。

【安全隐患路段治理】 2015年，临汾市分局投资744.5万元对55处安全隐患路段进行处治，全部完工。

【日常养护】 2015年，临汾市分局完成扫雪打冰1.6万平方千米、备(撒)防滑料5160立方米、撒融雪剂510吨；清扫路面20万平方千米、挖补坑槽、翻浆36300平方米、砂砾补坑40600平方米、处理沉陷24800平方米、刷油295500平方米、灌缝792150米、贴缝114300米；整修路基边坡880千米、整修绿化平台1700千米、清理塌方、杂物17000立方米、疏通边沟2500千米、疏通涵洞1010道、新建及改造边沟8070立方米/16200米；新增钢筋砼护栏510米、波形护栏384米、维修更换警示墩440个、警示柱1010根、道口标柱1620个、面包石800米、百米桩3200根、隔离墙510米；新增标志328套、划设标线133000平方米、振荡标线1400平方米；设施刷新19600平方米；栽植各种树木20100棵、植草皮150300平方米、打草550800平方米。2015年，分局公路评检里程为1510.609公里，优良率83.29%，公路技术状况指数MQI值为85.88。

【路政治超与收费】 2015年，临汾市分局查处路政案件298起，清理路障8757平方米/323处，路政案件的发现率、查处率、结案率、赔偿率98%以上。检测货运车辆398万辆，查处非法超限超载车辆34辆，卸载201.06吨，超限超载率控制在0.001%以内。受理办结超限运输许可证1242件。西涧北收费站全年通行费收费总额为7802万元，日均收费额为21.67万元。

【安全生产】 2015年，临汾市分局通过抓管理、抓基础、抓落实，基本实现安全生产"零伤亡"、公路设施"零缺陷"、交通事故公路部门"零问责"的目标。

【路桥监管】 2015年，山西平阳路桥公司中标3个项目，占经营目标3亿元的56%。全年产值目标3亿元，5个在建项目(吉河高速、长临高速、青银高速吕梁段护栏改造、国道209线和省道洪永线改建工程)完成产值14866.4万元，占全年目标的50%。在建项目均按照"省厅(省局)扶持项目利润指标10%，其他项目利润指标不低于5%，无亏损项目"的目标进行控制，项目利润指标均在受控之中。未出现私自变卖或抵押抵账的现象，确保国有资产的完整不流失。全年新增固定资产11台(套)，64.72万元，国有资产保值率为81.79%，固定资产增值率为－18.21%。主要原因是缺项目、缺资金，无新增生产设备的投入，导致新增固定资产数值小于固定资产折旧数值。当年实际收到工程款(结算收入和预付款)8741万元，完成工程价款8065万元的108%。实际收到工程款比率高的主要原因是其中209线吉县过境改线和省道洪永线改建工程项目动员预付款1527万元，占当年实际收到工程款的17.47%。2015年，往年应收账款(债权)尚未有回款。

【全国公路检查】 2015年，临汾市分局根据部检方案及省局要求，制定《临汾公路分局迎接全国干线公路养护管理检查实施方案》，召开专题会议，安排迎检工作。3次召开布置会，根据评分细则，将检查内容7大项、30个分项、74个子项，逐条逐项分解，确保项项有人管，分分有人抓。在全面准备的基础上，把提升路况作为迎检的重点。根据分局实际，按照国道优先的原则，除省局安排的中修工程费561万元，分局于6月安排中小修工程费1076.6万元，对2006年以后实施过改造、大中修工程的路段路面进行大规模病害处治。为做到内业不丢分，外业争高分，于9月初对迎检工作进行再安排、再部署，对路基、交通安全设施、综合治理设施及其他沿线设施、内业资料整理装帧等做明确要求，公路段、养护中心、路政大队按照标准要求检点，达到全局标准统一。9月中旬，各受检路段接受检阅，获得好评。

【养管效率】 2015年，临汾市分局规范养护生产机构设置、人员分配，制定岗位管理责任制，划分养护责任路段。按照"细化工作内容、细化岗位职责、细化考核奖惩、细化费用分配"原则，各基层单位成立养护综合管理考核组织机构，制定考核办法，落实考核内容。各公路段制定本单位全年养护工作打算及阶段性主要工作任务，做到分工明确，责任明确，任务明确。

【路基达标】 2015年，临汾市分局为确实将"路基达标"工作做实做好，于4月28日在洪洞组织召开"路基达标"工作推进会。会后，各养护单位根据自身实际，制定养护计划，明确目标任务，进行责任分工，开展劳动竞赛，掀起"路基达标"工作热潮。为推动此项工作的落实，成立"路基达标"考核组，于5月4日至22日利用半个月时间专门对各养护段"路基达标"进行检查考核。5月29日在大宁段召开"路基达标"工作总结表彰会，评比排名，奖优罚劣，给予前三名单位共计28万元的奖励。

【路面养护】 2015年6月13日，临汾市分局在翼城召开路面养护工程作业示范会，下发《临汾国省干线公路路面病害处治工序、工艺及质量验收标准》，要求各单位提高认识，树立养护为本的观念，摒除重建轻养的思想，强化建设是发展，养护也是发展，而且是可持续发展的理念，按照会议要求和《标准》组织施工。事前不告知，突击巡视检查，对在检查中发现的问题，现场责令立即整改，在全分局通报。成立考核组，考核路面病害处治完成情况和路面存在病害数量，打分排队，奖优罚劣。奖惩兑现，于10月19日在洪洞段召开"路面养护"工作总结表彰会，给予前六名单位共计87万元的奖励。

【全面养护】 2015年，临汾市分局加强桥隧管护。落实桥梁养护管理责任制，建立健全桥隧运行监控机制和养护管理机制。组织桥隧技术人员对所有桥隧进行普查和隐患排查，更新桥梁管理系统数据。突出养护重点，加强日常养护中桥梁的管护，对伸缩缝损坏、锥坡塌陷、勾缝脱落等病害及时维修，确保安全运营。推行智能化管理。在日常养护工作中推行微信平台和公路智能化养护管理系统。将日常养护信息、检查内容等通过微信平台发布。各养护单位通过公路智能化养护管理系统报送养护信息，实现分局对日常养护情况的实时监控。完善考核制度。为提高养护质量，用好养护资金，成立由分管领导任组长，相关科室参加的养护工作考核组。通过重点督查，限期整改，考核评比，促进养护工作落实。在干线公路上设置养管责任牌及承诺书，向社会公开工作责任和举报电话。确保安全度汛。建立健全防汛应急抢险组织机构，成立防汛抢险工作领导组，制定应急预案，落实24小时昼夜值班制度；对易受灾路段、场所进行安全大检查，对存在的隐患进行处理；储备足够的应急物资，成立保畅保通抢险队，防患于未然，确保安全度汛。

【法制宣传】　2015年，临汾市分局以“规范执法，提升服务”为主题，开展“路政宣传月”活动，提高群众爱路护路意识。设立固定宣传标语126处、出动宣传车辆173辆次、散发宣传材料1万余份、张贴宣传画200余份。路政人员深入社区、企业、沿线村镇点对点、面对面进行涉路法律、法规宣传教育。设立咨询台9个，全天候接受群众咨询。

【科技治超】　2015年，临汾市分局坚持24小时检测，保持超限治理的高压态势。严格治超标准，严禁以罚代管、以罚代卸，重点治理短途非法超限超载车辆和55吨以上超限车辆。加强流动稽查，打击驳载绕卡行为，注重防范闯卡堵卡事件。治超检测采用不停车检测系统，在秦岗检测站安装高速预检系统，分局系统内部的治超信息平台建成投入运行，实现站点与分局之间远程监控，图像数据同步传输。

【安全工作】　2015年，临汾市分局加大安全培训和宣传力度，在施工地进行3次安全培训，参加人员150余人次，下发培训资料200份；各公路段、超限检测站对过往大车发放冬季道路安全宣传传单1万余份。以“迎国检”为契机，结合春运、汛期、国庆、冬季等重要时段工作特点，开展安全生产大检查、安全生产专项整治、“六打六治”打非治违、安全生产月等活动，全年开展专项检查11次，填写安全检查卡片236份，排查一般安全隐患9处，整改9处。投资744.5万元，对省督办路段12处、省交管局提出的事故多发点、段32处、分局排查的隐患路段11处55处进行彻底治理。对全市1578公里干线公路进行设施、标志调查，以每公里为单位，绘制《干线公路标志、设施一览图》。基本实现安全生产“零伤亡”、公路设施“零缺陷”、交通事故零问责”的目标。

【困难和主要问题】　2015年，临汾市公路遇到的困难和主要问题有：1.干线公路仍有不少薄弱路段需要改造。临汾干线公路个别线路技术等级与区域经济发展不匹配、与人民群众对公路服务高标准需求不适应。2.养护基础设施仍很落后。仍然有不少养护道班、料场年久失修，设施简陋，设备陈旧，虽然也不时有些投入，但投入资金少、规模小，远远不能适应科学化、现代化养护的需要。

铁路管理

【概述】　2015年，临汾市侯马车务段管辖着南同蒲线、侯西线、侯月线、大西高铁线、瓦日线和礼垣支线上的63个中间站和1个调度车间。南同蒲线：北起霍州站，南至风陵渡站，33个中间站；侯西线：东起西贺村站，西至禹门口站，7个中间站；侯月线：西起曲沃站，东至端氏站，9个中间站；大西高铁线：北起霍州东站，南至永济北站，8个中间站；瓦日线西起蒲县站，东至安泽站，5个中间站；礼垣支线上垣曲车站。车间为调度车间。63个中间站按技术等级分为4个一等站、13个二等站、22个三等站、24个四等站；按业务性质分为14个客货运站、8个客运站、22个货运站、21个不办理客货业务的车站。全段运营里程1048.250公里。专用线（铁道）136条。拥有专用调车机8台、区域调车机12台、办理过轨协议的企业自备机车18台。

【安全管理】　2015年，临汾市侯马车务段坚持“安全第一”思想，引深“三化”建设，运用“大数据”科学研判安全风险。采取波浪式推进、螺旋式提升的办法，开展接发列车进路排列、调车计划编制、旅客乘降组织、货运现场监装卸、装卸防人身伤害五项关键作业竞赛活动，采用规章梳理、培训学习、覆盖检查、倒查整改、分片分区召开现场观摩会等形式,职工作业标准提高,实现整治一项、固化一项目标,在总公司进行经验交流。把日常开展的讲规学规、模拟演练与现场作业相融合,对每一次非正常处置总结分析,找出闪光点、找准隐患点,重奖处置及时、组织得力、程序正确的车站及个人,对处置不当的开展实地帮教、促进提高。全年出现设备故障等应急处置92次,奖励117站次283人次,22.7万元,在全段树立起"防止事故是英雄"的导向,营造"保安全人人有责、除隐患人人参与"的氛围。

【运输生产】 2015年,临汾市侯马车务段以盘活运输组织为重点,针对侯月线交车不畅的问题,深入调研,多方组织,主动协调,8月20日起,调整侯月线货运机车交路。加快铁路现代物流建设,通过干部发货体验、与政府对接、为企业搭建平台、跨区域企业座谈等形式,构建新型货运营销网络。以货源营销为抓手,在管内海鑫、酒钢等企业关闭停产,大宗货源严重下滑的情况下,拓展营销渠道,提升服务质量,实现货运收入47.88亿元,较年计划超0.84亿元;零散快运完成23.3万吨,收入1824.8万元,完成计划的157.8%。

【客运管理】 2015年,临汾市侯马车务段以"安全出行、方便出行、温馨出行"为目标,推行窗口营销、上门营销,打造"尧都新旅""平阳导购""福运之家""新田驿站"品牌服务,侯马西站"好运行"荣获全局客运服务品牌。全年完成旅客发送1361.86万人,较2014年超225.64万人;客票收入11.8亿元,较2014年超收2887万元,完成年计划的102.5%。

【经营管理】 2015年,临汾市侯马车务段发挥贸易平台作用,95306网站完成注册企业3485家,展示830家,成交174单,运量288.3万吨;借助政府平台,组织走访管内31个区县经信委、中小企业局,收集862家规模以上企业、19384家中小企业信息;结合95306网站注册信息,按照经济辐射区域划分10个营销区域,印制《侯马车务段网格化营销手册》,将1537家企业对应到706个网格和736名专职营销人员进行一对一、一对多开展营销。两经公司通过土地租赁、加固材料加工、广告经营等多渠道,实现收入1.94亿元。

【干部培训】 2015年,临汾市侯马车务段提高领导班子的决策力、各级干部的执行力、专业技术人才的创新力为目标,本着实用性高、针对性准、可操作性强的原则,举办各类培训班,针对不同时期的运输形势和任务,举办春运、施工、调图、新设备、新作业办法等培训班,对中间站(车间)站长(主任)、副站长(副主任)、党总支书记进行轮训,培训干部337人次。强化劳动安全培训,对全段380名干部进行24小时的劳动安全培训,对侯月、侯西和南同蒲电气化各站203名干部进行电气化知识的培训和考试。加强季节性培训,6月和10月对全体干部进行防洪和防寒培训。进行新图培训,针对调整列车运行图频繁的实际情况,对相关干部进行调整列车运行图的培训,培训干部375人次。组织干部考试7次,安排学习电气化人身安全、防洪考试、货运重载运输知识考试、防寒过冬知识考试、三次调整列车运行图考试,参加人员3105人次。

【职工教育】 2015年,临汾市侯马车务段严抓日常培训教育,重点从干部讲《站细》入手,全年抽讲105人次,其中奖励63人次、帮教提高42人次,规章纠错479处。在全段开展非正常接发列车和调车、客运、货装作业标准的演练,全年组织集中演练584场、213站次、参加2791人次。

【科技创新】 2015年,临汾市侯马车务段重视科技创新,宣传发动,鼓励干部职工瞄准安全生产中的热点、难点、焦点问题,集思广益、破解难题。2015年,各类创新成果23个,其中小发明2个、小革新3个、小设计3个、小建议15个。临汾西站结合高铁站实际,研制高铁站台股道捡拾器、总结"四分四防"旅客安全乘降法、提炼"接发列车作业图"、优化"施工作业车作业流程图"四项创新成果。车务段在车站值班员等主要行车岗位,安装安全风险辅助系统,便于职工应急处置的规章查询,发挥规章对现场作业的指导作用。在各站行车室、信号楼安装音频设备,实现视频、音频同步监控,定时语音提示。

【工程建设】 2015年,临汾市侯马车务段更新改造设备,投资1360.4万元,更新平调设备、行车岗位安装电子规章系统等,增设旅客电子引导系统、货场视频系统等,改造物流设施设备汽车吊、侯马北道路等。

大修项目方面:投资512.5万元,为临汾北站门吊、侯马北站货检视频监控系统、管内15个车站信息机房配电柜等进行大修。

零小修方面:车务段自筹资金735.9万元,为高显站暖气管道、端氏站单身房屋、临汾北站伙食团等进行整修。

【职工生活】 2015年，临汾市侯马车务段在打造侯西精品线，稷山等5个车站被路局命名为“八小工程”百家示范点。投入529万元补助职工伙食。铺设侯马北、上交等站的人行便道。修建东镇、孙常等12个车站的停车棚。改造侯北地区4号公路。投入107万元开展助困、助医、助学。开展健康疗养、健康体检、生育补助等利民惠民工作。

（葛丽章）

临汾市火车站

【概述】 2015年，临汾市火车站干部职工贯彻落实路局强化“五种意识”、做到“四个结合”的工作总体思路，严卡“五项关键作业”，以各类安全活动为载体，把工作重心放在发现解决问题上，把卡控重点放在关键作业盯控上，把防范重要放在超前预想研判上，提高干部执行能力和职工作业标准，夯实安全基础。

【汲取教训确保安全】 2015年，临汾市火车站吸取2014年“12・26”行李车应急处理不当造成站内停车和2015年“10・26”站内施工造成断网事故教训，优化班子成员管理职能，创建安全管理互补责任制，实现跨班组、跨系统、全覆盖安全检查指导；从发挥技术干部、班组长职能作用入手，完善干部盯控关键时间段安排，实现关键时间段、非值班重点时段、当班重点时段对关键作业、关键时段、关键岗位、关键人员的全天候24小时全面受控；从现场作业入手，完善各岗位、各工种互控措施，实现工种与工种之间、岗位与岗位之间、关联作业人员之间的自控、互控；严格考核，加大检查、指导、考核力度，提升职工标准化作业质量，控制和减少安全隐患发生的机率，确保春运、暑运、五一、十一、调图、施工、防洪防汛、防寒过冬等各阶段安全生产的平稳有序。

【风险防控】 2015年，临汾市火车站开展“五项关键作业”问题查整活动，通过对标查整、倒查追责、典型引路，端正工作作风，夯实安全基础，全年查整“五项关键”问题136件。重抓专业指导。修订《车站行车工作细则》；制定行车安全、人身安全控制措施；修订31项96条确保旅客列车绝对安全的细化措施；坚持每月一次安全分析通报，研究季节规律，提示安全重点，为现场安全提供制度保障。强抓施工安全。坚持预判安全风险、模拟上机演练、强化现场盯控，确保车站施工改造以及2次集中修的绝对安全。严抓作用发挥。全年车站干部发现黄通及以上问题1656件，检查发现事故苗子3件。全年因防止事故被车务段表扬奖励通报4期。截至2015年底，临汾站实现安全生产2325天，实现第六个安全年。

【整治安全隐患】 2015年，临汾市火车站结合春运、暑运攻坚战，把“安全大检查”“安全专项整治”等各项安全活动融入到日常安全生产管理，整治安全隐患，提高标准化作业质量。在“安全大检查”等活动中，进行事故安全警示教育，发动干部职工讨论，查找不足和隐患，提出建议和意见，车站班子成员和技术干部深入班组，面对面的同职工进行交流答复，明确责任，限期整改，通过安全活动开展共计27类376件安全隐患得到治理，净化运输生产环境，为安全平稳奠定基础。

【保障施工安全】 2015年，临汾市火车站进行2次工务综合施工。面对施工项目多、任务重、时间紧的实际情况，车站成立施工领导小组，加强对施工岗点监控和现场检查，利用站场视频设备，对施工现场全过程监控；严格施工方案制定，组织召开预备会、协调会、总结会，制定施工实施方案和示意图，每日由专人下载、核对施工日计划，对施工作业范围、项目及行车限制条件在平面图上明示、在信号楼揭示，指派专人对站内运行的施工作业车进行添乘指导；突出现场监控和现场防护，合理安排加岗人员，分工明确卡控到位，站内施工人员有时集中达600人以上，平均每日近4小时的施工过程中都在办理接发列车和调车作业，确保11月23日成组更换道岔进行，施工前研判施工安全风险点，严格施工人员培训和应急演练，细化安全控制措施，施工中严把关键环节，施工后详细检查现场，盘点得失，总结经验吸取教训，确保施工始终有序。

【服务旅客】 2015年，临汾市火车站针对不同的旅客需求，树立“一切为满足旅客需求”的服务意识，以“真诚、优质、创新”感动旅客。在长期的工作实践中，推出“爱心一条龙”服务：对重点旅客实行从购票、进站、上车的爱心传递式服务，对行动不便的老、弱、病、残、孕等重点旅客，指定专区候车、由专人负责，提供便捷、安全服务。用心揣摩旅客，细心观察旅寒，创新服务旅客。通过揣摩旅客困难，观察旅客动向，创新服务。随着外籍旅客的增多，面对身体残缺的弱智人群，导购人员利用手语和英语对聋哑人及外籍旅客提供从购票到上车的一条龙服务。结合车站和地域文化特点，把软席、候车室中厅、一二楼候车室壁画作为一项特色服务的品牌打造，每班指定一名客运员必须会讲，满足特殊群体的服务要求，扣住当地放游资源，实现把“旅客变游客、游客变旅客”服务理念。

(郭海潮)

大西高铁临汾西站

【概述】 侯马车务段临汾西站2014年7月1日开通运营，为二等客运站，干部职工69名，日均接发动车组列车47趟，发送旅客6500人。2015年，临汾西站以“两个满意”和“三个出行”为目标，贯彻落实局长1号令和“1＋N”安全管理理念，打造“尧都新旅”服务新品牌，开展“安全大检查”和“三查三强化”活动，推进“五项关键作业”卡控，提升干部职工应急处置处置能力，确保安全生产持续稳定。全年发送旅客年计划2190000人，实际完成2339842人，超额完成149842人；运输收入年计划18323万元，实际完成18573.1万元，超额完成250.1万元。

临汾西站技师小组研究工作

【执行“局长1号令”】 2015年，临汾西站全体干部职工牢固“1＋N”安全管理理念，执行局长1号令，贯彻强化“五种意识”、做到“四个结合”，加强班组和岗位作业现场的安全检查，落实作业标准，堵塞安全漏洞。

【“尧都新旅”服务新品牌】 2015年，临汾西站秉承“和睦友善、亲情一家”的尧文化精神，以“两个满意”和“三个出行”为目标，在服务上做文章，树立“新品质”塑造“新形象”“新服务”温暖“新旅程”的“四新”理念，采取爱心服务“一卡通”、旅程规划“一路通”、失物转接“一线通”、客服功能“一表通”的“四通”措施，“尧都新旅”成为展现高铁形象，服务万千旅客的窗口和平台。

【特色便民利民服务】 2015年，临汾西站开通重点旅客服务热线电话，车站设立热线电话0351－2146192，实施列车时刻咨询、旅客遗失物品转接、重点旅客“一条龙”接送服务等项目。增设ATM取款机，针对高铁临汾西站远离市区，周边没有银行、大商场的实际，旅客出行携带银行卡较为普遍的现状，车站与银行部门协调签订安全协议，在售票厅和候车厅设置ATM取款机，方便广大旅客。增设“母婴哺乳爱心小屋”，春运、暑运期间探亲流较大，车站根据旅客的需求，在“尧都新旅”服务台增设服务项目，在候车厅设立“母婴哺乳爱心小屋”。设立“尧都新旅”售票导购服务，由加岗干部和志愿者成立“尧都新旅”售票导购服务队，针对不同购票需求的旅客，合理发挥各人工窗口和自动售取机的动能和作用，疏导和服务购票旅客。增设临汾西站公共Wi－Fi功能，丰富广大旅客的旅行生活和加强车站文化建设，车站与移动、联通部门联系，设立临汾西站公共Wi－Fi信号，为广大旅客提供免费上网服务。

【重点动车组旅客运输】 2015年，临汾西站面对春节、五一、国庆等节前、节中、节后多次出现学生流、探亲流、务工流、旅游流相互叠加、旅客购票大、经常出现超大客流的现状，干部和客运人员进行摸底、调查，全体售票人员由两班倒改为一班倒，采取轮番售票作业，满足旅客购票需求；确定客流超千人以上的D2002次、G618次等为重点列车，采取“加人加岗、分区候车、分批放行、电梯监护”措施，全过程盯控动车组接发和旅客乘降组织，确保旅客组织有序。

【“安全生产大检查”活动】 2015年，临汾西站在召开反思会之前，召开专题会议，对反思会召开程序、反思内容、撰写反思材料统一标准格式，对每一份反思材料，站长进行审核把关后，方可上会，从而确保反思会质量。站长批阅活动有关文件，每项工作具体安排，责任到人，建立活动专盒，跟踪检查落实情况，确保每一项工作落实到位。由站长把关，将2件安全隐患问题入库，紧盯问题整改，跟踪做好入库问题的整改销号工作。对路局下发的典型事故案例，组织全体干部职工进行专题事故案列学习，将客运、行车典型案例摘录成《典型事故案例汇编》，放置在客运值班室、行车室，供职工阅读；将临汾西站2014年以来发生的典型问题编辑成《临汾西站典型及突出问题梳理和分析》，让干部职工通过身边的典型问题，进行安全警示再教育，促使干部职工达到“控关键、落标准、保安全”的目的。

【“三查三强化”活动】　2015年，临汾西站落实干部包保工作。站长武春原包保客运甲班，书记刘素红包保客运乙班，副站长白晋军包保行车班组，落实车务段“查干部作风，强化履责意识”的量化要求。落实“六个结合”，开展“三查三强化”活动：结合“五项关键作业”，落实客运组织“四分四防”和行车组织“开行作业车作业流程图”，巩固既有成果。结合防洪防汛工作，强化关键岗位人员的防洪培训和演练，抓好行车关键岗位人员的培训和演练，值班干部利用班前点名会、班后碰头会等时间加强对职工学习情况进行抽问检查，督促职工学习。结合暑期即将进入学生的返校期，客流逐渐增多的实际，加大检查监督力度，重点盯控始发、交会、晚点和临时加开列车，落实实名验制度，加强旅客安全宣传引导，做好电梯安全防护工作，确保旅客安全出行。结合安全“红线管理制度，落实《安全管理“红线”制度》，加强干部职工的“两纪”管理，发挥干部和班组长的作用，杜绝当班干与工作无关的事和晚出场、不出场的问题。根据《侯马车务段关于重新规范运输生产岗位作业人员手机管理的通知》要求，加强对职工手机的管理，加强对作业人员工作期间使用手机等各种视听设备的检查，杜绝作业人员工作期间玩手机、听广播等行为。结合规章制度落实，组织干部和班组长对《车站管理细则》、技术管理资料册、揭挂、各种应急预案开展自查自纠，修改或废止存在问题的规章制度。结合组织作用发挥，党支部做好谈心家访工作，把严管与厚爱相结合，落实“六个聚焦”，推动五项关键作业，组织党员干部围绕安全生产，结合当前“三查三强”化活动，引深“创岗建区”和“我的岗位我尽责，我的岗区我负责”活动，创新完善“五项关键作业”好做法、好经验。

【制作接发列车作业图】　2015年，临汾西站针对图定接发动车组作业频繁、旅客到、发作业量大的特点，制作《临汾西站接发列车作业图》，按每小时到发动车组车次、时刻、密集时间段会车作业车次和时刻、车底套用、车型、重联、长编、单组、定员及担当局情况、高峰加开车次、时刻等情况在一张图表上体现，便于车站接发列车人员掌握交会动车组和动车组密集到达时间段，掌握好全天工作重点时间段，合理安排接车人员，便于车站干部盯控重点时间段作业和重点动车组列车，遇动车组列车故障等非正常情况，可以准确掌握信息，顺数采取应急处置措施。

【旅客乘降作业】　2015年，临汾西站结合车站现场实际，根据岗位作业特点，深化“五项关键作业”要求，利用设施设备功能，发挥安全互控作用，采取检票组织以“分”为主，站台组织以“防”为主的“四分四防”旅客乘降组织方法。即：检票组织“四分”：旅客候车分区，检票进站分口，闸机功能分向，引导进站分流。站台组织“四防”：防特殊异常旅客侵线，防重点旅客安全隐患，防下车旅客误降误出，防换乘旅客中转误乘。防止站台旅客乘车安全隐患，消除旅客误乘误降。临汾西站为重点旅客服务2800余件，开辟绿色通道服务900余件，帮助旅客寻找贵重遗失品1600余件，受到旅客的好评和表扬，收到锦旗18面。

【作业车组开行】　2015年，临汾西站为消除安全隐患，制定作业车开行流程图，提升安全保证，提升现场安全管控。根据每逢供电部门天窗维修作业必开行供电作业车及天窗作业中车站盯控干部和当班车站应急值守人员对标准掌握不统一、存在安全隐患的实际情况，站长武春源多次组织车站干部、车站应急值守人员研究作业车开行规律、作业标准和作业程序等有关事项并进行总结，制作《临汾西站作业车开行流程图》，在行车室揭示，明确作业流程、卡控重点、卡控环节、卡控人等内容，组织盯控干部、车站应急值守人员进行培训演练，做到相关人员人人熟练掌握，规范现场作业，提升安全保证。

【电梯防护】 2015年,临汾西站吸取湖北荆州"电梯吞人"事故教训,对电梯各项管理制度、应急预案、台账资料、8部电梯设备等进行全面检查,确保电梯运行正常。组织电梯防护人员和客运员、客运值班员进行安全专题培训考核和电梯故障等应急处置演练。加大对电梯防护人员两纪、作业标准的检查力度。电梯防护人员防止因旅客乘电梯不当可能造成的旅客伤害问题10件。

2015年8月21日15时37分,G609次到达临汾西站后,一站台出站口下行电梯防护人员薛全胜看到有一位怀抱六七岁儿童的妇女在乘坐扶梯时,欲将孩子放在电梯台阶上,因未站稳,连同孩子一块跌坐在正在运行的扶梯上。薛全胜立即按下扶梯处的"紧急按钮",电梯停止运行,电梯上方部位盯控的站长武春原采取应急处置,疏散电梯上的旅客,引导后续出站的旅客走步行楼梯出站,防止可能发生的旅客伤害事故。

【应对突发情况】 2015年9月15日16时30分,临汾西站接到路局客调值班人员的紧急通知,D2522C次4号车厢一名旅客突发疾病需要救治。站长武春源、书记刘素红组织车站相关人员成立应急小组,安排综控室客运员拨打"120"急救电话,安排车站副站长、技术干部、客运值班员组成站车交接运输组。

为给病人赢得更多的救治时间,临汾西站提前与D2522次列车长联系下车车门位置;分流4号车厢乘车旅客,组织从其他车门上车;准备轮椅及担架,安排专人提前在4号车厢处等待接送。16时40分交接运输组、"120"急救车全部到位,16时43分D2522次列车进站,站长、书记亲手将病人抬下列车,使用轮椅通过车站绿色通道在16时50分将病人送上救护车,安排专人为这名旅客及随行人车票办理退票手续。

【完善应急处置预案】 2015年,临汾西站制定车站发生大客流、发现旅客从站台进入线路、客服设备故障、综控设备故障、除雪防冻、防洪抢险等19种应急处置预案。自制"股道坠落物品取拾工具"。车站针对旅客上下车过程中,经常会出现的随身携带物品坠落股道,可能危及行车安全的问题,自制"股道坠落物品取拾工具",在服务旅客、保证安全上发挥良好作用。加强应急处置演练。结合春运、暑运、调图等季节性安全工作重点,客运组织使用热备动车组组织旅客换乘、电梯故障、发生火灾爆炸、突发大客流、恶劣天气下客运组织、动车组列车晚点、售票系统发生故障等应急处置演练。车站结合应急值守人员的工作实际,利用现仿真机,进行道岔融雪设备故障人工上线清除道岔积雪、站内或区间列车占用丢失、进站或出站信号机故障等演练,巩固干部职工基本技能,提升应急处置能力。

2015年10月9日,D5303次临汾西站10时20分到、10时22分开。10时31分,车务应急值守人员柴俊在分散自律模式下,通过CTC系统显示屏发现,临汾西至襄汾西下行线513千米279米~515千米269米出现红光带,立即报告列车调度员,通知站长武春原、运输组织员程延胜上岗盯控。站长武春原到岗后,了解情况并汇报段值班室,通知现场盯控旅客乘降组织的书记刘素红,对后续到达的D4025次旅客做好宣传引导。10时48分,设备恢复正常。

(何富平)

附:

·获奖情况·

2015年被太原铁路局评为"标准化建设车间",临汾西站党支部被路局党委、车务段党委评为"优秀党支部",被车务段党委评为"党内优质品牌""党内立项攻关优秀成果"

临汾民航机场

【概述】 临汾机场筹建处按照会议指示精神和协议内容,根据临汾财力和实际情况,2016年计划开通6条航线。通"海口=临汾=呼和浩特""临汾=广州""上海=临汾=银川""重庆=临汾=天津"4条航线,通达7座城市,合作航空公司4家。截止2016年6月26日,临汾机场保障航班642架次,旅客吞吐量53137人次,货邮吞吐量30099公斤,客货运吞吐量稳步增长,发展势头远超于预期水平。

【安全生产】 工程建设伊始,筹建处建立健全安全生产责任制、安全检查制度、安全教育培训制度、领导定期巡视制度等，设立专职安全员，对每一道工序进行全程控制，定期开展安全专项检查，未发生一起安全生产事故。机场筹备运营期间，为按时保证通航，筹建处坚持"安全第一，预防为主，综合治理，持续改进"的方针，按照民航使用许可审定要求，借助鄂尔多斯机场先进的安全管理经验，结合实际情况，梳理、改进、优化业务流程，修订完善《机场使用手册》《航站区管理手册》《航空安保方案》《应急预案手册》等各类手册7项，申报华北局批复通过。完善部门手册岗位作业指导书23册，重新梳理评估旅客值机等42项流程，规范安全操作规章。通航前，组织开展综合演练、应急演练、单项演练、桌面演练等40余次；开展公司级与部门级培训109次，考核58次，考核上岗164人；多次对弱电系统、消防管道、基础设施、供电线路等进行全面细致排查和维护；对周边区、镇、村等人群聚集地进行净空宣传和巡视检查，开展危爆物品航空运输清理和净空鸟害防治两项安全专项整治工作，加强气象预报和气象预警，确保航班运行安全。

【真情服务】 机场筹备运营期间，作为形象和窗口单位，确保旅客高质量体验机场服务，筹建处狠抓服务流程改造，编写《临汾民航机场有限公司航站楼(区)运行管理手册》，梳理候机楼工作流程，在航站楼内增加引导标志标识和方便旅客出行提示牌，设立意见箱，对航站楼内温度、空气进行动态监控，设立旅客服务灯箱，为旅客提供乘机须知、民航公告等，方便旅客出行。对一线服务人员进行仪容仪表专项培训、服务礼仪培训，明确接听电话礼仪规范和文明用语规范；对物业公司人员进行机舱保洁专业培训与不明物品处置流程培训等，定期进行卫生清扫，全面监督，整体改善机场卫生环境；与市交通部门协调，开通临汾民航机场公交，极大地方便了旅客出行需求。

临汾机场各航线运营情况

表15

航线	起降架次旅	客吞吐量	平均客座率	货邮吞吐量
海口＝临汾＝呼和浩特	328架次	25765人	73%	5750公斤
临汾＝广州	94架次	5535人	45%	17123公斤
上海＝临汾＝银川	152架次	16779人	73%	7226公斤
重庆＝临汾＝天津	68架次	5058人	80%	—
合计	642架次	53137人	—	30099公斤

临汾机场各月份客货运吞吐量

表16

月份	旅客吞吐量(人次)	货邮吞吐量(公斤)
1月	950	2246
2月	5919	1744
3月	6456	599
4月	11823	833
5月	14496	13225
6月(截止26日)	13493	11452
合计	53137	30099

【"海口＝临汾－呼和浩特"】 基本情况:该航线为包机模式,于2016年1月25日开航,每周4班(一、三、五、七),由天津航空E190机型执飞(105座)。1月至4月旅客吞吐量逐月攀升,进入4月后,海口航线进入淡季,呼和航线进入旺季,航班客座率未出现波动,平均客座率为71%,呈平稳态势。针对该航线季节性特点,采取三项措施,一是根据海口、呼和售票情况,与航空公司协调,平衡航线的客票分配。二是航线旺季时,协商航空公司,提升散客票价,提高航班收益。三是航线淡季时,对接旅行社,协商天航以票价优惠,吸引团队客源,保证淡季时航班客座率的稳定。

"海口＝临汾＝呼和浩特"航线运营情况

表17

月份	旅客吞吐量(人次)	客座率	货邮吞吐量
1月	950	62%	2246公斤
2月	5081	70%	1744公斤
3月	4988	71%	599公斤
4月	5469	76%	646公斤
5月	5072	75%	451公斤
合计	21560	—	5686公斤

【"临汾＝广州"】 该航线为保底模式,于2016年2月6日开航,先期每周2班(二、六),5月10日以后增加至每周3班(二、四、六)。由南方航空公司A319/320机型执飞(121/151座)。航线为直飞,受南航营销管理政策规定,严格控制机票折扣,影响旅客吞吐量。在无法调整散客票价的情况下,为提高客座率,经多次与南航沟通,达成统一意见,可根据市场情况,降低团队价格。

"临汾＝广州"航线运营情况

表18

月份	旅客吞吐量(人次)	客座率	货邮吞吐量
2月	838	43%	—
3月	1077	41%	—
4月	1206	52%	187公斤
5月	1539	53%	12021公斤
合计	4660	—	12208公斤

【"上海＝临汾＝银川"】 该航线为保底模式,于2016年3月31日开航,每周3班(二、四、六),由上海航空B737－800机型执飞(168座)。在航线开通前期,与多家旅行社达成合作协议,协商航空公司,合理调配散客与旅游团队座位比例,保证客源充足。通过市场宣传、旅游团队、票价优惠等方式重点提升银川航段客源。随着暑期临近,上海"迪斯尼"乐园开业,在上海航段客座率稳定的情况下,协商航空公司提升票价,来大幅提升航班收益。

"上海＝临汾＝银川"航线运营情况

表19

月份	旅客吞吐量(人次)	客座率	货邮吞吐量
3月	391	77%	—
4月	5148	73%	—
5月	6133	73%	753公斤
合计	11672	—	753公斤

【“重庆＝临汾＝天津”】　该航线为包机模式，于2016年5月19日开航，每周3班（二、四、六），由华夏航空CRJ－900机型执飞（87座）。同比其他航线，价格优势明显，天津市政府出台给予入津航班每班4万元航线补贴政策。开航前期与华夏航空公司多次沟通，相互配合，通过市场宣传、航线推广、票价优惠等策略拉动客源。通航近1个月，该航线客座率较高，且呈现良好发展趋势。经与航空公司协商，在客座率稳定的基础上，逐步提升票价，团队价格可根据市场情况提升。

（闫　宁）

“重庆＝临汾＝天津”航线运营情况

表20

月份	旅客吞吐量（人次）	客座率	货邮吞吐量
5月	1752	82％	—
合计	1752	—	—

交通运输

【概述】　2015年，临汾市交通运输局建设“学习型机关、服务型窗口、创新型团队、负责任行业”。加大交通建设投资，主要指标持续快速增长。完成固定资产投资66.5亿元，占年度目标任务的132％。其中高速公路51.3亿元，干线公路2.6亿元，农村公路7.4亿元，客运场站和公交车5.2亿元。全市公路通车里程18245公里，同比新增132公里，全省排位第一；公路密度89.98公里/百平方公里，同比增加0.64公里，高于全省平均水平。

【高速公路建设】　2015年，临汾市站场建设项目步伐加快。全市续建和新开建高速公路201公里，项目总投资183亿元。吉河高速公路主线完工，长临高速公路和霍永高速西段二期桥梁、隧道等控制性工程全面开建。滨河东路建成通车。干线公路完成省道台襄线襄汾县城过境公路等4项14.8公里，开建省道洪永线车家坡至岔口段等2项46公里。临汾城西客运站投入运营，霍州七里峪二级客运站完成主体工程，翼城客运站开工建设。

【农村公路建设】　2015年，临汾市加强公路养护管理。新建改建农村公路466公里，其中村通水泥（油）路和完善提质工程307公里、集中连片县乡公路124公里、其他县乡公路35公里。深化农村公路管养体制改革，强化主体责任，落实管养资金。全市17个县（市、区）县级养护资金全额列入财政，足额到位，8个县到位率130％以上，为农村公路的日常养护提供资金保障。开展“农村公路养护管理年”活动，实施“农村公路管养示范工程”，推行精细化、规范化管理。全市县乡公路养护优良率80％。

【城市客运管理】　2015年，临汾市道路运输市场秩序良好。在城市公交发展上，全市新增256辆新型环保公交车，其中临汾市区公交投资2.6亿元，新购223辆纯电动公交车，配套建设6个公交充电站，安装64个充电桩，市区公交车保有量450辆。部署市区内50辆纯电动公交车投入到临汾客运西站的运营中，实现西客站、高铁站、中心城区公交运行的“无缝隙”衔接。2015年12月6日省长李小鹏在临汾市调研时，对纯电动公交车的推广和应用给予高度评价，要求在全省推广经验。建成投资2亿元的临汾公交调度指挥中心。在公共自行车项目上，计划两年内在市区投放公共自行车5055辆，建设183个公共自行车服务点，各项前期工作基本完成，开建在即。在出租汽车管理上，组织市区出租企业推进安装出租车载智能信息化设备，车载电召设备、乘客满意度评价设备、LED顶灯、高清摄像头、GPS（北斗）卫星定位装置、税控计价器等。首批500辆安装到位，获得成功，实行“六统一”，开展车容车貌整治，开展星级服务创建，规范出租汽车管理，打造城市流动名片。在道路运输市场管理上，开展“打黑治违”专项整治，查扣无证营运车辆45辆次，纠正违章105起；开展危货运输企业专项整顿工作，整改6处严重隐患；开展驾培市场专项整治活动，取缔非法招生26处，规范便民招生点8处。在城际公交发展上，开通临汾—洪洞城际公交，临汾市区实现与周边襄汾、浮山、蒲县、洪洞县城城际公交全贯通。在现代物流发展上，培育物流龙头企业，发展甩挂运输、联盟运输，投资1.3亿元建设兴荣物流园区。

【双超治理】 2015年,临汾市交通安全生产形势平稳。全市17个县(市、区)科技治超监控网络平台对正常运营的290家货运源头企业实施重点联网监控,监控率85%,远程监控覆盖率位居全省前列。全市超限超载率控制在0.01%以下。在安全生产管理上,落实企业安全主体责任、部门监管责任,开展道路运输、水上交通、危货运输、工程建设"四个领域"安全生产大检查、大排查、大整治活动,检查企业132家,发现一般性隐患45处,整改率100%。完成83家交通运输企业安全生产标准化创建工作。实施农村公路安全生命防护工程,完成62项254公里,完成危桥改造9座715延米。没有发生重特大安全责任事故,保持安全生产的良好局面。

【市区出租车执行运价新标准】 2014年以来,临汾市交通运输局对市区出租车运营成本进行宏观测算和市场调研后,向市物价部门提出《临汾市区出租车运价调整方案》,于2014年12月15日,由市物价局组织人大、政协、政府法制办、住房保障和城乡建设管理局、统计局、交警支队、城市客运管理处等相关部门代表,经济学教授、专家学者、经营者、消费者代表召开听证会。会后,市物价局根据《中华人民共和国价格法》《山西省定价目录》结合听证会意见建议,报请市政府研究同意,决定自2015年2月1日起,对临汾市区1862辆出租车执行新运价。起步价:白天6元/2公里,夜间(22:00—次日5:00)7元/2公里。运行价:白天2公里后1.3元/公里,夜间(22:00—次日5:00)2公里后1.6元/公里。单程6公里后加收50%的空驶费,等候费5分钟按1元计费。据统计,新运价执行后出租车单车每趟次载客收入由6.5元提高到7.95元,平均每趟次增收1.4元左右。

【农村公路路域环境整治】 2015年,临汾市交通运输局在全市范围内组织开展"农村公路环境整治活动"。重点治理农村公路乱堆乱放、占道施工、占道经营、私设非公路标志牌等违法行为;重点查处私设平交道口、车辆敞篷运输造成的滴漏抛洒污染路面、损害公路标志及公路附属设施的行为,保障公路产权;完善农村公路路政巡查制度,推行路政联合执法试点工作,打造路政管理示范点;加大车辆双超治理,坚持科技治超,严格源头监管,加大路面管控,强化站点建设,超限超载率始终控制在0.01%以下。

【"爱心送考"】 2015年6月6日,临汾市"爱心送考"大型公益活动在新银光集团中召开,数百辆出租车、公家车和部分私家车车主参加活动,为高考生送去爱心服务。整个高考期间,考生根据情况就近搭乘出租车。根据客运部门的数据统计,本年度"爱心送考"活动有600辆出租车、200辆公交车及近百辆私家车参与。

【临汾城西客运站运营】 2015年11月29日,临汾城西客运站投入使用,开启市区发往外地客运班车的新征程。临汾城西客运站位于市区汾河以西、迎宾大道北侧,与高铁临汾西站及京昆高速相临,是国家交通运输部确定的全国197个交通枢纽之一。该项目总占地面积90014平方米,总投资2.9142亿元;建筑面积21693平方米,设计日发送旅客24000人、日发班车600次,担负着河南、河北、山东、江苏、安徽、陕西、宁夏、四川、北京、福建等11省市及山西各地、市、县的旅客运输组织任务。临汾城西客运站的正式运营,对于完善城市功能、缓解市区交通压力、优化临汾市交通结构、实现"零距离换乘"将发挥巨大的推动作用。

【省长李小鹏检查指导纯电动公交项目】 2015年12月6日,省长李小鹏对临汾市区交通纯电动公交项目进行检查指导。省政府秘书长廉毅敏,省发改委主任王赋,省环保厅厅长郭长青,省农业厅厅长关建勋,临汾市主要领导一同检查指导工作。临汾市委、市政府出台政策,落实资金,临汾市交通运输局按照"优先发展城市公交,气化公交、电化公交"发展城市公共交通事业。"十二五"期间,临汾市新增和更新580辆新型环保公交车,其中临汾市区新增和更新462辆,公交分担率由16%提高到20%以上,公交万人拥有量由8.7标台提高到10标台以上。2015年投资2.6亿元分两批购置223台快充式纯电动公交车,投入运营。配套建设6个公交充电站、64个充电桩,成为临汾市创建节能减排财政政策综合示范城市中交通清洁化项目的重要一项。

(张玉勤 庞燕东)

·城市客运·

【概述】 2015年,临汾市城市公交长足发展,优先机制不断完善。全市新增更新公交车256辆,新增延伸公交线路15条,全市公交车694辆(合

696标台)，公交线路106条，线路总里程1713.04公里，年运营里程4529.64万公里，年客运量11891.6万人次。其中：临汾市区新增更新公交车223辆(全部为纯电动环保公交车)，车辆总数281辆(合357.8标台)，新增公交线路4条，延伸公交线路3条，公交线路25条，线路总里程555.67公里，万人拥有公交车8.945标台，空调车比例87.9%，出行分担率16%，位居全省前列。

【公交优先发展】　2015年，临汾市交通运输局按照省政府《优先发展公共交通的实施意见》，争取公交优先发展政策扶持和资金支持，落实公交优先政策，出台《临汾市关于优先发展城市公共交通的实施意见》和《临汾市市区公交财政补贴暂行办法》，明确临汾市"交通引领城市发展"的理念和"政府主导、政策扶持、普遍服务、城乡统筹、文明规范、安全可靠"的发展原则，建立完善了长效稳定的公交财政补贴机制。制定完成《临汾市公交发展规划和服务质量考核办法》及细则，建立完善了公交运力增强、线路增加、运行计划、优质服务等10项硬指标和80个精细化管理项目，建立百分制量化考核指标体系，市财政将根据市公交企业考核结果给予相应的财政补贴。2015年市财政根据核算拨付公交企业1.2亿元，划拨土地50余亩，用于购置、更新公交车辆及公交场站建设。

正在充电的纯电动公交车

【市区公共自行车慢行系统】　2015年，临汾市交通运输局编制完成《临汾市节能减排财政综合示范城市公共自行车项目可行性研究报告》，征求环保、国土、规划等部门意见，向发改委申报，通过专家评审，自行车项目实地勘察、选点意见征集工作全部完成，首批5000余辆公共自行车建设工程进入具体实施阶段。

【县市城市公交发展】　2015年，侯马市城际公交实现归口管理，将城际公交管理职能纳入城市客运管理。侯马市同运城相关部门联系，研究互通公交可行性方案，成初步共识，稳步推进；襄汾县参照市区的办法，推进新能源汽车推广，2015年更新纯电动公交车6辆投入运营，计划在"十三五"期间再投资1490万元，新增、更新纯电动公交车30辆；洪洞县计划年底前新增更新60辆电动公交车；乡宁县投资300余万元完成公交运行监控系统及候车亭、停车站点建设工作，借鉴吸收先进经验，采取"企业经营、政府买票、行业监管、市民免费乘车"的模式，实施免费公交；蒲县、曲沃县、翼城县编制完成城乡公交一体化发展规划，县城周边10公里发展公交取得长足进步。

【规范出租管理】　2015年，临汾市交通运输局树立"管车先管人"的理念，加强驾驶员素质教育，从培训教育入手，健全完善出租汽车驾驶员考试、注册、继续教育、证件管理四项制度，建立行业黑名单强化驾驶员管理。新编制完成《临汾市出租汽车驾驶员从业资格区域培训教材》，全年培训驾驶员2000余人，考试合格1113人，完成市区出租汽车驾驶员继续教育3678人。

推进日常规范考核工作，在2015年的服务质量信誉考核中，全市考核规范出租车经营行为9500余起，查处各类违规违章出租车1486辆，规范驾驶员的经营行为。

加强日常规范考核，运用互联网＋思维，在行业科技化管理方面深挖掘、下功夫。2015年，建立市区出租汽车指挥调度中心，加强技术研发，完善服务功能、扩充系统应用，将原有车载电召系统升级为集LED顶灯、GPS终端、电召服务平台、服务质量评价器为一体的车载信息化系统。新系统不但可以实现"手机电召、网络约车、电话招车"三位一体电召服务、乘客服务质量满意度评价、行驶轨迹回放、实时监控调度车辆等基本功能，可以为行业管理者提供数据支持，提高管理者决策的准确性、针对性。车载信息化设备在50余辆出租车上近一年的安装调试，基本达到行业管理要求，9月，安装工作在市区展开，市区第一批500辆出租车车载信息化设备全部安装完成。翼城出租车GPS卫星定位安装工作,形成初步方案。襄汾县135辆出租车卫星定位系统安装工作全部完成。

【专项行动】 2015年,临汾市交通运输局在全市组织开展“交通运输管理提升年”活动,严厉打击非法营运。全市城市客运管理机构,联合交通、公安、交警等部门组成联合执法队伍,开展道路客运市场专项整治行动,打击各类非法违法营运车辆。全市投入执法人员6300余人次,组织各类稽查行动900余次,查处各类非法营运小汽车402辆次,异地营运车辆286辆,非法营运三轮车107辆、非法营运四轮电瓶车55辆,遏制非法营运势头,保障合法经营者的权益,客运市场经营秩序明显好转。企业管理方面,建立分级约谈制度,管理部门约谈企业、企业约谈从业人员。日常考核规范中,采取明察暗访、随机抽查的方式深入企业,规范企业经营行为,对企业存在的问题,约谈企业负责人,限期整改。2015年,约谈企业11次。

场站管理方面,针对高铁站群众反映的出租车乱收费、拒载、揽客等现象采取六项措施进行专项治理。加强值班,实时监控,加强场站管理。深入企业参加企业例会,分析通报高铁站现状及整治措施,引导从业人员遵章守纪、文明经营。投资10万余元,购置值班岗亭及相关标志、设施,从源头杜绝不文明行为发生。转变管理思路,购置医药箱等常用应急物品,成立志愿者队伍建立互助平台,用真情感化驾驶员,由被动管理转变为自我规范。在高铁站设立曝光台,实时曝光违章车辆,对屡教不改或情节恶劣的驾驶员取消从业资格,纳入黑名单。集中力量严厉打击非法营运。

【安全标准化建设】 2015年,临汾市交通运输局按照“全覆盖、零容忍、严执法、重实效”的总体要求,推进安全生产标准化建设,加大安全生产检查力度,排查安全生产隐患,堵塞安全监管漏洞,强化安全生产措施。成立安全生产检查督导组3个,组织开展安全生产大检查,督导检查11次,深入企业50余次,排查安全隐患26起,现场整改15起,限期整改11起,整改率100%,防范安全责任事故,全年无一起重特大责任事故发生。

(张玉勤　庞燕东)

·客货运输·

【货物运输转型】 2015年,临汾市审验合格危货车辆1013辆;开展信誉考核并公示危险货物运输企业14家、普通货物运输企业297家,建立、健全质量信誉考核档案,保证考核记录完整、准确。按照《道路危险货物运输管理规定》,对于公司停车场面积与其经营规模不相适应的企业,督促完成整改。配合交通运输局培训危险货物运输押运从业人员68人,继续教育人员109人。按照省道协《关于开展道路危险货物运输新颁标准宣贯培训的通知》,组织临汾市22名相关人员参加培训。危货运输企业、从业人员执证上岗率100%。

【成立物流联盟】 2015年5月,临汾市交通运输局货运科带队赴14县(市、区),行程1500余公里,召集168家物流、运输企业进行座谈,就建设临汾物流联盟相关事宜进行研讨,引导物流企业和运输企业形成共识。由临汾市运管局搭建平台,全国甩挂运输试点企业兴荣物流牵头,组建物流运输联盟。重点抓好城市配送试点工程和农村物流试点示范工程,确定农村物流试点示范企业2户(襄汾家中家超市和曲沃县农民专业合作社联合社);城市物流配送试点企业发展为4家计52辆车。

【规范汽车租赁市场】 2015年,临汾市交通运输局为使全市汽车租赁业健康有序发展,印发《关于开展全市汽车租赁市场清理整对活动的通知》,开展为期1个月的专项整顿工作。对本辖区的汽车租赁企业进行宣传和摸底调查,宣贯汽车租赁行业新法规,组织汽车租赁管理、从业人员进行培训学习,为规范汽车租赁企业行业奠定基础。对提出申请的5家汽车租赁公司按照许可程序许可,交由属地运管机构进行日常监管。

【机动车维修推进品牌建设】 2015年,临汾市交通运输局完成一、二类维修企业、综检站年度质量信誉考核工作并对结果进行公示。抓好机动车维修与检测行业从业技术人员培训管理工作,举办1期计58人从业资格培训,其中质量检验员43人,安全例检员15人。开展道路运输车辆燃料消耗量检测和监督管理工作,对辖区内的举报车型及违规车型进行核查处理和通报,把好车辆准入关。组织完成辖区各类维修企业和机动车综合性能检测站质量信誉考核工作,考核28户一类企业中AAA级6户,AA级15户,A级7户;225户二类企业中AAA级9户，AA级66户，A级150户；10户综检站中AAA级4户，AA级4户，A级2户。严格落实《机动车维修开业条件》的宣贯实施，进一步提高机动车维修和服务质量。

【道路运输节能减排工作】 2015年，临汾市交通运输局执行营运车辆燃料消耗量核查及准入退出制度，宣传贯彻新版《营运客车类型划分及等级评定》(JT/T325－2013)部颁标准，组织相关人员培训。执行市政府印发的《临汾市大气污染防治方案》，加强汽车维修危险废物的处置监管，喷涂业务全部使用环保烤漆房，杜绝室外喷涂，废机油整体回收等，提升汽车维修行业的节能环保水平。印发《关于对全市大型道路客货运输车辆进行污染减排和大气污染防治工作的通知》，对未取得《环保检验合格标志》的营业性道路客货运输车辆进行等级评定时不予发放道路运输营运证。推进营运类黄标车淘汰工作，对营运证在有效期或明年才到期的黄标车，打电话面见车主，宣传政策，全市2005年底前注册的营运类黄标车计9106辆，截至2015年11月底淘汰完成9903辆。

(张玉勤　庞燕东)

·城市公交管理·

【绿色公交】 2015年，临汾市投资2.6亿元，分两批购置223台快充式纯电动公交车，全部投入运营。配套建设6个公交充电站，安装64个充电桩。纯电动公交车投入运营后，临汾市区公交车保有量450辆，公交分担率由16%提高到20%以上，公交万人拥有量由8.7标台提高到10标台以上。纯电动公交车项目是临汾市创建节能减排财政政策综合示范城市中交通清洁化项目的重要一项。纯电动公交车与天然气公交车相比，运行更加平稳，噪声更小，零污染零排放，车厢内部设计更显人性化，通道宽敞，具有充电快速、续航里程长等特点，在节能环保方面优势明显：运营成本大幅降低，按目前的电和气的价格比，纯电动车的运行动力成本下降50%；减少碳排放量成效明显，按223辆纯电动公交车运行测算，每年可减少二氧化碳排放量2800吨。

【便民公交】 2015年，临汾市纯电动车投运后，新开5路、6路、13路、15路、16路五条线路，延伸3条线路，使火车站、城西客运一级站、高铁临汾西站紧密的联系在一起，方便市民的出行。全年新购纯电动车223辆及高铁公交快速充电站，建设工作效果之好，在省内外引起巨大正面反响，目前已有全国各地多家公交企业前来参观学习，新华社及省内外几十家新闻媒体对此进行报道。

【安全制度建设】 2015年，临汾市公交公司在安全工作中，贯彻有关安全工作的重要指示和管理规定，坚持“安全第一、预防为主、以人为本、安全发展、科学发展”的理念，强化安全制度建设和责任落实、监督，提升安全预防能力和安全管理水平。在安全机构建设上，建立临汾公共交通有限公司安全领导小组，负责公司安全工作的落实、监督。在安全制度建设上，制定《安全生产管理制度》《车辆技术检验规定》《重大事故应急预案》等制度。安全制度落实上，采取安全目标奖罚机制，签订目标责任书，每月召开一次安全生产例会，汇报安全生产工作进展情况，通报存在的安全隐患及处理办法，每月以分公司为单位对当月安全工作进行分析、通报。

【车辆管理】 2015年，临汾市公交公司建立车辆档案，一车一档，其中有车辆维修档案、总成件维修档案、一保、二保检验维修档案，专人检验、专人登记。建立健全车辆日捡记录，实行谁检验、谁签字、谁负责，责任到人。建立车辆安全隐患排查机制，在车辆安全隐患排查工作实行两级检查，每月由技术部对公司车辆进行安全隐患的排查抽查车辆数不低于车辆总数30%，分公司每月对本公司所属车辆进行安全隐患的排查排查车辆数100%，活动期间排查车辆合计1630台次，查出存在隐患车辆3台次，存在的问题以及时整改，杜绝“带病”车辆上路营运。

(张玉勤　庞燕东)

·海事管理·

【完善水运设施】 2015年，临汾市增加海事执法装备。“十二五”期间，完成曲沃县浍河北岸和襄汾县双龙湖2个码头改造建设任务，，临汾市所有水运企业船舶均有合格的码头停靠。市县两级海事部门配备海事执法车辆7辆，海事监督艇2艘，救生衣和救生圈150套，对讲机5部，海事视频监控系统3个。

【“平安交通”创建活动】 2015年，临汾市组织开展“水上交通安全隐患大排查专项治理活动”“水上交通运输安全生产大检查活动”“打非治违专项行动”“安全生产月”“六打六治”等专项整治行动，对事故隐患实施动态管理和源头治理。开展救生衣(救命衣)行动。把“不穿救生衣不登船，不穿救生衣不开航”作为一条“红线”来执行，做到每次检查必查救生衣，发现问题、消除隐患，确保救生衣的数量配备始终保持100%、质量符合要求。加大科技监管力度。侯马、曲沃、尧都区地方海事部门利用所辖水域视频监控装置，安排专人值守，逐船逐航次进行监管登记，提高监管效能，加强海事科技监管。

(张玉勤　庞燕东)

高速公路管理

【概述】 2015年，临汾高速公路有限公司征收通行费1.52亿元(其中霍永高速征收通行费1073万元)。按时足额解缴通行费。收费系统运行良好、稽查管理严格、票据管理规范、收费应急预案执行到位，免费车辆控制严、收费现场秩序好、业务培训精。通行质量指标入口客车为9.89秒，入口货车为16.23秒；出口客车为11秒，出口货车为19.49秒。车道开启率为100%。

【养护管理】 2015年，临汾高速公路路况技术质量指数均达90以上，优等路率达100%。养护管理系统平台运行良好，完善预防性养护机制，防灾抗灾能力、畅通保障能力明显增强。履行雪后6小时具备开通条件的服务承诺。

【路政管理】 2015年，临汾高速公路路政案件发现率100%、查处率100%、结案率98%，路产恢复率、建筑红线控制率达100%，处理各类案件130起，收取路赔款55.3万元。清障110次，收取清障费3.2万元。治超站点管理规范，设备检测准确，超限检测点共检测车辆116.2万余辆，劝返超限车辆13辆，超限率控制在0.001%以下；提高紧急救援能力、依法行政能力，无违规违纪行为。

【经营开发】 2015年，襄汾服务区营业额为4295.74万元，比2014年同期下降24.02%；消费车次累计22.53万车次，比2014年同期下降22.31%，消费人次累计21.22万人次，比2014年同期下降41.94%。

【机电管理】 2015年，临汾高速公路通信骨干网、接入网、计算机网络及收费网络完好率99%。视频监控系统、图像上传网络完好率98%；收费数据传输准确率99%。机电运行、维修、保养等记录、档案、资料、制度齐全。

【信息化建设与管理】 2015年，临汾高速公路制定信息化五年规划，建立网络安全体系，做到有专人管理。健全24小时值班制度，发布路况信息2360条，可变情报信息899次，布共发布网站新闻132篇、图片11幅。

【工程管理】 2015年，临汾高速公路管理有限公司执行省财政厅政府集中采购管理规定，执行工程招投标管理办法，执行工程质量管控规定。实施临侯路面维修处置工程和计重收费系统改造两个工程项目，临汾高速公路电子不停车收费全国联网工程正在有序推进。

【应急管理】 2015年，临汾高速公路管理有限公司以地方政府为依托，统筹规划，建立较为完善的应急保障体系；提高高速公路应急突发事件处置能力，预防和减少自然灾害、事故灾害、公共安全和社会安全事件及其造成的损失。2015年开展5次桌面演练，4次实战演练。

【防汛工作】 2015年5月29日，临汾高速公路管理有限公司开展防汛抢险桌面演练。开展所辖路段排水系统、安全隐患大排查活动。储备防汛物资，与物资供应部门签订合作协议，确保险情发生时，备得齐，调得动，用得上。

【服务投诉】 2015年，临汾高速公路管理有限公司建立健全服务投诉工作制度，全年受理服务投诉事件21起(其中热线电话受理13起，12122工单受理5起、12328流转工单受理3起)，以上投诉均为无理投诉，未发生重复投诉事件和省级以上媒体曝光事件。

交通运输执法

【概述】 2015年，临汾市交通运输执法局围绕省厅、省局工作部署，制定“五提升、五突破”工作计划，把握稳中求进的总基调，坚持全面监督、常态监督、深入监督的总方针。

【夯实基础工作】 2015年,交通运输执法局完善基础资料,开展调查摸底,夯实监督业务。就监督业务重点、开展方式、目标要求进行研究探讨,制定《2015年执法监督工作计划及要点》,下发至基层各单位。更新完善基础档案,将辖区桥梁隧道、涉路施工、货运站场等20多个方面的管理现状,体现在调查表上,各单位完善基础档案,开辟系列案源,办理案件、完善基础档案,监督工作实现由随机监督、个案监督向方向监督、系列监督的方式转变。掌握辖区基础情况,基础资料底清数明、监督开展有的放矢。

【专项治理】 2015年,临汾市交通运输执法局依托治理公路"三乱",开展专项治理,增强监督成效。根据省厅、省局专项整治活动的要求,将治理公路"三乱"的重点定位在临时超限点的治理上,成立工作领导小组,两次配合省厅、省局的专项治理小组,数次组织力量对一些县市的临时治超消除点开展监督整治工作,与一些县领导、责任部门沟通座谈,对浮山、安泽、古县、吉县等地7个治超违章消除点予以取缔,交通执法人员撤离,违法设点停止工作,保持着治理公路"三乱"的高压治理态势。

【安全生产】 2015年,临汾市交通运输执法局依托安全生产,强化排查处置工作,确保监督工作开展。市局制定安全生产"一岗双责"的分解方案,开展各项专项检查。8月下旬成立4个组,对基层单位的安全生产制度、隐患源、隐患整改等31项内容进行检查、当场反馈、提出建议、限时整改。在忻阜高速事故、天津爆炸事故发生后,结合汛期特征,召开业务工作会议进行专项部署,要求各单位要将客货危化运输管理、桥梁隧道、公路排水安全监督作为重点开展有效监督。

【案件监督】 2015年,临汾市交通运输执法局依托提升监督案件数量与质量,严肃评比,严格考核,推进监督工作发展。坚持案件通报制度、讲评制度、交接制度、评查制度,每月底对各单位案件的办理情况进行排队通报,每季度对各单位办理的案件案卷评查通报,每季度开展监督业务汇报及业务讲评,定时定期地"通报、评查、汇报、讲评",解决遇到的各类难题和问题,提升监督能力和水平。全年办理行政监督案件141件,其中执法监督案件120件,治超监督案件12件,安全生产监督案件9件。被省局评为优秀案件4件。

【执法评议考核】 2015年,临汾市交通运输执法局强化跟踪监督,确保评议考核成效。完成对运城市交通运输系统的执法评议考核。针对第八组评议考核组反馈的意见,组织安排相关分局对高速公路、公路局和交通局行政执法工作中存在的问题,进行专项跟踪监督,巩固执法评议的成果。

【审计监督】 2015年,临汾市交通运输执法局强化监督落实,规范财务资金的管理和使用。完成临汾高速公司临汾收费站扩容工程竣工决算审计;参加省局组织的预算资金使用和津补贴发放情况专项检查;聘请临汾信誉审计事务所对机关和洪洞分局弱电系统工程进行竣工决算审计;对全局银行账户开设情况进行审计调查;完成省厅组织的银行账户开设情况审计调查和省局组织的交叉审计任务;对公路分局霍侯一级公路路面改造工程和隰县至大宁段改建工程进行竣工决算审计。

"德润平阳,共筑梦想"演讲预选

(郭 旗)

快递物流

【概述】 2015年,临汾市快递业保持较快发展势头。全年临汾市邮政行业业务收入完成3.81亿元,同比增长13.56%;业务总量完成3.62亿元,同比增长13.67%。其中,全市快递业务量完成509.55万件,同比增长40.96%;快递业务收入完成0.83亿元,同比增长30.94%。"双十一"期间,全市快件总进出港量213.50万件,同比增长64.23%;单日最高进出港量20.59万件,同比增长

105.9%,创历史新高。

2015年,临汾辖区内形成覆盖城乡的邮政快递服务网络体系。在邮政普遍服务领域,随着41个"补白"局所投入运营,全市邮政网点数161个,其中城市网点53个,乡镇网点108个,基本满足群众日常用邮需求。改善建制村通邮情况,全市2972个建制村中98.18%实现直接通邮,其中,全年新建村邮站145个,普惠邮政建设持续推进。在快递市场方面,临汾快递品牌增加到27个,快递网点数810个,其中许可企业16个,备案网点数332个,农村代办点478个。全市114个乡镇实现快递网点覆盖,快递下乡覆盖率83.2%。

【安全生产责任体系建设】 2015年,临汾局明确工作思路,健全工作方法。抓好安全生产监管工作,提出"三个覆盖四个落实"为核心的安全生产责任体系建设框架。"三个覆盖",坚持市县乡三级企业主体责任全覆盖、从业人员岗位责任全覆盖和政府监管责任全覆盖,通过"三个覆盖"真正实现安全生产监管横向到边,纵向到底,不留死角,不留隐患;"四个落实":实现年度安全生产责任落实、旺季安全生产责任落实、重大会议和活动期间邮路安保责任落实以及突发事件应急处置责任落实。

【综合治理】 2015年,临汾局联合综治办、公安、国安、工商、交通、海关等部门成立寄递安全领导小组,全面建立联席会议、信息交流制度,寄递渠道联合监管机制初步建立。10月,临汾局联合市综治办下发《临汾市集中开展寄递渠道清理整顿专项行动的工作方案》(临市综治办〔2015〕27号)文件,强化寄递渠道安保。12月,临汾局与市公安局联合印发《关于加强寄递安全管理 严查严控危爆物品的通告》,强化实名收寄落实,维护行业稳定。

【执法监管】 2015年,临汾局对全市邮政、快递企业进行全网覆盖检查,累计检查687次,出动检查人数1718人次,对全市332个快递网点、161个邮政网点进行摸底排查。全年下达责令改正通知书346份、立案24起,停业整顿企业两家,罚没款金额5万元,整治违反安全生产法律法规企业,改善安全生产环境。

【面单销毁工作】 2015年,临汾局加强寄递服务信息安全监管,组织开展2015年度面单集中销毁工作。本次销毁活动主要包括EMS、申通、中通、圆通、百世汇通、韵达、天天等9家快递公司,面单超400万份,总重4.94吨。此次销毁活动规模、数量比2014年首次销毁工作有所增长,面单销毁管理逐步实现常态化。

【突发事件应急预案演练】 2015年"两会"前夕,临汾局组织开展一次为期10天的专项应急演练活动,18家快递品牌演练21场次,参演人数占从业人数70%,演练类型涵盖消防、危险化学品处置、应急救援、交通运输、人员密集场所疏散救援等多个项目,达到检验应急预案质量、磨合队伍机制、提升实战能力的目的。11月,临汾局以火灾救援和危险化学品泄漏为背景,联合市公安局民爆物品管理支队和消防支队开展专题培训,组织应急演练,提升行业应急管理水平。

【"两整"规范市场秩序】 2015年,临汾局依法开展拉网式排查,历时7个月,深入市、县、乡三级企业网点482家,基本实现重点企业和网点全覆盖。立案查处霍州韵达野蛮分拣问题,罚款1万元,责令整改。加快推进备案审批进程,备案企业由69家增加为178家,网点备案率81%。

【企业"三化"建设】 2015年,临汾市网点"三化"率显著提升,82%的企业完成三化整改,以圆通妈妈店为代表的标准化门店陆续投入运营。安全生产设备配置标准显著提高,80%网点配备高清摄像头、达标灭火器、烟雾报警器、应急照明灯等安全设备。分拨中心建设呈现现代化发展趋势,平均面积均1000平方米以上,笼车、传送带等分拣设备齐全,分拣能力显著提升。

【快递下乡工程】 2015年,临汾局争取行业发展利好政策。年初,翼城县落实电子商务发展政策,支持引导快递企业下乡进村,推动农村电商发展。以翼城县韵达为代表的快递企业抓住有利时机,在2个乡镇开设农村电商服务站,为当地特色农产品进城搭建起平台。

【临钢快递建设】 2015年,临汾局立足实际,协助临钢转型,抓政策扶持,沟通上级主管部门,开辟行政许可"绿色通道",简化审批流程,缩短办结时效,为企业转型提供便利;协调公司管理层到省、市快递企业参观,组织主要快递企业上门开展培训,安排公司骨干到快递企业试岗学习,为临钢公司转型创造条件。5月30日,全省第二次快递业务员职业技能鉴定考试在临汾开考,临钢公司首批次报考521人。

无线电管理

【无线电频率使用情况核查】 2015年，临汾市管理局制定无线电频率使用情况核查专项活动实施方案，梳理各类无线电业务频率分配和指配文件，整理出频率分配文件4份，频率指配文件6份，将清理出的文件按照要求扫描后上报省局，按照频率数据模板表格标准录入频率指配信息，按时上报省局。开展大功率及重点无线电台站频率核查工作。按照省监测站对临汾辖区大功率及重点无线电台站频率监测核查出的问题，管理局派出7名工作人员，分成两个工作组，利用半个多月的时间，行程2000多公里，对全市15个县市的大功率及重点无线电台站频率核查整改工作。

【临汾民航800兆赫通信网建设】 2015年，临汾市管理局为保确临汾乔李机场800兆赫数字集群通信网在试飞前投入使用，4月20日陪同省局频管处对临汾乔李民航机场800兆赫数字集群设台进行实地检查，按照信息产业部《800兆赫数字集群通信频率台(站)管理规定》要求，省局频管与国家无委沟通，使800兆赫数字集群频段尽快得到批复，投入使用。

【协调临汾电视台调频广播迁移台址】 2015年，临汾市管理局收到临汾电视台塔儿山调频台迁移台址的申请后，与省局频管处和监测站联系，省局给予支持，省监测站对新选台址进行电磁环境测试，进行专家评审。

【取缔非法设台】 2015年，临汾市无线电管理局联合公安、广电等部门，查获无人值守黑广播2起案件，查获2套设备；联合公安部门查处无人值守伪基站案件2起，公安查获设备2套；查处卫星电视干扰器案件2起，一起移交运城管理局处理，一起查处中干扰信号自行消失。

【排查处理侯马市高村卫星电视干扰】 2015年4月15日，管理局收到省局转发群众投诉，称侯马市高村乡的卫星电视无法正常收看，请求协查。管理局安排监测站进行排查。技术人员携带FSP30频谱仪及喇叭口天线赶赴干扰区域开始进行排查。将干扰信号锁定在运城市新绛县横桥乡政府院内的移动铁塔上。23日上午9时，局领导带领技术人员到达干扰现场，将该干扰器拆除，移交运城管理局处理。

【排查取缔“黑广播”】 2015年4月底，临汾市无线电管理局收到临汾市广播电视台举报，称在89.9兆赫、96.7兆赫存在非法广播信号，干扰其88.9兆赫、96.1兆赫正常节目播出，存在重大安全隐患。接到举报后，技术人员通过监听，96.7兆赫存在非法广播信号，其播出内容为低俗药品广告，播出时间为晚上20:00时至早上8:00时。5月6日上午9点40分会同公安、广电等部门领导和执法人员到达现场，对“黑广播”发射设备进行拆除。查获无证广播发射机一台、播放非法广告内容的定时播放器一部、天馈线一套。设备拆除后，非法广播信号消失。

【查处非法广播电台】 2015年8月中旬，临汾市监测站工作人员在日常监测中发现97.7兆赫出现一不明广播信号，该广播全天24小时循环播放医药广告。市电视台向管理局投诉，称其调频广播受到不明信号干扰。技术人员通过将监测数据与数据库比对，确定该电台为非法广播电台。8月20日，管理局联合市广播电视台、公安局等相关部门工作人员到达现场，对该非法广播电台进行拆除、取缔，现场查获广播发射设备一套。

在临汾一中高考考点进行无线电监测和巡查

【考试保障】 2015 年,临汾市管理局完成各类考试保障 18 次,参加人员 130 人次、出动车辆 21 车次、动用各类无线电监测设备 67 台/套、发现作弊信号 2 个、查获作弊设备 6 套。做好 2015 年在高考期间宣传报道工作,与新闻媒体取得联系,临汾电视台、《临汾日报》和《临汾晚报》等媒体的记者全程报道高考期间无线电安全保障工作情况,在临汾新闻、直播临汾、光明网、人民网、《临汾日报》《临汾晚报》进行刊发。

10 月 17 至 18 日,2015 年全国执业药师资格考试在山西师范大学现代文理学院、临汾解放路学校、临汾市南街小学进行。全国执业药师资格考试在临汾是第一次设考点,有 6084 名考生参加考试,保障人员严密监测,17 日下午 4 时多在师大文理学院保障时发现 1150.12 兆赫频点有一语音作弊信号出现,18 日上午开考一小时,师大文理学院 1150.12 兆赫作弊信号再次出现,技术人员在该校东西两侧查获 4 套无人值守作弊设备,在解放路学校门口东报亭查获 1150.12 兆赫无人值守作弊设备 2 套。

【无线电科普知识进校园】 2015 年 3 月 11 日下午,临汾市管理局在山西师大临汾学院实验楼前举行无线电科普教育基地挂牌启动仪式,临汾学院全体物理系、化学系师生和市无管局全体同志 300 余人参加。此次活动标志着要在校园中普及无线电知识,使广大青少年认识无线电、了解无线电、学习无线电,支持无线电管理工作。

【业余电台管理】 2015 年 5 月 5 日,临汾市管理局组织业余无线电爱好者举办“5·5 业余无线电爱好者应急通信演练”活动。本次活动从临汾华门出发,20 余名业余爱好者及媒体工作人员分别乘坐 8 辆越野车,到达海拔 1890.8 米姑射山顶,选择地形,摆放电台,架设天线,调试设备,进行通联。此次活动与全国各地的 20 多个业余爱好者进行通联。

【全国无线电测向公开赛(山西站)】 2015 年 10 月 24 日至 25 日,山西师范大学临汾学院派出 7 名队员参加短 2 米波段、短 80 米波段、快速测向 3 个项目的角逐,取得优异成绩。通过两天激烈的竞赛,同学们体验国家级的比赛,学习无线电测向的比赛规则,掌握比赛的程序,夺得优异成绩。荣获 13 个奖项,包括一等奖 2 个;二等奖 4 个;三等奖 4 个;团体二等奖 2 个;获得全国无线电运动竞赛体育道德风尚奖,被评为山西省无线电科普基地测向比赛优秀组织奖。

(张利勇)

电信事业

【概述】 2015 年,临汾电信事业以 4G 业务、光宽带业务、ICT 业务为抓手,推进 4G 基站和驻地网建设,提高公司的网络质量和服务水平,改善收入结构,提升公司整体效益。全年运营收入完成 2.03 亿元;宽带用户 12 万户,在全市开通 100M 家庭宽带,宽带用户份额 19.3%,较 2014 年提升 2.6%;移动用户 18 万户,收入市场份额 7.97%,较 2014 年提升 0.41%,新增手机用户中,80%以上用户为 4G 智能手机。

【市场运营】 2015 年,临汾电信 4G 用户快速增长,15 年 4G 用户净增 4.9 万户,完成率全省排名第三。计费收入实现 U 型反转、份额提升 0.41%。4G 渗透率 26%,全省排名第二。移动业务户均流量 560M,较年初提升 319M,全省排名第一。以驻地网合作为主的宽带发展全面加速,完成净增目标的 158.3%,净增同比翻番、新增同比增长 68% ,份额提升 2.6%,全省排名第二。专线和电路发展迅速,净增量 339 条,完成全年任务 226%,全省排名第一。优化装维服务,推出“24 小时修障,超时双倍赔偿”与“零拒绝零退单”两项服务,通过服务差异化,提升电信宽带的口碑。推进创新业务,翼支付、天翼流量 800、天翼客服、添益宝、易信公众号粉丝、居家养老等新业务发展得到突破,电信翼支付业务,在全市陆续展开。

【渠道建设】 2015 年,临汾电信优化营业厅运营模式,改善厅内、外环境。自有营业厅改外包模式为店长承包模式。关停整体运营能力较差的 6 个营业厅,根据自有厅布局,新建 3 处自营厅。提升店面形象，改善厅内整体环境，营业厅门头、背景墙等统一更换。推进社会渠道建设，加大社会渠道的规范管理，提升社会渠道的营销和服务能力，让农村用户得到更便利、更优质的服务，2015 年，通过驻地网建设的推进，乡镇渠道建设得到快速发展，电信营业网点覆盖所有乡镇。

【服务提升】 2015 年，临汾电信坚持“用户至上、用心服务”的服务理念，参与政风行风建设和信息化建设，以客户为中心，规范服务流程、创新服务模式、健全服务体系、提高服务效能，打造服务贴心、经营规范、通信安全的良好企业形象。开展宽带端到端速率体验，提升用户感知，通过网上问卷调查、端到端现场体验、预约客户上门指导等方式，为用户提供便捷服务，提升用户感知。开展“五优”服务，从优质网络服务、优质业务服务、优质渠道服务、优质终端服务、优质关怀服务等 5 个客户关键感知点推进 17 个主要工作举措的落地执行。开展服务互联网转型活动，推广“微信客服”，方便用户快捷办理缴费、查询等业务。从窗口服务、网络质量、业务需求等方面开展宽带、移动用户满意度回访，了解用户需求，改进服务。聚焦热点投诉，严抓预警机制，多维度督促、管控，快速解决用户投诉。

【网络建设与运营】 2015 年，临汾电信推进通信工程建设，增强网络支撑能力。加大移动网建设，2015 年新增 3G 基站 40 个，累计 1063 个；新建 4G 基站 741 个，17 个县（市）城区覆盖率 90%以上。加快光网建设，全年宽带新增覆盖住户 307804 户，新增配线 154098 线（其中驻地网区域新增覆盖 267519 户，新增配线 133644 线；自建区域新增覆盖 40285 户，新增配线 20454 线）；完成 ADSL 宽带覆盖小区光网改造 46560 户，LAN 覆盖小区提速 25726 端口；接应常规专线 500 余条，扩容端口 45408 线，新建配线 246590 线，新建分光器端口 73280 线，端口数 43.74 万个。

夯实网络运营基础，加强环节管控，提高网络维护水平和用户感知。开展 4G 网络优化工作，提高高速、高铁、国道、省道、居民小区等网络质量。加快新建驻地网的网络优化工作，提高乡镇区域的网络质量，提升乡镇用户的感知。紧抓公司运维部门和代维单位的管理，通过技能认证、业务培训、制定各项管理制度、规范各项操作流程和网络指标与薪酬挂钩等，提升网络维护水平、网络维护的动力和责任心。制定临汾电信应急预案，组织实地演练，检验预案的可实施性，提高应急人员的现场处置能力，按照演练结果，完善预案，完成 2015 年的各项通信保障任务。

（王连宝）

联合通信

【概述】 2015 年，临汾市联通公司贯彻落实省公司的各项战略部署，加快发展步伐，创新服务机制，提升支撑能力，夯实基础管理，各项重点工作都取得新的进展。

【核心业务发展】 2015 年，临汾市联通公司核心业务量质并重发展，终端合约销售占比16.19%，销售量全省排名第二；10M 以上宽带渗透率达到 60.35%；移动业务存量收入保有率 82.79%，全省排名第二。其中 4G 业务存量收入保有率 84.95%，全省排名第二；3G 业务存量收入保有率 79.55%，全省排名第二；2G 存量收入保有率 90.37%，全省排名第二。创新流量精细化营销，试点开通“增值业务助销系统”和“流量大数据平台”，营业窗口部署 200 台支撑 APP 软件下载的“WO＋LAN”盒子，升级微信公众号功能，组织定向流量包销售活动。4G 全市户均流量 406.5MB，全省排名第三。支撑临汾市信息化建设。2015 年 11 月 25 日，临汾市人民政府与山西联通签订《“互联网＋”战略合作框架协议》，由临汾联通负责项目的具体实施。安排专项资金 2270 万元对平阳广场第一通信枢纽楼中心机房供电系统、安保设施、出口带宽进行升级改造，经临汾市人民政府同意后，拟作为临汾市云计算中心机房使用。成立“智慧城市项目支撑团队”，为临汾市“智慧城市”项目建设提供全方位、一站式综合支撑。

【网络能力和运营水平】 2015 年，临汾市联通公司加大重点工程建设力度，提升网络支撑能力。移动网络方面，加大4G基站的建设力度，室内分布系统建设，4G基站新建入网1002个；3G基站新建入网1011个。固网方面，完成全光网络建设。光改专项行动中，全年改造宽带用户13.4万户，单语音用户16.26万户，新建宽带能力22.01万线。新建主干光缆网1574公里，基站接入光缆2712公里。夯实网络运营基础，提高网络维护水平。优化22个OLT上行中继带宽至10G，升级34个接入交换机至10GE；完成10个县IP网核心设备替换升级；利用替换的21个原2G基站设备补充至弱覆盖、无覆盖区域；IP城域网直接接入国家IP骨干网出口总带宽扩容至320G。构建大服务机制，创新管理举措；强化部门协同成立服务质量委员会；启动岗位体验服务流程穿越活动，促进前后台互动；打造96169宽带专家品牌优势；落实宽带无条件受理工作；建立网络质量投诉常态化分析制度；以投诉管控为抓手，促进短板改进；以俱乐部活动为载体，丰富维系手段，提升客户感知；借助行风评议平台，强化营业窗口服务管理，提升企业形象。

【企业基础管理】 2015年，临汾市联通公司推进最小基层责任单元改革创新，提升企业核心竞争力；强化管理，推进企业健康规范运营。严格落实用户实名登记和“黑卡”治理专项行动。开展“改进工作作风”专项行动。实施员工关爱工程，推进员工创新项目建设；建立兴趣小组。根据员工的文体爱好，成立体育、书画、摄影等兴趣小组，陶冶员工情操，丰富业余生活；成立职工小组。

（张　凯）

移动通信

【概述】 2015年，临汾移动分公司坚持发展与管理并重，保持发展定力，坚持问题导向，牢固树立“四要”，探索“十匹配”，生产经营稳中有进。“稳”的主要标志是：“两大份额”保持优势区位。用户稳，通信用户份额72.68%，好于全省平均水平；收入稳，通服收入同比增幅2.02%，好于全省平均水平；收入份额61.97%，较2014年底提升1.14%。“进”的总体特征是：发展的协调性和可持续性增强。收入结构有新改善，无线上网收入占收比提升8.97%。网络结构有新优化，2G网超忙、超闲比例合理下降，提升4G网各项性能指标，扭转宽带网接入能力。核心业务有新突破，4G用户普及率居全省第二；宽带用户净增增幅和10M宽带用户占比全省第一。发展质量有新提升，中高端客户占比33.7%；净利润率36.4%。社会责任有新贡献，开展实名制管控及黑卡治理，加大新型伪基站监测和联合打击力度，落实扶贫任务，持续开展志愿活动等。

【4G网络】 2015年，临汾移动分公司紧盯市场需求和用户感知，加快建站，抓紧优化，提高4G网的综合覆盖率。市区、县城、乡镇覆盖率均在98%以上，保持相对领先优势；农村区域中60%的行政村实现有效覆盖，境内重要交通干线及A级景区实现良好覆盖，覆盖率95%以上，保持适度领先优势；重要热点、室内覆盖的覆盖率95%以上，保持绝对领先优势。4G驻留比91%。

【4G用户规模扩大】 2015年，临汾移动分公司紧抓4G发展关键环节，阶段性重点推进，4G用户规模快速扩增。通过灵活的策略，促进4G终端销售、提高4G终端转化率，通过严格的质量考核提高4G终端留存率。通过“全民换卡”夯实4G用户增长基础，4G卡普及率88%，居全省首位。4G客户79万户。

【改善4G用户感知】 2015年，临汾移动分公司坚持按月开展“为民服务、创先争优”客户接待日活动，按季开展“六项服务承诺”主题传播活动，收集、解决用户直接反映的问题，完善服务举措，提升客户体验，营造更优的4G服务氛围。通过网络侧的数据分析，开展端到端优化。4G网平均下载速率超40Mbps。4G客户资费套餐满意度排名全省第3位。

【市场经营】 2015年，临汾移动分公司坚定贯彻省公司部署，围绕“四大市场”，落实“八项举措”。持续夯存量。坚持深耕特定新增市场，开展全网用户分层营销等举措，通信净增份额100%，离网率

1.3%；中高端客户净增 2.5 万户。大力推宽带。建设改造力度提升接入能力，优化营销政策开展差异营销，宽带客户净增 2.9 万户，份额提升2.22%。培育数字化服务。推广贴合用户需求的数字化服务业务，数据业务付费且使用用户普及率17.49%，全省第三。

【集客价值经营】 2015 年，临汾移动分公司落地交警、人社、环保行业专线，永和、隰县天眼工程等一批重点信息化项目。成熟型产品以新增促保有，收入保有率 78.2%。抢占小微市场，着眼“一站式”需求解决，树立拳头产品，开展清单营销，新增小微集团收入居全省第二。把握新兴业务，以北斗导航、移动执法为切入点，物联网、流量业务实现规模突破。通过落地智慧林业、综治终端，推进 4G 迁转，集团成员 4G 渗透率由 9.5%提升至34.9%。

【营销服务】 2015 年，临汾移动分公司紧抓实体渠道的销售力和掌控力。推广 CRM 智能客户端、快扫等工具的使用。把控业务发展质量，4G 终端留存率由年初的 77.3%提升至 92.7%。终端售后物流延时由年初的 50.4%降至 2%。顺应移动互联网发展，推广电子渠道，手厅客户端装机客户 27.7 万户，月均活跃客户 7.8 万；官微粉丝 54.2 万，受理业务 325.3 万笔。坚持客户服务例会制度，开展投诉专题分析，优化业务管理流程，多部门协同解决焦点问题。通过大讲堂、专属俱乐部等举措，落实星级客户差异化服务项目，提升服务品质。

【提升网络能力】 2015 年，临汾移动分公司新建光缆 7810 公里。推进综合业务接入区建设，分纤点密度提升至 3.86 个/平方公里。管道覆盖率由年初的 65%提升至 71%。宏基站 PTN 覆盖率由年初的 90%提升至 96.5%，提升业务接入能力。加快 4G 建设进度，4G 基站占比由年初的 30.75%提升至 38.59%。2/3G 高流量小区的 4G 覆盖率 95.1%，分流比 75%。2G 网络“铺广摊平”，拆闲补盲调整，解决弱覆盖问题，保障语音质量。加快宽带网络改造，GPON 用户占比从年初的 20%提升至 51%。

【提升网络稳定性】 2015 年，临汾移动分公司优化传输网结构，开展口字型改造和拆环成环，市到县 OTN/PTN 组网结构达标率由年初的 6.25%提升至 50%。实施传输网专项健康检查，传输设备故障率从年初的 9.1%降至 6.7%，传输网稳定性大幅提升。加强维护管理，开展基站报废更新和标准化整治，全网小区退服降至 0.27%。

（张维汀）

城乡规划与建设

城乡规划

【概述】 2015年，临汾市规划局围绕“一带两圈多点”的城镇化布局和加快推进城镇化的部署要求，以改革创新为驱动，以统筹引导为抓手，推动新常态下城乡规划事业发展。全年先后组织配合举办第一届“猜灯谜・赏民俗・看展览”活动、“全市妇女文化创意产业手工艺品交易展”“中国流动科技馆临汾站巡展”“中国人民抗战胜利暨世界反法西斯胜利70周年”大型图片展、“大美临汾・我的家乡”征文活动等，宣传规划工作，提升规划参与水平。

临汾市规划展览馆举办世界反法西斯战争胜利暨中国人民抗日战争胜利70周年大型图片展

【城市规划】 2015年，临汾市规划局以新型城镇化为统领，科学规划城市空间发展体系，推进城乡一体化进程，发挥城乡规划的科学引领作用。2015年，临汾市规划局实施《临汾市城市总体规划(2009—2020)评估》。编制完成《临汾市城市地下管线综合规划》《临汾市2016年度规划年度实施计划》《汾河景区控制性详细规划》《临汾市滨河东、西路沿线交通规划专题研究》《临汾市中心城区公共停车场规划》。加强对各县(市、区)城乡规划工作的业务指导和技术支持，抽调专业技术力量配合市人大常委会开展《中华人民共和国城乡规划法》执法检查。

【指导城乡规划】 2015年，临汾市规划局督促完成古县整体城市设计；指导编制完成《侯马市地下管线综合规划》及《霍州市地下管线综合规划》；推进“多规合一”、城乡统筹，指导霍州市完成编制试点，为在县(市)层面开展“多规合一”实践提供基础。加快控规编制步伐，服务城市发展，县市平均控规覆盖率提升明显。在各县(市、区)中，有9个县(市、区)控规覆盖率达到100%。县市平均控规覆盖率达到70%以上，比省厅目标责任40%高出30个百分点以上。

【法治工作】 坚持法定职责必须为、法无授权不可为的原则，依法全面履行政府职能。2015年，临汾市规划局制定印发《临汾市规划局2015年“六五”普法工作计划》《临汾市规划局2015年依法行政工作计划》《“依法行政宣传月”活动实施方案》，提高依法行政的能力和水平，“六五”普法总结验收工作达到要求。

【规划审批】 2015年，临汾市规划局全面实施规划行政审批服务工作“两集中、两到位”，科学调整内设机构，成立规划审批科，对所有审批事项集中到大厅审批。

【规划监察】 2015年，临汾市规划局开展城乡规划专项整治及房地产领域专项整治，提高管理实效，维护城乡规划的权威性、严肃性。

【规划服务】 2015年，临汾市规划局按照“拉大框架、完善功能、提升品位、宜居宜业”的要求，采取“提前介入、主动服务”的方式，为临汾市15个市区城市建设重点项目开启重点工程审批“绿色通道”，实行并联审批。对与市政府签订合作项目和投资意向的专人负责、积极对接、特事特办；确保为项目建设提供优质、高效的规划服务。

【规划系统】 2015年，临汾市规划局建设完成临汾数字规划工程，主要包括规划一张图综合应用、移动一张图系统、公众查询平台。通过利用信息化技术，建立以规划“一书三证”业务审批为核心、以规划空间信息数据为基础、涵盖行政办公和档案管理等内容为一体的规划审批与信息管理系统，提高城乡规划管理水平与工作效率。

【法治工作】 2015年，临汾市规划局利用临汾市规划展览馆、各类新闻媒体的优势，及时报道城乡规划编制、项目选址、规划设计方案、规划管理的工作动态，提高城乡规划审批和实施过程的透明度。全年报送规划信息74条，上传规划网站新闻85条、规划法规17条、规划前沿信息26条、经验交流文章10篇，出动宣传车辆130余次，发放宣传单12000余份，规划展览馆接待大中小型参观团700余支、参观人数50000余人次。

（卢钰杰）

住房和城乡建设

【保障住房建设】 2015年，临汾市保障性住房新开工8001套，完成省定目标任务的107.77%；基本建成15164套，完成省定目标任务的102.46%。省政府下达任务后，住房和城乡建设局于6月召开全市保障性住房建设推进会，对各县(市、区)在保障性住房建设工作当中遇到的问题进行及时协调解决；7月下旬成立督查组，对各县(市、区)保障性住房建设情况进行专项督查；10月，组成检查组对17个县(市、区)及2个开发区新建项目和续建项目进行全面检查，查找存在问题的原因，要求各县(市、区)加大协调力度，加快手续办理，全面推进项目建设进度，确保完成年度目标任务。

【农村危房改造】 2015年，省政府下达临汾市农村危房改造任务共计为14020户，根据任务要求，全年全市共竣工14020户，完成年度目标任务的100%。5月，召集各县(市、区)住建局分管农村危房改造工作的副局长和科(股)长召开全市危房改造推进会，要求各县(市、区)加快工作进度，提高工作质量，确保保质保量按期完成省定目标任务。

【市政设施建设】 2015年，临汾市计划完成市政基础设施投资35亿元。全市开工各类市政基础设施建设项目417项，累计完成投资65.21亿，占目标任务的186.3%。全市新建城市道路131千米，完成目标任务的100.77%；改造城市道路70.9千米，完成目标任务的177.25%；新建城市供水管网79.1千米，完成目标任务的263.66%；新建供气管网171.3千米，完成目标任务的107.6%；新建供热管网154.5千米，完成目标任务的150.45%；新建污水管网108.3千米，完成目标任务的135.38%；新建雨水管网96.3千米，完成目标任务的120.38%；改造城市供水管网65.2千米，完成目标任务的163%；改造供气管网116.2千米，完成目标任务的129.11%；改造供热管网84.7千米，完成目标任务的108.88%；改造雨污合流排水管网132.94千米，完成目标任务的102.3%。

市区启动实施一大批城市道路建设及市政基础设施建设工程，其中，北城壕西段防汛排水及道路工程、中大街南段工程竣工通车；西赵路西段道路工程、河西规划三街南段道路工程按期完工；锣鼓大桥西延、规划三街北段、西赵路东段等道路改造及新建工程，完成年度建设任务。

第一污水处理厂新貌

全市加强建成的污水处理厂、生活垃圾处理场的运营监管，推进安泽县、曲沃县、翼城县等3座生活垃圾无害化处理场建设。曲沃县垃圾处理场工程建成投入试运营；翼城县垃圾处理场工程一期工程具备运营条件；安泽县垃圾处理场工程填埋二区建成投入使用。

截至2015年底，全市城市(含县城)污水处理率达到86.5%；污水再生利用率达到20.14%；城市(含县城)供水普及率达到99.17%;集中供热普及率达到79.04%;燃气普及率达到88.31%;人均城市道路面积达到12.84平方米。

【行业市场监管】 2015年,临汾市开展建筑市场和房地产领域专项整治工作。先后召开专项整治动员大会、落实建设工程项目监管责任暨依法行政培训会,对建筑行业和房地产市场专项整治工作进行安排部署。

在全市范围内共排查摸底358个建设工程项目,其中,未招先建项目106个,占比29.6%;未办理质量安全监督注册手续项目89个,占比24.69;未取得施工许可证擅自施工项目99个,占比27.7%;未竣工验收交付使用的项目50个,占比14%。市区101个项目中,未招先建项目35个,占比34.7%;未办理质量安全监督注册手续项目42个,占比41.6%;未取得施工许可证擅自施工项目45个,占比44.6%;未竣工验收的项目44个,占比43.6%,对排查出的违法行为依法进行处理。

排查房地产开发企业75家,项目95个,项目总投资483.53亿元,总建筑面积1418.31万平方米;排查房地产经纪机构24家,从业人数72人,其中具有从业资格证17人,占比23.61%;排查物业服务企业55家,物业小区92个,从业人数2124人,其中具有从业资格证718人,占比33.8%,对房地产市场136例违法违规行为进行处理。

【建筑节能监管】 2015年,临汾市实施既有居住建筑节能改造面积20万平方米。按照建筑节能应用推广要求,强制在新建居住建筑12层以下及高层逆12层以及有热水需求的公共建筑强制推广太阳能热水系统应用,全年全市新设计节能建筑466个,建筑面积457.56万平方米,太阳能应用面积246.18万平方米,应用比例达到53.8%。全年全市新建政府投资公益性建筑52个,建筑面积13.36万平方米,大型公建6个,建筑面积24.58万平方米,全部按照绿色建筑设计标准设计,执行率达到100%。新增二星级绿色建筑标识项目1个(滀汾花园D区1#、2#、3#楼),建筑面积8.99万平方米。

【园林绿化管理】 2015年,临汾市(含县城)完成绿地面积162.07万平方米,绿地率增加0.88个百分点,达到33.36%;完成绿化覆盖面积168.04万平方米,绿化覆盖率增加0.9个百分点,达到36.51%;人均公共绿地面积达到9.83平方米。市区完成绿地面积22.9万平方米,绿地率增加0.42个百分点,达到34.37%;完成绿化覆盖面积22.9万平方米,绿化覆盖率增加0.43个百分点,达到37.79%;人均公共绿地面积达到10.45平方米。

2015年,市区鼓楼东大街、洪洞县恒富中大街、乡宁县迎旭大街3条街道被评为山西省容貌示范街道,市区景观大道、侯马市中心街、霍州市前进路、蒲县滨河大道、古县相如路5条街道被评为山西省城市保洁示范街道,市区南外环69号公厕、隰县鼓楼公厕、曲沃县晋都公园公厕、蒲县平安公园公厕、襄汾县桥西街公厕5座公厕被评为山西省城市星级公厕。

【乡村清洁工程】 2015年,临汾市县两级共落实乡村清洁配套资金9903.7万元,其中市本级4770万元,各县(市、区)5133.7万元。按照省政府的要求和标准,全市配备保洁员9647名,监管员2666名;配备发放小型垃圾桶66.14万个,17马力三轮垃圾清运车661台,28马力三轮垃圾清运车1044台。经县级自查,全市共785个村庄达到省定验收标准,全市共建设22座垃圾中转站、373座垃圾处置点。各县(市、区)均编制完成农村生活垃圾转运站、处置点建设规划。

【乡村清洁宣传】 2015年,临汾市乡村清洁宣传深入人心。广泛宣传、营造氛围。市县乡村层层宣传发动,通过广播、悬挂横幅、张贴标语、发放倡议书、刷写固定标语等形式,为乡村清洁工作营造浓厚的舆论氛围,使乡村清洁工程深入人心。典型引路示范带动。自乡村清洁工程开展以来,重视先进典范的示范带动作用,重点发现和宣传在乡村清洁工程中涌现出的典型和标杆。针对个别村庄资金少、任务重的现状,积极创新工作思路,以形式多样、卓有成效方式引导农村群众关注乡村清洁、参与乡村清洁、主动维护乡村清洁成果。

【市容环卫管理】 2015年,临汾市在市容市貌整治方面,按照“一规划、二控制、三规范、四清理”的思路,开展综合整治。“一规划”就是按照疏堵结合的思路,对早市、夜市、固定摊点设置进行研究,提出具体的设置规划,在市区初步规划2100余个摊位,设置“放心早餐工程”摊点72个;各县(市、区)也都根据自身实际,对摊点设置进行规范。“二控制”就是严格控制早、夜市出收摊时间,控制固定摊点数量和范围，对不在规划地点设置的摊点进行取缔。“三规范”就是规范临街各类广告牌匾、灯饰以及临街围栏。“四清理”就是清理店外经营、店外摆放、清理流动商贩、清理张贴涂写刻画的小广告。全年全市户外广告拆除整改11700余块；临街牌匾拆除整改28500余块；更新油饰公用设施19000余处；美化临街工地围栏整改625处、19万余平方米，装修临街外立面1800余处、52万余平方米；粉刷各类墙面61200余处、920万余平方米。

在环境卫生方面，实行早7:00至晚9:00无缝隙管理，开展夜间垃圾小堆专项治理。印制发放“市民环卫联系卡”，签订《沿街餐饮门店环境卫生责任书》，提高市民环卫意识。开展暴露垃圾整治活动，规范修建垃圾站点，引导居民按照规定的时间、地点倾倒生活垃圾，垃圾收运车辆日产日清，及时收运。推行沿街门店清运压缩车巡回收集、小区单位桶装收集、垃圾压缩转运站收集、小街小巷保洁车五种垃圾收集方式。推进垃圾处理产业园区和垃圾焚烧发电、餐厨垃圾处理项目。

（李焕超）

市政公用事业

【概述】 临汾市市政公用局是隶属于市住建局的副县级事业单位，担负着市政建设、设施管理、行业监管等职能。主要负责市区铁路以西、向阳路以南城市主次干道及附属设施的新建、改造；负责市区铁路以西、向阳路以南城市道路、排水、立交桥、广场、照明亮化等设施的管理与维护；负责市区规划范围内的供水、排水、节水、污水处理及城市防汛工作；负责市区集中供热和城市燃气行业的监管。

【市政工作】 2015年，临汾市区共新建城市供水管网8千米，改造城市供水管网7.5千米；新建雨水管网6千米；煤气公司敷设城市供气管网32.477千米，改造城市供气管网11.465千米；新增路灯428盏、节能改造路灯7700盏；城市道路补坑4096平方米；城市防洪清淤1908方，新增城市集中供热面积60.6万平方米。天然气置换人工煤气工程全面完成，累计置换管线400千米，置换居民用户10.4万余户，营福用户953户。燃气普及率达到99.5%。市污水处理厂8万吨改扩建项目基本完成，其中5万吨系列建成投入运行，3万吨系列正进行设备单机调试和生物池等主要单元的曝气调试，污水处理能力由原先的5.5万吨/日提升至8万吨/日，年减排COD 1341吨、减排氨氮587.06吨。出水水质达国家一级A类排放标准；总投资7400万元的集中供热过河管工程建成投入使用，打通市区供热主管网跨汾河的瓶颈，东城区300万平方米的热用户彻底告别“锅炉燃煤取暖”的历史。城市地下管线普查工作走在全省前列，地下管线信息中心基本建成。龙祠净水厂改扩建工程、河西第三污水处理厂、西赵路东段、市区畅通工程、数字城管一期工程等民生项目快速推进，市第四污水处理厂、市污泥处置中心、市应急水源工程、东王净水厂等项目正加紧项目前期论证和融资工作。工程全部完工后，临汾市综合承载力和区域中心辐射带动效应必将扩大和提升。

【市政公用服务】 2015年，临汾市政服务推出“一个窗口受理，一次性告知、一条龙服务、一站式办结”的“四个一”模式。简化办事环节，提高办事效率，有针对性地开展便民为民服务活动。

广场管理处推出创建舒心广场、打造文化广场、构建平安广场“三个广场”特色服务活动。便民服务活动从提供公共阅报栏、衣帽架、音响设备存放场所到设置文明公约、提供医药急救箱等，拉近与市民距离，提升窗口服务形象，受到群众的一致好评。

市自来水公司引深“三不停水“三免一代”等特色服务，24小时受理市民投诉举报和咨询，抢救及时率达到100%。

路灯管理所推出以“安全、绿色、亮丽城市照明环境”为核心的文明创建活动，市区主干道着灯率达98%以上，设施完好率达98%以上，维修及时率达100%。通过系列活动，百姓得到实实在在的好处，一个“便民、为民、利民”的市政公用服务品牌初步确立。

（常志刚）

城市供水

【经济指标完成情况】 2015年,临汾市自来水公司计划产量2425万吨,实际完成2479万吨;年计划销售收入6732万元,实际完成7130万元;漏失率年计划13.2%,实际完成12.8%;回收率年计划95.5%,实际完成97.8%。

【重点工作进展】 2015年,临汾市龙祠净水厂改扩建工程进行工程前期工作;应急水源工程的可研编制在进行中;公司通过国家住建部考核检查专家组的规范化考核;公司文明和谐企业创建工作通过市直工委文明办的验收。

【市政公用目标责任制】 新建管网8千米,实际完成8.5千米;改造管网10千米,实际完成7.5千米。由于资金短缺,还有2.5千米没有完成。全年出厂水水质综合合格率100%;管网水水质合格率100%。供水普及率达98%。全年没有发生重大安全事故。

【管网建设】2015年,临汾市自来水公司先后完成北城壕西段道路改造、西赵路、建设北路、规划三街等10项城市建设工程。新增供水管网8.5千米;改造供水管网7.51千米;户表改造430户。

净水厂更换阀门

【设备设施维护】 2015年,临汾市自来水公司完成313、847、907高压供电线路检修;DN700出水中断门及泵房8趟出水管路更新;净水厂离线洗膜机的调试运行;D型滤池反冲洗阀门更新;二氧化氯、次氯酸钠加药改造;净水厂8台供水机组及出水阀门改造。

【水质监测】 2015年,临汾市自来水公司完成实验室资质认定及扩项评审工作,认证项目由原来的50项增加到现在的57项。全年出厂水水质综合合格率为100%,管网水水质综合合格率为100%。

【计量检测】 2015年,临汾市自来水公司完成新表首检1万多块;平阳大桥DN400流量计、土门纳滤进水DN250流量计的安装调试;4台分区流量计的安装;年度机械水表、超声波水表及远传水表的招标工作;协助古县、襄汾自来水公司进行DN200以上流量计流量检测工作。

【二次供水管理】 2015年,临汾市自来水公司普查二次供水用户328户;清洗二次供水蓄水池106个;下发《二次供水安全管理通知书》247份;起草《临汾市市区二次供水管理办法》。

【安全生产】 2015年5月,临汾市自来水公司组织供水突发事件应急演练;8月至9月按上级主管部门工作要求,每天上报《安全生产零报表》;落实《安全生产大检查活动实施方案》,公司安排班子成员交叉带队去各部门进行安全生产检查;9月3日制定阅兵期间防恐维稳安全生产工作实施方案及安保措施;10月28日,在净水厂开展防恐安保应急演练、危化应急演练、事故停电应急演练、救生及心肺复苏应急演练以及消防安全为主题的供水事故综合应急演练;11月23日,向公司各单位下发《关于加强安全生产管理的通知》,对2016年元旦春节期间的安全工作进行安排部署。

【社会服务】 2015年,临汾市自来水公司落实"零障碍"服务承诺,推行"一窗式"受理、"一站式"服务,确保"进一个门,找一个人"完成接水报装业务的办理;全年新增205户(其中出户改造79户),新增水表263块;涉及户名变更、水价变更、地址变更730份;受理用户申请161份;组织勘查160户;组织验收96户;受理热线服务9000余次,水费查询正确率100%;合同签订率100%;归档完整率100%。

【帮扶工作】 2015年,临汾市自来水公司组织干部职工参与对汾西县和平镇沟西村的帮扶活动,筹集3000元的学习用品、过冬衣物380多件、书籍500余册。

(唐满丰)

城市供气

【概述】 截至2015年底，临汾市民用户总计112740户，其中天然气用户109230户，焦炉煤气用户3510户；新增民用户5205户，其中焦炉煤气332户，天然气4873户；工福用户987户，其中煤气用户29户，天然气用户958户；新增工福户77户，其中煤气8户，天然气69户。全年焦炉煤气供气量7380万立方米，天然气供气量2660万立方米。全年分5个批次开展天然气置换工作，共计置换燃气输配管道400公里，置换居民用户6.5万余户，营福用户670户。全年共计新建燃气管线23.07千米，共计投资2996.82万元，完成天然气引气线、临钢供气专线、西赵路、北城壕、东外环线等路段中压管线敷设；全年完成燃气管网改造256处，其中引入管改造115处，庭院管线改造128处，外线改造13处，改造中低压管线17.6千米。

【天然气置换情况】 2015年3月6日，临汾市第一批天然气置换工作开始实施，置换区域为中压管线：解放路水厂十字至平阳广场中压主管线、低压区域：北城壕以南、贡院街以北等。共117个小区311栋居民楼，共计10537户居民用户，111户营福用户。

3月20日，2015年第二批天然气置换工作开始实施，置换区域为迎宾大道平阳大桥西至南外环DN400中压管线、秦蜀路至司法巷口DN200中压管线、南外环至平阳南街DN300中压管线、福利巷DN200中压管线。低压区域：南外环以北、益民路、司法巷以南、五一东路、木材巷、平阳南街以东、以西低压管线等。共99个小区321栋居民楼，共计13993户居民用户，146户营福用户。

4月10日，2015年第三批天然气置换工作开始实施，置换区域为五一东路DN300中压管线、迎春南街DN300中压管线、贡院东街DN200中压管线、平阳南街中段DN300中压管线、低压区域：煤化巷、贡院东街、东关花园等低压管线等，共28个小区131栋居民楼，共计4453户居民用户，53户营福用户。

4月24日，2015年第四批天然气置换工作开始实施，置换区域为五一西路DN300中压管线双线、五一路DN300中压管线、五一西路十字至秦蜀路司法巷口DN200阀门处、低压区域：司法巷、五一路、印染巷、体育南街低压管线等，共81个小区279栋居民楼，共计12994户居民用户，132户营福用户。

5月14日，2015年第五批天然气置换工作开始实施，置换区域为中压管线：鼓楼西大街DN200中压管道；鼓楼东大街DN300中压管线；东关街DN300中压管线；迎春街DN300中压管线；解放东路DN300、DN200中压管线、二中压DN300中压管线；北外环DN300中压管线；临浮路DN300中压管线；华州路DN400中压管线、低压区域：迎春北街、解放东路、临浮路等，共131个小区515栋居民楼，共计23007户居民用户，228户营福用户。

（辛玉贤）

城市供暖

【概述】 2015年，临汾市区新增集中供热面积60.6万平方米，包括郭村、交警支队、临汾宾馆、御景小区、同盛学校、正基小镇、西华公馆、水云间、供电局等。实现新建管网8.9千米，改造管网4.7千米。新建管网主要有：北城壕、规划三街、中央花苑、工商局12315、铁路文化宫、秦蜀南延、滨河东路辅路、西赵路、博浩源大街、交警支队、河汾五路、育仁小区、电业局、水云间、西华公馆、规划七路、西荣阁、果品小区等。

【技术研发与应用】 2015年，临汾市热力供应有限公司荣获三项国家专利：《临汾热力二级能源管理系统》《临汾热力计量管理系统》《临汾热力二次网调控管理系统》。自控系统升级：对能源监控中心各系统的软件进行升级更新，新站添加EB8000，完善数据，改进画面，对170多个视频进行重新规整；增加地下室换热站泄水报警系统；补水站投入全自动系统，包括全自动补水、液位自动调整和自动报警三项功能，推进安全保障工作智能化。新技术应用：空气源热泵及分布式供热技术案例测试分析初步形成结论，2015年采暖期实践改进，根据收集数据，进行研究论证。二次管网调控系统应用：针对二次管网调控管理，选择煤运站作为改造试点,进行软件优化、细调节及数据采集工作。更新地理信息系统:启用及时更新地理信息系统数据,完成供热管线地理信息2011年控制点现场的勘查工作;完成供热管线地理信息部分测绘工作(东关路控制点、鼓楼北控制点、北城壕西段一网工程绝对坐标、长话局站、科干小区站及滨河东路辅路一网绝对坐标);完成2015年新建各管线、管道附件、阀门井、换热站的地理位置信息整理工作。

【设置用户温度监测点】 2015年,临汾市热力供应有限公司设置400余个用户温度实时自动监测点,根据用户室温变化进行精细化的温控调节,科学调度,确保用户室温达到18±2度,实现节能降耗,为用户提供安全、稳定、高效的供热服务。

【打击违规用热行为】 2015年,临汾市热力供应有限公司以站为单位展开对各站面积及用户违规用热装置进行核实排查,发现私装热水煲、热水龙头现象,严厉拆除,印发传单,做好用户安全用热、依法用热宣传工作。全年共拆除违章设施183个。

【建立采暖期运行参数基础数据库】 2015年,临汾市建立采暖期运行参数基础数据库。数据统计分析:每天统计发布换热站运行耗热、耗水、耗电参数,每10天对12个中心站的能耗情况进行一次全面对比分析,结合各类建筑能耗参数形成数据分析报告,为调度运行提供有力的细化量化调节依据。温度记录:详细记录采暖期间每日气温参数,形成档案,为采暖期同期参数比较积累原始数据。热源热耗分析:及时跟进天气温度的变化对当天热耗进行分析。无线测温仪:超出正常范围内测温仪数据统计,每天核对温度采集仪超限用户,向连续超限的站长反馈,以便运行人员及时调节。耗水分析:详细记录补水站的补水记录,结合各换热站当天失水数据,分析比对一网管道失水量,为一网排除漏点提供数据支持。

【运行安全】 2015年,临汾市热力供应有限公司制定2015—2016年采暖季运行调度方案,有计划、有步骤地实施一网启运工作和运行管理工作;11月6日起每日召开运行调度例会,及时处理运行问题;与大唐热电、临汾热电沟通,对一二网压力、温度进行科学调节,保障供热安全稳定;修改完善应急抢险工作预案,健全应急队伍建设,除专业抢险队24小时待命外,设立应急抢险小分队,分为两个梯队,第一、二梯队站长各10人,运行人员各30名,随时应对可能发生各种突发状况。

市住房和城乡建设局局长宿青平一行视察供热运行情况

【面积分户与面积核查】 2015年,临汾市区累计完成分户面积统计1119万平方米,普查面积1324万平方米,核实面积有争议用户面积2976.66平方米。

【检修维护】 2015年,临汾市根据《2015年度检修方案》,全面开展设施设备维修改造和隐患排查工作,按照"计划、实施、验收"三个阶段进行,对供热设备进行全面检修保养。运行检修:安装平衡阀144个;安装锁闭阀1236个;控制阀229个;保养水泵70台;清理除污器338台;清理换热器122台;打压机组105个。自控检修:站内自控设备及监控系统维护240台,变频器安装除潮装置19个,变频器除尘保养194台。电气检修:检修保养179座换热站(244个机组)、5座补水站电气设备;安装16座换热站电气设备;检修44台自备变压器及低压综合配电箱;制作完成动力配电柜15台;完成新站17个机组的电气安装、设备调试、程序调试、通讯调试。其他检修维护工程:贡院西街一网改造79米;完成183个换热站的站内保温和80个补偿器的保温;投用法院站、五一西站等6台混水机组;完成煤运站173个全平衡阀加装工作,为煤运站作为二次能源管理系统试点做好运行准备工作;地暖与暖气片分开控制改造工程完成小区2个;更换一网阀门22个;安装锣鼓桥4S店DN800热计量表1台;水泵加装、站内刷漆除锈、路面硬化修复、制定积水坑钢板盖、一网压力表更换、安装补水表、软连接更换、泄水阀更换、一补二加装阀门、一网管道防腐处理、换热站危房改造、旧路维修等其他工程。9月10日起对所有检修工作进行全面验收，确保11月15日供热安全启运。

【建立微信公众平台】 2015年，临汾市热力供应有限公司推广微信公众平台，共计发布信息40余篇，关注用户由6月的145人增加至12月的1025人；实行后勤标准化管理，为员工提供舒适安全的工作环境。

污水处理

【概述】 2015年，临汾市污水处理厂改扩建工程分为两个系列：系列一为5万吨/日新建工程及配套管网工程，系列二为3万吨/日改造工程。2013年5月开工建设，完成处理规模8万吨/日、出水水质达国家排放标准一级A类的主要建设目标。

系列一：新建5万吨/日工程及配套管网工程，于2014年底建成。2015年4月底进行系统进水调试，5月调试出水达标试运行，7月通过环保减排验收，每日处理量可达6万吨左右。现达标运行6个月。

系列二：3万吨/日的改造，截至2015年12月底，完成全部土建主体工程建设。设备安装及厂内管道、电气等工程亦基本完成，正在进行设备的单机调试工作。生物池等主要单元正在进行曝气调试，为系统进水调试做好准备工作。

第一污水处理厂改扩建工程施工

【减排任务】 2015年5月，临汾市污水处理厂完成新建5万吨/日工程达标出水任务。污水处理能力由原先的5.5万吨/日提升至6万吨/日，预计2016年可实现COD减排量增加1341吨、氨氮减排量增加587.06吨。

【安全生产】 2015年，临汾市污水处理厂将原先的氧化沟生产工艺升级为AAO工艺，自动化控制水平得到提高，增添新设备，对一线职工的操作要求需要提升。对全厂职工进行新工艺知识讲座和新设备安全操作培训，制定严格的操作规章制度。建立健全各项安全生产预案，将安全责任层层分解，做到人人知责，人人尽责。

【在线监测设备管理】 2015年，污水处理厂从硬件和软件两方面进行合理调整。硬件方面，对所有的仪器进行年度计量检定，保证仪器设备处于正常状态；软件方面，每月对化验人员按项目进行盲样考核，提高化验水平和操作技能。根据生产工艺需求，合理调整水质采样点位，分析项目和频次。通过一系列的措施，化验分析操作规范，监测数据真实可靠，为工艺调控提供可靠依据。

【台账管理】 2015年，临汾市污水处理厂做到月统计，月分析，月归档。建立完善的污染减排台账，实行污染减排周报表，由专人负责每周按时填报；每月月初组织各科室人员集中对上月污染减排台账资料进行审核完善，安排专人对数据进行统计，汇总。按照环保及住建部门要求，在规定时间对每月生产运行数据、污泥处置情况及污染减排情况等数据进行网络填报，确保数据填报真实、及时、有效，建立一套科学、规范、实用的减排台账，为污染减排提供基础数据支撑。

（张　华）

园林绿化

【启动国家园林城市创建】 2014年12月22日，临汾市荣膺省级园林城市称号，在此基础上园林局，把启动国家园林城市创建作为2015年工作的重中之重。按照国家园林城市标准要求，结合临汾市实际情况，研究制定《创建国家园林城市实施方案》，2015年10月，市政府办公厅印发《实施方案》,明确工作目标、主要任务、创建要求,成立创建领导机构,创建国家园林城市正式启动。

【动物园升级改造】 2015 年 11 月 9 日,临汾市政府常务会议通过动物园融资方式和改造规划方案,改造后的动物园将成为集野生动物保护、科普教育、休闲娱乐等功能为一体的群众性精神文化场所,成为临汾市一张靓丽的城市名片。

【绿化提质】 2015 年,临汾市园林局在具备条件的绿地中,通过铺设汀步,放置亭台、座椅等休憩设施,完善绿地功能,满足市民的游憩需要。主要对军分区门前和向阳路老干部门前绿地进行改造。

【城市园林彩化】 2015 年,临汾市园林局在西关桥、平阳桥、滨河南路口、市委门口等节点地段摆放花箱 500 余个,吊装花盆 1000 余盆,在五一西路、鼓楼西街、向阳西路等地段栽植大量藤本月季,使百姓从“五一”到“十一”都能看到鲜艳的草本花卉,愉悦百姓心情,丰富城市色彩。

彩虹桥彩化

【执法监察】 2015 年,临汾市园林局对各类损毁绿地行为依法严查重罚,共计巡查项目工地 98 个,巡查项目工地 732 余次;处理交通事故、施工建设损绿毁绿案件 24 起;减少随意破坏绿地行为的发生。通过走上街头、深入工地等办法,加大绿化相关法律法规宣传力度,提高全民爱绿护绿意识,保护绿化建设成果。

【党员进社区活动】 2015 年,临汾市园林局开展党员进社区活动,特别是结合全局工作实际和单位、小区园林绿化建设技术薄弱的现状,开展“园林服务进社区”活动,由局技术骨干组成服务队,深入各单位和住宅小区,进行技术咨询和指导服务,推动单位、小区园林绿化建设工作。

【精准扶贫】 2015 年,临汾市园林局多次专门研究,深入扶贫村了解村情,进入家户了解村民生活现状,在调查研究的基础上,制定五年扶贫规划和当年扶贫计划,以精神扶贫和物质扶贫相结合,分阶段、有重点地制定扶贫具体措施,制定每个阶段扶贫活动主题。深入扶贫村开展“迎新春. 送温暖”慰问活动,为村民现场书写春联,对困难户送去米面油和慰问金,使困难群众感受到党和政府的温暖。

(刘文龙)

房地产管理

【概述】 临汾市房地产管理局系原县级临汾市房地产管理局于 2002 年上划组建,属市住建局下属二级局,自收自支事业编制(2002 年批复内设科室 8 个,编制 30 人),副处级建制。全局现有干部职工 297 人。其中,在职 202 人,离退休 95 人。全局共有科室及下属单位 23 个。其中,内设科室 10 个(8 个在编、2 个无编制),即:办公室、人事教育科、计划财务科、市场管理科、住房保障科、开发建设科、物业监管科、装饰修缮科、党办(监察室)、基建办。下属单位 13 个(12 个无编制、1 个科级在编并受双重管理),即:公租房管理中心、房屋登记中心、房地产勘测中心、房地产监察大队、档案室、房地产信息服务中心、房地产经纪事务所、房屋租赁事务所、住宅专项维修资金管理中心、南城房管所、东城房管所、北城房管所、企业所。

主要承担市区住房保障、房屋交易登记、房地产市场监管、物业管理市场监管及公租房管理等五大块行政管理职能。

2015 年,通过简化审批环节、取消部分审批前置条件,鼓励开发建设单位加大投资力度。市区全年商品房开发项目完成投资总额约 83 亿元,占目标任务 45 亿元的 184%。

【房地产市场监管】 2015 年,临汾市房产局对市区 75 家开发企业、111 个开发项目(含在建 70 个、拟建 8 个、竣工 33 个)进行全面排查摸底,建立房地产开发项目台账,实现在建房地产开发项目

100%全覆盖;完成对58家房地产开发企业资质动态考核及信用评价工作;出台《市区房地产市场执法责任与项目划分制度》,对市区在建在售房地产开发项目进行责任划分,通过日常巡查、重点督查、明察暗访相结合的方式,完善商品房销售监督检查工作机制。

【资质管理】 培育落实临汾市五洲房地产开发有限公司升级为一级开发资质;培育落实临汾市金洋州房地产开发有限公司升级为二级开发资质。

【处置信访涉诉案件】 2015年,临汾市房产局共接受信访案件22个、市长热线转办属房产局职责范围内的投诉案件共166件,全部回复处理。

【基本住房保障和供应体系建设】 2015年,临汾市房产局规范保障性住房管理、分配。依照规定5%比例要求普通商品房项目配建保障性住房;加强棚改项目初审。2015年北城壕沟棚改项目进入前期征地拆迁阶段;要求新建商品房项目按比例配建公租房。报请市政府拟通过购买库存商品房方式增加公租房供应;拟定上报《临汾市区公共租赁住房管理办法》待批。按照《临汾市区保障住房申报核准"三限"规定》《临汾市区公(廉)租住房退出管理实施办法(试行)》等规定,通过"一申、三核、两公示、外加一比对"的程序加强和规范保障房分配和管理。

【保障性住房建设】 2015年,临汾市房产局共落实保障性住房2774套,占目标任务的110%。其中:太原铁路局临汾路东花园项目落实经适房1000套;北城壕西段棚改项目落实棚改房1204套;"漪汾花园"D6#楼公租房项目落实296套;商品房项目配建落实274套;基本建成3245套,占目标任务的186%;完成投资8.4亿元,占目标任务的101%。

【廉租住房】 2015年,临汾市房产局廉租住房保障家庭合计1966户。其中:实物配租1892户(分配720户),租金补贴74户。审核新申报材料112份,核准落实廉租住房保障家庭91户。完成1155户保障家庭的年度核准工作。完成720户实物配租家庭的核准证审验及租住合同续签工作。执行年度核准退出制度,以入户走访等方式核准退出193户。

2015年向1246户廉租住房保障家庭发放租金补贴共计438万元,全部足额发放到户。

惠民小区进行廉租房分配

【经济适用住房】 2015年,临汾市房产局审核申报材料135份,核准落实经济适用住房保障家庭103户。9月24日举行第九批经济适用住房认购公开摇号仪式,确定选房顺序号在各新闻媒体公布,10月11日在"漪汾花园"销售中心按照《临汾市经济适用住房认购与廉租住房分配实施方案》进行公开认购及选房工作。截至年底经济适用房申报核准2499户。认购2321户,累计核退75户。按相关要求,备案经适房合同310份。

【限价商品住房】 2015年,临汾市房产局审核申报材料35份,核准落实限价商品住房保障家庭27户。9月24日举行第四批限价商品住房认购公开摇号仪式,确定选房顺序号在各新闻媒体公布,10月13日在"漪汾花园"销售中心按照《临汾市经济适用住房认购与廉租住房分配实施方案》进行公开认购及选房工作。截至2015年底,限价商品房申报核准200户。其中认购157户,放弃32户。

【房地产开发管理】 2015年,临汾市房产局对58家房地产开发企业申报的资质材料进行初审上报市住建局;对19家房地产开发企业申报的预售材料进行初审上报,预售面积共计129.5万平方米、10692套。其中住宅面积108.2万平方米、9278套,商业面积21.3万平方米、1414套;对58家房地产开发企业进行资质动态考核的初审工作,上报市住建局;全面开展商品房预售资金监管工作,截至2015年底,对19个商品房预售项目实施监管,累计监管133.7万平方米、监管资金106亿元。

【房地产中介管理】 2015年,临汾市房产局受理房地产经纪机构备案5起。对市区5家三级以上的房地产估价机构的企业动态考核及信用评价的资料进行初审。

【物业服务监管】 2015年,临汾市房产局对18家物业服务企业的资质到期换证申请进行初审;对27家新设物业服务企业的资质申请进行初审;对三星凤凰府、育人花苑、悦汇广场、天鹅现代花园、荣华世家、祥宇龙居、德馨园等18个项目通过前期招投标选聘物业服务企业进行监督、指导;监督指导德和阳关尚都小区成立业主委员会;对75家物业服务企业进行资质动态考核的初审工作,上报市住建局;全年共归集专项维修资金4983.33万元;处理市长热线198件、业主投诉51件,答复人大提案1件、政协提案2件,信访回复3件。

【房地产市场监管】 2015年,临汾市房产局根据省住建厅《全省房地产开发管理突出问题专项整治工作方案》、市住建局《临汾市房地产开发管理突出问题专项整治工作方案》及有关会议精神,3月18日对市区房地产开发交易、中介服务、物业管理市场进行全面排查。共排查房地产开发企业75家、项目92个;房地产经纪机构24家;物业服务企业55家,物业小区92个。

全年共对执法检查中发现的58例违法违规行为进行立案审批,下发责令改正通知书58份,行政处罚陈述、申辩权告知书36份,行政处罚听政告知书36份,行政处罚决定书30份,有效规范市区房地产市场秩序。

【房屋登记及档案管理】 2015年,临汾市房产局共办结各类房屋权属登记9851件。其中,初始登记42件;转移登记1929件;变更登记83件;抵押登记719件;补证登记33件;预告登记6661件;更正2件;注销登记382件;接收司法机关协助查封554件,受理查询咨询9000余件。

按照规范化、标准化指导整理各类档案9105卷。其中:住房保障科档案306卷,房屋登记中心档案8799卷。完成房屋登记中心档案扫描修改97卷次。清理保存到期应注销档案2620卷。出具个人首次购房证明12484份、唯一住房证明148份,出具查询报告5888份。

【房地产勘测】 2015年,临汾市房产局完善GPS测绘基站工作系统,执行分丘图测绘完善执行测绘面积交检制度,提高工作质量和工作效率。全年测量楼盘125幢,总建筑面积190万平方米,分丘图22幅。建立测绘质量责任追究和限时办结制度,使测绘人员工作责任心和工作效率提高;新建房屋楼盘表即时完结,房屋编号有序进行;房屋测绘具体实施细则调研工作完成,职工整体素质得到提高。

【房地产信息服务】 2015年,临汾市房产局共签订楼盘(销售)信息入网协议25份,备案合同8264套、99.13万平方米,备案率100%;出具个人商品房销售合同网上备案证明713份;接收法院查封文书58起,解封9起。完成“二手房资金监管子系统”调试上线运行。

【直管公房管理】 2015年,临汾市区共有直管公房465处、28599.48平方米。其中:楼房244处、16627.97平方米,平房221处、11971.51平方米。采取排查、巡检、集中改造等方式确保群众生命财产安全,对危旧公房及时修缮改造,排除安全隐患。完善公房安全监管和应急处置制度。

【农村定点帮扶】 2015年,临汾市房产局协调水利局等相关单位,争取专项资金与村委自筹部分资金,解决人畜吃水、农业灌溉问题。局里从工作经费中挤出5万元用于该项目。由山西省第五地质工程勘察院承接的“一村一井”探定报告完成;从办公经费中节约有限资金为神沟村张香琳等六位贫困大学生捐出助学金2.2万余元和六个拉杆箱,保障贫困大学生在经济上顺利完成学业;协调由北京天昱朝阳安装工程有限公司承接,总投资74万元的光伏发电项目安装完毕,共安装1.65平方米的光伏板393块,装机总容量为100千瓦,并网后即可发电。派出40名党员干部,对神沟村贫困户进行一对多帮扶。

(郭海强)

环境保护

环境治理

【概述】 2015年，临汾全市环保系统以创建国家级环保模范城为抓手，全面贯彻实施新《环保法》，污染减排任务提前超额完成，大气、水、土壤“三大治理战役”取得阶段性成效，在全省第一家签署厅市合作战略协议，推行环境网格化监管，超额完成各项考核指标和目标任务。市局再次荣获“山西省五一劳动奖状”，成功通过省级文明单位验收，完成“六权治本”试点工作。

【主要考核指标完成情况】 2015年，临汾市环保局承担政府目标责任考核指标第22项“完成“4+2”主要污染物年度减排任务”和第33项“可吸入颗粒物(PM10)、细颗粒物(PM2.5)年均浓度比2013年下降6.25%和12.5%”两项任务。全市化学需氧量降幅2.34%、氨氮降幅1.48%、二氧化硫降幅1.98%、氮氧化物降幅4.65%、烟尘降幅1.23%、工业粉尘降幅1.25%，(省政府下达的年度考核指标要求分别为1.87%、1.17%、1.55%、3.69%、0.25%和0.5%)。

截至2015年底，临汾市区二级以上天数为266天，比2014年同期增加26天，其中一级天数52天，同比增加11天。(数据未经省环境监测中心站审核)

临汾市区环境空气中细颗粒物(PM2.5)浓度均值为0.059毫克/立方米，与2013年同期相比，下降21.3%；可吸入颗粒物(PM10)浓度均值为0.089毫克/立方米，与2013年同期相比，下降8.25%。

【大气污染防治】 2015年，临汾市环保局协调组织大气污染防治指挥部组成单位和有关工作人员，赴河北省石家庄市考察学习大气污染防治先进经验，结合临汾市实际，组织开展七个大气污染治理工程：1.工业企业污染治理。强化焦化、电力等重点行业提标升级改造，截至12月底，有5家焦化、3家电力完成改造任务，其余在建设中。加快市区污染企业退城步伐，临钢除中板车间外的其他生产设施永久关停，华翔铸造彻底完成搬迁。2.城市煤烟污染治理。加快推进城市人居环境改善，全面完成市区主城区和周边155平方千米营业性锅炉清洁能源改造任务，未雨绸缪、冬病夏治，投资1亿元将市区5679户居民燃煤炉具替换为清洁环保炉。建立3个供煤点，从购买、运输、存贮、使用4个环节控制煤质。3.建筑施工工地污染治理。在2014年“5个100%”的基础上，和住建部门联合深化建筑施工工地环保管理，对部分施工工地安装监控设备。4.道路二次扬尘污染治理。对市区3条主干道进行改造，市环保、住建、交警建立联合执法机制，重点对混凝土企业和特种运输车辆进行专项整治。5.限制烟花爆竹燃放。市委市政府发文禁止机关事业单位购买燃放烟花爆竹，环保局和市委宣传部等9部门联合发出不放烟花爆竹倡议书，在市电视台滚动播出50余次。与2014年同期相比，市区烟花爆竹燃放明显减少。6.机动车尾气治理。投资484万元建设机动车尾气检测监控系统及平台，正在设备调试和现场端建设。开展黄标车淘汰和机动车限行工作，全年共淘汰黄标车、老旧车5303辆，提前一个月完成省下达4003辆的任务。7.加大雾霾重污染天气应对力度。投资439万元建成重污染天气预报预警平台，与市气象局建立完善联合会商和应急预警机制。按规定及时发布7次雾霾预警，采取相对应工作措施,消减PM2.5峰值。

【改善水环境质量】 1.抓治理项目。对汾河沿线5个县市生活污水处理厂和3个工业污水处理厂实施深度处理升级改造。市第一污水处理厂、侯马污水处理厂提质扩容工程全面投运,市第三污水处理厂开工建设。2.抓联防联控。市县两级环保、住建部门建立生活污水处理厂和汾河排污口联合执法及月商机制,加强对水环境监管。3.抓考核倒逼。严格实施跨界断面考核全覆盖,汾河、涝洰河、浍河、沁河、昕水河等重点河流水质持续好转。4.抓计划编制。按照"水十条"有关要求,完成水污染防治工作方案编制,向社会公布并报省政府备案。5.抓水源地监管。投资500万元用于龙祠水源地环境综合整治,生态美化、泉域封闭工程全面启动。6.抓示范工程。投资600余万元组织实施汾河市区段水质治理改善示范工程,处理后的景观水水质由地表水劣五类提高到四类标准。

【主要污染物减排】 2015年,临汾市根据实际,以节能减排财政政策综合示范城市示范项目为载体,做到"三个加强"全面推进污染减排。1.加强管理减排。减排工作领导组定期召开联席会议,调度、督查、指导减排工作。2.加强工程减排。加快节能减排综合示范项目的实施。第一批5大类16个项目中,7个建成投运,5个正在建设,其余4个正在办理前期手续。3.加强农业减排。市政府将全市畜禽养殖污染治理项目列入政府投资计划,以奖代补,投入500万元用于养殖企业污染治理。

【农村环境保护】 1.推进农村生活污水防治项目工程建设。投资3834万元完成全市35个农村生活污水项目,共铺设66.2145千米生活污水管网和建设2处生活污水处理设施。2.开展农村环境综合整治目标责任考核。完成2011、2012年农村环境连片整治示范项目的验收。3.开展环境优美乡镇创建工作,建成9个省级生态村。4.全面推进矿山生态环境恢复治理工作。5.完成生物多样性调查及环境敏感区域调查,启动全市生态红线划定工作。

【环保宣传教育】 2015年,临汾市环保局在环保宣教上注重"三个更加":主题更加明确。"6·5"环境宣传月期间,确定"守望绿水青山,共建美好家园"的宣传主题,明确新《环保法》《大气十条》《水十条》、厅市合作协议、环保模范城创建工作等5项宣传重点。形式更加多样。举办市环保局首届新闻发布会、全市环保系统新《环保法》知识竞赛和演讲比赛、新媒体宣传新《环保法》等全新形式的宣教活动。范围更加拓宽。引深"环保六进"活动,和市总工会、团市委、教育局等9家单位联合开展临汾市环境保护奖评选活动,表彰命名"十佳环保卫士""十佳环保人物""十佳绿色企业"和"十佳绿色学校",提升环保工作影响力。

【环境执法监管】 2015年,临汾市环保局开展新《环保法》、新《大气法》学习培训。培训覆盖市县乡三级党政领导和有关部门主要负责人,对全市环境监察执法人员进行3轮培训。出台全市环保责任网格化监管实施意见,规范具有环保监管职责的有关部门尽职履责。实施环保移动执法系统项目建设。开展环境保护大检查活动,按照有关规定科学处置违法违规项目。和市检察院、市公安局联合开展打击各种环境违法犯罪"铁腕斩污"专项行动,全市全年共出动环境监察人员4855人次,检查企业6251家(次),全部建立一企一档。共立案查处环境违法行为369起,移交公安5起,关停取缔违法企业31家。保持对环境违法行为的"零容忍"。

【环境保护奖评选活动】 2015年,临汾市环保局为表彰、奖励在临汾市环境保护事业中做出突出贡献的个人和单位,更是激发社会各界关心、关注、支持、参与环保工作的热情,加快全市生态文明建设步伐。市环保局联合市总工会、团市委、市妇联、临汾日报社、市广播电视台、市教育局、市司法局、市文明办等9家单位共同组织开展了临汾市环境保护奖评选活动,经过基层推荐、专家评审,评选领导小组审核,最后产生出"十佳环保人物""十佳环保卫士""十佳绿色企业""十佳绿色学校"等。

(宜卫华)

附：

·获奖情况·

十佳环保人物：

张连水，山西琪尔康翅果生物制品有限公司、乡宁县云丘山旅游开发有限责任公司董事长；

孟庆文，山西大唐国际临汾热电有限责任公司副总经理；

毕润成，山西师范大学现代文理学院院长；

李九林，山西长林环保机械设备有限公司董事长；

张天福，立恒集团总经理、党委副书记、纪委书记；

杨　璟，临汾市广播电视台总编室主任；

高红生，临汾日报社副总编；

吕海涛，临汾美利达自行车俱乐部负责人；

屈朝阳；吉县市容环卫监察大队队长；

郑宝玉，安利（中国）日用品有限公司临汾分公司市高级主任，安利临汾志愿者服务队负责人；

十佳环保卫士

侯庆林，临汾市环保局办公室主任；

成周明，霍州市环保局支部书记；

支跃平，古县环保局支部书记；

李晓锋，市环境监控中心主任，高级工程师、硕士；

马　波，侯马市环保局环境监察大队长；

李　强，尧都区环保局环境监察大队副大队长；

高　虎，永和县环保局副局长；

常志毅，曲沃县环境保护局综合股股长；

侯　翼，翼城县环境监察大队副大队长兼环保专项行动办公室主任；

高旭永，洪洞县环境保护监测站站长；

十佳绿色企业

山西兆光发电有限责任公司；

山西乡宁焦煤集团台头煤焦有限责任公司；

洪洞大槐树寻根祭祖园；

山西戎子酒庄有限公司；

山西北方风雷工业集团有限公司；

古县利达焦化有限公司；

襄汾县星原钢铁集团有限公司；

山西华翔集团有限公司；

临汾市中德农牧科技发展有限公司；

吉县朝晖果业专业合作社；

十佳绿色学校

临汾职业技术学院；

翼城三中；

侯马市高村乡中学；

汾西县双语学校；

浮山县文昌双语幼儿园；

安泽县冀氏中学；

蒲县高级中学；

大宁县第一中学；

襄汾高级中学；

隰县第四中学。

财政　税务

财　政

【概述】 2015年,全市财政部门以提高经济发展质量和效益为中心,以深化财政改革为主线,主动适应经济发展新常态,抓好收入,盘活存量,优化支出结构,保障改善民生,促进全市经济社会健康和谐发展。

【公共财政预算收入完成情况】 2015年,临汾市公共财政预算收入完成88.18亿元,为市定任务125.36亿元的70.34%,同比下降25.44%。

分系统看:国税系统完成11.83亿元,为全年预期目标17.45亿元的67.77%,同比下降19.95%;地税系统完成40.40亿元,为全年预期目标52.69亿元的76.68%,同比下降13.32%;财政系统完成35.95亿元,为全年预期目标55.22亿元的65.11%,同比下降36.79%。

分县(市、区)看:2015年,公共财政预算收入有2个县(市、区)实现同比增长,按增长排队分别为:永和县5399万元,同比增长22.57%;侯马市46558万元,同比增长6.23%。公共财政预算收入有17个县(市、区)同比减少,分别为:大宁县3300万元,同比减少6.20%;霍州市67018万元,同比减少6.99%;曲沃县27509万元,同比减少8.79%;侯马开发区11262万元,同比减少10.20%;吉县10495万元,同比减少12.69%;隰县8100万元,同比减少12.90%;蒲县76105万元,同比减少23.92%;尧都区116179万元,同比减少27.19%;翼城县32411万元,同比减少27.99%;临汾开发区17200万元,同比减少28.11%;乡宁县84487万元,同比减少34.62%;安泽县31027万元,同比减少36.46%;浮山县11604万元,同比减少41.49%;洪洞县65336万元,同比减少43.05%;襄汾县40006万元,同比减少46.42%;古县19617万元,同比减少58.96%;汾西县5564万元,同比减少60.42%。

【公共财政预算支出情况】 2015年,临汾市公共财政预算支出累计执行232760万元,为年度预算237377万元的98.06%,同比增长14.12%。重点支出中:教育累计支出515273万元,为调整预算的96.68%,同比增加23.66%;农林水事务累计支出381387万元,为调整预算的91.03%,同比增长20.08%;社会保障和就业累计支出481811万元,为调整预算的96.89%,同比增长19.84%,医疗卫生累计支出341875万元,为调整预算的97.08%,同比增长15.96%;科学技术累计支出9008万元,为调整预算的99.90%,同比下降35.30%。

【征收管理】 2015年,临汾市政府专门成立工作督导组,深入全市19个县(市、区)对财政收入进行督导。财政与国税、地税部门协调联动,建立"一财两税"旬碰头、月分析例会制度,加强沟通协调,强化分析研判,及时关注入库动态,紧盯收入进度,确保各项收入及时入库。坚持依法执收,落实税收政策,巩固清费立税成果,做到主体税种紧抓不放、地方小税不遗不漏、非税收入严格征缴、各项收入应收尽收。

【金融振兴】 2015年,临汾市财政局组建成立山西尧信融资再担保有限公司,注入资本金20.05亿元,成为全省最大、实力最强的政策性担保公司,强化对中小企业的融资担保功能;设立5000万元的"企业资金链应急周转保障资金"和1.56亿元的"企业应急周转互助资金",累计为41户企业,融资8.7亿元,帮助企业解决资金周转难题;完善财政奖补政策,支持5家企业挂牌上市成功融资。

【科技创新】 2015年,财政局制定出台《临汾市科技研发专项资金管理暂行办法》,规范科技研发专项资金管理,结束科技资金多头分散、碎片化管理的局面,促进全市科学技术全面发展;市级财政投入资金800万元,用于企业工业产品试制研发、

市财政局领导在浮山县调研太阳能光伏发电项目

【民营企业经济发展】 2015年，临当市财政局全面落实结构性减税、普遍性降费政策，共清理规范涉企收费项目4项，对小微企业免征收费5项，政府性基金项目停征2项，减轻企业负担，支持企业轻装上阵；争取省小微企业融资模式创新奖补资金1400万元，设立融资风险基金，为62户小微企业融资贷款1.9亿元，支持小微企业发展。

【学前教育优质普惠工程】 2015年，临汾市财政局投入资金1.8亿元，新改扩建标准化幼儿园城镇28所、农村36所。

【乡村医疗服务提质工程】 2015年，临汾市新农合财政补助标准由每人每年320元提高到380元；全面启动新农合大病保险赔付工作，共筹集资金7609万元，赔付6190余万元，有效缓解看病难、看病贵的问题。

【农业强基工程】 2015年，临汾市财政局及时兑现粮食直补、农资综合补贴、良种补贴、农业机械购置补贴等补助资金5.99亿元，投入农村公益事业“一事一议”财政奖补资金1.53亿元、农业综合开发资金2.12亿元，各项强农惠农政策得到全面落实。

【饮水安全工程】 2015年，临汾市财政局投入财政资金4130万元，用于支持各县（市、区）新建城市供水网；安排财政资金4624.6万元，改善和提高农村人口的饮水安全标准。

【城市综合整治工程】 2015年，临汾市财政局统筹各类财政资金4.64亿元，支持民航机场征地拆迁、新医院项目建设、景观大道及站前广场、北城墙保护修复工程、市区城中村燃煤清洁化改造等项目建设，其中专项安排资金1.36亿元，支持新购纯电动公交车223辆，实现市区主干线纯电动公交车全覆盖；安排财政资金2029万元对5.12万辆黄标车及老旧车提前淘汰予以财政奖励。

【就业创业援助工程】 2015年，临汾市财政局筹集小额贷款担保基金1000万元，鼓励创业人员及小微企业积极创业，吸纳就业。按照精准扶贫的要求，加大投入力度，支持全市精准帮扶、产业扶贫、金融扶贫、易地扶贫搬迁和整村推进等扶贫重点工程，累计投入资金2.3亿元，使8.9万贫困人口实现脱贫。安排资金4000万元，支持光伏扶贫工作，建成145个村级光伏电站，建设总规模达到134.5兆瓦。

【重点工程建设】 2015年，临汾市财政部门坚持多管齐下，抢占先机，创新融资模式，扩大融资规模，采取PPP、平台融资、租赁融资、抵押担保融资等多种融资模式，为市本级重点工程建设提供资金支持。全年统筹各类融资184.49亿元，其中国信证券有限公司融资30亿元，建设银行置换债券资金21亿元，政府性置换债券资金14.49亿元，企业债券资金65亿元，通过PPP模式成功为第一污水处理厂融资2亿元，通过抵押融资为博物馆、图书馆、体育馆、山西师大临汾学院整体搬迁等项目融资30亿元，通过融资租赁方式为市委党校整体搬迁项目融资2亿元，通过人大批准列入2015年后年度预算的办法，为全市6座立交桥融资20亿元。

【规范财政管理】 2015年，临汾市财政局推进全口径预算管理，公共财政预算、政府性基金预算得到细化，实行绩效管理，国有资本经营预算和社会保险基金预算逐步规范，政府预算体系完善。推进预决算公开，市本级及19个县（市、区）全部公开2015年公共财政收支预算和“三公”经费预算情况。加强财政结余结转资金管理，市本级累计收回调回总预算结余结转资金3.27亿元，全部用于民生项目建设。启动市级国库集中支付电子化管理试点工作，优化国库支付流程，提高资金运行效率。规范政府采购管理，编制政府采购预算，参加政府集中采购。全市19个县（市、区）和市本级全部完成权责发生制政府综合财务报告编制工作。

（郭新民）

国际资金管理

【贷款项目申报】 2015年,临汾市国际资金管理局共申报贷款项目5个。1.临汾海姿集团热电联产项目,申请利用中国清洁发展机制基金贷款6000万元;2.侯马热电联产供热工程项目,申请利用中国清洁发展机制基金贷款4700万元;3.古县利达焦化有限公司年产6万吨合成氨项目,申请利用中国发展机制基金贷款3000万元;4.临汾万鑫达焦化有限公司年产6万吨合成氨项目,申请利用中国清洁发展机制基金贷款5000万元。5.临汾第一人民医院利用以色列政府贷款2600万美元购置医疗设备项目。

【贷款项目监督管理】 2015年,临汾市与世界银行、亚洲开发银行、日本、奥地利、丹麦等外国政府进行合作引进贷款上项目达19个,引进外资14亿元。配合市审计局对单位经费账户进行审计;配合省审计厅对全市亚行贷款农业综合开发项目进行审计;及时、准确、完整编制各项目2014年度决算报表;对亚行贷款河川流域项目进行3次报账,报账金额1756万元;编制《临汾市政府外债危机应急预案》;对临汾市第一人民医院利用以色列政府贷款第一期引进医疗设备项目进行绩效评价;完成"三公经费"、会议费、培训费和差旅费专项检查工作;及时下达古县利达焦化有限公司年产10万吨甲醇项目2015年度清洁发展委托贷款贴息100万元;完成2015年权责发生制报表及地方政府外债统计报表工作。

【项目工程质量】 2015年,临汾市国际资金管理局实行项目现场实地清点等手段对永和、侯马的项目进行严格验收,予以报账。1.对永和县亚行河川流域项目18座红枣烤房、27.67公顷核桃栽植进行验收报账;2.对侯马市亚行河川流域项目3D养殖157户进行验收报账。

【贷款项目还贷付息】 2015年,临汾市还本付息7223.43万元(当年应还5270.88万元,历欠1952.55万元)。

【帮扶工作】 2015年,临汾市国际资金管理局扶贫点为古县岳阳镇段家垣村,全局14名党员干部深入帮扶对象家中,详细了解贫困户的基本情况、收入来源、生活中遇到的困难等,为精准扶贫掌握基础资料。帮段家垣村制定移民搬迁规划,寻找新的水源、修起村里文化活动广场,安装体育器材,建起文化长廊,派出党支部第一书记、传播文明、务实,传承党的优良传统。带领医疗队对全村村民免费诊病治病3次,受到村民们的欢迎和称赞。。

【对外宣传】 2015年,临汾市国际资金管理局采取多种宣传方式,多层次、多渠道,宣传利用外债贷款的意义,把贷款项目建设对全市经济和社会发展的重要作用向各级领导和社会各界讲清讲透,取得各级领导和社会各界的理解、支持,确保全市项目顺利实施和达标。将贷款项目的管理和服务有机结合在一起。

非税收入征管

【非税收入动态管理】 2015年,临汾市非税收入征收局严格政策规定,实行非税收入动态管理,做到源头控制,依法征收。截至2015年底,非税收入累计完成116487万元,其中纳入非税征缴系统的非税收入完成104269万元,通过非税征收窗口直接征收的非税收入12218万元。

【创新往来资金管理方式】 2015年,临汾市根据《临汾市级单位往来资金管理暂行办法》的规定,预算单位凡未通过财政零余额账户和单位零余额账户支付的资金,全部纳入往来专户统一管理。截至2015年底,往来资金专户累计收入15829万元,累计支出49763万元,累计结余247699万元(含上年净结余)。

【扶贫工作】 2015年,临汾市非税收入征收局的扶贫点调整为汾西县邢家要乡盈村。扶贫工作队先后驻村5次,帮助完成道路修复、太阳能安装、技术培训、北庄村整体移民搬迁工作等项目,在年底争取到"一事一议"资金10万元。在精准扶贫方面,对帮扶村严格按照省市规定程序确定392户贫困户,实施"一对多"的帮扶形式,与困难群众结对子。2015年7月9日,选派许金虎担任汾西县邢家要乡盈村第一书记,将其党组织关系转移到村支部,住到村上,带领扶贫工作队全力推进精准扶贫工作。

(鹿素芳)

国 税

【概述】 2015年，临汾市国税系统累计组织税收收入61.97亿元，占省计划79.24亿元的78.20%，短收17.27亿元。其中：地方级完成16.92亿元，占省计划22.45亿元的75.35%，短收5.53亿元；市县两级完成11.84亿元，占市计划16.63亿元的71.20%，短收4.79亿元。

【税收收入】 2015年，临汾市国税局先后组织开展商贸企业、交通运输业、二手车市场、水泥搅拌站等专项税收整治，共检查1775户，入库税款2645万元；在全市范围内分片逐户开展管户清查，共清查漏征漏管户2436户，月增加定额税款15.7万元。堵漏促收上，完成22批税收风险应对任务，累计评估入库税款1.3亿元；加大税务稽查力度，组织开展六大行业税收专项检查、30户重点税源企业检查，对17个案件进行重点稽查，开展联合惩戒，实行黑名单制度，上半年共检查各类纳税人180户，稽查查补收入9821.19万元，其中税8843.05万元，罚款619.46万元，滞纳金358.68万元。防欠保收上，强化欠税管理，实行分档监控、分类管理，实行欠税风险预警，将欠税清理纳入绩效考核，推行清欠问责制，依法采取扣押、查封、拍卖等税收保全措施，累计清理新欠14809万元，清理陈欠1159万元。

【税收分析】 2015年，临汾市国税与财政、地税配合，建立经济税收分析横向联动机制，利用发改委、煤炭、电力等部门涉税数据，探索建立全市税收深度分析数据库，按月编制《临汾国税收入专报》，按季形成《临汾财税收入情况报告》上报市委、市政府，主动为地方经济发展建言献策。市局4次召开全市税收形势分析会和组织收入工作专题会议，科学研判收入趋势，及时制定组织收入措施。实行市县两级纵向联动机制，分区域、点对点研究探讨税收管理的薄弱环节，找准着力点，寻找突破口，提高组织收入的针对性和有效性。

【依法行政】 2015年，临汾市国税局坚持把精简税务行政审批作为硬任务、硬指标，不讲条件，不讲困难，坚决贯彻落实。公开行政权力清单，主动接受社会监督。严格落实2014年以来取消和下放的行政审批项目，紧扣行政审批违规和滥用审批权问题开展专项整治，确保纳税人及时享受到改革红利。统筹清理进户执法项目，2015年，共拟定81项检查评估工作计划，进户检查项目比上年缩减27%。累计为31550户小微企业减免增值税6003万元，为1245户小型微利企业减免企业所得税260.1万元，实际受优惠面达100%；为26户出口企业退免税1.5亿元；为享受残疾人就业增值税优惠政策的17户企业退税442.75万元；为享受固定资产加速折旧税收优惠政策426户企业，减免税额197.75万元；为2户高新技术企业减免所得税额441.06万元。

【优化纳税服务】 2015年，临汾市国税局开展便民办税春风行动。实行“一窗通办”，增设车购税自助办税终端和24小时自助办税机，打破办税服务时间局限，实现税收业务全天候办理，提高办税效率。拓展免填单服务项目，免填单项目达到15项，受益纳税人达6200余户次。推广“e税客”手机客户端，全市近万户纳税人可以通过手机实现政策咨询、发票查验。与地税局合作举办“纳税人学堂”活动百余场；与6大银行机构沟通协调，推进“税银互动”，拓宽小微企业融资渠道，64户企业获得信用贷款6.4亿元。

【服务地方经济】 2015年，临汾市国税局重点制定《百里汾河新型经济带涉税服务的实施意见》，提出实施领导分类联系制度、税企联席会议制度、开展税收政策“即时送”活动，开通税收服务绿色通道、税银联合打造“税易贷”五条具体措施。制定《助推大众创业万众创新实施意见》和《支持民营企业发展实施意见》，以全面落实税收优惠政策为核心，建立税收优惠政策宣传机制、落实机制、督导机制、追究机制，服务地方经济发展。

【税源专业化管理】 2015年，临汾市国税局按照制度先行、强化管理、提高质效的思路，推进征管工作规范化。国税局研究制定《关于进一步落实税收风险应对任务监督管理的指导意见》《征管质量内部评价管理办法》《征管业务后续管理办法》和《纳税评估实施办法》，解决基础管理弱化以及基础管理、纳税评估、税务稽查衔接“空挡”。按照先易后难、逐步深化、全面拓展原则，同市地税局研究出台《关于合作开展业务通办的指导意见》，推行“前台融入、后台合作”的业务通办模式，将4项一般性业务和8项基础性工作纳入合作范围,探索实践国地税联合办税。

【干部队伍建设】 2015 年,临汾市在省税务干部学校组织 2 期税收风险评估培训、1 期纳税服务规范专题培训班,在西南财大组织全市业务骨干、执法标兵更新知识培训班,组织青年干部参加省局“5+1”青年干部成长计划,鼓励青年干部学理论、学业务、学技能,提升综合素质,全年共组织各级各类培训 14 期 680 人次。

【文明创建】 2015 年,临汾市国税局以支部为单位,成立 6 个志愿者服务队,主动开展税法宣传、结对助学、义务献血、业务植树、扶贫解困等公益活动,受到《中国妇女报》、精神文明网和地方党委政府的一致好评。向定点扶贫村派驻“第一书记”,全职帮助扶贫村脱贫致富。举办职工拔河比赛、纪念抗战胜利 70 周年经典诵读咏唱会等一系列活动,增强党组织凝聚力。2015 年,市局通过省级文明标兵单位验收。全系统有 1 个全国文明单位、1 个省级文明单位标兵、8 个省级文明单位、8 个省级青年文明号。

临汾市国税局开展捐资助学活动

(冯勋功)

地　　税

【概述】 2015 年,临汾市地税局树立“组织收入是税务人的天职”和“依法治税”的理念,强化 5 个方面的管理,即对重点税源的监控管理、对薄弱环节的探索管理、对欠税的依法管理、对纳税评估的质效管理、对稽查的指标和计划管理;开展 8 次全系统的促收攻坚战役,即开展对漏征漏管户的清查、入库税款 4002 万元;开展对企业所得税汇算清缴的督查、入库税款 5589 万元;开展对收入不达进度的 4 个单位的督查解剖、入库税款 3800 万元;开展对房地产纳税大户的评估工作、入库税款 3415 万元;开展煤炭资源税专项检查、清理欠税 673 万元;开展营业税全面清查,入库税款 1142 万元,全年入库营业税 21.4 亿元,实现税源清、税款清、欠税清、发票清;开展教育医疗机构税收政策执行情况督查、促进该行业税收管理的规范;开展对组织收入困难较大的 6 个单位的督查,促收作用明显。全年共组织各项收入 69.75 亿元,其中,税收收入完成 64 亿元,其他收入完成5.75亿元,一般公共预算收入完成 55.48 亿元,完成省局年初计划 67.29 亿元的 82.46%,完成进度全省地税系统排名第四。市县级收入完成 40.4 亿元,占全市财政收入 88 亿元的 45.82%,在临汾市一财两税中占比最大,降幅最小。

【法治建设】 2015 年,临汾市地税局推进“六权治本”工作,做好税收权力清单和行政审批改革,梳理 21 项行政职权,编制权力运行流程图和廉政风险监控图。受理办结全局首例行政复议案,依法组织首例行政处罚听证会,以此为契机,规范行政处罚程序。开展稽查执法案卷精细化评查,推进法治税务示范基地建设,组织政策法规类人才的选拔,组建人才库。强化对建筑业、房地产业、金融保险业、煤炭行业、重点工程、资本交易项目的检查,全年查补入库各项收入 2.37 亿元,占全局收入的 3.7%,全省排名第四,查处大要案 7 起,全省排名第二。健全政务管理各项制度,严格操作流程,使会议管理、经费收支、固定资产管理和政府采购等基础工作更加规范。

【税政研究】 2015 年,临汾市地税局开展营业税、煤炭资源税、印花税、城建税等多项调研,《城建税税率及范围亟需调整》科研成果荣获省政协优秀社情民意信息奖,被全国政协采用,报送至国务院及相关部门;建议用增值税发票替代资源税已税证明单的扣缴管理方案,得到省局重视。

【征管质量】 2015 年,临汾市地税局提高金税三期系统运维质量和效率,以征管绩效考核为抓手,利用自行编制的考核软件,定位问题、分析原因、限时整改,15 项征管指标 7 项达到满分成绩。

【风险管理】 2015 年,临汾市地税局依托风险管理平台,开展风险点识别推送和重点工程、定点联系企业风险管理工作，2015 年共分批下推 11 类 15000 多项税收风险点，完成纳税评估消除风险 9417 户，补缴税款滞纳金共计 9526 万元。

【纳税评估】 2015 年，临汾市地税局把纳税评估作为系列督查工作的方法，积累实战经验，规范评估程序，以评促管、以评促收的作用得到发挥。

【国地税协作】 落实征管规范和国地税合作规范，国地联合办税全面铺开，在深度融合上进行有益探索，合作举办纳税人学堂，进行纳税信用等级评定，开展联合税务稽查。

【税种管理】 2015 年，临汾市地税局全面推进煤炭资源税改革，开展涉煤收费清理；房产、土地底册更加细化，补录后房产底册增加税收 2500 余万元；所得税管理成绩斐然，企业汇算的规范性和准确率大幅提升，个人所得税明细申报率比上年提高一倍以上，年所得 12 万元以上自行申报的人数达 2783 人，超出省局计划 302 人。

【征管职能】 2015 年，临汾市地税局将市局直属一分局征收职能调整到尧都区地税局，赋予其大企业税收管理服务的新职能，与省局大企业管理实现对接。

【纳税服务】 2015 年，临汾市地税局"免填单""一次性告知"限时办结等服务制度全面实施，基本实现服务一把尺子、办税一个标准。

税法宣传从娃娃抓起

【税收宣传】 2015 年，临汾市地税局依托微信公众号、办税服务厅、纳税人学堂、税收宣传月四个平台，结合小微企业优惠、企业所得税汇算、煤炭资源税改革、三证合一等工作，丰富宣传内容，增强宣传效果。2015 年，市县两级共举办"纳税人学堂"35 次，参训 3000 余人次，"临汾地税纳税服务"微信平台累计发布各类服务信息 400 余条；开展以服务小微企业为主要内容的"学税法、享优惠、赢话费"有奖答题活动，全市共有 10288 人参与答题，营造宣传声势；配合省局开展"优秀税收宣传项目"投票，投票数量达 35000 余人次，蒲县局和市局税收宣传项目分别荣获全省一、二等奖。

【落实税收优惠政策】 2015 年，临汾市减免房土两税 2042 万元，减免小微企业营业税 333 万元，为纳税人减负松绑、助力发展。

【干部队伍建设】 2015 年，临汾市地税局严纪律实作风。2015 年，地税局全系统开展"学习讨论落实"和"三严三实"专题教育活动，开展好干部标准集中学习活动，使严的精神、实的作风成为干部工作的新常态。重学习比能力。以教育培训为抓手，全面加强队伍建设，组织金税三期、征管规范、所得税、绩效管理等一系列专题培训，组织市局机关及直属单位全体人员、全市副科级干部、税务所长能力提升和更新知识培训，组织青年干部进行业务和综合考试，全系统惜时好学、学而求进的氛围日渐浓厚；组织开展业务能手的选拔、培训和应考，23 名同志入选全省业务能手，入选人数全省第二，入选率全省第四，7 名同志被评为岗位标兵，取得历史最好成绩。强考评推创建。通过看、评、谈等方法，对全市 22 个单位的领导班子和科级领导干部，进行综合考核评价，建立科级干部日常考核档案。全面落实职务与职级并行制度，惠及全市 826 名基层公务员。

（陈红娜）

金　融

银　行

·中国人民银行临汾市中心支行·

【概述】 2015年，人民银行临汾市中心支行围绕地方经济转型发展要求，在构建货币政策的传导机制、维护金融稳定的有效推进机制、贴近民生需求的有效服务机制等方面工作取得新的进展和成效。截至2015年底，全市金融机构本外币各项存款余额1966.49亿元，较年初增长112.92亿元，同比增长6.09%；各项贷款余额1082.87亿元，比年初增长136.37亿元，同比增长14.78%。

【稳健货币政策】 2015年，人行临汾市中心支行年内5次下调金融机构存款准备金率，共释放地方法人金融机构资金约21亿元，对辖区5个县农行实施降低2个百分点的存款准备金率，全市加权平均利率为9.72%，同比降低1.79个百分点；加大涉农信贷投放支持力度。向全市12个县市发放支农再贷款12亿元，同比增长3.25亿元，直接带动金融机构发放涉农贷款约23.67亿元，两次下调支农、支小再贷款利率0.35个百分点，有效增强支农实力，加强管理与监督，制定执行《临汾市支农再贷款管理办法》，确保支农再贷款全部用于支持涉农领域；发放支小再贷。指导监督金融机构执行优惠利率发放小微贷款10亿元，定向支持全市约2000余户小微企业；灵活增加再贴现额度。发放再贴现贷款14.8亿元，畅通企业融资渠道；制定《深化落实"阳光普惠"金融工程实施方案》、结合"农情暖春、体贴入微、扶贫帮困、助弱圆梦"四个专项行动，明确金融支持的方向和重点，出台《关于完善信贷政策支持再贷款管理，支持扩大"三农"、小微企业信贷投放的实施意见》和《关于进一步做好全市扶贫开发金融服务工作的实施意见》，引导金融机构用足、用活、用好政策，促进金融资源向"三农"、小微企业和贫困地区倾斜。截至2015年底，全市涉农贷款余额为668.63亿元，较年初新增50.92亿元，增长8.24%；全市金融机构累计发放青年创业贷款5.2亿元，支持4353名农村青年创业；累计发放妇女创业贷款7574万元，支持1538名妇女创业；累计发放农民工创业贷款2339万元，支持499名农民工创业；累计发放大学生"村官"贷款1244万元，支持项目163个。

【金融创新】 2015年，人行临汾市中心支行推动地方法人贷款利率定价机制建设。成功推动安泽联社、吉县联社成为全国利率定价自律机构基础成员，全市共有5家地方法人金融机构加入成员，完成其余13家地方法人金融机构合格审慎评估的初审工作，推进此项工作的开展；拓宽金融机构融资渠道。一方面推动中小企业在银行间市场融资，推动乡宁焦煤集团发行6亿元的中期票据，实现全市企业使用直接融资工具"零"的突破。另一方面引导尧都农商行发行同业存单，截至12月末累计发行47期、139.2亿元。

【提高金融统筹协调能力】 2015年，人行临汾市中心支行通过组织经济金融分析会、银企洽谈会、报送《市长专报》等形式，加强与市政府、金融办、金融机构的沟通协调，形成共商发展的支持合力。通过开展信贷政策导向效果评估工作，完善评估办法，做到货币信贷政策与转型综改战略相结合，支持重点项目与扶持民生薄弱环节相结合，货币信贷政策与区域产业政策相结合，通过搭建融资平台加强小微企业金融服务。加强与经信委、银监部门的沟通协调，4月3日组织召开工业企业银企洽谈会，共签订贷款协议69份，涉及贷款金额31.27亿元，促进资金与小微企业需求对接，缓解企业融资难的问题。

【辖区金融稳定】 2015年，人行临汾市中心支行全年共受理8家银行、保险金融机构的加入人民银行金融服务与管理体系申请，全面有效开展综合评价，对辖内9家存款类金融机构进行综合评价，对综合评价前三名的金融机构进行表彰奖励。全年开展对工商银行和中国银行的综合执法检查工作，共检查两个金融机构49个网点，依法实施行政处罚，促进金融机构风险防范水平的提高，增强基层央行履职效能。在征信管理方面，加快征信工作法制化建设步伐，组织汇编《征信法律法规及业务规章文件汇编》，推动全市征信工作依法合规开展；加强中小企业、农户信用信息系统建设，“临汾市中小企业信用信息网”建立企业信息250户，发生业务50户，累计1700万元；加快完善“农户电子档案系统”，实现贷款农户信用信息100%录入系统；加强应收账款融资服务平台推广应用，截至2015年底，开通用户40家，达成融资交易34笔，成交金额10.32亿元；加快信用村建设，创建省级信用村22个，市级信用村18个，县级信用村59个。

【反洗钱工作】　2015年，人行临汾市中心支行对全市51家金融机构进行反洗钱监管评估，对2家新设金融机构进行约见会谈，与非现场监管相结合，组织开展反洗钱专项检查加大执法检查力度、全市金融机构反洗钱知识培训与测试活动，加强反洗钱合作与交流，建立秦晋豫“黄河金三角”反洗钱工作协作机制，组织开展“打击利用离岸公司和地下钱庄转移赃款专项行动”，调动各部门反洗钱工作的积极性和主动性。

【提升金融服务水平】　2015年，人行临汾市中心支行在支付体系建设方面，改善农村支付环境，2015年，人民银行临汾市中心支行研究出台《临汾市全面深化农村支付服务环境建设工作实施方案》，利用涉农金融机构的有利条件，以助农取款服务点为基础，实现全市各行政村农村金融综合服务站的全面覆盖，全年辖内建成“农村金融综合服务站”1706个，完成年初计划的94.3%。在货币发行管理方面，截至2015年底，累计投放发行基金156.93亿元，累计回笼159.24亿元，净回笼2.31亿元。共回收残损人民币62.72亿元，提高流通中人民币的整洁度。在履行经理国库职能方面，推进惠民直补资金发放工作，共发放惠民直补资金13.7万笔，金额2.6亿万元；截至12月底，全辖完成地方公共预算收入88.18亿元，同比减少25.44%，完成地方公共预算支出292.11亿元，同比增长14.21%。组织商业银行发行凭证式国债（四期）3.8亿元，电子式国债（十期）7.8亿元。在金融消费者权益保护方面，在市、县两级金融机构网点全部公示12363投诉咨询热线，指导全市11家银行业金融机构接入《金融消费权益保护信息管理系统》，系统全年共受理维权投诉60余起，客户满意率100%，为消费者挽回损失5000元；组织开展“3·15维权知识进社区”活动和“金融知识普及月”系列活动，建设农村金融知识普及示范点，编写《金融消费者权益保护知识百问百答》手册，在示范点发放，开展“金融课堂进农村”活动。在外汇管理与服务方面，落实跨国公司外汇资金集中运营管理政策，探索非现场监测与主体监管相结合的管理模式。截至2015年底，全市跨境外汇收支总额3.45亿美元，银行结售汇总额3.63亿美元。

中国人民银行临汾市中心支行领导参加洪洞县辛村乡登临村为山西省首批“金融知识普及示范点”揭牌仪式

（刘志平）

附：

·获奖情况·

人行临汾中支被总行评为中国人民银行五四红旗团委，被山西省文明委员会评为山西省文明单位

·银监工作·

【概述】　2015年，临汾市银监分局优化监管治理、防范风险隐患、推进银行改革、加强内部管理，确保全市经济金融平稳较快发展。年末，全市银行业金融机构资产总额为2,431.98亿元，较年初增加130.15亿元，增长5.65%；其中，各项贷款余额

1,102.08亿元,较年初增加139.92亿元,增长14.54%,同比多增37.48亿元,增速较上年同期上升2.63个百分点;负债总额为2,329.65亿元,较年初增加120.94亿元,增长5.48%;其中,各项存款余额1,941.42亿元,较年初增加142.3亿元,增长7.91%,同比多增87.19亿元,增幅较上年同期上升4.75个百分点 ;所有者权益为102.33亿元,较年初增加9.21亿元,增长9.89%。不良贷款余额57.74亿元,较年初增加4.78亿元,不良贷款占比为5.24%,较年初下降0.27个百分点。辖区银行业金融机构本年利润23.61亿元,同比减少0.3亿元,下降1.25%。

【化解风险隐患】 2015年,临汾市银监分局严防信用风险。临汾银监分局对6家违规银行业金融机构实施处罚合计120万元,违规经营行为得到遏制。组织开展流动性压力测试,指导督促银行业金融机构完善应急预案,加强主动负债管理,增强流动性风险管控能力。年末,辖区银行业金融机构存贷比56.77%,主要法人机构流动性比例73.74%,时点存贷比65.74%,各项流动性指标保持在合理区间。严防操作风险。开展"制度执行年"活动,制定活动方案,深入基层银行业金融机构网点检查督导,及时查纠银行业金融机构案防制度落实不力等问题,银行业金融机构依法合规经营意识逐步增强。严防其他业务领域风险。与市公安局联合开展安全评估和检查。开展业务库及自助机具专项检查。信息科技风险管控有效,辖区主要法人机构业务系统运行良好。银行业金融机构多渠道开展员工行为排查活动,构建与非法集资、民间融资等领域的"防火墙"。

【支持经济发展】 2015年,临汾市银监分局新增信贷资金139亿元,重点支持临汾市"百里汾河生态经济带"项目建设,支持煤炭、非煤产业升级和结构调整,支持电子商贸、旅游等产业发展。在金融支持"三农"和小微企业方面,组织召开农合机构"三大工程"推进会,举办银企对接洽谈会,开展"银税互动"助力小微企业发展、小微企业金融服务展览等活动,营造服务氛围,搭建沟通平台,强化项目对接。各银行业机构深入企业调查研究,开展金融产品和服务创新。年末,银行业机构涉农贷款和小微企业贷款余额分别较年初增加55.32亿元、36.38亿元,分别增长8.9%、11.06%。在推进普惠金融发展方面,银行业机构通过下沉机构网点、设立助农取款点、布设自助机具等方式,延伸金融服务触角,方便基层群众办理金融业务。2015年,全市银行业共为706户企业转贷续贷899笔241.66亿元,为企业减费让利7394万元。

【监管工作】 2015年,临汾市银监分局在市场准入方面,落实简政放权要求,制定《临汾银监分局关于改进市场准入工作的意见》,优化行政审批流程。编制行政许可法规合订本,开展新行政许可法规的学习培训工作。修订《临汾银监分局关于进一步规范拟任董(理)事、高管考试工作的通知》,完善考试流程,严格考试纪律,高管考试行为得到规范。非现场监管方面,以突出风险监测为重点,常态化做好报表分析、考核评估、风险提示等工作,在此基础上,建立工作台账,跟踪风险问题的整改落实情况。开展数据质量检查和评估、开展农村中小金融机构监管评级、开展信息科技巡查等工作,非现场监管针对性有效提升。现场检查方面,成立领导小组,优化模型设计,做好EAST系统推广应用工作,现场检查的精准度得到增强。围绕银行业机构信贷、柜面业务及同业投资等领域,开展多项现场检查。自主开展国有商业银行信贷资产质量真实性、柜面业务等检查,规范银行业机构的经营行为。监管联动方面,在机构设立、高管任职资格审核过程中,加强与公安消防、检察院、人民银行等相关部门的工作联动,机构、高管准入更加严谨。

【银行改革发展】 2015年,临汾市银监分局指导设立1家股份制银行临汾分行、1家村镇银行、5家村镇银行支行、3家传统支行、13家社区支行。华夏银行临汾分行开始筹建,尧都农商行、侯马农商行在汾西、襄汾、洪洞设立异地支行工作有序推进,侯马农商行在隰县、吉县发起设立村镇银行规划经银监会批复同意,金融服务体系和功能得到完善。加快处置和改制进度。配合临汾市政府召开全市农村信用社化解风险达标升级推进会,2015年,襄汾农商行筹建工作基本完成,洪洞农商行改制完成验收,上报筹建申请资料。

(牛建勇)

·中国工商银行临汾分行·

【经营效益】 截至2015年底,中国工商银行临汾分行实现拨备前利润34661万元,全省排名第9

位，完成省行全年计划（33319万元）的104.03%，同比增加1056万元，全省排名第6位，增幅3.14%，全省排名第4位；实现净利润22352万元，全省排名第7位，完成省行全年计划（22968万元）的97.32%，同比增加1160万元，全省排名第4位，增幅5.47%，全省排名第3位；实现中间业务收入16369万元，全省总量排名第7位，同比增收1427万元，全省排名第9位，增幅9.55%，全省排名第8位，完成省分行全年任务（16326万元）的100.26%，任务完成率全省排名第7位。

【存款】 2015年，中国工商银行临汾分行人民币全部存款期末时点余额202.80亿元，全省排名第8位，较年初净增9.49亿元，全省增量排名第7位，完成省行计划（16.72亿元）的56.7%；日均余额201.5亿元，日均净增（个人基数为上年末时点、对公基数为上年日均）2.49亿元，完成省行计划（7.52亿元）的33.1%。

【贷款】 2015年，中国工商银行临汾分行各项贷款（剔贴现人民币）期末时点余额89.51亿元，全省排名第10位，较年初增加－5.35亿元，全省排名第10位；日均余额91.84亿元，日均净增－3.02亿元；票据贴现期末时点余额12.53亿元，全省排名第4位，较年初增加5.01亿元，全省排名第4位；日均余额9.69亿元，日均净增2.17亿元。

【资产质量】 2015年，中国工商银行临汾分行共清收转化不良贷款11371.46万元。截至2015年度，全辖不良贷款余额8781万元，较年初减少754万元，下降7.91%；不良贷款率0.86%，较年初下降0.07个百分点，保持不良贷款额和不良贷款率的双下降。

【开展“拓广”竞赛活动】 2015年8月，中国工商银行临汾分行在全辖组织开展“拓户工程”百日主题营销竞赛活动，各支行、各专业积极参与。活动期间，全辖个人有效客户净增49690户，完成计划41000户的121.2%；日均金融资产5万元以上有效结算账户净增107户，完成计划40户的267.5%；手机银行客户新增45896户，完成计划41300户的111.13%；工银e支付客户新增50614户，完成计划41300户的122.55%；新增小企业有贷户28户，完成计划30户的93.34%；有效对公结算账户新增652户，完成计划700户的93.15%；日均金融资产50万元以上公司客户净增17户，扭转前七个月负增长的局面；机构有效客户新增88户，较前七个月60户多增28户；5万元以上客户净增1690户，较前七个月975户多增715户；商友卡客户存量规模达到10760户，较7月末存量规模3166户翻一番。个人客户方面：紧盯224个营销重点，以“六进”活动为抓手，实施网格化营销，形成部门横向联动、支行点面结合的营销新格局。截至2015年底，各支行介入160个目标单位，先后组织各类活动100余次。其中商友卡客户净增9051户，完成省分行下达全年计划的241.36%。公司客户方面：截至2015年底，全辖日均金融资产50万元以上公司客户达387户，任务完成率省行排名第四。通过大额资金平台、工商局注册等渠道梳理挖掘客户，在基础设施、社会事业、产业领域类储备客户（项目）35户。机构客户方面：组织各支行开展清理“空白点”营销活动，将总工会、红十字会等系统性的机关团体客户作为营销重点，实施公私联动。截至2015年底，新增机构客户188户，其中日均资产5万元以上客户45户，完成全年任务40户的112.5%。

【资产业务发展】 2015年，中国工商银行临汾分行落实个贷业务重点发展战略，对个贷业务权限及时进行转授权，提升业务办理效率；加大对市区楼盘的营销力度，提升同业份额。维护好建邦集团、霍州煤电、山西焦化等重点存量客户。抓住尧都农商行纳入总行票据贴现授信范围的契机，扩大贴现规模。探索赎回式贴现、电票贴现、买入返售、再贴现等票据业务的办理和营销，提升票据业务的总体盈利贡献。维护好临汾染化、霍州煤电、建邦集团等重点存量客户，保证存量到期贷款全部实现收回再贷。对照临汾市政府近期推出的重点工程项目、辖内基础设施建设，交通、上市公司等板块以及他行前十大融资客户进行梳理和市场分析，做好信贷资源储备，从中筛选临汾市光伏扶贫、山西师大迁建等6个重点项目，作为与政府PPP项目对接工程，培育金融服务、投行融资等新增效益点。

【中间业务】 2015年，中国工商银行临汾分行全辖实现中间业务收入16369万元，完成计划16326万元的100.26%，任务完成率全省排名第七。结算、个金、机构专业同比上升，其中机构专业同比增幅74.05%。养老金累计销售理财产品21亿元，实现收入601万元；本外币个人理财产品销售68亿元，全省排名第三,实现收入1669万元;公司中间业务收入1984万元,完成全年任务2300万元的86.26%,其中承销山西乡宁焦煤集团三年期中期票据6亿元,直接带来中间业务收入400多万元。

【内部管理】 2015年,中国工商银行临汾分行深化网点运营标准化管理改革,科学配置网点柜口,截至2015年底,全辖共配置柜口119个,较2014年末减少9个,减少7.04%,其中高柜61个,低柜58个,柜口高低柜配比1:1,柜口配置趋于合理。柜员人均工作量达到133笔,业务处理效率明显提高。转岗大堂经理和客户经理人数在上年118人的基础上,全年转岗40人,提高网点的营销能力。7月,实现全辖支行网点员工的直通式考核兑现,网点覆盖率100%。截至2015年底,共兑现7—11月5个月的直通式考核业绩积分,累计兑现积分492.16万分,其中基础工作积分占比53.12%;公共产品积分占比46.88%。深化“制度执行暨合规文化建设巩固年”活动,开展员工异常行为排查。2015年,全辖未发生案件和重大风险事件。

(王晓丽)

· 中国农业银行临汾分行 ·

【业务发展】 2015年,中国农业银行临汾分行以“比学赶超”的工作方法和精神,开展“转型推进年、管理提升年、党建责任年”三大活动,加快推进区域主流银行建设进程。截至2015年底,全行各项存款余额达209亿元,较年初净增16亿元,日均、时点增量均位居四大行第二,其中:个人存款净增10.9亿元,对公存款净增5.1亿元,同业存款净增4576万元。各项贷款余额77.5亿元,其中:个贷3.19亿元,较年初增加3325万元。实现中间业务收入7687万元,同比增加831万元;拨备前利润1.92亿元,拨备后利润2.45亿元,经济增加值7389万元,拨备后利润和经济增加值计划完成率均位居全省第一。全年综合绩效考核得分916分,较上年增加100多分,提升2个位次。

【客户建设】 2015年,农行临汾分行通过开展“春天行动”“激情仲夏”“赢在中秋”等主题系列活动,客户建设水平得到提升。年末,全行加权个人贵宾客户达41761户,新增4017户,其中个人年日均金融资产500万元以上客户金融资产新增8529万元。有效对公账户5221户,较年初新增54户,新开立对公结算账户1114户,其中基本户817户、一般户181户、其他账户116户。新增三方存管户14546户,有效户数6132户,融资融券新增58户,折算后新增三方存管6306户。全行个人电子银行活跃客户新增18万户,企业电子银行客户新增464户,个人网银新增4万户,个人短消息客户新增16万户,企业网银新增862户,企业短消息客户新增243户。私人银行签约客户32户、电子商务新增客户2户。信用卡有效客户新增8018户,金融IC卡新增21万张。

【渠道服务】 2015年,农行临汾分行从拓宽服务渠道、改善劳动组合、规范服务行为等方面着手,提升网点和自助渠道的服务功能。年底,全行电子自助机具总量达到548台,较年初新增39台,其中:ATM机新增12台、自助服务终端新增7台、自助发卡机新增20台,自助机具有效率达到100%。全行专职客户经理达到175人,其中:个人专职客户经理101人、对公专职客户经理74人;51个基层网点柜员达到486人,其中:高柜281人、低柜205人,高柜开放率、低柜开放率、贵宾窗口开放率分别达到81.01%、61.95 %、66.42 %,城区网点、县域网点大堂经理配备分别达到1:3、1:2。

【三农工作】 2015年,临汾市惠农卡有存款卡率达到42.7%,较年初提升3.4个百分点,转账电话有效率为18.65%,惠农卡卡均余额362.19元,较年初增加52.19元。惠农卡存款余额29399万元,较年初增加4351万元。全市代缴电费122万笔1.82亿元,其中个人代缴电费122万笔16726万元,法人代缴电费197笔1499万元。建站“农村金融服务站”304个,实施襄汾、曲沃支行代理新农合“代收付”业务平台成功上线。新营销吉县黄河壶口瀑布AAAA级旅游景区等“千百工程”达标户5户,营销县域社会保险基金等六类财政账户6户,营销合作社金融服务开立账户7户,新增合作社社员贷款688万元,服务“三农”工作取得实质性成效。

【信贷支持】 2015年,农行临汾分行坚持信贷投放从偏重传统产业向传统与新兴并重转变,先后向霍州发电厂、太钢集团,临汾煤运、山西建邦、乡宁焦煤、晋豫鲁铁路等投放29亿元贷款。围绕“百里汾河新型经济带”建设的市场需求,择优介入当地政府重点领域和优质客户,重点支持铁路、能源、水利等国计民生项目,营销储备洪洞晋圣荣康、侯马益通天然气、乡宁焦煤、兰花焦煤、西山能源等信贷项目20余个。规范个人信贷作业中心流程，加强个贷业务培训，强化上门营销服务，全年共营销平阳、侯马、襄汾、霍州、翼城等8个支行14个楼盘8.7亿元个贷按揭项目，发放325笔、9234万元个人住房贷款，年底个人住房贷款余额31943万元，较年初净增3325万元。

【风险管控】 2015年，农行临汾分行通过开展合规网点创建活动，全市有38个网点达到合规网点创建标准，达标网点占到全行51个网点的74.5％，其中尧都支行金穗支行和西城分理处被省分行评为“优秀合规网点”，14个一级支行达到内控评价一类行，市分行被省分行评为内控评价一类行。全行51个网点“三化三铁”考核全部达到“良好”标准，其中“三铁”单位达15个。完成7个支行安全保卫的“三化三达标”现场督导上报工作，在公安部、银监会组织的2014—2015年第四轮安全评估中，市分行评定为优秀。18个支行信贷管理全部达到“三化三无”的“三无”目标。

（李鹏　吴云峰）

·中国银行股份有限公司临汾市分行·

【概述】 2015年，中国银行临汾市分行积极适应经济发展“新常态”，严格落实总分行各项战略部署，精心谋划发展大计，抓优突重全面发力，保持经营管理平稳健康发展。截至2015年底，人民币各项存款余额130.73亿元，较年初新增2亿元；人民币各项贷款余额90.12亿元，较年初新增3.61亿元，净增额市场份额四大行排名第二。累计办理国际贸易业务9332万美元，累计叙做结售汇业务1.91亿美元，市场份额分别为32.2％，47.9％。

【加大经济支持力度】 2015年，中行临汾市分行支持电力、铁路、教育、卫生等行业发展，拓展民生消费、物流领域服务，新增贷款2.45亿元，为促进全市产业结构调整做出积极贡献；以“项目会战”为抓手，落实行业限额，推进结构调整，深入企业开展综合金融服务营销。以存单质押贷款和银承质押贷款为代表的低风险、类低风险授信业务取得有力突破，为全市16户中小企业客户提供7479万元的授信支持，计划完成率125％，完成“两个不低于”的目标。拓展住房贷款、专向分期、个人经营贷款、信用消费贷款和微型企业贷款。个人贷款余额达16亿元，较年初新增2.63亿元，同比增长0.66％。

县域经济座谈会

【创新业务发展】 2015年，中行临汾市分行通过开展项目营销、联动营销、分类营销壮大客户规模，通过开展主题营销活动、客户金融资产提升活动等提升优质客户群占比，优化客户结构。单位结算账户总量达到5288户，较年初净增509户，净增市场份额四大行排名第二。个人有效客户数56.06万户，较年初净增6.06万户；第三方存管有效户净增2161户；新增信用卡有效客户1.17万户；叙做3313万同业存款业务，5亿元证券托管业务实现破冰，利率掉期业务14.3亿元，工薪贷、医保贷均取得实质性进展。

【推进社保卡发卡应用】 2015年，中行临汾市分行携手人力资源社会保障信息中心设置宣传台为广大务工人员发放宣传折页，讲解社保卡的相关知识，通过网点LED、电台广播等加大社保卡的宣传，推动社保卡的发放。截至2015年底，共制卡91.2万张，累计发放72.46万张。推动社保卡的应用，成功代收2016年度城镇居民医疗保险费，全年共收取城镇居民医疗保险费4002.71万元。加快医保代缴费系统的对接，系统完成测试，将予以投产；在临汾市区及所辖县域布放即时制卡机共计10台，加快客户挂失后办卡速度，提升客户服务质量。

【强化风险管控】 2015年，中行临汾市分行加大对重点行业的风险排查和关联客户的风险预警管理，确定授信客户管控清单，前移风险关口；高度关注重点行业风险，对煤炭、钢铁、焦化等产能过剩行业，按照授信策略主动创新，寻求新领域业务机会。开展“不良贷款清收化解大会战”活动，狠抓不良清收，处置化解工作初显成效。加强操作风险管理。严格落实“51 条管控措施”，有效运用 G－MAP、基层机构自查、监控录像查看等手段，加大对违规和高风险业务的核查监督力度；开展员工账户净化等行动，对非法集资、民间借贷、理财飞单、存款、低风险授信和“双十禁”等重点环节发起针对性的排查。及时处理各类舆情苗头 10 起。

【网点转型】 2015 年，中行临汾市分行落实网点标准化销售服务流程的固化优化、整改提升等基础性工作，全面推行以网点价值贡献为核心的机构等级和业绩成长评价管理体系。率先开展公司板块整合工作，理顺客户服务流程。加大量化积分系统运用考核。从广泛学习宣讲、强化管理应用、深入现场指导、加强沟通反馈四个方面，全面提升系统使用率，按照上级行要求，完成量化积分考核系统的成功落地。

【企业文化】 2015 年，中行临汾市分行加强企业文化建设。关心关爱员工，拓宽成长通道，创造和谐温暖的“大家庭”氛围。开展送温暖活动，建设“职工之家”，举办职工运动会、健步走等活动，丰富员工业余文化生活，增强全员的主人翁意识。团建工作日益制度化、规范化，基层团组织的战斗力加强，青年员工朝气蓬勃、勇往直前的精神面貌正在展现。加强精神文明建设。设立“善行义举榜”，在行内集聚传递正能量，增强青年员工的责任感、荣誉感和使命感。

(荀会琪)

· 中国建设银行临汾分行 ·

【存款】 2015 年，中国建设银行临汾分行一般性存款：日均余额 207.45 亿元，系统内排名第四；日均新增 9.92 亿元，系统内排名第三。时点余额 216.47 亿元，系统内排名第五；时点新增 19.22 亿元，系统内排名第三。对公存款：日均余额 74.12 亿元，系统内排名第九；日均新增－1.57 亿元，系统内排名第八。时点余额 76.72 亿元，系统内排名第九；时点新增 4.01 亿元，系统内排名第四。个人存款：日均余额 133.33 亿元，系统内排名第三；日均新增 11.49 亿元，系统内排名第三。时点余额 139.75 亿元，系统内排名第三；时点新增 15.21 亿元，系统内排名第三。

【贷款】 2015 年，建行临汾分行各项贷款余额 146.42 亿元，系统内排名第四；新增 57.18 亿元，系统排名第一。其中：对公非贴现贷款余额 62.32 亿元，系统内排名第十三；新增 12.32 亿元，系统排名第三。个人贷款余额 34.01 亿元，系统内排名第一；新增 9.41 亿元，系统内排名第三。票据贴现余额 50.09 亿元，系统内排名第一。

【利润及中间业务】 2015 年，建行临汾分行账面利润 43425 万元，系统内排名第三。

【转型发展】 2015 年，建行临汾分行按照总行“综合性、多功能、集约化”要求，推进“大零售、大资产、大同业”，网点“三综合”建设，东城模式吸引来自全省的 8 个二级行来参观学习，东城、曲沃支行得到总行验收组的认可；投行业务实现突破，为临汾市投资集团有限公司发行 21 亿元资产收益权理财产品，实现“地方政府债置换与新增”业务首单的突破，是山西省建行系统有史以来资产收益权理财产品金额最大的一单。

【渠道建设】 2015 年，建行临汾分行加大对自助分流和电子银行业务的激励力度，发挥好自助设备、电子银行业务的渠道作用。培育缴费类业务，丰富缴费项目，加大代发代扣业务推广力度，坚持数量和质量并重的客户发展原则，推进柜面现金、转账、理财、缴费等可分流交易向电子银行和自助渠道分流的迁移，培养移动支付的客户基础。加强物理网点建设，完成河汾路支行的开业工作，加速离行式自助银行和多功能自助银行的建设。

建行红梅品牌 12 周年报告会

【企业形象建设】 2015 年，建行临汾分行借力总行“寻找身边李红英，争做最美建行人”活动，开展“红梅理财中心优秀案例分享观摩会”“票据中心团队故事交流会”“服务基层夸赞会”“红梅传人评比会”“纪念红梅品牌创建12周年报告会”等红梅品牌创建12周年系列宣传活动。

（张永亮）

·中国农业发展银行临汾分行·

【概述】 2015年，中国农业发展银行临汾分行立足“执行政府意志，服务三农需求，遵循银行规律”的新职能定位，发挥农业政策性金融“逆周期”调节作用，将农业政策性金融优势与临汾经济结合，各项工作取得进展。

【业务发展】 2015年，中国农业发展银行临汾分行推动业务发展。1.落实国家粮食宏观调控政策，确保各级粮食储备体系建设和粮食市场调控资金需求。择优支持大型储备企业开展收购。累计发放市级储备贷款4795万元。2.开展农发重点建设基金业务。推进中国农发重点建设基金投放工作，分别向山西春雷铜材有限责任公司棚户区改造项目和侯马市文体广电新闻出版局新建文体活动中心项目投放重点建设基金2000万元和1000万元，用于解决项目资本金不足的问题。3.抢抓项目机遇期，主动适应新常态。与市域实际结合，及时把支农新政策、信贷新模式、管理新要求向市委市政府汇报。加强与市县政府、金融办、发改委、财政、扶贫、水利、住建等部门合作，强化项目对接。通过积极营销，促成省分行与市政府签订战略合作协议。截至2015年底，新投放农业农村基础设施贷款3600万元，审批项目贷款3笔6亿元，报审总行批准1笔6亿元(1月获批)，有70亿元项目达成意向，这些项目将引领整体业务上台阶。

【提质增效】 2015年，中国农业发展银行临汾分行推动不良贷款清收工作，全面进入依法处置轨道。组织存款增效益。新增3个县支行成为财政支农资金主办行，全辖10个县支行有6个支行成为主办行。财政拨补到位。年底实现账面利润2410万元，远远超出省分行下达的50万元的盈利目标。

【基础管理】 信贷管理。2015年，中国农业发展银行临汾分行开展“深化基础管理年活动”，发挥CM2006系统的办贷功能、监督功能和监测分析功能，提高办贷质量和效率，提升信贷基础管理水平。财会管理。开展“财会基础工作专项整治”活动。落实活动方案，围绕“五金”，重点对9个方面展开自查自纠和交叉检查，对自查和检查发现的5个方面问题进行彻底整改，引导财会工作进入良性循环轨道。内部监督管理。开展“一加强、两遏制”专项检查活动。培训工作，举办写作摄影、项目营销、财会基础管理等几次大规模专业培训，解决基层员工普遍提出的培训不足问题，提高员工队伍整体素质。纪检案防，开展反腐倡廉教育，构建案件防控的长效机制。

（孟鹏程）

·中国邮政储蓄银行临汾分行·

【概述】 2015年，中国邮政储蓄银行临汾分行以“三强、三抓、三确保”为总体工作思路，开展“加强基础管理、强化执行力、提高工作效能”活动和“合规回头看”活动。以项目为推手，全市小额贷款放款4362户、4.42亿元；消费贷款放款1395笔、1.45亿元；小企业贷款发放38笔1.31亿元；个商贷款发放606笔1.18亿元。以营销为助力，信用卡、理财、个人网银、手机银行全部超额完成省行计划。公司业务在票据业务的支撑下强势崛起，累计日均余额36.04亿元；票据业务全年累计贴现16.45亿元。全行共新增ATM机和CRS机24台，新设离行自助银行2处，改善客户需求。

【风险管控】 2015年，邮储银行临汾市分行开展合规活动，组织开展“两个加强、两个遏制”回头看、“合规回头看”等专项检查自查活动，召开邮银案防分析会议4次、反洗钱领导小组会议2次、风险与内控管理委员会会议3次。健全管理队伍，成立市行风险与内控管理委员会，调整资产保全工作领导小组，完善行内控领导体系。严格制度合规，出台和修订经营管理制度，完善制度体系；部署“加强基础管理，强化执行力，提升工作效能”活动，以管理促合规，以合规促发展。加强员工管理，建立健全台账，对市管高职高管档案开展“三龄两历一身份”核实和审查。

【服务支撑】 2015年，邮储银行临汾市分行强化科技支撑。提供电话银行、网上银行、手机银行、电视银行等电子服务渠道，服务触角遍及广袤城乡，打造具有特色的互联网金融平台，满足客户新需求，使客户获得更好的服务体验。提升专业素质。全市银行从业资格通过比例达90%;加强各条线技能培训,组织各类培训38次,培训4712余人次。搭建渠道平台。全行共新增ATM机和CRS机24台,新设离行自助银行2处。健全舆情报道。处置舆情13起,在《临汾日报》等多家媒体刊发正面宣传报道160余篇。

(郭　琦)

·中国交通银行股份有限公司临汾分行·

【概述】 2015年,交通银行临汾分行推行"全员办交行、全面办交行、全过程办交行、可持续发展"的经营策略,围绕年初确定的"转型发展年、客户提升年、自我突破年、过程管理年"建设活动开展各项工作,倾力地方经济建设,支持小微企业发展,打造快捷的便民金融服务,实现自身的持续健康协调发展。截至年底,资产达29.72亿元,各项存款27.66亿元,其中对公存款15.25亿元,储蓄存款12.41亿元;各项贷款22.47亿元,其中个人贷款6.07亿元,对公贷款16.4亿元,表外融资租赁总共投放65.572亿元,余额29.83亿元。各项存款在省内10家辖行中排名第3,在当地13家金融机构中排名第9。

【资产业务】 2015年,交通银行临汾分行资产业务在行业投向领域方面扩大,从最初的传统支柱煤焦铁行业到房地产、制造业、采矿业、农业、电力、养殖业、食品加工、电子照明、热力生产供应、批发零售行业等行业的全面发展,全年累计发放大企业贷款15.21亿元,小企业贷款1.46亿元,支持当地经济。个贷净增1.08亿元,个贷客户当年增加452户,个贷余额占临汾市当地个贷余额的8.6%,个贷新增占全市个贷新增的6.1%。

【零售业务】 2015年,交通银行临汾分行零售业务发展较快,交银客户、手机银行客户、电子银行分流率4项指标全省第一;储蓄存款、个金中收、沃德客户、贷记卡、客户资产增量等5项指标全省第二;交易型零售有效户、代发工资低成本核心负债居全省第三。在全省17个普惠支行中,临汾行的三个普惠支行的储蓄存款和客户资产增量均名前茅,华州路支行荣获三类无高柜网点综合第一名。

【创新业务】 2015年,交通银行临汾分行配合交通银行山西省分行与临汾市烟草公司共同开发的烟草跨行支付系统成功上线,实现烟草扣划业务上的首次重大突破。推进e贷通2.0业务,该业务无需提供纸质申请资料、无需提供担保、即时生成审批结果、可灵活安排自有资金和贷款资金使用顺序、支持POS刷卡、转账和小额取现等优点使得该产品得到客户的认可,提升客户的满意度。与临汾市康居物业服务有限公司开办联名卡业务,深化板块业务联动。

【渠道建设】 2015年,交通银行临汾分行新建1家普惠支行,1家离行自助银行,网点覆盖率逐步提升,服务覆盖面扩大,方便客户办理业务。电子银行客户认可度高,分流率达到91.9%,方便客户办理业务。家易通拓展新增117台,POS机新增238台。

【转型发展】 2015年,交通银行临汾分行落实上级行关于省辖分行转型、基层营业机构转型和零售业务转型三个方面的工作部署。省辖分行转型方面:转型晋级考核三个维度七项指标完成率得分均高于同类分行平均得分80%以上,其中尤其以转型维度指标中的日均纯储蓄存款增量达成率得分200分。客户维度指标中的对私有效客户净增数3571户,同类辖行排名第1,远高于平均水平的80%。截至2015年末,成功晋级三类B等分行,较总行要求,提前两年完成晋级。基层营业机构转型发展主要涉及营业网点"三升三降"工作情况。三升方面:各项存款平均余额、经营利润、对私有效客户数均达到省行要求。三降方面:在压降网点营运人员方面2015年以来累计压降营运人员4名,输送人员至营销条线,加大对业务发展的支持力度。零售业务转型取得成效,召开"启航计划,誓师大会"对零售业务转型工作进行全面部署安排,利用月经营分析会、周例会等方式,寻找差距,制定相应措施,加强对转型指标的管理和研究。三年转型指标共9项,其中有3项提前3年完成转型目标,5项指标完成年度任务,从总、省分行挣回营销费用。

【风险管控】 2015年,交通银行临汾分行落实总行、省分行的"发展符合规范、指示服从制度"的相关要求,重视全员风险文化的培育,以"风险管理二十条"为先导,坚守风险底线,培养全员风险合规意识。加强信用风险管理,提高信贷资产质量。前移授信关口,贷前调查阶段风险审查人员提前介入调查;亲自把关,贷中审查时,领导班子严格掌控准入标准;及时预警分析,定期反馈授信客户的潜在风险，提前安排部署风险化解方案。建立常态化风险排查机制，强化案防工作。本着“问题导向”原则，建立落实常态化风险排查机制，坚持“三个结合”即“日常检查与专项治理”相结合、“网点自查与条线抽查”相结合、“检查问题与整改纠偏”相结合，开展各类风险排查，及时消除风险隐患。

【服务工作】 2015年，交通银行临汾分行加大培训宣讲力度，强化全员服务意识；明确各网点”一把手”为服务第一负责人，强化各网点负责人责任意识；进行短板分析，明确改进方法与目标；开展各类评优评先活动，树立各岗位服务标杆；以“五星级网点”创建为契机，完善服务功能，优化网点形象、规范服务语言、健全服务档案、提高工作效率。

【表彰】 2015年，交通银行临汾分行荣获2014—2015年度精神文明单位称号，营业部荣获中银协中国银行业文明规范服务“五星级营业网点”、市银协“十佳”文明规范服务示范单位并在总行“走进交行，感受温馨”消保服务专项劳动竞赛中荣获“优秀网点”称号，鼓楼广场支行大堂经理谌小庆荣获“魅力之星”称号，在中银协组织的全国消保网络知识竞赛中多名员工以优异的成绩获得总行、省分行的通报表扬，树立临汾分行的金融服务品牌。

【安全保卫】 2015年，交通银行临汾分行重视案件事故防控工作和维稳工作，成功堵截安保类风险事件4起，其中协助公安机关成功抓捕网上在金融诈骗犯三起，临汾分行保安中队先后获得临汾市保安服务公评定的先进岗点和模范岗点称号，临汾保安公司发起公司全体保安队员“向交行保安学习”的活动，树立交通银行临汾分行的保安品牌形象，起到示范作用。获得临汾市公安局2015年度安全评估第一名，在临汾市综治办和临汾市公安局联合开展的创建“平安单位”活动中荣获2015年度“市级平安单位”称号。

·晋商银行临汾分行·

【概述】 2015年，晋商银行临汾分行公司、零售、小企业业务三足鼎立，内部管控长效落实。截至2015年底，对公存款时点余额31.3亿元，较年初增加5.5亿元；对公日均存款23.82亿元，较年初增加1.5亿元。对公累计贷款投放35笔，合计金额10.78亿元，对公贷款余额10.89亿元；累计签发银行承兑汇票48.60亿元，保证金存款16.07亿元，风险敞口28.47亿元。

票据贴现334笔，其中电票6笔，纸质328笔，累计发生额为12.22亿元，其中：电票0.1亿元，纸票12.1亿元。

【对公业务】 2015年，晋商银行临汾分行扭转对公存款下降趋势，发展稳定性存款。2015年上半年，对公存款一直呈下降趋势，研究总行公司条线的新产品、新业务，想办法出政策，营销各类存款；其中结构性存款业务发展势头较好，累计业务量达14亿元，扭转负增长的局面，为年末的存款奠定基础，在总行三季度公司条线营销活动中，对公存款增量、有贷户产品加载、对公有效户完成均位列前茅。

【重点项目营销】 2015年，晋商银行临汾分行全面与市政府合作，营销市重点项目、“城中村”项目和类“城中村”项目。分行与市、区政府合作，签订合作协议，对辖区内项目进行考察，2015年12月成功发放城中村项目贷款两笔，金额共计0.94亿元，为与政府的合作奠定基础。

董事长闫俊生与临汾市长签署城市建设改造PPP项目

【零售发展】 截至2015年底，临汾市个人储蓄存款时点余额101834万元，其中包含4352万元保本理财转时点，序时任务进度完成99.47%。储蓄存款日均91071万元，其中包含4297万保本理财转日均，序时任务进度完成101.19%。零售类经营过程指标中，共有11项指标全行排名前三名，其中，基金销售、零贷、卡易贷、网银、银行卡、POS机、特惠商户七项零售指标全行排名第一。

【小企业业务发展】 截至2015年底，晋商银行临汾分行小企业条线贷款余额(大口径)12.79亿元，较2015年年初贷款余额(大口径)5.83亿元增加6.96亿元，其中，小型企业贷款较年初增加3.86亿元；小企业贴现较年初增加2.96亿元；个人经营性贷款较年初增加0.14亿元。

全年累计发放小企业贷款114笔共3.42亿元。年末小企业贷款余额(小口径)2.96万元，较年初贷款余额(小口径)0.72万元增加2.24万元，完成全年序时任务的124%。分行小企业业务共派生存款62348万元，其中公司结构性存款43698万元，公司一般性存款6553万元，储蓄存款12097万元，实现对授信客户营销的拓展和延伸。从商圈、市场，政府、平台，核心企业上下游三个板块开展集群批量业务。通过一户一策的清收方案，加大逾期贷款的清收力度，分行2015年收回小微逾期贷款433万元，其中不良贷款180万元。

【加强条线管控】 2015年，晋商银行临汾分行成立运营检查小组，能够对33大项、230小项的检查项目做到逐条逐项地到全面检查，对检查出的问题进行整改落实，确保检查实效，2015年，分行共开展各项检查共106次，下发问题确认书共计46份，涉及问题160条，共对23人次进行违规积分的处罚，扣罚28分。2015年临汾分行全辖严重差错率均控制在万分之三以下。

·中国光大银行临汾分行·

【概述】 2015年，中国光大银行临汾分行落实“创新、协调、绿色、开放、共享”的发展理念，注重发展质量和效益、注重风险控制、注重改革和创新、注重基础和能力建设，促进各项业务平稳健康发展。截至2015年底，资产总额55959.73万元；各项存款余额48660.93万元。其中对公存款额25.24.92万元；储蓄存款余额23636.01万元。各类贷款余额43445.09万元。其中一般贷款余额41142.95万元，贴现余额2302.14万元。全年不良贷款率为0。

【信用卡业务】 2015年，光大银行临汾分行以信用卡产品为主打，实行全员营销战略，全力优化用卡环境，实现信用卡业务的突破。截至2015年底，全行高端信用卡完成2836张，普卡首刷6219张，折合高端卡合计5791张，完成全年任务的193%。

【渠道建设】 2015年，光大银行临汾分行拓展网点布局，根据临汾市经济发展的实际状况，设立3家社区支行和1家传统支行，通过提高网点服务能力，了解客户需求、优化客户体验、解决客户问题，提升分行的服务竞争力。

【队伍建设】 2015年，光大银行临汾分行发挥工会组织作用，维护职工权益，疏通民主管理渠道，与太原分行工会、人力部协调，做好员工劳动薪酬、福利待遇等解释和培训工作。分行工会开展“职工之家”创建活动，通过差异化、精细化的人文关怀，组织文体活动，满足职工日益增长的精神文化需求。2月，举办中国光大银行临汾分行第一届春节联欢晚会；5月24日，组织全体员工赴蟒河登山，9月参加太原分行运动会取得第三名的好成绩。

(刘 静)

·兴业银行临汾分行·

【概述】 兴业银行临汾分行于2013年9月28日经山西省银监局批复正式筹建，于2014年7月正式对外营业，是山西省兴业银行系统内首家二级分行。分行位于临汾市向阳西路与滨河大道交汇处天鹅大酒店内，下设1家营业厅，10家社区支行，8家自助银行，覆盖临汾市尧都区各主要街道，是分行立足临汾、服务临汾的重要平台。分行自开业以来，践行“兴业、兴家、兴三晋”的企业使命，以“兴邦国唯有德仁是赖，业金融自当诚信为先”为办行宗旨。截至2015年末，临汾分行资产总额为28.29亿元，较年初增加21.52亿元，其中各项贷款为12.41亿元，较年初增加8.45亿元；负债总额为28.59亿元，较年初增加21.74亿元，其中各项存款余额为26.78亿元，较年初增加21.45亿元。

【机构情况】 兴业银行临汾分行于2014年6月20日正式营业，临汾市共设立1家分行，军分区、鼓楼、水塔、百纺、三和、解放东、新东城、贡院街、东关、科委巷10家社区支行，北环、信合路、锦悦城、滨江明珠、华州路、裕景水城、福利巷、车站街8家自助银行，遍布在尧都区的各大主要街道。

【拓展新客户】 2015年，兴业银行临汾分行开展客户营销工作，根据兴业银行授信政策，结合临汾地区经济特色，重点围绕临汾地区主要产业“煤炭行业”开展营销，营销范围涵盖临汾12家国有控股煤矿整合主体，实地拜访煤矿企业60余家。围绕临汾地区纳税大户及运城地区重点企业开展第二轮营销，实地拜访企业近百家，与多家企业建立合作关系。

【业务发展】 2015 年,兴业银行临汾分行推进业务发展。1.支持重点企业的快速发展。采取有效措施,营销省内重点客户,开展省属地方国有企业的营销,与山西晋煤集团临汾晋牛煤矿投资有限责任公司的合作得到深化,与霍州煤电集团有限责任公司的合作实现突破,与山西焦化股份有限公司合作加强,支持地方优质企业发展。2.加强银政合作,实现长远发展。分行配合临汾市政府参加"千人百矿"大营销、中期煤炭交易会(临汾)等活动,帮助煤炭行业度过艰难时期,创新业务模式,转变经营思路,将业务重点从传统业务承接模式转变为PPP 模式,发展创新业务。3.创新产品,满足客户需求。根据分行的授信政策,结合企业需求,创新业务产品,营销霍州煤电的资产证券化项目和涝洰河生态建设润州园 PPP 项目、落地山西兰花焦煤集团的非标续作业务。4.开展现金管理业务。建立与临汾燃气公司、自来水、有线电视、电信、移动、联通等单位的代收费合作关系。5.组合营销。分行成功营销临汾市尧都区投资建设开发有限公司发债资金。

【小微企业发展】 2015 年,兴业银行临汾分行全面推广"信贷工厂"服务模式,打造专业化小微服务团队,构建立体化、全方位的金融服务网络,小微服务专业化程度提升。临汾分行针对小微企业规模小,生产周期长,资金周转慢的特点,创新小微企业信贷产品和担保方式。针对不同行业、不同产业、不同发展阶段的小微企业,推出"易速贷""交易贷""连连贷"等产品,将便捷的小微企业金融服务融入到小微企业生产、经营、发展的各个环节,让更多的小微企业享受到更专业的金融产品服务。

【零售业务】 2015 年,兴业银行临汾分行开展"兴业银行进万家,兴业送福到您家""盛夏钜慧 尽在兴业""您身边的理财专家""MINI 马拉松"等营销活动。"兴业银行进万家,兴业送福到您家"营销活动,结合智盈宝个人结构性存款及高收益理财产品的销售,实现新增零售客户 9882 户。制定《兴业银行临汾分行社区网点运营管理办法》《兴业银行临汾分行零售客户关系管理办法》《社区支行补助发放管理办法》等制度加强零售条线风险控制意识,规范员工行为;将 POS 机具的安装与售后工作交于陕西浦思金融网络科技有限公司,防范经营风险。

【风险排查】 2015 年,兴业银行临汾分行组织23 次专项风险排查,涉及业务风险、非法集资、飞单业务、员工异常行为、保密管理、印章管理等方面,排查人数涉及 600 多人次。

(张甜甜)

保 险

·中国人民财产保险股份有限公司临汾分公司·

【概述】 2015 年,中国人民财产保险股份有限公司临汾分公司围绕省公司"车险翻身工程、商业非车险拓展提升工程、财政支持型非车险覆盖突进工程、理赔降赔增效工程、服务全面提升工程、基层销售能力提升"等六大工程,以车险市场化改革为契机,紧盯标志性资源、黄金客户和重点渠道,拓展分散性业务发展潜力,增强考核的针对性和及时性,推动公司稳健快速发展,全年实现保费收入5.7亿元。

【客户服务管理】 2015 年,人民财产保险公司临汾分公司加强客户信息管理真实性考核,全年承保、理赔环节客户信息真实率达到 75%和 80%以上。万元以下赔案理赔周期 6.77 天,同比提速5.05 %。

【车险分散性业务发展】 2015 年,人民财产保险公司临汾分公司以强化掌控、降低内耗、提升产能为重点,引深交叉销售功能,开展社区挖潜计划,鼓励销售人员入社区、进农村,提升保险产品的拓展深度和覆盖密度。

【农险】 2015 年,人民财产保险公司临汾分公司新增风景区责任险、停车场责任险、地方性特色保险梨、核桃、葡萄、肉牛等多个个险种,实现新突破。

【社保】 2015 年,人民财产保险公司临汾分公司新农合大病补充保险成功开办。社保业务部做好服务和维护工作。严格考核管理,加快案件流转,提升服务质量,确保案件及时迅速理赔到位,确保客户满意最大化。

【财产险】 2015 年,人民财产保险公司临汾分公司重点拓展在建项目工程险,中小企业财产险;全面推进政策性农房保险、治安保险领域;发展"晋商家业财产保险",家庭财产保险,家福宝等险种;加快发展电商物流等相关领域货运险业务。12

月,开启个人贷款保证保险和诉讼财产保全责任保险。12 月 25 日,个人贷款保证保险签下第一单。

【责意险】 2015 年,人民财产保险公司临汾分公司丰富发展平台,激活销售渠道,在交叉销售、银保经贷、手机销售等领域取得新进展。统筹发展规模型和分散性险种,拓展特种设备责任险、公共领域责任险、驾驶员意外险、旅行意外险、公安人员意外险等险种。

(侯晓蓉)

·中国人寿保险公司临汾分公司·

【概述】 2015 年,中国人寿保险公司临汾分公司实现总保费收入 11.32 亿元,同比增长23.32%。其中首年新单保费 5.19 亿元。首年新单保费中,首年期交达到 40%,短期险达到 9.22%,价值型业务占比显著提升,银保趸交业务、3 年期期缴业务大幅缩水,其中 10 年期业务占首年期交比重跳高达 58%。全年员工绩效工资同比增长25.68%,员工收入同比增长 17.1%。临汾贾得、洪洞赵城、洪洞曲亭和霍州辛置四个农村网点进入全国系统绿洲工程建设达标网点;洪洞辛村、洪洞甘亭和襄汾赵康三个农村网点进入全省系统金牌农村网点行列。

【个险渠道】 2015 年,中国人寿保险公司临汾分公司个险渠道长期险首年标保达到1.08亿元,完成年度预算的 145.67%,同比增长 67.62%,高于全省预算执行平均水平 18.5 个百分点,高于全省平均增幅 15.6 个百分点;首年期交保费实现 1.71 亿元,完成年度预算的 131.34%,同比增长 69.03%,高于全省预算执行平均水平 15.8 个百分点,高于全省平均增幅 11.8 个百分点;10 年期保费实现 1.16 亿元,完成年度预算的 132.36%,同比增长 47.07%,高于全省预算执行平均水平 19.4 个百分点,高于全省平均增幅 21.6 个百分点;5 年期期交实现 5400 万元,完成年度预算的 125.58 %,同比增长 138.62 %,高于全省预算执行平均水平 6.6 个百分点,高于全省平均增幅 30 个百分点。四项核心业务发展指标全部创公司历史最好水平。

【银保渠道】 2015 年,中国人寿保险公司临汾分公司银保渠道首年标保接近千万,破记录达成 964.34 万元,完成年度预算的 149.63%,同比增长 157.58%;首年期交实现 3602.78 万元,完成年度预算的 103.11%,同比增长 35.93%。

【团险渠道】 2015 年,中国人寿保险公司临汾分公司团险渠道全年实现短期险保费收入3042.30 万元,虽然由于政保业务短期项目的失利终至预算执行状况仅达 80%,但传统业务学生险的快速性增长、小额信贷、农村小额保险的成长性发展助推短期意外险以 21.40%的增幅实现年度预算的 105.55%。

【销售队伍建设】 2015 年,中国人寿保险公司临汾分公司个险渠道年末持证人力达到历史高值 5686 人,较年初出发人力增长 111.53%,全年新增 3847 人,超越 2010 年到 2014 年五年净增人力之和,最终以168.48分荣膺全国 150 个非重点城市第二名,全国 300 多家城市第八名,托举临汾进入全国重点城市行列。银保渠道通过"七月风暴"集中增员活动,新增人力 331 人,其中新增客户经理 65 人,新增保险规划师 266 人,全辖渠道存量人力达 494 人。

【风险管控】 2015 年,中国人寿保险公司临汾分公司对基层柜面全面推广综合柜员服务模式,定向集中处理全市理赔业务;清理有效客户信息 81346 万条,清理失效保单 20987 件,"颗粒归仓"活动回收保费 2938.53 万元,全年服务下基层 50 人次,累计服务农村客户 5000 余人;以科技国寿为支撑,全面推广"e 宝账"上线人数 68456 人,云助理使用人数 3971 人,客户服务的科技含量提升;新单业务转账成功率98.5%,资金风险、服务风险得到全面控制和管理。全年完成满期给付金 2.79 亿元;城镇居民大病保险、新农合大病保险实现与政府部门医保管理系统的成功对接,全年支付大病保险给付 1325 万元;加强理赔及大病给付案件的排查力度,全年排查案件 946 起,防范假案、错案 24 起,挽回风险损失大额统筹支付 133.07 万元。

(赵海平)

商贸与服务业

商　业

【概述】 2015年，临汾市商务系统围绕全市转型跨越发展大局，坚持“四个重在”（重在转型、重在统筹、重在提升、重在民生），抓好“扩消费、活流通、促开放、保供应、强监管”等重点工作，商务工作总体上保持稳中有进、健康发展。全年全市社会消费品零售总额完成571.98亿元，同比增长4.9%；外贸进出口完成3.01亿美元，同比减少24.5%。其中：出口完成1.66亿美元，同比减少5.54%；进口完成1.35亿美元，同比减少39.38%。

【对外贸易发展】 2015年，临汾市商务局配合市口岸办制定《临汾市“十三五”口岸发展规划》（草案）；对《山西省人民政府加强和改进口岸工作促进外贸发展落实“三互”大通关改革方案的实施意见》（征求意见稿）提出建议，以市政府文件报省口岸办；根据省商务厅、省财政厅要求，对2015年度外经贸发展专项资金（提升国际化经营能力事项）实行逐级申报，由各县市区商务局具体组织项目申报和初审工作，临汾市申请资金总计977691元；按照建成一批、在建一批、开工一批、储备一批、谋划一批的原则，初步建立临汾市外贸公共服务平台建设项目和外贸结构调整项目项目库；对侯马市、侯马开发区、曲沃县、洪洞县、襄汾县部分重点外贸企业进行调研，为全面掌握临汾市进出口工作进展情况，准确研判外贸形势，取得第一手资料。

【促进城乡消费】 2015年，临汾市促消费工作围绕首届“山西购物季”总体部署和要求，实施以“促消费、稳增长、惠民生、助发展”为主题的促消费活动。参与企业多。组织全市近百家商场、超市、专业市场、汽车销售企业及行业协会参与，涉及家电、家具、家居、汽车、服装、食品以及餐饮、百货、零售等众多行业，是历年参与企业最多、涉及行业最广、内容最丰富的促消费活动。活动内容多。家居装饰协会21家大型家居商场、建材企业，举办建材博览会暨秋季茶花会；中石化、中石油旗下200个加油站，开展“心系三农送温暖活动”“金秋十月优惠让利活动”“双休日优惠促消活动”等让利消费活动；工贸购物中心开业促消活动；神州装饰城建材、灯具展示、展销；家政服务进社区、进万家送温暖等活动。活动实惠多。在促消费活动期间，鼓励企业开展团购惠民、购物送礼、购物送券、换季商品减价、新品打折优惠、开业庆典巨惠等让利措施，成效显著。

【电子商务】 2015年，临汾市电子商务经营主体突破2000家。其中，电商应用企业300余家，个体户网店超过1500家。阿里、苏宁、乐村淘等县级电子商务运营中心近20家，农村电子商务服务站2000余家。电子商务交易额预计突破100亿元。其中，大宗商品交易额完成90亿元，网络零售额3亿元。支持传统企业深耕电子商务，推进电商平台建设。加大对本土电商平台的支持力度，山西黄河金三角工业品交易中心、山西亚欧有色金属等大宗商品交易中心功能逐步完善，本土电商马上购、宝得网店铺、会员、商品增多，窝麦良品网上商城线下体验店布局加快、天美优品微商城，以高频次外卖配送服务为入口，平台各项业务快速增长；推进电子商务进农村，壮大农村电商市场。侯马市成功入选山西省阿里巴巴“千县万村”计划首批试点和商务部电子商务进农村首批示范县市。10月28日，农村淘宝市级服务中心、仓储配送中心和首批33个村级服务站正式上线运营，在全省率先实现阿里巴巴村淘项目的全覆盖，全市村级服务站完成45家；发挥电商园区和企业的示范作用，加快电商企业聚集发展。发挥侯马开发区国家级电子商务示范基地的带动作用，完善临汾开发区电商产业园区的服务功能。企业聚集效应增强，产业规模持续扩大，临汾开发区被省商务厅确定为省级电子商务示范基地，黄河金三角工业品交易中心、米兰多格电子商务公司被省厅确定为省级电子商务示范企业；加强宣传培训，培养电商人才队伍。组织召开临汾市加快电子商务发展推进大会，印发《临汾市关于加快电子商务发展的指导意见》，举办以跨境电子商务及农村电子商务为主要内容的专题培训会。全市各类电商培训有序推进，临汾、侯马开发区及侯马市、洪洞县、古县、霍州、乐村淘13个县市管理中心共组织各类电商理论和实操培训100多期，培训人员近万人，电子商务从业人员迅猛增长。全年电子商务发展项目资金，扶持企业做大做强。组织电商企业参加山西品牌网上行活动，拓展临汾市名优特产和品牌商品的销售渠道，提高知名度和市场占有率，全市有9家电商企业参加山西品牌网上行活动。

【15分钟便民商圈建设】 2015年，临汾市商务局重点对临汾万佳福仓储超市有限公司商会社区“15分钟便民商圈”万佳福家兴店改造工程项目进行督促检查，组织相关人员对项目完成情况进行验收，确保建设项目保质保量按时完成。

【商务惠民实事】 2015年，早餐工程方面，临汾市政府召开全市放心早餐工程推进会，市商务、发改、财政、国土、环保、住建、规划等有关部门和太原双合成娘家早餐餐饮有限公司负责人参加会议，协调研究。市商务局会同市住建部门深入市区街道进行实地调研，帮助太原双合成食品有限公司在市区规划选址早餐车服务点，会同市住建局、市工商局、市食药监局制订《临汾市“放心早餐工程”早餐车经营管理办法》(临商商贸〔2015〕96号)，规范“放心早餐工程”早餐车的经营管理，在满足广大市民放心早餐需求的同时，最大限度地减少其对城市交通、市容秩序、环境卫生的影响。太原双合成娘家早餐有限公司在临汾注册分公司，在临汾市尧都区改造建设1座1000平方米的主食配送中心，首批投放的100辆放心早餐车，有60辆落实到位，分布在市区的22个街道、38个社区，为临汾广大市民提供主食、粥类56种，为200多个下岗职工、4050、外来务工和社会闲散人员提供就业岗位。

【重大商贸转型项目建设】 2015年，临汾市以打造中西部黄河金三角商贸中心为目标，推进重大商贸转型项目建设。锦悦城、居然之家、嗨都国际广场、美特好超市等开业运营，推进奥特莱斯芭蕾雨、上东世纪CBD城市经济综合体、生龙国际商贸城、红星美凯龙等一批商贸转型城市综合体项目。临汾海吉星农产品商贸园区、东城城市综合体、新发地农产品物流园区等一批项目签约。这些重大商贸项目的实施，对于提升全市商贸业发展水平具有十分重要的意义。

【商贸物流】 2015年，临汾市商务局按照临汾市委、市政府“建设中西部现代商贸物流枢纽城市”这一目标，以高铁、高速公路、临汾机场、海关等为主要依托，加快沿线、沿边、沿河商贸物流业发展，培育壮大临汾本土商贸物流企业，与有关部门协调做好服务促进工作，加快建设山西国际陆港园区、临汾空港物流园区、临汾城北物流园区、城南生活物流园区、临汾开发区(洪洞·甘亭)工业园物流园区、霍州联源现代物流园等一批物流园区。山西国际陆港园区、山西国际陆港园区、临汾中信空港仓储物流园区项目、侯马开发区商贸物流项目等重点项目进展顺利。推动商贸物流项目建设。全年全市商贸物流领域累计完成投资29.47亿元，完成28.56亿元的省定任务；支持物流企业抱团创新发展。1.支持临汾市兴荣物流有限公司等企业成立临汾市物流(联盟)协会，加强行业自我监管与自我提升，抱团发展；2.组织召开临汾市互联网＋物流发展座谈会，引导企业向信息化转型，实现物流业与互联网融合升级发展；3.向省商务厅推荐上报临汾市物流(联盟)协会、临汾经济技术开发区兴荣汽车运输有限公司分别为国家级商贸物流标准化专项行动重点推进协会和智慧物流配送示范单位。

【外资外经工作】 2015年，临汾市实际到位外资15660万美元，全年新批外商投资企业1家，合同利用外资806万美元，新批的一家企业为山西龙智能源化工有限公司，投资总额1亿元，注册资本5000万元，由香港龙智集团有限公司以等值港币出资，主要生产、销售液氨、精笨及相关化工附属产品。组织开展与东盟国家一系列活动。临汾市加快与“一带一路”沿线国家合作步伐，与东盟国家开展一系列的交流活动。6月28日，东盟泰国商务考察团到临汾分别考察吉县苹果基地、山西戎子酒业有限公司、山西光宇半导体照明股份有限公司；6月29日，临汾市政府与东盟国际贸易促进会签署战略合作备忘录，召开“临汾—东盟市场分析说明会”。共同推动“东盟走进临汾，临汾走进东盟”；组织企业参加“2015投融资促进服务中国(山西)行”活动，为临汾企业进入资本市场提供帮助。组织临汾市山西琪尔康翅果生物制品有限公司，山西戎子酒庄有限公司、山西伟涛食品有限公司、临汾鹏泰伟业有限公司等10个县市27家企业，参加“2015投融资促进服务中国(山西)行”活动。邀请中国新三板服务机构联盟，组织北京泽天会计师事务所，财富证券、上会会计师事务所等多家机构到临汾对企业进行现场指导，为企业融资提供帮助，促进全市经济转型升级；开展外商投资企业和对外投资企业年报工作。全年参加外商投资年报企业39家，其中合资25家，合作6家，独资8家，投资来源于9个国家和地区，分布于12个县市区，涉及制造业的企业28家，占总数的71.7%；采矿业2家，占7.7%；电力、燃气及水生产和供应业5家，占12.8%；居民服务和其他服务业2家，占5.2%；住宿和餐饮业、房地产业各一家，分别占2.6%。39家企业销售总收入48.82亿元，比上年增加1.53亿元；纳税总额4.17亿元，比上年增加1.37亿元。其中盈利16家，亏损20家，盈亏持平3家，利润总额1.28亿元。从业人员4162人，比2014年减少1423人。

【开发区发展】 2015年，为推动临汾市开发区发展，商务局多次向市政府请示《关于推进开发区(园区)发展事宜的报告》，2015年4月7日，临汾市政府常务会议同意，山西国际陆港园区并入侯马开发区，洪洞(甘亭)工业园纳入临汾开发区管辖区，申报新设立襄汾经济开发区和洪洞赵城经济开发区，之后，两个开发区聘请专门机构完成扩区可行性研究报告编写工作，邀请相关部门进行论证。12月7日，市政府常务会议同意启动开发区扩区程序，成立由市委副书记、市长岳普煜后任组长的开发区扩区升级工作领导组。扩区工作请示上报省政府。

【市场监测】 2015年，临汾市按照商务部和省商务厅市场运行监测数据报送任务和时间要求，及时督促样本企业上传数据，市场监测综合得分100.29，连续6年全省排名第一；加大数据分析运用，提高稿件质量。2015年商务预报、商务之窗两个网站共编发各类商务信息2564篇，其中：市局撰写发布1134条，被商务部采纳115条；县市区商务局撰写发布1430条，被商务部采纳136条。通过分析市场运行趋势，合理引导消费，提供有价值的市场分析材料和监测数据，为有关部门决策提供参考；、加强指导服务，扩大县级商务预报的社会影响力。1.加强基础建设，扩大县级商务预报覆盖面，全市共开有10个县(市、区)开通商务预报，覆盖率达到62.5%。2.提高县级商务预服务平台的工作水平，对基层商务预报工作人员的稿件编审能力进行培训、指导，提升商务预报对当地经济社会的服务能力。

【市场储备】 2015年，临汾市商务局应急储备体系逐步完善，相继建立生活必需品、猪肉、冬春蔬菜储备制度。组织成立生活必需品应急救援队。由商务局负责应急储备工作的领导和工作人员，以及方便食品、饮用水、日用品等生活必需品储备企业的负责人共同组成，保障应急情况下储备物资调得出、用得上；完善应急体系，明确工作措施。1.完善应急体系。召开《临汾市生活必需品市场供应突发事件应急预案》专家评审会，完成《临汾市生活必需品市场供应突发事件应急预案》的修订工作。制定《临汾市商务局地震应急预案》《市区地震方便食品、瓶装水、日用品调度方案》等预案，使生活必需品应急预案形成较为完整的体系。2.建立应急储备商品月报制度。各代储企业专人负责，做好储备商品台账，每月报送应急商品储备情况，及时掌握库存数量。

【商务综合执法和市场监管】 2015年，临汾市商务局开展油库加油站安全生产专项检查、餐饮场所燃气安全专项排查治理、直属企业安全生产隐患排查等工作，召开成品油管理、典当拍卖工作会，强化成品油市场、单用途商业预付卡、拍卖、典当、再生资源、零供交易、二手车交易市场和报废汽车回收拆解市场等行业的日常监管与专项整治，促进商务系统安全稳定。

【黄标车及老旧汽车淘汰工作】 2015年，临汾市商务局临汾市商务局落实工作程序，召开工作推进会，及时在临汾商务预报网公布全市定点回收企业联系方式、地址等相关信息，加强对报废汽车定点回收拆解企业回收的黄标车及老旧汽车监督管理，督促回收企业严格规定要求，提供便利服务，做好应急预案，杜绝淘汰的黄标车及老旧汽车流入市场。回收黄标车及老旧车6776辆，完成2015年任务的169.27%。

【酒类管理】 2015年，临汾市商务局印发2015年全市酒类管理工作重点，先后安排部署国庆、中秋、元旦、春节专项整治等项工作；做好批发企业的年检换证和专项整治。全市共发放酒类批发许可证556户，其中新办55户，换发64户；推进酒类流通备案登记工作。进行零售备案登记户达8852户，对停业转行10户进行撤销备案登记，酒类备案登记工作仍在推进中；规范酒类随附单的溯源管理。制定全市《随附单》管理办法，要求酒类批发经营户领取随附单做到“五带一换”，即带批发许可证副本；带《随附单》申领记录卡；带酒类商品进、销账；带旧单；带经营者公章。“一换”换新单，全年共发放使用《随附单》3200本，随附单的使用率得到提高；做好酒类进销台账和警示牌发放工作。全年共配发4000本酒类进销台账，为方便酒类市场检查提供了保障；推进酒类流通信息管理平台工作。共完成酒类批发、零售、餐饮、娱乐业信息平台登录9419户，登录率达到100%，占全省51000户的18.47%，接近五分之一，为建设酒类流通追溯电子化管理系统，做好平台的应用，为完成省市县三级酒类电子溯源管理奠定坚实基础；加大稽查力度严查违法经营。全年全市共出动执法检查人员3336人(次)，下发整改通知书157份，检查酒类企业和个体户3700户(次)，查处违法案件97件，案值6万余元，对查处的酒类违法案件得到严肃处理。

(张丽英)

招商引资

【概述】 2015年，临汾市招商系统围绕市委、市政府的中心工作，以优化产业结构为主线，以产业招商为抓手，瞄准重点地区，紧盯目标企业，借助商协会力量，创新招商方式，提高招商质量。2015年，全年签约项目192个，总投资2375.1亿元，完成省定任务1656亿元的143.4%，完成市定任务2000亿元的118.8%；成功引进新能源纯电动公交车节能项目；成立上海文创资源配置交易中心临汾分中心，首批推荐10个优质项目在分中心挂牌发布；促成北京爱特格经济技术研究所在全市发起创建黄河银行等等，全市招商工作在全省取得综合排名第三的好成绩。

【山西·临汾招商引资项目推介会】 2015年4月20日，山西·临汾招商引资项目推介会举行。副市长杨治平代表临汾市政府同北京国际绿色经济协会签署战略合作框架协议，会上签约项目5个，总投资达107.7亿元，引进北京、深圳、浙江等地的优秀企业，项目涉及新能源、文化旅游、社会公益、农副产品等产业。此次推介会来自全国各地的企业家，香港、北京、上海、广东、天津、重庆、江苏、四川商协会领导等社会各界朋友170余位，推介项目以文化旅游类为主。

【临汾市市区城市建设改造PPP项目推介会】 2015年9月15日，召开临汾市市区城市建设改造PPP项目推介会。主要推介临汾市15个城市建设项目和尧都区、临汾经济开区城中村改造项目，邀请客商以总承包商、银行类和其他金融类为主，具有很强的针对性。此次推介会上，市委副书记、市长岳普煜分别与永安信(天津)股权投资基金管理有限公司、晋商银行股份有限公司、中建交通建设集团有限公司、中铁交通投资集团有限公司、中核华晨建设有限公司、山西建筑工程(集团)总公司、中国农业发展银行山西省分行、平安养老保险股份有限公司八家企业签订框架合作协议。

【临汾(上海)城市推介活动】 2015年11月6日至8日，临汾市在上海举办以“帝尧之都 中国之源”为主题的临汾(上海)城市推介活动，活动分“2015山西临汾(上海)招商引资2.0模式项目推介会”“临汾市区域经济文创化发展论坛”“中国之源·风情临汾”文化主题展演和“中国之源·影像临汾”封面摄影大展四大板块，既各自独立，又相互交融，每一板块特色鲜明、主题突出。会上，全市共成功签约项目28个，涉及17个县(市、区)，总投资310.8亿元。其中与长三角地区签约项目23个，总投资282.4亿元(上海14个，总投资72.9亿元；浙江5个，总投资165.5亿元；江苏4个，总投资44亿元)；其余5个项目分别与香港、台湾、山东、深圳、新加坡签约，总投资28.4亿元。

上海文创资源交易中心临汾分中心挂牌发布仪式

【招商引资2.0模式】 招商引资2.0模式是与上海文创联盟合作探索出的招商引资转型升级新模式，通过前期资源配置、集中对接活动、招商项目专业市场托管的方式，把资源推销向城市营销全面转变，实现地区资源高效配置，招商项目精准对接。2015年，上海文创资源配置交易中心临汾分中心成立，包括陶寺文化基金项目、安格瑞新农村创业孵化器项目在内的首批10个特色明显、具有较大发展潜力的优质项目，在分中心挂牌发布，进行招商项目托管，开启“政府招商部门牵头、经专业机构审核保荐、专业交易市场挂牌发布和项目托管”的新模式。截至2015年底，有近百家企业对第一批挂牌项目进行咨询、洽谈和意向摘牌。其中北京电阳国际集团、天地汇物流网、日臻资产等机构前往项目地实地考察，有的正式递交摘牌申请，预计首批十大项目的摘牌成功率将高达40%～50%。

【拓展招商网络构架】 2011年以来，临汾市招商局为提高招商引资的科学化水平，实现招商引资工作系统化、规模化发展，利用在沿海地区召开招商引资推介会机会，先后与全国17个省的政府机构、协会、商会、投资机构等建立长期、广泛、稳定、可靠的联系，搭建起一个覆盖国内、面向世界的招商网络构架，实现招商信息资源共享。在2015年，招商引资网络构架得以扩展。借助“帝尧之都·中国之源”城市推介活动，通过与上海文化创意产业资源联盟开展战略合作，与上海文创联盟60个行业协会的15000家企业开展交流合作，形成长期稳定、辐射全国的招商网络架构。2013年与上海文创联盟建立友好合作关系，特别是在2015年，经过双方多次对接，市政府常务会议研究同意上海文化产权交易所在临汾市设立分支机构，相关事宜在稳步推进；重点征集、筛选10个项目，经专业机构保荐进入上海文创资源交易中心，实施挂牌和托管服务；5月28日，洪洞县众一农业发展有限公司在上海股权托管交易中心股权报价系统(Q板)挂牌。

【在谈项目】 2015年，临汾市招商局结合省、市发展金融业的精神要求，围绕金融业，持续跟进在谈项目。1.与永安信(北京)投资控股有限公司签订《中国城市资本振兴计划战略合作协议》，在临汾市发起设立“临汾资本服务中心”、组织企业家进行“资本大讲堂”培训、设立相关产业基金等事宜达成共识，合作推动全市金融经济发展。2.促成北京爱特格经济技术研究所在临汾发起创建自担风险的区域性民营商业银行——黄河银行，为加快推进黄河银行筹备工作，临汾市成立“黄河银行协调推进领导组”，协调支持爱特格研究所“黄河银行筹备委员会”的筹备工作，黄河银行筹建工作进入筹备期，“黄河银行筹备委员会”分别在临汾和北京设立办公室，将委托第三方机构对有意向企业的资格进行审查评估，确定全市战略投资者筛选情况，严格按照相关法律法规稳步开展黄河银行的筹建工作。3.同北京国际绿色经济协会深入对接，促成市政府同北京国际绿色经济协会签署战略合作框架协议，双方将在招商引资和对外投资、技术合作、企业管理、企业文化等领域开展多形式、多渠道、多层次、全方位的横向联系、交流和合作。4.推进中国(天津)自由贸易试验区临汾保税商品展示交易中心项目,多次赴天津与自贸区相关部门对接交流,推动天津自贸区进口商品临汾直营中心项目落地,以此为契机促进临汾与天津自贸区东疆保税港区建立友好合作关系。

【与深圳市沃特玛电池有限公司合作】 2015年8月,临汾经济开发区、洪洞县与深圳市沃特玛电池有限公司签订新能源汽车核心技术产业园项目,项目位于临汾经济开发区(洪洞—甘亭)工业园,总投资30亿元,计划两年内投资建成3GWH产能电池生产线,正常达产运营后可实现产值60亿元,解决当地劳动力2000人就业。2015年12月9日,岳普煜市长会见深圳市沃特玛电池有限公司董事长李瑶一行,双方就加快沃特玛新能源汽车核心技术产业园建设、深化合作领域进行交流、洽谈。该公司首批30辆纯电动公交车在临汾市运营,充电桩等相关设备均建好投入使用。省长李小鹏到临汾市考察时,对该项目高度赞扬,号召全省向临汾学习相关经验。

【对外合作】 2015年,山西省提出开展30项投资促进活动计划,全省招商引资工作进入活跃期。临汾市分别参加晋粤产业合作项目推介会活动、第九届中国中部投资贸易博览会、跨国公司入晋暨产业合作推介对接活动以及“山西品牌中华行”西安站、兰州站、长春站的推介对接会,成功组织山西临汾(广州)招商引资项目签约会,与国信证券股份有限公司、上海浦东发展银行太原分行、广州交易所集团有限公司、广州汇得源投资管理有限公司等企业在金融产业、旅游产业、基金等方面达成合作协议,引进项目资金额达103亿元。

【干部培训】 2015年,临汾市从“改变理念,创新思维”入手,探索建立领导干部招商工作长效培训机制,对县(市、区)主要领导开展招商专业知识培训,1月,在上海举办临汾市领导干部“区域经济文创化和招商引资转型发展”培训活动,了解有关区域经济文创化的大量知识,在如何做好招商工作方面有了新的思路和方法,使参训干部深受启发;浮山、古县、临汾经济开发区也结合工作实际,分别组织相关部门负责人和部分企业家进行专业招商知识与技能培训。尤其是在上海区域经济文创化发展论坛中,邀请全国文创化知名专家学者,通过现场理论讲解、项目展示及互动交流等形式,提升招商人员的创新意识、资本意识、联盟意识,为创新招商工作提供更为广泛、更高层次的理论和智力支撑。

(周　廉)

供销合作

【概述】 2015年,临汾市供销社发展实际,适应新常态,主动新作为,搭建新平台,推进各项工作全面发展。全年全系统利润完成684.3万元,同比增长7.2%;销售总额完成15.87亿元,同比增长7.4%。规范提升农村便民连锁商店75个,超额完成60个;改造基层社7个,超额完成3个,其中,创办农村综合服务社2个,超额完成1个;建设改造农资配送中心3个,超额完成1个;扶持供销社领办的农民专业合作社1个;保障碘盐供应,碘盐覆盖率达和合格碘盐食用率均达到95%以上。

【“新网工程”建设】 2015年,临汾市建成由供销社独资、控股、参股的各类连锁配送中心43个,投资总额13938万元,网点2425个,年销售额32146万元。2015年,申报落实“新网工程”专项扶持资金289万元,申报省社“新网工程”龙头企业3个。

【“三农”社会化服务新平台】 基层供销社是供销合作经济的基础,是农村社会化服务体系建设的重要平台。2015年,临汾市社制定基层组织建设标准下发各县(市、区)社,规范基层社建设。各基层社结合县域经济发展特点和城镇建设规划要求,通过自主筹资、职工集资、招商引资等多种方式,盘活低效闲置资产,2015年,投资600余万元,改造建设7个服务功能完善、辐射带动能力强的新型基层社。

【农民专业合作社】 2015年,临汾市社围绕区域资源优势和特色产业,加快构建以农户家庭经营为基础、合作与联合为纽带、社会化服务为支撑的立体式复合型现代农业经营体系,兴办种植、养殖、加工等专业合作社,加强对新型合作示范项目的发掘培育和监督指导，涌现出一批具有特色和示范效应的专业合作社。如：浮山鑫供合专业合作社采用“土地托管”的耕作模式，引导农民走上集约化、规模化、产业化的现代农业发展路子，解决“谁来种地”的难题，延长农业产业链条，降低农业生产成本，提高土地经营效益；蒲县兴农核桃专业合作社创新助农增收“五位一体”新模式，生产的核桃系列农副产品销往山西、北京、广东、浙江、山东、海南等地；曲沃县农发蔬菜种植农民专业合作社打造服务农民“六个统一”新标准，设立3个蔬菜直营销售点，促进现代农业发展，每年销售蔬菜达130多万公斤。

全年全市共领办、组建专业合作社162个，注册资金达2亿元，入社农户12673户，带动农户49678户，资产总额1亿多元，销售总额近3亿元。其中，领办、组建总社认定的专业合作社示范社2个，农业产业化重点龙头企业1个，“百佳标准化农产品品牌”1个。

【便民连锁商店】 2015年，临汾市供销合作社通过扩大经营领域、拓展经营范围，增加经营品种、增强服务功能，走出一条立体、双向、多功能、可持续的社区综合服务之路，实现便民连锁商店的可持续发展。全市规范提升便民连锁商店408个，全年规范提升便民店75个。创建农村综合服务社2个。

【农村电子商务建设】 2015年，临汾市发展农村电子商务事业，打造覆盖市、县、乡、村经营主体，具有地方特色、双向供需、辐射全国的农产品电子商务网络体系，形成工业品下乡、农产品进城、农民就地触网、企业联合上线、线上线下融合发展的大格局。全市有9个县(市、区)供销社的20家优质企业入驻省社农芯乐商城，上线产品达292种。安泽县供销社推进电子商务平台体系建设，提升农村电子商务应用水平，探索出适合市场经济要求，服务“三农”需要，融合供销合作社与现代化农村特点的新型发展路子。实现行政村便民店电商全覆盖，解决农村物流配送“最后一公里”问题。被确定为“中华全国供销合作总社电商示范县”，全省推广其发展模式。

【农产品展销会】 2015年，山西省组织临汾市名特优农产品赴北京参加山西省雁门关生态畜牧经济区特色农产品展销暨技术交流招商引资洽谈会。整合特色农副产品与北京青鲜美农产品有限公司签署合作协议，签约金额达8000万元/年，把临汾当地的19类80余种小杂粮系列产品销往北京、山东、浙江、广东等地的大型超市与电子销售平台。通过一系列优质服务，成功实现产销对接，帮助全市农产品走出临汾、迈向全国。

【精准扶贫】 2015年，临汾市供销合作社成立领导组，派出驻村“第一书记”，实施建档立卡“回头看”，开展产业扶贫、项目扶贫、文化扶贫等工作，对帮扶工作进行详细的安排部署。多方筹措资金5万元修缮道路和排洪渠；开展爱心捐助活动，筹集慰问金4800余元捐给贫困户；成功申报为扶贫局2016年“光伏发电”项目。

【平安工程建设】 2015年，临汾市果品批发市场改造工程全部还迁完毕；财经学校全额事业编制问题通过给教职员工讲解政策，做工作，教师队伍稳定；五一路平阳南街交叉口道路拓宽改造工程经多方协调于12月开工建设；曲沃购物广场重大火灾隐患问题，8条隐患基本整改完毕，等待消防部门验收。

【监督监管】 2015年，临汾市加强监事会组织机构建设，所辖17个县(市、区)供销社设立监事会机构12个，覆盖率为70％；2015年共选派5名专职监事到企业任职，以“三重一大”决策制度为核心，加大对直属企业的监督、检查力度。加强对重点农业综合开发新型合作示范项目建设情况，深入实地，现场指导，从项目建立、资金申请、资金到位至项目的竣工验收全程进行跟踪、监督。

(原晋云)

粮食购销

【粮食安全】 2015年，临汾市粮食局制定印发《临汾市人民政府关于落实粮食安全省长责任制的实施意见》(临政发〔2015〕31号)，明确地方政府粮食安全责任，保障区域粮食安全，构建全市粮食安全的制度体系。强化粮食市场预警。深入居民、农户、粮食经营、餐饮企业和学校食堂等开展抽样调查，为粮食供需平衡决策提供依据。全年没有出现粮油价格异常和卖粮难。新增储备落实到位。市级新增1750万以斤的储备指标,全部落实到位通过验收。市级应急成品粮储备和市应急小包装食用油储备分别达到550万公斤和90万公斤,县级调控粮达到0.6亿公斤。加强粮食应急管理。全市落实应急加工企业28家,应急供应企业183家,应急储运企业18家,应急配送中心18个。督促应急网点履行承诺,确保满足突发事件发生后应急粮食的供应。

【粮食流通】 2015年,临汾市粮食收购7.23亿公斤,销售7.44亿公斤,分别占省下达任务的140.4%和141.7%。深化粮食产销衔接机制,拓宽与粮食主产区建立稳定的合作关系,调剂粮食品种余缺。全年调入粮食0.75亿公斤,占省下达任务的187.5%,确保粮食总量平衡和品种结构平衡。

【储备粮油监管】 2015年,临汾市粮食局制定临汾市储备粮管理监督职责(管理责任清单),各承储企业相应制定各个岗位的职责,成立专项检查组,开展春秋两季库存安全大检查,对各县(市、区)的储备粮管理制度落实和储备粮质量档案的建立工作进行细致检查。加强对储备粮油库存监督管理,确保辖区内各级储备粮油数量真实、质量良好、储存安全,全系统安全储粮"一符六无""三专四落实"粮仓达标率100%,科学保粮率达到98.6%,商品粮"一符六无"考核评分98.9。

【深化改革发展】 2015年,临汾市安泽县完成县级国有粮食购销企业"一县一企、一企多点"的改革重组。全年国有粮食企业统算盈利155.8万元,完成省局下达指标的129.38%。市直企业改革方面,推动局直属国有粮食企业破产改制完善工作,细化《关于局直属企业综合改革的方案》,加大与市国资委、市人社局、市财政局、市国土局等部门的沟通协调力度,推进局直属企业破产改革工作。

【仓储设施建设】 2015年,临汾市粮食局实施国家和省安排临汾市的0.2亿公斤新建标准化粮食储备仓项目,该项目由临汾市粮食局侯马直属库承建,开工建设,进展顺利。2014年、2015年累计投入资金172万元,重点为三个直属库配备出入库机械设备和检化验仪器,对三个县(翼城、浮山、汾西)的仓房进行隔热密闭和地面硬化改造,使6个单位的仓储设施功能得到提升。2015年,全市新增19家危仓老库维修改造项目单位,争取省局危仓老库维修改造补助资金1180万元,项目单位自筹545万元,地方财政配套资金235万元,可修复仓容2.54亿公斤。

【粮食流通监管】 2015年,临汾市根据"六权治本"要求和省、市相关文件精神,将粮食收购许可市级审批权限全部下放至各县(市、区),行政职权"两单两图"按要求完成。组织开展粮食购销活动检查、粮食收购资格审批监督检查和滥用审批监督检查权问题专项整治行动,查处粮食收购和政策性粮食出库违法违规行为,净化粮食收购市场秩序。开展粮食库存检查,督促指导各相关企业就全市粮食数量安全、质量安全、库贷挂钩、政策落实、安全生产等方面展开自查,对自查情况进行巡查,做好整改情况的跟踪督导。以粮食收购市场准入、收购、销售和库存量为重点,组织开展夏秋两季粮食收购市场和五一、国庆、春节等重大节日期间市场供应的专项监督检查,查处损害农民利益的违规行为。侯马市粮食局被国家粮食局评为第五批"全国粮食流通监督检查示范单位"。

(李天武)

石油营销

【概述】 临汾石油分公司是排名世界500强第2位的中国石化销售有限公司在山西临汾唯一的下属机构,下辖17个县区公司(零售公司、16个县(市)公司)、2个高速路服务区,职工人数1500余人,油库2座,容量8.3万立方,在营加油站189座,上线易捷便利店116座,分布在全市各城镇中心、交通要道和重点乡村,覆盖面达到75%以上,年销售成品油50余万吨,销售总量、利润总额持续名列全省系统前茅。

【营销拓市】 2015年,临汾石油分公司坚持把资源采调作为拓市增量、提效创利的基础和前提,结合区域市场和经营特点,科学摆布进货结构与库存,加大创效性资源的进货,抓好资源密度管理,保供创效。零售上,开展"百家客户回访""千人市场走访"

“万名客户定责”和“方圆一公里”市场调研，因地制宜，开展差异化营销，2015年，零售进度完成率排名全省第二。直分销上，开展市场调研和客户走访，开展全员销售，“一户一策”巩固老客户，开发新市场。配合政府部门开展成品油市场专项整治，取缔非法成品油经营窝点10余个，改善经营环境。

【非油业务】 2015年，临汾石油分公司围绕向“综合服务商”转变，抓特色营销，抓重点商品，抓新业务拓展，做大非油销售。开展“油非互促”营销，加大重点商品的销售推广，拓展新业务，太平保险入驻加油站点，建成投营全省首座“易捷”汽服店，组建非油品客户经理队伍，开展“进学校、进社区、进机关、进厂矿”活动，打造“百万元销售大店”，实现非油品业务的快速发展。

【体制机制改革】 2015年，临汾石油分公司整合本部四个经营部成立零售公司，成立“设备维修中心”，管控全区库站设施设备的日常维修，以黄河酒店为平台，打造“全省教育培训中心”，推进加油站委托管理工作，突出“量利”导向，完善绩效考核机制，坚持“严考核、硬兑现”，传递责任压力，激发员工的工作积极性。

（毕 玲）

附：

·获奖情况·

中国石化销售有限公司山西临汾石油分公司被临汾市总工会评为“2014年度工会工作先进单位”，被山西石油分公司评为“2014年度安全生产先进单位”“2014年度综合信息工作先进单位”“2014年度优秀通联站”

烟草专卖

【概述】 2015年，临汾市烟草专卖局累计销售卷烟175601箱，同比减少1586箱，下降0.9%，其中：二、三类烟同比增加2417箱、276箱，增幅为33%、0.3%；一、四、五类烟同比减少1193箱、2787箱、299箱，下降4.1%、8.1%、1.9%；全市累计销售重点品牌148898箱，同比增长2.45%，销量占比达到84.79%，同比增长2.77个百分点；累计销售8毫克及以下低焦卷烟13758箱，同比降低4.8%，低焦卷烟占到总销量的7.8%；累计条均价105.8元，同比101.1元增加4.7元，增长4.6%；累计实现销售收46.44亿元，同比增加1.66亿元，增长3.71%；累计实现税利10.7亿元，增长20.52%；累计实现毛利11.01万元，同比增长12.40%。全市种植烟叶2.55万担、种植面积0.051万公顷，移栽户数393户，顺利完成调拨任务。

【营销与物流建设】 2015年，临汾市烟草专卖局按照“市场导向、按需供货、均衡销售、保持状态”的工作要求，完善市、县两级市场状态监测体系，强化结果应用，指导货源投放。货源衔接上，以库存量、库存金额为控制指标，采取限调停调、提高发货频次等措施，构建库存控制模型，通过限调停调提高发货频次等措施，严格控制存销比上限，保障存销比下限。按照市场实际情况，制定《农村市场挖潜方案》，在“做优市场、做精渠道、做强品牌”上发力。深化科技物流、精益物流、人本物流。

山西省烟草专卖局领导在临汾调研

【专卖监督】 2015年，临汾市烟草专卖局破获尧都“2·2”“11·28”和翼城“11·21”三起符合国家局标准的网络案件，涉案金额565万余元，逮捕4人，直诉7人。建立打击互联网涉烟违法行为专项协作机制，公安网络安全保卫支队牵头，治安、食品药品侦查支队侦办，技术侦查支队、情报中心提供技术保障，建立多部门协作的联合专案组，发挥

"大兵团,多警种,跨区域"协同作战优势。全年共查处涉烟违法案件835起,其中假烟案件92起,真烟案件743起;查获各类违法卷烟521件,其中假冒卷烟56件,标值38万元,真品卷烟465件,标值212万元;破获5万元以上案件11起,捣毁贩藏窝点2个。推进非现场监管模式运行,加强"8+3"协同监管机制建设,规范卷烟经营行为。推进行政许可工作,加强专卖法规宣传,组织案卷评查,推行网格化管理,执法主体建设取得新成效。

【规范管理】 2015年,临汾市烟草专卖局制定印发《全市系统进一步推动规范管理工作实施方案》及《规范管理工作任务分解表》,落实《烟草企业采购管理办法》,全年共实施公开招标项目49项,核减采购项目11类,招标金额1755.5万元,核减金额177.36万元。推进法治烟草建设,规范合同管理。落实安全生产责任制,开展安全检查、隐患排查和问题整改,实现全年安全生产"零"事故。

(董　楠)

盐业专营

【概述】 2015年,临汾分公司坚守食盐专营,搞活工业盐经营,开展非盐业务经营。商品购进,1月至12月,购进各种盐22048吨,同比减少9069吨。购进总量同比大幅减少,主要因素是工业盐销售大幅下滑,导致工业盐购进大幅减少;商品销售,1月至12月 ,销售各种盐25800吨,同比14年减少11435吨;,销量分析:全年销量同比减少11435吨。销量断崖式下降,其中主要是工业盐销售大幅减少,全年减少10686吨,同比骤然下降达51.6%;财务指标:本期销售收入4973万元,同比减少1087万元。

【工业盐经营管理】 2015年5月,临汾分公司召开两次工业盐经营专题会议,出台相应的措施,确保工业盐销售。对尧都区工业盐用户走访检查56户,发现1户用盐为三无工业盐18吨,由司局人员进行没收处理。分公司两次调整县公司及自营大用户的供应价格上报省公司,于4月、10月下发工业盐调整价格通知。10月,分公司出台工业盐市场化销售方案,经省公司批复执行。工业盐上半年同比减少7598吨,下半年同比减少3246吨。

盐政市场检查

【盐业市场专项整治】 2015年,临汾分公司开展"两个加强、两个遏制"专项整治行动,保障盐业市场安全稳定。共出动车辆500余车次,出动人员3500人次,协助盐务局捣毁制假窝点3处。6月,洪洞县法院对两名私盐贩子分别作出判处有期徒刑10个月,并处罚金人民币5000元。7月,司局配合公安部门等成功打掉一个假冒"晋盐"牌400克海藻盐生产窝点,两个销售窝点,查获假冒各类盐产品5.78吨,五菱面包车一辆,小包装封口机一台,电子称一台,刑事拘留3人。9月,司局人员在曲沃县立恒钢铁厂查扣30吨工业盐。11月,司局人员配合侯马公安部门查获两起工业盐充当食盐案件,对涉案人员刑事拘留5人。

(赵俊卿)

教　育

综　述

【概述】 2015年，临汾市共有各级各类学校1951所，其中小学1012所、普通中学285所、幼儿园609所、中等职业学校39所、特殊教育学校6所。共有在校学生63.1万人，教职工6万人，其中专任教师5.1万余人。

全年临汾市教育经费总收入达661962万元，国家财政性教育经费577496万元，其中：公共财政预算安排的教育经费575929万元；政府性基金预算安排的教育经费1311万元；企业办学中的企业拨款247万元；校办产业和社会服务收入用于教育的经费8万元。民办学校中举办者投入1950万元。事业收入76234万元(学费收入66873万元)。其他教育经费3282万元。

全市各级各类学校教育经费总支出为641866万元，在事业性经费支出中，人员经费支出456805万元，其中：工资福利支出373014万元，对个人和家庭的补助支出83791万元；公用经费支出173259万元，其中：商品和服务支出105702万元，其他资本性支出67557万元。基本建设支出3847万元。

（王源辰）

学前教育

【公办园建设】 2015年，临汾市新(改、扩)建标准化公办幼儿园28所，改造农村幼儿园36所，规划建设面积8万多平方米，建设改造资金近1.5亿元。学前三年毛入园率达到87%。

【清理整顿无证园】 2015年，临汾市教育局清理整顿民办园一直是临汾市学前教育工作的重点和难点。2014年5月、10月，2015年5月连续三次对全市所有无证幼儿园进行清理整顿，使全市民办园数量由1245所减少为794所，取缔三无幼儿园451所。

【幼儿教师培训】 2015年，临汾市通过国培、省培等短期培训、定岗置换、送培下乡等形式，组织公办、民办园园长、骨干教师参加各种形式的培训、现场作课、说课、评课、讲座等，培训教师覆盖17个县市区，参训人数近5000人次。

（王源辰）

义务教育

【义务教育经费】 2015年，临汾市农村义务教育阶段学生全部免除学费，共下达资金3.17亿元。下达城市免学杂费资金1929.95万元，受助学生71364人；有29988名农村家庭经济困难的寄宿制学生得到各级政府提供的生活补贴3458.94万元。普通高中国家助学金3770.2万元，受助学生18851人。

【义务教育均衡县认定】 2015年，临汾市义务教育均衡发展规划，从2014年到2018年分期分批完成此项工作。2015年确定蒲县、霍州、翼城、古县、吉县为义务教育均衡发展验收县，教育局对这几个县分别进行义务教育均衡发展市级复核，对各县工作进行认真的对照、复查及指导。在省级督导评估中，5县的各项验收指标均达到85%以上的规定要求，蒲县因2015年学校布局调整难度较大等综合原因，省厅建议列入2016年验收规划。其余四县加大整改力度，顺利通过教育部验收。

【义务教育办学模式改革】 2015年，临汾市按照“分步走、全覆盖”的工作思路，首先在2014年通过国家义务教育均衡县评估认定的安泽县、浮山县进行试点改革，根据县域义务教育均衡发展评估认定的时间规划逐步推进，争取到2018年义务教育办学模式改革全面推开。

【优质高中名额合理分配】 2015年，临汾市采取在生源地范围内根据考生志愿、成绩，从高分到低分择优录取的办法，完成招生计划，指标生降分幅度在各普通高中招生学校统招线下50分之内。2015年全市普通优质高中招生计划共计11850人，指标到校招生计划7703人，占招生计划的65%。

【区域内教师校长交流】 2015年，临汾市根据省教育厅的统一安排，下发《临汾市教育局关于落实年度目标责任考核任务全面推进区域内义务教育学校教师、校长交流工作的通知》(临教人〔2014〕12号)，就交流条件办法、交流考核制度、考核要素及赋分、组织领导等做详细具体的安排，交流实行全覆盖，涉及17个县市区、临汾经济开发区和市属义务教育学校。各县市区义务教育学校校长、教师交流比例均达到10%以上，其中骨干校长、教师占到21.9%。

(王源辰)

高中教育

【基础教育课程改革】 2015年，全方位深化基础教育课程改革，创新课堂教学模式，分类要求、精心实施。2015年11月6日，临汾市在襄汾召开全市高中课改和管理现场交流会，17个县(市、区)66所高中学校参加会议。通过走进课堂、查看资料等方式，学习襄汾中学“严格管理、攻心励志、深化课改、确保安全”的四位一体管理模式和“问题导学，综改转型”的课改新路径。汾城中学、乡宁一中和襄汾中学三所样本学校作经验交流。

【高考质量】 2015年，临汾市高考报名39553人，其中普高文史类考生为11994人，艺术(文)考生为5432人，体育(文)考生为954人；普高理工类考生为18444人，艺术(理)考生为1937人，体育(理)考生为882人。实际参加考试38852人，缺考701人。全市达二类本科B类以上16189人，其中文科类2815人，理科类8861人，艺术其他类、单招4513人。创历史新高。

(王源辰)

职业教育

【概述】 2015年，临汾市职业教育发展坚持面向市场，面向就业，深化职业教育课程改革，实行灵活、多样、开放的职业教育模式。中等职业学校共39所，其中5所国家级、4所省级重点职业学校，有五星级职业学校2所、四星级8所、三星级13所。开设79种专业，其中国家级示范专业6个，省级示范专业14个，省级重点专业5个。校内实训基地193个，校外实训基地506个，省级以上实训基地19个。共有乡、村成人文化技术学校2795所，省级示范农技校29所，市级36所。职业培训机构58个，全市80 %以上的毕业生受到不同形式、不同层次、不同程度的职业技术培训，加上各部门举办的就业培训，年培训能力达5.6万人次。

【百校千企】 2015年，临汾市教育局下发《临汾市教育局关于转发山西省教育厅关于报送职业院校校企合作开展情况的通知的通知》，成立“百校千企”工程领导组。各县(市、区)均成立由主要领导牵头的领导组。全市共有6所学校、49个项目列入全省职业教育“百校千企”工程备选项目。

(王源辰)

教师队伍建设

【概述】 2015 年，临汾市有教职工 6 万余人，其中专任教师 5 万余人。中学教师高级职称 1664 人、中级职称 6154 人，小学教师高级职称 104 人、中级职称 7770 人，幼儿园教师高级职称 10 人、中级职称 387 人。高中、初中、小学教师学历达标率分别达到 95.45%、98.61%、99.85%，提高率分别达到8.7%、63%、80%。全市拥有省、市级教育教学名师 541 名、骨干教师 554 名、学科带头人 268 名。2015 年在全市范围内开展培养和选拔“名师、名校、名校长”活动，共选拔出“名师”149 人，“名校”16 所，“名校长”15 人，在 9 月 10 日召开的庆祝教师节暨表彰大会上进行表彰奖励。

【中小学教师读书活动】 2015 年，临汾市在深化读书活动机制的基础上，全市书香校园建设逐步走向常规化。各县市学校均建立读书活动领导小组，以教研组为载体进行校本研修读书活动。建立相应的活动细则，使教师读书活动的实施和管理逐步走向规范化；建立教师读书活动档案管理，将教师读书情况与教师的继续教育和业务考核挂钩，表彰奖励先进，对读书不认真、考核不合格的教师要采取口头警告、诫勉谈话等手段进行鞭策。加大资金投入，加强图书室建设，保障读书活动正常进行。

【中小学幼儿教师远程全员培训】 2015 年 3 月 17 日，临汾市教育局组织召开全市师训工作会议，安排部署 2015 年中小学幼儿教师继续教育远程全员培训工作；市局组织专家根据教师业务素质、工作态度及辅导教师往年工作成绩选出 161 名中小学教师承担 2015 年全员培训辅导工作，在 8 月 19 日安排全体辅导教师赴省参加集中培训。2015 年共有 30131 名中小学幼儿教师参加 2015 年中小学幼儿园教师全员远程培训，其中高中教师 5964 人、初中教师 10162 人、小学教师 12932 人、幼儿教师 1073 人。通过网络培训考核，高中教师合格率99.54%，初中教师合格率 99.51%，小学教师合格率 99.50%，幼儿教师合格率 99.21%。

【国培计划】 2015 年，临汾市“国培计划”共有教师团队置换脱产研修项目、送培下乡项目、网络研修项目、乡村教师访名校、校园长培训项目 4 个大项目，35 个子项目，共有 6441 名中小学幼儿教师参训。教育部示范性项目中，示范性集中培训参训人员 47 人，示范性教师工作坊高端研修项目 190 人，示范性综合改革项目 19 人，共计 256 人。

国培一级送培下乡中小学、幼儿项目临汾市各两个县市：中小学国培项目送培下乡（襄汾、霍州）；幼师国培项目送培下乡（侯马、洪洞）。从 4 月 9 日至 7 月 12 日两个多月时间，市教育局师训科利用周四、周五及周六、日先后组织 170 余名教学专家去 15 个县市进行国培——二级送培下乡（中小学国培项目送培下乡和幼师国培项目送培下乡）。培训以听课、评课、课堂教学观摩、现场讲座等方式进行，共有近 13000 多名基层教师参加此项培训，广大教师纷纷表示，通过送培下乡活动，一线教师从教学理论水平到实践操作，从教学观念到教学效果得到有效提升，普遍反映，效果较好。

全市 2015 年有 3 所中学（临汾三中、曲沃乐昌中学、翼城县汇丰学校）、5 所小学（解放路小学、临汾市五一路学校、洪洞玉峰街实验小学、襄汾第三小学、翼城北关小学）、2 所幼儿园（尧都区幼儿园、翼城北关幼儿园）作为国培基地校承担 2015 年国培任务。

7 月 24 日至 26 日，在临汾三中举办临汾市“国培计划”二级送培下乡培训者培训，共有一百多名二级送培下乡教学专家及各县市师训工作负责人参加培训。培训中，市局聘请国家教育学院专家郝志军、省中教中心主任刘刚喜、省教科院副院长卢红教授做专题讲座。

【骨干教师的培养和管理】 2015 年，临汾市选送优秀教师参加更高层次研修和国家级培训，把学科带头人培训与“国培计划”项目的实施相结合，按照师德水准、学历水平、智能结构、教学能力等标准培养骨干教师和学科带头人。根据《临汾市中小学幼儿教师学科带头人、骨干教师选拔和管理暂行办法》,通过考核与跟踪培训,提高学科带头人的教育教学能力。

4月28日,结合省厅文件下发《临汾市教育局关于公布任期届满考评合格的省、市级学科带头人骨干教师名单的通知》(临教师〔2015〕1号),2014年任期届满续聘考核合格的省、市级学科带头人和骨干教师有:省级学科带头人64名,省级骨干教师129名;市级学科带头人54名,市级骨干教师153名。续聘考核合格的省、市级学科带头人和骨干教师任期三年,自2015年4月至2018年3月。

8月3日下发《临汾市教育局关于2015年省、市级中小学学科带头人和骨干教师申报评审及任期届满续聘考核的通知》(临教师〔2015〕6号)。通过省市两级评审,共评出省级学科带头人63人(高中22人、初中21人、小学17人、幼教3人);省级骨干教师127人(高中25人、初中42人、小学54人、幼教6人)。

【省级名师培养计划】 2015年,根据《山西省教育厅 财政厅关于申报山西省中小学教学名师培养对象的通知》(晋教师继〔2015〕7号),实施省级名师培养计划,5月25日至30日,全省召开关于举办2015年山西省中小学教学名师培养对象集中培训的会议,全市2013年、2014年确定的28名省级中小学名师培养对象参加集中培训。2015年全市报送28名教师参加省教育厅2015年省名师选拔。柴晓芳等5名教师被省厅确定为2015年省级中小学教学名师培养对象。

【教师培训理论研究】 2015年,临汾市加强教师培训理论与实践研究专项课题工作,2015年共上报省厅46份课题申请。专项课题工作正在进行中。7月26日省教科院副院长卢红受邀为全市部分骨干教师做《中小学教师做好课题的几个关键问题》专题讲座,围绕为什么做课题研究、怎样做课题研究等问题进行详尽阐释,促进这项工作推进。

【语言文字工作】 2015年,在市政府的统一安排下,临汾市语委完成对侯马、乡宁、曲沃三个县市的三类城市语言文字工作评估。2015年2月,翼城县西街小学、翼城县城内完小、翼城县汇丰学校等3所学校通过省语委审核,成为山西省语言文字规范化示范校。4月21日经过选拔,选出霍州市第四中学代表临汾市参加第三届"中国汉字听写大会"山西参赛队伍选拔比赛,取得优异成绩。2015年度共进行普通话水平等级测试3000人次,其中教师275人、大中专毕业生2725人。

【开展德育活动】 2015年,临汾市各学校根据自身实际,结合学生身心特点,开展主题鲜明、丰富多彩的德育活动,拓展德育外延,提升德育实效。4月8日,印发《临汾市教育局关于转发＜山西省教育厅关于进一步加强中小学生行为养成教育 开展"拒绝陋习 文明出行"活动的通知＞的通知》(临教下〔2015〕8号),要求在中小学间开展文明交通行为习惯养成教育、开展中小学生交通法规和安全知识宣传教育活动、开展文明交通社会志愿宣传活动,将"拒绝陋习 文明出行"活动纳入学校和社会精神文明建设总体规划中。

【推进校园文化建设】 2015年,临汾市教育局在全市中小学推进校园文化建设,引导学校因校制宜,构建"底蕴深厚,主题突出,和谐高雅,积极向上,充满活力"的具有各自特色的校园文化体系。要求全市中小学要把贯彻《环境保护法》纳入学生的行为习惯养成教育、高中生入校法制教育工作中。要利用黑板报、校报、主题班会、环保知识竞赛等形式,在师生中开展学习、宣传贯彻活动。与开展"绿色学校"创建工作相结合。推广襄汾中学、汾西县第二小学德育工作经验,推进校园净化、绿化、美化活动,打造优美的环境,以良好的环境影响学生;推进学生作品上墙活动,打造进取的班级文化,以团队的力量锻造学生;推进学校社团文化活动和学校精神建设活动,以进取的精神引领学生。

(王源辰)

教育管理

【安全能力建设】 2015年,临汾市教育局以创建“平安校园”为载体，以学校安全能力建设为重点，开展安全宣传教育，推进学校安全隐患排查治理工作，维护教育系统的安全稳定。全年先后开展春季“安全排查月”活动、学校安全专项整治、校园及周边环境整治、安全大检查等，对学校食堂食品卫生、消防安全、交通安全、饮用水、校舍、锅炉、周边环境等方面进行拉网式排查，排查出的安全隐患均按照“五落实”要求进行整改。开展“平安校园”创建活动，共创建省级平安校园5所，市级平安校园47所。

（王源辰）

招生考试

【概述】 2015年，临汾市招考办共组织普通高考、普通中考、成人高考、自学考试、普通高校专升本考试、对口升学考试、教师资格笔试（面试）七类十次国家和省教育统一考试，共有109076人次参考，涉考工作人员达万余人。

【阳光工程】 2015年，临汾市招考办全面实施招生考试“阳光工程”，执行“十公开”制度。加强宣传服务，先后在《临汾日报》《临汾晚报》等新闻媒体刊登播发各类招生信息114篇；在临汾招考网刊登有关中考信息22篇；在市教育局门厅和市招考办办公地点制作版面设立招生考试信息栏，张贴宣传稿件42篇；参加“9·30热线”，解答相关招生考试政策；主动公布咨询、举报电话，接受纪检、新闻媒体和社会各方面监督，使全市各类招生考试工作都在“阳光”下运行。

【招生考试信息化建设】 2015年，临汾市招考办全面实施考试信息管理现代化工作，完成普通高考等七类十次考试105603名考生（不含美术、音乐专业考生）电子档案信息的准确采集和建立；对17个县（市、区）的41个国家教育考试标准化考点和19个市县级招生考试网上巡查指挥系统设备进行维护维修和更新；申请专款，购买和租赁硬件和软件设备；为中考全面实行考生网上自主填报志愿、网上统一录取，提供技术支持；完成“临汾市招生考试委员会办公室”域名注册申请，初步建成与省教育厅联通的视频会议系统。

【招生考试改革】 2015年，临汾市随迁子女在就读地参加高考；省属高职高专单独招生院校由22所扩至35所；落实全省地方扶贫专项计划、免费师范生、医学定向生惠民政策等多项改革措施；完善优质高中招生名额按比例分配到初中学校的改革措施。将11所优质高中及临汾二中65%的招生名额分配到全市所有初中学校定向招生，定向招生最低分数线由以往的线下30分调整为50分。按县（市、区）划定普通高中最低建档线。在调研的基础上，根据普通高中全市平川和山区各县的实际，于7月9日和10日划定公布第一批和第二批《临汾市2015年中考普通高中录取最低控制分数线》，及时在《临汾日报》《临汾晚报》等新闻媒体及时发布。普通高中和职业高中（中专）录取首次实行网上填报志愿，网上录取。

【普通高校招生考试】 2015年，临汾市参加普通高考39553人，比2014年增加1263人，设17个考区，41个考点，1335个考场；参加美术专业考试2732人，设4个考点，92个考场；参加音乐理论考试741人，设1个考点，25个考场。

【成人高校招生考试】 2015年，临汾市参加成人高考4845人，其中：免试生73人，专升本2771人，高起本64人，高起专1937人。设5个考点，166个考场。本科录取2496人，其中，专升本录取2449人，高起本录取47人，录取率为51.52%；高起专录取1605人，录取率为33.13%。

【高等教育自学考试】 2015年，临汾市上半年自学考试报考1491人，4305科次，新增考生176人，毕业142人；下半年报考1568人，4433科次，新增考生304人，毕业122人。

【中等职业学校对口升学招生考试】 2015年，临汾市对口升学报名2349人，设2个考点，79个考场，本科录取339人，录取率14.45%；专科录取1225人，录取率为52.21%。

【普通高校专升本招生考试】 2015年,临汾市专升本报名1523人,设1个考点,70个考场,录取683人,率取率44.85%。

【普通中考】 2015年,临汾市中考网上评卷在临汾一中高中部进行。全市报名参考人数50991人,设17个考区,49个考点,1707个考场。普通中考共录取43194人,录取率为84.71%。其中:高中录取30414人,职业高中录取7499人,高职、中专录取5281人。

【教师资格考试和面试】 2015年,临汾市教师资格笔试报考5637人,现场审核通过4822人。其中:幼儿园232人,小学1375人,初中1089人,高中1955人,中职文化课40人,中职专业课131人;确认10712科次,其中:幼儿园429科次,小学2507科次,初中2659科次,高中4786科次,中职文化课108科次,中职专业课223科次;设1个考区,6个考点,380个考场。面试网上报名1990人,现场审核通过1934人,其中,幼儿园123人,小学625人,初中365人,高中756人,中职文化课5人,中职专业课60人;设1个考区,1个考点,10个候考室,1个抽题室,4个备考室,1个网管室,46个面试考场。参加面试测评考官138人。

(王源辰)

·临汾学院·

【概述】 2015年,山西师大临汾学院以培养、培训专科层次中小学教师为目的,深化学院改革和发展,围绕全年工作要点,以教学工作为中心,以新校区建设为重点,全面加强学院各方面的建设。

【加强思想道德教育】 2015年,山西师大临汾学院通过广播站、黑板报、宣传栏、网络、LED屏等宣传阵地进行党的路线、方针、政策,习近平系列讲话精神、核心价值观等宣传教育工作,拓展新形势下大学生的思想政治教育。发挥党、团组织的作用,组织学雷锋志愿者活动、创办"道德讲堂",做好学生行为养成教育、思想道德教育、法制安全教育和心理健康教育。

【教育教学工作】 2015年,山西师大临汾学院日常教学管理、实习工作(包括"国培计划"、顶岗支教准备)、普通话水平等级测试、专升本及对口升学辅导、各种考试的组织与安排、教材的征订分发整理等工作的有序开展,确保全院教学秩序的和谐稳定。开展"书香校园"活动,加强晨读、名作欣赏、科普知识的宣传,举办五四青年活动、第二届校园"好声音"活动。推行阳光体育活动。利用体育课及下午活动课,引导学生进行体育活动,"阳光锻炼1小时,健康工作50年,幸福生活一辈子"。

通过以老带新、结对帮带、教学大赛等方式帮助青年教师迅速成长,对每年的教师节涌现出来的"优秀教师""模范班主任""先进工作者"进行表彰,增设"教学名师"和"师德模范"表彰序列,鼓励支持教师外出深造,制定出台《临汾学院教师进修管理办法》,对进修原则、进修形式、进修条件、进修计划、审批程序、进修费用等方面做详细规定,做到有章可循。

教师节表彰大会

【申报工作】 2015年,山西师大临汾学院前半年完成对新增专业初步遴选,通过市场调研,遵循适应社会发展和地方经济建设原则,遵循有利于提高教育质量和办学效益的原则,进行书法、文秘、对外汉语教学、生物技术与应用、装潢艺术设计、学前教育、老年服务与管理、家政服务7个新专业的申报工作,所有新增专业的申报材料送达省教育厅,为学院独立升本奠定专业基础。

【教材的出版工作】 2015年,山西师大临汾学院组织相关专业教师先后编订、出版《临汾学院专业培养标准》(涉及17个专业,共计26万字)、《小学各科教材教法及教师资格考试指南》(全套8册,约200万字)、《学生文化素养丛书》(丛书一套三本,包括:人文科学素养、自然科学素养、艺术体育素养三册)等教学资料和校本教材,有助于发扬学院特色,培养学生专业素养,提高教师教学能力。

【专升本考试】　2015年,山西师大临汾学院创新教学方法,引入竞争机制,使学院的办学质量和办学水平逐年提升。严格的教学管理使得近几年专升本比率远远高于全省同类院校;学院专升本录取率连创新高,2014年、2015年连续两年均达到近30%的录取率,在全省同类学校中名列前茅。专升本升学率的提升,是学生素质与学校实力的"双赢"。

【招生就业工作】　2015年,山西师大临汾学院新招录学生约1600人,学院实习学生分为顶岗、分散、对口、"国培计划"、顶岗支教四个部分,学院定期派出人员到实习基地探望学生的教学、生活情况,对实习生反馈的意见及时分析总结,精化实习工作,真正使学生"学有所成,教有所得",教学实习基地建设成效显著,顶岗支教的国培学生、置换学生收到广大实习县市的一致好评。

【规范日常行为管理】　2015年,山西师大临汾学院对部分学生年龄尚小,缺乏社会经验,对可能存在的欺骗和伤害认识不足的问题,安排各系为单位进行安全教育、青春期教育和心理健康教育;对学生外出和在外住宿存在隐患的问题,建立走读学生档案,办理走读卡,加强请销假管理和归宿登记管理,定期组织人员进行抽查。

【心理健康教育】　2015年,山西师大临汾学院从人文社科系选拔8名心理学老师,完善心理健康机构,在各系建立特殊学生台账,包括学习困难学生、遵纪困难学生、家庭苦难学生、人生规划困难学生、交友不慎学生、与同学相处困难学生、心理表现亚健康的学生,通过班主任、学生干部等途径进行照顾,通过谈心和心理引导工作促进转变。

【新校区建设】　2015年,临汾市委、市政府把新校区建设纳入2015年市委市政府的15项重点工程之一,2015年12月3日,学院新校区"三通一平"工作完成,新校区建设正式动工。市规划局评审通过修建性详细规划方案,《环境评估报告》和《节能评估报告》通过审批,《山西师范大学临汾学院新校区建设项目可行性研究报告》递交市发改委,正在进行专家论证和评审工作,近期有望完成审批工作。土地方面,一期的13.533公顷用地进入征地阶段,30.75公顷用地完成市级审报程序,报送省政府进行审批,剩余的二期34.133公顷用地在办理市级用地规划的审批手续。

【校园文化建设】　2015年,山西师大临汾学院下发创建文明和谐单位倡议书,印发《关于推进文明和谐单位创建活动的实施方案》。《方案》以创建文明和谐单位为主线,对全院一年来的重要工作进行全面安排布署,组织参加相关部门开展的教职工文体娱乐活动。参加市总工会组织的第二届书香"三八"——阳光女性幸福中国读书征文活动、组织开展第二届教职员工羽毛球比赛活动、乒乓球比赛活动,丰富职工业余文化生活。

(刘玉龙　申贤)

·临汾广播电视大学·

【概述】　2015年,临汾广播电视大学对原有的招生结构进行优化,体现出"奥鹏稳定、远教扩张、开放缩减"的新特点,全年累计招生1586人,其中奥鹏招生467人,远教招生695人,开放招生424人,全市各级各类招生总体规模保持稳定。

2015年,组织公共课程统考参考1360人,计2830考次;奥鹏课程考试参考834人,计2673考次;开放教育参考5246人,计22988考次;远教参考817人,计3644考次;干部在线岗位专业知识参考382人次。

(赵宝萃)

科学技术

科技管理

【概述】 2015年，临汾市有效发明专利拥有量达到328件，超过省定303件的任务指标，超出既定目标任务指标25件，超8.3%。全市高新技术企业数量发展到33家，高新技术企业销售额与规模以上工业企业销售额比值达到5.997%，超额完成省定的增幅目标。

【科技投入】 2015年，临汾市科技研发经费1100万元，基本达到占比要求；组织开展“科技资源碎片化”专项整治，整合项目资金，优化科技资源配置；参与金融信用体系建设，发挥财政资金的杠杆作用，带动企业和社会资金向科技研发投入1亿多元。

【科技计划】 2015年，临汾市围绕科技创新驱动和低碳创新行动计划，组织实施市本级科技计划项目58个，争取省煤基重大科技攻关招标项目5个，资金支持5200万元，省其他类科技计划项目12项，资金支持363万元。带动和培育产业结构调整和主导产业的发展。

【企业技术创新】 2015年，临汾市科技局新培育认定高新技术企业6家(原定任务指标3家)、科技创新型企业6家(原定任务指标5家)，均超额完成任务指标。全市有国家级企业技术中心1家，省级企业技术中心20家，市级企业技术中心达到49家(新认定7家)；省民营科技型企业达到114家(新认定的6家)，省级工程技术研究中心1家，高新技术企业达到33家(新认定的6家)。高新技术产业产值达到74亿元，先后出现华翔、光宇、奥坤等一批高新技术新型企业，为临汾市产业结构调整增添新的亮点和经济增长点。

【三农工作】 2015年，临汾市科技局围绕全市“百里汾河生态经济带”建设，在巩固曲沃磨盘岭大棚蔬菜、襄汾丁村白莲两个省级科技示范园和34个市级科技示范基地的基础上，组织省科技厅“三区”科技人才临汾对接现场会，为全市选拔“三区”科技人才16人。组织省农村技术承包项目16项，比原定8家的任务指标超过8家，其中，获得集体一等奖2项、二等奖1项，个人组织奖1项。开展农村技术推广，市及各县市区开展各类技术培训，全年培训农民20.9万人次。

【搭建信息服务平台】 2015年，临汾市科技局依托科技部门门户网站，搭建星火科技“12396”信息服务平台，在17县市区均设立信息服务机构，确立侯马、襄汾、曲沃三个农村信息化试点，在乡镇建立服务站，各村确立信息员，形成四级科技信息服务平台。依托市气象局农业信息综合服务平台、预警信息平台，利用151个乡镇的电子显示屏和各村镇的大喇叭，实现全市农业科技信息村村全覆盖，全年共发布各类科技信息2000余条。

【举办科技创新论坛】 2015年，临汾市科技局通过对全市各行业的技术、人才和项目需求进行调研，共征集到合作项目76项，人才需求58个，技术需求56个，项目需求36项。4月17日，临汾市人民政府与中国科学院北京分院正式签订战略合作框架协议。5月19日，山西光宇半导体照明股份有限公司院士工作站正式授牌开始运行。山西五洲昕宇农林科技发展有限公司博士后流动工作站正在报批中。12月21日举办临汾市2015年科技创新发展论坛，与会的有市四大班子和17县(市、区)领导，11个大专院校、科研院所专家学者，共计300余人，省科技厅长张金旺进行主题演讲，7位专家进行项目发布，8个项目成功签订合作协议。

【有效发明专利拥有量】 2015年，科技局年初的目标任务是有效发明专利拥有量303件。2015年，临汾市通过开展知识产权的宣传、培训、执法活动，对专利申请和专利转化予以资助，增强企业和群众的专利和知识产权意识，提高申报的主动性和积极性。截至年底，全市有效发明专利拥有量达到

328件，超出既定目标任务指标25件，超8.3%。

【设立“科技人才市长创新奖”】 2015年，临汾市按照市委、市政府安排，结合市科技创新大会的召开，市委、市政府出台《关于推进科技创新的实施意见》，为临汾市科技创新工作提供遵循。《临汾市科技人才市长创新奖实施办法》多次征求涉及部门意见，正在审议。

【科技宣传】 2015年，临汾市推广科技宣传。1.科技局组织参加市文化科技卫生“三下乡”曲沃县现场会，搭建便民服务台，为农村送去专项资金和科技致富宣传资料；2.组织开展的“2015年科技活动周”活动，集中展示全市科技事业发展新成果和科普工作的新成效；3.组织企业走出去，有10家企业参加省科技厅“大众创业、万众创新”项目展示会，有2个项目进行项目演示，有3个企业的参展项目引起投资机构兴趣，与企业进行初步对接。

（高国伟　孙伟英）

防震减灾

【概述】 2015年3月25日，临汾市政府召开全市防震减灾工作会议，7月中旬，市政府组织市政府应急办、市政府督查室、市发改委、市住建局、市商务局、市民政局和市教育局联合对各县（市、区）政府完成防震减灾工作目标任务情况开展督查。市财政列入防震减灾事业经费109万元。组织编制《临汾市防震减灾“十三五”规划》。

【地震监测预报】 2015年，临汾市地震局做好震情会商工作和宏微观异常跟踪落实工作。全年共进行周会商48次，月会商12次。派技术人员参加7月在三门峡召开的三省七市震情会商会和10月在省局召开的2015年度会商会。加强监测台网建设及运行管理，全省率先推进“一县一台”建设。全市辖区共有17个县（市、区），有前兆台站的县（市、区）共有12个，前兆台站覆盖率为70.59%。地震局2015年新增地震前兆微观监测项目1项，即侯马地震观测站三层地温观测项目。11月10日，通过省局验收，此项目正式运行。侯马市地震局电磁脉冲记录仪于2014年5月12日出现故障，及时提交临时停测报告，2015年5月20日恢复正常工作，提交恢复观测申请。翼城县地震局电磁脉冲记录仪于2013年10月发生故障，2015年8月恢复观测，均按规定及时向提交申请。依法做好地震监测台站保护。针对城市改造和工程建设对地震监测台站的影响，协同临汾市公安局、临汾市国土资源局等职能部门下发《关于加强地震监测设施及监测环境保护的通知》，将临汾盆地内所有的地震前兆台站、测震台站、强震台站等纳入到保护范围，确保监测台站不受外界干扰和破坏。

【地震应急救援】 1.地震局做好破坏性地震应急准备工作，强化地震安全隐患排查防范工作。根据人事变动，及时调整完成市、县两级政府的地震应急预案，完成市、县两级地震部门应急预案修订；市抗震救灾指挥部9个牵头部门制定联动方案，70个成员单位和8个大型企业的地震应急预案大部分进行修订和完善，2015年底全部完成。市防震减灾指挥部办公室编制“破坏性地震灾害事件应急处置手册”，4月，组织开展地震应急准备工作检查并强化地震安全隐患排查防范工作。2.市、县两级有关部门加强应急物资储备管理，完善应急物资储备调用机制。7月13日至24日，市防震减灾指挥部组织有关部门对全市防震减灾目标责任落实情况进行检查，对各类应急物资的储备情况、调用机制建设情况进行检查，对存在的问题现场提出整改要求。3.强化专业地震应急救援队伍建设，开展不同层次、不同类型的地震应急演练。5月7日上午在隰县第一中学操场，开展隰县地震应急综合实战演练，结合这次演练开展市县联动演练。5月8日，全市地震系统模拟隰县5.6级地震，开展启动地震局应急预案市县联动演练，5月8日后，全市地震系统组织开展不同层次的应急演练；8月13日，隰县举办2015年地震应急救援队伍暨志愿者培训会；9月15日，参加省地震局组织的模拟吕梁市汾阳市6.5级地震应急演练和临汾市浮山县5.5级地震应急演练；9月15日至9月17日，组织开展全市地震系统、指挥部成员单位、志愿者队伍培训会。4.推进通信、电力、民政、公安、交通和地震部门的灾情信息共享机制建设。市地震局与通信、电力、民政、公安、交通等部门按照“共建共享、优势互补、相互促进、协同发展”的原则，签订地震发生后灾情信息资源共享与合作协议。5.加强应急避难场所建设及运行管理。2012年在国家发改委立项的尧都广场和平阳广场应急避难场所建设全部完成。尧都广场按国家一类标准建设,具备17项功能设施要求。平阳广场按国家二类标准建设,具备12项功能设施要求。各县(市、区)都建设一处符合国家二类标准的应急避难场所。市地震局专门编制《临汾市区应急避难(险)场所图册》。此图册简要介绍临汾市区应急避难(险)场所基本情况,2015年共发放15万张。

【建设工程抗震设防管理】 2015年,临汾市地震局组织开展《山西省建设工程抗震设防条例》和新一代区划图的宣传贯彻工作。印发《山西省建设工程抗震设防条例》5000册。9月中旬对全市67个指挥部成员单位及各县市区地震局进行《山西省建设工程抗震设防条例》和新区划图的相关内容的培训。做好抗震设防要求和重大建设工程地震安全性评价管理工作,开展抗震设防监督检查。建设工程抗震设防要求审批和地震安全性评价审批纳入市县建设工程政务审批流程。全年共审批各类建设工程44项,地震安全性评价7项,抗震设计标准的执行情况纳入竣工验收内容中。2015年地震局两次对抗震设防重点项目进行执法检查,7月,对临汾体育馆、黑马双语学校,9月16日17日分别对临汾市第三污水处理厂、电视台、临汾师院搬迁等建设项目进行督促检查,通过检查,临汾体育馆、黑马双语学校两个项目进行安评工作。市、县建立健全联席会议制度,制定相关政策。2015年,将抗震设防工作纳入市、县年度防震减灾目标责任考核,作为一项重要内容纳入市、县级国民经济和社会发展规划中。加强农村地震安居工程指导,逐步将抗震设防纳入新农村建设、新村镇发展规划。省市县推进农村危房抗震加固改造,按照规定对农村危房抗震加固改造进行扶持。结合城中村改造、移民搬迁、新农村建设,全市2013年到2015年共计预投资160亿元,还迁面积达369.2万平方米,逐步实施农村民居地震安全工程。由中国地震灾害防御中心承担的《临汾市主城区震害预测项目》自2011年以来,一期工作完成。2015年9月8日,《洪洞县城区进行地震小区划工作》由中国地震灾害防御中心承担,提交《山西洪洞县地震小区划人工浅层地震勘探工程技术设计》和《人工浅层地震勘探工程布置与高分辨率遥感影像叠加图》两项初步成果。

临汾市“5·12”防震减灾知识进社区

【全民防震减灾意识】 2015年,临汾市组织好“5·12”“7·28”宣传活动工作,推进防震减灾六进活动。“5·12”防震减灾宣传周期间,在尧都区市府社区、乡贤街社区、五一路学校等地开展播放电影、举办图片展、集中咨询宣传等活动。“7·28”期间在电视台播放防震减灾宣传片《家园》《今天、明天》和《防震减灾进校园》;通过全市“三网一员”队伍和示范学校,将省局发放的优秀宣传课件全部发放到全市146所市级防震减灾科普示范学校,利用示范社区和防震减灾助理员开展网上答卷和宣传作品推广工作。在尧都区县底镇和南街办事处太茅社区开展防灾宣传公益活动。组织开展“平安中国千城大行动”活动。本年在乡宁县开展平安中国活动。共播放电影六场,广场集中宣传活动三次,培训两次、社区及学校演练十余次。开展示范创建活动。创建1个防震减灾示范县——乡宁县,于11月通过省级验收。经过市地震局的严格评审把关,最终向省地震局报送示范学校8所,示范社区5处,推荐乡宁县幸福湾社区为国家级防震减灾示范社区。加强科普教育基地建设。隰县、曲沃县、襄汾县三处县级科普教育基地较为完善,其中襄汾县完全依靠县财政投资购买17万元的相关设备,具有一定参观和体验功能,曲沃县依托1303年大地震遗址建设的西南街中学教育基地,具有较为现实的纪念意义。隰县利用青少年活动中心建设的科普教育基地具有集中宣传功能。完善新闻发布机制及组织媒体开展集中宣传活动。2012年临汾市出台地震应急新闻联动方案和地震危害处罚预案。2014年8月“临宣通字〔2014〕8号”文件又出台《临汾市地震应急新闻宣传报道组联动方案》。2015 年，临汾市地震局和中国移动、中国联通、中国电信、中国网通等多家单位签订地震灾情信息共享合同。

（李奎彦）

测　　绘

【概述】 2015 年，临汾市测绘管理处完成《临汾市基础测绘“十三五”专项规划》的编制、论证工作。开展浮山、乡宁两县的基础测绘更新工作。起草《关于促进地理信息产业发展的实施办法》，召开专题论证会，征求各部门意见建议，市政府于 8 月批准印发《临汾市人民政府关于促进地理信息产业发展的实施意见》（临政发〔2015〕26 号）。

9 月，结合资质巡查工作，对全市 56 家测绘单位开展成果质量监督检验工作，对各单位技术规范标准执行情况、质量保证体系建设及运行情况进行检查，对个别单位存在的资料不完整、测量方法、测量登记不足和不完善等问题，进行通报，提出整改要求。

2015 年 3 月 5 日颁布施行《测绘地理信息业务档案管理规定》，全年共接受测绘成果目录汇交 56 件。共报送测绘工作信息 24 条，其中 8 条被省局、市局政务信息网采用。

【数字临汾建设】 2015 年，临汾市测绘管理处加快推进“数字临汾”地理公共平台的推广应用，新建社保服务网点数字管理、地下管线数字管理等两个应用系统。11 月，“数字临汾”地理空间框架建设项目荣获中国地理信息产业协会颁发的 2015 中国地理信息产业优质工程银奖。10 月 27 日，“数字霍州”地理空间框架建设项目通过省局验收。“数字侯马”地理空间框架建设项目基本建设完成，等待验收。

【测绘资质管理】 2015 年，临汾市测绘管理处完成测绘资质证书的复审换证工作，注销 4 家单位测绘资质，3 家降级，56 家单位换发新证。全年共受理上报测绘资质申请 8 件，省局批准 6 件，受理测绘资质升级申请 3 件。为 9 人发放测绘作业证；对 7 个测绘项目进行登记备案。受理测绘成果使用申请 2 件，向有关单位提供 1∶1 万地形图 7 幅，向省测绘地理信息局转报测绘成果使用申请 11 件。对全市 61 家测绘资质单位开展测绘资质巡查，其中甲级 2 家、乙级 3 家、丙级 18 家、丁级 38 家。巡查结果纳入测绘地理信用体系平台，作为各单位信用体系建设的重要依据。

【测绘宣传】 2015 年“8·29”测绘法宣传日，在市区繁华路段设立宣传点 5 个，宣传展板 25 块，发放宣传材料 50000 份，接待咨询群众 5000 余人，群发测绘公益短信、微信 30000 余条。订购新版《中国人民共和国地图》5000 份，免费向群众发放，进行宣传。11 月 4 日，联合尧都区测绘管理中心深入尧都区大阳中学开展版图意识进校园活动。利用课间操时间，举办简短的赠书仪式，向该校赠送国家版图意识知识读本、新版中华人民共和国地图等资料 600 余份，向全体同学讲解正确的国家版图是国家主权和领土完整的象征，讲解国家版图的有关知识，激发同学们的爱国热情，维护国家版图的尊严。为该校制作宣传版面，此项活动的开展，促进版图意识入脑入心，得到师生的一致好评。

临汾市测绘管理处开展版图知识进校园活动

【涉密测绘成果管理】 2015 年，临汾市测绘管理处对 213 地质队等 5 家涉密测绘成果使用单位开展保密检查，没有发现通过互联网转输地理信息数据行为，基本达到内网和外网分离、数据传输物理隔绝、涉密 U 盘单独使用，不存在泄密问题。对尧都区、霍州、洪洞、襄汾、侯马、曲沃、吉县、蒲县、汾西等 9 个县（市、区）的 45 处书店、车站、市场、旅游景点等地图产品销售、展示场所进行检查，检查重点是“三无”地图(即无编制单位、无地图审图号、无出版版号),错绘、漏绘行政区域界限地图以及存在泄密的隐患地图,特别是对中小学教辅类地图产品,包括地球仪、地图拼图及趣味性地图等实施重点清查,共查没三无地图、漏绘南海诸岛等问题地图产品500余份。组织全市测绘管理部门和测绘单位保密员30余人,参加省局举办的保密员培训换证工作。

【测绘标志管理】 2015年,临汾市测绘管理处投入测量标志维护经费13万元,对霍州、安泽、汾西等3个县(市)71座测量标志建立护井加装防水盖,为位于霍州、安泽的两座测量标志设立景观标志,保护测绘标志的使用效能。

(高鹏举)

科研机构

· 山西省地方病防治研究所 ·

【参与卫生部有关工作】 2015年,山西地病所受国家卫计委委托,主持或参与国家卫计委的有关地方病防治工作。主要参加国家卫生标委会地方病委员会对《改水降氟措施效果评价卫生标准》等三个标准的审核工作;参与全国五种地方病监测方案的修订工作;参加国家卫计委组织的地方病防治“十二五”规划终期考评组,完成对内蒙、四川、湖北、贵州的考评工作。

【项目工作】 2015年5月,山西地病所汇总、分析2014年全省地方病防治项目各项数据,形成各病种的分报告和数据库,编撰成书,上报至省卫计委疾控处和中国地病中心。

2015年8月组织召开全省2015年地方病防治项目启动培训班、实验室培训会,安排部署项目工作任务,对各个项目承担单位详细讲解了各个子项目方案。

【全省地方病防治“十二五”规划终期考评工作】 2015年7月,山西地病所召开全省地方病防治“十二五”规划终期考评培训会。9月初,专家参加省地病办组织的对各市地方病防治“十二五”规划完成情况的终期考评工作。9月下旬,国家卫计委考评组对山西省进行终期考评,完成国家对山西省的终期考评工作。

【业务培训与交流】 2015年,山西地病所多次分派专业人员赴运城、长治等市进行岗位技术培训。1月14日召开“全省地方病防治工作培训会议”,8月3日分两批对全省119个县的实验室人员进行盐碘检测技术培训。国家级层面,安排单位有关人员多次参加全国主要业务骨干会议,通过参加国家级会议交流,开阔眼界,提高业务水平。

【健康教育】 2015年,山西地病所开展健康教育。在全国第22届“防治碘缺乏病日”,山西地病所组织有关科室开展宣传活动;利用下乡监测之际,对病区群众进行地方病健康教育宣传工作;编印五种地方病防治知识宣教资料,在全省病区开展防治宣传教育。

【国家卫计委领导检查指导工作】 2015年11月26日,国家卫生计生委疾控局副局长雷正龙一行6人,在省卫生计生委巡视员杨恩建、处长冯智等领导陪同下到所检查指导工作,详细了解山西省及地方病防治工作情况,对地方病防治工作取得的成绩给予肯定,提出宝贵的指导性意见。

【防治工作】 2015年,山西地病所完成5种地方病的监测工作,通过省、市、县三级业务培训工作,提高全省地方病防治人员的工作素质。根据国家相关工作安排,完成盐碘、水碘、尿碘、水氟(砷)的省级、市级、县级的实验室外质控考核,考核结果显示,参加考核的省级、市级、县级实验室外质控考核结果全部合格。

9月,组织有关人员参加由省发改委组织召开的盐业体制改革研讨会,专家就盐业体制改革可能会给碘缺乏病防治带来的挑战提出具体想法和建议。

【科研工作】 2015年,山西地病所完成瑞士苏黎世联邦理工学院主持的“全民食盐加碘对孕妇、哺乳妇女及婴幼儿碘营养需求”课题在中国片区的现场调查工作。完成2项国家地病中心科研课题和2项省卫计委科技攻关项目的工作,正在实施2项省卫计委科技攻关项目,申报2项省卫计委科技攻关项目。全年全所共发表论文24篇。

· 地质勘探 ·

【地质勘查】 2015年,二一三地质队承担18个省价款项目:山西省蒲县薛关北勘查区煤炭详查、山西省襄汾县东峰顶金矿南端深部普查、山西省襄汾县德西毛铁矿预查、山西省河东煤田吉县屯里勘查区煤炭详查、山西省翼城县老官庄铁矿普查(续作)、山西省闻喜县阳庄铁矿预查、山西省临汾市尧都区韩家峪矿区石膏矿详查、山西省河东煤田蒲县阎家山勘查区煤炭详查、山西省沁水煤田浮山县乔家垣勘查区煤炭详查、山西省翼城县刁凹北铁钼矿普查、山西省河东煤田蒲县薛关南勘查区煤炭详查、山西省霍西煤田霍西区煤层气、页岩气预查、山西省绛县郑柴铁矿预查、山西省霍西煤田洪洞县蜀村勘查区煤炭普查、山西省霍西煤田洪洞县赵城勘查区煤炭预查、山西省霍西煤田霍州市张望勘查区煤炭预查、山西省乡宁县老君庙一关王庙一带铝土矿预查、山西省霍州市什林—汾西县梁庄一带铝土矿普查,全年累计完成钻探工作量14.55825千米。

【地质市场服务项目】 2015年,二一三地质队承担国家和省投资项目,参与临汾市水资源调查、环境评价、灾害治理、土地复垦等方面的工作。2015年,全年共签订各类市场项目的合同204份,其中:地质灾害类55份,工程勘察及测量类112份,地质勘察类37份,为临汾市的城乡建设做出应有的贡献。

(刘燕蓉)

·小麦研究所·

【概述】 山西省农业科学院小麦研究所(the Wheat Research Institute of Shan xi Academy of Agriculture Science)始建于1948年,属山西省农业科学院主管,所长:张定一。小麦研究所地处晋南粮果带的中心区域——临汾市尧都区。其前身是由解放前的"临汾农场""临汾棉场"和"临汾种畜场"合并而成的"晋绥边区临汾农事试验场",1950年1月更名为山西省临汾专区农业试验场;1955年3月更名为晋南专区临汾农业试验站;1957年7月更名为山西省临汾农业试验站;1958年12月临汾农业试验站改为晋南农业科学研究所;1962年9月改称为山西省农科院临汾小麦研究所;1970年10月再次改名为山西省临汾地区农业科学研究所;1975年9月小麦所重新更名为山西省小麦研究所;1979年5月,小麦所正式改称为山西省农业科学院小麦研究所。国家小麦产业技术体系山西综合试验站挂靠小麦研究所。

小麦研究所主要从事小麦新品种选育、配套高产栽培技术研究、新成果转化推广应用工作,兼顾玉米、大豆、杂粮、蔬菜等作物研究,以应用研究为主,有重点地开展应用基础研究,着重研究解决全省小麦和晋南地区玉米、豆类和果菜生产中的重大科技问题。组织全省小麦方面重点科技项目的协作,参加全国小麦科技攻关研究,开展国内外学术交流。编辑出版《小麦研究》专业刊物。

全所在职职工218人,其中专业技术人员145人,博士7人,在读博士2人,硕士33人。历年来,共有享受政府特殊津贴专家5人,全国优秀农业科技工作者1人,山西省科技功臣1人,山西省劳动模范5人,临汾市拔尖人才1人。科研机构设:综合化验室、水地小麦育种室、旱地小麦育种室、杂优小麦育种室、经杂研究室、栽培研究室、植保研究室、信息室等8个科研科室;行政机构设:所办公室、科研办公室、党委办公室、计财科、人事科、后勤科、退管科、开发管理科、工会、保卫科等10个管理科室。

【科研项目与获奖成果及专利】 2015年,小麦研究所共承担院级以上项目53项,其中:国家自然科学基金面上项目1项,国家科技成果转化资金项目1项,农业部现代农业产业技术体系1项、省攻关项目13项、省留学基金项目1项,省成果推广1项,省财政支农2项,农业科技成果推广示范项目2项、科技支撑行动计划1项、社会化服务体系1个,院级项目29项。这些项目的实施,提升研究所的项目层次、争取到更多科研经费。

本年度获省科技进步二等奖1项、省科技进步三等奖1项、中华农业科技奖1项、鉴定成果1项,省级审定新品种3个、制定地方标准4项、获发明专利授权3项、实用新型专利授权4项、结题验收29项,在省级以上学术刊物发表论文29篇,其中国家级论文17篇。

1.获奖成果2项

(1)国审节水高产小麦新品种临旱6号选育及应用:2014年11月获山西省科技进步二等奖。

(2)高产、优质高淀粉玉米新品种"临玉3号"的选育与应用:2014年11月获山西省科技进步三等奖。

2.审定品种3个

(1)"晋麦99号"(小麦):全糯性冬小麦,支链淀粉含量100%,糯性优良,富含铁、硒、锌等矿物质。2015 年 12 月通过山西省品审委审定,审定编号:晋审麦 2015001,适宜晋南肥旱地种植。由该品种研发的新产品“糯谷香”牌糯麦仁,连续三次参加中国(山西)特色农产品交易博览会,倍受青睐。

(2)“晋大麦(啤)3 号”(大麦):2015 年 12 月通过山西省品审委审定,审定编号:晋审大麦(认)2015001,适宜黄淮冬麦区种植。

(3)“晋红宝”(枸杞):2015 年 1 月 25 日通过山西省林木品种委员会认定,编号:晋 R－SC－LB－001－2014。

3.鉴定成果 1 项

“麦田恶性杂草节节麦的生物学特性及防除技术研究”:于 2015 年 4 月 25 日通过山西省科学技术厅组织的科技成果鉴定,成果登记号为 151073,研究成果达国际先进水平。

4.获授权专利 7 项

发明专利 3 项,实用新型专利 4 项,分别为:

(1)一种小麦播种过程板结疏松装置,2015 年 8 月 1 日获发明专利,专利号:ZL201310735641.7

(2)一种小麦抗黄矮病性表型鉴定方法,2015 年 8 月 12 日获发明专利,专利号:ZL201410135693.5

(3)小麦专用有机生物材料包裹型控释肥及其生产工艺,2015 年 9 月 2 日获发明专利,专利号:ZL201410104562.0

(4)温室用简便紧线器,2014 年 10 月 8 日获实用新型专利,专利号:ZL201420151951.4

(5)瓜类育苗钢丝插接针,2014 年 10 月 18 日获实用新型专利,专利号:ZL201420119030.x

(6)一种冬小麦冬前或春初麦行积雪位移器,2014 年 11 月 1 日获实用新型专利,专利号:ZL201420315600.2

(7)一种麦田提墒保墒镇压耙耱一体机,2015 年 8 月 5 日获实用新型专利,专利号:ZL201520170889.8

5.制定地方标准 4 项

(1)芝麻优质高产栽培技术规程

(2)春播花生优质高产栽培技术规程

(3)绿豆夏玉米间作生产技术规程

(4)水地冬小麦田节节麦防除技术规程

【重大项目研究进展】 2015 年,国家小麦产业技术体系山西综合试验站主要承担“小麦隐性灾害防控与抗逆稳产综合技术研究”“提升中国小麦育种能力共性技术研究”等工作。收集增补山西省小麦产业基础数据,上报国家小麦产业发展技术数据平台。应急性工作关注山西省小麦生产发生突发灾害性事件,制订应急预案和技术措施,开展技术指导和培训,降低灾害损失。本年度,完成重点任务安排的各项试验 6 项,示范任务 3 项;更新增补小麦产业数据 25 组;应对小麦生产病害、干旱等灾害事件 3 次,完成年度考核指标。

【人才与队伍建设】 2015 年,临汾市营造宽松的政策环境,加大各类人才教育、培训力度,鼓励在职人员外出进修、深造、攻读学位。本年度 2 人硕士毕业,另有 1 人攻读博士学位,1 人攻读硕士学位,1 人作为访问学者去美国北达科他州立大学学习。公开招聘 6 名工作人员,完成 5 名专业技术人员职称初评工作。

【重要科技事项与活动】 2015 年,临汾市示范行动和支撑计划。2015 年研究所承担支撑计划项目 1 项、示范行动 3 项。分别是“临汾小麦玉米一年两作新品种及高产高效配套栽培技术示范推广”“晋南小麦玉米一年两作创新示范基地建设”“设施蔬菜抗逆高效高产栽培技术推广”和“洪洞秦壁、浮山蔬菜集成技术创新示范园建设”。项目均按年初计划顺利进行。

技术服务工作。通过支撑计划和示范行动项目的实施,共计推广新品种 17 个、新技术 19 项;示范推广 246.07 公顷,辐射 0.533 万余公顷,涉及农户 12460 户,实现增收 4457.75 万元。先后组织 15 次观摩会,培训 16929 人次、发放各种技术资料 5.9 万余份,有效促进新品种、新技术的推广应用。原国家科协副主席徐善衍、省财政厅副厅长黄庙及省市县有关领导对研究所技术推广示范基地进行调研指导。《中国农村》杂志社、山西电视台、山西广播电台、《山西日报》《山西经济日报》等媒体,《临汾日报》、临汾电视台、洪洞电视台、襄汾电视台、浮山电视台先后对本所技术服务工作进行多次报道。

【扶贫工作】 2015 年,研究所的扶贫对象是襄汾县景毛乡南小张村。所领导选派开发管理科科长杨峰担任南小张村第一书记,领导班子成员全年先后 9 人次在南小张村驻村指导工作、两次现场办公,解决实际问题。很快完成全村基本情况的调研，摸清村情、民情及产业发展情况，在此基础上同干部商定全村脱贫致富的规划和需实施的项目。

截至2015年底，工作队队员累计住村天数达220天，共召开村民座谈会4次。扶贫工作队成员针对该村现状，协同相关单位，争取到光伏发电扶贫项目和美丽乡村建设项目资金近100万元，开展玉米后期管理及小麦播种、果树冬季管理和修剪现场培训，捐赠村里化肥10吨、发放小麦优种补助款1.1万元。经过一年的结对帮扶，124户贫困户有33户脱贫，脱贫率达20.5%，基本实现年初的脱贫任务和计划，帮扶工作得到群众的好评和市、县领导的肯定。

（张凤琴）

学述论著

·观点摘录·

【宋代乐语口号体性论略】（广东开放大学　文法系　刘春霞　2015年第1期）

宋代出现由文人撰写的乐语，基本结构是骈文之“致语”加上一首七律之附诗，附诗被名为“口号”。口号依附乐语产生、存在，契合整套乐语演奏的需要，呈现出鲜明的体性特征。由于口号依附于乐语而存在，口号在流传过程中常随着乐语一起被收进杂著、内制而散佚，或被截掉前部分的骈文而收入诗集，被掩盖了其本来面目，导致其独特体性未得到应有的认识。本文从口号产生并赖以存在的母体——宋代乐语入手，探讨这类诗歌独特的文学功能、情感内涵及艺术特征。乐语是宋代文人撰写的、由优伶乐工在公私宴飨时进呈的歌辞，包括朝廷春秋圣节、生辰正旦等重大庆典宴飨时由教坊乐人进呈的乐语，及府州官吏送往劳来、节序庆典宴会，军队阅兵，一般家庭私人寿诞、生辰、丧葬、中举、落第、建房、划船等节庆活动时由乐人进呈的乐语两类。

宋代乐语口号是诗歌中的特殊类型，它依附其母体乐语而存在。由于宋代乐语是音乐性、仪式性鲜明的诗文结合体，其独特的表演特性决定了口号的群体传播、祝颂清欢、娱乐游戏的功能。宋代乐语口号多为应制、应景之作，以表达集体应酬之情为主：教坊乐语口号托言“衢言”“民谣”等，在形式上继承唐以来乐工采辑民声、表达普遍大众心声的表述传统，在情感内涵上却以传达乐舞表演当下形成的合乐群体的谀颂之情为主；一部分运用于文人日常生活事件中的乐语口号，能够突破教坊乐词的应制性而具有一定的个性情感特征。就其艺术特征来看，宋代乐语口号多游戏滑稽之趣，这与其母体乐语的娱乐功能分不开。

【中国美学史的宏大叙述：高友工的“抒情传统”论】（佛山科学技术学院文学院　石了英　2015年第3期）

“抒情传统”(lyrical tradition)是20世纪60年代以来一批海外华人学者在中西比较视野下，以文类研究为媒介，运用西方lyric理论，整体考察中国文学美学特质与传统所提出的一个现代学术命题。高友工(Yu－Kung Kao,1929——　)无疑是这一传统最重要肇始者、阐述者和推动者。从共时性的美学原理到历时性的美学史述，从“较普遍的理论架构”到“历史性的叙述”，高友工勾勒中国“抒情传统”，一方面是对其“抒情美典”理论的阐释实践，一方面是对中国美学整体特质和历史脉络的高度综述，为中国古典美学提供另一种解释路径和认知模式。这种宏大的文学史叙述视野，为当下中国文学史、中国美学史的写作提供借鉴和启思。对于“抒情美典”(lyric aesthetics)与“抒情传统”之间的生成关系，学界多认为，高友工是先理论后史述，然而，不能忽略的是，高友工最早在学界发表的文章是唐诗批评系列，在这一系列中，他已经开始注意到中国抒情诗的美学特质等问题了。事实上，理论生成与现象考察绝对是一种互动关系，是多次来回互证的结果，没有一种理论能凭空设想出来。就本题来说，高友工所指的“抒情传统”既是一个“体类”(以抒情诗为基础)层面的形式美学传统，又是一个“理想”(中国文化理想)层面的文化精神传统，单指一个层面，则未能把握到“抒情传统”的真正意涵。

【现代新诗中蛇意象初探】（西南大学　中国新诗研究所　梁圣涛，蒋登科　2015年第4期）

现代新诗中关于蛇意象的作品较多，通过对这些典型文本的细读，可以看出现代新诗中的蛇意象，虽有取自传统的“畏惧”“厌恶”“淫邪”等负面含义，但在具体作品的展开中却并不如此单纯，而是更多地利用新诗语言贴近口语的便利，充分借鉴西方文学艺术中蛇意象的蕴含及其表现方法,通过自觉改写和嫁接来更妥帖地表达现代人在现代生活中真切的生命体验,并且取得良好实绩。虽然20世纪末以来弘扬传统的呼声日渐高涨,如郑敏、李怡和邓程等,但不能遮蔽新诗及其意象诞生与成熟的另一重要资源即西方诗歌,继承传统从来不意味着排外,相反中国诗歌要继续前行和取得成就,就必须兼收并蓄、为我所用且古今杰出的诗人们一直都是这样做的,蛇意象在现代新诗中的成功转换和运用就是最好的例证。进入现代以后,人们的生活环境和思维模式等发生了根本性的变化,传统已经不可能作为一个整体而进入现代,只能退居背景或呈点块状地影响新诗的取向与发展;作为历史文化形态的传统只有进入后人的理解范围与精神世界,并随着当代人的认知流动而不断自我激活与重新展开才成其为传统。蛇意象就是在这样的一种语境下借助外来资源不断地自我更新与拓展,在新诗中重新展现出有别于传统且更富现代魅力的独特意象。总之,这也是诗歌及其意象发展的一个基本特征和规律,传统从来不是固定不变的,不论是"大传统""小传统"还是外来的传统,而当下一刻也没有离开过传统,传统、外来与当下不断碰撞和纠缠、融合与发展,当下新诗正是在这样一种生态环境和现实状况中生长着,也将借助此种复杂背景融汇各方资源立足自身最终完成诗歌本体的自觉性建构。

【民族国家想象视野下的个体生命塑造——《白鹿原》家族叛逆者的人性冲突与拷问】(马德生 2015年第5期)

鉴于众多研究者对《白鹿原》的人物形象大多从悲剧命运、结构关系、塑造方法、性格心理等方面进行分析阐释所取得的成果与不足,本文试图从民族国家想象的角度,仅就《白鹿原》中年轻一代家族叛逆者鹿兆鹏、白灵、田小娥、黑娃、白孝文等形象进行粗浅分析,着重探讨他们在反叛与对抗以父辈为代表的家族制度、传统礼教中的人性冲突,展示他们或清醒/盲目或主动/被动追逐时代步伐,以及被时代车轮驱裹而形成的跌宕起伏的人生履痕和命运悲剧,从而进一步揭示出在现代民族国家建构过程中个体生命存在的焦虑与认同的困惑,以及历史演变的偶然性和民族国家建立的艰难性。陈忠实的《白鹿原》作为一部挖掘民族文化资源、探求民族命运与前途的呕心沥血之作,不仅以其深厚的历史文化底蕴,对封建帝制解体后的现代民族国家主体创造进行想象建构,而且写出个人主体在社会大变革中承载着的生命沉重感。不仅突破狭隘的政治斗争视域和简单的阶级斗争模式,描写封建宗法社会维护者白嘉轩、朱先生等与现代民族国家的冲突,以及痛苦而无奈的生命迁延与死亡历程,而且写出新一代叛逆者在民族国家建构过程中的沉浮与抗争。在《白鹿原》的这些青年叛逆者中,他们的身世经历、反抗方式尽管不同,但都始终无法掌握自己的命运。而他们的人生悲剧看似偶然,实则包含着必然,正如作者所言:"所有的悲剧的发生都不是偶然的,都是这个民族从衰败走向复兴复壮过程的必然。这是一个生活的演变过程,也是一个历史的演变过程。……我不过是竭尽截止到一九八七年底全部艺术体验和艺术能力来展示我上述的关于这个民族生存、历史和人的这种生命体验的。"笔者认为,这既是作者对中华民族从传统迈向现代的历史命运的独特感悟与生命体验,也是我们重新认识与发现《白鹿原》构建民族国家与个体生命想象和认同的价值所在。

【论唐代昭君诗的兴起与嬗变】(东莞理工学院中文系 徐海容 2015年第6期)

唐代昭君诗由单纯描写昭君而延伸至整个和亲政策,关注妇女命运和民族关系,在体裁领域不断开拓,除了五绝、五律外,还增加七绝、七律、七言联句体、五七杂言歌行体以及组诗形式的昭君诗,从搜集到的73首唐代昭君诗来看,有绝句44首,包括五绝、七绝,律诗22首,包括五律、七律,连句体1首,从时间上看,初唐主要是五绝和五律,各七首,盛唐主要是七绝和五律,各7首和4首,其余七律1首,五绝2首,其余为古体和五七律,中唐主要是七绝和五绝,分别为8首和5首,晚唐主要是七绝,有13首,五律4首,可见就体式而言,昭君诗在唐代是不断嬗变诸体兼备的,不同时期又各有侧重。此外,据李晓明先生的统计,"在《全唐诗》中的卷十九《相和歌词》中,收有题名为《王昭君》的诗共19人25首,题名为《明妃曲》或《昭君怨》的诗共5人5首,在其卷二十三的《琴曲歌词》中,收有题名为《昭君怨》的歌词共4人5首"。足见其体裁种类之丰富。

(于文哲)

文化　旅游

文化事业

【公共文化服务体系建设】 2015年，临汾市图书馆在施工中，临汾戏剧研究院非物质文化遗产传承培训基地奠基，蒲剧院排练大楼完成主体，临汾市奥体中心(体育场)完成地质勘察的招投标工作。县级文化馆、图书馆及乡村两级的综合文化站、农村文化活动室、农家书屋、农民体育健身工程、全民健身活动广场实现全覆盖，共建有体育场7个，体育馆7个，全民健身活动中心9个，基本形成市、县、乡(镇)、村四级文化体育公共服务网络。推进全市广播电视户户通工程，2015年完成25812户，超额完成29%。新建城市数字影院6家，全市达到20家。以打造“书香临汾”为目标，开展全民阅读活动，组织“最美读书人”和“书香之家”推荐、“我的书屋，我的梦”等系列活动，开展“文化惠民在三晋”系列活动，文艺院团全年下乡演出近1000场，其中市直文艺院团下乡演出434场，“群众文化基层行”演出20场。全市农村公益电影放映35616场，428所寄宿制学校电影放映3852场。

【精品创作】 2015年，临汾市围绕“中国梦”“三个文化”和纪念抗日战争胜利70周年，开展创作活动，锤炼和创作编排蒲剧《廉吏于成龙》，眉户剧《老槐树下》《焦裕禄》《雷雨》等优秀作品。广播电视宣传内容上，推出一批精品栏(节)目。市县电视台开设“行进中国·精彩故事”“魅丽临汾”“共筑中国梦·建功在三晋”“纪念抗战胜利70周年活动”等多个新闻专栏，全年在中央台发稿64条，省台发稿222条。2015年“山西广播电视奖”评奖中，临汾市共有78件作品获奖，其中一等奖6件，二等奖20件，三等奖46件，优秀奖6件，在全省地市级广播电视台中名列前茅。组织“临汾广播电视奖”的评比交流会，共评出获奖节目205件。对外文化交流方面，开展群众体育对外交流，扩大临汾对外影响。2015年是第十五届省运会周期的第一年，全市派出404人的代表团在14个项目的比赛中，共获得金牌20枚、银牌33枚、铜牌35枚，取得总分1014.5分的良好成绩。在郑州举行的全国射击个人团体锦标赛上，临汾市赵若竹、刘璐等3人获得女子50米步枪三姿团体项目第二名，赵若竹取得全国个人女子50米步枪三姿第三名的优异成绩。海峡两岸暨港澳地区门球邀请赛、全国老年人太极拳比赛、2015“体彩杯”全国首届老年可乐球邀请赛以及全省农民运动会比赛等均有突出表现。

【文化产业发展】 2015年，临汾市文化局坚持“上项目，调结构，促升级”的文化产业发展思路，有效发挥文化产业项目服务平台的作用，建起全市文化产业资料库和项目库。推动文化产业与互联网深度融合，全市数字影院影讯发布、售票服务都采取线上线下营销模式，侯马市涌现出“马上购”“前店后厂”“中华戏曲园”等一批“文化＋互联网”相关企业。在帝尧古都文化旅游节、第二届山西文博会、临汾(上海)城市推介会上，平阳麻笺、临汾剪纸、金丝彩嵌、平阳木板年画等多项文化产品竞相亮相，销售额、签约意向额屡创新高。晋华隆青铜玉器工艺品有限公司及临汾华之源文化传媒有限公司参加中国—东盟博览会文化展，襄汾县邓庄丁陶麻笺社参加第三届黄河金三角投资合作交流大会成功签约。

【文化环境管理】 2015年，临汾市文化局坚持“简政放权”。取消行政审批项目9项，下放4项，承接省里下放1项，市一级只保留6项，行政审批项目全部进入市审批大厅。开展平安文化市场和诚信文化市场创建活动。先后3次对全市文化市场经营单位进行“拉网式”检查；开展校园周边文化环境、“黑网吧、黑歌厅”整治等专项治理活动，在寒暑假等重点时段对全市文化娱乐场所、高危险性体育项目经营场所进行安全隐患排查。加强全国文化市场技术监管与服务平台建设,全市上线激活率为99.8%,位居全省首位。开展境外卫星电视传播秩序专项整治工作。对全市159家宾馆饭店进行依法检查,查处45家销售点,收缴机顶盒380个、高频头235个、锅盖408个。

【新闻记者和文化产业管理】 2015年,临汾市文化局完成第一批新闻采编人员记者证换证工作。简化审批流程、下放审批事项,支持行政审批事项进大厅,更好地服务企业,服务群众。下发《出版产业相关政策法规资料汇编》,完成印刷企业年检换证工作,共换发印刷经营许可证131个。

【非物质文化遗产保护】 2015年,临汾市文化局完成"乡村文化记忆工程"的普查工作;2015年,全市新申报省级非遗传承人21名,申报国家级非遗项目3项,全市国家级非遗项目达到21项,省级114项,市级231项,在全省名列前茅。

【帝尧古都文化旅游节】 2015年,首届山西·临汾帝尧古都文化旅游节4月18日在尧庙广场隆重开幕。此次由市委、市政府主办的文化旅游节,涵盖锣鼓大赛、戏曲展演、"围棋之源·圣尧杯"国际大师邀请赛等文化体育活动。古都文化旅游节"名优"产品展销会广受欢迎,展销期间客流量约为2.5万人次,现场销售额达40余万元,签订购销合同560万元。

【临汾市第四届运动会】 2015年8月25至8月29日,临汾市第四届运动会主赛区在蒲县进行。临汾市第四届运动会于2015年4月至8月举办。运动会设成年组、老年组和青少年组三个组别,23个大项,297个小项。蒲县主赛区承办青少年组田径项目和第四届运动会开闭幕式,其余项目由各县、市,市体校及体育单项协会、俱乐部承办。本次运动会获得体育道德风尚奖的是:襄汾县、浮山县、侯马市、翼城县、古县。获得优秀组织奖的是:尧都区、曲沃县、侯马市、古县、霍州市、洪洞县、蒲县、永和县、侯马市。尧都区、侯马市、翼城县、浮山县、曲沃县、霍州市、吉县、名蒲县分获得青少年组前八名。

(郭秋林)

戏剧事业

【概述】 2015年5月中旬,上海艺术院团管理干部来院调研考察,就蒲剧现状、院团现状、经济收入、人才培养进行调研。12月1日,山西省戏研所专家学者一行到临汾戏剧研究院调研采访相关蒲剧眉户资料。12月28日,临汾蒲剧院被中国艺术研究院国家非物质文化遗产研究中心授予"国家级非物质文化遗产保护研究基地"。

【文化下乡】 2015年,临汾戏剧研究院下属三个艺术研究中心分别是临汾市蒲剧艺术研究中心(原临汾蒲剧院蒲剧团)、临汾市眉户剧艺术研究中心(原临汾市眉户团)、临汾市小梅花蒲剧艺术培训中心(原临汾蒲剧院小梅花蒲剧团),2015年三个演出中心参加下乡演出共计400余场,深入山区、厂矿、农村、乡镇、学校、社区等,甚至远赴晋南、晋东南、河南、陕北等地演出,丰富临汾市各地区人民的文化生活,扩大蒲剧、眉户的影响力。

【蒲剧剧目汇编及资料研究】 2015年,临汾市戏剧研究院完成《蒲州梆子传统剧目汇编》第10～15卷校勘工作:第一季度完成10、11卷校勘,第二季度完成12、13卷校勘,第三季度完成14、15卷校勘,第四季度对10～15卷再度校勘。完成《蒲剧艺术》杂志出版发行1～4期,对临汾市及晋南重要戏曲活动进行宣传报道。5月23日,襄汾县剧协举行刘春澍先生新作《梨园长歌行》发行座谈会。《梨园长歌行》是《襄汾戏剧志》梓后续篇,由刘春澍、刘像仪主编。上卷,以纪念和记载其父刘鉴三作品和文章为主。《梨园长歌行》下卷,以刘春澍先生创作的十部剧本为主,以及在报刊杂志上发表的有关戏剧文章和同人好友的评论。410个页面,350千字,由山西出版传媒集团·山西春秋电子音像出版社出版发行。

【"中国梦·尧乡情"春节戏剧公演】 2015年1月4日至13日,临汾市三个戏曲演出团体在市影剧院分别演出《焦裕禄》《雷雨》《父亲》《法门寺》《关公斩子》《蒲剧经典折子戏专场》《反潼关》《花木兰》《赵五娘》《廉吏于成龙》等十场大戏,此次戏剧公演,规模大,时间长,是落实省委弘扬"三个文化"、重塑山西形象的战略部署,是打造临汾传统文化品牌的一项重要活动，是春节文化活动的重点、看点和亮点，满足市民在家门口看上戏、看好戏的愿望，助推临汾文化事业的发展。

临汾市蒲剧艺术研究中心新创剧目《廉吏于成龙》

【戏剧走进大学校园传】 2015年，由省委宣传部、省文化厅、省教育厅共同主办的2015年"山西省文艺精品进校园"活动及教育部2015年全国高雅艺术进校园活动精彩剧目之一说唱剧《解放》，4月23日下午和晚上在山西师范大学学生文化艺术活动中心演出，新颖独特的舞台形式和浓郁质朴的晋风晋韵吸引全校千余名师生前来观看。大型山西说唱剧《解放》由山西省戏剧职业学院和省华夏之根艺术团联合演出，著名作曲家张千一作曲。全剧以"裹小脚"为线索，将说、唱、戏、舞融为一体，从而创造出"说唱剧"这一崭新的艺术形式，剧中穿插《看秧歌》《想亲亲》《樱桃好吃树难栽》《桃花红杏花白》等十余首经典的山西民歌和蒲剧唱段，乡土气息浓郁质朴；《天足》舞蹈中，80名女孩整齐地躺在舞台上，或如波浪汹涌起伏，或如佛祖拈花坐禅，将裹足前少女的活泼灵动展露无遗；舞蹈《惊梦》中的"凤冠小脚舞"与裹足前的舞蹈形成鲜明对比，表现出封建社会对妇女的压迫与束缚。

6月8日，洪洞县青年教师何萍应山西师范大学研究生学院盛情邀请，携临汾市第三中学初二学生张紫云、临汾市第一小学三年级学生常璟琦参加山西师范大学2015年研究生毕业晚会，三人分别演唱蒲剧《土炕上的女人》、豫剧《花木兰》、京剧《三家店》中的经典唱段，受到师大师生的热烈欢迎和阵阵喝彩。

10月中旬，临汾市蒲剧艺术研究中心走进山西师范大学演出大型反腐倡廉剧《廉吏于成龙》、大型传统蒲剧《对花枪》，为蒲剧在大学校园的传播和发展、培养年轻戏迷观众、弘扬戏曲文化做出贡献。

【剧目创排、恢复】 2015年1月8日至9日，临汾市蒲剧艺术研究中心新排古装剧《反潼关》在临汾梨园堂彩排，音乐设计谢成民，导演解光礼，主演崔鹏升、余琴、王桂莲等；1月中下旬，临汾市蒲剧艺术研究中心创排大型大型反腐倡廉剧《廉吏于成龙》，2月9日、10日在梨园堂首演，音乐设计谢成民，导演白云峰，领衔主演郭泽民；临汾市眉户剧艺术研究中心创排大型眉户廉政剧《焦裕禄》，2月2日在临汾影剧院首演，领衔主演贾福林。7月中旬，临汾市眉户剧研究中心创排大型眉户现代戏《老槐树下》，9月2日在临汾市影剧院首演彩排。8月，大型蒲剧现代戏《土炕上的女人》精细打磨复排，高清录制，完成国家级非物质文化遗产传承保护项目，为蒲剧乃至整个戏曲界留下宝贵的资料。8月，临汾市文化艺术学校新排大型蒲剧《刘胡兰》，该校青年教师常涛领衔主演。5.9月，临汾市小梅花蒲剧艺术培训中心复排大型传统剧目《游西湖》，年底在梨园堂首演录像。

【剧种艺术交流演出】 2015年4月2日，临汾市首届帝尧古都文化旅游节开幕，此次活动围绕尧文化与临汾政治、经济、文化、旅游、社会的发展，打造山西·临汾帝尧古都文化旅游节品牌，展示临汾悠久的历史、深厚的文化底蕴、秀美瑰丽的自然风光，展示百里汾河生态经济带的新变化、新面貌。"地方戏展演"是此次活动内的一大亮点和看点，4月14日在影剧院拉开帷幕。"地方戏展演"汇集黄河"金三角"市区的临汾、运城、三门峡、渭南六大戏曲演出团体六台大戏，可谓剧种各异、名角汇集、精彩纷呈、好戏连台。"地方戏展演"是旅游文化节活动的重点、看点和亮点，满足市民在家门口看上戏、看好戏的愿望，推动兄弟剧种的交流和合作，推动临汾戏剧事业的发展，印证临汾市古平阳是"中华戏曲的摇篮""中国戏曲梅花之乡"。6月初，浙江嵊州越剧艺术学校40余名师生前往临汾市蒲剧院及小梅花蒲剧团、市艺校进行学习交流活动。6月下旬，山西省京剧院到临汾市影剧院交流演出，分别演出京剧尚派经典剧目《十三妹》和梅派经典剧目《霸王别姬》。

【对外交流演出】 2015年1月10日至14日，临汾市小梅花蒲剧艺术培训中心在运城河东会堂演出《洗雪铁丘坟》《杨门女将》《荆州王》《窦娥冤》及经典折子戏专场。5月19日，蒲县蒲剧团应邀在太原南宫剧场演出《赵氏孤儿》，主演刘飞飞。9月12日至16日，由临汾市委、市政府主办的“临汾赴并戏曲展演周”参加山西省第二届文博会，在山西大剧院分别演出蒲剧音乐舞蹈史剧《尧颂》，大型眉户现代戏《老槐树下》《雷雨》《焦裕禄》及蒲剧《廉吏于成龙》等剧目。10月初，临汾市眉户剧艺术研究中心赴永济大剧院演出，分别演出大型经典眉户剧《父亲》《书记妈妈》《雷雨》《焦裕禄》《老槐树下》。11月7日，临汾市小梅花蒲剧艺术培训中心优秀青年演员马春丽携经典折子戏《挂画》赴上海参加“帝尧之都·风情临汾”——临汾(上海)城市推介活动。11月18日至19日，临汾市小梅花蒲剧艺术培训中心应邀赴西安参加《中国梦·黄土情》晋冀蒙陕甘宁六省区戏曲交流展演，在陕西艺术职业学院礼堂、西安交通大学体育馆演出蒲剧经典折子戏《表花》《跑城》《贩马》《采花》《火凤凰》等。

【戏曲精品老区行】 2015年9月28日，由临汾市文化局主办、临汾市小梅花蒲剧艺术培训中心承办的“戏曲精品老区行”活动在侯马市新田乡垤上村拉开帷幕，上演经典蒲剧《关公斩子》；9月29日，临汾市小梅花蒲剧艺术培训中心承办的“戏曲精品老区行”在洪洞县白石村演出蒲剧传统剧《蝴蝶杯》；10月5日，“戏曲精品老区行”——临汾市小梅花蒲剧艺术培训中心走进永和县东征村，演出传统蒲剧《杨门女将》；10月7日，“戏曲精品老区行”——临汾市小梅花蒲剧艺术培训中心走进安泽县杜村，演出传统蒲剧《白蛇传》。

【廉政剧目巡演】 2015年，临汾市蒲剧艺术研究中心和眉户剧研究中心分别创排大型廉政剧目《廉吏于成龙》和《焦裕禄》，小梅花蒲剧艺术培训中心加工打磨传统廉政剧目《关公斩子》。三部剧目分别在临汾市影剧院、梨园堂为广大党员干部公演，赴全市、区、县、乡镇及运城各地区巡回演出，取得良好的反响，以三部廉政大剧引领社会正气，教育党员干部。

【蒲县蒲剧团走进梨园堂】 2015年10月12日，临汾本土企业家、著名蒲剧票友陈泽民携蒲县蒲剧团走进梨园堂，分别演出蒲剧传统剧目《金麒麟》《下河东》《赵氏孤儿》，为临汾市民献上精神文化大餐。

【梨园堂(戏迷乐园)举办有声有色】 梨园堂自2014年3月开展“戏曲月演出周”及“戏迷乐园”以来，每周末都邀请专业演员和戏迷票友演出，不仅活跃临汾市戏剧文化氛围，丰富市民文化生活。两年来，梨园堂每周末都是观众拥挤，人头攒动，从免费看戏到“二元剧场”，剧场都是座无虚席。

【第三届“梨花奖”电视戏曲大赛】 2015年12月，临汾市第三届“梨花奖”电视戏曲大赛成功举办，最终高红玲、雷雪萍获一等奖，侯彩红、张国红、樊秀燕、刘秀珍、马文秀获二等奖，梁艳丽、王爱琴、李秋义、王青芳、庞建峰、柴永强、张教珍、李义文获三等奖。

【举办尧乡春剧社成立十三周年庆祝活动】 2015年10月下旬，尧乡春剧社举办成立十三周年庆祝活动，邀请市内专业演员及社内演员共同演出戏曲晚会及经典折子戏专场等。

【成功举办“美丽临汾”2016年新年戏曲晚会】 2015年12月30日，“美丽临汾”2016年新年戏曲晚会在市影剧院成功举办，此次晚会剧种丰富、名家名票欢聚一堂，有古老的蒲剧、眉户，也有悦耳动听的地方小戏洪洞道情、翼城琴剧、曲沃碗碗腔等，有“二度梅花奖”任跟心、“梅花奖”郭泽民、许爱英、潘国梁等戏剧精英的倾情演唱，也有青年演员程雅琨、刘晶等的精彩表演，更有戏迷票友何萍、杨耀东、张紫云、常璟琦的参与，不同的形式、不同的演绎，让临汾人民真正过了一把戏瘾，更体现临汾市丰富的戏曲资源和强大的戏曲人才力量。

(付增芝)

艺术学校

【第五届校园“文明风采”竞赛】 2015年，艺校举办第五届校园“文明风采”竞赛活动。参加演讲、征文、音乐、舞蹈、戏曲、美术六大类项目，经过初赛、复赛、决赛层层选拔，共有120个节目获得各类奖项。其中，一等奖6个，二等奖12个，三等奖18个，优秀奖80个。此次竞赛活动，丰富校园文化生活和德育实践活动内容，提高学生人文素养和职业素养，推进文化育人、立德树人，展示全校学生良好的精神风貌。

【山西省音乐舞蹈教学检查】 2015年11月26日，山西省文化厅组织专家评委对艺校音乐舞蹈专业教学进行全面检查。省文化厅领导专家检查教学资料，观摩课堂教学，与老师们进行反馈交流，对校音乐舞蹈专业教学工作给予很高的评价。

【组织学生参加山西省第十七届水彩展】 2015年，在山西省第十七届水彩展大赛中，学生作品参展13幅，入选12幅，获二等奖2个，三等奖3个，优秀奖6个。说明学校水彩画在全省的地位，得到省内外专家的一致肯定和好评。

【舞蹈表演专业实训基地建设】 2015年，临汾艺校舞蹈实训基地建设自2015年7月1日开始，9月1日正式完工，从近半年的使用效果来看，发挥其功能，改善艺校舞蹈表演专业的实训实习条件。

【音乐专业省级实训基地项目】 2015年，临汾艺校学校音乐专业被批准省级实训基地储备项目，经通过山西省教育厅批复，正在做好相关准备工作，等待省厅资金到位进行建设。

【校外实训基地建设】 2015年，学校先后与北京新戎集团、临汾金光汽车公司、宜川市文化局开展合作，双方利用优势资源强强联合，互利共赢。通过校企合作，加大校外实训基地建设，为学生提供实践展示的平台。

【参加文艺演出】 2015年12月，学校组织戏曲科、舞蹈科师生参加2016年全市元旦戏曲晚会的演出工作，《群英荟萃》《金猴闹春》《百花争妍》等节目亮相，得到市领导、专家和观众的广泛赞誉。

舞蹈专业教学汇报

（赵安民）

文学艺术

【文艺志愿者服务主题活动】 2015年5月22日，临汾市书法家协会、临汾市美术家协会、临汾市摄影家协会、临汾市楹联协会的30余名文艺志愿者走进临汾汾河公园，开展文艺志愿者服务主题活动。以“大美临汾、靓丽汾河”为主题，现场进行艺术创作，共创作书法、美术、摄影、楹联等文艺作品百余件幅，全部赠送给汾河公园。

【文学笔会】 2015年5月22日至24日，临汾市作家协会组织散文、诗歌、小说作家及文学爱好者40余人在襄汾县举办文学笔会。通过深入基层，亲近自然，了解文化，开阔作家们的视野，为创作出更多具有临汾地域特色的优秀文学作品积累更多更好的创作题材。

【“翰墨薪传”书法公益培训】 2015年6月13日，由山西书法院、临汾市文联、临汾市书法家协会共同主办的“深入生活，扎根人民”——“翰墨薪传”书法公益培训在临汾举行。中国书法家协会会员、山西省书法家协会副秘书长吕林健，中国书法家协会会员、山西省书法家协会理事仇官有分别主讲《沿波讨源——我对书法的近期思考》和《书法需要实实在在地写》，临汾市书法爱好者150余人参加培训活动。14日，山西书法院院长韩少辉结合国展评审为山西师范大学100余名书法专业学生介绍当前全国书法创作的发展态势和审美取向。

【艺术采风创作活动】 2015年7月4日至5日，临汾市文联联合山西省美协、山西省画院组织20余位艺术家赴汾西、霍州开展“深入生活、扎根人民”艺术采风创作活动，考察美术创作基地。

【临汾市首届篆刻研讨会】 2015年8月1日，在临汾市文联会议室举办“临汾市首届篆刻研讨会”。市工艺美术家协会的40名篆刻爱好者参加研讨会。

【创建艺术创作基地】 2015年，临汾市文联在临汾汾河公园画舫建立临汾市书法家协会、美术家协会创作基地，每月举办两名书法家和美术家展览。展出作品20余幅。

【《丹青正气七友春风》画展】 2015年4月16日，在山西师范大学美术馆开幕，共展出郭新民、狄少英、徐晋平、孟旭耀、霍俊其、张文华和朱凡创作的70多幅作品，展期一周。

【“对话太行”临汾水彩写生展】 2015年5月10日，在临汾市群艺馆举办“对话太行”临汾水彩写生展，本次展览由山西省美术家协会水彩艺委会、临汾市美术家协会、临汾市文化艺术学校和临汾尧都画会共同主办，共展出临汾市四位青年画家冯红宇、张青虎、张静和任光华的水彩作品66幅。展期10余天。

【永和“红军东征”西渡路线采风活动暨《中国战场之共赴国难》讨论会】 2015年8月18日至20日，永和‘红军东征’西渡路线采风活动暨《中国战场之共赴国难》讨论会在永和县举办。各县（市、区）文联主席，作协主席，重点作者及文学爱好者100余人参加，对李骏虎的《中国战场之共赴国难》进行研讨交流。山西省作协党组书记、主席杜学文主讲“永和县社会主义核心价值观”专题文艺讲座，市作协主席张行健主持召开文学创作对话会。

【“太行风骨”美术作品巡回展】 2015年12月16日至22日，由山西省文联、中国美术家协会、中国书法家协会及临汾市委、市政府主办，市委宣传部、市文联承办的“太行风骨”美术作品巡回展，在市博物馆（铁佛寺）举行。山西省文联主席张根虎、省美协副主席任晓军，市委常委、宣传部部长黄翠莲出席开幕式。展览共精选百余幅优秀美术作品。

12月16日至22日举办“太行风骨”美术作品巡回展

（张旭红）

图书馆建设与管理

【概述】 2015年，临汾公司营业总收入完成24500万元，绝对额较上年的23117万元增加1383万元，增长比例为5.98%；实现利润总额850万元，绝对额较上年的671万元增加179万元，增长比例为26.68%；全区实现POS机销售码洋2641.8万元，为目标值2463万元的107.26%。其中：连锁销售码洋1636.9万元，为目标值的111.89%，毛利率为30.67%；传媒销售码洋1004.9万元，为目标值的100.49%，毛利率为17.4%。教材教辅图书发行总码洋1.82亿元，比上年同期增长500万元。其中：教材发行7299.4万元（春季3315.1万元，秋季3984.3万元），教材重点品种发行位列全省第二；教辅发行10882万元（春季5150万元，秋季5732万元），较上年增加566万元，位列全省第一。重点书发行上，《全国干部培训教材》一书，全市共发行1500余套，码洋70万余元。大中专教材发行730万元，完成目标任务700万元的104.3%。在薄改、招标和农家书屋项目上，共计中标714.8万余元（其中：临汾市直中小学薄改图书项目444.6万元；临汾市文化局地方公共文化图书项目125万元、临汾二中馆配图书5.9万元；农家书屋补充更新项目临汾尧都区63万元、隰县31.4万元、安泽19.8万元、永和13.3万元、蒲县11.8万元）。物流公司全年共代发4346.3万元，53075件；中转90521件，车次331次。

【退税工作】 2015年，临汾分公司通过与市税务局、山西省乃至国家税务总局等部门的沟通协调，将710万元的税款全部退回。

【“美丽书店”建设】 临汾连锁门店对卖场进行经营业态调整的升级改造。年初百新文体馆入驻，新开辟以传媒产品和华文堂系列产品为主的休闲区。蒲县、汾西、永和等分公司都相继收回部分外租门面，重新整修，卖场面积扩大、图书品种增加。临汾公司尧庙仓储物流基地业务楼主体工程、建设路商务酒店及古县综合楼均全面完工。古县连锁门店备货到位。汾西、浮山分公司的工程全面完工，进入验收阶段；曲沃分公司工程接近尾声；翼城分公司可望在2016年上半年竣工。

【精神文明创建】 2015年，建设路储运大院原供水单位临汾铁路停止对外单位供水，投资30余万元重新修建全新的供水设施，接通自来水厂水源，解决生产生活用水困难。公司环城西巷家属楼一直没有接通大暖和天然气，就此处供暖供气达成协议，为职工生活带来保障。对公司贫困或大病职工进行慰问，给予经济上的帮助。公司工会组织爱心捐助活动，为因病特困的一位职工捐款21300元。每年组织职工进行全面健康体检，让职工感受到企业的关怀与温暖。

文物管理

【概述】 2015年，临汾文物旅游局坚持"保护为主，抢救第一，合理利用，加强管理"的文物工作方针，按照夯基础、重保护、促利用工作思路，推进山西南部古建筑保护工程、彩塑壁画修复工程等重点工程，开展第一次全国可移动文物普查工作，推进新建临汾市博物馆展陈工作，配合城乡建设开展文物调查、勘探、发掘工作等，各项工作取得进展。

【陶寺遗址保护利用】 2015年，临汾市陶寺考古发掘成果证实临汾就是最早的中国，奠定临汾市在中华文明史上的地位，将陶寺遗址确定为全省三个历史文化亮点之首予以支持和培育。邀请各方专家论证，确立将遗址核心区、外围尧文化旅游产业园区、古文明旅游圈建设同步推进的发展思路。成立陶寺遗址保护利用暨旅游改革发展领导组，组建由中国社科院考古所、山西省考古研究所、临汾市政府、襄汾县政府四家共同合作的陶寺遗址博物馆理事会，落实博物馆选址用地，将相关道路改扩建项目列入十三五重点项目之中，筹备启动陶寺遗址博物馆建设项目。山西省两会递交《关于将陶寺遗址保护利用建设项目列入省重点工程的建议》，临汾市陶寺遗址保护开发工作受到国家文物局、主流媒体的高度关注，12月3日至4日，新华社、《人民日报》、中央电视台等十多家主流媒体组团到临汾市进行专题采访和深度报道。12月12日中国社会科学院考古研究所、山西省文物局、临汾市人民政府联合在京举办"陶寺遗址与陶寺文化"暨《襄汾陶寺——1978—1985年发掘报告》出版国际学术研讨会，为本市陶寺遗址保护利用和尧文化旅游的后续开发建设奠定坚实的理论基础。

【临汾市博物馆工程建设】 2015年，文物旅游局邀请国内顶级专家组织召开7次临汾市博物馆展陈设计及功能布展规划研讨会，形成市博物馆功能分区调整设计方案，成立市博物馆建设与陈展领导组，工程项目部经市政府批准成立，2015年，市博物馆展陈工程将加速推进，预计2017年初开馆。

【古建筑"三有三防"】 2015年，文物旅游局全面推进古建筑保护的"三有三防"工作：即有人、有钱、有规划，防火、防盗、防破坏。全市"三有三防"工作全面落实。各级文物保护单位尤其是国保、省保单位，在保护管理上做到专兼结合，有人负责。市本级及各县（市、区）每年能拿出一定的资金用于文物建筑的养护、抢险和维修。市本级及各县（市、区）按轻重缓急编制"十三五"重点古建筑维修规划上报省文物局。采取有效措施，狠抓文物安全，实现国保、省保单位零失火、零被盗、零破坏。

【南部早期木结构建筑维修保护】 2015年，文物旅游局全市列入南部工程的16处国保单位中，霍州州署大堂、观音庙，洪洞玉皇庙、广胜寺等14处文物保护维修工程如期完成。蒲县东岳庙，襄汾县汾城古建筑群永泰园杂货铺、永生堂药铺等维修工程推进。完成尧都区魏村牛王庙、东羊后土庙、王曲东岳庙，翼城四圣宫、南撖东岳庙、乔泽庙等6处的文物保护规划初审上报省局。洪洞玉皇庙、乡宁寿圣寺2处文物保护规划正在编制中。

【彩塑壁画保护修复】 2014年，启动东羊后土庙、蒲县东岳庙、隰县千佛庵、洪洞广胜寺彩塑壁画保护工程，2015年，蒲县东岳庙壁画与塑像工程完工，通过省局组织的专家验收。

【晋国大遗址保护】 2015年，文物旅游局推进晋国文化核心片区规划等基础工作，推动相关县市完成侯马晋国遗址、曲村—天马遗址、大河口遗址三个考古遗址公园规划，侯马晋国古城考古遗址公园规划完成招投标程序，即将启动编制工作，曲沃县争取国家文物局立项。

【古建筑专项核查】 古建筑核查工作。核查县级及以上文物保护单位740处，其中国保文物35处，省保文物18处，市县保文物687处，其中：县保及以上古建筑整体保存较好236处，正在维修20处，存在重大险情234处，存在一般险情248处。

有消防设施文物保护单位81处。附属文物壁画3488.3平方米,塑像2881尊,悬塑560平方米。

全市古建筑类全国重点文物保护单位核查。经核查,全市涉及国保单位35处,其中整体保存较好20处,正在维修4处,存在重大险情11处(丁村民宅、翼城县樊店关帝庙、洪洞商山庙、曲沃县东许三清庙献殿、灵光寺琉璃塔、千佛庵、南林交龙泉寺、蒲县东岳庙、娲皇庙、郎寨塔、师家沟古建筑群)。截至年底,有5处保护规划经省政府公布报国家文物局,15处保护规划正在编制。

全市不可移动文物消失统计。经排查,全市共消失313处,其中自然塌毁97处,新(改)建、复建90处,建设拆除84处,无保护价值建议退出8处。

【第一次全国可移动文物普查】 2015年,文物旅游局按照全省第一次全国可移动文物普查工作安排,加大检查力度、查遗补漏、认真核对数据,截至12月30日,行外22家国有收藏单位、行内20家国有收藏单位全部完成数据上传任务。

【抗战70周年文物保护项目】 2015年,吉县克难坡、汾西县刘家庄二十间革命旧址展陈工作,安泽太岳军区司令部一期维修工程基本完成。

(闫建文)

旅　　游

【概述】 2015年,临汾市文物旅游局推进旅游项目建设,提升旅游服务水平,加大市场推介力度,实现旅游总收入增幅15%。全市全年共接待国内游客3175.52万人次,同比增长20.1%;接待入境游客3.61万人次,同比增长5.57%;实现旅游外汇收入1502.89万美元,同比增长5.04%;实现旅游总收入294.94亿元,同比增长21.73%,超额完成省定、市定任务的6.73%。

【重点项目建设】 2015年,洪洞、乡宁、吉县三县完成旅游项目建设投资2.67亿元:洪洞县完成投资1.22亿元,用于苏三监狱景区房屋征收拆迁及大槐树景区旅游厕所及游步道建设。乡宁县完成投资8400万元,用于云丘山景区旅游厕所、多宝灵岩寺修缮、乡村旅游、塔尔坡古村落开发、黄金峪自驾车露营地前期开发以及戎子酒庄旅游接待餐厅、农家小院宾馆、葡萄种植基地建设。吉县完成投资6100万元,用于人祖山景区山门、广场、游客中心、人祖庙、抗战文化体验园以及壶口景区部分路基工程。

【AAAAA级景区建设】 2015年,临汾市文物旅游局多次会同大槐树景区负责人赴国家旅游局、山西省旅游局与相关司处负责人、评定专家对接汇报、听取意见建议,推进创建工作。邀请省旅游局相关处室赴大槐树现场指导培训,大槐树景区进入AAAAA级验收冲刺阶段。

【旅游宣传促销】 2015年,临汾市文物旅游局组织临汾市黄河旅游产品赴俄罗斯、捷克、匈牙利等3国参加“美丽中国——天下黄河”活动,开展旅游宣传推广,拓展欧洲旅游客源市场。1.举办“临汾旅游推介会”及“经典旅游线路踩线活动”,市内30余家旅游企业与京津唐等8省18市180多家旅游批发商、旅行社达成合作意向。2.组织旅游企业赴川渝鄂、武汉、三门峡、浙江义乌开展临汾旅游专题推介,赴上海、深圳举办“城市旅游推广周”活动,实现本市与重点客源市场的对接。3.指导举办第25届大槐树寻根祭祖节、云丘山中和文化旅游节、尧都区乡村风情桃花会等旅游节事节庆,累计接待游客85万人次。

市长岳普煜与澳大利亚杰尔顿CEO签署友城协议

【旅游市场监管】 2015年,临汾市文物旅游局完善旅游投诉受理的工作制度,执行《旅游投诉回访制度》和《24小时值班受理投诉制度》,及时妥善处理游客投诉32起,结案率达到100%。开展安全生产大检查、打非治违和专项整治,以两个旅游日、春节、

五一、国庆等重大节假日为契机，深入旅游景区、旅游企业开展安全生产隐患排查工作70余次，开创性地联合市运管局共同发文规范旅游企业用车，从制度上、源头上堵死“黑车”的生存空间，确保广大游客的生命财产安全。发起成立旅行社专业委员会和美食专业委员会，发展2家国际旅行社，组织部分星级饭店负责人赴浙江义乌、陕西渭南袁家村等地学习交流，为全市酒店业正常运营提供重要参考，在经济下滑风险下全市星级酒店无摘牌、无降级，为旅游业稳定发展提供行业保障。旅游纪念品也实现突破式发展，临汾市“人祖山泥泥猴”获国家旅游局“中国百佳旅游商品”荣誉称号。

【旅游新业态】 2015年，临汾市文物旅游局推进“智慧旅游”，开通“临汾旅游”官方微信平台和“自主导游”互动平台，开展临汾旅游门户网、手机网、微信平台、APP四站同建工作，与临汾联通签署互联网＋旅游合作协议，夯实智慧旅游基础。重点推进乡村旅游和旅游厕所建设，争取到山西省旅游局旅游厕所建设和乡村旅游建设补助资金2398万元（其中，乾坤湾中央补助1000万元，省局960万元，厕所240万元，乡村旅游98万元）。在襄汾燕村、乡宁云丘山、霍州七里峪景区规划建设3家自驾车露营地，在机场、高速出口、大西高铁出口规划建设旅游咨询中心、旅游宣传牌，规划旅游汽车停靠点、发车点，部分景区与省旅游集散中心达成旅游景区直通车合作协议。

【景区简介】 尧庙—华门 国家AAAA级景区，位于临汾市中心南3公里处。尧庙西晋以前建于汾河西岸，唐代迁于现址，是历代祭尧的圣地，景区内有中华第一井、五凤楼、广运殿、万寿宫、祭祖堂和“天下第一鼓”等景观。华门有“天下第一门”的美誉，华门是中国第一座门文化建筑，高达50米的华门景区主要展示了中华民族上下五千年辉煌灿烂的文明历史。内有华夏一统、源远流长、国门盛开、尧天舜日、连环九鼎等十六大景观。

平阳鼓楼 位于临汾市中心，又称大中楼，始建于北魏。基座呈正方形，周长160米，楼高4376米。楼上存有金明昌七年（1196）铸2500余公斤大铁钟。大中楼基座券砌门洞十字相交，通连四条主街。门洞上方各嵌有依明万历三十一年（1603）原刻复制的石雕匾额，分别为“东临雷霍”“西控河汾”“南通秦蜀”“北达幽并”。鼓楼一层厅顶为天井式彩绘格板，描绘有孔雀开屏、祥龙盘旋图案。二层梁架拱顶，形如八卦藻井，四壁皆为格棂窗。棂窗上部描绘帝尧传说故事60余幅。中层大厅内壁绘有各种花鸟山水及神话传说故事。是中国现存最高的鼓楼。

黄河壶口瀑布风景名胜区 国家级风景名胜区、国家级地质公园、国家AAAA级景区、全国旅游景区40佳。位于临汾市吉县城西北46公里处的晋陕大峡谷内，是世界第一大黄色瀑布和中国第二大瀑布。瀑布宽约30～50米，落差30余米，形成“水底升烟”“彩桥通天”“群龙戏浪”“谷涧起雷”四大景观。

大槐树寻根祭祖园 国家AAAA级景区，位于临汾市洪洞县城内。是集名胜古迹、祭祖活动、风景游览为一体的明代移民文化景区。“问我祖先在何处？山西洪洞大槐树，先祖故居叫什么？大槐树下老鸹窝”的民谣自明流传至今，是海内外移民后裔寻根祭祖的圣地。

黄河乾坤湾 位于永和县打石腰黄家岭村，回首远眺河会里村和隔河相望的陕西延川县伏义河村流经的这段10余里，黄河蜿蜒曲折，峰回路转，呈巨大的“S”形状，登高眺望，酷似中国传统文化中的“阴阳八卦图 ”，在“S”的两个湾里各有一个古老的村落，从总体上看，就像阴阳八卦图中的那两只眼睛。据专家考证，伏羲、女娲画“八卦”时，就源于永和黄河“乾坤湾”。

龙子祠泉 位于临汾西南15公里姑射山支脉平山脚下。其泉以泉群形式涌流，如蜂房蚁穴，喷涌于乱石平沙之间，多年平均流量为5.5立方米/秒，常年水温17度左右，水质良好，清澈见底，汇为渠流，延展而东。

人祖山 位于壶口瀑布东北约20公里，南北蜿蜒80余公里，海拔1742米，总面积9000公顷，属吕梁山脉。山上是一望无际的天然森林，春日百花盛开，夏季林荫蔽日，秋季果实累累，冬日银装素裹。人祖山主峰有人祖庙，周围建有大小庙宇16座。人祖山传为伏羲氏所居，史书亦称庖牺氏，风姓。故北魏郦道元撰《水经注》时谓之风山，也谓“庖山”。

云丘山 国家AAAA级景区，位于临汾市乡宁县境内，总面积35平方公里，海拔1829米。具有“南有武当山、北有云丘山”之称的云丘山，人文景观30余处,自然景观50余处,是集中和文化、道教文化、养生文化、生殖文化和自然景观于一身的文化名山。云丘山山奇险峻、峰高水秀,春有花、夏有冰、秋有红、冬有云,是寻觅传统文化遗踪,领略天然奇韵的最佳旅游境地。

锦屏山　位于吉县县城南端,属吕梁山脉。与县城隔清水河相望,又名挂甲山。因山似一幅锦绣画屏而得名。海拔949米,山上松柏叠翠,山下流水潺潺,环境优美,风光秀丽。有佛阁晴岚、锦屏叠翠、小桥流水等主要景观。占地面积约2万平方米。

三合牡丹园　国家AAAA级旅游景区,三合牡丹园位于临汾市古县石壁乡三合村。具有"天下第一牡丹"的三合牡丹株高1.83米,冠幅4米,丛围15米,每年开花360余朵,是目前全国单株体积最大,开花朵数最多的一株白牡丹。相传此牡丹为唐代所植,距今有千年历史。

陶唐峪自然风景区　陶唐峪景区位于霍州市东南20公里处的"中镇"霍山之中,占地40平方公里。景区内有仙女池、五龙池、观峰峡、一线天、玉泉寺、犀牛石、招魂楼、莲花山、水帘洞、尧帝行宫和瀑布群等景观。陶唐峪涧水潺潺,树木幽幽,是了解陶唐历史文化,领略自然风光的绝佳境地。

历山风景旅游区　国家级自然保护区,位于临汾市翼城县西闫镇,是"华北生物资源宝库",区内峰峦叠翠、奇峰高耸、峡谷清幽、林密草丰,其主峰是华北地区保存最完整的亚高山草甸,是集避暑、度假、科研、旅游的理想胜地。

姑射仙沟风景名胜区　国家AAA级景区,省级重点文物保护单位,位于临汾市尧都区金殿镇。"华夏第一洞房"、睡女峰、仙境石、梳妆台、会仙台、云雾寺等景观景色秀丽、石洞幽幽、仙迹灿灿。景区初春繁华似锦,仲夏宜人,深秋红叶火火,隆冬冰瀑高悬,自古就有"南蓬莱,北姑射"之美誉。

小西天　全国重点文物保护单位,位于山西省临汾市隰县城西凤山巅。小西天千佛庵以泥悬塑艺术精堪而闻名天下。寺中各尊佛像、装饰均以泥为原料,以"沥粉贴金"彩绘而成,造价昂贵,各种彩塑姿态各异,栩栩如生,令人眼花缭乱、目不暇接,实为明代彩塑罕见珍品。

七里峪　国家级森林公园,位于霍州市区东50公里李曹镇的七里峪村。具有"华北天然氧吧"之称的七里峪现建成"三仙泉、正南沟、牛老沟、偷水沟、石人沟、井沟、崖沟、北塄草原、红岩奇松"等十大景观,实为休闲、娱乐、度假为一体的旅游胜地。

霍　山　位于霍州、洪洞、古县、沁源、灵石等县,南北走向约200公里,总面积700余平方公里,属太岳山脉。隋开皇十四年(594)册封为中镇,是中国古代五镇名山之一。最高峰老爷顶,海拔2551米,有双门峰、天竺峰、盘龙峰、天马峰、宝冠峰、青霞峰、笔架峰、玉柱峰、摩天峰、探月峰、连珠峰、钟鼓峰、伏虎岩、灵龟岩、凤凰岩、桃花谷、红岩谷、洗心泉、马跑泉、仙人石、老龙背、朝阳洞、万年坪、万锦坡等自然景观,皆造化神奇,各具佳妙。有136种野生动物资源,800余种植物资源。1992年经国家林业部批准建立国家级森林公园,公园面积约6万公顷。

舜王坪　属中条山脉。是历山主峰,位于翼城县东南的西闫镇境内,距县城70公里,海拔2321米,是山西省南部最高的山。舜王坪由舜王当年驾牛执鞭躬耕历山而得名,坪顶260公顷,景区著名景点有白龙潭、黑龙潭三级瀑布、珍珠帘、紫金沟、娥皇、女英二妃洗面盆、梳妆台、舜帝饮马的将军潭、绊马石、偏食牌楼、闪光峰、奇石沟、哚峰等。

霍州署衙　国家重点文物保护单位,位于霍州市东大街北侧,是国家保存最完整的"四大署衙"之一。署衙三进院落,规模宏伟,完整地体现出地方官衙的文化内涵和元代建筑风格,被中国古建筑研究专家梁思成先生称为"滑稽绝伦的建筑独例",在中国绝无仅有。

尧　陵　山西省重点文物保护单位,位于临汾市城东北35公里的大阳镇,是五帝之一帝尧的陵墓,墓丘高50米,周长300余米。景区由陵墓区和祭祀区两部分组成,内有牌坊、仪门、献殿、寝殿、碑亭、垛殿和祭祀大殿等景观,是祭尧的场所。

广胜寺　位于洪洞县城东北的17公里处的霍山南麓。始于东汉建和元年(147)创建,唐大历四年(769)重修,代宗李豫御赐"广胜寺"之名延用至今。元大德七年(1303)重建,明、清增修。现存为一组元、明时期的建筑群,分上寺、下寺和水神庙三部分。1961年被国务院公布为国家级重点文物保护单位。

飞虹塔耸立于飞虹塔院中心,俗称琉璃塔,始建于东汉,元大德七年(1303)毁于地震,明正德十年(1515)至嘉靖六年(1527)重修。塔身青砖砌成,各层皆有出檐,全身用黄绿蓝三彩琉璃装饰,塔中空，有踏道攀登可上，设计十分巧妙，为中国琉璃塔中的代表作，是国内保存最完整的七彩琉璃塔。

洪洞广胜寺水神庙戏剧壁画“尧都见爱大行散乐忠都秀在此作场”，1971年修复时将壁画拿下，现珍藏于广胜寺文物库。水神庙是祭祀霍泉神的风俗性祭祀庙宇，包括山门（元代戏台）、仪门、明应王殿等建筑。在水神明应王殿内四壁绘有近200平方米的元代壁画，尤以南壁东一幅戏剧壁画著称于世，完成于元代泰定元年（1324）。“尧都”即平阳，“大行散乐”即杂剧班子名称，“忠都秀”是头牌演员艺名，“作场”即演戏。画面完整地反映了元代舞台演出的真实场面，仿佛把680年前平阳名艺人“忠都秀”的一次生动“作场”，活灵活现地搬到世人面前，成为研究东方戏剧最直观、最古老的形象记录，并已经升华为中国古代戏曲的一个经典性标识。是目前全国唯一保存的大型元代戏剧壁画。1998年，该画与古壁的打球图同时被编入《中国历史》教科书。

丁村旅游景区　国家级重点文物保护单位，位于临汾市襄汾县南5公里处。“一村两国宝”的丁村景区，由丁村遗址和“丁村民居”两部分组成。丁村遗址是旧石器时期“丁村人”的文化遗址，丁村民居是明清时期北方民居建筑风格的典范。

苏三监狱　山西省重点文物保护单位，国家AA级景区，位于临汾市洪洞县县城内。建于明洪武二年（1369），因北京名妓周玉姐即苏三蒙冤落难后被囚禁于此而得名。内有虎头门、普通牢、死囚牢、“苏三井”、蜡像馆等景观，是国家唯一现存的明代县衙监狱，距今有600多年历史。

铁佛寺　山西省重点文物保护单位，位于临汾市市区内。铁佛寺又称大云寺，始建于唐贞观六年（632），寺内有寺门、中殿、方塔、藏经阁、罗汉堂等。方塔为六层八角琉璃结构，高30余米。塔内有高6.8米、面宽3.8米、重15吨的唐代铁铸释迦牟尼佛头一尊，堪称唐初艺术精品。

荀子文化园　荀子文化园位于临汾市安泽县城东部的况山之颠，2004年为纪念战国著名思想家荀子所建。园区内有山门、大殿、荀子塑像、荀子文化广场和动植物标本楼，楼内陈列着荀子著作32篇和野生植物标本400余种，是高等院校科研教学基地和青少年科普教育中心。

红军东征纪念馆　红军东征纪念馆位于临汾市永和县阁底乡东征村。2005年修建，占地2500平方米。馆内设有“英明决策筑辉煌、红军东征在永和、老区人民爱红军”三个展厅。展厅以大量实物、图片、塑刻等真实再现1936年2月至5月，毛泽东、彭德怀东渡黄河，抗日救国的伟大功绩。

永和关黄河渡口　位于县城西北35公里黄河东岸的南庄乡永和关村，自古以来为秦晋交通要道。附近山头上陶片瓦块俯拾皆是，并有数米古城墙遗迹，疑为古县城遗址。不远处有清代长城和兵营遗址，数十间石块垒制的营房清晰可辨，城墙上箭楼、望台等保存完好。与延安隔水相望，是中国共产党早期革命活动的重点地区之一。河面开阔，水流平稳，是自禹门口以上河岸最广阔的渡口。黄河文化生命树位于永和关村北，是生长在黄河岸畔的一棵千年石槐，身高30多米，树身粗约6米，四人伸长两臂难以合抱，与乾坤湾一起属于世界级别的人文景观。

【古遗址】　丁村文化遗址　位于山西襄汾县城4公里的丁村附近汾河河畔，北起史村，南至柴庄，长约11公里，旧石器时代文化遗存，距今约30万年至10万年。1953年发现，1954年作重点发掘。发现人牙三枚，旧石器2005件，哺乳动物化石——梅氏犀、披毛犀、野马、纳玛象、斑鹿、方氏鼢鼠、原始牛等28种。1976年又发现一块小孩的右顶骨化石。1961年被国务院公布为全国重点文物保护单位。丁村文化遗址是建国以来首次发现的、保存较为完好的、规模较大的、国内少有的旧石器时代文化遗址。

吉县柿子滩旧石器时代遗址　位于山西省吉县东城乡西村，旧石器时代文化遗存，距今2万年至1万年。1980年发现，1980年与2000年至2001年两次调查发掘，在15公里的范围内发现25处旧石器和动物化石，出土3000余件石制品、动物化石及制作精美的蚌质穿孔装饰品。发现方圆2公里的古人类活动中心区域，并发现一处距今2万年左右的篝火遗迹。被评为2001年全国十大考古新发现之一。2001年被国务院公布为全国重点文物保护单位。

枣园遗址　位于翼城县隆化镇枣园村与南撖村之间的滑家河、浇底河交汇处台地上，现存面积约60万平方米，新石器时代文化遗存，距今约7000年。1991年5月发现，同时清理灰坑一座，陶器以红陶为主，褐陶次之，也有一些灰、黑色陶。器形有双耳小口广肩深腹罐、直腹或鼓腹罐、敞口深腹或浅腹钵、折腹钵、假圈足钵、折沿深腹盆、直口圆腹釜、三足盂、凹腰器座等,此外还有石磨棒、陶错、石刀等生产工具。1994 年定其为“枣园文化”,省级文物保护单位。

陶寺遗址　位于襄汾县东北约 7.5 公里的陶寺村南,西临汾河,东靠塔儿山。是中国黄河中游地区以龙山文化陶寺类型为主的遗址,还包括庙底沟二期文化和少量的战国、汉代及金、元时期的遗存。遗址东西约 2 公里,南北约 1.5 公里,总面积在 300 万平方米以上,距今约 4600 年至 4000 年。50 年代初发现,从 1978 年春至 1984 年冬,中国社会科学院考古研究所先后进行发掘。陶寺遗址发现的遗迹有房址、窖穴、水井、陶窑、石灰窑、墓葬、灰坑,及以观天授时为主并兼有祭祀功能的观象台。遗址中出土陶器、石器、玉器、骨器、漆木器、铜器、纺织品及 1 件铜铃形器等文物,其中陶器数千件,石器逾千件,骨器数百件,玉器、漆木器百余件。通过进一步考证,证实陶寺遗址极可能为 4000 多年前尧时代的“唐尧帝都”。其年代与尧、舜、禹时代正好相当,是中华民族文化摇篮的佐证。1961 年列为省级重点文物保护单位,1988 年被国务院公布为全国重点文物保护单位。

下靳遗址　位于尧都区尧庙乡下靳村,临汾市区西南约 10 公里处,东南距陶寺遗址约 25 公里,海拔高度 450 米。新石器时代文化遗存,距今约 4600 年。1997 年,砖厂在村北取土时发现大片墓地。1998 年 5 月对已暴露的墓地进行抢救性发掘,累计清理墓葬 533 座。墓葬依头向不同可分为 A、B 两类,A 类墓有随葬品,其中以玉器为主,还有少数陶器、骨器等小件饰品;器型主要有陶罐、瓶、玉蝉、玉器、绿松石腕饰品等。B 类墓无任何随葬品。2004 年被列为省级重点文物保护单位。

曲村—天马遗址　位于曲沃县曲村镇曲村、北赵、三张,及翼城县里砦镇天马村之间,在曲沃和翼城两县交接处,总面积约为 10.64 平方公里。是以晋文化为主的西周时代遗址,其埋葬时代几乎贯穿整个西周时期,有新石器时代的仰韶文化层、龙山文化层、夏文化层、西周至战国文化层,以及秦汉元明文化层。距今 2800 年至 3000 年。1962 年发现,1963、1979 年至 2001 年对遗址进行调查和发掘。已发掘出周代墓 600 多座,出土 280 余件青铜礼器,大量青铜兵器、车马器、完整陶器 1000 余件,以及数万件玉、石、骨、贝、蚌、铅器等。M8 的陪祀车马坑为全国同时期最大的车马坑,清理出陪祀马 100 匹。1996 年被国务院公布为全国重点文物保护单位。为确认西周时期晋国的始封地以及晋国历史的研究和夏、商、周断代工程,提供重要的实物资料。

侯马晋国遗址　在侯马市汾、浍两河交汇处,面积约 33 平方公里,年代为公元前 6 世纪初至公元前 40 世纪初。该遗址也称侯马晋国都城遗址或新田遗址,为东周时期晋国最后一个都城新田所在。1952 年发现,1956 年发掘。古城已圮,现仅存宫殿台基残迹。由古城遗址、宗庙建筑遗址、祭祀遗址、手工业作坊遗址、墓地和居址组成。

牛村古城　位于侯马市西北,南北长约 1400 米,东西宽约 1200 米。在牛村古城址南有铸造青铜器、陶器、石器、骨器的手工业作坊。

铸铜作坊遗址　面积约 3000 平方米,出土 100 多块铜锭、铝锭、铸铜生产工具及 3 万余件陶范。青铜礼器有鼎、豆、壶、簋、鉴、敦等,兵器有剑、镞等,此外尚有车马饰和虎符。陶范刻有精美的夔龙纹、蟠螭纹、云雷纹、环带纹、垂叶纹、人纹、鱼纹、首纹等。

盟誓遗址　位于牛村古城东南,占地 3800 多平方米。遗址中发现 400 多坑,坑内埋葬着牛、马、羊和玉币等牺牲。其中 41 个坑内出土约数千件盟书,多数为朱书盟书,少数为墨书诅辞。

上马村墓葬区　位于牛村古城南、浍河南岸,面积约 50 万平方米,墓葬密集。其中 13 号墓是一座规模较大的长方形坚穴木郭墓,墓内的随葬品,除铜贝、包金贝 1600 多枚外,共约 360 多件。1961 年被国务院公布为全国重点文物保护单位。1992 年被评为全国考古十大发现之一。

绵山介子推遗址　位于翼城县城西北 5 公里处的绵山。相传介子推母子均亡命于此。后人为纪念介子推,在火烧绵山处建一座庙,庙内塑有介子推母亲的石像,旁边是介子推跪在母亲身边的石像,以为纪念。

蔺相如墓　位于古县北平镇李子坪村口东山脚,墓高 9 米,周长 80 米,墓顶树林葱郁,墓前有一树枝曲干黑,墓堆为圆锥型,土质为陶土。墓前有一小河,名蔺河,因“文化大革命”期间造田,墓土被挖，现仅存原墓一半。墓前有碑三通，一为民国7年(1918)署理安泽知县、清末举人房长奂所立，二为1960年5月1日安泽县人民委员会所立，三为1995年6月20日古县人民政府所立。

【元代戏台】 临汾市有5座元代戏台，是中国罕见的一组古代戏台建筑。

魏村牛王庙戏台　位于临汾市西北25公里处的魏村镇魏村北的牛王庙内，坐南面北，是现存全国最早的戏台建筑之一。建于元至元二十年(1283)，单檐歇山顶亭式建筑，平面正方形，为木构亭式舞台，台面宽7.45米，进深7.55米，台基高1.4米，四角立柱，前檐石2根为方形抹角石雕。元大德七年(1303)因大地震，戏台倾塌，至治元年(1321)重修，1978年落架复原修缮。1996年被国务院公布为国家级重点文物保护单位。

东羊东岳庙戏台　位于魏村牛王庙戏台东南5公里处的土门镇东羊村东岳庙内，现存戏台和后土圣母殿，始建于元至正四年(1344)。戏台坐南向北，正面敞朗，三面封闭，平面方形，占地面积169平方米，台顶高12.6米，单檐歇山顶。台基高1.75米，台宽7.75米，深3.5米。内檐梁架结构巧妙，交迭成八卦形，故亦名八卦亭，在古戏台中堪谓绝无仅有，独领风骚。省级重点文物保护单位。

王曲东岳庙戏台　位于东羊东岳庙戏台东南3公里处的吴村镇王曲村东岳庙内。戏台分前后两部分。前部是悬山卷棚式结构，民国初年重修时增建；后部为十字歇山顶建筑。

乔泽庙戏台　位于翼城县城南5公里处的武池村。庙已毁，唯独戏台完好保存下来。始建于元泰定元年(1324)，距今678年，元、明、清各代皆予以扩建和修葺。台基高1.6米，尚袭宋金舞亭建筑规制，长13.3米，面宽进深9.3米，中线之内面积86.49平方米，呈正方形，台上有8根大柱支撑屋架，呈井字形排开，整个屋架为木制结构，藻井厅巧，琉璃脊饰。是国内现存金、元戏台建筑中规模最大的一座。山西省重点文物保护单位。

四圣宫戏台　位于翼城县闫镇曹公村四圣宫内，建于元至正年间(1341—1368)，坐南中向北，平面近方形，单檐歇山式建筑，三面封堵，整个舞台用材硕大规整，结构精巧。戏台和大殿相对，无前后台之分，是元代的建筑形制。

【精品线路】 黄河风情游：以壶口—克难坡—管头山—人祖山为主线；

寻根祭祖游：以古槐—尧庙—尧陵—丁村为主线；

休闲生态游：以舜王坪—荀子文化园—三合牡丹园—七里峪为主线。

山西省主推古建宗教游、晋商文化游、寻根祭祖游、太行山水游、黄河风情游、红色经典游等6大旅游精品线路，黄河风情游、寻根祭祖游成为6大精品线路中的其中之二。

【地方特产】 霍州面塑　霍州面塑小巧玲珑，做工精巧，式样繁多，它不仅是一种风味面食、馈赠亲友的佳品，也是可供观赏的艺术珍品，不同节日、不同节气的花馍其花色造型各有讲究。过大年的登高、枣花馍，清明节的蛇盘馍，七月十五的羊羔馍、猪头、麦积、针线笸箩；孩子满月的项圈馍、老人祝寿的寿桃馍；此外还有人物、动物、果实、经典故事、十二生肖、二龙戏珠、龙凤呈祥、喜鹊登梅等。天上飞禽、地上走兽、水中游鱼、名作名典人物所见所闻，经过巧手加工成一幅幅精美的艺术珍品，成为霍州旅游产品。

壶口杂粮　“壶口牌”杂粮具有独特的保健食疗作用，真空包装便于储存，是家居食用和馈赠亲朋的首选佳品，杂粮系列产品主要有绿豆、红豆、大豆、芸豆、菜豆、小米、高粱米、燕麦、荞麦、玉米片、燕麦片、豆面、荞麦面、玉米面等30余个品种。壶口杂粮以科技为保证、以质量求生存、以市场为先导、以品牌求发展、以诚信为宗旨、以信誉求效益、以绿色食品为目标、以人类健康为目的、产品远销全国各地及香港。

隰县梨　隰县被誉为“中国金梨之乡”，种植梨有1500余年的历史，是全国仅有的两个金梨品种产区之一。该县以其土层深厚、耐干旱、昼夜温差大，得天独厚的自然优势，被国内许多果树专家公认为果树生产最佳区域。据国家专业部门检测，隰县梨果含糖量高于周边果区同类产品。其中晋蜜梨连获山西省首届(1996年)、第二届(1998年)优质果品展评会金奖。2002年，隰县梨以其果面光滑、色泽艳、含糖高的优势，在国家工商局商标总局成功注册“隰州梨”商标。

吉县苹果　果型端正、果面光洁细腻、着色鲜艳浓红、口感香脆甜爽。曾获得山西省首届农博会金奖、山西省第一、二、三届名优水果展评会金奖、

1992年首届中国农博会苹果类唯一金奖、第三届中国农博会“名牌产品”、北京国际果品鉴证会金奖、1996、2000、2001年中国国际果品博览会“名牌产品”等大奖。1997年起吉县苹果开始少量出口,2004年出口量大增,远销澳大利亚、加拿大、德国及泰国、老挝、俄罗斯等国家,在海外有较高的声誉。

永和枣　传统品种有条枣、灰枣、小枣、团枣、麻子枣、葡萄枣、圪瘩枣、大叶枣、五星枣、葫芦枣、脆枣、沟坝枣、无核枣等13种,其中条枣和灰枣、小枣、团枣等4种为主栽品种。还利用枣开发出红枣米面粥、蜜枣、玉枣、红枣饴、红枣保健汁、酸枣汁等保健品。

古县核桃　古县核桃栽培已有2000多年的历史,作为古县高优农业的拳头产业,经过几十年发展,形成老中新三大核桃区。近年来,古县新引进晋龙1号、辽核1号、辽核3号等11个优良品种,其中晋龙1号获得“山西省名优核桃的称号”,在古县得到大面积的推广。现有核桃树105万株,年产核桃125万公斤。

【旅游纪念品】 土圪塔布鞋　土圪塔麻绳手工拉花千层底布鞋一直沿用传统手工制作方式,工艺严格、独特,选料考究、做工精细,工序复杂繁多,每一双千层底布鞋都要经过拧绳、沿边、纳制、鞋底整形、合布、下料、裁断、制帮、绱鞋、排揎、成谢等十余道工序才可完成。每道工序都有严格明确的标准,讲究尺寸、手法、力度,要求干净、利落、准确;其制作工艺采用的是师徒传承、口传心授的传承模式,难度很大。鞋底采用的麻绳手工拉花千层底在全国独一无二,是中华民族传统文化的延续和引申,毛坯是由30多层棉新白布合成,透气、吸汗性强,纳底时要选用上等麻绳,每双鞋要用麻绳、棉索200多米,粗细不能超过0.05毫米,每平方寸纳146针以上,一双鞋至少3000多针,在花型上采用民间广为流传的喜鹊、梅花、石榴、牡丹、如意、福寿等图案,表达吉祥如意、幸福安康的美好祝愿。

泥泥狗泥塑　是伏羲女娲的象形物,是远古生灵群像的高度概括变形的祭祀物,其源远流长。人祖山泥泥狗取材于人祖山特有泥质,用红、黄、绿、白、粉五色黑底,手工捏造,彩绘文化格调,造型古朴、似拙实巧,每个产品有孔可吹,音律浑厚,独具一格,品种繁多,取材广泛,造型生动,精致细腻,栩栩如生,有人面兽身、奇禽怪兽等造型,是祈福、避灾、求子、馈赠亲友颇受欢迎的神圣物。

晋侯鸟尊　仿古青铜器,高39厘米,长30厘米,宽17.5厘米,整个鸟尊以凤鸟回眸为主体造型,头微昂,圆睛凝视,高冠直立。禽体丰满,两翼上卷,在凤鸟的背上,一只小鸟静静相依并成为鸟尊器盖上的捉手,为宗庙礼器。

乡宁紫砂陶器　分日用品及装饰品两种。以茶具为最佳,造型古朴,形态端庄,文雅别致,各成风格。沏茶能保持原有色、香、味不变,隔夜不馊,长期使用不起腻苔,不生异味,久之能使茶味隐蕴,余香暗藏,虽注入清水,犹有茶香,有“此时无茶似有茶”之谓。清代列为贡品。其耐冷热应变性佳,虽在冬日注入沸水亦不能裂,提携不炙不烫,使用愈久,色泽愈美。所制汽锅,用于烹制鸡、鸭、鱼、肉,滋味蕴蓄不散。所制的花盆植入花木不易烂根,以其型色俱佳,赏用兼备,益增花木之美。

侯马皮影　侯马素有“皮影之乡”的美称,其历史可追溯到春秋时代。自唐末始,侯马即有皮影戏,至金代兴盛一时。皮影大师廉振华,生于1922年,侯马市虒祁村人,是全国著名的民间老艺人。曾组建侯马市皮影剧团,先后创作了《采蘑菇》《鹤与龟》《大闹天宫》等皮影剧目。《振华皮影》接待过来自全国各地和美国、法国、日本等国的客人。其作品深受海内外人士的欢迎,曾被中央、省、市领导作为珍贵礼品馈赠国外友人。

平阳木板年画　平阳木板年画是中国最早制作的木板年画之一。平阳木板年画题材广泛,刀工细腻,印刷精细,地方色彩浓厚,别具风韵,为广大帮人所喜闻乐见。宋金时期,平阳木板年画主要产于平阳(今临汾)、浮山、绛州(今绛县)等地,行销于今山西、陕西以及内蒙古、甘肃等地。由于木板年画的地方性及其在家庭中的实用性,如拂尘纸、门画、门楣、室外壁画等,平阳木板年画至今仍在市场上销售。

郑月巴葫芦艺术　采用镂刻、烫烙、浮雕、线刻、沥金、压模等多种工艺,制作形态各异的宝葫芦、酒具葫芦、神符葫芦、仿古葫芦、百寿葫芦、八宝葫芦以及五彩缤纷的脸谱葫芦、奇形葫芦等。特别是根艺葫芦,曾得到彭真同志的赞赏,后又作为山西省珍贵礼品赠给薄一波、任建新等同志,现名震全国,成为最有地方特色的、品位较高的珍贵礼品。

【旅行社】

2015 年临汾市旅行社一览表

表 21

临汾中国国际旅行社(特许出境)	临汾大奇旅行社	汾西县金凤凰旅行社
临汾中国旅行社	临汾大成方略旅行社	翼城凯达旅行社
临汾京铁旅行社	临汾海峡旅行社	翼城红海旅行社
临汾假日旅游有限公司	临汾自由行旅行社	翼城舜王坪旅行社
临汾尧都旅行社	临汾康辉旅行社	襄汾卧牛旅行社
临汾东方旅行社	临汾思麦尔旅行社	乡宁亚龙旅行社
临汾天元旅行社	霍州市旅行社	乡宁鸿翔旅行社
临汾商务旅行社	霍州宏利旅行社	蒲县安隆旅行社
山西壶口之旅旅行社	霍州中镇旅行社	曲沃完美假期旅行社
临汾尧夏旅行社	侯马四季风国际旅行社	曲沃伍思旅行社
临汾新闻旅行社	侯马三皇旅行社	吉县三河旅行社
临汾飞虹旅行社	侯马万里行旅行社	山西丁村人旅游有限责任公司
临汾新世纪旅行社	侯马神州旅行社	大宁福星旅行社
临汾大地旅行社	侯马四方旅行社	山西新闻国旅临汾分公司
临汾华尧国际旅行社	侯马华铁旅游有限公司	北京易游天下国际旅行社临汾分公司
临汾新宇旅行社	侯马宏图旅行社	山西鑫洋国际旅行社有限公司临汾分公司
临汾夏日旅行社	洪洞森源旅行社	山西春秋国际旅行社有限公司襄汾分公司
临汾九龙航空旅行社	洪洞友邦旅行社	山西友谊国旅临汾分公司
临汾经之纬旅行社	洪洞航天旅行社 临汾途乐旅行社	山西梦之圆国际旅行社
山西三晋祥云旅行社	山西如骏旅行社	洪洞大槐树旅行社有限公司
永和乾坤湾旅行社	临汾百事通旅行社	

【星级饭店】

2015 年临汾市星级饭店一览表

表 22

四星级	临汾唐尧大酒店	襄汾丁陶大酒店	侯马华强大酒店
	临汾金海湾大酒店	侯马华翔大酒店	临汾思麦尔大酒店
三星级	临汾五洲大酒店	古县宾馆	翼城宾馆
	临汾五洲休闲广场	古县天上人间度假村	曲沃宾馆
	临汾红楼大酒店	洪洞赵城宾馆	乡宁昌平大酒店
	红楼国际青年旅馆	洪洞大槐树酒店	宁玉鑫源大酒店
	临汾宾馆	临汾育花园大酒店	吉县壶口瀑布大酒店
	临汾尧都大酒店	临汾东苑大酒店	临汾家思博尔酒店
	临汾黄河大酒店		
二星级	临汾福临大酒店	临汾神农大酒店	翼城长乐大酒店
	临汾平阳宾馆	临汾书荣大酒店	襄汾大运商务酒店
	临汾铁道宾馆	侯马怡鑫大酒店	襄汾交通大厦
	临汾国税宾馆	曲沃宝丽大酒店	吉县丰泽园大酒店
	隰州宾馆	曲沃信合宾馆	大宁宾馆
	洪洞信合宾馆	翼城园义园大酒店	蒲县安隆宾馆

(闫建文)

餐饮服务

【概述】 2015 年,临汾市餐饮服务管理中心以促进临汾餐饮服务业规范协调发展为工作目标,围绕服务餐饮行业,树立临汾餐饮优质企业形象,开展餐饮行业争优创品牌活动。结合临汾餐饮企业的实际状况,鼓励高端餐饮企业发展大众化餐饮网点,推动餐饮业转型发展。打造临汾面食品牌,树立优秀面食餐企，挖掘优势面食文化资源。

【临汾市“促进餐饮行业‘回归大众、转型发展’座谈会】 2015年4月，临汾市餐饮服务管理中心组织全市有代表性的餐饮企业和各县市商务局，在金都花园酒店召开临汾市“促进餐饮行业‘回归大众、转型发展’座谈会。会上代表积极发言，达成共识：临汾餐饮业应在坚持菜品品质的前提下，调整经营策略，形成一批优质品牌企业；在中高端餐饮转型方面做出尝试，在国家相关政策的支持下，发展餐饮互联网＋的新经济模式，适应新的消费群体和占领新的市场份额。

【临汾市餐饮行业举办“名菜、名吃、名厨”评选活动】 2015年8月，临汾市餐饮服务管理中心组织餐饮行业有关专家和学者成立临汾市餐饮行业“名菜、名吃、名厨”评选小组，制定详细的评选方案。9月至10月，通过对报名资料的筛选经过评选小组的初评，共推举临汾餐饮业名菜28道，名优小吃32种，名厨15名进入候选行列。经平面媒体和微信平台评选，评出全市餐饮业“十佳”名菜、“十佳”名吃、“十佳”名厨。举办此次活动搞活餐饮市场氛围，提高入选餐企经济效益，通过此次活动显著提升餐饮业产品质量和品质，加强餐饮业饮食文化品牌建设的工作。

【开展“规范管理、诚信经营”的倡议】 2015年2月5日，临汾市餐饮服务管理中心、临汾市烹饪协会联合发起关于在临汾市餐饮行业开展“规范管理、诚信经营”的倡议，其宗旨为“文明餐饮、绿色经营、杜绝浪费、构建和谐”，弘扬中华民族勤俭节约、艰苦奋斗的传统美德，营造厉行节约、反对浪费的氛围。

【参加新品食材推荐会】 2015年3月23日，应陕西省烹饪餐饮商会邀请，组织6家餐饮企业参加新品食材推荐会，整合餐饮行业上下游各方庞大资源，有辐射全国流通渠道商及新品食材，为业内人士交流学习、洽谈采购搭建桥梁，提供平台。

【山西省“青玉杯”豆制品创新晋菜烹饪技能竞赛】 2015年3月26日，山西省烹饪餐饮饭店行业协会举办的山西省“青玉杯”豆制品创新晋菜烹饪技能竞赛，在江南大酒店举办。临汾市组织金都花园大饭店和小姚面馆两支参赛队伍，参赛单位派出的技艺精湛、手法高超的大厨积极备战，最终取得团体金奖和优秀选手奖，为全市餐饮行业再添荣誉。

【临汾市烹饪协会召开第二届会员代表大会】 2015年5月12日，临汾市烹饪协会在金都花园酒店召开第二届会员代表大会。大会产生新一届理事会，选举新任会长、副会长、秘书长人选。这次选举选出各县市餐饮企业的优秀代表如霍州市的鑫隆源酒店、侯马的华翔酒店、襄汾的交通大厦、洪洞的重八席进入协会副会长单位，为下一步的餐饮工作进县市，打造地域文化餐饮打下坚实基础。

【第四届“山西省享受政府津贴高级技师”和“三晋技术能手”评选表彰活动】 2015年6月20日，第四届“山西省享受政府津贴高级技师”和“三晋技术能手”评选表彰活动展开，临汾市餐饮服务管理中心在餐饮行业内选拨符合要求的人选，规范程序，严格把关，好中选优，推荐崇尚技能、尊重劳动的人才。最终推荐李春勋、贾兴旺为山西省享受政府津贴高级技师候选人，赵立军、姚星元、段军民、张建栋为三晋技术能手候选人。

【“三晋美食　百姓味道”——山西省11城市美食名品展示交流活动】 2015年10月21日—11月20日，“三晋美食　百姓味道”——山西省11城市美食名品展示交流活动在省城太原举办，临汾市餐饮服务管理中心组织十余家相关餐饮企业和20余道菜品参加交流展示。通过此次活动扩大山西城际间饮食文化交流，繁荣餐饮市场，以实际成效增强消费，拉动餐饮消费市场发展。期间临汾市烹饪餐饮饭店行业协会获得最佳组织奖，20余道菜品分获“山西十佳面点创新奖”“山西十佳晋菜创新奖”“山西十佳晋菜传承奖”，为全市餐饮业再添荣誉。

【互联网＋餐饮】 2015年11月，餐饮中心对临汾的餐饮业从生产规模、营销方式方法、企业经营难点等方面进行调研，用以配合相关部门的决策及互联网＋餐饮的发展模式，摸清企业在经营中的难点和困惑处，使餐饮行业在新常态下更好地支持服务全市经济发展。

【临汾面食新品种交流培训活动】 2015年12月，中心在陶唐会馆召开临汾面食新品种交流培训活动。推动全市面食产业发展，开发、创新临汾传统面食品牌，打造地方传统面食精品。通过此次活动，扩大临汾面食品牌知名度，为全市面食业发展搭建服务交流新平台。

（梁彩平）

新闻出版

出版管理

【全民阅读及农家书屋】 2015年,“4·23世界读书日”期间,临汾市文化局开展丰富多彩的读书活动,制定下发《关于开展全民阅读活动的通知》。开展全国“书香之家”推荐工作,推荐三个家庭参加评选,侯马褚村、曲沃常家村被命名为“全国农家书屋示范村”,古县张玉贵的“金玉书庄”被评为全国首届“书香之家”。组织开展“书香临汾·共筑梦想”全民阅读活动,推动全民阅读进机关、进学校、进农家、进社区、进家庭、进工地、进特殊人群,建设书香临汾、文化临汾。联合临汾市教育局,利用暑期开展“我的书屋·我的梦”农村少年儿童阅读实践活动,共评选出优秀阅读心得12篇,其中中学组6篇,小学组6篇。

【“扫黄打非”工作】 2015年,临汾市文化局先后开展“净网2015”“护苗2015”“固边2015”“清源2015”等专项行动;开展“世界版权日”集中销毁活动,收缴销毁侵权盗版音像制品、电子出版物和盗版计算机软件约10000余张,盗版图书、报刊、教辅、非法政治性刊物材料约5000余册;查处“扫黄打非”案件7起。

广播电视

【概述】 2015年,临汾市电视台围绕全市中心工作,坚持正确舆论导向,唱响主旋律,打好主动仗,较好地完成各项工作任务。全台全年共播发新闻14776条(广播5476条,电视9300条),山西省台发稿222条(广播52条,电视170条),中央台发稿64条(广播54条,电视10条)。全台全年共有5件作品获国家级奖项,32件作品获省级奖项,26件作品获市级奖项。

【主题报道】 2015年,临汾市电视台围绕全市中心工作和阶段性宣传重点,《临汾新闻》《直播临汾》《正在进行》《特别关注》《阳光政务》等广播电视栏目分别开设专题专栏,及时准确地完成市“两会”、重点工程建设、临汾帝尧古都文化旅游节、山西省煤炭交易会、抗战胜利70周年、陶寺遗址发掘成果、学习讨论落实活动、“三严三实”专题教育等重大活动的宣传报道,播出一批有分量的专题报道和深度报道,弘扬主旋律,彰显引导力,为市委、市政府各项工作的顺利推进营造浓厚的舆论氛围。

【提升引导】 2015年,临汾市电视台创新宣传,提升引导力和影响力,对全台节目进行重新编排,特别是将《临汾新闻》的播出时间由原来的20时提前到19时35分,做到精准传播,提升宣传的到达率;对全台节目进行全新改版,推出接地气、有看头的新版节目,提升宣传的吸引力和影响力;完善宣传创新的考核奖励机制,保障全台宣传工作向前发展。

【对外宣传】 2015年,临汾市电视台把外宣工作放在突出位置,成立对上报道组,研究省台、中央台发稿规律,提高对上报道的的针对性和有效性,全年在省台发稿222条,中央台发稿64条。利用《魅力临汾》《梨园堂》等自办栏目,制作播出“尧文化·中国之源”“平阳古村落”“平阳商人”“精彩文博”等系列节目,为宣传推介临汾发挥积极作用。配合市委宣传部组织的文化旅游节、全国网络媒体山西行采风活动、陶寺遗址发掘成果展示等外宣活动,与市委宣传部联合制作《临汾》《文化圣地 戏曲摇篮》等对外宣传片，对外展示临汾新风貌，树立临汾新形象。

【数字网络】 2015年，临汾市电视台实施网络数字化改造工程，城网实现光纤到楼头，农网实现村村通光缆，形成一张城乡技术标准统一、规范运行的数字电视网络。截至年底，市区网络覆盖用户12万余户，农村网络覆盖用户6万余户。推进双向网研究，拓展租网、增值等业务，提高附加值，延伸产业链。

【基础设施】 2015年，临汾市电视台办理广电传输中心建设各项手续申报工作，完成高山转播台的选址、勘测等前期工作，为基建工程打下基础；完善采编播设备，对虚拟演播室、东院机房进行升级改造，保障安全播出。

【产业经营】 2015年，临汾市电视台广播中心主动与客户加强沟通，变单向传播为双向传播，经营企稳回升；传媒公司开创新的合作模式，"嘉年华名表展销""红木家具展销""中草药三七展销"等活动拓宽经营领域。借助"临汾市首届婚礼文化节""司仪大赛""六一晚会""主持人大赛"等大型活动拉动创收。改革经营体制，通过择优竞聘的方式，公开选拔经营创收领头人，变原来的集体经营为个人承包经营，激发活力、增强动力，全台经营创收明显回升。

【队伍建设】 2015年，临汾市电视台制定党员干部职工教育、管理和培训计划，全年开展新闻业务、电脑操作技能、汽车驾驶技术、消防演练等培训8次。10月22日至24日，邀请中国传媒大学专家教授举办采编播人员集中培训，培训人数达到300余人次，提高从业人员的业务水平。11月，临汾市电视台主要领导带队赴陕西渭南电视台、运城市电视台进行考察学习，赴北京参加2015中国市、县电视台台长秋季实战峰会，派中层干部、业务骨干赴晋城电视台学习取经，拓展视野，锻炼队伍，为全台各项工作的开展培养坚实的人才队伍。

（王　昶）

年度热播节目介绍

·电视类·

【临汾新闻】 《临汾新闻》是临汾电视台联播类新闻栏目，集政务平台、百姓平台、服务平台于一体，主要承载全市的主要时政要闻、主题性报道、百姓生活和咨询服务等新闻。播报特点既庄重大方又简洁明快，既体现主流媒体的权威性和公信力，又不失亲和力和服务性，始终坚持正确的舆论导向，倡导社会正能量。

【尧都新闻】 《尧都新闻》作为以时政报道任务为主的综合新闻类栏目，主要承载尧都区主要时政要闻、主题性报道、百姓生活和咨询服务等新闻。

【直播临汾】 传递最鲜活的新闻资讯，直击最真实的新闻现场，搭建最广阔的新闻平台。民生大看台，生活大百科。

【正在进行】 事件正在发生、记者正在行动。《正在进行》栏目以"人品加作品就是我们的生命"为座右铭。"正"字象征着正义正直正道，围绕中心、服务大局进行舆论监督、弘扬主旋律是这档节目的主要特征。

【特别关注】 一档演播室访谈类节目。栏目通过主持人访谈＋演播室嘉宾＋记者外采的形式，始终坚持"关注社会发展、贴近百姓生活"的栏目宗旨。致力于真实客观地诠释新闻事件，理性细致地关注点滴生活，以精辟入理的观点指导实践。

【阳光政务】 走进阳光政务，共享和谐幸福，搭建党群沟通桥梁，开启便民服务窗口，宣传最新政务动态，建立阳光问政机制，行风监督政策解读，民生服务尽在《阳光政务》。

【论理说法】 《论理说法》栏目是临汾电视台唯一一档法制节目，通过普法栏目剧的形式讲述发生在老百姓身边的法律故事、社会现象，加之演播室权威法律专家的精彩点评，使观众在看故事的同时了解法律，学法用法，共同构建和谐的法制环境。

【魅力临汾】 以旅游为载体，以文化为核心，以故事为基础、以情感为纽带，努力打造美丽临汾对外宣传的窗口，为推进当地经济社会发展、城市形象、文化产业、旅游资源提供一个新的舞台。

【梨园堂】 梆声琴韵戏里戏外《梨园堂》。《梨园堂》一档具有浓郁地方特色的文化戏曲谈话类栏目；《梨园堂》一档令广大观众和戏迷朋友喜闻乐见的名牌栏目；《梨园堂》一档夺得全国电视戏曲栏目最高奖“兰花奖”的品牌栏目。

·广播类·

【临汾新闻】 围绕全市中心工作，坚持以正面宣传为主的方针，及时准确地搞好宣传报道，牢牢把握正确的舆论导向，彰显广播传播特点，弘扬主旋律，坚持“三贴近”，为人民群众鼓与呼，为临汾经济社会发展和全面建设和谐社会提供强有力的舆论支持。

【有事您说话】 报道您身边的麻烦事、稀奇事、新鲜事、感人事，解决老百姓困难，营造积极氛围的民生类新闻节目。

【新闻新观点】 节目主持人对当天新闻事件进行遴选，把新闻事件说“透”，给听众提供深刻新闻评论和独到的新闻观点。

【都市新空气】 免费提供贴近临汾居民生活的各类供求信息，全方位为听众提供帮助（求租、求职、出租、转让、招聘、二手买卖等），突出便民利民特色。

【娱乐新客栈】 讲述奇闻趣事，搭建展示平台，营造轻松氛围，娱乐社会大众，节目风格轻松、幽默、娱乐、搞笑。

【都市跳跳糖】 以欢快节奏、简约活泼的风格，带动年轻听众轻松的接收一些时尚资讯。设置点唱环节、表白环节、歌手连线环节等互动参与，调动音乐潮流，年轻一族参与互动的积极性，提高节目的收听率，打响节目的品牌效应。

【都市新生活】 生活服务类节目，节目宗旨：传递信息、服务生活。节目设置《微天下》《爱尚生活》《时尚知道》三个板块。

【都市总动员】 直播互动闯关益智类节目。以寓教于乐为宗旨，集齐趣味、益智、知识、紧张、惊险、幽默于一身的有奖问答节目，通过主持人轻松幽默娱乐搞笑的方式分享知识传递快乐，从而调动听众的广泛参与性，实现听众的自我挑战。

【阳光早班车】 是一档综合性的交通资讯节目，以开心、轻松为宗旨，涵盖幽默、囧事、流行语等时尚元素，用声音开启听众朋友欢乐的一天，提供最快捷的交通路况信息。内容包括：出行天气、，焦点事件、社会新闻、娱乐资讯、好听的音乐等。

【阳光快车】 是一档集交通服务、宣传、推介、解答为一体的综合性交通类节目。它以“服务百姓生活，宣传道路安全法，倡导文明出行”为宗旨，达到协助交管部门疏导交通、服务听众的目的。以路况信息为主线，资讯、音乐为核心，注入流行、时尚元素，整体风格轻松活泼、节奏明快，是临汾独家专业交通广播栏目。

【心随乐动】 是一档音乐互动类节目。整体的节目风格以轻松幽默为主，突出音乐节目的欢快，主持人以轻松快活的主持方式赢取听众的关注度，用音乐打动听众的心，力求最大程度体现类型化节目的伴随性特点，增强主持人与听众的互动意识，使听众拥有更加立体丰富的收听体验，让爱音乐的他们爱上广播。

【平安回家】 集交通资讯、服务、娱乐元素、温情提示、违章播报、互动于一身，内容贴近民生，贴近百姓，用有趣轻松的表达方式将社会热点、新闻资讯进行融合，根据需要随时插播最新路况，和节目内容有机衔接。力求营造一个轻松亲切的氛围，让听众的旅途不再孤单寂寞。

【音乐夜阑珊】 一档以专业的视觉诠释音乐，以音乐欣赏为主流，放松心情的音乐节目。《音乐夜阑珊》包含音乐欣赏、诠释音乐两大主流模块的音乐类节目，节目力求将其可听性、欣赏性、休闲性自然地结合在一起，以音乐感触生活，以生活感知音乐，能够使音乐和人的生活情趣紧密相连，并且在夜晚的这一时段彻底忘记喧嚣，释放压力。

（王　昶）

新闻中心

【主题宣传】 2015年,临汾市新闻中心围绕习近平总书记系列重要讲话精神、党的十八大和十八届三中、四中、五中全会精神,在《临汾日报》、临汾电视台推出专题专栏,集中报道全市各县(市、区)及市直各单位学习贯彻落实党的路线、方针、政策的实际行动,挖掘各级干部学中用、用中学、学用结合的事迹,树立一批典型人物、先进单位,真正做到以科学舆论武装人,以正确的舆论引导人,以高尚精神塑造人。

【重点宣传】 2015年,临汾市新闻中心出台下发《2015年宣传报道工作要点》《临汾市区城市建设改造宣传报道方案》,集中开展尧文化、重点项目建设、"学习讨论落实活动""三严三实"专题教育活动、百里汾河生态经济带建设、市区城建改造工程等系列新闻宣传,深度报道全市各条战线重点工作的新进展、新成效、新经验。

【特色宣传】 2015年,临汾市新闻中心借《人民日报》、新华社手机客户端高端媒体平台,突出宣传临汾市转型综改政策措施、贴心民生典型事例。人民日报社山西分社社长刘亮明到临汾调研期间,召集市发改委、市教育局、市交通局、市文化局、市第一医院、临一中等单位参加座谈会,陪同刘亮明深入到市新医院、市公交公司、临一中及尧都区、洪洞县、襄汾县、侯马市、曲沃县基层一线进行实地采访。《人民日报》在12月4日14版发表《临汾:贴心民生得民心》、在12月10日17版头条发表《根上给力,枝上花繁》,临汾市媒体在头版头条、头版重要位置《山西日报》在重要版面也进行转载。同新华社山西分社合作设立新华社手机客户端,实时更新全市政治动态、重点热点事件,为宣传全市"实现弊革风清、促进富民强市"新成就提供新的平台。

【对外宣传】 2015年,临汾市新闻中心邀请"洋眼看山西"大型境外媒体采访团前来临汾市采风,了解临汾市的历史文化、领略秀美风光、感受风土人情,通过镜头见证临汾转型跨越的最新成果,在《中国日报》刊登英文专版。组织协调中央、省、市媒体对"帝尧古都文化旅游节"进行深入报道,将稿件集结成册。协调各方面资源,花费大量精力与物力,提供线索、资料、图片等,为"山西·陶寺遗址发掘成果新闻发布会"做前期工作。以中国社科院名义公布陶寺遗址的发掘和研究成果,首次提出"陶寺遗址就是尧的都城,陶寺文明就是多元一体的中华文明的主脉,临汾就是最早'中国'"的结论。中央电视台、新华社、《人民日报》等中央主流媒体聚焦宣传,《光明日报》《大公报》《中国社会科学报》《山西日报》用10多个通版,展示陶寺遗址发掘成果。将此次新闻报道成果集结成册,标题为"尧文化暨德廉思想研讨会新闻报道资料汇编",为陶寺文化的新闻宣传做珍贵的集册。

全年广大记者编辑在省级以上媒体刊发各类新闻稿件5385篇(条),临汾专版24个,头版头条发稿39篇(条)。

【新闻发布】 2015年,临汾市新闻中心共组织召开"山西·临汾帝尧古都文化旅游节"新闻通气会、山西·陶寺遗址发掘成果新闻发布会、市人大三届六次会议第一次新闻发布会、市人大三届六次会议第二次新闻发布会、临汾市环保工作情况通报新闻发布会5次。通过新闻发布活动,对全市重点工作的进展情况和成果进行集中报道,营造良好的新闻宣传舆论氛围。

【协同采访】 2015年,临汾市新闻中心接待来临各级媒体记者500余人次,为其提供新闻线索、搜集整理所需材料做了大量的陪同采访、提供新闻素材等工作。为人民日报社山西分社、新华社山西分社等中央级媒体,多次提供临汾市转型跨越新闻素材,新华网发表《吕梁山上的绿色教科书》《乡贤回乡赛被子赛出一村好民风》《梨子换房子——山西隰县就地城镇化的路线图》等重大稿件。

(王　婧)

临汾日报

【概述】 2015年，临汾日报社坚持以“三严三实”为总遵循、总指导，突出抓好队伍建设和主题宣传报道，创新服务群众工作、文明创建工作、工青妇工作，提升新闻舆论传播力、引导力、影响力、公信力。

【队伍建设】 2015年，临汾日报社加强政治业务培训，提高新闻采编队伍政治素养、业务素质。落实好“三会一课”和中心组学习制度，把对广大采编人员的素质教育放在一切工作的重要位置。开设培训班69期，培训采编人员4700人次。支持广大干部职工在职进修深造，累计50余人次参加各项培训。

【主题宣传报道】 1.“学习讨论落实”活动宣传报道。在日报A1版、临汾新闻网各开辟“深入开展学习讨论落实活动”专栏，各刊发动态消息160余篇。2.“三严三实”专题教育宣传报道。在日报开辟“三严三实”争当时代先锋专栏，以孙京民同志先进典型开篇配发评论，先后刊发15个先进典型进行宣传；开辟“三严三实”专题教育书记访谈专栏，对17个县(市、区)和两个开发区以及部分市直单位党委进行专题报道。全年在临汾日报及各周刊刊发“三严三实”相关消息、通讯829篇。3.尧文化专题宣传报道。在山西临汾帝尧古都文化旅游节期间，分别在日报A版、晚报版、临汾新闻网开辟“溯中国源头 寻华人之根”为主题的相关栏目，刊发稿件、图片共计104篇(幅)。4.纪念抗日战争暨反法西斯胜利70周年专题宣传报道。先后派出20余名记者，在日报、晚报版、临汾新闻网分别开设栏目，进行全方位系列报道，组织抗战烽火篇、抗战岁月篇、抗战老兵篇、抗日武装篇、领袖足迹篇、抗战文化篇、铭记历史篇7个篇章，刊发稿件120余篇。刊发民营经济系列评论6篇，“临汾市城市建设改造工程”的系列评论10篇。根据中宣部要求，在正报开辟“行进中国 精彩故事”专栏，先后刊发基层稿件60余篇。

【服务群众工作】 2015年，原三招和印刷厂职工从机关事业养老中心向企业养老中心转移工作完成，退休职工领到企业退休金，其他人员的生活补助标准也有所提高。每逢节假日，都要走访慰问离退休干部和困难职工，送去温暖，干部群众非常满意。每年都要组织职工进行常规体检。对考入大学的子弟实行助学奖励制度，给予36多名子弟共计3万元助学奖励。

【工青妇工作】 2015年，报社工会、妇委会、团委会发挥各自优势，在维护群众合法权益、关心帮助困难职工、活跃群众文化生活等方面发挥重要作用。工会组织“大病医疗互助活动”。妇委会发挥桥梁、纽带作用，把妇女儿童权益相关法律法规和政策纳入报社的业务培训内容之中，提升妇女的维权意识，维护妇女员工的自身权益。有5名先进个人和集体受到省、市妇联表彰。团委加强对团员的学习教育，组织团员活动。组织团员到临汾绿色港湾红丝带小学看望艾滋病患儿，与他们同桌就餐，进行“有奖猜谜”游戏；清明节期间，以“追忆革命历史，传承红色精神”为主题开展清明节扫墓活动，在学习中提高能力，在活动中凝聚力量。

【文明创建工作】 报社是临汾市道德大讲堂的承办单位，设有固定场所，制定举办讲堂工作程序，把道德讲堂同党员干部教育相结合，同采编队伍建设相结合，同文明单位创建工作相结合，突出党报工作特性，全面提升报人政治业务素质，收到良好的效果。市委常委、宣传部长黄翠莲在报社道德大讲堂做党课辅导；贾成奎教授做社会主义核心价值观的讲座；社长樊清平做党课讲座；总编辑王庚星做《汲取传统文化智慧　做有道德的人》讲座；常务副总编辑孙言兵做《真心走转改 精心出精品》讲座。道德讲堂活动在报社日益规范和丰富，成为党员干部教育的重要平台。

（刘姗姗）

期　　刊

【《山西师大学报》(社会科学版)】 《山西师大学

报》(社会科学版)是由山西师范大学主办、山西省教育厅主管的综合性学术理论刊物。本刊始终坚持正确的办刊方向,严格履行办刊宗旨和编辑方针,严格执行党和国家有关新闻出版的政策和法规,所发文章没有出现任何政治性和原则性错误。在办刊过程中,提倡"百花齐放、百家争鸣",打破多年一贯的内外稿比例限制,坚持学术质量第一的用稿原则,注重论文的学术独创性、现实针对性和理论指导性,吸纳大量校外专家学者的优秀论文,在学术界产生很大的影响。

《山西师大学报》(社会科学版)为双月刊,160页,国内外公开发行,至2015年底共出版42卷194期。2015全年共出版8期,其中正刊6期,研究生专刊2期。正刊共发表学术论文201篇,约200余万字。在学术质量上比上年有所提高:在作者层次方面,具有高级职称、博士学位作者的比例逐年上升;在计量指标方面,总被引频次达到1878次,影响因子0.383,基金论文比0.62,被引期刊数635,WEB下载量19.84万次。不断创新的办刊理念和日渐形成的栏目特色,使社科版学报在学术界和出版界的影响不断扩大。2015年全年有20余篇文章被《新华文摘》《高等学校文科学术文摘》《中国社会科学文摘》《教育科学文摘》《文摘报》和中国人民大学书报资料中心等文摘类报刊转载或转摘。

【《山西师范大学学报》(自然科学版)】 《山西师范大学学报》(自然科学版)是由山西省教育厅主管、山西师范大学主办的自然科学类综合性学术期刊,它以繁荣科学文化、促进学术交流、发现和培养人才、为两个文明建设服务为办刊宗旨。主要刊登数学、物理学、化学、地球科学、环境科学、生命科学、计算机科学等基础研究和应用研究方面的学术论文,主要反映山西师范大学理科各学院、系、所、中心的最新科研成果,促进国内外学术交流,为中国现代化建设服务.主要读者对象是国内外科技工作者、高等院校理工科教师和研究生等。本刊1986年创刊,季刊,128页,国内外公开发行,至2015年底共出版29卷109期。2015全年发文100篇,约110余万字,全年受基金或科技计划项目资助论文共62篇,总被引频次为664,影响因子(复合JIF)为0.187,基金论文比为0.62,被引期刊数为339,下载率为17。学术质量不断提高,影响因子学科排序明显上升。

办刊多年来,本刊始终坚持以质量求生存、以特色求发展的办刊理念,办刊质量、转载量和文摘率稳步上升,在全国学术界具有较大的影响。目前已成为《中国期刊网》全文入网期刊,《中国学术期刊(光盘版)》全文收录期刊,《中国学术期刊综合评价数据库来源期刊》,《万方数据—数字化期刊群》全文收录期刊,《中国核心期刊(遴选)数据库》收录期刊,《中文科技期刊数据库》(全文版)收录期刊,《中国数学文摘》《中国物理文摘》《中国无机分析化学文摘》《中国生物学文摘》《电子科技文摘》及数据库收录期刊。

【《体育研究与教育》】 《体育研究与教育》是由山西师范大学主办、山西省教育厅主管的体育科学综合性学术期刊。创刊于1986年,是山西省创办较早的一份体育理论学术期刊。2011年8月,经中华人民共和国新闻出版总署批准(新出审字〔2011〕399号),将《山西师大体育学院学报》更名为《体育研究与教育》。本刊设体育人文社会科学、体育教育研究、民族传统体育研究、运动训练与竞赛、运动人体科学等栏目。读者对象主要面向全国大中小学体育教师、体育工作者、体育科研人员等。

至2015年底,本刊共出版30卷105期。2015年本刊共发表学术论文173篇,共计152万字。在计量指标方面,2015年期刊影响力指数CI值81.101,期刊影响因子(复合JIF)方面,5年影响因子0.461,他引5年影响因子0.454,引用期刊数和被引期刊数分别为410和329,基金论文比达0.55,WEB下载量6.61万次。多篇刊载文章被《人大书报资料中心·体育》《体育文献科技通报》全文复印、摘录。

办刊多年来,本刊始终坚持以质量求生存、以特色求发展的办刊理念,办刊质量、转载量和文摘率稳步上升,在全国体育学术界具有较大的影响。现为《中国期刊全文数据库》全文收录期刊、《中国学术期刊综合评价数据库》统计源期刊、中国学术期刊(光盘版)全文收录期刊、《万方数据－数字化期刊群》全文收录期刊、《中国核心期刊(遴选)数据库》收录期刊、《中文科技期刊数据库》(全文版)收录期刊。

(王建波)

【《平阳方志》】 2002年3月31日创刊，由市地方志办公室主办，经山西省新闻出版局批准，刊号为山西省内部资料准印证K－325号，季刊，大16开本，主编尉俊。主要栏目有：大事纪略、特载、学术争鸣、当代临汾、尧乡人物、平阳大地、晋商文化、古都春秋、史海泛舟、往事如烟、民俗风物、民间故事、社会万象、天南地北、修志之窗、信息网站等16个栏目。其宗旨是刊登方志领域最新研究成果，积累修志编纂重要资料，推动全社会读志用志，办刊风格独特，讲求指导性、资料性、可读性和趣味性。全年共发表文章51篇计40万余字。

(郑红升)

【《平阳党史》】 《平阳党史》创刊于1989年，原党和国家领导人彭真同志题写刊名。由市委党史研究室主办，经省新闻出版局批准，刊号为第k348号，季刊。主要有史料荟萃、峥嵘岁月、历史一页、史海拾贝、学习园地、工作谋划等栏目，集资料性、可读性、权威性于一体，发行于省、市、县以及兄弟省、市有关单位和部门。是党史工作对外宣传交流，对内学习教育的平台，是资政、存史的重要渠道。高标准、高质量地编辑出版2015年度4期《平阳党史》，其中编撰纪念中国人民抗日战争暨世界反法西斯战争胜利70周年专刊。除了在全市范围内进行赠阅，还特向北京、广州、昆明、陕西、河北、湖南、福建、甘肃等地的临汾籍老干部邮寄《平阳党史》，老干部及家属们纷纷来电来函表示感谢。昆明军区九名临汾籍师职离休老干部赠送“情系游子、功在千秋”的锦旗一面，以示谢意。

(岳方涛)

【《尧文化研究》】 《尧文化研究》由临汾市委宣传部主管、临汾市三晋文化研究会、临汾市尧文化研究与开发委员会主办的大型全景式社会科学期刊，印刷刊号为山西省内部资料准印证K232。其前身系尧文化研究与开发委员会创办于2007年的《尧文化》，在出版13期后，于2015年1月与三晋文化研究会主办的《尧风晋韵》合二为一，更名为《尧文化研究》，刊期沿续《尧文化》。编委会主任刘合心，主编王庚星、执行主编石耀辉。

《尧文化研究》办刊宗旨是：树立尧文化品牌，弘扬尧文化精神，传播尧文化信息，打造尧文化实力。主要栏目有：《尧天舜日》《尧海探珠》《尧山论剑》《尧行天下》《尧都揽胜》《文史勾陈》《学术争鸣》《企业文化》等。2015年共出版2期，其中第1期(总13期)为改刊号，刊登刘合心的《中华文明探源随想录》、李琳之的《湮没的辉煌》等，第2期(总14期)为“尧文化暨德廉思想研讨会”专题，重点刊登王巍、李伯谦、何驽、李健民、王震中、高江涛、高江涛、武家壁等专家学者的研讨会发言。改刊后的《尧文化研究》主题突出，内容丰富，印刷精美，受到学术界及普通读者的一致好评。

《尧文化研究》每期印刷2000册，发放范围为全国主要高等院校、科研院所、传媒机构，山西省市宣传、文物部门，临汾市四大班子主要领导，临汾17个县(市、区)及2个开发区主要领导，山西省、市三晋文化研究会及临汾17个县级三晋文化研究会。

(石耀辉)

【《大美汾河》】 《大美汾河》系弘扬临汾汾河文化的核心期刊，由汾河文化生态景区主办。2014年4月创刊，累计印刷量超7000本，累计出版32万字。刊物清新雅致，内容丰富多采。主要栏目有汾河纵横、名家约稿、汾河剪影、印象临汾、文苑漫步、经典品读、健康生活等，致力于传承汾河文化，凝聚“汾河精神”，成为临汾市文化创新第一刊。

《大美汾河》创刊以来，向临汾市委、市政府、人大、政协、纪委、宣传部、组织部、文联、书协、规划局、园林局、海事局、水利局、住建局、体育局、文物旅游局等20余家单位及社会各界发放杂志5700余本，广受各界好评。杂志征稿面向全社会,稿件包括内部员工及来自山西、北京、深圳、山东、福建等多个地方作者投稿。

(石耀辉)

驻临汾记者站

【山西日报社临汾分社】 2015年,山西日报临汾分社精心确定选题,在《山西日报》发稿400余篇,其中头版头条13篇,《山西日报》区域新闻临汾版24块,报道临汾市经济社会发展新进展和新成就,全方位、高密度、系统化地宣传临汾,临汾“百里汾河生态经济带”“一座都城”、民生工程、文化旅游、煤炭转型、光伏扶贫、纯电动公交车等成为代表山西发展的亮点和关键词。《陶寺帝尧之都·中国之源》系列报道,受到中国社会科学院专家学者充分肯定。推出舍身救人的翼城交警贺冰、十年替子还债的农民贺印娣等重大典型,受到省委、省政府领导表扬。临汾分社被市委宣传部授予新闻宣传工作先进集体;社长李宏伟被评为临汾市“十佳记者”、山西日报社年度标兵;系列报道《陶寺帝尧之都·中国之源》被评为临汾新闻奖特等奖,消息《临汾陶寺就是尧的都城》被评为山西新闻奖一等奖。

(郭玉琴)

【山西经济日报驻临汾记者站】 2015年,山西经济日报驻临汾记者站共发表稿件976篇,记者站采访撰写稿件149篇,其中,上头版头条8篇。主要新闻作品有《文化产业成襄汾县城经济发展新引擎》《洪洞潮涌旅游增长极》《曲沃产业转型升级动力强劲》《洪洞县创建国家园林县城纪实》《浮山狠抓项目建设纪实》《翼城借“互联网+”发展电子商务掠影》《隰县打造互联网+玉露香梨产业发展模式》《临汾着力提升文化软实力》等。作品《尧都农商行力推普惠金融工作纪实》获得2015年度年度临汾市宣传部好新闻一等奖。山西经济日报驻临汾记者站被市委宣传部授予2015年度新闻宣传工作先进集体,记者狄旭焱被评为临汾市优秀新闻工作者。

(靳　健)

【山西工人报驻临汾记者站】 2015年,山西工人报驻临汾站编写、整理发出稿件198篇,在《山西工人报》刊登125篇,《光明日报》《工人日报》《山西工运》杂志各刊登1篇。其中:《最大限度激发基层工会组织活力》《省总调研组在临汾调研“组织建设年”“五小”竞赛工作》《“五小”竞赛为企业发展添“劲”助“力”》《临汾市总工会推进基层工会组织建设纪实》《把工会建设成为党政放心职工满意的“职工之家”》《临汾襄汾两级工会为安徽籍农民工讨薪33万元》等6篇稿件刊登在头版头条,16篇大篇幅稿件刊登在一版重要位置,在二版、三版重要位置报道县总工会及市直企、事业单位工会工作稿件25篇。报道市总各项动态工作65篇,报道市总组织建设和五小竞赛两项重点工作稿件15篇,报道各县市区及各类企事业单位工会工作稿件105篇。11月至12月完成《山西工人报》的征订任务。

(赵　霞)

卫生　体育

疾病预防

【传染病防控】　从2015年1月至2015年12月通过网络直报的法定传染病病例共24189例，无甲类传染病报告；乙类传染病共报告10145例；丙类传染病共报告14044例；重点传染病监测：2015年共报告流感病例1970例，报告发病率为41.29/10万，较上年(1842例)报告发病上升1.47%。2015年共报告手足口病病例10097例，重症89例，死亡0例。处置手足口病聚集性疫情28起。其中尧都区报告21起，侯马市报告5起、蒲县、翼城县各报告1起，共采集聚集性样品7份。均开展了流行病学调查。2015年全市报告狂犬病病例6例，死亡6例，病例主要分布在：尧都区2例、洪洞县2例、曲沃县和襄汾县各1例。性别分布：男性发病6例，女性发病0例，年龄主要分布在55岁。职业分布农民5例，工人1例。2015年全市报告感染性腹泻病例1511例，其中男性发病845例，女性发病666例，年龄主要分布在0～1岁年龄组，职业分布排在首位的是散居儿童694例，其次是农民577例。黄河金三角区域公共卫生传染病联防联控取得重大进展，运城市、临汾市、三门峡市、渭南市三省四市疾控中心于2015年8月27日在运城市召开启动仪式，就联防联控形式、内容、方法等达成初步共识，出台《晋陕豫黄河金三角区域公共卫生协作方案》。2015年11月2日至6日，晋陕豫黄河金三角区域公共卫生协作联席会议再次在运城召开，三省四市共同讨论公共卫生协作日常交流的内容及范围、第一轮值年度工作计划、晋陕豫黄河金三角区域公共卫生协作应急预案等工作。2015年通过突发公共卫生事件报告系统共上报突发公共卫生事件2起，为4月24日关于对临汾市实验小学16人疑似食物中毒事件，12月4日尧都区状元楼火锅店聚餐时发生的17人一氧化碳中毒事件。传染病聚集性疫情有：吉县病毒性脑炎聚集性疫情1起；手足口病聚集性疫情28起，其中尧都区21起、侯马5起、蒲县1起、翼城1起。

【免疫规划】　2015年，疾控中心将一类疫苗足量配送至17个县(市、区)疾病预防控制中心，共配送一类疫苗12种，共774037剂；其中糖丸124200粒、麻风63377支、麻腮风35100支、百白破(无C)186400支、卡介苗20350支、白破6530支、乙肝124100支、A群流脑38350支、流脑A+C 51520支、乙脑90250支、甲肝33300支、PPD 560支；注射器1114700具，其中0.1ml注射器53000具、0.5ml注射器914000具、1ml注射器92700具、2.5ml注射器55000具。2015年全市"七苗"报告接种率分别为：卡介苗99.99%、脊灰疫苗99.84%、百白破疫苗99.87%、麻类疫苗99.83%、乙脑疫苗99.53%、流脑疫苗99.81%、乙肝疫苗99.79%，乙肝疫苗首针及时接种率98.59%。2015年1至12月全市监测麻疹病例总数58例，麻疹病例28例，其中，24例为麻疹病例实验室确诊病例，4例为临床符合病例；报告麻疹发病率为0.622/10万，较上年(0.24/10万)上升159.17%；风疹病例5例，排除25例，排除麻疹风疹病例报告发病率0.552/10万，较上年(0.64/10万)下降13.71%。无死亡病例报告。2015年全市共报告15岁以下儿童急性弛缓性麻痹(AFP)病例15例，全市2015年期望报告11例，实际报告比期望多报告4例，超额完成目标任务。报告发病率为1.36/10万。送检的所有标本均无检出脊灰野病毒，2015年全市继续保持无脊灰工作状态。

【结核病防治】　2015年，全市应发现活动性肺结核病人2203例，实际发现登记1702例，任务完成率为77.26%.其中发现新涂阳252例、复治涂阳31例。全年有初诊患者6230人，查痰5303人，查痰率为85.12 %，全年共报告1575人，应转诊

1371人,总到位1294,其中转诊到位436人,追踪到位819人,其他到位39人,总体到位率为94.31%,全年发现涂阳肺结核患者283例,家属及非家属密切接触者共1326人,筛查1297人,筛查率为97.81%,发现患者3例,检出率为0.23‰。上年同期全市共登记肺结核患者1796例,治愈447例,完成疗程1298例,成功治疗1745例,治疗率为97.16%(85%);其中发现新涂阳病人432例,治愈417例,新涂阳治愈率96.53(85%)。2015年耐药项目任务为51例,对42例涂阳患者的痰进行了培养,完成任务率为82.35%。培养结果:培阳36人,培阴6人,培阳率为85.71%。按照《全国结核病防治核心知识知晓率调查方案》,2015年9月组织16个县(除浮山外)开展城市和农村不同人群的结核病核心知识调查工作,每县300人,全市共调查3770人,5条核心知识,知晓第一条的有3223人,知晓率为85.49%;知晓第二条的有3444人,知晓率为91.35%;知晓第三条的有3580人,知晓率为94.96%;知晓第四条的有1810人,知晓率为48.01%;知晓第五条的有1863人,知晓率为49.42%。全部应知晓的有18850条,实知晓的有13920条,总知晓率为73.85%。“3·24”世界防治结核病日,利用媒体和多种形式进行健康促进活动,深入学校、监狱、街道等发放宣传手册50000多份、宣传彩页2000张、宣传画10000多张。制作绶带50个、红旗100面、宣传标签300个、两块活动宣传版面,自行车志愿者车队在临汾到襄汾的沿途进行宣传活动,3月24日开展结核病知识进师大校园活动,3000多名师生集中在操场,临汾师大60名学生作为结核病防治知识传播志愿者,身穿校服,手持"防治结核,健康和谐"宣传折页,参与这次结核病健康促进活动。

【艾滋病防控】 2015年,临汾市新报告115例艾滋病病毒感染者和病人,报告死亡20例;20～49岁占86.1%,男女比例为3.8∶1,农民为主,占33.9%,以性传播为主,占99.1%,其中同性传播58例,占50.4%;异性传播56例,占48.7%;血液途径1例,占0.9%,同性传播成为临汾市2015年艾滋病当年报告的主要传播途径。1995年临汾市发现首例艾滋病病毒感染者,截止到2015年12月31日,按照现住址统计,全市17个县(市、区)累计报告643例艾滋病感染者和病人,累计死亡166例。尧都区(190例)、翼城县(90例)、侯马市(62例)居前三位;职业分布以农民为主,334例,占51.9%;年龄分布以青壮年为主,20～49岁占77.8%;男女比例为2.3∶1(男性451例,女性192例);初中及以下文化387例,占71.8%;经血液传播、母婴传播和性传播三种传播方式均有报告,近年同性传播呈明显的上升趋势,截至2015年底性传播途径累计报告488例(其中同性169例),占75.9%。截止到2015年12月31日,全市共完成5369名(任务量5450名)被监管人员的HIV抗体检测工作,2015年新增加艾滋病免费抗病毒治疗病人102例。截止到2015年12月31日,按照现住址统计,全市累计进行艾滋病免费抗病毒治疗的成人412例,其中死亡41例,停药11例,实际在治成人341例。累计有10例儿童也参加免费抗病毒治疗,有4例儿童转入成人治疗。2015年共完成HIV抗体筛查样本4588份,复检140份,确证样本130份,其中确证阳性99份,阴性14份,不确定17份。截至2015年底,全市应完成病毒载量检测244例,实际完成239例,检测率为98%。

【食品安全风险监测】 2015年,食品化学污染物和有害因素监测应采集样品5类142种,实际采集样品5类145种,任务完成率为102%,分别送至中心检验科和山西省出入境检疫中心进行检测;通过全国食品污染物填报系统上报监测数据2175条,顺利完成2015年监测工作任务。监测结果:145份样品检出超标1份,超标率为0.69%。系馒头中检出含铝添加剂超标。2015年食品微生物及其致病因子监测全市应采集样品10大类305种,实际采样335种,总份数为670份,采样任务完成率为110%。通过全国食品微生物风险监测数据汇总系统上报监测数据1413条,顺利完成2015年监测工作任务。监测结果:335份样品中检出食源性致病菌阳性3种,致病菌阳性检出率为2.7%,卫生指示菌阳性检出率为136种,阳性检出率为40.5%,与上年阳性率相比较(39%)呈上升趋势。食源性疾病病例信息采集与调查:2015年全市17所哨点医院2015年共报告食源性疾病监测病例1293例,工作开展率为100%,任务完成率为90%,审核及时率为100%。2015年全市17个县(市、区)二级及二级以上的医疗机构均开展疑似食源性疾病异常病例/异常健康事件监测工作,2015

年全市未报告食源性异常病例/异常监测事件。临汾市第四人民医院作为特定病原体食源性疾病监测哨点医院，2015 年共报告病例 159 例，采集样品 151 份，其中阳性 13 份，分别为肠集聚性粘附大肠埃希菌(11 份)、宋内志贺氏菌(1 份)，沙门氏菌(1 份)，阳性检出率为 8.6%，对检测结果及时进行网报，对 1 例非伤寒沙门氏菌病例开展病例对照调查。2015 年全市通过食源性疾病(包括食物中毒)事件监测系统共上报食源性疾病暴发事件 15 起，分别分布在尧都区 5 起，翼城县 4 起，洪洞县 2 起，襄汾县 1 起，曲沃县 1 起，吉县 1 起，侯马市 1 起，暴露人数 306 人，总发病人数为 118 人，死亡 1 例。事件结束后，均及时进行网络报告。

【地方病防控】 2015 年 1 月 1 日至 12 月 31 日，全市共报告布鲁氏菌病 778 例，比 2014 年有所减少。疫情分布在 17 个县(市区)，其中尧都区 93 例、曲沃县 41 例、翼城县 17 例、襄汾县 69 例、洪洞县 88 例、古县 38 例、安泽县 48 例、浮山县 25 例、吉县 39 例、乡宁县 48 例、大宁县 26 例、隰县 42 例、永和县 61 例、蒲县 48 例、汾西县 93 例、侯马市 27 例、霍州市 26 例。778 例全部进行流行病学个案调查，治愈率达 100%。2015 年碘盐监测全市 17 个、市、区每个县分为 5 个抽样区，共抽取居民户食用盐 300 份，全市共抽检食用盐样品 5100 份，上报率、上报合格率均为 100%；最高碘盐浓度为 62.60mg/kg，非碘盐 279 份，全市盐碘中位数为 24mg/kg，碘盐覆盖率 95.41%；合格碘盐食用率 89.16%(人口加权)，7 个县(市、区)小于 90%，永和县 35.33%；碘盐合格率 93.21%. 2015 年 6 月 30 日之前，全市 7 个县 22 个乡镇先后完成寄生病调查工作，全市共调查监测人口 5500 人，永和查有一例蛲虫病例，其余都为阴性。2015 年大骨节病控制和消除评价县级自查项目，为乡宁、大宁、蒲县、襄汾、浮山、霍州、汾西 7 个县，2015 年 4 月顺利完成 7 个项目县的 2000 余人 X 光拍片任务。经过山西省地方病研究所观片鉴定，全部为阴性。各县项目总结及时上报。2015 年全市 7 个克山病病区县，吉县、永和为慢性克山病病人治疗项目县。两个县分别对 30 名病人进行治疗，收到良好效果。安泽、浮山、大宁、蒲县、隰县为监测项目县，每个县完成 800 人的监测任务。对确诊的慢性克山病人还要做心脏彩超、X 光胸片检查，每个项目县都克服许多困难，顺利完成监测任务。

【体检与职业病防控】 2015 年，临汾市共对辖区内国药集团有限公司、生龙国际购物中心、肯德基、竹林大药房、一笑堂、仁寿康、太行、欣福泰、食品生产个体经营者、供水单位、学校、全市执业药师注册体检等 1030 名从业人员进行预防性健康检查，其中男性 270 人，女性 760 人。未查出患有“五病”，时进行培训，发放健康证明。全年体检率 100%，培训率 90%，办证率 100%。职业病诊断：2015 年 1 月 19—23 日对山西霍州煤电集团有限责任公司(辛置矿、团柏矿、白龙矿、李雅庄矿、方山洗煤厂、丰峪煤业、什林煤业、杜家沟煤业、干河煤矿、吕临能化、等)915 人，进行职业病诊断。上期人员共 33 人，其中：Ⅰ期煤工尘肺 23 人(其中电焊工尘肺 1 人)、Ⅱ期煤工尘肺 8 人、Ⅲ期矽肺 2 人；新观察对象 12 人。2015 年 5 月 16 日对山西乡宁焦煤集团(王蟒沟煤业、台头前湾煤业)42 人进行诊断。上期人员共 3 人，其中：Ⅰ期煤工尘肺 2 人；Ⅱ期尘肺 1 人；新观察对象 3 人。2015 年 10 日 29 日至 10 月 30 日山西霍州煤电集团有限责任公司(辛置矿、鑫钜煤机厂、白龙矿、李雅庄矿、丰峪煤业、汾河运销公司)6 家单位共 202 人，进行职业病诊断。上期人员共 17 人，其中：Ⅰ期煤工尘肺 14 人、Ⅱ期煤工尘肺 2 人、Ⅲ期煤工尘肺 1 人；新观察对象 6 人。

【慢性病防控】 2015 年，按照卫生部《全民健康生活方式行动示范创建工作指导方案》要求，蒲县、永和县、大宁县、曲沃县和尧都区开展健康支持性环境创建活动，共有 11 个健康支持性环境通过自评验收，其中健康单位 3 家、健康食堂 2 家、健康学校 2 所、健康步道 1 条、健康一条街 1 条和健康主题公园 2 个。为广大居民践行健康生活方式提供良好的环境，营造健康的氛围。2015 年市行动办和 13 个县(市、区)在全国高血压日、联合国糖尿病日、爱牙日、全民健康生活方式行动日和世界卒中日，开展形式多样的宣传活动。根据各县(市、区)上报的慢性病系列宣传日活动记录表和系统数据显示，全市系列宣传活动日共发放各类宣传资料 100975 份，其中发放支持性工具 2262 份。制作展出宣传板 570 块，提供现场咨询人数 12599 人，免费测血压 4170 人，免费测血糖人数 3285 人。接受健康教育人数达 39300 人。2015 年全市报告死亡个案19149例,报告死亡率422.99/10万,报告及时性98.53%。审核率99.73%,及时审核率96.65%,一审通过率99.99%。死因编码合计错误比例为0.90%,身份证号填写完整率91.9%,多死因链填写完整率40.6%。2015年启用65岁及以上老年人健康信息月报表。慢性病患者健康管理信息季报表和65岁及以上老年人健康信息月报表数据显示:截至2015年12月31日,全市累计登记老年人382696人,健康管理296936人,健康管理率77.59%;累计健康管理高血压患者335455人,规范管理288223人,规范管理率85.92%。管理者中血压得到控制的210469人,血压控制率为62.74%;累计健康管理糖尿病患者66935人,规范管理55886人,规范管理率83.49%。管理患者中血糖得到控制的40810人,血糖控制率60.97%。

【文化建设】 2015年,结合山西省疾控系统文化建设活动,专门召开全市疾控系统文化建设工作会议,组织人员深入现场进行督导检查。参与全省疾控系统文化建设成果展示活动。"中国梦"和"美丽疾控人"两个文艺节目在全省会演中,受到与会领导和观众的一致称赞,为市疾控系统赢得荣誉。临汾市选送的诗歌、散文、小说、书法、摄影等作品中,获奖作品10余件,其中小说获得一等奖,书法作品:二等奖一幅、三等奖两幅,篆刻三等奖一幅,摄影三等奖一幅。

(范永强)

妇幼保健

【概述】 2015年,妇幼保健院召开县级妇幼院(站)长例会两次,举办全市爱婴医院复核培训一次,协助国家卫计委妇幼司举办贫困地区儿童早期综合发展试点项目工作推进会议一次,召开全市妇幼信息监测及新生儿疾病筛查工作反馈及培训会一次,作为省级培训基地举办贫困地区儿童医疗保健人员培训班一次,举办全市预防艾滋病、梅毒、乙肝母婴传播强化培训班一次,全年两次对县级妇幼保健机构、县级助产机构的19项工作内容进行检查督导与技术指导,共检查指导22家县级医疗保健机构,24家乡镇卫生院,72家村级卫生所。通过各种培训、实地督导、技术指导,使全市县级妇幼保健机构业务水平、服务能力、管理水平得到全面提升。

【基本公共卫生项目】 2015年,孕产妇健康管理和儿童健康管理达到国家标准要求。住院分娩率99.9%,完成农村孕产妇住院分娩补助25858例,农村增补叶酸预防神经管缺陷新增服用人数35934人,城镇妇女增补叶酸新增服用9533人,农村妇女宫颈癌筛查60996例,乳腺癌筛查7629例,新生儿疾病筛查率比上年提高6个百分点。"艾梅乙"母婴阻断项目全覆盖,贫困地区儿童营养包发放工作顺利进行,完成全市孕产妇及新生儿死亡评审工作。

【健康教育宣传】 2015年,结合"世界爱耳日""三八"妇女节、"世界母乳喂养周""世界无烟日""世界艾滋病日"等活动开展讲座、培训、义诊18次,发放宣传资料14680余份,受教育人数5000余人。印制母乳喂养、控烟禁烟、预防艾滋病以及妇幼保健知识等健康教育宣传版面47块、宣传条幅43幅、各科室宣传资料90000余份。开展健康讲座41期,孕妇学校和家长学校授课10余次,提高家长科学育儿技能。

【医疗服务】 2015年,妇幼保健院制定《药品召回管理制度与处置流程》《临床合理用药专项整治工作活动方案》《住院医师规范化培训管理办法》等制度与方案,聘请上级医院专家会诊手术,选派业务骨干医师外出进修、学术交流、专题讲座共计92人次,多次进行远程培训教育,成功举办6次市级学术会议。实行护士长夜查房制度,对全院护理人员进行2次三基理论考试、N0级护士培训及考核,全面提升优质护理服务内涵。开展现患率调查以及对重点科室产房、人流室、产科沐浴室布局流程改建,提高医务人员对院感的认识,降低院感发生率。妇产科新增加不孕不育门诊、内分泌门诊、沐浴室等项目。开展儿童哮喘门诊、危重新生儿院前急救与转运、小儿外科空气灌肠治疗肠套叠、尿道下裂修复等项目。儿童保健科争取项目与市残联合作开展小儿脑瘫康复。经市卫计委批准,成立以妇幼保健院为核心单位,由17所县级妇幼保健院以及先平、建宁两所民营医院组成的临汾市妇幼保健联合体,先后18次组织专家指导帮扶基层妇幼保健能力不足问题,推动优质资源下沉。特别是市儿科专业委员会落户本院与成功举办第一届儿科年会，表明本院儿科业务能力达到领先水平，儿童医院的专科优势突显。

【其他管理工作】 人事科推进人才招聘录用与人事管理工作制度化、规范化、科学化。财务科执行财务管理制度。设备科规范设备采购，保障临床耗材供应。后勤科保障水暖电供应正常，维护医院设施。保卫科加强日常保卫安全管理以及车辆停放管理。信息科新增医疗管理软件保障信息系统正常进行。医保科实行一站式服务，新农合补偿1628人，农村孕产妇补助561人。

【计划生育服务】 2015年11月，妇幼保健院与市人口和计划生育宣传技术指导站合并，增挂临汾市妇幼保健计划生育服务中心，妇幼保健计划生育服务能力得到加强，计划生育服务网络、优质服务孕前优生咨询指导覆盖全市，打击“两非”的高压态势不减，计划生育服务能力提升。

【社区卫生】 2015年，妇幼保健院建立居民健康电子档案19913份，孕产妇健康管理305人，儿童预防接种13641人次，设置固定健康教育专栏2个，更换内容28次，举办健康讲座12次，健康咨询9次，播放影像资料10次、发放各种健康教育宣传资料5万余份，受益群众共计5万余人次。开展慢性病管理、老年人管理、精神病人及残疾人管理等工作，改善社区居民的健康观念，提高居民的整体素质。

（张永萍）

人口和计划生育

【计划生育工作】 2015年，临汾市卫计委实施单独两孩政策，通过强化政策宣传，加强业务培训，严防多胎生育和跟风生育情况发生。坚持计划生育"一票否决"，2015年共审核评先单位9个，创建文明单位89个，审核劳模及其他评优、评先个人62个。开展计生特殊困难家庭扶助关怀工作，2015年，共投入奖励扶助资金8000余万元，对全市12万人（户）进行奖励扶助。提高独生子女伤残、死亡家庭特别扶助金标准，完成保额近400万元。针对失独家庭专门开展特殊家庭爱心综合险，对全市319名失独家庭投入保费13.18万元，费用全部由市级承担。提升流动人口计生服务管理水平，2015年，新增霍州市、侯马市、乡宁县3个省级流动人口计划生育基本公共服务均等化试点县。开展创建计划生育优质服务县工作，永和县被评为全国计划生育优质服务先进县，霍州市市长崔山原被评为落实计划生育基本国策好市长。

【医疗卫生服务】 2015年，临汾市卫计委全面开展医疗联合体建设，形成以临汾市人民医院、临汾市第四人民医院、临汾市妇幼保健院和侯马市人民医院为龙头的医疗联合体建设格局，覆盖所有县级综合医院和妇幼保健院。将两所民营妇产医院纳入市妇幼保健院的医联体建设范围，提高资源利用率和全市妇产专业的服务水平。临汾市人民医院人类辅助生殖中心通过国家级验收，填补临汾市此项技术空白。加强县级医院能力建设，全面启动县级公立医院骨干医师培训工作，选派人员参加山西省中医住院医师规范化培训、中医小儿推拿班学习、中医全科医师转岗培训等规范化培训工作。选拔50名基层卫生技术人员参加全科医师转岗培训，超额完成住院医师规范化培训任务。推动医改发展，运用医疗、医保、价格等手段引导患者在基层就医，形成基层首诊、分级诊疗、双向转诊的就医新格局。开展"妇幼健康服务年"活动，实施妇幼健康优质服务示范工程。蒲县被评为2015年度“国家级妇幼健康优质服务”示范县。

【疾病预防控制】 2015年，临汾市卫计委加强疾病预防控制工作，以县为单位碘盐覆盖率达到省定标准，加强结核病防治，新涂阳肺结核患者督导管理治愈率、扩大免疫规划疫苗预防接种率和艾滋病干预比例均达到省定标准，开展艾滋病防治与宣传活动，临汾市卫计委被省防治艾滋病工作委员会办公室授予山西省首届红丝带视觉创意大赛优秀组织奖。开展应急预案体系检查，年初组织相关县（市、区）卫生局和市直医疗机构开展卫生应急拉动演练和反恐拉动演练，成功完成历次突发公共事件医疗救援任务。

【卫生监督执法】 2015年，临汾市卫计委以开展打击非法行医、整顿医疗美容、医疗广告、消毒隔离和采供血机构等为主要内容的医疗秩序整治"亮剑行动"为重点，全面开展卫生监督执法工作。2015年，全市共查处非法行医案例205件，罚款总计22.7万元，非法行医行为得到遏制。组织开展学校卫生、公共场所卫生、传染病防治、放射卫生等专项监督检查,全年共检查学校1172所,放射诊疗机构177所,游泳场所15所,住宿业28所,沐浴场所69所,美容场所269所,饮用水城市供水千吨以上单位20个,农村千吨以上单位7个,二次供水单位202户,集中空调通风系统抽检5所,涉水产品95所,各项卫生监督检查覆盖率和案件查处率均达到100%,共计下达卫生监督文书1690余份,责令整改单位320余个,责令停业整改单位2个。规范对市管各医疗机构的日常监管,共注销医疗机构4所,缓期校验医疗机构13所,核减注销7所医疗机构的9个科室。

【中医药工作】 2015年,临汾市卫计委以临汾市政府名义出台《关于扶持和促进中医药事业发展的意见》,在机构改革中单独设置中医科,下发文件要求各县(市、区)设立单独的中医工作内设机构。实施基层中医药服务能力提升工程,95%的社区卫生服务中心、87%的社区卫生服务站、92%的乡镇卫生院和73%的村卫生室能够提供中医药服务。为5003个家庭提供中医小儿推拿健康服务指导,18个乡镇卫生院被确定为"山西省中医药特色乡镇卫生院"。吉县、临汾市人民医院分别成功创建"山西省基层中医药工作先进单位"和"全国综合医院中医药工作示范单位"。14个县级中医院加入省中医院医疗集团,两个县加入省中医学院第三中医院集团;6个县中医院成立县乡医疗联合体。基层中医药适宜技术推广培训实现全覆盖。

【爱国卫生运动】 2015年,临汾市在连续7年获得"省级卫生城市"的基础上,立足巩固先期创卫成果、提升城市卫生质量,提高创建标准,加大创卫力度,新增浮山、霍州、蒲县、永和4个县启动创建国家级卫生县城。古县、洪洞、侯马顺利通过国家级卫生县城(卫生城市)的复审,11个县(市)被评为省级卫生县城(卫生城市),省级以上卫生县城数量居山西省首位。

【卫生、计生机构改革】 2015年7月30日中共临汾市委宣布王山担任临汾市卫计委党组书记,9月18日,王山在临汾市三届人大第36次会议上全票当选临汾市卫生计生委主任,10月15日临汾市卫生和计划生育委员会挂牌。11月4日中共临汾市委宣布卫计委班子成员后,当日上午明确班子成员分工,举行妇幼保健计划生育服务中心的挂牌仪式。11月17日,在履行完中层干部任职审批后,对16名中层干部进行任命,11月27日,所有科室人员全部到位。临汾市市级卫生、计生改革全面完成。

【党风廉政和医德医风建设】 2015年,临汾市卫计委对21名新任科级干部进行任前廉政知识考试和廉政谈话;组织市直卫生计生系统开展"廉洁过节倡议现场签名"活动,《健康报》《临汾晚报》、临汾电视台"阳光政务"节目对此进行追踪报道。"打击非法行医"和"医务人员收受红包、开单提成"两个专项整治成效显著。从2015年12月1日起,在全市范围内开展涉农资金专项整治,通过整顿共发现问题线索8类45个,其中39个问题得到整改纠正。认真办理12320卫生热线和12345市长热线,投诉举报办结率和群众满意度均达到95%以上。

【改善民生十件实事落实情况】 2015年,山西省卫计委提出的改善民生"十件实事"得到全面落实:1.免费为35万余名农村60岁以上老年人进行健康体检,完成数量远远超过省定指标;2.为全市6万余名农村妇女进行免费宫颈癌筛查;3.免费为4万名育龄妇女提供孕前优生健康检查;4.全面推行计划生育阳光便民办证服务;5.免费为全市近28万6岁以下儿童提供免费健康管理服务;6.在所有三级医院推行预约诊疗服务;7.在二级以上医院全部推行同级医院检查检验结果互认;8.在全市二级以上公立医院共162个科室开设健康教育讲堂;9.免费为4838个家庭提供中医小儿推拿健康服务;10.免费为全市每一个农村家庭发放健康知识口袋书。

体　育

【概述】 2015年,临汾市文化局完善"政府主导、部门协同、全社会共同参与"的群体工作机制,加强社会组织和基层骨干队伍建设,发挥体育协会、社会体育指导员的作用。成立通背拳协会、搏击协会、瑜伽协会、轮滑协会、时尚流行舞协会、健身气功协会、足球协会和自行车协会8个协会,全市各类体育协会达到22个;加大社会体育指导员建设力度,全年申报国家级社会体育指导员10名,培训二级社会体育指导员132名;推进全民健身志愿服务活动，市一级组织自愿者服务队在临海社区等社区街道办开展全民健身系列活动，乡宁等县市开展健身自愿者服务活动。以公共体育设施为依托，市县两级开展形式多样的群众性健身活动，共计100余次。成功举办第四届市运会、西山七县篮球运动会等，其中第四届运动会由蒲县、侯马等7个县（市）、4个协会、1个俱乐部和3个集体承办，设成年组、老年组和青少年组三个组别、自5月中旬一8月底共进行23个大项、397个小项的角逐。包括：篮球、乒乓球、羽毛球、太极拳、健身腰鼓、秧歌、柔力球、门球、象棋、健身球等项目，为临汾市近年来规模最大的一次综合性运动会。各县群众体育活动丰富多彩，如：侯马市春季农民运动会暨全民健身大拜年活动、尧都区第二届全民健身长跑和“我爱足球”全市选拔赛、霍州市首届广场舞大赛、安泽县“庆七一”门球比赛、翼城县北关亿家居广场舞林大会等。

【品牌赛事活动】 2015年，临汾市文化局巩固原有品牌赛事，拓展新的品牌赛事，带动群众体育普遍繁荣。在首届临汾帝尧古都文化旅游节中，举办“围棋之源·圣尧杯”国际大师邀请赛，华学明、玄味真等9名中韩两国围棋大师进行"一对八"车轮战比赛展示，为临汾人民提供一场高水平的围棋盛宴；在蒲县承办2015年黄河流域9省区门球交流赛，共有37支代表队300余名运动员参加比赛，选手涵盖老、中、青、少四个年龄段；组织首届“大妙杯”武世界中外搏击对抗赛，来自中国、泰国、柬埔寨和哈萨克斯坦的8对选手进行搏击对抗；市龙舟俱乐部在汾河公园举办第二届“光大杯”赛龙舟比赛；山西省武术锦标赛在临汾市燕军文武学校举行，共有62个代表队共802名运动员，分别参加套路和散打两大项目92个小项的比赛；2015“谁是球王”五人制青少年校园足球比赛华北赛区赛在临汾新一中举办，来自北京、天津、山东、河南、山西的四个组别19支球队200余名运动员报名参赛，角逐分区赛冠军。组队参加全国、全省性群众体育比赛，开展群众体育对外交流，扩大临汾对外影响。海峡两岸暨港澳地区门球邀请赛中临汾市门球代表队获得冠军；全国老年人太极拳比赛集体获优胜奖、个人获两项优胜奖；2015《体彩杯》全国首届老年可乐球邀请赛中尧都区老体协可乐球队获得规定套路优胜奖和自选套路优秀奖；山西省中老年柔力球交流活动中，安泽县老体协获得优胜奖、襄汾县老体协张月亮单人（双球双拍）获得优胜奖；全省农民象棋赛中获得个人第四名；全省气功比赛、全省农民运动会，全省健身秧歌、百姓健康舞比赛均获得集体优胜奖。

【公共体育设施建设】 2015年，临汾市文化局加快公共体育设施建设步伐，打造“15分钟健身圈”。市奥体中心体育场项目建设完成用地报批的相关资料，实施地质勘察和初步设计的深化设计工作，与葛洲坝集团公司和南通五建集团公司经过多次商洽，达成初步投资意向；申报1个“拆装式游泳池”项目，完成前期各项手续，正在采购设施设备；完成申报霍州市开元办新建社区等城市社区（小区）公共体育设施试点工程185个、尧都区大阳镇陈埝村等农民体育健身工程242个的申报工作；为大宁县新建全民健身活动中心项目争取省市补助资金500万元；临汾市五所学校申报省级体育传统项目学校通过批准。

【竞技体育】 2015年，临汾市竞技体育工作以备战省十五运为契机，顺应体育改革和发展的要求，提高运动队伍素质，丰富青少年体育后备人才培养方式方法，完善竞技体育发展思路，加快推进竞技体育的发展。

备战十五届省运会资格赛。完成对网球、举重等14个项目554名运动员的电子注册工作，召开全市备战省十五运动员大会，制定备战方案。派出404人的代表团在第十五届省运会资格赛14个项目的比赛中，共获得金牌20枚、银牌33枚、铜牌35枚，取得总分1014.5分的成绩，其中，柔道、自由式摔跤获团体第二名，乒乓球获得团体第三名，田径、射箭、拳击获得团体第四名，武术散打、跆拳道、男篮获得团体第五名，女篮获得第六名，游泳、网球获得团体第七名，武术套路获得团体第八名。

提高运动队伍素质。对参加第十五届省运会的各项目比赛的在训运动员进行文化课考试，从小学三年级到初三7个年级101名运动员参加考试。全年共培训国家二级裁判员376名，其中：田径项目343名，乒乓球项目33名。在临汾三中、侯马国力、搏击中学等学校设立训练基地，开设9个竞技体育项目。

竞技比赛捷报频传。全市各项目参加各类比赛，取得较好成绩，在第四届市运会上，临汾市青少年组从七月初到八月底共进行田径、摔跤、武术套路、武术散打、乒乓球、游泳、跆拳道、柔道、举重、篮球、足球和羽毛球12个项目297个小项的比赛,增加足球和羽毛球项目。在全国射击冠军赛的女子10米气步枪和女子50米气步枪三姿比赛中临汾市运动员赵若竹分获第四名和第八名;在全国射击个人团体锦标赛和全国青少年射击锦标赛暨第一届全国青年运动会预赛中临汾市运动员分别获得第二名和第三名的最好成绩;在全国柔道锦标赛中临汾市运动员张雯获得63kg级第五名;全国少年男女柔道锦标赛上,乔钰莹获得48kg级第五名、秦锐泽获得90kg级第三名;在第一届全国青年运动会上,赵若竹获得射击女子10米气步枪团体第四、个人第六名,柔道运动员姚长江获得男子无差别级第七名。

【"体博会"展示体育发展新成果】 中国体育文化·体育旅游博览会是国际、国内知名品牌展会,也是展示临汾市体育事业发展的重要平台。博览会上,临汾市通过把临汾地域文化与现代体育文化元素相结合,展示出全市的体育发展新成果,促进体育产业与文化、旅游等相关产业的复合经营,宣传临汾新形象、促进体育富民强市。

【体育市场管理】 根据《体育法》《全民健身条例》《山西省体育经营活动管理条例》和省政府、省体育局的有关法律法规和规章制度,对临汾市从事体育经营活动的单位和个人,进行规范审批和监督检查。截至年底,临汾市开展的体育经营活动共有240余个,其中:游泳馆(池)12个,棋牌馆(室)150个,乒乓球馆2个,羽毛球馆2个,跆拳道馆40个,滑雪场2个,健身房6个,台球厅、体育舞蹈培训机构30个。针对季节和各时间节点对全市高危险性体育项目的经营活动进行检查,及时排除安全隐患,保证全市体育经营活动全年安全无事故。结合"六权治本"和简政放权,对接国务院和省政府取消、调整一批行政审批项目的要求,将"高危性体育经营活动审批和举办健身气功活动及设立站点审批"由前置调整为后置审批;除全市综合性运动会和少数特殊项目赛事外,取消包括商业性和群众性体育赛事在内的全市性体育赛事的审批。

【体育彩票事业发展】 通过加强各类体育彩票宣传活动,利用"五一尧庙车房展"洪洞县"广胜寺"和安泽"夏季"庙会等时间节点,采取设立小卖场销售的形式加大即开型彩票的销售工作。加大全市销售网点建设,截止年底运行销售网点384个,其中新增机53台,新增乡镇农村机1台,按照相关要求,分机型、按县市分别对全市终端机进行二代系统升级工作。全市体育彩票销售累计达1.4492亿。

【培育体育产业园区】 2015年,临汾市文化局结合市《关于着力培育十大体育产业园区(基地)加快临汾体育产业发展的实施意见》,建设临汾十大体育产业园区(基地),包括临汾滨河体育健身绿色休闲园区;"融成健身"体育健身器材制造园区;临汾九龙山户外健身休闲度假园区;襄汾县东岭滑雪健身休闲游乐休闲园区;侯马御泽园温泉游泳水上娱乐园区;古县"牡丹"体育竞赛表演、健身休闲园区;吉县壶口航空旅游基地;曲沃太子滩温泉游泳、水上娱乐园区;临汾射击射箭及飞碟训练基地;临汾华都青少年游泳培训基地。通过十大体育产业园区的发展、壮大,带动全市体育竞赛和体育表演、体育中介、体育用品、体育培训等体育产业市场的发展,满足市民体育健身、娱乐、休闲需求,推动居民树立体育消费观念,促进全市体育产业的发展。

(李　杰)

社会生活

住房公积金管理

【概述】 2015年，住房公积金管理中心以"用足用好住房公积金"为主线，实现住房公积金归集稳步增长，贷款规模扩大，资金使用效率提高，管理规范有序，各项业务指标均超额完成任务。全市当年归集住房积金15.22亿元，归集总额突破百亿大关，达到108.14亿元，办理提取9.67万笔36.05亿元，累计提取60.61亿元，发放个人住房贷款0.53万户14.54亿元，累计发放住房贷款4.6万笔60.79亿元，个贷率提高了36.95个百分点，达到80.66%，位居全省第一，减少存量资金29.43亿元，释放资金50.6亿元。市住房公积金管理中心被山西省住建厅授予全省住房公积金工作优秀单位。

【推进归集扩面】 2015年，临汾市新增缴存单位261个，新增缴存职工2.9万人，33.76万人纳入住房公积金制度体系，覆盖率达到80.88%。运用多种方式督促停缴、断缴的国企和民企正常缴存公积金，维护职工合法权益，使缴存职工拥有更多获得感。

【调整缴存比例】 2015年，临汾市共有11个县市住房公积金财政补贴比例进行调整。其中：洪洞由9%调整到12%，永和由9%调整到12%，大宁由10%调整到12%，古县、霍州由11%调整到12%，侯马由6%调整到8%，翼城由9%调整到10%，吉县、曲沃、隰县由8%调整到9%。全市财政补贴比例达到12%的地方有市直、安泽、蒲县、大宁、古县、洪洞、霍州、永和、临汾经济开发区、侯马经济开发区10个。

【实施惠民新政】 2015年，经市管委会审议通过，临汾市放宽提取和使用政策，实行先提后贷；扩大提取范围，直系亲属间可以互提；乡村教师、乡村医生等在农村建房、进城务工人员和城市和工矿棚户区改造范围内缴存职工都可提取本人及配偶住房公积金；放宽租房提取条件。贷款方面，降低二套房首付款比例为20%；贷款年限延长至借款申请人65岁，贷款最长期限为30年；购建房贷款最高额度提高至60万元，由于特殊需求，在保证资金安全和具有足够偿还能力的情况下，经市中心批准，贷款额度可适当提高，但不超过省定最高标准100万元；购建房相关协议或合同由3年内延长至5年内；开展异地贷款；开通装修贷款，最高额度提高至40万元。实行阶段性提取、贷款政策，租房缴存职工凭身份证和无房证明可一次性提取5万元；发生过购房行为但未享受过住房公积金个人住房贷款的职工及其配偶，其住房公积金账户未处于质押或联保状态的，可提取一次住房公积金用于住房消费；1995年以来购买单位房改房、集资房且未使用住房公积金的缴存职工可以贷款。

【政策宣传】 2015年，住房公积金惠民新政出台后，公积金中心开展住房公积金有史以来规模最大的宣传。全市发放提取、贷款等业务政策宣传资料十万余份，制作100余块阶段性政策版面放置党政机关、学校、医院等大缴存单位主要场所进行宣传。在《临汾日报》全文刊登修改后的缴存、提取、贷款三个管理办法和专题新闻，临汾市电视台、临汾气象台进行专题报道和政策宣传；利用公积金网站、微信平台使各项政策通过网络得到广泛传播；市县两级业务办理大厅设置LED显示屏或版面宣传有关政策，及时发布最新消息。

【信息化建设】 2015年，住房公积金管理中心在信息化硬件设施方面，投入使用崭新的现代化标准机房、电教室，基层一线的业务办理配套硬件设备全部进行更新。在软件建设上，分两批组织全系统业务骨干进行新业务信息系统操作培训，编制《新业务系统操作手册》，做好账务核对和数据移植工作，顺利完成新旧业务信息系统平稳过渡，新业务系统正式上线运行，运行过程中，对发现的问题及时解决，不断改进，保证新业务系统的正常运行，逐步适应实际工作需求。结合住房公积金专项整治,完善缴存、提取、贷款业务信息系统操作流程,保证各项业务办理规范有序,为资金安全运行、堵塞管理漏洞提供可靠的技术保障。

【创新服务】 临汾市住房公积金中心新办公大楼全面启用,市直综合业务大厅将业务窗口由原来的4个扩大到12个,电子屏、咨询台、饮水机、休息椅、展架等各种配套设施全部到位,业务办理窗口标识明确,工作环境焕然一新。阶段性政策实施后,市直分理处每周六不休息正常办公一天,提供延时服务。在临汾城区临时增设五个业务办理网点,调整部分市中心机关工作人员充实一线,方便群众就近办理业务。市中心被市直文明委授予市直文明单位称号,下属市直分理处获省级青年文明号称号,侯马管理部获得省级文明单位称号,洪洞、古县、安泽、汾西获得市级文明单位称号,吉县、蒲县、浮山、大宁获得县级文明单位称号。

全新业务大厅

【队伍建设】 2015年,在全市住房公积金系统中开展大规模、多次数的培训,先后组织对10余名新录用的工作人员进行岗前封闭培训;对全系统所有职工进行提取、贷款实施细则、档案管理、服务礼仪等方面的轮训;组织有关人员参加省、市有关部门组织的财务、统计、人事等方面的培训;编印《近期住房公积金管理文件汇编》,组织全系统干部职工对中央、省市的新精神和新政策进行培训;邀请专家学者对"互联网+"、传统国学中的人生道德修养、新出台的《廉洁自律准则》《纪律处分条例》和预防职务犯罪进行专题讲座;市中心创建阅览室、图书室,组织年轻职工开展晨读半小时活动。通过各种培训学习,提高干部职工业务技能和道德修养,拓展知识领域,综合素质全面提升。

医疗保险

【概述】 2015年,市医保中心坚持强基础固根本、抓创新出精品,改进作风、开拓创新,求真务实,真抓实干,在完善市级统筹服务管理和服务质量、完善付费支付方式改革、加强医保基金运行监控、加快异地就医结算等方面,取得新成效。截至2015年12月底,全市基本医疗保险参保达104.8万人,完成省目标任务103万人的101%,其中职工57.8万人,居民47万人。共征收职工医保基金10.4亿元,完成省目标任务9.3亿元的112%;全市医疗保险基金支出9.5亿元,城镇居民医保基金征收4.2亿元。实现基金的收支平衡,略有节余。全年共办理职工住院医疗69691人次(其中在职住院28654人次、退休住院41037人次),人次住院费7568元,住院平均报销率达85%(政策内);居民住院医疗97025人次,人次住院费5435元,住院平均报销率达75%(政策内)。

【惠民工程】 2015年,临汾市各经办机构加大窗口服务建设,把"便民、惠民"作为医保工作的出发点和落脚点,针对经办流程复杂的问题,对全市医保经办流程按高效、便民、规范的原则进行流程再造;实现市内异地就医大病保险和基本医疗"一单结算";实现医保卡个人账户资金支付住院自付费用功能;参加城镇基本医疗保险的人员,在临汾市行政区域内的实际缴费年限全市互认。针对人保财险公司存在的补保赔付慢的问题提出整改意见,函告省人保公司,对大病保险遗留问题统一集中研究解决。对特殊慢性病报销群众往返跑路的实际,实行经办业务下沉,统一集中定时鉴定、一次性办结就近选择药店、医院。

【医保保障】 2015年,临汾市符合城镇基本医疗保险报销范围的住院医疗费,基本医疗保险统筹基金支付比例提高3%;提高城镇职工医疗保险住院费用封顶线,城镇职工最高累计支付限额调整到60万元,城镇居民最高累计支付限额调整到46万元。建立健全完善补充保险、大病二次补报等多层次的保障体系，提高全市医保的保障水平。

【异地结算】 2015年，临汾市医保中心结合全市两年多异地就医即时结算工作实践情况，按照省人社厅印发的《医疗保险异地就医结算管理暂行办法》的通知要求，对全市异地就医结算适用人群及其具体申办和审批程序以及相关基金审核、支付、结算、清算等进行规范，对就医管理和结算制度的流程及内容进行重新设计，确保医保信息系统与省级异地就医结算信息系统平台正常连接，平稳运行。推行社保卡发放，加载医保功能，实行住院、购药“一卡通”，最大限度地方便参保群众，使惠民政策好事办好，实事办实。截至年底，全市持社保卡异地备案近1万张，“两定”机构系统、刷卡升级200余台。

【付费制度改革】 2015年，临汾市医保中心重点探索以按总额控制为主，按服务项目付费、按病种付费、按人头付费为辅的多元化付费方式改革。采取对住院医疗费用逐一审核、随机抽样审核，重点控制人次费用，通过月、季、年终结算，控制异动药品和材料，拒付违规款项等措施控制不合理的费用增涨，分析住院临床路径，来准确掌握医疗保险基金运行情况，保证医疗付费方式改革方案科学可行，推进医疗付费方式改革工作在科学可持续的轨道上运行。截至年底，市本级和17县(市、区)开展单病种付费近44种，总额预付管理模式正在协商谈判签订之中。

【医保监管】 2015年，临汾市对市辖区定点医院监督检查300余家次、定点药店检查230余家次，外伤调查35起，共查处违规行为20余起，暂停履行服务协议2家，责令整改170余家，拒付违规费用50万余元。征缴科对全市所有参保单位进行书面稽核，稽核参保人员71万人，实地稽核单位945个；查出少报基数58万元，核查违规行为25起，追回金额77万元。参保人员实地稽核率达20%以上，对医疗费用支出的监督检查稽核面超过30%，对重要票据的管理、使用稽核达100%。

【医保监控重点城市建设】 2012年，临汾市被国家人社部确定为基本医疗保险医疗服务监控重点联系城市，启动基本医疗保险医疗服务监控系统建设，2015年，建立起通报、报告、交流、分析等工作机制。根据监控的需要，对医疗服务机构、医护人员、药品、诊疗项目、参保人员等十大类400项基本医疗保险医疗服务监控项目进行监控，从原来的事后筛查起步，进入到事前预防、事中提醒，以天、周、月为周期，以参保人员就诊频次和费用，定点医疗机构医疗总费用，医生诊疗人次和费用为指标，通过设定不同预警线开展监控，开启医疗监控信息新时代。

【宣传工作】 2015年，临汾市医保中心完成五期医保工作简报；上报省信息15条，市级以上采用信息10余条，给新闻媒体、民生周刊提供新闻信息采用10余条；加强网络等新媒体的使用，及时更新信息，全面完成全年的宣传任务。对7个县市医保档案进行达标验收。

【工作中存在的问题】 2015年，职工参保缴费基数差异大。临汾市职工参保缴费基数各地参差不齐，机关事业单位津补贴纳入不统一，个别地方财政资金不到位。职工统筹基金支付压力大。医保经办网络需优化。如社保卡保用、网络速度慢、网络不稳定、住院信息传输及审核复杂等问题急待解决。提升全民医保质量的要求与经办基础薄弱的矛盾突出。全市医保现有职工18人，却要经办全市近104万余人医保业务，经办力量不足比以往显得更加突出。

失业保险

【概述】 2015年，山西省定参保人数34.9万人，征缴1.35亿元。截至12月底，全市参保人数完成34.91万人，完成全年任务的100.03%。征缴失业保险费2.1亿元，完成全年任务指标的155%。全年全市新增登记接收管理失业人员3734人，其中市直新增接收337人，县(市、区)新增接收3397人。全市失业保险基金收入2.18亿元，支出1.73亿元，其中发放失业保险金3591.5万元，医疗保险费268.1万元，失业人员冬季取暖费771万元，农民工一次性生活补贴支出59万元；拨付职业培训补贴84万元，在岗培训补贴300万元，困难企业岗位补贴4850万元，稳岗政策补贴5120.4万元，上解上级支出2282万元。当期基金结余4495万元，全市基金累计滚存结余8.66亿元。

【基金征缴稽核】 2015年,失业保险管理中心采取以事业单位和非公经济为主,国有企业为辅的征缴措施。1.争取市局专管科和工资科的支持配合,在事业单位年度考核和工资调资中,采取监督制约措施,督促事业单位参保缴费;2.开展征缴稽核,深入部分参保大户上门征缴、摸清底数、夯实基数、掌握人数,确保失业保险费应收尽收,通过协调确实无力缴费的企业,按照省政府规定签定缓缴协议;3.通过加大宣传力度,实行分片包干,落实责任到人,上门宣传动员等形式,提高非公经济单位的社保意识,变被动缴费为主动缴费。联合劳动保障监察部门,对拒参拒缴的单位进行行政处罚,推进非公经济的参保缴费工作。

【援企稳岗工作】 临汾市降低失业保险费率,从2015年5月,按照降低后新的费率标准征收失业保险费,单位部分为1.5%,个人部分为0.5%,对业务软件系统进行相应调整,有效减轻参保单位负担。落实稳岗政策。接(临人社发〔2015〕50号)《关于转发<关于扩大失业保险隐稳岗补贴政策范围的通知>的通知》文件后,第一时间以特快专递形式,寄发到所有参保单位,对申报稳岗补贴单位的材料进行认真审核后,上报市人社局和市财政局审批,全市通过审批的参保单位229家,共计拨付稳岗补贴资金5362万元。3.落实困难企业岗位补贴政策。2015年,全市共计审核审批符合困难企业岗位补贴条件的参保单位7家,共计拨付1147万元。

【失业人员管理】 2015年,临汾市共计为3734名失业人员发放失业保险各项待遇。在接收登记方面,对符合条件的失业人员随到随办,待遇发放卡制作出来后,第一时间通知本人领取,对享受待遇人员实行按月指纹签到,确保应发尽发,杜绝违规享受。市县经办机构根据就业市场需求,共计组织1400名失业人员开展12期再就业技能培训,聘请相关专业教师授课,健全培训制度,严格培训程序和教学规范,保障培训质量,受到广大失业人员的一致好评。市直还举办失业人员创业培训班4期,培训失业人员120人。

【业务风险防控】 2015年,临汾市失业保险管理中心先后拟定《临汾市失业保险业务经办风险内控工作汇编》和《临汾市失业保险市级统筹基金拨付管理办法》两个文件的制定,一方面通过认真查找失业保险各项业务环节的风险点,完善监督制约机制,明确岗位职责和工作权限,在业务软件经办审批上设置经办、一级审核、二级审核权限,从制度设计上有效防止和杜绝违规操作的现象发生。另一方面,加强市级对县级经办机构在业务工作方面的监督指导力度,统一规范市、县各项业务操作流程和基金拨付办法,使得失业保险市级统筹工作机制得到提升。

工伤保险

【概述】 2015年,临汾市工伤保险参保用人单位7111户,参保50.39万人(其中农民工232274人),完成省定任务50.16万人的100.46%。全市工伤保险基金征缴完成17371.61万元,完成省定任务17250万元的100%。全市支付各项工伤保险待遇14860万元,年末滚动结余43369万元。对832名定期领取伤残津贴,生活护理费,供养亲属待遇人员调整标准,共计补发152.7万元。受理劳动能力鉴定申请1246人,鉴定9批次,出具劳动能力鉴定结论1169人,其中:1～4级65人;5～6级101人;7～10级955人,无级别48人。

【"同舟计划"】 2015年,临汾市落实"同舟计划",推进建筑企业全面参加工伤保险。2015年初人社部、省厅和市局都会同相关部门下发文件,明确三年专项行动的目标任务及工作步骤、政策措施和工作要求,市中心也转发相关的规程(临工伤函〔2015〕1号)。为全面了解全市建筑行业的经营及参保情况,将建筑业参保工作落到实处,经过专题组织筹划,市工伤保险中心联合尧都区、开发区工伤保险中心及监察大队,于7月6日至7月24日,对市区内41家在建建筑企业参保情况进行检查摸底,下发《关于对建筑行业进行摸底调查工作的通知》(临工伤字〔2015〕5号),督促建筑企业参加工伤保险。各工伤经办机构重视工伤优先、项目参保、单独列支、全员覆盖、前置约束、动态实名等新措施,特别是运用参加工伤保险后建设部门才予以核发建筑工程施工许可证的强制条款,确保实现建筑行业参保任务。市工伤中心巩固煤矿、非煤矿山和危险化学品等行业参保成果,促进农村企业、小微企业参保。

5月20日，工伤中心在建筑工地进行建筑业参加工伤保险专题宣传，现场悬挂宣传条幅，张贴宣传海报，树立宣传彩旗，设置宣传版面和政策咨询台，政策人员耐心为建筑职工解说建筑业参保和待遇支付政策，发放建筑业参保宣传手册，使参保单位和建筑业职工更加明确参保和工伤后的具体流程。

【开展工伤预防】 工伤预防是避免和减少工伤事故与职业病的发生。2015年，临汾市中心利用预防费，通过前期动员、摸底汇总(按照接触职业病岗位年限5年以下、5～10年、10年以上分类统计)、筛选考察(对全市4家有职业病检验资质的医院进行考察)和统筹安排，于9月初下发《关于工伤预防体检安排及注意事项的通知》(临工伤字〔2015〕8号)，开展工伤预防性免费体检，尤其是对接触粉尘较多的煤炭行业、重化工企业职业病进行重点体检。经过县市联动、通力配合，全市共体检11个县市，37家企业单位，惠及参保职工近1万人。通过体检，工伤职工能更早地获得救治，保证身心健康，工伤保险基金的支付压力能得到一定的缓解。

【工伤康复】 2015年4月，临汾市正式启动工伤康复工作。经考核验收，先与临汾市博大手足微创外科医院和市第一人民医院签定康复协议，试点运行；经与康复机构协商，只要是被认定为工伤参加工伤保险的受伤人员，在协议康复机构治疗一律由院方先垫付费用，出院后统一在经办机构结算。各经办机构按照“先康复、后评残”的机制和“康复与治疗并重”的原则，建议在临床治疗终结后有康复价值的工伤职工入院康复。到12月底，全市共接收康复病人24人，康复出院回归社会的有9人。

【伤残鉴定】 2015年是新劳动能力鉴定标准实施的第一年，市中心于2015年1月举办新《劳动能力鉴定标准》培训班。培训班阐述落实新标准的重要性，分析新标准的特点，丰富“分级原则”的表述，细化和量化部分鉴定标准和条款。市里知名医院的骨科、神经系统专家利用新标准针对具体伤残情形进行详细的解说授课，伤情等级的划分更加直观，提高劳动能力鉴定工作的操作性、准确性和公正性。市中心根据全市医疗专家的培训情况，建立鉴定专家库68人，颁发劳动能力鉴定证书。

【费率浮动】 2015年，临汾市按照工伤保险管理“六统一”和基金“以支定收、收支平衡”原则，通过核算用人单位上一年的支缴率，结合全市特定行业工伤发生率、职业病危害程度等因素，市工伤中心将17家支缴率较高市直单位的费率进行上浮，将翼城县、洪洞县、浮山县、襄汾县、古县等县市的煤炭开采企业费率规范为3.0%，取消不合理的3.5%费率标准。

2015年，国家将工伤保险费率标准由原来的三个档次变更为八个档次，整体费率降低20%。12月10日，在接收到市局转发的《山西省人力资源和社会保障厅、山西省财政厅关于转发＜关于调整工伤保险费率政策的通知＞的通知》(临人社发〔2015〕56号)后，市工伤中心召开经办会议，商讨研究工伤保险新费率政策落实的具体标准。2016年1月1日，新的工伤保险费率标准将正式全面启用。

【协议机构管理】 市中心于2015年初公布协议机构申报条件和申报程序，统一规范协议管理内容，对全市工伤保险医疗机构、康复机构、辅助器具配置机构进行统一的审核评估。全市有46家医疗机构、2家康复机构、5家辅助器具配置机构和3家零售药店与市中心签订服务协议，定期接受市中心的监督考核。

【年审年检】 每年3月至5月，市中心对参保单位的缴费基数、人数、费率、伤残津贴、护理费、供养亲属生存状况进行年审年检。2015年，市直单位共年审800余户近10万人，共为503名供养亲属、347名1～6级伤残人员核查指纹，在调查过程中，发现供养亲属死亡4人，追回抚恤金790元。

企业养老保险

【企业养老保险参保扩面情况】 2015年，山西省下达临汾市企业养老保险参保任务为263200人。截至12月底，全市企业养老保险参保人数264839人，完成省下达全年任务的100.6%；实际缴费人数为242195人，占参保人数的91.5%。全市非公经济单位及个体工商户、灵活就业人员参保总人数为131849人，较上年净增6775人。

【企业养老保险基金征缴】 2015年山西省下达

临汾市基金征缴任务为167600万元。截至12月底,全市共征缴企业养老保险费192562万元,完成省下达全年任务的114.9%。

【企业养老保险待遇发放】 截至2015年12月底,全市共为12.4万名企业离退休职工及遗属发放养老保险金及遗属补助344915万元,按时足额发放率达到100%。

【企业养老保险业务档案达标验收】 2015年,临汾市市县两级共18个经办机构,全部通过达标验收。2015年省社保局授予"全省企业养老保险完成目标责任制先进单位",市档案局授予"档案管理工作先进集体",市委、市政府授予"2014—2015年度市级文明和谐单位"。

【开展专项整治行动】 2015年3月30日,组织全市100多家参保企业的养老保险负责人召开专项整治工作会议。专项整治期间,组织审计科深入企业开展稽核工作,出动专业审计人员42人次,检查用人单位14家,主要检查不为职工缴纳养老保险或欠缴、少缴、漏缴等问题。对高龄、病危退休人员开展资格认证工作,防止虚报冒领现象的发生。截至12月底,全市实地稽核人数19.1万人,查处冒领基本养老金25人,冒领金额15.27万元,全部追回。

【经办机构标准化建设】 1.统一硬件设施标准。全市统一悬挂中国社会保险标志,在经办服务大厅按照统一的样式规格和规定,设置导向性标志和功能性标志。2.统一管理模式。形成"用制度管理人、按制度办事"的管理模式。3.统一经办模式。针对临汾市五项社会保险统筹层次级别不同,实行社会保险缴费统一申报,基数分别核定,先交费,先分账的过渡办法的基础上。将各项社会保险缴费工资基数统一按全省平均工资执行,逐步实现"六统一"。开展五项社会保险费一票征收,一站式服务。4.统一业务流程。对每一项经办业务进行细致的排查和梳理,逐一排查廉政风险点,完善内部控制。5.统一档案管理。推进全市业务档案电子化管理。17个县(市、区)经办机构全部达标验收。加强业务培训。分批分类组织开展经办管理标准化、信息化、内控制度、基金预算、统计、业务档案管理等专业人员的培训,以促进养老保险专业性人才队伍的建设。

民族宗教

【概述】 2015年,临汾市民族宗教事务局在职职工21人。其中,公务员10人,工勤2人,公益性岗位9人。机关内设两室三科:办公室、监察室、民族科、宗教科、政策法规科。

临汾市有回族、满族、土家族、蒙古族、苗族、壮族、朝鲜族、彝族、布依族、白族、维吾尔族、仫佬族、畲族、藏族、黎族、侗族、瑶族、塔吉克族、仡佬族、达斡尔族、拉祜族、佤族、哈尼族、土族、锡伯族、傈僳族、羌族、景颇族28个少数民族,约1万余人(可统计数字)。临汾市道教、佛教、天主教、伊斯兰教、基督教五大宗教,信教群众25余万人(可统计数字),市级宗教团体5个:临汾市佛教协会、临汾市伊斯兰教协会、临汾市基督教"三自"爱国运动委员会、临汾市基督教协会、临汾市道教协会。

【民族宗教领域和谐稳定】 2015年,临汾市民族宗教事务局每季度分别召开一次民族联谊会和宗教团体负责人联席会议,互通情况,掌握动态,解决问题。完善突发事件应急预案,规范市县乡村四级应急监管平台,定期排查民族宗教领域安全隐患,稳妥调处一些县市宗教内部矛盾,制止多起非法宗教活动,落实值班制度和信息通报制度,确保敏感节点全市民族宗教领域的安全稳定和谐。

【法治建设】 2015年,临汾市民族宗教事务局开展"政策法规学习月"活动,印发宣传资料10类3万份(册),组织培训班、座谈会、研讨会、讲经讲道活动40余场次,制定宣传板面120余块。举办宗教法治建设培训班。对5个市级宗教团体、400余个宗教场所负责人进行培训,印发《普法手册》5000余册,涵盖涉及民族宗教方面的20余个法律法规和规范性文件。对考试合格的参训人员颁发普法联络员证书,建立覆盖全市宗教团体、宗教场所的普法联络员队伍。联合市委组织部,举办天主教教徒聚居村党支部书记、主任培训班,重点就党的宗教政策,如何做好农村宗教工作、做好基层组织工作、依法处理天主教事务等进行解读、辅导和培训。

【民族团结工作】 2015年,临汾市民族宗教事务局加强和改进新形势下的民族工作。宗教局向市委常委会进行专题汇报，起草《临汾市加强和改进新形势下民族工作重要举措分工方案》，经市委办、市政府办联合印发。方案从14个方面制定28项重要举措，对每条措施的具体落实和牵头单位进行分工和规定；巩固和推进创建活动再创佳绩。按照“尊重、团结、发展”的工作理念，引深民族团结进步创建“五进”活动，打造示范点工程。在山西省第六次民族团结进步表彰大会上，临汾市6个集体和10名个人被省政府表彰为民族团结进步模范集体和模范个人。获全国民族团结进步模范集体称号的市容监察支队和梁荣森、梁荣光共同参会受奖，梁荣森作为全国民族团结进步模范个人，应邀参加“9·3”纪念中国人民抗日战争暨世界反法西斯战争胜利70周年大会和阅兵式；加强和规范清真食品生产经营。加大对清真食品生产经营活动监督检查，扩大《山西省清真食品监督管理条例》的宣传方式和普及范围，确保全市清真食品行业规范有序、健康发展；组队参加全国少数民族传统体育运动会。临汾市陀螺球、蹴球、射弩3个比赛项目运动队和花鼓、民族健身操2个项目表演队，代表山西省参加第十届全国少数民族传统体育运动会，取得竞赛成绩和体育道德风尚奖双丰收，表演项目获得2个二等奖，比赛项目获得1个团体三等奖和2个个人三等奖。

【少数民族流动人口服务管理】 2015年，临汾市民族宗教事务局坚持宣传教育与服务管理并举，加强城市民族工作和少数民族流动人口管理服务工作。交流与教育并重。制定《外来少数民族流动人口服务管理制度》，吸纳新疆、宁夏、甘肃、青海籍外来少数民族流动人口代表人物参加少数民族联谊会，教育引导外来少数民族经商人员遵纪守法、文明经营；服务与管理并行。协调相关部门帮助少数民族流动人口解决经商和生活中遇到的各类困难和问题，如子女入学困难问题，城管纠纷调解问题、社会治安处理问题以及涉访涉诉调处问题，引导他们主动服从管理；指导全市清真寺成立“穆斯林服务中心”，为少数民族流动人口提供生活方面的服务；普遍团结与重点培养方法并用。在普遍团结大多数外来少数民族经商人员的基础上，注重发现和培养素质高的代表人物，帮助解决问题，树立威信，引导他们参与自身管理。这些工作举措还在国家民委网站刊登交流。

【宗教专项工作常态化管理】 2015年，临汾市民族宗教事务局从程序、资格、培训、信息等方面严格把关，完成教职人员认定备案、主要教职任职备案、宗教活动场所登记换证等工作，完善宗教基础信息数据库采集建设工作；落实中国人民银行和国宗局文件精神，指导场所开设单位银行结算账户。制定《宗教活动场所维修资金监督管理办法》，规范专项资金的申报、审批、监督机制，确保维修资金的科学管理使用。从督查对象、人员、内容、处置情况等方面，建立宗教执法台账，对违反宗教法规的突出问题进行督查，下达整改通知书，对非法宣教活动进行查处训诫，规范宗教事务管理。

【宗教团体自身建设】 2015年，临汾市民族宗教事务局围绕“国法与教规的关系”在五大宗教内部开展座谈交流，指导各教开展讲经交流活动，加强教风建设、强化责任意识，提升团体负责人和教职人员能力素质；制定实施《宗教团体述职评议考核制度》，从能力素质、履职尽责、内部建设、公益事业、道风教风五个方面对团体班子进行考核评议，加强团体自身建设和规范化管理。11月，指导道教界成立临汾市道教协会，标志着临汾市五大宗教团体全部成立，为做好宗教工作、团结联系信教群众奠定基础。

【强化服务解决实际困难】 1.向山西省民委争取落地少数民族经济发展资金194.2万元，帮助少数民族群众和民族聚居村改善生产生活条件，发展特色种植业和养殖业；2.向山西省宗教局争取寺庙维修补助资金20万元，用于修缮存在安全隐患的宗教活动场所；3.支持宗教界开展“宗教慈善周”活动。倡导五大宗教立足自身优势，实施精准扶贫、定点扶贫，共募集善款19.7万元，捐助贫困学生24名，扶助贫困人群29名，慰问重病患者14名，向贫困山区、地震灾区捐款捐物6.4万元，营造友善互助、守望相助的社会风尚。

（吕婷婷）

老龄保障

【尊老敬老志愿公益行动】 2015年9月，临汾市老龄志愿服务队在召开的全国首届敬老志愿服务工作总结表彰大会上(全省5个),被授予全国首届百家“敬老志愿服务模范单位”称号,临汾市老龄志愿公益协会会长郭艳香获全国首届百名“最美敬老志愿者”荣誉称号(全省7个),彭真堂等16名同志获全国首届千名“优秀敬老志愿者”荣誉称号(全省83个)。

临汾老龄志愿服务队的服务分队发展到270多个,队员达到25000余名;全市老龄志愿者发展到12.6万人,占全市老年人口的20%以上,全年累计志愿服务时间达到200万小时以上。在全市范围内开展“老龄志愿者与雷锋精神同行”“陪孤寡老人过重阳”“陪孤寡老人过小年”等主题服务活动。市老龄志愿服务队的250余支分队每队至少帮扶一位困难老人,形成一定的社会影响。

2015年11月1日,临汾市老龄志愿公益协会的第一家义工服务站成立。挂牌成立义工服务站23家。

临汾市老龄志愿公益协会入围全国“四个一百”最佳志愿服务组织候选名单(全省2家),正在公示过程中。

【维护老年人合法权益】 2015年,临汾市施行高龄津贴的县(市、区)达到11个。襄汾县人民法院汾城法庭入围“全国老年法律维权工作先进集体”山西省推荐名单(全省8个)。

【“敬老文明号”创建活动】 2015年,临汾市老龄办、市文明办在全市开展以“敬老、助老”为主题的教育评选活动,涌现出一批社会责任强、奉献意识强的敬老、助老先进集体和个人。市级“敬老文明号”达到100个、“敬老助老模范单位”200个、“敬老助老模范个人”200名。临汾老龄志愿者服务队等4家单位获全国“敬老文明号”称号。在山西省第二届“敬老文明号”评选活动中,国网临汾供电分公司等15家单位获“全省敬老文明号”称号;临汾老龄志愿服务队被命名为“山西省敬老文化教育基地”。国网临汾供电分公司离休干部解黎明被授予“全国老有所为先进典型人物”称号(山西2人)。丁会萍等16人获“全国孝亲敬老之星”称号。

【“敬老月”活动】 2015年“敬老月”期间,临汾市各级、各单位开展各类活动5480余次,参与人数达到40多万人(次)。举办临汾市2015年敬老志愿服务模范颁奖仪式暨社区老年文化活动优秀节目汇演。全市各级参与走访慰问的领导达2000多人(次),走访养老机构130个,走访老年人家庭10000多个,送慰问品和慰问金合计2000余万元。

【举办2015临汾市第三届社区老年文化艺术节暨敬老月(重阳节)公益行活动】 10月1日2015临汾市第三届社区老年文化艺术节暨敬老月(重阳节)公益行活动在临汾市平阳广场正式启动,当天汇集演员、志愿者、各界群众6000余名。先后组织全市100余支老年文艺团队4000余名老龄志愿者精选出优秀节目,深入到各个社区进行文艺演出,在市区8个大型社区进行文艺大汇演,开展义诊、《老年法》宣传、给贫困老年群体送温暖、开办老年讲堂等一系列助老爱老活动,弘扬敬老文化,展示华龄风采。市老龄办联合传统媒体与临汾新闻网、黄河新闻网临汾频道、微孝临汾、临汾资讯、临汾传媒、临汾网事等12家微信公众平台及多家网站对活动进行宣传。

举办社区文化艺术节

【临汾市2015年敬老志愿服务模范颁奖仪式暨社区老年文化活动优秀节目汇演】 10月30日晚,临汾市2015年“敬老志愿服务模范”颁奖仪式暨社区老年文化活动优秀节目文艺汇演在市影剧院举行。

市民政局、市老龄办、市文明办有关负责人,市老龄工作委员会成员单位负责人以及社会各界老同志代表1000余人参加活动。市民政局局长、市老龄办主任廉鹏宣读《敬老助老倡议书》,呼吁市民关爱身边老人,构建和谐临汾。整场汇演展现老年人意气风发、老当益壮的精神状态,唤起大家尊老、敬老、爱老的优良传统。

【老年人群参与社会管理的作用】 截至2015年10月底，临汾市规范化老年协会达到493个，全市城市社区老年协会覆盖率达到90%、农村老年协会覆盖率达到80%，老年组织的作用得到发挥。翼城县设立基层老年协会补助资金，申请财政资金20万元，对基层老年协会进行文体器材、电脑设备等资助，引导协会规范化建设；乡宁县各乡镇均成立老龄人才资源开发协会，老龄工作逐步由城镇向农村延伸，老龄工作的重点逐步由城镇居民向农民转移；吉县基层老年协会实现全覆盖，在民政部门进行备案；曲沃县老龄办协同民政局开展创建基层老年协会示范点活动，举行挂牌仪式。

开展银龄义诊活动

【完成"第四次中国城乡老年人口状况抽样调查"工作任务】 2015年8月，中国最大规模的老龄国情调查第四次中国城乡老年人生活状况抽样调查全面展开。其中，临汾市涉及洪洞县大槐树镇、广胜寺镇、赵城镇、曲亭镇4个乡镇16个村委会，调查样本480人(备选480人)。县领导及民政局老龄办领导多次到抽调村镇指导督导调查工作，了解调查进度，及时处理调查中出现的问题。临汾日报社、临汾电视台、洪洞电视台、槐乡大地多次对调查工作进行跟踪报道，按时按期、保质保量完成调查任务。

【老龄宣传】 2015年，临汾市老龄办开通"安心居家—微孝临汾"微信公众平台，宣传老龄政策、关注老龄热点、服务老龄事业。加强与新媒体合作，与《临汾传媒》等多家新媒体建立友好协作关系，就《老年法》、"敬老文明号""敬老月"抗战胜利70周年等等进行集中宣传。"敬老月"期间，新闻媒体共上稿172篇，照片220幅，播发消息190余条。10月20日，《临汾日报》刊发整版通讯《临汾老龄志愿服务队：夕阳无限美好，霞光映照万里》；10月21日老年节当天，《临汾晚报》推出6版特刊《重阳节主题调查》：《陪伴，是最长情的告白》《谦让，是尊老爱老的升华》《青春不老，老有所想、老有所乐、老有所为、老有所学》《爱老，就给他们多点温暖》《敬老，最传统的美德》。就《山西省老年人优待证》办理所需材料、流程以及优待范围在《临汾晚报》和微信公众平台、临汾新闻网、临汾资讯、微孝临汾等20余家新媒体、自媒体上公开，总点击阅读量达10万次以上。

【筹措建立12349信息平台】 2015年，根据《山西省人民政府关于加快发展养老服务业的意见》(晋政发〔2014〕16号)精神和《临汾市人民政府关于加快发展养老服务业的实施意见》(临政发〔2015〕6号)工作要求："2015年，在市民政、老龄部门建成12349养老服务信息平台"，运用互联网、物联网等技术手段创新居家养老服务模式，为老年人提供紧急呼叫、家政预约、健康咨询、物品代购等适合老年人的服务项目，使老年人及时、便捷接受服务。12349平台建设运营拟采取PPP方式进行，经省、市民政部门和通讯管理部门批准、备案。进展情况：组建临汾安心居家养老服务中心，完成8000多名有意向入网老人的数据收集、整理、录入工作；落实工作场地(租赁市财政物业中心6楼9间办公室)；同临汾电信公司签定运营协议，机房正在建设中。

(李　娟)

人 物

逝世人物

强拴玉

强拴玉（1928～2015），男，山西省娄烦县官庄村人，1928年10月出生在一个农民家庭。1944年就读于吕梁军区晋绥中学，随后参加晋绥十分区武工队，任武工队员；1949年初在中央团校学习，毕业后分配到隰县县委任青年委员；1952年调晋南团地委工作任科长；1953年任石楼县委委员、秘书、县长；后任临钢副厂长、隰县县委农工部部长、副县长；1973年任临汾地区食品公司经理；1989年任临汾地区商业局局级调研员；1990年3月离休。

强拴玉参加革命工作46年来，根据组织需要，多次变动工作岗位，他都服从组织安排，很快适应工作岗位需求，圆满完成工作任务；在纪念抗日战争胜利60周年和反法西斯战争胜利70周年时，被中共中央、国务院授予“革命功臣”的称号。

1953年强拴玉任石楼县县长期间，当时左倾思想盛行，石楼县某些领导不顾事实真相，虚假上报该县为“亩产千斤县”，引起上级部门的高度重视，国务院颁发“吕梁山上的一面旗”的大幅锦旗，以及苏联嘎斯69－吉普等若干物资奖励。因此事不符合事实，时任县长的强拴玉坚持原则，坚决反对上报，被批评为右倾县长，人民日报发表署名文章进行批评。后来此事被一名曾经给毛主席当过警卫员的石楼籍老红军得知，察觉有误，上书给中央有关领导，后经查实为虚假“千斤县”，被中央撤销一切奖励及荣誉。强栓玉在他的政治生涯中经历一次严峻的革命洗礼，使他在思想上和政治上更趋于成熟。他积极工作，不计个人得失，迅速扭转因左倾思想带来的不利因素，使全县工作走向正规。在任县长期间，主持修复被损坏的县城标志性建筑——鼓楼，该鼓楼被定为省级重点文物保护单位。

1960年强拴玉任隰县县委农工部部长、副县长，他开展水土保持治理工作，兴修水利，主持兴建现在仍在使用的下庄水库。为隰县的水土保持和水利建设工作奠定基础，积累经验。

1973年任临汾地区食品公司经理，在计划经济物资相对短缺的情况下，为改善地区的食品和副食品的储存条件，制定规划，主持修建侯马五千吨肉类联合加工厂、隰县等三座三千吨肉类联合加工厂，彻底改善临汾地区的食品市场肉类的收储、加工、供应条件，为当地商贸流通工作奠定发展的基础。

1990年离休后，他任老干部支部书记，坚持“离休不离党，离休不离志”，发挥余热，支持商务事业发展，为全市商务发展建言献策。

2015年1月15日，强拴玉因病医治无效逝世，享年88岁。

高光挺

高光挺（1943～2015），男，山西洪洞县人。1943年1月出生于一个农民家庭，1971年11月加入中国共产党。1967年9月山西大学毕业，先后在部队、霍县矿务局南下庄矿接受“再教育”；1970年12月，担任临汾地区“一打三反”工作队副队长；1972年4月至1977年10月，先后在临汾地区革委会业务组办公室、临汾地委办公室担任秘书，后任临汾地区学大寨办公室副主任；临汾地区行署办公室副主任；1982年4月担任临汾地委办公室主任，他发挥参谋助手、综合协调、服务保障作用，为全区农业发展、经济建设和党建工作付出大量心血。

1983年12月，高光挺担任中共隰县县委书记。他结合隰县实际，提出“千树一园两头牛，奔向小康不发愁”的工作思路，创造性地开展“责任山”“自留山”小流域治理，率先在全国开展“帮战友”活动，提出县乡两级书记“一任书记绿化一座山”的目标，他一心为民，勤奋工作，使隰县的畜牧业和林果业走在全区前列，绿化造林、小流域治理、“帮战友”活动等多项工作走在全国、全省前列。

1990年8月，担任临汾行署工商局党组书记、局长。他筹措资金，解决办公楼及家属区用地；心系基层、驻所调研，改善基层所办公条件；优化队伍、培养人才，提升工商队伍市场监管能力；特别是1992年他以推动临汾经济发展为己任，履行工商职能，加强市场监管，加大市场建设力度，使侯马新田、新港两大市场为代表的商业模式在全省得以推广。

1995年1月，担任省人大临汾地区工委党组副书记、副主任。他分管人大工委机关工作，为临汾完成撤地设市、人大发挥地方国家权力机关作用奠定坚实基础。

30多年的工作经历，他按组织原则和程序办事；他谦虚谨慎、淡泊名利、关心干部、平易近人，他克己奉公、生活俭朴、体现党员领导干部的高风亮节。

2015年8月10日，高光挺因病医治无效逝世，享年74岁。

先进人物

郑云萍

郑云萍，女，汉族，50岁，大专学历，原邮电部502厂理化工程师、国家质量工程师。现任山西卓锋钛业有限公司工艺工程师、省级企业技术中心副主任、工会女工委员。2015年，获全国五一劳动奖章。

郑云萍全面负责公司技术工作，先后组织完成耐高温氯化镁溜槽、破碎机齿刀冷却装置、喷头式布料器等多项具有自主知识产权的实用新型专利的攻坚任务，于2015年创建“劳模创新工作室”，组织团队进行技术创新活动，2015年全年申报专利8项，其中2项获山西省“五小”竞赛科技成果二等奖。共有22项专利获得国家专利局审批授权，其中“管状多点布料器”和“喷头式布料器”两项发明专利由郑云萍独立完成，有7项专利为第一发明人。这些技术使公司海绵钛产品质量达到国内钛行业领先水平，零级品（优级品）率由30%上升为60%；成品率由90%上升为97%，1级品率达到100%，吨钛电耗降低35%，为公司年创效益1000多万元。

她利用业余时间撰写150多万字的生产分析报告和工艺培训讲义，对员工进行技能培训；主持编制海绵钛生产的49个企业标准和110个工艺规程，实现生产工艺流程的制度化、标准化。

郑云萍连续多年被评为“公司最具价值员工”，先后荣获“2011年侯马开发区三八红旗手”“2013年临汾市五一巾帼标兵”“2014年山西省五一巾帼标兵”“2014年山西省劳模”2015年山西省“五小”竞赛一等功。

秦慧珍

秦慧珍，女，47岁，本科学历，山西省学科带头人，临汾市名师，中学高级教师职称，现为隰县第一中学数学教师、科研室主任。2015年，获全国五一劳动奖章。

作为山西省学科带头人、临汾市名师，20多年来秦慧珍在工作上，雷厉风行、敢说敢担、积极进取；作风上，严谨教学、勇于创新、注重实效；在教学中，勇于进行教学改革，探索素质教育的新途径。连续19年带高三毕业班，每年均取得优异成绩。尤其是她倡导提出成立的特长班，分类教学的思路被校领导采纳后，学校教学成绩稳步提高，七年七大步。达二本线由原来28人上升到135人，取得明显成效。每年她都带两个高三毕业班，带的学生每年均有六、七十人达线。受到各级领导、广大师生和家长的好评。

秦慧珍多次受到省、市、县的表彰奖励。1996年至今每年被评为县、校优秀教师；2002年被授予“临汾市十佳教师”；2003年被市妇联评为“先进个人”暨“三八红旗手”；同年被授予“晋绥儿女支持老区教育奖”；2006年被市妇联授予“三八红旗手”；

被评为县“红旗教师”；2007、2008两年被评为县“模范教师”；2010年被评为县“优秀教育工作者”；2011年被市妇联、市教育局评为“十佳学科带头人”；2012年授予市“五一劳动奖章”；被评为省学科带头人；2013年被市妇联授予“三八红旗手”；2014年授予市“五一劳动奖章”；2015年授予省“五一劳动奖章”。

张　华

张华，汉族，34岁，2000年1月参加工作，大学本科学历(研究生学位)，现为尧都区人民法院审判员。2015年，获山西省五一劳动奖章。

张华带领的立案二庭2015年接待来访人员2208人次，各级机关转办涉诉信访案件50件，接收人民群众来信14件。所涉信访事项能当场答复的当场答复，不能当场答复的向案件承办人了解情况后专人向信访人答复，让信访人访之有果，有效遏止多起信访案件的发生，将信访问题消弭于萌芽。全年无进京赴省非访案件。如信访人郭晋生反映对判决书不服，多处信访，收到转办案件，即与信访人联系，将法律规定向信访人释明，导引当事人了解法律规定后，及时申请再审，通过法律途径保护权益。

在立案二庭工作时，他办理民事案件829件，审结805件，审限内结案率为100%。其中，调撤417件，判决349件，其他方式结案39件。在审理案件过程中严格遵守法律程序，做到以事实为依据、以法律为准绳。坚持调判结合，调解优先，做到案结事了、事了案结。

他本人也在2012年被临汾市劳动竞赛委员会授予“五一劳动奖章”、临汾市中级人民法院“个人嘉奖”，先后被尧都区委、区政府“2011年度政法系统先进个人”“2013年度尧都区政法系统优秀干警”“2014年度尧都区政法工作十佳个人”。

王小江

王小江，42岁，长治市屯留县人，1993年9月参加工作，中共党员，大专学历，高级技师。现任辛置煤矿综采二队队长。2015年，获山西省五一劳动奖章。

王小江作为回采队队长，他要求全队干部职工严格执行“安全第一、生产第二”的原则和纪律不动摇，严格落实各项安全生产管理制度与规定，坚持“四位一体”工作法。在日常管理过程中，他严格落实各级安全生产责任制，加大责任追究力度，促进安全管理关口前移、重心下移，提高安全监察的质量和效果；他全面推广精细化管理，细化各班组、岗位的工作标准，强化职工标准操作观念，做到一切工作皆有标准，一切工作皆有考核，一切结果皆有奖惩，一切工作用数字说话，消除管理上的盲点；他利用周一、周三、及班前会的时间，把一些安全事故案例，给职工亲自示范讲解，以增强职工安全意识和安全技能，使安全生产基础得到明显巩固。2015年面临依旧低迷的煤炭市场形势，在王小江的带领下，综采二队克服重重困难，科学平稳地组织生产，全年共生产原煤80余万吨，实现全年安全生产无事故。

他多次被集团公司评为特级劳模，劳动模范；2011年被临汾市授予“五一”劳动奖章，2012年获全国煤炭行业劳动模范。

张国林

张国林，35岁，山西安泽人，1998年在沈阳军区65114部队服役，2000年10月加入中国共产党，现任安泽县公安局交警大队团支部书记、城市中队城区班班长。2015年，获山西省五一劳动奖章。

参加公安交管工作15年以来，张国林参与和完成各项重大道路交通安全保卫任务500余次，截获盗抢违法犯罪车辆10余辆，抓获各类犯罪嫌疑人13人，成为全省公安交警的典范。

几年来，他带领全班用实际行动解决安泽几十年以来群众反映的秩序乱、街道堵、城乡公交车占道拉客、小商小贩乱摆摊点等热点问题。在担任城关小学“护学岗”民警期间，他多次深入学校给孩子及其家长讲解道路交通安全法律法规，放学时安全护送孩子过马路，被家长情切的称之为“最美交警”“马路天使”。

张国林先后被山西省劳动竞赛委员会荣记个人“二等功”；共青团山西省委授予首届山西“最美青工”荣誉称号，被山西省文明办授予2015年下半年“山西敬业奉献好人”荣誉称号，被临汾市公安局交警支队评为“优秀协管员”。

闫文军

闫文军，男，汉族，48岁，山西乡宁人，1990年9月参加工作，大专学历。现任山西古县老母坡煤业有限公司调度室主任。2015年，获山西省五一劳动奖章。

2015年，在煤炭形势持续下滑的情况下，闫文军坚守一线，精心组织安全生产，统筹协调井下各个环节，推广应用新技术、新工艺，开展提质增效、节支降耗活动。

他亲自主持对公司17项安全管理制度进行重新梳理修订，实现目标责任明、覆盖面全、操作性强的目标。他坚持抓好矿井机械化改造不放松，协助领导对矿井实行全方位的机械化改造，矿井实现综采综掘，机械化程度达到98%以上，为高效生产和安全生产创造良好条件。他强化各项管理，在全矿井下单位全面推行材料定额管理，先后对材料管理办法进行三次修订。加大修旧利废力度，优化采掘设计，公司单位成本大幅降低，控制在200元以内，有效提高企业的盈利空间。

他与技术部门开展技术攻关，通过反复论证，在矿井成功实施沿空留巷技术，达到国际领先水平。2015年矿井累计完成沿空留巷2522.8米，多回收煤炭资源31946吨，实现经济效益约958万元。

他多次获得荣誉：2010年获冀中能源邢矿集团安全生产先进个人称号；2011年获冀中能源邢矿集团先进个人、党风廉政先进个人称号；2014年获冀中能源邢矿集团科技进步奖一等奖；2015年获冀中能源邢矿集团敬业之星荣誉称号；2015年获冀中能源邢矿集团安全生产先进个人称号；2015年度获冀中能源邢矿集团科技进步奖一等奖。

李耀兵

李耀兵，男，41岁，初中文化程度，山西汾西人，现为汾西县城镇环卫队农民工。2015年，获山西省五一劳动奖章。

李耀兵是一位十几年如一日爱岗敬业，无私奉献的环卫工，也是住建系统环卫队人人称赞的好同志，在环卫队从事掏粪、收泔水、疏通下水道等工作。一干就是十多年，被人们称为“爱我汾西城，根治脏、乱、差”的最美劳动者。几年来李耀兵收倒泔水，根治各大酒店、小饭馆乱泼乱倒现象。规范和引领一大批大小老板爱我县城、洁净我家园，形成一个服务城市的良好氛围。由于县城有城中村，厕所不规范、标准，存在小、乱、散现象。个别市民随意倾倒茅粪，严重影响污染县城环境卫生，面对这一陋习，李耀兵主动上门说服、教育市民，告知服务热线，随叫随到，从事掏粪工作，不顾脏臭、对军功烈属，孤独老人，一律免费服务。李耀兵2014年获市人民政府颁发优秀环卫职工奖。

张海霞

张海霞，女，47岁，汉族，中共党员，大学本科学历，经济学学士，高级经济师。现任中国人民银行临汾市中心支行办公室主任。2015年，获山西省五一劳动奖章。

2004年至2015年，在担任人民银行临汾市中心支行外汇管理科科长期间，张海霞组织和带领本部门人员贯彻落实国家各项外汇管理政策，结合辖区实际，采取多项促进贸易投资便利化的措施，支持企业开展进出口贸易、利用外资和对外投资，向上级部门争取改革试点，使企业享受到先行先试的优惠政策，在推进辖区涉外经济发展中做出突出贡献。她负责外汇管理工作十年间，整体工作一直在全省人民银行系统名列前茅，多项创新工作经验在全省进行推广或交流。

张海霞也多次获得荣誉。2011年全国外汇年检先进个人，2011－2012年度人民银行天津分行巾帼建功标兵，2012年度临汾市人民银行系统先进工作者,2011 年度、2012 年度、2013 年度、2015 年度临汾市人民银行系统优秀行员。

任玉林

任玉林,男,59 岁,山西洪洞人,1976 年参军入伍,1978 年 3 月入党,1995 年 8 月以军队中校团级干部转业,现为洪洞县曲亭镇东张村支部书记。2015 年,获山西省五一劳动奖章。

任玉林对东张村新农村建设进行科学全面规划;建设村民培训中心,组织村民培训学习;出资 20 余万元,组织村民“走出去”,到全国各地考察调研,寻求富村强民的出路;带头发展现代农业,东张村形成节水莲藕 33.33 公顷、蔬菜大棚 10 公顷、优质樱桃 66.67 公顷、石磨面粉加工、挂面加工、洪洞荷叶茶加工的五大产业格局;改造村老泽源渠 2000 余米,埋设管道 1000 米,开发整理出土地 10 多公顷;整修田间路 4000 米,栽植路旁树木 6000 余株;修建防渗道 7000 米,发展节水灌溉面积 113.33 公顷。打深井 3 眼,全村农田灌溉率达 100%;与相关部门协调请示,得到县教育局的批准投资 30 余万元,建设标准化教室六间。修建洪洞莲文化主题广场,使村民有一个休闲娱乐的活动场所。

任玉林在军队先后获“三等功”三次;获“优秀党员”多次;2011 年获得临汾市五一劳动奖章。

韩慧敏

韩慧敏,男,汉族,40 岁,山西蒲县人,大学本科,中共党员。现为蒲县农业资源开发中心主任、农艺师、国家级烟叶高级分级师。2015 年获山西省五一劳动奖章。

韩慧敏先后主持参与“蒲县现代农业示范园”、科技富民强县专项行动计划等马铃薯项目,建立蒲县三级种薯繁育生产体系,成功研究特色薯栽培、三种三收立体高效种植等技术,为蒲县马铃薯“一县一业”基地县产业化发展做出突出贡献。

韩慧敏带领一班人考察学习,摸索出适宜蒲县推广的湿润漂浮育苗、密集型烘烤等技术,使蒲县烟叶质量大幅提升,烟农增收明显,蒲县也成为省级烟叶骨干基地县。

韩慧敏始终把生产实践和理论研究相结合,不管是田间技术指导,还是外出学习培训,都勤在笔头,留在心头,潜心钻研探索,撰写工作学习笔记累计几十万字,为正确指导生产和工作提供可靠的保障。

2011 年韩慧敏被中国农学会农业科技园区分会评为“园区分会年度先进个人”;被临汾市劳动竞赛委员会授予“临汾市五一劳动奖章”;被临汾市科学技术协会评为“科普先进工作者”;2012 年被临汾市科学技术协会评为“科普先进工作者”;被县委、县政府评为“优秀人才”;2013 年被授予“临汾市五一劳动奖章”;2015 年被蒲县县委、县政府评为“优秀人才”;获得临汾市青年五四奖章。

贺文喜

贺文喜,男,汉族,50 岁,中共党员,大学学历。现任临汾市交通运输局总工程师。2015 年获山西省五一劳动奖章。

贺文喜具有较高的政治修养和业务技术水平,工作勤奋,尽职尽责。2015 年主要抓了三大工程:(1)推进农村公路安全生命防护工程。要求各县市区交通运输局迅速行动、高度重视、统一思想,参与设计审批工作、标准制定工作,逐县进行检查指导,促进全市工程的高标准、高质量、快速、快捷的推进。(2)推进集中连片特困地区道路改造项目。针对此项工程投资大、里程长、标准高的特点,主导出台《临汾市集中连片特困地区县乡道路改造工程管理办法》用于指导工程建设。亲自带队多次对全市集中连片特困地区县乡道路改造工程进行督查,确保全市工程进展步调一致、标准相当。(3)推动农村公路完善提质工程。该工程是改善农村基础设施的重要项目,他多次深入各县市区工程建设一线实地指导建设,全力推动。

贺文喜多次被省市人民政府和省交通运输厅、公路局等上级部门授予先进个人。2013 年 1 月被山西省人民政府授予个人一等功;2013 年 1 月被山西省交通运输厅授予安全生产工作先进个人;2014 年 6 月被临汾市人民政府安全生产委员会授予安全生产专项整治先进个人。

许风玲

许风玲，55岁，1981年毕业于隰县师范学校，现为侯马市凤城乡河东村康城小学教师。2015年获山西省五一劳动奖章。

参加工作后，许风玲分到上马乡金沙村学校任教。她所带班级成绩优异，名列全乡前茅。轰动整个金沙村。她被老百姓和村民誉为常胜将军，河东党支部、村委会，还为她赠匾一块，上面写道“禅荣三魁”。

从教三十五年来，她扎根山区、勤勤恳恳、无私奉献，练就一身过硬的教育教学本领。但仍然不断学习新的教育理念，使得自己的教育教学方法不断改进，总能使学生在听课时百听不厌，兴趣盎然。她总共获得各种荣誉80余次。其中，还获得山西省优秀教师，市级骨干教师、教学能手、德育先进工作者、模范教师、首席教师等各种荣誉30余次。近年来，又获得扎根山区优秀女教师，2012年获得临汾市五一劳动奖章称号。2014年又获得全国优秀教师荣誉称号。

乔松岩

乔松岩，男，53岁，大专学历，助理工程师。现为三维集团公司机电仪分厂厂长。2015年获山西省五一劳动奖章。

他大胆改革拓管理，将分厂原有倒班转制变为“正常班+值班”的工作模式。将分的249个岗位整合至166岗位，将20个管理岗位整合为8个；将原有的48个班长岗位全部整合调整，彻底消除机构雍肿，大幅提高效率。他推行公开、公平、公正的技术人员选拔制度，分厂技术人员全部通过考试竞争选拔，人员安排中一律唯德才使用，不讲关系人情，使基层出现风清气正的良好局面。他对一线员工根据岗位的重要性及工作完成情况，给予相对应的考核工资系数、推行工时制，彻底打破大锅饭的分配制度，大幅提高员工的工作积极性和分厂整体工作效率。

他优化电力配置负荷28000KVA、完成技术改造项目26项，完成电仪设备修旧利废122台次，全年为公司节约费用1400余万元。

2012年他被评为公司优秀党员；2013年被评为公司劳模；2014年阳煤集团公司五好党员。

周文泉

周文泉，男，41岁，大学文化，中共党员，山西尧都区人。现任临汾市公安局直属分局尧庙派出所党支部书记、所长、二级警督警衔。2015年获山西省五一劳动奖章。

参加公安工作以来，周文泉始终怀着一颗爱民之心，用心血和汗水维护辖区社会治安稳定，以实际行动战斗在基层一线，一干数十年，兢兢业业、无怨无悔，在平凡的岗位上书写不平凡的人生与辉煌，赢得上级领导和人民群众的赞誉。担任尧庙派出所所长后，周文泉带领派出所一班人向素质要警力、要战斗力，以基础信息化、执法规范化、警务实战化、队伍正规化建设为契机，大胆改革警务模式，创新工作思路，他通过强化综合素质培养教育，实行周学习制度、制定日常工作流程、实行目标量化制度、坚持督导反馈制度、完善绩效考核制度等措施使派出所全面建设一年上一个新台阶，派出所面貌大为改观，辖区治安明显好转。

尧庙派出所被授予“全国公安优秀基层单位”“公安部一级派出所”、“全国公安机关执法示范单位”等。2008年周文泉被山西省公安厅荣记个人二等功，2010年－2015年周文泉连续被直属分局评为“先进工作者”“优秀科所队长”。

补根柱

补根柱，男，汉族，57岁，中专文化程度，中共党员。现任临汾市尧都区尧庙镇乔村党总支书记。2015年获山西省五一劳动奖章。

补根柱做为乔村的领头人，引领全体村民在全面建成小康社会征程上做出可喜成绩。村民安居乐业，没有发生集体上访，没有发生刑事案件，没有出现“两劳”人员，人均纯收入达到12000元；村“两委”成员有7届、20年连选连任。

2006年他带领全村启动新农村建设,建成乔村新村6万余平方米,配套建设老年公寓,为60周岁的老年人提供免费入住,每月还发放生活补助150元。作为山西省新农村建设试点村全面推广。2009年,启动“锦悦城”项目,利用乔村紧邻华门旅游景区的优势地位发展商业,壮大集体经济还为村民后续的生活提供最大保障,使村民安居乐业,老有所养。

乔村新村建设及锦悦城项目的实施,实现“农民变市民、农村变城市、村庄变社区”三大转变,圆老百姓的“安居梦”“市民梦”和“致富梦”。

郭高升

郭高升,男,69岁,山西襄汾县人,高中文化程度,农民技师、县政协委员、县委联系专家。现为襄汾县南贾镇南刘村农民,2015年获山西省五一劳动奖章。

五十余年,郭高升致力于玉米高产栽培技术研究,总结的“玉米叶龄管理栽培方法”和“一种红蜘蛛防治方法”获得两项国家专利,编写的“春玉米叶龄管理高产栽培技术”由山西科技出版社做为新农村建设书库在全省出版发行。

他成立的南贾高升玉米种植专业合作社,发展农民98户,注册资金288万元,带动周边农户2213户,种植玉米面积达0.08万公顷;带领合作社一班人注册“晋颂”商标,组织技术专家,常年开展合作社经营方略、玉米种植、配方施肥、病虫防治、硬茬免耕播种等技术培训,每年培训人数达8500余人次。

他还连续承担农业部农业机械化保护性耕作高产示范基地项目、省农科院土壤资源与环保研究所的农作物土肥试验项目和省农科院小麦研究所的夏玉米高产创建项目,项目区80公顷夏玉米经省专家测产平均亩产900公斤,与周边高产田亩净增170公斤,为夏玉米高产稳产再树标杆。

2010年4月,郭高升获市劳模称号;2013年3月,他被市委农工办、市农委授予“百名创业致富新型农民”称号、被市科技局授予“科技工作目标责任制考核先进个人”称号;2013年10月,他被省委宣传部、省科协、省农业厅、省科技厅等部门授予“山西省新农村科技致富优秀合作组织负责人”称号;2014年12月,被中国科协评定为“乡村情·科技梦”100名基层优秀农村基层科技工作者之一;2015年5月,被省科协、省财政厅评选为山西省基层科普行动先进个人,获得奖补资金3万元;2015年6月,被省科技厅评为“夏玉米叶龄管理高产栽培技术技术承包三等奖”称号。

郭喜志

郭喜志,男,汉族,50岁,山西乡宁县人,中共党员,大学学历,助理政工师,煤炭工程师。现任乡宁焦煤集团有限责任公司董事、副总经理,台头前湾煤业有限公司董事长、党总支书记、总经理。2015年获山西省五一劳动奖章。

郭喜志投身煤炭行业30多年来,在不同的岗位上干出不平凡的业绩。特别是2012年6月,担任台头前湾煤业有限公司董事长兼总经理后,面对煤炭市场低靡,经济效益下滑等重重困难,迎难而上,负重前行,建制度、严流程、转作风、降成本、增效益,取得一个又一个骄人的成绩。2015年,全年生产原煤80.25万吨;销售原煤79.69万吨;实现销售收入2.55亿元;实现工业总产值2.57亿元;实现税金6131.37万元;实现利润1241.58万元;完成掘进进尺4596米;原煤生产成本138.95元/吨;职工年平均收入38447.69元,树立行业榜样和标杆。公司先后获得中国煤炭工业双十佳煤矿、国家级质量标准化矿井、全国安全高效型矿井、全国安康杯竞赛优胜班组、行业一级安全高效矿井、山西省文明单位标兵、山西省煤矿安全文化建设示范企业、山西省优秀基层党组织等荣誉。

2011年1月郭喜志被临汾市授予“优秀共产党员”;2012年4月被临汾市劳动竞赛委员会授予“五一劳动奖章”;2013年3月被中国煤炭工业协会授予“全国优秀矿长”;2013年6月被乡宁县委授予“优秀党务工作者”;2014年4月被临汾市授予“劳动模范”;被中国煤炭工业协会授予“双十佳矿长”;2015年10月被山西省总工会授予“全心全

意依靠职工办企业优秀企业家”等荣誉称号。

李兴华

李兴华，男，34岁，山西省翼城县人，中共党员，大学本科学历，工学学士。现任尧都区住房保障和城乡建设管理局总工程师。2015年获山西省五一劳动奖章。

李兴华曾参与临汾市城市地下管网综合普查建设工程、临汾市汾河生态建设工程等省市重点工程，尤其是2014年6月兼任尧都区涝洰河生态建设工程指挥部副指挥长，组织涝洰河生态建设工程的全面推进。包括工程方案讨论、规划设计、组织施工、质量监控、成本控制、效果把关等等，涉及到工程建设各个方面。该工程是山西省“2＋10”生态环境综合治理和临汾市“十二五”规划的重点项目，也是市级转型综改标杆项目，工程建设内容包括河道治理、景观建设、城市路网和跨河桥梁4个方面，其中城市路网中临汾市机场快速通道建设项目——尧都区段，完成工程形象进度80%。李兴华主要分工城乡规划工作，组织编制完成《姑射山省级风景名胜区保护规划》，经山西省人民政府批复实施；组织编制完成《临汾市东城区控制性详细规划》，经临汾市人民政府批复实施；组织编制完成《枕头乡等9个小城镇城市总体规划》，经尧都区人民政府批复实施等等，共组织编制各类城乡规划12个。李兴华负责组织实施临汾市第一个政企合作项目(PPP项目)——尧都区润州园生态建设工程项目，此工程正在全面建设中。李兴华兼任尧都区幼儿园建设工程总指挥，乔李、刘村幼儿园主体完工，进入建筑安装阶段。

2007年10月获临汾市科技进步二等奖；2011年1月山西省劳动竞赛委员会荣记个人二等功；2012年5月共青团临汾市委授予“五四青年奖章”；2012年6月中国共产党吉县委员会授予优秀共产党员；2013年4月获临汾市城市公厕建设优秀组织者；2013年12月山西省保障性安居工程建设劳动竞赛组织委员会授予优秀建设者。

李俊兰

李俊兰，女，汉族，48岁，中共党员，高中文化程度。现为大宁县昕水镇东关村村民。2015年获山西省五一劳动奖章。

1996年，她和丈夫开始在县城杀猪卖肉，经过多年的经商探索，积累一定的资金技术，摸索出一些养殖行业规律。2008年她带着二十头良种猪回到家乡，联合当地5户农民筹措资金80万元，创建丰冠源养猪专业合作社。开始该场共有85间猪舍(包括定位栏)，年出栏生猪数量700头左右，每年的纯收入13万元左右。2012年她又联合100户志同道合的农民，筹措资金1000余万元，在昕水镇大冯村承包土地2.667公顷，新建一座高标准的养猪场，于2013年建成投入使用。该养殖场现有建筑面积8885平方米，其中标准化猪舍6000平方米，消毒室25平方米，饲料加工及库房2300平方米，管理房及生活用房560平方米，有上猪台、粪池等辅助设施。主要饲养设备有定位栏350个，产床100个，保育栏20个，饲料粉碎机2台，有运输车辆1辆、锅炉1台。该合作社有能繁母猪500头，品种为山西黑猪、长大、长大二元种猪，杜洛克公猪10头，后备母猪180余头，2015年出栏商品猪0.82万头，销售收入1400万元，纯收入400万元。李俊兰2014年、2015年先后在昕水镇、太古乡为230余户贫困农户免费发放种猪500头左右，真正起到合作社的示范带动帮助作用。

李俊兰于2010年8月获山西省巾帼创业明星奖，2011年获大宁县三八红旗手，大宁县2011年度巾帼创业明星奖，全市农业系统爱树建活动三百先进人物创业致富新型农民，大宁县农业产业带头人评选活动中养殖产业状元。2012年度获百名创业致富新型农民奖。

县(市、区)简介

尧都区

【概述】 尧都区位于山西省南部、临汾中部。东临浮山县,西与蒲县、乡宁、吉县为界,南与襄汾县接壤,北与洪洞县毗连。境内东为太岳山脉,西为吕梁山余脉,中部为断陷盆地,汾河纵贯南北,将全区分为河西、河东两个基本对等的部分,形成东西两山夹平原的地貌。全区总面积1304平方千米,辖16个乡镇、9个街道办事处,372个行政村、57个社区居委会,总人口97.14万。

2015年,全区生产总值完成249.2亿元,下降1.1%;规模以上工业增加值完成22.25亿元,下降28.2%;固定资产投资完成254.7亿元,下降4.8%;社会消费品零售总额完成225.9亿元,增长4.6%;财政总收入完成31.1亿元,下降18.7%;公共财政预算收入完成11.6亿元,下降27.2%;城镇居民人均可支配收入完成28438元,增长8.3%;农村居民人均可支配收入完成12120元,增长7.2%。

【现代农业】 重点推进"2万公顷核桃、0.67万公顷设施蔬菜和1万公顷优质水果"三大基地建设,发展设施蔬菜0.54万公顷、水果0.982万公顷、核桃1.803万公顷,核桃产业发展在全省名列前茅。现代农业快速发展,重点培育扶持澳坤量子、亿佳美、中德农牧等十大龙头企业,年销售收入500万元以上的农产品加工企业达到25家;农业农村基础设施得到改善,投资3.4亿元,重点实施基本农田整理、高标准农田建设、洰河灌区节水改造、仙洞沟水库以及农村饮水解困、电网升级改造等50多项基础设施项目。开展农村土地承包经营权确权登记颁证工作,2015年完成175个行政村2.45万公顷耕地的确权任务。

【工业转型】 推进工业园区建设,贾得工业园区道路、供水、供电系统基本配套,项目入园条件具备。山水集团60万吨微粉项目、宝珠制药项目建成投产,北斗导航项目开工建设,中石油昆仑燃气、中石油管网铺设等7个项目确定入园;阿帕奇电动车等4个项目正在洽谈。推进传统产业升级,全区基建矿井完成投资3.55亿元,煤炭产量达640万吨;发展精密铸造加工,重点培育东方恒略、华德铸造等一批机械加工铸造企业。推进新兴产业发展,重点扶持山西光宇、北斗导航、正杰电气、云鹏药业等一批新兴产业项目,山西光宇在新三板成功上市。

【服务业发展】 环城商贸圈格局基本形成,生龙国际、工贸购物中心、新百汇、安达圣新天地等商贸中心投入运营,奥特莱斯芭蕾雨、上东世纪、华门景区新天地项目主体工程完工。现代物流园建设快速推进,兴荣物流园一期工程完工;空港、百业物流项目进展顺利。文化旅游深度融合发展,重点实施以尧文化为主的尧帝陵、仙洞沟景区开发项目和以生态休闲观光为主的涝洰河生态建设工程,形成以文化、旅游、休闲观光为主的区域性旅游目的地。2015年全区旅游业接待海内外游客突破100万人次。

【城乡建设】 东城建设,重点推进涝洰河生态建设工程、东城"五纵五横"道路工程和配套设施工程。涝洰河生态治理工程进展顺利,龙湾园、福胜园成园成景向市民开放;东外环路(108国道改建城市道路)拓宽改造工程路面和地下管网工程、二中路拓宽改造路基工程完工,枣林街拓宽改造北段、临浮路、北外环拓宽改造工程竣工通车;城市基础设施建设,一批市级重点工程进展顺利,滨河东路南北延、滨河西路北延、秦蜀路南延、五一东路拓宽改造工程竣工通车;中大街拓宽改造工程征地拆迁基本完成;河西还迁小区滨西佳园二期工程进入扫尾阶段;漪汾花园和站北春苑还迁小区主体工程完工;城中村改造,第一期改造的31个村批复10个村,尧庙镇郭村、西街办西关社区、汾河办盘龙社区、刘村镇涧头村、韩家庄5个村拆迁工作基本完成,建成面积达76万平方米;城乡环境实施春秋大绿化,投资1.3亿元,完成植树116万株,绿化道路30.2公里,景点绿化34处3.7万平方米。大气污染防治投资5000万元,实施"城中村"燃煤锅炉和燃煤炉灶治理工程,对7800余户居民进行环保炉具置换,对56台燃煤锅炉和茶浴炉进行清洁能源改造;对东方恒略、临汾热电、海姿焦化等企业的脱硫排放设施进行对标升级改造。推进乡村清洁工程,清理积存垃圾80余万方,全区186个村被市、区评为示范村庄。

【项目建设】 坚持"六位一体"推进项目建设。截止12月底,全区项目储备完成2384亿元,完成年任务1700亿元的140.25%;项目签约160亿元,完成年任务160亿元的100%;项目落地246.6亿元,完成年任务242亿元的101.9%;项目开工218.3亿元,完成年任务199亿元的109.7%;项目建设178亿元,完成年任务160亿元的111.25%;项目投产完成189.4亿元,完成年任务186亿元的101.8%。

【民生事业】 重点实施"学前教育推进、乡村医疗提质、困难群体关爱、便民服务优化、就业创业援助、社区建设覆盖、农村基础改善、人居环境创优"八项惠民工程。

投资1759万元,完成区第二幼儿园、乔李幼儿园等10所幼儿园的新改扩建工程;投资830万元,实施魏村初中、大阳初中等105所学校校舍及校园设施维修改造工程;重点实施总投资1146万元的7个乡镇卫生院周转房建设和75个村级卫生室建设项目;新农合人均筹资标准由390元提高到470元;开展一系列"文化下基层"活动,启动"十分钟健身圈"工程,对23个农村的体育设施和器材进行维修和更换;新增城镇就业人员10447人,转移农村劳动力9766人,城镇登记失业率为3.1%;重点实施总投资3.8亿元的阳光小区公租房项目,推进总投资38亿元的汾东、西王沟等5个棚户区改造项目;实施150户农村危房改造、432户采煤沉陷区和地址灾害治理搬迁项目。

(尉晨光　许小梅)

【区领导班子成员】

中共尧都区委员会

书　记　赵志坚

副书记　王　震　杨午生　杨保春(兼、挂)

常　委　李建国　鲁立波　乔飞鸿　郭婷慧

　　　　刘元福

秘书长　乔飞鸿

尧都区人大常委会

主　任　任招振

副主任　王闫根　杨福元　叶树臣　马跟云

　　　　张进社　邓力儒

尧都区人民政府

区　长　王　震

副区长　董新平　张李平　郭云平　郭忠义

　　　　翟静贤(4月挂职)

　　　　努尔巴哈提(4月挂职)

政协尧都区委员会

主　席　许百龙

副主席　李小平　张玉锁　王翠苹

侯马市

【概述】 侯马市位于山西省南部,临汾盆地南端,东与曲沃县毗连,西与新绛县接壤,南依紫金山与闻喜县、绛县为邻,北隔汾河与襄汾县、新绛县相望,辖新田乡、凤城乡、高村乡3个乡人民政府和张村、上马、路东、路西、浍滨5个街道办事处,总面积220.1平方千米,总人口246571人。

2015年,全年地区生产总值完成888906万元,同比增长2.5%,比临汾市平均增速高2.3个百分点;财政总收入完成88711万元,同比增长1.4%,公共财政收入完成46557万元,同比增长6.2%,是临汾市仅有的两个正增长县市之一,位列全省第七;固定资产投资完成829151万元,同比增长20.2%;社会消费品零售总额完成765176万元,同比增长2.9%;城乡居民人均收入分别达到24500元和12538元,同比增长7.5%和6.1%,稳居临汾市前列。

【重点项目】 年初确定90个重点项目,投资总规模超300亿元,截止2015年底,32个项目竣工投产投用,20个项目开工建设,推进38个项目前期工作,累计完成投资44亿元。培育壮大新兴产业,装备制造业形成主导优势,同比增长超过10%;同煤热电、汇丰建材、普天法尔胜光缆、通盛LNG、德邦橡胶等完工投产,新兴产业比重达到55%。

【农业】 农副产品龙头企业产值规模突破5亿元;大南庄“鸿满”、张少“芳草香”双千亩现代农业示范园项目和中条林源千亩光伏发电与香菇种植一体化项目开工建设,全市“一村一品”专业村达到39个。

【商贸经济】 大运公路枢纽、轻工城市场、普天家电、通盛医药、振通电商、方略保税“五园区、一中心”建设步伐加快,“洋货码头”项目落地开工、进展顺利,仓储物流业聚集辐射效应初步显现。金钻国际广场品牌女装经营户入驻率超过50%、新兴纺织城布匹面料经营户入驻率接近70%。依托新兴市场发展配套加工,招引太原梦之丽等加工项目。全市采用网上营销企业、商户、门店突破3000家;拥有自主品牌的“马上购”和“窝麦良品”等电商平台,建立区域网销联盟,推动本市及周边县市苹果、核桃等10多万斤特色农产品走向全国市场。在商务部和阿里巴巴两个电商进农村试点带动下,在全省率先启动实施农村淘宝工程,对全省农村电商发展起到示范引领作用,电子商务在全省呈现领跑式发展态势。

【城乡建设】 城乡人居环境得到巩固提升,新修、改造农村公路9.8公里、铺设供热管网17.1公里、天然气管网20公里、雨水管网10公里,新增换热站16座,完成雨污分流改造10公里,棚户区改造300套,垃圾处理率达到100%,污水处理率达到93.3%。汾河河道生态治理修复工程全面完工,紫金山造林绿化完成200公顷,城市绿化新增20万平方米,东城新区森林公园开工建设。启动美丽乡村建设,农村环境卫生状况改观,累计整改架空线路6.3公里、道路清扫保洁10公里、清运垃圾10万方、农村危房改造700户。全市共有28个村通上天然气、33个村铺设排水管网、49个村用上城市自来水。

【社会事业】 城乡教育均衡发展,中、高考成绩名列前茅,学前儿童毛入园率达到83%,高中升学率首次突破90%,高考二本达线率49%。公共卫生计生保障能力增强,推进县级公立医院综合改革,药品零差价销售全面落实,财政投入550万元确保新农合人均筹资标准由390元提高到470元;新医院工程进入内部装修阶段;通盛集团医养融合式养老服务项目完成前期准备。社会保障体系日益完善,城乡新增创业就业超过1万人,城镇登记失业率控制在2%。古都文化、节庆文化、图书文化、媒体文化和全民健身等活动丰富多彩,东城新区文体活动中心项目开工在即。

教育事业取得长足发展,山西省示范高中——侯马一中

【山西方略保税物流中心首创全国保税物流服务标准化】 山西方略保税物流中心有限公司总投资20多亿元,占地133.33余公顷。从2013年开始,临汾和侯马市质监局指导该公司创建国家级保税物流服务业标准化试点,帮助其成立领导机构及办公室,设置管理专员层层签订目标责任书,制定工作实施方案,细化分解各项工作任务,确保企业建模贯标工作按照任务书要求有目标、有秩序进行。保税物流服务标准化,方略中心在全国是首创,没有参考范例,在标准体系构建过程中,历经5次修改,建成符合方略实际、突出个性,满足保税物流服务需要的标准体系,包括收集法律法规近百项,国家、行业标准数百项,制订企业标准391项,各项标准可操作性、创新性强,涵盖各个环节,服务标准覆盖率达到100%。2015年,国家标准化管理委员会委派考核评估专家组,通过听取试点单位汇报、查看服务现场、查阅相关资料、与相关工作人员进行座谈了解等,对山西方略保税物流中心有限公司承担的“国家级保税物流服务业标准化试点”项目进行全面评估,1月6日,顺利通过评估验收,成为临汾市首家国家级服务业标准化试点物流企业。

【侯马经济开发区荣登2015中国产业园区成长力百强榜】 侯马经济开发区以产业高端、动力强劲、平台广阔、特色鲜明的开发区为奋斗目标,在全省率先建起山西方略保税物流中心、加工贸易梯度转移重点承接地、中国现代物流产业基地和国家电子商务示范基地4个国家级发展平台,借助平台效应,引进各类企业1035家,形成“大机电”“大电商”“大健康”三大产业群。2015年7月,由中国—阿拉伯国家博览会秘书处、中国企业十大新闻评选委员会、《中国企业报》集团联合发布,以“新战略、新模式、新园区”为主题,针对全国7000多个产业园区,从园区建设、业态规模、创新发展等多个方面进行综合评定,评选2015中国产业园区影响力、创新力、成长力百强榜单。7月12日,在北京举行的第十二届中国企业发展论坛暨首届“一带一路”园区建设国际合作峰会上,侯马经济开发区荣登2015中国产业园区成长力百强榜。

【虒祁遗址发现北魏墓葬】 2014年9月至2015年7月,山西省考古研究所侯马考古工作站对侯马虒祁遗址内1.3万余平方米区域进行抢救性考古发掘,共清理祭祀坑822座,墓葬37座,出土玉器400余件,发现该地区罕见的北魏墓葬。822座祭祀坑呈长方形竖穴土坑,埋牲种类有牛和羊。祭祀坑中发现400余件玉器,玉器多数有切割痕迹,其中3件玉片发现有模糊的墨书字迹。37座墓葬中,有北魏墓葬4座,包括砖室墓3座和土洞墓1座,具有较高研究价值。在一座砖室墓内出土裴经墓铭砖一块,墓志是其妻为其所刻,主要讲述裴经一生的为官经历、卒年月。这座墓葬是山西发现的为数不多的北魏洛阳时代有明确纪年的墓葬。

【国内首条速冻盒饭生产线在侯马建成投产】 山西伟涛集团作为一家集食品研发、生产、检验、仓储、配送、销售、科技开发为主导的食品加工配送等综合性企业,总资产1.3亿元,下辖山西伟涛食品有限公司、山西伟涛餐饮有限公司、山西伟涛科技有限公司。该集团瞄准国内快捷食品市场需求,坚持走“高端自主品牌”之路,吸纳高、精、尖、专业人才,将中餐“营养搭配、食品安全、方便快捷”作为研发课题,通过上百次攻关试验和市场调研,生产出适合南北方风味的便捷速冻盒饭食品20余种,产品经过严格的检验、检疫,均达到国家QS认证标准,可全程溯源。为从源头上把好产品质量关,该集团联合国内知名企业雨润集团、双汇集团、山西大象农牧集团有限公司、大连壮元海生态苗业股份有限公司、河南大用(集团)实业有限公司、北京智霖有限公司、雀巢、李锦记、郑州聚四方、天津百事可乐等各大供应商达成战略合作协议。2015年9月21日,山西伟涛集团研发生产的国内首条速冻盒饭生产线在侯马建成正式投产,日产速冻盒饭6万盒,产品同北京奥林匹克中心、广深高铁、太原武宿国际机场等签订供货销售协议。

【秋季商品展销会暨辽宁海城与山西侯马拓展贸易对接会】 2015年10月23至31日在北方轻工城举行,由侯马市人民政府、海城市人民政府主办,侯马轻工城、西柳服装市场建设管理委员会承办。展销会旨在搭建一个生产企业、商业流通、零售终端商品信息交流、经营业务互动、人际关系和谐平台,加快侯马商贸市场繁荣,促进侯马商贸经济振兴,使北方轻工城成为侯马市商贸市场信息交流之地,西柳服装品牌“丝绸之路”上的商品集散地。展销会参展厂商1200余户,其中西柳北派服装123户、箱包50户、岫玉13户,侯马展销服装300余户、鞋帽300余户、童装200余户、古玩300余户、小吃100余户。参展商品有服装、鞋帽、品牌家具、古玩、大小百货、家电等。北方轻工城与西柳市场正式签约,结为兄弟市场,双方承诺扩大规模、丰富内容、创新形式,共创工业产业项目建设,共推两地商贸市场繁荣发展。

(耿文静　赵香琴)

【市领导班子成员】

中共侯马市委

书　记　李朝旗

副书记　王煦杰、马兴民

常　委　秦海玉　田怀宇　郑育敏　李俊胜　韩　睿　李会平

侯马市人大常委会

主　任　尉合怀

副主任　文转社　王阿家　崔凯毅　秦朝旭　郭天红

侯马市人民政府

市　　长　王煦杰

常务副市长　郑育敏

副 市 长　张清江　高剑云　吉守斌　周肖玉　阿里木江·阿不都逊(4月挂职)

政协侯马市委员会
主　席　陈毅林
副主席　邱建屏　卫玉贵　续文碧　马淑焕

霍州市

【概述】 霍州市位于山西省中南部，临汾盆地，地理坐标为东经111°38′—112°03′，北纬36°26′—36°42′，东与沁源、古县毗邻，西与汾西县接壤，北与灵石县交界，南与洪洞县相连，东西宽36千米，南北长30千米，自古为南北交通要道。霍州市总面积765.39平方千米，辖3乡4镇5个街道，199个村，24个社区居委会，308个自然村，总人口307870人，其中男160261人，女147609人，全市出生人口2615人，人口出生率为9.03%。

2015年，全市生产总值完成745540万元，比上年下降11.3%，全市公共财政预算收入67018万元，下降6.99%，全市城镇新增就业5086人，全市固定资产投资完成164.86亿元，增长8.7%。第一产业投资完成18.4亿元，增长246.2%；第二产业投资完成31.26亿元，下降32.2%；第三产业投资完成115.2亿元，增长14.9%。在第二产业中，工业投资完成31.26亿元，下降32.2%。全市社会消费品零售总额312301万元，增长9.1%。全市财政总收入143728万元，比上年增长－7.88%。全市居民人均可支配收入19653元，增长7.3%，其中城镇居民人均消费性支出12768元，增长12.3%，农村居民人均生活消费支出7120元，增长9.6%。

【农业】 2015年，推进“三大基地”建设，累计发展蔬菜0.267万公顷，种植核桃0.2万公顷，培育规模养殖场280多个。西张垣现代农业生态循环示范园区，完成集约化智能育苗中心、农技服务中心、后勤服务中心等设施配套，具备产前培训、产中技术指导、产后统一销售的产供销一条龙服务，综合示范效应日益显现。推进土地适度流转，提高园区生产能力和科技水平，培育发展特色花卉、精品干果、观赏苗木、高效养殖等产业，真正树立起全市农业产业化发展的标杆。全面推广节水灌溉、机械化耕作、测土配方施肥等农业技术，引进优质高产农作物品种，探索“互联网＋农业”、智能农业、绿色农业、生态农业等发展模式，提升科技对农业的贡献率。加强农民实用技能培训，搭建就业服务平台，培育一批职业农民和农村致富带头人，实现农民群众就业有渠道、创业有门路。落实中央、省、市脱贫工作会议精神，制定好精准脱贫规划，按照“因户施策、因人施策”的原则，采取发展生产脱贫一批、生态补偿脱贫一批、发展教育脱贫一批、社会保障“兜底”一批的办法，帮助贫困户尽快脱贫，完成2000多人口的脱贫任务。

【工业】 2015年，霍州市工业经济突出供给侧结构性改革主题，做好“煤与非煤”两篇文章，推进稳增长、调结构、促转型各项工作，组织霍煤、国电、兆光等重点企业参加工业经济调度会。先后为霍煤集团、兆光发电厂在兴业银行融资30亿元，与侯马车务段协调，为霍化公司解决发货专线问题，促进传统骨干企业的平稳运行。特别是国电、霍化等企业开始贡献税收，成为财政收入新的增长点。霍东新型工业园区一期投产运营，液化天然气调峰储气项目运行良好，推进华润10万千瓦风能发电项目，加大新型产业投资比重，工业经济下行压力得到缓解。落实中央、省、市关于企业减负的政策要求，关注霍煤、国电、兆光、霍化、液化天然气等骨干企业的运营状况，健全完善收费清单制度，确保涉煤收费清理规范和企业税费减免等工作落实到位，尽可能的为企业协调解决所遇到的问题和困难，帮助企业减负排难、走出低谷。按照“六型转变”工作要求，落实“三去一降一补”政策，促进和引导企业转变发展理念，实现工业经济再次崛起。加快霍煤煤机制造、天然气液化气调峰储气、华润10万千瓦风能发电等项目建设，尽快形成规模效益，发挥产业带动作用。实施颐高电子科技、铝土矿综合利用、粉煤灰综合开发、常鑫公司陶瓷生产线升级改造等项目，引进和培育一批涉及新型建材、装备制造、电子器材、新能源汽车等方面的优质项目，促进工业经济多元化发展，形成更多更优的经济增长点。

【城市建设】 2015年，《霍州市城乡总体规划(2014—2030)》通过评审，绿地系统专项规划编制完成。经三路、纬三路即将竣工，启动纬五路建设，新建南路南段高标准建成，推进霍东新区配套工程，霍煤开元小区开始入住，橡胶厂棚户区改造主体完工，新区面貌焕然一新。全面完成后塞路、麻铺巷、秀才巷等19条旧城街巷的升级改造，推进州署文化产业示范园、中镇国际花园、东关、赵家庄城中村改造等项目，城市功能日趋完善。冯霍线、义邢线等市乡公路的扫尾工程全面完成，城乡交通网络更加通畅，新型城镇化水平得到提升。

2015年，全市新增供热面积50万平方米，达到450万平方米；天然气扩户6000余户，达到32000户。城郊绿化和干线公路绿化工程全面完成，汾河两岸生态屏障初步形成，城周荒山绿化基本覆盖。辛置矿和李雅庄矿矿井水深度处理站建成运行。全年化学需氧量、氨氮、氮氧化物排放量分别下降5.8%、3.0%、8.1%，节能减排任务圆满完成。全市二级以上天数达301天，其中一级天数73天，连续7年成功创建省级卫生城市。

【旅游】 推进"一署两峪"旅游品牌建设，加快七里峪景区客运站、商贸服务中心、山谷漂流、镇山博物馆等工程，完善景区功能，丰富游乐项目，打造集观光、休闲、度假于一体的精品旅游度假区。七里峪滑雪场投入运营，弥补霍州市冬季旅游"短板"。陶唐峪景区开发启动。霍州署突出廉政文化教育基地特色，创新投资方式，推进整体修缮工程。实施许村国家级传统村落、娲皇庙、祝圣寺等修缮工程。挖掘镇山文化、匾额文化、锣鼓文化、门神文化等特色传统文化内涵，扩大影响范围，彰显霍州文化旅游大市实力。扶持霍州豆腐、年馍、碗托和剪纸、布艺等民俗文化产业发展，做好威风锣鼓、霍州书、霍州莺歌等非物质文化遗产的发扬光大，整合资源，打造龙头，做强品牌。

【商贸】 2015年，推进商贸服务，打造新的经济增长点，南街农贸市场主体建设基本完工，鼓楼地下商业街、万家福超市等商贸企业运营规范、效益初显，商贸服务业繁荣发展。霍州市《2014—2020年电子商务发展总体规划》全面实施，电子商务蓬勃兴起。山西供销农芯乐商城霍州服务中心成功运营，电子商务孵化园全面开园，推进全国电子商务进农村综合示范县申报工作。2015年，优化审批流程，提高审批效率，行政审批事项由220余项精简到106项。推进行政管理体制改革，推进部门整合，市卫计局、商务粮食局、工商质监局、农林委、金融办等部门相继成立。

2015年9月28日梁衡研究会揭牌仪式

【社会事业】 2015年，霍州创建"全国义务教育发展基本均衡市"。高考二本达线突破千人大关，再创历史新高。连续7年开展爱心助学活动，累计筹资2000余万元，受惠学生达13000余人次。完成市二中多功能田径运动场、辛置镇中心幼儿园和职教中心建设项目。医药卫生体制综合改革，推进公立医院改革。全面建设城乡统筹的医疗卫生保障体系，解决群众"看病难、看病贵"问题。推进计生工作改革，提高计生管理服务水平，提升人口素质。加强流行性疫病防治，普及疫病防控知识，提升公共卫生和卫生应急工作水平，坚决杜绝各类突发公共卫生事件。扩大社会保险覆盖面。城镇医保参保率达到97%，城乡养老保险覆盖面达到100%，新农合参合率达到97%。80岁以上老人救助等多种机制。重视创业就业，全年新增就业岗位5086个。建成各类保障性住房849套，在临汾市排名第一。连续8年获临汾市"平安县市"称号，获"中国科普示范市"称号。

(郭秀东)

【市领导班子成员】

中共霍州市市委

书　记　陈　纲

副书记　崔山原

常　委　周文伟　陈占平　郑效锋

黄晓君(女)　高雅铭　刘国平

晋英俊(4月免)　李　峰(8月任)

霍州市人大常委会

主　任　张建军(1月免)

副主任　安志勇　成海民　董文平　张根生
　　　　孟援斌

霍州市人民政府
市　长　崔山原
副市长　陈占平　朱源洪　薛泽会　郭宏生
　　　　田晋川

政协霍州市委员会
主　席　王国平(5月免)
副主席　薛有生　沈晓静(女)　薛云彪
　　　　张伟兴

曲沃县

【概述】 曲沃县位于山西省中南部,临汾盆地南端,地理坐标为北纬35°33′—35°51′,东经111°24′—111°37′。北依塔儿山(崇山)、乔山、垆顶山和襄汾县为界,南靠紫金山(绛山)同绛县为邻,东与翼城县接壤,西北隔汾河和襄汾县相望,西南与侯马市毗连。县境南北长29.5千米,东西宽15.4千米,总面积437.9平方千米,辖7个乡镇,158个行政村。

2015年,全县地区生产总值完成86.6亿元,同比增长4.8%;规模以上工业增加值完成33.2亿元,同比增长0.9%;固定资产投资完成87.4亿元,同比增长20%;公共财政预算收入完成2.75亿元;城镇常住居民人均可支配收入达到26521元,同比增长9.2%,增速排全市第一;农村常住居民人均可支配收入达到12287元,同比增长8.2%,增速排全市第三。

【工业】 2015年,曲沃县致力于"五大工业园区"建设,特别是把保障千万吨级钢铁工业园区企业的正常生产运营,作为全县经济工作的头等大事,实施协调帮扶,先后为园区企业融资超10亿元。通过直供电申报,为相关企业节约电费3500万元。推进立恒公司1.5万立方制氧、通才公司120万吨球团竖炉等节能循环项目投入运营。引导主干企业紧跟"互联网+"发展趋势,创新营销模式,先后发展电商客户2000余户,网上销售钢材220余万吨,年增加效益8000余万元,企业抵御市场风险的能力增强。2015年,立恒、通才两大钢铁企业共同跻身于"2015中国民营企业500强"和"2015中国民营企业制造业500强"行列。正信光伏农业发电项目经过反复磋商,具备开工条件,协鑫风电项目正在开展前期工作。重点支持建设的三星好利精密铸造园区编制完成园区总体规划,实施水、电、路等基础配套工程和环境综合整治,整个园区面貌焕然一新。新上的壳型铸造和消失模铸造生产线投入生产,产品远销海内外。

【农业】 2015年,曲沃县被确定为国家现代农业示范区,实施晋之源八大系列农业园区扩容提质工程,晋之源曲村现代农业示范园区、磨盘岭现代农业示范园区分别完成冷库建设和100栋温室大棚改造,杨谈精品水果园区、里村红提葡萄园区、北董优质大蒜园区和高显汾河滩涂循环农业园区新发展水果166.67公顷、大蒜33.33公顷、莲藕和香菇66.67公顷。全年新增规模养殖户198个,畜牧纯收益达2.9亿元,实现农民人均增收1500余元。强化农业产业化服务体系建设,完成92个村1.6万公顷土地的确权登记颁证工作,壹家人面粉原粮仓储、迈乐有机肥生产线等农业产业化项目推进,高标准节水示范、农田整治、土地综合开发等农业基础设施建设项目年度任务全面完成。特别是探索推广的"农户+互联网+客户"营销模式取得成效,线上交易额超千万元,为实现农民收益最大化开辟新渠道。通过几年的持续建设、倾力打造,晋之源农业规模日益壮大,效益不断提高,实力逐步增强,成为促进广大农民增收致富的重要支撑。

【文化旅游】 2015年,曲沃县完善和提出全县"六区四园一场一城"的文化旅游产业发展思路,推进以弘扬"晋文化"为主题的精品旅游带建设。浍河水岸风光旅游区内的明清四合院、仿晋古建筑等工程正在加紧装修。太子滩温泉度假区万憬二期27栋仿晋庭院完成主体。桥山黄帝文化旅游区旅游路建设工程进展迅速,7.5公里铺油通车,剩余3.15公里完成路基整修和垫层铺装。绛园建设工程具备开工条件。景明诗经山水旅游区和顾园的规划设计方案正在修改完善当中。重点策划的中国成语文化城项目各项前期工作全面展开,一个景区、景点规模连片、相串成线的全县域、大景区文化旅游新格局正在逐步形成,"中国成语典故之乡"申报工作进展顺利,成功通过国家专家组的评审,同意在曲沃县设立中国成语典故研究开发基地。曲沃县倾力制作的《诗经山水·晋都曲沃》文化旅游专题宣传片,通过网站、电视、微信等现代媒介对全县文化旅游特色亮点进行一系列对外宣传,“晋文化”旅游品牌的知名度和影响力得到提高。全年共接待游客93万人次,旅游收入实现大幅增长。

新落成的曲沃县晋园

【城乡环境】 在县城建设上,曲沃县围绕构架“一城三区、一体两翼”城市建设格局,全面推进东城新区建设、中心城区改造和西城新区开发。东城新区建设成效明显,吉祥南路完成铺油全线通车,110千伏变电站具备运营条件,广电数字传媒中心、移动生产大楼等便民服务设施主体完成,晋都御苑、晋韵华府等大型住宅小区建设推进。晋都文化中心全面建成。在特色镇村建设上,曲村古晋农民文化活动广场建设和镇中心大街道路翻修改造高标准完成,大街两侧的古晋元素风貌整治正在推进;西海村精心规划晋国民居民俗区、星海生态游乐区、农耕文化体验区、集市贸易小吃区、现代农业观光区和游客接待中心等“五区一中心”目标,晋国民居民俗区实施仿晋建筑和道路、水系配套工程。

【社会事业】 曲沃中学生活区、西常中学学生宿舍楼和里村、下裴等4所幼儿园建设全面完工,县职中实训基地和史村中学、西南街中学等学校的宿舍楼、餐厅建设项目推进。公开招聘46名教师充实到教学第一线,全县高考二本B类以上达线人数926人。曲沃县顺利通过国家三类城市语言文字工作评估验收;杨谈、里村两个乡镇卫生院门诊住院楼和24个村级卫生室全部建成,启动医护人员招聘工作,全县医疗卫生服务水平提升;养老保险、医疗保险、城乡低保、农村五保等各类社保制度健康运行。落实养老保险提标政策,为4975名企业退休、退职人员调整养老金待遇,月人均增资245元,为60周岁以上城乡居民调整基础养老金,由原来的每人每月65元调整为每人每月80元。就业再就业工作力度加大,全年新增城镇就业4265人,通过公开招聘,开发112个公益性岗位用于安排就业困难高校毕业生。102套廉租房和100套经济适用房主体完成,400户农村困难家庭危房改造任务全部完成,困难和低收入家庭住房难问题得到有效解决。

(张淑霞)

【县领导班子名单】

中共曲沃县委

书　记　朱晓东

副书记　郭惠勇　崔绍民

常　委　成　功　程世杰　武兰萍　牛春平　刘岐山　费向前　王学斌

曲沃县人民政府

县　长　郭惠勇

副县长　程世杰　秦英俊　畅红娟　石前进　崔权利

曲沃县人大常委会

主　　任　刘　伟

副 主 任　秦朝斌　付孟喜　赵常见　李建华　祁文学

政协曲沃县委员会

主　　席　薛经纬

副 主 席　沈玉民　张夙兰　王希武　王克勤

浮山县

【概述】 浮山县地处临汾盆地东缘,属山区半丘陵区,地势东高西低,是典型的农业生产县之一。

2015年全县辖2镇7乡及2个居民委员会,185个村民委员会。总人口130246人,其中农业人口81342人,非农业人口48904人。

2015年地区生产总值完成42.56亿元,下降2.7%;规模以上工业增加值完成11.22亿元,下降11.0%;公共财政预算收入完成1.16亿元,下降41.5%。固定资产投资完成45.68亿元,增长20.1%;社会消费品零售总额完成8.06亿元,增长5.0%;城镇居民人均可支配收入达到25069元,增长8.7%;农村居民人均可支配收入达到7478元,增长6.9%,各项主要经济指标基本保持在合理区间。

【引沁入浮战略项目】 引沁(河)入汾(河)浮山供水工程共有六个标段,均全线开工,隧洞挖掘进展顺利,累计完成投资近2亿元;长临高速浮山连接线工程纳入全省500亿统贷统还大工程包,古翼高速浮山段建设工程成功列入全省公路建设"十三五"规划,纳入全省PPP项目库;华润风力发电、威盛达防火材料、保障性住房等30个重点项目推进,全年完成投资7.29亿元,"六位一体"各项指标均完成或超额完成市定目标。

【尾矿利用项目】 尾矿利用项目纳入国家资源综合利用"双百工程",泡沫陶瓷、烧结砖和保温板材等项目前期工作有效推进;晋盛无机发泡建材项目基建完成,太平洋电缆项目即将投产,广和定影膜改扩建项目全面竣工;铁矿企业办证进展顺利,至2015年底,有17家取得采矿许可证,保证企业的规范运行。

【印象田园生态农业示范区】 印象田园生态农业示范区完成投资3000万元,基本形成农业体验区、锦绣园林观赏区和休闲养生度假区三大板块,获全省蔬菜产业优秀园区;特色有机农业发展迅猛;农村土地确权工作超额完成市定任务;农村集体"三资"清理整治成效显著。

【第三产业】 推进现代物流、微商和"乐村淘"农村电子商务发展,"千县万村"行动计划正在落实,组织开展电子商务创新创业大赛和"淘宝大学研修班",鼓励和引导广大青年干事创业、增收致富;尧山森林公园建设工程顺利实施,九德广场主体竣工;"弟子规"文化挖掘整理工作全面启动。

(李彤新　陈聪聪)

【县领导班子成员】

中共浮山县委
书　　记　孙京民(12月免)
副 书 记　梁秀娟
常　　委　尚　彬　赵顺兆　张晓晖
　　　　　戴石高　刘云生

浮山县人大常委会
主　任　李　凡
副主任　马　康　柏云奎　段文明　王生泉
　　　　刘永生

浮山县人民政府
县　长　梁秀娟
副县长　李青萍　周晓东　李学良　吴晓芳
　　　　高学忠

政协浮山县委员会
主　席　段玉明
副主席　张逢海　张新春　贾文朴　王奠邑

洪洞县

【概述】 洪洞县位于山西省南部,临汾盆地北端,东隔霍山与古县为邻,西靠吕梁与蒲县交界,北与霍州、汾西相连,南与尧都区接壤。东西最宽处55千米,南北最长处47.5千米,总面积1493.8平方千米。地处山西南北交通要冲,战略地位重要,历来为兵家必争之地。1958年12月洪赵县与霍汾县合并,称洪洞县,县治在洪洞县。辖9镇7乡,463个村委会。

2015年,全县生产总值完成161.71亿元,公共财政预算收入完成6.53亿元,规模以上工业增加值完成46.56亿元,固定资产投资完成163.8亿元,社会消费品零售总额达到53.06亿元,城镇居民人均可支配收入达到23380元,农村居民人均可支配收入达到10150元。

【农业】 推广粮食增产的实用技术,完善农业基础设施,粮食总产量达39.12万吨。农业现代化推进,按照"规模化、标准化、集约化"要求,巩固发展天泽现代农业转型综改示范园、大槐树农业生态园和历山农业观光园,新发展设施蔬菜面积266.67公顷、水果333.33公顷、药材333.33公顷,完成绿色无公害农产品认证3个,无公害面积333.33公顷,畜禽类存栏290万只,畜产品产量7.52万吨,全县农产品加工龙头企业销售收入完成4.5亿元。

【工业】 现代化矿井建设步伐加快,恒泰南庄、基安达等煤矿实现联合试运转,全县原煤产量达到1200万吨;煤焦传统产业提档升级,山焦60万吨烯烃、100万吨甲醇、干熄焦和晋能低热值煤发电项目推进;绿如蓝电动车、诚美节能玻璃、槐丰复合软包装、中小企业创业基地等一批技术水平高、市场前景好、成长性强的项目开工建设;"三个三分之一"招商工作成效明显,签约项目到位资金达50.7亿元。

【服务业】 坚持把第三产业作为经济转型的新引擎。以大槐树、广胜寺、明代县衙为中心,发掘历史文化底蕴,推进文化与旅游深度融合,投资4.5亿元的文化旅游商业街项目开工建设,成功举办第25届大槐树文化节、三月三走亲习俗等民间传统活动,全年共接待游客533.3万人次,门票收入6800万元。

洪洞大槐树文化中心

【城乡面貌】 按照全市"百里汾河生态经济带"和城市人居环境改善工程的安排部署,大槐树文化中心投入使用,滨河东路竣工通车,完成飞虹小吃城、中南铁路站前广场和滨河东路洪洞段绿化工程;城市集中供热新增、改造管网6公里,换热站7座,供热面积达395万平方米,覆盖率达92%。推进改善农村人居环境"四大工程",完成涉及4个乡镇、6个村1.13万口人的农村饮水安全工程;共配备保洁员1600余名、垃圾清运车150台,修复残垣断壁3200余处,清理积存垃圾2万吨;完成农村公路完善提质10公里;建设完成畜禽粪污处理点20个,改造建设规模化养殖场20个。开展生态建设,开展环境污染防治,全年造林0.132万公顷,植树264万株,新增各类绿地面积20万平方米,县城绿地率42.27%,绿化覆盖率达到43.77%,成功创建"国家卫生县城""中国最具旅游文化(价值)目的地""省级文明县城""省级平安县""省级环保模范城""国家园林城市"。

【改革开放】 2015年,根据省市要求,推进各项改革。行政审批制度改革方面:推进"六权治本"工作,全县"两单两图"初审工作全部结束,制定权力清单2901项,责任清单2858项,绘制行政职权运行图2969张,廉政风险防控图2969张;推进"两个平台"建设,打造以"一张网络、两个平台、五大功能、三级联办"为基本构架的政务服务平台,成立行政审批监察中心,将248项审批事项全部纳入县行政审批中心集中审批,有效提高办事效率。推进煤炭产业"六型"转变,深化改革六个专项领域都取得重要突破。农村产权制度改革方面:全面铺开土地承包经营确权工作,2015年计划确权土地面积4.33万公顷,准备工作和清查摸底工作全面完成。民营经济综合配套改革方面:制定《进一步促进中小微企业发展的实施意见》,从中小微企业发展专项资金,引导鼓励金融、担保机构向中小微企业倾斜,政府采购支持中小微企业发展等方面促进中小微企业健康发展。

【社会事业】 完成3所公办标准化幼儿园和3所村级幼儿园新改扩建工程;高考二本以上达线1840人,再创历史新高;落实国家基本药物制度,完成县级公立医院改革工作。统筹社会保障体系建设,各类保险参保人数达47万余人,发放保障金5600余万元。全县新增就业人数5899人,转移农村劳动力6515人;发放各类低保和救助金8300余万元;新增就业人数5899人,创业带动就业911人,下岗失业人员再就业1010人;新建保障性住房600套,完成560套保障性住房分配任务和518户农村危房改造任务。开展"百日安全大检查""打非治违"和"六打六治"等专项整治行动,加强煤矿、非煤矿山、道路交通、危险化学品、民爆物品、食品药品等行业和领域的安全生产工作。落实县级党政领导信访接待日制度,完善事前预警防范、事中处置化解、事后反馈关怀“三段式”信访处置模式,及时有效地化解各类矛盾,做好“两会”“世界反法西斯战争70周年”等重大会议、重大活动期间的信访维稳工作。

(胡俊平　张甜)

【县领导班子成员】

中共洪洞县委

书　记　王黎明

副书记　郑步电　赵双宝

韦　阳(10月免　挂职)

张海涛(4月任　挂职)

常　委　任俊杰　张玉龙　李　竟　乔永生

樊如荣(女)　刘春林　程永伦

洪洞县人大常委会

主　任　李世杰

副主任　雷甲寿(8月免)　陈建华　狐东锁

邢广勤

党组成员　王甲荣(10月任)

洪洞县人民政府

县　长　郑步电

副县长　张玉龙　文林红(女)　周希斌

牛永福

政协洪洞县委员会

主　席　魏金顺

副主席　张松山　宋高社　程延平

马春丽(女)

襄汾县

【概述】 襄汾县地处临汾市南部,东临浮山、翼城,西傍乡宁,南接曲沃、侯马、新绛,北连尧都区。总面积1034平方千米。最高海拔1495米,最低海拔391米,平地占总面积的70%以上,是临汾市的平川大县之一。县境东依塔儿山,西靠姑射山,汾河纵横南北。辖13个乡镇、348个行政村。

2015年,全年地区生产总值完成114.7亿元,减少4.3%;规模以上工业增加值完成32.58亿元,减少12%;公共财政预算收入完成4亿元,减少46.4%;固定资产投资完成126.27亿元,增长20.1%;社会消费品零售总额完成40.7亿元,增长5.9%;城镇居民人均可支配收入达到25944元,增长7.3%;农民人均纯收入达到11056元,增长6.4%。

汾城古建群修复项目——城隍庙

【经济转型】 农业方面。粮食总产量达到4.9亿公斤,蔬菜面积达到1.12万公顷,优质水果达到1.07万公顷,中药材达到0.67万公顷;侯临年产4000吨食用菌、尧京5000吉葡萄等项目建成投产,年产值超500万元的龙头企业达到28家;无公害农产品认证企业达到12家,地理标志农产品认证达到3家,农业规模化、产业化、品牌化水平提高。工业方面。新型工业强县建设负重前行,星原干熄焦及煤气发电余热利用、万鑫达6万吨合成氨项目建成试产,光大焦炉烟囱废气余热利用项目完工,传统产业链条延伸、装备水平提升;浦新生物质发电、振发能源20兆瓦光伏发电项目有序推进,晋润现代农产品冷链物流一期交易楼主体封顶,山西维天百味豆制品加工项目建成投产,新兴产业加快发展;全面落实省60条、市65条和县66条企业减负措施,促成商业银行与3家企业签署战略合作框架协议,为8家企业协调解决担保贷款2.13亿元,政府帮扶企业加大。文化旅游方面。重点景区建设全面提速,龙澍峪二期、东岭滑雪场二期顺利推进,燕村荷花公园温泉度假旅游景区开园迎客,天圆古玩市场、智星古玩城建成投入运营，全年实现旅游收入15.3亿元，同比增长16.3%。特别是陶寺遗址保护利用引起省市高度重视和社会广泛关注，全县文化旅游开发迎来前所未有的发展契机。

【项目建设】 开展“项目提质增效年”活动，全年实施省、市、县重点项目82项，其中58项完成建设任务或达到序时进度。“六位一体”各项指标全部完成市定目标任务，完成情况位居全市前列。组织参加各类招商洽谈活动，持续引深“回归工程”，先后签约或引进北京晶冠100兆瓦光伏发电、山西佳禾沼气制天然气及有机肥循环农业一体化等29个项目，为县域经济注入新的活力。

【住建环保】 棉加厂、石油公司、粮食局家属院3个棚户区改造工程主体完工，丁村路北延、丁陶大道西侧人行道改造、尧风二街路面工程全面完工，丁陶风情街一期商铺主体建成，滨河东路、省道台襄线改线建成通车，城市框架基本形成。市政设施、市容市貌等7个专项整治深入开展，市级文明县城创建通过验收。安排专项资金2000万元，完成1个省级、10个县级、45个乡镇级美丽宜居示范村建设，农村人居环境明显改善。全面完成116.7公里村通公路完善提质工程，广大群众出行难问题得到解决。星原、新金山、万鑫达等10家企业烟气脱硫及除尘设施完成升级改造，二氧化硫、氮氧化物等6项污染物约束性指标全部低于控制目标。完成人工造林0.097万公顷、封山育林0.08万公顷，全年二级以上天数达到220天。

【安全稳定】 广泛宣传新的《安全生产法》，广大干部群众和经营主体的安全意识、责任意识、红线意识明显增强；推进安全生产大检查、“打非治违”、危化品专项整治活动，查处整改各类隐患2254条；开展企业标准化建设，强化对危化、冶金等特种行业人员培训，组织开展尾矿库、消防、地质灾害防治等应急救援演练，全年安全生产事故大幅下降，控制在省市指标范围内，全县安全生产形势持续好转。开展缉枪治爆、丁陶净土、护校安园等13个专项整治，震慑各种违法犯罪行为，开展“百日双百案”和“大排查、大整治”专项活动，办结各类信访案件185起，社会治理水平提升。

【民主法治建设】 办结人大代表意见建议136件、政协委员提案76件，承接办结市长热线转派工单556件。全面贯彻“六权治本”，清理8大类职权1298项，绘制行政职权运行流程图、廉政风险防控图各3037个，承接上级下放、取消和调整的行政审批、年审年检事项98项，清理规范县级审批项目69项，县级公共资源交易平台建成试运行，行政审批两集中、两到位全部完成。县卫生计生局、工商和质量技术监督局完成整合，金融办正式挂牌成立。加强依法行政，审查规范性文件15件，办理行政复议12件、行政应诉19件，行政执法行为得到规范。

【科技创新】 襄汾将科技创新作为转变发展方式，构建“企业为主体、市场为导向、政产学研用相结合”的科创体系，激活区域经济提质增效源动力。加快实施“创新驱动战略和低碳创新行动计划”，先后修订实施《襄汾县关于加强科技创新工作的奖励办法》《襄汾县科技创新创业人才奖励办法》，完善实施《襄汾县专利奖励办法》。加大政府投入，保证科研经费足额到位，政府科技投入由740万增至1100万元，占到本级财政支出的1%。侯临农业科技有限公司、铁环漆业年科研投资逾百万，鹏泰伟业有限公司科研投资累计达3000万元。全县省级民营科技企业增至13家，市级科技创新型企业增至10家。全年申请国家专利100余件，企业研发机构增加一倍。恒泰制动器有限公司凭借“高碳低合金材料制动盘、制动毂上的应用”这项国家专利，开发制动盘、制动毂等系列产品，填补国内同行业空白，实现产业化生产，跻身于中国重汽集团及国外名车制造商汽车零部件供应商之列。高升玉米研究所研发的“玉米叶龄管理模式”获国家发明专利，依此管护的玉米亩产达850公斤，赢得赞比亚等国专家的观摩、好评。唐人居古典家居有限公司将尖端科技设备与传统制作技艺有机结合，制作出集艺术性、实用性于一体的晋作家具，享誉全省、畅销全国。侯临农业科技有限公司科研团队以收集、分析杏鲍菇不同生长环境、生长阶段各类数据为基础，研发出食用菌种植大棚、食用菌出菇房、食用菌原料清洗自动喷灌带清洗系统、出菇房节能换气装置等多项专利技术，使杏鲍菇从菌棒培养到包装装箱全程自动化、数据化操作，实现增产增效，仅出菇房节能换气装置一项专利技术，可增产13%。该企业所产杏鲍菇获得农业部无公害农产品证书和山西省无公害农产品产地认证，全年日均产销杏鲍菇达12吨，销往陕西、河南、甘肃等地。临汾铁环漆业有限公司攻克降低食用乙醇含量、底漆泛白等技术难题,成功研发环保性能好的水性木器漆,填补国内同行业空白,产品打入国际市场,公司发展成为产品种类达400多个、年产值超过7000万元的"山西省专精特新中小企业"。临汾市鹏泰伟业有限公司凭借5项科研专利和精湛的生产技术,获国家"高新技术企业"的殊荣,产品远销土耳其、日本及中东等地。奥格姆食用菌有限公司、三盛合醋业酿造有限公司等企业与高校院所联合攻关,加快研发生物农业产业高端产品。建滔万鑫达化工有限公司等企业加快对粗苯、甲醇等产品后续副产品的研发,以科技创新延伸产业链条。

【社会事业】 全县普通高考二本达线1812人,教育教学质量位居全市前茅;全年申请专利100件,企业研发机构增加到10个。县医院河西新院建设进入装修阶段,中医院改扩建工程加紧施工,38个村级卫生室完成改造。全年为教育、卫生、人社等系统招聘202名公职人员,新增城镇就业6430人,转移农村富余劳动力6750人;新建9所农村老年人日间照料中心;五大保险参保人数达到45.53万人次,发放城乡低保金3709.6万元,社会救助金1193.6万元,城乡低保和农村五保实现应保尽保。

(王建刚)

【县领导班子成员】

中共襄汾县委

书　记　王国平

副书记　张宏志(9月免)张瑜庆

常　委　张瑜庆　李青彦　贾安民　苏嘉邦　王志宏　杨建廷　范志军　穆书涛

襄汾县人大常委会

主　任　张拽牛

副主任　廉振东　宓和平　毛婉英　王福勇　陈津龙　贾景山

襄汾县人民政府

县　长　张宏志(9月免)　刘　浩(9月代)

副县长　苏嘉邦　王红星　张青云　曹　佩　杜许堂　李建军(4月挂职)

政协襄汾县委员会

主　席　王建中

副主席　乔德才　冯富荣　张淑玲

安泽县

【概述】 安泽县位于山西省东南部,太岳山东南麓,是临汾市的东大门。东与长治市屯留县毗邻,西与临汾市古县、浮山县交界,南与晋城市沁水县接壤,北与长治市沁源县相连;位于临汾、长治、晋城三市交界,临汾与长治两个开放城市的中心地带。南北长91千米,东西宽43千米,国土面积1967.3平方千米,辖4镇3乡103个行政村,513个自然村,总人口8.3万。因北魏置冀氏、义宁二县,于西部安吉、泽泉之间置县,取两地首字,定名安泽。

2015年,全县地区生产总值完成42.13亿元;规模以上工业增加值20.74亿元;固定资产投资63.35亿元,增长20%;社会消费品零售总额8.49亿元,增长7.31%;公共财政预算收入31000万元;城镇居民人均可支配收入23836元,增长8.1%;农村居民人均可支配收入7811元,增长7%。

【项目建设】 开展"项目提质增效年"活动,实施44项重点工程和10项民生实事,组织县四大班子领导和部分县直单位负责人赴太原学习"城中村"改造先进经验做法,深入项目工地,现场解决问题困难,加快项目建设进度;各常委亲自督导检查落实,确保项目建设进度;坚持"六位一体"推进项目建设,44项县级重点工程全部完成,项目建设的经济效益和社会效益有效体现。

【工业建设】 先后8次为煤焦企业减免缓费用,确保企业轻装上阵;加快煤炭产业"六型"转变,全县煤矿基本实现机械化和信息化;严格履行安全生产"党政同责",各企业推行"五学五查"工作法,全县安全生产形势好转;全县4座煤矿和2座焦化企业均保持正常运行,年生产原煤500万吨、洗精煤130万吨、焦炭240万吨、甲醇17万吨、合成氨5万吨。

【三农工作】 推进以优质玉米为主的粮食产业、以优质核桃为主的林果产业、以优质连翘为主的中药材产业、以优质肉牛为主的畜牧产业、以绿色无公害蔬菜为主的种植业等主导产业健康发展，实施农业综合开发土地治理，改造中低产田0.058万公顷，建设高标准农田0.058万公顷，新增耕地面积90.2公顷，完成马壁村土地开发整理163.67公顷；全县粮食总产量达14.7万吨，再创历史记录；核桃面积稳定在0.37万公顷，巩固8个千亩示范园建设，266.67公顷挂果见效；“安泽连翘”地理标志认证品牌效应显现，群众在连翘上的收入翻番，特别是全面摸清全县中药材资源底数，为开发利用中药材产业打下坚实基础；全县黄牛、猪、羊、家禽存栏分别达到1.4万头、3.2万头、10.5万只、63.2万只，肉类总产量达到13200吨，禽蛋产量达到4300吨；全县农民专业合作社达到445个，农业主导产业的规模不断扩大，经济效益全面提升。

【生态旅游】 完成造林绿化面积0.044万公顷，四旁植树65万株。重点开展“百日会战”专项行动，依法打击毁林开荒等违法犯罪行为，查处各类林政案件102起，做到绿化与管理并举。推进大气污染防治，安装包括PM2.5在内的六项空气质量指标自动监测系统；推进“气化安泽”，天然气入户覆盖率达90％以上，供热覆盖率达到80％以上。全县二氧化硫减排9.5吨，化学需氧量减排21吨，氨氮减排6.1吨，全县二级以上天数达364天，其中一级天数达到215天。推动荀子文化园内涵充实提升工程，对太岳军区司令部旧址进行抢救性修缮，旅游景点景区设施完善。加速推进服务业、文化旅游、物流等产业发展，推进电子商务，与省供销社合作，农芯乐平台成功在100多个村建立体验店，构建县、乡、村三级物流配送服务体系，实现网上线下同营销。

【城乡建设】 在城镇化建设上，制定完善《安泽县县城控制性详细规划》《安泽县城市绿地系统规划》《城市道路交通规划》《县城集中供热规划》《住房建设规划》等14项专项规划，规划体系完善。重点实施“一纵一横”旧城改造提升、奥体中心等重点工程，城市功能完善，城市品味提升。在改善农村人居环境上，围绕“家园美、田园美、生态美、生活美”的建设目标，编制完成《安泽县改善农村人居环境规划纲要(2014－2020)》。实施基础设施提质、农民安居、环境整治、宜居示范四大工程，累计建设农村户用沼气池9座，其中500立方米大型沼气池2座；先后完成370户农村危房改造、145户易地扶贫搬迁工程，乡村清洁工程中35个省级验收村基本达标，桃曲村、小黄村、沁河庄村省级示范村建设有序推进，示范带动作用有效发挥，基础设施建设的大突破推进城乡面貌的大改善。

【民生改善】 先后拨付9000余万元，为机关事业单位在职人员补发津贴补贴、增加基本工资，为离退休人员增加离退休费；实施12年教育全免费、全县群众意外保险等28个民生实事全覆盖，最大限度地惠及民生改善。教育上。投资1000余万元，加快良马、杜村、和川3所中心幼儿园建设，尽快实现乡镇公立幼儿园全覆盖；投资600余万元，实施部分校舍改造提升工程，实现硬件建设的提标升级；拿出400余万元，实施师资队伍素质提升工程，分类提高偏远山区教师岗位补助，推进顶岗支教活动，校长教师队伍素质提升；推进安泽二中等中学实行全封闭管理。卫生上。加快县人民医院门诊医技综合楼、中医院住院综合楼、杜村乡卫生院建设，新招聘40名医务人员充实卫技队伍，打造唐城、冀氏和马壁三个中医特色乡镇卫生医院，硬件软件建设齐头并进；全县公办医疗机构实行“四免一降”，农村医疗参合率稳定在99％；开展“六进”免费送医上门活动，累计为群众义诊15000余人次；建立居民健康档案80851份，实行签单式服务，实现每个农户都有一个固定医生。交通上。杜村河阳至马壁石槽连通路全面贯通，基本实现镇通公路大循环；统筹推进县道安全设施、乡镇道路罩面、村道硬化等工程建设，实现全县交通网络的再提标。饮水上。在实现城乡饮水全覆盖的基础上，解决12个自然村、3600口人的安全饮水问题，让全县群众喝上安全水、优质水、健康水。文化上。坚持全民尽享文化成果的理念，变“送文化”为“种文化”，开展“文化惠民、文化育民、文化乐民”工程，累计举办“乐在周五”460余期，实现“乐在周五”“农民健身舞”全县103个行政村全覆盖。社会保障上。80岁以上老年人生活补助、农村退休干部生活补贴、全县人民意外伤害保险、玉米种植户全额保险、蔬菜大棚投保等措施深入民心。扶贫上，完成脱贫人口2400人，采取光伏发电扶贫、教育扶贫、金融扶贫等措施。

【社会管理】 开展打黑除恶、六六创安专项行动，在良马、唐城等5个乡镇建设26个视频监控点，社会治安防控水平提升;“一村一警”等法律服务常态开展,群众的安全感和满意度名列省市前列。

(尚晓玲)

【县领导班子成员】

中共安泽县委

书　记　任秀红(女)

副书记　毛跟云　牛庆国

常　委　陈鹏飞　高成锁　杨玉果(女)
　　　　安海清　连忠武　张红山

安泽县人大常委会

主　任　韩建辉

副主任　孙玉成　刘春成　尹淑兰(女)
　　　　高文生　景豫晋

安泽县人民政府

县　　长　毛跟云

副 县 长　高成锁　崔斗庆　吴　勇
　　　　　李峻石　魏书亮

人武部政委　杨巨松

政协安泽县委员会

主　席　王孝恩

副主席　李树清　宋晓琴(女)
　　　　党爱珍(女)　赵红兵

古　县

【概述】 古县地处临汾市东北部,东与安泽县毗邻,南与浮山县相参,西南与尧都区接壤,西与洪洞县交界,西北与霍州市为邻,北与长治市的沁源县相连。面积1206平方千米,辖4镇3乡,9.3万人。

2015年,全县地区生产总值完成43.03亿元,增长2.0%;规模以上工业增加值完成21.43亿元,增长1.0%;固定资产投资完成60.39亿元,增长20.2%;公共财政收入完成1.96亿元;社会消费品零售总额完成9.17亿,增长5.5%;城镇居民人均可支配收入完成26259元,增长7.4%;农民人均可支配收入完成8601元,增长7.6%.各项约束性指标全面完成。重点项目“六位一体”完成率均超过全市平均水平。

2015年古县首家电商平台建成

【经济转型】 2015年,古县围绕“兴煤力保增长”,制定促进煤炭经济转型3方面12条措施,提升煤焦产业的综合效益。全县煤炭投产产能达到525万吨,2座矿井达到省一级标准,2座达到省二级标准。发展煤化工产业,国新正泰焦炉煤气制备天然气项目进入试生产,利达焦化6万吨合成氨项目进入试运行,1亿标方LNG项目前期工作开展顺利。全面推进煤电铝产业一体化发展步伐,西山煤电古县2×350MW低热值煤发电项目正在争取核准,中铝山西分公司古县铝土矿资源合作开发项目进入公开出让程序,与新疆众和股份有限公司签订新型功能性变形合金材料循环经济产业化项目合作框架协议。顺杰耐材公司、华海天宇公司分别在“新四板”挂牌上市。发展新能源产业,佳盛能源古县60MW光伏发电项目一期工程并网发电,二期工程开工建设。启动实施县城机关事业单位屋顶分布式光伏发电项目。培育储备一批村级100KW光伏扶贫示范项目和农户“8613”光伏发电项目。成功举办第八届中国古县牡丹文化旅游节。“马上购”电商平台落户古县,涌现出农村电商,第三产业比重得到提升。

【城乡发展】 以“修路打通瓶颈”为抓手,统筹推进城乡基础设施建设。长临高速连接线县城至旧县快速路建设项目通过审评。省道323线古县沁源界至108国道拓宽改造工程前期取得突破。古翼高速进入评审程序。村村通水泥(油)路完善提质24公里。文德路建成通车。县城向阳西街、龙泉西街焕然一新。在加大重大基础建设上,更加注重改善城乡人居环境。保障性住房开工246套,基本建成206套,第三期廉租房180户喜迁新居。农村困难家庭危房改造500户,异地移民搬迁完成368户1500口人。北平、古阳、岳阳采煤沦陷区治理搬迁安置工程全面开工。乡村清洁工程、新型职工农民培训、农村幼儿园建设等省定农村五件实事全部完成年度任务。

【生态环境】 推进"治污改善环境",严格执行新《环境保护法》,组织开展工业企业污染、煤烟污染、油气治理等大气污染防治工程,强化省道323线扬尘治理,环境综合治理成效显著。制定出台《涧河工业园区生态移民搬迁实施方案》,园区移民搬迁工作进入实质阶段。特别是动员广大干部群众集中开展环境卫生"十检查十整治"活动,国家卫生县城顺利通过复验。"十二五"节能减排约束目标如期完成。开展完善提质、农民安居、环境整治和宜居示范等农村人居环境改善四大工程,建成9个美丽宜居示范村,农业基础设施和农村生态环境持续改善。

【扶贫工作】 狠抓"三农"和脱贫攻坚不放松,全年粮食产量完成0.57亿公斤,核桃产量达到500万公斤。全年新发展核桃经济林0.12万公顷、连翘0.67万公顷、油用牡丹0.033万公顷。农业综合开发项目考评位列全省第一。全省深化集体林权制度改革林下经济现场观摩会在古县召开,古县成为全省集体林权改革试点县。推进农村土地承包经营权、宅基地使用权、集体建设用地使用权登记颁证和农村集体"三资"管理专项清理整治等工作。2015年,按照精准扶贫、精准脱贫和"五个一批"要求,建立"4321"精准扶贫机制,组建111个下乡工作队,抽调1723名机关干部精准扶贫帮扶重点贫困户,选派46名优秀机关干部担任农村"第一书记",机关干部精准帮扶到户实现全覆盖。完成贫困人口建档立卡"回头看",摸清扶贫"家底",为脱贫攻坚奠定基础。

【民生事业】 坚持教育优先发展,投资4700余万元,为23所中小学配套教学设备,爱心助学惠及312名贫困学生,优质高中招收名额完成100%,义务教育均衡发展通过国家验收。深化医药卫生体制改革,新建人民医院搬迁使用。创建全国县级文明城市,顺利通过中央文明办首次年度测评。自办媒体《古县新闻》创刊,成为传递上级声音、反应群众呼声、加快转型发展、推进工作落实的重要阵地。考录事业单位人员87人。深化"平安古县"和"法制古县"建设,社会治安形势良好。开展安全生产大检查和专项整治,工矿商贸领域12年没有发生较大以上安全生产事故,社会保持和谐稳定的良好局面。

(毛华丽　蔺燕艳)

【县领导班子成员】

中共古县县委
书　记　郝献民
副书记　李　强　张金虎
常　委　张亚斌　田卫东　姜红光　黄海华
　　　　白建成　元福明　韩东军

古县人大常委会
主　任　辛普选
副主任　李跃红　李清明　李　秀　赵安平

古县人民政府
县　长　李　强
副县长　姜红光　阴和平　邱肖宾　李荣强
　　　　赵　华　任宝玉

政协古县委员会
主　席　李朱锁
副主席　许建平　李红专　王朝才

大宁县

【概述】 大宁县位于北纬36°16′～36°36′,东经110°27′～111°01′,地处临汾市西部,吕梁山南麓,黄河东岸,东与隰县、蒲县为邻,北与永和接壤,南同吉县毗连,西与陕西省延长县隔黄河相望。2015年,辖2镇4乡1个城区办,84个村委,5个社区、297个村民小组,309个自然村。总面积967平方千米。总人口66156人,其中,农村人口46483人,男性34851人,女性31305人。

2015年,全县生产总值完成4.5亿元,年均增长8.14%;财政总收入完成5602万元,年均增长

11.1%;一般公共预算收入完成3300万元,年均增长10.17%;规模以上工业增加值完成1582万元;城镇居民人均可支配收入完成16541元,年均增长10.52%;农村居民人均可支配收入完成2690元,年均增长14.41%;社会消费品零售总额完成2.94亿元,年均增长12.5%;固定资产投资完成12.1亿元,年均增长28.3%。

【农业】 2015年,大宁县坚持集中连片、规模发展的原则,推进"优质苹果、设施蔬菜、高效养殖"三大基地建设。苹果基地实现规模扩张。在全县八大垣面发展苹果经济林0.67万余公顷,累计面积达到0.8万公顷,实现人均0.133公顷园的目标。2015年10月,大宁县被国家质检总局正式确定为国家级出口水果质量安全示范区。设施蔬菜实现效益提升。沿川水资源丰富的优势,发展各类设施蔬菜大棚2000座,新建有机蔬菜示范园区1个、蔬菜批发市场1个。依托政拓公司和阳煤集团,引进香菇、双孢菇等高效益品种,提升产业效益,增加菜农收入。高效养殖实现种养循环。坚持把生猪、肉羊养殖做为优质苹果和设施蔬菜的配套产业来抓,推广"猪一沼一果(菜)"循环经济模式,形成种植业和养殖业的良性循环。全县养殖专业合作社达62个,生猪饲养量达5万头,肉羊饲养量达8万只,年生产有机肥料8万余吨。

【工业经济】 大宁县把煤层气、光伏发电等绿色新能源产业作为本县新的经济增长点和工业发展的重中之重。与中石油达成战略合作框架协议,煤层气勘探工作及产能建设在大宁县全面铺开,启动2亿方煤层气产能项目,建设钻井40口,日产气量达40万方;启动山西宁扬能源公司30万方煤层气液化调峰项目;建成21个100千瓦的村级光伏电站。完成轻工业园区一期建设工程,鑫辉电子、治诚科技两家高新技术企业入驻投产;完成佳源煤业和乡宁焦煤集团的兼并重组、黄河化工和山西同德化工的重组整合,同德化工年产1万吨胶状乳化炸药生产线和辰康公司年产100吨麦绿素系列产品生产线均投产达效。参加中博会、能博会、广州招商引资推介会等活动,签约项目25个,资金总额达250.67亿元。

【城乡建设】 2015年,大宁县编制完成城市控制性规划和详细性规划,先后实施城西路改造、城南路旧城改造、保障性住房等城建重点工程,共拆除破旧建筑3万余平方米,新增建筑面积10万余平方米,新建各类保障性住房854套,城镇化率达到41.5%,城市开发步伐加快。完成10万平方米供热站建设工程,实施城市集中供气、供水、污水管网改造、红卫桥加宽、昕义桥加宽等工程,免费开放县城公厕,城市功能完善。新建城南滨河路、滨河路长廊公园、标准化体育场、全民健身活动中心和步行桥、古乡大桥、悬索桥,绿化城区面积8.5万平方米,城市品位提升。乡村面貌改观。完成两轮农村"五个全覆盖"工程。新改建公路556公里,易地搬迁926户、4159口人,改造农村危房2010户,新改扩建农村公办幼儿园15所。便民连锁店、农家书屋和路灯亮化实现行政村全覆盖,中等职业教育实行全免费,新型农村社会养老保险参保率达100%。建成220千伏、110千伏变电站,完成新一轮农村电网升级改造工程。实施土地开发和土地整理项目,整理基本农田1.333万公顷,平整土地0.273万公顷。改造农村饮水安全工程65处,解决80个自然村1.8万人的饮水安全问题。发展果园节水灌溉0.144万公顷、设施蔬菜大棚灌溉100公顷。结合环境建设年、环境提升年等活动,开展城乡环境卫生、市容市貌环境、交通道路秩序综合整治活动,塑造整洁有序、宜居宜业的大宁新形象。

【生态工程】 全年投入生态治理项目资金6356万元,先后实施三北防护林、天然林保护等林业生态建设项目,新增造林面积1.433万公顷,森林覆盖率由"十一五"末的25.8%提高到"十二五"末的32.46%。投入水土保持项目资金8950万元,先后实施生态综合治理、小流域治理、坡改梯田等项目,治理水土流失面积69.16平方千米。投资1738万元,实施农村环境连片整治示范项目,农村环境得到改善。加强空气质量、水环境质量监测工作,安装两套PM2.5自动监测系统。年空气质量二级天数稳定在300天以上,2015年空气质量二级以上天数达361天。饮用水源地水质达标率为100%。实施节能减排,单位GDP能耗同比下降3%,淘汰黄标车和老旧车349辆。

【社会事业】 2015年,大宁县推行十五年免费教育,实施营养改善计划,为义务教育阶段学生免费发放校服,受惠学生达4863名。实施校舍加固和薄弱学校改造工程,招聘特岗教师190名,高考达二本以上录取分数线183人。卫计事业。推进医药卫生体制改革，开展卫生计生人才综合培养试点工作，基本公共卫生服务项目由9种扩展到12种。建成县医院综合门诊大楼，为县医院配备CT、DR、麻醉机和24小时动态心电图等医疗设备，县医院顺利通过二甲医院验收。全县村级卫生室覆盖率达到100%，新农合参合率达到99.18%。文化事业。成功创建省级文明县城，实现县乡村三级文化服务网络体系全覆盖，大宁黄煎、油糕被列入省级非物质文化遗产，连续四年举办文化消夏月活动，创办农村文化“美丽大宁乡村行”品牌。完成数字电视平移工作，实施20个行政村有线电视网络建设工程，安装广播电视卫星设备村村通2430套、户户通2650套。社保体系完善。城镇职工基本养老保险、医疗保险和城乡居民社会养老保险等社会保障覆盖面扩大，城镇新增就业人数达2231人，城镇登记失业率控制在3.8%以内。城乡低保、农村五保供养水平提高，基本实现应保尽保。社会管理得到加强。贯彻新《安全生产法》，加强对重点领域的安全监管，安全生产形势稳定。全面完成食品药品监管体制改革任务，基层监管力量加强。

【光伏发电】 2014年大宁县被国家能源局和国务院扶贫办列为全国首批光伏扶贫试点县，县委、县政府组织相关部门迅速行动，制定全县总体发展规划，确定两个全覆盖总体发展目标即通过光伏扶贫实现贫困村全覆盖，贫困户全覆盖。计划在建档立卡识别的80个贫困村建设80个100千瓦光伏电站。2015年实施的20个村100千瓦电站工程完成招标工作，近期将全面启动建设，预计10月底全部竣工并网。利用荒山荒坡建设40兆瓦地面电站，利用现有农业设施建设光伏电站。

川庄村100千瓦发电站2015年4月开工建设，该工程总投资85万元，该电站占地面积0.333公顷，共安装光伏组件1260片。地面工程全部完成，即将并网发电，预计年发电量13－15万度，年收益13－15万元，可覆盖全村324名建档立卡贫困人口受益，帮助19名深度贫困人口增收脱贫。

从2013年开始，阳煤集团参与企业产业扶贫，在三多乡川庄村独资建设双孢菇种植及加工项目。该项目占地13.733公顷，总投资3.5亿元，项目建设投产后，年产鲜菇1.2万吨，生产有机肥2.7万吨，可直接吸纳当地劳动力就业400余人，人均年收入3万多元，带动300多农户家庭种植双孢菇，预计每户年收入8万元，将带动川庄村周边及全县运输、餐饮、建材、养殖、种植、加工等相关产业的发展。在二期规划中，计划与上市企业合作，在厂房顶部铺设太阳能光伏板，发展立体经营，提高土地利用率。

2013年，吉村在省、市扶贫部门的支持下，投入扶贫资金120万元，新建一座115KW的太阳能光伏扶贫电站。该电站占地面积0.2公顷，在2014年6月建成并入国家电网试运营，截止2015年6月底，共发电13万度，可收入13万元。电站收入在覆盖全村建档立卡贫困人口受益，可重点帮助42名深度贫困人口增收脱贫。

光 伏 发 电

【山西省扶贫开发工作现场推进会在大宁县召开】 4月14日，全省扶贫开发工作现场推进会在大宁县召开，省扶贫办主任王立伟，省扶贫办各处室负责人，全省11个地级市、58个县的扶贫部门负责人，县委书记刘奎生，县委副书记、县长樊宇，副县长杨对明、李天舒等共计160余人参加会议。与会人员先后实地查看昕水镇而吉村光伏发电项目、移民新区和轻工业园区“两区同建”建设项目、太德乡万亩优质苹果基地。每到一处，与会人员都要听取相关负责人关于项目情况的介绍，查看相关资料。

通过实地查看、查阅资料、与镇村干部交流等方式，省领导认为本县以实现农业增效、农民增收为目标，推进扶贫开发，尤其是在产业扶贫、光伏扶贫和“两区同建”中的一些好经验、好做法值得推广学习。

【岳普煜在大宁县调研光伏发电项目】 6月25

日上午，市委副书记、市长岳普煜一行来宁，就光伏发电项目建设进行调研。调研中，岳普煜一行先后到三多乡川庄村、太德乡美源村光伏发电项目建设现场，实地察看项目建设规划及进展情况，听取相关部门负责人就光伏发电项目的情况介绍。岳普煜对本县光伏发电项目建设给予肯定，希望在光伏发电并网、分布式发电等方面进行探索和研究，解决发展中存在的困难和问题，加快项目推进步伐，实现光伏发电可持续发展。

【刘永富来宁调研】 8月10日上午，国务院扶贫办主任刘永富带领国家能源局、国家电网公司、中国农业发展银行等部门负责人来宁，就本县光伏扶贫工作进行调研。刘永富一行先后深入三多乡川庄村村级分布式光伏扶贫电站、阳煤集团大宁农业开发有限公司双孢菇产业与光伏扶贫一体化项目建设工地、昕水镇而吉村光伏扶贫电站，详细了解本县光伏扶贫工作开展情况。

通过实地调研，刘永富要求，大宁县要抓住全国光伏扶贫试点县的机遇，开拓思路，创新机制，为光伏产业扶贫闯出一条路子，要加大工作力度，保证施工质量，确保光伏发电与精准扶贫相结合，加快山区贫困县脱贫致富步伐。

【张茂才在大宁县调研】 10月15日下午，省人大常委会副主任张茂才带领调研组来宁，就工业、农村产业发展和城乡养老事业建设情况进行调研，张茂才一行首先来到轻工业园区，听取园区建设汇报，到园区内的鑫辉电子原件有限公司和治诚科技有限公司，实地考察企业的生产经营情况。要求本县立足于实际，加大招商引资力度，创新工业产业发展模式，增强企业创新能力和可持续发展能力，加快企业转型升级，为大宁县提供更多就业机会，打造地方经济新的增长点。

在社会福利中心，张茂才对大宁县构建养老服务体系的经验和做法给予肯定，希望完善养老服务体系，使老龄事业与人口老龄化水平相适应、与经济社会发展相协调，满足人民群众日益增长的养老服务需求。

在太德乡林下养殖地调研时，张茂才要求大宁县以农业扶贫开发项目为依托，加快发展现代特色农业步伐，延长农业产业链条，拓宽农民增收途径，以农业产业化发展带动农民增收致富。

（李宏伟）

【县领导班子成员】

中共大宁县委

书　记　刘奎生
副书记　樊　宇　吴　滨
常　委　焦宏文　郝爱民　冯小宁　陈东楷
　　　　张新平　马新生

大宁县人大常委会

主　任　贺寅生
副主任　贺建新　王蛇英(女)　任县宁
　　　　李太平　贺荣青　房隰平

大宁县人民政府

县　长　樊　宇
副县长　冯小宁　田　云(女)　杨对明
　　　　赵晨伟　白慧星　李天舒(7月免)
　　　　李　光(4月任)

政协大宁县委员会

主　席　姚如意
副主席　房蒲建　尉金平　张志荣

汾西县

【概述】 汾西县位于北纬36°27′～36°48′，东经111°13′～111°40′，总面积880平方千米，辖5镇3乡，126个行政村。总人口14.86万人，农业人口8.5万人。

2015年，全县地区生产总值完成192863万元，增长3.8%；规模以上工业增加值完成31770万元，下降3.7%；社会消费品零售总额完成109221.2万元，增长6.4%；固定资产投资完成327461万元，增长21.3%；财政总收入完成8248万元，下降53.01%；一般预算收入完成5564万元，下降60.4%；城镇居民可支配收入10426元，增长8.3%；农民人均纯收入3136元，增长6.2%。

【农业生产】 2015年全县农作物总播种面积25482.1公顷，比上年减少162.2公顷，下降1%。其中：粮食播种24080.6公顷，油料种植面积376公顷，棉花种植面积3公顷，减少6.7公顷。在粮食播种面积24080.6公顷，其中秋粮播种面积12728.6公顷，夏粮播种面积11352公顷。全年粮食产量56652.3吨。完成造林面积1920公顷，全县猪牛羊禽兔肉总产量9688.91吨，比上年增长12.95%。其中:猪肉产量2560.84吨，增长4%;牛肉产量416.1吨，羊肉产量607.99吨，增长9%。禽肉产量6092.78吨，增长19%。年末生猪存栏20776头，生猪出栏29764头。禽蛋产量3311.62吨，增长28%。农业机械总动力114839千瓦，增长6%。机械耕地面积1.542万公顷，播种面积1.353万公顷。农机化经营总收入2506万元，利润总额962万元，全县机械化水平达到51.8%。

【交通邮电】 2015年，汾西县农村公路总里程733.5千米，其中高速公路一条40千米，省道一条46千米，县道6条164.4千米。乡(镇)道34条238千米，村道69条245.1千米。邮政业务总量1005万元，增长19%;联通业务总量1974万元，增长116.9%;移动业务总量3944万元，增长5.6%，电信业务总量150万元，年末固定电话3730部，减少146部，下降3.8%;移动电话达到94277户，移动电话普及率63部/百人。全县宽带接入用户11771户，增长14.3%。

【医疗卫生】 2015年，汾西县现有医疗卫生机构183个。民营康复医院1个，妇幼保健站1个，疾病预防控制中心1个，精神病院1个，中医院1个，乡镇卫生院8个，城镇卫生服务中心1个，村卫生所151个，个体诊所18个，卫生机构共有床位428张，其中县医院床位150张，卫生院床位143张。卫生技术人员506人，新型农村医疗参合人数达107154人，参合率达99.06%。

【教育事业】 职业中学1所，教师进修校1所，单办高中1年，在校学生2361人。初中5所，在校学生4342人;小学17所，在校学生10097人;教职工1547人。适龄儿童入学率100%，小学六年攻固率100%，初中三年保留率98.6%。

【文化事业】 成功举办2015年“美丽汾西”社火节文化汇演;开展送电影、送戏下乡1352场，送图书下乡3500册;举办文艺晚会6场;组织开展“欢乐送基层”文化下乡100场，满足广大干部群众的精神文化生活需求。县传统威风锣鼓参加全市锣鼓大赛，获第三名。县编演的抗日题材蒲剧《汾西烽火》和《亲疙瘩》等舞蹈作品选送参加临汾市“五个一工程”奖评选。参加临汾市第三届“犁花奖”戏曲大赛，和平镇申村农民庞建峰获“三等奖”。组织申报非物质文化遗产，发展壮大威风锣鼓，民间剪纸等文化节产业，带动文化旅游业发展，对师家沟、姑射山、刘家庄二十间地下党革命旧址等宝贵资源进行修缮和宣传推广，带动全县三个文化的协调发展。

【社会保障】 参加企业职工养老保险5539人，基本养老保险收入1229.7万元;参加机关事业养老保险3890人，完成基金征缴10686万元;参加基本医疗保险22019人，完成基金征缴1167.1万元;参加失业保险4903人，征缴失业基金155万元;参加工伤保险9068人，征缴工伤保险基金106万元，参加生育保险5498人，基金征缴30.31万元;全县城乡居民参保54571人，保费征缴560万元;发放城镇最低生活保障金1209万元，农村最低生活保障金830万元;五保供养金182万元。完善城乡医疗救助制度，给予患大病的贫困对象1000元以上，10000元以下医疗救助。完善临时制度，推进流浪乞讨人员救助规范化建设，加强乡镇救灾物资储备库和社区应急避难场所建设。城镇新增就业岗位1213人;创业培训2期60人;培训农村劳动力3033人，劳务输出2779人，城镇登记失业率控制在4.2%范围内。

(赵鸿虎)

【县领导班子成员】

中共汾西县委

县委书记　任天顺

副 书 记　张安文　张全管

县委常委　段惠刚　杨晓舟　周勇军
　　　　　丁春明　宋大鹏　贾文魁

汾西县人民政府

县　长　张安文

副县长　孙智英　赵志红　武耀忠
　　　　贾晓文　杜浩强　郭荣平

汾西县人大常委会

主　任　贾文魁

副主任　张三保　张双花　张生惠
　　　　乔旭兵　薛荣华

政协汾西县委员会
主　席　乔建平
副主席　郭建华　赵建中　侯建忠

蒲　县

【概述】 蒲县地处吕梁山南端西麓,故有"诚河东之咽喉,亦西秦之门户"之称。辖区东西最大横距48.5千米,南北最大纵距49.4千米。总面积1510.6平方千米。设4镇5乡,93个村民委员会,456个村民小组,526个自然村,总人口110385人,人口自然增长率4.15‰。

2015年,全县实现地区生产总值53.85亿元,比上年增长13.6%。人均地区生产总值48888元,比上年增长2.14%。全部工业增加值39.89亿元,比上年增长14.8%;固定资产投资完成60.51亿元,比上年增长20.1%;社会消费品零售总额7.27亿元,比上年增长5.7%;财政总收入12.97亿元,比上年减少29.14%;城镇居民人均可支配收入23075元,增长6.8%;农村居民人均可支配收入7425元,增长6.7%。重点项目"六位一体"综合排名全市第一。成功创建"省级园林县城""省级卫生县城""省级文明县城"。

【特色农业】 坚持发展特色,建设精品,推进优质核桃,马铃薯"两个十万亩"基地建设,推动产业规模扩大。标准化管理老中幼核桃树3000公顷,高接换优400公顷,千亩示范基地达到20个,新增挂果面积466.67公顷,核桃产量达到300万公斤,比上年增长30.4%。依托马铃薯高新技术示范园人才、技术优势,培育市场稀缺、有机特色马铃薯133.33公顷,繁育种薯380万公斤;建成大型马铃薯贮藏库4座,可储存鲜薯450万公斤。全年农作物播种面积15182.7公顷,比上年增长3%,其中粮食作物播种面积14007公顷,比上年增长2.48%;油料种植面积361公顷,比上年下降26.47%。全县粮食总产量39853吨,比上年减少45.9%。其中:玉米34430吨,减少45.54%;小麦104吨,减少21.21%。夏粮总产量104吨,比上年减少－21.21%;秋粮总产量为39749吨,比上年减少－45.89%;薯类总产量11973吨,比上年增长85.57%;油料总产量328吨,比上年减少－44.50%;蔬菜总产量16321吨,比上年增长27.25%,烟叶总产量617吨,比上年减少－11.48%。全年全县猪牛羊肉总产量3102吨,比上年减少6.0%。其中,猪肉产量2298吨,增长3.0%;牛肉产量682吨,减少5.7%;羊肉产量122吨,增长1.6%。年末生猪存栏18561头,生猪出栏29813头;牛奶产量32吨;禽蛋产量776吨;水果产品产量1502吨。全年完成造林面积2233.3公顷,植树20万株,全县森林覆盖率达到36.92%,林木覆盖率达到53%。

【工业转型】 标准化矿井建设年度完成投资2.2亿元,新增竣工投产矿井5座、联合试运转2座。总投资4.3亿元的山煤300万吨洗煤厂项目,即将投产。龙祥新型干法水泥一期投产见效,二期正在安装设备。赢晟园精密铸造、鑫永鑫铸造开发新产品,市场份额扩大。启动实施总投资120亿元的煤电铝一体化项目,完成铝土矿储量勘查。总投资2亿元的华正煤机维修制造项目,1号、2号车间竣工投用。总投资2980万元的御津泷年产4万吨饮用山泉水项目试运行。年末全县规模以上工业企业达到30家,规模以上工业增加值占全部工业的比重达到96.73%。2015年全县全部工业增加值完成39.90万元,比上年增长14.8%。工业对GDP贡献率为82.22%,拉动GDP增长11.18个百分点。全年规模以上工业实现销售产值82.34亿元,比上年减少0.3%;规模以上工业主营业务收入实现66.90亿元;实现利税0.49亿元;实现利润－7.80亿元。工业新兴产业投资完成4.6亿元,占全部工业投资的31.5%;非煤产业增加值5.81亿元,占规上工业增加值的15.24%;工业固废排放量412万吨,综合利用量284万吨,综合利用率69%。全县原煤产量1100万吨,比上年增长30.76%;洗精煤产量600万吨,比上年增长4.11%;发电量24100万千瓦时,比上年增长0.74%。易恒天酒业累计生产白酒2030千升,全县铸造企业共生产铸件9.75万吨。

全县资质以上建筑企业4家,建筑业总产值156259万元,下降5.04%,建筑业增加值14186万元,增长7.8%。房屋建筑施工面积52366平方米,增长0.29%。

【财政金融】 全县财政总收入129714万元,减少29.14%，公共财政收入76105万元，减少23.92%。财政收入占GDP的比重为24.09%。公共财政支出142544万元，减少7.96%。

年末全县金融机构各项存款余额522331万元，下降3.6%。金融机构各项贷款余额316793万元，增长1.5%。银行存贷比例为164.88%。

【固定资产】 2015年，全县固定资产投资完成605088万元，增长20.1%。工程施工项目达168个，增长71%；其中本年新开工项目84个，增长31%；本年投产项目个数144个，增长453%。

全县工业固定资产投资额113789万元，占全县固定资产投资的比重为19%，其中更新改造和技术改造投资189050元，增长0.52%。

【城建环保】 2015年，城乡建设，坚持城市扩容和完善功能并重、旧城改造和新区建设并举，加快“大县城”建设，城建19项重点工程全面启动，锦绣小区一期、鹿城山水小区一期、保障性住房三期、北街公园主体完工，滨河大道二期完成铺油，锦绣超市进行室内外装修，旧城改造昌平东大街小区、垃圾收转运系统、创业孵化基地、锦绣大桥周边修复等项目进展顺利，城市功能品位全面提升。乔家湾乡“百镇建设”初具雏形，黑龙关镇屯里坡、乔家湾乡刘家山等一批亮点村建设富有成效。全县城镇化率达到46.043%，提高1.76个百分点。县城污水处理率达82%；县城建成区面积为8平方千米；城镇集聚辐射能力增强。

2015年，全县空气质量二级以上天数344天，达标率为94%。2015年全县化学需氧量(COD)降幅1%，氨氮排放量降幅0.5%，二氧化硫排放量降幅0.5%，氮氧化物排放量降幅2%，烟尘排放量降幅0.5%，工业粉尘排放量降幅1%。全县饮用水水源地水质达标率稳定在100%。PM2.5监测站投入运行。

【交通邮电】 2015年完成农村公路完善提质工程，建设里程15.8公里，总投资1384.85万元，分别为临午线至黎掌、岔堡线至佃沟、临午线至甘草凹、临午线至宜家岭、三底线至水库沟、三底线至沟峪、黑河线至火石凹、蒙古至陈家庄、黑河线至曹家沟、临午线至席家沟；完成乡村公路改造提升工程，建设里程7.066公里，总投资1031.1万元。克城镇窑沟至东辛庄公路改造工程，克罗线油房村段路面返修工程，曹家庄至乔子滩南沟村公路改造工程，克罗线槐树村段路面返修工程，全部竣工投入使用。全年全县交通运输和邮政业增加值13059万元，比上年增长18.9%。公路线路年末里程954.19公里，其中按行政等级分省道68.51公里，县道137.72公里，乡道366.68公里，村道381.28公里。按技术等级分一级34.23公里，二级193.04公里，三级110.94公里，四级549.22公里，等外66.77公里。全年全县街道、巷道硬化4435.5平方米。

全年全县完成邮政业务总量565.62万元，比上年下降31.16%，电信业务总收入334.1万元。

【教育科技】 全县共有中小学校66所，其中高中1所，职中1所，九年一贯制4所，初中7所(含民办1所)，小学53所(含教学点16个、民办1所)。共有中小学生12489人，小学在校学生7729人，小学适龄儿童入学率100%；初中在校学生3025人，适龄人口入学率100%；中等职业教育在校学生219人；普通高中在校学生1516人，下降9.17%。教育质量不断提高。高考达二本线以上193人，达线率33.28%，在山区县中排名第二。其中大文大理人数达到113人，比上年增加34人，大文大理达线率19.4%，比上年提高4个百分点；职业中学参加对口升学63人，达专科线以上55人，达线率87.3%，达本科线6人，达线率9.5%，深化与中信集团、北京商鲲等企业院校的合作办学机制，打造特色专业，拓宽培训渠道，学生就业率不断提升。

推进科技创新。全年共申请专利5项，专利授权2人，其中实用型专利2项，发明专利3项，财政科技投入454万元，增长9.4%。

【文化卫生】 全年下乡惠民免费演出共计1746场。蒲县首部电视剧《坚守》完成拍摄制作，在蒲县电视台首播；蒲县蒲剧团优秀剧目《赵氏孤儿》赴省城参加周末剧场演出，获观众好评。全年全县拥有各类艺术表演团体1个，文化馆1个，公共图书馆1个，档案馆1个。全县有广播电台1座，广播综合人口覆盖率100%，电视台1个，电视综合人口覆盖率99.5%，有线电视用户3万余户。

全县拥有各类卫生机构24个，其中医院1个，妇幼保健院1个，疾病预防控制中心1个。医院、卫生院床位465张。

【商贸和服务业】 全年全县实现社会消费品零

售总额72689.1万元,比上年增长5.7%。按销售单位所在地分,城镇消费品零售额60950.2万元,增长7.21%;乡村消费品零售额11738.9万元,增长26.31%。

2015年,全县服务业增加值108486万元,增长13.7%,其中重点服务业企业主营业务收入达到6155.8万元,增长34.7%。

【旅游业】 投资1500万元的东岳庙彩塑壁画保护工程全部完工;包含县内东岳庙、五鹿山、段云书艺馆、翠屏山、现代农业示范园、蒲元生态园等特色景点的蒲县“一日游”线路开通运营。全年接待国内外游客21万余人次,实现旅游收入220余万元。

【社会保障】 年末参加城乡居民基本养老保险的人数为46759人;参加城镇基本医疗保险的人数为23140人;参加农村合作医疗保险的人数为70240人;参加失业保险的人数为7600人;参加工伤保险的人数为35300人;参加生育保险的人数为11504人。全县建立县乡两级农村居民生活保障制度,全县城市最低生活保障的居民1483户3906人,累计发放城市低保资金1372.2万元;农村居民得到政府最低生活保障的居民5579户5924人,农村医疗救助753人,发放资金304808元,各项社会公益事业、社区综合服务事业等都有较快发展。

《蒲县志》(康熙版)

【影印康熙版《蒲县志》】 2015年1月,蒲县地方志办公室启动《蒲县志》(康熙八卷)整理影印工作。先后三上太原,五进京城,到国家图书馆、国家古籍馆洽谈,确定珍藏于国家图书馆的《蒲县志》(康熙八卷)刻本为最佳影印底本。因年代久远,对蒲县旧志志稿模糊不清及残缺内容进行描润和补入,逐字逐句进行商榷补字,形成完整的版本。成功影印《蒲县志》(康熙八卷),保证志书的准确性和完整性。

《蒲县志》(康熙八卷)编修于清康熙十二年(1673),由(清)胡必蕃修,曹丕振,贺友范纂。分上下册,共8卷,64目。区图5幅,5.6万字。系统地记述蒲县自然地理和历史人文状况。《蒲县志》(康熙八卷)的影印出版,为鉴往知来,把握现在提供了珍贵的历史资料,起到“资治、存史、教化”的作用,是蒲县发展的宝贵精神财富。

全民健康服务中心大楼

【全民健康服务中心】 全民健康服务中心是县委县政府确定的重点民生工程之一,该工程总投资约1亿元,占地面积3公顷,建筑面积40424.31平方米,由上海诚建建筑规划设计有限公司设计,由一主两辅三栋建筑构成。其中主楼由地下1层和地上19层附4层裙楼组成(建筑面积32293.32平方米),地下1层主要有40个停车位,1—5层为各单位就医康复及业务用房,5层以上为各单位办公用房及会议培训用房。两栋辅楼,主楼西北角的6层楼(建筑面积5203平方米),为中医院的住院部,可容纳120张床位;主楼东北面的3层小楼(建筑面积2358平方米),为职工食堂、职工宿舍等。该工程于2012年3月开工建设,,2015年1月竣工。设计规划超前,在全省处于县级医疗服务单位领先行列。

为高效利用卫生资源,服务群众健康业务一体化,开创医院新模式。蒲县县委、县政府联合蒲县中医院、卫计局、疾病预防控制中心、药监局、残联5单位组建蒲县全民健康服务中心。发挥中医院医护特色、残联康复特色以及其他部门的优势特色,将医、护、养三者结合起来,方便群众。是蒲县县委、县政府高度重视教育卫生事业倾力投入民生、关爱民生、改善民生的体现。

【蒲县苗木实验基地】 蒲县苗木实验基地位于蒲城镇河西村,总占地面积35.2公顷,南侧紧邻蒲县昕水河及滨河大道,北靠山体及河西小区,东临新城北山公园,西侧紧邻山体。地理位置优越,适于苗木的成长和花木产品销售及运输。

苗木实验基地建设总投资1938万元,于2014年4月20日开工建设,2015年3月全部竣工。基地面积352000平方米。建筑面积230平方米,圆形广场1648.5平方米,道路铺设33.09平方米,管道铺设4917米。有泵站3座,S11－250干式变压器1台,水井3座。苗木种植区布局乡土区、珍稀区、引种区、花灌区、彩叶区、水生区、幼苗区、花草区等8个展区,涉及杜仲、银杏、白蜡、流苏、五角枫、龙爪槐、丁香、榆叶梅、四季锦带、华北卫茅球、麻核桃、文冠果、蒙古栎、红王子锦带、红宝石、海棠、紫玉兰、樱花、金叶复叶槭等60余个品种,各类园林景观苗木50余万株。

蒲县苗木实验基地为蒲县城市绿化、生态县建设提供充足的景观苗木资源,是集引种、研发、培育、生产、销售为一体的综合性景观花木研发生产基地,每年可增加经济收入450万元,带动当地百姓脱贫致富,改善生态环境,形成农业生产与生态环境保护的良性循环。

【山西蒲县御津瀧山泉水有限公司】 山西蒲县御津瀧山泉水有限公司,位于蒲县山中乡、川南岑村委、辛庄村,2013年8月注册,立项筹建。属独资股份企业,注册资金200万元,生产规模年产4万吨饮用山泉水。公司内设综合办、财务部、技术部、生产部、营销部,有员工17人。2013年开始筹建,2014年完成厂房、水源地建设、基础建设;2015年完成设备安装、人员技术培训;进行生产线试运行,完成各项投资2180余万元,生产运行状况良好。

公司主要建设有三条自动化生产线;生产工艺采用国内最先进的预处理＋双级反渗透生产工艺。产品将销往全国各地,年生产桶装水1万吨,瓶装水3万吨,实现年销售2500万元,利润800万元,实现税收300余万元。御津瀧牌山泉水,水质含有十分丰富的矿物质,口感绵甜、清爽冰凉,有较强的市场竞争优势,市场前景广阔。

(曹立华)

【县领导班子成员】

中共蒲县县委
书　记　闫建国
副书记　赵志慧　郭迎明
常　委　陈振华　陈金庄　席建国　高永贤
　　　　余作明　李　峰(8月免)
　　　　黄生宁(8月任)

蒲县人大常委会
主　任　王安保
副主任　曹海棠　弓兰凤　吉宝忠

蒲县人民政府
县　长　赵志慧
副县长　陈振华　席菊玲　李有红　宋蒲刚
　　　　张　鹏

政协蒲县委员会
主　席　史虎喜
副主席　郑蒲生

乡宁县

【概述】 乡宁县位于黄河中游,吕梁山南端,山西省西南,临汾市西部。坐落在姑射山与龙门山上。东与尧都区、襄汾接壤,西枕黄河与陕西韩城、宜川相望;南以河津、稷山、新绛三县为界,北与吉县毗邻。全县地质构造单元的主体是山西地台,全县总面积2029平方千米,辖10个乡镇、182个村委、1113个自然村。2015年新增人口2096人,总人口数为242514万人。

2015年,全年完成生产总值80.38亿元,增长2.5%;财政总收入20.35亿元,下降12.58%;公共财政预算收入8.45亿元,下降34.62%;规模以上工业增加值37.77亿元,下降1.8%;固定资产投资72.07亿元，增长18.6%；社会消费品零售总额18.86亿元，增长6.6%；城镇居民人均可支配收入24602元，增长7.6%；农民人均可支配收入8218元，增长8%。

【农业发展】 2015年，乡宁县坚持“核桃产业主导、若干特色并进”发展思路，制定出台财政补助和核桃管护等政策性文件。启动实施7个“一村一品”示范村扶持项目，全县千亩以上“一村一品”专业村达到60个，经济林面积达到2万公顷，农民人均达0.1公顷。扶持农业产业化龙头企业，农产品加工销售收入完成4亿元。投资2.12亿元实施农民安居、完善提升、环境整治、宜居示范“四大工程”，推进11个美丽宜居示范村创建工作，农村人居环境有效改善。片区扶贫开发翅果种植加工项目进入验收阶段，实施5处光伏扶贫发电项目，精准扶贫428户，减贫6400人。全年培训新型农民11000余人次。农村土地承包经营权确权1.95万公顷，水保治理1524公顷。解决和改善22519人、4600头大牲畜饮水问题。全年粮食总产量达7.76万吨。

【产业结构】 全面落实中央、省、市各项稳增长和减负政策措施，减轻企业负担2.3亿元。全县矿井建设累计完成投资21.6亿元，6座煤矿进入联合试运转、2座转产，新增有效产能750万吨。乡宁焦煤集团2015年第一期中期票据6亿元成功发行。在确保安全的前提下，全年生产原煤1049.33万吨，实现销售收入26.9亿元。在推进非煤产业发展上，实施“惠商贷”政策，为31家中小微企业发放贷款3340万元。民营企业总数达505家，民营经济总产值完成20.99亿元，增长8.85%。推进省市县三级重点工程，光华工业园区2×100万千瓦燃煤发电项目、扬德煤层气综合利用、杭州禹瑞5000吨玻璃纤维生产线等转型调产项目成功签约，云丘山旅游、戎子酒庄等转型项目加快推进，农家福双季米槐、凤凰山玫瑰种植、剑泉花菇等一批新兴产业初见成效。

【安全形势】 坚持“抓住煤矿安全生产这个重点、攻克私挖盗采这个难点、绝不放松大安全”的工作思路，打击非法违法生产经营行为，开展安全生产大检查、打非治违专项行动、危险化学品和易燃易爆物品等重点行业领域安全专项整治，查处违法案件23宗，重新封堵私开矿点29处，排查治理各类隐患2333条。

【生态环境】 以“五城联创”为抓手，建设美丽乡宁。坚持规划先行，完成樊家坪、幸福湾等5个组团的控规修编评审，以及城市防涝、城市道路、城市综合交通体系3个规划的编制。启动实施西城路网改造、东城综合开发、鄂河河道治理、热源厂扩建、天然气接入等市政重点工程，县城文物古迹修缮、广场雕塑等文化建设保护工作全面完成，县城清峪水库供水工程试水成功。改造电力线路66.54公里，新增集中供热30万平方米、供气千余户。全面开展大气污染、环境卫生、交通秩序等专项整治，治理加油站38家，淘汰黄标车、老旧车523辆，二级以上天数达356天。采煤沉陷区搬迁安置295户、货币化补偿366户，地质灾害治理东风巷滑坡、西坡镇碗坪村、昌宁镇幸福湾村南岭西滑坡3处。植树造林0.238万公顷，超任务36%。省级卫生城、双拥模范城、园林城成功创建，省级环保模范城、文明县城通过省、市初验，城乡人居环境得到改善。

乡宁宁星小区保障房工程

【民生事业】 2015年，乡宁县把民生支出作为刚性支出，民生支出13.15亿元，占全年财政支出的78.6%。启动实施八项重点工程、十件惠民实事。完成新医院主体、乡宁二中师生食宿楼建设、迎旭小学危楼拆除、东街小学道路扩建、“三通两平台”教育信息化建设、县乡道路标准化建设等重点工程，东城开发、教育“改薄”、保障性住房、棚户区改造、县城供水、城乡卫生清洁等项目年度建设任务顺利推进。特别是全县人民关注的城市免费乘坐公交启动运行，受到群众一致好评。新建、改扩建农村幼儿园7所，高考达二本B类线以上728人。开工建设保障性住房534套。新农合参合率、人口自然增长率、城镇登记失业率均完成市定指标。城市低保标准提高到每人每月397元、农村低保提高到225元、60岁以上老年人养老金提高到95元,社会保障普惠面扩大。科技申报国家星火计划1项、省市科技项目6项、发明专利46件,转化专利15件。机构改革任务全面完成,承接和取消行政审批事项49项,推进"六权治本"。完成卫星用户"户户通"工程6100户,安装平移数字电视3500户,文体广电事业得到发展。

(闫　涛)

【县领导班子成员】

中共乡宁县委

书　记　杨安虎

副书记　樊洪平

常　委　栗俊昌　解高民　张建山

陈海平　郭　举(8月免)　郭玉龙

张红玉(女)　任国栋(8月任)

乡宁县人大常委会

主　任　张春龙

副主任　王天仓　王建华　贺申发　卫建平

杜吕科

乡宁县人民政府

县　长　樊洪平

副县长　陈海平　李云岗　刘建平

李睿煜　马　平

县长助理　柴红星　郭宝塔

政协乡宁县委员会

主　席　张欢虎

副主席　王仁虎　薛　峰　高军峰　蔡志强

吉　县

【概述】　吉县位于黄河中游,山西吕梁山南麓,属黄土高原残垣沟壑区。东西最长跨度62千米,南北宽48千米,总面积1777.26平方千米,占全市面积的8.8%。辖3镇(吉昌、屯里、壶口)、5乡(中垛、文城、柏山寺、东城、车城)、79个村民委员会、567个自然村。总人口109351人,属国家扶贫重点开发县。

2015年,全县地区生产总值完成19亿元,财政总收入完成2.08亿元,城镇居民人均可支配收入完成17268元,农村居民人均可支配收入完成4336元。

【苹果产业】　落实"十大举措",推进有机标准化生产。完成新建高架微喷、引水进园260公顷,施用农家肥和商用有机肥30多万方,改善肥水"瓶颈"。实施水果经济林等"四大工程",新栽苹果0.08万公顷,累计减密间伐0.17万公顷,树形改造0.53万公顷,创建苹果示范园160座,打造有机苹果示范基地153.33公顷,推广"五统一"生产管理模式,提高苹果产量,改善品相,提升品质。0.17万公顷通过有机转换期考核验收。以市场开拓为主导,打造央视展会等"六大宣传平台",拓展网络电商等"五大销售渠道",全方位创品牌、拓市场。2015年,获得"中国十大苹果品牌""中国果品区域公用品牌50强""中国果业百强品牌"三项殊荣。2015年,红富士地头收购价比周边产区每市斤高出1元左右,有机苹果地头最高收购价每斤达到4.4元,果农收入稳步增长。

【旅游】　以景点建设为抓手,实施壶口景区道路拓宽、公共卫生间配套建设等项目,旅游服务基础设施完善。以创建国家5A级景区为契机,开展"旅游秩序百日大整顿"活动,景区环境卫生、服务水平和游客接待能力提升。以文化旅游为核心,扶持壶口原生态非遗演艺活动,加强克难坡文物保护修缮,支持人祖山景区建设运营,推行农家乐、苹果采摘体验,培育文化旅游新品牌。以绿色旅游为特色,加大生态环境建设,"绿色吉县"成为发展生态旅游的最佳目的地。组织开展"媒眼看吉县"媒体采风、"洋眼看山西·吉县行"、黄河邮票壶口首发式等活动,邀请中央电视台、新华社、光明日报等主流媒体对吉县进行全方位系列报道,组织参加深圳、太原文博会,编纂《吉县是个好地方》《吉县苹果别样红》等画册、书籍,在大运高速和太原、北京等地制作悬挂公益广告,展示吉县特色,树立吉县形象,培育吉县品牌。2015年,全县共接待游客364.45万人次,创社会综合效益29.89亿元,实现经济效益和社会效益稳定增长。

吉县村德村史馆

【工业】 落实煤炭经济省20条、市25条和县8条等"革命兴煤"政策措施，重点抓好盛平煤业120万吨技术改造验收工作和明珠煤矿的扩产增效，激活内生动力；发展新型工业，推进5万吨废油再生工艺技术改造项目，协调桑峨500万吨煤电材一体化项目，打造高效、清洁、高附加值转化的产业链条；加快煤层气开发利用，中石油10亿方产能建设全面启动，中石化投资4060万元的集气站及配套管网建设全面完成；推进苹果加工园区建设，顶吉食品10万吨苹果深加工技术改造项目启动实施，澳坤生物10万吨有机菌肥项目完成投资5700万元；推进新能源开发，总投资4亿元的40兆大型地面式光伏电站前期工作全部完成，21个村级分布式光伏电站全部建成，并网使用10个。投资1.06亿元的2×6兆生物质发电项目正式启动；协调、配合推进古贤大坝建设项目，培育工业经济新的增长点。

【城乡一体化建设】 统筹规划、建设、管理"三大环节"，改造提升老城，启动双向排污箱涵工程，片区改造工程全面铺开；开发拓展新城，投资7812万元实施新城路网建设7.28公里。规范城市管理，严格落实《城乡规划法》，投资112万元，实施城乡环境卫生提升工程，整治城乡"三乱"。开展美丽乡村建设，实施1800户农村危房改造工程和农民安居"四大工程"，农村综合实力、整体功能及人居环境得到改善。

【民生事业】 实施城乡供水改造、电网完善等"十件惠民实事"，为群众办实事、办好事。落实创业就业扶持政策，培训962人，城镇新增就业岗位1130个，招录事业编73人，公务员17人。推进各类教育均衡发展，定期轮岗交流校长教师47人，开展教师培训1600人次，高考二本达线103人、对口高考本科达线69人。完成59个行政村卫生室标准化建设，全县参合农民达8.2万人。拨付资金1.57亿元，保障养老保险、城乡低保配套资金等费用及时发放。改扩建北山无线电发射台，城乡有线电视"村村通"用户达到2.28万户。发展特色农业，实施"菜篮子工程"，扶持养殖基地建设。推进脱贫攻坚，8000贫困人口实现脱贫，群众生活水平和幸福指数提升。

【安全生产】 开展"全覆盖，零容忍，严执法，重实效"安全生产大检查，排查整治各类安全隐患301条(处)。开展"六打六治"打非治违专项行动，营造良好的安全生产环境。做好地质灾害防治工作，对全县312个地质灾害隐患点实行专人定时勘测排查。组织开展煤层气管道泄漏应急演练和突发性地质灾害应急演练，锻炼干部队伍，增强应急反应能力。

(强培家)

【县领导班子成员】

中共吉县县委

书　记　郝忠祥
副书记　刘　浩(8月免)　崔绍民(8月任)
　　　　姚焕章(8月免)　李灵芝(女)
常　委　李晓民　赵新喜　吴吉红　熊伟星
　　　　李永芳　石　猛(8月免)
　　　　王家亮(8月任)

吉县人大常委会

主　任　孔繁新(6月免)
副主任　郭仓森　陈晓爱(女)　苏吉云
　　　　陈榜立　冯吉平

吉县人民政府

县　　　长　刘　浩(8月免)
副　县　长　崔绍民(8月任，主持工作)
副　县　长　李晓民
政府党组成员　李永芳
副　县　长　白占奎　樊宜群　周晓文
　　　　　　郝　巍　汪朝林(挂职)

政协吉县委员会

主　席　吴忠民

副主席　梁荣森　秦志富　杨建新　杨启亮

永和县

【概述】 永和县地处吕梁山脉南端，黄河中游大峡谷东岸，临汾市西北边缘，东邻隰县，南连大宁县，北与石楼县接壤，西与陕西省延川县隔河相望，自古以来就是秦晋交通要地。全县总面积1212.89平方公里，辖5乡2镇，79个行政村，306个自然村。

2015年，全县地区生产总值完成7.03亿；固定资产投资完成12.7亿元，同比增长16.1%；工业增加值完成7064万元，同比增长7.5%；财政总收入完成11082万元，同比增长10.7%，其中公共财政收入同比增长22.6%，达到5399万元；社会消费品零售总额完成4.24亿元，同比增长2.8%；城镇居民人均可支配收入完成18099元，同比增长9.1%；农民人均可支配收入完成2974元，同比增长7.7%。公共财政收入增幅在全市17个县市中位居第一，工业增加值增幅、城镇居民人均可支配收入增幅均排全市第二。

【优势农业】 坚持"规模栽植、科技管护、示范带动"的工作思路，全年新发展经济林139.7公顷。开展红枣防裂果试验，红枣产量达2000余万斤，比上年增长81.1%，创近十年来最高。

永和天然气工程

【能源工业】 2015年，把天然气作为"强县产业"来抓，加大勘探开发力度。投资9.8亿元，完成30口直井和4口水平井的钻探、压裂试气，铺设集气管网24公里，天然气年产能达3亿方，上缴税费5456万元，占财政总收入的49.23%。

【旅游产业】 高标准实施红军泉二期和红军东征永和纪念馆毛主席诗词碑林建设；实施东征村改造、主席路居地遗址保护、景区安全饮水、旅游路升级改造等项目；新发展农家乐25家；中央电视台《文明密码》《道德观察》《远方的家》《食尚大转盘》等栏目相继走入永和、宣传永和，红军东征永和纪念馆列入全省红色精品旅游线路。2015年游客总量达到4万人次。

【扶贫开发】 按照精准扶贫的要求，实施产业扶贫、易地搬迁扶贫、光伏扶贫、电商扶贫等工程。2000贫困人口搬出山庄卧铺，9个贫困村实施整村推进，硬化田间路、生产路、联户路30公里。与阿里巴巴、贡天下、乐村淘企业进行合作，组建县级电商运营中心和6个农村电商服务网点。开展"富民贷"和"强农贷"，全年发放贷款6000余万元。建12个光伏电站，光伏发电规模达到1000千瓦，在华北地区率先开展红枣光伏大棚试验，探索出红枣防裂果和光伏发电增收相结合的新路子，中央、省、市电视台分别进行专题报道。

【城乡建设】 在城市建设上，实施棚户区改造、集中供热、城区绿化亮化、巷道硬化等七大城建工程；开展城乡环境大整治活动，启动国家卫生县城创建工作，筹划一批县城基础设施建设项目。

在新农村建设上，实施完善提质、农民安居、乡村清洁、宜居示范四大工程，解决2000余口人的饮水安全问题；实施交口至阁底旅游路、南庄至打石腰公路升级改造；1151户农村危房改造任务全部完成；阴德河村成功创建为省级美丽宜居示范村。

【生态建设】 实施通道绿化、荒山绿化、流域治理、坡耕地改造、土地开发整理五大生态建设工程，完成荒山造林96.7公顷、通道绿化13公里、机修梯田555.53公顷、土地开发整理50.47公顷。优化生态环境，夯实农业发展基础。

【社会事业】 教育事业。实施教育振兴工程，中考达重高线64人，创历史最好成绩。开展"三名"工程，永和二中校长被评为市级名校长，6名教师被评为市级名师。义务教育"全面改簿"项目顺利实施,药家湾幼小一体化学校主体工程完成。医疗卫生。为全县60岁以上老年人进行免费体检;新农合参合率达到99.4%,为全县农民报销医疗费用1964万元;成功创建"国家计划生育优质服务县"。文化。举办"祭孔颂德、民心归顺"纪念孔子诞辰2566周年庆典活动;编印出版《永和民间传说》《永和门窗》《三晋石刻永和卷》《高家垣秧歌》等传统文化系列丛书,编纂完成二轮《永和县志》《乾坤湾志》《红军东征永和纪念馆志》;举办"大美乾坤·天下永和"主题音乐会,发布反映本县文化风情的14首原创歌曲。社会保障。提高社保救助标准,全年发放城乡医疗救助金187万元,发放各类救灾资金410万元,为1000户困难群众发放"情暖万家"救助金30万元。光荣院、养老院建设主体工程完成。实施四大"暖心"工程。为80岁以上老人发放生活补助73.8万元。免除高中教育阶段学费和住宿费113万元。为高考二本以上考生资助21.3万元。"三险"理赔350万元,58个家庭得到救助。抗灾救助。下拨资金1300余万元,组织群众以秋补夏、以蔬补粮,最大程度降低群众损失。及时修复水毁严重的农村饮水工程、河堤护岸、城乡道路等基础设施,消除安全隐患,保障群众的正常生产生活。

(樊永兴)

【县领导班子成员】

中共永和县委

书　记　加天山

副书记　范洋平　马连青

常　委　苏文龙　崔文学　廉海平　李永升
　　　　弓记平　代建华　程万军

永和县人大常委会

主　任　韩忠秀

副主任　韩凤莲(女)　吕发群　连永梅(女)
　　　　刘双龙

永和县人民政府

县　长　范洋平

副县长　苏文龙(常务)　程万军　解建国
宋新亮　王润贵　毛伶秀

政协永和县委员会

主　席　郭永平

副主席　冯月富　冯书霞(女)　冯德英
　　　　樊蒲林

隰　县

【概述】 隰县位于临汾市西北部,东临汾西县,西接永和县,南与蒲县、大宁接壤,北与吕梁市交口、石楼两县相邻。总面积1413.1平方千米。辖3镇(龙泉、午城、黄土)、5乡(城南、阳头升、寨子、陡坡、下李),97个村民委员会,409个村民小组,364个自然村。年末全县常住人口为106744人。全年全县出生人口1095人,人口出生率为10.29‰;死亡人口502人,死亡率为4.72‰;自然增长率为5.57‰。出生人口性别比为108.35。

2015年,全县生产总值132023万元,比上年增长5.7%。人均地区生产总值12403元,城镇居民人均可支配收入20003元。社会消费品零售总额89863万元,比上年增长4.9%。乡村消费品零售额10135万元,增长53.8%。居民消费价格比上年上涨1.0%。城区空气质量二级以上天数351天,空气质量稳定达国家二级标准。

【农业】 2015年,全县农作物总播种面积21942.6公顷,比上年减少164公顷,降低0.007%,其中,粮食作物种植面积21122.5公顷,比上年增加23.5公顷;油料种植面积312.4公顷,比上年减少15.3公顷;蔬菜(含菜用瓜)种植面积239.6公顷。

全年粮食总产量达到46109.1吨,比上年减少56772.9吨,减产55.18%。

年末全县生猪存栏17270头,牛存栏1583头,家禽存栏20.97万只,猪肉产量1700吨,牛肉产量96.8吨,羊肉产量223.4吨,禽肉产量288.4吨,牛奶产量324吨,禽蛋产量3098吨。

当年完成造林合格面积3267公顷,比上年增70.16%。其中,人工造林2734公顷,封山育林533公顷。

全年全县农业机械总动力117658千瓦,比上年增长5.02%;化肥施用量(实物量)22022吨,增长

0.8%;农村用电量532.8万千瓦时,增长-22.9%。

【城乡建设】 编制《城市人居环境改善工程三年规划》,启动设施提升、城市安居、城中村改造、环境提质四大工程。完善提升交通路网,实施洪永线西段改造工程,完成太和路、高速临时便道、回古线、均岭线公路改造和农村公路安保工程,确保路通、车畅和出行安全。完成县城供水管网改造,新增月供水能力7000立方,改造8公里污水管网。推进天然气利用和加气站建设,加快"气化隰县"进程。完成17条低电压线路改造,确保人民用电安全、可靠。加强农业综合开发治理、水利建设,完成0.21万公顷水土流失治理和0.1万公顷,生态综合治理项目,加快19个自然村小型农田水利建设,解决16个自然村、4876口人饮水不安全问题。

【工业和建筑业】 2015年,全部工业增加值7039万元,比上年增长4.0%。全年全县建筑业实现增加值15474万元,比上年增长20%。

【贸易、固定资产投资】 固定资产投资增长。全年全县共有施工项目72个。本年投产项目61个。固定资产投资完成26.58亿元,比上年增长19.7%。其中,水利、环境和公共设施管理业完成投资42055万元,公共管理和社会组织完成投资248万元。

【交通、邮电和旅游】 2015年,全县交通运输、仓储和邮政业增加值14892万元,比上年增长12.9%。年末,全县公路通车里程858.3公里。其中,国道49.7公里,省道115.9公里,县道160.74公里,乡道274.6公里,村道257.34公里。

全县完成邮政电信业务量5592万元,增长14.6%。移动电话85742部,增长30.3%;宽带用户10950户,增长30.8%;通电话的行政村达到83个,占全县行政村的85.6%;全县固定电话和移动电话普及率每百人分别达到9.17部和61.45部。

2015年底,接待国内游客104.5万人次,比上年同期增长23%;实现旅游综合收入13.1亿元。比上年同期增长25%。

【财政、金融和保险】 全县财政总收入完成14012万元,比上年增长-11.7%。一般预算支出112177万元,比上年增长7.45%。

金融机构各项存款余额272650万元,比年初增加5565万元,增长2.1%。

保险行业实现保费收入2780万元,其中财险1081万元。共支付各类赔款872万元。结案率为95%。

【教育】 提高学前教育普及程度,龙泉小学主体完工,启动实施第二期三年行动计划,加快城镇住宅小区配套幼儿园建设,全面清理规范民办幼儿园。均衡发展义务教育。新建3所幼儿园,完成5所学校宿舍、餐厅改造。装备6所学校录播教学系统、10学校梦想教室。加快发展职业教育,鼓励发展民办教育,实施素质教育,促进教育全面发展。中等职业教育免费覆盖率(新五个全覆盖)100%,完成市定目标。

全县共有普通中学7所(农村2所),其中初级中学5所;共有小学35所。

【文化、卫生和体育】 实施"文化强县"战略,完成历史文化收集展览项目,加快县乡村三级文化阵地标准化、均等化建设。编纂出版《隰县志》《隰县年鉴》《史料辑丛》《隰县好人》等书籍,拍摄文化系列片《隰州寻胜》,开展文艺、电影、图书"三下乡"工作,做好历史文物和非物质文化遗产保护。开展"百千万"文化下乡活动和"强健体魄.阳光生活"全民健身运动,丰富群众精神文化生活。

年末有县级文化馆1个,公共图书馆1个,广播电视台1座。全县实现村通广播电视全覆盖,城区有线电视网络数字化平移用户9000余户,占城区网络用户的95%以上。

实施基本药物制度,做好常用低价药品供应保障工作,实施基层中医药服务能力提升工程,加强疾病预防、妇幼保健、卫生监督,促进公共卫生服务均等化。人均基本公共卫生服务经费财政补助标准由35元提高到40元,新农合人均筹资标准由390元提高到470元,参合率稳定在95%以上。改善医疗条件,完成新医院主体工程,新建阳头升卫生院和21个村卫生室。推进卫生计生机构改革,加强计生服务管理,落实"单独二孩"政策,做好城乡居民免费孕前优生健康检查全覆盖工作,提高出生人口素质。年末全县有卫生机构132个,其中医院、卫生院15个,妇幼保健院(所、站)1个,疾病预防控制中心1个,卫生监督检验机构1个,村卫生所113个。

【社会事业】 落实创业就业优惠政策,促进高校毕业生和农村转移劳动力、城镇困难人员就业,推进和完善城乡居民大病保险制度,强化社会保险扩面征缴工。全县社会保险参保人数达10.7万人,五项保险征缴发放2.91亿元。

全社会从业人员40184人,其中城镇从业人员8078人,农村从业人员32106人。城镇新增就业人员1000人,城镇登记失业率控制在4%以内。城镇基本社会保障覆盖率94%。10075名60周岁以上的城乡居民领到新农保基础养老金,3770户城镇低保户和6881户农村低保户得到政府救助,发放低保金2653万元,医疗救助金350万元。

全县城镇居民人均住宅建筑面积达到24.9平方米,农村居民人均住宅建筑面积达到23.87平方米。

保障性住房建设年度竣工套数774套。城区集中供热基本达到全覆盖,完成城区供水供网5.28千米、供气管网6千米、供热管网16千米,新增集中供热面积17万平方米。

2015年,成立隰县玉露香电商孵化基地,面积700平方米,设有隰县众创园"特色隰县馆""电商服务中心""产品展示中心",主要以推广、销售玉露香梨及隰县其它农副产品为主。

"隰县玉露香梨嘉年华"活动被载入上海大世界吉尼斯之最纪录。

个人媒体微隰县((vxixian)公众平台运营。主要发布新闻资讯、便民信息。

【小西天景区】 小西天景区。小西天历史悠久,保存完整,以其精巧绝伦的悬塑艺术蜚声中外。塑于明清之际,却兼有唐宋之风,历时300多年。为全国重点保护单位。

【七里脚石窟】 七里脚石窟又叫七里脚千佛洞,位于景区东北方向,地处隰县城南乡七里脚村。七里脚石窟的发现为研究石窟造像的传播路线提供实物例证,是晋西地区最早的一处石窟,开凿于北魏——唐。

【晋西革命纪念馆】 隰县晋西革命纪念馆建设工程是由省委决定,省、市、县三级共同投资,在山西隰县建设的一项重点项目工程。该工程是以红军东征为背景,全面展示中国共产党在晋西革命老区带领人民从事革命斗争的光辉历程的红色旅游景点。

【隰州大观楼】 隰州大观楼位于县城中心,是隰县的象征。明万历四十五年(公元1617年)知州储至俊修建。创建至今有390年的历史。大观楼梁架结构,版匾等主要构件均为明代原物,具有很高的历史、艺术、科学价值,2013年被国务院公布为第七批全国重点文物保护单位。

【石马沟狩猎风景区】 石马沟狩猎风景区位于吕梁山国家森林内,狩猎面积八万七千公顷,区内森林覆盖率达百分之九十五以上,是山西境内野生动物资源最丰富的狩猎区。

【中国梨博园】 隰县是"中国金梨之乡"和"中国酥梨之乡",梨树栽植历史悠久,文化底蕴深厚。梨博园位于隰县城南乡路家峪村,该园于2011年开始建,园中有三百余株百龄枝繁叶茂,百余种精品老梨树争奇斗艳。景区"百梨争艳,乔灌相间,循环贯通,山水一色,景观怡人"。

中国梨博园

(张克强)

【县领导班子成员】

中共隰县县委

书　记　王天郎(5月免)　李亚丽(5月任)

副书记　王晓斌　赵松强(3月任)

隰县人大常委会

主　任　贺崇伟

副主任　贾计元　马面旺　田春明　李云峰　王玉武

隰县人民政府

县　长　王晓斌

副县长　薛小平　景生龙　马健民　马兰明　李　亮　金红峰

政协隰县委员会

主　席　张瑞燕

副主席　肖会荣　张世平　苏执生　史红平

开发区和壶口风景区

临汾开发区

【概述】 临汾经济技术开发区是1997年经山西省人民政府批准成立的省级开发区，1998年10月18日正式挂牌运行。位于临汾市新城区的中心区域，行政管辖面积9.867平方千米，城市规划面积7.8平方千米。规划功能、定位是：商贸启动、工业兴区，工业及市政用地率达到70%以上。管委会作为临汾市政府派出机构，行使部分省级经济管理权限、部分市级行政管理权限和市级综合经济管理职能。临汾开发区于2010年8月与洪洞县合作共建临汾开发区(洪洞·甘亭)新型工业园。该园区是临汾首个承接东部沿海产业转移的大型基地，位于洪洞县南部的甘亭镇，在临汾市百公里汾河新型经济带范围内，距开发区10公里，规划面积96.5平方千米，一期规划面积24.8平方千米。工业园区规划建设六大产业功能区，具体为：精密装备产业区、农业及食品深加工产业区、电子信息产业区、生产性服务区、新材料产业区、高新技术产业区。

【"十二五"回顾】 区域生产总值由18亿元增长到72亿元，年均增长32%；工业总产值由8亿元增长到23亿元，年均增长25%；企业主营业务收入由116亿元增长到324亿元，年均增长23%；财政总收入由2亿元增加到4亿元，年均增长15%。五年共签约项目50多个，金额突破700亿元。五年累计完成基础设施投资4.8亿元，建成道路10条共8841米，新增绿地10万平方米、供热面积94.8万平方米，新建综合管沟4814米、排水管道9619米、供水管线16758米、煤气管线12000米。老区"四大产业中心"和工业园区"六大产业基地"初具规模。扩区工作于2015年底完成向省政府的报批工作，省政府批转商务厅，预计2016年上半年即可完成扩区工作。

【经济指标】 2015年区内生产总值完成72亿元，同比增长7%；工业总产值完成23亿元，增长4%；科工贸收入完成324亿元，增长10%；外贸进出口总额完成5999万美元，增长5%；固定资产投资完成48亿元，增长52%；财政总收入完成4亿元；土地出让金入库额完成2亿元。

【招商引资】 把招商引资工作放在区域经济中的重要位置，整合社会各方资源，采取"走出去招商""节会招商""中介招商"等多种形式，使招商引资工作健康、快速发展。全年共签订入区合同及协议6项，分别是投资8亿元的汽车件精密制造项目、2亿元的锦悦汇A、B座建设项目、5亿元的节能减排环境检测服务项目、35亿元的晋港环保技术机械装备制造产业园项目、30亿元的新能源汽车核心技术产业园区项目、57亿元的高河店社区"城中村"改造项目，合同及协议资金共计137亿元人民币。完成临汾市下达任务(年度招商引资合同资金额100亿元人民币)的137%。因沃特玛项目协议属三方签署，市认定签约项目完成额122亿元，超额完成全年招商引资任务。

【重点项目】 全年投资29.44亿元，实施各类项目32个，其中，省级重点项目3个，市级重点项目29个，所有项目的报建率、招投标率、图纸审查率、监理率和质量安全监督覆盖率均达到100%，完成2015年"六位一体"任务，各项指标处于全市中上游水平，固定资产投资居领先位置。特别是华翔白色家电零部件生产和机械工程类单厂规模在2015年分别排名全球第一和全国第一；新能源、新材料等产业跻身全国先进行列，投资4亿元的山西天然气有限公司液化调峰储备集散中心项目、投资60亿元的沃特玛新能源汽车核心技术产业园区项目等一批高新技术企业顺利落户，使临汾开发区跃居为全市同类高新产业首个聚集区。

【园区建设】 以园区基础设施配套完善为切入点和突破口，围绕壮大"六大产业基地"要求，加大以园区基本道路为基础框架的配套投资力度,多措并举推进园区招商引资、项目建设,先后引进深圳市沃特玛新能源汽车核心技术产业园、临汾市瀚海源科技、山西桓合合成材料、凯德佳自动化设备制造等多个高新技术项目,推进华翔四期、锦江物流园、童亿生物科技有限公司年产3000吨微生物菌剂及10000吨固体生物有机肥建设项目、格瑞蔚蓝年产200台锅炉节能水处理器项目、三维豪信化工改建项目、龙信达大型物流仓储项目等,实施第一大道和北外环延伸项目,园区规模壮大。特别是投资15亿元的沃特玛一期工程建设,将为打造全省最大的新能源基地奠定坚实的基础。

【城建改造】 2015年,启动城市建设改造工作,坂下、郭家庄、后楼底、高河店、南焦堡等社区的"城中村"改造,开创多个社区同步和谐改造的新局面,受到市领导高度评价。特别是坂下社区和后楼底社区的"城中村"改造,改变社区居住和区域环境,增加广大居民收入,受到上级部门和社区群众肯定。鼓楼南北街和机场快速通道开发区段工程如期顺利启动。以辖区道路建设改造和水、电、暖、气、通讯、绿化等为主要内容的市政建设工作均完成预定目标。

坂下社区城中村改造工程

【"三个突破"】 结合区域实际,抓金融振兴突破,形成以工商银行、建设银行、晋商银行、兴业银行、光大银行、中信银行、华夏银行、尧都农商行等多家银行机构为支柱的金融中心;发挥区融资担保公司、小额贷款公司和银行"助保贷"平台作用,帮助中小微企业解决融资难题,引进山西省股权交易中心,帮助企业融资1.5亿元。引导支持三水集团在"新三板"成功挂牌、华翔集团启动主板整体上市工作。支持华翔集团实施改造帮助企业申请国家级技术中心,建设科技研发大楼,设置上海交大博士后工作站。民营经济突破,采取项目包联、项目调度会、项目直通车等措施帮助企业解决发展中的难题,扶持具备实力的企业加快转型升级,受到企业好评。

【安全稳定】 编制修订安全生产事故灾难应急预案、烟花爆竹安全事故应急预案和危险化学品事故灾难应急预案等,开展安全生产大检查、"六打六治"打非治违专项行动和涉危化学品、烟花爆竹、建筑工地、消防安全、食品药品、特种设备及学校安全等专项整治活动。推行社会网格化管理和三级联动建设,发挥公安、综治、信访等部门的骨干作用,开展矛盾排查摸底活动,彻底解决突出治安问题和各类矛盾纠纷,做到小事不出社区、大事不出办事处、群体事件不出开发区。开展"严打整治""六项整治"、打击"黄赌毒"等行动,排除辖区治安隐患和有关案件的处置工作,维护社会稳定,确保辖区安全。

【社会民生】 发挥"一财两税"的作用,有步骤、分阶段地实施社区道路改造、廉租房建设、环境绿化、卫生改善和公共安全配套等工程,改善居民的居住和生活环境。按时足额兑现失地农民补偿、生活补助、各种补贴和城乡居民养老、医保、低保、优抚补助、"家电下乡"补贴等优惠政策,让居民享受到开发区发展的红利。

临汾开发区电子商务产业园

侯马开发区

【概述】 2015年，侯马开发区以建设“产业高端、动力强劲、平台广阔、特色鲜明”开发区为奋斗目标，在全省率先搭建起山西方略保税物流中心、中西部加工贸易梯度转移重点承接地、中国现代物流产业基地和国家电子商务示范基地四个国家级发展平台。重点围绕机电制造、电子商务、商贸物流和医疗健康等优势产业，推进“大机电”“大电商”和“大健康”三大新兴产业群发展。2015年7月，在北京举行的第十二届中国企业发展论坛暨首届“一带一路”园区建设国际合作峰会上，侯马开发区以鲜明的产业特色脱颖而出，跻身“2015中国产业园区成长力百强”。

【基本情况】 侯马开发区是经国务院审核通过的省级开发区，位于侯马市区东部，面积8.16平方公里。累计入区企业1116家。其中，工业企业61家，建筑行业企业46家，商贸物流、电子商务、医疗器械、现代金融类等企业1009家。

2015年，启动扩区工作。根据临汾市委、市政府决定，将占地55平方公里的山西国际陆港综合保税园区并入侯马开发区。10月，陆港园区整体移交到侯马开发区。12月下旬，临汾市政府将扩区请示文件和相关资料上报省政府。

【经济发展】 全区GDP完成50.72亿元，同比增长9.02%；财政总收入完成2.91亿元，同比减少3.11%；公共财政预算收入完成1.13亿元，同比减少10.2%；税收收入完成2.02亿元，同比减少10.96%；企业主营业务收入完成242亿元，同比增长10.79%；工业总产值完成31.64亿元，同比增长9.43%；固定资产投资完成39.41亿元，同比增长7.26%；进出口总额完成1458万美元，同比增长91.06%；实际引进资金33.01亿元，同比增长21.37%。

【基础设施建设】 完成城市道路雨污管网改造工程、城市园林绿化工程和城市道路改造工程，新建城市污水管网2.1千米，改造排水管网1.1千米；新增绿化面积2.43万平方米；新建城市道路2.3公里，改造城市道路1.3公里。加强城市管理，通过政府采购，实行向社会购买服务方式，加强对道路、路灯、绿化、供排水等市政设施的日常维护管理，有效提高城市管理水平。

【品牌服务建设】 1.行政服务中心平台建设。对开发区行政审批服务中心进行全面升级改造，设立办事区、查询区、等待休息区三个区域，增设主任热线、房产交易、财政三个窗口，对网络、多媒体等设施进行升级。2.投融资平台建设。发挥建设银行“助保贷”融资平台，与晋商银行、尧都农商行陆港支行、海融担保公司共同搭建2个新的“助保贷”平台。发展以小额贷款公司、担保公司为主的非银行金融机构，引进中强、晋昌邦和国际陆港3家小额贷款公司和汇银恒信、海融2家担保公司。3.电商培训基地平台建设。是商务厅确定的全省首个电商培训基地，主要为各领域培养电子商务应用人才。引进淘宝大学、网商学院、敦煌学院，与山西省电商商会、山西财经大学等院校战略合作，建设电商培训中心、人才孵化中心、网商创业中心，全方位开展电商人才培养工作。全年举办各类电子商务培训会议28期，培训人才4100余人。4.医疗器械产业公共服务平台。围绕“大健康”产业，搭建两个服务医疗器械企业发展的公共平台。医疗器械电子监管信息平台，是山西省首个应用电子化信息技术进行监管的技术平台，可以实现企业与政府监管部门的信息互通和资源共享。医疗器械仓储物流配送中心，是山西省首个集中化管理的医疗器械仓储中心，功能将不仅局限于仓储，也将提升物流配送能力，降低医疗器械产业运营成本，实现大健康产业的快速聚集。

临汾市政府授牌基地与阿里巴巴对接搭建的
淘宝特色中国临汾馆在侯马开发区正式上线运营

【招商引资】 2015年,多次组织招商骨干外出,就产业转移趋势、综保区和自贸区政策等进行学习考察,提升招商工作的能力和水平。针对产业基础和人脉信息,“走出去”“请进来”,多次前往长三角、珠三角等地开展全员招商、精准招商和产业链招商。组织参加央企入晋项目推介对接会、跨国公司入晋交流合作项目对接会、第九届中博会山西重点项目推介招商会、宁夏“一带一路”政策推介洽谈会等专题招商推介会,特别是开发区电商示范基地还代表山西省电商领域,参加“山西品牌中华行”长春站、西安站的交流活动,为下一步的发展积累人脉和资源。2015年7月,在北京举行的第十二届中国企业发展论坛暨首届“一带一路”园区建设国际合作峰会上,侯马开发区以鲜明的产业特色脱颖而出,跻身“2015中国产业园区成长力百强”。2015年,全区共引进112家企业入驻开发区,其中工业企业9个;商贸物流、电子商务、总部金融等现代服务业项目103个。

【主导产业和重点企业】 侯马开发区较具代表性的企业:1.山西好利阀机械制造有限公司。该公司主要从事阀门产品的设计研发、阀门零部件加工制造及阀门总成装配,是一家生产创新科技型企业。2.山西德迅电梯有限公司。该公司全面引进德国的先进技术、工艺和服务体系,主要生产乘客电梯、观光电梯、自动人行扶梯、货梯等四大系列二十余个品类。该项目通过运用物联网和大数据等技术手段,率先实现省、市、区三级远程监控,保证产品从安装、使用、保养、维修等各个环节的安全性和规范性。3.山西威尔捷太阳能动力车有限公司。该公司是一家专业从事太阳能两轮车、太阳能三轮车、四轮车的研发、设计、生产、销售为一体的专业公司,公司属于无污染,无废弃物排放的纯环保型公司,组建行业前锋的研发团队,现有多项研发成果获国家专利。4.山西天美优品科技有限公司。该公司隶属于天美优品(北京)网络科技有限公司,专注于县域经济的天美本地通,是天美公司倾力打造的生活服务平台,有外卖配送、商超配送、到家服务、同城跑腿等四大版块。5.山西亚欧有色金属交易中心有限公司。该公司是由省级政府批准设立的跨境有色金属电子商务平台运营企业。公司倾力研发的“亚欧有色金属交易中心”电商平台,以提单贸易为核心,以中小企业为主要服务对象,具备网上招标专场、直销专场、原材料挂牌多种贸易功能,是根据有色金属供、需双方交易习惯,创新资金融通、仓储物流、信息获取方式,打造的全产业链现货交易平台。6.山西晋淘天下科技有限公司。该公司是一家专门从事电子商务人才培训、孵化、输出,以及帮助本土农产品、工艺品、旅游文化与非遗传承物产实现网络推广,致力于为企业信息化提供互联网应用服务,提供管理信息化咨询与互联网解决方案、软件实施的高科技知识型企业。7.山西伟涛食品有限公司。该公司是一家以农副产品深加工、食品研发、加工、仓储、冷链物流配送为主的规模化产业型企业。产品主要结合民族文化,开发国际化、养生化、生态化、数字化的中式快餐。8.金葵花大健康产业有限公司。该公司依托集团雄厚的实力,拥有全新的工厂和9条批文。具备为客户提供生产销售一条龙服务所需的软硬实力。主要经营生产销售医疗器械、日化用品、保健食品、化妆品,商品信息咨询服务与医疗器械技术研究开发。9.山西健康动力医疗科技有限公司。该公司是集研产销为一体的生产企业。主要研发生产物理治疗系列、医用电子系列、诊查器械系列、临床检验系列产品。获得发明专利两项,分别是颈椎治疗仪和腰椎治疗仪,有5项专利正在申请中。

【科技创新】 2015年,开发区推进企业技术研发和科技孵化平台建设。为中小企业发展预算400万元“科学技术研究与开发专项资金”和1800万元“中小企业发展专项资金”,用于扶持企业创新发展。加快孵化器建设、高孵化能力。2015年启动两个孵化平台,分别是依托自建标准厂房的“科技创新孵化园”和依托省汽运晋南电商物流园的“网商园”,这两个孵化平台重点孵化高科技企业和电子商务企业。在孵的企业有威尔捷太阳能汽车、大禹供水设备、日思信光电、日祥科技、普安门业、畅达高分子管道、固德机械、金葵花医疗器械、健康动力医疗器械等9家企业。加强高新技术企业和研发机构培育建设。有1家企业被认定为高新技术企业,2家企业正在培育中;还有1个省级企业技术中心,6个市级企业技术中心,1家正在培育的市级技术中心。2015年,共申请专利19件,授权4件,累计申请专利90件,授权63件。企业累计投入研发费用5075万元,占GDP比重为1%;高新技术领域企业工业总产值6.5亿元,占全区工业总产值比重20.5%。鼓励企业加大产学研合作,推动技术推广应用。伟涛食品与太原理工大学合作开发的智能售饭机器人项目,实现传统餐饮业向自动化与物联网的转型;畅达管道引进美国研发的高分子化合物塑料变形管件生产项目,填补全国不开挖管道修复技术的空白;卓锋钛业在西北有色金属研究院的支持下成功研发3D打印球形海绵钛粉技术申请发明专利,提升核心竞争力;德迅电梯与德国鲁尔工业区中的电梯企业、高校和管理机构建立良好的联系和合作关系,引进德国先进的电梯工业理念、企业管理模式和制造技术,生产"德系"技术"迅捷"服务的全系列电梯整机产品;威尔捷太阳能动力车应用3D打印技术,设立3D打印设计研究室,实现零部件模具的自主设计研发。

【环境保护】 侯马开发区于2005年就在全省开发区中率先通过ISO14001环境管理体系认证,从城市规划、项目入区、文明服务、节能降耗和依法行政等多方面进行规范化管理,有效提升开发区的环境管理水平。开发区严把项目入区关口,对不符合环保要求的实行一票否决,绝不引进。区内企业排放的废弃物均达到国家规定的排放标准和污染物排放总量控制指标。推动绿色低碳循环产业发展,引进绿色低碳生产项目,引导企业通过技术创新和节能技术改造,实现节能减排、绿色发展。

【管理与服务】 侯马开发区引进企业化管理、数字化考核,较好地解决工作"效率"和"服务"问题,激发出团队干事创业的热情和积极性。2014年以来,侯马开发区开始实行管委会主任兼任所在地主要领导的改革模式,探索从领导层面解决开发区与所在地之间的协调问题。经过两年实践,这一模式推动开发区与所在地之间的优势互补、利益共享。

【社会事业】 2015年,侯马开发区结合新农村建设,列支专项经费,为所在地乡村修路、打井、建学校,改善农村的生活环境;帮助农民成立运输装卸队,建设商业步行街、自营市场、供水站等项目,解决村民的致富问题;出资与侯马职业中专合作,免费培训区内的劳动者,在区内优先安排农村剩余劳动力就业。抓好安全生产工作,开展"知责、履职"谈心活动和"安全生产月"系列活动,推进安全生产大检查和"六打六治"专项行动。信访稳定工作,妥善解决10余起信访案件,全年没有发生一起越级上访事件。

【人才建设】 2015年,开发区通过各种途径,为区内企业引进各类企业经营管理人才450余名,专业技术人才300余名,高技能人才500余名。其中,海外人才10余名。较有代表性的是来自澳洲的吴明瑄博士,他是在海外第一个取得电子商务博士学位的高科技人才,也是山西省引进海外高层次人才"百人计划"获得者。2015年,促成美籍华人博士宋晓东、赵伟在侯马开发区建立公司,宋晓东、赵伟博士的专利技术高分子化合物塑料变形管件技术为国内首家。

在实现"百人计划"零突破的基础上,开发区发挥海外人才创新创业基地优势,以市委组织部在开发区设立的"市级人才工作基地"为平台,完善和落实各项人才政策,加大高层次人才引进力度。推进高新技术孵化中心建设和区内企业研发中心建设,为企业科技成果转化和引进高新技术人才搭建平台。针对各类企业对人才的不同需求,制定出相应的引进计划,发挥人才市场作用。年初,开发区派出专门人员参加在深圳举办的"山西省海外高层次人才交流大会",利用当地人才、信息资源密集优势所举办的一次引才对接活动,通过召开招聘会、委托各大院校定向培养等方式,为企业引进各类人才共计300余名。

【党建工作】 2015年,侯马开发区修订完善《非公企业党建包联制度》《加强党组织领导班子建设的意见》等制度,加强对卓峰钛业、方略保税物流中心、旺旺食品和金世纪家居城四个非公企业党建示范点的工作指导和帮扶力度,推进"定查评"工作法。全年共完成服务发展大事47件,服务民生实事44件,服务群众难事36件。

(林广源)

壶口风景区管委会

【编制新一期壶口景区总体规划】 壶口风景名胜区的第二版总体规划《黄河壶口瀑布风景名胜区(山西)总体规划》(2015—2030)通过省建设厅专家评审,进入根据审查意见,修改完善阶段。争取2016年完成整个规划的编修工作。

【景区项目建设】 完成景区8.1公里道路拓宽

改建工程;对立项开建的展示中心基础土石方按要求进行重新招标工作,补充办理项目建设所需的消防手续,12月底完成土石方工程施工;完善克难坡修缮工程的各项手续;做好壶口景区停车场服务区配套设施项目立项的前期工作。

【基础设施建设】 投资70万元完成景区公共卫生间配套的采水井及上水工程和污水处理工程建设,协助县环保局开展环境整治行动,督促景区大型酒店修建污水处理设备两座。对景区内标识、标牌进行重新规划和设计,以规范的标识、标牌来提升壶口景区的整体形象,2015年底完成壶口景区、克难坡景区所有的标识、标牌的更换升级工作。

【宣传促销】 2015年,投入宣传资金100余万元,参与中央电视台、广东电视台、山西电视台拍摄壶口系列宣传节目;参加首届中国西安丝绸之路国际博览会、中国武汉第九届中部投资贸易博览会、昆明国际旅游交易会、山西临汾2015金秋游(北京)联合推介会,与多家旅行社达成合作意向,对接线路,推广景区旅游资源;对壶口宣传册进行重新设计,增加品种,录制壶口宣传片,以图文并茂的形式生动展示壶口的魅力风采,制作驴迹电子导游投入试运营。利用景区官方网站、微博、微信等平台宣传促销。中央电视台《地理·中国》栏目、"媒眼看吉县"、凤凰网、自驾中国先后到壶口采风,拍摄、考察、报道。特别是"五一""十一"黄金周期间,中央电视台、人民网、山西电视台、黄河新闻网、临汾电视台等知名媒体对壶口瀑布的多次直播报道,扩大壶口的宣传影响。使壶口景区客源地由2014年的华东逐渐拓展到南方及东北区域,提高知名度和影响力,提升壶口的品牌竞争力。2015年,壶口景区共接待国内外游客107.8万人,门票收入4900余万元,创社会综合经济效益2.94亿元,实现经济效益和社会效益稳定增长。

【优化景区发展环境】 投资5万余元,建立无线网,注册微官网、微博,完善景区网络。通过与淘宝、携程、同程、美团等网站合作,搭建网上在线售票平台;投资近30万元,对现有门票管理系统进行全面升级改造,增设人像抓拍功能,提升智能化管理水平。重新组建景区稽查执法队伍,打击黑出租车拉载游客,倒票贩票逃票行为,净化景区环境。拆除有碍观瞻的商业经营性广告,清理清除店外经营设施和有碍景观的堆放物及物品,划设景区街道停车线,建成苹果市场摊位。规定景区内所有建筑必须符合《黄河壶口瀑布风景名胜区(山西)总体规划》,瀑布景观处尽量不建设硬件设施,保护自然景观,保证其原真性。制定多种保护维修措施、工程措施、标志标识措施、展示措施、研究措施,最大限度地保护景区的完整性、永续性。

管委会领导壶口视察

附　录

【重要文件】

临汾市人民政府
关于加快推进光伏扶贫项目建设
工作的实施意见

（2015 年 7 月 27 日）

临政发〔2015〕23 号

各县、市、区人民政府，临汾、侯马经济开发区管委会，壶口风景区管委会，市直各有关部门：

为进一步加快推进我市光伏扶贫项目建设，保障我市光伏扶贫试点工作的顺利完成，根据国家能源局、国务院扶贫办《关于组织开展光伏扶贫工程试点工作的通知》（国能新能〔2014〕年 495 号）及省发改委、省扶贫办制定的《山西省 2015 年光伏扶贫试点工作实施方案》（晋发改新能源字〔2015〕140 号）要求，结合我市实际，特制定本实施意见。

一、指导思想

以习近平总书记提出的"实事求是，因地制宜，分类指导，精准扶贫"十六字新时期扶贫工作指导方针为指导，认真贯彻落实中办、国办《关于创新机制扎实推进扶贫开发工作的意见》精神，紧紧抓住国家能源局、国务院扶贫办把我省、我市确定为"光伏扶贫工程"试点省、试点市的大好机遇，发挥我市贫困地区太阳能资源丰富，闲置荒山荒坡多的优势，大力实施光伏扶贫工程，走出一条扶贫开发效益再利用、再循环的可持续发展的新路子。

二、工作目标

我市计划用 5 年时间，在全市 1000 个相对贫困村建设 1000 个装机容量为 100KW 的村级光伏电站，建成后装机总容量为 100MW；利用设施农业、荒山荒坡、废弃的旧村庄等建设 10MW 以上的光伏电站，每年建设规模约 300MW，5 年建设总规模 1400MW。两项合计建设总规模为 1500MW。项目总投资 120 亿元，其中：100 千瓦光伏扶贫项目建设总投资 8 亿元，10 兆瓦以上光伏扶贫项目建设总投资 112 亿元。

通过项目的实施，要达到实现"两个全覆盖"目标。即：以村级 100KW 光伏电站收益覆盖建档立卡识别出的贫困户、贫困人口，使他们到 2020 年人均收入达到 5000 元以上；以 10MW 以上光伏电站，每 10MW 每年向扶贫部门缴纳 100 万元扶贫专项资金，用于覆盖无劳动能力的深度贫困人口，使深度贫困人口到 2020 年人均收入达到 5000 元以上。

工作目标分两个阶段实施：

第一阶段：从 2015 年至 2017 年，在全市 662 个贫困村每村建设一座 100 千瓦的村级光伏电站，实现全市所有贫困村光伏扶贫项目全覆盖。在全市 10 个贫困县启动实施 10 兆瓦以上光伏扶贫项目，建设规模为 800 兆瓦。

第二阶段：从 2018 年至 2019 年，在全市选择 338 个相对贫困的村，每村建设一座 100 千瓦光伏电站。在全市 17 个县市区启动实施 10 兆瓦以上光伏扶贫项目，建设规模为 600 兆瓦。。

2015 年工作目标：在全市 100 个贫困村建设 100 座村级光伏扶贫电站，在吉县、大宁、汾西 3 个试点县分别建设 40 兆瓦、40 兆瓦、40 兆瓦集中式地面电站，共计建设规模为 130 兆瓦，总投资为 10.4 亿元，其中：村级 100 千瓦光伏扶贫项目投资 8000 万元，10 兆瓦以上光伏扶贫项目投资 9.6 亿元。

三、主要任务

（一）编制项目规划。

各县市区要编制本县 5 年光伏扶贫规划和年度

实施方案。要本着实事求是、因地制宜的原则,科学决策,精心谋划,编制好本县域村级光伏扶贫项目和10兆瓦以上集中式光伏扶贫项目规划,要分年度确定实施村级光伏扶贫项目村名单和实施10兆瓦以上集中式光伏扶贫项目实施区域。规划编制工作要在10月底前完成。

(二)做好项目试点探索。

各县市区要积极探索,搞好试点建设工作。要在我市现有建设模式(村级100千瓦光伏电站和10兆瓦以上集中式光伏电站)的基础上,探索更多、更切合实际的建设模式。要在投融资方式上进一步探索,建立政府补贴、银行支持、企业出资、农民入股等多种资金筹措机制。分布式村级电站采取政府补助、银行贷款、企业捐助、收益主体自筹方式建设,产权归村集体所有;集中式地面电站由电站投资主体筹措资金,产权归项目开发企业。鼓励企业提供包括直接投资和技术服务在内的多种支持,通过市场机制开展光伏扶贫。要在收益分配方面进一步探索,村级光伏发电收益全部归村集体所有,主要用于解决建档立卡识别出的贫困户;集中式地面电站收益由县级政府统筹管理,主要用于解决无劳动能力深度贫困人口。鼓励探索更多的资金使用渠道,切实发挥好资金使用效益。

(三)严格项目工程质量。

各县市区在光伏扶贫项目实施中,要严格按照有关法律法规和程序进行招投标。在选择项目建设企业、购买设备设施等方面,要严格按照政府采购的相关规定,完善政府采购的相关手续,防止各种违规违纪行为。选择经济实力强,信誉度高,技术先进的企业参与我市光伏扶贫工程建设。扶贫部门加强监督检查,聘请专业技术人员组建工程质量监理队伍,切实把好材料和工程质量关。

(四)做好电站管理维护。

光伏扶贫项目以县为单元,鼓励多种形式建立管理维护机构。中标开发企业对集中式地面光伏电站和分布式光伏电站统一提供运维和管理服务。

分布式户用光伏电站可由贫困户承担看管、清洗等简单的运行维护;村级电站零配件由项目开发企业统一提供售后服务,质保期内由承建企业负责运行维护服务,质保期外的由产权所有者承担设备更换等有关硬件和材料费用,其他技术服务由项目开发企业解决。

集中式地面光伏电站由项目开发企业维护。

(五)统筹项目收益分配。

光伏扶贫项目的收益主要有两部分:

一是村级100千瓦电站的收益,主要有8个方面的使用方向,分别是:(1)0—3岁儿童综合发展项目;(2)温暖助学工程;(3)外出务工人员意外伤残保险;(4)80岁以上老年人生活补助;(5)农业科技示范项目;(6)改善项目村基础设施建设及补充解决无劳动能力深度贫困人口生活补助;(7)产业扶贫项目(以扶持专业合作社和龙头企业为主);(8)建立村级扶贫小额信贷项目(或者建立互助资金项目)。各地要以这8个使用方向为主,结合当地实际,制定切实可行的方案,把村级电站收益使用好。

二是10兆瓦以上光伏扶贫项目收益,以10兆瓦计,每年向项目所在地政府缴纳100万元扶贫专项资金,由县人民政府统一收取,存入财政扶贫专户,主要用于解决无劳动能力深度贫困人口增收脱贫问题。

四、保障措施

(一)加强组织领导。

市政府成立了由岳普煜市长任组长,王文英副书记、王振宇副市长任副组长的市光伏扶贫工作领导组。领导组办公室设在市扶贫开发办公室,负责日常管理工作。各县市区要成立对应的光伏扶贫工作领导组,组长由县政府领导担任,成员单位由发改、扶贫、财政、国土、林业、经信、环保、审计、监察、电力等部门参与。领导组要定期召开会议,通报项目建设进展情况,研究解决项目建设中存在的问题,协调各部门互相配合,保障项目顺利实施。各县市区要按照开发式、市场化办法,鼓励通过公平、公开、公正竞争的方式,择优选择或公开招标1—2家具备光伏电站项目长期运行管理能力的企业,开展本县域光伏扶贫项目建设;加强对光伏扶贫项目的监管,从项目招标、设计、建设到建成后的运营、资金分配等方面,实施全过程、全方位的动态监管;协调开发企业与电力部门的并网、结算等工作;组织编制本县光伏扶贫规划,加强对光伏扶贫项目资金收益使用的监管。

(二)明确任务要求。

市扶贫办:负责编制全市项目建设规划、指导县级扶贫部门整合落实项目资金、检查指导项目工程建设、督促落实项目建设进度、总结宣传项目建设经验、配合财政部门对项目资金进行监管。

市发改委:负责项目规划的审核、申报,项目建设指标的审批、备案,10MW以上光伏电站材料的审查和上报,督促10MW以上光伏电站建设企业与县政府签订《建设10兆瓦以上光伏扶贫项目协议书》和《建设10兆瓦以上光伏扶贫项目承诺书》等

市财政局:按照有关规定负责落实项目配套建设资金;负责光伏扶贫项目政府采购相关事宜。

市农委、市国土资源局、市林业局:负责配合扶贫部门做好项目建设用地的选址、项目勘探、设计、规划等工作。

市招商局、市国际资金管理局:负责配合扶贫部门做好项目建设资金的筹措工作等。

国家电网临汾供电公司:负责做好与光伏扶贫工程相适应的农网改造工作,负责并网申请受理、现场勘查、接入工程建设、并网验收及调试、签订发用电合同和调度协议,负责与项目建设主体按规定结算电费等。

(三)简化项目程序。

各部门要本着边建设、边探索、边完善的原则,在光伏扶贫项目指标审批、项目招投标、办理光伏扶贫电站并网手续等方面开辟绿色通道,加快工作进度,以确保各项光伏扶贫工作任务的顺利完成。一是发改部门要加强和省里沟通协调,及时下达光伏扶贫项目建设指标,确保项目早日开工建设;二是扶贫部门要积极协调落实项目建设资金,加快项目招投标进度,加强项目工程建设监督检查;三是电力部门要配合光伏扶贫项目做好电站接入系统建设工作,确保电站安装建设完成后能及时并网,使光伏扶贫项目早日产生效益,早日惠及贫困农民。

“五一”国际劳动节劳动模范表彰名单

·全国工人先锋·

罗全昌班　临汾天煜恒晋煤业有限责任公司

·全国五一劳动奖章·

郑云萍　山西卓锋钛业有限公司生产技术部副部长
秦慧珍　隰县第一中学教师

·山西省五一劳动奖状获得单位·

侯马市农村商业银行
霍州市住房保障和城乡建设管理局
翼城县长汇农牧开发有限公司
国家统计局临汾调查队
山西临汾染化(集团)有限责任公司

·山西省工人先锋号获得单位·

山西陆合集团恒泰南庄有限公司开拓一队
临汾万鑫达焦化有限责任公司炼焦二车间
山西中强福山煤业有限公司通风班组
山西大唐国际临汾热电有限责任公司发电部
山煤国际能源集团临汾有限公司中心化验室
太钢集团临汾钢铁有限公司中板事业部热轧作业区生产甲班
山西省临汾市人民检察院反贪污贿赂局
临汾市环境保护局环境监测站

·山西省五一劳动奖章获得者·

张　华　尧都区人民法院审判员
王小江　霍州煤电集团辛置煤矿综采二队队长
张国林　安泽县公安局交警大队班长
闫文军　古县老母坡煤业有限公司调度主任
李耀兵　汾西县城镇环卫队农民工
牛智民　山西焦化股份有限公司焦油加工厂焦油萘蒸馏车间工人
乔松岩　三维集团公司机电仪分厂厂长

08市奖章

张海霞　中国人民银行临汾市中心支行办公室主任
周文泉　临汾市公安局直属分局尧庙派出所党支部书记、所长
补根柱　尧都区尧庙镇乔村党支部书记
李俊兰　大宁县昕水镇东关村农民
任玉林　洪洞县曲亭镇东张村支部书记
郭高升　襄汾县南贾镇南刘村农民
贺西平　隰县陡坡乡习美村农民
许风玲　侯马市凤城乡河东村康城小学教师
葛成稳　吉县东城乡果业站技术员
李全忠　永和县中医院中医主治医师
师学瑾　临汾市发改委主任
郭喜志　宁焦煤集团台头前湾煤业有限公司董事长
韩慧敏　蒲县农业资源开发中心主任
李兴华　尧都区住房保障和城乡建设管理局总工程师
贺文喜　临汾市交通运输局总工

·临汾市五一劳动奖状获得单位·

霍州市农业林业委员会
洪洞县林业局
曲沃县环卫园林管理中心
翼城县振丰机械有限公司
中国农业银行股份有限公司浮山支行
乡宁县地方税务局
古县财政局
安泽县教育科技局
蒲县煤炭工业局
中国移动通讯集团山西有限公司隰县分公司
山西省汾西县林业局
中国工商银行股份有限公司临汾分行
中国铁塔股份有限公司临汾市分公司
太原煤炭气化(集团)临汾燃气有限公司
国网翼城县供电公司
临汾市中级人民法院
大西铁路客运专线有限责任公司临汾西站
霍州发电厂

·临汾市五一劳动奖章获得者·

高海斌　临汾宏大豁口煤业有限公司综采队长
吕青山　山西海姿焦化有限公司车间班长
刘法军　侯马市北方铜业公司熔炼车间精炼班班长
王晓妍　山西汤荣机械制造有限公司技术员
李志强　山西华达纸业有限公司工人
高红亮　山西泰鑫塑胶制品有限公司班长
张开华　蒲县宏源煤业集团凤凰台煤业有限公司副队长
崔宝红　山西乡宁焦煤集团台头煤焦有限责任公司综采队长
罗建华　山西其亚铝业有限公司 职工
刘金永　山西煤炭运销集团临汾四通煤业有限公司技术员
焦琛珀　洪洞县大槐树寻根祭祖园有限公司旅商开发部负责人
刘金大　洪洞县农村信用合作联社信息部主任
周　礼　山西霍州国新液化天然气有限公司员工
张大宽　山煤国际能源集团临汾公司开发部部长
刘　捷　山西路桥集团长临高速公路有限公司工程管理部部长
王玉亮　尧都区水塔街办事处龙潭社区党支部书记
齐顺生　尧都区检察院反渎局侵权检察科科长
李　强　尧都区环保局环境监察大队副大队长
王卫青　山西省祁临高速公路霍州收费站治超检测办公室主任
刘振宇　洪洞县法院民事二庭审判员
郝　丽　襄汾县公安局科员
张强强　临汾开发区公安分局北城派出所所长
郭东山　临汾市工商行政管理局侯马开发区分局窗口受理员
贺明艳　临汾市畜牧兽医局草业管理站副站长
吉东发　临汾市果树蚕桑站
王　波　临汾市公安局交警支队车管所副所长
张泽锋　临汾市煤监分局综合科科长
李　江　临汾市政公用局设施科负责人
许天录　临汾市绿化二队副队长
武大钧　共青团临汾市委少工委办公室主任
马骁罗　曲沃县里村镇蒙城村村主任

李艳红　翼城凤岭山翅果油种植专业合作社农民
盖亚奇　浮山印象田园生态农业示范园区农民
任晋宝　古县北平镇贾寨村党支部书记
曹正发　乡宁县昌宁镇大石头村党支部书记
张文艳　蒲县薛关镇薛关村农民
徐稳柱　吉县屯里镇太度村农民
闫锁保　隰县午社镇习礼村村支部书记
成跃进　永和县桑壁镇署益村村主任
李三女　洪洞县东街小学教师
卢翠珍　襄汾县第一小学教师
高红霞　曲沃县乐昌中学教师
耿延芳　翼城县汇丰学校政教主任
刘振基　浮山县人民医院儿科副主任
任艳萍　乡宁县第一中学教师
闫清华　汾西县第一中学校教师
戚建光　隰县下李乡卫生院院长
贺星龙　大宁县徐家垛乡乐堂村乡村
郭完英　永和县第二中学教师
刘　红　临汾市科技交流中心主任
席乐斌　临汾市第二人民医院护士
赵建荣　山西省霍州市统计局局长
蒋能义　曲沃县闽光焦化有限责任公司总经理
尉昌华　安泽天乐农业综合服务合作社理事长
闫建宙　乡宁焦煤集团有限责任公司总经理
耿世文　人祖山文化旅游开发有限公司董事长
宁良杰　临汾市广播电视台副台长
张文清　临汾市环保局副局长
秦维国　建行乡宁支行行长
王青川　临汾市国土资源局副局长
李保龙　临汾市水利机械工程局副局长
尤爱萍　临汾市妇幼保健院副院长
啜　荣　山西华晋韩咀煤业有限责任公司工会主席
王忠民　临汾市解放路学校校长
曹红敏　临汾市宏一鹏建材有限公司经理
侯晓红　中国工商银行股份有限公司临汾银苑支行行长
许向荣　临汾民航机场有限公司副总经理
刘　泳　临汾市规划局总规办主任

·临汾市工人先锋号获得单位·

山西华德冶铸有限公司精整车间大件焊补班
侯马市特种机械厂六分厂四班
霍州市自来水公司供水安装中心
翼城县交通运输局公路管理所
浮山县广和精密制造有限公司树脂膜车间
山西省古县老母坡煤业有限公司机运部
山西地方电力有限公司安泽分公司线路班
乡宁云丘山旅游开发有限责任公司市场营销部
蒲县公安局交警大队城关中队
山西达明一派食品有限公司易拉罐生产班组
汾西县洪昌养殖有限责任公司屠宰厂维修班组
国网隰县供电公司配电运检班
阳煤集团大宁农业开发有限公司双孢菇项目部
永和县信用联社城关信用社
临汾和谐健康体检门诊部有限公司骨密度肺功能室
山西好利阀机械制造有限公司装配车间一班
霍州煤电集团公司庞庞塔煤矿综放一队刘小亮班组
临汾职业技术学院医学部
临汾市环境卫生管理局北城环卫所

统计资料

2015 年临汾市行政区划

表 23

	单位	指标值
市　辖　区	个	1
县	个	14
县　级　市	个	2
街道办事处	个	20
镇	个	75
乡	个	76
村民委员会	个	2961
社区居民委员会	个	158

2015 年临汾市土地面积、自然资源

表 24

	单位	指标值
土地面积	平方公里	20275
水资源总量(2014)	亿立方米	13.91
地表水资源量(2014)	亿立方米	8.81
煤炭探明保有量	亿吨	486
铁矿石保有储量	亿吨	1.3
石膏保有储量	万吨	47763
水泥灰岩保有储量	万吨	10247

2015 年临汾市人口

表 25

	单位	2015 年	2014 年
总人口	人	4435653	4414596
男	人	2259920	2259249
女	人	2175733	2155347
性别比	%	103.87	104.82
出生率	‰	10.15	11.07
死亡率	‰	5.39	5.67
自然增长率	‰	4.76	5.4
城镇人口	人	2156597	2081037
比 重	%	48.62	47.14
乡村人口	人	2279056	2333559
比 重	%	51.38	52.86

2015 年临汾市国民经济主要指标(一)

表 26

	单位	2015 年	2014 年	2015 年为 2014 年%
社会从业人员	万人	220.7	217.4	101.5
地区生产总值	亿元	1161.1	1213.2	100.2
第一产业	亿元	91.0	94.9	96.6
第二产业	亿元	563.4	659.2	94.8
第三产业	亿元	506.7	459.1	110.3
农林牧渔业总产值	亿元	173.5	182.6	95.7
规模以上工业增加值	亿元	334.4	466.8	92.9
公路通车里程	公里	18231	18111	100.7
固定资产投资	亿元	1401.2	1229.4	114.0
财政总收入	亿元	156.5	197.3	79.3
#公共财政预算收入	亿元	88.2	118.3	74.6
公共财政预算支出	亿元	287.0	282.5	101.6
社会消费品零售总额	亿元	572.0	545.0	105.0
居民消费价格指数	%	102.5	101.7	—

注:地区生产总值、农林牧渔业总产值、规模以上工业增加值发展速度按可比价格计算。

2015 年临汾市国民经济主要指标(二)

表 27

	单位	2015 年	2014 年	2015 年为 2014 年 %
海关进出口总额	万美元	30160	39949	75.5
城乡居民储蓄存款余额	亿元	1373.4	1252.7	109.6
城镇居民人均可支配收入	元/人	25498	23610	108.0
农村居民人均可支配收入	元/人	9376	8755	107.1
在岗职工平均工资	元/人	48051	41488	115.8
粮食总产量	万吨	236.2	275.8	85.6
#小麦产量	万吨	107.2	106.1	101.0
水果产量	万吨	77.8	67.2	115.8
肉类总产量	万吨	13.7	13.2	103.8
原煤产量	万吨	5647.8	5011.1	112.7
发电量	亿千瓦时	211.2	212.9	92.0
焦炭产量	万吨	1754.1	1883.6	93.1
钢产量	万吨	998.3	1035.4	96.4
成品钢材产量	万吨	1261.6	1312.9	96.1
洗精煤产量	万吨	4489.7	4813.6	93.31

2015 年临汾市国民经济主要指标占全省比重(一)

表 28

	单位	山西省	临汾市	占山西省 %
常住人口	万人	3664.1	443.6	12.11
年末社会从业人员	万人	1872.8	220.7	11.79
地区生产总值	亿元	12802.6	1161.1	9.07
人均地区生产总值	元	35018	26239	—
规模以上工业增加值	亿元	5082.5	334.4	6.58
公路通车里程	公里	141000	18231	12.93
固定资产投资	亿元	13744.6	1401.2	10.19

2015 年临汾市国民经济主要指标占全省比重(二)

表 29

	单位	山西省	临汾市	占山西省%
城镇居民人均可支配收入	元/人	25828	25498	—
农村居民人均可支配收入	元/人	9454	9376	—
粮食总产量	万吨	1259.6	236.2	18.75
小麦产量	万吨	271.4	107.2	39.49
玉米产量	万吨	862.7	122.2	14.17
棉花产量	万吨	1.4	0.02	1.09
油料产量	万吨	15.3	0.9	6.07
水果产量	万吨	842.6	77.8	9.23
原煤产量	万吨	94410	5648	5.98
焦炭产量	万吨	8035	1754	21.83
生铁产量	万吨	3576	1041	29.10
钢产量	万吨	3847	998	25.95
成品钢材产量	万吨	4267	1262	29.56
发电量	亿千瓦时	2434	211	8.68

2015 年临汾市生产总值

表 30　（按当年价格计算）　单位：万元、%

	2015 年	2014 年	2015 年为 2014 年 %
全市生产总值	11611089	12132401	100.2
第一产业	909827	949345	96.6
第二产业	5634449	6592018	94.8
第三产业	5066813	4591038	110.3
交通运输、仓储及邮电通信业	811342	794447	102.2
批发和零售业	728437	707437	102.3
住宿和餐饮业	234665	214463	108.1
金融保险业	721478	629459	115.3
房地产业	537629	525757	102.0
其他服务业	2015399	1703389	117.4
营利性服务业	767372	616216	123.3
非营利性服务业	1248028	1087173	113.9

注:2015 年为季报数据,发展速度按可比价计算。

2015 年临汾市生产总值构成

表 31 单位:%

	2015 年	2014 年	2015 年比 2014 年增减
全市生产总值	100.0	100.0	—
第一产业	7.8	7.8	0.0
第二产业	48.5	54.4	−5.9
第三产业	43.7	37.8	5.9
交通运输、仓储及邮电通信业	7.0	6.5	0.5
批发和零售业	6.3	5.8	0.5
住宿和餐饮业	2.0	1.8	0.2
金融保险业	6.2	5.2	1.0
房地产业	4.6	4.3	0.3
其他服务业	17.4	14.0	3.4
营利性服务业	6.6	5.0	1.6
非营利性服务业	10.8	9.0	1.8

注:2015 年为季报数据。

2015 年临汾市农林牧渔业总产值

表 32 (当年价格) 单位:万元

	2015 年	2014 年	2015 年为 2014 年 %
农林牧渔业总产值	1735039	1826412	95.74
农 业	1186244	1303583	92.72
林 业	89571	88459	102.56
牧 业	407977	387447	102.62
渔 业	14659	14010	108.80
农林牧渔服务业	36588	32913	110.07

注:2015 年为季报统计数据,发展速度按可比价计算。

2015 年临汾市农林牧渔业总产值构成

表 33 单位:%

	2015 年	2014 年
农林牧渔业总产值	100	100
农 业	68.38	71.38
林 业	5.16	4.84
牧 业	23.51	21.21
渔 业	0.84	0.77
农林牧渔服务业	2.11	1.80

2015 年临汾市农林牧渔业增加值

表 34 (当年价格) 单位:万元

	2015 年	2014 年	2015 年为 2014 年 %
农林牧渔业增加值	927689	965431	96.85
农 业	640572	691815	94.35
林 业	44875	44296	102.61
牧 业	216636	205797	102.59
渔 业	7744	7437	108.28
农林牧渔服务业	17862	16086	109.94

2015年临汾市农林牧渔业增加值构成

表35　　单位：%

	2015年	2014年
农林牧渔业增加值	100	100
农　业	69.05	71.65
林　业	4.84	4.59
牧　业	23.35	21.32
渔　业	0.83	0.77
农林牧渔服务业	1.93	1.67

2015年临汾市主要农作物播种面积

表36　　单位：千公顷

	2015年	2014年	2015年为2014年 %
总播种面积	559.37	565.53	98.9
#粮食作物	517.02	519.84	99.5
谷　物	492.22	490.06	100.4
#小　麦	219.49	228.42	96.1
玉　米	253.36	242.2	104.6
谷　子	13.51	12.55	107.6
高　粱	0.48	0.83	57.8
豆　类	14.58	19.08	76.4
薯　类	10.21	10.70	95.4
油　料	6.62	8.93	12.0
棉　花	0.25	0.59	42.4
烟　叶	0.83	0.92	90.2
药　材	5.75	5.57	103.2
蔬　菜	22.32	23.62	94.5
瓜　类	3.03	2.28	132.9
其他作物	3.56	3.78	94.2

2015年临汾市主要农产品产量

表37　　单位：吨

	2015年	2014年	2015年为2014年 %
粮　食	2361708	2757526	85.6
谷　物	2322537	2681074	86.6
#小　麦	1071812	1061231	101.0
玉　米	1222465	1574183	77.7
谷　子	22347	33427	66.9
高　粱	957	2588	37.0
豆　类	14953	30371	49.2
薯　类	24218	46081	52.6
油　料	9285	15871	58.5
棉　花	153	564	27.1
麻　类		1	0.0
烟　叶	2191	2564	85.5
药　材	61807	68364	90.4
蔬　菜	1216020	1294086	94.0
瓜　类	90209	84859	106.3

2015年临汾市林业生产情况

表38　　单位：千公顷

	2015年	2014年	2015年为2014年 %
当年造林面积	32.19	35.16	91.55
#用材林			
经济林	8.32	14.53	57.26
防护林	21.7	17.99	120.62
零星植树(万株)	1200.0	1210.0	99.17
育苗面积	7.46	7.29	102.33
幼林抚育作业面积		7.12	0.00
森林抚育面积	10.52	10.77	97.68
木材产量(立方米)	27434	25588	107.21
核　桃(吨)	34456	27097	127.16
花　椒(吨)	1274	756	168.52

注：本表数据由林业局提供。

2015年临汾市水果生产情况

表39

	单位	2015年	2014年	2015年为2014年 %
水果总产量	吨	777852	671961	115.8
＃苹　果	吨	622578	549843	113.2
梨	吨	36554	31122	117.5
葡　萄	吨	42260	31358	134.8
红　枣	吨	34923	21317	163.8
柿　子	吨	5615	5281	106.3
桃	吨	25006	23531	106.3
杏	吨	1600	871	183.7
果园面积	公顷	55294	55796	99.1
＃苹果园	公顷	36257	36909	98.2
梨　园	公顷	4134	4088	101.1
葡萄园	公顷	2342	2317	101.1
其他园	公顷	12561	12482	100.6

2015年临汾市主要牲畜年末存栏情况

表40　单位:头、只

	2015年	2014年	2015年为2014年 %
一、大牲畜年末头数	82146	87918	93.4
牛	74921	78858	95.0
二、年末猪存栏头数	862644	885462	97.4
＃能繁殖母猪	104951	107554	97.6
三、年末羊存栏只数	977522	897690	108.9
＃山羊	531474	496398	107.1
绵羊	446048	401292	111.2
四、家禽	11984814	12229075	98.0
五、养兔	835300	1026400	81.4

2015年临汾市畜牧业主要产品产量

表41　单位:头、只、吨

	2015年	2014年	2015年为2014年 %
当年出栏的肉猪	1241460	1183610	104.9
猪肉产量	102335	99003	103.4
当年出栏的肉用牛	42806	44238	96.8
牛肉产量	5977	6197	96.4
当年出栏的肉用羊	555060	517123	107.3
羊肉产量	8096	7469	108.4
当年出栏的家禽	11865946	10980880	108.1
禽肉产量	18018	16182	111.3
肉类总产量	137017	132057	103.8
奶类产量	45761	47793	95.7
＃牛奶产量	39573	40321	98.1
山羊毛产量	202	146	138.4
绵羊毛产量	484	432	112.0
羊绒产量	50	49	102.0
蜂蜜产量	475	467	101.7
禽蛋产量	114616	111582	102.7
蚕茧产量	8	8.3	96.4

2015年临汾市农业现代化水平

表42

	单位	2015年	2014年
农村用电量	万千瓦时	87315	86758
化肥施用量(实物量)	吨	545294	588664
氮　肥	吨	225616	250933
磷　肥	吨	155789	176153
钾　肥	吨	21336	19307
复合肥	吨	142554	142271
农用塑料薄膜使用量	吨	5588	5918
农用柴油使用量	吨	58305	61155
农药使用量	吨	5149	5152
农业机械总动力	万千瓦	484.0	473.1
大中型拖拉机	混合台	17961	15811
小型拖拉机	台	46213	45119
农用排灌动力机械	台	20825	20841
农用运输车	台	168804	170902

2015年临汾市乡镇企业发展情况

表43

	单位	2015年	2014年
乡镇企业单位数	个	11350	8847
乡镇企业职工人数	人	337400	317633
乡镇企业工业总产值	万元	7121785	8246679
乡镇企业营业收入	万元	10609922	11883648
农业企业	万元	188950	124336
工业企业	万元	6678225	7822897
建筑业企业	万元	396829	352617
交通运输企业	万元	587877	504873
批发零售贸易业	万元	1857991	2146910
上缴税金	万元	536724	558847
本年新增固定资产	万元	435404	450411
出口产品交货值	万元	33322	37846

注:本表由中小企业局提供

2015年临汾市工业企业单位数

表44　单位:个

	2015年	2014年
规模以上工业企业	357	355
#国有及国有控股	72	69
按轻重工业分		
轻工业	39	34
重工业	318	321
按隶属关系分		
中央企业	9	8
省属企业	50	46
市属企业	7	6
县及县以下企业	291	295
按登记注册类型分		
国有经济	6	8
集体经济	8	11
其他经济	343	336
大型企业	24	26
中型企业	97	102
小微型企业	236	227

2015年临汾市工业总产值

表45　（当年价格）　单位:万元

	2015年	2014年
规模以上工业企业	13082486	17091498
#国有及国有控股	3606783	4983241
按轻重工业分		
轻工业	381714	384696
重工业	12700772	16706802
按隶属关系分		
中央企业	628030	610484
省属企业	2583535	3966886
市属企业	100254	77807
县及县以下企业	9770667	12436321
按登记注册类型分		
国有经济	248636	266978
集体经济	242927	422288
其他经济	12590923	16402232
按企业规模分		
大型企业	5190801	7145358
中型企业	4097631	4789131
小微型企业	3794054	5157009

注:数据均为月报口径,2012年企业规模分类标准变化。

2015年临汾市工业增加值

表46　（按生产法计算）　单位:万元

	2015年	2014年
规模以上工业企业	3343933	4667513
#国有及国有控股	1065864	1456551
按轻重工业分		
轻工业	124434	127421
重工业	3219499	4540092
按隶属关系分		
中央企业	224620	199556
省属企业	705732	1085564
市属企业	33935	27907
县及县以下企业	2379646	3354486
按登记注册类型分		
国有经济	86205	76416
集体经济	90589	170541
其他经济	3167139	4420556
按企业规模分		
大中型企业	2071663	2751429
小微型企业	1272270	1916084

注:数据均为月报口径

2015年临汾市工业企业利税总额

表47　　单位:万元

指标名称	2015年	2014年	2015年为2014年 %
规模以上工业企业	228819	702126	32.59
#国有及国有控股企业	40731	227111	17.93
按轻重工业分			
轻工业	11296	23145	48.81
重工业	217523	678981	32.04
按隶属关系分			
中央企业	95211	63043	151.02
省属企业	−94937	95161	−99.76
市属企业	−7763	1067	−727.56
县及县以下企业	236308	542854	43.53
按登记注册类型分			
国有经济	50764	48869	103.88
集体经济	27888	38685	72.09
其他经济	150168	614572	24.43
按企业规模分			
大型企业	−120767	187675	−64.35
中型企业	131899	203629	64.77
小微型企业	217687	310822	70.04

注:数据均为月报口径,2012年企业规模分类标准变化。

2015年临汾市规模以上主要工业产品产量(一)

表48

	单位	2015年	同比增长%
轻工产品			
纱	吨	1324.5	7.0
布	万米	711.5	12.1
饮料酒	千升	2698.0	−33.1
塑料制品	吨	9414.3	88.4
软饮料	吨	8800.0	−16.2
饲　料	吨	136916.2	−18.7
中成药	吨	438.1	−16.3
重工产品			
原煤	万吨	5647.8	6.9
洗精煤	万吨	4489.7	−6.7
焦炭	万吨	1754.1	−6.9
#机焦	万吨	1754.1	−6.9
发电量	亿千瓦时	211.2	−0.8
铁矿石原矿	万吨	301.8	−62.9

2015年临汾市规模以上主要工业产品产量(二)

表49

	单位	2015年	同比增长%
生铁	万吨	1040.9	−14.1
钢	万吨	998.3	−3.6
成品钢材	万吨	1261.6	−3.9
铸铁件	万吨	63.3	−3.9
铁合金	万吨	2.4	−53.8
精炼铜	万吨	6.5	−14.7
水泥	万吨	253.2	−30.5
精甲醇	万吨	89.3	−11.5
粗苯	万吨	18.7	−4.8
纯苯	万吨	7.5	1.9
甲醛	万吨	12.7	−8.5
硫酸	万吨	14.2	−3.2
1−4丁二醇	万吨	6.3	−8.5
合成氨	万吨	14.7	474.3
化肥	万吨	11.3	288.1

2015年临汾市煤焦产销存情况

表50　　单位:万吨

	年初库存	生产量	销售量	年末库存
原　煤	198.71	5647.76	3900.61	258.81
无烟煤	0.00	136.99	136.99	0.00
炼焦烟煤	104.76	4673.25	2998.12	179.76
一般烟煤	93.95	837.52	765.50	79.05
洗精煤	69.21	4489.7	4454.83	74.62
其他洗煤	152.81	1291.25	1215.25	179.64
焦　炭	90.65	1754.09	1634.88	138.33

注:统计口径为规模以上工业企业

2015 年临汾市运输、邮电情况

表 51

	单位	2015 年	2014 年	2015 年为 2014 年 %
公路通车里程	公里	18231	18111	100.7
高速公路	公里	462	462	100.0
一级公路	公里	412	357	115.4
二级公路	公里	1898	1898	100.0
三级公路	公里	2984	2950	101.1
四级公路	公里	11930	11870	100.5
民用汽车	辆	467030	423133	110.4
载重汽车	辆	57457	59731	96.2
载客汽车	辆	402572	354999	113.4
邮电业务总量	亿元	50.40	42.92	117.4
固定电话	万部	34.05	52.52	64.8
固定电话普及率	部/百人	7.70	11.93	64.5
移动电话	万部	396.08	397.14	99.7
移动电话普及率	部/百人	89.51	90.20	99.2

2015 年临汾市固定资产投资完成情况

表 52 单位:万元、个

	2015 年	2014 年	2015 年为 2014 年 %
一、固定资产投资完成额	14012204	12294284	114.0
其中:国有经济控股	5461851	5969102	91.5
按建设性质分:			
新 建	3857219	4097353	94.1
扩 建	3931202	2952389	133.2
改建和技术改造	3465478	2565214	135.1
单纯建造生活设施	1503729	1722998	87.3
按构成分 :			
建筑工程	10209052	8493330	120.2
安装工程	738030	657771	112.2
设备、工具、器具购置	2056868	2123738	96.9
其他费用	1008254	1019445	98.9
按产业分 :			
第一产业	1734448	770754	225.0
第二产业	4944955	5056753	97.8
采矿业	1301576	1923471	67.7
制造业	2690958	2107423	127.7
电力、燃气及水的生产和供应	949171	1025859	92.5
第三产业	7332801	6466777	113.4
二、施工项目个数	2719	1806	150.6
本年投产项目个数	2347	1415	165.9
三、新增固定资产	13399021	9817494	136.5

2015 年临汾市财政预算收支

表 53 单位:万元

	2015 年	2014 年
财政总收入	1565491	1972983
公共财政预算收入	881811	1182626
#工商税收	492912	559800
公共财政预算支出	2870315	2824533
#一般公共服务	236008	204247
公共安全	158258	143949
教育	514527	412447
科学技术	8179	13517
文化体育与传媒	59343	65173
社会保障和就业	482384	403373
医疗卫生	334736	294096
节能环保	105463	88657
城乡社区事务	186317	234543
农林水事务	383837	316913

2015 年临汾市金融机构信贷

表 54 单位:亿元

	2015 年	2014 年
银行各项存款余额	1966.49	1853.62
住户存款	1373.41	1277.20
#活期存款	406.80	400.22
定期及其他存款	966.61	876.98
非金融企业存款	326.03	268.99
广义政府存款	263.63	307.01
银行各项贷款余额	1082.87	943.40
住户贷款	303.19	269.62
#短期贷款	153.94	138.47
中长期贷款	149.25	131.16
金融企业及机关团体贷款	776.12	673.77
短期贷款	384.96	328.44
中长期贷款	242.40	247.28
票据融资	146.73	97.95

2015年临汾市社会消费品零售总额

表55　　单位:万元

	2015年	2014年	2015年为2014年%
社会消费品零售总额	5719814	5450084	104.9
1.城镇	4555922	4346937	104.8
其中:城区	2383645	2272481	104.9
2.乡村	1163892	1103147	105.5
一、批发业	754332	676188	111.6
1、限额以上	41199	26606	154.8
2、限额以下	713134	649582	109.8
二、零售业	4505635	4356392	103.4
1、限额以上	1591064	1754753	90.7
2、限额以下	2914571	2601640	112.0
三、住宿业	46407	40326	115.1
1、限额以上	11803	13905	84.9
2、限额以下	34605	26422	131.0
四、餐饮业	413439	377178	109.6
1、限额以上	25618	28508	89.9
2、限额以下	387821	348669	111.2

2015年临汾市限上企业(单位)商品零售类值表

表56　　单位:万元

指标名称	2015年	2014年	2015年为2014年%
限额以上单位分类合计	1637504	1787224	91.6
粮油、食品类	67846	70598	96.1
饮料类	8494	8487	100.1
烟酒类	46264	48634	95.1
服装、鞋帽、针纺织品类	78110	84488	92.5
化妆品类	5379	5588	96.3
金银珠宝类	16918	14772	114.5
日用品类	20913	22387	93.4
五金、电料类	2058	1814	113.5
体育、娱乐用品类	557	715	77.9
书报杂志类	25031	18769	133.4
电子出版物及音像制品类	3224	314	1025.3
家用电器和音像器材类	67479	64088	105.3
中西药品类	50596	44146	114.6
文化办公用品类	7192	7650	94.0
家具类	60830	55514	109.6
通讯器材类	6106	6697	91.2
煤炭及制品类	32990	19353	170.5
石油及制品类	429156	496557	86.4
建筑及装潢材料类	87066	83763	103.9
汽车类	615340	724969	84.9
棉麻类	1166	1235	94.4
其他类	4792	6686	71.7

2015年临汾市价格总指数

表57　　(以上年价格为100)　　单位:%

	2015年	2014年
居民消费价格指数	102.5	101.7
食　品	100.5	101.9
烟　酒	102.1	104.0
衣　着	101.5	102.6
家庭设备用品及维修服务	101.0	101.9
医疗保健和个人用品	102.5	102.3
交通和通信	98.2	100.6
娱乐教育文化用品及服务	102.2	100.6
居　住	109.1	101.6
工业生产者出厂价格指数	87.3	88.9
#轻工业	96.7	99.3
重工业	86.9	88.5
#生产资料	87.1	88.7
工业生产者购进价格指数	90.3	91.6

2015年临汾市对外贸易和旅游

表58

	单位	2015年	2014年
海关进出口总额	万美元	30160	39449
出口	万美元	16615	17601
一般贸易	万美元	16412	17194.3
加工贸易	万美元	27.4	229.6
进口	万美元	13544	22348
新批三资企业协议资金	万美元	806.45	3350
新批三资企业项目	个	1	2
接待旅游者人数	万人次	3179.138	2630.2
接待海外旅游者人数	人次	36148	34228
接待国内旅游者人数	万人次	3175.52	2626.74
旅游总收入	亿元	294.9	242.3
旅游外汇收入	万美元	1502.9	1430.2
国内旅游收入	亿元	294.0	241.4

2015年临汾市社会从业人员

表59　　单位:人

	2015年	2014年
总　　计	2207221	2174168
按城乡分		
乡村	1606094	1588667
城镇	601127	585501
城镇国有单位	201126	204258
城镇集体单位	11185	12035
城镇其他单位	139438	143297
城镇私营单位	114940	112900
城镇个体	134438	113011
按三次产业分		
第一产业	883770	878880
第二产业	498214	501443
工业	335144	341563
建筑业	163070	159880
第三产业	825237	793845
#交通运输、仓储和邮电业	127574	129151
批零贸易、住宿餐饮业	339159	306962

2015年临汾市城镇非私营单位在岗职工平均工资

表60　　单位:元

	2015年	2014年
全市在岗职工平均工资	48051	41488
按企业事业机关分组		
企业	46375	46567
事业	50444	36683
机关	48200	36645
按国民经济行业分组		
农、林、牧、渔业	34869	27504
采矿业	50131	54081
制造业	32976	33349
电力、燃气及水的生产和供应业	72512	69578
建筑业	29047	29992
批发和零售业	40925	37730
交通运输、仓储和邮政业	31107	26364
住宿和餐饮业	19524	19945
信息传输、计算机服务和软件业	65691	65815
金融业	84720	79001
房地产业	33916	32680
租赁和商务服务业	42077	36750
科学研究、技术服务和地质勘查业	48124	38082
水利、环境和公共设施管理业	23756	21022
居民服务和其他服务业	18601	17651
教育	59837	41784
卫生、社会保障和社会福利业	48154	36207
文化、体育和娱乐业	38310	28383
公共管理和社会组织	47115	35651

2015年临汾市教育、文化、卫生统计表

表61

	单位	2015年	2014年
高等学校数	个	5	4
高等学校专任教师数	人	3001	2958
高等学校在校学生数	人	47933	47475
中等职业学校数	个	52	52
中等职业学校在校学生数	人	27246	29160
中等职业学校专任教师数	人	2435	2402
普通中学数	个	285	288
普通中学在校学生数	人	229052	242825
普通中学专任教师数	人	21623	21480
小学校数	个	1012	1051
小学校在校学生数	人	276141	274218
小学校专任教师数	人	21966	21426
电视人口覆盖率	%	98.87	98.86
文化产业增加值	亿元	17.46	17.22
文化产业增加值占GDP比重	%	1.44	1.41
规模以上工业企业R&D经费支出	万元	45660	49073
规模以上工业企业R&D经费支出占GDP比重	%	0.4	0.4
医院数	个	176	168
医院床位数	张	14289	13997
执业医师和执业助理医师	人	10518	9831

说明:文化产业增加值及占GDP比重为和规模以上工业企业R&D经费支出及占GDP比重四项指标为2013年和2014年数据。

2015年临汾市环保统计表

表62

	单位	2015年
工业废水排放总量	万吨	5080.83
工业废气排放总量	万标 m^3	31901438
二氧化硫	万吨	7.64
烟　尘	万吨	5.25
工业固体废物产生量	万吨	2643
工业固体废物综合利用量	万吨	1911
综合利用率	%	72.55
当年完成环保验收项目环保投资基金	万元	20278.4
生态影响类项目	万元	456.4
城市基础设施项目	万元	4499.3
工业企业类项目	万元	15322.7
其他类项目	万元	0
当年完成环保验收项目数	个	27
新增处理废水能力	万吨/日	42329.3
新增处理废气能力	万标m3/时	24.2
新增处理固体废物能力	万吨/日	

备注:目前数据为上报省厅数据,截止4.15日环保部正在对山西省上报环境统计数据进行审核,审核结束后才能最终敲定2015年环境统计年报数据,现提供数据仅供参考。

2015 年临汾市县市区行政区划及国土面积

表 63　　　　单位:个、平方公里

国土面积		办事处	镇	乡	村民委员会	社区居民委员会
全　市	20	75	76	2961	158	20275
尧都区	10	10	6	372	62	1316
曲沃县		5	2	158	0	437
翼城县		6	4	212	6	1149
襄汾县		7	6	348	6	1028
洪洞县		9	7	463	4	1494
古　县		4	3	111	4	1191
安泽县		4	3	103	4	1959
浮山县		2	7	185	2	938
吉　县		3	5	79	0	1780
乡宁县		5	5	182	7	2025
大宁县		2	4	84	0	963
隰　县		3	5	97	3	1413
永和县		2	5	79	4	1213
蒲　县		4	5	93	4	1509
汾西县		5	3	120	0	875
侯马市	5		3	76	28	221
霍州市	5	4	3	199	24	764

2015 年临汾市县市区生产总值

表 64　　　　单位:万元、%

	2015 年	2014 年	2015 年为 2014 年　%
临汾市	11611089	12132401	100.2
尧都区	2492097	2494996	98.9
曲沃县	866465	872658	104.8
翼城县	707161	687928	105.9
襄汾县	1147338	1222367	95.7
洪洞县	1617128	1656033	102.1
古　县	430329	449994	102.0
安泽县	421256	462728	96.7
浮山县	425618	469589	97.3
吉　县	190256	187165	103.5
乡宁县	803757	834249	102.5
大宁县	45047	47780	96.7
隰　县	132023	126494	105.7
永和县	70285	65494	98.6
蒲　县	538537	524864	113.6
汾西县	192863	189242	103.8
侯马市	888902	852102	102.5
霍州市	745540	890268	88.7

注:2015 年为季报数据,发展速度按可比价计算。

2015 年临汾市县市区交通邮电情况

表 65

	公路通车里程(公里)	邮政电信业务总量(万元)	固定电话用户(户)	移动电话用户(户)
全　市	18231	503953	340538	3960825
尧都区	1665	164767	109421	1250823
曲沃县	608	23630	18321	199134
翼城县	1269	32118	23735	260668
襄汾县	1390	43055	23542	364033
洪洞县	2108	61993	40980	509238
古　县	929	9633	6488	75114
安泽县	890	8455	6551	62686
浮山县	863	11467	5341	99022
吉　县	1486	8888	4930	74654
乡宁县	1229	24928	9019	196988
大宁县	835	4705	2988	37282
隰　县	866	10456	4466	84863
永和县	895	4907	1665	39162
蒲　县	953	12181	5150	92988
汾西县	734	11512	5336	93764
侯马市	414	36044	37875	251017
霍州市	1097	35212	34730	269391

2015 年临汾市县市区财贸经济指标

表 66　　　　单位:万元

	财政总收入	公共财政预算收入	公共财政预算支出	社会消费品零售总额
全　市	1565491	881811	2870315	5719814
安泽县	80003	31027	83415	84876
大宁县	5601	3300	83503	29449
汾西县	8248	5564	99194	109221
浮山县	17492	11604	92834	80579
古　县	47313	19617	79230	91746
洪洞县	143841	65335	296275	530647
侯马市	88711	46557	147268	765176
霍州市	143728	67018	161825	312301
吉　县	20872	10495	113792	68058
蒲　县	129714	76105	138844	72689
曲沃县	50384	27509	135787	208057
隰　县	14012	8100	112177	89863
乡宁县	203523	84487	167343	188574
襄汾县	81161	40006	192128	407536
尧都区	311280	116179	328332	2259381
翼城县	52106	32411	167188	379259
永和县	11082	5399	86014	42404

2015年临汾市县市区海关进出口总额

表67　　单位：万美元

	海关进出口总额	#出口	合同利用外资	当年实际使用外资额
全　市	30160	16615	806	15660
尧都区	5694	5692		
曲沃县	714	714		
翼城县	779	779		
襄汾县	857	857	806	
洪洞县	7344	7142		
古　县				
安泽县				
浮山县	22	22		3174
吉　县	34	34		
乡宁县	16			
大宁县				
隰　县				
永和县				
蒲　县				
汾西县				
侯马市	14589	1270		1260
霍州市				11226

2015年临汾市县市区固定资产投资情况

表68

	2015年	2014年	2015年为2014年　%
全　市	14012204	12294284	114.0
跨县市	174629	13524	1291.3
尧都区	2546938	2675255	95.2
曲沃县	874090	728178	120.0
翼城县	827247	689293	120.0
襄汾县	1262726	1051813	120.1
洪洞县	1638015	1411611	116.0
古　县	603867	502385	120.2
安泽县	633538	527786	120.0
浮山县	456759	380241	120.1
吉　县	349437	290660	120.2
乡宁县	720658	607431	118.6
大宁县	120888	104018	116.2
隰　县	265816	221997	119.7
永和县	127310	109624	116.1
蒲　县	605088	504001	120.1
汾西县	327461	269942	121.3
侯马市	829151	689802	120.2
霍州市	1648586	1516723	108.7

2015年临汾市县市区城镇居民收入

表69　　单位：元

	人均可支配收入	增长(%)
全　市	25498	8.0
尧都区	28438	8.3
曲沃县	26521	9.2
翼城县	25213	7.1
襄汾县	25944	7.3
洪洞县	23344	8.0
古　县	26259	7.4
安泽县	23836	8.1
浮山县	25069	8.7
吉　县	17205	8.6
乡宁县	24602	7.6
大宁县	16541	7.0
隰　县	20003	8.9
永和县	18099	9.1
蒲　县	23075	6.8
汾西县	21998	8.8
侯马市	24500	7.5
霍州市	25446	7.9

2015年临汾市县市区农村居民收入

表70

	人均可支配收入(元)	增长(%)
全　市	9376	7.1
尧都区	12120	7.2
曲沃县	12287	8.2
翼城县	9738	8.5
襄汾县	11056	6.4
洪洞县	9921	6.8
古　县	8601	7.6
安泽县	7811	7.0
浮山县	7478	6.9
吉　县	4312	8.4
乡宁县	8218	8.0
大宁县	2690	5.9
隰　县	4762	7.5
永和县	2974	7.7
蒲　县	7425	6.7
汾西县	3136	6.2
侯马市	12538	6.1
霍州市	11488	5.7

2015年临汾市规模以上工业总产值及工业增加值行业构成(一)

表71　　单位:万元、%

行业名称	单位个数	现价工业总产值	产值占比	工业增加值	增加值占比
总　计	357	13082486	100.00	3343933	100.00
煤炭开采和洗选业	142	4389175	33.55	1724507	51.57
黑色金属矿采选业	27	631923	4.83	142625	4.27
有色金属矿采选业	1	10148	0.08	7330	0.22
非金属矿采选业	1	2460	0.02	649	0.02
农副食品加工业	9	102412	0.78	15817	0.47
食品制造业	5	30887	0.24	9669	0.29
酒、饮料和精制茶制造业	2	83229	0.64	47107	1.41
纺织业	3	7353	0.06	1601	0.05
纺织服装、服饰业	1	1860	0.01	570	0.02
皮革、毛皮、羽毛及其制品和制鞋业	1	2281	0.02	593	0.02
木材加工和木、竹、藤、棕、草制品业	1	1012	0.01	275	0.01
文教、工美、体育和娱乐用品制造业	1	2127	0.02	494	0.01
石油加工、炼焦和核燃料加工业	30	1599198	12.22	221752	6.63
化学原料和化学制品制造业	14	550669	4.21	133507	3.99
医药制造业	8	58438	0.45	14865	0.44
橡胶和塑料制品业	6	34208	0.26	6175	0.18

注:本表数据均为生产月报口径。

2015年临汾市规模以上工业总产值及工业增加值行业构成(二)

表72　　单位:万元、%

行业名称	单位个数	现价工业总产值	产值占比	工业增加值	增加值占比
非金属矿物制品业	21	90645	0.69	19950	0.60
黑色金属冶炼和压延加工业	40	4212091	32.20	659095	19.71
炼铁	17	742588	5.68	105151	3.14
炼钢	3	265988	2.03	24418	0.73
黑色金属铸造	10	394806	3.02	75369	2.25
钢压延加工	9	2794098	21.36	452085	13.52
铁合金冶炼	1	14611	0.11	2073	0.06
有色金属冶炼和压延加工业	4	289724	2.21	7857	0.23
金属制品业	2	86046	0.66	43203	1.29
专用设备制造业	6	90516	0.69	21008	0.63
汽车制造业	6	54371	0.42	17644	0.53
电气机械和器材制造业	9	48058	0.37	10492	0.31
其他制造业	1	25093	0.19	10414	0.31
废弃资源综合利用业	1	0	0.00	0	0.00
金属制品、机械和设备修理业	2	7907	0.06	3047	0.09
电力、热力生产和供应业	8	593319	4.54	201930	6.04
燃气生产和供应业	4	69242	0.53	17151	0.51
水的生产和供应业	1	8096	0.06	4607	0.14

注:本表数据均为生产月报口径。

2015年临汾市规模以上工业企业主要经济指标

表73

单位：千元、人

	资产合计	流动资产平均余额	负债合计	主营业务收入	利润总额	从事工业生产活动的从业人员平均人数
规模以上工业企业	236762000	94771896	189522365	126834965	－3190048	159277
#国有及国有控股企业	140416532	51389662	115809744	43221184	－2381980	87659
按轻重工业分						
轻工业	4706901	2918160	2865419	2628467	21410	6754
重工业	232055099	91853736	186656946	124206498	－3211458	152523
按隶属关系分						
中央企业	13497807	2502900	9348363	3836387	615664	5266
省属企业	113681048	41570714	98074559	35434860	－2986763	72375
市属企业	3740244	2178148	2846087	766644	－120793	3142
县及县以下企业	105842901	48520134	79253356	86797074	－698156	78494
按登记注册类型分						
国有经济	6361567	1320775	5013599	2176009	296589	3787
集体经济	169785	132292	109715	2402003	93873	554
其他经济	230230648	93318829	184399051	122256953	－3580510	154936
按企业规模分						
大型企业	112722060	52819582	87251139	57591759	－2778908	80805
中型企业	96658878	30628745	80507346	34820236	－828983	55786
小微型企业	27381062	11323569	21763880	34422970	417843	22686

2015年临汾市主营业务收入上亿元工业企业主要经济指标(一)

表74

单位：千元、人

单位详细名称	企业规模	工业总产值	资产总计	负债合计	主营业务收入	从事工业生产活动的从业人员平均人数
霍州煤电集团有限责任公司	大型	7851718	45849711	38965380	19627996	55268
山西立恒钢铁股份有限公司	大型	13205610	12549650	7841021	11696433	6217
山西三维集团股份有限公司	大型	2097870	6164788	4849210	7119540	2642
山西焦化集团有限公司	大型	3401085	15888429	11620697	6109224	7180
襄汾县星原钢铁集团有限公司	大型	4135495	1794181	412598	4068665	3480
山西通才工贸有限公司	大型	4999035	6312752	6885441	3610753	2250
襄汾县新金山特钢有限公司	大型	2655942	1321786	678997	2603728	2455
山西省翼城城东钢铁有限责任公司	中型	2221196	413729	352915	2221196	695
山西永鑫煤焦化有限责任公司	大型	1814479	3683754	2479666	1988146	1627
侯马北铜铜业有限公司	中型	2816085	621938	463172	1908538	987
山西兆光发电有限责任公司	中型	1900657	5394343	4262969	1899335	629
太钢集团临汾钢铁有限公司	大型	1901063	2538730	3664560	1857800	4630
山西东方恒略精密铸造有限公司	大型	1788111	1415345	1836934	1827063	1220
山西中升钢铁有限公司	大型	2604383	1598878	1365784	1659564	1012
蒲县宏源煤业集团有限公司	中型	2217722	7829970	5758949	1572648	628
中国国电集团公司霍州发电厂	中型	1552287	3615336	2652948	1378689	924
临汾万鑫达焦化有限责任公司	大型	1849797	5415498	3519403	1360964	1678
山西华翔集团有限公司	大型	1391862	1727189	1204104	1291994	2300

注：1、按主营业务收入排序；2、霍州煤电集团为集团数据，包括汾河焦煤等二级法人；3、2012年企业规模分类标准变化；4、数据均为月报口径。

2015 年临汾市主营业务收入上亿元工业企业主要经济指标(二)

表 75　　单位:千元、人

单位详细名称	企业规模	工业总产值	资产总计	负债合计	主营业务收入	从事工业生产活动的从业人员平均人数
山西汾河焦煤股份有限公司	大型	1233850	8302122	6455232	1256717	7160
翼城县宏信冶金技术有限公司	小型	1212136	57664	44297	1212136	225
山西光大焦化气源有限公司	大型	1496091	1466706	605661	1170271	1428
山西三维瑞德焦化有限公司	中型	618879	788338	1391359	1130368	141
山西建邦集团铸造有限公司	中型	1114349	1481998	1506484	1097956	840
山西华宁焦煤有限责任公司	中型	1064839	2593664	1618741	837414	962
山西临汾热电有限公司	中型	826102	3395602	3359148	826102	440
翼城县飞翔铸管有限公司	中型	1229471	221244	150105	807339	660
古县利达焦化有限公司	中型	587874	1474818	1585721	764509	682
山西省襄汾县宏源煤焦化工有限公司	中型	1002703	878033	494914	751243	550
山西大唐国际临汾热电有限责任公司	小型	737000	2349398	1863704	737000	241
曲沃县闽光焦化有限责任公司	中型	768454	538697	435029	729380	680
山西寰达实业有限责任公司	小型	743992	212780	393002	718176	209
霍州煤电集团辛置实业有限公司	中型	119136	103237	44995	700362	646
山西励鑫铸业有限公司	中型	665092	261535	232139	670996	405
山西新临钢钢铁有限公司	中型	141610	1466806	1169093	615280	635
临汾晋能焦化有限公司	中型	672320	449392	381983	602103	418
翼城县创新冶炼有限责任公司	中型	593636	84648	56865	587244	746

2015 年临汾市主营业务收入上亿元工业企业主要经济指标(三)

表 76　　单位:千元、人

单位详细名称	企业规模	工业总产值	资产总计	负债合计	主营业务收入	从事工业生产活动的从业人员平均人数
山西翼城首旺煤业有限责任公司	大型	688414	637200	153447	579062	1260
山西蒲县宏源集团富家凹煤业有限公司	中型	564789	1335498	997903	564789	677
山西漳泽电力股份有限公司侯马热电分公司	中型	594090	2777950	2394810	547700	918
洪洞县赵城镇明达洗煤厂	小型	539995	27404	2127	539995	98
古县华东煤化有限公司	小型	597148	364219	362807	520918	90
洪洞县铭瑞煤化厂	小型	518854	13219	6559	518854	98
洪洞县赵城昭阳洗煤厂	小型	518838	16647	16855	518838	95
古县正泰煤气化有限公司	中型	460299	378757	465990	518252	580
古县宇安煤业有限责任公司	小型	568925	177706	112391	509216	51
洪洞县腾跃煤化有限公司	小型	509000	32199	23285	509000	95
洪洞县康老洗煤有限公司	小型	506482	188702	183312	506482	69
洪洞县陆合煜明洗煤有限责任公司	小型	496123	64262	54253	496123	93
山西乡宁焦煤集团台头煤焦有限责任公司	大型	527020	1633068	1060899	491826	1614
山西乡宁焦煤集团申南凹焦煤有限公司	大型	495910	1828896	1212583	485737	1247
洪洞县蕾盛精煤厂	小型	485544	21712	9537	485544	82
晋源实业有限公司	中型	1037493	241901	199696	483453	750
洪洞县慧鹏煤化有限公司	小型	482015	29237	20042	482015	92
洪洞县佳源洗煤有限公司	小型	481998	29385	1587	481998	97

2015年临汾市主营业务收入上亿元工业企业主要经济指标(四)

表77

单位:千元、人

单位详细名称	企业规模	工业总产值	资产总计	负债合计	主营业务收入	从事工业生产活动的从业人员平均人数
山西风雷钻具有限公司	大型	469714	816770	975311	479812	1046
山西蒲县宏源集团官庄河煤业有限公司	中型	479251	1146945	666441	479251	625
洪洞县赵城孙堡振兴煤化厂	小型	475230	18683	12321	475230	120
洪洞县赵城康福洗煤厂	小型	474658	32426	2219	474658	96
山西玉和泰煤业有限公司	大型	608861	634410	375013	471229	1200
洪洞县富晟园洗煤有限公司	小型	467622	61327	36741	467622	97
山西永昌源煤气焦化集团有限公司	中型	430930	516041	757189	466207	487
洪洞县运旺煤化有限公司	小型	463576	36788	2974	463576	91
洪洞县赵城镇常鑫洗煤厂	小型	462488	38400	11000	462488	66
洪洞县好义宏业洗煤厂	小型	459972	75243	34413	459972	103
山西华强钢铁有限公司	中型	671115	250546	246512	458568	316
洪洞县茂延洗煤有限公司	小型	458258	38100	3800	458258	136
洪洞县万森源煤化有限公司	小型	448408	28569	1529	448408	109
洪洞县双益选煤厂	小型	447157	58361	4688	447157	89
安徽省皖北煤电集团临汾天煜能源发展有限公司	中型	432787	1783610	1054717	444685	1000
洪洞县泽宇洗煤厂	小型	441830	17045	4699	441830	90
山西同世达煤化工集团有限公司	大型	434199	2983190	3104236	437960	1524
山西太岳焦化有限公司	中型	418153	466118	244112	437672	689

2015年临汾市主营业务收入上亿元工业企业主要经济指标(五)

表78

单位:千元、人

单位详细名称	企业规模	工业总产值	资产总计	负债合计	主营业务收入	从事工业生产活动的从业人员平均人数
山西霍宝干河煤矿有限公司	大型	452558	2027708	745827	433833	2076
洪洞县诚信洗煤厂	小型	433618	53730	7000	433618	97
山西乡宁焦煤集团台头前湾煤业有限公司	大型	418320	1224076	459197	431075	1649
洪洞县鸿淇煤化有限责任公司	小型	427505	23183	6045	427505	102
洪洞县兴泰选煤有限公司	小型	422799	8537	6960	422799	97
山西省霍州市化学工业有限责任公司	中型	470050	354073	576192	421626	921
古县晋豫焦化有限责任公司	中型	410410	586420	816005	417674	410
洪洞县龙泽选煤厂	小型	416701	27916	10431	416701	119
山西安泽玉华煤业有限公司	中型	663846	837927	84213	413073	586
洪洞县虎头山洗煤厂	小型	411892	24646	4118	411892	94
霍州煤电集团李雅庄工贸有限公司	中型	105014	34382	4433	390016	510
洪洞县光荣福利煤焦厂	小型	389523	17710	42765	389523	84
洪洞县远泰福利洗煤厂	小型	389332	18194	9008	389332	101
蒲县鑫永鑫精密铸造有限公司	小型	383040	29046	5800	383040	140
洪洞县永丰洗煤厂	小型	381081	31090	12932	381081	97
古县安安煤化有限公司	小型	378912	287946	257894	378912	78
山西安鑫煤业有限公司	中型	514558	1663784	536424	370587	900
古县锦华焦化有限公司	中型	356860	254858	457968	368808	350

2015年临汾市主营业务收入上亿元工业企业主要经济指标(六)

表79　　单位:千元、人

单位详细名称	企业规模	工业总产值	资产总计	负债合计	主营业务收入	从事工业生产活动的从业人员平均人数
古县飞龙煤化有限公司	小型	430420	483654	904949	365737	287
洪洞县堤村乡飞跃煤焦厂	小型	365134	20099	2017	365134	93
古县金翔龙煤业有限责任公司	小型	364994	183330	239610	364994	80
浮山鸿飞矿业有限公司	小型	376290	89882	79424	349304	208
洪洞县舜风煤业有限责任公司	小型	341739	22976	15810	341739	50
蒲县新兴煤焦有限公司	小型	340419	32774	13758	340419	65
山西远中焦化有限公司	中型	329678	218285	265170	330422	528
阳泉煤业集团安泽登茂通煤业有限公司	中型	488022	1021603	894401	329090	612
霍州市泓源煤业有限公司	小型	324663	53247	6211	324663	30
山西古县老母坡煤业有限公司	中型	321054	798079	375217	317958	438
浮山县玉生选矿有限责任公司	小型	308535	45036	18002	311018	80
山西宏强煤焦集团有限公司	中型	288157	695437	812883	306545	1372
山西华德冶铸有限公司	中型	304272	142772	109515	304287	430
山西云鹏制药有限公司	中型	317642	200944	123894	301111	405
山西潞安集团蒲县黑龙煤业有限公司	中型	303045	2642267	3213530	300592	466
浮山县天顺地宝铁矿有限公司	小型	303813	44216	2315	283246	110
山西建滔万鑫达化工有限责任公司	中型	308012	503905	291989	278545	464
蒲县金浩轩洗煤有限责任公司	小型	286426	26794	20918	276667	65

2015年临汾市主营业务收入上亿元工业企业主要经济指标(七)

表80　　单位:千元、人

单位详细名称	企业规模	工业总产值	资产总计	负债合计	主营业务收入	从事工业生产活动的从业人员平均人数
浮山县康达冶炼有限公司	小型	293424	198314	24012	272015	150
汾西县朝阳食品有限责任公司	中型	442457	16788	208	266274	411
山西临汾染化集团有限责任公司	中型	287297	308779	242256	265245	669
山西潞安集团蒲县伊田煤业有限公司	中型	270222	2122752	2594433	264572	599
蒲县众鑫煤焦铁有限公司	小型	276389	42142	35229	263268	48
浮山县集成行选矿总厂	小型	290510	14329	4038	263241	71
酒钢集团翼城钢铁有限责任公司	大型	322637	1281346	835576	259685	2246
山西蒲县宏源集团郭家山煤业商贸有限公司	小型	256851	868583	711561	256851	633
浮山县南畔东沟铁矿有限公司	小型	284457	51625	29113	255056	180
安泽县风山选煤厂	小型	418456	229509	130329	253386	56
浮山县北峰选矿厂有限责任公司	小型	259129	53016	24075	249312	92
襄汾县鸿达钢铁集团有限公司	中型	303998	478027	184572	242687	488
山西乡宁焦煤集团毛则渠煤炭有限公司	中型	244175	2863718	717535	241917	911
浮山县新通选矿有限公司	小型	279827	83106	30024	241732	75
山西锦城铁业有限公司	小型	252385	10064	9513	238251	152
浮山县国明选矿厂	小型	258113	66112	15104	236348	77
浮山县新华选矿厂	小型	260889	92236	36112	236281	62
浮山县地方国营圪塔岭金矿	小型	246225	7916	6123	234126	91

2015年临汾市主营业务收入上亿元工业企业主要经济指标(八)

表81　　　　单位：千元、人

单位详细名称	企业规模	工业总产值	资产总计	负债合计	主营业务收入	从事工业生产活动的从业人员平均人数
山西蒲县北峪煤业有限公司	小型	232621	370063	314353	232621	359
霍州市宝峰煤业有限公司	小型	232474	41628	3320	232474	70
浮山县城南选矿厂	小型	218151	38992	9612	232316	45
山西鸿丰达铸业有限公司	小型	204049	45787	15324	231109	286
山西煤炭运销集团蒲县昊兴塬煤业有限公司	小型	171856	1528789	1423300	230488	355
山西巨龙焦化有限公司	中型	318800	132000	117480	229500	420
浮山县鼎圣选矿厂	小型	234001	209498	35902	223614	70
浮山县烜通选矿有限公司	小型	242080	72111	54432	223194	92
浮山县郭家庄铁矿有限公司	小型	234504	77023	15921	221952	60
临汾顺泰实业有限公司	中型	263350	991622	1120100	221848	664
山西乡宁焦煤集团神角煤业有限公司	中型	232958	502099	103662	220687	846
山西省浮山县尧浮选矿厂	小型	229945	23116	1038	220184	82
霍州市贝源煤业有限公司	小型	217901	41524	5022	217901	30
山西新天能源股份有限公司	小型	261248	557649	498123	212456	61
山西古县晋辽柳沟煤业有限公司	中型	257950	1244550	1568883	205797	825
侯马市特种机械厂	中型	250931	885700	277001	198403	834
山西汤荣机械制造股份有限公司	中型	200870	328779	181139	196733	682
大同煤矿集团临汾宏大矿业有限责任公司	中型	357674	4699391	3575212	195654	1705

2015年临汾市主营业务收入上亿元工业企业主要经济指标(九)

表82　　　　单位：千元、人

单位详细名称	企业规模	工业总产值	资产总计	负债合计	主营业务收入	从事工业生产活动的从业人员平均人数
汾西县朝阳农牧有限责任公司	小型	327148	18550	13276	193496	90
蒲县龙信洗煤有限公司	小型	172697	48669	45159	191470	35
山西蒲县蛤蟆沟煤业有限公司	中型	200055	574005	407335	191225	398
山西海姿焦化有限公司	中型	194782	680348	1146841	190054	508
霍州市锦兴煤业有限公司	小型	189536	48621	5292	189536	100
安泽县东宝洗煤厂	小型	361431	58532	22124	185623	60
山西蒲县宏源集团凤凰台煤业有限公司	小型	303995	1326547	957376	181556	520
襄汾县大邓永吉选矿厂	小型	225286	77763	75230	180229	20
乡宁县福星洗煤厂有限公司	小型	179123	41359	36451	179123	70
侯马普天法尔胜光缆有限公司	小型	170017	113494	106464	176141	167
山西华晋明珠煤业有限责任公司	中型	344373	632396	134043	173639	667
山西太子湖食品有限公司	小型	175820	108187	41910	166317	200
山西贾罕世纪洗煤有限公司	小型	168707	81447	30254	164357	63
襄汾县陶寺祺祥选矿厂	小型	171345	20011	3753	159080	32
翼城县宝腾煤业有限公司	小型	158800	17260	0	158800	60
山西蒲县华胜煤业有限公司	中型	199446	2061957	2598199	157407	804
山西铭宇化工有限责任公司	小型	177681	130606	183046	152368	180
吉县昌盛煤业有限公司	小型	110285	93120	43257	150708	50

2015 年临汾市主营业务收入上亿元工业企业主要经济指标(十)

表 83　　单位:千元、人

单位详细名称	企业规模	工业总产值	资产总计	负债合计	主营业务收入	从事工业生产活动的从业人员平均人数
乡宁县吉宏洗煤有限公司	小型	151438	50841	52270	149850	45
山西省汾西县智博能源有限公司	小型	157084	34692	15151	149391	60
霍州煤电集团曹村工贸有限公司	中型	148943	203585	187718	148943	415
洪洞华润恒富燃气有限公司	小型	130467	125788	65999	148701	185
古县东方洗煤厂	小型	368726	591765	526670	147553	90
蒲县吴锦煤业有限责任公司	小型	249167	132220	85023	144000	30
乡宁县台头镇后店洗煤厂	小型	135408	13693	8588	135408	35
山西光宇半导体照明股份有限公司	中型	82148	358145	132063	130794	470
侯马市东鑫机械铸造有限公司	中型	125084	102455	55338	129130	414
山西乡宁乌泥沟煤业有限公司	中型	137305	794163	862715	128106	471
乡宁县台头镇万盛源洗煤有限公司	小型	132825	75483	24250	126872	33
山西乡宁隆博煤业有限公司	中型	134037	482198	429138	124437	416
液化空气(临汾)有限公司	小型	122773	250380	140429	123109	23
太原煤炭气化(集团)临汾燃气有限公司	中型	168687	1388551	1120158	120777	487
山西煤炭运销集团吉县盛平煤业有限公司	中型	386762	439115	275878	118955	695
侯马旺旺食品有限公司	中型	119379	82067	24812	117954	350
翼城县海涛贸易有限公司	小型	115285	25379	14956	115285	45
山西鼎浩能源有限公司	中型	109744	497542	556989	114447	120

2015 年临汾市主营业务收入上亿元工业企业主要经济指标(十一)

表 84　　单位:千元、人

单位详细名称	企业规模	工业总产值	资产总计	负债合计	主营业务收入	从事工业生产活动的从业人员平均人数
蒲县长益晟发电有限公司	小型	95202	147475	52713	114407	303
山西乡宁瑞政煤业有限公司	中型	136500	587412	615987	112170	491
山西潞安集团蒲县开拓煤业有限公司	中型	117628	482883	380341	109840	447
山西盛格特太阳能科技有限公司	小型	121675	126780	66443	109630	72
临汾海姿供气供热有限公司	小型	45737	891785	855995	108340	136
山西古县晋辽下辛佛煤业有限公司	中型	111821	1024503	1243779	106893	654
霍州煤电集团白龙工贸有限公司	中型	96896	97321	77305	106314	603
临汾恒昌泰煤业有限公司	小型	100297	72000	81800	105500	23
襄汾县众泰冶炼实业有限公司	中型	183874	196510	119650	105262	415
山西中条山新型建材有限公司	中型	160361	400032	331248	103384	353
山西乡宁乾升源焦煤有限公司	小型	103426	91609	1435	103177	68
襄汾县强盛铁合金厂	小型	103138	152835	47222	103138	300
山西同世达煤化工集团隆顺焦铁有限公司	中型	110016	487187	451197	103001	400
古县古鑫矿业贸易有限公司	小型	101484	35859	22678	101485	200
安泽县通祥洗煤厂	微型	155013	41253	9586	101235	13
乡宁县平兴精煤有限公司	小型	196299	101191	56191	100383	76
襄汾县新兴冶炼有限公司	小型	102580	46829	28730	100017	420

2015 年临汾市县市区人口

表 85

县市区名称	总人口（人）					城镇人口比重（%）	人口自然增长率（‰）
	合 计	男	女	城 镇 人 口	乡 村 人 口		
全 市	4435653	2259920	2175733	2156597	2279056	48.62	4.76
尧都区	971438	486204	485234	660384	311054	67.98	5.81
曲沃县	244106	124024	120082	94473	149633	38.70	5.00
翼城县	319150	160415	158735	118411	200739	37.10	3.89
襄汾县	455935	229057	226878	178569	277366	39.17	5.32
洪洞县	752012	380626	371386	306059	445953	40.70	4.20
古县	94660	50067	44593	37902	56758	40.04	5.35
安泽县	84404	44979	39425	33596	50808	39.80	4.67
浮山县	130246	67134	63112	48904	81342	37.55	1.45
吉县	109351	56157	53194	38043	71308	34.79	3.70
乡宁县	240057	126871	113186	86106	153951	35.87	5.19
大宁县	66371	34297	32074	28744	37627	43.31	3.83
隰 县	106744	55510	51234	45674	61070	42.79	5.57
永和县	65356	33775	31581	26510	38846	40.56	3.48
蒲 县	110385	60484	49901	49660	60725	44.99	4.15
汾西县	148618	76819	71799	63961	84657	43.04	5.17
侯马市	246571	124633	121938	158191	88380	64.16	5.04
霍州市	290249	148868	141381	181410	108839	62.50	3.92

2015 年临汾市县市区农村主要经济指标(一)

表 86

	禽蛋产量（吨）	奶类产量（吨）	肉类总产量（吨）	大牲畜年末存栏（头）	猪存栏（头）	羊存栏（只）	禽存栏（只）	棉花产量（吨）	水果产量（吨）
全 市	114616	45761	137017	82146	862644	977522	11984814	153	777852
尧都区	17472	7635	10922	5180	113173	74930	1945477	11	67981
曲沃县	11624	5220	12660	2590	78826	67556	1374335	31	70338
翼城县	11269	14432	24667	9442	140812	106488	961021		118794
襄汾县	20760	1215	20011	5017	154220	89604	1807407	26	114073
洪洞县	22691	9327	19142	8910	136279	113237	1878975	1	12961
古 县	1519	134	1993	4236	9366	34012	166566		1619
安泽县	2830		1803	3895	9551	62008	328517		2325
浮山县	3793	603	4878	4080	25267	62758	224630	42	13983
吉 县	1789	1	3113	5011	28233	8156	146520		234686
乡宁县	4530	1455	6168	7837	35184	80624	415531		16913
大宁县	613	30	839	1835	3305	12830	79797	24	4287
隰 县	3098	335	2319	1876	17207	29867	209755		68508
永和县	1900	66	2555	4503	14041	83100	169142	2	19300
蒲 县	776	32	3357	8434	18561	9940	175511		1502
汾西县	3343	73	9689	4030	20776	77418	1332010	1	5937
侯马市	3026	2526	3744	1662	18457	26326	263820	2	8336
霍州市	3583	2677	9155	3608	39386	38668	505800	14	16309

2015年临汾市县市区农村主要经济指标(二)

表87　　单位:吨

	粮食总产量	小麦产量	秋粮产量	油料产量
全市	2361708	1071812	1289896	9285
尧都区	256216	146698	109518	124
曲沃县	209903	97418	112485	114
翼城县	240655	113108	127547	377
襄汾县	489706	240804	248902	1322
洪洞县	407506	233005	174501	417
古县	59730	6800	52930	359
安泽县	148142	2240	145902	633
浮山县	102018	51089	50929	1064
吉县	30171	8177	21994	1111
乡宁县	78074	40899	37175	1650
大宁县	15674	283	15391	432
隰县	46109	435	45674	357
永和县	22698	407	22291	457
蒲县	39853	104	39749	328
汾西县	56652	35602	21050	286
侯马市	91616	48139	43477	75
霍州市	66985	46604	20381	179

2015年临汾市县市区规模以上工业企业主要经济指标(一)

表88

地址名称	单位数(个)	现价工业总产值	资产合计	利税总额	利润总额	应收帐款
临汾市	357	130824864	236762000	2288192	−3190048	15441232
尧都区	49	9550338	31505330	−1133094	−1424775	2416005
曲沃县	23	20076818	21189225	−78430	−211105	1027442
翼城县	23	9011527	4462987	−246578	−341081	408329
襄汾县	32	16947345	16653738	112853	−164641	1276746
洪洞县	54	23518961	42074513	1007809	−556957	1616145
古县	27	6553205	13725837	−155685	−407029	2343191
安泽县	9	5442819	8636890	364809	−105303	162951
浮山县	24	4843174	1338751	473021	401342	19605
吉县	3	841420	1164631	51943	−14499	1878
乡宁县	26	7674923	18104890	670151	192883	627443
大宁县	1	47801	70950	−1388	−3736	1044
隰县						
永和县	2	284053	568919	−4815	−5001	7942
蒲县	30	8570740	28116134	40181	−781424	479797
汾西县	9	1308559	153360	−75	−4441	38809
侯马市	26	7660015	9045148	169161	37678	742169
霍州市	19	8493166	39950697	1018329	198041	4271736

注:1、本表数据均为月报口径;2、隰县无规模以上工业企业。

2015年临汾市县市区规模以上工业企业主要经济指标(二)

表89

地址名称	产成品	负债合计	主营业务收　入	流动资产合　计	从事工业生产活动的从业人员平均人数
临汾市	5746656	189522365	126834965	94771896	159277
尧都区	907445	29618499	9795591	12151737	19053
曲沃县	424488	16299162	17048073	7530271	11153
翼城县	213704	2826994	7438362	1899925	8488
襄汾县	664391	10105986	14304513	7429048	15829
洪洞县	1722725	31950741	31741899	18972190	26841
古　县	315289	14103467	5413810	5167482	8266
安泽县	197786	4775868	4550041	2146539	5743
浮山县	3	428318	4588985	737019	2168
吉　县	21759	453178	443302	370458	1412
乡宁县	471693	11747375	5095461	7932343	12096
大宁县	843	12091	41896	8508	80
隰　县					
永和县	11808	504866	234081	307005	210
蒲　县	147097	25244663	6688080	6808535	10770
汾西县	21814	89308	851021	95381	807
侯马市	271236	7601287	6458707	4453133	8216
霍州市	354575	33760562	12141143	18762322	28145

2015年全省分市主要经济指标排序(一)

表90

	行政区划面积(平方公里)		常住人口(万人)	
	指标值	位次	指标值	位次
全　国	9596960		137462	
山西省	156270		3664.12	
太原市	6988	10	431.87	3
大同市	14127	5	340.64	6
阳泉市	4570	11	139.83	11
长治市	13896	7	342.04	5
晋城市	9490	9	231.50	9
朔州市	10623	8	176.22	10
晋中市	16404	4	333.57	7
运城市	13964	6	527.53	1
忻州市	25000	1	314.13	8
临汾市	20275	3	443.57	2
吕梁市	21095	2	383.22	4

2015 全省分市主要经济指标排序(一)续

表 91

	生产总值(亿元)		生产总值增长速度(%)		规模以上工业增加值速度(%)		公共财政预算收入(亿元)	
	指标值	位次	指标值	位次	指标值	位次	指标值	位次
全　国	676708.0		6.9		6.1		152217	
山西省	12802.6		3.1		−2.8		1642.2	
太原市	2735.3	1	8.9	2	5.7	2	274.2	1
大同市	1052.9	5	9.0	1	8.4	1	92.4	5
阳泉市	595.7	11	1.1	7	−4.1	6	44.2	11
长治市	1195.1	2	−2.9	10	−9.9	10	96.4	3
晋城市	1040.2	7	3.3	4	0.8	4	93.9	4
朔州市	901.1	9	−2.3	9	−5.9	7	54.3	10
晋中市	1046.1	6	6.4	3	5.7	2	100.2	2
运城市	1174.0	3	1.8	6	−5.9	7	56.3	9
忻州市	681.2	10	2.4	5	0.8	4	73.7	8
临汾市	1161.1	4	0.2	8	−7.1	9	88.2	7
吕梁市	955.8	8	−4.7	11	−11.9	11	90.7	6

2015 年全省分市主要经济指标排序(二)

表 92

	社会消费品零售额总额(亿元)		固定资产投资(亿元)		进出口总额(万元)		城镇居民人均可支配收入(元)		农村居民人均可支配收入(元)	
	指标值	位次	指标值	位次	指标值	位次	指标值	位次	指标值	位次
全　国	300931		551590		2457410000		31195		11422	
山西省	6030.0		13744.6		9139905		25828		9454	
太原市	1540.8	1	2025.6	1	6635169	1	27727	1	13626	1
大同市	567.7	4	1145.4	7	257635	4	24771	8	7708	9
阳泉市	288.3	10	600.7	11	127202	8	26414	5	11494	2
长治市	524.4	6	1441.5	2	97634	10	26407	6	11095	3
晋城市	358.8	8	1105.1	9	557080	3	26651	4	10914	4
朔州市	270.1	11	937.1	10	36488	11	27500	3	10816	6
晋中市	529.7	5	1312.5	5	128360	7	27525	2	10877	5
运城市	661.0	2	1370.7	4	740945	2	24049	9	8718	8
忻州市	311.2	9	1119.6	8	120941	9	23452	10	6550	11
临汾市	572.0	3	1401.2	3	187139	6	25498	7	9376	7
吕梁市	406.0	7	1166.4	6	251312	5	22903	11	7193	10

2015 年全省分市主要经济指标排序(三)

表 93

	粮食总产量(万吨)		原煤产量(万吨)		焦炭产量(万吨)		发电量(亿千瓦时)		粗钢产量(万吨)		钢材产量(万吨)		生铁产量(万吨)	
	位次	指标值	位次	指标值	位次	指标值	位次	指标值	位次	指标值	位次	指标值	位次	指标值
全国	62144		375000		44778		58105.8		80383		112350		69141	
山西省	1259.6		94410.3		8035		2457.5		3847.0		4267.3		3576.4	
太原市	29.9	10	3988.9	10	1029.4	5	257.5	4	1078.6	1	1018.5	2	777.4	2
大同市	103.5	7	12259.0	2			360.4	1	4.5	8	4.5	9	7.3	8
阳泉市	24.9	11	6463.2	7	67	8	95.9	11						
长治市	157.0	4	11785.0	3	1373	3	276.0	2	563.8	3	576.3	3	427.6	3
晋城市	96.2	8	9138.0	5	45	9	225.9	6	305.8	6	301.2	5	364.2	6
朔州市	110.0	6	18220.0	1			267.5	3						
晋中市	175.8	3	8824.5	6	1061	4	193.0	8	166.5	7	216.2	7	149.6	7
运城市	321.2	1	358.2	11	927	6	184.1	9	413.2	4	536.1	4	420.9	4
忻州市	150.3	5	6117.1	8	199	7	249.4	5			61.9	8		
临汾市	236.2	2	5647.8	9	1754	1	211.2	7	998.3	2	1261.6	1	1040.9	1
吕梁市	72.4	9	11556.7	4	1570	2	112.1	10	316.4	5	295.4	6	388.5	5

索　　引

说明：

1. 本索引采取主题分析方法，按汉语拼音字母顺序排列。

2. 索引名称后的数字表示内容所在的页码、数字后的拉丁字母(a b)表示该页自左至右的栏别。

3. 特载、文献、大事记、附录、图、表不作索引。